Public Administration

Themes Oriented Study

새 테마 행정학

행정이론의 주제 중심 학습

이달곤 김판석 김행범

법우사
BUBWOOSA

Public Administration
: Themes Oriented Study

by Dal-Gon Lee
Pan-Suk Kim
Haeng-Bum Kim

Bubwoosa

서 문

새 테마 행정학

저자들이 직면했던 최초의, 그리고 아직도 미완인 두 질문은 한국 행정학에 과연 교과서가 존재하는가? 그리고 한국 행정학 교과서는 무엇을 담아야 하는가? 이다. 수많은 책들이 넘치는 오늘 이 도발적 질문을 던지고 스스로 좌절하는 이유가 있다. 두 번째 질문의 답을 찾고 그것을 통해 첫 번째 질문에 답할 수 있다.

행정학 교과서에 담을 "행정학의 내용"은 무엇인가? 이를 확정하는 것은 우선 행정(public administration)에 대한 저자들의 패러다임에 달려 있다. 더 중요한 것은 행정학 공부의 수요인데 대략 세 가지이다. 첫째, 교양으로 행정학을 공부하는 경우이다. 그 경우 복잡한 내용보다는 핵심과 기본 맥락이 더 중요하다. 그런 수요에는 수필식 혹은 이야기식 행정학이 제일 적합하겠지만 현존 교재 중에도 가급적 행정학 내용을 간결하게 정리해준 것이 필요하다. 둘째, 자신의 행정학 지식을 누군가에게 증명해 보여야 할 독자들에게는 그에 맞는 내용이 담겨야 한다. 행정고등고시는 행정학 지식을 묻는 수준 높은 시험이다. 그런데 요즘 행정고시의 시험 문제는 거대 이론(grand theory)화되어 가고 있어서 과연 그것이 행정학 지식의 타당한 평가인가? 라는 우려도 나오고 있다. 또 다른 추세로, 행정사례 즉 행정의 현실을 직접 다루는 경향이 뚜렷해지고 있다. 이런 두 가지 추세를 대비하는 방법은 이외로 간단하다: 행정학의 "기본 이론"으로 돌아가는 것. 행정학의 지식을 요구하는 또 다른 방식은 객관식 시험이다. 이에 대응하는 대부분의 학생들이 처음부터 수험서 중심으로 접근하는 것을 본다. 그러나 이에 대한 가장 효과적 대비 역시 기본 이론을 탄탄히 다지는 것이다. 셋째, 대학원 등을 통해 행정학을 깊이 있게 공부하려는 경우는 그 더욱 그러하다. 나무의 몸통은 실종되고 특정 가지 끝 어느 전문 분야에만 집중하려는 것은 사상누각처럼 취약하다.

이런 수요를 감안하면 행정학 교재의 성격은 선명해진다. 행정학의 기본 이론들을 명확히 요약해 주고 그 핵심을 이해하기 쉽게 구성한 책, 잡다한 지엽을 절제하여 행정학의 주요 주제를 쉽게 이해하면서도 기존의 교재들과는 달리 충분한 깊이와 신선함을 지니는 책, 독자를 설득하기 이전에 저자들 스스로를 먼저 충분히 설득한 책이 필요한 것이다.

이제 이러한 인식 하에서 처음 질문 곧, 과연 그러한 행정학 교과서가 존재하는가를 보자. 그 답은 매우 비관적이다. 한 사람의 저자로부터, 세계에서 유래가 없을 정도로 많은 수십여 명의 저자들이 참여하여 쓴 책에 이르기까지 셀 수없이 많은 행정학 교과서들이 나타나 있다. 그러나 표준으로 인정할만한 한국 행정학 교과서는 잘 보이지 않는다. 기존 한국 행정학 교과서들은 다음과 같은 문제점이 있다고 평가할 수 있다. 첫째, 교재 내용의 진지한 고민 이전에 어떻게 교재를 많이 사용하게 만들 것인가? 라는 전략적 기술에 치중하여 만들어진 국면이 강하다. 교재 사용자를 늘리기 위한 책략에 한국 행정학 교육의 내용이 좌우됨은 학문마저 정치가 좌우하는 것에 비견될 수 있다. 이 정치가 상당한 성과를 얻었기 때문에 오히려 행정학 교재의 내용을 학문적으로 더 발전시키려는 본질은 그만큼 경시되었다. 그러나 다수 저자들이 이 분야 저 분야를 분담한 후 종합해 놓는다고 그것이 일관된 흐름과 원리를 독자들에게 주기는 어렵다. 전체를 일관하는 시각이 결여된 것은 사실의 편린들일 뿐이다. 이런 식으로 교재를 만들어 놓고 보면 정작 행정학자들 스스로는 자신의 분담한 특정 분야 외에 행정학원론 전모를 모르기 마련이다. 이 때문에 행정학원론 전반의 지식이 행정고시 공부 열심히 한 학생보다 교수들이 더 낮더라는 지적이 나오기도 한 것이다. 신공공관리 부분에서는 시장주의를 찬양하더니 참여주의 부분에서는 시장주의를 통렬히 비판하는 서술이 공존함도 이 때문이다. 이런 식으로 잘못 구성된 교재로 공부한 학생들은 맥락을 상실하고 혼란에 빠진다.

둘째, 행정학 이론에도 저자의 주장 혹은 시각이 있고 또 있어야 한다. 그러나 가치문제가 분명한 경우마저 기존 교과서 저자들은 뚜렷한 자신의 주장을 드러내지 않고 기술적(technical) 사항을 다루듯이 취급하거나 아예 두루뭉술하게 넘어가는 경향이었다. 예컨대, 행정이념 혹은 정책기조 부분에서 행정은 헌법의 틀 안에서 가동된다는 당위를 감안하고 헌법이 행정에 요구하고 있는 정신을 성찰하면 형평성 이전에 자유, 재분배 이전에 시장경제임이 분명하다. 그럼에도 불구하고 오히려 기본 가치가 예외가 되고 예외를 오히려 기본 가치로 강조하는 듯한 서술들은 많은 혼란을 주고 있다. 행정의 역할이 사회적 정의의 실현인가? 그렇다면 민주주의는 무엇이고 자유는 무엇인가? 누가, 그리고 무슨 내용을 사회적 정의라 규정할 것인가? 사회적 정의라는 함정에 빠져들면 개인 간 격차가 존재하는 한 한국 행정은 영원히 정의롭지 못하며, 이 성취불가의 허구적 이념에 사로잡혀야 하는 운명인가? 대부분의 저서들이 놀라울 정도로 이러한 편견을 당당히 적고 있다. 원칙을 논의함은 좀 평범해 보이고 예외와 특수함을 지적하는 것이 주목을 받을 수 있을지 몰라도 그것은 행정 현상이 이루어지는 실제와 헌법 질서의 당위를 학생들에게 잘못 소개하는 것이다. 근본 원인은 저자들이 이에 대해 판단 능력이 없거나, 아예 판단을 회피하거나, 아니면 무지하여 정의는 좋은 것이라는 막연한 추측 하에 이를 방관하거나, 기존의 상충된 교재 내용들을 깊은 성찰 없이 그대로 옮겨 놓았기 때문이다.

셋째, 천편일률적으로 신공공관리를 죄악시하며 기존의 국가관료제를 옹호하는 시각을 취한다. 신공공관리는 행정학자들의 연역적 추론이나 합의 뒤에 나타난 것이 아니라 현실의 절박한 행정문제를 해결하기 위해 행정 현장에서 나타난 것이다. 국가책임의 포기, 행정과 경영의 동일시 등의 상투적 경구를 반대이유로 든다. 그러나 만약 그 상황 그 문제에서 신공공관리가 없었더라면 행정문제는 해결될 수도 없었을 것이다. 신자유주의가 악인가? 성과평가를 공직에 도입하면 행정의 본질을 망각하는 것인가? 이런 고착된 시각은 행정학자들이 급변하는 행정의 참 모습을 해석하고 처방하는 준비가 매우 미흡하며 행정 현실이 앞서가고 그 뒤에서 사후 논평을 던지는 수준에 머무르고 있다는 증거이다. 최소한 양 시각을 정확히 소개하고 대비하는 균형이라도 취했어야 한다.

넷째, 위와는 좀 다른 차원의 문제도 있다. 자잘한 실증 연구들을 많이 포함해 놓고는 그것을 장황히 나열하는 것이다. 이렇게 하면 그것이 사실(fact)에 부합되는 것처럼 주목을 받을 수 있다. 그러나 행정학 교과서와 연구 논문집과는 성격이 달라야 한다. 교과서는 복잡한 행정학의 기본적 줄기와 기본 맥락을 소개해 주는 것이 일차적 과제이다. 실증연구는 연구자마다 상황마다 달리 나타날 수 있다. 분야에 나타난 수많은 국내외 논문들을 원론에 소개함은 오히려 행정학 이해를 기피하게 만들며 그런 문헌이 학부생들에게 다 필요한 것도 아니다. 실제로 가장 높은 수준의 지식을 요구하는 국가 고시에서도 정작 요구하는 것은 행정학원론의 실력이지 각론도, 더구나 특정 논문도 아니다. 탄탄한 기초로부터 출발하고 거기로부터 외연과 깊이를 더해 가야 한다.

이러한 문제 인식 하에서 본서는 다음과 같은 특성을 갖추고자 했다. 첫째, 행정학의 핵심적 이론들을 잘 정리해 주는 표준 행정학 교재를 지향하였다. 이를 위해 행정학을 4대 핵심 항목(총론, 조직, 인사, 재무)으로 분류하여 정리하였다. 정책론도 원칙적으로는 이 원론에 포함됨이 맞지만 각론을 넘어 독자적 연구영역으로 발전해 가는 추세이다. 따라서 이왕 정책론을 공부하려 한다면 행정학원론에서 소개하는 것보다는 본격적으로 정책학 교재를 통해 학습함이 더 효율적이다. 따라서 본서에는 좁은 의미의 행정학에 집중하기 위해 부득이 정책론을 제외하였다.

둘째, 가장 중요하고도 대표적인 테마들만을 선정하여 내용을 쉽게 소화하여, 독자들이 시간과 노력을 절약하고 효과적으로 공부하도록 세심하게 구성했다. 군더더기를 빼고 핵심적 내용을 서술했기 때문에 여러 책을 볼 때 오는 산만함을 피하고 행정학의 핵심 주제를 신속히 흡수하도록 하였다.

셋째, 최신의 주요 행정 주제들을 포함하였다. 박근혜 정부의 "경제민주화"는 행정이념의 실제 예로 중요하다. 또 "사회적 정의가 행정이념이 될 수 있는가?"를 다루어 한국 행정에서 최근 크게 부상했던 이 이념을 재평가하였다. "행정책임 논쟁". "사회적 기업", "성과계약 등 평가 제도", "성과지향적 예산제도", "성과급", "예산결정이론"도 가장 최신의 상황에 적합하도록 부가된 주제들이다. 또 "정책조정 기구", "대통령 비서실" 등을 최신 상황의 내용으로 서술했다.

넷째, 국가재정법, 정부조직법, 국가공무원법 기타 관련 법제도들을 일일이 확인하여 2015. 8월까지의 주요 새 법제도들에 맞추었다. 독자들은 이 책에서 다루는 모든 주제의 마지막 타이틀은 현재 한국 행정상황에서의 의미로 읽어 나가기 바란다.

다섯째, 독자들이 부지 중 행정학의 모범적 서브 노트에 동화되도록 유도하고자 했다. 이 주제들을 여러 번 학습함으로써 부지 중 논리적이고 체계적으로 구성된 이 체제에 익숙해질 것인데 이 과정은 행정학 실력 연마에 큰 효과가 있다. 독자들은 본서에 약간의 가감을 통해 손쉽게 자신의 문체로 서브 노트를 작성하여 자기 것으로 만들 수 있다.

여섯째, 각 장의 초입에 전체적 개요와 학습가이드를 제시했으며, 주요 주제들 끝에 그 주제에 관해 추가로 유의할 점을 박스 속에 논평해 두었다. 특히 유의할 세부 내용들이 무엇인지, 또 그 문항에서 더 참고할 만한 문헌도 지적해 두었다.

일곱째, 테마 관련된 인물 및 이론을 에세이로 보충하였다. 토마스 우드로 윌슨, 허버트 사이먼, 막스 웨버, 공평성이냐, 자유냐?, 앤드류 잭슨, 자유지상주의(Libertarianism), 규제 개혁 등이 수록되었다. 이런 내용은 행정학 공부에 꼭 필요하면서도 학교 수업 때는 접할 기회가 드문 높은 수준의 자료들이다. 관련 테마의 이해에 도움을 주는 적합한 위치에 배치하였다.

저자들은 독자들을 염두에 두고 이 책을 썼지만 이 책의 일차적 수혜자는 바로 저자들이다. 독자를 가르치기 위해 우리가 먼저 바로 알아야 했기 때문이다. 그래서 저술과정은 행복하고도 충분히 고통스러웠다. 행정학자들의 세계에서 '성과'를 인정받는 가장 비효율적인 수단이 저서를 집필하는 것이다. 학자가 논문을 쓸 시간에 교과서를 집필하는 것은 너무도 나쁜 성과 관리 기술이다. 그럼에도 제대로 된 행정학교재를 만들어 내자는 의무감 때문에 이 책을 마침내 완성할 수 있었다. 우리가 기대하는 것은 이 책이 학생들 뿐 아니라 행정학 교수들에게도 읽혀지고 논쟁이 야기되는 것이다. 학문 분과 중 자기 학문의 '원론'에 대한 지식이 가장 부족한 사람이 행정학교수들일 것이라는 우려도 있지 않은가. 이 정도의 핵심 지식은 충분히 공유되었으면 좋겠다. 독자 및 나아가 동학의 비판을 기다린다.

이 책의 가치를 잘 이해하여 출판을 결정한 후 늦은 원고를 오래 참아주신 출판사의 황영성 사장님 및 임직원들에게 깊은 감사를 드린다. 늘 많은 조언과 도움을 준 김철회 교수, 하혜수 교수, 박민정 교수, 지종화 박사, 구현우 박사 및 김혜란 박사에게 감사드린다. 또 교정에 도움을 준 사람들이 있다. 행정고시를 너무 일찍 합격한 후 연수를 미루고 졸업을 위해 아직 재학 중인 천민정 양, 또 무더위 속 수고를 온유한 지성으로 견뎌 준 전성민 군에게 감사한다. 개성이 선명한 저자들 간에 지식, 강조점, 문체 및 나아가 가치관의 암묵적 차이가 곳곳에 있었고 집합적 행동이 저술에 유리한 것만도 아니었지만 책의 끝이 다음 말로 마무리되어야 한다는 점에는 세 저자들은 물론 출판사의 황영성 사장님마저 이견이 없었다. 이 책을 통해 성공을 얻을 여러분들도 그러하기를 기원한다.

Soli Deo Gloria.

2015년 8월

이달곤
김판석
김행범

차 례

제1장 행정학총론

제2장 행정조직론

제3장 인사행정론

제4장 재무행정론

부 록

| 새 테마 행정학 |

행정학 주관식 답안 작성 가이드

Ⅰ. 왜 행정학을 공부하는가?

여흥이나 재미로 행정학을 공부하는 사람은 이 글을 읽을 필요가 없다. 지금 우리는 행정학을 두뇌 속에 투입하는 것에 그치지 않고 그것을 누군가에게 드러내어 평가받아야 할 상황에 놓인 사람들에게 그것을 주관식 답안으로 표현하는데 도움이 되는 방법들을 설명한다. 주관식 답안 작성에 가장 깊게 관련된 독자들은 국가고시지망생이다. 그러나 이하는 국가고시와 상관없이 대학교 수업 및 어떠한 논술에서도 매우 유용한 방법이다.

먼저 명확히 확인할 것이 있다. 행정학 공부를 왜 하는가? 국가고시를 위해서인가? 그렇다면 국가고시는 왜 하려는가? 존재 이유(raison dêtre)에 관한 물음은 능률(efficiency)의 문제보다 더 근본적이다. 독자들은 이 물음에 대한 바른 대답이 있어야 한다.

우리 저자들의 한결같은 답은 이것이다: 행정학 공부를 통해 이룩하고자 하는 일에 자신의 자신의 사명(mission)을 발견할 수 있어야 한다. 국가고시를 통해 공직에 들어가기 원한다면 그것이 진정 자신의 소명(calling)이라는 확신이 있는가?

참된 소명 없이 행정학 공부에 도전할 경우 여러 문제를 겪는다. 첫째, 도덕적 필연성과 정당성이 없는 고시 기타의 행정학 공부는 당신을 오래 끌고 가지 못하고 중도 하차시킬 것이다. 공부가 싫은 사람도 기말고사를 위해 두어 두어 주간을 집중해서 공부할 수 있다. 대학 입학을 위해 고교생들은 좀 더 긴 기간을 공부할 수 있다. 그러나 불명확한 이유 때문에 공부를 여러 해 동안 할 수는 없다. 도덕적 필연성과 정당성이 없는 공부는 거대한 고문일 뿐이다. 둘째, 합격한 후에도 의미를 찾지 못하며, 심지어는 합격한 직후부터 새로운 공허가 시작된다. 이것이 심해지면 고시 합격 직후 자살하는 극단적 경우도 있다. 셋째, 소명 의식 없는 그릇된 학업 동기는 인간성마저 기형적으로 변질시켜 왜곡된 인간으로 바꾸어 놓는다. 오래 고시 공부하는 집단에 으레 존재하는 '기인'들이 나타나는 것은 이 때문이다. 넷째, 올바른 동기가 결여된 행정 고시 공부는 관료직을 지대추구의 통로 및 속칭

철밥통으로 악용하려는, 천박한 예비 탐관오리들을 양산한다. 공직이 출세라는 사고까지 결합되어 정부 관료조직의 비효율성에 편승하여 자신의 이기적 욕심을 채우려는 자들이 만연하게 된다.

이기적 관료관이 당연시되고, 그들이 합리적 타산에 의해 행동한다는 점이 널리 받아들여지고 있다. 그렇다면 바로 이런 모습의 공직을 위해 독자들은 행정학 고시 공부를 하는가?

사랑(love)이란 말을 행정학 교재에서 거론함은 겸연쩍다. 독자들과 얼굴을 맞대어진 상황이었다면 이런 개념을 말하기 어려웠을 것이다. 이웃, 시민 및 나라에 대한 진지한 사랑 없이 오직 연기(role play)로써만 공직을 오랫동안 수행함도 큰 고통이다. 달리 도리가 없다. 행정학 학습 이전에 이 책의 모든 독자들 및 공직 지망자들은 이웃, 시민 및 나라를 사랑하는 마음을 진정 가져주기 바란다. 오늘의 행정 현실에서 관료에게 지식·기술이 부족하여 생기는 문제가 더 큰지, 아니면 공직에 대한 봉사심이 박약하여 생기는 문제가 더 큰지를 견주어 보라. 우리들 행정학자들은 막스 웨버의 관료제 이론이 비현실적이고 낡았음을 통쾌하게 비판하다가도 정작 자기 이익에만 몰두해 있는 관료들을 볼 때에는 자신의 이기심보다 이웃, 시민, 국가를 앞세울 줄 아는 그 웨버식의 '낡은' 관료들을 찾고 있다. 사람 사랑이 이웃 사랑이 되고 이웃 사랑이 나라 사랑으로 되지 않는 한, 안전한 밥벌이 도구로 공직을 얻으려 이를 악물고 공부하는 독자들에게 저자들이 도움이 된다면 참으로 끔찍스러운 일이다. 스미드가 가르쳐 주는 바는 시장 속의 개인의 자기이익 추구가 결국 사회 전체의 이익을 초래한다. 그러나 정부에서는 다르다. 그 곳에 가려는 사람이 이웃, 국민, 나라에 대한 최소한의 사랑 없이는 우리는 후일 거대 국가 기계 속의 삭막한 행정 로봇만을 보게 될 것이다. 어찌 고시만 이랴. 다른 목적으로 행정학을 공부해도 마찬가지이다. 그게 행정이란 학문의 본질이기 때문이다. 처음부터 타인을 위해 봉사하도록 만들어진 직업이기 때문이다.

Ⅱ. 행정학을 어떻게 공부할 것인가?

1 세 가지 기본 단계

행정학 공부를 어떻게 할 것인가? 아래는 굳이 행정학 뿐 아니라 다른 과목들의 학습에도 대체로 타당할 것이다. 행정학 공부는 기본적으로 "독서 - 이해 - 정리"의 사이클을 반복하는 것이다.

1) 첫째, 독서(Reading - 눈 작용)이다.

표준적 기본서의 선정 후, 이에 대한 "기본적 회독" 수를 거쳐야 한다. 이 단계에서는 처음부터 답안 작성에 대해 너무 신경을 쓰는 우를 범하지 않아야 한다. 답안 작성이나 서브 노트 작성은 과감히 포기하고 우선 책을 여러 번 읽어야 한다. 이 단계에서 처음 독서를 시작할 때에는 좋은 기본서를 사용하여, 가급적 속독을 하여 전체를 개괄적으로 파악함이 중요하다. 이해가 안 되는 세부 부분에 너무 매여 있지 말고 그런 부분은 뛰어 넘고 가야 한다. 행정학의 개요를 파악하는 이 단계에서는 이런 저런 책들에 주의를 흩트리지 말고 한 종류의 표준적 책을 속독함이 좋다. 큰 맥을 잡는 것이 가장 중요하다.

어떤 책을 표준적 기본서로 삼을 것인가? 여러 스타일의 책이 있다. 너무 많은 저자들이 이곳저곳을 분담하여 만든 책은 많은 부분을 커버한다는 장점이 있으되 일관된 맥이 전혀 없다는 단점이 치명적이다. 일관된 맥을 지니는 저술이 필요하다. 하나의 접근 틀을 유지하며 흘러가는 맥을 감지함이 표준서로는 더 중요하다. 두꺼운 다수 공저자의 책이 많은 내용을 커버한다고 하지만 그 저술대로 출제가 되는 것도 아니라는 점을 유의하라. 결국 책의 분량이 많다고 모든 문제를 결코 다 커버할 수 없다. 정확히 기초를 이해함이 표준서의 가장 핵심적인 선결요건이다. 본서는 나름대로는 국내외의 대표적인 교재들과 논문들을 정확하고도 이해하기 쉽게 소화하여 주제별로 압축해 두었기 때문에 이러한 표준적 교재로도 추천할 수 있다.

이 단계에서 독자들이 범하기 쉬운 가장 큰 위험은 좀 이해가 되었다고 바로 답안 작성 연습에 들어가는 것이다. 궁극적으로는 고등고시는 답안지에 작성된 답안을 통해 평가되며, 나중에는 결국 답안 작성 단계에 들어갈 것이므로 아예 처음부터 이를 작성한다는 점을 이유로 드는 학생들이 많다. 그러나 전체를 잘 모르는 바탕에서 처음부터 답안 작성 연습에 들어가는 이런 식의 공부는 많은 시간이 소요되며, 이 단계에서 작성된 연습 답안마저 시간이 지나면 불완전함이 드러나 다시 작성해야 한다. 이 반복 과정에서 지치기 십상이다. 요컨대, 이 단계에서는 무엇보다도 섣부른 답안 작성을 포기한 채, 전체를 속히 개관하고, 다시 처음으로 돌아와 '독서'를 반복함이 더 낫다. 수회 독을 하고 나면 행정학에 대한 두려움이 상당히 없어질 것이다.

이 단계의 독서의 포인트는 기본적으로 쟁기질이 아니라 대패질이다. 여러 번 독서를 반복할 때마다 대패질 하듯이 조금씩 미지의 내용들이 깎여져 나갈 것이다. 여기서 '몇회 독'이라고 할 때에 '회독'의 개념이 반드시 학생들마다 같을 리 만무하다. 같은 대패질을 하더라도 좀 깊이 파 내는 목수도 있고 아주 얇게 여러 번 파내는 목수도 있다. 학생들 중에는 남이 말하는 회독 수의 개념이 자신과 다르다고 불안스럽게 문의를 해 오는 경우가 있다. 그 표준은 남에게 있는 것이 아니라 자신에게 있다. 다른 사람의 4회독이 나에게는 2회독과 같을 결과 상태일 수도 있다. 물론 그 반대의 경우도 가능하다. 핵심은, 내 자신에게 있어서, 각 장·절의 연결이 부드럽게 이어지면서, 책 전체를 이해할 수 있으면 된다.

2) 둘째, 이해(Thinking - 두뇌 작용) 단계이다.

앞 단계가 양적으로 회독 수를 늘이는 것(속독)이라면 여기서는 질적 측면(정독)을 의미한다. 수회 독을 끝낸 이후에는 내용을 깊이 생각해 보며 정독에 들어가야 한다. 이 단계에서는 마구 암기하려 하지 말고 찬찬히 읽어 나가야 한다. 종전에 이해가 안 되던 부분들도 이제 해결해 나가야 한다. 몇 번을 읽고 나면 다시 회독을 시작할 때에 이제 필요시 다른 책들도 보아야 한다. 여기서 과연 몇 권의 교과서를 보아야 하는가? 너무 많은 책에 사로잡히지 않기를 바란다. 본서를 보며 여기서 빠진 부분은 다른 책들에서 따오는 정도면 족하다. 이를 위해서는 다른 책들의 내용을 미리 다 알고 있어야 하는가? 그러지 않다. 다른 책의 목차를 복사해 두고 이를 참조하여 주 교재에 없는 부분을 찾아내고 그것을 보충하면 된다.

다른 행정학 원론 교재 외에 행정학각론(행정조직론, 인사행정론, 재무행정론, 정책론) 저서도 참조해야 하는가? 물론이다. 그러나 행정학의 경우 총론과 각론의 난이도 차이가 크지 않다. 따라서 이 역시 "원론"을 중심으로 하면서 필요한 각론을 약간씩 따오면 된다. 필자들의 생각으로는 행정학의 원론과 각론의 내용 차이를 대비해 보면, 조직론의 경우 양자의 괴리가 가장 심하고, 인사행정론·재무행정론은 양자의 차이가 좀 적으며 정책론은 내용보다 양적으로 큰 차이가 있고, 지방 및 정보 행정의 경우 양자의 차이가 단순하지만 계속 새로운 주제들이 추가되고 있는 중이라고 볼 수 있다.

이 밖에 학술 논문 등도 참조하는 경우가 있겠지만 가급적 학술 논문의 경우는 후술하는 최종 정리 단계에서 약간 참조함이 좋을 것이다. 사람마다 관점이 다르겠지만 적어도 본서의 저자들은 학술 논문을 읽어야만 답을 쓸 수 있는 문제를 행정고시에 출제함은 바람직하다고 않다고 생각한다. 너무 전문화된 논문을 중시함은 몇몇 특이했던 출제가 이유일수도 있겠지만 독자측의 과다한 관심이 이유일 수도 있다. 기본 이론을 충분히 반복하여 방대한 행정학 교과서 내용을 자신의 설계 하에 체제를 잡는 것이 더 근본이다. 이런 점에서 본서는 국내외의 주요 논문들도 많이 흡수하여 독자들의 추가적 수고를 최대한 줄이고자 노력하였다.

이 두 번째 단계에서 특히 강조하고 싶은 것은 이해된 내용을 “말로 표현”해 보는 것을 습관화하는 것이다. 다른 사람과의 대화를 통해 이해한 내용을 서로 쉽게 표현해 보는 것이다. 머리 속에서 깊이 반추하며 읽어나가는 상황은 대개 모든 수험생들이 혼자 책상 앞에 있는 단계이다. 그러나 가급적 이해한 내용을 누군가에게 ‘구두로 표현’ 해보는 것을 적극 권장한다. 본인과 동료에게 다 이득이 되는 일이다. 말로 표현하기 위해서는 사실 머리 속에서 간명한 문장으로 정리하는 단계가 수반되고 있다. 후술하는 ‘정리’ 단계가 손으로 문장을 쓰는 것이라면 여기서는 입으로 표현해 보는 것이다. 너무 완결된 문장이어야 한다거나 너무 빠르게 표현한다거나 할 필요는 없지만 제대로 말로 설명을 할 수 있으면 된다. 이 방식의 효과는 혼자 공부하는 고립형 학생들은 누리기 어렵다. 가급적 동료와 같이 토론을 하는 것이 매우 중요하다. 그러나 모든 주제들에 대해 이러한 토론 과정을 거치기는 어려울 것이다. 이제 이 단계가 무르익어 가면 주 교재의 주요 내용들의 큰 목차들을 살펴보자. 목차를 보면 그 세부 내용들이 연상되는지를 점검해 보자.

3) 셋째, 정리(Structuring - 두뇌와 손 작용) 단계이다.

제일 중요한 것은 행정학 내용을 정확하게, 많이 아는 것이다. 그 다음으로 중요한 것은 이를 잘 표현하는 것이다. 이것은 답안을 만들고, 이를 이해하는 단계이다. 주요 내용을 요약 · 보충 · 구성하여 자기 식의 문장으로 정리하는 것이다. 그리고 이 단계의 마지막 즈음에는 고시답안지를 실제 사용하여 기술하는 연습도 수반될 것이다.

① ‘요약’은 분량을 압축하면서도, 주요한 내용적 의미를 보존함이 관건이다. 책의 어느 부분을 요약하는 과제를 학생들에게 요구하더라도 그 내용은 학생들마다 천차만별이다. 어느 내용을 포기하고 어느 내용을 살리며, 어떤 부분들은 함께 통합하고, 표현을 어떻게 바꿀 것인가 등은 이미 그 내용 전반에 상당히 지식이 있을 경우에나 가능한 것이다. 앞에서, 아직 행정학 전반에 대한 이해가 부족한 독서(Reading - 눈 작용) 단계에서는 답안 문장의 구성에 연연치 말라고 강조한 이유가 여기에 있다.

② ‘보충’이란 주 교재 내용을 창조적으로 보완하는 것이다. 너도 알고 나도 아는 지식(common knowledge)은 ‘기본적’ 지식으로 간주될 뿐이다. 기본적 지식은 좋은 답안의 필요조건이지 충분조건은 아니다. 본서에서 부족한 부분은 직접 따로 정리하여 적절한 위치에 끼워두고 읽어나가면 된다. 이곳저곳을 보충하며 계속 독서와 수정 및 보완을 해 나가다 보면 마침내 어느 책으로 출발을 하든 최종적인 저자는 바로 학생 본인이 된다는 말이 이해가 될 것이다.

똑같이 반복되는 답안들 가운데 다른 사람들의 답안보다 더 진전된 부분을 갖춘 몇 개 답안만이 좋은 평가를 받는다. 만약 다른 사람보다 수고를 더하여 이런 것을 준비하였다면 그런 내용은 그저 본문 서술 속에서 그냥 표현하기 보다는 따로 그 부분을 강조하는 sub-title을 내세워 서술함이 더 나을 것이다. 그러나 이를 위해서는 다른 교재를 더 읽어야 하고, 혹은 책의 다른 부분에 있는 관련 부분을 끌어들이는 힘든 노력이 필요하다. 사실 기본서 한 권만으로는 이런 보충이 불가능하기 때문에 다른 참고서나 논문들을 보는 것이다.

③ '구성'이란 내용의 부분들의 비중(강약), 타이틀 구조, 논리적 연결 등을 체계적으로 설계하는 것이다. 어느 문제에나 적용되는 만능식 타이틀 체제가 있다고 착각한 것으로 보이는 서술을 직면할 때가 있다. "서론-의의-요건-효과", "의의(문제제기, 개념, 유형...)-내용(실질적, 형식적, 한국행정의 실제 제도, 다른 국가별 차이...)-평가 (장단점, 영향, 함의, 한계...)-결어(한국행정에 대한 함의, 발전방향...)" 등을 무리하게 적용하여 억지로 시험 현장에서 말을 만들어 낸듯한 답안들이다. 그런 획일적인 틀로 답안을 연역적으로 찍어내려 해서는 안 된다. 예컨대 "공무원의 충성"이란 행정고시 문제를 보라. 거기에는 위와 같은 구성이 맞지 않으며, '충성의 조사방법'이라는 독특한 내용이 필요한 것이다. 왜 그러한가? "공무원의 충성"이란 문제가 행정학에서 강조된 이유는 추상적·연역적 이유에서가 아니라 그 문제가 제기된 현실적 이유가 따로 엄존했었고 이와 관련하여 충성의 조사방법이 큰 문제를 야기한 현실이 있었기 때문이다. 좀 줄잡아서 말하면 행정학 이론들은 대개 특정한 경험적, 역사적 현실을 통해 나왔으며 현실과 관련없는 추상적·연역적 논리 체계가 아니다. 요컨대, 행정학의 각 중요 토픽마다 가장 적합한 답안 구성이 따로 있으며 이에 맞추어 답안을 구성해야 한다. 그것을 학생들이 직접 구성해야 하는가? 그럴 필요가 없다. 이미 본서에서 저자들이 많은 수고를 통해 각 토픽에 적합하게 구성을 해 놓았다. 교과서를 여러 번 읽는 것은 내용 뿐 아니라 구성 체제도 독자의 머리 안에 서서히 각인되게 만든다. 다시 강조하거니와, 좋은 기본서를 사용하여 전체를 일관하여 책을 계속 읽어 나가라. 수험생들이 공작해 내는 조악한 구성들은 대개 행정학 기본교재에 대한 독서가 부족한 바탕에서 내용을 꾸며 내려는 변칙적 학업 패턴에서 나온 경우가 많다.

2 답안의 작성

앞의 과정들은 한 번의 사이클로 끝나지 않는다. 이 사이클을 몇 번이고 반복해 가면서 양적·질적으로 행정학 지식은 은연중 누적되어 갈 것이다. 몇 번을 반복할지는 여러분의 두뇌 성능과 두뇌 용량에 달린 문제이다. 전자는 교재 내용들을 얼마나 신속히 이해하느냐와 관련된 것(ram적 성능)이고, 후자는 다른 과목들까지 일정 실력 수준으로 지식을 축적하여 이들을 동시적 저장 상태로 유지해 나가는 것과 관련된 것(rom적 성능)이다. 어쨌든 질적·양적으로 공부가 상당히 쌓이면 이제 답안 작성 연습에 들어 갈 것이다. 이 답안 작성에서 특히 다음 사항들을 유의해 주기 바란다.

1) 출제 문제의 정확한 해석

다음 네 가지의 토픽을 보자. "①계급제를 설명하라, ②계급제와 직위분류제를 비교하라, ③한국 인사 행정제도에서 계급제적 요소들을 발전적으로 개혁하기 위한 방안을 설명하라, ④계급제를 비판하라". 어느 것으로 출제되든 네 가지 출제답안에는 공통적으로 서술되어야 할 부분도 많지만 네 가지의 핵심적 강조점과 초점은 상당히 다르다. 예컨대 ④에 있어서는 계급제에 대한 부정적 평가에 매우 큰 비중이 주어져야 한다. ③의 경우에는 비판에 그치지 말고 나아가 이를 바람직하게 개선(수정, 변용, 축소 혹은 확대 등)하는 부분에 더 큰 비중이 주어져야 한다. 전체 문단 중에서도 이런 부분들을 지적하는 문단이 양적으로도 많아야 한다는 것이다.

이러한 차이점이 있음에도 불구하고 많은 경우 학생들은 출제 문제에 적실한 답안을 구성하려는 노력을 포기한 채 이래 물으나 저래 물으나 개의치 않고 그저 같은 답안만을 적어놓고 나가는 듯하다. 마치 대입 논술 고사 채점에서 보는 부실한 답안같다. 이런 경우 낙제를 면하기는 하겠지만 좋은 점수를 받기 어려울 것이다. “출제자의 입장에서 생각해 보라”는 말을 염두에 두면 좋을 것이다. 왜 출제 교수들이 그저 교과서 목차의 특정 부분만을 지적하여 “XXX을 설명하라” 라고 하지 않고 왜 이를 애써 조금 다른 식으로 표현하여 묻고 있는지를. 교과서를 읽고 그대로 재현만 하는 능력을 보는 것이 아니다. 읽는 능력보다는 이해하는 능력이 더 중요하며, 이해하는 능력보다 그 더욱 중요한 것은 이를 주어진 출제 상황에 맞게 정리하여 구성해 내는 능력이다. 공직에 요구되는 이러한 능력 유형의 수준에 따라 9급-7급-5급의 공직 시험으로 구분된다고 보는 것도 크게 무리는 아니다. 요컨대, 행정고시의 경우 출제 문제의 의도에 맞게 구성하는 능력이 절실히 필요하다.

2) 암기와 앎 (memorizing and knowing)

시험 공부의 마지막 단계는 암기라고 알기 쉬우나 여기서는 ‘앎’이라고 강조하고 싶다. 출제자가 원하는 것은 그 토픽이 수험생들에 의해 암기되어 있는 상태(memorized)가 아니라 알고 있는 상태(known)라고 보면 된다. 왜 그런가? 두 가지 이유를 생각할 수 있다. 첫째, 싸이몬(Herbert A. Simon)식으로 이해한다면, 누구의 두뇌이든 인지적 한계가 있을 것이며 남의 글을 읽어 이를 암기하는 용량에도 한계가 있다. 또 고시 위원의 머리 속에는 수험생들이 익히 보아 온, 고시학원가의 모범 답안이 그대로 들어 있는 것도 아니다. 그는 다른 모범 답안을 염두에 두고 있음이 대부분이다. 아무리 당신이 획일적 모범 답안을 근사하게 재현해 놓았다 하더라도 그 내용이 출제 교수가 바라는 답안과 반드시 일치하는 것은 아니다. 사실 고시 학원가에서 나온 듯한 천편일률적 ‘모범답안’이 여러 수험생들의 답안들에서 반복되어 나타나면 결코 좋은 성적을 받을 수 없다. 요컨대, 이를 다 암기할 수도 없고, 설령 다 암기한다하더라도 그것이 타당한 답안 내용이라는 보장도 없다.

둘째, 더 근본적인 이유가 있다. 고시 출제는 결코 예상 문제나 고시 학원가에서 거론된 식의 특정 항목이 나오는 경우가 이제 거의 없다. 그렇게 출제해보려 해도 그런 출제 자체가 이제 어렵게 되어 있다. 수년 전에 출제를 의뢰하여 받아둔 주관식 문제 데이터 베이스에서 ‘발췌’를 하여 출제함이 보통인데, 여기서도 대개는 출제 카드 상의 문제들을 그대로 선정하는 것이 아니라 출제위원들이 협의하여 이를 변용(확대, 다른 문제와 연계, 축소, 특정 행정 사례와 연관 등)하여 최종적인 문제로 재구성함으로써 출제를 완성함이 보통이다. 따라서 어느 특정 토픽이 고스란히 그대로 출제되는 경우는 거의 없게 되어 있다.

이런 상황에서 특정한 유형의 문제에 대해 작성된 답안 암기에 골몰함은 무의미하다. 대개는 수험생들은 수험 현장에서 답안을 새로 설계하지 않으면 안 되게 되어 있다. 답안지에 초안지가 첨부되어 있는 이유를 생각해보라. 정확한 이해와 이론의 적용 능력 및 재구성 능력이 필요한 것이다. 암기 보다는 아주 정확히 이해하여 남에게 구두로 설명을 할 수 있는 상태를 완성해 놓고는 시험 현장에서 이에 관한 문제가 변용되어 나왔을 때 정확히 대응하는 것이 중요하다. 이런 현실을 감안하면 굳이 잡다한 서브타이틀을 너무 많은 수준까지 정리해 두기 보다는 3-4단계까지만 이해해 두면 될 것이다. 이런 관점에서 본다면 완벽한 서브노트 준비는 별로 도움이 안될 것이므로(물리적으로도 어려울 것이다), 보다 신축성이 있는 중간 타이틀 위주의 서브 노우트 작성을 권하고 싶다. 다시 강조하거니와, 고스란히 암기해 둔 상태가 아니라 정확히 이해해 둔 상태가 행정학 공부의 마지막 단계라고 말하고 싶다.

3) 창조적 구성

고시 혹은 학교 답안 채점에서 제일 고통스러운 것이 똑 같은 답안들을 보는 것이다. 그 중에서 열에 한 명 정도만이 좀 참신한 모습을 추가하고 있다. 기억하라. 1차 합격자 중 10%, 즉 열에 한 명만이 2차에 합격하지 않는가. 너도 알고 나도 쓰는 정도의 답안으로는 합격하지 못한다. 결국 창조성을 좀 가한 답안만이 살아남는다. 중요한 부분에 있어서는 자신만의 창조적 구성을 약간 시도함이 좋다. 혹자는 서론과 결론에 이런 시도를 할 것을 권유하기도 한다. 후쿠야마(Francis Fukuyama)의 저서는 서론이 유려하기로 소문나 있다. 그 서론을 읽은 사람은 결국 책을 놓지 못하게 된다. 서론은 본문의 내용을 훼손하지 않으면서도 약간의 창조적 변용이 가능하기도 하다. 그러나 채점 경험에 의하면 따로 '서론'에 점수를 배정한 경우는 거의 없었던 것 같다(서론 속에 실질적으로 '의의' 등의 부분이 포함된 경우를 제외하고는). 다만 전체적으로 좋은 인상을 주는 데에는 기여할 것이다.

'결론'에 점수가 배정되는 경우는 서론의 경우보다는 많다. 그러나 이미 본문 내용을 그대로 반복해서 요약해 놓은 것은 점수를 보통 배정하지 않음이 보통이다. 지금까지의 서술해 온 것의 자연스러운 귀결로 나타나는 명제들을 명확히 지적해야 한다. 결론이라는 타이틀을 달지 않은 채 그저 본문의 끄트머리에 줄 간격을 두고 실질적으로 결론에 해당되는 내용을 지적한 경우에도 점수를 부여함이 보통이다. 답안의 평가는 형식적 체제보다는 실질적 내용이 비교할 수 없을 정도로 더 중시된다고 보면 된다.

그러나 서론이든 결론이든 자칫 어설픈 표현을 남용하여 본문에서 애써 서술해 놓은 부분들까지 나쁜 인상을 주지 않도록 해야 한다. 특히 아무런 적실성도 없는데도 무슨 지적 유행어나 되듯이 마구 이런 저런 개념들을 구호처럼 남발하는 경우는 특히 자제해야 할 것이다(이 부분은 후술 내용 참조). 이런 식의 답안 작성자는 '말쟁이', '말만 번드레하게 늘어놓을 자'일 것이라는 인상을 준다. 아무렇게나 말만 둘러대는 3류 정치인 유형의 학생이 고위 공직자가 되는 것을 출제 교수들은 강력히 저지하려들 것이다.

창조적 구성은 아주 중요하지만 동시에 매우 주의해야 할 부분이기도 하다. 창조적 구성을 하라는 말이 자칫 본문 서술이 아주 주관적이어야 한다는 것으로 오해되어서는 안 된다. 표현 방식이 달라질 수도 있을 것이지만, 그러나 그 내용적 손상이 일어나지 않도록 해야 하며, 상당한 객관성을 지니는 내용을 유지해야 한다. 창조적 답안 구성의 허용 여지에 관해 법학, 경제학, 행정학 공부를 비교한다면, 행정학>경제학>법학의 순서일 것이다. 바로 이 때문에 행정학 답안 서술이 아주 나쁘게 되면 소위 '수필식' 답안도 발견되는 것이다(지나치게 주관적인 서술에 대해서는 후술 예 참조). 최고 수준의 선수가 보이는 파격은 우아함을 준다. 기본도 안 된 선수가 보이는 파격은 기형으로 보인다. 기본적 내용은 반드시 지켜야 한다. 그 다음에 창의성을 부가하라.

모든 사항이 다 창의적 서술의 대상이 되는 것이 결코 아니다. "XXX 제도의 장점(혹은 단점)"을 열거할 때에는 그 세부 항목들의 순서는 대개 의미가 없다. 그러나 순서적 의미가 없는 개념이라도 만약 서두에 "...Talcott Parsons의 사회체제의 4대 기능은 목표달성-체제유지-적응-조정 기능이다. 이하에서는 이를 상술하기로....." 라고 시작하였다면 그 후술 세부 내용의 서술 순서는 "1)목표

달성, 3)적응, 3)체제유지, 4)조정"이라는 식 보다는, 앞에서 선언한 대로, "1)목표달성, 2)체제유지, 3)적응, 4)조정" 식으로 전개됨이 자연스럽다. 나아가 선후 연결(sequence) 자체가 중요한 개념들, 예컨대 "정책 결정의 과정, 정책집행의 과정, 기획의 과정, 정책 과정, XXX의 전개 과정... " "예산 편성 과정" 등에서는 주어진 순서를 고스란히 지켜야 하며 수험생이 이를 달리 순서화할 재량이 없다. 교재 중의 어떤 표현은 반드시 그대로 받아들여야 할 표현도 있고 그대로 지켜야 할 순서도 있고 그대로 소화해야 할 내용도 있다. 이런 것들은 기본적 사항으로 받아들여야 한다.

만약 결론에 많은 사항들이 포함되어 있고 양적으로도 아주 많으면 이들을 몇 개의 서브 타이틀로 세분해서 명시함도 창의적인 구성의 예가 될 것이다. 예컨대 "한국행정에서의 함의"에 해당되는 내용은 그저 결론 속에 모호하게 흡수해 넣기 보다는 이를 따로 부각시키는 구성이 필요할 것이다. 그러나 별 내용도 아닌 것을 굳이 따로 거창한 타이틀을 붙여 놓고는 그 안에는 그저 앞에서 한 서술을 반복해서 채워 넣는 것은 바람직하지 않다.

이런 식의 잔 재주를 부리면 그 부분의 점수를 못 받게 되는 것에 그칠까? 채점 기준을 정할 때 특정 세부 항목별로 점수가 미세하게 배정되는 경우도 있고 보다 광범위하게 큰 타이틀 위주로 배정되는 경우도 있었는데 이는 주로 위원들의 협의에 따른다. 기본적으로는, "감점"이란 제도는 없도록 되어 있다. 그러나 어느 경우이든 부실한 내용으로 잔 재주를 부리면 해당 부분의 점수가 나쁜 것은 당연하며 나아가 다른 부분 및 전체 내용에 대해 근본적인 불신 및 나쁜 영향을 받을 우려도 전혀 없지 않을 것이다. 채점위원들이 의도하지 않더라도 이런 영향이 나타날 수 있을 것이다. 잘못 붙인 사족은 점수를 "더 얻거나 아니면 말거나"가 아니다. 오히려 그런 사족을 달지 않은 경우보다 나쁜 결과를 얻기 쉬움을 유의하라. 다시 강조하거니와 기본 지식에 충실한 다음에 창의성을 부가하라.

답안의 세부 항목에 해당되는 배점을 명시하여 출제되는 경우도 있고, 그러한 세부 배점이 지정되지 않은 경우도 있다. 문제는 후자의 경우이다. 이 경우에도 모든 세부 타이틀에 동일한 배점이 적용되는 것이 결코 아님을 유의하라. 출제자의 의도를 깊이 감안해야 하며, 분명 그 주제에서 특히 주목하고자 하는 부분이 있다. 이는 특정 서브 타이틀이 될 수도, 하며 특정 타이틀 속에서도 특정한 세부 서술일 수도 있다. 이러한 부분을 더 부각하는 서술을 할 수 있어야 한다. 요컨대, 문제 맥락을 잘 이해하여 문제의 의도를 정확히 파악하고 이에 적합하도록 답안을 구성 해내는 것도 창의적 답안의 중요한 부분이다.

4) 문단의 설계

올슨(Mancur Olson)은 문장 단위로 글을 쓰는 것이 아니라 단락 단위로 글을 쓰는 명 문장가로 알려져 있었다. 굳이 그 수준까지는 아니더라도 문제가 주어지면 초안 작성 단계에서 답안의 큰 구조-중간 구조-세부 구조를 정확히 구성하고, 다음에는 각 세부 단계에서는 예컨대 "공익의 개념을 2개 문단으로, 과정설적 공익론에 대한 비판을 1개 문단, 실체적 공익론의 비판을 1개 문단, 실제의 사례를 1문단으로...."라는 식의 문단 배정 설계를 할 수 있다. 이 경우 주요한 항목은 분량적으로도 더 많은 문단 비중이 주어져야 한다.

아직도 많은 수험생이 기계적으로 "2줄 (혹은 3줄) 쓰고 한 줄을 띄우기"식으로 문단을 구성하고 있는데 이에 대해 좋은 평을 내리는 동료 교수들을 본 적이 없다. 이런 어색한 문단 체제를 지키는 답안이 아직도 발견됨이 기이하다. 문단은 자연스러운 문맥의 전환에 따라 이루어져야 함이 낫다.

그리고 문단의 구분과 장(혹은 절)의 전환은 여백을 달리 주어짐이 자연스럽다. 문단의 좌우 여백도 너무 좁거나 넓지 않아야 한다. 한자나 영문 표기를 섞어 쓰는 것은 필요시에는 당연한 일이되 이를 문장 구성의 인공적 장식쯤으로 생각하여 이의 사용 여부를 고민하는 것은 우스꽝스러운 일이다. 자연스럽게 어느 부분에서 줄을 띄운다든지 타이틀을 붙인다든지 하게 되어 있다. 저술을 하는 교수들은 이런 점을 고민하여 저술을 한다. 다시 말하면, 교재에 장-절-항의 타이틀이 구분 및 문단의 구분이 일어나는 것은 다 나름대로 필연적인 근거가 있는 것이다. 이것이 부자연스럽게 구성되지 않도록 답안을 구성해야 한다.

5) 균형

좋은 답안은 세부 항목별로 중요한 사항에 보다 많은 지면을 배정하여 논리적으로도 명확히 서술해야 하며 기계적으로 모든 타이틀에 같은 비중을 두어서는 안 된다. 이는 실질적·내용적 의미의 균형이다. 이것은 당연하다. 그러나 여기서 말하는 것은 이러한 내용적 의미의 균형 하에서도 일정한 형식체제상의 균형도 감안해야 함을 지적하고자 하는 것이다.

① 문제 전체적 균형을 지키자.

보통 3개(때로는 4~5) 정도의 문제가 출제되며 그 중 하나는 50점 정도가 주어짐이 보통이다. 이 중 한 문제에 대해서는 최고수준, 나머지 문제에 대해서는 과락 수준(심지어 한 문제를 완전히 누락)의 답안이 되어 있는 것을 발견할 때는 참으로 안타깝다.

첫째, 전반적(골고루 읽기)인 독서량 부족으로 인하여 아는 지식이 부분적인 경우이다. 특정 내용의 문제에만 편향되지 말고 교과서 전반을 골고루 읽어야 한다. 둘째, 서술 요령 부족 때문이다. 여기에는 “시간 배정 실패”(앞 문제에 너무 시간을 배정하다 보니 나중 문제에 있어서는 글씨, 서술의 수준이 급격히 저하), “지면 배정 실패”(앞 문제에 과다한 지면을 배정하다보니 뒷 문제들은 지면 뒤의 공란, 즉 답안지 표지의 안 쪽에까지 답안을 쓰는데 속지를 벗어나 서술함은 금지되어 있음에도 불구하고 이런 식의 답안이 꼭 발견된다)가 중요하다. 지면의 양적 배정에 대한 주먹구구식 지침은 대체로, “1면당 10점” 기준을 지키면 좋을 것이다. 즉 25점형 문제는 2.5면의 지면 배정이면 무난할 것이다. 이를 감안하여 시간 배정을 해야 한다. 작은 배점의 문제(25점형)를 하나 통째로 누락하고도 과락을 모면하는 것은 매우 드물 것이다.

② 특정 문제 안에서의 균형도 지켜야 한다.

a. 타이틀 및 기호 체계의 일관성과 독립성 유지가 필요하다. 타이틀과 기호 체계에 대해서는 하나의 패턴을 익혀 반복 연습하라. 그리고 2번 문제의 서술에서 “.... 앞의 1문에서 언급했듯이...”라는 것은 좋지 않다. 각 출제된 문제들은 독립된 것으로 간주하라.

b. 특정 장, 무엇보다도 “서론”에 지나친 지면을 배정하여 후술 문제들에 시간과 지면에 악영향을 주지 않도록 유의하라. 특히 “1번 문제”의 서론에서 이 경향이 아주 심하다. 이 경우 1번 문제의 후속 장(章) 및 2,3번 문제의 전체에 까지 부담을 준다. 최악의 경우에는 3번 문제의 서술은 전술한 대로 규정된 지면을 벗어나서 기재되는 경우가 생긴다.

c. 줄 간격 띄우기의 일관성을 유지하라. 단락 간, 대소 타이틀 간인가에 따라 차별을 두되, 제일 중요한 것은 ‘일관성’이다. 시험 현장에서 이 체제를 만들려 하지 말고 역시 평소에 타이틀의 위계, 여백(좌우, 상하), 문단 구조 등에 대해 일관성있는 패턴을 정착시켜 두어야 한다.

d. 의의(10점), 내용(20점), 발전 방안(20점)하는 식으로, 특정 문제 안의 세부 내용별로 배점이 명

시적으로 주어지는 경우가 있다. 이 경우에는 수험생들은 배점에 따라 서술의 균형을 지켜야 한다. 아는 사항이라고 하여 특정 세부 타이틀의 내용만 강조(질적, 양적)함은 좋은 방식이 아니다.

Ⅲ. 추가적으로 고려해야 할 요인들

1 추세 및 공부 범주

행정학의 일반적인 추세가 있다면 그것은 점점 깊은 이해를 요구하고 현실의 행정 문제의 실제 사례와 연관한 문제가 나온다는 것인데 이는 매우 바람직한 경향이다. 행정학 상의 특정 개념을 설명하라는 식의 출제는 점점 비중이 줄어들고 있다. 이 개념을 행정의 실제에서 어떻게 해석되는가? 라는 식의 문제, 그것을 정확히 알고 있는가를 확인하기 위해 특정 사례와 관련하여 묻는 문제 유형이 더 중요해 진다. 단지 암기 능력만으로는 답할 수 없는 문제들이다. 한국의 행정 현실과 관련해 가며 이해해 두는 습관이 필요하다. 그러나 이런 유형의 문제에 대비하는 가장 필수적인 코스는 바로 기본적 사항들을 충실히 이해하는 것임을 거듭 강조하고자 한다.

이와 관련하여 대체로 한 문제 정도는 보통 교과서의 기본적 사항을 지적하며 "XXX를 설명하라"라는 식의 출제를 유지하면서, 대형 문제는 좀 깊이 있는 이해를 요구하는 방식으로, 혼용함이 바람직하다고 생각하는데 대체로 실제의 출제도 이런 경향을 따르는 것 같다.

너무 거대 담론(grand theory)으로 흘러가는 문제들도 있는 듯한데 이것은 바람직한 것이 아니라고 여긴다. 행정학을 국정학, 국가학 정도로까지 외연을 확장하면 학생들은 어떻게 공부할지가 막막할 것이다. 저자들로서는 보편적인 행정학 교재를 읽은 학생들이 충분히 대응할 수 있는 문제들이 나와야 한다고 생각한다. 특정 이론에 국한된 것이라든지, 특정 논문이나 특정 저술에만 있는 것을 다루는 것 역시 바람직하지 않다.

또 하나 유의할 것은 정책학의 문제이다. 정책학이 행정학의 일부를 구성하고 있는 상황에서 정책학이 또 다른 선택과목을 이루고 있기 때문에 생긴 문제이다. 지방행정론 부분도 마찬가지이다. 경험에 의하면, "행정학"의 출제에서는 이를 조심스럽게 다루었던 것 같다. 특정 과목의 선택자에게 유리하지 않도록 한다는 당연한 원칙이 작용한다. 그러나 정책학은 역시 행정학의 일부이고 다른 각론들과 밀접히 연관되기 때문에 이를 완전히 무시함은 행정학 공부 자체에 바람직하지 않다. 이 책에서 지방행정과 정책론을 실은 것은 이들 과목에 대한 준비에도 도움을 주기 위한 것이다.

2 대학 수업

행정학을 공부하는 많은 학생들이 그들이 속한 대학의 정규 행정학 수업 과정에서 도움을 얻어야 한다. 정규 커리큘럼에서 제공되는 행정학 수업을 간과한 채 고시 학원에 전적으로 의존하려 함은 위험하고도 비능률적인 일이다. 비밀스런 시험 정보 등이 존재하며 이를 위해서 고시촌으로 가야 하는 것이 아닌가 하고 문의해 오는 학생들이 많다. 결코 그렇지 않다. 행정학의 공부 내용은 이미 교재에 다 나타나 있다. 어느 장소에 있느냐가 중요한 것이 아니라 당사자가 이를 정확히 읽어내느냐가 중요하다. 필자들의 대학 시절에는 고시 공부란 반드시 혼자 하는 것으로 알려져 있었다. 9

급, 7급 등에 관해 수험 학원들이 있었던 것 같으나 행정·입법·사법고시 등에 관한 학원이란 개념은 존재하지 않았던 것으로 기억한다. 이러한 차이는 요즘 대학생들은 남이 이끌어주지 않으면 스스로 공부하기에 익숙하지 않은 교육 세대라는 점과도 관련이 있을 것으로 생각된다.

대학 수업을 소홀히 하다가 고학년에 이르러 집중적으로 고시에만 몰입해보다가, 자신의 공부 방법에 확신이 없으니, 남들처럼 으레 고시촌에 들어가야 한다고 믿어 휴학까지 해 가며 그곳으로 들어가 거기에서 원점에서 행정학을 새로이 시작하더니 결국 다시 대학으로 돌아오는 경우를 많이 본다. 고시공부에 특효한 비밀스런 정보, 장소, 저술 및 환경이 존재한다고 믿는 것은 참으로 안타까운 일이다. 자신의 대학에서 정상적인 독서와 수업 과정에 충실하는 것이 곧 고시 행정학 공부와 잘 연계되도록 하는 것이 필요하다. 행정학의 기초적 수업 내용마저 고시촌에 들어가서 공부해야 한다면 우리 교수들의 정규 수업이 너무 잘못되어 있거나 학생들이 너무 어리석은 경우일 것이다. 비(非)행정학과 학생의 경우는 조금 달리 생각해 줄 수도 있겠지만.

각자의 대학 수업에 충실하라. 그리하여 대학 수업이 바로 고시 공부의 과정임을 분명히 알아야 한다. 이것은 행정학 뿐 아니라 모든 과목에도 타당한 말이다. 원론과 각론의 수업을 충실히 함은 공부의 깊이와 기초를 튼튼하게 만들어 준다. 수업 과정에 과제물로 작성하는 레포트 자체도 다 그 훈련 과정이다. 비 행정학과 학생들도 그들의 대학에서 제공되는 행정학 수업을 통해 기초를 먼저 익혀야 한다. 정작 우수한 학생들은 학교 수업 및 이에 대한 스스로의 보완만으로도 고득점으로 합격한 경우가 많다. 분위기(문화)와 환경이 어떠하든 결국은 학생 본인이 직접 읽고 이해하고 정리해 내어야 하는 것이기 때문이다.

3 시간

고시 공부에는 여러 해가 소요됨이 보통이다. 꾸준히 실력을 쌓아가야 한다. 반짝 공부나 기복 심한 공부로는 살아남을 수가 없다. 건강도 유지해야 한다. 정신적·육신적·영적 건강을 지켜야만 장기전에서 방대한 내용을 섭렵해 낼 수 있다. 비밀스런 정보에 촉각을 세우기 보다는 기본 교재를 꾸준히 읽어 나가는 것이 장기전 승리의 토대이다.

너무 기간이 길어지면 과감히 고시를 포기할 줄도 알아야 한다. 고시 합격은 능력의 문제만은 아니며 인간의 능력의 유형과도 관련이 있다. 굳이 여기에만 묶이지 말고 자신의 역량과 스타일에 적합한 영역에서 더 놀라운 삶의 성과를 보일 수 있음을 유의해 달라. 우수한 인력들이 장시간 몰입하는 고시 공부의 기회비용은 개인적으로도 매우 크다. 한정된 공직을 향해 그 보다 몇 십 배의 지망자들이 투입하는 시간은 국가 전체적으로도 큰 낭비를 초래한다. 그것은 Buchanan이 말하는 이른바 제 2수준의 지대 추구(rent seeking) 비용이다.

오래 공부를 지속하는 여부는 이 글의 서론에서 말한 대로, 자신이 과연 여기에 어느 정도의 의미를 부여하고 있는가와 직접적으로 관련되는 문제이다. 오랜 시간의 고시 공부를 경쾌히 버텨줄만한, 공직에 대한 선명한 소명 의식이 있어야 한다.

4 그물 코의 크기

고시 관련 교재들을 보면 놀라울 정도로 많은 주제들을 다 포괄하고 있다. 그 상당 부분은 무용하다는 것이 솔직한 느낌이다. 수많은 주제들을 다 커버하겠다고 너무 많은 관련 문제 들을 다 포괄하다보니 거대한 백과사전같은 책들이 되어 버린다. 모든 물고기를 다 잡기 위해 그물 코를 아주 좁게 만들면 그물질이 너무 무거워지고 쓸데없는 잡어들까지 다 걸려든다. 모든 과목에 이런 일을 할 수 있을까? 수험생의 입장에서 모든 문제들을 다 놓치지 않으려고 너무 잡다한 사항들을 다 읽어도 결국 그런 식으로 특정한 문제가 그대로 출제될 수 없다. 그런 식의 공부는 너무 피곤하다. 필자들이 권장하는 답은 이렇다: ①이 책에 있는 "기본적인 사항"을 반복하여 읽어 나름대로 이해를 한 후에 → ②예상 문제를 잡으려 말고 "기본 실력"을 키워 → ③시험 현장에서 그 실력을 "응용"하여 답을 적으라. 너무 많은 주제들을 읽지말라. 실력을 키워라.

5 퍼스낼리티

고등고시는 공부의 양, 깊이, 요구되는 자질의 특성 등을 감안하면 아주 특수한 시험이다. 개인의 특정 퍼스낼리티(personality)가 이에 잘 맞거나 잘 맞지 않을 가능성도 있음을 감안해 보아야 하지 않을까? 이 점은 많은 학생들이 간과하고 있는 국면인 듯하다. 이런 점은 굳이 행정학 한 과목에 국한되지 않을 것이다. 퍼스낼리티가 고시 합격에 주는 영향은 개인의 의지와 역량에 따라 극복될 수도 혹은 심화될 수도 있겠지만 적어도 퍼스낼리티가 중요한 국면임은 믿을 만한 사실이다. 여기서는 행정학 수험생의 퍼스낼리티를 일정한 연역적 논리에 따라 분석하는 것이 아니라, 필자들의 주변에서 경험된 여러 사례들을 귀납적으로 인용한 것이다. 그중에서도 특히 고시합격에 약점(강점이 아니라)이 될 수 있는 특성들을 극화하여 유형화 해 본 것이다. 각 유형의 명칭은 과학적이기 보다는 자의적으로 붙인 것에 불과하다.

① 첫째, 자기연민형이다. 고시 공부에 당연히 수반되는 소외, 고독, 고통을 감수하지 못한다. 그러한 자신의 불우하고도 어려운 처지를 과대 인식한다. 동료 기타 타인에게서 위로받고자 애쓴다. 합격 후에는 자신의 학업 과정에서의 어려움을 과장하여 표현한다. 혹은 유약함 때문에 아예 합격을 하지 못한다. 자신의 공부가 실패한 경우 그에 대한 많은 '외부적' 변명들의 리스트를 잘 준비해 있다.

② 둘째, 비극지향형이다. 본질적으로 Pessimist이다. 과거의 누적된 실패 경험에 잘 타협·적응되어 있다. 본인·학교·동료들에게서 합격의 사례는 발견하기 어려웠기 때문에 어떤 의미에서는 실패를 당연시하고 나아가 이를 '희구'한다. 실패 안에서 (좌절과 더불어) 안정감도 누린다. 자기 최면을 통해 자신의 불합격이 자연스러운 일이라고 믿고 있다. 불합격 하기 위해 공부를 하는 셈이다.

③ 셋째, 자학적(Masochist) 유형이다. 고시 공부의 장기 레이스에는 학업 컨디션이 변동함이 자연스러운 것임에도 불구하고 이를 용납하지 못한다. 고통과 큰 희생을 들여야만 합격한다고 믿고 있다. 정상적인 자신의 평범한 학업 방식에 확신을 못 가진다. 특수한 고통을 치르기 위해 노력하며 학업 상태가 조금만 나빠져도 자신을 증오한다. 전술한 자기연민형과 겹치는 경우도 있다.

④ 넷째, 이기적 유형(Egoist)이다. 배타적 정보를 갖고자 한다. 그릇된 동기로 고시를 지향하는 경우가 많다. 무슨 수로든 자신만 합격하면 그만이며 자신에게 유익을 주는 경우에만 타인과 상호 작용을 하며 그 밖의 경우에는 다른 사람과 토론 및 의사소통을 기피한다. 특수한 정보를 많이 알고 있다고 생각한다. 교양과 인성 등에는 관심이 없으며 교재도 중요한 부분과 그

렇지 않은 부분을 나름대로 판정하여 전자만을 취하려 한다. 그러나 이러한 생경한 타산 때문에 오히려 손해를 보는 경우가 많다. 가끔 합격하기도 하지만 합격 후에는 진정한 봉사자가 되기가 어려우며 행정 고객 및 시민에게 많은 외부불경제를 야기한다.

⑤ 다섯째, 완전무결형이다. 처음부터 행정학 내용을 완전히 이해하려 든다. 완벽한 모범 답안 준비를 시도한다. 책을 읽어 나가다 부닥치는 다소 불완전한 서술 부분을 받아들이지 못한다. 진도를 포기하고 끝내 이를 완벽히 이해하기 위해 많은 시간을 들여 여러 참고서들을 찾는다. 행정학 공부의 넓이를 포기한 채 처음부터 깊이를 추구한다. 모든 과목에 대해 이런 식의 공부가 가능한 경우에는 수석합격자가 될 가능성도 있으며, 한편 인지적 한계로 행정학 혹은 다른 과목에서는 이런 식의 공부를 일관함이 불가능할 경우에는 대개 출제 문제 중 특정 문제(혹은 특정 과목)는 최고 수준, 다른 문제(혹은 특정 과목)에 대해서는 낙제일 경우가 많다.

이상의 속성들이 개인별로 선명하게 특화되어 표현될 수도 있고, 혹은 한 개인의 퍼스낼리티 안에서 이들이 공존할 수도 있을 것이다. 자신의 내부에 어떤 요소가 있으며 이것이 행정고시 공부에 어떤 부작용을 주는지를 선명히 이해함은 중요하다. 고시공부에서 나타나는 어려움의 일정 부분은 능력이나 자질의 문제가 아니라 실상 이런 점에 기인함을 이해한다면 자신에게서 보완·극복되어야 할 부분이 선명히 인식될 수 있을 것이다. 이것은 굳이 고시 공부에 국한된 사실이 아니다.

Ⅳ. 나쁜 답안들의 예시

좋은 답안은 출제 문제에서 요구되는 사항을 대체로 충족시킨 것이다. 그러나 그 내용을 그대로 재현해 내는 것은 불가능하므로 여기서는 답안의 나쁜 부분들을 지적해 보는 방식을 취해 보자. 앞에서 지적한 사항들을 지키지 못하고 구성된 답안들은 다 나쁜 답안이라고 말할 수 있다. 이러한 나쁜 구성에 관한 예들을 다 예시하기에는 부적합하다.

따라서 여기에서는 체계적 구성적 의미에서 잘못된 예증은 포기하고 보다 간단한 종류의 오류 사례들을 예시해본다. 필자들의 경험을 종합해 본 다음과 같은 사례들을 참조해 보라. 여러 분류 항목들에 중복적으로 들어가야 할 사항도 많지만 정확한 분류보다는 여러 사례를 많이 열거함에 초점을 둔 것들이다.

1. 의미를 잘못 이해한 용어를 적실성 없는 곳에 인용한다.

"공유지의 비극, 공공재, 신뢰의 적자, New Governance.... , 새로운 시대.... "등의 용어가 주로 남용되는 듯하다. 이런 용어 자체가 나쁘다는 것이 아니라 부적절하게 마구 남용되는 예가 많다는 의미이다.

2. 아무 곳에서나 장식품을 달 듯이, 상투적 cliche나 유식해 보이는 수식 어귀를 마구 붙인다.

" .... 오늘날 PIMPF가......", "현대 행정에서 NIMBY가...." , "신봉건주의의 시대 ....."

3. 어설픈 인용구로 둘러대는 식의 표현이다. 알고 쓰는지, 잘 모르고 마구 둘러대는 것인지 모호하며 뜻 해석 자체가 난해하여 채점자에게 고통을 준다.

"사인은 정보의 비대칭성 (information asymmetry)을 이용하여 도덕적 해이 현상을 보이는 대리인 문제를 야기하여 공익과 사익을 충돌케 한다 ". " .....성찰식 행정이 되어야 한다....."
"공익지향이 New Governance에 더 유리하다..."

4. 출제자(혹은 출제 문제)에 대한 논평까지 하는 지나친 여유를 보인다.

"....라는 오늘날 상황에서 이런 문제가 출제된(논의되는) 것은 매우 적절하다고 보여진다."

5. 세부 서술 사항의 일부에 공백을 남겨둔다. 특정 답안의 복제에 실패한 것으로 보인다.

"(1)자유주의적, (2)공익지향적, (3) (*공란*), (4) 신비주의적"

6. 좋은 말인 것 같지만 구체성이 매우 부족한, 모호한 표현들을 늘어 놓는다.

"equity를 높이면서도 efficiency를 보장하는 식으로 개혁이 있어야 한다."

"과정설과 실체설을 적절히 전략적으로 선택해야 한다"

"주민 참여를 높이면서도 행정 목표 달성도 한꺼번에 높이는...."

"공무원 사기도 높이고, 효율성도 높이는 것을 조화롭게...."

7. 인물 및 개념의 인용 시 유의

① 틀린 철자, 글자들

Betham→ Bentham, dilema → dilemma , Rocke → Locke

② 공인도가 낮은 인물의 표기는 약간의 보충 설명

"윌슨이 말한 행정관료 ...... " → Woodrow Wilson인지, 관료제(Bureaucracy)라는 명저의 저자인 James Q. Wilson인지 불명확하다.

"Farmer가 이야기 하듯이....." → 어떤 Farmer인가?

③ 잘못 인용한 학자명 (→인용안한 것보다 못함)

(ex.) .....슘페터의 과정설......

8. 비논리적 형식 체계

내용은 충실한데도 적정 단락 구분, 여백 배정, title 부여 등에서 실패한 경우이다. 정리 능력 부족. 독서량 부족 때문이다.

9. 사용 표현들이 교과서에 있는 학술적 용어를 너무 벗어난 답안(구어체가 지나친 문제)

".... 누이좋고 매부좋은 결과를 가져온다.......", "... efficiency 없는 equity는 앙꼬 없는 찐빵...." ".... 즉 정부는 직접 나서서 멍석 위에서 헤집고 다니지 말고 충분히 놀 수 있는 여건을 조성해 주어야 한다. 깔린 멍석 위에서 민간이 마음껏 뛰 놀고....."

10. 비객관적 서술 혹은 선정적 서술

".....위기에 선 대한민국..." "....하나가 된 민족", "처참히 무너지는 빈곤층....",

".....제 갈등의 제초제....." "사회의 회초리" ".....항상 깨어 있어야 한다".

이런 경우는 교과서의 학술적 표현에 체화(embodied)가 덜 되어 있기 때문에 나타나는 현상이다. 교과서를 충실히 더 읽어야 한다.

11. 논문형 서술에 부적합한 서술

① 진지함 부족

(ex) "예상되는 행정수요"라는 title하에다 다음과 같은 식의 서술.

".... 도대체 무엇이 행정수요인지는 아무도 모른다. 누가 그 답을 알겠는가! ...."

② 경어체 및 부적절한 서술

" ....입니다. ...합니다"식으로 과잉의 예의로 전체 답안을 작성한 경우. "....행정이라는 개념이 존재하기 때문에 공무원이란 자들과 행정전문가들이 먹고 살 수 있다"는 식의 표현들.

12. '금지 사항'들을 무시하는 예

'답안과 상관없는' 내용 기재 금지, 사용이 금지된 방식으로 본문 수정을 한 경우가 있는데 이들 답안은 무효화 될 수도 있다. 개인적 실연(失戀)으로 인한 절망의 편지를 4-5페이지나 기술한 경우를 경험한 적도 있었고, 공부한 내용이 부족하여 답안지에 쓸 수 있는 내용은 없으나 차기 연도에 대한 "연습"으로 그냥 앉아 있음에 대한 자기 모멸의 편지글 등도 있었다. 이런 사연들 자체는 채점자들도 그 비감함에 공감할 정도였지만 이들은 다 금지 사항(답안과 관련없는 내용 기재 금지)을 위배한 것이며, 답안 전체가 무효화될 수 있음을 유의하라. 또 답안지 속지를 벗어나 표지의 안 쪽 면에 기재를 하는 경우 등도 마찬가지이다.

Ⅴ. 에필로그

이상은 국가고시가 아니더라도 행정학을 주관식 논문형으로 공부하는 모든 경우에 타당한 방법이다. 이것은 하나의 보증수표라기보다는 표준적 제안이다. 다시 강조하거니와 처음 문제로 다시 돌아가자. 곧, 왜 행정학 공부를 해야 하는가? 라는 근본 물음을 항상 반추해 주기 바란다. 그것이 확인된 독자들에게 이 책의 내용들이 행정학 학습에 좋은 지침이 될 것으로 확신한다. 정도를 걷는 것이 올바른 학습방법임은 말할 것도 없거니와, 이웃과 사회와 국가에 대한 최소한의 사랑 및 바른 공직 소명의 확신이 학습방법의 미비를 극복하게 해 줄 것이다.

5명 면접자 중 1명을 떨어뜨려야 하는 행정고시 3차 면접은 참으로 난형난제의 대결이었다. 그러다 긴장을 이기지 못하고 한 여학생이 눈물을 흘리며 대답을 놓치는 실수를 몇 번 범하고 말았는데 그 순간 탈락자를 고르지 못해 고심하던 심사자는 물론 다른 면접자들도 일거에 안도하는 모습이었다. 결국 불합격했는데 너무 잔혹하지 않은가! 긴장한다는 것은 순수하여 뻔뻔하지 못하다는 것일 수도 있는데도 말이다. 그에게 아래 말을 해 줄 기회가 없었다.

실력이 뛰어나되 불합격하기도 하며, 실력이 상당히 모자라도 운 좋게 합격하여 상당기간 행정착오라는 통지 올 것이란 두려움 속에서 근무하는 사람도 있다. 젊은 시절 청춘을 걸고 국가고시이든 아니든 행정학을 가장 열심히 공부한 이상 그대들은 다 성공자이다. 사람 사랑을 품고 행정학 공부를 출발한 이상 그것은 공직이 아니라도 가정, 회사, 혹은 이웃 간에서 놀라운 행복으로 열매 맺을 것이다.

제 1 장

행정학총론

행정학총론 가이드

가장 중요한 기초인 행정학총론에는 행정학전반의 이해에 필요한 추상적 개념들로 가득하다. 행정의 의미, 과정, 행정과 정치 및 경영과의 관계, 접근방법 등은 이론적 문제이다. 접근방법들 중 신제도주의, 공공선택론, 행태주의는 매우 중요한 영향을 주었으므로 따로 깊이 공부해야 한다. 행정학의 접근방법에서 더 추상적 수준으로 간 것이 저명한 과학철학자 쿤(T. Kuhn)의 논리를 차용한 행정학의 패러다임이다. 공익론에서는 사익중심적 공익이론까지 더 전개해 나가야 한다.

행정의 지도원리가 되는 행정이념은 매우 중요하다. 특히 공평성 이념이 주는 환상 때문에 공정사회론(이명박 정부), 경제민주화론(박근혜 정부)처럼 공평성 이념은 과대 표출되어 왔다. 이 정책 기조를 바로 알고 있는가? 이 공평성 이념과 가장 반대되는 자유지상주의(libertarianism)를 1장 말미에 배치했는데 양자를 정확히 대비하라. 뉴거버넌스 모형은 포괄적인 피터스의 유형을 중심으로 정리해두면 좋은데 피터스의 개념은 시장주의까지 포함한 광의의 거버넌스 개념임을 유의하라. 행정책임과 행정통제는 이번에 분리하였다. 특히 프리드리히와 파이너의 논쟁의 전모를 정확히 이해하라. 사회적 자본과 행정문화는 행정을 둘러싸고 있는 환경적 조건이다.

특히 신공공관리, 뉴거버넌스, 신자유주의 간의 차이를 이해하라. 첫째, 신공공관리론은 정부관료 측이 자신의 우위를 포기하지 않으면서도 민간 부문에서 성공적인 성과를 보인 경영 사고를 끌어들이려는 것이다. 중심축은 어디까지나 행정측에 있다. 둘째, 뉴거버넌스 중심축은 뉴거버넌스의 수준에 따라 가변적이지만 대체로 정부 및 민간의 양측에 놓여 있다. 셋째, 신자유주의(neo-liberalism)는 특정 행정관리 기법이라기보다는 경제적 자원 배분에 관한 정치적 의사결정에서 기업의 자유와 경쟁을 중시하는 정책(자유 경쟁, 무역자유화, 노동시장 자유화, 국가개입 최소화)을 강조한다.

총론 부분에서 또 하나 분명히 붙잡아야 할 관점은 '정부냐, 시장이냐?'라는 거대한 가치 대립이다. 전통적 관료제 입장에서 보면 가장 충격적인 것은 시장이 정부에 가해오는 공격이다. 그러나 정부가 기존의 행정의 역할에 대해 시장이 가하는 공격에 계속 밀리기만 한 것은 아니었다. 정부 측을 옹호하는 입장을 전개한 행정학자 프레데릭슨(H.G. Frederickson)은 시민은 주인이지 시장이론에서 전제하는 고객이 아니라고 맞선다. 뉴거버넌스를 조금 다른 모습으로 실현하는 심의민주주의는 사실 행정학보다는 정치학적 차원의 논의인데 거기서는 시장보다는 정치적 참여, 곧 정부를 더 강조하는 것이다. 심의민주주의에서도 관료제는 가장 주요한 요소이다. 협의의 신공공관리도 본질상 관료측에 선택권을 준다. 정부의 주도적 역할이 여전한 관성을 지니고 있는게 우리의 행정 현실이다.

이에 비하면 신자유주의는 반대로 시장측에 선택권을 준다. 뷰캐넌이 계약주의적(contractarian) 국가관을 강조하고, 오스트럼이 전통적 관료제를 민주적 서비스 공급체계로 개혁할 것을 강조함도 이 때문이다. 민주주의의 모순과 정부 실패를 지적하는 공공선택론적 공격에 대해 위트먼(Donald Wittman)은 민주주의는 효율적인 제도라고 항변한다. 시장이 강화되면 행정학자의 위상이 약화될 것을 우려한다는 괴이한 논리의 한국 학자도 있었다. 정부실패의 만연, 국가주의의 신봉자인 공산국가의 퇴조와 함께 서구에서도 케인주주의는 크게 위축되었다. 그러다 이명박 정부 때의 미국 발 경제 위기 원인이 시장의 결함인 것으로 몰아붙이며 국가주의자들은 케인즈의 망령을 다시 불러들였다. 공정사회론, 사회적 기업(socal enterprise), 경제민주화 및 협동조합은 이 때 부상한 제도인데 한국 행정에서 이른바 우파정부란 성격이 무색할 정도로 재분배 경제로 크게 나아간 정책들이다. 그것이 바람직한 현상일까? 그러더니 박근혜 정부에 와서는 경제민주화와 규제개혁, 복지강화와 창조경제의 충돌을 자초하고 말았다. 행정이념이 이만큼 중요한 것이다.

신제도주의는 단일 테마가 아니라 정부 전반을 해석하는 시각이다. 정부의 정책, 법령, 규칙 등과 같은 제도를 그저 주어진 것으로만 보았던 경제학 분야에서 제도 자체를 연구한다는 것은 패러다임의 변혁이겠지만 그에 비하면 행정학은 처음부터 이런 '제도'들에 비교적 친숙해 있었다. 그러므로 신제도주의가 경제학에 준 신선함에 비하면 행정학에 준 새로움은 덜하다. 오히려 한국 행정학에서는 이를 메타 이론화하여 추상적 소개에 치중하다보니 전혀 새로운 이론을 제시하는 양 혼란도 주었다. 초기에는 신제도주의 메타 이론 소개에 급급하다 최근에야 비로소 구체적으로 그 이론 하에서 실제의 정책들을 분석하기 시작했다.

행정책임과 통제는 행정과정 중 평가와 시정조치에 해당한다. 파이너(H. Finer)는 행정학의 유명한 두 가지 대 논쟁(the great debate)에 다 참여한 사람이다. 첫째, 그는 하이에크를 상대로 자유민주주의 국가에서도 국가 계획(planning)을 받아들일 수 있다고 주장했음에 비해 하이에크는 그것은 곧 개인이 노예로 가는 길이라고 주장했다. 둘째, 파이너는 이번에는 행정책임의 본질은 내적 책임이라는 프리드리히(C. Friedrich)를 상대로 외적 책임이 민주주의의 본질이라고 대 격론을 벌였다. 하이에크 앞에서는 개인보다 정부를 옹호하더니, 프리드리히 앞에서는 정부 통제를 주장한 이중 플레이를 어찌 해석할까? 총론은 행정학의 근본이며 그 근저에 흐르는 이런 큰 뿌리들을 보면서 읽어 나가야 한다. 고등고시에 총론이 가장 중요시 되는 것도 이 때문이다.

01. 행정의 의의

Ⅰ. 의 의

1 시대적 개념 규정의 필요성

'행정'(public administration)의 개념 정의는 행정학 연구의 근본 출발이면서도 동시에 행정학에서 가장 어려운 일이기도 하다. 행정의 개념 정의가 어려운 이유는 '행정'의 경계가 선명하게 규정되지 않고 내용이 역동적으로 변하며, 인간과 관계를 다루는 사회과학인 행정 현상이 자연과학 현상과 달리 과학적·객관적인 분석이 불가능하고, 인간의 행동에 대한 개념 규정에는 주관이 필연적으로 개입하게 되는데 이 주관은 또 연구자가 속한 사회 조직의 공간적·시대적 환경에 영향을 받기 때문이다.

이러한 어려움에도 불구하고 행정의 개념 규정은 필요하다. 왜냐하면 행정을 명확히 정의하지 않으면 행정기관, 행정작용, 행정조직, 행정과정, 행정 관료, 행정입법 등의 수많은 관련 개념들을 규정할 수 없게 되고, 행정이란 개념이 규정되지 않는다면 한국 정부의 어느 국면이든 전혀 설명할 수 없게 된다.

2 행정의 정의

행정의 정의에는 주관의 개입이 불가피하고, 행정을 둘러싼 공간적·시대적 환경을 감안해야 한다. 특히 행정이 국가의 중심 기능이며, 정치와 경영 간의 연속선 위에서 좌우 이동을 해 왔다는 점(정치와 경영과의 관계)과, 특정한 국가와 시대에 따라 행정에게 요구된 역할(행정의 내용)이 변화한다는 점을 고려해야한다. 행정의 개념은 학자마다, 시대마다 다기적으로 규정되어 왔다. 가장 공통적으로 지적하는 행정의 속성을 중심으로 정의하면, 행정이란 '정치 권력을 배경으로 국가 목적을 달성하기 위해 공공 정책의 형성 및 구체화를 이룩하는 정부 관료제의 집단적 행동'이라고 요약할 수 있다. 물론 이것은 일반적 의미의 행정이고 한국 행정에서의 구체적 정의는 현재의 한국 상황을 더 고려해야 한다.

Ⅱ. 학설별 행정 개념의 변천

1 행정관리론

행정관리론은 행정이 경영과 같이 본질적으로 '관리'(management) 작용으로 이뤄졌다는 것을 강조한다. 행정을 비즈니스의 한 분야(a field of business)라고 간주함으로써, 행정은 정치와 엄별됨을 주목한다. 따라서 행정을 "이미 수립된 정책과 법령을 구체화하는 과정"으로 한정하였다. 이는 19C후반에서 20세기 초반에 등장하였으며 윌슨(Woodrow Wilson), 화이트(Leonard D. White) 등에 의해 주장되어 정치행정이원론, 기술적 행정학 등으로 불린다. 이러한 행정관리론의 시각에서 본 행정의 개념을 정책학의 입장에서 본다면 그것은 주로 정책집행단계에서 일어나는 관료제의 작용에 초점을 둔 것이다.

이러한 윌슨의 행정관리론이 나온 뒤에 뉴욕시에 시정연구국(Bureau of Municipal Research)이 1906년에 설치되어 행정의 연구 및 교육 기능이 본격화되었다. 이 기관은 또 1911년에 공무원교육원(Training School for Public Service)을 설치하여 공무원 교육 훈련을 시작하였는데, 이를 계기로 많은 지방정부의 행정 연구와 교육이 이어졌다. 대학에도 영향을 주어 1924년에는 시라큐스(Syracuse)대학교의 행정대학원이 설립되었으며, 1926년에는 화이트가 행정학 교과서를 출간하기에 이른다.

2 정치기능론

정치기능론은 행정이란 본질적으로 정치와 구분되기 어려우며, 정치와 광범위하게 관련되는 것으로 본다. 행정은 적극적으로 정책을 결정하고, 나아가 입법 기능까지 담당한다. 행정이 정치 기능을 수행한다고 보므로 행정을 오직 경영 작용으로만 보는 행정관리설과는 차이가 있다. 이 때문에 정치행정일원론, 기능적 행정학이라고도 부른다. 1930년대 후반부터 디목(Marshall E. Dimock), 애플비(Paul H. Appleby) 등의 학자가 주로 주장하였다. 정치기능론의 행정의 개념을 정책학의 입장에서 본다면, 행정은 이미 수립된 정책집행에 한정하지 않으며 정책결정의 작용까지 담당하는 셈이다.

정부의 행정 과정이 정치적인 것이라는 애플비의 주장은 윌슨과는 반대되는 입장이다. 이 주장이 나온 시기에 프랭클린 루즈벨트 (Franklin D. Roosevelt)대통령은 뉴딜 정책을 추진하면서 행정개혁 기구로 행정관리위원회(Committee on Administrative Management: 소위 'Brownlow 위원회')를 설치하여 관리 혁신을 촉진시켰다. 그리고 1939년에는 미국행정학회(American Society for Public Administration: ASPA)가 창립되어 행정학 연구가 확산되기 시작했던 시대 상황을 배경으로 하고 나온 학설이다.

3 행정행태론

행정행태론은 인간이 직면하는 가치판단과 사실판단이라는 상이한 성격의 판단 작용 중 후자를 강조하는 '논리실증주의'(logical positivism)를 전제로 한다. 정치는 본질적으로 '가치의 권위적 배분 작용'이며 그것은 객관적 사실 작용이 아니라 가치 판단 작용이다. 그런데 행정학의 '과학화'를 위해서는 가치판단적인 것을 연구 대상에서 배제하고 사실판단 작용만을 고려해야 한다. 현실의 행정 작용 속에 정치기능이 일정 부분 내포되고 있는 것은 인정하지만 행정의 과학화를 위해 정치 국면을 배제하려는 것이다. 그리고 행정의 연구는 행정 조직 구성원의 '행태'(behavior)를 연구 대상으로 삼으며, 조직 내의 의사결정 국면에 초점을 둔다. 행정 작용 중에서 정치 국면은 배제하다보니 행정은 자연스럽게 경영과 가까운 작용으로 간주된다. 행정을 경영과 같이 보는 점에서는 전술한 행정관리론과 유사하나 시기적으로는 전술한 정치기능론을 대체하고 나온 것이며, 행정에 내포되는 협동적 집단행동 및 의사결정을 더 강조하는 것이 행정행태론이다. 사이먼(Herbert A. Simon), 마치(James G. March) 등에 의하여 1940년대에 제창되었다.

4 발전기능론

발전기능론은 행정이 스스로 국가 발전의 목표 설정에 적극적으로 참여하고 이에 일치되는 발전정책, 발전계획의 형성을 주도해 나가는 것을 강조하고 있다. 1960년대 후진국들이 사회 및 민간의 역량이 매우 미흡한 가운데 행정이 국가 발전을 주도하는 불가피한 상황을 염두에 두고 나온 이론이다.

앞에서 본 정치기능론이 행정이 경영작용만이 아니라 정치작용도 담당하고 있음을 강조하였음에 비하여, 이 발전기능론은 오히려 행정이 정치보다 우위에 서서 정치를 선도해 가는 것까지 포함하고 있다. 발전기능론에 토대하여 에스만(Milton J. Esman), 와이드너(Edward W. Weidner) 등은 전통적인 정치우위론이 아니라 행정우위론까지 제기하였다. 이 이론은 행정이 정치를 벗어나서, 정치보다 더 우위에 서는 것이 행정의 책임성 · 민주성을 위배하는 것이 아닌가? 라는 문제도 안고 있다. 우리나라의 1960~70년대 발전도 사회 및 민간의 역량 부재 속에 행정이 주도했던 대표적인 사례로 꼽힌다. 바로 이 관성 때문에 행정의 역할이 이에 재조정 혹은 축소되어야 하는 오늘날에서도 행정이 국가발전의 주역이라는 미신이 남아있다.

5 신공공관리론

1980년대 들어 복지국가, 행정국가의 심화가 정부의 양적 팽창과 질적 확대 및 정부실패를 초래하였다. 이에 따라 방만해진 행정의 효율화, 행정서비스에 대한 고객의 선택권 및 만족도 제고가 중요한 국민의 관심이 되었다. 민간 부문에서 발달된 경영 기법을 공공 부문에 도입하여 정부를 효율적으로 개혁하자는 것이 신공공관리론(New Public Management: NPM)이다.

신공공관리론도 행정을 경영으로 본다는 점에서는 정치행정이원론과 같으나, 단순히 정치로부터 독립한다는 점보다는 정부에 우수한 경영 기법 및 시장(market)기제의 도입에 더 적극적이다. 오스본과 게블러(David Osborne & Ted Gaebler) 및 공공선택론자(public choice theorists)들이 이러한 입장이다.

Ⅲ. 한국에서의 행정의 개념 규정

1 행정 개념 규정의 전제

앞에서 본대로 행정이란, '정치권력을 배경으로 국가 목적을 달성하기 위해 공공 정책의 형성 및 구체화를 이룩하는 정부 관료제의 집단적 행동'이다. 그런데 행정의 개념은 시간과 장소, 연구자의 시각에 따라 변동한다. 따라서 한국 행정의 상황에 맞는 행정의 개념을 구체적으로 정립해야 한다.

한국에서는 오랫동안 행정이란 법령의 집행이라고 단순하게 정의해 왔으나 이는 전통적인 삼권분립을 전제로 한 법학적 규정에 불과하다. 즉, 절대군주제 하에서 '관방학'이 발달했던 독일의 행정법학적 접근법과, 일제시대 일본에서 수입한 행정법 체계에서 행정을 이해해 온 개념이다. 실제로 우리의 경우 행정의 기능은 건국 직후부터 법령의 집행 이상의 기능을 해왔으므로 이러한 행정법학적 접근은 현실 적합성이 적다. 따라서 우리나라의 행정의 정의는 단순한 집행 및 POSDCoRB 등과 같은 관리 요소에만 초점을 맞추는 행정 개념보다는 현실의 한국 행정 작용이 수행 해 온 정책결정 · 발전기능 및 최근의 기능까지 포괄하여 정의해야 한다.

2 한국에서의 행정 개념 요소

한국의 상황을 토대로, 행정을 "정치 권력을 배경으로 국가 목적을 달성하기 위해 공공 정책의 형성(결정) 및 구체화(집행)를 이룩하는 정부 관료제의 집단적 행동"이라고 하였다. 이렇게 규정된 한국 행정의 정의에는 다음과 같은 특징적 요소들이 들어 있다.

첫째, 행정은 권력 작용을 내포한다. 이 점은 한국뿐 아니라 모든 나라의 행정에 고유한 특성이다. 아무리 대규모일지라도 기업 조직에서는 발견할 수 없는 내용이다. 한국 행정에서 경영 기법 적용이 확대되더라도 행정 작용은 여전히 국가의 권력 작용이다. 다만 그 권력의 크기는 점점 줄어들고 있다.

둘째, 행정은 주로 공공 정책의 형성과 집행을 수행하는 작용이다. 이 때 정책이란 소극적인 갈등의 조정과 적극적인 발전 행정을 포함한다. 정책결정과 집행 과정은 수많은 관련자들이 개입하는 집단적 과정이다.

셋째, 행정은 국가 목적 달성을 위한 수단이다. 여기서 국가 목적이란 적어도 규범적으로는 공익(public interest)의 실현이다. 조직 목표를 달성하는 수단이라는 점만 본다면 민간 조직이 사익을 지향하지만 행정은 공익을 지향한다. 다만 그 공익도 개인의 사익을 초월한 것이 아니라 사익에 의해 점점 더 많은 제약을 받고 있다.

넷째, 서구에서는 이미 정치 발전 및 민주화가 성숙되었기 때문에 그 다음 단계의 과제인 경영으로서의 행정 개념으로 초점을 옮겨왔다. 그러나 우리나라에서는 처음부터 민주성보다는 효과성·능률성을 강조해왔다. 따라서 한국 행정에서 민주성은 아직도 더 확장되어야 할 필요가 있는 가치이다. 비록 신공공관리가 심화된다고 하더라도 정치 발전과 민주화를 함께 성숙시켜야 한다. 최근 한국의 민주화의 수준이 이미 선진국에 근접한 수준으로 확립되었지만 효과성, 능률성과 더불어 민주성은 여전히 한국 행정의 중요한 가치이다.

논평

행정 개념 규정의 필요성 및 일반적인 정의를 먼저 내린 후, 한국 행정에서의 개념 정의를 따로 구체적으로 내려주는 방식이 바람직하다. 행정 개념의 변천은 굳이 행정-정치의 관계가 나리라 다른 국면을 통해서도 서술 가능하다. 시민-국가의 관계성, 경영-행정의 관계를 통해 서술함도 가능하다. 말미의 한국 행정에서 민주성이 어느 정도로 강조될 수 있는가는 현재의 민주화 수준에 대한 평가에 달린 문제이다. 아직도 민주성이 가장 중요한 이념이고 따라서 오늘날 한국에서의 행정 개념은 여전히 이 민주성을 위한 것으로 이해함이 온당하다.

| 새 테마 행정학 |

02. 행정 과정: 7대 과정론

Ⅰ. 의 의

행정 작용은 제도(institution)로, 역사(history)로, 체제(system)로, 행태(behavior)로, 생태(ecology) 등의 다양한 관점으로 접근될 수 있다. 행정 작용을 파악하는 또 다른 접근은 행정이 이루어지는 일정한 과정(process)의 관점에서 파악하는 과정론적 접근이다. 즉 행정이란 이 환경과 더불어 투입-산출-환류의 단계를 거치면서 조직 내외적 목표를 수행해 나가는 과정으로 볼 수 있다.

행정을 이렇게 이해할 때 그 구체적인 행정과정은 대체로 다음과 같이 목표설정-정책결정-기획-조직화-동작화-평가-시정조치의 7단계로 구분할 수 있다(박동서, 2004). 이러한 7대 과정이 늘 순차적으로 일어나는 것은 아니며 서로 교차되면서 일어난다. 그리고 행정은 개방 체제이기 때문에 각 단계에서마다 끊임없이 외부 환경과 상호작용을 주고 받는다.

Ⅱ. 행정의 7대 과정

1 목표설정

이 단계는 광의의 행정 체제가 어디로 나아갈 것인가(where?)를 수립하는 과정이다. 구체적 발전 목표에는 통일, 민주화, 경제성장과 안정, 복지 등이 중요하며 다시 이는 부처별, 국・과별로 세분화된다. 이에 후속되는 과정인 정책결정 단계에서 수립되는 정책 내용들도 근본적으로 이 발전 목표에 합치되는 것이어야 한다.

목표설정은 행정 과정의 첫 단계이지만 그것은 본질적으로 '정치과정'에서 형성되어 설정되며, 행정부외의 다양한 집단의 참여를 통해 이루어진다. 모든 행정 작용은 이 목표설정을 전제로 전개되기 때문에, 또 우리나라의 경우 행정부가 목표설정에도 상당한 영향력이 있기 때문에, 이를 행정 과정의 첫 단계로 간주함이 타당하다.

2 정책결정

이는 발전목표가 설정된 후 이를 달성하기 위해서 무엇을 할 것인가(what)?를 결정하는 단계이다. 여기에서는 합목적적, 합리적인 정책결정 과정이 필요하다. 정책결정은 가치 배분을 공식적으로 결정하는 작용이다. 이 단계는 행정부의 대통령, 부처 장·차관, 고위관료 및 관련 외부 집단, 정당, 정치인이 관여한다.

종래의 정책 집행 중심의 행정학에서 정책결정은 상대적으로 소홀히 다루어져 왔다. 그러나 정책결정 단계에서 오류가 발생하면 이후 그 후의 집행 과정에서 또 다른 오류를 낳게 되므로 정책결정 단계 시점부터 관심을 기울여야 하며, 또 실질적으로 행정부는 정책결정 단계에도 큰 영향을 주고 있다.

3 기획

이는 정책의 주어진 정책을 어떻게 구체화할 것인가(how)?를 계획하는 작용이다. 종래의 정치행정이원론에서 강조하는 POSDCoRB 속에도 이 기획(planning)작용은 포함되어 있었다. 그러나 거기에서의 기획은 주어진 목표를 충실히 집행하는 수동적·정태적 의미의 계획임에 비하여 발전행정 하에서의 기획은 능동적·동태적인 변화를 창조해 내는 계획을 수립하는 작용이다. 따라서 미래예측 및 고도의 분석 기술이 요청된다.

4 조직화

발전 목표가 설정되고 이에 따라 정책이 수립되며 이를 구체화할 계획이 작성되면 나아가 이를 집행하기 위해 행정인의 협동체인 행정 조직 또는 분업체제의 구조화 및 이에 대한 자원의 동원과 배분이 필요하다.

이때 조직화되는 자원 내용에는 우선 정부 기구(조직), 이에 배치되어 실제로 활동할 공무원(인사), 재원(예산)이 있다. 이러한 내용만 본다면 고전적·기술적 행정학에서 강조하는 조직론·인사행정론·재무행정론이 주로 이 단계에서 검토되는 셈이다. 그러나 이 세 가지에 더하여 오늘날에는 정보와 지식, 정치적 지원, 시간, 혁신 등이 매우 중요해지고 있다.

5 동작화

이는 자원이 조직화가 이루어지고 난 뒤, 행정 조직 체제가 계획대로 움직이게 하는 단계이다. 행정 체제의 작동이 계층제 상부의 지시·명령을 통해 일어난다면 수동적이고 소극적인 대응만을 결과할 뿐이다. 그 경우 능동적·자발적인 운영을 통한 높은 행정 성과를 기대하기 어렵다. 따라서 바람직한 동기부여가 필요한데 이를 위해서는 지시·명령만으로는 불충분하며 리더십, 의사전달, 다양한 동기부여 요소들의 적절한 관리가 필요하다.

6 평가

동작화만으로 끝나는 것이 아니라 이 동작화가 의도한 성과를 초래하였는가를 검토해야 한다. 이러한 검토는 행정 산물과 그 과정에도 적용된다. 동작화가 이루어진 이후에는 설정된 기준과 결과를 비교하는 평가 과정이 필요하다.

7 시정조치

평가 과정에서 나타난 오류나 성공은 차기의 행정 과정에 반영되어야 한다. 평가를 통해 좋은 성과를 얻은 경우에는 그 산출 과정을 강화하고, 오류가 발견된 경우에는 이를 시정하여 동일한 잘못을 반복하지 않도록 한다. 그러므로 마지막 과정인 시정조치는 체제론적 시각에서 말하는 환류(feedback)에 해당된다. 시정 조치는 행정 과정의 학습을 통해 행정 발전이 일어나게 하는 매우 중요한 단계이다.

Ⅲ. 과정론적 접근의 평가

이와 같이 행정을 '과정' 중심으로 체계화하고 이 과정별로 행정을 설명·예측하는데 예상될 수 있는 장단점은 다음과 같다.

1 장점

첫째, 실제의 행정은 일정한 공식적 비공식 과정을 통해 이루어지는 것이 보통이므로 이 현실에 잘 부합한다. 행정 조직 내부 및 환경과의 상호 작용을 개방 체제로 이해하기 때문에 현실의 복잡한 행정 현상을 설명하기에 적합하다.

둘째, 특정한 행정 기능 하나에 초점을 두는 정태적 시각이 아니라 그 이전 혹은 그 이후의 과정과의 연관성에 따라 움직이는 동태적 과정으로 본다. 따라서 전통적인 행정학이 단지 행정 작용을 POSDCoRB나, 조직·인사·재무 등으로만 이해하던 정태적인 접근과 달리 훨씬 역동적인 행정 현실을 잘 설명한다.

셋째, 각 단계들이 상호 연결된 것으로 본다. 그러므로 각 단계들은 개별 단계 자체만으로는 의미가 없고 이들이 상호 연결되어 행정의 체제(system)를 구성하는 하위 요소들이다. 따라서 여기에서의 과정론은 체제성을 띤다.

넷째, 이 단계들이 연결되어 순환 과정으로 움직이되, 평가 및 시정조치를 통해 차기 행정 과정으로 연결되기 때문에 선례를 통해 행정능력이 학습·반영되는 현실을 잘 반영한다.

2 단점

첫째, 본질적으로 과정 중심적 모형이기 때문에 과정 외의 국면, 예컨대, 행정이 산출하는 최종 산물 및 결과를 경시할 가능성이 높다. 이를 보완하기 위해서 행정 과정 모형은 평가·시정조치 단계에서 최종 산물 및 결과를 평가하는 작업을 포함하는 것이 보통이다.

둘째, 행정 과정론은 본질적으로 사기업의 생산 공정을 준거하여 나온 사고이기 때문에 권력적 공공 행정의 특성이 부각되기 어렵다는 지적이 있다. 그러나 관리를 절차별로 파악한다는 접근 자체가 곧 행정과 경영의 차이를 소홀히 하는 것은 아니며 각 단계의 설명 속에서 권력성·공익성·독점성 등의 공공 행정의 특성은 여전히 유지될 수 있다.

셋째, 행정의 경우 돌발적 사태, 위기 등의 경우에 이러한 고식적 과정에 벗어날 수 있다는 점을 지적할 수 있다. 그러나 그것마저도 그에 부합되는 새로운 과정모형을 형성하여 설명하면 될 것이므로 과정론 자체를 비판할 수는 없다.

넷째, 과정보다 특정한 정태적 국면(조직을 어떻게 설치하고 공무원의 동기부여를 어떻게 하며, 예산을 어떻게 동원 및 배분할 것인가 등)이 더 중요할 수 있다. 즉 과정보다 특정 정태적 국면이 더 중요할 수 있는데 과정론은 이 국면들 간의 전체 유기적 관계만을 강조하여 개별 국면의 발전에 관심이 적다는 비판이다. 그러나 과정론은 전반적 흐름을 파악하도록 도와줄 뿐, 그 개별 국면의 발전에도 큰 관심이 있다. 특정 단계에서 문제가 생기면 다음 과정, 나아가 행정 전체 과정에 악영향을 주기 때문이다.

논평

7대 행정과정론은 박동서 교수가 한국 행정의 연구에서 구상한 틀이며 오랫동안 행정 이 일어나는 단계를 가장 명확히 그려주는 표준적 과정론으로 알려져 왔다. 이 틀은 행정의 전 과정을 일목요연하게 보여 준다. 간단한 사항이지만 행정학의 전체 이해에 필수적이니 꼭 이해하자. 주의할 것은 이 과정론 속에 종래의 고식적인 조직론-인사행정론-재무행정론 등의 구분론이 어떻게 어떻게 소화되는가 이다.

이 과정도에서의 조직화가 '조직론'을 의미함이 아니고 전통적 행정 이론의 주 내용이던 조직론(기구를 조직화), 인사행정론(사람을 조직화). 재무행정론(물적 자원을 조직화)과 다 관련됨을 유의하라. 그리고 동작화는 이렇게 짜여진 틀을 작동시키는 것인데 과거에는 명령과 지시, 처벌과 보상 기제로 동작화를 수행했다면 오늘날에는 보다 다채로운 기제들을 활용한다. 그리고 기구, 사람, 돈 중에서 가장 초점을 두고 활용하는 대상이 바로 사람이다. 따라서 바로 인사행정론의 '동기부여 이론'이 이 동작화의 핵심 논리가 되는 것이다.

ㅣ새 테마 행정학ㅣ

03. 고전파 행정학(기술적 행정학)

Ⅰ. 의 의

행정학을 과학으로 표방한 이후 처음 나타난 일단의 체계화된 행정이론을 토대로 1930년대까지 하나의 독립된 정통 과학으로 확립하고자 나타난 행정 연구들을 고전파 행정학(Classical Public Administration)이라고 부른다. 여기서 고전적(classcial)이란 의미에는 행정학 이론 중 가장 오래되었다는 의미와 정통이론이라는 의미가 다 들어 있다.

고전파 행정학은 윌슨(Woodrow Wilson)의 정치행정이원론의 주장을 이론적 토대로 하여 정치로부터 행정이 독립하는 것에서 출발하였다. 여기에 더하여 당시 경영학 부문에서 능률성(efficiency)을 제고하기 위해 활발히 전개되던 과학적 관리운동 · 인간관계론의 실천적 연구들의 영향을 받아 확립되었다.

1 윌슨의 정치행정 이원론

윌슨의 논문 “The Study of Administration"(1887)은 학문으로서의 행정학의 출발점으로 인정되고 있다. 당시 행정학이 출현한 데에는 원인이 있다. 첫째, 19세기 말엽의 미국 정부는 과거와 비교할 수 없을 정도의 복잡하고도 어려운 행정 문제를 담당할 수밖에 없는 환경에 당면하게 되었는데 그 결과 이를 해결할 행정 관료, 행정 조직, 예산제도가 새로이 요청되었다. 둘째, 엽관주의에 토대한 잭슨식 민주주의(Jacksonian Democracy)의 구습에 따라 전문성이 없는 관료들이 복잡하고 어려운 행정 문제를 해결하지 못한 채 공직을 차지하고 있어서 이에 대한 개선의 요구가 높았다. 셋째, 정경 유착과 보스 중심의 타락한 정당 정치 때문에 정치적 부패가 극심하여, 이것이 행정 무능과 행정 부패를 심화시키고 있었다. 이러한 시점에 윌슨의 연구는 새로운 행정 환경에 대처하기 위해, 엽관주의적 관료제도와 부패한 정당정치가 행정공무원의 인사에 개입하지 못하게 하고, 무능하고 부패한 행정으로부터 전문성 있고 효율적인 행정으로 전환시키는 이론적 토대를 제시했던 것이다. 이를 위해 행정을 정치로부터 독립된 작용으로 파악해야 한다는 학문적 선언이 나타났던 것이다.

2 과학적 관리 운동의 영향

고전파 행정학의 성립에는 기업 경영의 능률화를 핵심으로 하는 테일러(Frederick Taylor)의 '과학적 관리'(scientific management) 운동이 큰 영향을 미쳤다. 테일러는 20세기 초 당시 주먹구구식의 기업 경영에 문제의식을 갖고 동작연구·시간연구(motion and time study)와 같은 과학적인 관찰, 분석을 통하여 최소 경비로 최대 이윤을 얻는 최선의 방법이 존재한다고 믿었으며 이를 실천하는 것이 과학적 관리라고 생각하였다. 이를 통해 비로소 비능률적인 기업 경영의 개혁이 가능하다고 주장하였다. 행정을 경영과 같은 성격으로 파악하는 고전파 행정학은 테일러의 과학적 관리 운동의 논리가 행정에도 그대로 적용된다고 보았다. 즉 이 논리를 적용하면 행정을 과학화 하는 것, 즉 행정이 능률적으로 운영될 수 있는 논리를 구축할 수 있다고 믿었다.

3 인간관계론의 영향

테일러의 과학적 관리론은 기업 경영의 능률성을 확보하는데 어느 정도 성과가 있었지만 지나친 기계적 능률성은 오히려 역효과를 불러 일으켰다. 이에 대한 반성으로 인간관계론이 등장하였는데 그 핵심은 작업의 능률성이 과학적인 방법 이외에도 동료와의 관계, 소속감 등 소위 '사회적 요인'에 영향을 받는다는 것이다. 이는 호손(Hawthorne) 공장 실험을 통해 밝혀졌는데, 노동자에 대한 인간적인 대우와 소집단에서의 소속감을 통하여 심리적 안정감을 확보함으로써 작업의 능률을 향상시킬 수 있다는 것이다.

인간관계론이 고전파 행정학의 성립에 미친 영향은 크게 두 가지이다. 첫째는 행정에서 능률성이 최고의 이념으로 신봉되는데 기여하였다. 비록 인간관계론이 '기계적 능률성'에서 '사회적 능률성'으로 관심을 돌리게 만들었지만, 인간관계론 역시 '능률성'이 곧 성과를 높인다는 믿음은 확고하게 유지하였다. 둘째로 호손 실험에서 과학적 방법을 통해 능률성을 추구하는 것이 가능함을 보였는데, 이는 고전파 행정학에서 과학적인 연구에 대한 신념을 강화시켰다. 과학적 관리운동처럼 인간관계연구 역시 행정학의 과학화의 도구로 수용했던 것이다.

Ⅱ. 내 용

1 반엽관주의(=정치행정이원론)

고전파 행정학은 행정이 정치로부터 독립해야 하는 근거로 잭슨식 민주주의에서 연유하는 엽관주의를 들었다. 선거에서 승리한 정당이 공직을 독차지하는 엽관주의는 행정의 비효율성과 불안정성을 야기하였다. 정치와 행정은 그 영역, 역할 및 방법도 다르다. 즉 정치는 국가의지의 형성 또는 정책결정을 담당하는 반면, 행정은 입법 사항을 충실히 집행하는 것이다. 따라서 고전파 행정학의 주창자들은 기본적으로 정치와 행정은 각기 상대방의 고유 영역을 침범하지 말아야 한다는 불간섭주의적 처방을 내리고 있다. 즉 정치행정이원론에 입각한 고전파 행정학은 행정에 대한 정치적 간섭을 몰아내고 행정의 정치적 중립성을 보장하여 실적관료제를 확립할 것을 원했다.

2 능률성의 요구

19세기 말에 이르면 행정국가 현상이 심화되면서 행정의 능률성이 중요해졌다. 행정의 민주성(잭슨식)을 내세운 엽관주의식 행정으로는 행정국가의 전문적 업무 수행이 어려웠고, 행정의 연속성과 안정성을 저해하였고, 비효율성과 부패를 야기하였다. 고전파 행정학이 엽관제가 아니라 실적제를 요구한 원인도 그것이 행정의 능률성에 더 부합하다는 이유였다. 능률성을 강조하는 행정을 대변한 것이 곧 고전파 행정학이다.

3 기술적 행정학

행정에서 정치가 배제되고 난 후 남는 것은 자연히 관리, 즉 수립된 정책의 집행을 위한 '관리 기술'이므로 일본학자들은 이를 기술적 행정학이라고 호칭하였다. 이는 자연히 경영학과 동질성을 갖는 것으로 생각되었다. 정치라는 가치판단적 요소가 배제됨으로써 과학화에도 유리하였다. 이 과학화에 보조적 도움을 준 것이 민간 경제의 발전으로 나타난 테일러(Taylor)의 과학적 관리법이었다. 행정이 관리 기술로 이해된 이상, 이를 토대로 성립한 고전파 행정학은 행정을 능률적으로 인도하는 '행정의 원리'를 찾아내고자 했다.

4 공식적 조직 구조와 과정 연구

고전파 행정학에서 주요 연구 대상은 행정 조직의 공식 구조와 과정이다. 구조와 관리 과정의 합리적 설계에 초점을 맞추다 보니 비공식적 요인들을 간과하였다. 따라서 폐쇄적, 합리적 및 기계적 특성을 지닌 구조적 접근방법을 택하였다. 고전파 행정학은 공식적 행정조직의 요체를 조직 참여자들이 명확한 권한의 계층에 따라 일하게 만들어 놓은 분업과 조정 원리에 있다고 본다.

5 행정과학의 원리(principles) 제시

과학주의적 연구를 통해 행정의 원리를 확립하고 그것을 행정에 적용하는데 초점을 맞추었다. 이러한 노력은 1930년대 귤릭(Luther Gulick)과 어윅(Lyndal Urwick)이 쓴 "행정과학에 관한 논문"에서 조직설계에 관한 몇 가지 원리들이 제시됨으로써 절정을 이루게 된다. 대표적인 원리로서는 분업과 조정의 원리, 명령 통일의 원리, 통솔 범위의 원리, 부성편제의 원리 등이 있다. 예컨대, 명령 통일의 원리란 명령은 오로지 직근 상관으로부터만 받아야 한다는 것이다. 이들은 조직의 최고위층이 담당해야 할 관리 기능으로 POSDCoRB로 집약되는 7대 기능을 제시하였다. 이는 기획(Planning), 조직(Organizing), 인사(Staffing), 지시(Directing), 조정(Coordinating), 보고(Reporting), 예산(Budgeting) 기능을 말한다.

6 인간의 합리성과 경제성에 대한 전제

인간을 합리적 경제적 주체로 가정한다. 따라서 관료조직 속의 인간은 자기에게 가장 많은 이익을 가져오는 행동 대안을 타산적으로 선택할 수 있다. 개인은 동기유발의 유인 중 경제적인 것을 가장 중시한다. 이러한 개인들에 대해 조직은 교환적 유인을 부여하고 업무를 통제하며 조직 속 개인은 이 유인에 따라 자신에게 주어진 임무를 수행하는 피동적 도구로 이해되었다.

Ⅲ. 평 가

1 비판

과학적 낙관주의에 기초한 고전파 행정학의 원리주의적 접근은 세계 대공황이라는 경제적 충격을 겪으면서 등장한 행정국가에서 더 이상 그 효용성을 발휘하지 못하고 비판받기 시작하여 1940년대에 이르러서는 퇴조하기 시작하였다. 그 결과 고전파 행정학이 얻은 행정원리들이 현실적으로 적용되지 못했는데 그 이유는 다음과 같다. 첫째, 행정환경이 복잡하고 다양해지면서 단순한 조직설계 원리들만으로 행정의 능률성을 추구하는데 한계가 있었다. 즉 여러 행정원리들이 변화하는 현실의 행정 조직에 맞지 않았다. 둘째, '고전파 행정학이 내세우는 행정원리가 과연 과학적인 것인가?'가 의문시되었다. 사이먼(Simon)이 지적한 것과 같이 행정원리들은 과학적인 방법을 통해서 확립되었다기보다는 주먹구구식의 짐작(rule of thumb)이나 격언(proverbs) 정도에 지나지 않는 것이어서 원리들 간에 모순이 생기는 경우에 그 해결이 어렵다. 셋째, 고전파 행정학의 행정원리들은 구체적 행정 환경에 맞는 행정 체제를 제시하지 못하고 보편적이고 일반적인 원리만을 연구함으로써 현실적합성을 상실했다.

2 고전파 행정학의 유산

고전파 행정학은 1940년대 들어 정치행정이원론과 원리주의가 무너지면서 붕괴되기 시작하였다. 그러나 고전파 행정학의 붕괴에도 불구하고 거기에서 태생했던 원리들은 정부 조직 관리에서 여전히 적용되고 있다. 가령 고전파 행정학의 원리주의를 가장 날카롭게 비판했던 사이먼의 교과서 역시 조직 내부관리 문제를 중점적으로 논의하고 있는 것을 보면 고전파 행정학이 완전히 무용한 이론은 아닌 것이다. 하지만 행정연구는 더 이상 고전파 행정학에 머물지 않고 행태주의와 같은 새로운 패러다임으로 전개되어 갔다.

논평

고전파 행정학, 정치행정일원론, 행태주의 이론 등은 다른 교재에서 충분히 다루는 기본 사항이다. 쉬운 내용들이지만 나름대로 체계적인 타이틀 구조 하에 작성하지 않으면 산만해 지기 쉽다. 따라서 나름대로의 완성된 타이틀을 기억해 두라. 고전파 행정학이 Wilson의 이론만을 의미하는 것이 아니다. 이들에 대해 이해하기 쉬운 서술은 정정길(2008) 참조.

Wilson의 논문은 http://teachingamericanhistory.org/library/index.asp?document=465에서 입수할 수 있다. 이곳에서 윌슨은 미국에서와 같은 민주 헌법에 관한 논의에서 벗어나 있던 유럽에서는 헌법과 같은 문제보다는 행정에 관한 연구를 치중하였으며 미국이 이를 본받아야 한다고 한다. 이 경우 비민주적 풍토에서 생겨난 유럽식 행정연구라도 미국에서는 그 장점을 적극적으로 받아들일 것을 강조한다. 이번 기회에 행정학의 창시자인 윌슨에 대해 아래 보충 자료를 통해 자세히 알아보라.

토마스 우드로 윌슨(Thomas Woodrow Wilson)

Ⅰ. 생 애	Ⅲ. 행정의 연구(The Study of Administration)
Ⅱ. 윌슨의 이상주의(Wilsonian Idealism)	

Ⅰ. 생애

엽관제를 민주주의의 본질로 이해했던 앤드류 잭슨 대통령의 부인 레이첼 잭슨(Rachel Jackson)은 남편을 모함하는 정적들로부터 수많은 공격을 받다가, 남편이 대통령 선거에서 승리한지 2주 후, 남편이 취임을 하지 않은 상태이던 1828년 12월 22일에 사망했다. 그녀는 남편의 대통령 취임식 때에 입으려고 흰 옷을 사두었는데 남편의 취임은 보지도 못한 채 크리스마스 이브인 1828.12.24일에 이 흰 옷을 입고 매장되었다. 바로 그 나흘 후 토마스 우드로 윌슨은 1856년 12월 28일 버지니아의 산골 마을 스톤턴(Staunton)에서 태어났다. 후일, 엽관제를 마감하고 실적제를 주장하며 행정학을 새로이 확립할 운명적 탄생이었다. 그의 부친은 장로교 목사였으며 모친 역시 장로교 목사의 딸이었다. 어린 시절은 주로 부친이 시무하던 교회를 따라 사우스 캐롤라이나에서 보냈다. 신실한 신앙적 환경은 그의 이상주의 이념을 형성하는데 큰 영향을 주었다. 그가 28대 대통령이었기 때문에 이 숫자와 출생일을 합하면 56이 되는데 그 때문에 그는 56세에 대통령이 되었다고 지적하는 호사가들도 있다. 그의 선조는 스코틀랜드-아일랜드계 이민이었다. 윌슨의 아내(Edith)는 1600년대 초엽 영국의 버지니아 식민지 (Jamestown) 건설 때에 정착민들을 도운 전설적인 인디언 처녀 포카혼타스(Pocahontas)의 후예였다.

윌슨은 12살 때까지 글을 못 읽는 학습 지진아였다. 그러나 10대 중반 이후에는 속기법을 체득하여 이러한 초기의 학습 부진을 보상하고도 남을 정도의 학업 성과를 이룩하였다. 양계를 하며 자녀를 기르던 어머니의 헌신에 힘입어 윌슨은 나중에 고등학교를 수석 졸업하는데 그는 졸업식장에서 수석 졸업의 메달을 들고 청중 속에 묻혀 앉아있던 남루한 옷차림의 그의 어머니를 찾아내어 메달을 바친 감동적인 일화는 널리 알려져 있다. 효자로 알려졌던 윌슨은 후일 대통령이 된 후, 상하 양원을 설득하여 어머니날(Mother's Day)을 제정하였으며 그 전통은 세계 각국으로 확산되어 한국에까지 이어졌다.

프린스턴 대학을 졸업한 후에 조지아 지역에서 잠깐 법조인의 길을 시작했지만 별로 성공을 거두지 못했다. 곧 그만두고 존스 홉킨스 대학에 들어가 역사와 정치학을 공부하여 1883년에 졸업하였다. 그 후로는 정치학자의 길을 걸었으며 1890년에는 프린스턴 대학의 법률 및 정치경제학 교수가 된 후부터 뛰어난 정치학자이며 저술가로 명성을 날렸다.

윌슨은 남북전쟁 후 수 십년 동안의 부패가 심하던 미국 상황을 직면하면서 그 원인을 개인이 아니라 미국의 헌정 구조에서 찾고자 하였다. 명저로 알려진 "의회정부론"(Congressional Government)이나, "미국의 입헌정부"(Constitutional Government of the United States)에서 그가 주장한 바는 삼권분립식의 견제와 균형 원리에 토대한 미국의 대통령 제도는 부패와 문제를 야기하는 매우 취약한 정치제도이며 영국식의 의회제도가 더 바람직하다는 것이었다. 미국의 의회 및 위원회제도는 부패 구조를 안고 있는데 그것은 특수 이익에 사로잡혀 있으며, 국가 전체의 정책을 결정하면서도 자신의 지역 선거구민에게만 책임을 지게 되어 있는 헌정 구조 때문이라는 것이다. 미국의 정당이란 지역이 아니라 정치이념이나 원리에 의해 재형성되어야 한다고 믿었다. 윌슨이 보기에는 당시 미국의 정당들이란 '지도자가 없으니 원리도 없고, 원리가 없으니 정당도 없는 상태'였다. 윌슨은 이처럼 초기에는 미국의 헌정제도에 상당히 비판적이었지만 후일에는 적극적인 대통령들의 역할에 고무되어 미국식 민주주의를 신뢰하게 되었다.

프린스턴 대학의 교수를 거쳐 프린스턴 대학의 총장이 되자 탁월한 대학 리더로 두각을 나타내었다. 대학 재정을 획기적으로 확충하였고 교수직을 대폭 늘려 유능한 교수를 직접 충원하였다. 대학입학 요건을 강화하고 그는 오늘날의 학과(academic department) 제도를 확립하여 필수 이수과목들을 이수하게 한 후 2년 동안 전공교과에 집중하게 하였으며 학생 6인당 교수 1인을 배정하여 전공교육을 강화하였다. 그러나 귀족주의적 대학 운영을 근본적으로 개혁하려던 그의 노력은 보수적이던 다른 교수들 및 그 후원세력과 갈등을 빚었으며 이 사건은 민주주의(Wilson)와 엘리트주의의 대결로 전국적인 관심사가 되었다. 결국 윌슨은 보수 세력에 밀려 총장직을 사임하였다.

윌슨이 총장으로 있던 시절에 당시 미국에 거주하던 한 가난한 조선 청년이 1908년 9월에 프린스턴 대학에 입학을 간청하는 짧은 편지를 보낸다. 자신은 '아주 극빈'하여 학비를 낼 수 없으니 특별한 배려를 해 줄 것과 자신은 빨리 박사가 되어 1910년에 조선으로 귀국하고 싶다는 것이었다. 장학금을 달라, 학위를 달라, 그것도 내가 원하는 단기간에 달라는 이 기막힌 요구에 대해 프린스턴 대학은 입학을 수락하고 학비를 감면해 준다. 프린스턴 신학 대학이 이 청년에게 그에게 무료 숙식을 제공한 것은 그가 조선으로 돌아가면 기독교 복음 전파자가 되어 줄 것으로 믿었기 때문이었다. 그는 아주 우수한 성적은 아니었으나 외국학생으로서의 고충을 극복하고 공부하는 전 과정에서 윌슨은 그의 박사학위 논문 지도 교수 노릇을 해주었다. 박사 논문이 1심부터 당장 퇴짜를 당하는 고충을 극복해 가면서 마침내 1910년 5월에 아주 단기간에 박사 학위를 받아 귀국했다. 조선으로 귀국 후 YMCA 활동을 하더니 중국으로, 다시 하와이로 떠나 독립운동에 매진하였고 마침내 해방 후 귀국하여 한국의 초대 대통령이 되었다. 건국 후 행정 전문가가 부족한 상황에서 그의 내각 구성은 지도 교수 윌슨의 생각대로 반(反)엽관주의를 완벽히 구현하지는 못했지만, 잘못 알려진 것과는 달리 북한 공산정권의 친일파 기용보다는 훨씬 더 나은 상태였다. 윌슨의 제자로서의 이승만은 식민지 이후의 대한민국이 자유민주주의와 시장경제 제도 위에 서게 하는 커다란 초석을 놓았으며 현재의 한국은 기본적으로 이 틀 안에 서 있다.

대학 총장의 거친 후 윌슨은 뉴저지 주지사가 되었다. 곧 주지사직을 떠나 민주당 후보자로 선출되어 1913년의 대통령 선거에 나섰다. 이 대통령 선거는 미국 대통령 선거사상 매우 흥미로운 사건이었다. 본래 미국을 국제무대에 올려놓은 강력한 대통령으로 국민의 인기를 누리다 퇴임했던 루스벨트(Theodore Roosevelt) 공화당 대통령은 자신의 후임 대통령으로 태프트(William H. Taft)를 옹립하고는 은퇴하였다. 그러나 후임자인 태프트(이 태프트가 바로 1905년 일본의 가쓰라 총리와 이른바 가쓰라-태프트 협약을 맺어 일본의 조선 병합을 사전 양해한 자이다)가 루스벨트의 과거 정책 업적을 계속 훼손해 나가자 루스벨트는 재야에서 물러나 있기를 포기하고 태프트의 재선을 막고 다시 대통령이 되기를 결심한다. 이에 공화당 대통령 후보가 되고자 당내 경선에 출마한다. 그러나 공화당원들이 자신의 과거 명성을 회상해주리라고 믿은 루스벨트의 기대와는 달리 당내 경선에서 루스벨트가 패배하고 태프트가 공화당 후보로 당선되자 분노한 루스벨트는 불복하여 탈당하여 진보당(The Progressive Party)을 만들어 그 후보로 독자 출마하였다. 그러자 공화당의 현직 대통령인 태프트와 전직 대통령인 진보당의 루스벨트가 대결하고 여기에 민주당의 후보인 윌슨이 가세한 형국이었다.

루스벨트가 "새 민족주의"(New Nationalism)를 주장하여 강한 국가주의를 지향하자 윌슨은 "뉴 프리덤"(New Freedom)을 주장하여 국가보다는 개인의 자유를 내세웠다. 루스벨트나 윌슨에 비하면 당선의 승산이 적었으며 선거 직전 러닝메이트마저 급사하여 홀로 싸우던 태프트는 그저 선거직 공직자보다 사법부가 더 우위에 있어야 한다는 것을 주장하며 상대적으로 조용히 선거에 임하였다. 선거 결과는 윌슨이 선거인단 531명 중 435를 차지하는 대승을 거두었다. 루스벨트는 패배하여 2위가 되었지만 태프트를 징계한다는 목적은 성취하였는데 태프트는 531명의 선거인단 중 8명을 차지하는데 그침으로써 재선에 출마한 현직 대통령으로서는 최악의 참패 기록을 가지고 있다. 그나마 가장 무거운 체중의 대통령, 대통령을 역임한 사람 중 대법원장이 된 대통령 등의 기록이 이 빈약한 득표 기록을 약간 보완해 주고 있을 뿐이다. 전체 유전자의 득표에서는 42%, 27%, 23%이었으니 만약 공화당이 루스벨트와 태프트로 분당되지 않았더라면 윌슨은 결코 승리하지 못했을 것이라고 한다.

1차 대전 종전 후 윌슨은 파리 평화회담을 위해 6개월이나 파리에 머물며 국제연맹(League of Nations) 창설에 진력하였다. 이 때부터 세계 질서의 주도권은 미국이 쥐게 되었다. 윌슨의 국제기구 설치 아이디어는 마침내 베르사이유 조약 속에 포함되었다. 국제평화의 공로로 그는 1919년 노벨 평화상을 수상하였다. 그러나 국제연맹 창설안은 미국 헌법이 의회에게 부여한 전쟁선포권을 침해한다는 것을 이유로 의회의 인준을 받지 못했으며 이로 인해 윌슨이 주도하여 설립된 국제연맹에 정작 미국이 가입하지 않는 이상한 결과가 되어 버렸다. 크게 상심한 윌슨은 직접 국민을 상대로 국제연맹 가입을 호소하기 위해 전국 순회 연설에 나섰는데 이것은 거의 건강을 크게 해쳤고 마침내 뇌출혈로 쓰러져 마비상태에 이르렀다. 그 후 공식적인 퇴임 때까지, 마비상태로 업무를 거의 볼 수 없었으며 아내의 간호로 겨우 버텨 나갔다. 퇴임 수년 후인 1924년 2월 3일에 사망하였다.

윌슨은 자신이 전쟁의 참전 명분으로 세계 민주주의의 수호라는 것을 내세웠지만 그의 국제연맹 가입계획이 실패하자 모든 사람들에게 결국 거짓말을 한 셈이 되었으며 참전 명분도 지키지 못했다는 죄책감으로 죽을 때까지 괴로워했다.

Ⅱ. 윌슨의 이상주의 (Wilsonian Idealism)

소위 "윌슨식 이상주의"(Wilsonian Idealism)는 진보주의적 정책 기조로 반독점정책, 관세정책, 은행 및 통화제도 개혁, 국제평화주의, 인권정책 등을 포함하고 있다. 연방무역원회를 통해 독점기업들을 규제하였으며 기업의 가격차별을 불법이라고 규정하는 클레이튼 반독점법(Clayton Antitrust Act)을 제정하였는데 이것은 노동자의 마그나 카르타(Magna Carta)라고 간주되었다. 윌슨은 재임 후에 발발한 1차 세계대전에서 줄곧 평화주의를 고수하여 전쟁에 개입하지 않았다. 그러나 1916년 가까스로 재선에 성공한 윌슨은 독일의 무차별 잠수함 공격을 받자 '세계 민주주의의 보호'를 내세워 마침내 참전한다. 윌슨은 사회주의자들이나 노조측도 많이 수용했지만 극단적인 좌익은 분명히 배격했다. 1918년 전황이 연합국측으로 기울자 윌슨은 유명한 14개 조항(The Fourteen Points)을 발표하였다. 이것은 전후의 세계 질서에 대한 기본 구상이었으며 나중에 종전 후에 나타날 베르사이유 협약의 기초가 되었다. 이 14개 조항 속의 민족자결주의는 일본의 압제에서 신음하던 아시아의 소국 조선에게도 영향을 주었으며 두 달 후 조선 전역에서 봉기된 '3.1 운동' 발발의 촉매가 되었다.

윌슨은 당시로서는 진보적인 대통령이었지만 그가 프린스턴 대학 총장 재임 시절 흑인 학생들의 입학을 허락하지 않았다. 연방 정부 공직에서 인종분리(the segregation) 정책을 고수했으며 "인종분리 정책은 흑인에 대한 모욕이 아니라 이익을 주는 것"으로 보았다. 그러나 동시에 백인 강경주의자들로부터는 흑인에 대해 너무 관대하다는 비난을 들어야 했다. 연방정부 공무원에 대한 인종분리 정책은 몇 십 년 뒤 트루만(Harry Truman) 대통령 때에 비로소 해소된다. 민주당의 다양한 인종집단들 간에서 균형을 유지하느라 많은 고충을 겪었다. 유력한 지지 기반이던 아일랜드계를 달래기 위해 영국에게 아일랜드의 독립을 허락하도록 요구하겠다는 약속을 했다가 이를 지키지 못하자 거센 반대에 부닥쳤다.

윌슨은 중앙은행인 연방준비위(Federal Reserve)를 설립하였는데 그것은 미국 역사상 가장 중요한 경제 입법의 하나로 평가되고 있다. 이는 엽관주의를 내세웠던 앤드류 잭슨 대통령이 중앙은행을 극렬히 반대한 것과 크게 대조된다. 그러나 이 기관의 정책결정이 대통령이 임명하고 의회가 승인한 임원들을 은행가들 보다 많게 구성함으로써 은행 재벌이 이를 악용 못하도록 하는 장치를 두었다. 달리 보면 관치 금융의 기반이기도 했다. 1919년에는 여성의 투표권을 인정하는 획기적인 헌법 수정안을 관철하였다. 1차 대전 종전 후에는 참전 군인의 귀국으로 인한 실업과 경기침체로 인한 일련의 폭동을 겪었다.

재선 후반기에는 윌슨은 정치적 동맹세력을 많이 상실하였다. 오늘날 미국 대통령의 '연두 교서'(State of the Union Address) 관행은 윌슨이 시작한 것이다. 장로교 신앙으로 형성된 고지식함, 학자풍의 이상주의, 젊어서부터 조짐을 보였던 마비 증세 등은 재임 후기로 들면서 현실의 거친 정치 전장에서 그에게 큰 제약이 되었다. 윌슨의 이상주의 정책의 내용인 자결주의, 민주주의 정부, 집단적 안보, 국제법의 확립, 국제기구의 의한 분쟁 조정 등은 윌슨 사후에도 유럽 정치에 그대로 남아 있다. 미국의 외교 정책에서 윌슨의 이상주의 노선은 현실주의 요소가 약간 가미되긴 했지만 프랭클린 루스벨트, 케네디, 닉슨에 이르기까지 모든 대통령에게 그대로 정책 기조가 되었으며 9.11 테러 이후에도 그러하다.

Ⅲ. 행정의 연구(The Study of Administration)

윌슨의 에세이 "행정의 연구"(The Study of Administration,1887)는 행정학을 독립된 분과학문으로 내세운 저술이다. 그럼 점에서 그것은 그보다 111년 전, 애덤 스미스가 국부론(Wealth of Nations, 1776)을 통해 경제학을 창설한 것과 비견될만한 일이었다. 윌슨의 문제인식은 간단하다. 2200년이 넘는 정치학의 역사 속에서 행정의 연구는 가장 최근에 나타난 것이다. 행정이란 정부와 동시에 존재해 왔으며 정부 작용 중 가장 겉으로 가장 쉽게 드러나는 부문인데도 왜 그토록 오랫동안 관심 밖이었단 말인가? 윌슨은 행정을 정치의 한 권력 작용으로만 파악하고 정책이 결정되기만 하면 정치 작용이 가진 권력 작용에 의해 그대로 집행에 옮겨 질 것으로 보는 생각 때문에 행정을 독자적인 연구 대상으로 여기지 않은 종래의 연구 관행을 통렬히 비판한다. 지금까지는, 누가 법을 만들 것이고 그 법 내용이 어떠해야 하는가에 초점을 두었지 그렇게 만들어진 법이 여하히 잘 집행될 것인가 하는 실질적 세부 사항(practical detail), 곧 "행정"은 도외시되었다는 것이다. 그것은 헌법을 확립하던 초창기의 정부 기능이란 단순했기 때문에 인구 증가, 독점 기업의 출현, 무역, 외채, 산업화 등과 같은 복잡한 문제를 예상하지 못했고 그 당시에는 입법이 곧 집행에 옮겨지는 데에 아무런 문제가 없었기 때문이다. 그러나 헌법을 제정하는 것보다 그것을 집행함이 더 어려운 시기가 되었다. 이제 입법을 다루는 정치와는 구분된, "행정학"(science of administration)이 필요하게 된 것이다.

윌슨에 의하면 "행정이란 분야는 곧 경영의 분야이다"(The field of administration is the field of business). 행정 연구의 목적은 집행이 혼란없이 적은 비용으로 이루어지게 하며 지속적인 원리에 따라 수행되게 하는 것이라고 하여 행정의 목적이 능률성이며 또 그것은 헌법 원리에 따라 이루어져야 함을 시사한다. '정치는 그 자체로 거시적이고 보편적인 국가작용임에 비해, 행정은 협소하고 개별적인 작용'이라는 독일의 법학의 구분을 원용하며 결국 윌슨은 "행정 문제는 정치 문제가 아니다"(Administrative questions are not political questions)라고 주장한다. 이리하여 행정의 연구는 정치의 연구로부터 독립선언을 한 셈이다. 즉 그것은 잭슨식 민주주의 이래로 만연되어 온 엽관주의로 얼룩져 온 공무원 제도의 개혁을 간접적으로 한 것이기도 하였다.

그런데 행정 연구는 미국이 아니라 유럽, 특히 독일과 프랑스에서 시작되었다. 그러나 본래 유럽에서의 행정 연구는 고도로 집권화되고, 다원화되지 못한 체제를 전제로 출발했던 것이기 때문에 그 본질을 받아들이려면 민주적이고 다원화되고 복잡한 미국 사회의 헌법 체제에 맞게끔 조절되어야 한다. 윌슨은 유럽의 행정을 비교 연구할 것을 역설한다. 이 경우 미국의 헌법적 근본을 유지하면서도 군주의 통치를 위한 도구로 나타난 비민주적 유럽의 행정 제도를 원용하는 것이 가능하다고 본다. 윌슨의 비유에 의하면 "살인자가 칼을 가는 것을 볼 때에 그의 의도는 제외하고 칼을 가는 방법만은 배울 수 있다"는 것이다. 나아가 바람직한 행정이 무엇인지를 연구하는 것에 머물지 말고 이를 미래의 예비 공무원들에게 전문적인 행정기술을 교육할 것을 강조하였다. 윌슨의 행정학 시각과 유럽의 웨버적 방법을 통칭하는 이른바 "웨버-윌슨적 패러다임"(Weberian-Wilsonian paradigm)은 "공공선택론적 패러다임"(Public Choice paradigm)이 나오기까지 행정학 연구의 본류를 형성해 왔다. 정치와 행정을 엄별하며, 행정은 정치 질서(궁극적으로는 헌법적 가치)의 실현을 위한 도구적 기술이며, 능률성을 지상 목표로 한다는 이 관점은 때때로 한국 등의 발전행정론, 미국 내의 신행정론, 추상적인 현상학적 행정론 등으로부터 도전받기도 했지만 오늘날에도 여전히 강력한 설득력을 가지고 있다. 현실의 행정은 정치와 유기적으로 연계되어 있음이 분명하지만 동시에 정치에 함몰되어버린다면 그것 역시 권력 분립 및 행정의 효율성을 저해함이 분명하다. 이 때문에 그의 생각은 한국 행정에서도 큰 토대를 이루고 있고 우리는 그 큰 틀에서 아마 영원히 벗어나기 어려울 것이다(이달곤).

김행범. (2007). 인물 행정학 (미발간 자료집).
http://dhr.dos.state.fl.us/museum/collections/governors/about.cfm?id=1
http://www.awesomelibrary.org/.../28._Woodrow_Wilson.html
http://en.wikipedia.org/wiki/Andrew_Jackson
http://en.wikipedia.org/wiki/Woodrow_Wilson
http://www.u-s-history.com/pages/h965.html
http://www.newworldencyclopedia.org/entry/Syngman_Rhee

| 새 테마 행정학 |

04. 정치행정일원론(기능적 행정학)

Ⅰ. 의 의

윌슨 이래로 고전파 행정학은 정치행정이원론을 전제로 하고 있었다. 정책결정 및 입법은 정치의 영역에서 결정되고 행정은 그 충실한 집행에만 매진한다는 것이다. 그러나 이러한 정치-행정 간의 구분은 상대적인 것에 불과하며 행정이 담당하는 집행에도 정치성이 내포되어 있다는 점을 부각하고서, 행정이 실제로 정치 기능을 담당하는 것으로 이해하려는 학문적 흐름이 대두하였다.

또 1930년대 세계적 대공황의 대처와 2차 세계 대전 이후의 정부 기능 확대 등은 행정국가화 현상을 가속하였다. 공황에 대처하기 위한 뉴딜정책 등에서 행정부 개입의 불가피성은 정부가 시장 부문에 개입하는 선례 및 정당성을 제공하였고, 2차 대전 이후 정부 기능의 질적 변화와 양적 확대는 '큰 정부'(big government)를 요청하게 되었다. 결국 행정부가 정책결정에서 큰 역할을 하는 행정국가가 나타났다.

정치와 행정의 구분이 차이가 상대적인 것에 불과하다는 점, 또 '큰 정부'로 표현되는 행정국가가 출현하였다는 점을 배경으로 하여 행정이 곧 정치의 역할도 담당한다는 것이 받아들여지게 되었다. 이 때, 행정이 실질적으로 정치의 기능을 담당하게 되면서 당장 대두되는 문제는 행정이 정치 기능을 담당하면서도 입법부나 국민에 대해 정치적 책임을 지지 않는 문제가 부각되었다. 그러므로 이 때의 행정학 연구의 초점은 윌슨식 행정학의 성립 시기 때처럼 정치로부터 행정을 독립시키는 것이 아니라, 행정을 어떻게 정치적으로 통제할 것인가로 옮겨가게 되었다.

결국 이러한 일단의 상황으로 인해 행정학 연구의 초점이 변화되었으며 과거의 정치행정이원론에 토대했던 고전파 행정학은 1940년대 접어들면서 그 실용적 가치가 급격하게 감소하여 비판에 직면하게 되었다. 이런 배경 속에서 정치행정일원론을 전제로 한 새로운 행정학 연구의 흐름이 바로 기능적 행정학이다. 행정이 정치 기능도 담당한다고 보는 이상, 양자의 관계 및 기능적 행정학의 특성을 더 보아야 한다.

Ⅱ. 정치행정일원론에서의 행정과 정치의 관계

1 행정도 정치 권력성 보유

행정도 정치 권력을 내포하고 있다. 행정은 권력성과 관리성을 다 포함하는데 때로 권력이 관리보다 월등히 우위에 서있어 행정의 합리화와 전문화를 어렵게 하고 있다. 정치 권력성이란 점을 공유하고 있는 정치와 행정을 반드시 분리시킬 필요가 없다.

2 행정은 정치 과정의 일부

행정은 환경과 상호 작용하는 개방 체제이며 광의의 정치과정 속에 있다. 따라서 행정을 정치에서 구분하기는 어렵다고 본다. 행정은 정치 작용의 일부이며 특히 정책결정의 국면에서 이러한 점은 현저하다. 그리고 다원주의 정치이론에 의하면 정부관료제도 정치에 참여하는 수많은 정치 주체 중의 하나에 불과하다.

3 정치-행정의 기계적 이분의 어려움

정치는 가치 판단적 작용이며 행정은 이의 집행이라고 논리적 · 분석적으로는 이분할 수는 있으나, 실질적으로는 양자를 구분하기 어렵다. 행정 즉 수립된 정책을 집행하는 하위 과정에서도 가치배분의 활동은 계속 일어나기 때문이다. 따라서 행정을 단순한 기계적인 집행과정으로 파악하여 행정과 정치를 이분하는 것은 무리이다.

Ⅲ. 기능적 행정학의 내용

1 행정의 정치적 측면 강조

행정은 정치 기능을 수행한다는 점에서 특히 중요한 것은 '정책결정' 역할이다. 행정 활동 중 예산과정, 공익 추구, 국민의 이익표출 및 갈등의 조정에 관한 기능 등에서 이런 점은 뚜렷하다. 행정이 정치 기능도 담당한다는 점을 들어, 고스(John M. Gaus)는 행정 이론은 곧 정치 이론이기도 하다고 파악한다.

2 정치에 의한 행정통제의 정당화

행정이 정책결정 등 중요한 정치 기능을 실제로 담당하므로 이를 민주적으로 통제할 필요성도 새로이 제기되었다. 관료들의 자의적 권한행사를 민주적으로 통제하기 위해서는 정치가 행정에 개입해야 한다. 따라서 정치행정일원론은 능률적인 행정보다는 민주적인 행정을 더 중시한다. 이미 엽관주의 인사 제도는 실적주의로 개혁되었기 때문에 이렇게 정치가 행정을 통제하려 들더라도 과거와 같은 정치가 행정을 비효율로 끌고 가는 폐단은 일어나지 않는다고 보았다.

3 정부관료제 조직 중심의 연구

고전파의 정통 행정학은 행정조직 뿐 아니라 민간조직에도 적용되는 보편적 조직 원리를 탐구하였으며 행정학과 경영학의 구분이 되지 않았다. 그러나 기능적 행정학에서는 정부관료제 중심의 연구로 돌아왔다. 따라서 행정학은 경영학과 구분되면서, 정치학의 한 분과로 간주되는 경향을 보였다.

4 가치문제의 중시

행정은 더 이상 주어진 정책목표의 충실한 집행 기술이 아니다. 행정의 정책목표와 수단은 결코 분리될 수 없으며 상위의 목표 선택과정에서는 가치 판단이 일어난다. 따라서 행정은 본질적으로 정치 기능을 담당하며, 정치의 본질인 가치 판단의 역할을 수행한다. 또 행정의 최고 가치가 능률성(efficiency)에만 있는 것이 아니다. 오히려 다른 가치들, 특히 민주성(democracy)의 고려가 필요하다는 점이 강조되었다. 요컨대, 행정은 가치중립적 기술이나 과학이 아니라 가치 판단을 포함하는 정치 작용이며 능률성 외의 다른 가치도 지향해야 한다.

ㅣ새 테마 행정학ㅣ

05. 정치와 행정의 관계

Ⅰ. 의 의

행정학이 윌슨의 연구 이래로 정치학에서 독립한 분과 학문으로서의 정체성을 선언한 이후, 정치와 행정의 관계에 대해 많은 논의들이 지속되어 왔다. 그 핵심은 정치와 행정이 일원적인 성격인가, 아니면 이분법적으로 구분이 가능한가의 논쟁이다. 이러한 정치와 행정의 관계 변화를 기술적행정론-기능적행정론-행태론-발전론-신공공관리론의 순서로 구체적으로 고찰해보고, 한국에서는 양자의 관계가 어떻게 전개되어 왔는지를 알아봄으로써, 그에 대한 평가와 더불어 한국에서 양자 간의 올바른 관계 설정을 시사받을 수 있다.

Ⅱ. 기술적 행정론(정치행정이원론)

1 등장 배경

1887년 윌슨의 'The Study of Administration'의 논문 발표를 통해 행정학은 독자적인 분과학문성을 주장하게 되었다. 이 논문의 발표 전에는 정치적으로는 행정은 정치로부터 독자적인 것으로 인정되었으나, 학문적으로는 독자적 대상으로 인정받지 못하였다. 윌슨은 행정의 연구가 정치 연구 속에 내포되는 것으로 간주되어 왔던 시기에 처음으로 행정의 독자성을 주장하였다. 이러한 행정의 독자성이 등장하게 된 원인에는 19세기 중엽이후 잭슨식 민주주의가 초래한 엽관주의를 극복하고 실적주의 인사를 확립하고자 하는 움직임과, 민간 부문에서 활발히 연구되던 과학적 관리론과 인간관계론이 추구하던 '능률성'이 정부에도 적용되어야 한다는 요구가 들어 있었다.

2 내용

첫째, 반(反)엽관주의이다. 기술적 행정학의 가장 직접적인 초점은 잭슨식 정당정치에서 연유하는 엽관주의 인사의 폐해를 막고자 한 점이다. 정치는 국가 의지의 형성 또는 정책결정을 다룸에 비하여, 행정은 입법 사항을 집행하는 사무에 관한 것이므로 정치와 행정은 각기 상대방의 고유 영역을 침범하지 말아야 한다고 보았다(정치행정이원론). 즉 고전파 행정학은 행정에 대한 정치적 간섭을 몰아내고 행정의 정치적 중립성을 보장하여 실적주의 관료제를 확립하고자 하는데 초점을 두었다.

둘째, 능률성의 강조이다. 행정 업무가 복잡화하고 확대되면서 이 행정이 능률적으로 이루어져야 한다는 요청이 강해졌다. 종래 민주성만을 고려하여 아마추어적 엽관주의 인사로 채워진 행정으로서는 이러한 시대적인 요청을 충족시킬 수 없다. 높은 전문 기술성이 행정에 필요하다.

셋째, 정치(politics)와 관리(management)의 혼합으로 볼 수 있는 행정에서 정치가 배제되고 난 후 남는 것은 자연히 관리(기술)만이며, 따라서 행정이란 이미 수립된 정책의 집행을 위한 관리 기술로 파악될 수 있다. 이 때문에 행정학은 이전부터 발전하여 온 경영학과 동질성을 갖는 것으로 생각되고, 테일러(Frederick Taylor)를 중심으로 발전해 온 과학적 관리(scientific management)의 영향을 받아 과학화로의 길을 걷게 되었다.

넷째, 고전파 행정학에서 주요 연구 대상은 행정 조직의 공식적 구조와 과정이다. 구조와 관리 과정의 합리적 설계에 초점을 두며 비공식적 요인들을 간과한다. 고전파 행정학에서는 행정 조직의 핵심은 조직 구성원들이 명확한 권한의 계층제 하에서 이루어지는 분업과 조정 체계라고 본다.

다섯째, 조직인이란 합리적 · 경제적인 존재로서 최적의 행동 방안을 타산적으로 선택할 수 있는 주체이다. 따라서 그들의 동기유발 유인은 원칙적으로 경제적인 것에 집중된다. 이러한 개인들에 대해 조직은 통제와 유인을 부여함으로써 구성원들의 성과를 향상시킬 수 있다.

Ⅲ. 기능적 행정론(정치행정일원론)

1 등장 배경

이론적으로 보면 정치와 행정의 구분이란 인위적인 것이다. 게다가 실제로도 1930년대 후반부터 경제 공황 및 2차 세계 대전의 처리로 인해 행정부의 기능 및 역할이 확대되어 큰 정부(big government)가 대두할 수밖에 없었다. 이 상황 하에서 행정은 실질적으로 정치의 기능을 담당하면서도 정치적 책임을 지지 않는 문제가 나타났다. 그러므로 이 때의 행정학 연구의 초점은 윌슨식 행정학의 시기처럼 정치로부터 행정을 독립시키는 것이 아니라, 행정을 어떻게 정치적으로 통제할 것인가로 옮겨가게 되었다. 이런 바탕 하에서 행정은 곧 정치의 역할을 담당하며 이 행정에 대한 민주적 통제를 위해 정치가 행정에 밀접히 관여한다는 정치행정일원론이 대두되었다.

2 내용

첫째, 행정의 정치적 측면을 강조한다. 행정은 정치 기능, 특히 정책결정 활동을 담당하고 있으며 행정 이론은 곧 정치 이론이기도 하다.

둘째, 정치에 의한 행정 통제를 정당화한다. 중요한 정책의 실질적 결정권을 장악하고 있는 관료들의 자의적 권한행사를 통제하기 위해서는 정치가 행정에 개입하는 것이 바람직하다.

셋째, 행정학 연구는 정부 조직을 중심으로 일어난다. 고전파의 정통 행정학은 행정부와 회사 조직에 적용되는 보편적 원리를 지향하였으므로 행정과 경영을 엄격히 구분하지 않았다. 그러나 기능적 행정학에서는 정부 조직에 초점을 둠으로써 행정학은 경영학과 구분되고 동시에 정치학의 한 분과로 회귀하였다.

넷째, 가치 문제를 중시한다. 행정은 가치중립적 기술이나 과학이라기보다는 가치 판단을 포함하는 작용이다. 또 행정에게 가장 중요한 가치는 능률성이 아니라 민주성이다.

Ⅳ. 행정행태론(새 이원론)

1 등장 배경

고전파 행정학이 붕괴되자 이에 대해 두 가지 대안이 제시되었는데 그 하나는 정치행정일원론에 근거한 기능적 행정학이며, 또 다른 대안은 행태론적 행정학이다. 정부 현상에 대한 행태과학적 접근은 다시 투표 행태에 초점을 두는 정치학적 행태주의와, 조직의 의사결정에 초점을 두는 행정행태론으로 구분되는데 행정학 연구와 관련된 것은 후자이다. 1940년 후반부터 사이먼(Herbert A. Simon), 마치(James G. March) 등의 행태주의(behavioralism)는 고전파 행정학을 비판하고 행정은 정치와는 과학적으로 상이하게 접근되어야 하며 그것은 조직의 의사결정에 초점을 두어야 한다고 한다. 정치와 행정이 상이하다고 본 점에서 일종의 정치행정이원론이다. 이들에 의하면 고전파 행정학은 실제로는 과학적 방법을 적용하지 않는 것이며, 그 결과 행정학 연구는 원리(principles)가 아니라 격언(proverbs) 수준에 머무르게 되었다. 따라서 행정학의 과학화를 위해서는 행태론적 접근이 필요하다고 보았다.

2 내용

첫째, 행태론은 행정학 연구에 심리학과 사회학의 접근법을 원용하여 조직 속의 개인의 행태(behavior) 연구에 초점을 두었다. 여기서 행태(behavior)란 패턴화된 행동(patterned action)을 의미한다.

둘째, 가치 판단과 사실 판단을 구분하는 논리실증주의(logical positivism)를 따른다. 행정행태론자들은 행정이 정책결정 기능, 즉 가치 판단적 작용을 포함함을 부정하지는 않는다. 그러나 행정학의 '과학화'를 위해서는 가치 판단적인 것과 사실 판단적인 것 중 행정학 연구는 후자에 한정되어야 한다고 주장하였다.

셋째, 조직의 의사결정(decision making)에 초점을 둔다. 구조, 제도, 역사 등에는 관심이 적으며 조직 속의 개인의 의사결정을 심리학 · 사회학 · 경제학에 토대하여 분석하였다.

넷째, 행정을 경영과 같은 것으로 본다. 이 때문에 조직이 정부 관료제인가 혹은 기업 조직인가는 중시하지 않았다. 사실 판단적인 작용에만 국한하고 공공 조직과 회사 조직을 구분하지 않는다. 이 때문에 행정은 정치와는 다른 것이며 경영과 같은 것으로 인식되었다. 따라서 정치행정이원론의 입장을 취한다. 윌슨의 행정학 이래로 정치행정이원론이 다시 나타난 것이란 의미에서 새로운 이원론이라고도 한다.

Ⅴ. 발전행정론(새 일원론)

1 등장 배경

2차 대전 이후부터 냉전 체제에서 미국의 지원을 통한 후진국의 국가 발전을 위한 연구가 활발해졌다. 행정학에서도 각국의 행정 발전 및 행정 제도에 대한 다양한 비교 연구들이 이루어졌다. 60년대 들어 이러한 비교 연구를 토대로 후진국의 국가 발전을 위한 행정의 역할을 도출하는 것이 주요한 과제가 되었다. 후진국의 정치인·경제인의 역량이 미흡하고 자원이 부족한 상태에서 행정이 급속한 국가 발전을 주도하는 것이 불가피하다는 것을 염두에 두고 나타난 것이 발전행정론(developmental administration)이다. 대표적인 학자인 에스만(Milton J. Esman), 와이드너(Edward W. Weidner) 등은 발전행정의 연구를 통해 정치와 행정의 관계에서 전통적인 정치우위론을 뒤집어 행정우위론으로까지 나아갔다. 즉 정치와 행정이 불가분의 관계에 있다는 일원론을 따르면서도 그 국가 발전의 주도적 입장은 정치가 아니라 오히려 행정이라는 것이다.

2 내용

첫째, 행정 관료의 역할을 강조한다. 정치인·경제인의 역량과 기반이 취약한 후진국의 국가 발전은 민간 주도가 아니라 정부 주도적 발전 전략이 불가피하다. 신속한 국가 발전을 이룩해야 할 신생국에서 발전을 담당할 주체는 전문적인 능력과 우수 인력으로 충원된 행정 관료뿐이다. 그러므로 행정 관료는 곧 '발전의 역군'(agent of development)인 셈이다.

둘째, 행정 관료가 국가 발전의 주역이라는 점에서 행정이 정치보다 더 우위에 있다는 행정우위론이 파생된다. 정책결정의 주도적 역할도 정치인이 아니라 행정부에 있다.

셋째, "행정에 의한 지배(administocracy)"가 나타난다. 이 때문에 국민에 대해 직접 책임을 지는 것이 아니라 대통령에 의해 임명된 행정인이 정치에 우월한 입장에서 국가 발전을 주도함에 대해 책임성·정통성의 문제가 제기된다. 정치 발전이 부진한 후진국에서, 행정의 가장 소중한 이념인 민주성이 간과되기 쉽기 때문이다.

Ⅵ. 신공공관리론

1 등장 배경

신공공관리론(New Public Management: NPM)은 80년대 들어 복지정책 등의 확대로 인해 정부 부문이 팽창된 결과 정부의 비효율이 부각되었으며, 행정서비스에 대한 고객의 선택과 만족도 제고가 중요한 국민의 관심이 되었다. 이에 따라 주된 관심은 시장실패(market failure)보다는 정부실패(government failure)이며 이를 해결하기 위해서는 기업의 경영 기법을 정부에 적용으로써 정부를 효율적으로 개혁하자는 것이 신공공관리이다. 신공공관리론의 시각에서는 행정은 경영 작용과 차이가 없으며 행정에도 경영 기법을 그대로 적용할 수 있다고 본다. 그러므로 신공공관리론은 기본적으로 정치행정이원론이다. 따라서 단순히 정치로부터의 독립보다는 정부에 경영 기법과 시장적(market) 기제의 적극적 도입을 강조한다.

2 내용

첫째, 작은 정부(small government)를 지향한다. 정부의 과잉 팽창 및 정부실패에 대한 처방을 강조한다. 정부의 과잉팽창에 대해 신보수주의 및 신자유주의에 근거하여 행정기능 · 기구 · 인력 · 예산의 감축을 주장한다. 정부실패에 대한 처방으로 시장적 기제 도입을 강조하여 수익자 부담 · 민영화 · 민간 위탁을 주장한다.

둘째, 규제 완화(deregulation)를 주장한다. 정부 규제는 시장적 기제의 보완으로 출발하였으나 이제는 이것이 오히려 비효율성을 낳고 있다. 따라서 시장기구 및 민간 부문의 자율성을 조장하여 시장의 가격체제를 원활히 활용하기 위해서 지나친 정부 규제를 완화하고자 한다.

셋째, 성과(outcome)중심의 행정을 지향한다. 행정 조직 간 · 조직 내의 개인 간 · 정부와 민간 부문 간의 경쟁을 조장하기 위하여 평가 기준으로 성과를 중시하며 이를 제고하기 위해 다양한 유인 제도를 장려한다.

넷째, 고객 중심(client-oriented)의 행정을 강조한다. 행정서비스의 소비자인 시민은 기업의 고객(client)과 같다. 이 고객의 만족도를 높이는 것이 행정의 가장 중요한 가치이다. 따라서 행정은 고객의 수요를 정기적으로 파악하고 행정에 적극 반영한다.

다섯째, 권한 부여(empowerment) · 책임성(responsibility) · 개방성(openness) 등을 강조한다. 행정의 효율성을 높이기 위하여 일단의 업무에 대해 집행자에게 권한을 위임하여 고도의 자율성을 부여하되, 그 성과에 대해서는 책임을 묻는다(책임운영기관제 등). 또 정부의 공직을 개방하여 민간 부문의 우수한 사람을 계약을 통해 적극 채용한다(개방형 임용제 등).

Ⅶ. 한국에서의 정치-행정 관계

1 한국에서의 양자의 관계의 전개과정

한국은 건국 직후부터 행정학이 도입되던 60년대 초반까지는 행정법학의 입장에서, 권력이 분립된 민주국가에서 입법은 국회의 역할이며 행정은 이 법의 집행만 담당한다는 규범적 해석 때문에 정치행정이원론이 지배적이었다. 그러나 이것은 형식적 의미의 정치행정이원론이었을 뿐이며 정치-행정의 경험적 현실과는 무관한 것이었다.

그 후 1960년대 군사 정권의 집권 이후 행정부 주도의 국가 발전에 치중하였고 이러한 행정 우위 체제는 70년대의 유신 체제에서 최고조에 이르렀다. 이 때문에 국민의 의사와는 괴리되고 정치 발전에 역행하는 현상이 나타나게 되자 행정학 연구는 정치행정일원론 및 발전행정론에는 동조하면서도 행정우위의 한계를 논의하고 정치 발전이 우선되어야 함을 강조하게 되었다. 이 시기는 개념적으로나 실질적으로나 행정우위적 정치행정일원론이 지배적인 시기였다.

그 후 1980년대에 들어 유신 체제 및 이와 유사한 5공화국 체제를 거쳐 80년대 후반의 민주화 추이를 거쳐 2000년대로 들어 온 지금 정치 우위가 다시 확인되고 있다. 행정은 비록 여전히 국가 발전의 중요 정책을 형성·집행하지만 이는 국민의 합의와 정치적 지지를 전제로 한 것으로 인식되어 가고 있다. 즉 여전히 정치행정일원론이 타당하다고 인정되면서도 행정은 정치에 의한 민주적 통제 하에 놓여야 한다는 것이 인정되고 있다.

정치적 민주화가 진전되는 단계에서 행정의 민주화(법치 행정과 권력 기구들의 중립화)가 우선적으로 지향되어야 한다. 그러나 행정의 민주화가 미진한 상태에서 97년 경제위기 이후 우리나라의 경우 영미의 신공공관리에서 강조하는 능률성이 크게 강조됨으로써 민주성은 부각되지 못했다는 지적도 있다(박동서, 2004). 그러나 최근에는 민주화는 돌이킬 수 없을 정도로 상당히 확립되어 있으므로 이에 더하여 정치 과잉으로 인한 행정의 비효율도 함께 주목받고 있는 중이다.

2 한국의 정치행정 관계에 대한 평가

오늘날의 일원론적인 시각이 강한 정치행정의 관계에 대해 다음과 같이 평가할 수 있다.

첫째, 우리나라의 정치와 행정의 관계는 정치행정일원론, 그것도 '행정우위의 일원론'의 성격을 지녀왔다. 우리의 경우 정치와 행정은 불가분의 관계에 있었으며, 60년대 이후부터 행정은 정치를 압도하고 주도적 역할을 해 왔다. 따라서 정치 우위의 상황은 실제로 존재하지 못하였다. 그러나 80년대 중반 이후부터는 민주화를 통해 행정에 대한 민주적 통제를 높여가고 있고, 정치의 역할이 커지고 있다. 그러므로 앞으로 오늘날의 한국 현실에서 행정은 경영과 동일한 것으로 보기는 어렵고, 여전히 정치와의 맥락 속에서 규정될 수밖에 없다.

둘째, 그럼에도 불구하고 행정 업무의 성격, 계층에 따라 경영 작용으로 보아도 될 부분이 상당히 많다. 이런 분야에는 정치행정이원론을 전제로 한 신공공관리론의 적용도 타당할 것이다. 한편, 정무관 및 고위 관료의 행정 작용, 정책결정 및 갈등 조정의 업무, 공익적 성격이 높은 업무의 분야에서는 정치와 행정의 엄별은 어렵다. 이 부분에서는 정치행정일원론이 타당하되, 그 행정 작용에 대해 정치적 통제가 적절히 이루어짐이 바람직할 것이다.

셋째, 우리나라의 경우 정치-행정의 관계는 종합적으로 보면 일원론의 입장이 타당하며, 일원론 중에서도 과거와 같은 행정이 지나치게 우위인 지위는 점차 바람직하게 수정되어야 하며 정치와 행정 간의 균형이 필요하다. 한국은 행정의 민주화를 먼저 확립한 후 행정의 능률성을 지향해 오고 있는 영미의 경우와는 반대로, 앞으로 정치 기능의 활성화를 통하여 정치가 행정에 대하여 민주적 통제를 책임있게 담당하는 것이 필요하다. 동시에, 행정에 대한 민주적 통제에 대한 오해로 행정에 대한 정치 우위가 비효율과 정치 실패(political failure)를 야기하는 현상도 경계해야 한다.

ı새 테마 행정학ı

06. 경영과 행정의 관계

Ⅰ. 의 의

행정이 정치와 경영 간 연속성 상에서 어떤 위치에 자리잡는가에 따라 그 성격이 달리 규정된다. 행정-정치의 관계는 달리보면 행정-경영의 관계의 이면이기도 하다. 관리주의적 접근법(managerial approach)이 행정과 경영의 유사성을 강조하며, 이에 반해 정치적 접근법(political approach)은 행정과 경영의 차이를 강조한다. 윌슨(Thomas W. Wilson)류의 고전파 행정학은 행정과 경영이 유사하다는 점에 근거하여 공사행정일원론(행정-경영일원론)을 취하였다. 이는 행정학 초기에 행정과 정치의 영역을 구별하고자 하되, 행정 작용이 가진 경영적 기능에 초점을 두었기 때문이다. 1930년대 말에 이르러 다시 행정의 정치성에 대한 논쟁이 제기되면서 다시 행정과 경영의 유사성을 강조하는 입장이 비판받게 된다. 그 이후 행정학사를 통틀어 이런 순환적 논쟁은 지속적으로 나타나고 있다. 이를 정리해보자.

1 행정경영일원론

초기 행정학은 엽관주의 인사 제도의 폐단 극복을 지향하며 시작되었으므로 이 시기에는 정치와 행정의 격리에 초점을 두었다(정치행정이원론). 행정 작용 중 정치를 제거한 나머지 부분은 곧 경영과 거의 동일시되었기 때문에 행정과 경영의 유사성이 강조되었다(행정경영일원론). 따라서 경영에서 연구된 정치행정일원론을 전제로, 과학적 관리법이 거의 그대로 행정에도 적용될 수 있다고 믿고서 행정의 과학화를 과신했다.

귤릭(Luther Gulick), 어윅(Lyndal F. Urwick), 페이욜(Henry Fayol) 등의 1920년대 고전파 학자들과 행태론자인 사이먼(Herbert A. Simon), 마치(James G. March)가 이러한 행정경영일원론의 시각에서 행정학을 접근하고 있다.

행정경영일원론은 행정의 수단적·관리적 성격을 강조하여, 행정과 경영 모두 주어진 목표를 달성하기 위한 수단이며, 그러한 임무를 수행하는 데 필요한 인적·물적 자원을 관리하는 기술이라는 점에서 공통된다고 주장한다. 물론 공·사 행정 일원론도 행정과 경영 간에 차이가 있다는 점은 인정하지만, 그러한 차이는 질적인 차이라기보다는 양적인 차이에 불과하다고 본다.

2 행정경영이원론

1930년대 말에 이르러 행정의 정치성이 강조되면서 행정과 경영이 동일한 것이라는 시각은 많은 비판을 받는다. 이 시기에 행정은 정치기능, 즉 정책결정기능을 포함하며 행정 작용은 곧 정치라는 점이 강조되었다. 행정경영이원론을 취하는 이들은 대체로 정치행정일원론의 입장을 취하며, 행정학의 과학화에 회의적인 태도를 가졌다.

애플비(Paul H. Appleby), 디목(Marshall E. Dimock) 등의 정치행정일원론자, 에스만(Milton J. Esman), 와이드너(Edward W. Weidner) 등의 발전론자, 프레데릭슨(H. George Frederickson) 등의 신행정론자 등이 이런 입장을 취한다.

행정경영이원론은 행정을 정부의 고유한 현상으로 보며, 권력 작용과 같은 정치적인 맥락에서 행정을 이해하려고 한다. 따라서 공·사 행정 이원론의 체계 하에서 행정과 경영은 양적인 차이뿐만 아니라 질적인 차이도 있다고 본다.

Ⅱ. 행정과 경영의 공통점과 차이점

1 공통점

1) 관료제적 성격

행정과 경영은 각각 공공 부문 및 민간 부문의 대규모 조직(정부 부처, 기업)을 전제로 하고 있다. 이러한 대규모 조직은 계층제로 이루어진 전문화된 분업 체제이다. 이 대규모 조직에 따른 순기능과 역기능은 행정이든 경영이든 상관없이 대규모 계층제 조직이면 모두 나타나는 현상이다. 정부 조직은 법령에 의해 계층제적 계급 구조를 띠는 것이 보통이며, 기업조직은 법령이 아니라 내부 규칙에 의해 조직화되지만 이것이 대규모화되면 정부의 부처 조직에 못지않게 정교한 계층제를 형성한다.

2) 관리 기술적 성격

양자 모두 목표 달성을 위하여 인적·물적 자원을 동원하고 이를 조직화하며, 목표 달성에 이르는 최적의 행동 대안을 선택하려고 한다. 따라서 행정 및 경영 자체가 각각 정부 및 기업의 목표가 아니며 그 목표를 달성하기 위한 수단에 불과하다. 목표 달성의 수단이기 때문에 동일한 목표를 최소의 비용으로 달성하고자 하거나, 동일한 비용으로 최대의 목표를 달성하고자(능률성) 한다. 또 최적의 대안 선택을 위한 정보처리 기술, 관리기법 등은 서로 공통적으로 적용될 수 있는 경우가 많다.

3) 협동 행위적 성격

양자는 목표를 달성하기 위하여 합리적 의사결정을 도모하는 구성원들 간의 협동적 행위라는 점에서 유사점을 지니고 있다. 기업은 기획, 제조, 마케팅, 판매, 회계 등의 부문별로 부서들 간에 또 행정은 정책결정·정책집행·정책분석 및 평가 등의 다양한 관련 부서들 간의 협력을 통해 업무를 수행해 간다. 이러한 협동적 행동은 여러 기관들 간에 수평적으로 일어날 뿐 아니라 상하 계층제를 통해 수직적으로도 일어난다.

2 차이점

1) 목표의 성격

행정은 적어도 규범적으로는 공익을 최고의 가치로 삼으며, 그 하위 목표로 질서유지·공공봉사·공공복지 등을 추구하는데 때로는 상충된 목표들을 함께 추구한다. 경영은 본질적으로는 사익(기업 이윤)을 극대화하고자 한다.

그러나 행정의 경우에도 공공선택이론가들의 주장처럼 사익이 추구되기도 하며, 기업도 사회적 기여를 지향하기도 한다는 점을 감안하면 이러한 목표의 차이는 절대적인 것은 아니며 다분히 상대적이다.

행정의 목표는 정치 참여의 증대, 생활의 질 향상 등과 같이 불분명하고 추상적이며 계량화가 용이하지 않은 경우가 많음에 비하여, 경영의 목표는 상대적으로 명확하고 구체적이며 계량화가 용이함이 보통이다.

2) 능률성 평가

행정과 경영은 각기 그 목적을 달리함에 따라 능률개념을 달리하는 바, 경영에서는 그 능률을 이윤 정도로 측정할 수 있고, 또 이를 계량화할 수 있는 데 반해, 행정에서는 공익의 정도나 실적을 측정하기가 곤란하고, 이를 계량화할 수 없는 경우가 많다. 더욱이 행정에서는 실질적인 이득이 없더라도 공익의 보호를 위해서 자원 투입이 불가피한 경우가 많은 데 반해, 경영에서는 이윤이 보장되지 않는 활동을 배제한다.

3) 권력성

행정은 법령에 근거하여 권력성을 갖는다. 따라서 정치 권력을 배경으로 통제를 하는 반면, 경영은 정치 권력이 아니라 계약에 근거하며 그 통제는 비권력적인 것이 본질이다.

그러나 행정의 권력 행사도 입법 · 사법과의 견제 속에서 일정한 법적 한계 내에서만 허용되며, 기업의 경우도 대규모 조직일 경우 시장적 독점성 및 정치 권력에 상응하는 통제력을 확보하는 경우가 많다.

4) 독점성·경쟁성

행정은 공식적인 정부 관료제만이 수행하는 독점적인 활동이다. 이 때문에 행정 통제가 약할 경우 행정은 비능률적이고 서비스의 질이 낮기 쉽다. 이에 비해 기업은 시장 속에서 치열한 경쟁 상태에 있음이 보통이다. 이 때문에 기업은 능률성에 대한 관심이 높고, 서비스의 질 향상을 위해 노력할 수밖에 없다.

이러한 정부의 독점성으로 인해 정부 부문은 비효율성에 직면한다는 주장이 보편적으로 제기된다. 독점성이 최저선(bottom line)과 종결메커니즘(termination mechanism)의 결여로 이어져 정부 부문에서는 효율성을 추구할 유인이 상대적으로 부족하다는 것이다(X-비효율성).

그러나 행정의 경우에도 일정 업무는 타 행정 기관 및 민간 조직과 경쟁하며, 기업의 경우에도 때로 독과점 상태에서 재화 · 서비스를 생산하기도 한다.

5) 법령의 제약

행정은 모든 국민을 상대로 하며, 또한 권력 남용 가능성을 지니고 있기 때문에 행정은 법령의 적용을 엄격히 받게 하며, 법령의 내용에서도 사기업에 비하여 훨씬 많은 양의 세밀한 규정의 적용을 받는다(법치 행정). 이에 비해 기업은 법령의 큰 테두리 내에서 많은 재량이 주어져 창의적인 활동이 허용된다.

6) 평등성

민주 국가의 행정은 이념적으로 헌법과 법률에서 정한 평등성의 준수를 요구하고 있어서 행정 고객은 행정기관으로부터 원칙상 동동한 대우를 받는다. 기업의 경우는 이러한 원칙의 적용을 받지 않으며 오직 지불 능력의 보유에 대응하여 재화와 서비스가 교환된다.

그러나 행정의 경우도 실제에는 평등의 원칙이 언제나 적용되는 것은 아니다. 경영도 고객에 대한 부당한 차별 대우는 헌법과 법률 및 소비자의 의해 일정한 제한을 받는다.

7) 효력 범위

행정의 효력 범위는 모든 국민에게 적용됨에 비하여, 경영의 효력은 거래의 쌍방 간에만 적용됨이 원칙이다.

그러나 행정 작용도 특별한 법령 규정으로 일부 국민에게만 효력이 한정되기도 하며, 경영도 대규모 회사의 경우 광범위한 고객에게 걸쳐 효력이 주어진다.

8) 시계(time horizon)

정부 관리자들은 정치적 필요와 정치적 달력에 의해 비교적 단기적인 시계를 가지는 데 반해, 민간기업 경영자들은 시장개발, 기술혁신, 투자 등을 지향하는 비교적 장기적인 시계를 가진다. 이처럼 정치와 행정의 영역에서는 시계가 좁기 때문에 한번 만들어진 제도나 정책은 쉽게 바뀌지 않는다. 왜냐하면 제도변화의 전환비용은 단기적으로 나타나는 반면 제도변화의 편익은 장기적으로 나타나기 때문이다. 반대의 시각도 있다. 오히려 정부가 민간 기업보다 다 장기적 시계를 가지고 당장에는 전혀 이익이 없더라도 미래 세대를 위해 사업을 벌이기도 한다.

9) 공개성과 책임성

행정은 공익성을 목표로 하기 때문에 공개에 의해 그 합법성 · 민주성 · 봉사성 · 타당성이 인정받아야 하고, 더욱이 모든 행정 활동은 법적 책임성이 강조되기 때문에 민주적 통제의 대상이 된다. 즉, 행정은 공익성 · 책임성 · 공개성의 특성으로 인해 의회 · 정당 · 압력단체 · 매스컴 등 외부로부터의 통제 · 감독 · 비판을 받게 된다. 그러나 경영 활동은 특수한 경우 이외에는 공개성이 강요되지 않으며, 책임성도 법적 책임보다도 도의적 책임이 강조된다.

10) 재화의 성질

정부가 생산하여 제공하는 재화나 서비스는 공공재(public goods)의 성질을 띤 경우가 많다. 여기서 공공재는 사적재(private goods)에 대한 개념으로서 비배제성(non- excludability)과 비경합성(non-rivalry)을 지닌 재화나 서비스를 말한다. 즉, 공공재는 소비에 있어서 어느 누구도 배제할 수 없으며, 한 사람의 소비는 다른 사람의 소비를 방해하지 않는다. 이에 반해 민간 기업에서 제공하는 재화나 서비스는 원칙적으로 사적재이다. 즉, 민간 기업에서 제공하는 재화나 서비스는 대가를 지불한 사람에게만 분리공급이 가능하고(배제성), 한 사람의 소비는 다른 사람의 소비가능성이나 효용을 줄이는 성격(경합성)을 가지고 있다.

행정과 경영에 관한 이상의 공통점 및 차이점을 요약하면 다음 표와 같다.

		행정	경영
공통점		관료제적 성격 관리 기술적 성격 협동 행위적 성격	
차이점	목표의 성격	공익성 (불분명, 복수)	사익성 (분명, 단일)
	권력성	정치 권력에 토대	상호 계약에 토대
	독점성 · 경쟁성	독점성이 본질	경쟁성이 본질
	법령의 제약	법 규정 적용이 엄격하고 많음	법 규정 적용이 약함
	평등성	원칙상 적용	원칙상 비적용
	효력 범위	국민 전반	거래 당사자
	시계	단기적	장기적
	공개성, 책임성	원칙적으로 공개성, 책임성 짐	원칙적으로 공개성, 책임성없음
	재화의 성질	공공재도 많음	사적재가 일반

Ⅲ. 한국에서의 행정과 경영의 관계

행정과 경영의 관계는 역사적 배경, 행정 발전의 정도, 문화 등에 좌우되어 왔지만 근본적으로 행정이 정치와 어떠한 입장을 취하는가와 표리의 관계에 있다. 한국 행정에서의 행정-경영의 관계는 다음과 같이 요약된다.

첫째, 오늘날은 경영의 거대화와 정치화, 영향력의 증대, 대규모 기업체의 출현, 행정 내부에 사기업의 경쟁 원리 도입, 기업의 사회적 책임의 강조 등으로 행정과 경영의 구별이 점차 모호해지고 있다. 더구나 최근 제3섹터(the 3rd sector)의 등장 및 계약 · 위탁에 의한 행정의 대두는 그 구별을 더욱 모호하게 한다. 따라서 행정과 경영 간의 차이는 질적 · 절대적인 것이라기보다는 양적 · 상대적 것이라고 보는 것이 타당하다. 최근 신공공관리론(NPM)의 확산으로 '행정의 경영화' 또는 '기업형 행정'이라는 개념이 확대되는 것도 이 때문이다.

둘째, 행정과 경영 간에는 중대한 차이점이 있다. 따라서 앞으로 행정에 대한 경영적 기법을 적용하여 능률성을 높이는 추세는 계속되어야 하지만, 그에 더하여 행정이 가진 정치성을 감안하여 행정이 국민에 대해 책임을 지도록 하는 민주적 통제 장치가 여전히 필요하다.

셋째, 행정-경영의 차이가 분명 존재하지만, 동시에 경영과 같이 다룰 수 있는 국면도 많이 있음도 사실이다. 이럴 부문까지 권력적 행정 작용으로 간주할 필요성은 점차 인정받지 못하고 있다. 따라서 획일적으로 행정을 경영과 같이 혹은 다르게 간주하려는 보편적 접근보다는 이러한 구체적 행정 업무의 성격을 면밀히 검토하고 이들을 달리 취급하는 시각이 필요하다.

| 새 테마 행정학 |

07. 행정의 경영화

Ⅰ. 의의

행정의 경영화란 행정이 공익 목표를 포기하고 사익을 추구해야 한다는 뜻이 아니라, 공익 목표를 추구하되 그 기법에 있어서 수익자부담원칙과 같은 시장메커니즘을 적용하자는 것이다. 행정이 경영과 유사하다는 점 때문에 행정의 비효율성을 극복하는 방안으로 행정에 경영기법을 도입하는 현상이 흔히 나타나고 있다. 특히 신공공관리론의 경우 이러한 현상은 두드러진다. 여기서 행정의 경영화는 곧 행정의 "시장화"(marketization)를 의미한다.

본래, 행정의 영역에서는 제공되는 재화의 특징이 비경합성, 비배제성의 속성이 강하기 때문에, 주민은 자신의 선호를 표출하지 않고 무임승차하려고 한다. 이를 막고 적정한 공공재를 공급하기 위해 정부는 비시장적(강제) 기제를 사용해 왔다. 그러나 행정의 경영화는 시장에서처럼 주민이 적절한 선호 표출(preference revelation)을 하도록 만드는 기제(예컨대 수익자 부담 user's charge)를 행정이 도입하고 이를 통해 효율적인 행정을 기하는 것이다.

Ⅱ. 행정 경영화의 한계

행정의 경영화에 대해서는 다음과 같은 한계가 있다.

1 법치 행정적 제한

가장 중요한 제약은 '법치행정의 원리'에 따라 행정을 수행함에 있어서는 법률에 근거를 두고 있거나(법률 유보의 원칙), 적어도 법에 위반되어서는 안 된다(법률 우위의 원칙). 그러므로 헌법이나 정부조직법과 같은 제도의 제약을 받지 않을 수 없다. 이 때문에 그러한 제약이 없는 경영과 같은 방식으로 업무를 처리하기 어려운 경우가 나타난다.

2 경영 논리 적용 범위의 제한

규범적으로 행정은 공익을 대표한다. 공익이 무엇을 의미하는지에 대해서는 모호한 면이 없지는 않지만, 정부 행정은 공익을 추구하고 사적인 이익을 추구하지 않으며, 영리업무를 금지하는 도덕적 규범을 중요시한다. 따라서 행정은 경영이 추구하는 이윤 동기나 성과 추구가 많이 제약된다.

3 공공재 생산

정부가 제공하는 재화가 다 공공재인 것은 아니지만 공공재도 많다. 공공재는 비배제성과 비경합성을 가지고 있기 때문에 시장에서는 거래가 어렵고 정치과정을 통해 그 수준이 결정된다. 즉, 공공재는 판매자와 구매자 사이의 자유로운 거래에 의해 공급되는 것이 아니라, 투표나 예산절차와 같은 정치과정을 통해 공급된다. 따라서 시장의 가격기구에 의한 제약이 약하다. 이러한 요인이 행정작용의 가치나 효율성을 평가하기 어렵게 만든다.

4 책임성

국민은 통치 권력의 최종 근원으로서 행정은 국민으로부터 공적 신탁(public trust)을 받아 수행된다. 공무원은 국민의 공공 이익을 위하여 자원 · 가치 그리고 지위를 배분하는 정책결정 및 집행을 하며 이에 필요한 공적 권력까지 부여받고 있다. 이는 민간 기업에서는 볼 수 없는 정부만의 고유한 특징이며, 이로 인해 행정의 시장화나 경영화는 일정한 한계가 있을 수밖에 없다.

5 행정 기능의 성격에 따른 제약

행정에는 민간 기업의 경영과 달리 '봉사'(service)와 '규제'(regulation)라는 두 측면이 공존한다. 본질상 국민의 자유와 권리를 제한하는 '규제' 측면에서는 경영적 성과보다 공익이라는 본질적인 가치가 우선되기 때문이다. 다만 이 성격의 차이는 경영화에 대한 본질적 제약은 아닌데 왜냐하면 규제 조차도 '민간에 의한 규제'(자율규제)로 바꿀 수 있기 때문이다. 그럼에도 불구하고, 행정 기능의 성격에 따라 경영화의 적용에 제약이 있음은 분명하다.

Ⅲ. 행정의 경영화 방안

1 계약적 패러다임의 확립

행정의 경영화는 국가-시민의 관계를 행정서비스 공급자-소비자의 계약적 관계로 보는 근본 패러다임의 변화가 필요하다. 따라서 소비자 지향 혹은 고객 지향적 행정관 정립이 필수적이다. 정부가 종래의 지시 · 명령의 권력적 작용 주체가 아니라 서비스를 제공하는 사업 주체가 된다. 즉, 조직 · 인사 · 예산관리 등에 있어서 연공서열식 인사가 아니라 성과급(pay for performance)을 도입하고, 계층제적 관료질서가 아니라 신축적인 동태적 조직 관리를 중시하며, 조세 등의 강제적 수단 외에 수익자 부담 원칙 등과 같은 시장지향적 기법을 도입하는 것이다.

2 외부 시장화와 내부 시장화

공공부문의 시장화는 크게 외부시장화와 내부시장화로 구분될 수 있으며, ①외부시장화에는 민영화, 민간위탁, 준정부조직(민관공동출자), NGO 활용 등의 방안이 포함될 수 있고, ② 내부시장화에는 연봉제 등 성과중심의 인사제도, 성과중심의 조직인 책임운영기관(agency), 시민헌장제도, 기업회계방식, 수익자 부담원칙의 도입 등이 포함된다.

3 적절한 성과 지표의 개발

행정경영화를 위해서는 경영적 성과를 확인하고 이를 평가하기 위한 계량적 성과 지표가 필수적이다(ex: 세무 · 예산의 경우는 금액, 민원처리나 사업은 시간 · 기간 · 진척, 정책의 경우는 사람 수 · 비율 · 1건당 단가 등). 만일 달성해야 할 성과를 수량적으로 표시할 수 없는 경우에도 가급적 성과 지표에 준하는 지표가 필요하다(ex: 스케줄 목표: ○○까지 진도 ○○% 달성, ○○까지 계획수립, 개선목표: 현재 만족도 조사결과를 ○○%에서 ○○%로 증대). 그러나 성과 지표의 강조는 성과 측정이 용이한 수단적 행정 가치에 치중하고 이것이 곤란한 본질적 행정 가치를 소홀히 할 우려도 있다. 따라서 기계적이고 반복적이며 일상적이어서 계량적인 성과지표를 개발하기 용이한 업무 분야에서는 행정의 경영화를 적극 추진할 필요가 있지만, 질적이고 가치판단적인 업무 분야에서는 이를 추진하는데 신중을 기할 필요가 있다.

4 정부 사업 유형별 적용 성과 지표

정부 사업에 따라 상이한 성과 지표를 적용함이 불가피하다(하연섭, 2010). 정부의 프로그램은 유형적 서비스(tangible services), 무형적이면서 개별화된 서비스(non-tangible individually- tailored services), 무형적이면서 아이디어 차원의 서비스(non-tangible ideal services)로 나눌 수 있다.

유형적 서비스는 반복되는 서비스를 제공하고 측정 가능한 표준화된 활동이다(여권발급, 운전면허발급, 세금징수). 유형적 서비스의 성과를 측정하는 것은 용이하다. 무형적이면서 개별화된 서비스는 일상적 서비스이지만 개인의 욕구와 상황에 맞추어 서비스를 제공해야 하는 프로그램이다(교육, 보건). 이에 대해서는 성과지표 개발이 불가능하지는 않으나 매우 어려운 경우가 많다. 무형적이면서 아이디어를 제공하는 서비스가 있다(정책 보좌 policy advice). 정책보좌의 결과는 종전보다 더 좋은 정책을 만드는 것인데, 더 나은 정책을 측정하기란 거의 불가능하다. 이럴 경우 성과 측정은 "활동 혹은 과정"에 대한 측정이 될 수밖에 없다(하연섭, 2010).

정부 사업 유형과 성과측정 가능성

사업 유형	예시	성과 측정 가능 여부
유형적 서비스	여권발급, 운전면허 발급, 과세	용이하게 측정 가능
무형적-개별화된 서비스	교육, 보건	어렵지만 불가능하지는 않음
무형적-아이디어 차원의 서비스	정책 보좌	불가능⇨ 활동 혹은 과정에 대한 측정으로 대체.

5 산출(output) 중심적 지표를 적용할 경우

본래, 사업을 통해 측정하고자 하는 것은 산출물(output)이 아니라 결과(outcome)이다. 대학교육을 통해 얻는 지식 증대의 크기는 결과이며, 대학졸업생은 대학 교육의 산출물이다. 결과에 대한 성과 측정이 어려울 경우에는 결과 대신 산출(output)로 성과를 측정하는 방식이 부득이 사용되기도 한다.

다만 이 경우 다음과 같은 문제점을 유의해야 한다. ① 정부 사업의 더 근본적 목표인 결과가 간과되고 그 수단 및 중간 목표인 산출물이 더 중시되는 목표대치(goal displacement)가 나타날 수 있다.

② 결과 대신 산출 중심으로 측정하는 것은 측정이 쉽다는 것 때문이다. 그러나 산출도 양(quantity)이 아니라 그 질(quality)을 측정할 때는 측정 상의 어려움은 여전히 남는다.

③ 산출물들이 이질적일 경우 이에 따라 다양한 성과 지표를 만드는 것이 오히려 결과에 대한 측정보다 더 어려울 수 있다.

④ 만약 결과의 측정이 어려워 산출 중심으로 측정으로 대체하였지만 이 산출 역시 측정이 불가능하다면 성과는 부득이 이제 "활동(activity)이나 과정(process)" 중심으로 측정할 수밖에 없다.

Ⅳ. 한국의 행정경영화의 방향

첫째, "행정과 경영은 중요하지 않은 점에서는 유사하지만, 중요한 점에서는 상이하다"는 주장이 있다(Sayre의 법칙). 행정의 경영화는 책임성, 공익성, 형평성, 정의와 같은 행정의 주요 가치를 간과할 우려가 있다는 점이다. 예컨대, 수익자 부담 원칙을 적용할 경우 비용 부담이 불가능한 저소득층이 서비스에서 배제될 가능성이 있으며, 서비스 제공의 불균등이 발생할 수 있다. 행정서비스는 수익이 발생하지 않더라도 반드시 제공해야 하는 필수적 · 의무적 성격이 있다는 것을 인식해야 한다. 이를 간과한 경우가 외국의 경영 기법들을 무분별하게 적용하는 "모방적 동형화(mimetic isomorphism)"의 부작용가 나타난다.

둘째, 행정과 경영의 차이점이 있음을 인정하더라도 행정경영화가 주는 장점을 간과할 수 없다. 여러 분야에서 그 효과는 경험적으로 증명되고 있기 때문이다. 특히 정부회계에 발생주의와 복식부기 회계제도 도입, 공무원에 대한 성과평가제 도입, 계약제 채용 제도, 조직의 신축성 확대, 각종의 민간 위탁 사업은 행정의 비효율 개선에 상당한 성과를 보여 왔다.

셋째, 일반화의 논리를 피하고 상황적합적으로 판단해야 한다. 즉, 모든 행정을 경영화한다든지, 혹은 행정의 차이를 강조하여 그러한 적용을 다 거부하기 보다는 구체적 행정 업무의 성격을 정확히 분석하고 해당 분야에 대해 경영화의 성과가 확인된 기법들은 적극적으로 확대하는 것이 필요하다. 그러므로 적어도 일부 공기업, 일선 행정서비스, 상담 등의 복지 서비스, 사무처리적 성격이 강한 영역에서 경영화는 더 확산될 여지가 있다.

논평

행정의 경영화는 최근 각국의 행정개혁의 표본이 되고 있는 신공공관리론이라는 맥락에서 이해할 필요가 있다. 즉, 이 주제는 신공공관리론과 상당히 밀접한 관련을 가지고 있으며, 여기서의 논의도 신공공관리론에서의 그것과 일맥상통한다. 행정의 경영화의 필요성과 한계를 중심으로 서술할 필요가 있는데, 행정학의 다른 주제와 마찬가지로 행정의 경영화도 일도양단(一刀兩斷)식 평가를 내려서는 안 된다. 경영화가 가능한 분야와 가능하지 않은 분야로 나누어 상황적합적으로 설명함이 필요하다.

| 새 테마 행정학 |

08. 행정학의 과학성과 기술성

Ⅰ. 의 의

행정에 대한 연구는 과학과 기술의 상이한 두 방향으로 전개되어 왔다. 그리고 이에 따라 학자의 정향도 완전히 갈라진다. 이는 행정학의 본질적 성격과 관련된 논쟁이다. 과연 행정학이 과학(science)인가 혹은 기술(art)인가? 행정학이 과학이라는 시각은 행정학이 자연과학과 같은 의미에서의 인과관계를 설명하는 과학이 될 수 있고 또한 그렇게 되어야 한다고 주장한다. 반면에, 행정의 기술성을 강조하는 입장은 행정학 연구가 순수한 과학성에 치중하면 현실의 행정문제 해결에 대한 처방 능력 및 실천력을 상실한다고 본다. 따라서 행정학은 과학이 될 수 없고 기술(art)이어야 한다고 주장한다. 이 두 관점을 대비해보자,

1 과학성(science)

본래 과학(science)이란 연구 대상보다는 연구 방법을 기준으로 규정된다. 즉 연구의 재생가능성 · 경험성 · 객관성을 충족하는 방법(절차)을 따를 때에는 그 대상이 행정이든, 물리적 현상이든, 예술적 현상이든 가리지 않고 이를 과학적 방법이라고 한다. 과학이란 이러한 방법론을 통해 체계화된 지식이다. 즉 과학이란 인과론에 근거하여 사회 현상이나 자연 현상의 인과적 설명에 초점을 두고 있는 객관적 지식 체계이다.

2 기술성(art)

기술(art)이란 어떤 목표를 달성하기 위해 적절한 수단을 발굴하고 이를 적용하는 능력과

활동을 의미한다. 기술은 선천적인 창의성에 입각한 것도 있으나, 경험이나 습득을 통해서 얻어지기도 한다. 즉 기술이란 사회과학과 자연과학에서 문제해결을 위한 대안을 제시하고 나아가 이를 실용화하는 도구라는 의미이다. 얼마나 과학적인가 보다는 그것이 당면 문제를 얼마나 잘 해결해 주는 방법을 선택하고 적용하는가에 초점이 있다.

Ⅱ. 행정학의 과학성

1 행정학의 과학성

과학성(Science)을 강조하는 행정학 연구는 변수 간의 올바른 인과관계를 확인하고 이를 과학적으로 증명하여 체계적 지식을 구축하는 것에 치중한다. 그것은 실천적, 기술 위주의 행정학 연구는 즉각적인 처방책의 모색에 치우치며 그 결과 행정학은 단편적인 지식들의 체계로 남을 뿐이라고 본다. 행정학의 문제 해결은 기술에 의해서만 이루어지는 것이 아니라, 과학적 · 이론적 분석에 토대하여야 한다는 것이다. 행정학이 당면 문제 해결을 위한 기술의 추구에만 치중하면 '학문 이전'(학문의 정상 수준에 미달된) 수준에 머물게 된다는 것이다.

행정학 전개과정에서 과학성을 추구하는 행정학연구들은 다음과 같이 나타났다.

과학성을 강조한 행정학 연구 흐름	'과학성'의 초점
고전파에서의 과학화 시도	과학화의 최초 시도. 경영학을 통한 과학화.
행태론자의 과학화 시도	논리실증주의 도입. 심리학 · 사회학을 통한 과학화.
공공선택론자의 과학화 시도	연역적 연구에 의한 설명과 분석 지향. 경제학을 통한 과학화.

2 과학성 중심의 행정학 연구의 흐름

1) 고전파의 과학화 시도 (경영학을 통한 과학화)

고전파 행정학의 탄생 이래로 1930년대 초반까지 행정학 연구는 독립된 과학 이론 체계 구축에 초점을 두었다. 정치행정이원론에 따라 행정에서 정치의 영역을 배제하여 연구 대상을 '관리' 분야에 한정한 후, 경영학이 앞서 연구해 온 과학적 관리론을 이 행정분야에 적용함으로써 행정학을 독립된 과학으로 확립하고자 하였다. 계층제적 원리, 통솔 범위의 원리, 부처편성의 원리, 조정의 원리 등은 이러한 맥락에서 나타난 것이다. 즉, 고전파 행정학은 처음부터 행정학을 하나의 '과학'(science)으로 만들고자 하였으며 독립된 분과 학문이 갖추어야 할 근본적 지식들을 구축하는 것에 초점을 두었다. 고전파 행정학자들은 이러한 과학의 구축에 낙관적이었고 이러한 과학으로서의 행정학의 구축에 나름대로 상당한 성과도 얻었다.

2) 행태론자의 과학화 시도 (심리학 · 사회학을 통한 과학화)

그러나 고전파 행정학이 과학화를 지향하였지만 결과적으로 그들이 얻은 '원리'(principles)는 과학적 검증을 거치지 않은 '격언'(proverbs)에 불과한 것이라는 비판을 받기에 이르렀다. 즉 과학의 외관을 갖추려 했으나 진정한 과학화에는 실패했다. 이에 따라 잔정한 과학화를 강조한 행정행태론자들은 '논리실증주의'에 따라 가치 판단과 사실 판단을 논리적으로 분리한 후, 후자만에 대해 엄격한 과학적 방법에 의한 검증을 적용하여 과학적 원리를 하고자 한 것이다.

이 시각에서 가장 철저히 행정학의 과학화에 나선 것이 사이먼(Herbert A. Simon)이다. 사이먼은 ① 행정학 연구가 연구자의 주관적인 가치나 편견에서 벗어나기 위해서는 행태(behavior)를 객관적으로 분석하는 것이어야 하며, ② 행정 문제들에 기계적으로 적용할 수 있는 실천적 원칙이란 존재하지 않으므로 실용적 입장에서 당장 활용 가능한 지식을 추구하기보다는 문제 상황의 과학적 분석이 더 우선되어야 하며, ③ 실천적 기술이나 처방이란 객관적 지식보다는 행정가의 성격과 가치관에 크게 좌우되므로 이를 추구하기보다는 과학적인 연구에 더 치중해야 한다고 주장한다. 즉, 행정에 관한 객관적 · 분석적 · 과학적 연구가 오히려 현실 문제의 해결에 대한 신뢰할만한 근본적인 지식을 제공한다는 것이다.

3) 공공선택론자의 과학화 시도 (경제학을 통한 과학화)

행태론 이후에, 경제학에 토대하여 행정학의 과학성을 추구하는 것이 공공선택론(public choice)이다. 오스트롬(Vincent Ostrom)은 행정학의 연구 대상이 수많은 문제들로 방만하게 확대되었지만 연구 방법에서의 일관된 시각, 곧 쿤(Thomas Kuhn)이 말한 '지배적 패러다임'이 형성되어 있지 못하여 행정학은 지적 위기(intellectual crisis)에 봉착했다고 본다. 그 대안으로 그는 공공선택론(public choice)적 행정학 연구를 제안한다. 공공선택론적 행정학 연구는 행정학의 정체성의 위기(identity crisis)를 극복하고 보다 과학적인 이론으로 발전시키는 것에 초점을 두고 있다.

공공선택론은 행정 현상이라는 연구 대상에 대해 경제학적 방법론을 적용하는 것이다. 공익을 추구하는 윤리적 인간으로 상정된 전통적인 웨버식의 관료는 행정 현실과는 괴리된 것이며 그런 윤리적 가정 하에서는 과학적 분석이 불가능하다. 단편적인 귀납적 연구들을 사후적으로 모아봐야 행정학의 과학성 제고에 도움이 되지 않는다. 행정 현상에 대한 일정한 가설 하에 연역적 연구를 통해 가설을 도출하고 이를 검증하는 과정을 통해 과학으로 형성되어 간다.

공공선택론이 전제하는 가설은 다음과 같다. 공공선택론은 경제학에서 취하는 기본 가정인 '합리적 경제인'(homo-economicus)이 곧 정부 관료에게도 적용된다고 전제한다. 그리고 경제인의 이윤극대화에 상응하여 행정에서 목적함수(예산극대화, 득표극대화 등)를 설정한다. 이 목적 함수를 극대화하기 위해 개인(관료, 투표자, 정당, 이익집단 등)은 합리적 선택을 한다. 이런 분석에 의해 행정현상에 대한 설명과 예측이 가능해 진다.

이때 의사결정은 조직(집단)이 아니라 그를 구성하는 개인이 내리며 행정 조직은 이 개인의 집합체라고 보는 이른바 방법론적 개체주의를 취한다(methodological individualism). 또 정치와 행정이란 것도 결국 경제적 교환에 불과하다고 본다(politics-as-exchange). 공공선택론적 행정학 연구는 사이먼의 연구 이후로 행정학의 과학화에 대해 가장 구체적이고도 체계적인 논리들을 제공한 것이다.

Ⅲ. 행정학의 기술성

1 행정학의 기술성

기술성(art)을 강조하는 행정학 연구는 당면한 행정문제를 파악하고 이에 대한 적절한 처방을 제공하며, 목표를 효율적으로 달성하는 실천적 행동을 제시하는 것에 초점을 둔다. 과학성 추구에 치중하는 기존의 행정학은 현실 문제를 해결할 수 없는, 현실적합성이 결여된 공허한 지식일 뿐이라고 비판하면서 정책지향적(policy-oriented) 연구를 강조한다. 기술성을 강조하는 행정학 연구의 흐름 및 그 연구들이 찾아내고자 한 기술성의 의미는 다음과 같이 요약할 수 있다.

기술성을 강조한 행정학 연구 흐름	'기술성'의 초점
기능적 행정학	정책결정 기능을 수행하는 기술
발전행정론	발전행정의 실천 기술
후기 행태주의 및 정책 연구	당면 정책문제의 해결 기술
신행정론	민주적 가치 달성의 적실한 기술
신공공관리론	효율성을 높이는 경영 기술

2 기술성 중심의 행정학 연구의 흐름

1) 기능적 행정학에서의 연구 (정책결정 기능을 수행하는 기술)

행정학의 과학성 추구를 비판하고 기술성을 주장한 첫 시도는 정치행정일원론이 대두하는 1930년대 후반의 기능적 행정학이다. 애플비나 디목 등은 기술(art)로서의 행정학을 강조한다. 즉 행정이 고전파 행정학이 정치의 영역이라고 보았던 '정책결정' 기능을 실제로 담당하고 있음을 주목하였다. 행정이란 이 정책결정을 잘 수행하는 기술이라고 본 것이다. 그게 올바른가, 혹은 과학적 분석이 되는가는 중요하지 않다.

그런데 본래 정책결정 기능이란 과학적 작용이 아니라 정치적 작용이다. 정책결정자의 가치관이 영향을 주며, 행정 현상에서 인간 행동이란 불확정적이어서 과학으로 예측할 수 없는 복잡성이 있다. 따라서 행정학은 엄밀한 과학적 원칙 하에서 이뤄지는 기계적인 적용이 아니라, 오케스트라를 지휘하는 지휘자처럼 창조적 · 예술가적 · 실천적 기술이라고 보았던 것이다.

2) 발전행정론에서의 연구 (발전행정의 실천적 기술)

1960년대에 후진국을 중심으로 발전행정론이 중요한 과제가 되었다. 국가 발전 자체가 가치, 목적 지향성을 띠고 있어 행정학의 실천성이 더욱 선명히 강조되었다. 이 경우 행정학은 정교한 과학으로 추구되기보다는 당면 국가 발전 목표를 달성하기 위한 처방적, 실천적인 기술로 추구되었다.

3) 후기 행태주의 및 정책학 연구 (정책문제의 해결 기술)

후기 행태주의(post-behavioralism) 및 그 뒤에 나타난 정책학(policy science)은 행태주의의 문제를 극복하기 위해 나타난 것으로서 실천적인 정책문제의 해결에 관심을 두었다. 이때 '정책 연구'란 실천적인 면을 강조하는 문제지향성(problem-oriented), 가공적인 연구 상황이 아니라 구체적 행정 환경에 적합한 연구를 강조하는 맥락성(contextuality), 현실 문제 해결을 강조하는 처방성(prescription)을 특징으로 한다. 따라서 이 시기의 정책학은 자연스럽게 과학성보다는 기술성을 지향하게 되었다.

4) 신행정론에서의 연구 (민주적 가치 달성의 적실한 수단)

신행정론(new public administration: NPA)의 행정학 연구 역시 행정학의 과학주의를 비판하고 기술성을 강조한다. 신행정학은 가치중립적 · 능률지상주의적 · 서술적인 기존의 행정학 연구를 비판하고 사회적 형평성과 같은 민주적 가치를 지향하며, 고객 중심적 · 규범적 · 실천적 · 처방적인 행정학 연구가 되어야 한다고 주장하였다. 이 결과 신행정학자들은 과학으로서의 행정학보다는 당면 사회 문제의 적실한 처방적 기술로서로서 행정학 지식을 더 강조하였다. 이러한 신행정학의 논리는 그 후 비판이론(critical theory)에 토대한 비판행정학이나 실천성을 더 강조하여 나타난 행동이론적(action theory) 행정학 연구(Michael Harmon)로 이어졌다.

5) 신공공관리론에서의 연구 (효율성을 높이는 경영 기술)

가장 최근에 나타난 신공공관리론(new public management: NPM)은 기술성을 강조하는 또 다른 흐름이다. 신공공관리는 경영 기법을 행정 현상에 적용함으로써 능률성을 제고하려는 움직임이다. 고전파 행정학이 경영학의 논리를 도입하여 행정학의 과학성을 제고하고자 한 반면에, 신공공관리론은 경영 기법들을 행정에 도입하여 정부부문의 비효율성을 제고하려는 실천성 제고에 더 관심이 있었다.

Ⅳ. 한국 행정학에서의 과학성과 기술성의 조화

첫째, 미국으로부터 한국에 처음 행정학이 도입되었을 때 미국의 학계는 과학화를 중시하였던 시기였기 때문에 한국 행정학도 과학화를 중시하는 시각을 답습했다. 그런데 과학 그 자체만을 지향하여 비현실적인 가정과 정교한 방법론만을 추구하면 그로부터 발굴된 지식의 유의미성 자체가 문제된다. 과학성만을 추구하는 행정학 연구는 현실의 행정 문제에 대한 해결능력이 결핍되어 있다. 이는 행정학이 본질적으로 '응용' 과학이라는 점을 간과한 것이다. 이 점을 인식하여 한국 행정학도 차츰 경험적 연구 및 한국 행정 현실에 대한 이해를 통해 기계적으로 우리 현실에 그대로 적용할 만한 과학적 이론이란 많지 않다는 것을 인식해 가고 있다.

둘째, 그러나 현실의 행정 문제의 해결 및 실천만을 염두에 두는 연구는 임기응변적이고 비과학성의 위험이 있고 때로는 정확한 처방을 적용하지 못한다. 이는 행정학이 단편적·임기응변적인 기술적 경험의 총합이 아니라 경험과학의 지식 체계로 나아가야 함을 간과한 것이다. 이 경우 행정 문제를 정확하게 분석하고 이에 대한 올바른 처방을 제시하기 위해서라도 과학적인 행정학 지식이 필요하다.

셋째, 따라서 학자들 간의 적절한 분업이 필요하다. ①과학적 연구를 통해 설명력과 예측력이 높은 과학적 연구를 추구해야 하는데 여기에서는 보다 엄밀한 연구 방법론의 학습과 행정 현상의 정확한 측정, 분석 기술을 보완하고 이론적·경험적 연구를 통해 타당도 높은 이론을 확립해 나가야 한다. ② 이렇게 얻은 지식은 당면 행정문제를 진단하고 그 대안을 발굴하는데 활용될 수 있어야 한다. 과학적 지식만으로 응용성이 즉시 보증되는 것은 아니며, 한국 행정 문제를 해결하는 유효한 기술로 활용하기 위해서는 당면 행정 문제의 상황 및 맥락에 대한 이해가 선행되어야 한다.

논평

기술로서의 행정학은 '꿩 잡는 매' 혹은 '비만 오게 만든다면 기우제도 좋은 대안'이란 사고이다. 반면에, 과학으로서의 행정학은 비과학적, 권력적, 주관적 요인이 아주 강한 행정현상에서 나름대로 설명력과 예측력이 높은 정확한 과학 원리를 찾겠다고 고심하는 사고이다. 현실 행정문제와 유리된 정교한 지식체계란 공허하다. 동시에, 올바른 과학적 지식 없이는 효과적인 문제 해결도 없다. 다행히도 어느 학문에서건 한 학자에게 동시에 이 두 가지가 요구되는 경우는 드물며 대개 적절한 분업이 이루어지고 있다. 과학에 토대하지 않은 기술, 현실 문제를 해결하지 못하는 과학은 둘 다 문제이다. 아무리 응용과학이라 할지라도 그것이 행정학의 본질이다.

09. 행정학의 접근방법

Ⅰ. 의 의

학문의 세계에서 연구 활동을 안내해주는 시각이나 지향을 접근방법(approach)이라 부른다. 행정학도 고유의 접근방법 및 인접 과학의 접근방법을 사용하고 있다. 시대마다 학문 분야를 주도한 학문 정향이나 학파가 다르듯이 행정학의 접근방법들도 시대에 따라 계속 변화해 왔다. 행정학 연구의 접근방법들은 다양하게 분류될 수 있지만 전통적인 접근방법과 오늘날 새롭게 대두된 접근방법으로 대별할 수 있다.

Ⅱ. 전통적 접근방법

1 역사적 접근방법

1) 내용

이는 행정 현상의 과거-현재-미래가 인과적으로 상호 연결되어 있음을 전제로 하여, 설명하고자 하는 현재의 행정 현상이 어떻게 시작하여 어떻게 현재까지 도달했는가를 시간 흐름에 따라 설명하는 접근방법이다. 주로 행정 제도 · 특정 사례 · 정책 산물에 대해 적용되는 접근방법이며 인간의 미시적 행태 · 심리적 동기 등에 대해서는 잘 작용되지 않는다.

2) 평가

역사적 접근방법은 정통적인 과학적 설명 방식인 '연역적 설명'(deductive explanation)의 구조가 아니라 이른바 '발생론적 설명'(genetic explanation)의 구조를 띤다. 또 시간적 선후 관계를 곧 인과적 관계로 동일시하는 오류가 나타날 수 있으며, 과거(선례)에 의거하지 않은 제도의 발생 및 전개에 대해서는 설명력이 약하다.

2 법률적 · 제도론적 접근방법

1) 내용

모든 행정 작용은 법적 근거를 가지고 있으며 법치 행정의 원리에 따라 그 권한과 책임도 법에 의해 규정된다. 특히 헌법 · 정부 조직법 · 국가재정법 · 국가공무원법 및 각종의 행정 법규들은 행정에 중요한 기반이 된다. 따라서 행정을 법과 관련시켜 설명하는 것은 매우 적절한 접근방법이 될 수 있다. 특히 행정법학적 전통이 강한 상황에서는 이 방법의 유용성이 크다.

그런데 행정 현상은 반드시 법으로만 나타나는 것이 아니며 광의의 '제도'라는 모습으로 존재한다. 즉 권력분립 제도, 예산 제도, 공무원 제도, 투표 규칙 등의 '제도'에 초점을 두는 제도론적 방법을 통해 행정을 이해할 수도 있다. 그러나 행정 제도는 대개 공식성이 강하며 따라서 법률로 규정되어 있는 것이 보통이다. 따라서 행정의 경우 법률적 접근은 제도적 접근과 거의 같은 것으로 이해된다.

2) 평가

이 접근방법은 공식적인 법률 · 제도의 모습으로서의 행정 현상에 치중하므로 그 법률 · 제도 이면에 있는 행정의 동태적인 국면, 비공식적인 국면, 역사적 국면이 간과되며, 외형적 제도에만 치중하기 쉬운 약점이 있다.

3 생태론적 접근방법

1) 내용

생태론적 접근방법은 행정을 일종의 유기체로 파악하고서 이 유기체로서의 행정 체제와 이를 둘러싸고 있는 환경 요소간의 관계에 연구의 초점을 둔다. 행정은 환경에 의해 영향을 받는 종속변수이다. 이 때 생태론에서 주목하는 구체적 종속변수는 행정인 개인보다는 주로 행정 체제와 같은 거시적 변수이다. 생태론적 행정학 연구는 선진국의 행정 제도가 후진국에서 잘 작동되지 않는 이유를 환경적 요소가 다르기 때문이라고 지적한다.

생태론적 행정학 연구는 고스(John M. Gaus)의 연구 및 리그스(Fred W. Riggs)의 연구가 대표적이다. 고스는 환경과의 유기적 상호 관계를 고려하여 행정 기능을 분석하고자 하였다. 행정에 영향을 미치는 환경적 요인으로 국민(people), 장소(place), 욕구와 사조(wish and ideas), 재난(catastrophe), 물리적 기술(physical technology), 사회적 기술(social technology), 개성(personality)라는 7대 요인을 들고 있다.

한편 리그스는 농업 사회(agraria)와 산업 사회(industria)라는 비교행정 연구 모형을 제시하면서 그 과도기에 있는 전이 사회(transitia), 즉 프리즘적 사회가 바로 개발도상국의 체제라고 규정하고 농업 사회와 산업 사회를 결정하는 5가지 환경 변수로서 경제적 기초, 사회적 구조, 이념적 요인, 정치 체제의 정당성, 커뮤니케이션을 선정하였고 이들 변수가 행정에 미치는 영향을 검토하였다.

리그스가 생태론적 접근방법을 통해 선명히 부각시킨 것은 발전도상국 사회인 전이 사회(혹은 프리즘적 사회)의 특성이다. 요컨대 그것은 농업 사회 및 산업 사회의 요소들이 혼재하는 이중 구조를 띤다. 이 때문에 무규범성과 형식주의가 나타난다. 산업 사회의 행정이 이루어지는 장소는 관청의 사무실(office)이며 농업 사회의 경우는 안방(chamber)임에 비해, 전이 사회의 경우에는 사랑방(sala)이다. 사랑방 행정에서는 행정 부패가 심화되며, 경제 거래에 시장가격(price)이 존재하지 않고 시장은 비경제적 요소에 의해 좌우된다(bazaar-canteen model).

2) 평가

생태론적 접근은 행정 현상을 설명에 '환경'이란 요소가 매우 중요함을 지적하였다. 이 때문에 이 환경의 차이로 인해 국가 간에 행정 제도가 상이하게 작동되는 것을 설명하는 데에 유용한 접근법이다. 생태론적 접근은 보편적 행정 이론보다는 중범위 이론(middle range theory)을 지향하며, 또 환경적 요인의 차이를 부각하는 비교 연구를 통해 행정의 과학적 연구에 크게 기여하였다. 그러나 생태론적 접근은 행정이 외부 환경에 의해 좌우된다고 전제함으로써 행정 자체의 적극적이고 주체적인 역할을 간과한 문제가 있다.

4 행태론적 접근방법

1) 내용

행태론적 접근은 이념·제도·역사·구조보다는 집단이나 개인의 행태(behavior)를 과학적·체계적으로 분석하려는 방법이다. 사이먼(Herbert A. Simon)에 의하면 행정이란 의사결정의 과정이므로 이 의사결정 과정에서의 개인의 행태가 행정학 연구의 초점이 되어야 한다고 주장한다.

행태론적 접근은 다음과 같은 점을 전제로 한다(이종수 외, 2014). 첫째, 사회 현상도 자연과학과 마찬가지로 엄밀한 과학적 연구가 가능하다고 본다(과학주의).

둘째, 행정 현상을 객관적으로 이해하고 인간의 주관이나 의식을 배제하기 위해, 가치 판단적 요소를 연구에서 배제되어야 하며 오직 사실 판단적 요소만을 연구해야 한다(논리실증주의).

셋째, 자극과 반응(stimulus and response)에 해당되는 행동 뿐 아니라 개인의 태도, 의견, 성격 등도 연구 영역에 포함한다. 따라서 행정행태론의 연구 영역은 심리학적 행동주의(psychological behaviorism)보다 광범위하다('행태' 영역의 확장).

넷째, 인간의 행태에 관한 과학성은 경험적으로 입증하고 설명할 수 있다(검증가능성).

다섯째, 자료의 객관적 측정 및 계량화가 가능하다(계량화 가능성).

여섯째, 집단이 아니라 그 구성원인 개인들을 연구하면 이를 통해 집단 전체를 이해할 수 있다(방법론적 개체주의).

2) 평가

행정학의 행태론적 접근은 다음과 같은 문제점이 있다. 첫째, 미시적인 '행태' 연구에 치중하므로 의사결정이 일어나는 환경, 구조 등과 같은 행정의 거시적 측면에 대한 설명력이 약하다.

둘째, 겉으로 표출된 인간의 행태 분석에 치중함으로써 행태 이면의 진정한 '의미'를 간과하기 쉽다.

셋째, 계량화가 어려운 부분을 연구에서 배제하지만 행정에는 계량화가 어려운 부분이 매우 많아서 행정의 중요한 요소가 연구 대상에서 누락될 위험이 있다.

넷째, 행정 현상에서 가치 판단 및 사실 판단을 구분하고서 전자를 배제함은 인위적이다. 특히 상위 계층의 행정 작용에는 본질적으로 가치 판단을 내포하고 있는데 이 경우 상위 계층에서 일어나는 행정 작용에 대한 행태론적 연구의 타당도는 매우 낮다.

다섯째, 엄밀한 과학적 연구의 요건을 강조하다보니 결국 행정 현상 본질보다 그 연구 요건에의 적합 여부가 더 중시되어버리는 모순이 나타날 수 있다.

5 후기 행태주의 및 정책론적 접근방법

1) 내용

행태주의(behavioralism)는 인간의 행태에 초점을 두기 때문에 정부 조직 속에서 일어나는 개인의 미시적 행태에 대해서는 정교한 설명을 할 수 있었지만 1960년대 흑인 폭동과 월남전에 대한 반전 운동, 복지정책 등의 거시적, 구조적 사회 문제에 대해서는 아무런 해결책도 제시하지 못하였다. 이러한 기존의 행태주의적 방법론에 대한 비판으로 등장한 것이 후기 행태주의(post-behavioralism)이다. 여기서 '후기'란 전기에 대비되는 시기로서의 후기라는 말이 아니라 행태주의를 극복하고 나타난 즉 '행태주의 이후'라는 의미이다. 후기 행태주의는 행정학이 미시적 행태보다 사회가 당면한 문제의 해결, 곧 '적실성과 실천성'을 가질 것을 강조한다.

2) 평가

행정학의 후기 행태주의적 접근은 다음과 같은 특성을 지닌다. 첫째, 행정학이 당면 정책문제를 해결하는데 적합한 능력을 가지는 것이 가장 중요하다고 본다(적실성의 신조 credo of relevance). 둘째, 가치 판단의 문제를 배제해서는 안 되며 정책목표 속에 이를 수용해야 한다고 본다. 그 결과 행정학은 과학적 설명보다는 문제 해결이 가장 중요시 되었다. 환언하면 후기 행태주의는 과학(science)로서의 행정학 보다는 당면 사회 문제를 해결하기 위한 기술(art)로서의 행정학을 더 중시한 접근방법이었다.

한편, 후기 행태주의는 행정학에서 정책 연구(policy study) 및 정책학(policy science)의 풍조까지 유발했다는 점을 주목해야 한다. 즉 행정학에서의 후기 행태주의적 접근은 행정학을 고전적 POSDCoRB 중심으로부터 정책(policy) 중심으로 바꾸는 원동력이 되었다. 후기 행태론은 연구 방법론적 측면을 의미하고 정책론은 학문의 실천적 측면을 강조하지만 양자는 상당부분 같은 뿌리를 가진 것이다. 우선, 합리적 · 분석적으로 정책을 결정하기 위한 지식체계로서 정책분석론(policy analysis)이 나타났으며, 나아가 합리적 · 분석적 결정이 이루어지지 못한 근본 원인 연구를 통해 정책 의제설정(policy agenda-setting) 이론의 연구로까지 확대되었다. 또 정책이 결정된 이후 그 집행실패 연구를 통해 정책집행론(policy implementation)이 발전하게 되었으며, 주로 복지정책의 효과 여부에 대한 논쟁을 통해 정책평가론(policy evaluation)이 발전하게 되었다.

6 체제론적 접근방법

1) 내용

체제론적 접근방법은 행정 현상을 체제(system)로 이해한다. 즉, 행정 현상이란 하위 요소(subsystem)들의 복잡한 결합으로 이루어져 있으며 이 하위체제들은 상호 연계되고 상호 작용하는 결합을 한다. 예컨대 정부의 어느 국(局)은 이를 구성하는 몇 개의 과(課)로 구성된 체제이다. 그리고 이 체제로서의 '국'은 그 하위 체제인 '과'의 단순한 합산이 아니며 그 이상이라고 본다. 인체도 마찬가지이다. 인체는 여러 부분으로, 또 그 부분은 수많은 세포로 구성되어 있다. 하위 구성요소에 대한 분석만으로는 체제의 완전한 설명이 되지 못하며 체제 전체에 대한 설명이 필요하다고 본다. 하위 구성 요소만의 분석을 합산하면 곧 전체의 설명이 된다고 하는 것을 방법론적 개체주의(methodological individualism)이라 하며, 체제 자체에 대한 설명이 따로 필요하다고 보는 것을 신비주의(holism) 혹은 전체주의(wholism)라고 한다. 따라서 체제론적 접근은 신비주의를 전제로 하고 있다. 나아가, 행정 체제, 정치 제제, 경제 체제, 교육 체제 등으로부터 하나의 유기체에 이르기까지 '모든 체제'들에 대해 보편적인 이론을 구성하고자 하는 것을 일반체제 이론(general systems theory: GST)라고 한다.

인체라는 체제가 운동 등으로 열이 많이 나면 땀을 배출하고서 체온을 안정적으로 유지하려는 작용이 있듯이, 행정 체제 또한 외부의 자극에 대해 스스로 평형 상태를 유지하려고 한다. 이것이 바로 체제의 항상성(恒常性 homeostasis)이다. 행정 체제의 변화는 평형 상태에서는 일어나지 않고 하나 이상의 하위 구성요소에 변화가 생기거나 새로운 이질적 요소가 투입될 때에 나타난다.

행정 체제는 '투입-전환-산출-환류'라는 과정을 밟는다. 투입(input) 요소는 외부의 지지 및 요구이며, 전환(through-put)은 이를 산물로 변화시키는 중간 과정이다. 그리고 이 결과가 산c출(output)이며 이것이 다시 환류(feedback)되어 재투입되는 순환 과정을 거친다.

모든 사회체제는 여러 기능을 수행하는데 파슨즈(Talcott Parsons)에 의하면 그것은 중요한 네 가지로 구분할 수 있다. 체제가 원하는 가치를 창출하는 목표 달성(goal attainment) 기능(국민소득 4만불 달성), 환경 변화에 대한 적응(adaption) 기능(저임금을 찾아 해외로 공장 이전, 법제도의 개정), 법 다양한 하위 체제들이 따로 떨어져 나가지 않고 하나의 구심점으로 조정하는 통합(integration) 기능(국무회의에서 대통령이 부처 간 갈등 조정), 체제에 대한 도전에 맞서는 형태 유지(pattern maintenance) 기능(치안, 사법, 국방 작용)이다. 이것은 사회체제 일반의 기능이므로 행정 체제에서도 마찬가지로 나타난다.

2) 평가

행정학에 대한 체제론적 접근방법은 다음과 같은 특성이 있다. 첫째, 추상화의 수준이 아주 높은 거대 이론(grand theory)이므로 거시적 연구를 하는 안목을 제공해 준다. 그러나 전체적 현상에 대한 설명은 잘 하지만 구체적·개별적 행정 현상의 설명에는 취약하다.

둘째, 본질적으로 행정 체제의 '균형'을 설명하는 이론이다. 따라서 안정 상태는 잘 설명해 주지만 변화와 발전 나아가 체제의 변동에 대해서는 설명력이 약하다.

셋째, 행정이 환경을 극복하고 독립변수의 역할을 할 수 있다는 점을 간과한다.

넷째, 체제 속의 특정 개인의 탁월한 리더십, 이념 및 가치 등을 고려하지 못한다. 개체보다는 체제 전반에 관한 이론이기 때문이다.

다섯째, 생물학의 연구에서 나온 체제 이론을 구체적 행정 현상에 적용할 경우 적실성이 없는 한갓 '비유'에 머무를 수 있다는 비판이 있다.

Ⅲ. 새로운 접근방법

1 현상학적 접근방법

1) 내용

현상학(phenomenology)은 후설(Edmund Husserl)이 발전시킨 주관주의 철학이다. 현상학은 인간의 외부에 표출된 행태보다는 그 이면의 의미·동기·가치를 더 중요시한다. 행정학의 현상학적 접근방법은 기존의 주류 접근방법인 실증주의·행태주의·객관주의·합리주의를 비판하며 주관주의에 입각하여 행정 현상을 연구하자는 접근방법이다.

현상학적 접근의 분석 단위는 주관적 개인들의 대면적 만남(face-to-face encounter)이다. 행정 조직은 객관적으로 존재하는 실체라기보다는 구성원들 간의 대면적 상호 작용을 통해 서로를 공유하는 상호주관적(intersubjective) 생활 세계(Lebensweld)이다.

행정학에 현상학을 적용한 슈츠(Alfred Schutz)에 의하면 인간은 조직을 창설하지만 일단 만들어진 조직은 인간으로부터 떠나 스스로 존재하며 때로는 오히려 인간을 지배하기도 한다. 이것이 조직의 물화(reification) 현상인데 정부관료제에서 이러한 모습이 가장 현저하다. 따라서 객관적이고 피상적인 '그들 관계'(they-relation)가 아니라 주관적인 개인들의 상호 관계인 '우리 관계'(we-relation)의 의미를 발전시키고 구성원 간에 일체감을 갖도록 해야 한다(민진, 2000).

한편 현상학적 방법론을 적용하여 행정학을 연구한 또 다른 학자는 하몬(Michael Harmon)이다. 그는 행정학의 패러다임은 자연과학을 전제로 한 쿤(Thomas Kuhn)의 패러다임 개념이 아니라 행정 현실을 개선하는데에 적합한 인식론과 가치를 제공하는 것이어야 한다고 주장한다. 이런 토대 하에서 그는 행동 이론(action theory)을 제안한다. 실제의 인간 자아의 모습은 능동적으로 상대방에게 적극적으로 행동을 표출하는 능동적 자아(active self)이다. 따라서 행태론이 전제하고 있는, 외부 자극에 반응하기만 하는 소극적 자아와는 거리가 멀다. 또한 인간 자아는 타인과 더불어 상호 주관적 세계를 구성하는 사회적 자아(social self)의 모습도 있다. 따라서 행태론이 전제한 원자적인 자아가 아니다. 행태주의는 인간은 외부 자극과 인과 관계에 의해서만 행동을 하는 것으로 가정함으로써 인간이 지닌 내재적·자발적 동기 요소를 무시하거나 극소화했다. 따라서 주관적이고 자발적인 인간의 모습을 감안하면 행태(behavior)가 아니라 목적과 의도를 포함하는 행동(action)을 중시해야 한다는 것이다.

탐구하고자 하는 현상은 객관적이고 경험적으로 존재한다고 보는 것이 행태론인데 비하여, 현상학은 그것이 인간의 주관적인 마음의 해석에 따라 존재한다고 본다. 따라서 행태주의가 사물이 객관적으로 존재하며 인간은 그 속에서 외부 자극에 반응하는 소극적 주체일 뿐이면서 보편적인 과학 이론을 추구하려고 하는 것을 비판한다. 오히려 사물은 주관적으로 해석될 뿐이고, 인간은 사회 맥락 속에서 적극적으로 관계를 맺는 능동적-사회적 주체이므로 보편적 과학 이론을 추구하기보다는 특정한 국면에서 발견되는 개별적 사실을 기술함에 머물러야 한다는 것이다. 따라서 현상학적 접근에서는 행정인을 공식 목표를 추구하는 고도의 합리적 주체가 아니라 감성(사랑, 정의, 우의 등)을 가진 있는 그대로의 모습으로 보려고 한다. 이상의 현상학적 접근과 기존의 주류적 행정학 접근방법의 차이는 다음과 같이 요약될 수 있다.

현상학적 접근	구분 기준	주류적 접근
유명론(nominalism)	존재론(ontology)	실재론(realism)
반실증주의(현상학)	인식론(epistemology)	실증주의(positivism)
주관주의 • 내면주의	초점(focus)	객관주의 • 외면주의
자발론(voluntarism)	인간성(human nature)	결정론(determinism)
개별사례 중심(ideographic)	방법론(methodology)	일반법칙 중심(nomothetic)
대면적 만남	분석 단위(unit of analysis)	개인 · 조직 · 체제 · 국가
능동적-사회적 자아	자아(self)에 대한 가정	수동적-사회적 자아 수동적-원자론적 자아
이론 범주의 통합, 현실 행정의 개선	패러다임의 목적	설명과 예측
행동(action)	서술의 초점	행태(behavior)
구체적 행정 작용 속에 나타난 행정가의 동기	동기부여 방식	체제기능(system functions), 목표(goals)
사랑 · 상호성취	동기부여의 원천	자기이익 · 체제존속
현상학, 해석사회학, 비판이론	대표학설	행태론, 체제론, 공공선택론

2) 평가

첫째, 현상학적 행정학 연구는 행정속의 인간 및 그의 행동이 가진 다른 국면도 보게 하는 자극이 되었다. 외부로 드러난 인간의 행태 이면에 있는 주관성 · 의도 · 목적 등의 중요성을 중시하고 행정이 일어나는 관료제가 인공적 · 객관적인 공간이 아니라 상호주관적인 생활공간이라는 점을 지적하였다. 그 결과 행정에 대한 이해도 객관적 · 양적 분석보다는 해석학적 · 질적 분석이 중요함을 강조하였다.

둘째, 현상학적 접근방법에 부류에 널리 포용될 수 있는 것은 전술한 슈츠 및 하몬 외에, 하버마스의 비판이론을 원용하여 행정가는 행정 조직속의 인간 해방을 추구해야 한다는 비판행정학 이론(Denhardt)도 있다. 또 행정이란 정책 과정에 시민의 의견을 적극 파악하고 그에 따라 압무를 처리하는 담론(discourse)이어랴 한다는 담론이론(Fox & Miller)도 있다. 그러나 이러한 주장들은 현상학적 행정학 접근 방법의 큰 범주에 넣을 수 있지만 그 주장 내용이 각기 상이하여 일관성 있는 공통적 주장이 부족하다.

셋째, 현상학적 접근방법은 다채로운 사고를 시도하는 철학의 영역에서는 의미가 있겠지만 객관적이고 공식적인 행정목표 및 그를 위한 정책수단의 선택을 다루는 행정이 그대로 따르기는 어렵다. 행정의 경우 인간의 주관이나 자발적 의식을 억제하고 공식적・객관적 법규에 의해 규정되는 경우가 압도적으로 많기 때문이다. 결국, 현상학적 접근을 실제 적용하여 행정문제의 과학적 분석은 물론 실천적인 처방으로 이용하기는 어렵다.

2 공공선택론적 접근방법

1) 내용

공공선택론(public choice)은 비시장적 의사결정(non-market decision making), 즉 정치적 문제에 대한 경제학적인 연구이다. 연구 대상은 정부 현상(정치,행정,공공문제를 포함)이지만 연구 방법은 경제학적 방법론을 적용한다. 뷰캐넌(James M. Buchanan)에 의하면 공공선택론은 세 가지 가정을 깔고 있다. ① 분석의 기본 단위는 개인이다. 외견상 집합체(collectivity 조직 혹은 기관)가 의사결정을 내린다고 보일지라도 실상 결정 주체는 그 속에 있는 개인이다. 집합체란 개인의 총합이며 따라서 이 개인에 대한 연구를 통해 집합체를 파악할 수 있다(방법론적 개체주의 methodological individualism). ② 개인은 자신의 선호를 가지며, 자신의 이익 추구에 몰입하는(self-interested) 합리적인 인간이다(합리적 경제인 homo economicus). ③ 경제가 본질적으로 개인 간의 교환 행위이듯이, 정치도 이와 마찬가지로 자기 이익을 추구하는 개인들 간의 교환 작용에 불과하다. 따라서 정치를 사익의 추구 과정이 아니라 공익의 실현 과정으로 달리 볼 이유가 없다(교환으로서의 정치 politics-as-exchange).

시장에서의 교환을 통해서는 재화・서비스가 거래된다. 그런데 정치에서의 교환을 통해서는 합의된 규칙(rule)이 거래된다. 이 규칙들 중에는 여타의 규칙들보다 우위에 있으면서 가장 근본적인 것, 곧 '규칙을 정하는 규칙'이 존재하는데 이것이 헌법(constitution)이다. 일반적 규칙들이 과반수 혹은 2/3 등의 다양한 투표율을 선택의 기준으로 하고 있음에 비하여, 이 헌법의 선택에는 만장일치(unanimity)의 합의가 충족되어야 한다. 개인의 선택 결과가 개인에게만 귀착되는 시장에서와는 달리, 정치에서는 재화 및 서비스가 '집합적으로' 구입되므로 개인의 개별적 선택과 집단 구성원들의 공통적 선택이 합치되지 않는다. 정치에서도 시장에서와 같이 양자가 합치되도록 하기 위해서는 모든 개인들의 동의가 있어야만 공공재가 공급되게 하는 만장일치제가 적용되어야 한다. '헌법'의 결정 단계에서는 만장일치를 요하게 하되, 그 헌법의 틀 아래에서 일어나는 세부적 규칙의 결정 단계에서는 덜 제약적인 규칙(과반수 등)을 적용할 수 있다(2단계 합의). 이와 같이 공공선택론은 의사결정 규칙의 선택을 강조한다. 이 규칙을 일종의 제도(institution)로 본다면 공공선택론은 신제도주의적 요소도 공유하고 있는 셈이다.

공공선택론적 접근으로 행정학을 연구한 오스트롬(Vincent Ostrom)은 기존의 능률성 위주의 웨버적 · 윌슨적 패러다임과 공공선택론에 토대한 민주적 패러다임을 대비한 후, 이제 민주적 패러다임에 따라 시민의 다양한 선호와 요구를 충족하게끔 관료제의 제도와 구조가 개편되어야 한다고 주장하는데 그 중핵은 관료제의 권한 및 관할권의 중복이다. 한편 털럭(Gordon Tullock)은 관료제의 합리적 타산 논리를 규명하였으며, 정부 정책 과정에서 지대추구(rent seeking) 행태가 나타남을 지적하였다. 공공선택론자들은 계약주의(contractarianism)를 토대로 헌법적 규칙을 강조한다. 예컨대 행정부가 남용해 온 적자 재정을 통제하기 위해서는 뷰캐넌은 헌법 속에 이를 제한하는 원리를 규정해 두어야한다고 하며, 지대추구 행위를 제한하기 위해서도 마찬가지이다.

기존의 주류 행정학의 접근방법과 공공선택론적 접근방법에 의한 행정학 연구는 다음과 같은 대조를 보인다.

전통적 행정학 연구	비교 기준	공공선택론적 행정학 연구
조직(계층제)의 의사결정에 초점.	연구의 초점	개인의 의사결정에 초점.
공익적 정책목표의 극대화	공익지향 여부	이기적 동기의 극대화.
국가 의지 (will of state).	실현되는 가치	개인 의지 (will of man).
부서 목표의 극대화.	극대화 대상	개인 목표의 극대화.
개인 및 개별 부서의 결정은 상위 조직에 의해 연역적으로 결정됨.	의사결정의 추론 방식	개개의 결정을 귀납적으로 총합하면 조직의 결정이 됨.
의사결정 제도는 주어진 것으로 간주하거나, 관심이 없거나 제한적.	의사결정 제도	의사결정의 성과를 좌우하는 제도를 중시하며 다양한 제도들 간 특정 제도의 선택에 초점.

2) 평가

첫째, 전통적 행정학이 오랫동안 신봉해 온 웨버(Max Weber)의 관료관은 타당하지 않다고 본다. 시장이라는 상황 속에서 개인이 자신의 이익만을 추구한다는 점은 누구나 인정하고 있다. 그런데 바로 그 개인이 정치라는 상황 속에서는 이기적 사익을 포기하고 공익을 극대화한다고 간주함은 비현실적이다. 공공선택론자들은 정치인은 재선을 위해, 관료는 예산 및 재량을 위해, 투표자는 자신의 기대 이득을 극대화하려는 이기적 주체에 불과하다고 본다.

둘째, 행정이라는 과정에서 행정인이 시민과 교환하는 것은 플라톤, 웨버, 윌슨이래로 전통적인 행정학이 신봉해 온 공익이 아니라 사익에 불과한 것이다. 따라서 이 접근방법은 공익 논쟁에서의 이른바 '실체설'적 공익관을 부정한다.

셋째, 행정 작용을 제어하는 많은 정치적 규칙들을 피동적으로 받아들이고 이 규칙 하에서 일어나는 행정 작용만을 분석하기보다는 이 규칙(제도)의 선택 자체도 분석하고자 한다. 이제도의 선택은 개인의 자유와 후생이라는 관점에서 이루어져야 한다. 집합적 선택의 최적 규칙은 사회적 비용을 극소화하는 것이어야 한다.

넷째, 시장적 기제가 가진 약점인 시장실패(market failure)의 대안으로 나온 정부 역시 많은 취약성(정부실패 government failure)이 있음을 강조한다. 이러한 접근은 한국 및 각국의 신자유주의적 · 신공공관리적 행정개혁을 자극하였다.

다섯째, 집합체인 국가는 합리적 개인들의 계약에 의해 합의로 형성된 것에 불과하다. 로크(John Locke), 홉스(Thomas Hobbes)의 계약주의에 토대하여, 정부의 행정 작용은 개인의 자유와 가치에 합치되어야 한다는 민주행정론을 강조한다.

3 신제도론적 접근방법

1) 내용

신제도주의는 행태주의 혁명 이후, 그동안 관심 밖이었던 제도에 대해 새롭게 관심을 가지고 이를 체계적으로 분석하는 것이다. 즉, 신제도주의는 정치 행태와 맥락에 대한 행태주의와 같은 원자적(atomistic), 비사회적(asocial) 설명 방식을 거부하면서, 오히려 제도에 의해 행위자가 어떻게 제약을 받는가(institutionally situated) 혹은 행위자 및 그 행위자의 행태를 형성하는 데에 제도가 어떤 역할을 했는가에 관심을 집중한다(Bell, 2002). 요컨대 '제도'를 가장 중요한 독립변수로 보는 것이다.

그러나 신제도주의자들은 행태주의 혁명 이전에 사회과학에서 풍미하였던 제도주의를 "구"제도주의("old" institutionalism)라고 부르며 자신들의 연구 경향과 구분한다. 신제도주의와 구제도주의는 중요한 차이가 있다. 구제도주의와 신제도주의는 모두 "제도가 중요하다"는 기본 전제에 입각하여 제도를 연구의 핵심 대상으로 삼는 점은 같다. 특히, 정치학에서의 신제도주의는 집단 사이의 상호 작용을 강조한 점, 이들 집단의 의도를 합리적으로 파악한 점, 그리고 권력 추구 및 정책 갈등 과정에서 이 의도가 변경될 수 있다는 것을 강조한 점 등에서 구제도주의와 밀접하게 관련되어 있다. 그러나 헌법이나 법률과 같은 공식적인 제도의 기술(description)에 치중하였던 구제도주의와 달리, 신제도주의는 제도의 개념을 동태적으로 파악하고 있으며 제도 자체가 수행하는 독립적인 기능이나 제도가 인간의 유인 체계에 미치는 제약을 분석한다(김난도, 1997; 정정길 외, 2015). 따라서 신제도주의는 공식적인 제도를 단순히 기술하는 것을 넘어, 제도가 인간의 선호, 유인, 전략, 그리고 행태에 미치는 영향을 분석함으로써 제도적 맥락 하에 있는 개인행위를 설명하는 수준까지 나아간다(하연섭, 2003).

신제도주의는 여러 갈래로 분류되지만그것이 어느 학문에서 기원했는가에 따라 대개 역사적 제도주의(historical institutionalism), 합리적 선택 제도주의(rational choice institutionalism), 그리고 사회학적 제도주의(sociological institutionalism)로 나눌 수 있다(Hall and Taylor, 1996).

① 비교정치학에서 나타난 역사적 제도주의는 국가 간 정책의 상이성과 한 국가 내에서의 정책패턴의 지속성을 설명하기 위해, 정치를 구조화하고 정치적 결과에 영향을 미치는 '맥락(contexts)'으로서의 제도와 그러한 제도가 형성된 역사적 과정(historical process)에 초점을 맞추는 '중범위이론(mid-range theory)'적 관점이다.

② 정치학에서의 합리적 선택 및 신제도주의 경제학에서 나타난 합리적 선택 제도주의는 효용극대화를 추구하는 합리적인 개인에 초점을 맞추어 의식적으로 설계된 전략적 맥락으로서의 제도가 개인의 행위나 선택에 어떤 영향을 미치는가를 분석하고자 하는 '계산적 접근(calculus approach)'의 이론이다.

③ 조직사회학에서 나온 사회학적 제도주의는 개인의 속성 내지 동기의 단순한 합으로 환원될 수 없는 '초개인적 분석 단위(supra individual units of analysis)'에 초점을 맞추어 보다 거시적인 인지적 · 문화적 요인이 조직구조와 개인행위에 미치는 영향과 그 결과를 분석하고자 하는 '문화적 접근(cultural approach)'의 이론이다.

따라서 '제도'의 의미도 위의 어느 분파인가에 상이한데 공통적 요소를 종합하면 대개 다음과 같이 이해할 수 있다(하연섭, 2003).

첫째, 제도는 보다 넓은 사회 맥락(social fabric)의 일부분일 뿐만 아니라 일상적인 의사결정과 행동의 매개체로서 중위 수준(middle-level)의 개념이다.

둘째, 제도는 개인 행위를 제약하며, 제도적 맥락 하에서 이루어지는 개인행위는 규칙성을 띠게 된다.

셋째, 제도가 개인 행위를 제약하지만, 개인 간 상호 작용의 결과로 제도가 변화할 수 있기 때문에, 제도는 '독립변수'인 동시에 '종속변수'이다.

넷째, 제도는 공식적인 규칙이나 법률뿐만 아니라 비공식적인 규범 및 관습도 포함한다.

다섯째, 제도는 개별 행위자들의 선호를 넘어서는 정당성(legitimacy)을 가지고 있으며, 시간이 지나더라도 상대적 안정성(relative stability)을 보인다.

2) 평가

신제도주의적 접근은 개인의 의사결정은 기본적으로 '제도'라는 틀 안에서 이루어지기 때문에, 이 제도를 중심으로 현상을 분석하면 현실을 체계적으로 분석할 수 있다고 본다. 특히, 신제도주의는 규범적인 연구 질문에 답을 구하였던 구제도주의와 달리, '비슷한 사회 경제적 맥락 하에서도 국가 간 정책이 상이한 이유는 무엇인가?', '공동체에 따라 공유 자원의 효율적 관리 정도가 상이한 이유는 무엇인가?', '현대 사회에서 관료제화 현상이 나타나는 이유는 무엇인가?'와 같은 경험적인 질문에 답을 구하려고 하기 때문에, 구제도주의가 결여한 과학성을 높일 수 있다는 장점이 있다.

그러나 신제도주의는 대체로 다음과 같은 비판을 받고 있다. 첫째, 제도 또한 상황에 영향을 받는 것으로 이해할 수 있다. 그 경우 제도가 아니라 '상황'이 더 중요한 독립변수가 되는

데 그 경우 제도가 중요하다(institutions matter)는 신제도주의 기본 전제는 무너진다. 둘째, 제도를 지나치게 강조하면 모든 것이 제도에 의해 나타난 것으로 해석해 버리는 '제도적 결정론(institutional determinism)'의 오류에 빠진다. 셋째, 제도의 개념을 지나치게 확장하면 오히려 설명력이 떨어질 수 있다.

논평

이 주제는 매우 추상적이지만 행정학의 전반적 시각을 이해하기 위해 필요하니 인내를 가지고 이해해 두자. 행정학의 접근방법의 전체적 틀은 이종수 외(2014)가 도움이 된다. 민 진(2000) 교수는 이를 간명하게 정리하고 있다.

이들의 내용이 추상적이어서 보충 설명이 필요하면 다음을 참조하라. 현상학적 행정학 연구는 http://www.chatpress.com/action__Intro.html를 참조하라. 공공선택론의 개요는 국내 교과서에서 너무 피상적으로 오스트롬 위주로만 설명하고 있는데 깊이를 위해 공공선택론의 주류인 버지니아 학파 중심으로 이해하려면 공공선택론의 창시자인 Buchanan 교수가 직접 설명한 글을 읽어보아야 한다(http://www.heartland.org/pdf/12544.pdf). 생태적 접근의 설명은 정정길(2008) 참조. 신제도주의는 국내 저술들이 모호하게 서술하여 이해를 어렵게 하고 있는데 성격상 합리적 선택 제도주의는 공공선택론과 중첩되는 부분이 많음을 유의하라. 체제론적 접근은 오석홍(2004) 및 강신택(2000)을 참조하라. 신제도주의와 공공선택론 주제는 후술하는 공공선택론적 행정학 연구와 신제도주의적 접근방법의 테마를 꼭 더 읽어야 한다.

ㅣ새 테마 행정학ㅣ

10. 행정학의 패러다임

Ⅰ. 의의

1 패러다임의 의미

패러다임(paradigm)이란 용어는 사례·예시·본보기를 뜻하는 그리스어 'paradeigma'에서 유래되었으며 언어학에서는 '표준형'이란 뜻으로 먼저 사용되었다. 그 후 쿤(Thomas Kuhn)이 이를 '학문집단들이 공유하는 과학적 지식의 전반'이라는 뜻으로 사용하였다. 그러나 쿤 스스로도 이 의미를 다양하게 사용하고 있다.

어떤 분과 학문의 패러다임 논의에서는, 이 패러다임을 학문 집단에서 그 시대를 지배하는 과학적 견해나 사고・이론・법칙 및 사회적 인식 등을 망라한 총체적 집합으로 이해한다. 따라서 접근방법(approach), 시각(perspective), 관점(view)이 어느 분과 학문 속 특정 현상에 대한 인식임에 비하여 패러다임은 학문 전체에 대한 포괄적이고 근원적인 인식을 의미한다. 다만 학자들마다 패러다임이란 용어를 다양한 분석 수준(level of analysis) 에서 사용하므로 그 차이는 상대적인 것이다.

쿤은 하나의 학문이 정상과학(normal science)인지가 판단되기 위해서는 학문집단이 공유하고 있는 가치기준이 있어야 하는데 그 가치기준이 곧 패러다임이라고 본다. 쿤이 정의한 패러다임의 의미는 결국 어떤 지식체계가 과학(science)으로서의 위치에 올라있는가를 판명하는 과학 철학 기준으로 인식되기에 이르렀다.

2 패러다임의 역할

쿤은 천체 물리학에서 패러다임 변화의 예를 설명한다. 천체 현상을 설명하는 수많은 시각들이 있었다. 즉 다수의 패러다임들이 경쟁하고 있었다. 그 중 천동설(프톨레마이오스)이 다수 학자에 의해 수용되는, 즉 '지배적 패러다임'(dominant paradigm)의 지위를 얻게 된다. 이렇게 지배적 패러다임이 확립되면 천동설 외에 다른 시각들은 비주류가 된다. 천동설은 당대의 정통 이론이 된다. 이를 표준 시각으로 하는 수많은 후속 연구들과 교과서가 나타난다. 그런데 어느 때부터 천동설에 의해서는 설명될 수 없는 예외적 현상(이례 anomaly)가 나타나기 시작한다. 이 이례가 많아질수록 그 천동설이라는 패러다임은 의문시된다. 이에 대해 다른 방식으로 설명하는 새 패러다임이 나타난다. 새 패러다임은 종래의 패러다임이 설명할 수 있던 부분들은 물론, 종래의 패러다임으론 설명할 수 없던 이례들까지 설명 가능하게 해준다. 이것이 코페르니쿠스가 확립한 지동설적 패러다임이다. 새 패러다임은 이제 학계의 새로운 주류적 시각 및 정통 교리가 되며 대다수 학자들이 이 진영에 가담한다. 말하자면 지배적 패러다임으로 확립된다. 그런데 시간이 지나면서 다시 이 패러다임으로도 설명할 수 없는 이례가 나타나면서 이 역시 타당성이 차츰 의심받게 된다. 천체물리학에서는 이런 맥락 하에서 코페르니쿠스적 패러다임을 이어 나타난 것이 뉴턴의 패러다임이고, 그 이후에는 다시 아인쉬타인의 패러다임이 지배적 패러다임으로 나타났다.

위기에 처한 한 패러다임으로부터 정상과학의 새로운 전통이 태동할 수 있는 새로운 패러다임으로의 전이는 옛 패러다임의 명료화나 확장에 의해서 성취되는 과정, 즉 축적적 과정(cumulative process)과는 거리가 멀다. 경쟁적 세력들 중 힘을 얻은 정치권력이 혁명으로 기존의 정권을 축출하는 것처럼 단절적이다. 새 패러다임이 광범위한 지지를 얻어 기존의 패러다임을 몰아내는 것을 '과학 혁명'(scientific revolution)이다. 지배적 패러다임이 확립된 과학을 정상과학(normal science)이라 부른다.

3 행정학에서의 패러다임 논의

행정학이 정치학-경영학의 연속 선상에서 어디에 위치할 것인가에 따라 곧 그 존재 영역이 정부관료제인가 아니면 다른 사회 및 기업 조직 영역까지 포괄할 것인가? 가 좌우된다.

또 어느 영역에 존재할 것인가와는 별도로 행정학이 고유한 과학적 원리를 추구하는가? 도 중요하다. 이 두 가지에 대한 의구심은 정체성이 불확실하고 정상과학이 되기에 미비하다는 평가를 받게 된다. 행정학의 학문성 및 정체성 위기(identity crisis) 점검 논의에는 과학 일반에 대해 적용할 조건으로 지배적 패러다임의 형성을 든 쿤의 패러다임 논의가 필연적으로 적용되었다.

행정학에서 패러다임 논의에 해당되는 것은 여러 가지로 전개되어 왔다. 흔히 행정학의 접근방법이란 항목에서 나타난 다양한 시각들도 일종의 패러다임 논의에 포함할 수도 있다. 보다 추상적이고 근원적 의미로서의 패러다임 의미에 비교적 충실하면서도 행정학 전반의 역사적 검토를 통해 행정학의 패러다임 논의를 체계적으로 시도한 대표적 연구가 헨리(Nicholas Henry), 오스트롬(Vincent Ostrom) 및 왈도(Dwight Waldo)정도이다. 이하에서는 이들을 소개한 후 그 특성을 평가하기로 한다.

Ⅱ. 헨리(Nicholas Henry)의 행정학 패러다임

Nicholas Henry는 '연구대상(locus)'과 '연구초점(focus)'에 따라 미국 행정학의 전개를 '패러다임'의 변화로 설명하고 있다. 여기서 연구대상은 행정학이 제도적으로 어떠한 분야 또는 대상을 연구대상으로 하였는가의 문제로서, 예를 들면 공공관료제를 들 수 있다. 이에 대해 연구초점 또는 분야는 행정학의 구체적인 연구 분야를 지칭하는 것으로, 예를 들면 행정의 원리 같은 것을 들 수 있다. 헨리가 제시한 행정학의 패러다임은 다음과 같다(이준형, 2005).

1 제1 패러다임(정치-행정의 분리)

이 패러다임은 대략 1900-1926 간에 나타났다. 그 시작은 화이트(Leonard D.White), 굿노우(Frank J. Goodnow) 등이 미국 최초의 행정학 교과서 출간이었다. 제1 패러다임의 주요 내용은 행정현상과 정치현상을 분리하고, 사실과 가치를 구분하며, 이에 근거하여 행정학을 정치학에서 분리하는 것이었다. 즉, 정치는 국가의 정책이나 국가의지의 표명을 다루는 것인 반면, 행정은 이러한 국가정책을 집행하는 것과 관련이 있는 것으로 구분하였다. 따라서 제1패러다임의 시기에는 '행정학이 어떤 위치에 서 있어야 하는가?' 라는 'locus 문제'가 주된 논의였다. 즉, 행정학은 정부관료제를 중심 대상으로 연구를 하여야 한다는 locus 중심의 행정학에 대한 개념적 시도가 소위 '정치 · 행정 이원론'을 낳게 된 것이다.

따라서 제1 패러다임의 시기에 행정학은 자연히 '사실' 중심의 조직이론, 예산론, 인사행정에 그 범위를 한정하였다. 행정학의 범주가 이렇게 한정되자 그 밖의 주제들은 행정학이 다룰 사안이 아닌 것으로 간주되었고 이에 따라 현재의 행정학의 매우 핵심 주제인 '정책형성'

마저 행정학의 대상이 아니라고 간주되었다. 그리고 이렇게 행정학의 대상에서 배제된 것들은 주로 정치학의 영역으로 다루어졌다.

2 제2 패러다임(행정원리론과 그 비판)

제 2 패러다임은 1927-1950 간에 나타났다. 그 출발점은 윌로비(F. W. Willouhby)의 행정학 교과서 『행정의 원리』(Principles of Public Administration)의 출간이며 귤릭(Luther H. Gulick)과 어윅(Lyndall Urwick)의 Papers on the Science of Administration에서 정점에 올랐던 시기이다(1938). 이 책에서 윌로비는 "행정의 원리"는 우리가 찾고자 노력하지 않았을 뿐이며 사실은 원래부터 그 자리(정부관료제)에 이미 존재하고 있었다는 것과, 만약 행정인들이 이 원리들을 배운다면 자신들의 업무에 있어서 전문가가 될 수 있다는 제안을 하였다.

1930년대와 1940년대는 사회과학계에서 관리적 지식을 크게 필요로 하고 있었기 때문에 행정학 역시 이에 열중하였다. 따라서 이 연구 주제에 초점을 주는, 즉 'focus 문제'에 치중한 행정학 연구가 주류가 되었다. 그리고 공공조직인가, 혹은 민간조직인가를 가리지 않고 적용될 수 있는 관리적 지식의 총체적 귀결인 '일반적 원리'의 발견에 중점을 두다보니 자연스럽게 행정학이 공공관료제 속에 있어야 하는가의 여부에 관한 논의 즉 'locus 문제'는 중시되지 않았다. 행정의 원리를 발견하려는 이러한 패러다임을 '주류행정학' 또는 '정통행정학'이라고 부를 수 있다.

그러나 2 패러다임의 시기의 끝 무렵인 1938년에 이르면 이러한 focus 중심의 행정학은 달(Robert Dahl), 사이먼(Herbert A. Simon), 왈도(Dwight Waldo) 등에 의해 큰 도전을 받는다. 정통행정학에 도전하는 '반발행정학'은 대체로 다음과 같은 두 가지 관점을 취하였다. 첫째는 행정과 정치는 어떤 모습으로든 분리될 수 없으며, 둘째는 주류행정학이 추구해 온 행정의 원리라는 것은 논리적으로 타당성이 없다는 것이다. 이 도전은 사이먼의 『행정행태론』의 출간(1947)에서 최고조에 이러렀다. 이러한 도전에 직면하자 1950년대에 이르러서는 행정학을 지탱하고 있던 두 기둥, 즉 정치·행정 이원론과 행정의 원리는 일련의 학자들에 의하여 마침내 무너지게 된다. 사이먼은 그 후 행정학 연구의 대안으로 사회심리학의 철저한 토대 위에 순수한 관리과학으로서의 행정과학을 세울 것을 제안했다. 그러나 이는 주류 행정학자들에 의해 수용되지 못했는데 그 이유는 다음과 같다. 첫째, 주류행정학자들은 사회심리학의 훈련을 받지 못했으며, 둘째, 규범적 정치이론, 공익 및 인간 가치 등이 행정학의 연구대상에서 제외되는 것을 기피했으며, 셋째, 정치학과 행정학의 연계성을 강조하는 학자들은 공공정책 결정 과정을 정부관료제가 형성한 정책결정을 정치체제에 전달하는 블랙박스(black box)로 오래 동안 여겨왔기 때문에 행정학은 계속 정치학과 연계되어야 하며 행정학에 대한 정치학의 우위가 유지되어야 한다고 믿었기 때문이다(오석홍, 2005: 35).

3 제3 패러다임(정치학으로서의 행정학)

이 패러다임은 대략 1950-1970에 나타났다. 제 2패러다임에 대한 도전이 있었지만 그에 대한 주류 행정학자들의 반발로 인해 행정학은 여전히 정치학과에 남아 있게 되었다. 이 시대는 정치학과 유사한 학문으로 간주되자 행정학과 정치학의 연계성이 가장 중요한 초점이 되었다. 이 결과 행정학의 locus는 정부관료제로 다시 인식되었다. 이 시기 행정학의 focus는 예산 및 인사절차의 기술만 다룰 것인가, 아니면 애플비(P. Applby)처럼 거대한 행정철학을 다룰 것인가? 사이먼(H. Simon)처럼 조직과 의사결정을 다룰 것인가? 라는 연구 초점에 대한 고민이 없었던 것은 아니었지만 그것이 주된 관심은 아니었으며 정치학과 행정학 간의 연계성에 더 관심이 두었다. 요컨대, 이 시기는 행정학의 locus는 정부관료제로 재확인되었지만 그 대신 행정학의 focus는 상실되어 버렸다.

그래서 1950년대의 행정학의 저술들은 행정학을 정치학의 한 세부 분야 혹은 정치학과 유사한 학문으로 간주되었다. 60년대에는 이 경향이 더욱 심화되어 정치학자들의 연구 프로그램에서 행정학이 빠지기도 했으며 행정학에 대한 관심이 줄어들었고 나중에는 독자적인 학문분야는커녕 정치학의 한 세부 분과로도 인정하지 않는 경향이 나타났다. 당시 왈도가 토로했듯이 행정학에 대한 정치학자의 태도는 기껏 무관심 아니면 노골적인 경멸 혹은 적개심이었다.

요약하면, 이 패러다임 하에서 행정학은 사이먼 등이 제안한 '행정과학'을 거부하고 정치학의 일부로 남게 되자 자연스럽게 정치학과 행정학 간의 관계 정립이 문제되었는데 거기서는 정치학의 하위 분과 혹은 아예 그런 지위도 인정받기 어려운 분과가 되었던 것이다.

4 제4 패러다임(관리과학으로서의 행정학)

이 패러다임은 1956-1970 경에 나타났다. 정체성과 독자성을 상실하고 있었던 행정학은 정치학들로부터의 경멸에 대응하여 행정학을 '관리과학'으로 받아들이는 4패러다임의 시대로 넘어간다. 제3패러다임 및 4패러다임은 같은 시기에 출현하였으나 광범위한 호응을 얻지는 못하였다.

관리과학으로서의 행정학 패러다임은 공사조직을 동일하게 이해하며 사회심리학, 조직발전을 강조했는데 이러한 변화를 반영하여 50년대 중반에 나타난 저널이 Administrative Science Quarterly이다.

이 패러다임은 두 가지 문제점이 있다. 첫째, 이것이 focus는 제공했지만 locus는 제공하지 못하였다. 즉 관리과학으로서의 행정학은 전문적이고 특정한 지식을 요구하는 관리기술이라는 focus를 추구했지만 그 기술이 어떤 조직 혹은 어떤 상황에 적용되어야 하는가? 라는 locus를 명시해주지 못했다. 둘째, 행정학이 정치학의 하위분과로부터 관리과학의 하위분과로 옮겨가면 이제는 주로 이윤에만 관심이 있는 경영대학(원)들이 행정학을 흡수하게 되는데 그것은 행정의 핵심적 가치인 공익을 포기하기 쉽다. 결국, 행정학은 적절한 focus와 locus를 동시에 확립하는 새 패러다임을 필요로 하게 되었는데 이것이 후술하는 행정학으로서의 행정학이다.

5 제5 패러다임(행정학으로서의 행정학)

이 패러다임은 1970년 이후에 나타났다. 헨리는 1970년 이후 이 글을 쓰던 70년대 중반까지를 행정학으로서의 행정학(public administration as public administration)이란 패러다임이 주도하는 시대로 보았다. 본래 1947년에 사이먼은 두 가지 행정연구의 방향을 제안하였는데 첫째는 순수한 관리과학으로 나아가는 것과, 둘째는 공공정책을 위한 처방으로 나아가는 것이었다. 이 제안은 타당성있는 방향이라고 널리 인정받아왔다. 그럼 70년대 이후 오늘에 이르기까지 이런 점들이 충족되고 있는가? 첫째 제안과 관련하여, 특히 조직이론의 발전을 통해 조직 속 인간이 어떻게 동기화되며, 의사결정이 어떻게 일어나는가를 나름대로 진전시켜왔고 경영과학의 기술을 받아들이는데도 상당한 발전을 이루었다. 즉 이 점에서 아직 행정학은 순수한 관리과학 수준은 아니지만 어느 정도 focus를 확립해 왔다.

그러나 둘째 제안 부분과 관련해서, 행정학의 locus를 규명하고 '공공정책을 위한 처방'에 무엇이 포함되어야 하느냐에 대해서는 진전이 상대적으로 미미했다. 그럼에도 불구하고 전통적이고 엄격한 '공적 범위'와 '사적 범위'의 구분을 버리고 새롭고 융통성 있게 정의된 적절한 locus를 찾고 있다. 이 때 나타난 개념이 공공 업무(public affairs)라는 것이다. 또 행정학자들은 정책학, 정치경제, 공공정책의 결정 및 분석, 정책산출의 측정과 같이 정치학 경제학 등의 타 학문과 상호중첩된 분야들에 대한 관심을 높이고 있다. 이것은 행정학이 상대적으로 정부관료제 중심으로 새로운 locus를 확립해 가는 과정에 있음을 시사한다.

6 헨리의 패러다임 논의에 대한 평가

첫째, 헨리는 행정학의 패러다임의 변화를 locus와 focus라는 독특한 두 가지 요소로 파악한다. 그 결과 행정학이 경영-정치학 사이에서 어디에 위치할 것인가? 소재의 문제와 그것이 어떤 문제에 초점을 두어야 할 것인가? 라는 초점의 문제를 함께 고려하는 장점이 있다.

둘째, 헨리가 원용한 패러다임이란 개념이 적절한가? 라는 문제가 있다. 본래, 패러다임은 전문 집단이 공유하는 관점으로서 공통되는 질서와 체계를 잡아 주는 학문 기본적 관점(시각)이다. 패러다임의 이러한 본래 의미에 비추어 볼 때 헨리의 행정학 패러다임론은 엄밀히 보면 행정학의 패러다임을 지배적 공유 가치로서의 패러다임으로 이해하기 보다는 연구과제, 혹은 학문적 아이디어가 생겨나는 토대로 이해한 것으로 보인다(김광웅, 1983: 68-69). 다만 그것도 행정학의 접근시각이란 의미로 포용한다면 광의의 패러다임에 포함될 수도 있을 것이다.

셋째, 그의 연구는 70년대 중반까지의 행정학 모습만을 다룰 뿐 그 이후 현재까지 약 40년간의 패러다임의 변화를 설명하지 못한다. 가장 주목할 부분은 거버넌스로서의 행정(public administration as governance)이다. 정부가 변화하고 있으며 다양한 사적 조직 및 비영리적 조직과 더불어 공공서비스를 제공한다. 이 때문에 정부 뿐 아니라 네트워킹에 관한 지식도 필요하게 되었다. 종래의 행정보다 더 넓어진 거버넌스라는 관점이 수용되고 있으며 행정의 역할 및 그 연구의 범주마저 새롭게 정의되고 있다. 거버넌스의 패러다임을 감안하여 프레데릭슨은 거버넌스를 행정의 대체물(proxy) 혹은 “확장된 범주의 행정”(public administration of expanded scope)으로까지 규정한다(Frederickson, 2006). 따라서 헨리가 제시한 5번째 패러다임 뒤에 나타난 현대의 새로운 패러다임으로 ‘거버넌스로서의 행정’을 보완할 필요가 있다.

Ⅲ. 오스트롬(Vincent Ostrom)의 행정학 패러다임

오스트롬은 행정학의 전통적 패러다임이 윌슨의 행정이론과 웨버의 이론이 결합된 윌슨-웨버식 패러다임이었다고 규정한다. 그것은 능률성을 지향하는 행정학의 오랜 시각을 반영한다. 그런데 오스트롬은 이 패러다임이 민주행정을 반영하는 공공선택 패러다임으로 변모되어야 하며 이에 걸맞는 조직 및 의사결정 구조로 변화되어야 한다고 주장한다.

1 윌슨-웨버의 패러다임

1) 의의

윌슨(Thomas W. Wilson)은 행정학이 하나의 독자적 학문으로 정립될 수 있도록 능률성이란 가치기준을 제시하였고 여기에 더해 웨버(Max Weber)는 관료제 조직을 제시하여 Wilson-Weber 패러다임을 완성하였다. 이 행정학 최초의 패러다임은 행정의 능률성을 관료제적 계층 구조로 성취함을 강조한다. 현대에 이르기까지 오랫동안 이것은 중심적 패러다임으로 유지되어 왔다. 능률성은 형평성, 효과성, 민주성의 다른 가치에 의해 도전 받기는 했지만 여전히 중요시 되고 있고, 관료제 조직은 수많은 대안적 조직 형태의 도전에도 불구하고 행정 조직의 가장 대표적 구조이다. 이 패러다임이 가진 특성을 보자.

2) 기본전제

Wilson-Weber 패러다임은 다음과 같은 기본적인 전제하에서 나타난 것이다(김광웅, 1983).

① 어떤 체제의 정부에서도 지배적인 권력이 존재하고 이 권력이 정부를 통제한다.

② 권력이 집중되면 될수록 책임성은 높아지지만 권력이 분산되면 분산될수록 책임성이 낮아진다. 즉 권력의 집중도와 책임성은 비례한다.

③ 헌법이 권력구조와 정치구조를 결정한다. 따라서 모든 체제는 절대적 지위를 지니고 국민에 대한 대표성을 높여준다.

④ 정치가 행정의 과업을 정하므로 정치와 행정은 당연히 분리되어있다.

⑤ 행정에 있어 모든 현대정부는 강한 구조적 유사성을 지닌다.

⑥ 잘 훈련된 관료가 위계질서를 지키면 행정적으로 완벽한 구조적 조건이 완성된다.

⑦ 위계질서가 완벽하면 능률이 극대화된다.

⑧ 훌륭한 행정은 인간문명의 근대화 및 인류 복지에 긍정적 영향을 미친다.

요컨대, 행정은 인간에게 이로운 역할을 하는데 이것은 민주적 헌법에서 정한 정치와 행정의 권력분립 틀 안에서 이루어지며, 권력이 집중된 엄격한 관료제 조직이 행정의 가치 실현에 가장 능률적이라는 것이다.

3) 내용

이러한 배경에서 나왔기 때문에 윌슨-웨버 패러다임은 다음과 같은 내용을 갖는다.

첫째, 위계적 질서를 바탕으로 둔 관료제 조직이 가장 보편적으로 적용되고 있다. 비록 환경변화에 대한 적응을 이유로 매트릭스 조직이나 프로젝트 조직 등의 조직형태가 강조되고 있지만, 기본적으로는 관료제 조직이 매우 능률적이다. 또 그 대안으로 나온 조직도 기본적으로는 관료제 조직의 특징을 띄고 있다.

둘째, 행정과학이 진정한 의미의 과학적 학문이 되려면 정치의 분야와 결별해야 한다. 그래야만 과학성을 유지할 수 있다.

셋째, 행정과학의 가장 중요한 가치는 능률성이다. 물론 이것은 나중에 형평성 등의 다른 행정적 가치로부터 저항을 받았지만 능률성이야 말로 최고의 가치라고 본다.

넷째, 능률성을 높이려면 유일한 정부 권력이 집중되어 있어야 한다.

2 공공선택 패러다임

1) 의의

윌슨-웨버 패러다임은 변화된 행정을 설명하기에 역부족이고 학문적으로 미국 행정학의 '지적 위기'(intellectual crisis)를 초래하였다. 오스트롬(Vincent Ostrom)은 대안인 공공선택 패러다임인 민주행정론을 제시하여 이를 극복하고자 하였다.

특히 오스트롬은 Wilson-Weber 패러다임의 기본 전제 중 '권력은 나눠질수록 무책임해진다'는 명제를 부정하고 미국 전통의 중앙정부에 대한 통제를 강조한 '민주행정 패러다임'을 제시하였다.

오스트롬은 미국 건국 초기 연방주의자(Madison, Hamilton 등)의 견해를 받아들여, 견제와 균형을 중시하는 자치정부 원칙에 입각하여 행정은 시민에게 공공재를 공급하고 봉사하는 것에 초점을 맞춰야 된다고 주장하였다. 또한 주정부 수준에서는 Tocqueville의 견해대로 자발적 결사체의 원칙에 따라 정치적 책임성을 선거 원칙을 통해 확보해야 한다고 보았다.

2) 기본 전제

오스트롬이 전제한 연방주의자들의 민주행정의 전제는 다음과 같다(김광웅, 1983).

① 정부의 권력과 권한은 국민들의 자기 이익(self interest) 추구로 만들어진 것이다.

② 국민의 권리는 헌법의 결정과정을 통해 보장된다.

③ 헌법에 명시된 정부의 권한은 법에 따라 행사될 때 그 정당성을 얻을 수 있다.

④ 정부는 권력자가 국익이나 공익을 대변할 수 있도록 정치권력을 분권화시켜야 한다.

⑤ 정부의 각 기관은 국민의 요구사항에 대응하여 행동해야 하고 개인과의 관계에서 관할권을 행사한다.

⑥ 정부 각 기관은 의사결정권이 다양한 주체 및 구조에 고루 배분되도록 고안되어야 한다.

⑦ 다양한 결정구조로 권력이 분점되면 개인들은 그 지점에서 거부권을 행사할 수 있다.

⑧ 정부 기관 간 관할권 분쟁이나 권력행사에 대한 헌법적 제한은 사법 제도에 종속된다.

3) 내용

오스트롬은 전술한 연방주의론의 전제에서 도출된 민주행정 패러다임의 내용을 다음과 같이 제시하였다(박경효, 2013).

첫째, 권력자들도 일반적 사람들과 마찬가지로 본질적으로 사익을 추구할 뿐이다. 즉 권력자들은 일반적인 사람들과 달리 공익을 추구하는 신성한 존재라는 믿음을 부정한다.

둘째, 정치권력이 집중화될수록 권력자의 이익에 기여하므로 권력은 분산되어야 한다. 특히 분야별로 권력을 나누고 중첩시킬 필요가 있다.

셋째, 헌법은 국민들뿐만 아니라 정부기관들 간의 의사결정 권한을 배분한다.

넷째, 공공재와 서비스의 공급은 의사결정자들에 의해 채택된 다양한 의사결정에 의존하며, 행정은 의사결정의 주체인 정치의 영역에 속한다(정치행정일원론)

다섯째, 국민 각 개인이 선호하는 공공재와 서비스가 다양하므로 이를 공급하는 결정 구조들 또한 다양하고 상호독립적이어야 한다.

여섯째, 종래의 윌슨-웨버식 패러다임인 의존해 온 관료제 구조는 능률성을 지향했지만 오히려 급변하는 환경에 잘 대응 못하여 오히려 능률성 극대화를 막을 수 있다.

일곱째, 의사결정에 다양한 결정자가 참여하며, 이 결정자들은 모든 사항이 아니라 특정 관할권의 문제만 결정할 수 있도록 분점화되어 있고, 또 관할권의 규모도 다양하고 서로 중첩되어 있는 구조에서는 어느 한 부문이 고장 나더라도 행정 전반은 안정을 유지할 수 있다.

이것은 단일적 관료제 조직에서는 기대하기 어려운 장점이다.

3 오스트롬의 패러다임 논의에 대한 평가

첫째, 행정학의 가장 중요한 가치가 능률성이 아니라 민주성임을 강조한다. 또한 시민들이 선거를 통해 공공재와 서비스를 합리적으로 결정하고 소비하기 때문에 실질적인 행정권의 주체가 관료가 아니라 시민임을 시사한다. 이러한 점들은 오늘날 자유민주주의 하의 행정에 가장 잘 부합한다.

둘째, 다양한 개인의 선호에 따라 공공재와 서비스를 제공 기관 및 방식도 다양해져야 하는데 이는 권력을 분산하고 관할권이 중첩(overlapping jurisdiction)되어야 함을 의미한다. 즉 종래의 획일적인 계층제적 관료제 구조는 이제 다양한 모습으로 변화되어야 함을 시사한다.

셋째, 오스트롬은 민주행정 패러다임이 기존의 윌슨-웨버 패러다임을 완전히 대체하는 것이 아니라 보완하는 것으로 주장하고 있다. 본질적으로 양자는 부분적이고 상대적 차이가 있을 뿐 상당 부분은 동일함 요소들을 공유하고 있다고 본다. 그렇다면 이는 기존의 시각을 몰아내고 새 시각이 지배적 지위를 얻게 된다는 토마스 쿤이 말한 '과학 혁명'으로서의 패러다임 변화와는 상당한 거리가 있다.

넷째, 오스트롬의 민주행정론은 공공선택론적 시각에 토대한 것으로 표명되었지만 공공선택론의 주류인 버지니아 학파(Virginia School)인 뷰캐넌 및 털럭에 비하면 공공선택론 본유의 가치들을 충분히 반영하지 못하고 있다. 오스트롬은 계층제 관료제가 다채로운 구조로 바뀔 것을 제안했지만, 주류 공공선택론에서는 아예 관료제로부터 분리하여 시장에게 상당 부분을 맡기는 것까지 주장하기 때문이다.

Ⅳ. 왈도(Dwight Waldo)의 행정학 패러다임

행정학에 대한 패러다임 논의의 또 다른 형태는 행정학을 과학으로 볼 것인가, 아니면 기술로 볼 것인가? 라는 점이다. 행정학이 자연과학처럼 인과관계로 이론화할 수 있어야 한다는 것이 전자이며, 의학 혹은 법학처럼 현실 문제 해결에 적용할 수 있는 전문기술을 연마하는 것이어야 한다는 것이 후자이다. 왈도(Dwight Waldo)는 행정학이 과학 이론과 전문직업 기술 중 어디로 나아갈지를 논의하였는데 이 논의는 성격상 또 다른 차원의 행정학의 패러다임 논의로 파악할 수 있다.

1 과학으로서의 행정학

과학성을 강조하는 입장은 당장의 문제해결 방법보다는 행정의 연구방법과 그 현상을 설명하는데 더 많은 관심을 기울어야 된다고 주장한다. 따라서 각종 행정현상의 인과관계를 연구하고 그것을 이론화하여 미래에도 같은 행정현상을 설명할 수 있는 것이 중요하다고 본다.

객관적이고 체계적인 이론의 계속적인 정립은 행정이 하나의 학문이 될 수 있도록 하며 지나친 기술성의 강조는 행정학을 '과학에 아직 이르지 못한'(pre-science)의 수준에 머물도록 한다는 것이다. 그리고 엄밀한 객관적인 과학적 이론 체계로 행정학이 발전한다면 그러한 이론 체계는 오히려 현실의 행정 문제를 해결하는 대안을 개발하고 분석하는데 도움이 된다.

2 전문 직업 기술로서의 행정학

행정학의 기술성을 강조하는 입장은 행정이 특정한 행정 목표를 달성하거나 문제를 해결하는 수단이어야 함을 주장한다. 따라서 여기서는 행정의 주된 목표는 공공복리 증진이므로 과학적인 이론 정립에 치중해서는 당장의 목표 및 문제 해결에 도움이 안 되며 현실적합성(relevancy)이 없다. 따라서 공공의 복리 증진을 위한 처방적 도구로 행정학을 요구한다.

왈도는 이상의 두 가지 방향을 제시한 후, 전문 직업으로 나아갈 것을 권장한다. 본래, 행정학이 하나의 분과학문으로 성립하려면 고유한 연구주제, 이 주제를 다룰 이론, 독립된 학과 존재라는 요건이 구비되어야 하는데 이 조건을 구비하지 못한 실정이다. 따라서 행정학은 다른 사회과학과 구분되는 독자적 이론 체계를 갖춘 과학(science)으로 추구하기 보다는 전문 직업(profession)으로 해석함이 낫다는 것이다. 이는 행정학의 지나친 과학화 추구로 사회문제의 해결에 무능하기 보다 전문 직업으로서의 행정학을 추구함으로써 정체성 문제를 극복하자는 것이다.

3 왈도의 패러다임 논의에 대한 평가

첫째, 왈도는 행정학이 독자적 과학으로 성립하기 위한 여건이 미비하므로 차라리 전문 직업으로 파악하는 것이 정체성의 위기를 극복하는 실질적 방안이 된다고 본다. 그러나 그것은 임기응변적 대안일 뿐이다. 엄밀한 이론 체계 확립을 기피하여 전문 직업 쪽으로 방향을 돌리더라도 그것이 독자적 과학성이 미진하다는 근본 문제에 대한 답이 될 수는 없다.

둘째, 정체성 위기는 고유한 포커스(focus) 없이 이런저런 관련 분과의 주제를 다 다룬다는 점에서 기인하는 것이다. 그런데 통합된 이론 없이 문제 해결을 위한 전문 직업을 지향한다면 행정 문제 해결에 필요한 매우 다양한 분야의 기술들을 다 학습해야 하는데 그것이 또 다른 차원의 행정학의 정체성 위기를 낳는다.

셋째, 역사적으로 행정학의 패러다임은 역사적으로 어떻게 변화되어 왔는가? 라는 '서술적' 측면이 행정학 패러다임 논의에서 더 중요하다. 그러나 왈도는 행정학이 행정과학(administrative science)이 아니라 행정기술(administrative technology)로 되는 것이 바람직하다는 규범적 측면을 주장한다. 이것은 그의 개인적 규범적 제안일 뿐이며 행정학의 패러다임이 과연 그러한가? 라는 객관적 사실과는 상관이 없다.

Ⅴ. 행정학의 패러다임 논의에 대한 재평가

행정학의 정체성 및 지적 위기라는 논의들은 토마스 쿤의 패러다임(paradagm)이란 개념으로 분석되어 왔다. 토마스 쿤의 패러다임 개념은 자연과학을 넘어 다른 학문 분야에도 많은 시사점을 준다. 그러나 쿤의 패러다임 이론이 행정학에 적용될 때에는 특별한 한계가 있음을 유의해야 한다.

1 행정학의 응용과학성

행정학은 본질상 응용과학이다. 쿤과 같은 자연과학, 특히 순수과학을 전제로 확립된 패러다임론이 인간의 행위를 다루는 사회과학인 행정학에 적용될 때에는 그만큼 제약이 있다. 과학성 여부보다 더 중요한 한 것은 시민의 행정수요에 적합한 공공 서비스를 능률적이고 효과적으로 산출하고 나아가 이를 형평성까지 고려하여 배분하는 실천적 기술이다. 따라서 순수과학이 아닌 응용과학에 쿤의 패러다임 논리를 원용하면 대개 '과학이 아닌'이라는 것으로까지 판명하는 부작용을 보이기 쉽다.

2 과학성과 기술성의 분업

패러다임 없이도 학문 활동은 이루어진다. 그러나 지배적 패러다임 확립으로 질서 지워진 학문은 과학성의 징표이며(김광웅, 1983: 70) 행정학의 전문기술성이 보다 타당하고 효과적으로 활용되기 위해서는 올바른 과학성이 꼭 필요하다. 바른 이론이 바른 정책 실천을 인도하기 때문이다(E.S. Quade). 행정학에서 패러다임의 모색은 더욱 치열히 전개되어야 한다. 그러므로 행정학 연구자들 간에 과학성과 전문 기술로서의 행정학 연구의 두 경향이 자연스러운 분업으로 병행되는 것이 바람직하다.

3 단일의 패러다임에서 복수의 패러다임으로

행정학의 패러다임은 쿤이 말한 하나의 지배적(dominant) 패러다임이기 보다는 복수의 패러다임이 될 가능성이 많다. 첫째, 행정의 존재 이유는 다양한 행정수요에 대해 적절한 재화와 서비스를 제공하는 것을 더 큰 존재 이유로 삼는데, 그 실천 과정에서는 재화의 내용 및 상황에 따라 하나가 아니라 다양한 기술과 방법이 채택되는 것이 당연하기 때문이다.

둘째, 행정은 필연적으로 입법, 경제, 환경, 교육, 복지, 규제, 안보, 지방자치 등의 공통성이 별로 없는 다양한 정책 지식들을 요구한다. 이 지식들은 해당 분야의 관련 학문 지식에 크게 의존한다. 다양한 행정 작용을 설명하는 지식은 정치학, 경제학, 사회학, 심리학, 건축학, 물리학 등의 다양한 내용으로 구성될 수밖에 없다. 행정 작용에 활용되는 이들 지식을 하나의 패러다임으로 다 포괄하는 사회과학의 성립은 불가능하다. 그 결과 하나의 지배적인 패러다임은 존재하기 어려우며 복수의 패러다임이 공존함이 자연스럽다.

4 행정학은 비정상과학(Abnormal Science)인가?

쿤의 기준은 사회과학, 응용과학에 그대로 적용할 율법이 될 수 없다. 패러다임이 하나의 지배적인 형태로 수렴되어 있지 않다는 것을 들어 행정학 연구가 정상과학(normal science)에 미달되는 것으로 자학하는 것은 학문적 원죄 의식에 빠져 있게 하는 것이다.

행정학의 근본 성격과 본질상 지배적 패러다임으로 수렴하기가 어려움에도 불구하고 20세기 말엽부터 행정학이 패러다임 논의에 천착하는 것은 학문의 후진성이 아니라, 실천적 기술을 넘어 끊임없이 높은 과학성을 확립하려는 바람직한 노력의 결과이다.

5 행정과학의 건강성 표징

가장 규범적이고 표준적인 쿤의 패러다임 논의 앞에서 오히려 스스로의 연구 현황을 드러내고 이에 대처하려는 모습은 사회과학 분야 중 흔하지 않다. 오히려 표준적 과학성 기준에 더 미흡한 분과 학문들은 애초부터 토마스 쿤 식의 패러다임 논의에 무감각하다. 그것은 행정학 연구가 그만큼 진지하게 과학성을 추구하는 건강하고도 진지한 지적 활동으로 이루어지고 있음을 보여주는 것이다.

6 정체성 위기 논의와 패러다임 논의의 구분

행정학의 정체성 위기(identity crisis)가 지배적 패러다임의 부재 때문에 발생한 것은 아니다. 정체성 위기는 주로 행정학의 범위가 구심점 없이 확산되어 온 것에서 기인한 것이다. 이에 비하여 패러다임 확립의 문제는 다양한 시각이 하나의 지배적 패러다임으로 수렴되지 못하고 공존하는 점에서 기인하는 것이다. 그러므로 양자는 구분되어야 하며 패러다임의 미비 때문에 정체성의 위기가 야기된 것은 아니라고 보아야 한다(김광웅, 1983: 195).

Ⅵ. 결어

행정학 패러다임의 변천은 행정학의 정체성, 연구 범주, 그에 적합한 방법론, 가치와 철학을 찾는 지적 성숙 및 재평가 과정이었으며 달리 보면 행정을 둘러싼 사회문화적, 경제적, 정치적, 학문적 환경에 대한 대응에 불과하다. 즉, 시대에 따라 새 패러다임이 대두된 것은 기술성 및 과학성을 함께 가진 행정이 고유한 연구 분과 및 전문 직업으로 존재하기 위한 정당성과 적실성을 확립하고, 나아가 시민에게 공공서비스비스를 제공한다는 규범적 목표에 보다 잘 부합하기 위해서이다.

미래의 행정수요를 감안하면 행정의 패러다임은 다음과 같은 방향으로 진화할 것이다(김광웅, 1983). 첫째, 규범적 접근과 경험적 접근의 통합하며(순화된 규범주의), 인접학문과의 유대를 공고히 하며(유동적 경계론), 사회적 실천 기술을 지향하는 방향으로 다 나아가며, 정책 지향성을 강화하며, 단일 기능으로 분리된 여러 차원을 하나로 통합하는 동시성을 지닐 것이다.

행정이란 한 번도 정지 상태에 머무른 적이 없으며 앞으로 영원히 그러할 것이다(Kettl 2000). 따라서 현재로서는 '거버넌스로서의 행정'이 가장 최근에 나타난 패러다임이라 할 수 있지만 그럼에도 불구하고 행정학의 패러다임은 기존의 것을 부정, 공존하면서 끊임없이 새 패러다임으로 진화하는 과정을 따를 것이다.

논평

행정학의 패러다임 논의는 매우 추상적 논의이지만 행정학의 성격, 접근 방법 등과 관련하여 꼭 이해해둘 사항이다. 굳이 패러다임이란 타이틀과는 상관없이 행정학 발달 과정에서 나타났던 문제이다. 토마스 쿤의 논리의 치명적 약점은 지배적 패러다임의 형성 여부가 어느 시기의 다수 연구자들이 표준으로 인정하는 관점이라는, 즉 학문의 진리의 판단 여부를 일종의 사회학적, 상대주의적 관점에서 판단한다는 것이다. 그러나 그에 부합한다는 것이 반드시 객관적 진리 여부와 일치함을 보증하는 것은 아니다. 쿤의 기본 논리를 소개해야 하며 나아가 행정학에서 이 패러다임 논의를 전개한 연구들을 소개한다. 이 논의에 대한 논평을 가할 수 있어야 하고 한국 행정 연구의 패러다임에 대한 전망을 내려보라.

| 새 테마 행정학 |

11. 신행정론

Ⅰ. 의 의

1 대두 배경

행정학 연구의 흐름을 보면 60년대 중반까지 주류적 방법론은 행태주의였다. 행태주의에서는 행정 조직과 사조직 일반에 통용되는 행태 이론의 연구를 통해 “행정과학”을 구축하려는 시도가 많이 나타났다. 그런 연구들은 조직 내부의 갈등의 해결, 개인의 심리적 요소가 조직 행태에 미치는 영향, 개인의 의사결정, 조직의 운영절차(SOP) 등을 중요한 연구 과제로 삼았다.

그런데 60년대 후반에 이르러 월남전의 충격, 인종간의 갈등, 신구 세대간의 갈등, 정치 종교 지도자의 암살, 진보주의와 보수주의 갈등, 민권 운동의 확산 등 미국의 현실 문제에 대해 종래의 행정학이 아무런 처방을 내리지 못했다는 반성이 확산되었다. 종래의 행정학이 조직 · 인사 · 예산 등 행정기관의 내부관리 문제에만 관심을 가졌으나, 행정이 근본적으로 가치를 지향하지 않을 수 없다는 인식이 높아졌다.

이러한 바탕 하에서 기존의 행정 및 행정학 이론에 회의를 품고 마리니(Frank Marini), 왈도(Dwight Waldo) 등의 학자들이 1968년 뉴욕의 민노우브룩(Minnowbrook)학회에서 일단의 ‘새로운’ 행정학의 연구 방향을 제시하게 되었다. 그 후 그 주장은 거버넌스(governance)와 헌정주의(constitutionalism)의 시각에서 이루어진 80년대의 '블랙스버그 선언'(Blacksburg Manifesto)을 통해 다시 확인되었고 나아가 1988년에 2차 민노우브룩 회의로 이어졌다. 그러나 시간이 지남에 따라 당초의 신행정론 주장은 많이 희석되었다. 신행정론은 기존의 행정 이론을 전면 부정하는 새 이론체계라기보다는 전통적 행정 이론의 단점을 지적해 주는 하나의 보완적 대안으로 이해할 수 있다.

2 개념

민노우브룩(Minnowbrook) 회의를 통해 소장 행정학자들은 40년대의 행태주의, 50년대의 생태론, 비교행정론의 보수성 및 정태성을 비판하고, 60 · 70년대 미국 후기산업 사회의 현실에 적실한 행정 이론을 제시하고자 "신행정론"(New Public Administration: NPA)이라는 일단의 연구 내용을 주장하였다. 신행정론은 행정의 공공성을 강조함으로써 공사행정을 동일시하는 사이먼(Herbert A. Simon)의 입장과 상반되며, 행정국가화가 심화되어 가는 상황에서 행정이 당면 사회문제의 실질적 해결 역할을 주관해야 한다고 함으로써 발전행정론의 미국 국내 적용이라는 성격도 있다(박동서, 2004).

본래, 기존의 내부관리 중심의 행정학이 실천성이 결여되어 있다는 점을 비판하고 나타난 대안은 두 가지이다. 그 하나는 현실의 행정 문제를 해결하기 위한 실천적 처방으로 정책 연구(policy study)로 전환하는 것이다. 그 반면에 본격적인 정책 연구로 진척하지 않고 전통적인 행정관리론의 입장을 견지하면서도 새로운 행정 연구를 모색한 것이 신행정론이었던 것이다.

Ⅱ. 내 용

신행정론의 주장 내용은 학자별로 상충되는 점도 있으나 대체로 다음과 같은 점들을 주 내용으로 한다.

1 논리실증주의 · 행태론 배격

논리실증주의 · 행태론은 관찰불가능한 가치문제를 연구 대상에서 배제하고 오직 현존하는 사실문제만을 설명하고자 한다. 사회 문제 속에 내포된 가치를 논의하지 않기 때문에 그저 주어진 목표를 능률적으로 집행하는 도구적 합리성만이 강조되었다. 능률성만이 강조되면 현실의 빈곤, 불평등, 인권, 복지 문제 등은 도외시된다. 이것은 형평성, 민주성 등의 다른 가치를 함유하고 있기 때문이다. 신행정론은 정책결정을 통해서 불가피하게 규범과 가치문제를 다룰 수 밖에 없음을 인정하고 이를 적극적으로 연구해야 한다고 주장한다. 행정학이 가치들을 비교하고 연구함이 불가피하다. 신행정론은 가치중립적인 논리적 실증주의적 행태론을 배격하는 점에서 비판이론(critical theory) 및 현상학(phenomenology)에 토대하고 있다.

2 사회적 형평성 강조

행정이 가치문제를 적극적으로 연구해야 한다는 전제 하에서 신행정론이 특히 강조했던 가치는 사회적 형평성(social equity)이다. 신행정학의 출발에 소외된 계층에 대한 보호 및 70년대의 진보주의적 성격을 내포하고 있었기 때문에 전통적으로 행정이 의존해 온 가치인 능률성 못지않게 사회적 형평성을 강조한다. 행정은 사회적 약자의 정치적 지위와 경제적 이익을 높이는 서비스를 제공해야 한다. 이러한 주장의 이론적 토대는 롤즈(John Rawls)의 '정의론'이다.

3 현실적합성 추구

행정은 현실의 사회 문제 해결에 대한 적합성(relevance)을 가져야 한다. 당면 사회 문제를 도외시한 채 행정 조직 내부 관리 문제를 과학적으로 설명하고자 하는 실증적(positive) 행정 연구보다는 현실 문제에 적실한 해결 대안을 제시하는 처방적(prescriptive) 행정 연구가 되어야 한다. 따라서 의사결정보다는 문제 해결이 더 중요하다.

4 대응적 · 고객 중심적 행정

행정은 대응성(responsiveness)과 고객지향성(client-orientedness)을 가져야 한다. 사회 문제의 적실한 해결방안으로 신행정론자들은 정책 연구보다는 전통적인 행정관리론에 초점을 두고 행정 체제가 사회적 약자들의 요구에 잘 대응할 것을 주장한다. 사회적 약자는 행정의 주체로 참여할 기회는 적기 때문에 오직 고객(client)으로 취급되는 단계에서 자신의 요구를 반영하는 수밖에 없다. 행정은 이 고객의 요구에 민감히 대응하도록 일선행정 조직을 개편해야 하며, 제도중심적이기보다는 고객 중심적이어야 한다. 고객 중심적 행정의 강조 부분은 후일 오스트롬(Vincent Ostrom)의 '민주행정론'에도 영향을 주었고, 나아가 90년대에 들어 각국의 신공공관리적 정부개혁에도 수용되었다.

5 참여 강조

행정이 사회적 약자의 요구에 잘 대응하기 위해서는 이들이 행정에 적극적으로 참여(participation)하도록 하는 제도가 필요하다. 사회적 약자들이 정책결정 과정에 참여함은 물론,

최소한 정책집행의 수립에 참여해야 한다. 따라서 종래의 하향적, 중앙집권식 행정관리는 상향적, 분권화된 행정관리로 개편되어야 한다. 더 나아가 '지역공동체'를 구축하여 이들이 행정을 통제하는 수준으로까지 행정참여가 이루어져야 한다는 주장도 있다.

6 비계층적 조직 모형 제시

행정이 대응성을 높이고 고객 중심적이 되려면 기존의 전통적 계층제 조직도 새로운 조직모형으로 개편되어야 한다. 조직구조가 달라지면 조직성과도 달라지기 때문이다. 프레데릭슨(H. George Frederickson)은 계층성을 포함하지 않는 조직모형 5가지를 제시하고 있다. ① 행정분권모형(부하에게 책임과 권한을 위임하여 고객의 요구에 잘 대응토록 하는 조직). ② 주민통제모형(주민집단에게 정부서비스의 종류와 수준을 결정하는 권한을 부여하는 조직 ③ 매트릭스 모형(유동적이고 가변적인 프로젝트 중심으로 편성한 조직). ④ 연합모형(행정분권모형과 주민통제모형을 결합한 것으로 대도시 지역에 적용되는 조직). ⑤ 협상모형(하나의 행정조직이 아니라 여러 행정기관간의 계약 및 시장을 통해 서비스를 공급하는 조직)이다.

Ⅲ. 평 가

1 불완전한 반실증주의

신행정론은 후기 행태주의를 택하지만 실증주의를 완전히 포기하지는 못한다. 해결해야 할 문제의 선정, 목표의 설정, 대안 선택의 기준의 결정 단계에서는 가치에 관한 연구가 불가피하다. 그러나 문제의 사실 관계 확인, 정책수단과 목표와의 인과관계 규명 등에서는 실증주의가 필요함을 인정한다.

2 가치 간의 갈등 문제

신행정론자들은 능률성, 효과성과 같은 기존 가치를 완전히 배격하는 것이 아니며 그에 더하여 사회적 형평성도 강조하고 있다. 그러나 이 경우 이러한 가치들 간의 상충· 갈등 문제가 중요한 과제로 남는다. 더욱이 그들이 강조하는 사회적 형평성을 실현할 구체적 기준이나 절차를 제시하지 못하고 있다.

3 관료제의 책임성 문제

사회 문제의 해결에 대한 행정의 역할을 강조하고 행정부 통제 문제를 간과하고 있다. 정부관료제의 책임 한계가 불분명하고 그에 대한 민주적 통제가 약한 경우, 행정의 가치 판단적 활동을 지나치게 강조하면 그나마 통제가 어려운 관료권이 더 비대화되며 행정 책임 문제를 야기할 수 있다.

4 비계층적 구조로의 개편 문제

사회적 약자의 참여를 높이기 위해 프레데릭슨이 제안한 비계층제조직으로 개편하는 것은 많은 대내외적 제약이 있다. 실제로 계층제적 관료제 조직은 여전히 주된 역할을 담당한다. 또한 참여를 강조하는 지역공동체의 형성은 이기적, 공리적 인간관이 보통임을 감안하면 낭만적인 제퍼슨주의의 부활이라고 할 정도로 비현실적이다.

5 고객 중심 행정의 문제

고객 중심행정은 사회적 약자를 행정의 대상물(객체)로서가 아니라 고객으로 존중하는 것이다. 이는 시장주의 관점에서 기업-고객의 관계를 유추한 것이다. 그러나 민주 행정론에서 본다면 주민은 고객을 넘어 행정의 주인이다. 신행정론의 고객 중심주의는 행정 주체로서의 시민의 지위를 행정 객체로 파악하는 근본 문제를 안고 있다.

6 실천 기술의 미비

신행정론은 행정학이 제도 중심에서 고객중심으로, 순수이론 중심에서 고객 중심으로, 기술적 연구로부터 처방적 연구중심으로, 가치중립보다는 규범적 연구로 나아갈 것을 획기적으로 주장했다. 한마디로 정치화를 지향한 강조한 반(反)과학적 주장이다. 관료제를 시민 중심으로 분권화한다고 했지만 분권화의 정도에 대해서도 답을 제시하지 못했다. 구호를 뒷받침하는 구체적 대안 제시는 불충분하여, 말로는 급진적이나 이를 실천할 기술은 현상유지적인 것(radicalism in words, status quo in skill and technology)이라는 비판을 받는다(Golemviewski).

Ⅳ. 한국 행정에 대한 함의

신행정론은 한국 행정에 대해서도 다음 몇 가지 중요한 함의를 주며 그 시사점들은 행정개혁에 대해서도 중요한 방향이 된다. 첫째, 한국이 행정 이념으로 크게 중시해 온 효과성, 능률성에 더하여 상대적으로 소홀히 간주되어 온 사회적 형평성의 가치를 새로이 인식시켜 준다. 신행정론은 행정이 지역·계층·산업·성별 간의 사회적 소외집단을 배려하기 위한 다양한 프로그램을 마련해야 함을 정당화한다. 사회적 형평성은 김대중-노무현 정부에 와서 많이 부각되었고, 이명박-박근혜 정부에서도 부분적으로 채택되고 있다. 경쟁력 강화, 연공서열의 혁신 등이 신자유주의적 이념을 바탕으로 하고 있는 반면에, 행정수도의 이전 및 지역 분권주의, 복지 및 분배 정책의 강화, 여성공무원 할당제, 공생발전, 경제민주화, 사회적 기업 육성 등은 바로 신행정론의 사회적 형평성 가치를 반영한 부분으로 해석할 수 있다.

둘째, 신행정학에서 강조하는 참여주의 및 고객 중심적 행정은 주민이 행정의 대상물이 아니라 고객으로 간주되어야 한다는 것을 강조함으로써 민주행정론의 중대한 토대가 된다. 다만 최근 우리나라에서도 두드러지고 있는 경향인 뉴거버넌스(New Governance)의 입장에서 본다면 고객 수준에서 더 나아가 행정문제를 직접 결정하는 주권자로까지 발전되어야 할 것이다.

셋째, 행정은 가치문제를 배제한 도구적 집행 수단만으로 간주되어서는 안 된다. 행정의 정책결정 기능을 감안하면 불가피하게 가치문제에 개입할 수밖에 없다. 그러나 이러한 기능이 행정 체제에게 인정된다고 하더라도 이에 대한 민주적 통제가 항상 이루어져 행정 관료측이 원하는 가치가 아니라 국민의 이익에 합치되는 가치가 우선적으로 수용되도록 해야 할 것이다.

논평

전반적으로 보면, 신행정론은 신좌파적 시각을 안고 있다. 참여중심, 사회적 형평성 등이 그 증거이다. 이들의 대부인 Waldo와 학문적 앙숙인 사이먼의 관계를 감안하면 이들이 반 행태주의를 표방한 것은 당연하다. '블랙스버그 선언' (Blacksburg Manifesto)은 버지니아의 블랙스버그에서 있었던 학술토론의 결과를 정리한 것이며 http://www.cpap.vt.edu/current/manifesto.pdf 참조. 김대중, 노무현 정부의 정부개혁 프로그램이 신자유주의적 개혁인가, 신행정론적 개혁인가를 분별해보라. 이 장의 마지막 주제인 '행정개혁'을 참조하라. 이제는 Guy Peters의 참여주의 거버넌스 모형, 비판행정학 이론 및 현상학적 행정학 이론 등이 나온 마당에 이미 50년이 된 신행정론이 아직도 '새로운' 주장으로 받아들여져야 할까? Waldo의 후예인 신행정론자와 Simon의 후예 들 중 어느 편이 현재 행정학을 주도하고 있을까? 후술하는 에세이 Herbert A. Simon 을 읽어보라.

ㅣ새 테마 행정학ㅣ

12. 비교행정론

Ⅰ. 의 의

1 대두 배경

미국은 2차 대전이 끝나자 동서 냉전 구도 하에서 자본주의 시장경제체제, 민주적인 정치 및 교육제도 등을 개발도상국가들에게 이식하기 위해 원조를 집중하였다. 그런데 이러한 다방면에 걸친 원조가 후진국에서 기대만큼의 효과를 내지 못하는 것을 인식하자 그 원인을 규명하기 위해 이들 나라의 정치행정 제도가 어떤 특성이 있는가를 연구하게 되었다. 한편 이 시기는 행정학에서 후진국과 선진국을 다 포괄하는 '일반이론적' 행정학 이론을 구축하려던 움직임이 있었는데, 이 양자가 결합하여 비교행정론을 대두하게 만들었다.

1953년 미국정치학회에 '비교행정특별위원회'가 설치되었다. 나아가 1960년에는 미국행정학회 내에 비교연구를 위한 분과위원회인 비교행정연구회(Comparative Administration Group: CAG)가 설치되었는데 이는 포드재단으로부터 재정적인 지원을 받으며 비교행정 연구를 고무하였다. 그 결과 리그스(Fred W. Riggs)를 회장으로 한 이 비교행정연구회는 비교행정 연구를 주도하였고 1970년대 중반까지 비교행정 연구는 개발도상국의 행정 이해에 매우 중요한 접근으로 간주되었다.

2 접근방법

비교행정 연구는 행정과 이를 둘러싸고 있는 환경과의 상호 작용에 주목하고 이것을 국가들 간에 비교한다. 그에 대한 접근방법은 여러 가지가 있는데 연구방식, 연구범위, 생태론 등을 감안하면 다음과 같은 유형의 접근방법들이 있다. 이 접근방법들은 화살표 방향으로 변화되어 왔다.

연구방식 기준	규범적 접근법	바람직한 행정상태의 설정・연구
	→경험적 접근법	행정 현실에 대한 경험적 분석으로 현실을 있는 그대로 조명・연구
연구범위 기준	개별사례적 접근법	특정 국가의 테두리 내에서만 연구
	→일반법칙적 접근법	여러 나라에 적용되는 보편적 법칙 연구
생태적 고려여부 기준	비생태론적 접근법	환경적 요인을 고려하지 않는 폐쇄이론
	→생태론적 접근법	환경적 요인을 고려하는 개방 체제 이론

Ⅱ. 리그스의 프리즘적 행정 모형

1 구조기능론적 비교 연구

리그스는 사회전체의 분석에서 출발하여 사회 각 부분들로 분석을 옮겨간다. 그는 행정 체제를 가장 일반적인 체제인 '사회체제'와의 관련 속에서 파악한다. 파슨즈(Talcott Parsons)의 구조기능론에 의하면 사회 구조는 제각기 수행하는 기능이 있다. 사회체제는 정치체제, 행정체제와 같은 하위 체제를 지니며 이들이 수행하는 기능이 없으면 존립할 수 없다. 다시 행정체제는 그 하위 체제를 지니며 이들 하위 체제는 행정 체제의 존립을 위해 일정한 기능을 수행한다. 따라서 국가간의 행정 체제를 비교하기 위해서는 행정기능을 수행하는 하위 체제들의 구조를 비교하면 된다. 리그스는 이와 같은 파슨즈의 구조기능주의에 토대하여 개발도상국의 행정 체제를 비교하였다.

그리고 연구 대상 및 이론의 포괄범위에 관해서 거대한 보편적 이론을 추구하기보다는 이른바 중범위이론(middle range theory)을 지향하였다.

2 리그스의 프리즘적 사회

리그스는 개발도상국의 행정환경을 설명하기 위하여 사회구조를 전형적인 농업 사회(Agraria), 공업화된 산업 사회(Industria), 이 두 사회의 융합적 성격을 띤 과도기적 사회

(Transitia)를 프리즘적 사회(Prismatic Society)로 규정하고 있다. 그는 이 상이한 사회구조를 연역적인 모형으로 제시하고 있다.

환경요인	Agraria (농업 사회)	Industria (산업 사회)
경제적 기반	자급자족적, 폐쇄경제	시장경제, 교환경제
사회구조	1차 집단 중심, 귀속·연고 중심	2차 집단 중심, 업적 중심
이념·인식방법	육감·직관에 의한 인식, 지식의 단일성	경험에 의한 인식, 지식의 다양성
의사전달	의사전달 제약 (낮은 유동성)	의사전달 원활 (높은 유동성)
정치체제	정치 권력 근거는 하늘, 실질 권력은 큼	국민동의가 근거, 실질 권력이 작음

행정이 이루어지는 관료제는 이 세 가지 사회구조 하에서의 상이하게 나타나는데, 산업 사회의 관료제의 장소는 관청의 사무실(office)이며, 농업 사회의 경우는 안방(chamber), 전이 사회의 경우에는 사랑방(sala)이다.

사회구조	농업 사회 (Agraria)	전이 사회 (Transitia)	산업 사회 (Industria)
구 분	Fused society (융합사회)	Prismatic society (프리즘적 사회)	Diffracted society (분화사회)
관료제모형	안방(chamber)모형	사랑방(sala)모형	사무실(office)모형

3 Sala 모형

프리즘적 사회는 농업 사회로부터 산업 사회로 전환되는 전이 사회인 후진국의 행정을 구조기능적 토대 하에서 분석하는 모형이다. 이 프리즘적 사회의 '관료제'는 Sala(사랑방)모형으로 표현된다. 사랑방 모형에 따르면 신생국의 관료제에서는 프리즘적 사회의 특징으로 인해 의식구조 및 가치규범상의 이중화가 나타나며, 법률의 내용은 형식적인 것이 된다. 또한 가치규범의 이중화로 인하여 행정행위의 예측가능성을 극도로 떨어뜨리게 되며, 관료들의 상대적 권한을 더욱 확대시킨다. 프리즘적 사랑방행정에서는 공식적 법규가 무력화되어 무규범상태이기 때문에 법규 집행을 담당하는 관료들이 강력한 재량권을 갖게 된다. 그리하여 사랑방행정의 가장 큰 특징 중의 하나는 행정 부패가 제도화된다는 점이다.

Sala모형의 주요 특징적 내용을 정리해보면 다음과 같다. ① 형식주의(지나친 공식규범 중시로 실제행동과 괴리), ② 정실주의(연고우선주의), ③ 다분파성(파벌형성), ④ 다규범성, ⑤ 기능의 중복, ⑥ 권한과 통제의 불균형, ⑦ 이질혼합성(전통적 요소와 현대적 요소의 혼합, 신분과 계약의 혼합관계), ⑧ 부정가성(시장적 가격메카니즘 외에 권력·명성·유대 등의 환경적 요인이 작용, 실질적으로 거래자의 신분과 연고관계에 따라 상품가격이 결정되어 자

의적: bazaar canteen model) ⑨ 양대 초점성(bifocalism), ⑩ 천민기업가, ⑪ 의존증후군 등을 들 수 있다.

Ⅲ. 헤디의 행정 체제 비교 모형

헤디(Ferrel Heady)는 구조기능주의적 접근에 따르지 않으면서 선진국과 개발도상국들의 정치체제 및 행정 체제를 비교 연구하였다. 그는 '환경' 요소를 강조한 리그스에 비해 주로 '정치적' 측면에 더 초점을 두었다.

1 선진국의 행정 체제

선진국의 정치체제의 특징은 정부 조직체계의 분화 정도가 높으며, 기능적으로 특화되어 있고, 정치적 역할의 배분은 성취기준에 따라 이루어지며, 정치적 의사결정 과정은 합리적 과정을 따르고, 정치체제에 대한 대중의 관심과 관여가 높다.

선진국의 정부 관료제는 다음과 같은 특징이 있다. ①행정은 정치적으로 결정된 정책을 집행하는 방대하고 복잡한 체제이다. ②정부관료제는 고도로 분화되어 있다. ③정부관료제는 하나의 전문 직업 분야이며 관료는 높은 전문성을 가진다. ④정치과정에서 수행되는 관료제의 역할이 명확히 규정되어 있으며 관료제의 발전 속도도 높다. ⑤관료제에 대한 정치적 통제가 효율적으로 이루어진다.

나아가 헤디는 선진국 행정 체제의 유형을 ①고전적 행정 체제(독일 · 프랑스 등의 웨버적 관료제 체제), ②시민문화적 행정 체제(영국 · 미국 등), ③적응적 현대 행정 체제(일본과 같이 선진행정을 급속히 답습한 경우), ④공산주의적 행정 체제(소련)로 구분한다.

2 개발도상국의 행정 체제

개발도상국의 정치체제 특징은 국가형성 · 경제 발전이 정치체제의 가장 중요한 과제이며, 국가 발전의 추구에서 정치체제에 대한 의존도가 높다. 또 정치적으로 불안정하며 근대화를 주도하는 통치엘리트와 일반 국민 간에 간격이 크다. 정치체제 내의 불균형 성장이 심하고, 정치적 경쟁이 제약되어 있으며, 군부의 정치 개입이 빈번하다.

이러한 개발도상국의 관료제는 다음과 같은 특징이 있다. ①행정은 선진국의 행정을 모방한 것이다. ②정부관료제에는 훈련된 인력이 부족하다. ③정부관료제는 비생산적인 일에 치중되고 있다. 정책 목표의 달성이 아닌 다른 일에 관련되어 있으며 사익추구와 부패가 만연되어 있다. ④관료제의 외형과 실질이 괴리된 형식주의가 심하다. ⑤관료는 정치체제의 중심에 있으면서도 관료제에 대한 정치적 통제가 이루어지지 못하고 있다.

나아가 헤디는 개발도상국의 정치체제(regime)를 여러 유형에 따라 전통적 독재체제로부터 관료지배체제 등으로 구분한 후 이에 따라 행정 체제를 다시 구분하였다.

Ⅳ. 평 가

1 공헌

비교행정론의 연구로 인하여 후진국의 행정에 관하여 많은 연구 결과를 축적하게 되었으며, 비교의 공통적인 기준으로 많이 채택된 행정 관료제가 여러 국가들에서 중요한 변수임을 부각시켰다. 또한 관리 기술의 능력이 행정환경과 밀접한 관계가 있다는 측면도 인식시켰다. 특히 내부관리 기술에 치중한 행정학의 한계를 분명히 하고 행정환경의 중요성을 일깨움으로써 자국 행정연구를 통하여 토착화를 촉진시키는 계기가 되었다. 또한 실천적인 유용성을 지닌 행정연구도 촉진시키게 되었다. 궁극적으로는 발전행정론을 위한 중간 역할을 해주었으며 관심 범위를 확장시킬 수 있었다(정정길, 2008).

2 한계

비교행정론은 후진국의 발전노력에 실천적인 지식을 제공하지 못했다는 비판을 받는다. 즉 후진국의 실정에 맞는 실천적인 연구가 부족했던 것으로, 적실성이 없다는 지적을 많이 받았다. 이러한 한계점을 좀 더 구체적으로 살펴보면 아래와 같다.

첫째, 비교행정론은 독자적인 학문 분야로 이론체계가 발전하지 못했으며 충분한 경험적 연구가 이루어지지 못했다.

둘째, 생태론적 접근과 마찬가지로 환경 요인을 강조함으로써 인간이 독립변수가 될 수 있음을 무시하였으며, 행정을 중립적 도구로 파악하였다.

둘째, 선진국 우위의 시각을 가지고 접근하였으며, 그 결과 신생국들이 후진국 상태를 벗어남이 어려운 이유를 밝히는데 초점을 두었다.

셋째, 사회변동에 대한 설명이 부족하여, 지나치게 정태적인 접근을 하였다.

넷째, 엄밀한 경험적 연구가 부족하며 자의적인 유형론(typology)을 남용하고 있다.

다섯째, 과학성이 의심되는 수많은 복잡한 용어를 창안하여 제시하고 있다. 국가별로 당연히 차이가 날 수밖에 없는 행정 현상들을 무리하게 분류하고 있다. 그만큼 엄밀한 과학성이 문제된다.

➾ 논평

비교행정론은 리그스와 헤디의 연구를 다 포괄함이 좋다. 리그스의 이론은 행정이 환경에 의해 영향을 받는다는 생태론적 행정학의 예이기도 하며, 동시에 국가간 비교행정론의 예이기도 함을 유의하라. 비교행정론, 생태론적 행정론자들에 대한 비판 중에 하나는 끊임없이 복잡한 신조어를 만들어 낸다는 것이다. 그러나 그 중요한 몇몇 개념들은 반드시 인용해야 한다. 정정길(2008)교수가 이 리그스 이론에 대해 잘 서술하고 있다.

❙새 테마 행정학❙

13. 행태주의 행정학이론

Ⅰ. 의 의

1 대두 배경

행태주의(behavioralism) 연구가 미국의 사회과학 분야에 새 경향으로 대두한 것은 1930년대 초 유럽의 과학자들이 미국으로 건너와 정치, 경영, 사회 현상에 대한 새로운 분석 방법으로 이를 소개하면서부터이다. 미국의 정치학계에서는 메리엄(Charles E. Merriam)이 이 분석 방법을 크게 발전시켰다. 한편 행정학계에서는 그 이전까지 행정학의 지배적인 패러다임이었던 정치행정이원론 및 원리지향적 고전파 행정학이 신뢰성을 상실한 시기였다. 따라서 행태주의 혁명이 사회과학을 새롭게 지배하게 되던 이 시기에 고전파 행정학을 대체할 만한 새로운 패러다임을 찾던 행정학계에서도 이 분석 방법에 주목하게 되었다.

행정학의 행태주의는 주로 사회학자 및 심리학자들에 의해 소개되었고 이를 본격적으로 발전시킨 것이 사이먼(Herbert A. Simon)이다. 사이먼 이래로 상당한 기간 동안 행태주의는 행정학의 주요한 접근방법이 되었다. 여기에 마치(James G. March), 사이어트(Richard Cyert) 등이 가세하여 조직 일반을 대상으로 행태주의 연구를 크게 발전시켜 소위 '카네기 학파'(Carnegie School)를 형성하였다. 행태주의적 행정학 연구는 그 후, 행정을 과학(science)이라기보다는 기술(art)로 파악하려는 발전행정론측의 반대와, 행태주의의 엄밀한 전제를 반대하는 현상학적 접근 및 신행정론측의 반대에 직면하기도 하였으나 아직도 행정학계에서 가장 중요한 연구

방법의 하나로 수용되고 있다.

2 개념

행태주의가 정치학 분야에서는 투표자의 투표행태(voting behavior)를 중심으로 발전한 반면에 사이먼이 주도한 행정학계 분야에서는 조직의 의사결정 및 조직 내 개인 간의 행태, 즉 행정행태(administrative behavior)를 경험적으로 분석하는 것에 초점을 둔다.

사이먼은 귤릭(Luther Gulick), 어윅(Lyndall Urwick), 화이트(Leonard D. White) 등의 조직원리 탐구에 대한 비판에서 출발하였다. 사이먼은 행정학의 원리(principles)를 탐구하여 행정학을 과학으로 확립하려고 노력해 온 행정 이론가들이 자신들의 주장과는 달리, 실제로는 과학적 방법을 제대로 적용하지 않았기 때문에 고전파 행정학의 원리들은 원리가 아니라 격언(proverbs) 수준에 머물고 말았다고 비판한다. 따라서 보다 신뢰할 수 있는 행정상의 법칙을 발견하기 위해서는 진정한 과학적 방법의 적용이 필요하며 이를 위해서 논리실증주의에 토대한 행태주의적 방법론을 채택해야 한다고 주장한 것이다. 사이먼은 이러한 행태주의적 행정학이 진정한 '행정과학'(administrative science)으로 발전할 수 있다고 보았다.

Ⅱ. 내 용

사이먼 등이 주장한 행정과학으로서의 행정학은 조직 및 조직성원의 미시적 행태를 연구대상으로 한다는 점에서는 고전파 행정학과 유사한 점이 있지만, 그 초점이 의사결정 국면에 있으며, 고전파 행정학자들과는 달리 그 연구 방법은 철저한 논리실증주의를 따른다.

1 행태 중시

고전파 행정학이 토대하고 있는 과학적 관리론에서는 조직의 책임자의 입장에서 조직을 효과적으로 관리하는 기술을 탐구한다. 그러나 행태론적 행정학 연구에서는 그 보다는 조직구성원의 입장에서, 조직이 제공하는 '유인과 개인의 업무 간의 균형(equilibrium)'이 어떻게 일어나는가를 탐구한다. 조직책임자의 역할이란 이 균형이 이루어지도록 하는 노력하는 것이며 이를 위해 의사전달을 담당하는 것이다.

사이먼은 조직 내의 개인들의 실제 행태에 관한 연구들을 발전시킨 바나드(Chester Barnard)의 연구를 기초로 하였다. 조직을 연구 대상으로 삼고, 조직 구성원이 조직의 유인과 업무활동 간에 균형을 이루어 가는 행태(behavior)적 국면을 균형이론의 입장에서 연구함으로써, 행태주의적 조직이론의 연구를 이룩했다.

2 의사결정 중시

행태주의적 행정학 연구는 조직의 행태를 연구하되, 의사결정(decision-making) 측면을 집중적으로 연구한다. 이 점이 개인의 투표행태(voting bahavior) 연구에 치중한 정치학계의 행태주의와의 차이이다. 사이먼의 이러한 의사결정 연구는 조직 내부에서 일어나는 의사결정 국면을 새로이 부각했으며 나아가 1960년대 이후 등장한 정책결정의 경험적 연구에도 많은 영향을 주었다. 특히 합리적 · 분석적 정책결정이 어렵다는 것을 지적한 점증주의를 비롯한 여러 가지 정책결정 이론들도 사이먼의 이러한 연구에 영향을 받았다.

현실의 '행정인'(administrative man)은 인지적 제약 때문에 합리모형이 예상하는 '경제인'(economic man)과는 달리 최선의(optimal) 대안을 선택할 수 없어서 결국 만족할 만한(satisficing) 대안을 찾을 수밖에 없음을 논증하였다. 이러한 제약된 합리성(bounded rationality) 이론은 실증적 · 경험적 정책결정에 근본적 토대를 제공했다.

3 신 정치행정이원론

행태주의는 조직 일반에 관한 일반적 보편적 이론을 구축하기 위해서 정부행정 조직만이 아니라 사기업체의 조직도 같이 연구하였다. 따라서 사이먼의 행정행태론은 공사행정일원론(정치행정이원론)이라고 할 수 있다. 이 입장은 정부행정 조직에 작동하는 정치적 요인을 연구 대상에서 제외시킨 것이다. 즉 행정에 개입한 정치적 측면을 고려하지 않고 행정을 연구하는 것이 바람직하다는 점을 가정하고 있다. 이러한 입장은 과거의 고전파 행정학의 정치행정이원론의 부활과 같기 때문에 '신' 정치행정이원론이라고 부를 수 있다.

4 논리실증주의적 접근

논리실증주의는 과학적 방법과 논리적 측면을 결합한 접근방법으로 다음과 같은 요소로 구성된다. ① 현상과 현상사이에 존재하는 인과관계 법칙을 규명하고자 한다. ② 법칙을 발견하기 위해 현상들 사이에 존재하리라고 예상되는 인과관계를 수립하고(가설 설정) 이를 검증한다. ③ 이때 설정되는 가설은 이미 확립된 기존의 이론(theory)로부터 연역적으로 도출된 것이다. ④ 가설을 검증하기 위해 현상을 경험적으로 관찰해야 한다(정정길, 2008).

이러한 성격 때문에 논리실증주의는 관찰 및 계량화가 어려운 정치 권력적 작용, 이데올로기, 윤리, 가치관 등은 연구 대상에서 제외하는 것이다. 따라서, 행태주의 행정학은 이러한 논리실증주의를 취하기 때문에 가치문제들(행정에 결정적인 영향을 미치는 정치 권력의 작동, 민주행정의 가치, 행정 윤리 등)을 연구 대상에서 제외한다.

5 과학화

행태주의 행정학 연구는 계량화가 쉬운 영역에 한정되었다는 한계가 있었지만 적어도 계량화가 용이한 분야에서는 질적 · 양적으로 상당한 과학적 체계적 연구를 촉진하여 행정학을 실증적 경험과학으로 전진시키는 데에 크게 기여하였다. 그리하여 고전파 행정학이 의도했던 과학화를 크게 발전시켜 진정한 '행정과학'의 토대를 지향하였다. 이러한 과학적 연구는 검증기법의 정교화, 측정영역의 확대와 더불어 오늘날에도 설명력과 예측력이 높은 행정학 연구를 자극하고 있다.

6 개념의 조작적 정의

개념의 조작적 정의(operational definition)를 통해 객관적인 측정방법을 사용하며 계량적 방법에 의해 분석한다. 여기서 조작적 정의란 추상적 구성개념이나 변수를 측정하는 데 필요한 활동이나 조직을 상세하게 기술함으로써 그것에 의미를 부여하는 방법을 말한다. 예를 들어, 의회에 대한 기능적 신뢰를 조작적으로 정의하면, "역대 국회의 활동을 회고해 보면 국회가 해야 할 일을 제대로 했다고 생각한다"라든지, "현 국회의 활동을 지켜보면서 국회가 해야 할 일을 제대로 하고 있다고 생각한다"와 같이 될 것이다(남궁 근, 2003: 349).

7 방법론적 개인주의

집단 전체에 특유한 속성은 존재하지 않으며 그것을 구성하는 개인(개체)를 연구하고 그 지식을 총합하면 전체에 관한 지식을 알 수 있다고 하는 방법론적 개인주의(methodological individualism)를 취한다. 이러한 맥락에서는 행태론적 접근방법과 공공선택론적 접근방법이 유사하다.

8 학제적 접근

행태론은 타학문의 개념 · 이론 · 접근방법에 개방적이며, 인접과학과의 협동 연구를 강조한다. 왜냐하면 행정이란 개성이나 사회조직 · 사회체제 전반의 상호작용에 의해서 나타나는 결과로 보기 때문에, 사회현상이나 심리현상을 연구하는 사회학 · 경제학 · 정치학 · 인류학 · 심리학 · 경영학, 심지어 수학 · 전자계산 등 인접과학과의 협동이 불가피하기 때문이다. 이러한 맥락에서 행태론자들은 현대행정실무자들의 바람직한 상(image)을 'Econologician'이라 하여 사회과학 · 수학 · 계량경제 · 전자계산이론 등의 전문가일 것을 요구하게 된 것이다.

Ⅲ. 비 판

1 행정학의 정체성 문제

행정학의 연구 대상을 행정 조직이 아닌 일반 조직으로 확대함으로써 고유한 연구의 영역(locus)을 잃어버리고, 가치문제를 제외함으로써 연구의 초점(focus)도 잃어버리게 되어, 행정학이 무엇을 위해서, 행정의 어떤 요소를 연구하는 학문인가에 대한 정체성 문제를 심각히 제기하게 되었다.

즉, 본질상 권력적 작용을 배경으로 하고 있는 행정 작용에서 가치 및 권력 요소를 빼 버림으로써 행정학은 경영학과 구분이 되지 않게 되었고, 심리학 · 사회학적 접근에 치우쳐 있어서 행정학의 독자적인 연구 방법의 부재 문제를 심화시켜 결국 행정학의 정체성(identity) 문제를 야기하였다.

2 논리실증주의의 한계

행태주의 행정학은 논리실증주의에 토대하고 있는데 이 때문에 논리실증주의의 본질적 약점이 곧 행정학 연구에서도 드러난다. 논리실증주의는 검증되어야 할 가설이 기존의 이론에서 논리적으로 도출되어야 한다고 가정하기 때문에, 기존의 이론에 근거하지 않은 가설을 도외시한다. 따라서 기존 연구가 진행된 분야에서는 많은 후속적 연구들이 나오지만, 새로운 분야, 계량화가 어려워 기피해 온 분야는 그것이 매우 중요할지라도 연구가 기피된다.

그 결과 행정 현상 중에서 계량화가 어려운 권력적 작용, 민주행정 이념, 가치관 등이 배제된다. 이 경우 행정이 정치와 밀접한 관련이 있다는 본질적 국면이 배제되어 타당도가 낮은 연구가 되어 버린다. 따라서 연구 방법의 엄밀성을 충족하다 보니 연구의 의미가 없어지는 결과가 나타나기도 한다.

3 제도 등의 거시적 국면 간과

행태주의는 조직구성원의 미시적 행태에만 초점을 두기 때문에 미시적 국면에서는 상당한 과학화의 진전을 보였다. 그러나 그것은 행정의 거시적 국면을 소홀히 한다. 또 제도(institution)가 행정에 미치는 국면도 간과된다. 예컨대 조직의 의사결정의 근본 틀을 좌우하는 규칙(헌법, 법률, 투표 규칙 등)을 중시하지 않으며, 특정 행정행태의 원인이 되는 역사 및 정치구조에 대한 설명력이 매우 낮다.

허버트 사이먼(Herbert A. Simon)

Ⅰ. 생애

개인이 자유로운 의사결정을 할 수 있는가? 그러한 선택의 자유를 가정하고 있는 게임이론, 통계적 의사결정이론, 신고전파 효용이론 등의 학문들을 "선택의 과학"(science of choice)이라고 부를 수 있다. 이 학문 분야의 대표적 의사결정자는 바로 경제인(Economic Man)이다. 한편 개인의 자유로운 의사결정을 인정하지 않는 정치학, 행정학, 사회심리학, 인류학, 행태주의적 실험 심리학 등에서는 개인은 외부(사회적 환경 및 조직)에 의해 제어된다고 가정하는데 이 학문들은 "통제의 과학"(science of control)이라 부를 수 있다. 이 학문 분야의 대표적 의사결정자는 바로 행정인(Administrative Man)이다. 사이먼의 업적은 제약된 합리성(bounded rationality)이란 개념을 창안함으로써, 선택의 과학과 통제의 과학 간의 학제적 이론을 구축했다는 데 있다. 이를 대변하는 주체가 바로 만족화 인간(Satisficing Man)이다.

사이먼(Herbert A. Simon, 1916.6.15-2001.2.9)은 다방면의 천재였으며 20세기에 가장 큰 영향력을 준 사회과학자 중 한 사람이다. 그는 전기기술자이자 특허 변호사인 부친(Arthur Carl Simon)과 피아니스트인 모친(Edna Marguerite Merkel) 사이에서 위스컨신 밀워키에서 출생했다. 부친은 독일에서 이주해 온 유태인이었고, 모계도 유태계 혈통이 들어 있는 루터교 및 천주교 집안이었다. 소년 시절부터 호기심 많고 학구적이었던 이 천재는 외삼촌 및 형의 책을 통해 일찍부터 인간에 대한 여러 분야에 관심을 가졌다. 고교생일 때에 오목 게임 비슷한 tit-tat-toe 게임이 합리적 전략으로 겨룬다면 항상 비기게 된다는 것을 의사결정 분석(decision analysis)을 통해 밝혀내기도 했다. 고교 과정을 2년 월반할 정도로 뛰어난 천재였으며 독서광이었다. 자연을 즐기면서 장차 생물학 공부를 꿈꾸며 산딸기를 찾아 산야를 쏘다니던 소년 사이먼은 어느 날 자신이 딸기와 덤불을 구분하지 못하는 색맹임을 알게 되는데 이 때문에 그가 원했던 생물학을 포기한다. 그 다음에는 물리학에 관심을 가졌으나 그 학문은 뉴턴이 이미 학문적 성취를 다 이루어놓아 새로 더 이룩할 것이 없어 보였다. 그래서 사이먼은 사회과학을 더 수학적으로 공부하고 나아가 경제학을 전공할 꿈을 안고 시카고 대학에 입학하였다. 이 개인적 의사결정은 오늘날 행정학계로서는 매우 중요하고도 다행스런 전환점이었다. 그는 대학 강의실에서 수업을 듣기보다는 스스로 홀로 공부하기를 더 좋아했으며, 수업에 제대로 참가한 유일한 학부 수업은 복싱이었는데 거기서 B를 받았다. 바흐의 인벤션과 푸가, 모차르트, 베토

벤의 피아노 소나타 레코드를 듣기를 좋아했으며 모친에게서 물려받은 오래 된 피아노의 탁월한 연주자이기도 했다. 그의 학문적 생애의 대부분은 카네기-멜런 대학이었다. 자동차 하나와 오디오 하나, 그리고 TV는 거의 안 보면서 오직 한 집에서 46년을 살면서 1마일 정도의 거리를 늘 걸어서 출퇴근을 한 바람에 그는 자신이 그 거리에서 25,000 마일을 걸은 유일한 사람이라고 자처하였다.

대학 재학 중에 수업을 위해 "시 정부에 관한 측정"이란 레포트를 썼는데 그것이 교수(Clarence Ridley)의 주목을 받았으며 그 때문에 곧 연구 조교가 되었는데 그것은 양측에 다 '만족스런' 결과를 주었다. 능률성에 관한 비교통계학 및 측정이란 논문을 쓰더니 대학원생이 되자 그것을 공동 저서로 출간하였다. 나중에 수리통계학자이며 경제통계학자인 슐츠(Henry Schultz) 교수 지도로 박사학위를 받았다. 나중에 이를 최초의 단독 저서로 출간한 것이 바로 행정학에서 행태론적 접근방법의 기원을 연 행정행태론(Administrative Behavior, 1945)이다. 위대한 학자는 획기적 박사학위 논문을 써서 후일 학계의 새로운 전기를 마련하곤 했다. 의사결정론에서 사이버네틱스 모형을 제시한 스타인브루너(John Steinbrunner)나, 집합적 행동 이론을 제시한 올슨(Mancur Olson)이나, 내쉬 균형 이론을 확립하여 45년 후 노벨상을 받는 존 내쉬(John Nash)처럼 사이먼도 그러했다.

사이먼은 여러 공직도 거쳤다. 1939년 UC 버클리의 행정국 소장을, 1942년에는 일리노이 공대로 옮긴 후 1946-1949간에는 정치 및 사회과학 학과의 학과장을 맡았다. 1949년에는 피츠버그의 카네기-멜론 대학으로 옮겨가서 2001년 2월 사망 때까지 행정학 및 심리학 교수로 재직했다. 이 기간이 그의 학자 생활 중 가장 중요한 시대이다. 그는 여러 공직에도 관여하였다. 연방예산국, 인구조사국, 경제협력처, 대통령의 과학자문위의 위원이기도 사회과학연구평의회의 회장, 전국연구평의회 행태과학 분과회장이기도 했다.

사이먼의 학문 활동은 평생 광범위한 전공 분야에 걸쳐있지만, 행정학과 관련하여 보면 세 가지 테마로 분류할 수 있다. 첫째는 과학적 행정학 즉 행정과학(Science of Public Administration)의 구축이며, 둘째는 그의 핵심적 연구주제인 의사결정이론을 개인에게 적용하는 것이고(개인적 의사결정론), 셋째는 조직이란 환경 속에서의 의사결정을 다룬 연구이다(조직적 의사결정론).

Ⅱ. 행정과학(Administrative Science)

1. 의사결정(decision)과 의사결정 전제(decision premises)

사이먼에게 행정이란 곧 의사결정(decision-making)이다. 그런데 결정(decision)이란 너무 많은 요소를 포괄하는 넓은 개념이어서 이를 과학적 행정학의 분석단위로 삼기에는 부적합하다. 결정이 나타나게 만든 전제 조건들, 즉 "의사결정 전제"(decision premises)야말로 행정과학의 분석 단위라고 규정한다. 말하자면, 결정은 그것이 나타나게 만든 의사결정 전제들을 검토하고, 그 전제가 나타난 연원을 발견하며, 이것이 조직 환경에서 어떻게 변환되고 전달되었는지를 분석할 때에 가장 잘 분석될 수 있다. 컴퓨터로 비유하자면 의사결정 전제란 자료를 입력하고 이를 어떻게 처리하라는 명령어에 해당되며, 결정이란 이 명령어의 처리 결과 나타나는 최종 산물인 것이다(Fry, 2008). 따라서 흔히 사이먼이 의사결정을 중시한 국면을 강조하여 그의 분석 단위가 의사결정인 것으로도 대략 서술하기도 하지만 엄밀히 보면 그의 초점은 어디까지나 "의사결정 전제"에 있었던 것이다.

2. 행정과학의 성립 영역

행정과학이 성립될 수 있는 영역은 어디인가? 고전파 행정학의 초기에 윌슨이 가졌던 입장을 보자. 능률적 행정을 지향하던 윌슨은 정치-행정을 엄별하고서 주어진 정책 의도를 능률적, 기술적으로 잘 수행하기 위해서는 계층제적 행정 통제가 필요하다고 보았다. 이렇게 하면 경험과학으로서의 독자적인 행정학이 성립가능하다고 보았다. 그러나 행정과학을 지향하던 사이먼이 보기에는 도대체 정치-행정 이원론은 행정학의 과학화에 대한 전제가 될 수 없다. 우선, 정치적으로 임용된 정치인은 정책 목표 뿐 아니라 정책 수단의 결정에도 관여하며, 더 중요한 사실은, 행정이 정책 결정을 많이 담당하며 정책집행에도 큰 재량을 통해 결국 실질적으로 정치에 관여하고 있지 않은가! 이런 상황에서 정치-행정의 형식적 엄별론은 행정학의 과학화에 대한 전제조건이 전혀 되지 못한다.

행정학의 과학화를 위한 더 중요한 토대로 사이먼이 제시한 것은 "가치-사실"의 구분이다. 이 중 사실의 영역에서만 행정과학이 성립될 수 있다. 요컨대, 행정학의 과학화를 추구하던 사이먼은의사결정에 초점을 두고 그 분석 단위로 의사결정 전제를 설정한 후, 가치-사실의 엄별을 주장하며 오직 "사실의 영역"에서만 이러한 행정과학이 성립가능하다고 본 것이다. 이것은 국가 작용에서 정치를 탈색하고 남는 행정 영역에 과학이 바로 성립가능하다고 본 고전파 행정학과의 주요한 차이이다.

3. 행정과학(Science of Public Administration)의 구축

행정 과학을 구축하기 위한 토대로 사이먼이 제안한 것은 가치-사실을 엄별하여 가치가 개입되지 않아서 과학적 연구가 가능한 영역을 확보하려고 했다. 이 영역은 행정에 관한 의사결정의 사실 명제, 곧 대안과 그 결과에 관한 관계만으로 구성되어 있다. 이 관계는 경험적으로 관찰 가능하므로 이에 관한 체계적(과학적) 연구가 가능하다고 보았다. Simon은 두 가지 과학화를 추구했는데 하나는 보다 효율적인 행정절차를 개발함을 목표로 하는 실용 과학으로서 행정학이고, 둘째는 의사결정에 관련된 인간 행태의 기본 과정을 연구하는 순수 과학으로서의 행정학이었다(Brian, 2008: 243).

실용과학이든 순수과학이든 사이먼이 과학적 행정학의 기반으로 제시한 가치-사실의 엄별은 많은 학문적 논쟁을 야기했다. 첫째, 가치-사실의 엄별이 실용과학으로서 행정학을 성립을 가져올 수 있을까? 실용과학으로서의 행정과학은 능률적 행정 절차 개발을 목표로 한다. 그런데 왜 행정 절차의 지향이 하필이면 능률성이란 말인가? 능률성이란 기준을 채택하는 것 자체가 바로 가치 판단이다. 또, 목표-수단의 계층제에서 최종 목표의 선정은 실용과학으로서의 행정학의 영역 "밖에서" 결정되는데 그 목표 선택에 이미 어떤 가치 판단이 들어 있었을 것이다. 수단의 선택도 순수히 사실 판단적인 것이 아니라 가치 판단이 개입될 수 있다. 목표-수단 계층제에서 상위 조직의 목표들은 하위 조직의 의사결정을 좌우하기 때문에 최상위 계층뿐 아니라 모든 계층 단계에서 가치 개입은 일어나기 마련이다. 결국, 목표 달성을 위한 수단의 선정이 결코 사실 문제의 성격인 것만은 아니다. 자선기금 조성(목표)을 목표로 하는 조직이 은행을 털어서(수단) 그것을 달성하는 대안을 제외하는 이유는 무엇인가? "수단"에 대해서도 가치 개입이 있음을 시사한다. 더욱이, 만약 대안이 어떤 결과를 초래할 것인가에 관해 불확실성이 존재하여 부득이 의사결정자의 "주관"이 사용되는 경우에도 그 판단 자체가 의사결정자의 가치에 의해 크게 영향을 받는다. 요컨대, 이런 점들을 감안하면 실용과학으로서의 행정학은 결코 완전히 과학적이지는 않다는 비판을 받는다.

둘째, 실용학문이 순수 과학이 되기 어렵다는 점을 감안하면 그나마 위의 비판은 그런대로 넘어갈 수도 있을 것이다. 그런데 사이먼의 행정과학에 대한 더 심각한 도전은 가치-사실의 엄별은 순수 과학으로서의 행정학 성립 기반으로서도 불충분하다는 점이다. 사이먼이 초점을 둔 의사결정(decision making)은 그가 서술하고자 한 행정 행태의 전체가 아니라 극히 일부의 국면만을 다룰 뿐이다. 대안과 그 결과에 관한 관계 외에 경험적으로 관찰가능한 변수들이 얼마든지 더 있다. 집단의 관계, 상급자가 행사하는 감독의 성격, 만족 수준... 등도 과학적 관찰이 가능한 변인임에도 불구하고 사이먼은 그런 변인들을 간과한 채 오직 의사 결정이란 국면에만 초점을 두었다. 가치-사실의 엄별이 의사결정의 과학적 탐구의 기반이 되는지는 따로 면밀히 따져 볼 문제이며, 설령 그것이 그 기반이 된다할지라도 의사결정 만으로는 행정 현상 전체를 대변하기가 불충분하다. 요컨대, 가치-사실의 엄별이 곧 순수과학으로서의 행정학 성립 기반으로도 부족하다고 지적되었던 것이다.

셋째, 사이먼의 행정과학은 인지(cognition)에 치중하고 정서(affection)를 간과했다는 특성이 있다. 사이먼 자신도 성숙한 과학이란 인지적 측면과 더불어 정서적 측면을 다 다루어야 한다고 주장하였다. 그러나 실제로는 조직 행태의 정서적 측면은 간과하고 거의 인지적 측면만을 집중적으로 강조하였다. 즉 사이먼은 조직의 구성원들은 대체로 정서적으로 중립적(affectively neutral)이라고 간주한 것이다. 조직 이론에서 이러한 정서적 측면은 조직의 비공식적 측면 및 인간관계론의 핵심이다. 사이먼이 보기에 조직 내의 비공식적 조직들은 공식적 조직 목표 달성에 양립되게끔 적당히 통제되어야 했다. 사이먼은 이처럼 정서적 측면을 중시하지 않기 때문에, 머튼(Robert K. Merton) 등이 강조한 목표 대치(displacement of goals) 현상도 오직 합리성에 대한 '인지적' 제약 때문에 생기는 것으로만 설명하며 정서적 차원은 전혀 무시한다(Brian, 2008: 245). 개인이 조직과 고용 계약을 맺을 단계에서는 사이먼이 생각대로 인지적 측면에 치중할 것이다. 그러나 고용된 후에는 개인의 조직 생활은 정서적 측면에도 크게 의존할 것임을 사이먼은 간과한 셈이다.

4. 행정과학에 대한 평가

사이먼의 행정과학은 어떤 성격인가? 연구자가 의도한 과학 이론의 성격과 관련해 볼 때, 종합적으로 사이먼이 의도했던 행정과학은 서술적(descriptive) 이론인가, 처방적(prescriptive) 이론인가, 아니면 둘 다(both)인가, 아니면 아무 것도 아닌가(neither)? 좀 혼란스럽게 들리겠지만 위 전부가 답이 된다(Brian, 2008: 245). 본래 사이먼은 서술적 이론을 지향하고 출발했으며 "행정이론의 과업이란 적합한 행정이론 및 행정 상황의 관점에 따라 서술할 수 있게 하는 개념을 개발하는 것"(Simon, 1997: 37)이라고 주장했다. 그의 개인적 의사결정 이론 대부분과 조직적 의사결정 이론의 일부는 바로 이러한 서술 이론에 해당된다. 그러나 서술만으로는 충분하지 않다(Simon, 1997:38). 서술하는 수준을 넘어 더욱 정교화 되어야만 타당한 행정 원리들의 규명 및 입증이 가능해진다. 그것이 과학적 행정학 이론의 존재 이유이다. 경험적 서술의 축적의 결과로 행정의 원리가 도출되면 나아가 그 원리에 근거하여 처방까지 만들 수 있는 것이다.

그 처방의 방향을 가장 포괄적으로 다룬 것이 The Science of Artificial(1996)이었다. 인공 체제(artificial system)으로서의 조직의 궁극적 과제는 외부 환경에 적절히 적응할 수 있게끔 조직을 설계

(design)하는 것이다. 여기서 인공물(artificial)이란 목표 및 환경에 적응하기 위해 특정한 행태와 모습을 띠고 있는 체제를 의미한다. 이런 관점에서 보면 인간이 만든 인공물음 물론이고 인간 그 자체도 인공물에 해당된다. 조직 이론의 처방의 방향은 조직이 목표를 달성하기 위해 인공 체제가 어떻게 설계되어야 하는가이다. 이러한 처방적 입장에서 그는 계층제적 통제 구조의 확립, 설계 및 혁신 책임을 최고 관리층에게 부여, 계층적으로 처방된 의사결정 전제, 커뮤니케이션 과정의 개발 등을 설명한다.

그러나 사이먼의 일부 이론들(특히 고용 계약에 관한 설명)은 본질적으로 서술적이라거나 조직 행태에 관한 처방이라고 하기에는 너무 단순화되어 있다(Simon, 1957; Fry, 2008: 247). 사이먼이 구축한 행정과학이 반드시 하나의 성격을 지니지 않을 수도 있으며 여러 성격이 혼재할 수도 있다. 그러나 이 경우 어떤 상황에서 어떤 성격을 띠는가에 대한 명확한 가이드가 없는 이상 후속 학자들은 당연히 혼란을 겪을 수밖에 없다.

Ⅲ. 개인의 의사결정

사이먼에 의하면 의사결정자는 일종의 "인공 체제"(artificial system)이다. 이 인공 체제는 인지 능력에 한계가 있기 때문에 한정된 정보만을 처리할 수 있다. "인공 체제"로서의 의사결정자가, 만족화 논리에 의거하여, 의사결정을 수행해 나가는 방식을 밝히는 것이 사이먼의 개인적 의사결정론의 핵심이다. 한편 의사결정이 "조직"이란 환경 속에서 어떻게 일어나는가를 다루는 것이 조직적 의사결정론이다. 본래 사이먼의 연구에서는 조직적 의사결정이 먼저 연구되고 나아가 개인적 의사결정론으로 전개되었지만, 먼저 개인적 의사결정론을 본 후에 조직적 의사결정론을 검토함이 그의 논리 전반의 이해에 더 좋다.

1. 자극(stimuli)

개인적 의사결정의 첫째 요소는 외부 환경으로부터 오는 자극이다. 자극에는 두 가지가 있는데 반복적 자극(repetitive stimuli)과 새로운 자극(novel stimuli)이다. 전자는 굳이 새로운 해결책을 찾지 않고도 기존의 루틴화되고 관례화된 반응을 환기시키는 자극이다. 후자는 의사결정자가 적극적으로 새 해결책 탐색에 나서는 소위 "문제 해결"(problem-solving) 활동을 환기하는 자극이다. 이 문제 해결 활동을 통해 새로운 대안을 찾아내거나 기존의 루틴화된 대안을 다시 활용하게 된다. 의사결정자가 인지적 제약을 가진다는 사이먼의 기본 전제는 여기에도 작용하는데 즉 인지적 제약 때문에 의사결정자는 모든 자극들을 다 인지할 수도 없으며 또 인지된 자극에 대해 다 반응할 수도 없다.

2. 기억(memory)

개인적 의사결정의 두 번째 요소는 기억이다. 기억 속에 저장된 정보에는 바람직한 행동노선을 결정하는 기준(목표나 가치), 대안들, 의사결정자의 신념과 지각, 대안 및 그 결과 간의 인과 관계 등에 관한 정보들이 들어 있다. 기억에는 단기적 기억과 장기적 기억 두 가지가 있다. 전자는 용량이 제약되어 있지만 쉽게 접근 가능한 기억이고, 후자는 용량이 제한이 없으며 오랜 시간을 거쳐 단기적 기억이 변환되어 형성된다. 단기적 기억은 용량이 적은데 이를 거쳐서 무한 용량의 장기적 기억으로 축적된다는 점에서 단기적 기억⇨ 장기적 기억의 변환 과정에는 정보 처리의 "병목 현상"이 발생한다.

3. 문제 해결 과정(problem-solving process)

의사결정자가 문제를 있는 그대로가 아니라 단순화하고 주관적으로 표현해 놓은 것이 "문제 공간"(problem space)이다. 문제 공간을 이런 식으로 의사결정자가 정의하고 난 뒤에, 그 해결책(대안)을 탐색하기 때문에 먼저 문제 공간을 어떻게 정의하는가가 문제 해결의 효과성을 좌우한다.

문제 공간이 정의되고 난 뒤에 그 해결책(대안)의 탐색이 일어난다. 문제를 단순화하여 정의해놓았듯이, 그 해결책인 대안 탐색 과정 또한 단순화되어 있다. 구체적으로 보자.

① 탐색은 문제 공간으로 정의된 영역 안에서만 일어난다. 탐색은 무작위적으로 하는 방식(random search)이 아니라, 나름대로 어떤 패턴을 따른다(패턴화된 탐색 patternized search). 즉 아주 단순하나마 어떤 규칙에 따르는데 예컨대, 시행착오적 실험을 해보거나 대안 탐색에 대한 과거 경험(학습)에 의존하는 방식을 따른다.

③ 한꺼번에 모든 대안을 탐색(동시적 탐색 simultaneous search) 하는 것이 아니라, 하나의 대안을 먼저 검토하고 그것이 기각되면 그 다음 대안 탐색으로 넘어가는 방식(순차적 탐색 sequential search)을 취한다.

④ 문제가 발생하면 이를 과거에 해결한 해결책으로 환원하고자 한다. 이렇게 함으로써 문제 발생 때마다 새로운 창조적 탐색 활동을 하는 부담을 줄이고자 한다.

⑤ 탐색 활동은 탐색에 소요될 자원량에 의해 제약된다. 따라서 더 좋은 대안이 존재 가능하더라도 그 대안 탐색에 과도한 비용이 들면 탐색은 하지 않는다. 이런 식으로 탐색 활동이 제약되면 결과적으로 탐색 활동은 단순화된다.

의사결정자는 탐색 활동에서 다음과 같은 몇 가지 전략을 사용한다.

① 이러이러한 형태의 문제가 생기면 이러이러한 식의 해결책을 사용한다는 것이 고정적으로 정해진 경우가 있다(그러한 표준화된 해결책이 바로 소위 "routine"이다). 그와 같은 루틴이 존재할 경우에는 탐색 활동은 아주 극소화되거나 아예 없을 수도 있다. 바로 그 루틴을 적용하기만 하면 된다.

② 루틴이 없을 경우에는 성공적 행동이었다고 기억되는 패턴을 따라 탐색을 한다. 예컨대, 전임자의 조언을 따르면 적절한 대안을 탐색할 수 있었던 기억이 있을 경우, 새 문제가 발생하고 이에 대한 해결 루틴이 없으면 이번에도 전임자의 조언에 따라 대안을 탐색하는 것이다. 사이먼은 이를 "패턴에 의한 탐색"(pattern-driven search)이라 한다.

루틴도 없고, 패턴화된 탐색 전략도 적용할 수 없을 경우에는? 사이먼은 다음 두 가지 중의 하나의 전략을 지적한다. 첫째, 눈에 들어오는 시각적 판단에 따라 탐색을 한다. 이를 "자극에 의한 탐색"(stimulus-driven search)이라 한다. 둘째, 상위 및 하위 목표에 의거하여 탐색을 한다. 이를 "목표에 의한 탐색"(goal-driven search)이라 한다.

4. 선택(choice) 과정

의사결정 과정의 마지막은 선택이다. 여기서의 핵심 개념은 만족화와 열망 수준이다. 의사결정자는 만족스런 결과를 초래하는 대안을 선택한다. 만족화의 기준은 그가 갖는 "열망수준"(level of aspiration)이다. 이렇게 만족스런 대안을 발견하고 나면 그의 탐색 활동은 종결됨이 보통이다. 그러나 만족스런 대안이 너무 쉽게 발견될 경우에는 열망 수준이 더 높아질 수 있고 이에 따라 새 탐색 활동이 계속된다. 나무꾼이 연못에 잃어버린 쇠도끼를 찾으러 갔다가 은도끼가 쉽게 주어지면 만족하기는커녕 아예 금도끼까지 얻어 보려 하는 셈이다. 새 대안이 발견되지 않거나 그 탐색 비용이 더 나은 대안을 통해 추가될 편익을 초과하는 경우에는 이미 얻은 대안으로 자신의 열망 수준을 도로 낮춘다. 금도끼, 은도끼 횡재가 어림없다면 쇠도끼나마 찾은 것에 만족할 수밖에.

5. 개인적 의사결정론에 대한 평가

개인적 의사결정에 당면한 행정인은 전능하고 효용을 정확히 계산할 수 있는 경제인(Economic Man)과 같이 극대화를 지향하는 사람(Maximizing Man)이 아니라 이른바 만족화를 지향하는 사람(Satisficing Man)이다. 이것은 현실적인 행정인의 모습에 더 근사한 인간일 것이다. 사이먼이 의사결정자를 만족화를 지향하는 주체로 간주한 이상, 그는 합리성 이론도 경제인을 전제로 발전되어 온 종래의 것과는 다른 형태로 수정해야 했다. 이리하여 사이먼은 합리성이란 완전한 정보를 가지고 목표에 적합한 수단을 선택하는 의식적이고 면밀한 인지적 추론만이 아니라, 불완전한 정보를 가진 채, 잠재의식적 혹은 무의식적이고 비의도적으로 수단과 목표를 조합하는 인지 작용도 "합리성"(rationality)의 범주로 포함시켰다. 그리고는 인간의 모든 행태에는 합리적 요소가 있다고 주장했다. 그가 제안한 만족화 이론이 합리성에서 벗어난 것이 아니라 그것도 광의의 합리성의 작용이라고 강조하기 위해 이렇게 합리성의 개념 범주를 확대하였던 것이다. 그러나 그것은 역설적으로 인간 행태에는 불합리성도 들어있음을 반증하는 것이 되며, 이렇게 합리성을 광의로 포괄하다보니 엄밀한 의미의 합리성-불합리성을 식별해 주지 못한다는 약점을 보인다.

만족화 인간 모형의 또 다른 약점은 그것이 예측력이 아주 약한 모형이라는 것이다. 그가 주장하는 열망 수준(level of aspiration)은 이 점을 더욱 악화시킨다. 열망 수준이 높은 경우 만족화가 쉽게 일어나기 어렵다. 어느 정도의 열망 수준이 어느 정도의 만족화 행태를 결과한다고 예측할 수 있을까? 사이먼도 만족화 이론은 유일한 해(solution)를 갖는 것이 아니므로 이에 대한 정밀한 예측은 어렵다고 인정한다. 결국 그의 이론은 예측력은 아주 빈약하고, 기껏 의사결정자의 행태를 사후정당화(ex post explanation)하는 논리이다: "만족스러웠기 때문에 이런 결정을 내렸을 것이다"라는 식으로 말이다. 만약 만족화 이론에 토대하고도 상당한 예측력을 지니려면 의사결정자는 매우 많은 정보를 필요로 한다. 그렇게 많은 정보를 가지고 있다면 그것은 정보가 부족하여 만족화를 추구할 수밖에 없는 인간이 아니라 비현실적이라고 자신이 이미 비판했던 "전능한 경제인"의 모습으로 돌아가 있는 셈이다.

Ⅳ. 조직의 의사결정

조직은 개인의 행태에 영향을 미치는 복잡한 의사결정 과정의 네트웍이다. 조직은 개인에게서 의사결정의 자율성을 빼어 이를 조직의 의사결정 과정으로 대체한다(Simon, 1947:8). 이 조직 속에서의 의사결정 과정, 특히 조직이 개인의 의사결정에 미치는 영향을 연구하는 것이 그의 조직적 의사결정론이다. 그리하여 사이먼은 개인과 조직의 관계를 완벽히 설명하는 조직 모형을 구축하고자 했다. 여기에서 그가 주로 분석한 두 가지 국면은 ①개인이 왜 조직에 진입, 유지, 퇴장하는가? 즉 조직 참여에 관한 의사결정(decision to participate)과, ②조직 안에 있는 동안 그가 행하는 생산 활동, 즉 조직의 생산 활동에 관한 의사결정(decision to produce)이다. 이를 순서대로 보자.

1. 조직 참여의 의사 결정

조직은 개인에게 일정한 보상(유인)을 제공하며 이를 얻기 위해 개인은 조직에 기여한다. 조직을 이러한 "보상과 유인의 교환체계"라 보는 점에서는 그의 스승 바나드(Chester Barnard)와 같은 입장이었다. 개인으로서는 조직으로부터 얻는 유인이 그가 조직에 제공하는 기여보다 더 커거나 최소한 동일해야만 조직에 남아 있으려 한다(March & Simon, 1958: 85). 조직과 개인 간은 이처럼 교환을 매개로 한 계약 관계이다. 이 계약 관계는 개인이 특정한 서비스를 조직에 제공하고(ex:노동 제공)와 이에 대해 조직은 특정한 보상(ex: 수당)을 지급하는 개별적 계약 관계임이 보통이다. 그런데 조직의 어떤 참여자들(ex: 피고용인)의 경우에는 일일이 개개의 서비스와 개개의 보상 간의 교환이 아니라, 일반적 계약(ex: 고용 계약)을 맺고서 조직에 대한 기여와 그에 대한 보상을 교환하는 일반적 관계를 맺을 수도 있다. 그 관계 하에서는 피고용인은 자신이 조직을 위해 바쳐야 할 기여가 조직으로부터 받을 보상보다 더 큰지를 하나하나 따지지 않는다. 즉 개인은 조직의 요구에 대해 무차별(indifferent)하게 되었다고 말할 수 있는데, 이는 비유하자면 조직(고용주)에게 백지 수표를 위임하는 것과 같아서 이제 조직이 어떤 요구를 하더라도 이를 수용함을 의미한다. 이러한 고용 계약은 조직 및 개인 둘 다에게 주요한 의미가 있다. 이제 피고용인은 자신의 가치와 동기에 의거하는 것이 아니라 조직의 가치와 기준을 의사결정의 토대로 삼게 되었다는 점이 중요하다. 피고용인의 입장에서 보면, 이제 오직 조직의 의사결정 기준에만 따라 대안을 탐색하고 이를 평가-선택하면 되므로 자신의 인지적 부담은 크게 줄어든다. 요컨대 고용 계약을 통해 조직 속의 개인의 의사결정은 아주 단순화된다(Fry, 2008:231).

2. 생산의 의사결정

피고용자가 조직과 고용 계약을 맺고서 조직에 대해 무차별적 권위를 인정하게 되면 이제 조직의 과제는 이러한 관계 하에서 개인으로 하여금 조직이 원하는 생산을 이룩하도록 유도하는 것이다. 이는 두 가지 문제를 수반한다. 첫째, 피고용인에게 생산의 동기부여를 어떻게 할 것인가?(생산의 동기)와, 둘째, 부하가 조직의 이러한 유도와 관련하여 조직의 권위를 어떻게 수용하는가?(권위의 수용)이다.

① 생산의 동기부여

생산의 동기부여는 만족도의 함수이다. 그러나 유의할 것은 현존 상태에서 만족을 느끼기 때문에 생산 활동에 참여한다(만족→생산의 동기부여)는 인과관계를 사이먼은 부정한다. 오히려, 현존 상태에 불만이 있고 그것이 생산을 통해 보다 그것이 만족스런 상태로 될 수 있다고 인식할 때에 생산의 동기부여가 일어난다(불만→생산의 동기부여).

② 수용 범위(zone of acceptance)

권위란 그 지위에 따라 정해지는 것이 아니라 어떻게 수용되는가에 따라 정해진다고 보았다. 말하자면 명령과 지시를 발동하는 상급자가 아니라 그의 부하들이 얼마나 수용해 주는가에 따라 결정된다고 본다. 이런 점에서 보면 그의 스승인 바나드의 같은 시각이다. 바나드는 권위가 행사되는 것을 두 가지로 설명한다. 첫째, 부하가 상관의 지시에 대해 손익 여부를 따지지 않고 무조건 수용하는 경우이다(무차별영역: zone of indifference). 둘째, 상관의 지시를 바로 따르지 않고 부하가 그 손익 여부를 따져본 결과 그것이 자신에게도 이득이 될 것으로 판단될 때에 이를 수용하는 경우이다(수용영역: zone of acceptance).

사이먼은 바나드와는 달리, 권위의 행사란 오직 전자(무차별영역)에서만 성립되는 것으로 본다. 조직이나 상관의 지시를 일단 따져보고 그것이 이익이 될 경우에만 이를 수용한다면 그것은 이미 권위가 아니라 설득과 영향력에 속하는 문제라는 것이다.

조직 속의 개인이 왜 자신의 가치를 억제하고 조직에 굴복하는가에 대해 사이먼의 논리를 일반적으로 정리한다면, 조직에 대해 제공하는 기여에 비해 조직의 보상이 클수록 조직이 권위를 수용할 가능성이 커진다. 사이먼은 조직의 권위가 나타나는 쏘스에 따라 네 가지의 권위를 제시한다. 첫째, 지시를 내리는 사람이 탁월한 기능이나 카리스마적 특성 때문에 그의 지시에 복종하게 되는 "신뢰의 권위(authority of confidence)", 부하가 상관에 대해 동질감을 갖기 때문에 나타나는 "동일화의 권위(authority of confidence)", 불응할 경우에 제재가 예상되기 때문에 인정하게 되는 "제재의 권위(authority of sanction)", 상관의 지시가 정당하다는 가치나 믿음 때문에 나타나는 "정당성의 권위(authority of legitimacy)"이다.

3. 정형적 의사결정과 비정형적 의사결정

사이먼은 의사결정을 정형적(programmed)-비정형적(non-programmed) 의사결정으로 구분한다. 본래 그가 제시한 의사결정의 네 절차에 의거하여 양자를 대비하면 그 차이가 뚜렷해진다.

의사결정의 자극이 반복적인 것이며 조직은 이를 다루는 명확한 절차를 가지고 있다. 이러한 절차는 사이먼이 "업무수행 프로그램"(performance program)이라고 부르는 절차 속에 들어 있다. 업무수행 프로그램의 가장 간단한 형태가 바로 조직의 루틴(routine)이다. 이런 자극이 발생하면 조직은 굳이 이를 다루기 위한 대안 탐색을 하거나 그 대안들의 결과를 예측하는 작업을 하지 않으며 오직 과거에 조직에 의해 지정된 조치만을 실행하면 된다. 사이먼은 조직의 루틴을 인간에게 반복적으로 학습되어 거의 자동적으로 나타나는 습관 혹은 컴퓨터 프로그램과 같은 것으로 비유하고 있다. 업무 수행 프로그램의 보다 복잡한 형태는 업무 수행 전략(performance strategy)인데 여기에서도 대안 탐색이 아주 제약되지만 문제에 대한 대응방안이 자동적으로 지정되지는 않는다.

조직에서 정형적 의사결정이 활용하는 것으로는 습관, SOP, 조직 구조가 있다. 습관(habit)은 교육 및 훈련을 통해 이러이러한 유형의 자극에는 이러이러하게 대응하는 것을 관례화하는 것이다. 표준운영절차(SOP)는 이러한 결정방식을 보다 공식적으로 규정화해 놓은 것이다. 조직 구조(organizational structure)는 의사결정을 세분하고 의사결정 행태에 대해 공통적전제 조건 등을 설정하는 방식으로 정형적 의사결정에 영향을 줄 수도 있다.

의사결정 절차에 비추어 정형적 의사결정의 특징을 요약해보자. 그 의사결정의 계기는 반복적인 자극에 의해 발생한다. 대안 탐색 활동은 나타나지 않거나 극도로 제약된다. 업무 수행 프로그램(ex: 조직 루틴)에 따라 대안이 결정된다. 업무 수행 전략에서는 대안 탐색의 범위가 제약되고, 선택 기준이 정해진다. 시간이 경과에 따라 이러한 결정방식이 현저하게 불만스런 결과를 야기하지 않는 한 이러한 결정방식에 대한 검토는 일어나지 않는다.

4. 목표의 대치

조직적 의사결정에서의 사이먼의 주된 관심의 하나는 수단적 가치가 조직의 최종적 가치보다 더 중시되는 목표의 대치(displacement of goals)였다. 사이먼에 의하면 그 원인은 두 가지인데, ①조직 하위목표에 치중하는 것과, ②목표-수단의 연쇄 관계를 구축에서 가치 지표를 사용하는 것 때문이다. 첫째, 조직에는 여러 하위 조직(subunit)이 있는데 하위조직은 조직 문제를 분해(factoring)들 중 자신의 부서에 관련된 부분들에만 초점을 둔다. 달리 보면, 이는 곧 하위부서들은 합리성에 대한 인지적 제약 때문에 조직 전체의 목표에 집중할 수 없기 때문에 나타나는 현상이다. 이 결과 하위부서는 자신에게 관련된 정보에만 관심을 기울인다. 조직의 분업화도 이러한 현상을 가속하며, 또 조직 내의 전문가들은 자신의 전문적 분야에만 치중하기 때문에 결국 조직 전체의 목표가 아니라 특정한 하위목표만이 강조되기 마련이다. 둘째, 의사결정 과정에서 가치지표(value indicator)를 사용하기 때문에 목표 대치 현상이 생기기도 한다. 목표-수단의 계층제의 최고 목표는 모호하고 불확실성이 포함되기 마련이다(ex: 전세값 안정). 따라서 이를 실천적 목표로 조작화한 것이 바로 가치 지표이다(ex: 전세값 인상을 10% 이내로 규제). 만약 가치 지표의 달성이 당초의 조직 목표 달성을 낳는다면 목표의 대치는 일어나지 않는다. 반대로, 전세값 규제 때문에 주택 공급이 줄어들게 만들어 결과적으로 오히려 전세 가격을 더 불안하게 만들 수도 있다. 이런 상황에서도 조직은 여전히 수리화된 가치 지표인 전세값 10% 이하 규제에 매달리면, 이 가치 지표를 통해 성취하고자했던 최종 목표(전세값 안정)은 몰각하고 오히려 그를 달성하는 실천적 지표로 선정했던 것(10% 이상 인상의 규제)이 더 중시되는 모순이 나타난다.

V. 격렬한 논쟁들

대학자로서의 사이먼의 또 다른 모습은 과학적 방법론과 관련한 치열한 논쟁가이다. 사이먼은 사회과학도 자연과학처럼 수학과 통계학을 갖추어야 한다는 것과 그러기 위해서는 비엔나 학파의 논리실증주의가 필수적이라고 보았다. 논리실증주의 및 행정과학을 일관하면서, 행정학이 “비과학적”

으로 흘러감을 신랄하게 공격하였다. 엄밀한 논리로 상대의 글의 허점을 예리하게 지적함에 탁월했다. 사이먼의 제약된 합리성 이론을 배워 지금은 스탠포드에서 조직이론을 가르치는 벤도(Jonathan Bendor)는 그가 만난 사이먼을 회상하며 "당시 한참 나이가 든 사이먼을 만났기에 망정이지 만약 젊을 때의 사이먼이었다면 망치와 부젓가락으로 내게 덤벼들었을 것"이라고 안도하고 있는 정도이다. 박사논문이자 최초의 저술인 행정행태론(Administrative Behavior)에서부터 기존의 학자들 및 고전파 행정학이 결코 과학에 부합될 수 없다는 혹독한 비판으로 출발했다. 이 때 그가 구사한 가장 심한 용어는 고전파 행정학자들이 애써 과학화의 분식을 해 온 것들을 싸잡아 "속담"(proverbs)이라고 폄하한 학문적 욕설이었다. 윌슨 이래로 고전파 행정학자들이 때로는 경영학으로 접근하기도 하면서, 때로는 행정개혁 운동에 편승하기도 하면서, 심지어 테일러의 이론까지 벤치마킹하며 애써 과학임을 자처해 온 노력들이 한갓 허위에 불과하다고 일거에 심판받은 셈이다. 그 대안으로 사이먼은 진정한 과학적 행정학("행정과학" Administrative Science)을 제시했던 것이다.

가치 판단에 오염되어 있어서 과학성이 낮다는 지적을 가장 아프게 느낄만한 학문인 정치학쪽에서 반격이 왔는데 그 선봉 공격수는 달(Robert Dahl)이었다. 달은 사이먼의 행정과학이 가진 세 가지 문제점을 지적했다. ①행정학이 규범적 가치를 떠날 수 없으며, ②행정에서의 인간 행태란 예측가능성이 부족하며, ③광범위한 비교 연구를 통해 보편적 법칙을 아직 규명하지 못한 이상 자연과학의 추론 논리를 행정학에서 형성하고자 하는 행정 과학의 성립은 불가능하다는 것이다. 사이먼은 즉각 반격에 나섰다. 세번째 문제점이야 모든 과학이론이 보편적 원리로 성립하기 위해서는 마땅히 필요한 점이므로 굳이 반격할 필요가 없다고 보고, 앞의 두 가지 점을 반박한다. ①응용과학으로서의 행정학은 주로 능률성이라는 가치 기준에 의해 제약받고 있으며 목표-수단의 연쇄관계에서 보면 종국적으로 가치 요소가 존재함은 당연하다. 그러나 순수과학으로서의 행정학은 이런 가치에 구애받지 않는다. 예컨대, 조직의 능률성 정도를 결정하는 요소는 무엇인가? 어떤 상황에서 정부기관의 공적 책임이 확보되는가? 와 같은 문제는 연구자의 가치에 의해 좌우되는 성질이 아니다. 달의 비판은 응용과학으로서의 행정학에 대해서는 어느 정도 타당할지 모르나 사이먼이 주장하는 순수 과학으로서의 행정학에는 해당되지 않는다. 달은 행정학은 가치를 함유하기 마련이므로 과학적인 것이 될 수 없다고 비판했다. 그러나 이것은 행정학이 "과학적인 것이 될 수 있는가, 아닌가"의 문제가 아니라 "순수과학인가, 응용과학인가"의 차이에서 오는 문제인데 이를 혼동했다는 것이 사이먼의 반박이다.

② 행정 연구에서 인간 행태의 과학적 연구는 인간 행태의 규칙성이 낮기 때문에 불가능하며, 행정학자가 사이먼 식의 행태 연구에 치중하는 심리학자일 필요가 없으며, 오직 심리학의 연구를 이용할 수만 있으면 된다는 것이 달의 주장이다. 달의 비판에 대해, 사이먼은 행정 그 자체가 인간 행태가 나타나는 중요한 장소이므로, 행정의 연구는 곧 심리학 및 사회학의 연구이고, 따라서 행정학자는 곧 사회학자 및 심리학자이어야 하며, 결국 행정학에서 행태 중심의 연구가 가능하며 또 그렇게 나아가야 한다고 반박한다. 본래, 행정 연구가 가치 문제를 필연적으로 수반할 수밖에 없다는 지적에 대해 행정학자들은 두 가지 방향으로 대응을 했다. 첫 번째 방향은 행정학이 아예 응용과학이라고 표방하고서 행정 문제 해결을 위한 모든 가치들을 당당히 수용하여 다룰 것을 제안하는 입장인데, 이 경우 필연적으로 해당 행정문제 해결에 필요한 수많은 타학문 분야를 행정 연구 영역으

로 끌어 들이게 된다. 이 흐름은 후일 정책학(public policy)으로 전개되어 나갔다. 두 번째 방향은 잡다한 가치를 포괄하는 것을 포기하고 아예 순수 과학을 창설하자는 사이먼식의 입장이다. 그것은 조직의 문제를 사회학, 심리학에 기초를 두고 엄밀하게 과학적으로 분석하고자 하는 것이다. 사이먼은 이 두 가지 흐름이 행정학계에서 함께 전개될 수 있다고 인정하되 다만 자신은 후자의 흐름을 표방했던 것이다(Simon, 1947).

사이먼의 화려한 지적 논쟁은 다시 이어진다. 새로운 공격수는 정치학적 토대의 행정학자 왈도(Dwight Waldo)였다. 먼저 포문을 연 것은 왈도였다. 자신의 지도 교수였던 코커(Francis W. Coker)의 은퇴를 기념하여 American Political Science Review에 기고한 논문에서 왈도는 자신의 이론의 상징적 문구인 "민주주의 이론이 행정을 지배해야 한다"는 것을 강조하면서 행정학자들을 싸잡아 비판하고 나섰다. 그에 의하면 행정학에 영향을 준 테일러는 노동자들을 착취한 동물이며, 호오돈 실험은 노동력을 교묘하고도 치밀하게 우려내는 아주 나쁜 가부장주의이고, 관료제 조직의 우수함을 강조한 웨버는 자기 시대의 시각에만 사로잡혀 서구 사회의 조직이 다 그가 상상한 관료제로 귀착될 것으로 착각한 자였다. 왈도는 민주제와 관료제의 융합을 평생 지향해 온 학자이다 보니 능률성을 강조하는 관료제 이론을 이렇게 평가한 것이다. 문제는 사이먼을 염두에 두고, "능률성이란 가치와는 무관한 것이라고 주장하면서, 동시에 그것을 '과학적' 행정학이 지향해야 할 중심 가치로 요구함은 모순이며 그것은 자아를 허무주의로 넘기는 것이다. 가치를 배제한 채 사실만으로 이루어진 결정이 어디 있겠나? 결정이란 곧 대안들 중의 하나를 선택함이요, 선택에는 가치가 개입됨이 필연이다. 사이먼은 행정학 연구에 독창적인 기여를 했겠지만 그 기여는 사이먼이 주장한 가치-사실의 구분론에 의거하여 이루어진 것이 아니다"(Waldo, 1952)고 공격했던 점이다. 테일러나 웨버야 이미 죽었지만 사이먼은 아직 시퍼렇게 살아 있었고 이런 공격에 가만있을 사람이 아니었다. 격분한 사이먼은 그 다음 번 논문집에서 즉각 반격에 나섰다. 이미 왈도가 험하게 도전한 이상 전혀, 사이먼이 보기에 과학성이 전무해 보이는 정치학풍의 왈도에게 자신도 거칠게 나가는 것이 옳다고 판단했다: "정치학 이론에서나 인정되는 두루뭉수리한 표준들은 아리스토텔레스 논리나 기호 논리학의 잣대에서 평가하면 초보 수준도 통과할 수 없는 점수를 받을 것"(Simon, 1952). 기본적 수준에도 미달되는 비과학적 이론에 갇힌 자들이 감히 "행정 과학"을 비판하다니.... 라는 의미였다. 거친 어투의 반격에 질려 버린 왈도는 논리실증주의를 확고하게 신봉하는 사이먼의 행정과학 이론에 정면으로 맞서기보다는 사이먼이 "독선적"이라고 비난하고 나섰다. 오직 예수만이 구원의 길이라고 믿는 개신교를 빗대어 사이먼을 다음과 같이 반박했다. "사이먼은 속세에서 보기 드문 깊은 신앙인이다. 그의 신앙은 너무나 외곬수이고 지독하다. 이단 신앙과 죄악에 대해 그는 전혀 관용이 없다. 구원의 길은 곧고, 좁으며, 한 길밖에 없으며 그것은 그 혼자만이 가진 길이다. 우리 모두 겸손히 우리의 죄악을 고백하고, 말씀(The Word)을 받아들이고 카르납(Carnap)과 에어(Ayer)의 피로 씻김을 받아야 한다. 그러면 사이먼은 우리를 더 이상 적으로 여기지 않을 것이다"(Fry, 2008). 마치 예수의 피로 씻김 받아야 구원에 이르듯이, 카르납과 에어 등의 논리실증주의 사상을 받아들이지 않는 정치학자들을 아예 인정도 않는 사이먼을 비꼬았던 것이다.

사이먼은 논쟁을 행정학계의 Banfield(1957), Argyris(1973)와, 또 정치학계의 Lowi(1993)와도 이어갔다. 그러나 사이먼의 논쟁은 학문적으로는 생경한 주먹다짐에 다름없지만 적어도 외적 양식만은 매우 신사적이었는데 예컨대 논문에서는 왈도와 거친 말투로 논쟁하다가 오프라인에서는 아무 일 없었다는 듯 점잖게 점심 식사를 함께 하곤 했다.

정치학적 입장인 왈도식 행정학과 사이먼의 행정학 이론 중 어느 것이 살아남았을까? 양측은 둘 다 그런대로 추종자들을 남겼다. 만년에 이르면 사이먼도 자신과 왈도 두 사람이 야기한 지적 혁명은 둘 다 행정학 연구에 스며들었다고 인정했다. 왈도의 신비주의 · 역사주의 · 철학적 방법론은 일부 행정학자들에게 큰 영향을 주었는데 바로 신행정론자들(1,2 차 Minnowbrook 학회의 Frederickson, Marini와 그 뒤에 나타난 Balcksburg Manifesto의 Gary L. Wamsley 등)이다. 이에 비하면 사이먼의 행정과학은 정치학과 행정학에 일체감을 갖는 학자들에게 큰 영향을 주었는데 그 중의 마이어(Keneth J. Meier)와 같은 일부 학자들은 행정학이 더 이상 정치학과는 부합될 수 없다고까지 주장한다. 오늘날 신공공관리론에 이르면 행정학 연구는 다시 왈도식의 철학적-역사적-정치학적 행정학을 거부하고 오직 능률성쪽으로 한참 더 나아간다. 비록 그 뒤 꽁무니에서 왈도류의 행정학자들이 행정과 정부의 "책임성", "형평성"을 떠들며 딴죽을 걸고 있지만 말이다.

Ⅵ. 흔적

사이먼에게 1978년 노벨 경제학상이 수여되었다. 경제학이란 부문에 주는 상이라는 특성을 부각한 공식적 수상 이유는 사이먼이 경제조직에서의 의사결정에 관한 창도적 연구를 하였다는 것이다. 그러나 그의 연구 업적은 한 학문 영역의 평가만으로는 부족하다. 그가 심리학, 도서관학, 컴퓨터, 경영학, 경제학, 통계학, 사회심리학, 사회학, 정치학 등의 영역에 단지 "관련되어 있었다"는 정도가 아니다. 어느 영역에 발을 들이 밀면 마침내 그 분과 학문의 획기적인 새 진전을 이루어냈다. 이런 polymath형 학자는 독자로부터는 경탄을, 평범한 학자들로부터는 큰 경계도 받기 마련이다. 행정학자로서는 최초의 노벨상 수상자였다. 하이에크(1974)는 시장과 자유의 가치를 옹호한 것으로, 뷰캐넌(1986)은 정치적 의사결정에 대한 연구로, 오스트롬(2009)은 경제적 거버넌스 및 공유재 연구로 노벨경제학상을 수사하였다. 그들의 연구는 행정 현상의 분석에 "관련있는" 정도이다. 그러나 사이먼은 행정학 본류를 가장 직접적으로 깊이 다룬 학자였다.

행정행태론은 사이먼이 박사 논문을 확대하여 쓴 저서명에서 유래하는 명칭이다. 그것은 행정학사에서 과학화에 대한 가장 치밀한 시도였다. 이 흐름은 사이먼 외 일단의 행태주의 학자들(James G. March, Feigenbaum, James Cyert 등)과 함께 행정 및 경영 연구에서 소위 카네기 학파(Carnegie School)라는 선명한 가문을 형성했다. 이런저런 비판도 받지만 행정학의 과학적 연구의 중요한 한 흐름이 되어 있다. 한국 행정학에서 행정행태론은 지금 어떻게 수용되어 있을까? 행정행태론은 "한국" 행정학의 정립에 고심하던 1980년대의 한국 행정학자들에게도 큰 영향을 주었다. 사이먼 이론에 가장 충실했던 학자의 한 분은 서울대학교의 조석준 교수였다. 그의 "한국행정학"은 종래의 POSDCORB이나 과정론을 벗어나 사이먼의 의사결정론에 따라 행정 현상을 해석하고자 했다. 이리하여 종전의 조직론-인사행정론-재무행정론은 이제 조직에 관한 의사결정-사람에 관한 의사결정-돈에 관한 의사결정으로 재해석되었다. 한국행정학 연구에서 매우 주목할만한 대안적 패러다임이 행정행태론이었던 것이다.

한국행정학의 과학화는 그릇된 방향으로도 나아갔는데 그것은 엄밀히는 사이먼의 책임은 아니다. 조악하게 구성한 척도를 오용하여 얻은 자료를 계량적 외관으로 마구잡이 분석하는 속칭 '설빵'(설문지 빵빵이)의 비난을 받는 연구들이 엉뚱하게도 행정행태론 연구라고 표방됨은 진정한 행정과학을 추구했던 사이먼이 크게 개탄할 일이다. 행정행태론의 연구가 바로 이루어지기 위해서는 다시 사이먼이 제시한 엄밀한 연구 절차로 돌아가야 할 필요가 있다. 과학적이지도, 또 이론적 적실성도 결여된 연구들이 하필이면 가장 과학화를 강조한 사이먼의 행정행태론이란 이름을 내세우는 국면이 있음은 큰 모순이다. 엄밀한 과학적 절차와 진지함의 회복이 필요하다. 사이먼은 행정학의 과학화를 크게 높여 놓았다. 그 논리를 정확히 이해하고 세련화하면서 한국 행정학의 과학화를 더 진전시키는 노력은 한국행정학계의 분명한 과제의 하나이다.

사이먼의 필생의 학문 주제는 바로 의사결정(decision making)이었다. 그는 인간이 인지적 판단 곧 의사결정의 주체이며, 의사결정은 바로 "행정의 영혼이요 심장"(soul and heart of administration)이므로 행정학은 의사결정의 연구를 통해 이루어져야 함을 우리에게 가르쳐 주었다. 행정이 아니라 사이먼 자신의 의사결정은 어떠했을까? 사이먼은 자신이 내린 최고의 의사 결정은 그의 아내를 선택한 결정이었다고 회고했다. 아마, 최고의 여자는 아니었지만 더 좋은 여자를 찾는 시간과 비용 때문에 추가적 탐색을 포기하고 대충 만족스럽다고 여겨 그냥 결혼했을 것이다.

March, James G. & Simon, Herbert A. (1957). *Organizations*. (New York: Wiley, 1958).

Fry, Brian R.(2008). *Mastering Public Administration: From Max Weber to Dwight Waldo. 2nd ed.* CQ Press.

Simon, Herbert A. (1947). A Comment on "The Science of Public Administration" by Robert A. Dahl. *Public Administration Review*, (7)200-203.

Simon, Herbert A. (1952). Development of Theory of Democratic Administration: Replies and Comments, *American Political Science Review*. 46(2): 494-503.

Simon, Herbert A. (1957). *Models of Man: Social and Rational*. New York: Wiley.

Simon, Herbert A. (1997). *Administrative Behavior, 4th ed.* Free Press.

Simon, Herbert A. (1996). *The Sciences of the Artificial, 3rd ed.* The MIT Press.

Katherine Simon Frank(2001). Herbert A. Simon: A Family Memory: June 15, 1916 to February 9, 2001. http://www.cs.cmu.edu/simon/kfrank.html

The Nobel Foundation. (1978). Herbert A. Simon - Autobiography. http://www.nobelprize.org/nobel_prizes/economics/laureates/1978/simon-autobio.html.

Waldo, Dwight.(1952). Development of Theory of Democratic Administration. *American Political Science Review*. 46(1): 81-103.

논평

사이먼은 행정학의 간판 스타였다. 논리실증주의의 쉬운 이해는 정정길(2008) 참조. 행태주의 행정학이 행정학의 정체성 위기 문제를 제기하였다고 흔히 지적을 하는데 그렇다면 정치행정일원론을 취하여 행정학이 이제 경영학이 아니라 정치학쪽으로 기울어지는 것은 행정학의 정체성 위기 문제를 제기하지 않는가? 도 생각해보라. 행태론적 행정학이론은 고시에 몇 년 전에 출제되었다. 행정학도들은 사이먼이 자기네 전공 교수인 줄 알고 있다. 그러나 경영학도들도 그러하다(그 이유를 생각해 보라). 그 뿐 아니다. 경제학도들도 그렇다. 극대화 이론에 대한 수정론자이며 사이먼이 받은 것이 노벨경제학상이기 때문이다. 또 그는 '인지과학'의 시조로 알려져 있다. 또 그는 Blalock과 더불어 유명한 Simon-Blalock 인과모형을 통계분석분야에서 제시하였다. 행정학,경영학,경제학,심리학,인공지능,통계학......그가 손대는 곳에서마다 획기적인 천재성을 드러내었다. 한 학자가 가장 많은 학과들로부터 인용되는 예에 속할 것이다. 너무 뛰어나다보니 가장 많은 학과의 교수들로부터 경계 받아 온 인물이기도 하다. 행정학에서는 행정행태론과 의사결정론 분야에서의 업적이 가장 두드러진다. 본 서술 외에 정정길 교수의 정책결정론을 필독하기를 권장한다. http://en.wikipedia.org/wiki/Herbert_Simon를 찾아가면 그에 관한 가장 간명한 설명이 있다. 무조건 행태론의 문제점에만 착념하지 말고, 그렇다면 행정학의 과학화를 위해 어떤 대안이 있었겠으며 또 앞으로 어떤 식으로 행정학이 연구되어야만 그러한 과학화를 높일지를 곰곰이 생각해보자. 분명, 행태론은 그 대안의 하나임에 틀림없다.

| 새 테마 행정학 |

14. 신제도주의적 행정학 연구

Ⅰ. 의 의

1 대두 배경

신제도주의는 "제도가 중요하다"(institutions matter)는 기본 전제에 입각하여 제도가 수행하는 기능이나 제도와 개인의 행태 사이의 관계, 그리고 제도의 성립과 변화를 설명하는 연구방식이다. 본래 정치 및 행정은 본질적으로 제도와 연관이 많기 때문에 신제도주의 시각이 부상하자 이를 행정 연구에 적용하는 것도 자연스럽게 나타났다. 정치행정 연구에서 제도를 분석하는 것은 오래된 전통이며 따라서 제도에 대한 관심이 새삼스러운 것은 아니다. 이미 과거 1880~1920에도 사회과학자들은 제도 연구에 몰두해 왔다. 예컨대 '민주주의와 정부 성과를 높이기 위한 정부 형태는 무엇인가?', '단원제와 양원제 중 무엇이 우리의 실정에 맞는가?'와 같은 규범적인 문제를 연구하고자 하였다. 이러한 규범적 문제에 대한 해답은 현존 제도에 대한 상세한 '서술'(description)을 토대로 하기 때문에, 구제도주의는 행정 구조 및 입법 구조를 포함한 정치 구조에 대한 평면적 서술에 초점을 두었다. 이런 식의 제도 연구를 '구제도주의'(old institutionalism)라고 부른다.

그러나 행태주의가 확산되자 구식 제도 연구는 정치 행정 연구에서 도외시되었다. 본래 행태주의는 제도 역시 개인 행태의 단순한 총합에 불과한 것으로 간주한다(방법론적 개인주의 methodological individualism). 따라서 행태주의는 정태적인 '제도' 연구보다 동태적인 '행태'

에 연구의 초점을 중요시했다. 그 결과 행태주의 연구 풍토 하에서 제도 연구는 사회과학자들의 관심에서 점차 멀어져갔다.

그렇지만 1980년대 이후 일단의 학자들은 이러한 연구 흐름에 반발하고 신제도주의(new institutionalism)를 표방하고 나섰다. 제도가 개인의 행동을 결정한다고 보는 신제도주의는 행태주의 혁명 이후 잊혀졌던 제도에 대해 새롭게 관심을 가지고 이를 체계적으로 분석하는 것이다. 즉, 신제도주의는 행태주의가 행위자 개인에만 치중하는 것(원자적 atomistic), 사회적 맥락을 무시하는('비사회적' asocial) 설명 방식을 거부한다. 오히려 행위자 개인이 제도에 의해 구조화되어 있고 그의 행태 역시 제도에 의해 영향을 받는다는 점을 중시한다. 1980,1990년이후의 이러한 새로운 제도 연구를 '신제도주의'(new institutionalism)라고 부른다. 이러한 신제도주의적 시각은 사회과학에서 주로 정치학, 경제학, 사회학에 주로 영향을 주어 이들 분야에서 독특한 연구 방법으로 채택되어 오고 있으며 1950,1960년대의 행태주의 혁명에 비견할만한 큰 영향을 주고 있다.

2 제도의 개념

신제도주의에서 '제도'(institution)는 인간의 행태를 구조화하는 가장 중요한 변수이다. 그러나 세부적으로 보면 신제도주의의 하위 분파 마다 제도의 개념 역시 상이하기 때문에 아예 신제도주의란 실제적인 이론이라기보다는 방법론의 하나에 불과하다는 지적까지 있다. 그러나 종합하면 신제도주의의 제도는 대체로 다음과 같은 성격을 갖는다(하연섭, 2003). 첫째, 제도는 보다 넓은 사회 구조(social fabric)의 일부분이며 일상적인 의사결정과 행동의 매개체로서 중위 수준(middle-level)의 개념이다. 둘째, 제도는 개인의 행위를 제약하기 때문에 제도적 맥락 하에서 이루어지는 개인 행위는 규칙성을 갖는다. 셋째, 제도가 개인 행위를 제약하지만, 제도 또한 개인 간 상호작용의 결과로 변화될 수 있다. 따라서 제도는 독립변수인 동시에 종속변수이다. 넷째, 제도는 공식적인 것(규칙, 법률)뿐만 아니라 비공식적인 것(관습 등)도 포함한다. 다섯째, 제도는 개별 행위자들의 선호를 압도하는 정당성을 가지고 있으며, 시간이 지나더라도 상대적으로 안정적이다.

신제도주의나 행태주의 혁명 이전의 구제도주의는 모두 "제도가 중요하다"는 기본 전제에 입각하여 사회과학 연구의 연구 대상으로 제도에 초점을 둔다는 점은 같다. 특히, 정치학에서의 신제도주의는 집단 간 상호작용을 강조한 점, 이들 집단의 의도를 합리적으로 파악한 점, 그리고 권력과 정책의 쟁탈 과정에서 이들 의도가 변경될 수 있다는 것을 강조한 점 등에서 구제도주의와 밀접하게 관련되어 있다. 그러나 신제도주의와 구제도주의 간에는 중요한 차이점이 있다. 즉, 헌법이나 법률과 같은 공식적인 제도의 서술(description)에 치중하였던 구제도주의와 달리, 신제도주의는 제도의 개념을 동태적으로 파악하고 있으며 제도 자체가 수행하는 독립적인 기능이나 제도가 인간의 유인체계에 미치는 제약에 초점을 둔다(김난도,1997;

정정길 외, 2015). 따라서 신제도주의는 공식적인 제도를 단순히 서술함에 머무르지 않고, 제도가 인간의 선호 · 유인 · 선택 전략 · 행태에 미치는 영향을 분석하여 제도적 맥락 하에 있는 개인의 행위를 설명하는데 까지 나아간다(하연섭, 2003).

Ⅱ. 구 제도주의와 신 제도주의

구제도주의와 신제도주의는 "제도가 중요하다"는 전제하에 제도를 연구한다는 점에서는 같다. 그러나 신제도주의는 "구"제도주의("old" institutionalism)와 대비되어 나타난 것이므로 신제도주의의 특성을 이해하기 위해 양자를 대비하면 다음과 같다(Lowndes, 1996).

구제도주의	비교 기준	신제도주의
공식적(formal)	제도의 형태	공식적(formal) 비공식적(informal)
방법론적 전체주의	분석 단위	방법론적 전체주의와 방법론적 개인주의의 혼용
현존 제도에 대한 상세한 기술(description)에 중점	연구 경향	제도와 개인의 행태 및 정치적 결과 사이의 인과관계 설명(explanation)에 중점
총체적으로 한계를 갖는 합리성 (collectively limited rationality)	합리성	제한된 합리성(bounded rationality)
문화, 가치, 사회적 규범	제도의 속성	규칙, 역할, 개인적 규범
적극적 역할	정부 역할	소극적 역할
미국의 제도주의 경제학	배경	신고전파 경제학
민주주의와 정부성과를 높이기 위한 규범적 문제	주요 연구대상	사회현상을 체계적으로 분석하기 위한 경험적 문제
(경제) Veblen, Ayres, Commons (사회) Selznick	대표 학자	(정치행정) Simon, March, Olsen, Moe (경제) Coase, North, Williamson (사회) Meyer, Rowan, DiMaggio, Powell
내생적인 제도와 선호는 내생적으로 주어짐	유사점	제도와 선호는 내생적. 단, 합리적 선택 제도주의는 선호가 외생적으로 주어진 것으로 간주

Ⅲ. 내 용

신제도주의 유형에는 약간의 분파가 존재하지만, 그 토대가 되는 모학문을 기준으로 하여 역사적 제도주의(historical institutionalism), 합리적 선택 제도주의(rational choice institutionalism),

사회학적 제도주의(sociological institutionalism)로 나누는 것이 보통이다(Hall and Taylor, 1996).

1 역사적 제도주의

역사적 제도주의(historical institutionalism)는 구조기능주의와 집단 이론의 영향을 받아 정치학계에 나타난 것이다. 구조기능주의와 집단 이론 중에서도 마르크스주의자들의 논쟁이 역사적 제도주의의 발전에 많은 영향을 주었다. 구조기능주의 중에서도 기능주의 측면보다는 구조주의 측면이 더 많은 영향을 주었다. 역사적 제도주의는 국가 간 정책의 상이성과 한 국가 내에서의 정책 패턴의 지속성을 제도로 설명하려는 신제도주의의 한 분파이다.

제도가 개인의 행위를 제약한다는 점에서는 신제도주의의 다른 분파와 같지만, 제도의 형성과 발전을 '역사'(history) 중심으로 본다는 점에서 차이가 있다. 따라서 역사적 제도주의자들은 행위를 형성하고 제약하는 '사회적 맥락'으로서 제도와 그러한 제도가 형성되는 '역사적 과정'의 특수한 상황을 중시한다. 즉, 역사적 과정을 통해 형성된 제도가 현재나 미래의 행위를 구조화하는 '맥락'(context)으로 작용함으로써 그 자체가 지속성(경로의존성)을 띤다는 것이다.

역사적 제도주의에서는 제도를 정치 체제의 조직 구조 안에 자리 잡고 있는 공식적 혹은 비공식 절차, 루틴, 규범, 관행 등으로 파악한다. 그러나 일반적으로는 제도를 조직 및 공식 조직에 의해 천명된 규칙과 관행들과 관련시켜서 이해함이 보통이다.

역사적 제도주의는 다음과 같은 특징이 있다(Hall and Taylor, 1996). 첫째, 제도와 개인의 행태 사이의 관계를 비교적 광범위한 관점에서 개념화한다. 신제도주의자들이 제도와 개인의 행태 사이의 관계를 고찰하는 관점은 크게 '계산적 접근'(calculus approach)과 '문화적 접근'(cultural approach)으로 나눌 수 있는데, 역사적 제도주의자들은 이러한 접근방법을 모두 채택한다. 즉, 역사적 제도주의자들은 특정한 제도적 구조 속에서 행위자들의 기본적인 선호와 자아가 형성된다는 점을 강조한다.

둘째, 제도의 운영 및 발전과 관련하여 '권력의 불평등성'(asymmetries of power)을 강조한다. 권력의 불평등성 때문에 제도는 특정 집단에게 의사결정 과정에 대한 접근권을 불평등하게 많이 부여되게 한다. 이 때문에 현실에서는 모두에게 혜택이 돌아가는 이상적인 제도(ideal institutions)보다는 소수에게 특혜를 주는 제도가 나타난다.

셋째, 제도의 경로 의존성(path dependence)과 의도하지 않은 결과(unintended consequences)를 강조한다. 제도는 상대적으로 지속성을 가지며, 특정한 경로를 따른다. 따라서 역사적 제도주의자들은 어떻게 제도가 그러한 경로를 형성하는가? 를 설명하고자 한다. 역사적 제도주의자들은 제도가 목적지향적이고 효율적이라고 보기보다는, 현존 제도에 의해 야기되는 의도하지 않은 결과와 비효율성을 중시한다.

넷째, 역사적 제도주의자들이 정치에서 제도의 역할을 주목하고 있기는 하지만, 제도가 정치에서의 유일한 인과요인이라고는 주장하지 않는다. 역사적 제도주의자들은 정치적 결과에 영향을 주는 다른 요인(예컨대 이념 ideas)들의 역할도 제도분석에 통합시키고 한다. 이 때문에 제도만을 중시하기보다는 다른 요인들(사회경제적 발전, 이념의 확산)과의 관련 하에서 제도의 역할을 설명하는 입장을 취한다.

2 합리적 선택 제도주의

합리적 선택 제도주의는 재산권, 지대추구, 거래비용 등을 다루는 신조직경제학(new economics of organization)의 분석 도구를 차용하여 제도의 형성을 설명한다. 본래, 전통적인 합리적 선택 이론은 의원들의 선호가 다봉적 구조(multi-peaked preference structure)이며 다차원적 의제(multi-dimensional issues)가 지배적인 집합적 의사결정 상황에서 투표의 '순환'(cycling)이 일반적으로 나타날 것으로 예측하였다. 그러나 실제의 투표 결과들은 이러한 순환과는 거리가 멀었고 상당한 안정성을 띠었다. 쉡슬(Kenneth A. Shepsle), 와인개스트(Barry R. Weingast) 등 일단의 정치학자들은 이에 대한 해답을 의회에서의 특정한 제도(의사결정 규칙, 위원회 등)에서 찾았다. 이 제도들이 의사결정의 거래비용(transaction costs)을 줄여주거나 선택 가능한 대안 혹은 실현가능한 결과의 범위를 일정하게 제한함으로써 '구조에 의해 유도된 균형'(SIE: structure-induced equilibrium)을 결과했다는 것이다. 이 경우 제도란 안정을 유도하고, 기회주의를 제한하며, 교환을 통한 이득을 현실화하기 위해 사용하는 문제해결 기제이며, 개개 행위자들을 제약하여 궁극적으로는 공동선(common good)에 부합하는 최적 선택을 하도록 만드는 원인적 요소이다. 나중에는 의회 과정을 넘어 다양한 분야로 합리적 선택 제도주의는 확대되었다.

합리적 선택 제도주의에서 제도는 균형점(equilibrium) · 규범(norm) · 규칙(rule) 등으로 간주되는데 이것에 의해 합리적 행위자의 이기적 행태를 구조화하고 제약하는 것이다. 이러한 제약에는 규칙과 같은 공식적 제약뿐만 아니라 관행(conventions) · 행동 규범(codes of behavior)과 같은 비공식적 제약도 포함된다.

합리적 선택 제도주의는 다음과 같은 특징을 가지고 있다(Hall and Taylor, 1996). 첫째, 개인은 고정된 선호를 가지고 있고, 이러한 선호를 충족하기 위해 도구적 합리성을 따른 결과 제도를 형성했다고 가정한다.

둘째, 정치를 집합적 행위의 딜레마(collective action dilemma)로 간주한다. 개인들이 자신의 이익을 극대화하기 위해 행동하지만 개인들의 집합 전체로 보면 최적에 미달되는(sub-optimal) 결과를 가져오는 것이 집합적 행위의 딜레마인데 죄수의 딜렘마, 공유지의 비극 등이 그 예이다. 이 딜레마가 생기는 이유는 이를 적절히 제어할만한 제도가 없기 때문이다.

셋째, 제도가 개인의 면밀한 '계산적 접근'의 산물이다. 우선, 인간의 행태는 개인과는 무관한 역사의 힘에 의해서가 아니라 본질적으로 개인의 전략적 계산(strategic calculus)에 의해 유발되는 것이며, 나아가 그러한 계산은 다른 행위자들의 행동에 대한 기대에 좌우된다. 이때 제도를 통해 그러한 타인의 행동의 종류 및 순서 등에 제약을 가하여 사회적으로 더 나은 결과를 얻고자 한다.

넷째, 제도가 형성되는 과정을 연역적 논리로 논증한다. 즉, 어떤 제도가 일정한 역할을 수행하고 있다 - 그것이 이와 관련된 개인들에게 어떤 가치를 주는가를 검토한다 - 집합적 행동의 딜레마에 빠진 개인들은 협동을 통한 상호이득이란 역할을 필요로 한다 - 개인들은 이 역할을 수행하는 제도를 형성한다는 논리적 순서를 따른다. 이때 제도 선택은 당사자 간 자발적인 합의로 이루어지며, 여러 제도들 중 관련된 개인들에게 더 많은 이득을 주는 제도가 채택된다.

3 사회학적 제도주의

사회학적 제도주의(sociological institutionalism)는 원래 조직이론의 하위 분야로 나타난 것이다. 공식조직에서의 수단-목표 합리성(rationality)과 문화(culture)를 대비하면, 웨버 이래로 공식제도인 관료제는 주로 전자에 의해 의식적으로 형성된 것으로 이해되었다. 이러한 사고에 대한 반론으로 70년대 말 일단의 사회학자들은 근대 조직의 제도적 형태와 절차들은 합리성의 산물이 아니라 오히려 문화의 산물이라고 주장한다. 사회학적 제도주의는 합리성 접근(rationality approach)과 문화적 접근(cultural approach) 중 후자를 강조하는 것이다. 공식 제도인 관료제가 확산된 것도 '공식적인 수단-목적 합리성'이 아닌 문화 때문이라고 해석한다. 즉, 제도란 관료제가 사회적으로 정당하다고 인식하는 문화적 관행들을 수용한 결과일 뿐이며 행정목표를 달성하기 위한 능률적인 수단을 의식적으로 선택했기 때문에 나타난 결과가 아니다.

사회학적 제도주의는 유사한 환경에 직면한 조직들 간의 유사성과 그러한 유사성을 가능케 하는 제도적 기제를 주로 연구한다. 그리고 이러한 조직 간 유사성은 '제도적 동형화'(제도들 간 구조동일성 institutional isomorphism)라는 이론적 개념으로 설명되는데, 이는 조직을 둘러싸고 있는 제도적 환경에 의해 정당성이 부여된 문화적 관행들을 받아들인 결과라고 한다(DiMaggio and Powell, 1983).

사회학적 제도주의에서의 제도의 개념이 독특하다. 거기서 제도란 공식적 절차, 규범에 국한하지 않고 인간의 행동에 가이드가 되는 의미의 준거(frame of meaning)를 주는 상징체계(symbol systems), 인지상의 원형(cognitive scripts), 도덕적 틀(moral templates) 등을 포함하는 넓은 개념이다.

사회학적 제도주의는 다음과 같은 특징이 있다. 첫째, 이 사회학적 제도주의는 정치학자들보다 제도의 개념을 훨씬 넓게 보아 문화 그 자체를 일종의 제도로 이해한다. 또 조직구조에 근거하여 설명을 하는 것(제도적 설명 institutional explanation)과 공유된 태도 및 가치와 같은 문화에 근거하여 설명하는 것(문화적 설명 cultural explanation)을 구분하지 않는다.

둘째, 제도와 개인의 행태 사이의 관계에 대한 '문화적 접근'에서 '사회구성주의'(social

constructivism)를 취한다. 따라서 사회학적 제도주의에서는 합리적 선택 제도주의자들이 주장하는 것처럼 제도가 단순히 개인들의 전략적 계산에 영향을 미칠 뿐만 아니라, 개인들의 가장 기본적인 선호와 정체성에 영향을 미치는 사회적 삶에도 의미를 부여한다. 즉, 고도로 상호 작용적이며 상호 구성적인 제도와 개인의 행태 사이의 관계를 강조한다. 물론 개인의 행위가 합리적임을 부인하는 것은 아니지만, 개인이 합리적 행위라고 보는 그 자체도 '사회적으로 구성된'(socially constituted) 것이라고 인식하며, 개인이나 조직의 세계는 사회적으로 적절한 방식에 따라 그들이 정체성을 정의하고 표현하는 것으로 가정한다.

셋째, 사회학적 제도주의자들은 제도적 관행의 형성 및 변동의 설명에 사회적 정당성 혹은 사회적 적절성을 강조한다. 합리적 선택 제도주의자들은 제도의 진전을 '효율성'(efficiency)이라는 관점에서 설명하는 반면, 사회학적 제도주의자들은 그것을 '사회적 정당성'(social legitimacy)이란 관점에서 설명한다. 조직이 새로운 제도적 관행을 받아들이는 것은, 그것이 보다 넓은 문화적 환경(cultural environment) 내에서 가치 있거나 적절한 것으로 인식되었기 때문이다. 사회적 정당성이 있는 제도가 가장 효율적인 제도일 수 있다고 주장한다.

Ⅳ. 신제도주의의 최근 경향

신제도주의의 이론은 세 분파로 나뉘어져 왔었지만 최근에는 신제도주의의 각 분파들이 자신들의 이론체계 내에서는 설명할 수 없는 현상들을 다른 분파의 이론적 관점을 수용함으로써 해결하려고 하는 이론적 자기혁신과 '수렴' 경향을 보이고 있다(하연섭, 2002).

첫째, 역사적 제도주의에서의 흐름이다. 구조적 조건(structural conditions) 내에서 활동하는 구체적인 행위자(agency)를 적절하게 고려하지 못한다는 비판을 의식하여, 최근에는 제도변화에서 경제학의 비교정태분석을 이용하여 외생변수와 내생변수 사이의 관계를 규명하고자 하는 연구가 활발하게 이루어지고 있다. 즉, 기존의 지배적인 제도변화모형인 '단절된 균형 모형'(model of punctuated equilibrium)과는 달리, 최근에는 외생적인 사건뿐만 아니라 그러한 사건에 대응하는 행위자의 전략적 선택에도 주목하고 있다.

둘째, 역사적 요인을 무시한다고 비판받아 온 합리적 선택 제도주의와, 분석이 결여된 '이야기하기'에 불과한 방법론에 의존한다는 비판을 받아 온 역사적 제도주의의 방법론이 어느 정도 수렴되어가는 경향을 보이고 있다. 즉 연역적 모형의 구성을 강조하는 합리적 선택 이론(rational choice theory)과 귀납적인 사례연구를 강조하는 비교 연구 방법(comparative method)의 방법론적인 종합(synthesis)이 나타나고 있다(소위 '분석적 서술').

셋째, 집합적 행위의 딜레마나 죄수의 딜레마와 같은 '사회적 딜레마(social dilemma)'의 해결에서 문화적 가치의 중요성이 부각되고 있다. 본래 합리적 선택 이론 내부에서는 이 문제와 관련하여 올슨(Mancur Olson)의 '선별적 유인'(selective incentives)이나 키오헤인(Robert O.

Keohane)의 '선제 행동자의 이점'(first-mover advantages)과 같은 경제적 유인(economic incentive)을 강조하였다. 그러나 최근에는 여기에서 신뢰(trust)와 상호성(reciprocity)과 같은 문화적 요인들이 개인 사이의 상호 협조를 이끌어내는 효과적인 요인이라고 지적되고 있다(Putnam, Fukuyama). 이는 합리적 선택 제도주의와 사회학적 제도주의를 종합하려는 시도이다.

Ⅴ. 한국 행정에서의 평가

1 한국 행정의 신제도주의적 국면

제도는 행정학 연구의 중요한 핵심에 있으며, 따라서 제도에 초점을 두는 신제도주의는 한국 행정의 공식적, 비공식적 제도에 대한 해석에 많은 함의를 준다. 첫째, 역사적 제도주의는 국가 간, 자치단체간의 정책의 차이점의 비교에 중요한 함의를 준다. 한국 및 특정 자치단체에 특유한 행정 제도들이 형성된 이유를 잘 설명해 준다. 그리고 일단 확립된 제도가 상당 기간 관성을 지니며 유지되는 현상도 역사적 제도주의로 설명할 수 있다. 더 좋은 제도가 있음에도 불구하고 일단 확립된 나쁜 행정 제도가 의도하지 않은 결과 및 비효율성을 계속 산출하는 것이나 비공식적인 점증주의적 예산 결정 관행이 꾸준히 유지되는 것도 역사적 제도주의의 경로의존성으로 이해할 수 있다.

둘째, 합리적 선택 제도주의는 집합적 행위의 딜레마 극복 및 거래비용 축소를 위해 의식적으로 만든 것이 제도라고 본다. 따라서 폐기된 법안은 다시 제출을 못하게 하는 법규정, 병역을 기피하는 경우에 처벌을 가하는 것, 건강 보험을 강제보험 제도로 만드는 것, 자치단체간의 이기적 이익 갈등 상황에 대비하여 협의체를 두는 것, 상급 자치단체에 의한 조정 제도 등은 집합적 행위의 딜레마를 극복하기 위해 택한 제도들이다. 또 정부 조직에 발생하는 거래 비용이 과거에는 관료제 조직이 매우 낮은 것으로 평가하여 대부분의 정부 조직이 이 방식을 채택해 왔었지만 최근에는 일부 부처에서 팀 조직 방식으로 바꾸는 것은 조직의 거래비용이 더 낮은 제도를 의식적으로 선택한 결과이다. 또 전산망을 통한 예산 편성 및 집행 제도, 전자 조달 방식으로 바뀌는 것도 같은 맥락이다.

셋째, 사회학적 제도주의는 신공공관리론(NPM: New Public Management)에 토대한 행정개혁의 확산과 관련하여 중요한 함의를 지니고 있다. 세계화 시대가 도래하면서 관료제를 중심으로 한 전통적인 정부 운영의 패러다임은 급격하게 약화되고 신공공관리론이 새롭게 범세계적 표준으로 확산되고 있다. 많은 국가의 행정개혁이 신공공관리 중심으로 '수렴' 혹은 '동조화'되는 경향이 나타나는 이유는 그것이 세계화라는 공유된 문화적 환경 속에서, 꼭 개혁목표를 효율적으로 수행하는 여부와는 상관없이, 매우 적절한 것이라고 널리 사회적으로 인식되었기 때문이라고 해석할 수 있다.

2 거버넌스의 신제도주의적 해석

행정 문제의 해결과 관련하여 최근 새롭게 대두한 "거버넌스"(governance) 기제도 신제도주의의 시각으로 해석할 수 있다. 거버넌스는 구성원 · 구성원간의 관계 · 조직 등의 구조적 측면과, 규범 · 규칙 · 인식 등의 문화적 측면을 모두 포함하고 있으며, 집합적 행위의 결과를 결정하는 주요 요인이다. 따라서 제도를 폭넓게 정의하는 신제도주의의 관점에서 보면 거버넌스 자체도 하나의 제도이다. 이를 전술한 세 가지 신제도주의로 해석할 수 있다.

①역사적 제도주의에서 본다면 거버넌스란 정부의 정책 문제 해결 방식을 구조화하고 정책이 결정되는 토대가 되는 거시적인 틀, 곧 제도이며 이러한 제도의 산물로 나타난 것이 각종의 구체적인 공식적, 비공식적 위원회 등이다. 일단 이렇게 확립된 거버넌스 제도는 국가간, 자치단체간의 환경 차이에도 불구하고 지속적으로 유지되는 절차이다.

②합리적 선택 제도주의의 관점에서 보면 거버넌스는 사회적 딜레마를 해결하기 위한 사회적 조정 기제로서 기능하는 제도이다(이명석, 2002). 따라서 거버넌스는 시장이나 관료제라는 대안적 기제보다 더 나은 기능을 하는 제도로 선택한 기제이다. 만약 거버넌스가 문제 해결기능에서 시장, 관료제보다 낮은 성과를 보인다면 이를 포기하고 더 나은 제도를 선택할 것이다.

③사회학적 제도주의의 입장에서 보면 거버넌스가 행정에서 대두되는 것은 그것이 관료제나 시장에 의한 결정이 아니라 사회 구성원이 협력적으로 결정한다는 것이 사회적으로 적절하다는 공유된 가치 인식, 곧 문화의 산물로 나온 기제이다. 거버넌스의 성과가 반드시 관료제나 시장보다 다 나은 것이 중요한 것이 아니라 그런 식의 문제 해결이 바람직하다는 사회적 인식이 확립되었다는 것이 중요하다. 비록 외견상으로는 입법 등의 방식을 통해 구체적인 거버넌스 관련 법 제도가 의식적으로 선택되는 모양을 띨지라도 그 선택 행위 자체가 이미 한국 행정에 대한 사회문화적 인식의 반영인 셈이다.

3 비판

첫째, 신제도주의는 고전적 제도주의(구제도주의)와 구분을 표방하고 나타났다. 그러나 그것은 일반적 구분론인 역사적 제도주의, 합리적 선택 제도주의, 사회학적 제도주의에 더하여 오늘날 페미니스트 제도주의, 경험적 제도주의, 행위자 중심의 제도주의, 구성주의자 제도주의, 규범적 제도주의 등으로까지 확산되었다. 이 결과 주장하는 내용의 공통성이 희박해지고 있다.

둘째, 행정제도는 특히 공식적 조직과 법령을 가지고 있기 때문에 제도로서의 성격이 선명하다. 그만큼 신제도주의로 설명할 수 있는 부분도 많다. 그러나 제도 자체도 개인에 의해 형성, 유지, 변동한다. 따라서 제도 역시 장기적으로는 한국 행정의 독립변수가 아니라 종속변수일 뿐이다.

셋째, 신제도주의는 또 다른 형태의 극대화이론일 뿐일 수 있다. 구제도학파가 주장하듯이 제도는 인간의 사회적 정치적 자발성 및 의지에 따라 제도는 만들어지고 변동되는 국면도 많다. 한국 행정 현실에서 대통령 리더십의 역할, 개혁과 같은 국면에서 뚜렷하다. 제도가 미비된 상황에서도 이런 요소들이 정책을 산출하는 주 요인인 경우도 많다.

넷째, 제도의 수준에도 차이가 있다. 근본적 기본 규칙과 관련된 제도(헌정질서), 미시적 집행 규칙 및 관행(SOP) 등과 관련된 제도가 있다. 후자의 경우에는 제도의 가변성이 높고 나아가 그 만큼 행정공무원의 재량적 행위, 곧 행태(behavior)가 제도보다 더 중요해진다.

다섯째, 역사적 제도주의는 한국 행정의 한 특성인 정책이나 법률의 가변성을 잘 설명하지 못한다. 합리적 선택 제도주의는 그러한 선택이 국민 간에 필요한지, 그 대표인 정책결정자 간에 필요한지를 제시하지 못한다. 사회학적 제도주의는 한국의 행정문화가 정책산출의 독립변수인지 혹은 단지 환경에 불과한지를 잘 식별해 주지 못한다.

논평

한국 행정학 교재에서 대표적인 거대이론(grand theory)의 하나가 이 신제도주의 논의이다. 예컨대, 특정한 세부 관점(ex: 합리적 선택 제도주의)으로 행정문제를 구체적으로 설명하는 것이 중요한데도 그것보다는 아예 신제도주의 전반에 관한 거대한 추상이론을 소개하는 것은 추상화의 버릇이 있는 한국 행정연구의 한 특성이다. ~주의(ism)이란 식의 논의들이 이런 성격을 지니기 쉬운데 국내 일부 학자들이 구체적 연구 예를 보여주기보다는 '~주의' 자체에 대한 지나칠 정도로 관념적 · 추상적 서술로 일관하여 전개한 바람에 독자들이 이해하기에는 상당한 어려움을 준다. 신제도주의가 중요하다면 계속 이런 식으로 추상적 개념 논의를 지속하기보다는 이를 구체적 문제에 적용한 경험적이고 실제적인 연구들을 전개함이 바람직할 것이다. 이러한 글들은 요약을 해놓으면 독자들은 그 더욱 소화가 어렵기 때문에 여기서는 쉽게 이해되도록 서술하였다. 기본의 이해를 중시하고 '~주의'가 주는 행정학적 함의에 더 유의하라. 하연섭(2002). 이명석(2002), 정용덕(1999a,1999b)의 글은 참조할만 하나 쉽게 서술하지 못하고 있다. 차라리 가장 좋은 원전인 Hall & Taylor (1996), Lowndes(1996)를 참조하라.

행정학적인 국면이 아니라면 굳이 신제도주의를 사회학, 경제학, 정치학도 아닌 행정학에서 사회과학 일반의 ~이즘의 하나를 과잉 논의함이 자연스러운 것은 아니다. 오히려 이것의 행정학적 함의가 더 중요시되어야 한다. 그런데 본래 정치학과 더불어 행정학은 제도를 깊이 논의해 왔다. 정책, 법, 규칙...등은 그야말로 행정 현상에서 가장 아주 두드러진 연구 대상임은 자명하다. 신제도주의가 나서지 않더라도 제도를 충분히 주요하게 논의해 온 이상 신제도주의가 행정학에게 새로울 것은 없다. 이러한 폴스비(Nelson Polsby)의 비판도 경청할 만하다. 이 추상적 논의는 행정학이 고민하기에는 그 화려하고 복잡한 수사에 비하면 실익은 적다. 그럼에도 불구하고 이를 행정고시에 출제하는 것도 꽤 이례적이다. 경제 행위를 외부에서 규율하는 조건으로 제도를 인식하기보다는 제도 형성 자체도 경제적 선택의 산물로 보는 경제학적 시각에서는 매우 중요한 테마가 된다. 바로 이 때문에 신제도주의 경제학(NIE)이 나온 것이다. 그러나 주지하다시피 신제도주의 행정학이란 것은 존재하지 않는다. 신제도주의란 용어도 의식하지 못한 상태에서 이미 행정학은 제도를 중시해 왔다. 신제도주의라는 번잡한 주장들이 값비싸게 행정학자들에게 사후적으로 알려 주는 것은 어쨌든 우연히도 행정학은 연구 방향을 이미 잘 잡아 왔다는 점이다. 세 가지 신제도주의가 의미하는 제도의 차이를 구분할 수 있는가? 그 비판도 주목하라.

❙새 테마 행정학❙

15. 공공선택론적 행정학 연구

Ⅰ. 의 의

1 개념

공공선택론은 경제학적 방법론을 원용하여 '비시장'(non-market) 현상을 연구하는 학문이다 이다. 비시장적(非市場的) 현상은 주로 정치(politics)에서 두드러지지만, 행정국가에서는 그 작용의 상당 부분은 행정(public administration)을 통해서도 나타나며, 부분적으로는 사회 조직(social organizations)들을 통해서도 나타난다. 따라서 뮬러(Dennis C. Mueller)는 공공선택론을 "정치 현상의 경제학적 분석"이라고 간명히 정의하지만, 사실은 "비시장적 부문에 대한 경제학적 방법의 적용"이라 함이 더 정확한 표현이다. 공공선택론의 연구 대상을 편의상 간단히 '정치'라고 부르지만 이를 의회 구조 및 이 구조에서 일어나는 협의의 정치 작용으로만 해석하는 것은 비시장적 부문의 실질적 개념 범주를 오해하는 것이며, 국정에서 행정이 차지하는 비중이 매우 큰 한국과 같은 경우에는 '정부 작용'으로 이해함이 뷰캐넌의 개념에 더 부합된다.

공공선택 연구는 몇 가지로 유형화된다. 첫째, 규범적 선택이론과 실증적 선택이론으로 구분된다. 둘째, 헌법이후(post-constitutional) 선택이론 및 헌법이전(pre-constitutional) 선택이론으로 구분된다. 셋째, 세부 학파별로도 공공선택이론을 구분할 수 있다. 공공선택론을 창도하고 경제학의 일부로써 이를 접근한 뷰캐넌(James M. Buchanan), 털럭(Gordon Tullock) 등의 버지니아 학파, 정치학적인 입장에서 이를 접근한 라이커와 오데슉(William H. Riker & Peter C.

Ordeshook) 등의 로체스터 학파, 행정학적인 입장에서 접근한 오스트롬(Vincent Ostrom) 등의 블루밍턴 학파, 이밖에 유럽 쪽에서 이를 연구해 온 프라이(Bruno Frey), 뮬러(Dennis C. Mueller) 등의 취리히 학파로 대별되며, 최근에는 기존의 '주류' 경제학자 군으로 분류되던 그룹 안에서도 정부 현상을 적극적으로 연구하는 신정치경제학(New Political Economy) 그룹도 나타나고 있다.

2 대두 배경

공공선택론(public choice)은 주류 경제학에 대한 반발로 나타났다. 주류 경제학은 스미스(Adam Smith) 이래로 시장(market)에 관한 연구에 치중하였으며, 정치(politics) 현상은 이를 정치학의 연구 분야라고 간주하여 연구하지 않았다. 그러나 정치를 다루는 정치학의 전통적인 방법론은 정치제도나 사상의 역사적 서술, 이데올로기의 서술, 거대 이론 설명 방식 등으로 인해 정치행정 현상을 과학적으로 분석하는 것에 미흡하였다. 일단의 경제학자들은 인간의 선택행위가 이루어지는 환경을 정치적 영역과 경제적 영역으로 엄별할 의미가 없다고 판단하고 정치 현상에도 경제학적 방법론을 적용하기 시작하였다. 스미스는 이미 시장 경제에도 시장 질서를 유지하기 위한 사법, 치안 등의 정치제도가 필요함을 시사하였다. 정치현상 중 특히 투표 제도에 관한 연구는 이미 프랑스 혁명기의 수학자들의 연역적 연구로부터 시작되어 19세기 영국의 다지슨(Charles Dodgeson)으로 이어졌고, 20세기에는 애로우(Kenneth J. Arrow)로 이어졌다. 그 후 연구 영역이 확대되면서 다운즈(Anthony Downs), 블랙(Duncan Black) 등은 본격적으로 정당 및 관료제에까지 경제학적 방법을 광범위하게 적용한 연구를 시작하였다. 그 후 연구 방법의 정교화 및 연구 대상의 확대가 일어나면서 산발적으로 이루어지던 이러한 학문 흐름은 뷰캐넌(James M. Buchanan), 털럭(Gordon Tullock)에 이르러 체계적으로 확립되어 공공선택론(public choice)이라고 불리게 되었다. 그 후 정치학자, 사회학자 등이 여기에 추가로 동조하면서 오늘날 독특한 학문으로 자리잡게 되었다.

Ⅱ. 특 징

뷰캐넌은 공공선택론 연구의 세 가지 방법론적 전제를 제시한다. 이것은 공공선택론의 기본 전제이기도 하며 특성이기도 한데 다음과 같은 내용을 담고 있다. 첫째, 방법론적 개체주의를 따르며, 둘째, 정치에서의 인간은 시장에서의 인간과 똑 같이 이기적 사익을 위해 타산을 하는 합리적 경제인으로 가정하며, 셋째, 정치라는 작용 또한 시장에서의 거래처럼 본질상 '교환'이라고 파악한다는 것이다.

1 방법론적 개체주의(Methodological Individualism)

1) 개인(개체)중심적 연구

공공선택론은 방법론적 개체(개인)주의를 따른다. 방법론적 개체주의는 과학의 분석 단위는 '개체'(부분)이며 '전체'라는 것도 이 개체의 속성으로 환원될 수 있다고 본다. 따라서 개체를 연구하고 이를 통해 전체도 이해할 수 있다고 본다. 행정 현상 연구와 관련해 보면, 이는 개개의 행정인을 분석 단위로 삼는다는 것을 의미한다. 의사결정의 주체는 개개의 '행정인'이며 이들이 속한 조직 · 부서 · 기관 자체가 실제로 결정을 하는 것이 아니다. 그러므로 의사결정의 주체는 '집단'이라고 보며, 집단적 현상에는 구성 개체들의 총합과는 다른 무엇이 존재한다고 가정하는 전체주의(wholism, 혹은 신비주의 holism)와는 정반대되는 입장을 따른다.

본래, 개인(개체)주의에는 두 가지 상이한 차원이 있는바 철학적 개인주의(philosophical individualism)와 방법론적 개인주의(philosophical individualism)이다. 전자는 집합체(collectivity)와 개인(individual)과의 비교에서 개인을 더 우선시하는 사회 철학의 한 시각이다. 후자는 분석 단위 및 분석 수준의 차원에서 의사결정의 주체인 개인을 분석함으로써 집합체에 대한 해석이 가능하다고 보는 방법론의 한 시각이다. 공공선택론에서는 바로 이 후자를 원용하는 것이다.

2) 기존 행정 이론에서의 방법론과의 대비

기존의 행정학 연구에서 분석 단위는 주로 집단이나 구조이다. 이익집단 및 소집단이론의 바탕이 되는 집단이론(group theory)의 분석 단위는 개인이 아니라 이들의 구성체인 집단이다. 한편 엘리트이론(elite theory)은 엘리트라는 특정한 개인(들)의 집합에 초점을 두며 그 개개인의 행동을 연구하지 않는다. 체제 이론(system theory)은 개인이 아니라 그 집합체(체제)가 분석 단위이므로 방법론적 개체주의와는 정반대된다. 윌슨(Woodrow Wilson)의 고전파 행정학 연구도 본질적으로는 가장 능률적(efficient)인 행정 '체제'의 구축에 관한 연구이며 그 구성원인 개개 관료의 행동 선택에 관한 연구가 아니다. 한편 독일에서 전개된 웨버(max Weber)의 행정 관료 연구도 그 본질은 구성원인 개개의 관료에 관한 연구가 아니라 관료'제도'에 관한 연구이다. 따라서 공공선택론은 이러한 기존의 행정학연구 시각과는 판이하게 행정인 '개인'에게 초점을 둔다. 그리고 이러한 개인의 연구를 통해 이들이 속한 집단(기관)도 파악할 수 있다고 본다.

2 합리적 경제인(Homo Economicus)

1) 합리적 경제인으로서의 행정인

공공선택론적 행정학에서 가정되는 행정인 모형은 공공 부문에서의 개인은 공공 부문에서 오로지 공익·정의·공공선과 같은 비경제적 관심 영역에 몰입하는 신봉되어 온 '정치인'(Homo Politicus)이 아니라, 합리적으로 행동하는 '경제인'(Homo Economicus)이다. 뷰캐넌에 의하면 관료를 개인적인 경제 욕구에 초연한 '경제적 환관'(economic eunuchs)으로 보아서는 안 된다. 이것은 공평무사하며 공익에 전념한다고 본 웨버(Max Weber)형 행정인을 전면으로 부인하며, 오히려 파킨슨(C. Northcote Parkinson)형의 관료가 더 현실적이라고 본다.

2) 털럭의 가설(Tullock's hypothesis)

일단 웨버식의 행정인이 비현실적이라 하더라도 행정인을 이기적인 사익추구자로 보는 것에 대해 일견 많은 비판이 있을 수 있다. 이에 적극적으로 대응하는 것이 털럭(Gordon Tullock)이다. 효용극대화를 추구하는 인간에게는 좁은 의미의 경제적 이익이 가장 중요한 요소이며, 소수(5%정도)의 이타적 인간을 제외하고는 인간은 자신의 유익에 관심이 더 많은 이기적 존재이다(Tullock의 가설). 정치행정 직위에 이타적 공직자 혹은 공익지향적 공직자도 존재함을 부정하지 않지만 이기적으로 사적 이익의 극대화를 지향하는 경우가 가장 보편적이다.

그리고 개인의 선호 함수에는 여러 가지가 있으나 그 중에서도 경제적 동기의 극대화가 인간에게 가장 중요시되며 다른 동기들은 이 경제적 동기로 환산되거나 연계되기 때문에, 경제적 동기만을 강조하는 합리적 경제인 가정은 충분한 타당성이 있다는 것이다.

3) 기존 행정 이론에서의 인간형들과의 대비

공공선택론의 합리적 경제인 가정을 기존의 행정학의 행정인 가정과는 판이하다. 과학적 행정 이론이 구축되던 시기, 특히 경영학·경제학의 연구에 토대를 두고 출발했던 과학적 관리론에 크게 준거했던 시기에는 행정인을 합리적-경제인(rational-economical man), 곧 경제적 유인을 극대화하는 것에 의해 동기화되는 주체로 전제한 바 있다. 그러나 그 후의 지배적인 행정학 연구 흐름에서는 이 가정은 차츰 포기되어 왔다. 전통적 행정 이론의 토대가 된 웨버(Max Weber)적 행정인은 공익에 전념하는 윤리적 인간으로 가정되었으며 그 적실성에 대한 의문에도 불구하고 이것은 오랫동안 신봉되어 왔다. 행정학 연구에서 초기의 인간관이었던 '합리적 경제인'은 곧 인간관계이론가들(Elton Mayo 등)의 '사회적 인간'(social man)으로, 나아가 매슬로우(Abraham Maslow)의 '자아실현적 인간'(self-actualizing man)으로, 더 나아가 샤인(Edgar Schein)의 '복잡한 인간'(complex man)으로 대체되어 갔다. 나아가 행정이 국가 발전을 주도함을 역설하던 '발전행정론' 시대에는 '발전 목표를 수행하는 합목적적 인간'으로 인식되었다. 이상을 요약하면 다음과 같다.

기존의 행정연구	행정인에 대한 가정
웨버의 관료제론 (M. Weber)	공익에 전념하고 사익에는 무관심
과학적 관리론 (F. Taylor)	합리적-경제적 타산에 좌우
인간관계론 연구 (E. Mayo)	사회적 동기에 의해 좌우
자아실현적 동기론 (A. Maslow)	자아실현이라는 고등한 동기에 좌우
복잡한 인간 동기론 (E.Schein)	다양한 동기 요인에 의해 좌우
발전행정론 (E. Weidner)	발전목표라는 공익 추구에 몰입

합리적 경제인을 가정한다는 점에서는 공공선택론적 행정학은 종래의 과학적 관리론과 유사점이 있지만 아래 표에서 요약된 것처럼 전자는 내부관리 면에서 뿐 아니라 모든 선택 상황에서 개인이 적극적으로 이러한 합리적-이기적 행동의 논리를 취한다는 점을 강조한다.

	차이점
과학적관리론	상급행정인이 하급 직원을 효과적으로 관리하는 데에 초점. 이러한 인간관은 주로 조직의 내부 관리 국면에서 적용됨.
공공선택론적 행정연구	행정인이 자신의 이익극대화를 위해 스스로 선택하는 합리적 행동 논리에 초점. 이러한 상급·하급 공무원은 정책대안, 투표, 제도, 예산 등 정부에서의 모든 선택 행동에 합리적으로 행동함을 강조.

3 교환으로서의 정치(Politics as Exchange)

1) 정치에서의 교환의 특성

공공선택론은 '정치'라는 작용이 개인을 초월한 고상한 주체가 공익·공동선 등을 가치를 실현하는 작용이 아니라, 본질적으로 합리적 개인들 간의 자발적 "교환" 작용(Politics-As-Exchange)이라고 본다. 교환이라는 것은 경제 행위의 본질로 이해되어 왔지만 정치 역시 이러한 교환이라는 것이다. 그런데 이러한 '정치에서의 교환'은 '경제에서의 교환'과는 다른 성격을 지닌다. 첫째, 경제에서의 교환은 '재화 및 서비스'를 거래하는 것임에 비하여 정치에서의 교환은 '규칙'(rule)을 거래하는 것이다. 정치에서의 교환이 선행되고 난 뒤에 경제에서의 교환 작용이 형성된다. 예컨대 정치 과정을 통해 여러 규칙들 중 '재산권 보장'이라는 규칙이 선택되면, 이제 이 규칙이 부여하는 질서 틀 하에서 개인들 간의 재화의 교환·생산·배분에 관한 구체적 경제 활동들이 전개된다. 둘째, 정치 과정에서 선택되는 규칙들이 다 동등한 비중을 갖는 것은 아니다. 여타의 규칙들 보다 우위에 있으면서 가장 근본적인, 즉 '규칙을 정하는 규칙'이 존재한다. 이러한 근본적인 규칙이 곧 헌법(constitution)이다(이 헌법이란 특정 국가의 실정 헌법-The Constitution-과 반드시 일치하는 것은 아니다). 근본적 규칙으로서의 헌법은 헌법에 근거하여 만들어지는 파생적 규칙들보다 상위에 있다.

2) 개인의 가치(individual value)와 헌법(constitution)

정치를 교환으로 본다는 것에 대해 두 가지 의문이 제기된다. 첫째, 정치가 과연 교환에 불과한가? 하는 의문이다. 본래 정치가 권력을 다루고 있음은 말할 것도 없으며, 행정이 경영에 대비한 차이점 중 하나도 바로 행정이 권력성을 지니는 점이다. 현실의 정치행정 작용이 개인에게 가하는 권력적·반자율적 작용들을 감안하면 이 작용을 '교환'으로 보기 어렵다는 반론이다. 그러나 정치행정의 강제에 개인이 복종하는 이유도 개인이 헌법에 따라 이러한 "교환"을 행함이 결국 자신에게 이익이 되기 때문이다. 만약 그러지 않을 경우에는 개인은 더 이상 기존의 정치에 대한 복종을 포기하고 새로운 정치 질서를 만들려고 할 것이다. 자유주의적 사회 질서에 있는 개인의 가치와 부합되려면 정부의 강제 작용도 '정치'를 교환으로 볼 때에만 수용될 수 있다(Buchanan, 1987).

둘째, 이 때 정치의 범주는 어디까지인가? 하는 의문이다. 각 개인들이 자신의 권리와 자유를 보호하기 위해 정부를 세운 것이지 결코 정부가 권리와 자유를 규정하는 것이 아니다. 정부는 본인(principal)인 각 개인들의 위탁을 받은 대리인(agent)에 불과하다. 대리인이 본인의 의사에 반하여 행동할 것에 대비하여 정치 작용과 질서에 관한 근본 규칙인 헌법은 대개 정부 기관의 권한 및 그 한계를 규정한다. 따라서 정부는 여러 가지 규칙을 통해 개인의 경제 및 사회 행동에 강제를 행사할 수 있지만 이것은 개인들이 애초에 정부를 만들 때에 가장 근본적 규칙인 헌법(constitution)을 통해 정부에게 위탁한 자유와 권리의 본질적 범위 안에서만 이루어져야 한다. 그러므로 정치 작용에는 개개의 규칙(rule)을 결정하는 것과, '규칙에 관한 (근본적) 규칙'(constitution)을 정하는 상이한 두 작용이 포함되어 있다. 요컨대 정치는 개인에게 규칙을 통해 강제를 행사하지만 이 정치 작용은 더 상위의 근본 규칙(헌법)의 범주 안에서만 이루어져야 한다.

3) 계약주의(contractarianism)

재정학자 빅셀(Knut Wicksell)은 모든 개인의 동의(만장일치제)가 재정적 의사결정에 적용되어야 함을 주장하였다. 빅셀은 조세는 시민이 국가의 서비스에 대해 지불하는 반대 급부라는 소위 '이익설'적 조세 이론을 전개하였다. 그는 정부의 특정 예산 항목에 대해 개개 시민의 입장에서 그것이 초래할 한계적 편익-비용을 형량하여야 한다고 주장하였다. 그리하여 공공서비스의 공급과 관련된 무임승차 문제를 해결하기 위해서는 '모든 개인마다 거부권을 갖는 원칙'(individual veto principle, 즉 만장일치제)이 적용되어야 한다는 것이다.

뷰캐넌은 이러한 빅셀의 논의를 정치 질서 일반으로 확대하여 정치란 개인의 합의를 토대로 해야 한다는 계약주의 패러다임(contractarian paradigm)을 도출하였다. 이러한 계약주의 패러다임에 합치되는 국가 이론(state theory)이 필요한데 뷰캐넌이 염두에 둔 국가이론은 맨체스터 자유주의(Manchester Liberalism)라고 불리는, 신자유주의를 지향하는 규범적 국가관이다.

4) 의사결정 규칙(제도)의 선택

공공선택론은 바람직한 의사결정의 규칙(즉, 투표 제도)의 선택에 많은 관심을 기울인다. 일반적 규칙들은 과반수 혹은 2/3 등의 다양한 투표 제도로 선택할 수 있음에 비하여, 헌법이라는 상위규칙의 선택에는 만장일치(unanimity)의 합의가 충족되어야 한다. 왜 만장일치제가 되어야 하는가? 그것은 개인의 어떤 선택 결과가 개인에게만 귀속되는 시장에서와는 달리, 정치에서는 재화 및 서비스가 '집합적으로' 구입되므로 개인의 개별적 선택과 집단 구성원들의 공통적 선택이 합치되지 않기 때문이다. 따라서 정치에서도 시장에서와 같이 양자가 합치되도록 하기 위한 방법은 모든 개인들의 동의를 얻어야만 공공재가 공급되도록 하는 만장일치 제도를 적용하는 것이다. 정치에서 공공재의 선택을 만장일치를 통해 결정하는 것은 시장에서 개인이 사적재를 자유로이 거래하는 것과 같다(Buchanan,1987). 만장일치에 의한 정치적 의사결정은 파레토 효율성(Pareto Efficiency)을 결과한다. 공공선택론은 만장일치 제도를 중시하기 때문에 뷰캐넌은 정치에 대한 평가는 그것이 사용하고 있는 결정 규칙이 어떠한 구체적인 정책 효과를 얻었는가? 라는 점 보다는 그 결정 규칙이 만장일치 제도에 어느 정도 합치되는가를 기준으로 삼아야 한다고 본다.

공공선택론에서는 이와 같이 의사결정 규칙을 강조하고 개인들의 합의로 여러 대안적 결정 규칙 가운데 적합한 규칙의 선택을 강조한다. 이렇게 의식적으로 선택된 결정 규칙이 '제도'이다. 이 때문에 신제도주의(new institutionalism)의 입장에서 보면 공공선택론은 '합리적 선택 제도주의'에 해당되는 것으로 해석되는 것이다.

Ⅲ. 전통적 행정학 연구와의 비교

이상의 공공선택론적 행정학 연구의 특징을 전통적인 행정학 연구와 대비하면 다음과 같다.

전통적 행정학 연구	비교 기준	공공선택론적 행정학 연구
조직(계층제)의 의사결정에 초점.	연구의 초점	개인의 의사결정에 초점.
공익적 정책목표의 극대화.	공익지향 여부	이기적 동기의 극대화.
국가 의지 (will of state).	실현되는 가치	개인 의지 (will of man).
부서 목표의 극대화.	극대화 대상	개인 목표의 극대화.
개인 및 개별 부서의 결정은 상위 조직에 의해 연역적으로 결정됨.	의사결정의 추론 방식	개개의 결정을 귀납적으로 종합하면 조직의 결정이 됨.
의사결정 제도는 주어진 것으로 간주하거나, 관심이 없거나 부분적.	의사결정 제도	의사결정의 성과를 좌우하는 제도를 중시하며 다양한 제도들 간 특정 제도의 선택에 초점.

Ⅳ. 공공선택론적 행정학연구의 주요 내용

공공선택론은 여러 분야에 걸쳐 이루어졌으나 행정 현상과 관련된 주요 연구 내용 및 그것이 미친 영향을 요약하면 다음과 같다.

1 행정학 연구의 과학성 제고

웨버-윌슨적 행정 이론의 토대 하에서는 행정학 연구는 근본적으로 비현실적인 가정에 입각해 왔다. 정부 및 관료는 권력적 작용을 부여받되 오직 공익을 위해 헌신한다는 '자비로운 독재자'(benevolent dictator)가 결코 아니며, 사익극대화를 위해 행동한다고 본 것은 공공선택론에서 처음으로 지적한 것이다. 공공선택론 패러다임은 보다 적실하고도 엄밀한 가정을 제시함으로써 '행정 과학'(administrative science)의 발전을 향한 새로운 토대를 제공한다.

공공선택론적 행정학 연구는 웨버(Max Weber) 이래로 주로 '유형론'(typology) 수준에 머물고 있는 기존의 행정학 분석 방식에서 벗어나, 객관성있는 일반적 언명으로부터 구체적 문제에 대한 논증을 도출하는 연역적 설명을 가능케 한다. 삼각형의 내각의 합이 180°라는 사실의 증명은 수많은 삼각형들의 귀납적 실증을 통해서는 불가능하며 오직 기하학의 기본 공리를 전제로 연역적으로 증명해야 한다. 종래의 행정학 연구가 기껏 설문지 조사를 통한 피상적인 귀납적 분석에 치중해 왔지만 그것으로는 행정 문제에 대한 과학성있는 분석 및 처방이 불가능하다. 적실하고도 엄밀한 가정을 세우고 연역적 논증을 도입함으로써 행정학 연구는 과학성을 더 높일 수 있다.

2 행정 서비스 공급체계의 개편

오스트롬은 종래의 웨버-윌슨식 패러다임이 '민주행정 패러다임'으로 전환되어야 한다고 주장한다. 기존의 행정학 연구는 하나의 공공재 공급을 전제로 한 연구였다. 그런데 다양한 공공재를 소비하는 오늘날의 상황에서는 다원적인 조직 장치를 통해 공공재를 공급하는 것이 바람직하며 계층제적 관료 구조는 행정서비스 구입자의 입장 중심으로 근본적으로 개편되어야 한다. 그 핵심은 서로 관할구역이 중첩되며 상이한 수준으로 권한을 분산한 다원적인 행정 조직을 구축하는 것이다.

3 관료제의 예산결정 행동의 과학적 분석

다운즈 이래로 시도된 공공선택론적 관료 행동의 연구는 니스카넨(William A. Niskanen, Jr.)에게서 더욱 정교화되어 관료의 예산극대화 행동이 명확히 분석되었다. 관료는 공공재의 공급자이고 정치인(의회)은 이의 구매자이다. 관료는 예산극대화를 위해 공공재의 산출량을 생산 가능한 최대수준까지 생산하는데, 결국 사회적 최적수준보다 과다한 공공재를 산출하는 낭비적 결과가 발생한다. 또 미그-벨랑제(Migue-Belanger)는 관료는 예산 자체가 극대화가 아니라 '재량적으로 사용할 수 있는 예산'(재량예산)의 극대화를 추구한다고 보고 이를 더 발전시켰다. 로머와 로젠탈(Romer & Rosenthal)은 관료가 직접민주제하에서 주민투표를 이용하여 원하는 예산수준을 정치인으로부터 끌어낸다는 점을 지적하였다. 이러한 연구들은 결국 웨버식의 관료에 토대해 온 전통적 행정학은 전혀 타당하지 않음을 나타낸다.

4 정책 과정상의 이익집단 활동 연구

전통적인 행정학의 체제론적 접근은 정부는 이익집단들로부터 요구 · 지지를 투입받아 정부정책을 산출하는 것으로 파악한다. 그리고 대규모 이익집단일수록 정책 영향력이 더 강력하다는 것으로 이해해 왔다. 그러나 올슨(Mancur Olson)은 정책 과정에서 상대적으로 소규모인 특수이익집단(약사회, 의사회, 변호사회 등)이 농민단체, 소비자단체, 노총 등과 같은 대규모집단보다 더 강력한 모습으로 형성되어 있다는 것을 설명한다. 나아가 강력한 이익집단들이 정부의 정책 과정에서 자신들의 집단 이익을 관철하기 위해 큰 영향력을 발휘하는 것이 국가 발전을 저해하는 요소라고 하여 이를 국제적으로 비교하고 이에 대한 처방을 제안한다.

5 정부 규제 및 지대추구 활동 연구

털럭(Gordon Tullock)은 개인이나 이익집단은 자신에게 유리한 정부 규제나 특혜를 얻기 위해 각종의 지대추구(rent seeking) 활동이 전개됨을 처음으로 부각시켰다. 지대추구의 연구는 특혜의 설정과 해제 등을 둘러싸고 일어나는 각종의 로비활동들이 어떠한 사회적 낭비를 초래하는지를 적절히 설명한다. 지대추구에 관한 연구는 최근의 정부개혁에서 정부 규제 해제에 대해 중요한 이론적 근거를 제공하고 있다.

Ⅴ. 평 가

첫째, 공공선택론은 전통적 행정학이 오랫동안 신봉해 온 웨버(Max Weber)의 관료관은 타당하지 않다고 본다. 개인이 시장이라는 상황 속에서 자신의 이익만을 추구한다는 점은 누구나 인정한다. 그런데 그 동일한 개인이 정치라는 상황 속에서는 이기적 사익을 포기하고 공익을 극대화한다고 간주함은 비현실적이다. 공공선택론자들은 정치인은 재선을 위해, 관료는 예산 및 재량을 위해, 투표자는 자신의 기대 이득을 극대화하려는 이기적 주체에 불과하다고 본다.

둘째, 행정이라는 과정에서 행정인이 시민과 교환하는 것이 플라톤, 웨버, 윌슨 이래로 전통적인 행정학이 신봉해 온 공익이 아니라 사익에 불과한 것으로 본다. 따라서 이 접근방법에 의하면 행정학의 이른바 공익 논쟁에서 이른바 '실체설'적 공익관은 부정된다.

셋째, 행정 작용을 제어하는 많은 정치적 규칙들을 피동적으로 받아들이고 이 규칙 하에서 일어나는 행정 작용만을 분석하기보다는 이 규칙(제도)의 선택 자체도 분석하고자 한다. 이 점에서 보면 공공선택론은 신제도주의의 한 내용이기도 하다. 이 제도의 선택은 개인의 자유와 후생이라는 관점에서 이루어져야 하며, 집합적 선택의 최적 규칙은 사회적 비용을 극소화하는 것이어야 한다.

넷째, 시장적 기제가 가진 약점인 시장실패(market failure)의 대안으로 나온 정부 역시 많은 취약성(정부실패 government failure)이 있음을 강조한다. 이러한 접근은 한국 및 각국의 신자유주의적·신공공관리적 행정개혁을 자극하였다. 유의할 것은 공공선택론은 결코 극단적 오스트리아 학파처럼 무정부주의(anarchism)를 주장하거나 시장지상주의를 강조하는 것이 아니다. 정부-시장의 두 가지 기제를 비교하여 더 효율적인(혹은 덜 나쁜) 기제를 선택하자는 것이다. 따라서 어떤 사회 문제에 시장실패가 존재한다고 하여 곧 정부 개입을 정당화할 수 없으며, 정부가 개입하려면 정부 개입으로 인한 문제점이 시장 기제에 의한 문제보다 상대적으로 덜 나쁜 것임을 증명하도록 요구하고 있다.

다섯째, 집합체인 국가는 합리적 개인들의 계약에 의해 합의로 형성된 것에 불과하다. 공공선택론은 로크(John Locke), 홉스(Thomas Hobbes)의 계약주의에 토대하고 있다. 정부의 행정 작용은 개인의 자유와 가치에 합치되어야 하며 주민 중심의 공공서비스를 공급해야 한다는 민주행정론을 강조한다. 그런 의미에서 고전적 자유주의(classical liberalism)를 단지 권력분립의 추상적 이념으로서가 아니라, 오늘날 행정 체제의 구체적 행정서비스 공급 국면에서 실천적으로 구현하려는 것으로 해석할 수 있다.

논평

공공선택론 주제만 나오면 상투적으로 오스트롬의 주장을 인용하는 것은 공공선택론의 의미를 극히 지엽적으로만 이해한 것이다. 이는 국내 행정학 저술들이 피상적, 부분적 소개들 때문이다. 가장 정확한 이해는 바로 공공선택론의 창시자인 뷰캐넌의 글을 읽는 것이다. 본 주제도 이에 토대한 것이다. James A. Buchanan. (1987). The Constitution of Economic Policy. Science 12: 1433-1436. 국내 저술들이 범한 공공선택론에 관한 오류적 서술들을 몇가지 보자. ①행정은 강제적 권력을 가지고 있기 때문에 공공선택론의 적용이 어렵다? (→ 시장이 아닌 정부, 정치, 행정 작용을 시장적 교환 관계로 분석한다는 자체가 바로 공공선택론의 특성이다. 거기에서 엄밀한 가정 하에서 놀라운 정도의 정확한 설명력을 증명해 주고 있다. ②상투적으로 '오스트롬'의 글만을 인용하고 이것이 공공선택론의 전부인 양 서술한다 (→ 오스트롬은 공공선택론의 한 분지에 불과하며 더구나 공공선택론의 중심적 분지도 아니다). ③공공선택론은 실증연구가 아닌 규범적인 연구이다. (→ 연역적 · 수학적 논증을 많이 다루는 '사회선택론' social choice에만 착안한 오류이다. 공공선택론은 사회적 선택론과 동일하지 않으며 실증적 · 규범적 연구가 다 활발하다. ④ "공공선택론은 권력(power) 작용을 다루지 않는다"(→무시함이 아니라 매우 많이 다룬다. 본질적으로 정부는 권력을 포함하며 공공선택론은 이 정부 현상을 연구하기 때문이다. 이 권력 자체도 계약주의 및 개인의 합리적 선택이라는 관점에서 분석한다). ⑤신제도주의와 아주 다른 접근법이다(→정부 현상이 투표 규칙, 관료제, 헌법제도, 단원제 및 양원제, 복수 및 다당제, 특정 정책 및 법률... 등과 같이 '제도'로 표현될 경우 양자는 상당히 중첩된다. ⑥공공선택론은 정부를 시장으로 대체하고자 한다(→ 털럭에 의하면, 나쁜 정부라도 무정부보다는 낫다. 시장과 정부 중 더 나은 기제를 선택하는 것이 공공선택론의 핵심이다. 다만 이 부분이 종래의 획일적 정부 지상주의, 발전주의 행정학의 입장에서 보면 상당히 친시장적 정향을 가지면 그만큼 종래의 행정작용을 일정 부분 축소할 것을 주장한다. 공공선택론은 오스트리아 학파보다는 정부에 대해 덜 비판적이다. ⑦공공선택론에 의하면 행정 공무원의 역할이 없어진다. 정부 관련 사회과학이 현재의 행정제도 및 현 공무원 지위를 정당화하고자 존재하는 것이 아니다. 올바른 정부 작용을 정립하고 그에 걸맞는 바른 공무원이 필요함을 제시한다. 뷰캐넌이 직접 쓴, 공공선택론에 대한 가장 간명한 소개인 www.gmu.edu/jbc/pubchoic를 필히 보라.

| 새 테마 행정학 |

16. 행정과 공익

Ⅰ. 의 의

1 공익의 정의

'시장'은 특정한 바람직한 상태를 지향하지 않는다. 그러나 '정부'는 특정한 바람직한 상태로 공익을 지향한다. 공익(public interest)이란 공공의 이익, 사회 후생, 공공의 복리를 의미하는 말로 사용되어 왔다. 과거에는 공동선(public good), 공공 복리(public will, public weal), 공통선(common good)이란 개념들과 함께 사용되다가 근래에는 공익이란 용어로 대체되었다(정정길, 2008).

추상적인 공익의 의미에 대해 지금도 논쟁이 계속되고 있는데, 자유주의적 전통을 강조하는 시각은 공익이란 사익의 집합에 불과하다고 보며, 국가론자들은 공익이란 사익과는 다른 특수한 요소가 있다고 본다. 공익에 대한 이 두 입장은 다음과 같이 대비할 수 있다.

1) 실체설

개인의 이익들만으로는 공동체(집단)에 필요한 공공재 공급은 이루어지지 않으며, 공유지의 비극에서 보듯이 공동체 이익은 훼손된다. 공익이란 사익 및 특수 이익을 초월하여 객관적으로 실존하는 집단 이익 혹은 사회 전체의 공동선이나 국가 이익이라고 보는 것이 실체설이다.

이런 의미의 공익은 최대다수의 최대행복, 정의, 형평성, 자연법, 일반 의지 등을 포함한다. 또 이 공익을 달성하기 위한 수단(즉, 공공재 공급이 이루어지고 공유지의 비극을 막기 위한 구성원들의 상호 협력이나 규칙)도 공익의 내용에 포함된다. 또 사회의 기본적 가치(정의, 안녕 등)나 기본권(자유권, 평등권 등)도 공익의 내용에 포함된다. 즉 공익 자체, 그 달성 수단, 사회의 기본적 가치와 기본권이 다 공익으로 간주된다. 그리고 이 공익은 개인 이익의 총합과는 다르다는 것이다.

이와 같이 실체설은 공익과 사익 사이의 차별성을 강조하면서 동시에 공익은 사익보다 우선된다는 '공익우선주의'까지 주장한다. 즉, 실체설은 공익을 사익을 초월한 실체적 · 규범적 · 도덕적 개념으로 파악하기 때문에 공익과 사익 간의 갈등은 있을 수 없다고 인식한다(이종수 외, 2014).

2) 과정설

공익은 개인에게 향유되어져야 하며 개인이 누리지 못하면 공익으로서의 가치도 없다. 따라서 공익은 사익을 초월하여 선험적 · 객관적으로 존재하는 것이 아니다. 사익 그 자체가 바로 공익은 아니지만 여러 사익들이 이익으로 전환되어 공익이 된다. 그렇게 전환되는 메카니즘은 바로 현실의 정책결정 과정에서 사익들이 조정 및 통합되는 과정이다. 따라서 과정설은 자연스럽게 공익 극대화를 위해 정책결정과정 합리화를 강조하게 된다.

과정설에서는 공익이 사익에 우선한다는 일률적 우월관계를 인정하지 않는다. 공익도 결국 사익의 조정에서 나타나기 때문이다. 여러 사익들이 충돌할 때에 이질적인 사익을 조정하는 절차에 대해서는 과정설 내부적으로도 학설이 갈라지지만 적어도 단지 공익이라는 이유만으로 개인 이익을 초월한다고는 보지 않는다. 왜냐하면 그 공익 자체가 사익을 기반으로 하여 형성된 것이기 때문이라고 보기 때문이다.

2 공익의 기능

1) 다양한 이해 조정

공익은 다원적 사회 속에서 여러 이익 갈등을 조정하는 역할을 한다. 공익이란 관념이 주는 가장 중요한 역할이 바로 이것이다. 이를 통해 사익을 추구하는 집단이나 개인들이 공존할 수 있는 계기를 만들어 준다.

2) 정부 개입의 정당성의 근거

특정한 사적부문(지역, 계층, 개인)에 정부가 개입할 때 정당성의 근거를 마련해준다. 즉 국가는 개인에게 일정한 규제 및 간섭 행위를 요구하는 정당화 근거로 공익을 제시한다.

3) 사후평가기준

규범적으로는 행정은 공익을 달성하는 것이므로, 행정이 공익을 충족했는가의 여부는 행정에 대한 사후 평가 기준이 된다. 즉 정책의 결정, 집행 및 평가의 기준으로 활용된다.

4) 소수이익 보호를 위한 주요 근거

집단 간 경쟁에서 불리한 소수 이익을 보호하는 중요한 근거가 된다. 이는 공익이 반드시 과반수 집단의 이익만은 아니기 때문이다. 다수의 이익 외에 소수의 이익도 보호하는 것이 공익에 부합한다는 사실에 근거하여, 집단 간 경쟁에서 불리할 수밖에 없는 소수파를 보호하는 각종의 정책을 추진한다.

Ⅱ. 공익과 사익의 관계

1 이론적 논의

공익과 사익의 관계는 공익을 사익의 합계로 보는 과정설적 입장과, 사익집합 이상인 공익을 논하는 실체설적 입장으로 나누어진다.

1) 실체설

공동체는 개인의 집합체와는 다르며 그 이상이다. 실체설적 입장에서 보면 공익이란 사익의 집합 이상이다. 따라서 사익의 단순한 집계가 아닌, 사익을 초월하는 실체로서의 공익이 존재하며, 부분의 합으로 나타낼 수 없는 전체의 구조적인 특성이 존재하며, 부분 최적화의 합계가 전체 최적화와는 다르다고 본다(Garret Hardin의 공유지의 비극, 공공재 공급에 관한 죄수의 딜레마 상황). 사익의 극대화가 곧 공익의 극대화를 결과하는 것은 아니라고 본다.

2) 과정설

공동체는 개인의 집합에 불과하다. 과정설적 입장에서 보면 공익은 곧 사익의 합계이다. 즉 사익이 커져야만 전체 이익 즉 공익도 커진다. 따라서 사익의 극대화가 곧 공익의 극대화를 결과한다(John Locke, Adam Smith, 1980년대 이후의 신자유주의).

2 공익-사익 관계의 정책사례들

1) 사익 추구가 공익 증진에도 기여하는 경우

아담 스미스(Adam Smith)의 주장처럼, 자유로운 시장경제의 재화와 서비스 생산 및 거래

행위는 본질적으로 사익 추구 행동이지만 이러한 개인들의 이기적 사익 추구 행동이 곧 공익에도 기여하는 결과를 유발한다.

2) 사익 추구가 공익을 해치는 경우

법적으로 의무화된 오염처리 시설을 가동하지 않고 폐수를 그대로 방류하는 기업가의 경우는 사익을 추구하였으나, 결국 환경을 오염시켜 많은 사람들에게 피해를 주게 되므로 공익을 침해하게 되는 것이다. 외부불경제를 야기하는 사적 행위가 대개 이를 구성한다.

3) 공익 추구가 사익 증진에 기여하는 경우

국방, 치안, 국민교육, 양질의 행정 서비스 제공 등은 모두 공익을 위해서 추진되는 것이지만, 이는 결과적으로 사익 증진에도 기여한다. 보통 정부의 공공재(public goods) 및 가치재(merit goods) 공급이 이 범주에 든다.

4) 공익 추구가 일부 사익을 해치는 경우

저소득층 생계 보장을 위해 특정 소득수준 이상 계층에게 과중한 조세를 부과하는 것이나, 환경보호를 위해 특정 규모 이상의 기업에게 폐수처리 시설 설치를 부과하는 경우는 빈곤구제 및 환경 이익 증진이라는 공익은 증진되지만 동시에 그 비용부담자인 일부 계층에게는 비용 증대로 인해 피해를 주는 것이다.

Ⅲ. 공익은 구체적으로 어떻게 실현되는가?

1 정책과정 속 공익의 실현 방식

실체설에서는 공익은 사익 위에 선험적으로 존재한다고 보지만 그것이 구체적으로 어떻게 확인되고 실현되는가에 대해서는 특정한 답을 제시하지 못하며 재판, 입법 및 집행에서 최고 결정자의 판단에 달려 있다고만 암암리에 전제하고 있다. 이에 비하여 과정설은 다양한 사익이 조정되는 정책 과정에서 실현된다고 봄으로써 정책과정이란 국면을 중시한다. 즉 과정설은 공익의 실현 여부가 정책결정이 얼마나 합리적인가에 달려 있다고 본다. 그러므로 공익의 구체적 실현 과정에 대한 논의는 실체설보다 주로 과정설에 관련된 것이다.

그런데 과정론자들은 민주적 정책결정을 가장 합리적인 결정 과정으로 본다. 민주적인 정책결정에서 공익이 정책과정에서 형성되는 방식을 과정설의 대표 학자인 슈버트(Glendon Schubert)는 합리론, 이상론, 현실론의 세 가지로 제시한다(정정길, 2008).

2 합리론(간접 민주주의적 공익론)

국민의 대표인 정당, 의회, 대통령은 '국민의 의지'에 충실하게 정책을 결정해야 한다. 국민의 의지에 어긋난 결정은 다음 선거에서 심판을 받는다. 정책결정 기관들인 대통령, 국회, 법원, 정당 등이 국민의 의지를 정책내용에 충실히 반영하여 정책을 결정하고(간접민주주의제), 이렇게 결정된 정책을 관료가 충실히 집행하면 공익은 실현된다고 본다(정치행정이원론). 이는 국민에게 책임을 지는 정치인들은 정책을 결정하되, 관료들은 가치 판단 없이 기술적, 전문적 결정을 충실히 집행하면 된다고 보는 정치행정 이원론의 입장이다.

3 이상론(자연법과 양심에 따른 정책결정)

국민의 의지나 공공의 의지 등이 추상적이고 구체적인 결정에 지침이 되지 못하고, 대통령이나 의회가 결정한 현실의 정책이나 법률은 하위 수준의 정책결정에서 지침 역할을 할 수 없는 불완전한 것이다. 그러므로 정책결정자들은 보다 상위의 준거인 "자연법과 양심에 따라" 결정을 내려야 한다고 본다. 정책결정이나 집행과정에서 재량을 행사하는 공직자는 자신의 선입견을 버리고 보다 상위의 법인 자연법과 양심에 의존해야 한다.

특히 공익의 형성자이자 결정자인 행정 관료의 역할이 중요하다. 관료는 강력한 이익집단의 압력에 의해 무시되기 쉬운 소수 이익을 보호하고, 전문기술성을 통해 공익을 증진시키는 역할을 담당해야 한다고 보았다. 즉 대통령, 국회, 법원, 정당 등이 일반 대중, 선거구민, 이익집단 등의 요구에 따라 결정하기보다는 스스로 바람직한 정책을 결정해야 공익이 달성된다고 본다. 공직자들이 대중(선거구민)으로부터 독립되어 있고, 또 관료가 높은 전문기술성을 가질 때에 공익이 실현된다고 보는 것이다.

4 현실론

전술한 합리론은 간접민주제를 전제로, 국민에게 정치적 책임을 지는 공직자들이 공익을 보장한다고 보았지만 이는 불완전한 것이다. 이상주의론 또한 현실의 공직자들이 자연법과 양심에 어긋나는 비양심적 결정을 내리는 현실에서는 맞지 않는 이론이다.

따라서 정책결정의 "현실을 감안한 공익 결정 방안"을 찾아야 한다는 주장이 제시되었는데 구체적으로는 다시 세 가지 입장이 있다.

1) 다원주의적 구조로 공익을 보장하자는 입장

다원적인 사회에서는 특정 이익집단의 우위가 없을 것이므로 공익이 보장될 것이라고 보는 낙관적 입장(다원주의적 이익집단론)이다. 그러나 오늘날 이런 정도의 이상적 다원 구조사회는 거의 존재하지 않는다.

2) 대통령에 의해 공익이 결정되어야 한다는 입장

"철의 삼각형"과 같은 하위정부(sub-government)가 결정권을 장악하여 공익을 저해하는 경향이 있으므로 대통령이 공익수호자로서 적극적인 역할을 해야 한다고 본다. 그러나 대통령의 행정부 지배력을 감안하면 대통령 자신이 공익 훼손의 주역이 될 수 있다.

3) 행정 관료의 적극적 역할에 의해 공익이 결정되어야 한다는 입장

행정 관료들의 중립적 전문성과 능력을 활용하여 공익을 실현하자는 입장이다. 특히 행정상 적법절차(Administrative Due Process)와 대표관료제(Representative Bureaucracy)의 확립이 행정 관료가 공익적 결정을 하도록 해주는 기제이다. 그러나 이는 관료의 능력 및 윤리성을 지나치게 낙관하는 것이라는 비판을 받는다.

한편 신공공관리에서 나타난 고객주의 및 공동체주의에서 강조하는 시민주의(civicism)는 지금까지 행정 관료의 객체(object)로 머물던 주민이 관료의 공익 실현에 적극적으로 참여할 것을 요구하는 일종의 현실론적 공익 형성 방안에 해당되는 것이다. 그러나 이 또한 고객 및 시민의 능력과 윤리성을 지나치게 낙관하는 것이다.

Ⅳ. 정부의 공권력 개입과 공익

사익간의 대립이 있고 공익을 위한 정부의 중재가 실패했을 경우에, 정부가 공권력을 행사하는 것이 개인주의에 입각한 오늘날의 민주정부에서도 정당한가? 문제된다. 집단주의적 국가라면 정부가 공익 보호를 이유로 공권력을 개입함은 당연하다. 그러나 개인주의에 입각한 오늘날의 민주정부에서는 그러한 개입은 당연한 것이 아니라 일정한 근거 하에서만 가능하며 그것도 일정한 한계가 있다.

1 정부의 사익 개입의 논거

개인주의적 민주정부 하에서 정부의 개입은 일반적으로 다음과 같은 논거가 필요하다.

1) 특정한 개인 혹은 집단의 이익이 곧 공익이라고 볼 근거가 약한 경우인데, 기업의 이익을 위해 배출되는 오염폐수에 대해 처리시설을 의무화하는 경우이다.

2) 이익집단들 간의 불균형적 구조가 심하여, 이들 간의 조정 타협의 결과가 특정 이익집단 때문에 경시되는 경우인데, 대기업-중소기업 간의 불공정행위에 대해 공정거래위원회의 개입하는 것이 그 예이다.

3) 사회 기본질서를 무시한 사익 결정에 대해 개입하는 것인데, 불법적 로비 활동을 규제하

는 것이다.

4) 개인주의적 사익은 최대한 보장되어야 하지만 사익들 간의 경쟁의 틀이나 게임규칙은 정부가 개입하여 보호하는 경우이다. 개인 및 기업 간 거래 규칙에 대한 사법적, 준사법적 규제가 그 예이다.

5) 소수자의 이익 보장하기 위해 개입한다. 예컨대 장애인 계층을 우대하는 제도(소수자 우대법 affirmative action)을 정부가 정하는 것이다.

6) 행정상 적법절차를 보장하기 위해 개입한다. 예컨대, 행정 강제 등을 구사한다.

7) 사익이 침해받더라도 그것이 사회 전반 혹은 이익 침해를 받은 개인 본인에게도 궁극적으로는 이익이 되는 경우이다. 국민교육을 위한 교육세 징수, 공유지의 비극 해소 등이 그 예이다.

8) 사익들 간 경쟁 결과가 정부 개입에 의한 결과보다 더 나쁜 결과를 초래할 경우이다. 죄수의 딜레마 게임에서와 같이 서로 협력하지 않는 것이 각자에게 최선의 해이나, 사회적 결과로서는 최적이 되지 못하는 경우로, 의사와 약사들의 사익추구로 인해 국가의 의료행위가 마비되었을 때 정부가 개입하여 상호협력을 강요하여 사회 전체적으로 더 나은 결과를 얻는 경우이다.

2 정부의 사익 개입에 대한 한계

이상의 몇몇 논거로 사익에 정부가 개입함이 정당화되더라도 몇 가지 한계가 있다.

첫째, 헌법상 보장된 개인의 자유와 권리를 무시해서는 안 된다.

둘째, 정부 개입으로 피해를 본 사익에 대해 적정한 보상 기제를 적용해야 한다.

셋째, 필요한 최소 한도의 개입에 머물러야 한다.

넷째, 정부 개입의 정당성 및 적정성 여부가 국민 혹은 그 대표에 의해 충분히 검증되고 확인될 수 있어야 한다.

다섯째, 사익에 개입하는 정부의 지위는 과거식의 "공익의 단독적 결정자"가 아니라 "사익의 조정자"로 전환되어야 한다.

논평

행정학 총론의 대표적 이론 주제의 하나가 공익론이다. 이 주제는 2003년에 행정고시에서 출제했던, 아래 문제에 대한 답안으로 구상한 것이다. 독자들은 나름대로 답안을 구성해보라. 이론만 막연히 피상적으로 공부한 학생들은 이렇게 약간 반(半) 사례식으로 출제하면 정확히 답을 못했던 것 같다. 이론을 읽을 때에 항상 행정 현실 맥락을 염두에 두고서, 남에게 설명을 할 정도의 자세로, 이해를 한 소수의 사람들만 답안을 작성한다. 앞으로 반사례, 사례식 논술이 더 중시될 것이다. 공익은 민 진(2000), 박동서(2004), 정정길 교수(2008) 저술이 가장 포괄적으로 소개하고 있으니 이를 참조하라. 여기에 머물지 말고 이어서 설명하는 사익 중심적 공익론까지 나아가라.

(행정고시문제) 다원화된 사회에서 공익과 사익(개별이익)은 서로 일치하기도 하지만 충돌하기도 한다. 예컨대 기업가 집단과 노동자 집단의 이해대립, 의사집단과 약사집단의 이해대립, 지역과 지역간의 이해 대립 등으로 인해 사회적 갈등이 심화되기도 한다. 이와 관련하여 다음 문제에 대해 답하시오. (총 50점)

1) 공익이란 무엇인가를 정의하고 공익의 기능을 설명하시오. (15점)
2) 공익과 사익의 관계를 논평하시오. (15점)
3) 과정설의 입장에서 볼 때, 다양한 개별이익들 가운데에서 공익이 형성되는 방식을 설명하시오. (10점)
4) 정부의 중재가 실패하여 중재안이 수용되지 못할 때, 정부가 공권력을 행사하는 것이 개인주의에 입각한 오늘날의 민주정부에서도 정당한가를 논평하시오. (10점)

I 새 테마 행정학 I

17. 사익 중심적 공익론

Ⅰ. 사익 개념의 왜곡

정부는 으레 공익(public interest)을 내세우고는 이것이 사익(private interest)보다 우월하다고 내세운다. 국가 없는 상태에서 개인이 사익을 뺏으려고 또는 뺏기지 않으려고 싸우던 홉스의 자연 상태(state of nature)에서 사익의 최대 침해자는 다른 개인이다. 그러나 국가 아래서 경제생활을 유지하는 오늘날에는 사익에 대한 최대의 적은 바로 공익을 내세워 사익을 억제하는 정부 그 자체이다. 그러므로 오늘날 사익의 가치와 의미를 밝히는 것은 곧 사익과 공익의 관계 규명이기도 하다.

정부는 사익이 아니라 공익을 기준으로 하여 정책을 결정하고 집행해야한다고 말하는 사람이 많다. 이런 언어 용례는 사익에 대해 많은 오해를 낳게 하며 나아가 정책결정 자체를 왜곡한다. 사익이란 나쁘거나 적어도 공익보다는 열등한 것이라고 보는 미신의 뿌리에는 먼저 사익이란 언어에 대한 잘못된 해석이 자리 잡고 있다. 따라서 먼저 사익-공익의 관계 규명에 앞서 먼저 왜 사익이란 개념이 공익보다 열등한 것이라고 잘못 인식되어 있는지를 살펴보고, 더 나아가 공익이란 것이 실상은 사익을 초월하여 존재하는 것이 아니라 바로 사익 그 자체로부터 만들어지며 따라서 공익이란 것도 사익을 떠나서는 존재할 수 없음을 보일 것이다.

본래 사익(private interest)은 "사"와 "익"이란 두 가지 언어 요소로 구성되어 있다. 후자인 "익"(益)부터 보면, 이익(interest)의 사전적 의미는 ①권리, 자격, 합법적으로 갖는 몫. ②이득이나 책임에 관여 ③사업, 회사 ④유리함 등을 포함한다. 손익을 따져 보아 당사자에게 물질적 혹은 비물질적으로 이득이 되는 것들을 포함한다. 그 내용 상의 약간의 애매함을 감수하면 "익"의 정의는 비교적 명확하다.

그런데 더 복잡하고도 중요한 것은 "사"(私)란 개념이다. 여기에는 ①한 개인 및 집단을 위한(개인적인), ②한 개인 및 집단에 속하는(사유의), ③공적(public)인 것이 아닌(민간의), ④공식적 입장이나 업무가 아닌(사사로운), ⑤공중 및 타인에게 알려져 있지 않은(내밀한).... 이란 사전적 의미들이 포함되어 있다.

그럼 사와 익을 합한 "사익" 혹은 사(私)의 이익이란 어떤 의미인가? 여기서 문제는 "익"보다 "사"의 개념 범주이다. 이를 어떻게 정의하고 이해하는가가 곧 사익의 범주, 제한 논리에도 그대로 영향을 준다. 사실 이 "사익"의 개념 정의에 큰 언어적 오류가 있었기 때문에 사익과 공익의 관계도 잘못 이해하게 된 것이다.

포퍼(Karl Popper)는 『열린사회와 그 적들』에서 '개인주의'(individualism)라는 용어 의미를 두 가지 차원으로 정확히 구분해서 설명해 준다. 이것은 여기서 밝히고자 하는 사익의 의미에 대해서도 매우 유용한 개념화이다. 포퍼에 의하면 옥스퍼드 사전 상의 개인주의란 ①집단주의에 반대된다는 의미와 ②이타주의에 반대된다는 의미라는 상이한 차원을 가진다. 이에 착안한 칼 포퍼는 두 가지 의미를 구분하고 각각에 대해 새로운 호칭을 제안한다.

①집단주의(collectivism)에 대한 반대라는 의미로는 우리가 통상적으로 불러 온 것처럼 개인주의(individualism)라고 부를 수 있다. 이 차원에서 사익을 본다면 우리가 지금 규명하고자 하는 사익은 "집단의 이익이 아니라 그 구성체인 개인(개체)의 이익"으로 간주된다.

②이타주의(altruism)에 대한 반대 의미가 있다. 이타적이지 않은 것이라는 이런 의미를 이기주의(egoism)라고 부를 수 있다. 이 차원에서만 사익을 본다면 사익이란 곧 "남의 희생에 개의치 않고 나 혼자만 누리려는 이익"으로 해석된다.

포퍼에 의하면 개인주의를 비난하는 이론들은 개인주의를 ②의 차원으로만 간주한 후 이타적인 것을 전혀 고려하지 않는 나쁜 것으로 공격한다는 것이다.

이제 포퍼의 분류가 주는 암시를 반영하면 인간의 이익을 다음 도표로 정리할 수 있다. 첫째, 개인이 획득하고자 하는 이익은 일단 이기적(selfish) 이익과 이타적(vicarious) 이익으로 구분할 수 있다. 둘째, 또 다른 차원이 있다. 개인의 선택의 결과가 본인에게만 미치는 개인 이익(사익)과, 그것이 개인의 영역을 벗어난 타인들에게도 영향을 주는 집단이익(공적 이익, 사회 이익, 공익)으로 구분할 수 있다. 이 두 가지 차원을 함께 적용하면 인간의 경제 활동에 관련된 이익이란 다음과 같이 4가지 유형으로 분류될 수 있다. 따라서 사익에도 이기적인 것(a)과 이타적인 것(c)이 있으며, 공익(사회이익)에도 이기적인 것(b)과 이타적인 것(d)이 있을 수 있다. b는 흔히 '집단 이기주의'에서 잘 나타나는 이익이며, c는 개인이 자선행위를 하는 것에서 잘 나타난다. 이 분류를 중심으로 논의를 하자. 결국, 이 표가 함의하는 바는 지금까지는 개인이익(사익)은 이기적인 형태로만 존재하는 것으로 오해하여 곧 으레 a로만, 그리고 사회이익(공익)은 곧 이타적 이익 형태로 존재하는 것으로 오해하여 d로만 이해해 왔다는 것이다.

이러한 잘못된 언어 이해 때문에 개인의 이익 곧 사익이란 당연히 이기적이며 이웃에게는 냉혹한 나쁜(bad) 것이라고 인식되어 왔다. 만약 위의 표와 같이 구분한다면 이러한 오해가 불식될 것이다. 이익 개념을 두 가지라 아니라 네 가지로 분류하는 진보가 나타나는데 2,500년이 걸린 셈이다.

	개인 이익 (사익)	사회 이익 (공익)
이기적 이익	a	b
이타적 이익	c	d

Ⅱ. 왜 사익은 박해받는가?: 사익 증오의 원조는 플라톤

사익을 나쁘고 추한 것으로 보는 그릇된 인식은 사실 플라톤에서 이미 비롯된 것이다, 플라톤의 사상은 전체주의, 집단주의의 근본 뿌리이며 포퍼가 말한 소위 "열린사회"를 가로막는 인류의 지적 퇴보의 출발점이다. 플라톤은 충격적일 정도로 개인을 증오한다.

> "부분은 전체를 위해 창조되었으나 전체는 부분을 위해 존재하는 것이 아니다. 너는 모든 이를 위해 창조되었지만, 모든 이들은 널 위해 창조된 것이 아니다." "전체를 위해 자기 이익을 희생 못하는 개인은 이기주의자이다"(* 플라톤의 『법률』)

플라톤의 이런 주장은 이타주의(altruism)를 칭송하며 이기주의를 몰아내자는 도덕적 호소력을 지닌다. 그는 사익이란 도덕적으로 열등한 것이며, 이 때문에 공공이익이 더 우월한 것이라고 본다. 우리가 사익이 비도덕적이라고 비난하는 이유로 그것이 남의 이익을 고려않기 때문이라고 쉽게 생각하는 것도 이러한 미신 때문이다.

과연 그런가? 플라톤 및 그 추종자들은 집단주의의 반대는 이기주의이며, 집단의 이익(공공의 이익)은 이타적(반이기적) 이익이라고 본 것이다. 그러나 집단의 이익은 다 이타적인가? 예컨대, 소나 물고기 떼는 이타적인 존재인가? 위 표에서 나타나듯이 집단 이익은 곧 반(反)이기적 이익인 것만도 아니다. 이기적 집단이익(b)도 존재하며, 또한 개인주의자가 타인을 위해(이타주의) 자신의 이익을 희생하는 c의 유형도 있기 때문이다. 플라톤은 사익에는 오직 a 형태만이 존재하며, 공익에는 오직 d 형태만이 존재하는 것으로 왜곡한 것이다.

이기주의를 개인주의와 동일시하는 플라톤의 이 입장이 사익을 공격하고 공익을 옹호함에 결정적 무기가 되었다. 첫째, 사익의 공격에서는 "개인은 자신밖에 모르는 자들이고 그들의 이익은 반(反)이타적인 것에 불과"하다고 보며 사익에 대한 대중의 증오심을 촉발하였다. 둘째, 공익의 옹호에서는 "공익은 이타적인 것이고 선한 것"이라고 함으로써 그 도덕성을 과장한 것이다. 이리하여 개인의 이익(사익)은 악이고, 이에 비해 집단의 이익(공익)은 선하다는 논리를 확립한 것이다. 이 황당한 논법은 우리에게도 암묵적으로 오래 학습되어져 왔기 때문에 오늘날 대중 및 지식인들의 논증에서도 이 생각은 거의 의심 없이 자리 잡고 있다. 이 때문에 우리는 기업인이 자신의 이익(사익)을 추구한다는 사실에서 즉각 a를 연상하고, 국회의원이 만들어 내는 공공정책이나 법률에 대해서는 전혀 이기적인 것과는 거리가 먼 d일 것이라고 믿는 미신에 사로잡혀 있는 것이다. 사익을 증오하는 그러한 미신의 원조에 바로 플라톤이 있는 것이다. 사익이 곧 이기적인 것이며 공익은 이타적인 것이라는 그릇된 이분법을 떠나 이하에서는 사익에도 이타적인 것이 있다는 것(c 유형)과 공익에도 실은 이기적 것(b)이 있다는 점을 자세히 살펴볼 것이다.

Ⅲ. 사익의 이타적 속성

1 개인주의는 발전의 원동력

서구 문화의 도덕적 전통은 플라톤의 예측과는 다르다. 플라톤에 의하면 인류 역사는 황금시대-은 시대-동 시대-철 시대... 로, 발전이 아니라 퇴보해 왔다고 본다. 그래서 플라톤이 바라는 것은 미래로 나아가는 것이 아니라 과거, 곧 황금시대로 되돌아가는 것이다. 이러한 황금시대는 부족국가이며 강력한 집단주의 국가이다. 그가 이상으로 생각하는 상태는 철저히 오늘날 관점에서는 도저히 용납할 수 없는 다음과 같은 극단적인 부족국가적 공동체 중심 사회이다.

> "아내와 아이들과 모든 가축은 공동소유이다. 그러면 사적이고 개인적인 것들까지 모두 모든 사람의 공동 소유가 된다. 우리의 눈과 귀, 손마저 개인의 것이 아니라 공동체에 속하는 것처럼 보고, 듣고, 행동하는 것이다...." (* 플라톤의 『법률』)

그런데 이 상태로 돌아가지 못하게 만드는 최대의 적이 바로 개인주의라고 본 것이다. 플라톤은 개인주의를 곧 이기주의로 보아 버렸던 것이다. 플라톤은 이 이상적 '황금시대'적 부족국가를 붕괴시키는 가장 강력한 정신 혁명의 불씨가 바로 개인주의라고 믿었던 것이다. 그런데 이러한 미신은 플라톤에 국한되지 않고 오늘날 국가주의, 전체주의, 사회주의, 공산주의는 물론이고 국가를 통해 개인의 자유와 재산을 조정하겠다고 나선 현대 복지주의 국가중심주의들에게도 고스란히 이어져 오고 있다.

그러나 사실 서구문명을 발전시켜온 원동력은 플라톤적인 집단주의가 아니라 "이타주의와 결합된 이기주의"였다. 기독교는 "너의 이웃(플라톤적 관념인 '종족'이 아니다)을 네 몸과 같이 사랑하라"고 가르친다. 그것은 칸트의 실천 윤리('인간 개인이 목적임을 인식하고 그들을 너의 목적을 위한 단순한 수단으로 삼지마라')에도 연결되어 있다. 이러한 이타주의와 연결되어 있는 이기주의적 이익 관념이 서구 역사 발전의 동인이었던 것이지 부족국가를 염두에 둔 집단주의 이익관념이 결코 아닌 것이다. 시장 경제의 본질이 바로 기업(생산자)이 자기 중심이 아니라 타인(소비자)이 원하는바에 맞추려는 거대한 이타성에 있는 것이다. 그것이 상호 번영의 초석이 되어 왔다.

2 사익도 이타적 속성이 있다

사익이 이기적인 것만 있는 것도 아니며 오히려 이기적 사익이 이타적인 공익 상태를 진화해낸다. 애덤 스미드가 말했듯이 개인이 자신의 이기심에 의해 행동하는 것이 궁극적으로는 사회 전체에도 유익한 결과를 초래하는 것이다. 그리고 이러한 결과는 개인들을 초월한 제 3의 조정자인 국가 없이도 이루어진다. 그렇다면 국가의 본연의 임무란 개인이 이기적 사익 추구가 법과 질서 속에서 자유롭게 이루어지도록 그 여건을 만들어주고 거기에서 나타난 결과가 침해되지 않도록 보호하는 것에 국한되어야 한다.

이기적 개인이 이타적 행동을 한다는 말이 생소하게 들리는가? 축구 경기를 보면, 자기 팀 동료선수가 경기장에 부상을 당해 쓰러져 있음에도 불구하고 심판이 이를 보지 못하여 경기가 계속 중인 경우가 있다. 이 때 얼른 치료가 필요하다고 여긴 동료는 몰던 공을 일부러 아웃시켜서 심판으로 하여금 경기를 중단하게 한다. 치료 후 경기가 속개될 때 그 공을 갖게 된 상대 팀은 이 공이 비록 자신의 팀에게 주어졌지만 사실 그 공격 기회는 상대 팀이 이런 이유로 넘겨 준 것임을 잘 알기 때문에 자신에게 주어진 그 공을 다시 일부러 아웃시켜서 그 공격권을 포기한다. 사실 인간은 그런 기회를 이기적으로 이용하기도 해 왔다. 그러나 수없이 많은 축구 경기를 통해 그것이 곧 장기적으로는 상대와 우리 양측에 다 유리한 결과를 가져오는 행동임을 학습했다. 그래서 서로 상대를 배려하는 이타적 행동, 곧 신사적 플레이가 축구계에서 저절로 형성되어 진 것이다. 그렇게 하라는 축구 규칙이나, 국가의 간섭 없이도 말이다. 남을 착취하기 보다는 존중하는 이타적 행위가 결국 나의 이기적 이익에도 더 유리하기 때문이다. 이 때문에 이기적 인간들 사이에 협력, 곧 이타적 행동이 유발되는 것이다.

게임 이론(game theory)은 이기적 경기자 간에 타인을 배려하는 협력(cooperation)이 진화됨을 증명해 주고 있다. 이른바 죄수의 딜렘마 게임에서 팃포탯(Tit-For-Tat: 처음에 상대에게 선량하게 행동하고 그 다음엔 상대의 반응대로 고스란히 대응해 주는 행동방식)이 가장 좋은 성과를 가져온다고 확인되었다. 양 당사자가 다 이 팃포탯을 사용한다면 그것은 곧 항구적인 상호협력을 만들어 낸다. 쉽게 말하면 이기적 인간들이 홉스적인 이기적 이전투구로 끝나지 않고 상호간에 협력하는 행동을 학습하게 된다는 것이다. 이기심으로 충만한 개인이 또 다른 이기적 인간과 게임을 벌이는 상황이 반드시 정부라는 기제의 관여 없이도 스스로 이기심을 자제하고 상호 협력적, 이타적 행위를 하는 행동전략을 찾아낸다는 것이다. 이것은 무수한 많은 예로 증명된다. 결국, 사익은 이기적인 것만 있는 것도 아니며 이기적 사익마저 서로를 존중하는 자신 및 타인을 위한 이타적 행위로까지 진화할 수 있는 것이다.

Ⅳ. '공익'의 이기적 속성

1 공익적 인간관의 허구성

공공이익, 집단이익의 도덕성을 암묵적으로 주장하는 사람들의 의식 속에는 웨버(Max Weber)형 인간이 자리 잡고 있다. 이리하여 대통령, 국회, 사법부, 관료와 같은 웨버형 인간을 냉정, 공익중심, 공평무사에 투철한 공직자로 보게 된다. 그러나 이들의 허구를 벗기고 그들 역시 사익을 추구하는 자들임을 밝힌 것은 공공선택론자인 뷰캐넌(James Buchanan)과 털럭(Gordon Tullock)의 공로이다.

뷰캐넌은 동일한 어떤 개인이 시장과 같은 사적 영역과 정치 및 행정과 같은 공적 영역에서 다른 동기로 행동한다고 함은 논리적으로 합당하지 않다고 본다. 인간은 슈퍼마켓에서 물건을 구입할 때 자신에게 가장 큰 이익을 주는 상품을 고르는 이기적 행동자이다. 바로 그 인물이 이제 물건 구입 후 길을 건너 투표장에 들어가 표를 던질 때에는 자신에게 이익을 주는 후보를 포기하고 '국가 전체'에게 가장 큰 이익을 주는 후보를 선택한다고 가정함은 극히 부적합하다. 만약 양 영역에 적용될 인간형이 상이하다면 이 상이함을 주장하는 측에서 이를 입증해야 할 것이다. 즉 정치적 영역에서도 인간이 사익을 위해 행동한다는 것을 공공 선택 이론가들이 해명하기 보다는, 정치적 영역에서는 경제적 영역에서와는 달리 인간은 사익이 아니라 공익 지향적으로 행동함을 적극적으로 규명할 책임은 바로 공공 선택이론의 가정을 비난하는 측이 담당해야 한다는 것이다. 한편, 털럭은 이 문제를 보다 더 적극적으로 규명하고 나섰다. 효용극대화를 추구하는 인간에게는 좁은 의미의 경제적 이익이 가장 중요한 요소이다. 보통의 인간은 5%정도를 제외하고는 자신의 유익을 더 추구하는 이기적 존재이기 때문이다. 이를 털럭의 가설이라고 부른다.

2 공익의 본질에 대한 오해

공익이라 표방된 것도 실상은 이기적 이익(b)이거나 (이익집단의 이익 등, 관료집단의 이익, 정치인 집단의 이익...), 심지어 아예 사적 이익(a)에 불과한 것들일 뿐이라는 것이다. 대통령, 국회의원, 고위 관료, 법관이 사익이 아니라 공익을 위해 행동한다고 믿는 사람이 아직도 있는가? 대통령은 여당 및 자신에 대한 지지 유지라는 이기적 이익, 국회의원은 재선이라는 이기적 이익, 관료는 예산・무사안일・안정・재량 등의 이기적 이익, 사법부 역시 승진・명성이라는 이기적 이익을 가장 중시할 뿐이다. 정부 정책, 법률이 실제로는 특정 이익집단, 특정 계층 및 개인을 위해 입법되고 집행되는 경우가 얼마나 많은가! 공익이란 으레 d만을 포함한다고 본 플라톤이나 웨버의 시각은 이래서 근본적으로 잘못된 것이다.

Ⅴ. 사익을 떠나 공익이 따로 존재하는가?

사익을 불신하는 사람들은 자연스럽게 이 사익보다 더 정의롭고 우아한 도덕성을 갖춘 다른 이익인 공익을 상정한다. 사익을 초월한 공익이란 실체가 과연 존재하는가? 공익은 사익과 별도로 존재한다는 입장을 "공익실체설"이라 하며, 이를 부인하고 공익이란 초월적 실체는 없으며 '사익으로부터'(사익들의 조정 과정을 통해서) 공익이 형성된다는 입장을 "공익과정설"이라고 한다. 먼저 실체설을 이해한 후, 공익과정설은 사익을 공익으로 전환하는 절차에서 파악함이 논리적으로 자연스럽다.

1 공익이란 실체가 존재하는가?

공익실체설은 공동체(집단, 공공...)라는 실체가 존재한다는 점(공동체 실체설)을 먼저 규명한 후, 이 공동체의 의지 혹은 공공 의지(public weal, public will)가 바로 공익이라고 주장한다.

요즘은 여기에서 한 걸음 더 나아가 플라톤이나 헤겔적 관념인 국가의지, 국가이성이란 개념이 주는 어두운 이미지를 회피하기 위해 이것들을 '공공의지, 공동체 의지'란 말로 대체하는 이론들이 나타났는데 이를 특히 공동체 실체설이라 한다. 과거 전체주의(히틀러, 무솔리니, 소련..)의 붕괴로 이 공동체 실체설은 힘이 빠졌다가 최근 두 가지 방향에서 다시 부활한다. 첫째, 좌파 진보주의자들에서 나타난 것은 정부 정책의 형평성, 시민참여를 강조하는 신행정론(NPA)이 대표적인데 프레데릭슨, 마리니 등이 그 주장자이다. 둘째, 우파 진영에서도 공동체 실체설이 있다. 즉 신공공관리(NPM)주의에서 정부확대 대신 자원봉사, 지역사회의 경찰화를 통해 정부인력 및 예산삭감을 달성하려고 하는 주장이 이에 해당된다.

과거의 '공동체주의'는 공동체를 개인을 초월한 형이상학적 인격체로 보고 그것이 가진 이성(국가이성), 의지(국가의지)를 강조하였다. 그러나 현대의 공동체주의는 공동체를 '자유로운 개인의 집합체'로 이해하면서 이 집단의 진보를 실현하려는 운동을 강조한다. 이들은 '공동체'란 개개의 구성원 뿐 아니라 이 구성원간의 관계성을 규정하는 규칙(규범, 관습...)에 의해 결정된다고 본다. 이리하여 이들은 다음과 같은 요지의 논리를 도출한다. ①공동체는 구성요소인 개인의 총합 이상이다. 즉 공동체 = $\sum$개인(i) + α(개인간 관계 규칙). ②이 공동체는 개인의 의사와는 다른 의지(공공의사, 공공의지)를 가질 수 있다. ③위 ①에서의 “규칙”(α)는 가시적이고 몰가치적(가치중립적)인 것이므로 과거 전체주의에서와 같은 형이상학적 초월적인 국가 이성, 국가 의지와 같은 것이 아니다. 요즘의 공동체 실체설은 개인을 억압하는 것으로 연관해 볼 필요가 없다. ④개인의 사익의 총합이 곧 공익이 될 수는 없다.

2 비판

사익을 떠나 공익이 존재한다는 것은 다음과 같은 문제점이 있다. 첫째, 공공 의지(public will)의 모호함이다. 국민의 뜻, 다수의 뜻. 공공의지란 결국 과반수(majority)로 확정적인 것이 되지만 이 과반수가 여러 모습으로 형성될 수 있고 이것은 상황에 따라 달라진다. 공공 의지란 결국 하나로 고정되는 것도 아니며 언제나 옳은 것도 아니며, 때로는 이기적 혹은 이타적인 것이 될 수도 있다고 본다. 그러나 이런 식으로 공공의지라는 게 가변적이라면 그것은 공동체의 독자적인 인격 실체를 스스로 부정하는 것에 불과하다.

둘째, “공동체의 사익”에 불과한 것을 공익이라 포장한 경우도 많다. 본래 공익(public interest)이란 규범적으로는 “국민 전체”의 이익이어야 한다. 따라서 전체 국민 중 일부에게는 이익이지만 다른 일부에게 손실을 주는 것은 공익이라고 받아들일 수 없다. 그런데 현실적으로 대개의 정책이란 과반수를 형성하는 집단의 이익을 공익으로 입법화하는 것이 보통이다. 이것은 공익의 본래 의미에 부합되지 않으며 그것은 과반수의 사익, 집단의 사익일 뿐이다. 그러고도 이를 공익의 이름으로 포장된 것이다. 따라서 관료의 이익, 정치인의 이익, 여(야)당의 이익, 세월호 피해자의 이익, 특수 이해집단의 이익....,은 공익이 아니라 “사익”일뿐이다. 그 주체가 한 개인이 아니라 복수의 사람일 뿐 그것은 본질적으로 사익에 불과하며 “공익”이 아니라 “집단적 사익”일 뿐이다.

셋째, 사익을 초월한 공익이 따로 존재하는 예의 대표적인 것이 헌법상의 기본권이다. 기본권은 분명 공익이며 나아가 이를 보장하기 위한 헌법적, 법률적 원칙과 절차 자체도 일단 사익과는 다른 것으로 인정할 수 있다. 그것은 종국적으로 “구성원 모두”에게 이익을 주기 때문이다. 그런데 이러한 이 기본권이란 ‘공익’도 구체적으로 실현되려면 하위법령 및 관료의 집행 과정을 통해야만 가능한데 그 과정에는 후술하는 여러 사익들의 조정, 타협이란 과정이 필수적이다. 그리고 그 과정이 여하한가에 따라 실현된 공익인 기본권의 보장 정도, 보장 방식이 좌우된다. 그러므로 공익의 실체가 가장 현저해 보이는 이런 기본권 예에서조차도 공동체의 의지라는 것만으로 저절로 공익이 되는 것이 아니라 그 정책 실현 과정에서 여러 사익의 조정, 합산, 비교, 타협에 좌우되어 형성된다. 결국 공익이 사익을 초월해 존재하는 것이 아니다.

넷째, 사익을 떠나 공익이 존재한다고 본 공익우선론자 중 일부는 그들이 내세운 대표적 공익인 기본권조차도 실제로는 과반수 입법 집단의 사익 추구 등으로 얼마든지 가변적이고 훼손된다는 사실을 직면하자 이를 해결하기 위해 기본권과 같은 가치는 자연법에서 나온 것으로 인식하여 다수이건 소수이건 결코 이를 위배해서는 안 된다고 믿는다. 이를 "자연법적 공익론"이라고 한다. 그리하여 공익은 공동체 의지나 그 구현과정의 사적 이익 개입 없이도 그 자체로 자연법적으로 존재한다고 본다. 기본권 자체가 불변의 공익이란 점을 강조하려는 사고이다. 즉 공익을 국회, 정당, 이익집단, 여론 등의 '정치와 무관한'(apolitical) 것으로 이해하려는 것이다. 그러나 이 자연법에 의해 존재하는 공익과 공동체의 의지로 실제로 선택된 결과가 일치할 것으로 믿는 사람은 많지 않으며, 비록 그것이 실정법 이전에 자연법적으로 주어졌다할지라도 그것을 실천 가치로 선택하는 것은 공동체의 의지라고 보는 것이 실체설의 주류이다. 그렇다면 다시 처음 논의로 돌아간다. 공동체의 의지의 가변성을 감안하면 이 기본적 가치가 침해당할 가능성은 얼마든지 존재한다. 더욱이 그 실현 과정에는 여러 사익들의 개입이 필수적이다. 따라서 공익을 자연법적 가치로 보는 입장도 공동체의 이익이 사익을 떠나 존재한다는 것을 규명하지 못한다.

Ⅵ. 공익은 "사익으로부터" 만들어 질 뿐이다.

공익이 사익을 초월하여 존재한다는 실체설은 앞에서 본대로 많은 문제가 있다. 그리하여 실제로 정부의 공익이란 결국 "사익으로부터" 변환 및 조정되어 만들어지는 것에 불과하다는 것을 과정설이라고 부른다. 예컨대 개인의 이익을 합산한 것을 공익으로 보거나, 혹은 개인의 이익 중 공통적인 것을 공익으로 보거나, 혹은 개인의 이익 자체가 공익이라 보는 것이 이에 해당된다.

그렇다면 사익은 어떤 과정을 거쳐서 공익으로 변환되는가? 과정설의 대표학자인 슈버트(Glendon Schubert)는 공익이란 추상적인 것이며 그 구체적 내용은 이를 실현하는 민주적 정책과정에서 결정된다고 본다. 나아가 민주적 정책 결정과정에서 공익을 결정하는 방식은 다시 세 가지로 나눌 수 있다.

첫째, "국민의 의지"를 정확히 해석하는 방식이다(합리론). 정당, 의회, 대통령 위에 국민이 있다. 이 국민의 의지를 충실히 해석하고 이를 잘 반영하는 법률 및 정책을 결정하면 된다고 본다. 정책결정 기관들인 대통령, 국회, 법원, 정당 등이 "국민의 의지를 정책내용에 충실히 반영하여" 정책을 결정하고 (간접민주주의제), 이렇게 결정된 정책을 관료는 충실히 집행하면 공익은 실현된다고 본다(정치행정이원론). 그러나 국민의 의지란 모호하며 이를 잘 반영 혹은 위반했는지를 확인하기는 여전히 어렵기 때문에 이 이론은 실효성이 없다.

둘째, "자연법과 양심"에 따르자는 이상주의적 공익론이 있다. 이는 국민의 의지나 공공 의지란 추상적인 것에 불과하므로 정책결정자들은 그보다 더 상위에 있는 "자연법과 양심에 따라" 결정을 내려야 한다는 것이다. 국회의원은 선거구의 요구보다 국민의 소리를, 대통령은 인기보다 국가 이익에 부합되는 정책을, 관료는 선량한 봉사자로서의 양심에 따라 정책결정이나 집행을 수행해야 한다. 재량을 행사하는 공직자는 자신의 선입견을 버리고 보다 상위의 법인 양심에 의존해야 한다. 특히 행정 관료는 강력한 이익집단의 압력에 의해 무시되기 쉬운 소수 이익을 보호하고, 전문기술성을 통해 공익을 증진시키는 역할을 담당해야 한다고 보았다. 그러나 전술한 국민의 의지를 넘어 공직자들이 모호하기 이를 데 없는 자연법과 양심에 따를 것으로 기대함은 너무나 비현실적이다.

셋째, 슈버트는 위 두 방식을 반대하고 정책결정 현실을 감안하여 사익이 공익으로 만들어지는 현실적 공익론을 제시한다. 여기에도 다시 세 가지가 있는데 ①다원주의적 정책결정 구조를 확립하면 특정 사익에 매이지 않고 여러 사익들로부터 공익이 바람직하게 형성될 것으로 보는 낙관적 입장이 있다(다원주의적 이익집단론). 그러나 대개 정치행정구조란 충분히 다원적이지 못하다. ② 현실 정책결정에서 이익집단-국회-행정부가 서로 담합하여 이기적 이익을 챙기는 철의 삼각형"(iron triangle)과 같은 비리를 극복하기 위해서 대통령이 공익 수호자로서 적극적인 역할을 하면 된다는 입장이 있다. 그러나 대통령이라고 자신의 이기적 이익으로부터 독립되어 있을까? ③ 행정 관료의 전문성, 중립성 및 적극적 역할을 통해 공익을 형성할 수 있다는 주장이다. 특히 적법절차(Administrative Due Process)와 대표관료제(Representative Bureaucracy)의 확립을 강조한다. 그러나 관료들이 이기주의를 포기하고 윤리적으로 행동한다는 것을 어떻게 기대할 수 있는가! 현실론적 공익형성론은 이런 식으로 공익이란 사익으로부터 불완전하게 만들어진다는 정책 현실을 가장 정확히 보여 준다.

Ⅶ. 결어: 사익 없이는 공익도 없다

사익 침해는 정부가 내세우는 '공익'에 의해 가장 빈번하게 일어난다. 따라서 사익의 논의는 자연히 사익-공익과의 관계에 초점을 둘 수밖에 없다. 공익 개념의 허구를 정확히 논증하는 것은 인간의 이익 중 개인이 자유로이 선택할 수 있는 사익의 범주를 정하는 것과 같다.

사익(개인의 이익)은 나쁜 것이고 공익(집단 혹은 공동체의 이익)은 선한 것이라는 생각은 플라톤을 비롯하여 집단주의적 사고에 의해 우리의 깊은 언어 구조에 각인된 미신에 기인한다. 따라서 이익을 종래처럼 사익-공익으로 이원적으로만 볼 것이 아니라 사익-공익, 이기적 이익-이타적 이익으로 두 개의 축을 통해 네 가지로 구분하면 이러한 오해는 명확히 해소될 수 있다. 이기적-개인적, 이타적-개인적, 이기적-집단적, 이타적-집단적 이익의 네 가지 유형이 도출된다. 지금까지는 위 유형 중 이기적-개인적 이익, 이타적-집단적 이익만 보았기 때문에 으레 사적 이익은 이기적인 것이며, 집단적 이익은 이타적인 것이라고 오해한 것이다. 사익은 이타적이기도 하며, 동시에 공익 역시 이기적일 수도 있음을 논증함은 사익 관념에 대한 증오의 부당성을 일깨워준다.

이것은 사익의 도덕성에 대한 새로운 가치를 더 해 준다. 동시에 지금까지 이 사익의 억제 논리로 정부가 동원해 온 '공익'의 신비로운 허구를 철저하게 벗겨준다. 이제는 공익을 내세워 사익을 침해할 경우에는 과거처럼 "다수에 관련된 이익은 개인의 이익보다 당연히 우월하다"는 모호한 논리만으로는 어림도 없다. 어떤 사익을 불가피하게 제한하려면, 본질상 또 다른 사익에 불과할 가능성이 아주 높은 소위 '공익'이 왜 그 사익을 변경, 제한, 침해해야 하는가에 대한 더 설득력있고 정당한 논거를 제시해야 함을 시사한다.

흔히 정부가 공익이라고 표방하는 많은 가치는 실상 사익을 떠나서 존재할 수 없으며, 오히려 정부를 구성하는 집단의 사익에 불과하다. 설령 공익이 기본권 가치처럼 개인의 사익을 떠나 존재하는 실체가 있는 것처럼 보일 경우에도 그것이 구체화되는 정책 과정에서는 불가피하게 사익들의 타협 및 조정으로 형성된다. 따라서 사익이야 말로 모든 개인 행동의 근본 동기이며 정부가 내세우는 공익이란 것도 여기에서 연원할 뿐이다. 공익을 내세우려면 사익부터 먼저 존중해야 한다. 사익 떠나서 공익은 없다. 공익이란 사익의 다른 얼굴이며 사익으로부터 만들어질 뿐이다.

논평

이 주제는 공익론 중에서도 과정설, 즉 사익은 본질적으로 사익의 갈등 조정의 선물에 불과하며 사익 없이는 공익도 없다는 주장을 선명하게 이해하도록 쉽게 정리한 것이다(김행범, 2015). 관념적인 기준에 불과한 실체설을 따로 물을 일은 거의 없지만 과정설적 공익론의 특성은 깊이 정리해 둘 필요가 있다.

흔히 저지르는 오해는 과정설은 사익만을 강조하고 공익이란 말은 오직 실체설에만 해당된다고 보는 착각이다. 이 때문에 예컨대 대법원이 '공익'을 이유로 사익을 제한한다는 판례가 있다는 것을 국가가 실체설을 정당화한 것으로 해석하는 것은 큰 오류이다. 어느 입장에서든 공익이란 관념은 존재하되 다만 그것의 형성 방식을 다르게 이해할 뿐이다. 그러므로 법원이 그 '공익'의 형성 방식을 어떻게 해석했는가? 가 더 중요하다.

한국 행정에서 공익과 사익 간 갈등이 가장 선명하고도 직접적으로 체감되는 정책 사례는 재산권 제한 특히 토지 수용이다. 일정한 위원회(예컨대 토지수용상의 '공익성검증위원회')의 의결을 통과한 것을 공익에 부합된 것으로 보았다면 그 경우 공익성 여부는 순전히 위원회의 의결 과정에서 정해진 것이지 객관적, 초월적, 실체적 관념의 공익 때문에 나온 것이 아니다. 그 경우 공익 결정 방식은 실체설이 아니라 과정설에 더 부합되는 것이다.

그 위원회의 결정 과정을 거쳤다는 점을 들어 해당 사업안이 공익성을 충족한 것으로 법원은 판단한다. 법관은 물론 위원회의 내부적 결정의 어느 국면에서도 실체설이 예상하는 추상적 공익을 측정, 확인 및 형량하는 작업은 들어 있지 않으며(그럴 능력도 없다), 관련 당사자의 설득과 타협 및 '사익들 간 조정'이 있을 뿐이다. 그 과정을 거쳐 합의되면 공익성에 부합한다고 보는 것이다. 그것은 행정 현실에서 과정설적 공익론이 훨씬 더 널리 적용되고 있음을 시사한다. 반면에 실체설적 공익론은 오직 관념상으로만 존재하거나 너무 추상적이어서 현실의 공익 판정 기준으로서는 실제로 채택되지 못한다.

| 새 테마 행정학 |

18. 행정이념: 능률성

Ⅰ. 의 의

1 대두 배경

능률성이 행정 이념으로 부각된 데에는 역사적 이유가 있다. 19세기 들면서 국가의 행정 기능이 양적으로 팽창되고 질적으로 복잡화되자 행정조직, 공무원 및 예산은 급속히 팽창하였다. 이 때문에 징세액이 급증하자 조세부담자인 국민들은 정부의 세입, 세출에 대하여 보다 적은 과세와 보다 많은 서비스(less taxation, more services)를 요구하게 되었다. 이로 인해 정부가 주어진 예산 하에서 최대한의 성과 혹은 주어진 성과를 최소의 예산으로 수행한다는 개념인 능률성(efficiency)이 가장 중요한 행정 이념으로 대두되었다.

그 후, 시기에 따라 조금씩 그 강조 정도가 바뀌기는 하였으나 행정에서 가장 대표적인 이념으로 정착되었다. 이러한 능률성은 초기의 행정학의 수립기 뿐만 아니라 최근 1980년대 이후부터 시작된 신보수주의 및 신자유주의 하에서도 다시 강조되고 있다.

2 개념

능률은 두 가지로 해석이 가능하다. 하나는 주어진 비용으로 최대의 성과를 이룩하는 것이며, 다른 것은 최소의 비용으로 정해진 성과를 달성하는 것이다. 따라서 능률이란 산출(효과)에 대한 투입(비용)의 비율로 표현할 수 있다. 위의 두 가지의 정의는 투입과 산출 중 어느 하나를 고정시키고 나머지를 최대화하는 것을 의미하고 있어, 결국 능률성이란 행정이 이루어지는 과정을 경제성(economy)을 가질 것을 요구함과 같다.

경제적 합리성(economic rationality)과 동의어인 능률성은 투입된 노력과 효과 간의 관계이며, 노력은 보통 화폐 단위로 표현된다. 이러한 능률성은 목표의 달성 정도(degree of goal attainment)를 의미하는 효과성과는 구별해야 한다. 즉, 능률성은 투입 대 산출의 비율을 의미인데 비하여, 효과성은 산출의 양만을 의미한다.

Ⅱ. 행정에서 능률성의 적용

1 정책결정 기준과 조직 내부관리상의 능률

1) 정책결정 기준상의 능률

능률성도 거시적인 정책 결정 기준이라는 관점에서 볼 때와 주어진 정책의 내부 관리상의 관점에서 보는 경우로 구분할 수 있다(정정길, 2008). 예컨대, 산업정책의 결정에서 주어진 동일한 정부 예산과 지원으로 경제발전을 추진하고자 할 때에, 제조업 분야를 지원하는 것과 농업 분야를 지원하는 것 중, 경제발전 효과가 더 큰 전자를 선택하는 것이 정책결정 기준 상의 능률성이다. 이는 경제학이나 정책분석에서 강조하는 능률성이다.

즉, 정책결정에서 기준으로서의 능률성은 주어진 목표를 가장 적은 비용으로 달성하거나 주어진 비용으로 가장 높은 목표를 달성하는 정책 대안을 선정하는 정도이다. 그런데 정책결정 기준으로서의 능률성은 형평성 · 효과성 · 민주성 등 다른 기준들과 갈등을 일으키는 경우가 많다.

2) 내부 관리상의 능률

이는 행정의 내부 관리적 측면 얼마나 능률적인가를 의미한다. 예컨대 행정 조직이 분업화가 잘 되어있다든지, 좋은 리더십이 있다든지, 전문성이 높은 정도 등이 중요한 요소이다. 이러한 의미의 능률성은 조직 인원의 감축, 기구의 통폐합, 임금 인하 등을 통해 달성될 수 있다. 특히 이런 의미의 능률성은 기계적 능률(mechanical efficiency)이라고 부른다.

조직내부 운영방법과 관련된 이런 의미의 능률성은 원칙적으로 관리책임자에게 가장 중요한 관리상의 지침으로 부여된다. 결정과정상의 시간 · 경비 · 인력의 절약 등은 정책결정 기준상의 능률성과는 관련이 없고 내부 관리상의 능률성을 제고하는 것일 뿐이다. 과학적 관리론이나 고전파 행정학이 강조해 온 이러한 기계적 능률을 비판하고 나온 것이 사회적 능률(social efficiency)이다.

3) 두 가지 능률 개념의 양립 방안

인건비 절약 및 업무의 신속한 처리와 같은 관리상의 능률을 위해, 결정기준상의 능률성이 희생되는 경우가 많이 발생하고 있다. 그러나 관리상의 능률을 향상시키기 위해 결정기준상의 능률을 희생할 경우 행정 전체는 커다란 비능률을 초래하게 된다. 이런 두 가지 능률성 기준이 대립되지 않도록 행정 관료의 충분한 전문지식과 정보가 합리적인 의사결정을 위해서 필요하다. 따라서 결정 기준으로서의 능률성이 먼저 확보되고 난 뒤에 그 대안의 집행 과정에서 내부관리적 능률성을 확보하는 것이 바람직하다.

2 서비스 행정 및 규제 행정에서의 능률성

1) 서비스 행정

능률성이 작동되는 영역은 크게 서비스 행정과 규제 행정으로 구분하면, 각 영역에서 요구되는 능률성의 종류도 상이하다. 서비스 행정은 정부가 국민에게 이득이 되는 서비스를 제공하는 행정 작용이다. 서비스 행정의 경우에는 결정기준상의 능률성이 중요하다. 이는 대체로 댐, 도로, 항만건설 등을 건설하여 국민들에게 서비스를 제공하는 경우가 대표적이다. 즉 같은 결과를 위하여 보다 적은 경비를 들일 수 있는 방법을 선택하는 것이 바람직하다.

2) 규제 행정

규제 행정은 정부가 국민에게 일정한 권리나 자유를 제한하는 행정 작용이다. 이러한 규제 행정의 경우에는 결정기준상의 능률보다 관리상의 능률이 더 중요하다. 규제행정은 일부 국민들의 권리행사나 행동의 자유를 제한하여 많은 다른 사람들을 보호하는 경우가 전형적인 것으로, 이미 핵심적 결정은 다른 곳에서 이루어지고 행정 관료가 담당하지 않으므로, 행정기관으로서는 주어진 이 규제를 충실히 집행하는 것이 더 중요하다.

3 다른 이념과의 충돌 가능성

능률성과 다른 행정 이념과의 충돌이 문제된다. 최근 논의되고 있는 행정기능의 민간화 및 작은 정부 운동 등은 대개 관리상의 능률에 초점을 두고 개혁을 하고 있다. 그러나 이 관리상의 능률성을 추구할 경우에 효과성은 크게 희생될 수 있다. 또 행정의 능률성은 행정의 형평성 및 민주성과도 충돌할 수 있다. 특히, 능률성과 형평성의 관계가 문제가 된다. 능률성과 형평성은 '능률성과 형평성의 딜레마(efficiency versus equity dilemma)라는 표현에서 알 수 있듯이, 대개 대체관계(trade off)에 있는 경우가 많다. 이 두 가지 기준 중 어느 것에 보다 높은 우선순위를 둘 것인가의 문제는 기본적으로 '가치판단의 문제'이다(정정길 외, 2015).

여기서 자연스럽게 행정 이념간의 우선순위가 부각된다. 자유민주주의 국가에서 민주성을 최고 이념으로 보므로 능률성을 위해 민주성이 희생되어서는 안 된다. 그 다음 행정이 기대하는 발전 목표의 달성을 중시하는 효과성이 중요하며 그 다음에 이러한 정책을 달성하는 것이 능률적이어야 한다. 그리고 이 모든 것이 법에 부합되어야하므로 합법성이 중요하다.

한편 후술하는 공평성이 민주성에 포함되는가? 혹은 이를 정의(jusitice)로 간주하여 별도의 행정이념으로 보아야 하는가? 는 논란의 여지가 있다. 행정공무원이 공평성과 능률성을 선택할 수 있는 경우는 많지 않으며 그것은 가치판단 과정인 정책결정 및 입법 과정에서 정하는 것이 보통이다. 그러므로 공평성과 능률성의 갈등은 추상적 논쟁에서는 몰라도 현실의 행정공무원에게는 큰 문제가 되는 경우가 드물다. 설령 공평성을 위해 입법화된 사회복지 정책조차도 그것은 능률적으로 집행되어야 한다는 점은 의문의 여지가 없다. 그만큼 능률성이란 행정이념의 적용범위가 광범위하다.

Ⅲ. 능률성 기준

1 Pareto 기준

능률성을 측정하는 기준으로 가장 널리 알려진 것은 파레토 기준(Pareto criterion)과 칼도-힉스 기준(Kaldor-Hicks criterion)이다. 파레토 기준은 새로운 상태에서 어떤 사람의 효용수준도 예전보다 더 낮아지지 않았고, 최소한 한 사람 이상의 효용수준이 예전보다 더 높아졌다면 이를 개선이라고 평가하는 기준을 말한다. 그러나 공공정책으로 인한 대부분의 변화는 어떤 사람에게는 이득을 다른 사람에게는 손해를 가져다줌이 보통이므로 이 기준은 비현실적이라는 비판을 받고 있다. 그러나 이 기준은 능률성의 가장 확실한 기준이다.

2 Kaldor-Hicks 기준

칼도-힉스 기준은 파레토 기준의 비현실성을 극복하고자 나온 기준으로, 어떤 변화를 통해 이득을 보는 사람에 의해 평가된 이득의 가치가 손해를 보는 사람에 의해 평가된 손해의 가치보다 더 클 때 그 변화를 개선이라고 평가할 수 있다는 기준을 말한다. 즉, 칼도-힉스 기준은 이득을 보는 사람이 손해를 보는 사람들에게 그 손해에 해당하는 보상을 해주고도 남는 것이 있을 때, 그 변화를 개선이라고 보는 것이다. 여기서 그 보상은 반드시 실제로 일어난다는 것이 아니라 보상에 대한 잠재적 가능성을 의미할 뿐이다.

3 Scitovsky 기준

칼도-힉스 기준을 좀 더 발전시킨 능률성 기준이 시토브스키(Scitovsky) 기준이다. 이 기준은 칼도-힉스 기준을 두 번 적용하는 것으로, 어떤 변화에 대해 칼도-힉스 기준을 적용해 그것이 개선임이 밝혀지고, 동시에 그 반대방향으로의 변화는 칼도-힉스 기준에 비추어 개선이 아니라는 것이 확인되었을 때에만 그 변화가 개선이라고 판정한다. 즉, 이중의 판정을 모두 통과하는 변화에 한해서 개선이라고 평가하는 것이다.

Ⅳ. 한국행정에 대한 함의

첫째, 본질적으로 민간 부문과 달리 공공 부문은 산출량 파악이 어렵다는 제약이 있다. 능률성 이념을 적용 시 가장 중요한 전제는 성과의 측정이다. 비용의 특정은 산출의 측정보다는 상대적으로 더 용이하다. 한국의 경우 개인별 성과까지는 어렵더라도 최소한 기관별 산출의 측정은 많이 시도되고 있다. 이를 위해 성과지표의 개발이 고도화되어야 할 것이며, 양적 평가에 이어 질적 평가도 감안되어야 한다.

둘째, 서구의 행정이념은 이미 민주화를 이룩한 이후에 자연스럽게 능률성이라는 이념으로 전환된 것이었다. 한국의 경우 행정의 민주적 통제 및 정치적 책임성을 확보가 불완전한 상황에서 단기간의 국가발전 목표의 달성을 위해 정책결정 기준으로서의 능률성 및 내부관리상의 능률성이 동시에 요구되어 왔다. 따라서 능률성을 확보하는 것 이전에 행정의 민주성과 책임성이 더 중요함은 당연하다.

셋째, 그러나 이 논의가 행정의 민주성과 책임성이 어느 정도 확립될 때까지는 능률성을 포기하라는 의미로 오해되어서는 안 된다. 21 세기 들어 우리는 이미 상당한 수준의 민주화와 행정책임성을 확보해 가고 있으므로 그것을 확립해 감과 동시에 지금부터야 말로 행정이념으로서 능률성에 더욱 주목해야 할 것이다.

논평

능률성에서 유의할 점은 정책결정 기준으로서의 능률성과 행정의 내부 관리기준으로서의 능률성의 구분이다(정정길,2008). 전자는 능률성을 거시적 관점에서 보자는 것이다. 이는 정정길 교수만의 구분론인데 충분한 타당성이 있다. 그러나 그 차이는 절대적인 것이 아니다.

ㅣ새 테마 행정학ㅣ

19. 행정이념: 효과성

Ⅰ. 의 의

효과성(effectiveness)은 목표 달성도를 의미한다. 그것은 국가발전 목표의 달성에 매진해 온 발전행정론의 중심 개념이었다. 굳이 발전행정론에 서지 않더라도 행정목표를 달성해야 한다는 것은 당연한 요청이므로 늘 행정이념의 중요한 내용으로 간주되어 왔다. 정책의 근본 존재 이유가 그 정책을 통해 달성하려는 목표에 있으므로 효과성을 목표 달성도라고 정의하는 것이다. 효과성은 행정 성과를 행정목표와 대비시켜볼 때 파악할 수 있으므로 효과성을 측정하기 위해서는 행정목표가 먼저 명확하게 설정되어야 한다.

효과성은 산출(output)과 구분되어야 한다. 예컨대, 도로 포장을 위한 인적 · 물적 자원의 투입에서 포장 면적은 산출, 차량의 원활한 통행은 효과에 해당된다. 산출은 행정 체제가 사회에 대하여 제공하는 것으로 행정활동의 1차적 산물을 의미한다. 이에 반해 효과(effect)는 산출이 사회에 대하여 제공하는 바람직한 결과를 의미한다. 그러므로 산출보다는 효과가 더 측정하기 어렵다.

Ⅱ. 내 용

1 조직 내부관리상의 효과성과 정책결정 기준상의 효과성

조직의 효과성은 조직이 조직목표를 어느 정도 달성했는지를 나타내는 지표이다. 정책결정 기준상의 효과성은 정책결정과정이나 집행과정에서 중요한 결정을 할 때, 대안선택의 기준으로서 어느 대안이 더 목표 달성의 정도가 큰가를 판단할 수 있는 지표이다. 그러나 실제로 대부분의 조직은 담당하는 기능이 있고 이 기능이 조직의 목표가 되므로, 행정 조직이 사회 또는 국가를 위하여 담당하는 기능을 수행하기 위하여 정책결정과 집행을 하게 되므로 결국은 정책결정상의 효과성이 바로 조직의 효과성이 되는 것이 보통이다.

2 효과성과 정책결정의 타당성

정책목표를 치유적 목표와 창조적 목표로 나누어 볼 수 있다. 치유적 목표(ex. 전염병 환자 감소, 실업자 감소)의 경우는 목표를 달성하는 정도를 나타내는 효과성이란 결국 정책문제를 해결한 정도를 의미한다. 창조적 목표의 경우는 지금까지 없던 새로운 상태를 정책목표로 내세우는 것이므로(ex. 국민소득 40,000불 달성), 이때는 목표 자체가 바람직스럽게 설정되었는지가 문제된다.

3 넓은 의미의 효과성

하위목표는 상위목표에 대하여 수단적 역할을 한다. 그러므로 하위목표의 적합성이나 적절성은 결국 상위목표를 보다 잘 달성하기 위하여 필요하다. 즉 상위목표가 효과적으로 달성되려면 하위목표가 적합해야 한다. 상위목표의 효과성은 하위목표의 적합성과 적절성을 포괄하는 개념이다.

결론적으로 효과성을 넓은 의미로 보면, 하위목표들의 적합성(우선적으로 해결해야 할 문제를 올바르게 판단했는지)과 적절성(해결수준을 적절하게 설정했는지)을 내포하는 개념이 된다. 문제를 올바로 해결하는 것이 중요해지는 경제, 사회적 환경변화에서 넓은 의미의 효과성이야말로 행정의 중요한 지도원리라고 볼 수 있다.

Ⅲ. 평 가

효과성은 그 효과달성을 위해 투입된 비용을 감안하지 못하는 치명적 약점이 있다. 높은 효과를 많이 산출하는 대안이라도 비용이 너무 많이 소모되면 바람직스럽지 않다. 즉 어떤 희생을 감수하고서라도 목표를 달성하면 그만이라는 목표지상주의에 빠질 수 있다.

그러나 어떤 대가를 지불해도 목표를 달성해야 하는 경우 예컨대, 전쟁, 국토방위 등과 같이 행정목표나 너무나 중요한 경우에는 이 행정이념이 가장 중시된다. 다만 그와 같이 효과성이 가장 중시될 정책 내용이 무엇인가에 대해서는 발전행정 시대로부터 오늘날까지 많은 변화가 있다.

새 테마 행정학

20. 행정이념: 민주성

Ⅰ. 의 의

1 대두 배경

본래 능률성을 강조하며 행정학을 독자적 학문으로 독립하고자 했던 고전파 행정학은 우선 민주적 정치과정으로부터 벗어나 능률성을 확립하고자 하였다. 민주성이란 이름 하의 각종 인사제도, 행정에 대한 간섭, 비능률 등이 그 극복 대상이었다. 민주적 정치로부터 떨어져 나온 행정은 정치에서 설정해 준 정책을 구체화하는 과정이 행정이라고 보았던 것이다.

이 시대에는 행정 과정의 능률화가 가장 중시되었다. 그러나 행정이 목표설정, 정책결정까지 상당 부분 담당하게 된 이후에는 그것만으로는 부족하였다. 능률이 무엇을, 누구를 위한 것이냐가 더 중요한 관심이 되었다. 특히 오늘날 행정국가화가 심화하자 이를 민주성 아래 통제해야 한다는 요구도 더욱 커졌다. 이 배경 하에서 곧 행정은 국민을 위한 것이어야 한다는 민주성(democracy)이 행정이념으로 다시 강조되기 시작하였다.

2 개념

행정의 민주성이란 민주주의의 원리를 행정의 영역에 적용하는 것이며, 여기에 민주주의는 정치의 기본 이념으로서 민주국가 행정의 기본이념이다. 이러한 민주성은 크게 두 가지로 설명된다.

1) 행정 조직 내부의 민주성

각계각층을 대표할 수 있는 관료들을 의미하는 대표관료제나, 부하직원들의 의사결정참여와 분권화 그리고 부하에 대한 인간적 대우 등을 의미하는 것으로 개념상의 혼란은 없다.

2) 행정 조직 외부의 민주성

행정의 외부 즉 국민들과의 관계에서 논의되는 민주성은 개념상 혼란이 있다. 우선 민주행정은 상식적으로 3가지의 다른 의미로 사용되어 왔다.

첫째, '국민의' 는 국민주권, 즉 국가의 주권은 국민들에게 있다는 개념이고, 둘째, '국민에 의한' 은 국민에 의한 각종 참여와 행정에 대한 통제를 민주행정의 핵심으로 보며, 셋째, '국민을 위한'은 국민 전체를 위한 행정, 또는 일부집단이 아니라 대중의 이익을 위한 행정을 의미한다.

Ⅱ. 내 용

1 간접민주주의와 행정의 정치적 책임

국민에 의한 행정을 구현하기 위하여 간접민주주의의 원리에 따라 선출된 대통령이나 국회의원들의 뜻에 의하여 행정이 수행되어야 한다고 보고, 행정의 정치적 책임(Accountability)을 강조한다. 이러한 행정책임의 논리는 대통령과 국회와 같은 정치기관에서 정책을 결정하고 행정은 이를 충실히 집행하는 경우에 민주행정의 이념이 달성된다고 본다.

그러나 현대 행정의 관료는 대통령과 국회의 뜻을 충실히 따른 것이 아니라, 이들을 대신하여 실질적인 정책결정을 하게 되면서 정치를 통해서 민주성을 확보하는데 도전이 되고 있다.

2 고객 중심주의와 행정의 대응성

행정 관료들이 행정 업무를 수행하는 과정에서 직접적으로 민주성을 확보하려는 논리가 등장하게 되었는데, 바로 고객 중심적 행정이 주장하는 행정의 대응성의 강조이다. 즉 집행과정에서 고객들의 다양한 요구를 반영하여 고객에게 보다 좋은 서비스를 제공하자는 주장이다. 즉 고객에게 좋은 서비스를 제공하면 민주성은 확보가 되는 것으로 보았다. 그러나 관료들의 재량권 강화로 인한 횡포와 부패가 발생할 우려가 있고, 이익집단들이 대응성을 명분으로 한 횡포를 부릴 가능성 또한 배제할 수 없다.

3 시민참여와 공동체주의

시민이 행정 과정에 직접 참여하는 것을 의미한다. 즉 행정상의 결정에서 시민참여를 통하여 국민에 의한 행정을 직접적으로 실현하고자 하는 것이다. 시민들이 직접 행정결정과정에 참여하게 되면 직접민주주의의 이념을 행정상에 적용할 수 있다. 그러나 자신의 이익과 직접적인 관계가 없어 공정성과 중립성을 보장할 수 있는 일반시민이 많은 시간과 노력을 들여서 행정상의 결정에 참여할 인센티브에 관한 문제에 부딪히므로 이를 위해 시민정신과 공동체의식의 강화의 필요성이 요구되고 있다.

Ⅲ. 민주행정의 다양성

1 민주행정 원리의 적용

이익 집단론에서는 이익집단들에 의하여 타협 조정된 의견을 행정상의 결정으로 받아들일 때 민주행정이 실현된다고 보는 한편, 국민들의 행정에 대한 직접참여는 아니지만, 여론에 의한 행정이야말로 국민의 뜻을 반영한 것이라는 주장도 있다. 이처럼 민주성의 실현을 위해서는 일정한 비용을 치러야 한다. 민주행정의 원리는 다음과 같이 적용할 수 있다.

1) 공식적으로 헌법과 기타 법률에 의하여 정하여진 대로 국회와 대통령의 결정을 가장 중요한 것으로 받아들이고 이를 충실히 따라야 한다.
2) 객관적으로 볼 수 있는 여론이나 시민참여에 의한 행정결정에 따른다.

2 내부관리적 측면의 민주행정

내부관리적 측면에서 민주행정을 위해서는 다음과 같은 방안이 제시되고 있다.

첫째, 분권화로 조직계층상의 상부가 아니라 하부층에서 보다 많은 실질적인 결정권을 갖게 하는 것이다.

둘째, 민주적 리더십의 확보로 의사결정과정에서 상관의 독단이 아닌 부하의 의견을 최대한 반영해야 한다고 본다.

셋째, 하위조직원의 자기계발과 자율성 향상이 요구된다.

넷째, 대표관료제의 도입으로 인사관리측면에서 민주성을 최대한 확보하고, 각 분야와 각 계층의 국민들로부터 관료들을 충원하여 행정을 담당하는 관료들이 국민들의 대표자가 되도록 하는 것이 필요하다.

3 행정의 민주화방안

민주행정이 다양한 의미를 지니고, 상호 모순되고 대립되는 내용들을 지니고 있기 때문에 막연하게 행정의 민주화를 강조해서는 오히려 악용되는 경우가 있는데, 앞으로 행정전반의 민주화를 위한 방안은 다음과 같다.

1) 제도개선

행정절차법에 따른 적정절차의 확립, 국민권익위원회의 효율적 운영, 정보공개법의 비공개 영역의 축소, 독립인사위원회의 설립, 규제완화 등의 제도 개선이 요구된다.

2) 행태 개선

실제 공무원들의 행태를 개선하기 위해서는 실적제 확립, 인사 제도 개선, 교육훈련이 필요하다.

3) 환경 개선

사회전반적인 환경의 개선으로 지방자치의 활성화와 정치 발전, 시민의 참여의식과 비판의식의 확대가 요구된다.

4) 대내적 조직운영의 개선

조직 내부운영방식의 변화로 분권화, MBO 도입, 공무원의 정치적 중립 확보, 조직의 동태화와 인간화, 공무원 단체의 허용 등이 요구된다.

ㅣ새 테마 행정학ㅣ

21. 행정이념: 합법성

Ⅰ. 의 의

1 개념

합법성(legality)은 행정은 법에 의거하여 수행되어야 한다는 법치 행정의 원리를 의미한다. 그런데 법률의 결정자는 의회이므로 법치 행정이란 결국 의회의 뜻에 따라 행정이 수행되어야 함을 의미한다. 법치주의란 국가가 국민의 자유와 권리를 제한하거나 국민에게 새로운 의무를 부과할 때에는 반드시 국회가 제정한 법률에 의거해야 한다는 원리이다. 이는 법률의 우위, 법률에 의한 행정, 그리고 법률에 의한 재판을 내용으로 한다. 이중에서 행정의 합법성은 주로 법률에 의한 행정(법치 행정)이라는 국면을 의미한다.

행정의 합법성은 행정의 민주성의 범주에 포함되는 것으로 이해할 수도 있다. 행정이 의회가 제정한 법률에 구속되어야 한다는 것은 결국 국민의 대표에 의한 지배 곧, 민주행정을 의미하기 때문이다. 따라서 미국의 고전파 행정학이 굳이 법치 행정을 강조하지 않은 것은 이미 당시 미국의 경우 법치 행정은 당연히 인정되어진 상태였기 때문에 굳이 따로 강조할 필요도 없었기 때문이다. 더 근본적으로는 합법성은 곧 민주행정론의 일부로 이해되었기 때문이기도 하다(정정길, 2008).

2 법치 행정의 목표

법치 행정은 세 가지 측면의 세부 목표를 포함한다. 첫째, 국민들의 개인의 자유나 재산을 침해하지 못하도록 기본적 인권의 보장이 법치 행정의 가장 중요한 목표이다. 이러한 침해는 주로 행정권을 통해 일어난다고 보았기 때문에 무엇보다 행정 작용이 국민의 대표인 의회가 제정한 법률에 구속되게 한 것이다.

둘째, 행정으로부터 피해를 입는 국민들의 권리를 구제하기 위한 것이다. 법에 위반한 행정은 위법한 행위가 되고 따라서 이로 인해 피해를 입은 개인은 정부로부터 권리를 보호받게 되며, 그러한 구제 절차 자체도 법률로 정해두게 한 것이다.

셋째, 행정의 안정성과 일관성 및 이에 따른 예측가능성을 위한 것이다. 법률은 그 제정 및 개정에 엄격한 절차를 거치므로 상당한 영속성을 지닌다. 따라서 행정을 단순한 명령, 행정 집행자의 선의, 약속에 의거하여 이루어지 할 것이 아니라 법률에 의해 이루어지게 하면 그 행정 작용을 둘러싼 당사자들 간의 상호관계는 상당한 안정성 및 예측 가능성을 준다.

Ⅱ. 합법성 구현의 한계

행정의 지도 원리로 합법성이 이처럼 중요하지만 현실적으로 행정의 합법성이 지켜지지 못하는 즉 불법 행정의 많은 이유가 있다. 한국 행정을 중심으로 이러한 점들을 살펴보면 다음과 같다(정정길, 2008).

1 정통성이 취약한 정권의 행정집행

유신 정권 및 5공화국 정권처럼 정통성이 약한 정권의 경우 권력 유지를 위해 행정을 동원한 국민의 자유권적 기본권의 침해가 심하였다. 한편 경제제일주의(발전주의)의 정책이념도 법치 행정을 무시하고 환경·노동·복지 등의 기본권을 침해하는 요소 중 하나였다.

집권자가 설정한 국가 목표를 어떤 비용을 치르더라도 달성해야 한다는 군대식 효과성이 강조되다 보니 행정은 형식적 법규 자체를 무시하거나, 혹은 법을 회피하기 위해 '행정지도'의 형식이 악용되기도 하였다. 1980년 후반부터 민주화의 진전으로 이러한 불법행정은 많이 줄었으나 그 관행이 아직도 남아있다.

2 형식주의 및 선택적 법적용

국민이 법을 지키지 않고 정부도 이를 방치함으로써 결과적으로 불법 행정이 나타난 경우도 있다. 이런 유형의 탈법행정이 이루어지는 이유는 법규의 내용이 현실과 괴리되어 형식적으로만 존재하기 때문이다. 대개 현실을 무시하고 지나치게 이상적인 외국의 법규를 모방한 경우이다. 이 상황에서 정부가 선택적으로 법을 적용하여 자의적으로 특정한 경우에만 엄밀한 법적용을 하고 국민은 이를 회피하기 위해 부정이나 부패를 저지르게 된다.

Ⅲ. 합법성 이념에 대한 재검토

첫째, 관료들의 형식적 법절차주의(red tape)는 일견 형식적 의미의 합법성을 충족한다. 그러나 이 경우 형식주의로 인한 무사안일 및 고객만족의 저하가 나타난다. 행정의 효과보다는 합법성의 요건을 갖추기에 급급하게 되고 행정의 실질적 효과를 높이기보다는 법규를 위반하지 않는 것만을 중시하게 만든다.

둘째, 그러나 합법성은 그 자체가 행정의 가장 중요한 이념이 되는 것이 아니다. 가장 중요한 민주성, 효과성, 능률성이 적극적으로 중시되어야 하며 합법성은 이 모든 경우에 행정이 지켜야 할 최소한의 요건으로 이해되어야 한다. 따라서 아직도 감사원의 감사 활동이 합법성의 위주로 되어 있는 것은 앞으로 개선되어야 할 것이다. 민주성, 효과성, 능률성의 제고를 위해서는 현존의 법규에 지나치게 얽매이지 말고 적극적으로 법규를 개정해 나가는 시각이 필요하다(박동서, 2004).

셋째, 법의 지배를 의회가 제정한 법에 의하기만 하면 모든 것을 행정이 행할 수 있다는 것으로 오해해서는 안 된다. 형식적으로는 의회를 통과한 법이지만(제정법 legislature), 그 실질적 내용이 헌법상의 개인의 자유와 권리를 침해한다거나 국가권력의 한계를 벗어난 입법은 진정한 법(law)이 아니다(Hayek). 따라서 행정이념으로서의 합법성이란 단지 국회제정법에 의거한 행정이란 것만으로는 부족하며 그것은 의회 입법 이전에 존재하는 헌법상 개인의 기본적 자유와 권리의 본질을 보장하는 법(law)에 토대한 행정이어야 함을 시사한다.

ı새 테마 행정학ı

22. 행정이념: 공평성

Ⅰ. 의 의

1 개념

공평성은 헌법이 규정한 평등(11조)에서 수익자부담의 원칙에 이르기까지 다양한 의미를 지니고 있다. 따라서 개념정의가 어려우며, 평등, 형평, 정의 등의 용어가 혼용되고 있다. 이들은 대체로 ①수평적 공평성과 수직적 공평성, ②결과의 공평성과 기회의 공평성의 두 가지 측면으로 정리할 수 있다.

2 수평적 공평성과 수직적 공평성

1) 수평적 공평성

수평적 공평성은 "같은 사람을 같이" 취급함을 의미하는 것으로, 같은 사람을 같이 취급해야 공평하다는 상식에 해당되는 개념이다. 법 앞의 평등이나 똑같은 교육을 받기 때문에 똑같은 등록금을 내는 경우가 이에 해당된다.

2) 수직적 공평성

수직적 공평성은 "다른 사람을 다르게" 취급해야 공평하다는 것을 의미하는 것이다. 수직적 공평성은 주로 경제적 능력을 중심으로 논의되고 있는데, 소득재분배정책을 통해 소득계층이 높은 사람들이 많은 세금을 부담하여 저소득층의 복지를 위하여 지출해야 한다는 것이 핵심주장이다. 수직적 공평성은 형평성(equity)으로도 불리고 있는데 행정에서도 수평적 공평성보다는 수직적 공평성(즉 형평성)이 언제나 논란의 초점이 되어 왔다.

3 결과의 공평성과 기회의 공평성

1) 결과(outcome)의 공평성

결과의 평등은 인간의 평등을 가장 극단적으로 강조하는 공산주의자나 사회주의자들에게 의해 가장 선명히 강조된 개념이다. 그런데 결과에서의 평등은 열심히 일한 사람이 게으른 사람을 부양하게 되는 불공평한 사회를 초래한다는 문제점을 지니고 있다. 즉 결과의 공평성은 인간이 모두 양심적이고 도덕적인 경우에만 타당할 수 있는 주장이다. 그러한 양심과 도덕성을 보장하지 못하는 상황에서는 열심히 일하게끔 정부에서 강제하고 감시하는 체제가 나타날 수밖에 없었으며, 결국 결과의 평등의 극단적 추구는 자유와 인권의 탄압으로 귀착된다.

2) 기회(opportunity)의 공평성

기회의 평등은 자본주의 · 자유주의 이념과 부합된다. 기회의 평등은 누구나 자신의 능력에 따라 적합한 지위를 담당할 수 있는 기회를 갖는 것이며 이로부터 얻어지는 결과는 차이가 날 수 있음을 인정한다.

그런데 아무리 기회의 평등이 주어져도 이 기회의 활용 능력의 차이 때문에 불평등한 차이가 발생한다. 결과의 차이를 일으키는 개인의 능력은 ① 본인의 노력과는 관계없이 물려받은 재산과 같은 경제적 능력, ② 선천적으로 주어진 지적 · 육체적 능력, ③ 개인의 후천적 노력으로 형성된 능력이다. 그런데 이 중에서 ③의 능력은 본인의 노력에 의한 것이므로 이로 인해 결과적 불평등이 나타나도 크게 문제시 되지 않음이 보통이며, ②의 능력에 의한 불평등도 어느 정도 용납되는 것이 일반적이다. 그러나 ①의 경우처럼 본인의 노력과 전혀 상관없이 물려받은 경제적 능력으로 많은 부와 권력을 향유하는 것은 불공평하다고 인식함이 보통이다. 그런데 롤즈(John Rawls)는 ①의 능력에 의한 불평등만이 아니라, ②의 능력에 의한 불평등도 원칙적으로 사회적 정의에 어긋나는 것이므로 수정되어야 한다고 주장한다.

4 정책대안의 비교 · 평가와 공평성

공평성을 좁게 보아 정책대안의 비교 · 평가기준의 하나로 이해할 수 있다. 정책대안의 비교 · 평가기준에는 소망성(desirability)의 기준과 실현가능성(feasibility)의 기준이 있으며, 소망성 기준은 다시 효과성, 능률성, 공평성으로 나누는 것이 보통이다. 공평성은 규범적으로는 중요한 기준으로 천명되지만 실제로는 경시될 가능성이 많다. '순 사회편익, 효과/비용의 비율' 등의 선명한 측정수단을 가지고 있는 능률성과 달리, 형평성은 Lorenz 곡선이나 Gini 계수 등을 통해 간접적 · 우회적으로 평가될 수밖에 없기 때문에 뚜렷한 측정기준이 있는 능률성 기준이 형평성 기준보다 더 중시된다. 또 정치인들의 주된 관심은 지역구민에게 집중하므로 전체적인 관점이 필요한 공평성은 간과되기 쉽다(박경효, 2013). 가장 근본적 요인은 공평성보다 능률성이 우선 더 중요하다고 보는 국민 일반의 생각이다.

Ⅱ. 롤즈(John Rawls)의 정의의 원리

1 정의 원리의 정당성: 원초적 상태 및 무지의 장막

롤즈는 소득 등의 주요한 가치는 사회구성원들의 협동에 의해 이룩된 것이며 이것을 공정하게 배분하는 것이 사회 제도의 가장 중요한 과제라고 보았다. 따라서 롤즈는 사회의 가치의 공정한 배분, 즉 공정성이 곧 정의라고 보았다(justice as fairness).

합리적인 인간들이 사심 없이 판단을 한다면 사회정의의 원칙들에 합의할 것이라고 본다. 롤즈는 사회의 구성원들이 다음과 같은 가상적인 상태에서 일종의 사회계약을 한다고 가정한다.

1) 합리적인 사람들이 자신의 이익을 향상시키려는 의도를 지니고,
2) 양보할 수 없는 기본적 자유권을 지니고 서로 평등한 원초적 상태에서,
3) 미래에 자신의 상태를 전혀 예측할 수 없는 무지의 장막(veil of ignorance) 하에서,
4) 자신들이 앞으로 살아가야 할 사회의 협동조건(협동결과의 배분을 포함하여)에 대하여 합의를 통해서 약속하는 경우를 가정한다.

이 때 "무지의 장막" 하에서 개인은 자신의 미래에 당면할 여러 가지 상태를 예상할 수 있지만 그 결과들 중 가장 나쁜 상태가 자신에게 도래할 것으로 비관적으로 예상한 후 이를 최소화하는 선택 원리(즉, Maximin 원리)를 따른다고 전제한다. 이 때문에 기회균등의 원칙 및 약자를 도우는 차별의 원칙으로 이루어진 정의 원리에 대해서 합의할 것으로 본다.

롤즈는 사회계약(social contract)이 4단계로 전개된다고 본다. ①정의 원리의 채택, ②이 원리에 부합하는 헌법을 제정한다(입헌회의 constitutional convention), ③정의 원리 및 헌법에 부합되는 법을 제정한다. ④구체적 사안에 대해 법을 적용한다. 정의 원리를 채택할 때에는 무지의 장막 하에 있지만 차츰 이 장막을 벗게 되며 마지막 ④단계에서는 무지 상태는 완전히 없어진다.

2 제 1 원리(기본적 자유의 원리)

모든 개인은 타인의 자유와 상충되지 않는 한도 내에서, 최대한의 기본적 자유에 대한 동등한 권리가 인정되어야 한다. 타인의 자유를 침해하지 않은 이상 개인의 자유는 최대한 존중되어야 한다.

1원리는 자유에 관한 원리이며 고전적 자유주의(classical liberalism) 요소를 포함한다. 롤즈는 기본적 재화 중 가장 중요한 것이 '자유'라고 본다. 이것은 타인의 자유와 상충되지 않은 한도에서만 최대한 인정되어야 하므로 결국 타인과 함께(평등하게) 누릴 수 있어야 한다는 수평적 공평성을 밝힌 것이다.

그가 말한 기본적 자유(basic liberty)에는 다음 목록이 포함된다. 언론과 집회의 자유를 포함한 정치적 자유, 양심의 자유 및 사상의 자유, 신체의 자유 및 재산 소유의 자유, 법의 지배가 규정하는 신체의 자유이다. 여기에 열거되지 않은 자유(ex: 자유방임주의 하의 특정 생산 수단을 소유하는 자유, 계약의 자유 등)는 기본적 자유에 들지 않으며, 따라서 1원리에 의해 보호되는 것이 아니라고 규정한다.

3 제 2 원리(차등 조정의 원리)

롤즈의 정의론의 특징은 이미 고전적 자유주의 사상과 중복되는 1원리가 아니라 바로 이 2원리(차등 조정의 원리)에 있다. 2원리는 자유가 아니라 기회와 권력, 소득과 부라는 기본적 재화와 관련된 정의이다. 이 재화의 차등과 조정은 어떻게 이루어져야 하는가? 만약 효율성 개인의 능력에 따라 지위를 차지(효율성원리, 즉 '자연적 자유의 체제')한다면 차등 조정은 불가능하다. 따라서 차등 조정은 다음 두 가지 원리에 의해서만 이루어져야 한다고 본다. 즉, 먼저 모든 직위에 대한 기회를 균등히 부여하되(공정한 기회균등 원리), 그것만으로는 그치지 않고 거기에서 나타난 결과에 대한 사후 조정까지 해야 한다(차등의 원리)는 것이다.

1) 차등의 원리

사회에서 가장 불우한 사람들의 편익을 최대화하는 차등만이 인정되어야 한다. 원칙적으로 차등은 있어서는 안 되지만 그 차등이 사회적 약자에게 이득을 주는 한도 안에서만 이러한 차등은 받아들여질 수 있다는 평등주의(egalitarianism) 원리이다. 차등을 있을 수 있음을 인정하되 그것은 최약자계층에게 도움이 되는 것이어야 한다.

2) 공정한 기회 균등의 원리

사회·경제적 불평등은 그 모체가 되는 모든 직무와 지위에 대한 기회 균등이 공정하게 이루어진 조건하에서 나타나야 한다. 즉 사회적 불우한 지위에 빠질 확률이 모든 사람에게 무작위적으로(randomly) 주어져야 한다. 기회균등의 원리를 감안하면 가문, 인종, 종교, 성 등에 따라 기회가 좌우되어서는 안 된다. 이 때문에 무거운 상속세, 공교육의 강화, 차별금지와 같은 적극적 입법조치(Affirmative Action)가 요구된다.

그러나 이러한 기회 균등만으론 부족하다. 롤즈는 재능과 능력과 같은 인간의 자산은 도덕적 측면에서는 가문, 인종, 종교, 성과 마찬가지로 '자의적'인 것이며, 따라서 이 자의성을 해결하기 위해 이런 자산을 '사회 공동의' 재화로 간주해야 한다고 본다. 그러므로 부와 소득은 개인의 노력의 산물이 아니라 사회 공유 자산의 협동적 산물이기 때문에 당연히 모든 구성원에게 '평등하게' 분배해야 하며, 불평등한 분배는 최약자계층에게 이익을 될 경우에만 하용되어야 한다는 것이 바로 위에서 말한 차등의 원리인 것이다. 그러므로 논리적으로는 기회균등의 원리가 먼저 적용된 이후에 이 차등의 원리가 나타나는 것이다.

4 원리 간의 우선순위

롤즈는 두 가지의 원리가 충돌할 때에는 제 1 원리가 제 2 원리에 우선한다고 한다. 이 점이 롤즈의 분배적 정의론과 사회주의적 분배론과 다른 점이다. 롤즈는 자신의 이론에 대한 논란을 예상하고서 자유의 원리를 분배의 원리보다 앞 세웠다. 또 제 2 원리 내에서 충돌이 생길 때에는 기회 균등의 원리가 차등 원리에 각각 우선되어야 한다고 본다. 따라서 전체적인 우선순위는 기본적 자유의 원리 > 공정한 기회균등의 원리 > 차등의 원리의 순이다.

5 롤즈의 정의론에 대한 비판

첫째, 원초적 상태에서 합리적 인간은 최소극대화(maximin) 원리에 따르기 때문에 롤즈의 정의의 원칙이 고전적 공리주의 원칙이나 평균적 공리 원칙보다 더 선호되리라고 본다. 그러나 무지의 장막에 싸여 미래에 대한 불확실성이 있는 원초적 상태에서 당사자들이 반드시 최소극대화 원칙에 따른다는 보장이 없다. 합리적 인간이라면 오히려 다수를 차지하는 측에 유리한 선택을 할 가능성이 높다.

둘째, 롤즈의 정의관은 전통적 자유주의와 사회주의의 양 극단을 지양하고 자유와 평등의 조화를 추구하는 중도적 입장을 취하고 있다. 그 결과 우파로부터는 자유의 제한을 초래한다는 점에서, 그리고 좌파로부터는 롤즈가 말하는 "바람직한 불평등"이 아닌 "완전한 평등"을 추구하지 못했다는 점에서 비판을 받는다.

셋째, 롤즈의 정의론은 본질적으로 재분배주의적이다. 롤즈는 소득과 부는 개인의 산물이 아니라 사회 전체의 공동 산물이라고 본다. 그러나 부와 소득은 시간과 노력을 들여 그것을 창출한 사람에게 돌아가야 함이 합당하다. 만약 소득과 부를 창출한 사람이 이를 소유할 수 없고 재분배를 위해 내어놓게 한다면 비정의로운 것이다. 개인은 최약자층을 배려하는 재분배를 위해 노동을 강요받는 셈이기 때문이다. 이러한 강제 노동은 롤즈 스스로 가장 중요하다고 선언한 자유의 원리에 어긋나는 것이다.

넷째, 롤즈는 자신의 사회적 상태를 전혀 모르는 무지의 장막을 전제한다. 개인이 최선의 원리를 의식적으로 선택할 정도의 합리적인 판단을 할 수 있는 상태라면 아마 자신의 미래 상태에 대해 전혀 무지하지는 않을 것이다. 롤즈가 말한 질서 있는 사회(well-ordered society)란 비현실적이다. 정의란 어떤 행위에 대한 정당한 대응 문제인데도 롤즈에 의하면 그것은 구체적 행위와는 전혀 별개로 간주된다.

다섯째, 불공평하지만 경쟁적 시장경제 체제가 창출한 풍요로 사회최약자층의 소득은 더 증진될 수 있다. 급진적 분배주의자들은 오히려 철저한 재분배 경제 체제가 사회최약자층의 소득을 더 증진한다고 주장한다. 어느 체제가 더 정의로운가? 그것이야말로 따로 규명해야 할, 즉 무지의 장막 하에 있는 문제이다. 그럼에도 불구하고 롤즈는 후자만이 정의롭다고 보는 편견을 갖고 있다.

여섯째, 국가가 사회 정의를 위해 만들어지고 또 만들어져야 하는가? 라는 근본 문제가 있다. 국가가 그런 의도와 설계 하에서 만들어진다고 보는 것 자체가 비현실적이다. 실제의 국가는 역사, 개인과 개인, 제도들 간의 복합적 상호 작용의 산물로 나타날 뿐이다.

일곱째, 가장 근본적인 비판은 하이에크와 같은 오스트리아 학파가 제시한다. 즉 '정의'라는 관념을 개인이 아니라 사회에 적용하는 것 자체가 불가능하고도 무의미하다는 것이다. 그것은 '사회의 의인화'에 불과하다.

Ⅲ. 한국 행정에서 공평성 원리의 적용

공평성은 미국의 신행정론에서 행정이 지향해야 할 가치로 강조된 바 있다. 한국행정에 공평성 이념이 주는 함의는 행정이 기계적 능률성에만 매달리지 말고 가치 정향성, 특히 그 중에서도 사회적 약자 계층에 대한 적극적 행정이 필요하다는 것이다.

한국의 경우 김대중-노무현 정부에서 공평성이 상대적으로 유력한 정책이념으로 대두되었으며 특히 이명박 정부의 후기는 롤즈 논리로 정책 기조가 크게 바뀌었다. 심지어 박근혜 정부의 경제민주화 정책기조도 이를 바탕으로 하고 있다. 이에 따라 다음과 같은 행정상 변화들이 특징적으로 나타났다.

1 정부 조직의 변화에 주는 영향

거대 조직인 정부부처는 한 가지 업무에만 전력하지 않지만 그 주된 업무의 성격을 감안하면 대체로 발전주의적 경제 관리를 주관하는 부처들과, 사회 분배를 주관하는 부처들로 대별할 수 있다. 60년대 이래로 전자의 성격을 띤 부처가 압도적인 지위에 있었으며 그것은 당시의 대통령의 국정 이념을 반영한 것이기도 하였다. 과거의 경제기획원, 산업자원부, 건교부 등이 이에 해당된다. 그러나 차츰 공평성이 상대적 비중을 확대해 오면서 공정거래위, 노동부, 환경부, 보건복지부 등의 비중도 강화되고 있다.

60-70년대와는 달리 분배 등을 다루는 사회 부문 담당 대통령의 비서관 직제도 90년대 이후에 나타나기 시작하였다. 정부의 주요 경제정책결정에 노동자측 의견을 반영하는 구조(동반성장위원회, 노사정 위원회 등)가 확립되고 있는 것도 공평성 이념이 정부 조직 체계에 변화를 주고 있음을 보여준다.

2 정책 내용의 변화

정책 내용면에서도 공평성은 영향을 미치고 있다. 대기업 위주의 자원배분 정책에서 대기업에 대한 규제(여신규제, 출자규제, 환경규제)가 강화되고, 정부 예산에서 복지 부문의 비중이 빠른 속도로 확대되고 있고, 사회보험 정책(국민연금, 의료보험 등)이 강조되고 있다. 또 근로자 권익을 위한 노동정책의 강화 등은 이러한 점을 반영하고 있다.

이러한 공평성의 이념은 사회 계층간의 공평성뿐 아니라 지역과 지역 간, 수도권과 지방간의 공평성으로까지 확대되고 있으며, 인사정책의 경우에는 남성과 여성 간에도 적용되고 있다. 이명박 정부의 공정사회론, 박근혜 정부의 경제민주화론 및 동반성장론도 이러한 공평성 논리를 전제로 하고 있다.

3 적용 상의 한계

공평성은 오랫동안 철학적으로도 매우 강조되어져 왔으며 논란도 많은 개념이다. 그러나 행정이념은 단지 사변적인 개념 논쟁이 아니라 구체적이고 현실적인 정책을 수반하기 때문에 보다 실천적 근거에서 판단해야 한다. 공평성을 행정이념으로서 어느 정도의 비중으로 채택할 것인가?

첫째, 롤스의 공평성 이론은 기회의 평등이 아니라 결과의 평등을 추구하는 요소를 안고 있다. 우리 헌법상(119조)의 기본원리는 자유 시장경제이다. 그것이 원칙인 이상 개인의 자유로운 시장 성과를 인위적으로 국가가 교정하는 것은 원칙이 아니라 예외적 상황에만 그쳐야 한다. 자유를 강조하는 사회는 자유와 공평도 함께 증진될 가능성이 있지만 공평성이 강조되는 사회는 자유는 물론 결국 평등마저 상실한다(M. Friedman)

둘째, 최소수혜자의 원리는 본질적으로 우리 사회에 가장 열등한 지위에 속한 사람을 위주로 행정이 재분배 정책을 제공할 것을 담고 있다. 그런데 어느 사회이고 경제적 성과의 격차는 존재한다. 계층간 격차가 상당하다는 크다는 점만 주목하기 보다는 최저 계층의 절대적

소득의 크기도 고려해야 한다. 상대적 비교만을 통해 재분배를 시행한다면 완전한 사회주의적 평등에 이르기 전까지는 계속 재분배를 해야 할 불평등한 사회에 있는 셈이다. 그러나 격차 자체보다 더 중요한 것은 그 격차가 개인의 노력에 의한 것인지 혹은 부당한 요인에 의한 것인가이다.

셋째, 개인의 노력에 의한 성과들이 서로 차이가 날 경우 국가가 이를 당연히 교정해야 하며 그러한 능력 및 도덕성을 가지고 있다고 보는 것은 국가를 너무 선량하게 보는 것이다.

넷째, 롤즈는 공평성을 '정의'(justice)로까지 고양시켜서 이해한다. 그 경우 개인의 자유, 재산권의 보장 등의 더 본래적이고 중요한 가치들은 정의가 아닌 것으로, 혹은 그보다 낮은 가치인 것으로 간주될 우려가 있다. 오히려 개인의 자유와 재산을 부당하게 침해하지 않는 것이 더 근본적 선, 곧 정의에 부합한다.

다섯째, 공평성 논리는 약자를 도와주고 보호하자는 휴머니즘으로 보이는 속성이 있다. 이 때문에 의로운 정치적 구호로 자주 채택된다. 그러나 실제로는 배분권을 가진 개인 혹은 권력층의 자의적 도구로 악용되었음을 역사가 보여준다. 결과적으로 휴머니즘이 아니라 '가진 자'에 대한 시기와 증오가 함유되어 있었음을 수많은 좌파 정권들이 보여주었다.

이상을 감안하면, 공평성은 한국 행정이념에서 제한적으로 수용되어야 한다. 자유가 창의에 토대한 시장 경제가 기본이고 공평성 원리는 저소득층 및 사회적 약자에 대한 보충적 행정 원리로 적용되는 것이 타당하다.

논평

공평성은 주로 롤즈의 이론을 정확히 소개함이 중요하다. 정정길(2008)을 참조. 자유주의와의 비교를 위해 다음 글(공평성과 자유)을 읽어 보라. 공평성 이론은 매우 우아해 보이지만 사실은 많은 논란이 있으니 무엇보다 정확히 이해하라. 수박 겉핥기식 공부의 학생들이 흔히 범하듯 결론 부분에서 "..... 따라서 양자를 다 조화롭게 ....."라고 얼버무려서는 결코 안 된다.

첫째, 그의 이론이 사회주의 평등이론이 아니라고 하는 이유를 설명해 보라.
둘째, 그의 사회적 후생함수가 L자형으로 (레온티에프의 생산함수 마냥)나타남을 논증해 보라.
셋째, 불평등한 자유시장경제 하의 극빈자와 사회주의식 균등 분배 하의 개인 중 누가 더 부유한가?
넷째, 만약 위의 답이 전자라면 롤즈 이론을 '정의' 이론으로 부를 수 있을까?
다섯째, 국가의 존재 이유는 정의를 위해서인가? 실제로 그런 예가 있는가?
여섯째, 마이클 샌덜이 왜 유독 한국 저널리즘에서 인기가 높았을까?
일곱째, 가난한 부모가 자녀 세대를 위해 희생을 하는 것은 정의로운가?
여덟째, 서울시나 국가가 공채를 발행하여 SOC 사업비를 충당하는 것은 정의로운가?

공평성(Equity)인가, 자유(Liberty)인가?

정부의 정책을 통해 인간의 삶을 개선시킨다는 것은 모든 정책학(policy science)이 품어 온 신화이다. 정부의 이런 좋은 역할이 있기 때문에, 정부의 존재에 대해 냉소적인 공공선택론 연구의 대가인 털럭(Gordon Tullock)도 아무리 나쁜 정부라도 무정부(anarchy)보다는 낫다고 한다. 특히 개인의 사적 자치를 방임할 경우 필연적으로 나타날 부(富)의 불균등을 교정하기 위해서 정부가 반드시 개입해야 한다는 논리는 정부의 재분배 정책 프로그램의 강력한 근거가 되어 왔다.

그러나 1917년 소비에트 혁명이래로 70년 동안 소련에서 수행되어진 이러한 거대한 사회 실험 결과에 의하면 결국 정부에 의해 정의로운 재분배가 이루어진다는 구호는 그 얼마나 어처구니없는 거짓인가를 선명히 보여준다. 자유민주주의 국가에서의 재분배정책은 공산주의의 "나눠먹자!"라는 생경한 구호가 아닌 좀 더 우아한 논리가 필요했다. 이러한 필요성에 정연한 논리를 제공한 것이 롤즈(John Rawls)이다. 롤즈의 정연한 논리는 곧 많은 호응을 얻었고, 거의 동시대에 나온 '신행정론'에서 형평성은 행정이 지향할 최고의 가치로 옹립되었다. 롤즈 사후엔 그 제자 마이클 샌덜마저 유독 한국에서 정치 상황과 맞물려 인기 강사로 돌연 부각되어 불평등한 고가의 출연료를 받으며 정의론을 설파하였다. 분배이론은 으레 격정을 수반한다. 그러나 롤즈의 공평성 이론에 대해 냉철한 논리적 비판을 가하는 이론들이 많다.

우선 뷰캐넌(James M. Buchanan)에 의하면 재분배를 지향하는 국가(redistributive state)는 결코 발전할 수 없으며 결국 퇴락하는 국가이다. 롤즈가 '정의론'을 출판하기 이미 9년 전에 뷰캐넌과 털럭은 '불확실성의 장막'(veil of uncertainty)이란 개념을 고안한 바 있으며 그것은 롤즈의 '무지의 장막'과 상당히 유사하되 더 보편적이다. 2차 대전 이후 서구의 학계에서 시장의 경멸, 사회주의 사상, 케인즈주의 국가관이 학문적 멋으로 치부되던 시기에 뷰캐넌은 대학원에서 학문적 대전향을 한다. 뷰캐넌에게 인간의 자유와 시장 및 자본주의에 대한 새로운 신념을 심어주기 위해 나타난 '정직한 기사'는 나이트(Frank Knight) 교수였다. 뷰캐넌은 이어 창의성으로 충만한 동료인 털럭(Gordon Tullock)을 만나 정부 자체도 합리적 개인의 선택대안의 하나임을 밝히는 공공선택론이라는 새로운 학문 분야를 개척하여 개인의 자유와 시장의 가치를 옹호하였다. 그리고는 2002년 사망한 롤즈에 대한 추도사에서조차 완곡하지만 롤즈 이론에 대한 불만을 숨기지 않았다. 재분배는 우리 사회를 병들게 하며 그것이야 말로 비정의로운 것이다.

미제스(Ludwig von Mises)는 자본주의 국가 하에서 나타나는 불평등 및 그 재분배를 빙자하여 대두되는 사회주의, 국가개입주의를 경계한다. 미제스에 의하면 개인의 창의와 자유로 이룩된 자본주의 사회에서 생기는 부의 불균등함은 자본주의가 아닌 이전 시기에서의 불균등에 비하면 훨씬 나은 것이라고 한다. 신발을 신을 수 있느냐의 없느냐의 부의 차별이 존재하던 시기와, 이제 신발은 누구라도 신을 수 있으되 고급브랜드냐 아니면 하급품이냐의 차이가 문제되는 시기의 대비에서, 시장주의 및 자본주의로 대표되는 후자에서의 불균등이 전자보다는 훨씬 더 바람직하다는 것이다.

사인들 간의 소득분배를 조정하기 위해 정부가 개입한다는 논거는, 이기적인 개인에 맡겨 놓았다가는 결코 바람직한 분배가 일어나지 못할 것이므로 중립적이고 선한 공익지향적 주체로서의 정부가 어느 누구(개인, 계층, 집단)에게, 또 누구로부터 얼마의 자원을 재분배함이 바람직한가를 정밀히 계산하여 이를 토대로 사회후생을 증진한다는 것이다.

이에 대한 반발은 세 가지로 표현 가능하다. 첫째, 정부란 결코 그러한 중립적인 도덕적 주체가 아니라 그 자체의 이기적 욕망을 가진 존재이며, 사적 개인과 달리 볼 아무런 근거가 없다는 것이다. 웨버(Max Weber)가 전제한 관료관이 너무나 비현실적임을 증명하는 모든 주장들이 이에 해당된다. 부패한 자치단체장의 자살, 대소 공직자의 직무상의 비리, 심지어 사회주의 국가에서 조차 특권 계급으로 확립되었던 노멘클라투라...... 결국 정부란 도덕적으로 선한 존재가 결코 아니라는 관점이다.

둘째, 정부가 개인만큼이나 이기적 · 비도덕적인 주체라고 까지는 주장하지 않지만, 설령 정부가 개인보다 더 공익적, 중립적, 도덕적이라고 할지라도 그것이 사회 모든 구성원간의 최적의 자원배분을 다 주도할 만한 계산능력을 구비한 것은 아니라는 주장이다.

실제로 정부는 어느 개인, 계급, 지역, 집단에게 자원을 얼마나 배분하는 것이 바람직한가에 대해 엄청난 시행착오와 오류를 범해 왔다. 사회구성원간의 최적의 자원배분을 계산하는 능력이 있는 것은 오직 신(God)의 영역일 것이며 이 역할을 정부가 자임함은 하이에크(Friedrich v. Hayek)에 의하면 '치명적 기만'(critical deceit)인 것이다. 요컨대, 비록 정부는 선한 존재라 할지라도 그 능력이 부족하여 결국 자원의 최적 배분을 얻지 못한다는 것이다. 하이에크는 이 논리로 평생을 전체주의, 사회주의를 공격하며 자유주의를 옹호하였다. 분배주의 계획체제의 인류 최대 실험이던 소련 체제의 붕괴를 통해 그는 자신의 이론이 옳았음을 직접 확인한 후 1992년 신에 의해 계산된 죽음을 맞았다.

셋째, 노직(Robert Nozick)은 한 걸음 더 나아가 아예 공평성보다는 자유를 강조한다. 이제 앞의 두 가지 경우를 양보하여 좀 더 정부에 대해 관대해 보자. 재분배 정책을 펴는 정부란 사인과는 다른 도덕적, 중립적 주체라고 하자. 그리고 그들이 참으로 big brother와 같은 놀라운 능력이 있어서 사회 구성원간의 가장 바람직한 분배 상태를 안다고 하자. 이러한 만약 이 두 가지가 다 충족된다면 웨버식의 관료가 비현실적이라는 반론도, 정부의 능력을 문제 삼는 하이에크의 반론조차도 더 이상 정부의 소득재분배 정책에 대해 반대할 근거를 상실할 것이다. 그럼 이러한 전제 하의 정부가 나름대로 최적의 소득분배를 위해 정책을 집행한다면 그것은 바람직할까? 일견 소득재분배에 대해 더 이상 거부할 명분이 없어 보이는 이 상황에서도 소득재분배적 정부 개입에 대해 분명히 반대하는 것이 바로 노직인 것이다. 롤즈와 같은 대학에서 롤즈와 가장 정면으로 맞서는 이론이 제시되었다는 것이 흥미롭다.

비록 정부가 진정 바람직한 재분배를 실현한다하더라도 그 과정이 개인의 자유의사에 반하여 실현된다면 그것은 배격되어야 한다는 주장이다. 여기에는 개인이 정부의 재분배에 반대하더라도 나중에 보니 그도 인정할만한 좋은 사회 후생상태가 정부에 의해 실현되어 있음을 인정하는 경우조차도 포함된다.

루소(Jean-Jacques Rousseau)는 우리에게 자유권의 선지자로 이해되어 있다. 그런데 그의 설명 중 주목할 부분이 있다. 자유롭게 자신의 행로를 결정할 수 있다고 생각하는 어느 개인이 교량으로 향해 간다. 그런데 사실 그 교량은 무너질 우려가 있는 매우 위험한 시설이다. 그래서 그가 위험한 상황에 빠지지 않도록 그를 제지함은(그의 자유를 제한함은) 자유권을 침범함이 아니라 오히려 자유권의 본성에 합치한다는 것이다. 이때 그 다리가 위험하다는 사실 및 그가 위험에 빠질 것이라는 정보를 아는 주체는 그보다 더 탁월한 인식 능력을 가진 주체 곧, '정부'임을 암시한다. 루소는 분명 사인(私人) 보다 탁월한 존재로서의 정부를 전제한다. 그의 유명한 "일반 의지"(general will)란 이기적이고 불완전하기 마련인 개개의 인간의 의사를 초월하여 존재하는 공공적, 객관적 의지를 의미한다.

그러나 이러한 의미의 일반 의지란 필연적으로 결국 개인보다도 우월한 고차원의 실체, 곧 정부를 요청하게 되어 있다. 히틀러, 스탈린의 국가 및 오늘날의 사이비 민주체제에 이르기까지 이런 저런 모든 전체주의는 한결같이 "국민의 뜻"(국가 이익, 공공의 선, 국민 복리...)이라고 각색된 이름으로 개인의 자유를 철저히 유린함을 상기해 볼 때, 우리는 루소를 개인에게 자유권을 알려준 선각자로 보아야 할까? 아니면 전체주의자들에게 개인의 자유를 가장 극렬히 억압하는 도구적 개념을 제시해 준 자로 보아야 할까? 개인의 자유를 보호하기 위해 만들어진 개념이 반자유의 가장 확실한 변명으로 기능하는 역설이 나타난다. '일반 의지'라는 구호가 진정 개인의 자유와 권익을 증진시키는데 기여했을까? 아니면, 오히려 자유와 권익을 억압하는 도구로 더 기능했을까?

노직은 우리로 하여금 이런 위험으로부터 벗어나게 하는 커다란 안도감을 준다. 노직은 소득분포의 결과(outcome)를 '정의'라는 이름으로 교정하려는 정부의 모든 개입 시도들을 경계한다. 특정한 분배상태를 정의로 보는 정형적 정의원리란 본질적으로 가장 중요한 가치인 자유를 침해한다. '정의'는 오직 그 소득 분포의 과정(process)에 대해서만 논의되어야 한다고 한다. 소유권(entitlement)을 중심으로 그는 정의에 관해 세 가지 과정적 기준을 제시한다. 현재의 불균형적 소득분포 상태가 만약 정의롭지 못한 과정에 의해 이루어진 것이라면 마땅히 그것은 교정되어야 한다. 그러나 만약 정의로운 과정에 의해 나타난 결과라면 정부는 하등 이에 개입할 이유가 없다.

노직을 루소의 논리와 대비해 보자. 개인은 이기적, 근시안적이기 때문에 더 나은 사회 상태에 대해 무지할 수 있다. 루소는 이를 근거로 불완전한 개인의 선택을 어느 정도 제약함은 사회 전체에 대해 (그리고 그 개인 본인을 위해서도) 바람직한 것이라고 한다. 그러나 노직은 그것이 비록 사회적으로 (또 개인 본인으로서도) 바람직할 지라도 개인의 의사에 반하여 인위적으로 그러한 배분을 시도함은 바람직하지 않은 것이라 본다. 노직에 의하면 개인이 결과적으로 볼 때 자신에게 불리한 결정을 내릴 수도 있는 것조차도 오직 그 만이 선택할 문제인 것이다. 조금 더 앞선 시기의 미제스(Ludwig von Mises)가 말했던 것처럼, 그것은 주권자(sovereignty)인 개인의 '실수할 자유'인 것이다. 심지어 분명 정부의 개입에 의해 '파레토 개선'(Pareto Improvement)이 발생하는 경우조차도, 만약 개인의 자발적 의사에 반한 것이라면, 그것은 결코 정의(正義)가 아닌 것이다. 노직의 반대 논리의 핵심은 정부가 비도덕적이라거나 정부가 무능해서가 아니라, 재분배 정책이 '개인의 자유에 반하여' 이루어진다는 점에 초점을 둔다.

고상한 지성체로서의 정부는 이기적 개인들이 가진 천박한 가치관, 자신의 빈곤 상태 및 사회전체의 더 나은 상태에 무지한 근시안적 관점들을 경멸할 수도 있다. 상호 재분배 과정을 조금만 더 가미한다면 사회 전체적으로 보아 훨씬 더 나은 후생 상태를 얻을 수 있음에도 불구하고 이에 무지한 개인들의 근시안적 이기심들은 정부로서는 가증스럽게까지 보일 것이다.

그러나 설령 거룩한 공익적 의도로 출발하는 정부의 재분배 시도들조차 개인의 자유에 어긋난다면 그 자체가 악한 것이라고 노직(Nozick)은 말할 것이다. "노직(No 직업)이라도 좋아, 역시 관건은 자유. 직업을 가질 자유는 물론이거니와 '직업이 없을 자유'도 소중한 거야." 정부에 의해 시도된 재분배 정책에 의해 후생이 증대된 경우도 있겠지만, 그 만큼이나 혹은 그보다 훨씬 더 많은 정도로, 또한 바로 그 정부 때문에 사회적 후생이 악화되어 왔다는 것에 주목한다. 그것은 반드시 정부가 악한 존재이기 때문만은 아니다. 고상한 공익적 가치를 지닌 정부라 할지라도 그 시도가 사인의 자유의사에 배치되어 추진된다면 결과적으로 아무리 좋은 상태가 얻어진다 하더라도 의미가 없다고 보기 때문이다. 하찮은 개인들의 비위 맞추기가 이렇게 까다롭고 조심스럽다면 행정고시 합격 후 정부 정책 수행 및 공직자 노릇을 어찌하랴! 그럼에도 불구하고 뷰캐넌, 미제스, 하이에크, 노직은 우리로 하여금 개인의 자유가 정부가 설계한 어떤 정의(공평성)의 표준에 의해 희생될 위험에 더욱 예민해 질 것을 강력하게 요구하고 있다. '진리가 너희를 자유롭게 하리라'던 성경의 가르침과는 달리, 이 진리가 미래의 공직자들을 충분히 불편하게 만들기를 희망한다. 도대체 국가가 많은 가치 중 왜 '정의'를 위해 만들어져야 하며, 개인을 넘어 사회에 정의를 적용한 '사회적 정의'란 것이 존재할 수 있을까?

www.ecosyn.us/adti/Killer_David_Koch.html
www.nobelpreis.org/norsk/frieden/wilson.html
www.liberalismo.org/articulos/26
www.filosofico.net/hayek.htm
www.liberalismo.org/articulos/61.

ㅣ새 테마 행정학ㅣ

23. 한국의 행정 이념 사례-1: 공정 사회론

Ⅰ. 의의

1 배경

공평성 이념을 나름대로 한국행정에서 이론적으로 체계화하고 이를 공식적 지향점으로 삼은 대표적 예가 이명박 정부 때의 이른바 “공정 사회론”이다. 공정성은 새로운 행정이념이 아니며 과거에도 행정학에서 정의, 형평성 등의 이름으로 반영되어 왔다. 특히 한국에서도 김대중, 노무현 정부에서 그 비중이 강조되어 왔다. 그 후 집권한 이명박 정부는 초기에는 친기업·성장중심의 정책기조를 유지해 왔다. 그러나 집권 후반기에 드는 2010. 8월 15일 광복절에 국정의 중심이념으로 “공정성”을 제시함으로써 종래의 친기업적 이념으로부터 친서민중심·복지중심으로 국정 이념이 크게 변환되었다. 그 후 고위 공직 후보자의 도덕성 문제와 같은 행정 내부 문제 뿐 아니라 대기업-중소기업의 상생, 저소득층에 대한 무상급식 및 보편적-선별적 복지 논쟁, 다문화계층 및 대중문화와 같은 사회문화적 분야에 이르기까지 확산되어 이명박 정부의 핵심 지향 가치 및 정책 평가의 주요 기준이 되었다.

2 대두 이유

왜 갑자기 공정성이었을까? 공정성 이념의 대두 배경은 정치적 수사(political rhetoric)라고도 볼 수 있으나, 타면으로는 지방 선거 패배 등을 통해 이미 사회전반에 걸친 분배와 복지에 대한 광범위한 국민의 요구를 파악한 후 이를 선제적으로 수용한 것으로 이해할 수 있다. 공정사회론과 더불어 중도실용주의를 강조함으로써 이명박 정부는 출범 당시의 시장지향적 우파적 정치적 스펙트럼으로부터 중도측으로 상당히 옮겨갔다.

3 공정성과 공평성

공정(fairness)과 공평(equity)은 상이한가? 이를 구분하여 공평은 사회적 재화의 분배를 향한 경쟁의 출발과 과정이 투명하고 균등해야 함을 의미하고 산술적 비례 개념에 관련된 것임에 비하여, 공정은 기회 균등에 더하여 결과의 차이도 합당해야 함을 포함한다고 한다(윤평중, 2010). 그러나, 공평성 자체가 이미 기계적 평등(equality)이 아니라 기하학적 비례를 포함하고 있으며, 신행정론이나 롤즈의 정의론에서도 대체로 이런 개념으로 사용되고 있다.

기회의 균등에 더하여 결과의 차이까지 정당한 것만을 공정이라고 규정한다면 두 가지 개념상 문제가 생긴다. 첫째, 시장에 의한 배분은 그 결과에서 으레 개인 간에 격차가 있을 수밖에 없는데 이를 항상 불공정한 것으로만 간주하는 오류가 나타날 수 있다. 둘째, 결과의 차이가 공정한 것으로 인정받으려면 다시 공정한 여부에 관한 주관적 기준이 필요한데 어떤 기준인가에 따라서 동일한 배분 결과에 대해 공정 혹은 불공정이라는 판단이 상이하게 나타난다는 오류가 생길 수 있다. 따라서 공정과 공평은 뚜렷한 구분되지 않는다. 나아가 정의를 여러 측면에서 파악할 수 있겠지만 롤즈처럼 공정을 정의로 간주하는(justice as fairness)하는 입장을 취함이 타당하다고 생각된다. 결국, 공정은 공평과 동질적인 개념이며, 롤즈의 논증 예를 따라 이 공정(공평)을 곧 정의로 파악할 수 있다.

Ⅱ. 공정성의 판정 기준

공정성의 실체를 판정하는 객관적 기준으로는 역사적으로, 공간적으로 다양한 것들이 공존해 왔다. 플라톤은 “국가를 구성하는 각인(통치자-수호자-생산자)이 자신의 일에만 전념하는 것”을 정의라고 보았다. 아리스토텔레스는 시정적 정의와 분배적 정의로 구분한다. 전자는 정의롭지 못한 상태(不正義)를 바로 잡는 것으로 산술적 비례를 염두에 두고 있다(100원의 손실을 입은 피해자에게 가난한 가해자나 부유한 가해자 나 상관없이 똑같이 100원을 배상해야 한다). 후자는 그의 정의론의 핵심인데 이는 “각자에게 자신의 몫을 주는 것”(suum cuique)을 의미하는 '기하학적 비례'를 염두에 두고 있다. 생산 활동에 기여한 차이에 따라 그 몫도 차이가 나게 해야 정의롭다는 것이다. 그러나 현대적 의미에서 공정의 기준은 가장 간단히 보면 다음 세 가지로 대별할 수 있다. 어느 기준을 준용한가에 따라 공정의 실현 여부도 달리 평가된다.

1 자유지상주의(libertarianism)

애덤 스미스, 존 로크 등은 자유, 시장, 작은 정부 등을 최우선 가치로 제시했으며 이들은 자유주의자(liberalist)라고 지칭된다. 그런데 오랜 시간 후 특히 현대 미국에 와서는 이들 가치와는 상반되는 복지주의, 형평, 국가개입 등을 강조하는 진보주의자들(progressives)도 스스로를 자유주의자라고 부른다. 따라서 두 가지의 자유주의를 구분하기 위해 전자를 강조하는 학자들(로버트 노직, 밀턴 프리드만)은 후자와 구별하기 위해 자신들의 이념 가치를 고전적 자유주의(classical liberalism) 혹은 자유지상주의(libertarianism)라고 부른다. 자유지상주의자(libertarian)들은 기본적으로 개인의 자유를 최우선시 하며, 국가의 개입은 최소화할 것을 주장한다. 예컨대, 부유한 사람이 가난한 사람들을 돕는 것은 바람직하지만 그것은 개인에게 맡길 일이지 정부가 강제할 것은 아니라고 본다. 시장에서의 합의는 그 당사자(ex: 노동자 vs. 사용자, 소비자vs. 생산자) 간에 만장일치로 이루어지며 시장에서의 배분은 기본적으로 공정한 것으로 이해한다.

2 공리주의(utilitarianism)

제레미 벤담, 존 스튜어트 밀 등 공리주의자들은 '최대다수의 최대행복'을 기준으로 삼는다. 옳은 것(도덕성)에 대한 기준보다는 좋은 것(쾌락, 행복)을 충족하는 정도 및 그것이 얼마나 많은 사람에 의해 지지되는가에 따라 공정성을 판단한다. 다만 다수가 지지하는 것에 대해 벤담이 양적 쾌락을 강조한 반면에 밀은 질적 쾌락을 강조하였다.

3 롤즈(John Rawls)

존 롤즈에 의하면 합리적 시민들이 원초적 입장(original position) 및 두 가지 조건(무지의 장막 · 공평무사성)을 갖춘 상황 하에서 사회 구성의 합의를 할 때에 채택하게 될 원리가 곧 정의의 원리이다. 이런 상황 하에서 내리는 결정은 편견이나 이기심의 영향을 극소화할 수 있을 것이기 때문이다. 이런 절차를 거친다면 누구나 동의할 수 있는 두 가지 정의 원리가 나오게 된다(절차적 정의). 첫째, 개인의 '기본적 자유'는 타인의 자유와 양립가능한 한 범위 내에서 평등하게 주어져야 한다(평등한 자유의 원칙). 둘째, 사회적 · 경제적 불평등은 다음과 같은 두 조건 하에서만 허용되어야 하는데 ①그 불평등이 최소수혜자에게 최대의 이익이 되어야 하며(차등의 원칙) ②모든 사람이 직책 및 직위에 접근할 기회를 균등하게 가져야 한다(기회균등의 원칙). 그 우선 순위는 첫째 원리>둘째 원리 ②〉둘째 원리 ①의 순서이다.

4 소결(-부의 창출과 부의 분배-)

롤즈 및 마이클 샌덜의 논리에 의하면 케이크를 공정하게 배분하기 위해서는 케이크를 자르는 사람과 먼저 선택하는 사람을 다르게 하면 된다고 한다. 그러나 그 배분에 앞서 이 케이크의 가치를 누가 창출했는가를 알아내고 그 공헌에 따라 배분이 이루어져야 함이 정의의 본질에 더 합당하다. 부의 창출 국면은 간과하고 이의 분배 국면만을 공정으로 파악함은 궁극적으로 평등 배분을 지향하여 뷰캐넌이 우려한 재분배 국가가 되어 사회는 역동성을 잃고 퇴행할 것이다. 따라서 공정성의 판정 기준은 시장에 의한 배분에 기본적 우선성을 두어야 그것이 자본주의의 본질 및 우리 헌법적 가치에도 부합된다.

Ⅲ. 한국의 공정 사회 이념

1 세 가지 기준

한국의 공정 이념은 종래도 행정 이념의 공평성이란 차원에서 다루어져 왔다. 그러나 그것은 정부 정책이 추구하는 추상적 가치였지만 이명박 정부에서는 이를 공식적인 정부의 지향 이념으로 명시하였다. 2010.8.15. 광복절 경축사에서 밝힌 공정사회론은 이명박 정부의 공정 사회 이념의 설명에 관한 대통령의 공식적 문건이다. 여기에서 밝힌 공정 사회는 세 가지 내용을 포함하고 있다.

①공정한 사회는 출발과 과정에서 공평한 기회를 주되, 결과에 대해서는 스스로 책임을 지는 사회이다.

②공정한 사회는 개인의 자유와 개성, 근면과 창의를 장려한다.

③공정한 사회는 패자에게 또 다른 기회를 제공한다.

2 한국의 공정 사회 원리의 성격

위 기준 중 ②는 헌법 119조 1항(개인과 기업의 경제상의 자유와 창의의 존중)을 의미한다. ①은 우리나라가 예상하고 있는 정의의 원리가 롤즈의 세 가지 정의 원리의 우선순위처럼 기회균등의 원리가 결과의 보정의 원리보다 더 우선함을 반영하고 있다. ③은 기존의 정의 원리에 비추어 보면 특이하다. ②와 ①에 의하면, 공정한 기회 하에서 이루어진 게임 결과에 대해서는 일단 개인은 수용해야 한다. 이명박 정부의 공정사회론은 이 점에서 기회균등의 원리가 차등의 원리보다 우선한다는 롤즈의 논리와 합치한다.

그러나 롤즈의 정의로운 사회가 여기에서 더 나아가 차등의 원리를 통해 "결과"를 교정하려고 시도하는 반면에, 이명박 정부의 공정 사회는 경쟁 "결과"를 바로 조정하기 보다는, 경쟁의 "기회"를 다시 제공함에 더 초점을 둔다고 해석된다. 그러므로 기존의 경쟁 결과는 존중되어야 하되, 패배의 결과 때문에 항구적으로 불우한 지위에 귀착되지 않고 이를 다시 극복할 가능성을 주어, 경쟁이 일회성 게임이 아니라 반복 게임이 되도록 한다는 것이다(ex: 가난한 계층 자녀가 교육 지원을 받아 중산층 진입할 기회를 얻음).

따라서 이명박 정부의 공정사회론에는 롤즈의 정의 원리의 중핵인 차등의 원리가 매우 제한되어 있다고 보아야 한다. 이를 대체하고 있는 ③원리를 감안하면 결국 균등한 기회를 제공하고 그 결과를 받아들이되 그러한 게임을 다시 참여할 기회를 다시 제공한다는 것이라고 할 수 있다. 그러므로 이상의 논증에 의하면 이명박 정부의 공정사회론은 시장원리, 자유경쟁이라는 가치가 최우선이며 여기에 제한적으로 평등주의, 복지주의가 적용되는 것을 의식한 것으로 해석할 수 있다.

Ⅳ. 공정성 기준에서 본 현실 제도의 평가

1 보편적 복지 및 그 재원으로서의 부유세

학교 무상급식과 관련하여 보편적 복지 및 부유세가 문제된다. 보편적 복지는 모두에게 복지서비스를 제공하는 것이며, 선별적 복지는 복지서비스가 필요하되 이를 스스로 조달할 경제력이 없는 사람에게만 제공된다. 보편적 복지를 강조하는 측은 무상급식을 지지하며, 선별적 복지론자들은 일괄적 무상급식 제공에 반대한다.

무상급식 논쟁의 핵심은 스스로 경제적 능력이 부족한 사람에게 제공되는 복지혜택의 공공재적 기능과 그에 소요되는 비용이다. 무상급식이라는 사회복지는 사회통합과 안정이라고 하는 공공재를 생산하는 수단일 뿐 무상급식 그 자체가 공공재는 아니다. 따라서 급식 프로그램 자체는 학생 개인이 소비하는 사적재이지 공공재가 아니다. 급식을 스스로 감당할 수 있는 계층 학생에게도 무상으로 급식하려면 그만큼의 재원을 더 마련해야 하기 때문에 세금을 더 걷어야 한다. 굶는 학생이 없도록 하는 것이 목적이라면 세금을 더 걷을 이유가 없다. 여기에서 더 나아가 세금을 더 걷으려면 전면 무상급식이 사회통합과 안정이라는 공공재를 더 증진한다는 추가적 설명이 필요하다.

보편적 복지의 재원과 거론되는 것이 부유세이다. 부유세는 소수의 부유층에게만 복지 비용을 부담시키므로 과반수의 지지를 얻어 정치적으로 채택되기 쉽다. 재산은 소득을 얻은 후 소득세를 납부하고 남은 부분을 저축하여 이를 축적한 결과물이다. 보유하고 있는 재산이 많다는 이유로 재산세에 추가하여 부과하는 부유세는 한 번 과세했거나 과세될 소득을 소비하지 않고 저축하는 것을 징벌하는 효과를 낳는다. 부유세를 정당시하는 이론 중에는 재산에는 저축이 없더라도 기존 재산의 시장가격이 상승하여 소득세 납부 과정을 거치지 않고 증가된 가치(보유 부동산가 상승)가 포함되어 있음을 들어 이는 저축이 아니므로 이에 대해 부유세를 부과함은 당연하다는 주장도 있다. 그러나 이 경우에도 그렇게 증가된 가치가 그 재산을 매각하여 실제의 소득으로 실현될 때에 자본이득세와 같은 별도의 소득세로 처리할 수 있다. 그러므로 시장가격 상승으로 생긴 미실현 소득에 대해 부유세를 부과함은 타당하지 않다.

결국, 부유세는 담세 능력있는 소수에게만 세금을 부과하기 때문에 다수의 지지를 받기 쉽지만 경제적 정의의 측면에서는 공정성이 매우 약한 세금이다. 부유세는 GDP 대비 사회복지 지출이 많은 복지 국가들을 중심으로 모두 14개국이 도입하였는데 2011년 초 현재에는 프랑스, 스위스, 리히텐슈타인, 네덜란드, 노르웨이, 그리고 인도 등 6개국에서만 유지되고 있으며 프랑스도 곧 철폐 예정이다(이승훈, 2011).

2 재벌 체제

재벌 체제의 공정성은 총수 일가가 자신들이 보유 지분을 훨씬 초과하는 실질적인 영향력으로 계열 기업들을 지배하는 점과, 정부가 재벌의 성장과정에 특혜적 지원을 했다는 점과 관련되어 주로 논의된다.

첫째, 2010년 현재 35대 재벌은 평균 34개의 계열사를 거느리고 있다. 50대 기업 중 17개, 100대 기업 중 33개가 5대 재벌이다. 재벌 일가는 투자 지분은 그룹 전체의 4-5%에 불과하나 총수가 장악한 핵심 기업이 다른 계열사를 지배하는 방식을 통해 전체적으로 약 40%에 이르는 의결권을 실질적으로 장악하고 있다(이승훈, 2005; 2011).

이러한 재벌 체제의 폐해로는 지나친 경제력 집중, 무분별한 문어발식 다각화, 독과점 횡포와 부당 내부 거래, 그리고 총수의 황제 경영, 특히 형성 과정에서 정부로부터 집중적 특혜를 받아온 점들이 지적된다. 그러나 경제력 집중은 30대 재벌 가문의 연간 소득을 모두 합치더라도 전체 GDP의 0.15%를 초과하지 못한다. 다각화는 장기적으로 기업 경쟁력의 기반으로 작용한다. 국내시장을 개방한 글로벌 경쟁 체제에서 한국의 재벌기업 대부분은 독과점을 우려할 만한 대기업이 되지 못한다.

총수의 배당권보다 의결권이 훨씬 더 큰 재벌그룹의 소유구조는 총수가 기업의 공금을 자신의 사적 용도로 빼돌려 다른 주주들의 재산권을 침해하는 불공정성을 야기하기도 한다. 이에 대해서는 기업지배구조를 강화하고 일반주주 및 소액주주들도 경영진이 기업에 끼친 손실의 보전을 요구할 수 있는 일반주주소송제도 요소를 도입하는 것이 공정성에 부합될 것이다.

둘째, 재벌 체제 형성과정에 정부가 제공한 특혜는 공정성 측면에서 어떻게 평가할 것인가? 한국의 국가주도적 발전 정책의 핵심은 시장의 자생적 부문이 취약한 상태에서 우수한 국내 기업가들을 발굴하고 이에 대해 집중적 지원을 하는 것이었다. 그 정부 개입은 지대추구와 부정부패를 수반하기도 했다. 그러나 한국 정부는 성과주의의 원칙을 일관되게 지켜 정부가 지원한 사업에 실패한 기업에 대해서는 지원을 중단했으며, 한번 성공한 사업자에게는 다른 사업도 거듭 맡기면서 한정된 자원을 집중 지원하였다(이승훈, 2009).

재벌그룹은 이런 과정을 통해 성장하면서 경제개발을 선도해 왔다. 정부지원 및 사업의 성공적 수행이라는 정부와 재벌 간 '거래'는 쌍방 합의에서 일탈한 바 없다. 비록 정상적 시장이 결정한 바는 아니지만 재벌그룹 형성과정의 불공정성을 제기할 근거는 없다. 다만 재벌 창업 총수들보다 더 유능한 재능을 가졌으면서도 정부 지원에 접할 기회조차 못 가진 사람들로서는 불공정하다고 주장할 수도 있을 것이다. 그러나 정부로서는 능력을 검증받지 못한 미지의 인사보다는 실적을 올린 성공 기업을 거듭 집중 지원하는 개발전략에 의존하는 것이 당연하였으니 정부가 불공정하였다고 말할 수도 없다(이승훈,2011). 다만 시장 기능이 활성화된 오늘날에는 이러한 정부 주도보다는 시장 스스로 우수한 기업가를 선별하게 하도록 유도함이 더 공정에 부합될 것이다.

3 중소기업과 대기업

양자의 관계는 중소기업이 대기업의 하도급 관계에 있는 경우와, 중소기업이 대기업과 동일 업종에서 서로 경쟁하는 관계로 구분해서 볼 수 있다. 첫째, 중소기업이 대기업의 하도급 관계에 있을 경우 모기업이 시장력을 부당하게 남용하는데도 그 사실의 입증이 실질적으로 어렵거나, 모기업이 계약을 위반하더라도 하도급 관계에 있는 중소기업은 하도급 주문을 잃을 것을 우려하여 사법절차 등의 구제조치를 공개적으로 요구하지 못하는 경우가 많다. 모기업의 정당한 시장력 행사는 보장하되 부당한 지위 남용을 막는 방안이 공정 차원에서 필요하다. 모기업이 시장력을 남용할 경우 피해 중소기업이 사실을 입증하는 증거를 제시하면 모기업과의 하도급 관계를 상실해도 좋을 정도의 징벌적 배상금 제도를 도입함이 바람직하다. 다만 하도급 기업들의 남소 등 이 제도를 악용하는 부작용은 최대한 막도록 제도를 설계해야 한다.

둘째, 대기업과 같은 업종에서 경쟁하는 중소기업도 경제적 공정성 문제를 야기한다. 이와 관련하여 "경쟁력을 갖춘 중소기업이 종사하는 부문에 대한 대기업 진출을 금지"한다는 조치나, 한때 시행하다 중단한 "중소기업 고유업종", 최근에 부각된 "SSM(기업형 수퍼마켓)"이 문제시 된다. 소비자가 제품을 선택하는 가장 핵심 요소는 가격과 품질이다. 대기업이든 중소기업이든 경쟁에서 이기려면 품질을 개선하고 가격을 낮추어야 한다. 대기업의 진출을 금지하면 소비자들이 대기업 제품을 선택하지 못하게 하는 것은 결국 합병이나 담합과 다를 바 없는 결과로 이어진다. 중소기업이 품질과 가격 이외에 유통망, 광고능력 때문에 대기업에게 밀린다면 필요한 것은 그 부분을 보완할 수 있는 지원이지 대기업의 진출 금지가 아니다. '경쟁력을 갖춘 중소기업이 종사하는 부문에 대한 대기업 진출을 금지'하는 조치는 오히려 소비자 주권을 제한하여 공정성에 어긋난다(김영봉, 2011).

4 조세

조세는 정부의 공공재 공급에 필요한 재원을 마련하는 본원적 수단이다. 개인이 공공재로부터 얻는 혜택만큼의 조세만을 부과하는 소위 린달조세(Lindahl tax)라면 공정한 조세라고 할 수 있다. 그러나 개인은 자신이 공공재로부터 얻는 혜택의 크기를 표명하지 않고 타인의 조세에 무임승차를 하려고 하기 때문에 린달조세 제도는 시행되기 어렵다. 이 때문에 부득이 혜택의 크기와는 무관하게 '담세능력'이 있는 사람들에게 부과한다. 따라서 매매 쌍방(수혜자: 정부) 합의 없이 부과되어 개인의 재산권을 제한한다. 그러므로 공정성을 '정당한 재산권' 기준으로만 해석한다면 현실 조세는 어느 것도 공정하지 않다.

현실 조세에서 누진적 조세가 더 공정성이 문제된다. 소득세의 경우 2009년에 소득자의 72.5%가 종합소득세를, 그리고 59.8%가 근로소득세를 내고 있다. 2009년도에 근로소득자 중 40%가 면세처분을 받았는데 이는 선진국에 비하여 높다. 이 점만을 본다면 한국의 부자들이 충분한 세금을 내고 있다고 주장될 수 있다. 그러나, 역진적 성격을 지니는 부가가치세의 세수는 2009년에 전체 내국세의 35.1%인데 이는 선진국에 비하여 높다는 점을 근거로 빈곤층의 세금부담이 선진국보다 높음을 들어 조세체계가 불공정하다고 주장할 수도 있다. 그러므로 단편적 현상을 근거로 내세워 부유층이 세금을 더 많이 내고 있다거나, 반대로 더 많이 내야 한다는 계층별 조세귀착은 파악하기도 어렵거니와 파악하더라도 그것이 공정한가의 여부는 평가하기 어렵다. 오히려 조세 부문의 공정성 제고에서 현실적으로 더 심각한 불공정은 세원을 숨기는 탈세이다(특히 고소득 전문직의 소득 탈루). 따라서 조세의 공정성은 현재로서는 세율 구조 보다는 탈세 해소의 차원에서 접근함이 더 옳다(이승훈, 2011).

5 교육과 청년 실업

개인의 재능은 상당 부분 선천적이지만 교육을 통하여 개발되는 부분도 적지 않다. 또 교육의 효과는 학생의 수용 능력에 따라서 다르므로 모든 학생들이 같은 내용과 수준의 교육을 받아야 할 까닭도 없다. 그러나 부모가 가난하다는 이유로 교육 수용 능력이 높은 학생이 이에 합당한 교육을 받지 못한다면 이는 공정의 중요한 요건인 기회 균등에 어긋난다. 적어도 소득 여부와는 상관없이 균등한 기본 교육이 주어져야 한다. 그러므로 부모의 경제력 차이에 따른 사교육비를 줄이기 위해 공교육을 강화하고자 하는 현행 교육 정책은 공정의 기준에서 보아도 타당하다.

한편 고등 교육과정인 대학을 나온 청년의 실업 상태는 달리 평가해야 할 것이다. 고용은 사용자와 노동자가 상호 이익이 되기 때문에 성립된다. 청년 실업은 이들의 노동을 원하는 사용자가 없기 때문에 나타난 현상인데 자신이 원하는 노동자를 구하지 못해 고용을 하지 않는 사용자의 행위가 불공정하다고 말할 수는 없다. 경직적 노동시장 때문에, 또는 청년 인력보다 불량한 취업자들이 부당한 협상력에 의거 자신들의 직장을 지키기 때문에 이미 채용하고 있는 근로자들을 해고할 수 없는 사용자들로서는 과다한 대학 진학률 하에서 배출되는 청년 인력을 채용할 여력이 없다. 한국의 경우 세계적으로 대학생 진학 비중이 과다하며 자발적으로 대학 진학을 선택한 청년들에 대해 그들의 요구대로 사회가 직장을 제공하지 못함이 불공정한 것이라고 규정하기 어렵다(이승훈, 2011).

6 초과 이익 공유제

중소기업-대기업의 동반 성장을 위해 대기업에게 초과이익을 자율이라는 방식으로 중소기업에게 분배하라는 “초과이익공유제”는 시장 원리에 적합하다고 보기 어렵다. 각종의 차별적 인센티브를 동원하여 이 "자율"에 위배하는 기업에게 정부가 조세제도 등을 차별적으로 운용하는 것은 공정한 정책의 범주로 수용되기 어렵다. 그것은 이명박 정부의 정의 원리는 전술한대로, 롤스보다는 차등 원리의 적용에 더 엄격하고 제한적이라고 해석되기 때문이다.

7 친서민 금융 정책들

이명박 정부가 실시한 친서민 금융 정책들 중에는 오히려 공정의 본질과는 대치되는 것이 있다. 원래 과거의 “미소 금융”은 은행이 서민들의 사업 자금에 쓸 것인지를 꼼꼼히 따지는 것인데 이것이 까다로운 심사 때문에 대출 실적이 부진하였다. 그러자 이명박 정부의 대표적 친서민 금융 정책으로 자영업자 및 근로자 대상 저금리 대출 제도로 나온 것이 “햇살론”이다. 이는 매우 느슨한 심사만으로 대출을 해주므로 인기도 높은데 실제로는 그 대출의 80% 정도는 생활자금 용도로 쓰이고 있다. 서민을 도와준다는 이런 정책이 잠재적 채무자의 도덕적 해이를 야기하여 더 많은 서민을 만성적 채무자와 신용불량자로 만들 수 있다.

또한 과거의 농어민 대상의 “저리융자금융”도 실제로는 대부분 학비와 생활비로 사용되어 대부분의 농어가를 신용불량자로 만들었다. 최근 대학 학자금대출, 반값 등록금 제도는 장래 그 회수 가능성에 대해 불확실성이 높으며, 학비에 대한 도덕적 책임을 이완시키고 세계 최고수준의 대학 진학을 유인하여 기대치만 높아진 고학력 실업자를 양산할 수 있다. 이런 제도는 신용을 지켜온 정직한 채무자들이나 자기 책임에 근거하여 고졸 후 취업하는 학생들을 오히려 역차별하는 불공정을 낳을 수 있다(김영봉, 2011).

Ⅴ. 결어

1 기본 구도

고전적 자유주의(자유시장주의)는 개인은 타인의 재산과 자유를 침해하지 않는 한, 재능과 노력을 발휘하여 자신의 일한 만큼 이득을 얻는다고 본다. 시장 경제에서 공정한 합의에 의거하여 거래를 하며 이 합의 하에서 각자 일한 만큼 받아가는 소득분배 상태는 기본적으로 공정한 분배로 본다. 한편, 롤스는 개인의 재능이란 개인의 전유물이 아니고 사회 공유 자산이고 합의의 공정성도 인정할 수 없기 때문에 합의에 의한 분배라도 반드시 공정한 것은 아니라고 본다. 공리주의자는 과반수가 좋다고 지지를 보내는 배분 정책이 곧 공정한 정책으로 본다.

본래, 시장에서 결정되는 배분은 경쟁탈락자, 피해자, 그리고 사회적 약자에 대한 배려를 염두에 두지 않기 때문에 그 결과가 반드시 롤스식 정의 기준과 합치하는 것은 아니다. 그렇다고 하여 관련 당사자들 간의 합의를 기본적으로 무시하고 성립되는 어떤 배분을 공정이라고 규정한다면 그것은 개인의 자유와 재산을 심각하게 침해하는 것이 될 것이며 정의의 토대는 더 요원해 질 것이다. 따라서 공정성 이념은 사회적 합의를 존중하는 고전적 자유주의에 기초를 두고, 나아가 여기에 더하여 롤스적 원리를 보완함이 바람직할 것이다. 그리고 이 경우 약자에 대한 인위적 배분을 통해 공정을 보완하는 배분 정책들은 현행 헌법질서 및 공정성 이념의 해석에 따라 선별적이고 신중하게 적용되어야 할 것이다.

2 거버넌스 체제 하에서의 공정

사회적 약자에 대한 배려가 공정의 한 요소로 인정된다 하더라도 그것이 반드시 정부가 주도적으로 담당해야 한다는 것까지 의미하는 것은 아니다. 참으로 거버넌스 체제 하에서 진정한 공정한 배분을 위해 먼저 결정해야 할 것은 정부가 직접 담당할 부분과 개인, 종교단체, 자원봉사, 공익집단 등을 통해 담당할 부분을 정확히 식별하는 것이다. 따라서 거너넌스 체제 하에서는 공정 배분은 사회구성 주체들의 공동 작업이다.

3 공정 정책이 외부효과로 야기하는 불공정 문제

정책 자체는 비록 공정성에 부합되더라도 그것이 불공정을 간접적으로 파생하는 경우도 있다. 열등한 지위에 있는 서민의 자활을 돕는 저리 금융정책을 제한적으로 실시함은 공정성에 부합되지만 이것이 다른 용도로 쓰이거나 도적적 해이를 야기할 수도 있다. 따라서 공정사회를 위한 정책은 그 정책 자체의 성격뿐 아니라 이에 수반된 외부 효과를 동시에 고려해서 정교하게 설계되어야 한다.

4 헌법적 제어 장치 마련

현실적인 공정한 정부 정책의 결정 및 집행은 결국 그 정치 과정에서 과반수가 지지하는 정책으로 대체되기 쉽다. 그러나 과반수의 결정이 곧 정의로운 결정인 것도 아니다. 여야 정당이 복지 정책을 경쟁적으로 제시하여 과반수 유권자의 지지를 구하는 상황에서는 선심성 복지 재정이 확대될 수밖에 없다('Key의 가설'). 일단 개설된 복지 정책은 권리로 인식되어 다시는 축소되기 어렵다. 재분배 국가를 자처해 온 기존의 복지 국가들이 초래했던 재정 위기가 초래될 수 있음을 유의해야 한다. 이를 막기 위해서는 여야 정치권이 재정 기조를 쉽게 변경하지 못하도록 재정 팽창에 대한 기본 제한을 헌법에 명시해 두어야 한다.

논평

공평성 이념을 가장 나름대로 처음 체계적으로 이론화하고 이를 적용한 것이 이명박 정부의 후반기 "공정사회"이었다. 기업위주-성정위주로 출발한 정부가 중반기부터 국정이념을 공정사회로 크게 바꿈으로써 서민중심, 복지 강조 등의 정책이 나타났으며 이에 따라 사회적 기업, 청년계층의 보호 등이 강조되었다. 공정사회 이념의 성격을 분명하게 정의할 수 있어야 한다. 이것과 롤즈 이념과 같은 것인가? 후술하는 박근혜 정부의 경제민주화와 어떻게 다른가?

❙새 테마 행정학❙

24. 한국의 행정 이념 사례-2: 경제민주화

Ⅰ. 의의

이명박 정부에서 공평성 행정이념이 공정사회론이었다면 박근혜 정부에서 그것은 "경제민주화"로 나타났다. 박근혜 정부의 경제정책의 골격을 이루는 것은 경제민주화, 창조경제, 민생경제이다. 경제민주화는 그 중 주로 공평성 이념에 토대하여 대기업과 중소기업 간의 관계, 창조경제는 규제개혁 및 기업의 성장동력 제고, 민생경제는 일반 국민의 생활 경제에 초점을 둔 것이다.

경제민주화는 원래 독일의 '경제민주화'(Demokratisierung der Wirtschaft)에서 기인한 개념이지만 독일에서의 진정한 의미와는 상관없는 의미로 한국에서 구호화되어 왔다. 독일에서의 이 개념은 약간의 시간적 변천이 있었지만 대개 ①기업의 경제적 의사결정에 노동자들이 포함된 다수의 구성원들이 참여(소유 및 경영에 대한 노동자 참여)한다는 미시적 측면과, ②'노동자-사용자-정부 간 일종의 위원회'를 통해 국가 경제 전반에 대한 조정을 이끌어낸다는 거시적 측면을 포함한다(민경국, 2012). 달(Robert Dahl)의 자치기업(self-governing enterprise)도 이와 같다. 이런 의미라면 기업에 대한 노동자의 경영참여 및 노사정 위원회의 활용 등이 경제민주화의 중핵이 되어야 할 것이다.

그러나 이러한 본래 의미와는 달리, 현재 한국에서 경제민주화는 주로 대기업의 성장과실을 중소협력 업체들에 공평하게 분배하고 내수 확대로 이어지게 하며, 재벌 그룹에서 총수

일가가 이익을 독차지하는 구조를 바꾸어 경제적 약자의 권리를 보호하겠다는 의미로 변용되어 있다. 즉 실질적 의미는 '재벌개혁 및 양극화 해소'를 지향하는 광범위한 내용으로 포장되어 있다. 그래서 그 경제민주화정책의 본질적 성격은 대기업 억제라는 규제정책이며, 이 규제정책의 효과를 넘어 재분배정책의 효과를 기대하겠다는 것이다.

박근혜 정부의 2013년 '경제민주화 1호 법안'이라 불리는 대기업의 징벌적 손해배상제 도입(하도급 거래 공정화에 관한 법률) 이래로 일감 몰아주기 규제(공정거래법), 신규 순환출자의 금지, 대형유통업체를 억제하고 가맹점주의 권리 강화(가맹사업거래공정화에 관한 법률), 중소기업 적합업종범위 확대 등으로 추진해 온 핵심 정책들의 성격이 바로 그러하다. 따라서 기업 내부에서 노동자의 경영 참가와 일종의 사회적 합의기구인 노사정위원회 제도를 운용함을 의미하는 원래 의미의 경제민주화와는 전혀 다른 것이다.

Ⅱ. 헌법적 근거가 무엇인가?

경제민주화의 헌법적 근거에는 많은 논란이 있다. 헌법119조는 다음의 두 조항으로 구성되어 있다. ①항: 대한민국의 경제질서는 개인과 기업의 경제상의 자유와 창의를 존중함을 기본으로 한다. ②항: 국가는 균형있는 국민경제의 성장 및 안정과 적정한 소득의 분배를 유지하고, 시장의 지배와 경제력의 남용을 방지하며, 경제주체간의 조화를 통한 경제의 민주화를 위하여 경제에 관한 규제와 조정을 할 수 있다.

이 중, 경제민주화의 근거는 무엇인가? 에 대해 논란이 있다. 첫째, 위 ②항의 구성 요소인 (1) 균형 발전(균형있는 국민경제의 성장 및 안정), (2) 소득의 분배(적정한 소득분배 유지), (3) 독점 방지(시장의 지배와 경제력의 남용 방지), (4) 공정거래(경제주체간의 조화)를 모두 경제민주화로 보는 것이다(당시 개헌 소위에 참여한 김종인 의원의 주장). 이에 의하면 '경제적 의사결정의 민주화'라고 정의하고서 경제부문의 독재자인 재벌의 경영을 민주적 의사결정 방식으로 바꿀 것까지 요구한다. 이 광대한 스펙트럼으로 인해 경제민주화는 곧 사회민주주의 혹은 그 이상을 추구하는 것이 된다(좌승희, 2012: 116).

둘째, 위 조항의 형식 논리상 마지막 부분 즉 "경제주체간의 조화"만이 경제민주화라고 보는 해석이다. 즉 119조 ②항은 국가가 규제와 조정을 할 수 있는데 그 사유 네 가지 중 마지막 하나만이 경제민주화라는 것이다. 앞 부문에서 지적한 사항들까지 모두 포함한다면 굳이 뒤에 경제민주화란 개념을 다시 추가함이 적합하지 않다는 것이다. 이 해석에 의하면 경제민주화의 실질적 의미인 '경제주체간의 조화'가 관건이 된다. 종래 정부 주도중심의 경제를 민간주도로 바꾸고 노사 양측의 협조를 통해 산업평화 및 노사공영을 이룩하자는 것이다. 동시에 이는 경제에 관한 규제와 조정의 방식 및 한계를 규정한 것이다(당시 개헌 소위 현경대 의원의 주장). 이에 의하면 경제민주화는 아주 포괄적 개념이 아니며 균형 발전, 적정한 소득분배, 시장의 지배와 경제력의 남용 방지와는 독립된 것이다. 이 해석에 의하면 경제민주화는 곧 '경제민간화'로 파악된다(좌승희, 2012: 116).

경제민주화란 용어는 여러 맥락에서 다의적으로 사용되기 때문에 엄밀한 과학적, 객관적 정의가 불가능하다. 그러나 박근혜 정부의 경제정책을 지칭하는 경우 대개 위의 해석 중 첫 번째 의미로 사용되고 있음이 현실이다.

Ⅲ. 내용

위에서 본 다수설적 시각으로 경제민주화를 해석하면 그것은 다음과 같은 네 가지 요소를 포함한다.

1 균형 성장

본래 여기서 균형은 지역 간 균형뿐 아니라 산업간, 빈부계층간, 노사간 균형 등을 포괄하는 것이다. '균형있는 성장과 안정'의 의미는 경제 개입의 사유가 균형 성장 외에 경제 안정도 포함함을 의미한다. 또 경제의 성장 및 안정이 일정한 균형을 지켜야 함을 의미한다.

이러한 균형 성장은 지방분권의 강화, 국토개발 계획에 반영되어 왔다. 행정중심도시인 세종시 건설, 공기업의 지방 이전이 최근에 이루어졌다. 수도권의 개발 규제도 이런 논리 하에 오랫동안 유지되어 왔다. 이 정책들은 경제적, 행정적 효율성의 측면에서 문제가 꾸준히 제기되어 왔음에도 불구하고 균형성장을 표방하며 이러한 정책은 추진되었는데 이 과정에서 정치적 이해관계는 아주 중요한 역할을 담당하였다.

2 적정한 소득분배

여기서 분배란 위의 균형 중 주로 빈부계층간 균형을 위한 '사후적 재분배'라는 의미인데 대개 차별적 조세정책 및 복지정책의 운용을 통해 실현된다. 2009년 소득세를 기준으로 봤을 때 상위 소득자의 12%정도가 전체 근로소득세의 84.7%를 부담하고 있다. 전체 납세자 중 40%가 근로소득세를 납부하지 않는다. 법인세의 경우도 대기업이 차지하는 법인세 세수가 82%에 해당한다. 한국의 조세제도는 상당한 누진율을 보이고 있다.

조세정책보다 더 직접적인 소득분배는 복지정책이다. 선택적 복지를 근간으로 하지만 근래에 보편적 복지로 확대되는 것에 대한 갈등이 높아지고 있다. 누진세제도 및 세율만으로 소득분배의 적정함이 결정되는 것은 아니다. 진정한 적정 소득분배는 결과의(사후적) 분배보다 가난한 계층에게 주어지는 기회의(사전적) 분배가 더 중요하기 때문이다.

3 독점방지

시장의 지배와 경제력 남용 방지는 주로 독점적 대기업에 대한 규제를 의미한다. 시장지배적 지위 남용 규제, 경쟁제한적 시장구조 개선, 기업결합 규제, 경제력 집중억제 등이 이에 해당된다. 이때 '독점'의 기준은 다양한데 단순히 '매출 점유도'가 아니라 '소비자의 피해 여부'를 기준으로 삼는 것이 타당하다. 따라서 단순히 특정 기업의 매출이 증가하고, 이로 인해 골목상권에 피해를 가져왔다는 이유만으로 규제 대상으로 삼는 것은 타당성이 낮다. 대형마트, 프랜차이즈 산업 등이 소비자의 자발적 선택 및 후생 증진에 기여한다면 그 기업의 영업일수 등을 규제하는 것은 적절하지 않다.

4 경제주체 간의 조화

이는 경제 주체인 대기업-중소기업, 생산자-소비자 간의 조화 곧 공정한 거래에 주로 관련된 규제이다. 주로 공정거래위원회가 주도한다. 경쟁정책 중 불공정거래규제, 부당 내부거래규제, 소비자보호정책 중 불공정한 약관, 전자상거래, 방문 다단계 판매, 할부거래 규제, 하도급정책 중 하도급 사업 규제, 가맹사업 규제 등이 이에 해당된다.

Ⅳ. 정책성과의 부진

경제민주화는 박근혜 정부의 초기에는 주목을 받았으나 집권 2년이 지나면서 상당히 퇴조하고 있고 성과도 매우 부진하다. 이러한 결과가 나타난 원인은 다음과 같다.

1 정책 기조 간의 모순(경제활성화 vs. 경제민주화)

경제민주화와 경제활성화는 근본적으로 상충된 정책목표 기조이므로 양자를 동시에 집행하는 것의 적정성이 태생부터 내재되어 있었다. 경제민주화가 재분배적 성격을 띠는 정책이며 수혜자가 대기업 수보다 훨씬 많기 때문에 득표(vote)에서 유리했다. 그러나 대기업이 주도하는 한국경제의 현실상 국가경제가 부진하면 국민 전체가 더 큰 부정적 영향을 받기 때문에 재집권에 성공한 이후 대기업중심의 경제활성화도 버릴 수 없었다. 이처럼 경제민주화-경제활성화라는 상충된 정책 기조를 품고 출발한 박근혜 정부의 경제민주화는 자기상쇄적인 것이 될 수밖에 없었다.

2 경제민주화 기조의 퇴조

성장이 먼저 있어야 분배가 가능하다는 경제 현실의 우선순위를 감안하여 집권 1년이 지나면서부터 재분배정책 및 규제정책을 내용으로 하는 경제민주화를 부분적으로 보류하고 경제민주화보다는 경제활성화에 우선순위를 두는 조정이 이루어졌다. 2014년 상반기에 발표한 '규제개혁' 역시 경제 활성화의 일환으로 나온 것이다. 다만 경제정책의 사령탑인 초대 경제부총리 겸 기재부 장관(현오석)은 규제개혁안을 내세우며 경제를 활성화시키는 정책에 중점을 두고 정부정책을 과감하게 추진하려고 했으나, 세월호 재난 시기와 겹쳐 정책집행이 지지부진했다. 후임인 최경환 부총리도 정책기조에서 전임부총리와 비교해서 큰 차이 없이 경제민주화보다 경제활성화로 초점을 돌리고 있다. 결국 현재로서는 박근혜 정부가 초기에 강조했던 경제민주화는 정책기조의 조정에 의해 후순위로 밀려났으며 성과가 부진하다고 평가할 수 있다.

3 국회의 의사결정 방식의 변화

본래 여당은 대통령의 정책 기조가 경제활성화로 바뀐 후에는 경제민주화보다 경제활성화에, 야당은 경제민주화에 더 관심이 있기 때문에 경제민주화 입법은 여당이 대개 반대하며, 경제활성화에 관련 입법은 야당이 반대하는 상황이 유지되고 있다. 여당이 과반수를 차지하면서도 여당의 뜻대로 입법화가 잘 안 되는 것은 개정된 국회법 때문이다. 현재 여당이 과반수를 넘는 의석을 차지하지만 국회의 의사결정 규칙인 개정 국회법(속칭 '국회선진화법')이 소수파 보호라는 취지로 곳곳에서 종래의 과반수 결정을 강화한 규칙(3/5 규칙)을 채택하고 있기 때문에 야당은 과반수에 미달하면서도 박근혜 정부에 대한 상당한 억지력을 보유하고 있다.

이러한 국회 구조 하에서는 여당과 여당이 합의하지 않으면 경제민주화건 경제활성화건 입법화가 어렵다. 한쪽의 주도로 입법화는 어려우며 대신 상대측의 입법화를 저지하기에 유리하다. 이 때문에 아무런 법안도 생산하지 못하는 식물국회라고 불리어지기도 한다. 대통령이 경제민주화를 후순위로 미룬 후에는 여당은 경제 활성화로 돌아섰고 주로 야당이 경제민주화를 주장하기 때문에 여야 합의가 없는 한 경제민주화는 입법적 지원을 받지 못한다. 예컨대, 재벌 총수 일가의 불법 행위에 대해서는 집행유예가 불가능하도록 형량을 강화하고 사면권을 제한하자는 경제민주화 법안은 여당이 과잉입법 및 차별입법을 들어 반대하여 국회를 통과하지 못하고 있다.

Ⅴ. 경제민주화에 대한 비판

1 타당한 개념적 토대를 가지고 있는가?

경제민주화란 본래 독일의 정치 이념에서 연원한 개념으로, 20세기 초 마르크스주의자들과 대립했던 번슈타인(E. Bernstein), 나프탈리(F. Naphtali) 등이 최초로 제안했던 '사회민주주의'의 핵심이다. 모든 인간은 자신의 운명을 스스로 결정해야 하는데 이를 위해 모두가 동등한 자격으로 의사결정에 참여해야 한다. 이 참여는 노동자들의 정치적 참여 뿐 아니라 경제적 참여도 필수적이라고 보았는데 후자가 바로 경제민주화이다.

그러므로 그 핵심 내용은 공동결정(co-determination)이다. 여기에는 두 가지 차원이 있다. 첫째는 노동자들이 기업 경영에 참가하는 것이며, 둘째는 노동자들이 생산 수단의 사회화를 비롯하여 국민경제의 투자와 저축 규모, 기업 간 사업 분야 조정, 물가 등의 거시 조정에 참여하는 것이다. 이러한 참여는 바이마르 공화국 때부터 히틀러 시대까지 시도되었다.

그러나 2차 대전 패전 이후 경제민주화 논의는 독일에서 퇴조하고 경제자유화(Liberalisierung der Wirtschaft)로 방향을 돌리면서 라인 강의 기적을 이루었다. 그런데 소위 '68문화혁명'으로 사회주의를 채택한 1970년대에 경제민주화가 다시 부각되었다. 이 시대의 경제민주화는 많은 변화를 거쳐 두 가지 의미로 해석되었는데, 첫째는 노동자의 기업 경영 참여와 일종의 노사정 위원회인 협력적 행위(concerted action)라는 제도이다(민경국, 2012: 64-69). 독일에서 경제민주화를 강령으로 담고 있는 것이 독일 사민당(SPD)이다. 사민당은 1875년 창당 이후 8회의 강령을 채택하였다. 1959년 고데스베르크 당 대회에서 마르크스주의적 계급 정당을 공식 포기하였고, 거기서는 경제민주화 강령을 찾아볼 수 없다. 사민당조차 1989년 베를린 강령에는 자세히 이를 언급하였지만 최근 2007년 함부르크 강령에서는 선언적으로만 단 한번 언급할 뿐이다(배진영, 2012: 73-74). 따라서 경제민주화의 근원지인 독일도 최근에는 별 주목하지 않는 것이며 더구나 그 의미도 우리와는 다르다.

이와는 달리, 한국의 경제민주화는 재벌규제와 동의어로 사용하고 있으며 경제민주화 입법들도 그런 내용으로 나타나고 있다. 이 때문에 한국의 경제민주화는 국적 불명이며 대기업 규제를 위한 대표 수식어로 잘못 차용되었다는 비판이 제기되는 것이다.

2 원칙-예외 관계의 인식 부족

한국의 경제민주화 논의는 그 도입 가능성에만 치중한 나머지 그 한계를 거의 논의하지 않는다. 헌법 119조 1항은 자유시장 경제의 '원칙'을 천명한 것이며, 119조 2항은 이 원칙에 대한 '예외'로서 경제민주화 조항으로 선언된 것이다.

그러므로 경제민주화에 대한 어떤 한계가 설정되어 있음에도 불구하고 이 한계가 거의 고려되지 않고 있다. 즉 실제의 입법 및 정책에서는 경제민주화란 명분만 내세우면 대기업의 거의 모든 경제 활동을 규제할 수 있는 만능의 근거로 인식되는 경향이 있다. 따라서 원칙-예외의 관계를 감안할 때 자유 시장경제의 본질이 훼손되어서는 안 된다는 분명한 근본 명제가 인식되어야 하며 입법화도 이런 점에 제한을 받아야 한다.

3 헌법 규정의 문제점

위에서 지적한대로, 119조 2항에 대한 한계가 명시되어 있지 못하다는 점 및 모든 국민의 자유와 권리에 대한 제한을 명시한 37조 2항과의 관계를 들어 경제민주화를 규정한 119조 2항은 삭제되어야 한다는 주장도 가능하다. 본래 헌법 37조 2항은 "국민의 모든 자유와 권리는 국가안전보장·질서유지 또는 공공복리를 위하여 필요한 경우에 한하여 법률로써 제한할 수 있으며, 제한하는 경우에도 자유와 권리의 본질적인 내용을 침해할 수 없다."고 규정한다. 따라서 경제민주화를 위해 국가가 기업의 경제적 자유에 규제를 가하더라도 그것은 경제적 자유의 본질적 내용을 침해하지 못한다는 한계가 있다.

경제민주화를 위해 국가는 이 37조 2항에 근거하여 대기업을 규제할 수도 있고 혹은 119조 2항을 들어 규제할 수도 있다. 헌법재판소도 119조 2항의 네 가지 내용은 모두 37조 2항의 '공공복리'를 구체화한 것이라고 판시한 바 있다(헌재 1996.12.26. 96헌가18). 또 국가권력의 과잉금지, 비례 원칙이 명시된 37조 2항과는 달리 후자(119조 2항)에는 기본적 자유 침해에 대한 한계가 설정되어 있지 못하다. 따라서 중복적 성격의 119조 2항은 굳이 불필요하며 또 규제의 한계가 명시되어 있지 않기 때문에, 37조로 경제민주화를 위한 규제를 실시하는 것이 더 바람직하다(신석훈, 2012: 45-48).

4 경제가 '민주화'의 대상인가?

경제민주화는 '경제'와 '민주화'라는 양립불가의 개념 조합이다. 민주주의란 국민의 대표를 '1인 1표(vote)'의 원칙에 따라 과반수규칙으로 선출하고 그것이 국민의 뜻에 합당하게 운영되게 하는 정치원리이다. 그러나 경제는 '1인 1원(dollar)'의 원칙에 따라 운영되는 영역이다. 다른 용어 예로 '대학민주화'를 보면 그것의 진정한 의미는 대학 대표자의 선출 및 규칙을 존중한다는 대학의 '정치' 과정의 민주화를 의미하는 것이지 대학의 교육성과 등을 평등화한다는 것은 아니다. 스포츠민주화란 개념이 있다면 그것 역시 운동 경기의 성과를 나눈다든지 우승한 선수에게 인위적으로 일정한 불이익을 주어, 예컨대, 우수한 육상 선수로 하여금 늦게 출발하도록 규제하는 식(SSM의 영업일수 제한)으로 다른 약자와의 성과를 균등하게 한다는 의미이어서는 안 된다.

경제문제란 시장(market)에 의해 결정되는 것이지 정치문제를 다루는 민주주의(democracy)

에 의해 결정되어서는 안 된다. 과반수의 의사에 따라 집단 전체의 선택을 결정하는 민주화란 논리를, 경제주체의 개인의 이익극대화가 지배하는 영역에 적용하는 것은 본질적으로 경제의 정치화(politicization of economy)에 불과하다. 이미 경제에 대한 규제와 조정은 기존의 헌법 제도하에서도 가능했던 것이며, 경제민주화라는 성립불가의 급조된 구호로 포장할 일이 아니다(김행범, 2012).

5 르쌍띠망(Ressentiment)의 이념

한국의 경제민주화는 시장경제의 승자의 부당한 지위 및 부의 교정이라는 사회 정의(social justice)를 목적으로 한다. 그러나 사회 정의가 아무리 고상하더라도 그것은 개인의 도덕적 심성에 토대하지 않으면 정의로울 수 없다. 승자 및 그가 이룩한 성과에 대한 증오에 기초한 '로빈후드'식 재분배는 국가의 올바른 정책 방향이 되기 어렵다. 니체(F. Nietzsche)도 지적했듯이 원한(ressentiment)이란 자아가 참다운 자기다움을 상실했을 때의 감정이다. 그러므로 우리 사회에 정책 구호로 오용되어 온 경제민주화는 감정보다는 개인의 근원적 도덕의식을 동력으로 삼아야 한다(신중섭, 2012: 29-30). 만약 경제민주화가 실제로 '재벌 규제 및 양극화 해소'를 겨눈 것이라면 그런 이름으로 규제해야 하며, 경제민주화라는 잘못 차용된 증오의 개념을 내세워 그 본질과는 상이한 결과를 얻으려 함은 타당하지 않다. 원한은 타인을 붕괴시킬 수 있어도 자신의 발전을 만들지는 못한다. 타인의 자원 이전을 통해 자신이 이득을 얻을 수 있다는 기대감을 자극하는 정책기조는 자유민주주의 행정체제의 이념으로는 바람직하지 않다.

논평

박근혜 정부에서 공평성 이념은 경제민주화로 강력히 표방되었다. 이명박 정부의 후반기에 제시된 공평성은 박근혜 정부에서는 전반기에 강조되었다. 그러나 사실 박근혜 정부의 국정 체계는 여러 상반된 이념들 간 충돌이 뚜렷하였기 때문에 국정 초반에 강조했던 이 경제민주화는 많은 제약을 받지 않을 수 없었다. 선거공약으로서의 이념과 실제의 국정을 책임지고 있는 대통령의 실천적 정책이념은 다를 수 있다. 경제민주화가 가진 재분배적 성격은 많은 비판을 받던 중 경제활성화를 위해 상당 부분 유보되었다. 여기서는 그 정책의 성격 및 쟁점을 정확히 정리할 수 있어야 한다. 이 점이 핵심이다. 나아가 공정사회론과 경제민주화론을 비교해서 이해해보면 좋다.

김대중-노무현-이명박-박근혜 정부에 이르기까지 공평성 이념이 빠지지 않고 표방된 것은 그만큼 공평성이란 구호가 주는 공약으로서의 치명적 마력 때문이다. 자신보다 더 많은 부를 가진 계층이 아주 많다고 생각하는 상황에서 공평성은 자신에게 유리한 부(富)의 이전이 올 것이라는 환상을 준다. 심지어 그것이 결국 타인의 재산으로부터 나온다는 사실에는 무지한 채 국가가 그러한 교정적 재원을 가지고 있다고 오해하는 경우도 많다. 그러나 어느 정부에서건 결국 이 공평성 이념은 부차적이고 제한적인 이념으로 밀려날 수밖에 없었다. 그것은 자유민주주의 및 시장경제 체제를 가진 현행 헌법체제 및 경제가 국정의 가장 중요한 목표가 되어 있는 현실에서 나오는 필연적 결과이다.

ㅣ새 테마 행정학ㅣ

25. 사회적 정의(Social Justice)가 행정 이념이 될 수 있는가?

Ⅰ. 사회주의자들의 언어 변용

사회적 정의(social justice)는 행정 이념과 관련하여 자주 거론되는 중요한 가치이다. 사회적 정의가 함의하는 여러 의미 중에서도 공평성(equity), 곧 분배적 정의로 이해됨이 가장 보편적이다. 신행정론, 참여주의적 거버넌스론, 실체설적 공익론 등이 사회적 정의에 토대를 두고 있다. 그런데 과연 사회적 정의란 구체적으로 어떤 의미를 갖는가? 이 의미가 과연 행정이념으로 정립될만한 명확한 개념인가? 이에 대해 사회적 정의는 막연한 신비로움을 넘어 너무 모호한 가공적 개념일 뿐이며, 정의 혹은 비정의로운 행위의 주체는 개인이지 사회가 아님에도 불구하고 사회를 의인화했으며, 더욱이 자유민주주의의 가장 중요한 가치인 자유와 공존하기 어려운 것이라는 비판이 고전적 자유주의로부터 나타나고 있다. 이하에서는 오스트리아 학파의 대표학자 하이에크(F.A. Hayek)를 통해 이러한 입장을 이해해 보자.

하이에크에 의하면 '사회'라는 말을 의인화하는 오류는 헤겔, 꽁트와 더불어 마르크스와 같은 역사주의자적 사고 전통에서 나온 것이다. 모든 언어에는 이미 해석이 들어있다. 따라서 널리 받아들여져 온 것과는 다른 해석을 위해서는 기존 언어와는 다른 새로운 언어가 발명되기도 한다. 사회주의자들은 이 점에서 큰 성공을 거두었다. "계급투쟁, 노동력, 잉여가치, 상대적 빈곤화, 실천, 소외, 하부구조, 상부구조, 사용가치, 교환가치, 원시적 축적, 프롤레타리아 독재.." 등의 언어는 모두 칼 마르크스에서 나왔는데 오늘날 이를 사용하지 않는 사회과학자가 거의 없다.

그런데 이것들은 사실에 대한 객관적이고 정확한 언명이 아니라 사회주의자들이 사실의 원인 및 결과에 대해 의도적으로 채택한 해석이나 이론이다. 하이에크는 치명적 자만(Fatal

Conceit, 7장: 더럽혀진 이름)에서 사회적(social)이란 용어가 다른 용어와 결합하면 그것이 어떻게 그 본유의 의미를 오염하는가를 설명한다. 이것은 행정현상을 서술할 때에 빠질 수 없는 이 '사회적~'이란 용어가 불가피한 분야, 특히 행정현상 연구에서 사회적 정의란 개념 이해에 중요한 함의를 준다.

Ⅱ. 사회적(social)이란 수식어의 오용 예

하이에크는 공자의 논어 구절에서 "말이 그 의미를 잃을 때 사람들은 자유를 상실한다"는 해석을 도출하며, 결국 사회주의자들이 사회적이란 용어를 변용함으로써 개인의 자유를 박탈하였음을 지적한다. 하이에크는 사회적(social)이란 형용사와 합성된 명사 어휘를 160개 이상 열거하면서, 이런 용어는 개념을 잘못 암시하게 만들고, 자생적으로 만들어진 현상의 의미를 마치 인간이 인공적으로 설계할 수 있는 대상인 것처럼 착각하게 만들며, 수식되는 명사의 본래 의미를 제거해 버리는 효과를 갖고 있다고 주장한다(Hayek, 2014: 205-227). 사회적이란 말은 대개 소득의 차이를 줄이거나 없애려는, 즉 분배적 정의를 염두에 두고 쓰이고 있음을 지적하였다. 사회적이란 말은 사회가 개인들 사이에서 자생적으로 생겨난 사회를 마치 의식이 있는 독자적 실체로 의인화하는 착각을 준다.

하이에크에 의하면 이런 식의 언어 오용이 가장 심한 나라가 여러 단어 연결로 합성어를 만드는 능력이 뛰어난 언어구조를 가진 독일이라는 것이다. 본래 법치국가(Rechtsstaat)와 사회국가(Sozialstaat) 간에는 분명한 모순이 있으며 헌법학자 역시 이를 알고도 양자를 합성하여 1949년 서독 헌법은 "사회적 법치국가"(Sozialer Rechtsstaat. social rule of law '사회적 법의 지배')라는 기이한 용어를 채택하였다. 그 이후로 '사회적 시장경제'라는 말이 널리 파급되었다. 사실 시장경제란 사회적인 것이 될 수 없는 것이다. 본래 법의 지배와 시장은 각각 아주 분명한 개념이었으나 이것에 사회적 이란 형용사가 합성됨으로써 그 말의 명확한 의미를 잃어버리게 되었다.

또 민주주의란 의미는 선명한 것이었지만 거기에 사회적이란 형용사를 붙여 "사회민주주의"를 만들면 그것은 1,2차 대전 사이에는 급진적인 오스트리아-마르크스주의를 지칭했다가 그 후 영국에서는 페이비언 사회주의를 의미하는 것으로 사용되었다. 사회주의국가의 본래 의미는 자비로운 독재정치였는데 이것이 민주적으로, 즉 개인의 자유를 보존하면서 성취하고자 할 때 생기는 모순이 사라지기를 희망하며 사회주의와 민주주의를 합성한 "사회민주주의'란 용어를 고안해 낸 것이다. 그러나 하이에크에 의하면 사회적이란 형용사가 그 뒤에 나오는 명사의 의미를 가장 나쁘게 파괴한 예는 바로 "사회적 정의"(사회정의 social justice)이다.

Ⅲ. '사회적'이란 곧 분배를 의미

사회적 정의란 정의의 적용 대상을 개인이 아니라 '사회'로 본다. 사회적 정의는 '인민 민주주의'가 민주주의를 오도하는 만큼이나 그 본래 의미를 기만하는 것이다. 하이에크에 의하면 오늘날 사회적이란 말은 곧 실제로는 '분배적 정의'에 대한 요구이다. 가장 좋은 예가 바로 롤스(John Rawls)의 정의론이다. 사회적 기업, 사회적 자본 , 사회적 국가, 사회적 책임, 사회적 투자, 사회적 일자리, 사회적 약자 등으로 사회적 이란 용어가 붙는 순간 그것은 곧 실질적으로 재분배를 하자는 것이다.

사회적 정의가 분배적 정의를 의미하는 이상 그것은 경쟁적 시장 경제, 인구 및 부의 증가 및 유지와 양립할 수 없을 뿐 아니라 오히려 우리 사회의 그러한 가치들을 저해한다. 이 모순을 감안하면 사회적이란 의미는 실제로는 '반사회적'인 것이 된다(Hayek, 2014b: 225).

Ⅳ. 자유와 사회적 정의의 양립 불가

자유라는 이상은 사회적 정의라는 목표에 의해 점차 부수적 지위로 밀려났다. 이는 오늘날 현대사회의 성과가 자유에 의해 이룩했음을 망각하는 것이다. 자유와 사회적 정의는 본질적으로 양립할 수 없다. 분배적 정의를 의미하는 사회적 정의의 원칙을 받아들이면 분배할 대상물을 산출하는 시장경제 자체를 보존할 수 없게 되고 재분배하려고 하는 부 자체가 없어지게 된다. 특정한 분배 상태를 사회적 정의라고 규정하고 그것을 강제하는 것은 반자유적인 전체주의로 가는 길이다. 시장경제 속의 가난한 자들조차 중앙집권적 체제 속의 개인보다 더 큰 소득을 얻는 것은 자유시장 경제의 불평등한 분배가 만들어낸 결과이다.

정의롭다는 관념이 나쁘다는 것이 아니라, 사회 전체 차원의 정의란 존재하지도 않거니와 사회적 정의라고 규정한 것을 적용하려는 것이 더 근본 가치인 자유와 공존할 수 없기 때문이다. 하이에크에 의하면 '사회적 정의'란 민주적 선동 정치가 지금까지 산출한 것 중 최악의 것이다.

Ⅴ. 사회적 정의란 무의미

분배적 정의를 함의하는 사회적 정의란 실제로는 공허하고 무의미한 개념이다. 첫째, 분배 상태가 정의 혹은 부정의함을 논증하려면 누군가의 의도적 계획과 그 결과에 대해서만 평가할 수 있을 뿐이다. 그런데 자생적 질서(spontaneous order)로 출현한 시장에서는 분배를 주관하는 주체가 존재하지 않으며 시장 결과는 계획과 의도가 아니라 개인들의 상호작용 때문에 나타나는 것이다. 따라서 시장의 산출 결과에 대해 정의 여부를 논할 수 없다.

둘째, 정부가 사회적 정의를 정책목표로 삼고 이를 집행하는 것은 환상이다. 본래 사회적 정의란 상이하고 구체적인 사회 전체의 목표들의 상대적 가치 평가에 대한 합의가 있어야 가능하다. 그러나 오늘날 거대사회 속 구성원은 다른 구성원 및 구체적 목표들을 알지도 못하기 때문에 그런 전체적 합의는 불가능하다.

셋째, '사회' 정의를 구현하려면 모든 구성원들의 개별 목표들을 조정하고 그 순위를 배정하고 이를 종합하여 정의로운 상태를 정한 후 이를 집행하는 강력한 전체주의 체제가 필요하다. 그런데 그것은 자유로운 문명사회에 대한 심각한 위협이며, 전체주의가 침입하는 트로이 목마이다(신중섭, 2013:123-124).

넷째, 자생적 질서인 시장에서 만들어지는 특정 결과는 본질적으로 어떠한 도덕적 가치와도 부합하지 않는다(도덕적으로는 '자의적'인 것). 따라서 특정한 결과 상태를 정의롭다고 판단할 수 없다. 시장 과정이 사기, 독점, 폭력이 없이 이루어진다면 거기에서 형성된 가격이란 정의가 요구하는 것을 충족한 것이다. 정의란 경쟁이 이루어지는 방식에 적용되는 것이며 그 결과 누구에게 어떤 몫이 귀착되는가에 대해 정의 여부를 적용할 수는 없다.

다섯째, 사회적 정의란 개인을 초월한 사회의 의도와 존재를 의인화할 때에만 가능하다. 개인이 정의롭거나 비정의로운 행동을 할 수 있지만 이와는 별도로 사회가 정의 혹은 비정의로운 행위를 할 수는 없다. 그러므로 개인이 아니라 사회에 대해 정의 관념을 적용함은 타당하지 않다. 정의로운 가의 여부는 오직 개인에 대해, 그것도 배분 결과가 그 배분을 낳는 행동 방식에 대해서만 적용할 수 있을 뿐이다.

Ⅵ. '격세유전'(atavism)의 신기루

그럼에도 불구하고, 사회적 정의란 용어에 많은 사람이 동조하는가? 하이에크는 이를 소규모 원시사회를 오랫동안 겪어 온 인류에 남아 있는 이른바 격세유전(atavism) 현상으로 설명한다. 격세유전이란 유전자가 잠복되어 있다가 여러 세대 후에 나타나는 것이다. 오늘날 사회 구성원을 서로 알 수 없는 거대 사회에는 전혀 맞지 않는 것이지만 과거에 공동체의 구성원을 서로 잘 알고 또 공동체 전체의 목표를 분명히 인식할 수 있었던 소규모 원시 사회에서의 향수가 사고의 유전자 속에 남아 있기 때문이다.

그래서 오늘날 거대 사회 속에 살면서도 우리가 서로를 다 잘 알고 있으며 타인의 목표를 다 알고 있으며 따라서 이를 합한 공통목표가 무엇인지도 잘 알고 있다고 착각하는 것이다. 이 때문에 사회적 정의란 여전히 우리에게 적용될 수 있고 또 적용되어야 할 것이라고 생각하는 습관이 남아있을 뿐이다. 그리하여 집권자가 구호로 제시하는 특정 분배 상태 속에서 그런 것이 존재하는 것으로 착각하는 것이다.

Ⅶ. 결어

사회적 정의란 용어가 정부 부문에서 강조되는 이유는 그것이 특정 집단이 자신들에게 유리한 정부 활동을 도출하는 명분으로 동원하기 때문이다. 자신들에게 유리한 정부 정책결과를 얻는데 이 명분을 내세우면 그에 대한 반대를 차단하기가 용이하기 때문이다. 이 때문에 정부 권력을 구사하는 영역인 행정 및 정책분야에서 사회적 정의란 명분이 가장 많이 오용되기 마련이다.

사회적 정의를 가장 많이 표방한 것은 '사회연대', '공동체', '하나 되는 세상' 등을 통해 그들이 원하는 배분 상태를 실현하려는 사회주의자들이다. 그러나 오늘날 자유민주주의에도 깊이 침투하여 이 용어는 우리에게 종교에 준하는 미신(quasi-religion superstition)으로 신봉되고 있다. 그러나 그것은 우리의 노력으로는 결코 도달할 수 없는 신기루(mirage)일 뿐이다(Hayek, 2014b).

이상에서 규명되었듯이 사회적 정의는 구호로는 매력을 주지만 실제로는 매우 모호하며, 가공적이고, 더 중요한 근본 가치인 개인의 자유와 공존하기 어려운 가치이다. 이에 바탕을 두고 행정학 연구에서 나타났던 신행정론, 참여주의적 거버넌스론, 실체설적 공익론 등의 이론적, 실천적 토대는 그만큼 취약함을 시사한다. 그것이 정책의 방향을 이끌 행정이념으로 확립되려면 막연히 정의로워 보이는 구호만으로는 부족하며, 실천적 하위정책들과 선명한 인과관계를 도출할 수 있도록 명확히 정의되어 제시되어야 하며, 또 자유민주주의 하에서 자유 등의 다른 가치와의 우선순위가 바로 제시되어야 한다.

논평

정의란 개념 앞에 사회란 말을 붙여 '사회적 정의'라 부르면서 이를 행정이념의 근본으로 이해하려는 시각이 많다. 특정 사회 현실이 이에 도달되어 있지 못하다는 주장의 근거로 많이 인용하는 용어이다. 그러나 어떤 용어 앞에 '사회적'이란 수식어가 앞에 붙는 순간 그 용어는 재분배를 의미하는 것으로 의미가 바뀐다. 그리고 국가는 이러한 재분배를 수행하는 능력과 도덕성을 가진 것으로 이해한다. 사회(적) 정의란 용어는 지선한 개념이 아니라 실상은 이렇게 사회주의적으로 오도된 개념임을 밝힌 것은 하이에크이다.

정의란 사회에 대해 적용될 수 있는 개념이 아니다. 그럼에도 불구하고 '격세유전'(atavism) 현상에 의해 우리에게 미신처럼 마력을 주고 있다. 정치 구호로 사회적 정의가 상투적으로 이용되지만 그것은 개인의 자유와 공존할 수 없는 개념이다. 이 글은 Hayek의 시각을 중심으로 사회적 정의가 그 멋진 이름에도 불구하고 실제로는 사회주의적 허구에 가깝다는 것을 소개한 것이다.

특히 주의할 것은 재분배를 강조하는 좌파적 사고는 공평성 개념을 으레 사회적 정의로 연결한다는 점이다. 예컨대, 롤즈식 재분배주의자들은 공정성(fairness)이 바로 정의라고 본다. 공평성에 대한 찬반 격론은 가능하지만 정의에 대해 그것이 나쁘다는 반론은 어렵기 때문에 의도적으로 공평성을 정의로까지 확장하려는 것이다. 정의는 재분배와만 연결되며, 또 그것이 왜 개인을 넘어 의인화된 사회가 규정할 수 있다고 하는 것인지를 곰곰이 생각해보라.

ㅣ새 테마 행정학ㅣ

26. 신공공관리론

Ⅰ. 의 의

1 개념

1980년대부터 서구 자본주의 국가에서는 복지국가의 위기를 통한 정부의 과부하 · 정부규모의 확대 · 정부실패 등 세 가지 요인으로 구성된 이른바 '통치불능'(ungovernability) 상태가 심화되었다. 정부의 과부하는 국가가 정치적 참여와 사회적 권리를 광범위하게 인정하여 정부가 감당할 수 없을 정도로 많은 문제해결 요구를 야기했다. 정부 규모의 확대는 이익집단들의 지대추구 노력, 정치인의 이기적 정치이익 보전 욕구, 정부관료제의 팽창에 기인한다. 정부실패는 정부의 계획 능력의 한계, 전문적 지식 · 기술 · 정보의 결핍, 재정위기, 관료제의 경직성으로 정부가 사회 문제를 효과적으로 해결하지 못하는 것이다.

신공공관리(New Public Management: NPM)는 이러한 상황에서, 한편으로는 시장의 조직 원리를 강조하는 경제자유화 · 규제완화로 정부의 과부하를 경감하고, 다른 한편으로는 민영화를 통해 정부 규모를 감축하며, 민간기업에서 개발된 우수한 기법들을 공공부분에 도입하여 정부의 문제해결 능력을 높임으로써 정부실패의 위기를 극복하려는 정부혁신 모형이다.

즉, 신공공관리론은 정부가 기업처럼 운영되어야 하며, 관료는 공공 기업가(public entrepreneurs)가 되어야 한다고 본다. 이런 의미에서 행정의 정치적 측면에는 관심이 적고 오히려 경영적 측면에 주목하여 이를 개선하고자 하는 점에서 정치행정이원론의 성격을 띤다.

2 성격

신공공관리론은 뉴거버넌스, 신자유주의, 공공선택론 및 신제도주의와 부분적으로 중첩되기도 하고 혼용되기도 하지만 그들과 대비하면 다음과 같은 성격을 지닌다.

1) 뉴거버넌스와의 대비

신공공관리론(new public management)은 ①조직의 내부관리 문제에 초점을 두며, ②조직 간의 상호 작용・협상 등에는 관심이 적으며, ③절차보다는 결과에 관심을 두며, ④국민을 고객으로 전제한다.

그러나 뉴거버넌스(new governance)는, ①내부관리뿐 아니라 다양한 행정 문제에 관심을 두며, ②여러 조직들과 연계망을 구축하고 상호 작용・협상을 하고, ③이들이 참여하여 문제를 해결한다는 절차적 측면에 관심을 기울이며, ④국민을 고객이 아니라 주인으로 간주한다.

2) 신자유주의와의 관계

신공공관리론은 신자유주의라는 우파적 정치이념에 근거하고 있다는 주장도 있다. 신자유주의(neo-liberalism)는 사회에서 정부가 담당하는 역할을 대폭 축소하고 시장이 이를 담당해야 한다는 우파적 정치 이념이다. 그러나 신공공관리론은 시장이 정부를 대체하여 사회 문제를 해결해야 한다는 신자유주의 자체가 아니라, 관료제가 시장에서 작동하는 기업의 경영 기법을 모방함으로써 내부적인 운영을 합리화하려는 관리 개혁이다. 따라서 신공공관리론은 그 자체만으로 신자유주의 이념과 동일한 것은 아니다. 비록 신공공관리론과 신자유주의의 등장 시기가 비슷하여 이런 오해를 낳기도 하지만 신공공관리론이 정치적・이념적 편향은 갖지 않는 개념으로 볼 수 있다.

신공공관리론의 관심이 정부관료제의 내부적 관리효율성의 향상인 반면, 신자유주의의 주된 관심사는 사회에서 정부 역할 범주의 적정성이다. 좌파이든 우파이든 민간기업의 경영 기법을 적용하여 정부관료제의 내부적 운영을 합리화하는 신공공관리론이 채택될 수 있다. 예컨대 신공공관리론은 호주 및 뉴질랜드에서는 신자유주의에 반대하는 노동당 정부에 의해 전폭적으로 수용되었으며, 영국에서는 신공공관리론이 오히려 정치적 좌익과도 밀접한 관련이 있다.

3) 공공선택론 · 신제도주의와의 관계

신공공관리론 이전의 행정관리에서는 관료는 사적 이익을 추구하지 않을 것이라는 것을 암묵적으로 가정하고서 이들의 문제해결 능력을 높이도록 관리함에 초점을 두었다. 그러나 신공공관리론은 관료란 이기적 존재이며 주인-대리인 상황에서 도적적 해이에 빠질 가능성이 높은 사람들로 간주하고서 이들을 어떻게 동기화하여 바람직하게 행동하도록 관리할 것인가에 초점을 둔다. 따라서 신공공관리론 자체가 공공선택론 · 신제도주의인 것은 아니지만 공공선택론 · 신제도주의에서의 관료관을 채택하고 있다.

Ⅱ. 내 용

신공공관리론은 논자마다 개념 범주 및 주장 내용이 상이하지만 대개 다음과 같은 사항은 공통적으로 주장한다.

1 작고 효율적인 정부

이것은 행정의 지나친 팽창, 정부실패에 대한 반성으로서 정부와 민간간 기능 재분배를 통하여 정부 조직과 기능 및 인력을 합리적으로 감축하는 것이다. 이를 위해 시장성 테스트라는 절차를 통해 불필요한 정부 기능을 폐지 · 민영화 · 민간위탁하고, 나머지 기능은 민간 부문과 정부 기관 간에 경쟁을 도입하며, 정부가 직접 수행해야 할 일은 간소화하고 동태적 조직을 적극 활용하여 효율화를 도모한다. 이를 위해 "R-전략"(re-structuring, re-engineering, re-orientation)이라는 각종 혁신 전략을 활용한다. 따라서 작은 정부가 지향하는 것은 단순히 양적인 감축을 의미하는 것이 아니라 "더 적은 비용으로 더 많이 일하는 정부를 구현하는 것(creating a government that works better and costs less)"이다.

그러나 현실의 행정개혁에서는 이 본질을 무시하고 내 보일만한 개혁에 치중하여('현시성 salience)' 양적 감축에 치중하는 경우도 많다. 그러나 양적 감축만으로 신공공관리론의 궁극적 목표인 정부의 생산성 제고가 이루어질 수는 없다. 게다가 이 감축 과정에서 직무 스트레스와 심리적 탈진을 경험하여 관료조직에 대한 충성과 헌신이 저하되어, 유능하고 모험적인 사람들은 떠나고 떠나야 할 사람들은 남게 되는 '역선택(adverse selection)'이 일어나기도 한다. 또 정부기능의 실질적 감축보다 양적인 감축에 치중한 결과, 따라서 기계적, 양적 감축에만 치중하면 행정개혁의 추진과정에서 수단이 목표가 되는 '목표의 전환'을 초래할 수 있다.

인력 · 예산 · 조직의 양적인 감축만으로는 '보다 적은 비용으로 보다 많이 일하는 정부의 구현'이라는 신공공관리론의 궁극적인 목표를 달성하는 데 한계가 있기 때문에 정부기능의 합리적 재조정이라고 하는 보완적인 방법을 함께 사용한다. 정부기능의 합리적 재조정은 정부의 기능과 활동의 범위가 무조건 작은 정부만이 아니라, 필요한 공공서비스는 충실히 제공하고 부적합한 기능은 축소한 정부로서 정부기능의 민주화와 효율화를 기한다는 것이다. 그러나 이것이 이미 비대해진 것으로 확인된 거대 정부를 합리적으로 축소한다는 작은정부론의 본질을 막는다면 의미가 없다.

정부기능의 합리적 재조정을 위해 신공공관리론은 '촉매적 정부(catalytic government)'를 강조한다. 여기서 촉매적 정부란 오스본과 게블러(1992)가 기업가적 정부운영의 10대 원리로서 제시한 것으로, 정부의 역할과 기능을 정책결정과 같은 '방향잡기(steering)'에 치중하고 서비스전달과 같은 '노젓기(rowing)'는 다른 부문에 이양하여, 민간이 잘 할 수 있도록 유도, 조장, 촉진하는 정부를 의미한다.

신공공관리론자들 중에서도 경영적 입장을 강조하는 측은 촉매적 정부가 결국 작고 효율적인 정부로 인도한다고 본다. 반면에 정부의 역할을 상대적으로 더 강조하는 측은 촉매적 정부가 결국 정부가 시민들의 서비스 수요에 보다 민감하게 반응하고 상황 변화에 신축성 있게 대응하는 책임있는 정부로 나아간다고 본다.

2 시장지향적 정부

신공공관리론은 시장메커니즘이 다른 어떤 기제보다도 자원배분에 있어 효율적이라는 것을 신봉한다. 따라서 내부시장화와 외부시장화를 통해 시장에 의한 자원배분을 확대할 것을 강조한다. 신공공관리론에 의하면 시장은 효율적이지만 정부는 '연성예산제약(soft budget constraint)'과 'X-비효율성(X-inefficiency)'에 빠져 낭비를 조장하는 경향이 있기 때문에, 공공부문에도 계약방법, 준시장적 방법, 그리고 고객 선택권 확대 등을 통해 공공서비스 공급에 유인구조(incentive structure)를 도입할 것을 주장한다(Rhodes, 1997: 56). 따라서 신공공관리론은 가격 기구와 경쟁원리를 활용하여 공공서비스를 공급하고, 고객주의에 기초하여 고객이 가치를 부여하는 결과의 산출, 서비스의 질 관리, 고객에 대한 선택권 부여 등을 강조한다.

시장기제를 공공부문에 도입하는 전략에는 내부시장화 및 외부시장화가 있다. 내부시장화는 수익자부담주의, 민간위탁, 책임운영기관화가 포함되며, 외부시장화는 정부 기능의 민영화, 주민공동생산, 제3부문으로의 기능 이관 등이 포함된다.

3 고객 중심적 행정

고객주의는 시장주의의 한 표현이다. 행정은 궁극적으로 국민을 위하여 존재하는데, 국민들이 행정서비스의 고객이므로 고객주의는 국민을 위한 행정을 실현하는 하나의 방법이라고 할 수 있다. 고객주의는 민간 기업이 고객을 대하는 것처럼 정부도 납세자를 고객으로 대해야 한다는 것으로, 구체적으로는 고객의 요구를 경청하고 경쟁적인 공급자 가운데 하나를 선택할 수 있는 권한을 부여하며, 서비스 공급자를 선택하는 데 사용할 자원을 제공하는 것 등이 제시된다(Osborne and Gaebler, 1993). 고객주의를 행정에 구현하기 위해 예산 및 정책결정에서 시민의 의견을 수렴하는 절차를 거치게 한다. 또한 시민헌장제도, 총체적 품질관리(TQM) 등을 도입하여 고객에 대한 행정 서비스의 질(quality)을 높이려 한다.

4 기업형 정부

기업형 정부는 관료가 기업가적 행동이나 마인드를 발휘하여 효과적으로 행정 업무를 수행하는 정부를 말한다. 국내외 기업의 우수한 경영 기법을 벤치마킹하여 정부의 생산성을 극대화하는 것이 그 예이다. 오스본과 게블러는 『정부재창조론(Reinventing Government)』(1992)에서 기업가적 정부 운영의 10대 원리로 ① 촉매적 정부(노젓기보다는 방향잡기), ② 지역사회가 주도하는 정부(서비스 제공보다 권한 부여), ③ 경쟁적 정부(서비스 제공에 경쟁 도입), ④ 사명 지향적 정부(규칙 중심 조직의 개혁), ⑤ 성과 지향적 정부(투입이 아닌 성과와 연계된 예산 배분), ⑥ 고객 지향적 정부(관료제가 아닌 고객 요구의 충족), ⑦ 기업가적 정부(지출보다는 수익 창출), ⑧ 미래에 대비하는 정부(사고 수습보다는 사고 예방), ⑨ 분권적 정부(위계조직에서 팀워크로), ⑩ 시장 지향적 정부(시장 기구를 통한 변화 촉진) 등을 제시하고 있다. 기업형 정부는 관료가 더 이상 주어진 목표를 달성하기 위해 행정 루틴과 SOP를 따르는 소극적 집행자가 아니라 기업가적 활력과 성취의욕을 가진 적극적 사업가가 될 것을 요구한다.

5 탈규제화 정부

관료에 대한 규정과 규제를 완화하고 분권화를 통해 재량을 부여하여 관료로 하여금 기업가의 창의성을 활용하는 '공공기업가'로 일할 수 있게 한다. 유의할 것은, 신공공관리론에서 말하는 탈규제란 '정부관료제에 대한 규제'의 완화를 의미한다. 따라서 민간 부문에 대한 규제를 철폐한다는 신자유주의적 규제 해제와는 차이가 있다.

신공공관리론의 이러한 관점은 '해방관리론(liberation management)'으로 요약할 수 있다. 즉 정부관료는 우수하지만 그것이 제대로 기능하지 못하는 것은 관료의 능력과 기술이 부족해서가 아니라 불필요한 규정과 규제 때문이라고 본다. 고어(Al Gore)는 이런 상황의 관료를 "나쁜 제도에 빠진 좋은 사람(good people in bad system)"이라고 인식한다(이명석, 2001). 관료들의 능력을 발휘할 수 없도록 만드는 지나친 내부규제로부터 관료를 해방시키기 위해 신공공관리론은 예산회계, 조달 및 인사규정의 완화를 통한 광범위한 재량부여를 주장한다.

6 성과 중심의 행정

행정의 중점이 투입보다는 성과에 있다. 이와 같이 성과를 강조하기 때문에 ①조직측면에서는 성과를 기준으로 평가하여 책임을 묻는 영국의 책임집행기관처럼 성과 중심의 조직관리가 대두하고, ②인사측면에서는 성과급 보수제도(연봉제), 개방형 직위나 계약직 임용의 확대가 요구되며, ③예산측면에서는 프로그램을 강조하는 성과 중심적 예산제도, 경영성과를 명확히 규명하기 위해 발생주의 회계방식을 강조한다. 투입보다 산출을 강조하는 것은 행정의 성격이 종래의 POSDCoRB로부터 목표, 결과을 달성하는 것으로 옮겨 간 것을 의미한다.

Ⅲ. 쟁 점

1 행정과 경영의 차이 간과

가장 근본적인 비판은 정부와 기업은 상이하므로 행정에 기업의 경영 기법을 도입하는 것은 많은 문제가 있다는 것이다. 행정이 산출하는 공공재와 기업이 생산하는 사적재는 근본적으로 성질, 비용부담 방식, 법적·정치적 환경이 서로 다르다. 정부 간 관계, 그리고 정치와 행정과의 관계, 정부와 국민의 관계, 권력성 등은 민간 기업에는 존재하지 않는 요소이다. 이러한 이유로, 기업 경영 방식을 공공부문에 적용하는 것은 근본적으로 한계가 있다는 비판이다.

그러나, 행정과 경영은 상이한 점이 있지만 공통점도 많다. 신공공관리론은 모든 행정이 아니라 경영적 성격이 짙은 부문의 행정에 주로 도입된다. 행정이 경영간의 차이 여부에 관한 일반론적 논쟁보다 더 중요한 것은 당면 행정의 비효율을 어떻게 극복할 것인가에 초점을 두어야 한다. 경영과 행정이 상이함을 강조하는 주장자들은 그런 시각에 토대하여 구체적 처방을 제시하지 못하고 있다.

2 시장실패의 가능성 경시

신공공관리론은 시장은 정부에 비해 본질적으로 효율적인 자원배분기구라는 점을 강조하지만, 이러한 시장 기제 또한 정부와 마찬가지로 실패할 가능성이 있는 '불완전한 선택대안(imperfect alternatives)'일 뿐이다. 즉 신공공관리론은 시장 기제를 강조하지만 그렇게 도입된 시장 기제의 불완전성(시장실패)이 더 문제될 수 있다는 것이다.

이 비판은 시장실패와 정부 실패 중 어느 것이 오늘날 정부의 통치불능 사태의 주 원인인가? 에 대한 인식과 관련이 있다. 첫째, 신공공관리론은 모든 행정에 경영 기술을 도입하자는 것이 아니다. 적어도 민간 기업에서 성공한 선례를 도입하고자 한다. 이에 비하면 종래의 행정 관리 기술은 그러한 사전 확인 절차를 거치지 않고 대개 기계적으로 답습해온 것이 대부분이다. 둘째, 오늘날 거대 정부의 통치 불능 사태의 직접적 원인이 시장 실패가 아니라 정부 실패라는 점이 대체로 인정되고 있다. 이 때문에 신공공관리론은 시장 실패보다 정부 실패에 더 주목하는 것이다.

3 '고객주의' 논리의 문제점

이는 신공공관리론의 고객주의가 주권자로서의 국민을 간과했다는 비판이다. '고객주의'의 국민은 주어진 행정 서비스에 단지 만족 또는 불만을 드러내며 이 불만이 상당할 경우 정부가 그 행정서비스를 개선해 줄 것으로 기대하는 수동적인 존재이거나 만약 그것이 개선되지 않으면 다른 행정구역으로 가 버리는 존재이다. 행정의 경우 '소비자의 만족(consumer satisfaction)'과 '소비자의 주권(consumer sovereignty)'은 구분되어야 한다. '고객주의'는 소비자의 만족에만 치중하고 소비자의 주권을 간과한다. 국민은 고객을 넘어 주권자이므로 원하지 않는 행정 서비스를 단지 거부할 수 있는 것만으로는 부족하며, 행정 서비스를 자신의 선호대로 적극적으로 변경할 수 있는 기회와 권리를 인정받아야 한다는 것이다.

그러나 국민을 고객으로 본다는 것은 주권자로서의 국민의 지위를 무시하는 것이 아니며, 고객으로 대접하는 것은 오히려 주권자로서의 국민의 지위를 인정하는 기초가 된다. 행정이 고객으로 섬겨야 할 시민에게 항의(voice)를 넘어 퇴장(exit)기제까지 인정하자는 것이 신공공관리론의 핵심이다. 고객에게 퇴장 가능성까지 부여될 때에 행정은 시민이 원하는 행정서비스에 더욱 잘 부합되도록 노력하게 만들어 결국 주권자로서의 시민의 지위는 향상된다.

4 다른 지도 원리들과의 충돌

경영의 지도 원리는 능률성이다. 그러나 행정은 능률성외에 다른 많은 지도 원리도 충족해야 한다. 민주성 · 효과성 · 형평성 등의 가치도 고려해야 한다. 이 경우 능률성 중심의 경영기법은 행정의 다른 가치들의 달성을 악화시킬 수 있다. 더구나 관료제의 책임성 제고의 필요성이 높은 현실에서 민주성은 능률성보다 다 중시되어야 할 행정이념이라는 것이다.

그러나 신공공관리론도 국회의 법적 테두리 안에서 수행되므로 비민주적 행정은 실제로 일어나기 어려우며, 효과성은 오히려 민간 기법을 적용한 신공공관리론이 더 잘 이룩하며, 행정이 자의로 형평성을 무시하고 능률성만을 추구하는 재량은 많지 않다는 반론이 있다. 행정에 다른 가치들이 혼재되어 있는 것은 맞지만 모든 가치를 다 증진하는 기법은 존재하지 않으며 신공공관리론은 그 중에서 능률성 향상에 효과적인 처방으로 선택할 수 있다.

5 행정의 윤리성 · 책임성 약화

이는 신공공관리론이 윤리성과 책임성을 결여하고 있다는 비판이다. 첫째, 신공공관리론은 능률성(efficiency), 경제성(economy), 효과성(effectiveness)과 같은 3개의 E로 시작하는 단어에 치중하여, 보다 중요한 E로 시작하는 단어인 '윤리(ethics)'를 경시하는" 문제가 있다(Chandler, 2001: 163)는 지적이다. 둘째, 또 따른 비판은 신공공관리론이 행정의 책임성을 간과하고 있다는 것으로 아무리 능률적인 정부라고 하더라도 공적 책임성에 충실하지 않는다면 정부의 역할이 부족하다는 것이다(서순복, 1999: 320).

이에 대해서도 신공공관리론측의 반론이 있다. 첫째, 행정 업무가 비윤리적으로 이루어진 경우는 극히 드물다. 설사 그러한 일이 있는 경우에도 그것은 신공공관리론의 책임이 아니라 법을 남용하거나 잘못 적용한 행정 때문에 나타나는 것이다. 능률성, 경제성, 효과성을 강조하느라 도덕성 및 윤리성을 무시하는 공공 행정의 예는 사변적 논쟁을 넘어 실제로 일어나는 예가 드물다. 둘째, 행정은 최소비용으로 최대의 효과가 나도록 수행되어야 하며 그것은 행정이 주어진 자원을 무책임하게 사용하지 말고 능률적으로 사용하여 일하라는 국민의 요구에 대한 책임성을 오히려 높이는 것이다.

6 보편적 적용가능성 문제

신공공관리론은 보편적인 이론으로 확립된 것이 아니며, 특정 상황과 국가에서 성공한 것이라도 상이한 사회문화적 맥락 하에서도 성공한다는 보장이 없다는 비판이다. 특히, '문화의 갈등'에 주목하여 신공공관리론이 성공한 서구의 문화는 시장교환을 선호하는 '개인주의 문화' 및 작은 정부를 지향하지만, 이를 수용하는 한국의 경우 '계층주의 문화' 및 큰 정부를 지향하는 것이 보통이다(박종민 · 김서용, 2002). 신공공관리론적 개혁이 성공하려면 우리의 문화도 변화되어야 하지만, 한번 형성된 문화가 쉽게 변하기 어렵다. 문화적 전제조건에 대한 고려 없이 도입한 제도들은 실패하기 쉽다는 것이다.

이에 대한 반론은 다음과 같다. 문화적 조건이 부합되어야 신공공관리론이 성과를 보인다는 것은 맞지만, 문화적 배경 차이에만 착념한다면 신공공관리론은 아예 도입될 수 없을 것이다. 당면한 거대 국가의 비효율을 극복하기 위해 도입되는 기법들은 기업 혹은 다른 나라에서 상당한 성과를 얻은 것으로 확인된 것이다. 즉 한국 행정에서 처음 시험해보는 것이 아니라 다른 상황에서 타당성이 입증된 것이다. 적어도 특수한 상황에서 특수한 효과를 기대할 수는 있다. 그러므로 제도의 문화적 차이에 관한 지식을 보완하면서 주어진 행정 문제에 대해 점진적으로 적용할 수 있다.

7 새로운 패러다임으로서의 성격에 관한 의문

신공공관리론은 전혀 새로운 행정학의 이론이 아니라는 비판도 있다. 신공공관리론이 내세우는 능률적 행정은 이미 '절약과 능률'을 내세웠던 고전파 행정학이 주장한 내용이며, 대응성있는 행정 · 고객지향적 행정 역시 이미 신행정학이 주장한 내용이었다.

또 신공공관리론은 엄밀하게 검증된 이론이라기보다는 몇몇 개혁 아이디어의 총합에 불과하다. 비록 행정개혁의 새로운 방향을 제시하고 있기는 하지만, 신공공관리론은 구체적이고, 이론에 근거하며, 경험적으로 검증된 행정개혁 전략을 제시하지 못하고 있으며, 전통적인 행정학의 오랜 문제들은 여전히 해결되지 못한 채로 남아 있다. 이러한 이유로 신공공관리론이 과연 행정학의 '패러다임의 전환'을 가져왔는가의 여부를 확신할 수 없다는 것이다.

그러나 이에 대해, 신공공관리론이 지향하는 것은 과학적 발전이 아니라 주어진 정부 실패에 대한 여러 당면 문제들을 해결하는 처방의 발견이므로 굳이 패러다임의 전환을 이룩하는가는 중요한 사항이 아니며 그렇게 표방하지도 않았다는 반론이 있다.

8 행정의 정치성 간과

신공공관리론은 정치행정이원론의 현대적 부활인 셈이다(Carroll, 1995). 그런 점에서 조직 내의 경영혁신을 통한 성과 향상에 초점을 두는 신테일러주의가 중요한 토대가 되고 있다. 그러나 행정 작용에는 경영적 작용 외에 불가피하게 정치 작용이 개입되어 있는데 신공공관리론은 이 정치적 국면을 간과한다는 비판이다. 따라서 경영 측면의 개혁이 정부개혁의 구성요소가 되어야 하지만, 그것만으로는 불충분하며 정치적 국면에 대한 개혁이 수반되어야 한다.

신공공관리론은 여기에 대해서도 반론한다. 위 비판은 전술한 행정과 경영의 차이성과도 관련된 것이다. 신공공관리론은 그것만으로 정부개혁을 다 하겠다고 표방하지 않는다. 다만 그의 한 수단이 되는 기법들을 적용함으로써 문제를 해결하겠다는 것이다. 정치적 국면에 대한 개혁이 함께 수반되어야 함은 당연하지만 정치적 개혁은 행정이 수행할 책임이 아니다.

9 인간에 대한 단순한 가정

신공공관리론은 경제적 유인에 의한 동기부여를 강조하여 성과급과 같은 금전적 유인을 강조한다. 그러나 인간을 이와 같이 '합리적 경제인'으로 보는 것은 너무 단순한 가정이라는 비판이다. 인간이 동기부여를 하는 데에는 경제적 유인 이외에도 인간관계와 같은 사회적 유인과 성취감과 같은 심리적 유인도 중요하게 작용하고 있기 때문에 이러한 측면을 고려하여 보다 정교한 유인체계를 설계할 필요가 있음에도 신공공관리론은 금전적 유인에 치중하는 문제가 있다는 것이다.

그러나 인간에게 가장 중요한 동기 부여 요인의 하나가 금전적 유인이라는 것이 확인된 이상 이에 근거하여 제도를 설계하는 것은 충분한 타당성이 있다. 재화의 가격이 수많은 요소에 의해 좌우되지만 가격이 아주 중요한 한 요소임에 주목하여 가격이 곧 수요량을 결정한다고 보는 가격이론이 성립할 수 있음과 같다. 다른 다양한 유인에 의해 동기부여 요소를 보강하는 것은 필요하지만 그것은 신공공관리론의 책임이 아니라 신공공관리론까지 포함하여 포괄적인 제도를 설계할 정부 개혁가의 몫일 뿐이다.

10 정부의 공동화 초래

국가의 정당성 위기 및 합리성 위기와 관련된 정부의 과부하(overloaded)의 문제를 해결하기 위해, 신공공관리론은 시장과 시민사회에 공공부문의 책임을 떠넘기는 인력감축 및 프로그램 감축, 민영화, 민간위탁, 규제완화 등을 강력하게 추진하여 '정부의 공동화' 현상을 심화하며, 세계화라고 하는 불확실성이 높은 시대에 정부가 적극적인 문제해결 주체로 기능하지 못하고 환경에 수동적인 객체로 전락된다는 비판이다(Frederickson, 1996: 267-268; 김정렬 · 한인섭, 2003: 20).

그러나 이는 신공공관리론이 모든 정부 기능을 대체하는 것으로 과장한 주장일 뿐이다. 또 정부의 능력 마비와 효과성의 심각한 저하라는 문제는 신공공관리론을 도입하기 이전에 이미 정부가 초래한 현상이다. 신공공관리론은 이전에 정부가 초래해 놓은 공동화 문제를 해결하고자 도입된 것일 뿐이라는 반론이 가능하다.

Ⅳ. 한국 행정에서의 적용

한국의 행정개혁은 ①작은 정부(기구 · 기능 · 인력의 최소화), ②효율적인 정부 (경쟁과 성과의 중시), ③봉사하는 정부 (국민을 고객으로 인식) 등을 주요 목표로 설정하였으며, 이러한 목표를 달성하기 위하여 하위목표들이 구체화되었다. 그리고 민간 경영 기법의 도입을 위해 민간 경영전문기관의 참여가 두드러진 특성이 있다. 이러한 바탕 하에 정부 조직의 축소 및 통폐합, 공무원 규모의 축소, 책임운영기관의 도입, 성과주의적 예산 및 인사관리, 계약제 등을 통한 조직 내외적 경쟁 강화, 개방형 임용 등의 프로그램이 실시되었다.

이들은 다 신공공관리론의 핵심 요소들이다. 즉 한국의 행정개혁을 가장 본격적으로 추진했던 김대중 정부이래로 노무현 정부, 이명박, 박근혜 정부에 이르기까지 신공공관리론이 핵심적 기반이 되어 왔다. 앞으로도 이러한 요소들이 중요시될 가능성이 높다.

그러나 외관적으로는 이들 개혁은 신공공관리론의 토대 하에 이루어 졌지만 신공공관리론의 특징적 장점을 살리지 못하였는데 그것은 다음과 같은 이유 때문이다. 첫째, 이들 행정개혁의 주 내용은 신공공관리론의 본질인 '유인구조'적 방법이 아니라, 전통적인 구조재조정 접근에 바탕을 두었다.

둘째, 정부 조직과 공무원 규모의 축소는 정부의 바람직한 기능 재정립을 위한 것이라기보다는, 가시적인 효과를 위해 혹은 민간 부문과의 형평성을 고려하여 이루어진 '물량주의적 감원'이었으며 실질적인 축소는 이루어지지 않았다.

셋째, 단위조직에 권한 · 책임을 주고 자율적으로 인력감축을 수행하는 것이 신공공관리론의 논리이다. 그러나 조직 상위-하위 및 중앙-지방의 관계에서 권한 · 책임 이양과 분권화가 제대로 실행되지 못하였다.

넷째, 책임경영기관제도에서도 예산 · 인사 · 조직 관리상의 충분한 자율권이 부여되지 못하여 기업식 경영의 장점을 살리지 못하였다. 책임경영기관의 자율성 문제는 최근 개선되고 있지만 실적 임용, 재량권 부여, 관료들의 유인체제를 충분히 변화시키지 못한 채 조직구조만 변화시킨 측면이 많다.

다섯째, '개방형 임용제도', '성과급제도', '목표관리' 등의 인사 부문의 개혁이 추진되었다. 그러나 민간 전문가의 영입은 매우 불충분하며, 성과급제도 · 목표관리는 비실적주의적, 연고주의적 근무성정 평정의 관행 때문에 실효성이 낮은 실정이다.

요컨대, 지금까지 신공공관리론을 표방한 한국의 행정개혁은 사실상 전통적인 행정관리의 논리인 중앙의 통제와 감독에 의해 이루어졌다. 신공공관리론의 본질적 장점을 발휘하는데 필요한 전제 조건인 유인, 자율성, 성과관리가 제대로 주어지지 않았기 때문에 당초의 효과를 충분히 얻지 못하였다. 그러므로 행정개혁이 정치적 수사(political rhetoric)가 아니라 실질적 효과를 얻기 위해서는 신공공관리론의 본질적 장점에 부합되는 개혁으로 개선해 나가야 할 것이다.

⊸ 논평

신공공관리론에 대해 반대하는 행정학자들 중 상당수는 신공공관리론이 기존의 행정을 대체하는 수준까지 이른 경우는 없음에도 불구하고 이를 과장하고 정치와 경영의 차이에 관한 추상적 논쟁으로까지 확전하는 경향이 있다. 이미 기존의 정부체제, 관료제도, 관리기법에 대한 반성을 촉구하는 것이기 때문에 이에 대한 반발은 주로 행정의 고유성을 강조하고 싶은 학자, 입지가 좁아질 관료, 정치성 및 권력성을 강조하는 정치학자들로부터 나온다. 비판 및 그에 대한 대응 논점을 정확히 정리해두어야 한다. 그 때 논쟁의 초점인 '책임성'의 의미가 무엇인가?

먼저 개념상 유사한 뉴거버넌스, 신자유주의, 공공선택론 및 신제도주의와의 차이를 선명히 제시해야 한다. 대개 이 부분에서 모호하기 때문에 후속되는 '내용', '비판' 등에서도 신공공관리론과는 무관한 서술들이 혼재되기 쉽다. 그리고 한국에서도 신공공관리론적 행정개혁이 대대적으로 되었기 때문에 이에 관한 논평이 꼭 필요하다. 이명석(2001; 2002), 임도빈(2002). 오석홍(2004)를 참조하라.

정정길(2008) 교수는 '행정과 경영의 본질적 차이'를 자세히 설명하고 있는데 그 핵심은 신공공관리론의 적용 한계를 지적하는 것이다. 그러나 신공공관리론에 대한 비판 근거에는 행정과 경영의 본질적 차이 외에 다른 요인들도 많음을 유의하라.

또 하나 유의할 점은 신공공관리론의 정의 방식 중 전술한 좁은 의미의 신공공관리론에 공공선택론, 신제도주의적 요소까지 다 포괄한 광의의 신공공관리론 개념도 있다.

| 새 테마 행정학 |

27. 뉴거버넌스론(New Governance)

Ⅰ. 의 의

1 개념

1990년대부터 사용되기 시작한 '뉴거버넌스'(New Governance) 개념은 학자에 따라 다의적이고, 보편적으로 합의된 개념이 아니다. 거버넌스(governance)를 광의로 이해하면, '사회 문제와 관련하여 권력이 행사되고, 시민들의 의견이 제시되며, 의사결정이 이루어지는 방식을 결정하는 전통, 제도 및 절차'라고 정의할 수 있다. 거버넌스란 사회 문제 해결을 위해 다양한 참여 주체들이 상호 작용을 통해 권력 및 자원의 사용방식을 결정하는 체제이다.

비텀(David Beetham)은 다양한 개인들 간의 상호 작용을 조절하여 사회 문제를 해결하는 기제인 '사회적 조정'(social coordination)이란 개념을 제시하는데 이는 광의의 거버넌스와 유사한 개념이다. 그런데 광의의 거버넌스에는 후술하는 뉴거버넌스, 신공공관리론, 신자유주의적 기제 등은 물론 전통적인 관료제적 거버넌스까지 다 포함된다. 이런 식의 광의의 거버넌스 정의는 오늘날 정부에서 새롭게 대두된 '뉴거버넌스'의 특징적 현상을 포착하지 못하므로 협의의 거버넌스 정의가 필요하다.

비텀은 사회적 조정의 유형으로 시장·관료제·민주주의의 세 가지를 제시한다. 이것은 로드스(Roderick A. W. Rhodes,1997)가 제시한 시장·계층제·네트워크와 같은 거의 내용이다. 그 중, ①시장(market)은 개인의 자유를 제한하거나 개인 간의 불평등한 지위를 강요하지 않고 가격기제의 작동을 통하여 자동적이고 수평적인 방법으로 다수의 개인들의 행동을 조정하는 제도적 장치이며, ②관료제(bureaucracy)는 개인들의 지위가 본질적으로 불평등한 권위와 강제의 계층제적 구조를 통하여 개인들의 행동을 조정하는 제도적 장치이며, ③민주주의(democracy)는 평등한 개인들 간의 의사결정 과정 참여와 자치적인 통제와 강제를 통하여 개인들의 행동을 조정하는 제도적인 장치이다(이명석,2002). 이 중에서 '뉴거버넌스'란 비텀의 사회적 조정장치 중 시장과 계층제의 중간적 형태, 즉 민주주의에 의한 사회적 조정 방법을 의미한다.

이러한 협의의 거버넌스의 핵심 요소는 ①정부 이외의 주체들이 광범위하게 관여하고, ②정부와 민간 사이의 경계 및 책임 소재가 불분명하며, ③집합적 행동 문제와 관련하여 상호의존적 관계가 있고, ④자율적인 네트워크로 연계되며, ⑤정부의 공권력과 명령에 의존하지 않고 문제를 해결하는 능력이 있다는 점이다.

2 대두 배경

민간화, 지방화와 분권화, 세계화로 인해 국가의 권한이 분산되고 제약되면서 정부가 사회문제를 단독으로 해결하는 것이 어렵게 되자 공사 부문의 다양한 행위자들이 상호협력을 통해 이를 해결하는 '네트워크'에 의한 문제 해결이 국정운영의 새로운 방식으로 대두되었다(유재원 · 소순창,2005). 이 세 요소를 보자.

첫째, 민간화(privatization)이다. 이는 민영화 및 민간위탁 등의 모습으로 국가의 권한을 이전하거나, 민간에 대한 정부의 간섭과 규제를 축소하는 것이다. 정부실패에 대한 인식, 시장의 가치에 대한 재인식, 국가재정위기, 서비스 사용자의 소비자 주권 충족 요구 등으로 인해 민간화가 확대되었다. 이 민간화는 국가의 권한을 약화시키고 공공서비스 공급 조직을 분화 · 다원화시킴으로써 국정운영에 네트워크가 중시되도록 만들었다.

둘째, 지방화(localization) · 분권화(decentralization)이다. 중앙정부가 업무 인플레에 빠져있어 중앙정부가 문제의 해결자가 아니라 오히려 문제의 원인자라고 인식되고 재정위기 및 조세저항이 심해지자 중앙정부가 서비스 제공의 책임을 지방에 떠넘기고자 하였으며, 또 이와 더불어 지방의 특화된 서비스의 제공 필요성이 커지자 지방화가 강화되었다. 또 정부의 업무를 정부 내에 새로 설립한 기관에게 이관하거나(책임운영기관), 정부 외곽에 새로 설립된 준자치기관(QUANGO)에게 대행하게 만드는 경향이 나타났다. 지방화 · 분권화는 전통적인 정부의 권한을 약화시켰다.

셋째, 세계화(globalization)이다. 한 국가의 힘만으로 해결할 수 없으며 여러 국가에 관계된 문제들이 대두되었으며, 초국가적 기구가 국가의 정책관리에 주는 영향력도 커졌다. 따라서 한 국가의 의지만으로 정책을 선택하기 보다는 다른 국가 및 초국가기구와의 협력적 상호 작용의 필요성이 높아졌다. 이는 단일한 권력주체이던 국가의 지위를 상대적으로 약화시켰다.

Ⅱ. 성 격

1 타 개념과의 차이

1) 신공공관리론과의 대비

신공공관리론은 ①조직의 내부의 문제에 초점을 두며, ②조직 간의 상호 작용・협상 등에는 관심이 적으며, ③절차보다는 결과에 관심을 두며, ④국민을 고객으로 전제한다.

그러나 뉴거버넌스(new governance)는, ①다양한 행정 문제들을 대상으로, ②여러 조직들과 연계망을 구축하고 상호 작용・협상을 하며, ③이들이 참여하여 문제를 해결한다는 절차적 측면에 관심을 기울이며, ④국민을 고객이 아니라 주인으로 간주한다.

2) 신자유주의와의 관계

신자유주의(neo-liberalism)는 사회에서 정부가 담당하는 역할을 대폭 축소하고 시장이 이를 담당해야 한다는 우파적 정치 이념이다. 신자유주의 거버넌스의 핵심은 자율적 교환에 의한 사회적 조정(즉, 시장)의 역할을 확대하고 정치적 권위의 영역 축소를 강조한다.

이에 비해 뉴거버넌스는 전통적인 행정학이 강조해 온 관료제 중심의 사회 문제 해결에도 반대하며 또 시장메카니즘 주도의 사회 문제 해결에도 반대한다. 즉 뉴거버넌스는 정치적 권위의 영역 내에서, 관료제의 역할이 축소되고 민주주의(네트워크)의 역할이 증가하고 있음을 경험적으로 지적하면서 이것이 바람직한 경향이라고 보는 것이다.

3) 제도(institution)로서의 뉴거버넌스

뉴거버넌스 역시 하나의 '제도'이다. 뉴거버넌스는 구성원, 구성원간의 관계, 자원의 배분, 조직 등의 가시적인 구조적 측면과, 규칙, 규범, 인식 등의 문화적 측면을 포함한다. 그리고 이 뉴거버넌스는 집합적 행동의 결과를 결정하는 주요한 요인으로 작동한다. 따라서 뉴거버넌스는 신제도주의에서 말하는 제도(institution)의 하나이다.

2 강조점

첫째, 국가는 더 이상 단일의 동질체(monolithic homogeneity)가 아니며, 다양한 이익을 추구하는 이질적 집단들의 연합체이다. 국가 권력은 절대적인 것이 아니며 상대적・가변적인 것이다. 권력과 자원은 정부에게 집중된 것이 아니라 다양한 구성체에게 분산되어 있다.

둘째, 중앙-지방정부는 상호의존적이다. 지방정부를 중앙정부가 내린 지시의 충실한 집행자로 보는 대리인모형(agent model)도, 또 그 반대로 양자를 대등한 존재로 보는 파트너쉽 모형(partnership model)의 시각도 부정하며, 지방정부는 중앙정부로부터 독립한 것도 또 종속된 것도 아니며 상호 의존적인 관계라는 권력의존 모형(power dependence model)을 강조한다. 양자 관계의 구체적 형태는 정책영역에 따라 가변적이다.

셋째, 국가와 사회의 관계에서 권력이 국가에 집중(state-centered)되어 있다고 보는 조합주의 모형도, 또 그 반대로 사회에 집중(society-centered)되어 있다고 보는 다원주의 모형도 다 부정하고, 그 중간에 위치하는 정책네트워크 모형(policy network model)을 전제로 한다. 따라서 정치 권력은 국가-사회의 어느 일방에 집중된 것이 아니라 양 부문에 분산되어 있다. 참여자들의 협상에 따라 정책결정의 구체적 양상이 좌우된다.

넷째, 뉴거번스는 신공공관리론과는 달리 행정 작용 중 '경영'보다는 '정치' 작용의 국면에 초점을 둔다. 뉴거버넌스는 사회의 문제해결 및 자원배분을 여러 주체들이 참여하여 결정한다. 따라서 그 본질은 정치(politics)의 작용이다.

다섯째, 참여자들 간의 협력(cooperation) 관계를 중시한다. 뉴거버넌스는 협력적 네트워크를 이루며 참여 주체들 간의 신뢰를 중시한다. 그러므로 참여자들 간에 지배 혹은 우열관계가 불분명하여 국정의 주체와 객체의 구분이 모호한 경우가 많다.

Ⅲ. 모 형

1 로드스(Rhodes)의 거버넌스 모형

로드스(Roderick A. W. Rhodes)는 거버넌스를 최소국가, 기업적 거버넌스, 신공공관리, 좋은 거버넌스, 사회적 사이버네틱스 체계, 자기조직화 연결망의 여섯 가지로 분류하였다. 그러나 로드스는 거버넌스 일반을 정의하였기 때문에 이 광의의 정의가 '뉴거버넌스'만을 포함하는 것은 아니다.

①최소국가 유형은 시장에 대한 규제를 완화시켜 시장중심의 공공서비스를 제공하여 국가기능을 최소화시키고자 하는 정부의 국가를 의미한다. ②기업적 거버넌스 유형은 기업의 전반적인 방향 제시, 최고관리활동의 통제 등과 관련되며, 이러한 기업의 관리철학이 공공 부문에 도입될 경우 내부시장화, 상업적인 경영형태 등이 강조된다. ③신공공관리론 유형은 신관리주의와 신제도주의 경제학을 결합한 것으로써 시장의 경영방식이나 유인체제를 공공 부문에 도입하려는 것이다. ④좋은 거버넌스 유형은 정부 일을 관리하기 위해 정치 권력을 행사하는 것으로 신공공관리와 자유민주주의의 결합을 의미한다. ⑤사회적 싸이버네틱스 유형은 사회정치체계에서 모든 행위자들의 상호 작용과 노력의 공통적인 결과로 출현하는 하나의 사회적 인공지능 체계를 의미한다. ⑥연결망 유형은 시장과 계층제의 중간지대로써 조직 간 연결망이다. 이 연결망은 시장과 계층제의 권위에 의한 자원배분이나 통제·조정을 위한 거버넌스 구조를 보완한다.

2 피터스(B. Guy Peters)의 거버넌스 모형

피터스(B. Guy Peters)는 전통적인 정부 모형과 대비되는 거버넌스 모형을 제시한다. 문제의 진단기준, 구조·관리·정책결정의 개혁방안, 공익의 기준에 따라 네 가지의 거버넌스 유형으로 시장적 정부 모형, 참여적 정부 모형, 신축적 정부 모형, 탈내부규제 정부 모형을 제시하였다. 전통적인 정부 모형은 전근대적 권위인 전통이나 카리스마에 의거한 국정관리를 문제로 진단한다. 이 경우 구조의 면에서 계층제를 기본으로 하고, 관리에서 직업공무원제를 적용하고 절차적 통제를 중시하며, 정책결정은 정치와 행정을 구분하여 대의민주주의에 의해 이루어지는 결정을 강조하고, 공익의 기준으로는 능률성과 법적 안정성을 중시한다. 이 전통적 정부와 대비되는 네 가지 거버넌스 모형은 다음과 같다.

1) 시장적 정부 모형

시장적 정부 모형에서는 독점을 문제로 진단한다. 이 경우 구조의 면에서 분권화를 이룩하고, 관리의 면에서 성과 중심의 관리기법을 적용하고 민간 부문의 관리기법을 도입하며, 정책결정의 면에서 관료제 내의 경쟁과 시장적 유인을 도입한 정책결정 시스템을 적용한다. 공익의 기준은 비용이 적게 드는 상태로 간주한다.

2) 참여적 정부 모형

참여적 정부 모형에서는 계층제의 존재를 문제로 진단한다. 이 경우 구조의 면에서 공공조직을 평면조직으로 개편하여 최상위층과 최하위층 간의 단계를 줄이려 하고, 관리의 면에서 조직의 하위계층의 참여를 통한 총체적 품질관리(TQM: Total Quality Management)와 팀(team)제를 중시하며, 정책결정의 면에서 탈계층제화된 체제를 지향한다. 공익의 기준은 행정 체제가 산출해 내는 산물(output)이 아니라 산출과정에서의 상하 관료의 참여 및 협의를 잘 확보하는 것으로 본다.

3) 신축적 정부 모형

신축적 정부 모형에서는 영속성의 존재를 문제로 진단한다. 이 경우 구조의 면에서 신축적이고 지속적인 개폐를 통해 정부 구조의 변화를 추구하기 위해서 가상조직을 만들고, 관리의 면에서 임시직 관리를 통해 신축적인 인적자원관리가 가능하도록 하며, 정책결정의 면에서 실험을 통해 점증주의적 의사결정을 극복하고자 한다. 공익의 기준으로는 정부의 적은 활동비용과 조정을 삼는다.

4) 탈내부규제 정부 모형

탈내부규제 정부 모형에서는 관료 내부의 지나친 규제 존재를 문제로 진단한다. 이 경우 구조의 면에서 특정한 제안은 없으나, 관리의 면에서 관리의 재량권을 확대하고, 정책결정의 면에서 기업가적인 정부의 결정 방식을 강조한다. 공익의 기준으로는 창의성과 활동주의를 삼는다.

3 쿠이만(Jan Kooiman)의 거버넌스 모형

오스트롬(Vincent Ostrom,1986)은 제도를 그 수준에 따라 운영수준(operational level), 집합적 선택 수준(collective choice level), 헌법적 수준(constitutional choice level)으로 구분하였다. 이와 유사한 분류 틀을 이용하여 쿠이만(Jan Kooiman,2000)은 뉴거버넌스의 핵심 작용인 네트워크가 일어나는 수준에 따라 세 가지 유형의 거버넌스를 분류하고 있다.

첫째, 1차 거버넌스이다. 이것은 운영수준에서의 거버넌스이다. 운영수준은 개인들의 상호작용이 일어나고 그 결과 사회 현상이 발생하는 수준이다.

둘째, 2차 거버넌스이다. 이는 집합적 선택수준은 운영수준의 행위에 대한 규칙을 제정하는 수준이다.

셋째, 3차 거버넌스이다. 이는 누가, 어떻게 2차 거버넌스를 담당할 것인가를 결정하는 단계이다.

Ⅳ. 평 가

뉴거버넌스론은 국가 능력이 한계에 직면한 상황에서, 국정에 다양한 참여자들을 포용하고 그들 간의 협력을 통해 문제를 해결해 나가겠다는 민주주의적 문제 해결 방식을 지향한다. 한국의 경우 외환위기 이후에 노사정 위원회의 역할에서 그 예를 볼 수 있으며, 그 후 각종의 정책 과정에서 이러한 뉴거버너스의 국면은 더 높아지고 있다. 따라서 이는 종전의 개방 체제론, 정책네트워크론, 시민사회론 등이 복합적으로 표출된 것이다.

그러나 뉴거버넌스론은 다음과 같은 문제점도 안고 있다. 첫째, 여러 조직 및 다양한 주체들이 관여하기 때문에 행정의 일관된 통제를 상실하여 행정의 편린화 현상(fragmentation)이 나타날 수 있다.

둘째, 상이한 지향을 가진 다양한 참여 주체들 간 조정이 어렵다.

셋째, 다수의 참여자가 개입되므로 그 결과에 대한 책임 소재가 모호하다.

넷째, 참여자의 대표성과 전문성이 낮을 경우 관료제 방식보다 능률성이 더 낮을 수 있다.

다섯째, 뉴거버넌스론은 이론적으로 잘 확립되어 있지 못하다. 개념 범주가 불명확하여 뉴거버넌스・거버넌스 등이 개념이 혼용되고 있고, 최광의・광의・협의 등의 개념이 학자들 간에도 불일치되고 있다.

여섯째, 참여가 중요한지 그 성과가 중요한지에 대해 불분명하다.

Ⅴ. 한국의 뉴거버넌스

1 뉴거버넌스적 요소들

우리나라에도 뉴거버넌스 경향이 행정 곳곳에서 두드러지게 나타나고 있다. 첫째, 조직관리 면에서 정부 조직의 여러 단계에서 각종 위원회를 설치하여 관련 주민, 이익집단, 정부 조직 및 전문가를 참여시켜 문제를 해결하는 방식을 확대하고 있다. 또 거시적으로는 행정구역을 개편하여 도(道)를 폐지하고 시·군을 광역적으로 통폐합하여 단층제화하려는 제도들은 상하 계층제를 줄이고자 하는 피터스의 이른바 '참여적 정부' 모형의 요소를 띠고 있다.

둘째, 인사관리면에서는 개방형 임용제 및 계약제를 실시함으로써 경직적인 인사관리를 지양하고 인사관리에 탄력성을 부여하고 있다. 또 최근에는 실·국장급 고위공무원에 대해 계급을 폐지하고 인사체제를 개방함으로써 경쟁을 확대하고 성과관리와 책임을 강화하는 '고위공무원단 제도'가 시행되었다. 이러한 제도들은 경직적인 인사관리를 완화하며 관료제 내에서의 경쟁을 유도한다는 점에서 피터스의 '신축적 정부' 모형 요소와 '시장적 정부' 모형의 요소를 다 가진 것이다.

셋째, 재무관리의 면에 도입된 총액배정·자율편성(top down) 예산제도는 '신축적 정부' 모형 요소이며, 지방자치단체의 예산이 위법하게 사용된 경우에 이를 환수할 수 있는 소송제기권을 주민에게 부여하는 '주민소송제도' 및 최근의 국가재정법에서 법제화된 시민의 예산감시제도도 '참여적 정부' 모형 요소로 해석할 수 있다.

넷째, 정책관리 면을 보면, IMF 외환위기 이후 정부·기업·노동계의 3자 협의체(노사정위원회)가 경제문제 해결의 공동협력체로 활동하는 것은 대표적인 뉴거버넌스 제도이며, 정부·시민단체·지역 주민들과 환경문제의 공동 해결, 중앙 및 지방 정부에 확대되고 있는 각종 시민참여제도, 시민 단체의 역할 강화 등도 이러한 예들이다.

2 발전 방향

한국의 뉴거버넌스의 제도들은 주로 분권화의 일환으로 추진된 부분이 많으며 뉴거버넌스의 핵심적 요소인 '네트워킹'이 잘 작동되는 예는 드물다. 정부는 여전히 핵심적 주체이며 정부가 그 밖의 참여 주체들과의 관계에서 의존적인 경우는 많지 않다. 지방자치단체의 경우에는 뉴거버넌스적 제도가 종전의 관료제적 해결보다 오히려 문제 해결능력을 악화시키는 경우가 빈번하다. 따라서 '정부 없는 뉴거버넌스'는 우리 현실에서는 실질적으로 불가능할 것으로 보인다.

그러므로 뉴거버넌스의 장점이 국정 과정에서 바람직하게 활용되기 위해서는 ①시장·이익집단·시민 등의 참여 활동을 제도화하여야 하며, ②참여, 협상, 의사결정 절차 등에 관한 근본 규칙들이 오스트롬이 말한 '헌법적 수준에서의 제도'로 확립되어야 하며, ③정부가 상당 기간 동안은 네트워킹 작용을 선도해 나가되 차츰 다른 참여자들에게 권한을 위임하며, ④일반화된 형태를 추구하기보다 특정한 사회에 적합한 뉴거버넌스 모형들을 다양하게 학습해 나가야 한다.

논평

신공공관리론이 행정체제의 역량을 불신하고 시장 기제를 강화하여 문제를 해결하려는 것임에 비하여, 뉴거버넌스는 정치를 강화하여 문제를 해결해 보려고 한다. 시장이 문제를 해결하는가, 민주주의가 해결하는가?의 대결이다. 뉴거버넌스는 민주적 네트워크라는 절차(process)를 거치게만 하면 문제가 해결될 것으로 가정하는 것이지 그 절차가 과연 실질적으로 해답을 만들어내는지는 문제 삼지 않는다. 아주 좁게 말하면, 기존의 관료제적 문제 결정방식을 개선하여 참여와 네트워크를 강화하면 답이 나올 것으로 보는 시각이다. 그래서 그 실질적 성과는 참여제도의 확립 여부가 아니라 그 참여 결과 만들어진 합의가 과연 바른 처방이 되었는가? 에 두어야 한다.

뉴거버넌스론 역시 상당한 추상성을 지닌다. 또 이 논의는 소개하는 학자들마다 개념의 범주, 포괄 내용 등이 상이하여 상당히 난삽하다. 표준적인 정리를 한 후 이를 반복적으로 읽는 것이 좋다. 우선 그 개념부터 잘 소개해야 한다. 한국의 뉴거버넌스 현실 제도를 논평할 줄 알아야 한다. 피터스는 (뉴) 거버넌스 속에 다시 네 가지 세부 유형이 있음을 지적하고 있다. 이것들이 혼재함으로써 행정개혁들이 상호 모순·충돌하는 현상이 나타난다.

이명석(2002), 유재원·소순창(2005) 참조. 피터스의 책 내용은 정용덕 교수가 번역해 두었으나 정정길(2008) 교수의 핵심 요약을 읽어 시간을 절약하라. 오스트롬이 지적한 최상위 제도 수준인 '헌법적 수준'의 관념은 실상은 뷰캐넌의 '헌법' 관념에서 나온 것임을 이해해 두라. 이 경우의 헌법을 실정 헌법과 동의어로 오해하지 말라.

| 새 테마 행정학 |

28. 피터스(B. G. Peters)의 거버넌스 모형과 행정개혁

Ⅰ. 의 의

피터스(B. Guy Peters)는 전통적인 정부에 대한 뉴거버넌스적 대안으로 새롭게 부상하고 있는 거버넌스 모형을 네 가지로 제시하였다. 이 네 거버넌스 모형은 5가지 기준에 따라 선명한 차이를 가지고 있다. 이 5가지 기준이란 ①진단기준(문제의 원천은 어디에 있는가?), ②구조(공공 부문은 어떻게 조직화되어야 하는가?), ③관리(공공 부문의 구성원은 어떻게 임용, 동기부여, 관리되어야 하는가?), ④정책결정(정책 과정에서 공무원의 역할은 무엇인가?, 더 일반적으로 본다면 정부는 민간 부문에 어떻게 영향력을 행사하여야 하는가?), ⑤공익(공익 및 가장 좋은 정부란 무엇인가?)이다.

기존의 정부를 개혁하기 위해 도입되는 거버넌스 모형 속에 이 네 가지 상이한 내용이 혼재되어 있기 때문에 정부 개혁 프로그램들은 으레 상호 충돌하는 요소들을 포함하게 된다.

기준 / 모형	시장 모형	참여 모형	신축 모형	탈규제모형
진단 기준	독 점	계층제	영속성	내부규제
구 조	분권화	평면조직	가상조직	(특정제안 없음)
관 리	성과급, 민간 부문 기법	총품질관리(TQM), 팀제	임시적 조직	관리상 재량 확대
정책결정	내부 시장, 시장적 유인	협의, 협상	실험	기업가적 정부
공 익	저비용	참여, 협의	저비용, 조정	창의성, 행동주의

Ⅱ. 시장모형

1 의의

시장모형은 근본적으로 시장메커니즘이 전통적 관료제 모형보다 우월하다고 가정한다. 기존의 전통적 관료제 모형의 문제 원인은 관료제의 독점적 성격에 있다고 진단한다. 이에 대해 시장효율성과 경쟁, 교환 유인 체계의 마련이 필요하다고 본다. 그리하여 이 모형은 궁극적으로 행정의 비용을 줄이고, 국민의 요구에 잘 대응하고, 소비자인 시민의 선택을 강조하는 것이 공익이라고 본다.

2 개혁방안

1) 구조의 개혁방안

대규모 조직을 소규모 조직으로 분할하거나, 기업의 조직 구조를 취하거나, 계층구조를 변경하여 평면조직으로 변화함이 필요하다고 본다.

2) 관리의 개혁방안

성과에 따른 보수의 차별, 공공서비스의 구매자와 공급자를 분리(ex. 병원이 공급하는 의료서비스를 정부가 구입하여 시민에게 공급), 내부시장의 창조, 엄격한 회계검사, 민간 위탁계약(contracting out) 및 시장성 검증(market testing) 등을 제안한다.

3) 정책결정의 개혁방안

관료의 기능을 여러 개의 '기업적'인 사업소로 분화하는 것이 필요하며, 이들 기관에게 상당한 자율적 권한을 부여해야 한다. 정책의 수혜자는 소비자・고객이라는 간주되어야 한다.

4) 공익

공익은 정부가 공공서비스를 얼마나 싸게 공급하고, 정부가 시장의 선호에 얼마나 대응적인가에 달려있다. 그리고 시장모형에서는 시민은 납세자일 뿐 아니라 소비자이기도 하기 때문에 공익은 시민에게 보다 많은 선택권을 부여하는 것을 포함한다.

Ⅲ. 참여모형

1 의의

참여모형은 시장모형과 가장 대립적 입장에 있다. 참여모형은 정부에 대해 신호(signal)를 보낼 수 있는 정치적, 민주적, 집합적 기제를 추구한다. 전통적인 관료제가 효율적인 정부를 가로막는 가장 큰 원인이라고 진단하는 점에서는 전술한 시장모형과 참여모형은 같다. 그러나 시장모형이 관료제의 여러 국면 중 '독점성'을 가장 중요한 해악이라고 보는 반면에, 참여모형에서는 관료제의 여러 국면 중 '계층제'가 가장 중요한 해악이라고 본다. 나아가 오직 '참여'를 통해 조직 구성원의 소외와 조직몰입의 저하를 치유할 수 있다고 본다. 시장모형은 핵심기업가(protoentrepreneurs)에 관심을 기울이지만, 참여모형은 조직의 고객 및 하위 관리자와 일선 관료에 더 관심을 둔다. 또 권한부여(empowerment), 담론적 민주주의(deliberative democracy), 공동체주의(communitarianism)를 주장한다.

2 개혁방안

1) 구조의 개혁방안

참여주의는 구조보다는 과정에 더 초점을 두지만, 구조에 전적으로 무감각하지는 않으며 참여를 증진하는 구조의 설계도 강조한다. 계층구조를 변경하여 평면조직으로 변화함이 필요하다고 본다는 점에서는 시장주의와 같다.

2) 관리의 개혁방안

조직의 하위층·고객이 관리적 결정에 참여하면 정부 조직은 더 잘 기능한다. 시장모형이 시민의 역할을 경시함에 비해 참여모형은 시민의 역할을 강조하며 시민은 투표 외의 다른 방법을 통해 민주적 참여를 시도한다. 총체적품질관리(Total Quality Management: TQM), 팀제 등과 같은 제도 도입을 요구한다. 총체적 품질관리는 일면 품질을 강조하지만 다른 한편으로는 이 품질 제고를 위해서는 계층제적 권위가 아니라 구성원들이 팀을 이루어 함께 참여하도록 해 주기 때문이다.

3) 정책결정의 개혁방안

정책결정의 개혁을 위해서 협의와 협상이 보다 활성화되어야 한다. 조직의 하위계층이 중요 정보를 실질적으로 가지므로 이들에 의한 분권화된 의사결정을 중시하는 점에서는 공공선택론과 상당부분 일치한다.

4) 공익

참여모형은 공익이란 참여가 극대화될 때 성취된다고 본다. 이 참여의 기제에는 네 가지가 필요하다. ①시민과 근로자들에게 공공 부문에 대한 정보가 공개된 열린 정부를 통하는 것이다. ②하의상달이 일어나도록 일선 관료제에 권한을 부여하는 것이다. ③시민들이 관료 및 다른 시민과 직접 협상을 하여 정책을 결정하는 '담론' 과정을 통한다. ④투표를 통해 시민이 정책결정 및 서비스 전달에 직접 참여하는 기제이다.

Ⅳ. 신축모형

1 의의

신축모형은 네 가지 모형 중 가장 불명확하다. 이 모형은 기존의 관료제의 구조 및 인력면에서의 영속성이 바로 문제의 원인이라고 진단한다. 일단 확립된 정부 조직은 '큰 정부'로 귀결되는 경향이 있고 과거 진보주의 시절에 도입된 복지 프로그램을 영속화・확대하는 경향이 있다. ZBB는 이러한 영속화된 정부 지출을 개혁하고자 한 시도라고 해석할 수 있다.

정부 조직의 영속성에 대한 처방의 핵심은 신축성을 부여하는 것이다. 조직구조에 임시구조를 도입하고, 관료들에 대해 평생고용이 아니라 임시고용을 적용함으로써 유연성과 대응성을 높이고자 한다.

2 개혁방안

1) 구조의 개혁방안

신축모형은 정부의 고착화된 기존의 기관을 바꾸고자 한다. 따라서 '준정부 조직'(정부 부처 조직이 아닌 기관 및 NGO 등)을 보다 많이 활용하고자 한다. 또 인터넷상에서 서로 접속하며 네트워크로 연결된 비공식적 조직인 '가상조직'을 활용함이 바람직하다.

2) 관리의 개혁방안

임시적 관리의 도입이 필요하며 이에 따라 임시직 제도 및 시간제 근무 등을 제안한다. 이러한 관리 방식은 위기 및 급속한 서비스에 수요 변동에 대해 잘 대응할 수 있게 한다.

3) 정책결정의 개혁방안

정책결정에서의 정책의 실험성을 강조하며(Donald T. Campbell), 정책결정자가 새로운 사업을 시작할 때에 위험을 회피하지 않는 '정책도박(policy gambling)'도 필요하다고 본다(Yehezkel Dror). 루즈벨트 대통령은 수많은 경제문제 해결을 위해, 또 클린턴 대통령도 실업 및 고용문제의 해결을 위해서 확실한 해결책을 모르는 상황에서 '실험적' 접근방법을 택하였다.

4) 공익

신축모형에서는 정부의 비용이 낮을수록 공익에 기여한다고 본다. 따라서 임시직 공직자의 채용은 국민의 예산을 절감하므로 바람직하다는 것이다. 또 정부 조직은 공공 부문 외부의 특수 이익을 대표하며 국민보다는 조직 자체를 유지하게끔 고착화되어 있다고 간주되므로 혁신적이고 신축적인 정부가 국민의 공익 증진에 더 낫다는 것이다.

Ⅴ. 탈규제모형

1 의의

여기서 '탈규제'란 정부 간섭을 줄이고 시장의 경제활동 범주를 확대하라는 신자유주의와는 전혀 관련이 없으며, 오직 정부 내부관리에 관련된 개념이다. 즉, 탈규제모형이란 공무원의 업무에 대한 내부 규제를 제거하여 관리 능력을 향상시키자는 것이다. 이 탈규제모형에서는 전통적 행정 모형의 문제의 원인이 내부 규제에 있었다고 진단한다. 공공 부문이 내부 규제로 인해 점차 관료주의화되고 있으며 이러한 내부 규제 때문에 관료들은 최대한 능력을 발휘하지 못하고 있다고 본다. 따라서 공무원을 억압하고 있는 규제들을 제거함으로써 정부는 효율적으로 기능하며, 사회후생 증진을 위한 창의성을 발휘할 수 있다는 것이다.

2 개혁방안

1) 구조의 개혁방안

탈규제 모형은 구조에 대한 관심이 아주 낮다. 그러나 구조에 대해 몇 가지 주장을 함축한다. 다른 모형들이 계층제를 부정적으로 이해함에 비하여 탈규제 모형은 계층제를 수용하며 경우에 따라서는 이 계층제가 바람직하다고 주장한다. 조직내부의 구성원들의 행동의 조화를 위해 계층제는 가장 실용적인 수단이다. 부하의 참여를 강조하는 참여모형과는 달리 탈규제

모형은 리더쉽의 역할을 더 강조한다.

2) 관리의 개혁방안

탈규제 모형은 관리가 중심 관심이 아니기 때문에 관리에 대해 통일된 입장이 없으며 상반된 두 가지의 주장을 담고 있다. 첫째, 계층제적 관리가 수용한 것이며 나아가 바람직할 수도 있다는 것이다. 둘째, 조직의 내부 규제는 고위직보다는 하위직 공무원을 더 많이 속박하고 있는데 이 규제를 제거하여 조직의 상하 모든 계층이 조직에 몰입하도록 해야 한다. 두 번째 요소는 참여정부 모형의 주장과 같다. 그러나 구성원의 참여를 중요시하지 않는 신축모형의 입장과는 아주 대조적이다. 관리측면에서 그 재량을 확대해주고, 모든 계층의 관리자가 참여할 수 있도록 해야 한다고 본다.

3) 정책결정의 개혁방안

탈규제모형은 조직 구조나 관리보다 정책결정 절차에 더 초점을 둔다. 이 모형은 관료조직이 아이디어와 전문 지식의 주된 원천이므로 정책결정에서 관료제의 역할이 더 강화되어야 한다고 주장한다. 중앙 예산기구가 예산을 통제하여 일반 관리자들의 권한이 위축되었던 계획예산(PPBS) 등으로부터 벗어나 관리자들에게 상당한 결정권을 부여함이 바람직하다. 또 탈규제를 통해 정책기획자 및 관리자는 정책형성 및 집행의 권한을 많이 부여받는데 이 권한을 통해 조직 내부의 정책들을 조정하고 일관성을 확보할 수 있다.

4) 공익

공익은 정부의 적극적 개입을 통해 성취된다. 따라서 정부의 ‘집합적 행동’은 정부실패의 원인이 아니라 정부가 당면한 문제들에 대한 해결책이라고 본다.

Ⅵ. 종합적 평가

1 각 모형의 상호 중첩성

네 가지 거버넌스 모형은 세부 부분에서 어느 정도 중첩성도 있다. 기본적으로 시장모형은 신축모형과 조화될 수 있으며, 참여모형은 탈규제모형과 조화될 수 있다(B. Guy Peters). 탈규제모형은 시장모형의 또 다른 시각일 수 있으며 양자는 상호보완적으로 활용가능하다. 탈규제모형에는 또 참여모형의 요소도 포함되어 있다. 즉, 양자는 다 규칙 · 규제보다는 재량권 부여를 더 바람직하다고 보지만, 참여모형이 참여 및 자아실현 등의 가치를 강조함에 비해 탈규제모형은 효율성 제고를 강조한다.

2 각 모형의 문제점

각 모형은 다음과 같은 문제점을 함유하고 있다. 첫째, 시장모형은 효율성보다 형평성이 중시되는 분야에서는 부적합하다. 또 '연금보험'과 같이, 일단 정부를 통해 제공받는 권리라고 인식이 된 이후에 이를 시장기구를 통해 공급하도록 변경하는 것은 매우 어렵다.

둘째, 참여모형 또한 참여가 항상 긍정적인 측면만 있는 것이 아니라는 점을 감안해야한다. 각 계층 및 집단의 강화된 영향력으로 인해 예산지출 프로그램이 확대되고 재정 적자가 만연하게 된다. 또 하위 계층 및 시민이 참여에 필요한 정보를 완전히 구비하지 못한 경우가 대부분이다.

셋째, 신축모형은 조직의 영속성을 유연하게 변화하기 위해 가상조직 활용을 강조하지만 그러나 가상조직의 바로 이러한 비공식성 때문에 가상 조직은 영속적인 통상적 조직보다 덜 나쁜 것으로 늘 인식되게 함으로써 오히려 공공 부문의 영속성을 강화하는 역할을 할 수도 있다. 또 임시구조 및 임시직 제도 하에서는 조직에 대해 공직자의 몰입도가 낮아지고, 법적 책임성(responsibility), 도덕적 책무성(accountability), 서비스에 대한 성실성(fidelity)이 저하될 수 있다. 넷째, 탈규제모형은 재량성의 강화를 강조하지만 이는 동시에 관리자의 책임성의 문제를 야기할 수 있다. 관료에 대한 각종 내부 규제는 서비스의 공정한 배분, 소수자 보호, 형평성, 관료의 내부 책임성의 확보를 위해 불가피한 경우가 많은데 이것들을 제거하는 탈규제는 특정 집단에게 이익을 주며 사회적 약자 계층에게 불리한 결과를 낳을 수 있다.

3 한국의 행정개혁에 주는 함의

한국의 행정개혁 프로그램들이 준거하고 있는 바탕은 피터스(B. Guy Peters)의 네 가지 모형으로 귀착될 수 있다. 예컨대, 각종 공공서비스의 민간위탁, 공기업의 민영화 정책은 시장주의 모형의 개혁에 해당된다. 김대중 정부 시절에 활발히 운영된 '노사정 위원회' 제도나, 최근에 지방자치단체에 도입된 '주민소송제도', 예산에 대한 시민감시 제도를 인정한 최근의 법 개정은 참여주의 모형에 토대하고 있다. 인사관리제도에서 특정한 계급 · 부처를 구분하지 않고 1~3급 고위공무원을 통합 관리하는 고위공무원단 제도, 각종의 계약제 방식의 공무원임용, 공직의 외부 임용 확대, 상하 계층의 축소, 임시직 구조의 조직 편제 등은 신축모형적 요소이다. 탈규제모형은 재량성의 강화를 강조하며 우리나라의 경우 최근 실시된 총액배정 · 자율편성(top-down) 예산제도와 기관장의 광범위한 재량성을 부여하는 책임운영기관제도에서 두드러진다.

문제는 전술한 네 가지 모형들이 상정한 프로그램들이 서로 충돌할 수 있다는 점이다. 예컨대, 공기업 민영화 및 고객헌장제도는 시장주의 모형에 적합한 개혁프로그램이지만 그것은 참여주의와는 어긋나는 개혁이 된다. 정부내부에 이러한 상이한 거버넌스의 관점이 공존한다면 외부로 나타난 행정개혁들은 상호 모순·충돌하기 마련이다.

한국에서 전통적 정부를 대체하고자 많은 뉴거버넌스적 행정개혁들이 제시되고 있지만 그 개혁 프로그램들은 하나의 모형이 아니라 본질적으로 상이한 모형에 토대하여 나온 것이기 때문에 개혁안들이 상호 충돌하게 된다. 그러므로 가장 적합한 뉴거버넌스 모형을 상황적 합적으로 선정하되, 그 세부 프로그램들이 상충적이어서 효과를 상쇄하지 않도록 사전에 면밀히 설계되어야 하며, 즉흥적이고도 임기응변적으로 채택되어서는 안된다.

논평

피터스(B. Guy Peters)의 거버넌스(사실 그는 거버닝 'governing'으로 표기했다) 모형을 이해할 때에 매우 중요한 포인트는 그가 말한 거버넌스의 의미 범주이다. 앞에서 뉴거버넌스를 정의할 때 비텀 혹은 로드스의 세 가지 사회조정 기제(시장,관료제,민주주의) 중 민주주의 방식을 택하는 것이 통상적 의미의 뉴거버넌스라고 보았다. 그러나 피터스가 말한 거버넌스는 훨씬 더 광범위한 개념이다. 피터스가 말한 네 가지 거버넌스 모형 중 전술한 통상적인 의미의 뉴거버넌스에 가장 잘 해당되는 것은 참여모형이다. 그리고 그의 시장모형은 민주주의가 아니라 시장에 의존하려는 기제이기 때문에 좁은 의미의 뉴거버넌스에 해당되지 않는 것이 된다. 이러한 혼란은 (뉴)거버넌스 이론가들 간에 그 개념 범주조차 여전히 통일되지 않았기 때문에 나타난 문제이다.

피터스의 네 가지 모형을 정확히 식별하는 것은 매우 주요한 주제이다. 그 각 모형의 내용들을 정확히 연역해 보라. '탈규제 모형'의 탈규제가 시장에 대한 관료의 역할을 제약한다는 통상적인 의미의 탈규제인가? 답은 'no'이다. 오히려 관료의 힘을 더 실어준다는 의미이다. 피터스의 책 내용은 정용덕(1998) 번역서가 있다. 한국행정의 여러 개혁 프로그램들을 이 네가지 모형 속에 위치시켜보면 이해에 도움이 된다. 다소 추상적인 내용이라서 너무 축약하면 이해가 안 되므로 충분한 서술이 되도록 하라. 네 가지 비교 모형의 도표를 항상 염두에 두라.

| 새 테마 행정학 |

29. 시장주의적 행정개혁

Ⅰ. 의 의

1 시장주의

뉴거버넌스라는 시대적 추세를 반영하려는 행정개혁이 많이 나타났다. 그런데 행정개혁의 토대가 되는 지도원리는 여러 가지가 있으며, 이미 피터스(B. Guy Peters)도 뉴거버넌스 안에 네 가지 상이한 지도원리가 혼재되어 있음을 지적한 바 있다. 어느 지도원리를 따를 것인가는 행정개혁을 통해 이룩하고자 하는 상태가 무엇인가에 따라 정해진다.

1980년대 이후 각국의 행정개혁들 중 가장 두드러진 모습의 하나는 시장주의라는 지도원리에 의해 이루어진 행정개혁이다. 시장주의적(market-oriented, market-driven) 행정개혁이란 종래의 정부서비스가 정부에 의해 독점적으로 제공되어 왔음을 지적하고, 시장 메카니즘을 최대한 정부에 도입하려는 개혁이다. 시장 기제를 적극적으로 정부 부문에 도입하여, 과거 정부가 누리던 독점적 서비스 공급자로의 지위를 축소하고 과감한 민영화 및 민간위탁 등을 통해 정부의 역할을 민간에 넘기고자 한다. 시장주의는 정부-시장의 역할 배분에서 종래보다 시장에 더 많은 비중을 넘기고자 한다는 점에서 신자유주의와 연결되어 있다.

시장주의는 피터스의 네가지 유형의 거버넌스 중 이른바 '시장모형'에 의거하고 있는 것이다. 본래 엄밀한 의미에서의 협의의 신공공관리론(NPM: new public management)은 정부가 여전히 서비스의 공급을 하되 다만 민간 기업 경영의 기법을 차용한다는 것이다. 따라서 엄밀한 의미에서 보면 신공공관리론이 뉴거버넌스, 그중에서도 신자유주의적 성격이 강한 시장주의적 행정개혁과 동일한 것은 아니다. 그러므로 신공공관리론을 신자유주의적 관리와 동일시하는 것(정정길, 2008)은 정확한 서술이 아니다.

2 구성 요소

시장주의적 행정개혁은 크게 네 가지 요소로 이루어진다. 첫째, 가격을 매개로 한 자원배분이다. 공공서비스의 생산에서 공공적인 결정과 집행에 의존하지 않고 가격을 매개로 움직이는 시장의 원리에 의존하려는 것으로 시장에 의해 경제문제를 해결하려는 것이다. 둘째, 경쟁 원리를 정부 부문에 도입한다. 정부 내에서 기관간의 경쟁 및 정부와 민간 간의 경쟁을 유발하여 효율적인 서비스 공급이 이루어지도록 한다. 셋째, 고객주의를 도입한다. 종래 행정서비스의 객체라고 간주되었던 국민을 이제 고객 및 소비자로 다룬다는 것이다. 넷째, 시장주의는 시장에 많은 기능을 위임함을 강조하는데 이는 필연적으로 정부 기능 및 정부 규모는 대폭 축소되어야 한다는 작은 정부론(minarchism)과 연관된다.

시장주의적 행정개혁은 실제의 개혁 프로그램에서 다음과 같은 내용으로 표현된다. ① 작은 정부론의 근거 하에, 정부 지출 및 민간에 대한 개입의 축소. ② 민영화와 민간위탁의 활용. ③ 시장에서 유효하게 작동되던 경쟁 원리를 정부에 도입. ④ 소비자 중심으로 기업이 경영되듯이 행정도 고객 중심으로 이루어져야 한다는 고객주의 등이다. 항을 바꾸어 이들을 자세히 보자.

Ⅱ. 작은 정부론

1 지출 규모 축소

작은 정부론은 정부의 예산 지출 규모를 축소하고 민간 경제에 대한 간섭을 줄이자는 사상이다. 정부의 규모가 경제에 차지하는 비중이 너무 크다고 보기 때문에 이를 줄여 국민의 조세 부담을 축소하고 이 재원을 민간 투자로 활용하도록 유도한다. 정부 규모가 확대된 가장 큰 이유는 60년대 이후의 사회복지비 지출의 확대와 30년대부터 확산된 케인즈주의식 재정확대 정책, 노동조합 및 각종 이익 집단의 이기적 활동 때문이다. 따라서 작은 정부론은 레비아땅'(leviathan)처럼 커져 버려 비효율과 낭비를 조장하는 '큰 정부'를 줄이기 위해 복지비 지출을 억제하고 나아가 정부의 규모 자체를 줄이고자 한다. 작은 정부론은 정부의 지출 규모를 줄이면서 기업의 세금부담을 경감시키면 민간기업이 투자를 증대하게 되고 이는 결국 고용창출 및 나아가 복지도 증진할 수 있다고 본다.

이런 식의 논리에 의거하여 80년대부터 영국의 대처 정부 및 미국의 레이건 정부에서는 신자유주의적 정책으로 대변환하였으며 이를 뒷받침하기 위한 일단의 정부 개혁이 추진되었다.

2 규제 완화

작은 정부론은 정부지출의 축소와 더불어 정부의 민간 활동에 대한 개입을 대폭 축소함으로써 민간 경제의 활성화를 도모하는 정책을 병행한다. 특히 독과점에 대한 진입 규제 및 각종 공익적 규제를 해제(deregulation)하는 정책을 실시하여 기업들의 경쟁을 자극하였다. 또 보호주의적 무역정책을 폐지하고 국내 기업 전체에 대해 보호주의적 규제를 제거하였다.

3 문제점

첫째, '작은 정부론'은 정부가 얼마나 효율적인가? 를 간과했다는 반론이 있다. 정부 기구, 예산 및 공무원의 수가 적은 것보다는 어떠한 정부 규모 하에서든 이들이 얼마나 효율적인가의 여부가 더 중요하다는 지적이다.

둘째, 경험적으로 작은 정부론에 토대했던 행정개혁은 결국 다시 정부 확대로 회귀하는 경향이 많았으며, 어느 시점 나타난 작은 정부는 일시적인 현상에 불과하다는 비판이다. 이것은 작은 정부의 집행성적에 관한 비판이지 작은 정부론 자체에 관한 비판은 될 수 없다.

셋째, 작은 정부론은 정부비용의 팽창의 중요 원인으로 복지비의 확대를 들지만 복지지출의 축소는 형평성의 가치를 훼손할 수 있다.

넷째, 작은 정부론은 정부 규모의 양적 측면에 치중하기 쉽다. 규모상으로는 작은 정부의 외관을 띠지만 실질적으로는 핵심 권한과 기능을 여전히 쥔 '큰 정부'가 될 수있다.

Ⅲ. 민영화와 민간위탁

1 민영화

1) 의의 및 근거

민영화(privatization)는 공기업 및 정부의 업무를 민간 부문에게 넘기는 것이다. 민영화를 실시하는 이유는 보통 세 가지로 볼 수 있다. 첫째, 급박한 재정위기를 타개하기 위해 공기업 등을 민간 부문에 매각한다(80년대 영국의 경우). 둘째, 적자로 운영되는 공기업을 민간에 매각함으로써 정부의 재정 지출 및 경영부담을 줄이는 것이다(일본의 국영철도 매각). 셋째, 효율적인 운영을 목표로 하는 경우이다(정보통신부의 전화국 사업을 민간에 넘겨 한국통신공사를 설립). 철도청이 철도공사로 바뀐 것은 두 번째 및 세 번째 이유에 다 해당된다.

정부가 직접 운영 혹은 공기업 형태로 운영하는 것보다 민영화를 함이 더 바람직하다는 주장은 두 가지 전제에 근거한 것이다. 첫째, 사적 소유권(ownership)이 확립되면 민간 기업은 비용을 줄이고 수익을 극대화하는 동기를 갖는다는 점이다. 둘째, 민간 기업이 소비자의 후생 증진 및 자원의 효율적 배분에 더 기여할 것이라는 점인데 설령 민영화된 기업이 독점 상태에 놓이더라도 그것은 정부에 의한 독점보다는 낫다는 것이다.

2) 문제점

첫째, 민영화가 형평성을 저해할 수 있다. 즉, 민영화로 인해 '사용자 부담원칙(user's charge)'과 같은 시장메커니즘이 확대 적용되면 공공서비스를 가장 필요로 하는 저소득층을 그 서비스의 이용으로부터 배제시키므로 형평성 측면에서 문제를 초래할 수 있다. 이 비판은 형평성이 능률성보다 더 우월하다는 것까지 주장하는 경우가 많다.

그러나 형평성과 능률성 중 어느 것이 중요한가는 관료가 임의로 선택하거나 연역적으로 정해지는 것이 아니라 국회를 통과한 법령에 따라 정해진다. 또 형평성을 위해 제정된 각종 입법의 집행이 관료적 병폐로 비능률이 심화되면 그것을 민영화하여 문제를 해결함이 오히려 형평적 정책의 집행에 더 기여한다.

둘째, 민영화의 성과가 오히려 더 나쁠 수도 있다는 것이다. 이런 비판은 경험적 예를 거론함이 보통이다. 공기업이 민간기업에 대해 충분한 경쟁력을 확보하고 있는 경우도 현실에서는 적지 않다는 것이다. 그러나 경험적으로는 오히려 민영화 이후에 더 높은 성과를 보인 경우가 훨씬 더 많다.

셋째, 정부가 당연히 수행하여야 할 것으로 기대되는 역할을 민간에 이전하거나 민간과 분담하는 것은 국민의 헌법적 권리를 유기하는 결과를 가져올 가능성이 높다는 비판이다.

그러나 어떤 서비스를 반드시 정부가 제공해야 한다는 것은 비효율적인 관료제적 관리가 오랫동안 지속된 결과 얻게 된 타성적 생각일 뿐이다. 비효율이 심한 정부관료제로부터 효율적 시장 기제로 서비스 제공 방식을 전환하는 것이 오히려 국민의 권리를 규정한 헌법 정신에 부합된다. 국가가 담당할 기본 책무까지 민영화하는 경우는 실제로 많지도 않으며, 민영화론이 모든 행정 업무를 민영화할 것을 요구하는 것은 전혀 아니다. 민영화가 유일한 답(the answer)은 아니지만 하나의 답(one answer)이 될 수 있음은 사실이다(Osborne and Gaeber, 1993: 45).

2 민간위탁

1) 의의

민간위탁(contracting out)은 정부가 국민에게 제공하던 서비스를 민간기업·개인으로 하여금 정부 대신 제공하도록 계약을 맺은 후, 이 민간 기업·개인이 행정서비스를 제공하는 제도이다. 보통 민간기업들이 경쟁적으로 입찰하도록 하고 정부가 그 중에서 특정 기업을 선정하여 공급권을 부여하는 계약을 맺는다. 이때 공급 기간 동안 정부 및 공급 기업은 서비스의 품질, 가격, 양 등에 대해 계약조건을 준수하며, 계약기간이 끝나면 공급 기관을 다시 선정하는 절차를 거치므로 정부는 공급 기업을 지속적으로 감독하고 점검한다.

이러한 민간위탁은 경쟁원리가 수반되는 경우 능률성을 향상시키는 장점이 있다. 나아가 경쟁원리와 고객주의의 도입으로 더 넓은 평등기회를 창출하여 형평성을 향상시킬 수도 있다. 예컨대, 미국 뉴욕시 동부 할렘가에서는 바우처를 가지고 학교를 선택하는 학생들을 끌어들이기 위해 학교들 간 경쟁이 치열하였고, 이 때문에 활기 넘치는 작은 학교들이 생성되어 교육혜택이 넓어졌다고 한다(Osborne and Gaebler, 1993).

2) 시장성 검증 (market test)

민간 위탁에 앞서 공공 부문의 특정 업무에 경쟁 원리를 도입할 것인지의 여부 및 경쟁 도입의 정도를 사전적으로 평가하는 것이 시장성 검증이다. 공개경쟁을 통해 민간과 정부기관들 간에 경쟁을 시험적으로 도입하고 그 효과에 따라 내부 시장화·민간 위탁·민간과 정부 간의 경쟁 등을 결정하게 된다.

이 제도는 '사전적 대안분석(prior option review)'이라는 것을 통해 중앙정부 기능 주체의 선정 시 채택되는 다섯 가지 대안 중의 하나인데, 제대로 운영하면 공무원 조직과 민간부문의 조직을 경쟁시켜서 최상의 서비스를 제공하여, 고객과 납세자의 '돈의 가치(value for money)'를 증대시킬 수 있는 장점이 있다(정정길, 2008).

3) 민간위탁의 유형

민간위탁에도 몇 가지 방식이 있다. 첫째, 경쟁적인 위탁 계약을 맺는 경우와 비경쟁적(독점적)인 계약인 경우가 있다. 군수물자 생산, 조달업무 등은 보통 경쟁적이다. 그러나 고아원, 양로원, 장애인보호소 등과 같은 복지 분야에서는 비경쟁적으로 민간위탁이 많이 이루어진다. 물론 전자의 경우에도 일정 시간 후에는 그 기업이 지속적 공급권자가 되어 결국 정부와 기업 간에는 독점적 공급자 및 독점적 수요자로서 이른바 쌍방 독점적 상태에 이르는 경우가 많다.

둘째, 정부가 특정 재화 및 서비스의 내용을 지정하고 이에 맞추어 기업이 공급을 담당하는 경우와, 이미 생산되고 있는 기성의 재화 및 서비스를 구입하는 경우가 있다.

셋째, 정부 계약에 의거하지는 않지만 민간 기업이 서비스를 담당하고 정부는 최소한의 감독권을 행사하면서 이를 지원하는 경우도 있다(사회복지서비스를 제공하는 민간 기관에 대한 정부 보조). 이 경우 정부는 기업에 대한 법적 계약을 맺지는 않았지만 그 지원을 중단하기는 실질적으로 어렵다.

넷째, 민간조직에게 일정한 구역 내에서 공공서비스를 제공하는 권리를 면허로 부여하는 방식이 있다. 시민 또는 이용자는 서비스 제공자에게 비용을 지불하며 서비스 수준과 질은 정부가 규제한다. 폐기물 수거 및 처리, 공공시설 관리, 자동차 견인 및 보관, 구급차 서비스 및 긴급 의료서비스 등의 분야에 활용된다.

다섯째, 민간조직 또는 개인의 서비스 제공에 대해 보조금을 지불하는 방식이 있다. 공공서비스에 대한 요건을 구체적으로 명시하기 곤란하거나 서비스가 기술적으로 복잡하고 서비스의 목표를 어떻게 달성할 것인지가 불확실한 경우에 주로 사용된다.

여섯째, 공공서비스 생산을 민간부문에 위탁하면서 서비스 구입자에게 금전 가치가 있는 쿠폰(바우처)를 제공하는 방식이 있다. 바우처 방식은 개인에게 재화 및 서비스를 선택할 수 있는 제한된 구매권을 인정하는 일종의 보조금이다. 이는 소비자의 선택권 보장을 통해 제한적이나마 공급자 간 경쟁을 유도하여 서비스의 효율성을 높이기도 한다.

3 민영화와 민간위탁의 효과

민영화와 민간위탁이 과연 능률성을 제고하였는가?의 실증적 성과는 아직 명확하지 않다. 이때 능률성이라 함은 정부가 공급할 때에 비하여 서비스 가격이 인하되는가?(가격 인하), 서비스의 품질이 향상되는가?(품질 향상)의 두 가지 측면에서 평가됨이 보통이다.

1) 서비스 품질 향상 효과

민간위탁이나 민영화 자체보다는 이를 통하여 경쟁성을 확보하지 못하면 그 품질 향상의 성과를 얻기 어렵다.

(1) 첫째, 민영화 · 민간 위탁이 경쟁성을 수반하지 않는 경우

민영화 및 민간 위탁으로 인한 서비스 품질 향상의 효과는 '경쟁에 의해서 서비스가 제공된다'는 점에서 기인하는 것이다. 전력 · 가스 · 전화 등의 비용체감 산업은 민영화되어도 경쟁적이 되기 어려우며(자연적 독점 natural monopoly), 복지시설과 같은 경우는 민간위탁을 한다고 해도 자원 봉사적 성격이 많은 분야이므로 경쟁 원리가 충분히 적용되지 못한다. 또 계약 기간이 길고 그 사업 규모가 큰 군수물자, 대규모 건설사업도 일단 계약 체결 후에는 경쟁정신에 따라 그때그때 업체를 교체하기가 어렵다. 이와 같은 경우에서는 경쟁도입에 의한 품질 향상 효과를 보기가 어렵다.

(2) 둘째, 민영화 · 민간 위탁이 경쟁을 결과하는 경우

민영화나 민간위탁이 업체 간의 경쟁을 유발한 경우에는 서비스의 품질 향상이 경험적으로 나타난 경우가 많다. 예컨대 쓰레기 수거 작업, 대민 봉사 분야 등의 경우에는 업체 선정에서 경쟁 입찰 제도를 도입한 결과 서비스 품질에 대한 주민 만족도가 많이 높아졌다.

2) 서비스의 가격 인하 효과

공공서비스의 가격인하 효과 또한 일률적으로 평가하기는 어렵고 상이한 실증적 연구 결과들이 보고되고 있다. 민간 기업이 담당함으로써 오히려 서비스의 가격인상이 우려되기도 하며(공기업의 민영화), 한편으로는 창의적 경영으로 인해 종전의 정부 공급 가격보다 가격이 낮아 지기도 하며, 경우에 따라서는 전술한 서비스 품질의 희생 하에 서비스 가격이 인하되는 경우도 있다. 결국 현재까지는 아직 일반화된 경험적 실증은 없다.

4 문제점

민영화 및 민간 위탁에 관한 가장 큰 문제점은 바로 정부가 경영성만을 치중하여 공익성 및 정부의 책무성을 포기한다는 비판이다.

1) 공공성(publicness)의 포기

공공서비스의 민영화는 공공서비스가 가진 공공성(공익성, 사회성)을 포기한다는 비판이다. 첫째, 공공서비스는 외부효과를 수반하는데 외부효과가 존재할 경우에는 시장은 실패한다는 것이다. 따라서 철도 · 전기 · 통신 등, 외부효과가 매우 큰 사업은 민영화하기 보다는 공공성의 측면에서 정부가 담당함이 바람직하다는 것이다.

그러나 시장 실패가 외부효과 때문에 생기는 것만도 아니다. 또 외부효과 여부 만으로 민영화여부를 판단할 것도 아니다. 모든 공공서비스가 다 외부효과를 가진 것은 그 더욱 아니다. 기존의 관료제가 외부효과와는 관계없이 수많은 서비스를 독점해 왔다는 현실을 주목해야 하며, 설령 외부성이 있는 서비스라도 이미 철도 · 전기 · 통신 등이 정부의 직접 경영으로부터 시장형 공기업 및 준시장형 공기업으로 점차 민영화의 성격을 가미함으로써 효율성도 높여 왔으며 외국의 그런 사례도 많다. 또 외부성이 적은 분야를 중심으로 민영화가 주로 이루어지는 현실을 간과한 비판이다.

둘째, 형평성 문제이다. 공공서비스 이용을 경쟁 원리에만 맡긴다면 소득이 낮은 주민들은 그에 대한 비용 지불 능력이 없기 때문에 그 서비스 혜택을 받지 못하며, 소득이 높은 주민들만이 이를 구입하므로 저소득층이 배려 받지 못한다는 문제가 발생한다.

그러나 이 문제는 민영화 이후에도 일정한 계층에 대한 비용 보조하는 방식으로 해결할 수 있으며 실제로 그런 예가 많다. 민영화가 형평성을 저해할 것이라는 점을 들어 민영화 반대라는 일반론으로까지 연역하는 것은 한국 행정이 형평성이란 이념을 내포한 이상 어떤 민영화도 할 수 없다는 기이한 논리로 연결된다.

2) 책무성(accountability) 포기

시민에게 필수적인 공공서비스를 제공하는 것은 정부의 책임으로 인식되고 있다. 그런데 수익성 및 경제성을 핑계로, 정부가 국민에 대한 필수적인 서비스의 공급 책임을 민간 기업에게 넘기는 것은 정부가 자신의 존재 이유(raison dětre)를 망각하고 책무성(accountability)을 포기한 것이라는 비판이다.

그러나 정부의 책임은 '시민에게 필수적인' 공공서비스를 다 제공하는 것이 아니라, 시민에게 필수적인 공공서비스 중 '정부에 의해 더 잘 공급될 수 있는' 서비스를 공급하는 것이다. 그러한 서비스의 내용은 기술 및 사회의 변화에 따라 계속 바뀌어져 왔다. 그러므로 만약 그 필수적 서비스가 민영화를 통해 민간 및 시장에 의해 더 잘 공급된다면 마땅히 그 방식으로 바꾸도록 조정하는 것이 오히려 정부의 바람직한 책무라는 반론이 있다.

Ⅳ. 고객주의

1 의의

1) 고객주의의 의의

고객주의 경쟁 원리의 이념적 기반은 소비자 주권(consumers sovereignty)이다. 소비자 주권은 구매력을 가진 고객이 생산물의 내용에 관해 생산자에게 주권을 행사한다는 것이다. 소비자 주권은 허쉬만(Albert O. Hirshman)의 '퇴장, 항의, 수용'의 개념으로 잘 비유된다. 고객은 자신의 선호에 합치되는 재화에 대해 만족을 표시하고 이를 받아들인다(loyalty). 자신의 선호에 맞지 않는 생산물에 대해 불만(voice)을 표출하며, 만약 그것이 시정되지 않는다면 결국 소비자는 현재의 생산자와의 거래를 포기하고 자신의 선호와 합치된 재화를 찾아 다른 곳으로 옮겨간다(exit).

이 소비자 주권주의의 관념을 행정서비스 공급에 도입하여 행정서비스의 내용을 고객 중심으로 공급하자는 것이 고객주의적 행정개혁이다. 행정서비스의 고객은 국민이므로 고객주의적 행정개혁은 '국민을 위한 행정'의 한 실현 방법이다.

이러한 고객주의는 경쟁원리가 적용되는 곳에서 일반적으로 논의되는데, 최근에는 경쟁의 원리가 적용되지 못하는 행정서비스 영역에서도 고객의 선택권을 부여하기 위해 고객주의를 적용해야 한다는 주장이 설득력을 얻고 있다(정정길, 2008).

2) 고객의 형태

고객주의에서의 '고객'은 외부고객과 내부고객으로 구분된다. 외부고객은 행정 조직 외부에서 서비스를 소비하는 주체를 의미한다. 내부고객은 한 정부기관이 다른 정부기관이 공급하는 서비스를 제공받는 지위를 의미한다. 이익집단, 정책대상집단, 민원인, 시민 일반은 외부고객에 해당됨이 보통이다.

또 서비스의 배분정책에서의 정책대상집단이 고객에 해당되며, 규제정책의 경우에는 피규제집단이 바로 고객에 해당된다. 그러므로 서비스의 배분 뿐 아니라 규제의 경우에도 고객주의는 유지되어야 한다. 이익집단은 고객과 엄밀히 일치하는 것은 아니지만 실제로 그 구분이 어려운 경우가 많다.

2 고객헌장

1) 고객헌장의 의의

경쟁의 원리를 적용 가능한 경우에는 고객은 서비스의 선택권이 주어지며 이에 따라 고객주의가 비교적 잘 지켜진다. 그런데 경쟁의 원리가 적용되기 어려운 분야(순수공공재 등)에서는 고객은 서비스의 선택권이 없으므로 고객주의가 더욱 강조되어야 한다. 이런 경우에는 정부가 고객을 위해 최선의 다하여 행정서비스를 제공하겠다는 약속인 고객헌장이 중요한 의미가 있다.

고객헌장은 정부가 고객에게 최선을 다하여 행정서비스를 제공하겠다는 것을 공표하는 것이다. 처음에는 시민헌장(citizen's charter)이라고 불리어졌으며 1991년 영국의 보수당 정부에서 비롯된 이래로 각국으로 확산되었다.

2) 고객헌장의 내용

고객헌장은 다음 내용들이 주로 포함된다. ①제공할 서비스의 표준이 설정되며 이 표준이 지켜지고 있는지가 감시되어야 한다. ②서비스 제공의 모든 면(시간, 방식, 장소 등)에서 기관편의가 아니라 고객의 편의 위주로 서비스가 제공되어야 한다. ③경쟁적으로 서비스를 제공함으로써 고객들이 서비스 제공을 선택할 수 있게 한다(교육, 복지, 문화 분야 등의 각종 voucher 제도). ④고객에게 서비스에 대한 정보를 정확히 공개해야 한다. ⑤ 잘못된 서비스에 대한 교정 및 구제 장치가 구비되어야 한다. ⑥고객을 위한 공공서비스 공급에 우선순위를 두어야 하며, 서비스 표준에 대한 성과를 평가해야 한다.

3) 고객헌장의 문제점

첫째, 각 부처들이 고객헌장을 채택하고 있지만 실질적인 서비스 제공보다는 실효성 없는 구호에 그칠 가능성이 있다. 둘째, 고객주의는 본질적으로 사적재적 성격의 재화에 적합하므로 공공재적 성격의 행정 서비스에 대해서는 고객헌장제도 적용이 어려운 경우가 많다. 셋째, 서비스 유형에 따라 고객만족도가 상이할 수밖에 없는데 고객헌장제도는 이 차이를 간과하고 있다. 넷째, 한국의 경우 고객헌장이 일선공무원의 입장을 간과한 채 조직의 상부에서 일방적으로 제정하여 공표한 것이어서 실제로 고객을 대면하며 고객주의를 실천해야 할 기관들의 상황을 고려하지 못하고 있다.

3 고객조사

서비스 제공 이전에 고객이 원하는 것을 정확히 알기 위해 치밀한 고객조사를 해야 하며, 서비스 제공 이후에는 고객의 만족도를 조사하여야 한다. 이러한 과정을 통해 결국 '고객이 품질을 결정한다'라는 말이 실현되는 것이다.

경쟁시장의 경우에는 고객조사가 없더라도 고객의 의견을 간접적으로 파악할 수 있다. 그러나 독점적으로 서비스를 공급하는 정부나 공기업의 경우에는 인위적인 고객조사가 필요하다.

4 문제점

고객주의에 대한 비판의 본질은 시민(citizen)을 고객(client)으로 본다는 것인데 두 가지 내용을 담고 있다. 첫째, '고객'은 이기적 · 합리적인 주체로서 개인의 만족극대화를 추구함에 비하여, '시민'은 이타적 · 도덕적 주체로서 공동체의 공익극대화를 추구한다. 따라서 시민을 주권자가 아니라 고객으로 취급하는 것은 윤리적 타락이며(정정길, 2008), 시민의 정치적 성격을 심각하게 훼손하는 것이라는 비판이다(김태룡, 2000: 7).

둘째, 고객주의는 고객으로 행동할 수 있는 구매능력을 가진 사람만을 대상으로 하기 때문에 구매능력 없는 고객은 행정의 사각지대에 놓이게 된다는 비판이다. 즉 고객주의는 힘 있는 소비자를 위한 이데올로기라는 것이다(이영철, 2003: 70). 이 지적은 시장주의 거버넌스가 으레 사회적 약자 및 형평성을 무시한다는 일반적 비판과 연결되어 있다.

5 고객주의가 '시민'을 무시하는가?

고객주의에 대한 비판은 으레 고객주의가 '시민'으로서의 개인을 사라지게 만든다는 반시장주의적 믿음을 전제로 하고 있다. 그러나 이는 정확한 믿음이 아니다. 첫째, 고객주의는 모든 행정서비스 대상자를 사회신분이나, 성별이나, 빈부의 차이 없이 똑같은 존재로 취급하는 점에서 평등에 기여한다.

둘째, 서비스 구매능력이 없는 사회적 약자에 대해서는 다양한 방식의 보조 기제로 보완할 수 있으며 예컨대, 복지 대상자에 대한 바우처 및 직접적 지원은 현재에도 이미 도입되어 실시되고 있다.

셋째, 민영화된 기업의 경영자가 소비자로 나타난 고객에게 충실하다는 것이 그 소비자가 가진 국정 책임 주체로서의 공민이란 성격을 침해하는 것이 아니다. 국가의 각종 공민권 행사 단계에서 시민으로서의 지위와 권한은 그에게 여전히 보유되고 있다.

이 점을 더 자세히 보자. 개인은 두 가지 성격, 즉 소비자 및 주권자로서의 국면을 가지고 있다. 고객주의 하의 기업은 소비자의 국면에만 충실한 것이며, 그 대신 주권자로서의 국면에 충실함은 기업경영자의 책임이 아니라 국가의 역할이다. 고객주의가 없는 상황에서 국가가 이 두 가지 모습의 개인에 다 충실할 수 있는 것이 아니다. 국가는 그 경우 주권자로서의 개인에 대한 봉사에는 충실하지만, 소비자로서의 개인에 대한 봉사에는 취약한데 이는 관료중심적 공급이 이루어지기 때문이다. 그런데 고객주의를 도입하면 소비자로서의 개인에 대해서는 기업이 잘 봉사하며, 공민(시민)으로서의 개인에 대해서는 공민 활동과 직접 관련이 있는 국가가 더 잘 봉사할 수 있다. 따라서 고객주의가 개인의 시민으로서의 지위를 무시 혹은 박탈한다거나, 고객주의에서는 공민으로서의 시민이 사라지게 된다는 것은 적합한 해석이 아니다.

논평

시장주의적 행정개혁은 피터스(B. Guy Peters)의 거버넌스 모형 중 시장주의를 토대로 한다. 이 문제는 매우 방대한 사항을 포괄한다. 먼저 시장주의적 행정개혁의 구성 내용을 정확히 규정해야 한다. 정정길 교수(2008)가 이 구성 내용을 매우 잘 포괄하고 있다. 그러나 유의할 것은 정정길 교수는 시장주의의 개념을 파악할 때에 신공공관리론에 다양한 형태의 시장주의가 있으며 그 중에 하나가 신자유주의인 것처럼 서술하고 있어서 마치 신공공관리가 신자유주의를 포용하는 개념인 것처럼 오해를 준다. 이미 본서의 신공공관리론, 뉴거버넌스론 설명에서 규명하였듯이 신공공관리론과 신자유주의는 구분되어야 한다.
작은 정부론, 민영화와 민간위탁, 고객주의는 중요한 개념이므로 작은 주제들로 세밀히 공부할 필요가 있다. 추상적 공론으로 흐르지 말고 현재의 우리 제도와 관련지어 이해하라. 그리고 프레데릭슨(G. H. Frederickson)이 강조하는 '시민과 고객'의 차이점에 관한 논쟁을 이해하자. 이 논의는 시민을 '고객'으로 보는 모든 논의에 원용될 수 있는 중요한 지적이다. 상투적 논의를 벗어나, 프레데릭슨의 주장을 비판할 수 있는가?

ㅣ새 테마 행정학ㅣ

30. 참여주의적 행정개혁

Ⅰ. 의 의

1 협의의 참여주의와 공동체주의

행정학 연구에서 행정 조직 내부의 부하의 참여 및 조직 외부의 시민참여를 강화하자는 참여주의는 오래 전부터 요구되어 왔다. 그런데 최근 이 참여주의가 공동체주의(communitarianism)로까지 확대되어 주장되고 있다. 그러므로 종래의 참여주의를 협의의 참여주의라 보고 여기에 더하여 최근에 와서 강조되는 공동체주의까지를 포괄하는 개념을 광의의 참여주의라 규정할 수 있다.

최근의 참여주의적 행정개혁에 특별히 큰 의미를 주는 바탕이 된 것은 협의의 참여주의가 아니라 공동체주의이다. 공동체주의는 시민사회(civil society)를 옹호하면서 극단적 개인주의에 반대하는 사조이다. 공동체주의는 사회민주주의(social democracy), 사회자유주의(social liberalism)와 늘 대립적인 것은 아니나 그 초점은 개인이 아니라 공동체에 두는 특징이 있다.

2 구성요소

협의의 참여주의는 분권화와 시민참여를 그 주 내용으로 한다. 여기에 더하여 현대적 의미의 참여주의로 새로이 전개된 공동체주의가 추가된다. 공동체주의는 다시 철학적 공동체주의와 이념적 공동체주의, 신좌파 공동체주의와 신우파 공동체주의로 나누어진다.

Ⅱ. 협의의 참여주의

1 분권화 (내적 참여)

협의는 참여주의는 분권화(내적 참여)와 시민참여(외적 참여)로 구분할 수 있다. 분권화는 내적 참여에 해당되는 바, 행정의 내부관리 과정에 부하들을 참여하는 시키는 것을 의미한다. 조직 내부의 통상적 의사결정과정 및 정책결정 및 집행과 관련하여 장의 권한을 완화하고 부하 및 일선관료들의 참여를 증진시키는 것을 포함한다. 부하 및 일선관료들에게 재량과 실질적인 결정권을 부여하는 분권화로 고객서비스의 향상에 기여할 것으로 기대한다.

2 시민참여 (외적 참여)

1) 논거

외적참여, 곧 시민참여는 정책결정이나 집행과정에 정책대상집단이나 일반시민들을 참여시켜 직접 민주주의적 성격을 강화하자는 것이다. 외적 참여(시민참여)의 주요 논거는 두 가지이다. 첫째, 정책에 직접 영향을 받은 정책 대상집단이 관료들보다 더 정확하고 많은 정보를 가지므로 이들의 참여로 정책결정의 합리성을 높인다는 것이다(지적 합리성의 측면).

둘째, 시민들의 참여로 대의민주주의의 약점을 보완하고 직접적 민주주의 요소를 보완하겠다는 것이다(정치적 합리성 측면). 시민참여의 보다 직접적이고 실천적 논거는 바로 후자이다. 신분보장을 받고 정치적 책임을 지지 않는 관료들이 실제로 의사결정을 하고 서비스를 공급함을 통제하기 위해 법규를 제정하고 의회, 대통령이 이들을 감독한다. 그런데 이러한 간접 민주주의적 제도는 많은 한계가 있으므로 일선행정 현장에서 시민이 직접 참여하여 관료의 결정에 참여하고 통제를 가하자는 것이다.

2) 형태

시민참여의 형태는 다양하게 나타나는데, 그 중 이슈네트워크와 정책공동체와 같은 형태와, 보다 적극적인 시민참여를 강조하는 담론주의의 두 가지 형태로 구별해볼 수 있다.

(1) 이슈네트워크와 정책공동체

이슈공동체(issue network)와 정책공동체(policy community)는 정책토론을 보다 참여적으로 만드는 두개의 대표적인 정책 틀이다. 이는 정책분야별 전문가와 관심 있는 시민들이 수시로 정책문제를 논의하고, 대립되는 정책대안들을 놓고 장단점을 토론하여 자신의 이익을 위하여 정보를 제공, 해석하는 역할을 한다. 여기서는 비록 시민의 참여가 있더라도 어디까지나 공식적 결정권을 장악한 사람이나 전문가들이 중심적 결정권을 가진다.

(2) 담론적 정책결정 (deliberative policy-making)

시민참여를 적극적으로 강조하는 하버마스와 같은 담론주의자들은 관련 시민들이 정책결정자와 직접 협상할 뿐만 아니라, 다른 관점을 지닌 시민들과도 직접적으로 협상할 수 있어야 한다고 주장한다. 즉 대립되는 이해관계를 가진 시민들이 직접 타협할 수 있어야 하며, 이들은 공식적 결정권자와 대등한 입장에서 타협을 해야 한다는 것이다.

(3) 이해관계도 없는 자들의 참여 (새로운 시민참여)

정책 관련 이해당사자들이 정책결정에 참여한다는 것은 이미 과거에도 주장되어 온 논리이다. 그러나 최근의 뉴거버넌스론에서 강조하는 새로운 형태의 시민참여는 과거부터 논의된 '이익집단으로서의 참여'라기보다는 '이해관계가 없는' 제 3자로서의 일반 시민이 정책결정에 참여함을 강조한다.

Ⅲ. 공동체주의

1 공동체주의

공동체주의(communitarianism)는 개인 중심주의를 벗어나 응집성 있는 공동체를 다시 구축하여 공동 문제를 구성원들이 직접 참여하고 해결해야 한다는 주장이다. 즉 공공적인 문제해결을 위해 주민들에 의하여 선출된 주민의 대표자인 의원, 대통령, 주지사, 시장 등에게만 맡기지 않고, 공동체의 주민들이 직접 참여할 것을 주장한다.

공동체주의는 자유지상주의(libertarianism) 및 권위주의(authoritarianism)와 구별된다. 공동체주의는 사적 이익에 대한 배타적 추구에 치중하는 자유지상주의가 우리 모두가 의존하는 사회 환경의 연계망을 훼손하고, 민주적인 자치정부 실험을 파괴한다고 본다. 자유지상주의자들이 추구하는 개인의 자유와 권리가 유지되려면 그에 대한 사회적 책임 및 시민사회 제도의 유지가 먼저 필요하다는 것이다. 반면에, 자유지상주의자들은 이러한 목적을 달성하기 위한 정부활동이 실제로는 개인적 자유를 박탈한다고 보며 공동체주의 정부가 수행하는 소위 '사회공학'(social engineering)에 격렬히 반대한다.

한편 공동체주의는 사회 응집성을 강조하지만 이것은 권위주의와는 상당한 차이가 있다. 권위주의 정부는 개인적 자유와 권리를 제한하는 강제력에 토대하고 있으며, 그 역할은 지시적이다. 그러나 민주정부 및 시민정부는 권위주의적 성격을 띠지 않는다. 공동체주의자들은 오히려 비정부 조직(non-governmental organizations)의 활용을 강조한다.

2 철학적 공동체주의와 이념적 공동체주의

(1) 철학적 공동체주의(philosophical communitarianism)

철학적 공동체주의(philosophical communitarianism)는 고전적 자유주의(classical liberalism)가 존재론적으로나 인식론적으로 오류라고 본다. 본래 고전적 자유주의는 공동체란 공동체 이전 상태에 존재한 개인들(pre-community individuals)이 자발적으로 형성한 것으로 이해한다. 반대로, 공동체주의는 오히려 개인 자체가 공동체에 의해 규정되고 형성되는 것이며, 공동체의 가치를 고전적 자유주의 이론으로는 충분히 설명할 수 없다고 본다.

철학적 공동체주의자들은 현실의 정책문제보다는 존재론적 · 인식론적인 문제에 관심을 더 둔다. 예컨대 공동체주의자들은 롤즈(John Rawls)의 정의론(A Theory of Justice)이 인간을 공동체를 간과한 채 원자적 개체(atomistic individuals)로 보았다고 비판한다.

공동체주의자들은 공적 영역에는 가치와 신념이 존재하는데, 개인들 간의 논쟁들도 이 가치와 신념 안에서 일어날 뿐이다. 예컨대 사회가 주는 언어적 · 비언어적 전통들이 어린 아이들에게 소통되는데 아이들은 이를 배경으로 하여 신념과 가치를 형성한다. 즉 공동체가 개인보다 앞서며 개인은 공동체에 의존하고 있다

그러나 개인이 공동체에 의존하고 있다는 것이 곧 개인은 어떤 문제에 대해 과반수 구성원이 가지고 있는 신념을 받아들여야 한다는 것을 의미하는 것은 아니다. 예컨대 과반수가 노예제도를 신봉할 때에도, 어떤 개인은 예컨대 기독교적 인도주의나 계몽주의적 인권 관념 때문에 이에 반대할 수 있다.

(2) 이념적 공동체주의(ideological communitarianism)

이념적 공동체주의(ideological communitarianism)는 공동체를 강조하는 급진적 중도 이념(radical middle ideology)이다. 이념적 공동체주의는 대개 경제적 쟁점에서는 좌파이념을, 그리고 사회적 쟁점에서는 보수주의를 따른다.

한편 이것이 현실에서 특정 사회운동을 지칭하는 경우도 있다. 보통 에치오니(Amitai Etzioni), 갤스톤(William Galston) 등이 주도하는 '대응적 공동체주의 운동'(Responsive Communitarian Movement)을 의미한다(*이 경우 대문자로 표기한다). 에치오니 외에 에블리(Don Eberly)와 푸트남(Robert Putnam) 역시 공동체주의 운동의 대표적 주장자이다.

미국의 경우 보수-진보의 양당 제도 틀 하에서 주요 정당이나 정치인이 공동체주의를 정책으로 표방하는 경우는 드물다. 그러나 일부의 프로그램은 정책으로까지 수용되었다. 예컨대 클린턴은 에치오니의 공동체주의 운동을 주장을 공개적으로 지지하였다. 부시(Geroge W. Bush) 대통령의 이른바 '온정적 보수주의'(compassionate conservatism) 역시 보수적 공동체주의의 일종이다. 자원봉사, 공동체사업, 전통적 가치의 존중, 인성교육의 강조, 가족의 존중, 신앙적 가치 등을 중시하는 프로그램들이 이런 것들이다.

3 신좌파 공동체주의와 신우파 공동체주의

이념적 공동체주의는 다시 신좌파와 신우파적 공동체주의를 각각 상이한 근거로 제시한다.

(1) 신좌파적 공동체주의

개인은 공동체 속에서 존재하므로 공동체를 구축하고 여기에서 여러 당면 문제들을 직접 결정 · 집행하는 것이 바람직하다. 그런데 공동체 속 개인은 무임승차자가 되어 공동체의 형성에 협력하지 않을 가능성이 많다. 따라서 개인으로 하여금 공동체에 적극적으로 참여하도록 하기 위해 정부가 주도하여 시민주의(civicism)를 구축할 것을 요구한다.

신좌파적 공동체주의가 자유주의를 전적으로 부정하는 것은 아니다. 그러나 개인의 이익을 증진시키는 기제는 많이 존재하지만 공동체의 이익을 증진하는 기제는 지나치게 부족함을 강조한다. 이를 위해 민주적 시민정신 함양을 교육 프로그램에 포함할 것을 주장한다.

(2) 신우파적 공동체주의

신우파적 공동체주의는 신자유주의자들이 주장하는 것으로서, 정부 중심이 아니라 민간 중심의 공동체가 기존의 국가 기능을 분담함으로써 작은 정부를 이룩할 수 있다고 본다. 공동체가 중요한 역할을 함은 인정하지만 이를 위해 국가의 예산, 조직, 인원을 투입하기보다는 공동체 안에 있는 자발적이고 헌신적인 개인들의 자원 활동(volunteerism)을 조장하는 것이 더 바람직하다고 한다.

자원봉사자들에게 적당한 명분과 사회적 인정감을 제공하면 이들은 헌신적으로 공동체를 위하여 일할 것이다. 치안, 청소년교육, 고아보호, 노인복지, 보건, 위생 등의 행정 업무가 지역사회 구성원들의 이타주의적 자원봉사활동으로 이루어지면 정부 기능은 그만큼 감소하고 효과는 향상될 것이라고 본다. 이를 위해 민간 부문의 자원 활동가들에게 행정에 참여할 기회와 통로를 제공할 것을 주장한다.

Ⅳ. 시장주의와 참여주의의 비교

1 공통점

참여주의나 시장주의 모두 중앙의 결정 및 통제가 대폭 축소되고 내부 규제가 대폭 완화되기를 주장하는 점에서는 같다. 참여주의는 개인이 공동체 문제에 관여할 기회를 가져야한다고 보며, 또 시장주의는 본질적으로 작은 정부로 나아가야 한다고 보기 때문이다.

2 차이점

공동체주의와 참여주의는 어느 정도 이타적이고 집단적 행동을 하는 시민을 전제로 하지만, 시장주의는 이기적이고 개인적인 행동을 하는 소비자로서의 고객을 전제로 한다. 시장주의는 행정서비스가 개선되지 않으면 개인은 허쉬만(Albert O. Hirschman)의 퇴장(exit) 기제를 이용하여 다른 공급자에게로 가버리면 된다고 본다. 이에 비해 공동체주의에서 개인은 그 경우 개인은 허쉬만의 항의(voice) 기제를 이용하여 문제 개선을 요구하거나, 나아가 직접 정책결정 및 집행과정에 참여하여 바람직한 행정서비스가 산출되도록 사명감을 가지고 노력한다고 본다. 이러한 근본 바탕 하에서 양자 간의 구체적인 차이점들은 다음과 같다(정정길, 2008).

시장주의와 참여주의의 차이

	시장주의	참여주의
인간과 공동체의 초점	개인에 초점	공동체에 초점
작동의 기본원리	고객주의 (경쟁)	시민주의 (참여와 토론)
기존 행정의 핵심문제	행정서비스의 독점공급	행정의 비민주성
행정서비스에 불만 표시	공급자 변경 (exit 기제)	항의 (voice 기제), 직접 참여
철학적 기초	신자유주의, 신보수주의	진보주의
인간관	이기적 · 합리적 인간	사회적 인간
공동체주의에 대한 관점	개인의 자발적 활동 활용	시민주의적 프로그램 활용
서비스의 생산 주체	시장 주도로 유도	정부가 시민 · 타 조직들과 공동생산

논평

피터스의 거버넌스 유형 중 가장 뚜렷하게 대비되는 것이 시장주의-참여주의이다. 이 양자를 대비하라는 것은 매우 방대한 문제가 될 터인데 그 경우에는 부분에 세세한 서술보다는 주요 골격을 빠짐없이 포함하는 논술이 필요하다. 정정길 교수(2008)가 이 구성 내용을 매우 잘 포괄하고 있다. 본 서술은 정정길 교수의 내용을 더 보완한 것이다.

국가주의, 집단주의, 전체주의와 같은 형태는 점차 희석되어 현재에는 공동체주의라는 다소 모호하면서도 분명히 국가주의적 요소를 가진 온건한 사회민주주의 이론으로 수렴되어 가고 있다. 공동체주의는 오늘날 좌파 정치행정 이론이 가장 온유한 모습의 외관으로 위장해 있는 것으로 볼 수있다.

작은 유형의 문제로 따로 잘 이해해 두어야 하며 이에 토대를 둔 한국의 구체적 개혁 프로그램을 정리해 두는 것이 좋다. 이 글을 읽은 직후에는 본 장의 '시민참여와 민주행정'을 이어서 읽는 것이 좋다.

시장주의, 신공공관리론, 공공선택론을 '신우파적 공동체주의'로 혼동하지 말라. 그것들은 본질적으로 공동체주의가 아니라 아예 개인주의에 속하는 것이다.

ㅣ새 테마 행정학ㅣ

31. 심의 민주주의적 행정 결정

Ⅰ. 서론

1 한국 행정 결정의 심의 기제 도입 필요성

한국 정부는 미국산 쇠고기 광우병 보도관련 촛불 시위, 세종시 행정수도 이전, 4대강 사업, 복지 논쟁, FTA 비준, 세월호 사건 처리 문제 등 중요 정책결정과정에서 큰 갈등을 보였다. 이들 정책 결정에서 행정부 및 국회의 공식적 의사결정권자 외에 이해당사자 및 국민 일반이 직접 간접으로 많이 참여한 점이 두드러졌는데 이는 뉴거버넌스라는 흐름에서 당연한 것이다. 그런데 이러한 많은 공식적 · 비공식적 참여자들 간의 정책 논의 과정은 상대의 의견을 존중하면서 이성적이고 진지한 논의를 통해 바람직한 합의를 도출한다는 뉴거버넌스 모형과는 거리가 멀었다.

따라서 비록 뉴거버넌스라는 새로운 행정 결정방식을 인정하더라도 그 합의적 결정과정에서 당사자의 선호를 함께 발견하고, 이를 존중하며 나아가 설득, 교정의 과정을 통해서 가장 바람직한 집단적 의사를 형성해 나가는 논의 과정이 따로 더 필요하다. 이러한 당사자간의 진지한 "심의(성찰, 숙의)"(deliberation) 과정을 통한 공공 정책의 합리적 결정을 추구하는 기제가 심의 민주주의(deliberative democracy)이다.

2 고전적 민주주의-대의 민주주의-심의 민주주의

1) 고전적 민주주의

고전적 아테네 민주주의는 '국민의 지배(demos+kratia: rule of the people)'의 이상적인 형태였다. 모든 시민들은 재산, 지위, 종교, 교육수준에 관계없이 평등하고, 동등하게 법의 제정에 참여했다. 시민들은 지배자인 동시에 피지배자였고, 공동선의 형성과 실현에 관심을 갖는 공적 시민(public)이었다. 그러나 이 민주주의는 기본적으로 소규모의 동질적인 시민들로 구성된 공동체에서나 가능한 민주주의였다. 즉, 아테네의 민주주의는 서로 간에 '심의'가 가능한 대면적(face-to-face) 사회의 소규모 동질적 시민들로 구성된 도시국가에서 가능한 민주주의였다.

2) 대의민주주의

그러나 영토와 인구가 확대되고 다원화된 구성원의 익명화된 근대국가에서는 직접적 의사소통 및 심의가 불가능하다. 이 상황을 극복하기 위해 나타난 것이 대의 민주주의이다. 거기서는 국민들의 대면적 심의로 집단적 의사가 확인되는 것이 아니라, 대표를 통해 국민들의 의사가 집합되는 선호집합적 민주주의(aggregative democracy)이다. 이러한 간접적이고 선호집합적인 민주주의(indirectly aggregative democracy)는 근대 민주주의의 기본적 제도 틀이 되어 왔다.

3) 심의 민주주의

간접적이고 선호집합적인 대의제 민주주의가 노정하고 있는 결함을 시정하고 고전적 직접 민주주의의 이상을 재현하려는 대안이 심의 민주주의(deliberative democracy)이다. 심의 민주주의는 오랫동안 잊혀져 왔던 국민들 간의 심의, 대화, 토론, 의사소통을 통해 개인들이 자신의 선호를 계속 변화시켜 가며 합의된 집단적 의사를 형성하려는 것이다. 따라서 심의 민주주의는 국민이 직접 심의에 참여하는 직접적이고 참여적인 민주주의이다.

심의 민주주의의 의사결정 과정은 선호의 집합과 선택(선호집합적 민주주의)이 아니라 심의(deliberation)에 의존한다. 심의 민주주의는 선호집합적 민주주의와는 달리 국민들의 선호가 고정되어 있지 않고 대화, 토의, 토론, 심의를 통하여 변화할 수 있다고 가정하며, 민주적 과정은 주어진 선호를 집합하여 그 중에서 집단적 선호를 선택하는 것이 아니라, 상호 발견, 설득, 교정의 과정을 통해 공공의사 또는 집단적 의사를 형성해 나가는 과정으로 본다. 따라서 공공영역은 다양한 시각과 이익들이 상호이해와 공동의 행동으로 수렴되는 장(arena)으로 간주된다.

Ⅱ. 대의 민주주의의 한계

현대의 민주주의 지배적 형태인 대의 민주주의식 정책결정은 두 가지 전제를 필요로 한다. 첫째, 국민의 대표가 국민의 완벽한 대리인이어야 한다. 둘째, 대표를 통해 표출되는 국민의 의사는 집단적인 국민의 합리적 선택이어야 한다. 그러나 대의제 민주주의는 이와 관련하여 다음과 같은 한계점에 봉착해 있다.

1 사회적(집단적) 선택의 합리성 문제

사회적(집단적) 선택 과정에 의해 국민 의사가 표출될 수 있느냐의 의문이 제기된다. 즉, 집단적으로 합리적인 민주적 선택이 가능하냐는 것이다. 애로우(K. Arrow)는 민주적 선택의 일반적 가능성 문제를 제기하였는데, 그에 의하면 민주주의가 실현되기 위해서는 모든 국민의 선호가 고려대상이 되어야 하고(범위의 무제한), 집단적 복지를 극대화하는 점이 선택되어야 하고(파레토 최적), 국민들의 선택은 독립적이어야 하며(무관한 대안으로부터의 독립성), 어느 누구의 선호도 지배적이어서는 안 된다(비독재성)는 조건들이 충족되어야 한다. 그러나 위 모든 조건을 충족하는 사회적 선택이 존재하지 않는다는 비관적인 결론을 내리고 있다. 애로우의 불가능성 정리(impossibility theorem)는 투표가 국민의 의사를 표출한다는 대의제 민주주의의 근본적 가정에 치명타를 가하였다. 민주적 과정의 이론적 토대였던 투표가 ‘국민의 의사’, ‘공동선’, ‘일반의사’, ‘국민들의 소리’, ‘사회적 이익’을 대변할 수 없는 것으로 드러났기 때문이다.

2 대표의 실패 문제

대의제 민주주의에서 ‘대표의 실패’, 대의제 민주주의 하에서 본인(principal)과 대리인(agent)의 문제는 여전히 미해결 상태이다. 대의제 민주주의는 선거라는 제도적 장치를 통해 주권자인 국민의 대리인인 대표에게 권력을 위임하고, 또한 권력을 위임받은 대표들로 하여금 본인인 국민들의 복지를 극대화하도록 책임지게 한다는 원리에 기초하고 있다.

그러나 대의제 민주주의 하에서 민주적으로 선출된 대표가 국민의 충실한 대리인으로 행동하지 않고 자신의 사익을 추구할 가능성은 상존하지만, 본인인 국민과의 약속을 위반한 대표들을 선거라는 기제로 처벌하기에는 여러 가지 측면에서 미흡하다.

3 엘리트 민주주의의 한계: 기술관료적 민주주의

대의제 민주주의 하에서 본인인 국민과 대리인인 대표 간에 거리는 좁혀지지 않고 확장되는 경향이 있다. 대의제 민주주의는 슘페터적인 엘리트 민주주의의 개념을 내포하고 있다. 대의제 민주주의는 정치인(대표)과 국민 간의 분업을 전제로 한다. 즉, 통치는 투표로 선출된 지배엘리트에게 맡겨져야 하며, 민주주의(국민주권)는 다음 선거에서 대표를 자리에서 축출할 수 있는 권력으로 한정되어야 한다는 것이다. 이러한 정치적 분업이 국민들의 정치적 소외감, 냉소주의를 강화한다. 국민들은 정치가 정치전문가(정치인, 선거운동전문가, 로비스트, 언론인, 여론조사전문가 등)의 영역이라고 생각하면서 정치는 자신과 상관없는 원거리에 있는 영역으로 간주한다. 더욱이 정책결정의 실질적 권한이 정치인으로부터 전문 기술관료로 옮겨가면 국민과 대표들 간의 거리는 더욱 멀어지고, 정책전문가들이 주권자인 국민의 의사를 대체하는 기술관료적 민주주의가 강화된다.

4 특수 이익집단의 지배가능성

대의제 민주주의 하에서 강력하게 조직되고 발언권이 강한 특수 이익집단이 민주적 토론과정을 지배할 가능성이 크다. 이 경우 대표들은 국민의 이익을 극대화하려하기보다는 특수이익집단의 이익을 극대화하려 할 것이다. 그러나 대의제 민주주의 하에서 이러한 특수이익의 지배를 제어하고 시민공동체의 이익을 추구하도록 압력을 가할 수 있는 공론의 형성 장치는 미흡하다. 여론조사와 언론이 이를 대신하나 여론조사는 변덕스럽고 불완전한 정보를 제공하고 있으며, 많은 경우 언론은 공론의 형성자라기보다는 이익집단의 대변자이다.

5 다수결주의의 폐해: 다수의 독재

대의제 민주주의는 일반적으로 다수결주의에 의거하여 집단의 의사를 결정한다. 그런데 다수결주의는 소수파의 다수파에 대한 순응을 강제한다. 다수결주의는 기존의 여론조사, 주민투표와 같은 국민투표제적 민주주의에 의해 강화되고 이는 '다수의 독재'를 심화시키고, 소수파의 배제를 초래한다. 소수파의 의사가 공동체의 의사형성에서 경청될 수 있는 공간이 존재하지 않을 때 민주적 공동체는 심각한 해체의 위기에 직면할 것이다.

6 공공선 개념의 부족

현대의 대의제 민주주의는 공공선의 개념이 부족하다. 현대의 대의제 민주주의는 기본적으로 선호를 집합하는 '선호집합적 민주주의'이다. 고대 그리스의 민주주의가 광장에서의 토론과 심의를 통해서 공공선을 발견하고 이를 실현하려는 광장(forum) 민주주의였다면, 현대의 선호집합적 민주주의는 경쟁을 통해서 갈등하는 이기적 사익들간의 균형을 추구하는 시장(market) 민주주의이다. 따라서 정치과정은 모든 국민들이 합의할 수 있는 공동선을 발견하려는 과정이 아니라 갈등하는 이익들이 자신의 선호가 사회적 선호(집단의사)로 선택되도록 하기 위해 경쟁하는 과정이다. 요컨대, 선호집합적 민주주의의 범위는 넓지 않다. 공동체가 집단적으로 추구해야 할 공공선의 발견은 선호집합적 민주주의의 의제에 포함되어 있지 않다.

Ⅲ. 심의 민주주의의 유용성과 한계

1 심의 민주주의의 유용성

심의 민주주의는 다음과 같은 유용성을 준다. 첫째, 공적 담론을 통해 정책 문제에 대한 해결능력(problem solving)을 높여 준다. 대의제 민주주의에서 대표들의 협상에 의해 정책결정이 이루어지도록 방치한다면, 정책은 정치세력들 간의 흥정에 의해 결정될 것이다. 그리고 그 결과는 단순히 정치세력간의 균형을 반영할 뿐이다. 그러나 민주주의의 목적은 공공정책 문제 해결뿐 아니라 그 해결 방식의 정당성까지 얻는 것이다.

둘째, 대의제 민주주의가 안고 있는 조정의 딜레마를 극복한다. 민주적 공동체 내에는 국민들이 광범위하게 합의한 우선순위와 목적이 있지만, 이해관계의 다양성과 상황의 변덕스러운 변화는 이러한 합의를 실천에 옮기는 것을 어렵게 한다. 그러나 심의 민주주의는 의사소통이 가능한 공동체 내에서 정보를 공동 출자(pooling information)하고 토의를 통해 현장에 맞는 문제해결을 도모할 수 있다.

셋째, 토론을 통한 국민적 합의를 통해 집단적 의사를 형성함으로써 결정된 민주적 결정의 정당성을 높여준다. 심의 민주주의는 국민과 대표 간에 민주적 대화를 촉진하며, 대표와 국민 간의 거리를 좁혀준다.

넷째, 심의의 과정은 국민들에게 민주주의를 교육하는 민주주의의 학교와 같은 기능을 하며, 시민문화(civic culture)를 활성화시킨다. 심의를 통해 국민들은 민주적 가치와 규범을 내면화할 수 있는 기회를 가진다.

다섯째, 이타적이고 공동체 지향적인 행동을 장려한다. 심의과정에서 상대방을 설득시키려면 자신의 이기적 사익보다는 상대방의 이익 및 공동의 이익 중심으로 토론해야하므로 공공선을 지향하는 정치가 진화될 수 있다.

2 심의 민주주의의 한계

첫째, 가장 큰 결함은 결정성(decisiveness)의 부족에 있다. 국민의 선호는 고정되어 있지 않고 항상 변화할 수 있다는 가정 하에 심의를 통해 자신의 선호를 계속 변화시켜 가며 공동으로 합의하는 방식이기 때문에 공동체의 후생을 극대화해 줄 수 있는 독특한 '국민의 의사'가 무엇인지에 관한 확실한 해답을 줄 수 없다.

둘째, 심의에 참여하는 국민들이 공적인 문제에 대한 공적인 판단을 통해 공적인 이익을 위해 이성적인 주장을 한다는 전제조건이 있어야 한다. 그러나 실제의 심의과정에서 이것이 지켜지기 어렵다. 또 심의는 공적인 문제를 다루므로 심의에 불참한 사람을 심의의 결과로부터 배제시킬 수 없고, 따라서 심의 불참자의 무임승차가 유발된다.

셋째, 평등한 사람들의 자유로운 심의라는 가정은 비현실적이다. 재산, 교육, 소득, 지식, 정보가 불평등하게 배분되어 있거나 종족적·인종적 다수와 소수로 분열된 사회에서 심의는 강자 혹은 다수파의 견해가 지배하고 과잉 대표될 가능성이 높다.

넷째, 평등하고 자유로운 심의에 대한 공간적, 규모적 제약이다. 심의는 의사소통이 가능한 지리적으로 좁은 지역의 소규모의 국민들 사이에서 이루어진다. 그러나 클린턴 정부의 의료개혁 실패에서 보는 바와 같이 복잡한 국가적 이슈에 관한 정책결정에 대한 심의 민주주의의 적용가능성은 어렵다.

다섯째, 공동의 이익보다는 수많은 편협한 이익을 추구하는 파벌을 양산할 위험이 있다. 이 파벌은 공공선을 추구하기보다는 파벌적 이익을 추구하기 쉬우며 파벌의 정치는 '정치의 발칸화(balkanization of politics)'를 초래한다.

여섯째, 합리적이지만 편협하고 자기 주장이 강한 사람들의 주장을 특권화하는 경향이 있다. 이들의 큰 목소리가 이긴다면 합리적인 합의는 어렵게 된다.

일곱째, 합의를 강조하기 때문에 개인 간 견해의 차이를 무시하는 경향이 있다. 차이를 무시하고 지나치게 공통점을 강조하면 비록 공적 합의를 이룩하더라도 그것이 집행과정에서 수용되기 어렵다.

Ⅳ. 심의 민주주의적 행정 결정에서 고려할 사항

심의 민주주의 기제를 현실의 한국 행정에 적용하는 데에는 다음과 같은 점이 고려되어야 한다.

1 심의의 형식

하버마스 등은 심의 민주주의적 결정은 대체로 다음과 같은 요소들을 포함하는 이성적, 합리적 논증 절차라고 규정해 왔다. ① 논증 형식이어야 한다. ② 심의는 포괄적이고 개방적이며, 동등한 참여 기회가 주어져야 한다. ③ 심의는 내외적 강제로부터 자유로워야 하며, 심의에 참여하는 사람들은 오직 논쟁규칙이나 의사소통의 전제조건에만 구속되어야 한다. ④ 심의는 합리적 합의를 목표로 하고, 원칙적으로 무제한 계속될 수 있고 언제라도 재개될 수 있어야 한다. ⑤ 결정을 내려야 할 때는 다수결에 의해 결정되어야 한다. ⑥ 모든 사람들의 동등한 이익을 위하여 모든 소재로 확장되어야 한다.

그러나 심의적 결정을 이렇게 이성적, 합리적 논증 절차로 보는 것을 비판하며, 공동체적-대화적(communal/conversational) 절차를 강조하는 입장도 있다(D. Dutwin). 심의 민주주의는 문제 해결-목적 지향적 논증이 아니라 비목적적-일상적 대화가 더 본질적이라고 보는 것이다. 양자의 핵심 차이는 결정을 공식적-합리적 논증(reasoned argument)의 형식으로 할 것인가, 혹은 정책 현장의 일상 대화(narrative)의 형식을 취할 것인가에 있다.

심의라는 본질에는 비목적적-일상적 대화가 더 부합된다. 그러나 적어도 공공 정책 문제의 새로운 해결 기제로써 심의 민주주의를 활용하려는 관점에서 본다면, 어느 정도의 공식적-합리적 논증 과정은 불가피하다. 2008년 미국산 쇠고기 광우병 반대 파동에서 보았듯이 공식적, 합리적 논증 형식이 결여된 상황에서는 사려 깊은 심의 자체가 어렵기 때문이다.

2 심의 대상

1) 학설의 대립

심의 대상이 되는 정책 사안에 제한을 두어야 할 것인가? 심의 대상의 제한이 필요하다는 주장과 어떤 제한도 없어야 한다는 주장이 대립되고 있다. 전자를 대표하는 학자가 롤즈(J. Rawls)이고 후자는 하버마스(J. Habermas)이다. 첫째, 롤즈는 첨예한 긴장과 갈등이 수반되는 문제들을 합리적이고 정의롭게 해결하기 위해 보편적 심의 대상이 되는 사안은 명백한 진리와 공유된 정치적 가치에 국한할 것을 주장한다. 즉, 심의의 대상을 헌법과 관련된 중요 정치적 주제로 한정하고, 합의가 어려운 도덕적 문제는 배제할 것을 주장한다. 헌법 제정과 개정, 대공황, 내전 등 국가 위기에 한정해야 하자는 주장도 있다. 또, 드라이젝(J. Dryzek)은 이성적 토론으로 합의를 얻기 힘든 성격의 가치 사안(인종주의자, 남성우월주의자, 종파주의자의 견해)는 심의 대상에서 제외되어야 한다고 본다.

둘째, 하버마스(Habermas) 등은 심의의 절차 및 과정을 더 중시하여, 공공 심의를 정의와 공공선에 도달하는 필수요건으로 보기 때문에 심의 대상에 대해서는 제한도 없어야 한다고 주장한다. 오히려 심의 대상을 생활 정치의 영역 전반으로 확장시킬 것을 강조한다. 또, 도덕적 불일치문제도 특정 원칙에 토대한 심의 과정으로 해결할 수 있음을 강조하여, 심의 대상도 널리 가치 영역까지 포함할 것을 요구한다.

2) 근거

롤즈가 심의 민주주의를 공적 이성의 관점에서 이해한다면, 하버마스는 의사소통적 합리성의 관점에서 이해하는 것이다. 본래, 롤즈는 자유롭고 평등한 시민들이 사적이익 및 사적 선호를 초월하여 공공선을 얻는 이성적 사유 과정을 중시한다. 따라서 도덕 문제는 공공 사유

과정으로는 합의가 어렵기 때문에 헌법적 요체나 기본적 정의의 문제에 국한해서 심의를 적용할 것을 주장한 것이다. 그러나 하버마스는 의사소통적 합리성과 자유로운 비판과 담론 과정을 중요시한다. 그 담론 과정에서 과학적 사실의 검증은 물론 도덕적 윤리적 판단문제도 논쟁을 통해 비판받고 검증된다고 본다. 따라서 심의의 절차와 과정이 중요하며 심의 대상의 제한이 불필요하다고 본 것이다.

3) 한국 행정 문제와 심의 대상

오늘날 한국 행정의 당면 중요 논쟁이 되는 현안들은 근본적으로 도덕적 윤리적 가치 문제와 무관하지 않다. 안보, 경제, 복지, 환경, 생태, 세종시 이전, 교육 등의 문제 심층에는 도적적 가치 판단이 깊이 들어 있다. 롤즈의 견해대로 도덕적 측면을 제외하고 헌법적 요체나 기본적 정의 문제에만 심의하다면 심의 민주주의 기제에 의거하여 정책문제를 해결할 가능성은 매우 낮다. 그러므로 정책결정으로 인하여 구성원들이 영향을 받는 공적 결정의 대상이라면 다 심의 대상이 되어야 할 것이다.

3 자유롭고 평등한 심의 과정의 확보

1) 자유로운 심의 과정

심의 과정에서 내외적 제약이 없이 논의가 이루어져야 한다. 모든 토론에서 내외적 제약이 없고, 이데올로기 왜곡이 없으며, 모든 참여자들로 하여금 언어행위를 사용하고 선택하는데 균형있는 기회가 주어지는 것이 이상적 담화 상황이다(Habermas).

그러나 현실의 정책결정은 특히 시간의 제약을 받는데 이 때문에 궁극적으로는 다수결원리에 의존할 수밖에 없다. 그러나 심의를 거친 다수결은 단순히 선호를 집합하는 것과는 달리 논증을 통한 주장과 반박이 계속되는 동안 자신의 견해를 성찰적으로 반성하는 과정을 거쳐 다수가 형성됨으로 결과의 정당성이 그만큼 높아지게 된다.

2) 평등한 심의 과정

첫째, “발언 기회의 평등”이 가장 중요하다. 하버마스는 이상적 담론에 도달하기 위한 4가지 조건을 제시하는데 이는 심의에서의 평등한 발언 기회 조건으로 볼 수 있다. ①정책심의를 시작하거나 계속할 수 있도록 의사소통적 언어행위(communicative speech acts)를 구사할 동등한 기회를 가져야 하며, ②의문을 제기하거나 반박하거나 근거를 제시하는 등의 사실확인적 언어행위(constative speech acts)를 구사할 동등한 기회를 가져야 하고, ③참여자들의 진실성과 성실성을 다른 사람들에게 투명하게 보이도록 하기 위해 그들의 태도, 감정, 의도 등을 설명하는 상징적 언어행위(representative speech acts)를 구사할 동등한 기회를 가져야 하며, ④명령하고 반대하고 허용하고 금지하는 규제적 언어행위(regulative speech acts)를 구사할 동등한 기회를 가져야 한다.

둘째, 심의 참여자의 지식과 정보가 평등해야 하며, 소수자의 의사도 균형있게 반영해야 하며, 권력이 평등해야 한다. 이들이 균형을 갖도록 하는 사전 설계가 꼭 필요하다.

Ⅴ. 심의 민주주의적 행정 결정의 발전 방향

전술한 바와 같이, 심의 민주주의적 결정은 효용과 한계를 모두 가지고 있다. 따라서 심의 민주주의적 결정을 육성하고 활용하는 데는 다음과 같은 방향이 필요하다(문태현, 2010: 644-646).

1 시민사회의 적극적 역할

시민사회의 공론장의 활성화와 결정구조의 민주적 개선이 필요하다. 한국의 결정 구조는 권위주의적 의사결정구조로 이루어져 제도권 내에서의 심의가 어려웠지만, 시민사회에 공론의 장(arena)이 활성화된다면, 의사소통 권력이 형성되어 시민사회의 의사가 정책결정에 반영될 가능성이 높아진다. 시민사회도 공론의 장에만 머물 것이 아니라, 정책결정 과정에 적극적으로 참여하며, 정책결정을 왜곡시키는 제도적 조건들에 대해 끊임없이 문제 제기 및 개선에 노력해야 한다.

2 실현가능성이 높은 지역에서 우선적 실시

심의적 결정은 이해관계자들의 폭넓은 참여와 긴밀한 의사소통 및 정보의 공유를 필요로 하므로 중앙정부보다는 지방정부나 작은 규모의 조직에서 실현가능성이 높다. 예컨대, 심의적 예산결정의 성공사례로 평가받는 브라질의 포르투 알레그레시의 경우 2000년 26,807명이 참여하였지만, 핵심적인 예산결정권을 행사하는 참여예산평의회에는 지역별평의회 32명, 주제별평의회 10명, 공무원노조대표 1명, 정부대표 2명만 참여했을 뿐이다. 이처럼 심의적 정책결정은 지방정부나 소규모 조직에서 성공가능성이 높기 때문에, 이런 조직에서 우선적으로 실시함이 바람직하다.

3 올바른 시민정신과 토론문화 정착

상대방을 이해하고 신뢰하며 다름을 인정하는 성숙된 토론문화가 전제되어야 한다. 이러한 문화들은 하루아침에 정착될 수 없는 오랜 기간의 교육과 훈련을 통해 이루어지는 것이며, 따라서 일상생활에서나 학교교육에서 올바른 시민정신과 토론문화를 함양하기 위한 교육과 훈련이 보다 강화될 필요가 있다.

논평

심의 민주주의는 뉴거버넌스와 함께 공공문제 해결을 민주주의-정치-참여로 해결하겠다는 대안이다. 이에 비해 시장-탈정치-경제로 해결하겠다는 대안이 신공공관리론, 공공선택론이다. 행정학에서 직접 민주주의를 지향하는 대표적인 부분이 이 심의민주제와 전자민주주의이다. 이 둘은 서로를 염두에 두고 나온 것이다. 인터넷을 통한 정보화 기술의 발달 깨문에 직접 민주제의 가능성이 높아졌고 또 이를 의식하여 심의민주주의는 더욱 확신을 갖고 주장될 수 있다.

심의 민주주의는 대의 민주주의의 한계, 다시 말해 '대표의 실패' 문제의 대응으로 등장하였다. 이는 '뉴거버넌스'와 밀접한 관련을 가지고 있다. 행정학의 뉴거번스 논의가 정책 사안의 공동적, 협력적 해결을 위한 제도 모색에 치중하는 반면에, 심의 민주주의 논의는 심의라는 방식에 초점을 두되 아직 그 구체적 제도화 방안까지는 논의가 부족한 상태이다.

그런데 과연 실제로 이러한 기제로 공적 문제가 결정될 수 있을까? 대중의 참여를 강조한 즉석 토론, 현장 토론이 달변가의 논법에 좌우되거나 감성에 치우친 결정을 유도할 수 있다. 참여라는 민주적 과정이 부족하여 공공문제가 해결되지 못하는 정도는 얼마나 될까? 민주주의 정치론을 강조하는 학자들의 대안은 실체적 해결보다는 소박한 절차적 해결 요건만을 제시하는 경향이 있다. 심의 민주주의의 주장자들이 네오마르크스적 학자가 많은 것도 이와 관련이 있다. 심의 민주주의가 작동하려면 제도 외에 토론에 관련된 문화도 함께 바뀌어져야 한다.

일부 학자들은 주민참여 예산제도 또한 심의 민주주의의 한 형태로 이해한다. 거시적 정치 이론 논의로 그치지 않도록 유의하라. 한국 행정에서 광우병 쇠고기 관련 촛불시위, 세종시 문제, 혐오시설 관련 지역간 갈등 등과 관련하여 정책결정에 큰 논란이 있는 상황을 유념하면서 이 문제들을 심의 민주주의의 틀 안에서 여하히 정책결정을 할 것인가? 라는 문제의식을 가져야 한다. 임혁백(2000), 곽준혁(2005), 문태현(2010) 등이 주목할 문헌이다.

|새 테마 행정학|

32. 행정 윤리의 기준

Ⅰ. 의의

응용과학으로서의 행정학은 전통적으로 윤리 문제를 직접 다루지 않았다. 그러나 공직 부패가 사회문제로 제기되고 특히 미국 대통령의 워터게이트 사건을 계기로 행정 연구에서 공직자의 윤리 문제가 크게 주목을 받기 시작했다. 이에 따라 행정이 지켜야 할 가치로 능률성, 효과성, 민주성, 합법성, 공평성 등 외에 윤리성이 새롭게 부각되었다.

행정 윤리란 행정공무원이 업무 수행 때 국민 전체에 대한 봉사자로서 행정이 추구하는 공공목적을 달성하기 위해 준수해야 할 행동 규범이다(이종수 · 윤영진, 2014). 행정 윤리는 행정상의 관리적 책임, 정치적 책임, 법적 책임 등 여러 가지 행정책임이나 가치들이 대립되고 모순될 때 이들 간의 우선순위를 밝힐 수 있고, 행정책임의 범위 내에서 행동선택의 자유가 있을 때 행동 간의 우선순위를 제시한다.

행정 윤리 기준은 근원주의 윤리론과 반근원주의 윤리론으로 나눌 수 있다(정정길, 2008). 그리고 이러한 윤리론은 대체로 이타주의에 토대하고 있다. 이하에서는 먼저 기존의 윤리론 및 이에 토대하여 성립한 행정 윤리 이론을 살펴보고 난 뒤, 현실적 윤리이론을 제시하기로 한다.

Ⅱ. 근원주의 행정 윤리론

근원주의 윤리론은 하나의 근원적 기초 원리로부터 윤리적 규칙들을 도출하여, 무엇이 행정 윤리가 되어야 하는가를 연역하고자 한다. 근원주의 윤리론의 가장 대표적인 것이 공리주의와 칸트주의이다. 이들은 각각 목적론적 윤리론과 의무론적 윤리론을 대표하고 있다.

1 목적론적 윤리론

1) 의의

목적론적(teleological) 혹은 결과론적 윤리론은 인간의 행동 자체 보다는 이 행동을 통해 실현되는 목적(결과)를 평가하여 윤리성 여부를 판단한다. 따라서 목적론적 윤리론에서는 목적이 모든 수단을 정당화시킨다. 그런데 이런 윤리관에서는 독재자들이 국가이익이란 목적을 내세워 개인의 자유와 권리를 침해할 수도 있다. 이 문제를 해결하기 위해 목적론적 윤리론자들은 '개인의 자유와 권익 침해가 없는' 윤리기준을 확립하고자 했다. 이러한 노력에 따라 나타난 대표적인 것이 철학 이론에서는 공리주의(utilitarianism)로, 행정 이론에서는 공익주의로 나타났다.

2) 공리주의 행정 윤리 (효과성 및 능률성)

벤담(Jeremy Bentham)류의 공리주의는 '최대다수의 최대행복'(the greatest happiness of the greatest number)으로 요약되는데 가장 많은 국민에게 최대의 즐거움을 초래하는 행동이 윤리적이라고 본다. 이 공리주의의 논리를 일관하면 효과성과 능률성이 행정 윤리의 판단기준이 된다.

최대다수의 최대행복이란 논리에 따르면, ①행정을 통해 성취한 후생(행복)이 이를 성취하기 위하여 지불되는 대가(비용 및 고통)를 공제하고 남는 크기를 극대화하거나(효과성), ②대가에 대비한 행복의 크기를 극대화함을 의미한다(능률성). 그러므로 비용편익 분석 논리에 따라 행정 활동의 정당성을 평가하는 것은 공리주의적 윤리 기준을 염두에 두는 셈이다.

공리주의의 윤리관에 의하면 단지 부패하지 않고, 거짓말하지 않은 행정만으로는 불충분하며, 적극적으로 국민 다수의 행복을 실현할 수 있어야 한다. 따라서 공리주의적 윤리 문제는 곧 능력의 문제가 된다. 왜냐하면 공직자는 지적 능력, 정치적 능력, 실행 능력을 갖추어 행정 목표 달성을 능률적으로 추구하는 것이 곧 행정 윤리에 부합하기 때문이다.

3) 공익주의 행정 윤리

공익주의는 행정이 성취할 목표를 보다 한정하여 그것이 '공익'(public interest)을 향상하는 경우만을 윤리적이라고 주장한다. 즉 행정이 추구하는 목적은 공익이며, 이 공익 달성에 기여하는 행정 활동만이 윤리적인 것이다. 공익은 행정의 윤리성을 판단하는 기준으로서 가장 보편적이다. 공익주의 행정 윤리론에 의하면 행정이 소극적으로 부패하지 않다는 것만으로는 불충분하며 보다 적극적으로 공익을 향상시켜야 윤리적이라 본다.

공익이론은 원래 실체설과 과정설로 구분되는데 실체설은 공익이 실제로 존재하는 것이라고 보는 반면에 과정설은 사익의 조정 및 기본권 실현 과정에서 공익의 실질적인 내용이 결정되는 것으로 본다. 따라서 실체설은 실체적 공익을 달성하는 행정 행위가 행정 윤리에 합치된다고 보며, 과정설은 정책의 결정 및 집행의 과정을 합리화시키는 것만이 공익을 향상시키기 때문에 이러한 과정을 합리화시키는 행정이 곧 행정 윤리에 부합된다고 본다.

4) 목적론적 행정 윤리의 문제점

공리주의 · 공익주의와 같은 목적론적(결과론적) 행정 윤리는 다음과 같은 문제점이 있다.

(1) 무능력과 비윤리성의 혼동

일반적으로 무능함을 곧 비윤리적인 것으로 보아서는 안 된다. 그러나 목적론적 행정 윤리론은 목적 달성에 무능한 공직자를 곧 비윤리적인 공무원으로 간주하는 문제점이 나타난다.

(2) 행복 중심의 결과 개념

행정부문에서 중요한 결과가 오직 행복이나 효용뿐인 것은 아니라는 비판도 가능하다. 인간다운 삶, 권력, 지식 같은 것도 사회적으로 중요한 가치이기 때문이다.

그러나 이러한 비판은 인간에게 정(+)의 가치를 주는 것을 모두 효과로 보고, 부(-)의 가치를 주는 것은 모두 비용으로 처리하면 이런 문제점은 극복될 수 있다.

(3) 목적에 의한 수단의 정당화

전체를 위하여 아주 부유하거나 아주 가난한 개인 혹은 집단에게 큰 희생을 강요하는 행정도 공리주의 관점에서는 윤리적이라고 보게 된다. 그러나 이는 도덕적 상식에 비추어보면 오히려 비윤리적인 것으로 보아야 한다.

(4) 정확한 결과 예측의 어려움

결과주의 윤리론은 전적으로 결과에 달려 있기 때문에 결과의 사전 예측 및 이미 발생한 사후 측정을 전제로 하고 있다. 그러나 결과의 예측 및 측정은 실제로 아주 어렵기 때문에 결국 윤리적 판단 자체가 부정확해진다.

(5) 공평성과의 충돌 문제

결과주의 행정 윤리는 배분적 정의를 고려하지 못한다. 배분적 정의가 능률성과 대립하는 경우에 비용효과 분석은 능률적인 대안을 형평성 있는 대안보다 언제나 우선시한다.

2 의무론적 윤리론

1) 의의

의무론적 윤리론은 행동이 가져올 결과가 아니라 '행동 자체'에 대해 윤리성을 판단하는 이론이다. 결과론적 윤리론에서는 윤리성 여부를 판단하려면 결과를 예측하고 측정해야 하지만 의무론적 윤리론에서는 결과를 고려할 필요가 없으므로 결과 측정의 어려움을 극복할 수 있다.

의무론적 윤리론에서는 행동 자체가 윤리적인가를 판단할 근거가 되는 보편적 윤리법칙을 필요로 한다. 그런데 이 보편적인 윤리적 법칙의 준수 여부로 윤리성을 판단하려면 그 법칙은 일반적이어야 하며 예외가 없어야 한다. 현실적으로 이러한 예외 없는 윤리적 법칙은 발견되기 어렵다.

의무론적 윤리론자들은 윤리적 법칙 적용이 곤란해지면, 예외적으로 이를 벗어나는 다른 원칙을 제시하는 것이 보통이다. 예컨대, 회생 불능의 암환자에게 죽음의 공포를 덜어주기 위해 의사가 이 사실을 숨기고 거짓말을 함은 '정직'이라는 윤리적 원칙에 위반하는 비윤리적 행위이지만, 여기에 '다른 사람의 고통을 덜어 준다'는 새 원칙을 제시하여 의사의 행위를 윤리적인 것으로 정당화한다. 그러나 이런 식의 해결방법은 원칙들 간에 모순과 대립로 인해 우선순위를 명확하게 제시하기 어렵다는 문제가 발생한다. 결국 모든 상황에 적용할 수 있는 보편적 윤리 법칙을 확립하는 것이 의무론적 윤리론의 가장 큰 과제이다.

2) 칸트의 의무론적 윤리론

(1) 칸트의 윤리론

의무론적 윤리론의 대표적 철학자가 칸트(Immanuel Kant)이다. 칸트는 도덕적 원리의 가치는 그 원리를 준수하는 행동이 가져올 결과와는 상관이 없으며, 도덕적 규칙을 준수했다고 하는 내적 만족도 그 행동 자체의 윤리성을 판단하는 데는 아무런 영향을 미치지 않는다고 본다. 이 점에서 그는 모든 형태의 공리주의를 배격한다. 예컨대, 의사가 암환자에게 그가 불치병으로 곧 죽을 것이라고 정직하게 알려 주는 것은 그 환자에게 공포를 주게 되지만 정직한 그 행동 자체는 윤리적인 것이다.

칸트는 법칙(보편적 행위 규칙)과 준칙(개별적 행동규칙)을 구분한다. 후자는 개인적 차원에서 채택된 행동 규칙이며 전자는 인류 전체의 차원에서 채택할 수 있는 이다. 칸트는 "당신의 행동 준칙이 보편적 법칙이 되기를 원할 수 있도록 행동하라"고 주장한다. 따라서 자신이 남에게 하는 행동은 곧 남이 그대로 나에게 해도 좋을 정도의 보편적 행동이어야 한다. 이것은 곧 '자신이 대접받고자 하는 대로 남을 대접하라'는 기독교의 황금률(The Golden Rule)과 같다. 따라서 어떤 행위가 윤리적인지의 여부를 먼저 자기 자신에게 물어 보아야 하며, 자기 자신을 위해 예외를 만드는 것은 도덕적이지 않다.

(2) 칸트 이론에 의한 행정 윤리

칸트는 보편적 법칙으로부터 '거짓 약속을 해서는 안 된다, 인간의 재능을 함양해야 한다, 어려움에 처한 사람을 도와야 한다'는 등의 윤리적 규칙들을 도출하고 있다. 그러나 이 규칙들 간에 모순과 대립이 존재할 수 있고, 이를 해결할 수 있는 규칙들 간의 우선순위에 대하여 보편적 법칙도 아무런 답변을 제공하지 못한다.

예를 들어, 성적순으로 장학금을 주어 학생 재능을 계발하는데 우선순위를 둘 것인지, 아니면 가난한 학생에게 주어 어려움에 처한 학부모를 도와야 하는지에 대해서 보편적 법칙은 답을 주지 못한다. 따라서 칸트의 보편적 법칙에서 도출되었다고 믿어지는 원칙들 간에 상호모순되는 사태가 발생한다. 그러므로 칸트의 의무론으로는 구체적인 상황에서 상호모순 없이 적용될 행정 윤리를 판단할 수 없다.

(3) 신 칸트주의적 행정 윤리 (신행정론적 행정 윤리)

칸트가 '보편적 법칙'에서 출발하여 개인의 행동을 규율할 윤리 원칙을 도출하는 것과 같은 논리로, 일단의 전제 조건(원초적 지위 original position)으로부터 정의의 원리(theory of justice)를 도출한 것이 롤즈(John Rawls)이다. 그 점에서 롤즈의 정의론은 일종의 신 칸트주의 윤리론이다. 1960년대의 신행정학자들처럼, 신 칸트주의자들은 공리주의를 배격하고 사회적 약자를 위한 형평성을 강조한다. 정부가 사회적 약자 계층을 옹호함이 행정 윤리에 부합된다고 보는 것이다.

한편 로(John A. Rohr)는 헌법과 관련하여 자유(freedom) · 재산(property) · 평등(equality)이라는 세 가지 기본 가치를 도출하고, 이들 간에 대립이 있을 경우 대법원이 내리는 판례가 가장 중요하다고 한다. 이는 행정 윤리에 대한 실천적 선택 지침을 제시한 셈이다. 원칙들 간에 보편적인 우선순위를 부여하기보다는 구체적인 상황에 따라 그 우선순위를 결정하자는 것이다.

칸트주의 및 신 칸트주의에서는 행정가들은 그 재량에 따라 구체적인 개별 상황에서 가장 윤리적이라고 판단하는 행동을 하는 수밖에 없다. 그러므로 이 경우 윤리성을 판단하는 행정가의 덕성 함양이 매우 중시된다.

Ⅲ. 반근원주의 행정 윤리론

1 대두 배경

근원주의 윤리론은 행정 윤리가 무엇이 되어야 하는가에 대하여 해답을 제시하는 장점이 있다. 공리주의적 윤리론은 효과성이나 능률성과 같은 행정의 지도원리를 충실히 지켜야 윤리적이라는 점을 밝히고 있다. 또 의무론적 윤리론은 결과 판단의 어려움을 회피하고 결과보다 행동 그 자체에 윤리성을 부여하려고 한다.

그러나 근원주의 행정 윤리론은 다음과 같은 문제점이 타나난다. ①공리주의는 목적이 수단을 정당화시키는 문제, 결과 측정이 어려워서 행동의 윤리성을 사후에 판단하기 어려운 문제, 배분적 정의를 경시하는 문제 등이 있다. ②칸트의 의무주의는 단일의 보편적 법칙으로부터 여러 가지 윤리원칙을 도출하려는 시도를 하였지만, 많은 윤리 원칙들 간의 충돌을 해결하지 못한다. ③근원주의 윤리론은 근원이 되는 근본 원리의 정당성을 객관적으로 논증하지 못한다. ④근원주의 윤리론이 제시하는 기준은 행정 상황에 따라 다를 수밖에 없다.

이러한 문제점에 토대하여 상황에 따라 상이한 윤리 원칙들이 적용되어야 한다는 반근원주의, 상대주의적 윤리론이 대두된다. 인간 윤리의 본질은 보편적인 것이지만 그 구체적 표현은 사회 문화적 맥락에 따라 다르므로, 하나의 행정 상황에서 통용되는 윤리가 다른 행정 상황에 그대로 적용될 수 없다는 것이다. 반근원주의 · 상대주의 윤리론의 대표적인 것이 공동체주의 행정 윤리론과 탈현대적 윤리론이다. 둘 다 상대주의적 윤리론으로 볼 수 있지만, 후자는 더 근본적인 측면에서 근원주의를 반대하는 철학적 탈현대주의에 근거하고 있다.

2 공동체주의 행정 윤리론

윤리는 보편적 윤리 법칙에 의하여 논리적으로 연역된 것이 아니라, 공동체(community)의 실제 생활 속에서 경험적으로 형성된다고 보는 것이 공동체적 윤리론이다.

1) 고전적 공동체 윤리론

아리스토텔레스는 고대 그리스의 도시국가(polis)에서 시민들이 직접민주주의를 통해 공동체를 운영하는 것을 이상적인 사회 상태로 보았다. 이 공동체를 유지하고 그 속에서 개인이 화합하기 위해서는 이 공동체가 시행착오 끝에 터득한 귀중한 윤리 원칙들을 지켜야 한다. 이 윤리 원칙을 준수하는 덕성을 함양하여 한다. 이러한 아리스토텔레스적 공동체적 윤리론은 촌락공동체를 이상적 정치 조직으로 본 분권주의자-제퍼슨주의자들에 의하여 상당한 지지를 받았다.

그러나 이 이론은 지나치게 비현실적이고 이상주의적이다. 산업화 · 개체화되어 고전적 공동체가 해체되어 있는 현대에서 고대 도시국가의 직접민주주의나 초기 미국 동부식의 공동체는 비현실적이다. 또 공동체주의가 말하는 공동체의 실체가 무엇이며, 공동체는 선한 것으로만 볼 수 있는가 라는 비판이 있다.

2) 하몬(Harmon)의 공동체 윤리론

소박한 고전적 공동체 윤리론의 문제점을 극복하고 현상학적 접근을 통해 새로운 공동체적 윤리론을 시도한 것이 하몬(Michael Harmon)이다. 하몬은 의사소통을 하는 개인 간의 관계로부터 출발하여 행정가의 윤리 문제로 접근한다. 개인들의 대면적(face-to-face) 만남이 공동체의 기초이다. 따라서 개인들이 서로 얼굴을 맞대고 진실하게 대화하며 생활하게 되면, 상호 이해하고 배려하는 상호주의 윤리가 나타나게 된다. 이 과정에서 행정가들은 상호간에 '그들 관계'(they-relation)가 아니라 '우리 관계'(we-relation)의 상호주의를 형성하게 된다. 따라서 개인들 간의 대면적 만남을 방해하는 요소를 제거해야 하는데 그 대표적인 것이 공식적인 계층제적 행정 조직이다.

그러나 하몬의 공동체 윤리론 역시 비현실적이다. 이기적인 손익 계산을 하는 행정인들이 대면적 만남을 통해 상호주의 공동체 윤리 의식을 갖는다는 것은 불확실하다. 시민들은 자신의 노력과 시간을 투입하여 공동체의 구성원으로서의 책임을 지기보다는 다른 사람의 노력에 무임승차하려고 할 것이다. 이 경우 이기적인 개인들을 공동체의 책임있는 구성원으로 변화하기 위해서는 개인의 덕성 함양이 중요시 된다.

3 탈현대주의 행정 윤리론

공동체주의 윤리론은 인류 사회 전체에 적용될 수 있는 보편적 윤리 법칙의 탐색을 포기하고, 특정한 사회에서만이라도 타당한 국지적 윤리 법칙을 발견하려고 한다. 그러나 탈현대주의 윤리론은 이 공동체마저도 인위적인 것으로 보고 이를 부정하려고 한다.

공동체 윤리론은 공동체에 적합한 윤리 규범 및 이 규범을 준수하기 위한 개인의 덕성 함양을 중시한다. 이에 비해 탈현대주의 윤리론은 공동체란 강자에 의한 약자의 지배를 정당화시키는 규범과 절차들을 제도화해 놓은 것에 불과하다고 보기 때문에, 자유방임적 윤리를 주장한다. 탈현대주의 윤리론은 근원주의적 윤리 법칙이나 공동체 윤리가 실제로는 개인을 억압하는 도구로 사용될 수 있음을 지적한다.

그러나 탈현대주의 윤리론은 자체 모순적 내용을 지니고 있다. 자유방임적 윤리 자체가 곧 강자에 의한 억압을 정당화할 수도 있다. 또 그 논리를 일관한다면, 자유방임주의를 무너뜨리려고 하는 윤리 규범마저도 방임해야 한다는 결과가 나온다. 탈현대주의 윤리의 가장 근본적인 문제점은 이를 행정 분야에 실제로 적용될 윤리로 채택하기에는 부적합하다는 것이다.

4 반근원주의적 행정 윤리론의 문제점

반근원주의 윤리론은 보편적 윤리를 부인하고 특정한 행정 상황 속에만 타당한 행정 윤리를 설명하는데 유용하다. 그러나 그 특정한 행정 상황 하에서도 개인 간에 윤리적 견해 차이가 나타날 수 있음을 설명하지 못한다. 또 외부적 충격이 없이 특정한 행정 조직 내부적 요인에 의하여도 윤리적 판단기준이 변화될 수 있음을 설명하지 못한다. 또 윤리적 허무주의의 위험을 안고 있다. 다양한 문화에 따라 다양한 윤리기준을 인정하면, 비윤리적 행동은 문화의 탓으로 귀결되므로 결국 윤리기준은 다 무용한 것으로 간주될 것이다.

Ⅳ. 현실적 · 이기주의 행정 윤리론의 모색

1 이기주의 행정 윤리론의 구축 필요

지금까지의 행정 윤리론은 대개 이타주의(altruism)를 전제한 것이었으며 인간의 이기주의(selfishness)는 바람직하지 않은 윤리관으로 간주해 왔다. 그러나 이타주의에 입각한 행정 윤리는 너무 비현실적이고 이상주의적이며 실천성이 박약한 규범일 뿐이다. 예외적으로 공공선택론만은 행정인이 웨버(Max Weber)가 상상한 공익 지향적 인간이 아니라 이기적 인간임을 전제로 한다. 그 외의 대부분의 행정학 연구는 행정인에게서 이기주의가 더 보편적이라는 현실을 인정하지 않으려 해 왔다.

현실의 공무원이 이기적인 개인임이 분명한 상황에서 이타주의에 토대를 둔 도덕적 윤리규범을 행정인에게 요구하는 것은 실천적 효과가 없다. 우리나라의 '공무원윤리헌장'이나 '공무원 복무선서'는 이타주의, 헌신, 자기희생, 봉사 등만을 강조하고 있어서 너무 추상적이고 실효성이 거의 없을 정도이다. 그러므로 이기주의의 실제를 반영한 행정 윤리론의 구축이 필요하다(박흥식, 2003).

2 이기주의 행정의 수준

행정인의 이기주의는 여러 수준에서 나타난다. ①개인적 이기주의는 개개의 행정인이 이기주의를 추구하는 것인데, 예산극대화를 추구하는 관료, 개개 관료의 부패행위가 이에 해당된다. ②집단적 이기주의는 부처 및 조직 차원에서 일어나는 이기주의인데, 예컨대 부처할거주의, 혈연 · 지연 · 학연 등의 귀속적 요인에 의한 정실주의, 혐오시설 설치를 기피하는 지역간 대립, 공무원단체의 단체 활동에 의한 행정마비 등이 이에 해당된다. ③국가적 이기주의는 국가들 간의 보복 관세, 환경 분쟁, 무역 분쟁, 국제기구와 국가 간의 갈등, 국제 분쟁에 대한 참여 회피 등이 이에 속한다.

3 바람직한 이기주의 행정 윤리의 실천 전략

이기주의의 현실을 수용한다고 하더라도 이기주의 그 자체가 바람직한 윤리라는 것은 아니다. 이기주의를 전제로 한 상황에서도 결과를 초래하는 행정 윤리 확보 전략을 찾는 것이 핵심이다. 이를 위해 다음과 같은 실천적 전략을 활용할 수 있다.

1) 보편적 이기주의 기제의 도입

공무원에게 이기적 본능 억제를 강요하기보다는 이러한 이기적 본능 충족이 곧 윤리적으로도 정당한 것이 되도록 유도해 주는, 즉 개인의 이익 추구가 곧 사회의 이익 추구로 연결되게 해주는 '보편적 이기주의'(universal egoism) 기제의 도입이 필요하다. 흄(David Hume)에 의하면, 인간은 자신의 이기적 본성을 바꾸기 어려우므로 이를 바꾸려하기보다는 정의를 따르는 행정인이 곧 더 많은 이익을 얻게 하며, 정의를 어기는 행정인은 이익을 누리기 어렵게 만드는 기제를 활용함이 낫다. 이를 통해 이기주의가 대부분인 공직자에게 행정 윤리는 보다 높은 실효성을 지닐 수 있다.

2) 보편적 이기주의에 대한 덕성 교육

여기에서의 덕성 교육은 공동체주의 윤리론 등이 강조하는 덕성 교육과는 성격이 다르다. 여기에서는 행정인의 이기적 본성을 인정하되, 그것이 적정한 수준에서 사회 이익과 공존할 수 있는 보편적 이기주의의 덕성을 교육하자는 것이다. 토크빌(Alexis de Tocqueville)의 지적처럼 '올바르게 인식된 자기 이익'(self-interest rightly understood)의 가치를 교육하는 것이다(박흥식, 2003).

3) 상호 협력의 진화 유도

게임이론에 의하면 집합적 행동에서 일회적 게임(one-shot game)에서는 이기주의적 행동 전략이 가장 높은 성과를 결과하지만, 장기적 게임(super-game)에서는 개인들 간의 '상호협력' 전략(TFT: Tit-For-Tat)이 가장 높은 성과를 초래함을 학습하게 된다. 따라서 비록 이기주의로 출발하였더라도 시간이 지나면서 그것은 합리적 개인들 서로에게 이익을 주는 행동으로 진화될 수 있다.

이 전략은 상대방에서 일단 먼저 협력을 하되 그 다음부터는 상대방이 직전에 구사한 전략을 정확히 답습하는 것이다. 그러므로 행정인에게 이러한 상호협력 전략이 가장 유효한 전략이 되도록 게임 구조를 설계해야 한다. 이를 위해서 공직자의 행동에 대해 보상 혹은 응징을 즉시 부여하며, 단기적 상호 작용보다는 장기적 상호 작용으로 이끌어야 하며, 필요할 경우에는 개인에게 돌아가는 보상값의 내용을 조정하여야 한다.

ㅣ새 테마 행정학ㅣ

33. 행정책임

Ⅰ. 의 의

1 행정책임의 의미

민주사회에서 행정은 주권자인 국민의 의사에 부합하여 수행되어야 한다. 국민에 의해 직접 선출된 공직자는 국민에 대해 정치적 책임을 진다. 그러나 국민으로부터 직접 선출되지는 않은 행정공무원들도 궁극적으로는 주권자인 국민에게 책임을 져야 하는데 이것이 행정책임이다. 행정부는 대리인(agent)으로 볼 수 있으며 주권자로서의 국민은 그에 대해 본인(principal)의 지위에 있다. 행정책임은 주권자인 국민에 대해 행정권 행사에 관한 모든 법적, 도덕적, 정치적 책임이 포함되어 있다. 행정절차에 관한 책임과 결과에 관한 책임이 다 포함된다. 행정책임을 확보하기 위한 수단이 바로 행정통제이며 그러므로 행정책임과 행정통제는 표리의 관계이다(박동서, 2004).

그런데 최근 각국의 행정개혁에서 신공공관리론이 주요한 처방이 되고 그것이 행정관료에 대한 재량을 부여하게 되자 이 경우 행정책임을 어떻게 확보할 것인가? 가 새로운 과제로 부상하였다.

2 개념의 구별

행정책임은 Responsibility(책임성), Accountability(책무성), Responsiveness(대응성)등의 개념으로 표현된다. ① Responsibility는 공복으로서의 관료의 직책과 관련된 광범위한 도의적 · 자율적 책임을 의미한다. ② Accountability는 행정 조직상의 상관에 대한 변명적, 법률적, 제도적 책임으로 한정적으로 사용되며 흔히 '책무성'으로 불린다. 답변책임성(answerability)이란 표현을 사용하기도 한다. 책무성은 어떤 기대가 행정 업무에 반영되어야 할지를 결정하는 방법과 관계를 의미한다. ③ Responsiveness는 민의의 요구에 대해 응답을 한다는 의미의 대응적 책임을 의미하는 것이 보통이다. 그러므로 responsibility는 accountability와 reponsiveness까지 포용하는 개념으로 이해됨이 보통이다. 한국 행정에서의 논의되는 행정책임도 responsibility의 의미로 해석함이 바람직하다(박동서, 2004).

Ⅱ. 행정책임의 유형

행정책임은 여러 차원에서 분류될 수 있다. 우선, 책임을 지는 자와 책임을 부과하는 자(책임을 묻는 자)로 구분할 수 있다. 전자는 행정 책임의 경우 대개 정부관료이다. 그런데 후자는 관료조직 내부일 수도 있고 혹은 행정부 밖의 시민, 국회, 사법부, 언론 등과 같은 외부일 수도 있다. 이에 따라 내부 통제와 외부 통제로 구분할 수 있다.

행정관료에게 부과되는 책임의 내용 정도는 높은 통제(낮은 행정자율성)와 낮은 통제(높은 행정 자율성)로 구분할 수 있다. 결국, 책임을 묻는 자의 위치와 책임의 내용 정도에 따라 다음과 같은 네 가지 유형의 행정책임을 분류할 수 있다(엄석진, 2009; Dubnick & Romzek, 1991). 이러한 구분은 절대적인 것인 아니지만 다차원적인 행정책임성을 잘 식별해 주는 장점이 있다.

	책임을 묻는 자가 조직 내부에 존재	책임을 묻는 자가 조직 외부에 존재
낮은 자율성 (높은 통제)	Ⅰ 관료적(bureaucratic) 책임성	Ⅱ 법적(legal) 책임성
높은 자율성 (낮은 통제)	Ⅲ 전문가적(professional) 책임성	Ⅳ 정치적 (political) 책임성

1 관료적 책임성

행정 관료가 조직 내 상급자의 감독, 지시, 명령 및 업무상의 표준운영절차(SOP)를 준수할 책임이다. 이것은 상하 계층제 구조 안에서 상급자와 부하의 종속관계에 근거하여 나타나는 책임성이다. 관료적 책임성은 효율성이 가장 중요한 가치이다.

2 법적 책임성

법을 만드는 입법가(본인)와 이 법 테두리 안에서 법을 집행하는 행정 관료(대리인)간의 관계에서 나타나는 책임성이다. 헌법 및 법률, 법원의 판결, 회계검사, 국회의 통제 등에 행정관료가 종속되어야 한다는 것은 이 때문이다. 여기서는 합법성이 가장 중요한 가치이다.

3 전문가적 책임성

기술과 전문지식을 가진 관료가 행정 업무를 이 전문성에 부합하여 수행하는 정도를 의미한다. 상급자의 지시, 법, 외부의 요구와 상관없이 자신이 가진 전문적 합리성에 따라 업무를 처리하는 것이 그 예이다. 여기서는 전문성이 가장 중요한 가치이다.

4 정치적 책임성

관료가 행정조직 외부(정치인, 고객, 일반 대중 등)의 요구에 얼마나 잘 대응하는가(대응성 responsiveness)를 의미한다. 정치적 책임성을 위배하더라도 관료에 대해 직접적인 처벌을 수반하기보다는 규범적 요구에 머무르는 것이 보통이다. 여기서는 대응성이 가장 중요하다.

5 책임 유형 구분의 상대성

위와 같은 구분에도 불구하고 행정책임성의 유형 구분은 상대적인 것에 불과함을 간과해서는 안 된다. 예컨대, 고전파 행정이론은 법적 책임성과 계층제적 책임성을 강조하지만 그것이 궁극적으로는 관료제가 입법부가 정한 법을 잘 집행하기 위한, 즉 입법부에 대한 정치적 책임성을 잘 지게 만들기 위한 것이다. 그 때 관료는 충분한 전문성이 요구되므로 전문가적 책임성도 중요하다. 또 다른 예로, 거버넌스 행정이론은 정치적 책임성을 가장 중시하지만 거버넌스가 충분히 법제도화된 경우에는 정치적 책임을 넘어 법적 책임성까지 져야 할 것이다. 그러므로 위에서 본 행정책임성의 분류는 어디까지나 각 행정이론이 강조하는 상대적 강조점을 보여주는 것에 불과하다. 계층제적, 법적, 전문가적, 정치적 행정책임성은 실제로는 밀접히 연관되어 있다(엄석진, 2009).

Ⅲ. 행정책임성에 대한 시각의 변화

위 네 가지 행정책임들은 각국의 행정에서 동일하게 강조된 것은 아니다. 행정책임들 중 어느 국면들이 강조되는가는 각국의 행정이 지향하는 행정목표가 무엇인가와 밀접하게 관련되어 있다.

1 웨버와 윌슨의 고전적 행정이론

고전파 행정이론이 가정한 행정관료의 목표는 정치 영역이 규정한 법과 정책을 가장 효율적으로 집행하는 것이다. 그러므로 관료제는 행정 기계(administrative machine)로 간주된다. 따라서 거기서는 헌법과 법률이 요구하는 바는 물론이고 계층제 내부적인 지침을 잘 준수해야 하므로 법적 책임과 관료적 책임을 가장 강조한다.

이 법적 책임과 관료적 책임을 확보하는 처방으로는 입법부에 의한 관료 통제, 수직적 구조의 계층제 확립, 상관 및 몰인격적 조직 규칙에 대한 복종하는 도덕적 의무와 자제심이 필요하다고 본다,

2 신행정론

고전파 행정이론이 관료를 통제해야 할 수동적, 부정적 대상으로 본 비관적 시각과는 달리, 신행정론은 관료를 능동적, 대응적, 전문적인 주체로 본다. 따라서 이러한 관료에게는 사회적 형평성, 적실성, 대응성을 적극적으로 수행하는 전문가적 책임성과 정치적 책임성이 중요시 된다.

이러한 책임성을 확보하기 처방으로 관료가 종래의 공공관리 기술을 넘어 복지, 환경 문제 등을 적극적으로 해결하는 능력을 갖춤이 요구되며, 동시에 시민이 정책 결정에 직접 참여하게 허용하는 제도가 중요하다.

3 신공공관리론

신공공관리론은 관료제의 파산 선고를 선언한 후 이 관료제를 '보수'하는 수준을 넘어 경쟁과 시장 기제의 도입을 통해 아예 이를 '대체'하여 외부 이해관계자 특히 고객의 좋은 서비스를 제공하고자 한다. 그러므로 신공공관리론은 두 가지, 즉 법적 책임과 정치적 책임을 중시한다.

첫째, 신공공관리론의 법적 책임성은 공공서비스의 공급자-소비자 간의 수평적 계약 관계에 근거한 법적 책임성임에 비해서, 고전파 행정이론의 법적책임성은 입법자-집행자 간의 종

속 관계에 근거한 수직적인 법적 책임성을 중시한다는 차이가 있다. 둘째, 신공공관리론의 정치적 책임성은 고객(client)에 대한 책임을 중시한다는 점에서 시민(citizen)에 대한 정치적 책임성을 강조하는 신행정론의 정치적 책임성과 구분된다.

이러한 책임성을 확보하기 위한 미시적 처/방으로 관료에게 시장조직의 기업가와 같은 유인 구조를 부여한다. 거시적 처방으로는 분권화(decentralization) 및 분봉화(hollow-out), 책임운영기관(agency)의 활용하는 외부적 처방과 동시에, 관료에 대한 내부 규제 철폐, 재량 및 권한 부여(empowerment), 성과급적 보상 기제 강화 등의 내부적 처방이 중요하다.

4 거버넌스론

거버넌스는 정부와 민간을 망라하는 다양한 구성원들이 정부의 계층제적 권위에 의존하지 않고 자발적 협력의 네트워크를 형성하며 이 네트워크에 의해 사회문제를 해결하는 기제이다. 따라서 거버넌스에서의 행정책임성이란 관료만의 책임이 아니라 그 네트워크 전체의 행정책임성을 의미한다는 점에서 다른 행정이론들과 구분된다. 그러므로 여기에서는 참여 주체들의 요구들을 잘 반영하고 조정하는 책임, 즉 정치적 책임성이 가장 중요한다.

이러한 책임성을 확보하기 위한 처방으로는 '조정자' 및 '촉매자'로서의 정부 역할이 중요하다. 왜냐하면, 거버넌스가 확대되더라도 정부가 어느 정도 중심적 역할을 해야 하기 때문이다. 또 상호간의 이해 및 적응, 상호존중, 개방성, 공정성, 의사소통의 자발성을 서로 공유하는 것이 중요하다. 그런데 이러한 가치는 강제적, 공식적인 수단이 아니라 비공식적, 소프트웨어적수단으로 이룩되어야 하므로 거버넌스 이론이 전제하는 행정책임성 확보 처방은 다른 행정이론에 비해 도덕성과 윤리에 가장 많이 의존하고 있다.

Ⅳ. 행정책임 논쟁: 프리드리히 vs. 파이너

1 행정책임 논쟁의 기원

행정책임과 관련된 주체는 행정가(관료)와 정치인(정무관, 의원 및 선거인)이다. 여기서 정무관으로서의 장관(minister)이란 직접 선거로 당선되거나(의원내각제), 대통령에 의해 각료로 내각에 임명되는(대통령제) 직위를 말하며, 행정가(administrator)란 신분이 보장된 직업공무원을 말한다. 행정책임의 본질은 행정인이 그 업무에 대해 책임을 지는 것이다. 이때 행정관료가 외부의 정치인에 대해 책임을 져야 하는가? 아니면 행정관료제 내부 상관에게 책임을 져야 하는 것인가? 라는 쟁점을 두고 프리드리히(Carl Friedrich)와 파이너(Herman Finer)간에 치열한 행정책임 논쟁이 전개되었다. 이 논쟁은 행정책임과 관련된 대부분의 쟁점을 포괄하기 때문에 이를 자세히 살펴볼 필요가 있다.

먼저 하버드 대학의 프리드리히가 관료에 대한 내부책임을 강조한데서 논쟁은 시작되었다. 그에 의하면 관료가 행정책임을 진다는 것은 자신의 행동을 다른 사람 및 기관에 해명할 수 있어서(answerable) 자신의 행동을 합리화할 수 있어야 함을 의미한다. 그런데 행정 관료의 책임성을 외부 기관(선거로 선출된 국회의원, 대통령 등)의 통제에 의거하여 확보하려는 것은 왕이 자신의 신하들에게 종교를 강요하는 것만큼이나 무용한 일이다. 관료가 행정책임을 진다는 것을 외부기관에 복종함을 의미하는 것이 아니라 관료의 전문기술적 지식(technical knowledge)과 국민 정서(poplar sentiment) 두 가지 요소에 부합되게 행동하는 것으로 이해한다. 국민 정서란 지배적 과반수(dominant majority) 국민이 가진 정서이다. 행정책임은 막연한 의미의 '국민의 뜻'(will of people)에 따르라는 요구만으로 해결되는 것이 아니다. 전문기술적 지식이나 국민 정서를 무시한 채 관료의 정책 수행이 이루어진다면 그것은 무책임한(irresponsible) 행정인 것이다.

프리드리히가 행정책임은 내부 책임 중심이어야 함을 강조하자 이에 대해 런던 대학의 파이너(H. Finer)는 책임이란 '외부 통제기관'에 복종하는 것이라고 반론을 펴고 나섰다. 민주국가에서 국민의 뜻(will of people)은 선거 및 정책결정을 통해 드러난다. 따라서 국민이 선출한 정치인에게 관료는 마땅히 복종해야 한다. 그것이야말로 관료가 행정책임을 진다는 가장 고유한 의미라는 것이다. 이하에서 프리드리히와 파이너 간의 행정책임 논쟁을 구체적 사항별로 대비해보자(Jackson, 2006).

2 책임성(Responsibility)인가, 책무성(Accountability)인가?

행정책임에 관한 양자의 시각은 근본적으로 '행정책임'의 의미가 무엇인가와 관련되어 있다. 즉 프리드리히가 내재적 동기부여를 통한 책임성(responsibility)을 강조한 반면에, 파이너는 관료에 대한 외재적 통제를 통한 책무성(accountability)을 강조한 것이다. 파이너는 관료가 '책임있는 행동을 하도록 강제'하는 것(enforcing responsible conduct)에 초점을 두고서 이를 위해 관료에 대한 명확한 행동지침 및 통제에 불응할 경우 그에 대한 처벌 등의 명시적 행위가 있어야 한다고 강조한다. 그것은 관료에 대한 최소한의 요구이다.

이에 비해 프리드리히는 관료가 '책임있게 행동하게끔 유도'하는 것(eliciting responsible conduct)에 초점을 두며 그것은 교육, 훈련, 준사법적 독립성과 재량 부여와 같은 조치들을 포함한다. 관료의 전문기술을 강화하고 이 강화된 전문기술을 통해 결국 행정 관료는 단지 최소 수준을 충족 및 형식적 업무 수행을 넘어 정책목표를 실질적으로 집행되게 한다는 것이다(Jackson, 2006). 그것은 나쁜 결과(ex: 관료부패)가 일어나지 못하게 요구하는 최소 수준을 넘어 적극적으로 좋은 결과를 얻게 하는 방식이다(Friedrich, 1935).

3 외부 책임인가, 내부 책임인가?

프리드리히는 정책결정은 실질적 세부 사항에서 행정관료의 지식에 의존하며, 행정에는 순수히 기술적, 집행적 측면만 있는 것이 아니라 정치적, 결정적 판단도 들어 있다고 하였다. 즉, 정치와 행정은 엄밀히 구분되는 것이 아니라 동시에 이루어지는 것이라고 본다.

이에 대해 파이너에게는 그런 설명은 진실로 경악스러운 것(truly startling)이다. 파이너가 보기에는 행정책임이란 관료의 전문성 및 과학적 진리 등을 거론할 필요도 없다. 행정책임이란 행정가가 국회나 법원과 같은 외부통제기관에 복종해야 한다는 것과 동의어일 뿐이다(Finer, 1936). 정치적으로 선출된 공직자도 아닌 직업 관료들에 고도의 재량을 부여함은 놀랍고도 잘못된 것이다.

파이너는 프리드리히와 자신의 의견 차이가 곧 의무감(sense of duty)과 책임성이란 사실(fact of responsibility)의 차이에서 나온다고 본다. 의무감은 전문 직업, 자신의 양심, 공익에 대해 느끼는 것인데 이 세 가지는 다 추상적이고 가공적인 것이다. 이와는 달리 책임성이란 사실은 명시적 지시에 대한 복종을 의미한다. 여기서 파이너는 고전파 행정학이 일관되게 믿어왔듯이 정치는 지시를 내리고 행정은 이에 복종한다는 정치행정이원론을 염두에 두고 있다. 웨버(Max Weber)이래로 정치인은 무엇을 할 것인가?(정책목표)와 어떻게 이를 달성할 것인가?(정책수단)를 결정하며, 행정은 여기서 정해진대로 충실히 수행할 뿐이라고 알려져 왔다. 그러나 대공황을 극복하고자 행정의 적극적 역할이 강조된 미국의 정치 경제 상황을 배경으로 하고 나온 것이 프리드리히의 주장이었다. 이에 비하여 독일에서 파시즘이 대두한 상황을 목도한 이후 관료체제가 국민의 대표인 의회를 무시하고 팽창함을 통제해야겠다는 필요성을 절감한 영국의 정치 경제 상황을 배경으로 나온 것이 파이너의 주장이었다(Jackson, 2006: 1-2).

4 외부 통제의 객관적 측면과 규범적 측면

프리드리히-파이너 논쟁의 핵심 쟁점은 두 가지 측면이다(Jackson, 2009). 첫째, 정치적 본인(political principal)인 정무관이 대리인(agent)인 행정 관료를 세밀히 통제할 수 있는가?라는 객관적 측면과, 둘째, 그렇게 정책 및 행정 과정에서 관료를 그렇게 통제함이 바람직한가? 라는 규범적 측면이다.

먼저 프리드리히의 입장을 보자. 객관적으로 보더라도 현대 행정은 본인(정무관)이 자신의 휘하에 있는 대리인(관료)의 모든 전문기술적 행위들을 다 통제할 수 없는 상태에 이르렀다. 또 규범적으로 보더라도, 관료는 정치인보다 더 높은 수준의 지식적 기반을 갖고 있을 뿐 아니라 비록 암묵적이기는 하지만 직업윤리까지 구비하여 합리적 의사결정을 할 수 있기 때문에 규범적인 면에서 보더라도 관료가 이런 재량을 갖는 것은 바람직하기까지 하다는 것이다. 관료가 국민이 필요로 하는 바를 확인하고 그것을 효과적으로 수행하도록 힘을 부여하는 것이 중요한 것이지 그들이 잘못 행동할 것을 우려해 그들의 힘을 억제하려고 해서는 안 된다. 이런 상황을 간과한 채 장관이 관료를 철저히 통제하려 들면 관료의 창의성이 억압된다.

이에 대해 파이너는 반론한다. 국민의 선거로 선출된 장관은 민주주의의 이름으로 관료를 그렇게 통제할 수 있고, 또 그렇게 해야 한다. 정치인 및 행정인들은 국민이 필요로 하는 것(need)이 무엇일 것이라고 그들이 느끼는 바에 따르기 보다는, 국민이 자신의 원하는 것(wants)이라고 실제로 표현한 것에나 잘 따라야 한다. 그런데 국민이 원하는 바는 바로 선거에서 표출된다. 따라서 선거로 당선된 정치인은 '무엇을 할 것인가(정책 policy)? 뿐 아니라 그것을 어떻게 집행할 것인가(행정 administration)?'라는 두 가지를 다 자세히 행정 관료에게 지시할 수 있고 또 그렇게 해야 한다.

5 정치와 행정의 관계

위 논쟁은 고전파 행정학의 대전제인 정치행정이원론(politics-administration dichotomy)를 따르는가와 밀접한 관계가 있다. 파이너는 정치행정이원론에 비추어 볼 때, 정책결정은 정치의 역할이고 행정 관료는 여기서 결정된 정책을 충실히 집행해야 한다고 본다. 만약 행정관료가 이 국민의 대표 즉 정책결정자의 의사를 무시하고 정책목표를 따로 해석 및 설정한다면 이는 행정이 실질적으로 정치의 노릇을 하는 것인데 그것은 국민의 뜻과는 전혀 다른 정책을 집행할 위험이 있다.

그러나 이에 대해 프리드리히의 답은 다음과 같다. 국회의 통제가 책임성 있는 행정을 만들어 낼 것이라는 미신을 버려야 한다. 선거구민과 의회가 아무리 세세하게 관료를 통제하려해도 전문기술성과 복잡성을 감안하면 완벽한 통제란 불가능하며 그것을 벗어나는 행위가 나타날 수밖에 없다(Friedrich, 1940:3). 그보다는 관료들을 잘 훈련시켜 스스로 전문성을 최대로 발휘하도록 유도하는 것이 더 나은 방법이다. 관료로 하여금 관료제 외부의 선거민 및 정치인의 요구에 복종(obedience)하게 만드는 것은 기껏 부패하지 않게 만드는 작용만 할 뿐이지 책임성 있는 행정을 만들어 내지는 못한다. 한 걸음 더 나아가 프리드리히는 의회의 법률에 엄격히 종속되게 하는 것이 오히려 책임성에서 멀어지는 경우도 있음을 지적한다. 이익집단의 요구에 의해 공익이 아니라 특수 이익을 위해 만들어진 법, 위기 극복을 위해 급히 만든 법, 다른 법들과의 모순· 중복을 고려하지 못한 채 정치적 타협으로 형성된 법 등을 관료가 그대로 집행한다면 오히려 공익에 어긋난다. 이 경우 관료가 집행 과정에서 이들을 해결하고 현실에 맞게끔 해석해 나가야 한다. 따라서 프리드리히는 공공정책의 형성과 집행 단계를 분리할 수 없다고 본다(Friedrich, 1940: 6). 바로 이 때문에 프리드리히는 1940년대에 이미 정책집행-정책형성의 상호작용을 인정했으며 정책은 집행을 통해 비로소 형성된다고 주장했던 것이다. 프리드리히는 물론 정책형성(입법) 과정에는 정치 작용이 더 강하며, 정책집행 과정에는 행정 작용이 더 강하고, 관료는 법이 요구하는 바를 잘 준수해야 함은 인정하면서도, 정치-행정, 정책형성-정책집행의 엄밀한 분리론이 가진 위와 같은 위험을 분명히 드러내고자 했던 것이다.

6 권한을 부여할 것인가, 통제를 할 것인가?

정치-행정의 관계에 대한 양자의 차이는 관료에 대한 재량적 권한부여(empowerment)에 대해서도 그대로 드러난다. 프리드리히는 관료에 대한 권한 위임을 요구하는 반면에, 파이너는 관료에게 광범위한 권한을 주기보다는 관료가 정치인 및 선거구민의 의사를 반영한 입법에 철저히 복종하게 만들 것을 요구한다.

농업정책의 예를 보자. 정치 과정을 통해 형성된 농업정책의 목표가 농민 개인으로서는 해결하기 힘든 기후 악화 및 병충해로부터 농민의 이익을 보호하는 것이라고 하자. 이 목표를 위해 예컨대, 쌀 생산 축소와 같은 수단적 프로그램을 집행한다. 쌀 농사를 줄인 농민에게는 보상금(직불금)을 지불해야 하며 이 보상금 지불을 위한 재원으로 조세를 걷어야 한다. 이 조세정책 집행에는 구체적이고도 기술적 계산, 문서작업, 조사 등의 업무가 필수적이다.

프리드리히는 이러한 구체화 과정의 가장 밑바닥에 있는 것은 바로 관료의 전문기술성이며 결국 이것 때문에 입법부의 요구인 정책을 실질적이고 효과적으로 수행할 수 있게 된다. 관료가 존재하는 이유는 해결이 필요하다고 정부가 확인한 정책문제를 효과적으로 수행하는 것이다. 이를 위해 관료에게 재량적 권한을 부여해야 한다. 만약 파이너가 주장하듯이 관료의 재량을 제한하고 입법 속의 자세한 지시와 통제 지침을 넣는 식으로 관료의 재량적 권한을 부인한다면 그 정책은 효과적으로 달성될 수 없게 된다는 것이다. 이에 대해 파이너는 관료의 전문기술성이 중요함은 인정한다. 다만 그것이 전문기술성이 정치인에 의해 통제되지 않는다면 민주국가의 권력분립 원리에도 어긋나며 관료에게 행정책임을 지울 수 없다는 것이다.

7 정치적 책임성인가, 기술적 책임성인가?

이상의 논의에서 관료에 대해 요구되는 두 가지 책임을 구분할 수 있다. 관료에게는 정치인에 대해 지는 외부적 책임(정치적 책임)과, 스스로 전문성을 합리적으로 발휘하여 정책목표의 실질적 수행해야 하는 기술적 책임을 지고 있다. 프리드리히나 파이너 둘 다 정치적 책임성(political responsibility) 및 기술적 책임성(technical responsibility)이 다 필요하다는 점은 인정한다.

프리드리히가 관료에 대한 정치적 통제가 전무해야한다고 주장한 것은 아니다. 행정은 정치로부터 분리될 수도 없지만, 정치는 행정과 떨어져서 존재하는 과정이 아니라고 주장한다.

파이너 역시 관료란 이 정당 저 정당에 떼었다 붙였다 할 수 있는 이동용 가구 부품도 아니지만 동시에 입법이 요구하는 바를 떠나 스스로 일을 처리할 수 있는 자동 기계도 아니라고 본다.

양자를 다 인정함에도 불구하고, 프리드리히에게는 기술적 책임성이, 파이너에게는 정치적 책임이 더 중요한 요소이다. 행정공무원에게 재량을 부여하지 않을 수 없기 때문에 외부 기관이 행정을 정치적으로 완벽히 통제함은 불가능하다. 그 결과 행정에는 마치 입법처럼 보이지만 실제로는 행정규칙(행정입법)들이 대두하게 되었고 관료들은 실제적으로 추상적 입법이 아니라 이 행정입법 따라 집행을 하게 되는 경우가 더 일반적이다. 이 때문에 프리드리히는 외부통제보다는 관료의 내부통제가 더 중요하다고 본다.

반면에, 파이너는 관료가 의존하는 그러한 규칙의 본질은 관료에게 독자적 권능을 부여한 것이 아니라 국회의 법률에 종속되며 또 종속되어야 하는 위임 입법에 불과하므로, 행정이 정치로부터 독립해 있다거나 그 반대로 정치가 행정과는 따로 존재한다는 정치행정이원론은 허구에 불과하다는 것이다(Finer, 1940).

8 민주행정의 의미

파이너나 프리드리히 둘 다 행정과 정치의 엄밀한 구분이 어려우며 그 때문에 행정이 실제로 상당한 재량 및 위임 입법 형식을 따른다는 것은 인정한 점에서는 일치한다. 둘의 논쟁이 거기서 그쳤더라면 '거칠게나마 합의'(furiously agreeing)한 것이 되었을 것이다. 그런데 파이너는 더 나아가 프리드리히의 시각을 행정을 정무관의 명시적 통제 밖에 두는 반민주적(anti-democratic)인 것으로 비판하였으며 이에 프리드리히가 다시 반발함으로써 이 논쟁은 이제 '민주행정'의 의미와 관련된 것으로까지 확대되었다.

프리드리히의 시각이 나온 때는 1930년대 독일에서 전체주의의 한 유형인 파시즘이 흥왕할 때였으며 20세기 전후 영국에서 이를 목도한 파이너로서는 행정책임을 내적책임으로 이해하는 프리드리히의 시각은 바로 독재체제의 표징이라고 경계하고자 했다는 해석도 있다. 그러나 이것은 그가 나중에 하이에크(Friedrich A. Hayek)와 벌인 또 다른 자유-계획 논쟁에서 히틀러의 계획주의가 개인의 자유의 최대의 적이란 점을 강력하게 설파한 하이에크에게 대해 오히려 상대적으로 비판적이었음을 감안하면 설득력이 낮다. 파이너는 민주주의의 본질은 "공직자에 대한 국민의 우위"(primacy of the people over officeholder)에 있다고 전제한다. 여기서 공직자란 행정 관료들이고 국민이란 선거로 뽑힌 의원들이다. 행정가는 어떤 것이 최선인가에 대해 국민의 대표인 정무관보다 더 잘 알고 있으며 그 지식에 따라 집행을 해야 함은 맞다. 그럼에도 불구하고 관료는 비록 주어진 정책이 관료 자신의 국지적 시각에서 보기에 타당하지 않을지라도 그에 복종해야 한다. 왜냐하면 정책의 타당 여부는 관료의 국지적 시각이 아니라 전체적 시각을 가진 정치인의 관점으로 평가되어야한다는 것이다.

그러나 이에 반발하는 프리드리히에 의하면 독일의 유명한 야전사령관 몰트케(G.H. von Moltke)가 어떤 잘 짜여진 전쟁 계획도 적과 부닥치면 실제 그대로 유지될 것이 없다고 했듯이, 아무리 주의 깊게 설계된 정책목표나 법도 집행 현장에서 복잡한 현실 상황에 직면하면 필연적으로 수정되고 적응되어야 하는데 그 역할은 관료가 맡아야 하는 것이다.

결국, 파이너가 입법부의 엄격한 명령과 통제하의 관료제를 요구함에 비해 프리드리히는 입법부가 요구하는 바를 그대로 따르기 보다는 그것을 상황에 맞게 신축적으로 적응하고 해석하는 기업가적이고 신축적인 관료제를 요구한다. 양자의 논쟁은 여러 진화를 거치면서도 오늘날에도 상이한 방향의 시사를 준다. 즉, 파이너는 최선의 행정부가 되기 위해 철저한 민주적 통제를 받아야 할 거대 괴물(Leviathan)로 본 반면에, 프리드리히는 재량과 신축성을 부여받아야 할 기업가적(Entrepreneurial) 관료제로 바로 최선의 행정부라고 보았던 것이다.

9 공익 논쟁과의 관련성

양자의 시각은 공익 논쟁과도 연관된다. 파이너는 공익이라고 하는 특별한 관념을 내세우지 않으며 관료는 국민 및 그 대표가 만든 정책을 충실히 집행하는 외적 책임을 요구할 뿐이다. 국민 대표에 의해 입법화된 정책 이익이 곧 공익일 것이라는 가정 하에, 관료가 이것을 그대로 집행하도록 외적 통제를 잘 가하는 것이 공익에 기여하는 것으로 본다.

그러나 프리드리히는 관료를 현실의 정책이나 입법이 내포하는 정치적 이익을 그대로 수행하는 도구가 아니라 더 높은 차원에 있는 국민의 공동 이익 혹은 공동선, 즉 공익(public interest)의 적극적 달성 주체로 간주하고 있다. 따라서 이를 찾아 정책집행 과정에서 구현하는 것이 관료의 의무로 본다. 관료야 말로 진정한 공익의 수행자라는 것이다.

10 기업이 중시되는 이유

행정관료가 따라야 할 준거 모형으로 '기업'을 든다는 점에서는 두 학자의 의견이 일치한다. 그러나 기업의 어떤 점을 장점으로 보는가는 시각이 다르다. 프리드리히는 고객을 유지하기 위해 기업이 구사하는 수단들에 신축성 및 다양성이 풍부하다는 점에 주목하여, 행정관료는 이를 본받아야 한다고 주장한다.

반면에, 파이너는 기업이 정부보다 더 높은 책임성을 갖는 이유는 기업이 가격 기제에 의해 고객의 통제에 잘 따르게 되어 있기 때문이라는 점에 주목하여, 정부를 지금보다 외부 통제에 더 잘 따르도록 만들어야 한다고 주장한다.

11 관료-정치인의 관계

프리드리히에게 행정관료와 정치인은 각자의 경험과 지식을 통합하여 정책을 개발하고 수행하는 동반자(partner)이다. 그리고 일단 정책이 형성되고 난 뒤에는 행정 관료의 실질적 역할이 더 중요하다고 본다. 특히 미국과 같은 연방제 체제 하에서는 그 더욱 그러하다.

이에 비해 파이너는 행정인이란 주권자(국민)의 대리인(agents)이 아니라 도구(instruments)일 뿐이라고 본다. 따라서 국지적 사고 하에 있는 관료는 전반적 맥락을 아는 정치인의 의사에 복종해야 하는 하위자일 뿐이라는 것이다.

Ⅴ. 결어

행정책임은 다차원적 개념이다. 중요한 주제이면서도 그 확보 방안에 대해 여전히 논란이 많은 이유는 각 행정이론에서 강조하는 행정책임성의 내용이 상이한 차원을 의미했기 때문이다. 그 중 어떤 국면에 초점을 두는가, 또 각국의 정부가 지향하는 정부 체제의 성격이 무엇인가에 따라 지켜야 할 행정책임도 달라진다. 그럼에도 불구하고 한국 행정에 대해 다음과 같은 일반적 시사점은 도출할 수 있다.

첫째, 행정책임은 외적-객관적 책임을 우선적으로 준수해야 한다. 보통 권력분립에 따라 주어지는 외적-객관적 책임성은 헌법 기타 법령에 구속에 따라 이루어지도록 제도화되어 있으므로 이 준수 여부는 선택 사항이 아니다. 따라서 행정관료의 자질 및 봉사의식이 내부적으로 향상되었음을 이유로 내적-주관적 책임에 의존하려는 것은 바람직하지 않고 실정법 체계상 가능하지도 않다.

둘째, 그러한 외적-객관적 책임이 준수된 것만으로는 부족하며, 거기에 더하여 내적-주관적 책임성도 추가적으로 요구되어야 한다. 그러므로 외적-객관적 책임은 최소한의 요건이며 거기에 더해 내적-주관적 책임성은 행정이 보다 책임성 있게 수행되도록 하는 실질적 요건이 된다.

셋째, 내적 책임도 관료제 내부의 SOP, 상급기관의 지시감독권, 성과계약 등에 의해 상당히 구체적인 명시 규정에 따르게 되어 있다. 그러한 명시 규정이 없는 경우에는 주관적 책임성이 중요한 기준이 된다. 이 때 관료는 재량 안에서 국민의 요구, 직업 윤리, 공익을 기준으로 행정책임을 지켜야 한다.

즉, ①국민 혹은 고객의 요구를 따르되 그것이 특정 집단에 편중되어서는 안 되며, ②공직 직업윤리에 어긋나지 않아야 하며, ③행정책임의 중요한 규범적 기준이 되는 공익을 위해 특정 사익에 치우치지 않도록 적정 행정 절차를 준수해야 한다.

논평

행정이론의 전개에서 행정책임 중 어떤 유형이 부각되었는가와 파너와 프리드리히의 논쟁 이해가 핵심이다. 프리드리히와 파이너의 논쟁은 윤리는 행정책임과 관련된 가장 유명한 것이다. 그것은 통상적으로 알려진 내적 책임 vs. 외적 책임이라는 소박한 대비를 넘어 행정 책임과 관련된 거의 모든 쟁점을 다루고 있다. 이 논쟁을 정확히 이해하는 것은 행정책임 관련 이론적 사항들을 다 이해할 수 있는 장점이 있다. 정확히 이해해 두어야 한다.

그런데 파이너는 이 곳에서 프리드리히와 논쟁을 벌인 외에도 국가 계획이 자유민주주의 체제에서 채택될 수 있는가? 와 관련하여 하이에크(F.A. Hayek)와 또 다른 유명한 논쟁을 벌인 적이 있다. 이 두 가지 논쟁은 다 행정학에서 나타난 주요한 논쟁이다. 프리드리히와의 논쟁에서는 일견 민주주의를 강조한 듯이 보이지만, 하이에크와의 논쟁에서는 오히려 국가가 주도하는 계획을 옹호하는 입장을 보였다. 왜 이런 차이가 나왔을까?

| 새 테마 행정학 |

34. 행정통제

Ⅰ. 의 의

1 행정책임의 의의

민주사회에서 행정은 주권자인 국민의 의사에 부합하여 수행되어야 한다. 국민에 의해 직접 선출된 공직자는 국민에 대해 정치적 책임을 진다. 그러나 국민으로부터 직접 선출되지는 않은 행정공무원들도 궁극적으로는 주권자인 국민에게 책임을 져야 하는데 이것이 행정책임이다. 행정부는 대리인(agent)으로 볼 수 있으며 주권자로서의 국민은 그에 대해 본인(principal)의 지위에 있다. 행정책임은 주권자인 국민에 대해 행정권 행사에 관한 모든 법적, 도덕적, 정치적 책임이 포함되어 있다. 행정절차에 관한 책임과 결과에 관한 책임이 다 포함된다. 행정책임을 확보하기 위한 수단이 바로 행정통제이며 그러므로 행정책임과 행정통제는 표리의 관계이다(박동서, 2004).

2 개념의 구별

행정책임은 Responsibility(책임성), Accountability(책무성), Responsiveness(대응성)등의 개념으로 표현된다. ① Responsibility는 공복으로서의 관료의 직책과 관련된 광범위한 도의적 · 자율적 책임을 의미한다. ② Accountability는 행정 조직상의 상관에 대한 변명적, 법률적, 제도적 책임으로 한정적으로 사용되며 흔히 '책무성'으로 불린다. 답변책임성(answerability)란 표현을 사용하기도 한다. 책무성은 어떤 기대가 행정 업무에 반영되어야 할지를 결정하는 방법과 관계를 의미한다.

통제의 원천(내부통제와 외부통제) 및 행정 관료들에게 부과되는 통제수준(높은 통제와 낮은 통제)차원을 교차하면 네 가지 유형의 책무성이 개념화된다(Dubnick & Romzek, 1991).

	내부통제	외부통제
높은 통제	관료적 책무성	법적 책무성
낮은 통제	전문적 책무성	정치적 책무성

③ Responsiveness는 민의의 요구에 대해 응답을 한다는 의미의 대응적 책임을 의미하는 것이 보통이다. 그러므로 responsibility는 accountability와 reponsiveness까지 포용하는 개념으로 이해됨이 보통이다. 한국 행정에서의 논의되는 행정책임도 responsibility의 의미로 해석함이 바람직하다(박동서, 2004).

3 행정통제의 필요성

행정통제의 필요성은 다음과 같이 요약할 수 있다. 첫째, 선출직 공무원이 선거로 책임을 지는 반면 관료는 실질적으로 종신 고용이므로 이에 대해 행정책임을 확보하기 위해 내적·외적 장치가 필요하다.

둘째, 행정의 정보 독점과 전문성으로 인해 나타난 정보비대칭 상황 하에서 정책결정·정책집행에서의 행정 관료의 실질적 영향력은 더 증진되었으므로 이에 대한 행정통제 필요성도 더 높아졌다.

셋째, 행정 관료의 재량권이 확대되었기 때문에 종래의 삼권 분립의 견제 메커니즘을 통한 통제는 실효성이 낮아졌다. 행정 관료에 대한 부가적 행정통제 기제들이 필요하다.

넷째, 행정 관료는 예산권을 장악하고 있다. 입법부가 예산심의를 결정하지만 실질적인 예산안은 부처내의 관료들이 작성한다. 예산이 국민의 의사에 합치되어 운용되도록 통제하는 장치가 필요하다.

Ⅱ. 유 형

외부 기관에 의한 통제인가, 혹은 행정부 자체에 의한 통제인가에 따라 외부 통제와 내부통제로 구분함이 보통이다. 입법국가시절에는 외부통제에 중점을 두었으나, 행정의 전문성과 복잡성이 증대되면서 외부통제보다 내부통제가 강조되고 있다. 그러나 한국의 경우 최근 시민사회의 성숙, 국회의 권한 강화 등으로 인해 외부 통제도 상당한 강화되고 있는 추세이다.

1 외부통제

1) 국회에 의한 통제

국회는 법률안 심의, 정책결정, 예산안 심의 등에 관해 국정조사·국정감사, 주요 공직자에 대한 임명 동의 및 해임 건의, 탄핵권 등의 제도적 장치를 통해 행정부를 견제한다. 행정부에 비해 전문성부족, 정보의 부족 등으로 인해 통제의 적실성에 대한 비판을 많이 받아왔다.

그러나, 2004년 국회예산정책처, 2007년 국회입법조사처의 출범과 더불어 입법정책의 지원 구조가 크게 강화되었다. 국회의 행정 통제의 주요한 기제로 활용된 것이 국정 감사이다. 그러나 우리의 경우 이것이 일회적인 폭로성 비위 지적에 치중되어 왔다. 국회는 2000년대 이후에는 공직자 임명 동의에 대해 큰 영향력을 보이고 있다. 다만 그 경우 행정통제라기 보다는 대통령에 대한 정치통제 수단으로 오용된 성격도 강하다. 특히 최근 결산 심사 기능이 강화되고, 기금도 국회에서 심의 받게 함으로써 국가재정 활동 전반에 대해 매우 상당한 통제력을 행사하고 있다.

최근 지방자치의 실시로 민선 자치단체장도 지방의회의 통제를 받는다. 그러나 우리나라의 지방자치는 자지단체가 중앙으로부터 독립한다는 국면에 치중하다보니 자치단체 내부에서 지방의회가 단체장을 통제하는 역할은 상당히 약하다.

2) 사법부에 의한 통제

행정행위가 법률에 근거하는 것은 당연한 일이지만, 사회내의 세력 간 갈등을 행정부에서 조정하는데 어려움이 있을 경우 사법부가 최종적 판단을 하는 사례가 최근 증가하고 있다. 대통령에 대한 탄핵소추 심사, 동성동본 혼인, 수도이전 위헌 판결 등 헌법재판소의 판결을 통해 행정부와 사회 세력 간의 갈등과 조정문제를 해결하는데 사법부의 역할이 증가하였다. 그러나 사법부의 행정통제는 본질적으로 사후적인 것이며, 사전적 통제가 불가능하다는 한계가 있다.

3) 시민에 의한 통제

시민에 의한 행정통제는 대의민주제의 약점을 보완한다. 민주화 이후 시민의식이 성장하고, 정보화를 통해 개별 시민들이 정책의 향방에 영향을 미치는 경향이 강화되었다. 이 경우 시민은 본인-대리인 관계에서 주권자인 본인의 지위에서 직접 행정통제가 가능하다.

첫째, 대통령, 국회의원, 자치단체의 선거를 통해 행정을 통제한다. 그러나 이러한 투표 기회가 빈번하지 않으며, 특정 행정행위에 대한 통제로서의 의미는 적고, 공직자에 대한 전반적인 찬반을 표명할 뿐이다.

둘째, 주민투표, 주민감사청구, 주민소송 제도 등을 통해 공식적인 참여가 가능하다. 2004년 주민투표법이 발효된 이후 2005년 7월 제주도 특별자치도설립 관련한 주민투표제가 실시되었고, 2005년 11월 방폐장 설립과 관련하여 경주, 군산, 영덕, 포항 등 4개 자치단체가 연합하여 주민투표가 실시된 바 있다. 최근에 지방자치단체의 경우 '주민소송' 제도가 도입되었으나 중앙정부에 대한 '국가소송' 제도는 아직도 수용되지 않고 있어서 그만큼 중앙정부에 대한 통제에는 제약이 있다.

셋째, 시민단체에 의한 행정통제이다. 입법-사법-행정-언론에 이어 제5부라고도 불리는 비정부단체가 90년대 후반부터 정책 과정에 참여하는 정도가 크게 강화되었다. 시민단체는 시민들의 행정 참여 통로가 되고, 시민과 국가 간의 갈등을 조정하며, 직접민주제적 장점을 가미하는 순기능을 담당한다. 그러나 시민단체는 행정에 대한 공식적 책임을 지지 않으며, 이상주의에 흘러가는 경향이 있고, 특정 정당 및 정파와 연계될 경우 시민단체로서의 의미가 상실되며, 재정적 독립성이 부족하며, 단체의 리더들이 정치적 입지를 위한 발판으로 이용하고자 하는 점 등의 문제점이 있다.

4) 이익집단에 의한 통제

이익집단이 자신의 입장에서 이득을 추구하는 과정에서 행정부에 상당한 영향력을 미친다. 이러한 과정에서 다원적 사회에서는 이익집단간의 경쟁을 통해 행정은 공익적 균형에 이르게 된다. 그러나 이익집단에 의한 행정통제가 반드시 바람직한 것은 아니다. 정경 유착, 지대추구 활동의 주역이 되어 특정집단의 이기적 이득을 위해 정책이 봉사하게 되는 역효과도 고려해야 한다. 우리의 경우 이익집단들 간에 행정에 대한 영향력에 불균형이 심하며, 행정에 대해 압도적 영향력이 있기보다는 오히려 정부에 의존하는 경향이 크다(박동서,2004). 그러나 최근에서는 이익집단들이 정부에 대한 영향력도 상당히 제고되었다.

5) 언론 · 매스컴에 의한 통제

언론과 매스컴에 의한 행정통제는 과거에도 중요한 역할을 하였으며 그 주체는 지식인들이 중심이었다. 그러나 최근에는 인터넷의 발달로 인해 국민 일반(네티즌)에 의한 행정통제의 경향이 더 확대되고 있다. 그러나 언론 · 매스컴이 체제 이론에서 말하는 문지기(gate-keeper)가 되거나, 무의사결정(non-decision making)을 통해 정책의제를 선점하고 차단할 경우 적절한 통제기능을 발휘할 수 없는 한계가 있다. 특히 매체의 공익성 · 중립성 · 자율성의 면에 제약이 있을 경우 이것은 행정에 대한 책임 있는 통제가 되기 어렵다.

6) 옴부즈만 제도에 의한 통제

스웨덴에서 기원한 옴부즈만 제도는 ①국회에서 행정 전문인을 임명하고 그에 대해 강력한 신분 보장을 부여하며, ②합법적 및 합목적적 면에서 시민의 불만을 조사 처리하며, ③행정의 비리와 일탈에 대해서 공무원에게 설명을 요구하고, ④행정 결정을 무효, 취소하지는 않으면서 그 개선을 해당 행정기관에 요구한다.

현재 우리나라의 국민권익위원회가 이와 유사한 기능을 행하지만 그 독립성과 전문성을 더 보강하여 정식으로 옴부즈만으로서의 기능을 강화시키자는 주장도 있다. 이를 도입할 경우 그 소속은 정부보다는 국회로 하되, 강한 신분 보장을 부여하고, 조사결과에 대해 실효성 있는 처리권한을 가져야 하며, 설립된 이후에는 국민의 신뢰를 받도록 해야 한다(박동서, 2004).

2 내부통제

1) 상급 기관에 의한 통제

관료제 내부에 있는 계층제의 상급 기관에 의해 행정 통제가 이루어진다. 부하와 상관이 서로 감독하고, 적법한 행정을 수행하도록 견제하는 장치를 의미한다. 각 부처 내 감사관 제도가 그 예이다. 내부통제의 최종적 권한은 대통령에게 있다.

일정한 경우 중앙정부는 자치단체에 대해 통제권을 갖는다. 그러나 지방자치의 본질을 감안해 볼 때 그러한 통제는 최소한에 그쳐야 할 것이다.

2) 감사원 등의 감찰기관에 의한 통제

감사원은 직무감찰과 회계검사를 통해 행정 통제를 수행한다. 과거 감사원의 감사는 행정이 법에 위반하였는가의 여부에만 초점을 두는 '합법성 감사'였으나, 최근에는 '정책감사'로 바람직하게 발전하고 있다.

감사원은 2005년 '감사평가연구원'을 산하에 설립하여 전문성을 겸비한 성과감사를 위한 조직과 인력이 배치되었다. 감사원의 인사 및 예산상의 실질적인 독립성과 중립성이 강화되어야 한다. 한편 경찰, 검찰, 청와대의 사정 담당관, 부처의 감사관 등도 행정행위의 위법성에 대해 통제를 가하는 장치이다.

3) 결과 평가에 의한 통제

정책평가 업무는 국무조정실에서 수행하며, 최근 정책평가위원회가 설립되면서 정책결과에 대한 분기별 평가가 상시화 되었다. 한편 기획재정부도 최근 국가재정법의 개정을 통해 부처의 예산 집행의 성과평가를 예산 편성과 연계함으로써 재정 성과 평가를 통해 부처의 예산에 연계하고 있다. 이러한 결과 평가들은 부처로 하여금 업무 결과에 책임을 지게 하는 기제이다.

4) 직업 윤리에 의한 자기 통제

행정부 자체의 직업윤리(professional ethics)의 확립을 통해 행정인 스스로 책임 있는 행정행위를 하도록 유도하는 것이다. 이명박 정부에서는 국민권익위원회에서 관료부패와 공무원행동강령, 정부윤리에 대한 견제와 감시를 담당하였다. 여기서 행정인의 직업윤리란 반드시 고상한 이타주의적 가치만을 의미하는 것이 아니라, 이기적 공무원이 건전하게 자신의 이익을 추구하는 것과 조화될 수 있는 윤리를 의미한다. 직업윤리에 의해 행정인이 스스로 책임있는 공무원으로 행동하는 것은 가장 바람직하고 근본적인 기제이지만 이것은 상당한 장시간이 소요되며 사회문화의 변화와 동반되어야 하는 난점이 있다.

Ⅲ. 행정 통제 전략의 선택

행정통제가 일어나는 위치, 행정통제에 사용되는 수단을 조합하여 행정통제의 전략을 분류하고 바람직한 행정통제 수단의 우선순위를 매길 수 있다.

1 통제 전략

행정 통제 유형은 통제가 이루어지는 위치에 따라 외부 · 내부 통제로 구분되었다. 한편 통제에 사용되는 수단들은 처벌, 권고, 보상, 교육훈련, 정보 공개 등 매우 다기적인데 이들은 공식 제도에 의한 통제와, 문화(의식 · 행태)에 의한 통제로 구분할 수 있다(이승종, 2000). 후자는 행정 문화에 의한 통제 기제로 볼 수 있다. 그러므로 통제의 위치와 통제 수단을 조합하면 다음과 같은 네 방식이 도출된다.

	제도에 의한 통제	행정문화에 의한 통제
외부 통제	Ⅰ	Ⅲ
내부 통제	Ⅱ	Ⅳ

1) Ⅰ(외부적 · 제도적) 통제 전략

이 전략을 활용 시 행정통제 효과가 가장 클 것으로 기대된다. 국회, 사법부, 시민단체, 옴부즈만, 언론, 정당 등에 의한 통제를 포함한다. 한국의 경우 국회의 권한이 상대적으로 증대되었고 특히 여소야대 정부의 경우에 이런 통제 역할은 현저하다. 법원과 헌법재판소의 독립성이 강화되어야 한다. 국회 및 정당의 전문성 제고가 필요하다. 80년대 후반 이후 시민사회가 성숙해지고, 참여정부를 기점으로 정책결정과정에 시민단체의 역할이 강화되었다. 외부기관의 통제활동과 관료의 심리적 압박감을 증가시키기 위해서라도 행정정보 공개 등의 조치가 병행되어야 한다.

2) Ⅱ(내부적 · 제도적) 통제 전략

내부적 · 제도적 통제는 기관내의 평가조직에서 수행하는 통제방식이다. 대통령, 국무조정실, 감사원, 상급 기관, 부처의 감사부서, 행정절차법, 행정정보 공개, 심사분석, 기관 간 경쟁, 예산편성과 성과의 연계 관리 등을 통해 이루어진다. 최근 성과 평가에 대한 관심이 늘어나면서 국가재정법에서 성과관리의 강화, 국무조정실의 정책평가위원회의 기능 강화, 감사원의 평가연구원 설립 등은 행정통제가 개인적인 비위행위 적발에 치중하던 과거의 통제방식에서 더 나아가 성과 제고와 연계되는 방향으로 나아가고 있다.

3) Ⅲ(외부적 · 문화적) 통제 전략

행정 관료의 일탈행위는 의식 및 행태의 근저에 있는 행정문화와도 관련이 깊다. 따라서 효과적인 통제를 위해서는 장기적으로는 의식 및 행태의 변화를 통해 행정 통제를 이루어 감이 필요하다. 정부개혁에서 이른바 '시민재창조'는 바로 이러한 맥락에서 나타난 것이다. 시민 의식 혁신은 공식적 교육 과정 뿐 아니라 사회에서의 참여 과정을 통해 학습된다. 행정 문제에 대한 시민의 관심을 높이고 이들에게 공동체적 참여 의식을 제고함이 필요하다.

4) Ⅳ(내부적 · 문화적) 통제 전략

행정부 내부에서 공직자의 의식 및 행태의 변화를 통해 행정 통제를 기대하는 전략이다. 공직자 윤리강령과 내부고발 제도이 이 유형에 속한다. 선언적 성격이 강한 공직자 윤리 규정을 강조하기보다는 내부고발제도를 활용하는 것이 매우 효과적이다. 최근 내부 고발제도를 법제화하였으나 아직도 고발자의 보호 등에서 부족하다. 이 전략은 특정 행정 행위에 대한 직접적 통제라기보다는 공직자의 행동에 영향을 주는 가치관 및 태도의 함양에 초점을 둔다.

2 통제 전략의 우선순위

여기에서 다음과 같은 가정이 가능하다. 첫째, 행정 관료들 간의 동류의식 및 방어 본능을 감안하면 내부 통제보다 외부 통제가 더 효과적일 것이다. 둘째, 문화적 측면에 의한 통제는 장시간이 소요되며, 특정 행정행위에 대해 직접적인 통제라기보다는 전반적인 의식과 태도에 대한 통제에 불과하므로 제도적 통제가 더 효과적일 것이다. 셋째, 외부통제를 택하느냐 혹은 내부통제를 택하느냐에 따른 효과의 차이가 제도적 통제를 택하느냐 혹은 문화적 통제를 택하느냐에 따른 효과의 차이보다는 적을 것으로 가정할 수 있다. 따라서 이상을 감안하면 행정 통제의 효과는 Ⅰ(외부적 · 제도적) - Ⅱ(내부적 · 제도적) - Ⅲ(외부적 · 문화적) - Ⅳ(내부적 ·

문화적) 순서가 된다(이승종, 2000). 그러므로 행정통제를 강화하기 위해서는 이러한 우선순위를 감안한 정책 설계가 바람직하다.

Ⅳ. 행정통제의 발전 방향

한국의 행정통제는 다음과 같은 새로운 국면을 검토함이 바람직하다.

1 행정통제의 적극적 의미 인식

지금까지의 행정책임 논의는 행정 관료가 비위를 저지르지 않도록 제어하는 국면에 초점을 맞춰왔다. 그러나 행정 관료가 주어진 권한 범위 내에서 정책을 잘 수행하여 바람직한 정책 결과를 국민에게 산출해야 함도 국가의 행정 작용이 내재적으로 지니고 있는 책임이다. 그러므로 행정인의 비리를 잘 견제하는 소극적 측면만의 행정통제에 머무르지 말고 행정이 적극적으로 좋은 성과를 내도록 내적, 외적 통제를 측면도 중시되어야 한다.

최근 국무조정실의 정책평가위원회의 설립, 감사원의 평가연구원 설립 등의 정책결과를 통한 평가가 강화되는 것은 관료 개개인에 대한 비위감시, 적발 등을 통한 부정적인 접근으로부터 행정의 성과 제고와 연계하려는 적극적인 의미의 행정통제를 염두에 둔 것으로 볼 수 있다.

2 통제와 자율의 조화

행정책임은 적정한 권한을 부여받은 상태에서 발생한다. 권한을 부여하지 않은 채 통제만 강화할 경우, 관료의 자율성은 위축되고 무사안일주의를 낳으며, 나아가 행정 성과도 하락될 수밖에 없다. 따라서 행정통제를 묻기 위해서는 먼저 적절한 권한부여(empowerment)가 있어야 한다. 관료에게 행정책임을 묻는다는 것과 적정한 재량권을 부여하는 것이 잘 부합될 수 있어야 한다.

3 관료의 내적 유인 기제 활용

외적통제는 물론이고, 내적 통제도 관료의 직업윤리 확보를 제외하고는 결국 관료에게 외적 영향력을 주어 그의 행동을 변경하려는 시도들이다. 그러나 행정책임을 본질적으로 제고하기 위해서는 관료의 행동 유인 구조를 바꾸려는 시도가 필요하다. 그리하여 관료 자신에게 미치는 외적 압력 때문이 아니라 책임있는 행정 수행이 곧 관료 자신에게도 유익하도록 만드는 기제를 활용해야 한다(성과급, 승진의 특혜 등).

❙새 테마 행정학❙

35. 사회적 자본

Ⅰ. 사회적 자본의 의의

1 두 가지 의미

사회적 자본(social capital)은 두 가지 의미로 사용된다. 첫째, 실물적 의미로 사용할 때이다. 생산활동 · 소비활동 등의 일반적 경제활동의 기초가 되며 재화 · 서비스 생산에 간접적으로 공헌하는 설비 및 서비스 관련 시설을 의미하는 것이다. 보통 사회간접자본, 사회적 간접자본, 사회적 공통자본이라고도 하는 것이다.

둘째, 추상적 의미로 사용할 때이다. 사회 구성원들이 힘을 합쳐 공동 목표를 효율적으로 추구할 수 있게 하는 추상적 자본을 의미하는데 보통 사람과 사람 사이의 협력과 사회적 거래를 촉진시키는 일체의 신뢰, 규범 등 사회적 자산을 포괄한다. 최근 후쿠야마, 푸트남 등이 강조하는 사회적 자본은 후자의 의미이며, 여기서도 이를 중심으로 논의하기로 한다. 또 사회적 자본은 '사회적 자본주의'(social capitalism)와 구별되어야 한다. 후자는 자본주의-사회주의의 혼합을 의미한다.

2 사회적 자본의 구성 요소

신뢰(trust)와 상호성(reciprocity)이 잘 확립된 나라는 그러지 못한 경우에 비해 더 효율적이며 더 많은 경제적 · 사회적 성과를 만들어 낸다. 투입된 경제적 자본량이 동일하더라도 이러한 사회적 자본의 크기에 따라 국가의 성과가 크게 차이가 난다는 점에 주목하고 일단의 학자들은 사회적 자본의 육성을 강조한다.

사회적 자본(social capital)은 다음과 같은 세 가지 요소를 특징으로 한다(이종수 외, 2014). 첫째, 경제적 의미의 자본은 사용함으로써 소진(고갈)되지만, 사회적 자본은 사용하지 않음으로써 소진된다. 예컨대, "신뢰"는 많이 사용될수록 더욱 확대되지만 사용하지 않으면 축적은 커녕 전혀 무의미한 것이 된다. 둘째, 사회적 자본은 사회구성원들이 공동으로 소유하는 자산이며, 한 행위자만이 배타적으로 소유권을 행사할 수 없다. 셋째, 사회적 자본은 사회 구조 및 네트워크 안의 개인 행동을 촉진하거나 억제하는 역할을 수행한다. 지식정보화 사회가 도래하면서 신뢰(trust)나 상호성(reciprocity)은 단순히 문화적 환경으로서만 간주되는 것이 아니라 인적 · 물적 자본 외에 일종의 "자본"으로 국력의 척도로 평가받고 있다.

사회적 자본이 없다면 개인 목적 및 사회 목적 달성은 불가능해지거나 추가적 비용을 지불해야만 가능해진다. 따라서 사회적 자본은 사회적 관계에서 거래비용을 감소시켜 준다. 이상을 감안하면, 사회적 자본이란 "사회구성원들 간의 협력적 행위를 촉진시켜 사회의 효율성을 높일 수 있는 사회적 신뢰, 상호성의 규범, 그리고 시민참여의 네트워크와 같은 사회조직의 속성"이라고 정의할 수 있다(Putnam, 1993: 167).

Ⅱ. 사회적 자본의 특징

사회적 자본은 전통적인 인적 · 물적 자본과는 두 가지 점에서 차이가 난다(Putnam, 1993).

1 공공재

사적재의 성격을 가지고 있는 인적 · 물적 자본과 달리, 사회적 자본은 '공공재(public goods)'의 성격을 가지고 있다. 즉, 사회적 자본은 그 이용에 있어서 어느 누구도 배제할 수 없으며(비배제성), 한 사람의 이용이 다른 사람의 이용가능성을 줄이는 것도 아니다(비경합성). 따라서 민간에서는 저평가되고 적게 공급되는 경향이 있다.

2 선순환 · 악순환 관계

사회적 자본의 생성과 파괴에는 '선순환 · 악순환 관계'가 있기 때문에 사회적 신뢰, 상호성의 규범, 시민참여의 네트워크와 같은 사회적 자본의 스톡(stock)은 자기강화적(self-reinforcing)이고 축적되는 성질을 가지고 있다. 즉, 사회적 자본을 축적하여 이를 사용함으로써 사회적 자본이 늘어나는 선순환에서는 높은 수준의 협력, 사회적 신뢰, 상호성의 규범, 시민참여, 그리고 집단적인 부유함 등을 가져오는 사회적 균형을 이룰 수 있으나, 사회적 자본이 축적되지 않아 이를 사용하지 않음으로써 사회적 자본이 감소하는 악순환에서는 패배감, 불신, 위축, 소외감, 무질서, 그리고 정체가 나타난다는 것이다.

3 자기강화 과정

사회적 자본이 선순환 · 악순환 관계에 있다고 한다면, '처음 시점에서 사회적 자본이 지역에 따라 상이한 양상을 보인 이유는 무엇인가?' 하는 점을 규명할 필요가 있다. 이와 관련하여 푸트냄(Putnam)은 이탈리아 남부와 북부 사이의 사회적 자본 축적의 상이성은 많은 부분 역사의 '우연'에서 비롯되었으며, 그러한 우연이 시간이 경과함에 따라 확대 · 재생산되었다고 보고 있다. 따라서 그는 과거의 역사적 사건이 현재에도 인과론적으로 영향을 미치는 '자기강화 과정(self-enforcing process)'에 초점을 맞추고 있다.

4 개인과 공동체의 연결 고리

공동체주의가 갖는 가치와 개인주의(합리적 선택이론)가 주는 가치를 통합하는 개념이다. 사회적 자본은 공동체 및 사회네트웍을 통해서만 생산된다. 그러나 그 소비는 개인이나 개별 집단이 하는 것이다.

Ⅲ. 사회적 딜레마의 해결

집합적 행위의 딜레마(collective action dilemma)나 죄수의 딜레마(prisoners' dilemma)와 같은 사회적 딜레마의 해결에 있어서 전통적인 합리적 선택 이론에서는 '선별적 유인(selective incentive)'과 같은 '경제적 유인(economic incentive)'을 강조하였다. 그러나 사회적 자본이론에서는 "신뢰"나 "상호성"과 같은 문화적 가치를 통해 해결하고자 한다.

1 지역의 발전과 사회적 자본

사회적 자본은 지역발전과 관련하여 나타날 수 있는 조정의 문제(coordination problem)를 해결하는 기제가 될 수 있다. Putnam은 사회적 신뢰, 상호성의 규범, 시민참여의 네트워크와 같은 사회적 자본의 축적정도가 지역의 집합적 행위의 수준과 발전에 중요한 영향을 미친다고 본다. 예컨대, 즉, 사회적 자본이 축적되어 이것이 증가하는 선순환(virtuous circle) 지역(이탈리아 북부)에서는 사람들 사이의 협력을 위한 보다 왕성한 기반이 제공됨으로써 발전한 반면, 사회적 자본이 축적되지 않아 이것이 감소하는 악순환(vicious circle) 지역(이탈리아 남부)에서는 협력이 제대로 이루어지지 않아 낙후되었다.

2 공공재 공급과 사회적 자본

사회적 자본은 공공재의 공급과 관련되어 나타나는 집합적 행위의 문제를 해결하기 위한 대안이 될 수 있다. 공공재 공급 게임에서 합리적 행위자의 지배적 전략(dominant strategy)은 그 비배제적 성격으로 인해 자신들의 진정한 선호를 숨기면서 무임승차자(free-rider)가 되는 것인데, 다른 사람들 역시 합리적 행위자라면 이러한 전략을 선택할 것이고, 그 결과 공공재가 전혀 공급되지 않는 점에서 지배적 전략균형이 형성된다. 그러나 이 균형은 공공재가 공급되어 모두에게 이득이 되는 방향으로의 변화, 즉 파레토 개선(Pareto improvement)이 가능함에도 불구하고 이를 달성하지 못하므로 파레토 열등적(Pareto inferior) 균형이고, 집단 전체에는 불합리적인 결과가 초래된다.

이러한 비극적 결과는 행위자들 간의 "신뢰"가 없기 때문인데, 만약 타인에 대한 신뢰를 증진할 수 있다면 공공재 공급을 위해 개인은 협력할 가능성이 높아지며 집단 전체에 바람직한 결과를 얻을 가능성이 높아진다.

3 개혁과 사회적 자본

개혁은 일반적으로 공공재의 성격을 가지고 있다. 따라서 개혁 과정에는 전환비용(transition cost)의 부담 여부를 둘러싸고 조정의 문제(coordination problem)에 직면할 수 있다. 이와 관련하여 정치학자 키오헤인(Robert Keohane)은 전통적인 합리적 선택 이론의 관점에서 "선제 행동자의 이점"(first mover advantage)을 제시하고 있다. 즉, 개혁의 발안자에게는 특별한 혜택을 줘야 한다는 것이다.

그러나 선제 행동자의 이득과 같은 선별적 유인이 없는 경우에도 개인 간 신뢰가 높은 문화권에서는 개혁이 보다 원활히 이루어질 수 있다.

Ⅳ. 사회적 자본의 기능

1 사회적 자본의 순기능

사회적 자본은 정보 제공, 사회 통제, 연대감 강화의 순기능을 담당한다.

1) 정보 제공

사회적 자본은 사회 관계를 통해 필요한 정보를 획득하게 해준다. 즉, 사회적 자본은 아주 적은 비용으로 정보 통로(information channel)에 접근하게 해 준다. 또한 조직 사이의 연계망은 기업이 새로운 기술과 지식을 획득하는 데 상당한 혜택을 가지고 있다. 개인적 · 집단적 행위자들은 연결망을 구축하고 사회적 자본을 증가시킬 수 있으며, 이는 다시 그들에게 가치 있는 정보를 용이하게 얻게 해 준다.

2) 사회 통제

규범을 잘 준수하고 시민참여의 네트워크가 확고하게 구축된 사회에서는 규범을 지키지 않는 사람들을 통제하는 것이 용이하다. 엄격한 지역사회의 네트워크에 의해 형성된 사회적 자본은 공식적 통제 비용을 줄이고 사회의 규율을 유지하고 구성원의 협력 및 복종 도출에 매우 유용하게 이용될 수 있다. 요컨대, 사회적 자본이 사회 체제를 유지하는데 매우 중요한 역할을 한다.

3) 연대감 강화

사회적 자본이 높은 사회는 구성원들 간의 가치관, 규범, 목적의 공유를 통해서 높은 연대감(solidarity)을 만들어낸다. 사회적 연대감은 구성원들이 규칙을 준수하게 하며, 신뢰를 통해서 개인적으로나 집단적으로 더욱더 잘살게 된다. 즉, 사회적 자본이 창출하는 높은 연대감은 사회적 · 경제적 시스템이 더욱 잘 작동되게 한다.

4) 국부(國富)의 원천

신뢰, 상호성, 네트워크 등은 사회적 자본으로서 경제성장을 이끄는 핵심적인 요인으로 인정받고 있다. 예컨대, 세계은행은 '국부(國富)는 어디에서 오는가?'라는 보고서에서 국가의 부 창출의 핵심 변인이 바로 '사회적 자본'이라고 평가한다. 보고서에 따르면 사회적 자본의 국부창출 기여도는 선진국 클럽인 경제개발협력기구(OECD) 국가의 경우 81%에 달한 반면, 후진국과 중진국은 50%와 68%에 불과했다. 즉 국가의 부의 차이는 사회적 자본의 차이에 크게 기인한다.

5) 작은 정부

사회적 자본은 최근에 주목을 받고 있는 '작은 정부론'과 관련해서도 중요한 함의를 가진다. 정부의 시장 개입에 대한 중요한 근거인 사회적 딜레마의 경우에도 정부가 직접 개입하는 것보다는 이해당사자들 사이의 자발적인 협력을 강조한다는 점에서 정부의 역할과 기능을 줄이고자 하는 최근의 "작은 정부론"과 일맥상통한다. 그것은 국가 외에 사회 문화가 사회 달레마 해결의 일역을 담당한다고 보기 때문이다.

2 사회적 자본의 역기능

사회적 자본은 다음과 같은 역기능을 초래할 수도 있다(전진석, 2002).

1) 폐쇄적인 연줄망

사회적 자본은 폐쇄적인 연줄망으로 전락할 수 있다. 집단에 대한 제한된 결속과 신뢰는 그 집단에게 사회·경제적 지위와 기업가적 발전에 대한 원천을 제공하지만, 타 집단에게는 정반대의 부정적인 효과를 주기도 한다. 제한된 결속이 이기적 집단 간의 배타성, 분열을 조장하여 궁극적으로는 '공공 악재(public bads)'를 산출할 수 있기 때문이다.

2) 개인의 자유 제한

지역사회에서 효과적인 통제 기제로 작용하는 사회적 연계(social connections)가 경우에 따라서는 개인의 표현의 자유를 제한하고, 지역 사회를 초월하는 접촉을 제한하여 혁신을 방해할 수 있다.

3) 사회적 불평등 야기

사회적 자본이 오히려 사회적 불평등으로 이어질 수 있다. 사회적 자본이 어떤 집단에게는 이로운 규범과 연결망이 되지만 만일 이에 이들 규범과 연결망이 차별적 요소가 포함되어 있을 경우에는 다른 집단에게는 피해를 줄 수 있다.

Ⅴ. 사회적 자본 축적 방향

1 낮은 신뢰 사회

사회적 자본은 선순환·악순환 관계에 있기 때문에, 사회적 자본의 악순환을 끊고 선순환으로 나아가기 위한 합리적인 방안을 마련하는 것은 중요하다. 특히, 한국은 사회적 자본이 아주 낮은 국가로 평가된다. 후쿠야마(F. Fukuyama, 1995)는 한국 사회를 문화적 차원에서 '저신뢰 사회'로 규정하고, 한국 사회에 만연한 불신이 사회적 비효율성의 원인이 되고 있음을 지적한 바 있다. 세계은행에 의하면 최근 국민 1인당 사회적 자본량이 세계 118개국 중 26위에 불과하다. OECD 국가 평균 사회적 자본의 크기는 1인당 35만 3,339달러인 데 반해 한국은 10만 7,864달러로 선진국의 3분의 1 수준이다(서울신문, 2008. 9. 16).

2 사회중심적 신뢰 육성

혐오시설의 입지 결정이나 이명박 정부 초기 미국산 쇠고기 수입 문제 등의 사례에서 볼 수 있듯이, 정부 신뢰의 상실 및 저하가 추가적인 사회적 비용의 문제로 지적되고 있다. 그러나 정부가 불신을 받을 만한 정책 관리를 했기 때문에 당연히 불신을 받는 것은 신뢰의 문제가 아니다. 사회적 자본으로서의 신뢰는 정부 이전에 사회 구성원간에 연결되어진 문화적 공유된 태도이기 때문이다. 그러므로 사회적 자본의 육성은 정부의 정책으로 형성되는 것이 아니라 학교 교육, 사회 교육, 가정 교육을 통해서 우선적으로 육성되어야 한다.

3 정부의 역할

사회적 자본은 사회중심적(society-centered)으로 육성됨이 원칙이지만 정부 역할도 중요하다. 특히, 정부가 공공정책 관련하여 "신뢰성 있는 언명"(credible commitment)'을 제시해야 한다. 신뢰에 어긋나는 정책 변동은 사회구성원의 신뢰 구축에서 부정적 작용을 하며 낮아진 신뢰 때문에 정책 집행이 더 어려워지는 악순환이 반복된다.

또 정부가 일단 공약한 충실히 수행한다는 충분한 예측 가능성을 주어야 한다. 충실히 수행하여 개혁에 대한 재량의 여지를 최소화하여 개혁을 '불가항력적인 공약(imperative commitments)'이 되도록 할 필요가 있다. 이는 개혁과정에서 흔히 나타나는 죄수의 딜레마 문제를 해결할 수 있는 한 방안이 될 수 있으며, 그에 따라 개혁에 수반되는 '전환비용(transition cost)'을 최소화할 수 있다.

논평

사회적 자본의 두 가지 의미와 사회적 자본주의와의 구분을 정확히 이해하라. 사회적 자본은 공동체주의적 관념이 행정 문제에 들어 온 또 다른 예이다. 2010년 행정고시에서 주민참여 예산제도와 연계되어 출제된 바 있는 중요한 주제 중 하나이다. 사회적 자본의 직접적 의미보다는 행정 제도와 연계하여 이해해 두라. 또 사회적 자본 개념을 정립에 절대적인 기여를 한 Putnam의 연구 정도는 그 요지를 정확해 이해해 두라. 그의 저서 "혼자 보울링하기"(Bowling Alone, 2000)의 함의는 그것이 무미와 고독이라는 차원을 넘어 사회공동체가 신뢰 및 상호 결속을 상실해 가는 징표라는 것이다.

따라서 이 글의 공부 자체도 "함께" 하는 것이 더 필요할 것이다. 많이 투입할수록 고갈되기는커녕 더 확산된다는 사회적 자본의 속성을 반추해보라. 개인의 합리성만으로는 공동체의 후생 증진이 어려우며 오히려 상호성과 신뢰가 개인의 합리성에도 영향을 준다는 것이다. 그렇다면 그것은 효율적 행정에도 기여할 것이다.

|새 테마 행정학|

36. 행정문화

Ⅰ. 의 의

1 개념

행정인, 행정 구조, 행정 문화는 행정을 구성하는 세 가지 주 변수이다(박동서, 2004). 행정인과 행정구조는 행정 문화의 테두리 안에서 움직인다. 행정문화란 행정인의 가치관, 태도, 사고방식, 의식구조나 신념체계를 의미한다(김광웅, 1983). 행정문화가 어떻게 형성되는가에 대해 구조주의자들과 기능주의자들의 입장이 상이하다. 구조주의자들에 의하면 행정문화는 정치 · 경제 · 사회 구조에 의해 결정된다. 반면, 기능주의자들에 의하면 행정인은 구조의 영향 없이 자율적으로 행동할 가능성이 있다. 즉 행정 문화의 변화는 구조적으로 결정되어진 것이 아니라 행정인들의 자율적인 활동과 기능과 관련되어 형성된 것이다(윤은기, 2004).

2 조직문화 · 정치문화 · 사회문화

인간 사회에 문화론적 시각을 선도적 역할을 한 것은 문화인류학과 사회학이다. 이것이 경영학에서는 기업문화 연구로 전개되었으며 기업 문화에 대한 국가 간 비교 및 기업들 간의 비교에 적용되었다. 이어 행정학에서는 생태론적 연구와 비교행정연구에서 문화는 가장 중요한 개념적 도구가 되었다. '조직문화'는 공공 조직의 관료제적 범주를 전제로 한 것이 아니라면 공사조직을 포용하는 문화를 의미한다. 주로 비조직(개인)에 대비한 집합체(collectivity)에 특유한 패턴화된 가치 및 신념을 의미한다.

정치와 행정을 엄별하는 정치행정이원론이 정치문화와 구별된 행정문화를 제시함은 당연하다. 그러나 오늘날 정치행정일원론을 인정한다면서 양자를 굳이 구분함은 논리적 모순이다. 정치와 행정에 다 영향을 주는 문화란 의미에서는 '정치행정문화'라고 부르기도 하지만 정치문화를 행정문화로부터 엄별할 의미가 없다.

사회문화는 두 가지 차원이 있다. 좁은 의미의 사회문화는 정부와 관련되지 않는, 비(非)정부적 부문(혹은, 민간 부문)에서의 문화를 의미하는 좁은 의미이다. 한편 광의의 사회문화란 정부와 민간 부문을 다 포괄하는(한국사회 전반) 문화를 의미한다. 후자의 경우라면 행정문화이건 기업문화이건 다 사회문화의 하위 체제가 된다.

3 문화변동

문화는 매우 안정적이다. 일반적으로 행정문화는 고착된 것으로 전제하고 행정구조의 결정에 주요한 영향을 주거나 행정 활동의 내용과 방식을 결정하는 요인인 행정문화를 발굴하는 것이 중요시되었다. 그러나 장기적으로는 이 문화도 변동한다. 행정문화가 행정구조・행태에 영향을 주지만, 장기에 걸친 행정구조・행태가 문화를 변동하게도 만든다. 문화를 주어진 것으로 전제하기보다는 바람직한 문화로 형성해 나가고자 하는 '문화개혁'은 문화변동을 인정할 때에만 성립한다.

Ⅱ. 전통적 행정문화

가장 일차적인 것은 전통적인 행정문화이다. 지금까지는 전통적인 행정문화가 행정에 부정적인 영향만을 주는 것으로 전제해 온 경우가 많다. 그러나 전통적 문화 특성이 행정에 주는 영향도 부정적-긍정적인 양면성이 있다.

1 부정적 행정문화

1) 권위주의

권위주의란 행정 조직 내의 위계질서와 상하관계를 최우선시하는 문화를 뜻한다. 이러한 행정문화에서는 상급자와 하급자에 대한 태도가 확연히 구별되는 것이 특징이다. 즉 권위주의자들은 윗사람에게 맹종하고 아랫사람에게는 군림하는 수직적인 대인관계를 선호한다. 그렇기에 전통적 행정 조직은 비교적 집권적 구조가 쉽게 형성될 수 있었으며, 상급자의 지도력이 한층 강화될 수밖에 없었다. 또한 권위주의적 행정문화에서는 일방적이고 하향적 의사결정이 지배적이기 때문에 상급자와 하급자간의 갈등이 거의 발생하지 않을 뿐만 아니라 정책의 추진과정이 빠르고 효율적이어서 정책의 능률성을 높이는데 어느 정도 기여하였다.

그러나 행정의 환경이 빠르게 변하고 있는 상황에서 권위주의적 행정문화는 행정 발전에 기여하는 부분 보다 더 많은 병폐를 낳았다고 평가할 수 있다. 가장 큰 문제점은 의사결정권이 계층제의 상위층에 독점되고 중하위층의 참여가 배제되면서 의사결정이 폐쇄적으로 이루어져 행정의 민주성을 해친다는 것이다. 또 권위주의는 상급자에 대한 과도한 충성을 낳아 계서주의와 서열주의를 더욱 고착화시킨다. 그 결과 개개인의 창의성이 약화되면서 조직의 경직화를 불러온다. 뿐만 아니라 권위주의 문화는 행정과 국민과의 관계에도 영향을 주어 관존민비, 공급 중심의 공공서비스, 행정편의주의 등과 같은 폐해를 낳기도 하였다.

2) 연고주의

연고주의란 가족주의에 그 연원을 두며, 가족적 행동양식을 다른 사회관계에까지 연장하여 적용하려는 문화적 특성을 말한다. 다시 말해서 연고주의는 가족관계에서 유대와 행동양식이 다른 사회관계에 투영되어 혈연, 지연, 학연, 직연 등의 모습으로 나타난다. 이러한 연고주의는 자연스레 의리의식, 보은의식 그리고 서열의식을 중시하기 때문에 조직 내의 인관관계를 보다 친화적으로 만드는데 중요한 역할을 한다. 따라서 연고주의의 좋은 점은 인간관계론에서 말하는 사회적 능률성을 향상시키는데 있다.

하지만 연고주의 행정문화는 현대 행정이 추구하는 방향과 양립할 수 없는 부분도 많다. 공공의 행정은 공평무사해야 하지만 연고주의를 중시할 경우 공사(公私)를 분명히 하지 못하여 부패와 비리가 양성되는 폐단이 생길 수 있다. 무엇보다도 큰 문제는 인사행정에서 공정성과 공평성을 상실하기 쉽고 이는 파벌주의, 할거주의 그리고 연줄주의라는 또 다른 나쁜 행정문화로 이어지기 쉽다는 점이다.

3)형식주의

형식주의는 외형과 내실이 괴리되는 행정문화를 말한다. 이는 행정에서 실질적인 것보다는 겉으로 드러나는 형식을 더 중요시하면서 나타나는 문화적 특성이다. 형식주의는 지나친 의식주의에서 비롯되기도 하지만 목표의 내재화 실패, 비현실적인 통제기준, 권위주의적 관리체제 등과 같은 여러 다른 원인으로 인해 형성되기도 한다. 형식주의 행정문화는 행정의 명분강화나 법적 절차준수의 중시, 문화적 상징의 발전 등의 이점을 제외하면 특별한 장점을 찾아보기 힘들다

오히려 오늘날 형식주의는 행정의 후진성으로 받아들여지면서 많은 비판을 받고 있다. 구체적으로 살펴보면, 행정의 목표나 내실보다 형식을 우선시하면서 목표대치현상이 나타날 뿐만 아니라 변화에 저항적인 행태가 조장된다. 또한 형식주의는 과다한 문서주의(red tape), 외화내빈과 같은 병폐를 초래하여 행정의 효율성을 저하시키고 재정의 낭비를 악화시킨다. 결

국 표리부동의 행정구조를 조장하여 공식적 규범의 위반상태가 만연할 수 있다.

4) 순응주의

순응주의는 주체적으로 인간생활을 통제하는 것이 아니라 외부에서 설정된 환경조건을 쉽게 수용하고 따르는 행동양식을 말한다. 신비적 결정에 의존하는 운명주의는 순응주의의 한 원인이 되는데, 순응주의자들은 조직 내의 질서와 방침을 쉽게 받아들임으로써 보수적이고 현상유지적인 행태를 보인다. 조직의 질서에 순응하는 것은 상명하복의 계서적 질서유지와 조직의 안정에 기여하는 긍정적 측면이 있다.

그러나 오늘날처럼 행정환경이 급변하는 상황에서 순응주의는 창의적이고 적극적인 업무수행을 어렵게 한다. 순응주의는 소극적이고 무사안일의 행정을 초래하기 때문이다. 또한 자율적으로 규제하는 능력을 약화시켜 책임 있는 행정을 좌절시킨다. 뿐만 아니라 순응주의의 보수적 특성으로 말미암아 행정의 경직화를 가져올 수 있다.

5) 온정주의

온정주의는 정의성(情誼性)이 높은 문화적 특성이다. 이는 인정, 우정, 신뢰 등 감성적인 유대관계를 중시하는 성향을 말한다. 온정주의자들은 쉽게 정에 이끌리고 감성적으로 행동한다. 그래서 온정주의는 연고주의를 강화한다. 이렇게 정의성을 중요시하는 문화는 조직 내의 분위기를 유연하게 하여 조직의 경직성을 완화하고 대인간의 응집성을 높이는데 일조할 수 있다.

하지만 연고주의와 같이 온정주의 문화 역시 현대행정에 악영향을 미치고 있다. 공정하고 공평하게 처리해야 할 행정 업무가 정의적이고 감성적인 성향에 따라 처리되기 쉬워 행정의 목표 달성이 좌절될 수 있다. 그리고 공식적인 업무처리과정 보다는 '연줄'을 통한 비공식적인 업무처리 방식을 선호하기 쉽다. 이것은 행정의 불투명성을 초래한다. 또한 온정을 지나치게 중시할 경우 정실인사와 부패가 조장되기 쉽다.

6) 일반능력자주의

일반능력자주의(generalist)는 전문가주의(specialist)와 대조되는 의미로서 역할의 분화와 전문화보다는 통합과 융통성을 추구한다. 즉 전체를 조명할 수 있는 안목을 중요시한다. 일반능력자주의는 행정이 단순하던 시대의 산물이자 여러 방면의 능력을 중시했던 유교적 교훈의 유산이기도 하다. 또 일반능력자주의는 행정의 여러 부문에서 두루 경험하여 관리자로서 갖추어야 할 자질을 기르는데 큰 기여를 하고 있다. 그래서 전문가주의에 따른 문제를 극복할 대안으로 제시되기도 하였다.

하지만 현대 행정이 질적, 양적으로 팽창하기 시작하면서 일반능력자주의의 한계가 노정되었다. 다시 말해서 일반능력자주의를 통해 행정의 복잡성과 전문성을 극복하지 못하였다. 이는 행정의 아마추어리즘을 조장하여 결국 행정의 효율성을 떨어뜨리는 문제를 야기하였다.

2 긍정적 행정문화

1) 민주행정적 사상

전통적 행정문화 중에서 부정적인 요소만 존재하는 것이 아니라 현대행정에 바람직한 기능을 하는 여러 특성을 가지고 있다. 그 중에서 민본주의(民本主義) · 위민(爲民) · 홍익인간(弘益人間) 사상은 행정의 민주성 차원에서 긍정적 역할을 할 수 있다. 또한 공명정대한 통치와 절대 권력에 대한 견제를 강조한 것은 민주행정의 발전에 핵심적 역할을 할 수 있다.

2) 학문 숭상과 덕치주의

유교문화권에서 중시한 요소로서 학문과 교육에 대한 존중을 들 수 있는데 이는 학문과 교육을 통해서 인간의 자기수양과 자기개발을 강조하였기 때문이다. 학문에 대한 숭상은 높은 향학열에 영향을 미쳐 끊임없이 자기개발을 추구하는데 긍정적인 역할을 하였다. 마찬가지로 덕치주의와 덕성교육의 강조도 긍정적인 유산이라고 볼 수 있다.

3) 공동체(가문, 국가) 중시

유교문화에서 충효사상은 나라와 가족의 운영에서 핵심적인 원리이다. 즉 충과 효를 다함으로써 나라 또는 가족 전체의 안위와 번영을 추구하는 것이다. 이렇다 보니 개인보다 공동체를 중시하는 전통적 문화가 뿌리 깊게 남아 있다. 공동체문화는 자칫 개인적 요소를 배격하여 전체만을 우선시하는 전체주의로 빠질 우려도 있지만 그것보다는 극단적 개인주의를 극복할 수 있는 좋은 방안이 될 수 있다(오석홍, 2004; 박동서, 2004).

4) 정신적 가치 강조

서구의 물질주의적 가치관에 비해서 유교문화에서는 정신적인 가치관을 강조하고 중요시해 왔다. 높은 도덕성과 예절을 강조한 전통적 문화는 현대행정에서도 긍정적으로 작용할 수 있다.

5) 성취의욕 · 근면

강한 성취의욕과 근면성이라는 장점은 유교문화의 전통과 지리적인 환경에 기인한 측면이 있다. 지난날 한국의 경제발전은 국민의 근면성과 성취의욕이 뒷받침되지 않았더라면 불가능했을 것이다. 따라서 이러한 유익한 전통적 문화를 지속, 발전시키는 일이 무엇보다도 중요할 것이다(박동서, 2004).

Ⅲ. 변동 중인 행정문화

앞에서 본 전통적 행정문화만이 존재하는 것이 아니다. 문화도 장기적으로는 변동되는 것이다. 건국 후 50여 년이 지나면서 전통적 행정문화는 어느 정도 약화되면서 새로이 추가된 특성들이 있다. 이들은 장차 행정문화로 정착될 수도 있고 또 소멸될 수도 있는 불안정성을 안고 있다. 현재 새로이 부가된 요소들은 긍정적, 부정적 요소로 나눌 수 있다.

1 긍정적 특성들

현대의 행정에 합치하는 긍정적 특성들을 발견할 수 있다. 민주주의, 과학주의, 능률주의, 실용주의, 인권존중 사상 등이 그 예이다. 다만, 경쟁주의는 내재하고 있다고 볼 수 있다. 생산성을 극대화한다는 긍정적 측면과 이기주의 및 극단적 개인주의를 조장하는 부정적 측면을 다 포함한다. 이러한 긍정적인 문화 특성은 빠른 시일 내에 내재화되어 정착되어야 할 것이다.

2 부정적 특성들

부정적인 문화적 특성도 형성되고 있다. 배금주의·이기주의·쾌락주의·물질주의·근시안적인 사고 등은 한국 사회가 급격한 변동과 외국 문화의 전파로 심화된 것이다. 이러한 부정적 특성들은 가급적 이를 억제하여 행정 문화로 정착되지 못하게 해야 한다. 행정문화는 이러한 현재적 불안정성을 겪으며 진화해 가는 셈이다.

Ⅳ. 행정문화의 개혁 방향(바람직한 행정문화)

행정문화의 안정성·변동노력의 어려움을 주장하는 사람들은 문화개혁은 불가능하다고 본다. 그러나 적어도 장기간에 걸쳐서 행정문화 개혁은 가능하다. 이 경우 한국의 행정문화는 다음과 같은 내용으로 정착됨이 바람직하다(오석홍, 2004).

1) 국민중심주의

가장 강화되어야 할 문화는 국민중심주의라고 할 수 있는데 왜냐하면 행정은 국민을 위해 존재하기 때문이다. 고객 중심주의, 봉사지향성, 시민헌장 등은 국민중심주의의 일환이라고 볼 수 있다. 다른 행정개혁에서도 국민중심주의는 기초가 되는 문화적 특성이다.

2) 인간주의

인간주의는 자기실현적 욕구, 능동성, 창의성과 자율성 등 인간의 고귀한 특성을 존중하고 보호해야한다는 신념이다. 이를 바탕으로 민주행정이 가능하다.

3) 임무중심주의

임무중심주의는 지위보다 임무수행과 문제해결 능력을 더 중요시하는 문화적 특성이다. 따라서 실천과 행동을 중요시하는 행동지향성과 일의 성취를 강조하는 성과주의를 내포한다. 임무중심주의는 전문성을 강조하는 전문가주의와도 연계된다.

4) 보편주의

보편주의는 특수주의와 대조되는 개념으로서 부분적인 이익보다는 전체이익을 강조하고 개방적인 사고방식을 전제로 한다. 따라서 보편주의는 문제해결의 개방 체제적이고 통합적인 접근을 지향하며 다양성을 인정하고 형평성을 추구한다.

5) 적응성과 장기적 안목

격변하는 행정환경 속에서 행정성과를 달성하기 위해서는 장기적인 안목 하에서 진취성과 창의성을 바탕으로 하여 환경에 적응해 나가는 것이 매우 중요하다.

6) 협동주의

권위주의 행정문화는 민주화, 지방화, 세계화 시대에는 적합하지 않다. 그 대신 참여적 협동주의 행정문화는 민주화와 분권화가 진행되고 있는 환경에서 알맞은 문화적 특성이다. 왜냐하면 협동주의는 수평적 협동과 조정을 강조하여 민주화, 자치화를 촉진시키기 때문이다.

7) 정직성과 청렴성

국민에게 신뢰받는 행정을 위해서는 공무원들의 정직성과 청렴성은 필수적 요소이다. 정직과 청렴을 강조하는 행정문화는 지대추구, 부패, 비리로 인한 행정 불신을 제거할 수 있다.

8) 과학주의

전통적 행정문화는 합리적 판단보다는 직관이나 감정에 의존하는 경향이 강하였다. 즉 그동안 과학주의를 경시해온 측면이 있다. 그러나 현대의 복잡한 행정 문제들을 해결하기 위해서는 과학주의적 행정문화가 반드시 필요하다.

논평

행정문화 연구는 생태론적 행정학, 비교행정론 시대에 크게 유행한 것이다. 그리고 한국적 행정학이론을 확립한다는 측면에서도 상당히 많이 추구된 주제이다. 박동서 교수는 한국행정론을 구축하면서 행정의 3대 변수에 '환경'을 포함시켰다. 가장 주의할 점은 '정치행정이원론'을 오늘날 인정하지 않는다고 해 놓고서 행정문화와 정치문화를 구분함은 논리적 모순이다. 또 한국 행정문화가 일률적으로 부정적인 영향을 준다고 지적함도 타당하지 않다. 행정문화의 서술 도입부에서 이런 식의 작은 오류들을 별 생각 없이 끼워두지 않도록 주의하라. 행정문화의 서술의 핵심은 한국의 행정에 영향을 주는 문화적 요소가 어떤 것인가를 정확히 제시하는 것이다. 추상적인 문화이론 일반에 대해 너무 깊이 몰입하느라 정작 중요한 이 핵심을 놓치지 않도록 유의하라. 이 주제의 실증 연구들은 일반적 언명을 얻을 만큼 타당성과 보편성있는 결과를 보여주지 못하고 있다. 오석홍(2004) 교수의 서술은 전통적 문화의 양면성을 잘 지적하고 있다. 김광웅(1983) 교수의 글은 행정문화의 표준적 소개서이다.

ㅣ새 테마 행정학ㅣ

37. 시민참여와 민주행정

Ⅰ. 의 의

1 개념

피터스(B. Guy Peters)의 네 가지 거버넌스 모형 중 참여주의 모형에서는 공공의 이익이란 참여와 협의를 통해 성취된다고 본다. 이때의 참여의 주체는 조직 내부의 하위공무원과 조직 외부의 시민을 염두에 둔 것이다. 시민참여는 이 중에서도 주로 후자의 참여를 강조하는 것이다. 시민참여(citizen participation)란 공동체의 시민들이 정부의 정책결정 과정에 참여하여 영향력을 행사하는 다양한 활동이다. 시민의 다양하고 복잡한 요구를 정책에 반영하는 것이 민주행정 체제이다. 정부가 대중의 요구에 민감하게 대응하기 위해서는 시민이 행정 과정에 참여하여 자신의 이익을 요구하는 참여가 필수적이다. 행정 과정에 시민참여가 허용되지 않으면 정책에 시민의 선호가 반영된다는 민주행정 체제는 근거를 잃게 된다.

2 시민참여에 대한 찬반 근거

1) 시민참여에 대한 찬성 근거

시민참여는 다음과 같은 근거들에 의해 정당화된다. 첫째, 정치적 정당화이다. 민주주의의 주인인 시민이 직접 국정에 참여하여 결정권을 행사함은 민주주의 본래의 가치를 실현하는 것이며, 현대 대의민주제의 약점을 보완한다. 둘째, 문제해결의 효과성 측면에서도 정당화된다. 정책의 효과를 입을 당사자인 시민이 정책 과정에 참여함은 뉴거버넌스의 시대적 요청에 적합하며, 시민이 스스로 그들의 문제를 해결한다는 측면에서 매우 현실적인 대안이다. 정부가 일방적으로 결정할 경우보다 상호 조정 및 상호 협력의 가능성을 높여준다. 셋째, 시민참여는 도덕적으로도 정당화될 수 있다. 시민참여는 직접 민주주의의 학습과정이다. 시민참여가 많을수록 민주사회 기술을 학습은 성숙한다. 시민참여는 공동체 의식과 도덕성을 고양시켜주는 자기 발전적 학습과정이다. 넷째, 시민참여는 경제적으로도 정당화된다. 시민참여는 정부 정책에 대해 시민들의 소유권(ownership)을 설정하는 효과가 있다. 직접 참여하여 산출한 정책에 대해 높은 시민은 높은 애착과 만족도를 가질 수 있다.

2) 시민참여에 대한 반대 근거

시민참여에 대한 반대하는 측에서는 다음과 같은 근거를 제시한다. 첫째, 시민이란 행정을 통해 공익이 아니라 이기적 사익을 과도하게 추구하거나, 혹은 공공문제에 대해 지나치게 무관심한 것이 보통이다. 따라서 이들의 참여가 대의제 혹은 정부 주도의 과거 결정방식보다 더 나은 결과를 초래한다는 보장이 없다.

둘째, 현대 사회에서는 아무래도 대의민주주의가 필연인데 직접적 시민참여는 대의민주제를 훼손하는 비현실적인 대안이다.

셋째, 시민들은 합리적이기보다는 포퓰리즘 및 감성에 좌우되며 공공 문제에 대해 일관성을 갖기도 어렵다. 실제로 과다한 시민참여는 공식적 국가기구의 역할을 위협한다. 따라서 공식적인 정치행정 기관에 의한 지도를 받는 것이 바람직하다는 것이다.

Ⅱ. 국정에서의 시민 역할의 모형

시민참여와 관련하여, 행정 과정에서의 시민의 지위에 관한 시각은 크게 다음과 같은 세 가지로 분류할 수 있다. 시민참여를 인정하지 않는 전통적인 시각 및 이를 극복하고 시민의 역할을 높이기 위한 대안적 시각들이다(유재원,2003).

1 관료적 가부장주의 모형 (bureaucratic patemalism model)

시민과 관료간의 관료적 가부장제라고 할 수 있는 전통적 시각에서는 선거직 공직자와 관료가 공익적 서비스의 제공에 결정권을 갖는다고 보며 시민은 이에 관여할 여지가 없다. 이들은 공익 달성에 집착하지만, 그 공익은 시민의 선호를 반영되어 있지 않은 채 관료측에 의해 일방적으로 규정된 것이다.

이 모형에서의 관료는 무엇이 바람직한 공익인지에 대해 '우리가 가장 많이 알고 있다'(we know the best)는 태도를 취한다. 따라서 시민들로부터의 의견 투입은 불필요하거나 행정효율성을 저해하는 것으로 본다. 이러한 시각은 관료 뿐 아니라 선거에 의해 임용된 고위공직자에게도 동일하다. 관료와 선거직 공직자들은 공공의 이익에 가장 합치되는 최상의 서비스로 간주하는 행정 서비스를 일방적으로 판단하고 이를 제공하려고 한다.

이러한 서비스에 대해 시민이 항의하거나 거부하는 것은 허용되지 않으며, 대중은 관료들이 제공하는 서비스를 주는 그대로 불평 없이 수용한다고 전제한다. 관료적 가부장주의 모형에서는 시민은 관료가 주체적으로 결정한 서비스의 피동적 수혜자(clients)로 인식된다. 허쉬만(Albert O. Hirschman)의 표현에 따르면, 이 모형에서 시민에게는 퇴장(exit)과 항의(voice) 기제는 봉쇄되고 오직 수용(loyalty) 기제만 허용될 뿐이다.

2 시장 확대 모형(market-extension model)

시장 확대 모형은 정부가 서비스 제공의 주체가 되어야 한다는 관료적 가부장주의 시각을 거부하며, 이를 사적 행위자에 의한 서비스 제공 방식으로 대체할 것을 요구한다. 여기에서는 서비스 제공(provision)과 생산(production)을 구분하여, 정부는 시민에 대한 서비스 제공자일 수는 있지만 반드시 서비스의 생산자일 필요는 없다고 본다.

정부의 바람직한 역할은 서비스 제공에 경쟁적 시장 시스템을 도입하고 시민들에게 값싸고 질 높은 서비스가 제공되게 만드는 것이다. 경쟁적 서비스 생산시장을 형성하여 다수의 다양한 서비스 제공자들이 경쟁적으로 대중에 서비스를 제공할 것을 제안한다. 마치 시장에서 소비자가 다수의 생산업체를 옮겨다니면서 자유롭게 재화와 용역을 선택하는 것처럼 시민은 다수의 서비스 제공자들 중 최대의 만족을 제공하는 서비스를 선택하도록 하자는 것이다. 이 모형의 시민은 소비자(consumer)에 비유되며 자유롭게 이동하는 선택권을 가진 소비자를 유치하기 위해 공급자는 상호 경쟁적으로 서비스를 향상시키게 되고, 이를 통해 소비자 주권(consumer sovereignty)이 자연스럽게 구현된다. 허쉬만의 용어로 표현하면, 이 모형에서는 시민의 퇴장(exit) 기제가 가장 중요하다.

그러나 이 모형은 한계를 지니고 있다. 첫째, 시민의 퇴장(exit) 기제가 허용되려면, 다수의 공급자가 경쟁하는 시장이 존재해야 한다. 그러나 공공서비스의 성격상 독점적 공급이 불가피한 경우가 많은데 이 경우 시민의 선택 여지는 없다. 둘째, 퇴장 기제가 가능하더라도 이 모형은 본질적으로 서비스 제공에 있어 사회적 형평(social equity)을 고려하지 못한다. 사회적 약자에게는 다른 서비스를 찾아 나설 가능성이 적기 때문이다. 셋째, 시장 확대 모형은 편익이나 비용이 개인별로 분리 가능한 서비스에는 잘 적용될 수 있지만, 맑은 공기, 도로, 가로등, 환경의 질, 학교 교육과 같이 공공재적 성격이 강한 공공서비스에는 적용되기 어렵다.

3 민주주의 확대 모형(democracy-extension model)

시장 확대 모형이 신우파(new right)의 처방이라면, 이 민주주의 확대 모형은 신좌파(new left)의 처방이다. 기존의 관료제는 효율성과 대응성을 높이도록 개혁되어야 한다고 인식한다는 점, 그 개혁은 관료제 스스로가 아니라 외부로부터의 압력에 의해 이루어져야 한다고 보는 점에서 양자는 동일하다. 관료적 가부장주의의 성격에 대해서는 양자는 일치된 진단을 하지만 그에 대해 근본적으로 상이한 처방을 제시한다.

시장 확대 모형이 소비자의 퇴장(exit) 기제를 통해 시민의 역할을 강화하려고 하는 반면에, 민주주의 확대 모형은 시민들이 자신의 삶에 영향을 미치는 지방정부의 의사결정에 참여하여 의견을 제시(voice)함으로써 시민의 역할을 강화시키려 한다. 또 민주주의 확대 모형은 서비스의 개개의 수혜자 보다는 정부 및 시민의 공동체 간의 상호 작용에 초점을 둔다. 이 상호 작용을 민주화시켜 시민들의 선호가 정부의 의사결정에 반영되도록 하는데 초점을 둔다. 정부와 그들이 봉사하는 공동체간에 공론의 장이 마련되어야 하며, 모든 시민은 이에 참여할 수 있도록 개방되어야 한다고 주장한다.

시장 확대 모형에서 소비자인 시민은 서비스에 불만족할 경우 다른 서비스 공급자로 이동함으로써 불만을 표출한다. 그런데 이러한 방식으로는 시민은 국가의 대응성과 책임성을 적극적으로 이끌어내기 어렵다. 시민이 서비스 공급자의 교체보다는 서비스 결정 과정에 직접 참여할 때에 더욱 증대될 수 있다고 본다.

시장 확대 모형에서의 시민은 이기적인 개인이므로 공동체에 관심이 적다. 이에 반해 민주주의 확대 모형에서의 시민은 공동체의 공동선을 위해 자신의 이익의 일부를 희생시킬 준비가 되어 있는 공동체 우선주의자이다. 민주주의의 활성화는 정부가 사적 이익만을 추구하는 소비자가 아니라 공동체를 의식하는 시민들로 구성될 때 가능하므로 결국 시장 확대모형은 민주주의를 저해한다는 것이다. 행정에 대한 시민참여주의는 바로 이 민주주의 확대모형에 토대하고 있다.

Ⅲ. 시민참여의 새로운 형태(-전자적 시민참여-)

오늘날 디지털 기술의 발달로 수많은 시민들이 정치활동에 직접적으로 참여하는 전자 민주주의가 전개되고 있다. 전자 민주주의란 정보통신기술을 활용하여 시민 개인 혹은 시민단체가 중요한 정책의제에 대해 정부에 직접적으로 의견을 표명하거나 전자적 방법으로 투표를 함으로써 국정에 직접 참여하는 제도로써 지식정보사회에 적합한 민주주의의 한 형태이다. 전자 민주주의는 1994년 10월 미국 미네소타주 세인트 폴에서 Minnesota Electronic Democracy Project 그룹에 의해 그 가능성을 실제로 시험한 이래로 각국에서 확산되고 있다.

전자 민주주의 하에서 일어나는 참여 작용이 전자적 시민참여다. 전자적 시민참여는 종전의 국정 작용을 e-governance 및 u-governance로 전환시킨다. 전자적 시민참여 하에서는 국정 참여의 필요한 정보, 접촉기회, 그리고 궁극적으로는 투표 참여도가 향상될 수 있다. 오프라인(off-line) 공간에서는 불가능하던 대규모의 토론 및 시민-엘리트간의 토론도 가능하다. 또 종래 특정 집단에 의해 독점되던 정보가 시민 개인들에게 확산됨으로써 시간 및 능력 부족, 정치적 접근의 제약 하에 있던 시민들의 사회적 참여를 촉진한다.

본래 대의민주제에서 나온 결과는 주민들이 직접 민주제를 통해 집합적 의사결정을 한 결과와 모순될 수 있다. 그것은 대표(대리인)가 주민(본인)의 의사를 왜곡하려는 의도가 없을 경우에도 나타난다. 이것이 이른바 "오스트로고르스키의 역설"(*Ostrogorski's paradox*)이다(Hillman, 2003). 대의제의 본질적인 이 문제점은 직접민주제를 도입함으로써만 교정 가능하지만, 고전적 의미의 직접민주제는 오늘날 물리적으로 불가능하며 오직 사이버 공간에서의 '전자적 시민참여'로서만 가능하다. 그러므로 오늘날 '시민참여를 통한 민주행정'의 배경에는 전자적 시민참여가 핵심적 바탕이 되어 있다. 시민참여라는 이념이 먼저 나타나고 이를 충족할 수단으로 전자적 시민참여가 고안되었다고 볼 수 있지만, 달리 보면 정보통신 기술의 발달로 전자적 시민참여가 가능해지자 이를 활용하고자 하는 전자 민주주의라는 개념이 나중에 성립되었다고도 해석할 수 있다.

요컨대, 오늘날의 시민참여의 활성화는 고전적 의미의 오프라인적 참여의 확대를 통해서도 나타나고 있지만 최근에 새롭게 대두된 전자적 시민참여를 통해 획기적으로 확대되고 있다. 이에 따라 우리나라의 경우에도 중앙정부 및 지방자치단체의 정책 과정에 다양한 전자적 참여 기제가 제공되고 있다.

Ⅳ. 한국 행정에서의 시민참여

한국에서도 시민사회의 성장, 뉴거버넌스, 전자적 시민참여 등으로 인해 최근 시민참여가 확대되어 왔다. 그럼에도 불구하고 아직 충분하고도 바람직한 참여가 정착되지 못하고 있다. 그 원인 및 처방을 다음과 같이 설명할 수 있다(유재원, 2003).

1 시민참여의 부족 원인

첫째, 정책결정 과정에 참여할 제도적 장치가 부족하다. 현재, 주민투표제, 주민조례청구제(주민발의제), 주민감사청구제가 지방자치법상의 공식적인 제도로 이미 인정되었고, 여기에 더하여 주민투표제 · 주민발의제와 더불어 참여민주주의 제도의 삼대 요소의 하나인 주민소환제까지 도입하자는 움직임도 강력하다. 그러나 이러한 외형상의 진전에도 불구하고 아직도 미비점이 많다. 예컨대 주민조례청구제도 및 주민감사청구제도에서는 아직도 실질적인 제약이 많다.

둘째, 분권화 수준이 낮아서 참여가 어렵다. 시민들의 행정 참여의 일차적 장은 지방자치이다. 아직도 중앙정부 권한의 지방이양은 매우 불충분하며, 이제까지 이룩된 분권화도 단체자치의 강력한 전통으로 인해 중앙정부의 권한을 지방자치단체로 이양하는 형식이었지, 시민들에게 권한을 직접 이양하여 시민에게 힘을 실어주는(empowering) 것은 아니었다. 따라서 우리나라의 주민 자치센터는 미국의 근린 단체(neighborhood association) 및 영국의 근린포럼(neighborhood forum) 등과 같은 지방자치 참여수준과는 너무나 거리가 멀다.

셋째, 공동체주의 의식이 약화되어 있다. 한국의 전통적 행정문화에는 공동체를 중시하는 요소가 있었으나 사회이동이 심한 최근에 와서는 이것이 매우 약화되어 가고 있다. 그 결과 선거를 제외하고는 공공 문제에 시민이 참여하는 책임 의식이 매우 약하다.

2 시민참여의 발전 방향

1) 실질적 참여제도의 구비 (산출지향적 참여 제도)

현행 주민조례청구제와 주민감사청구의 발의 요건을 완화하고 청구대상을 확대함이 필요하다. 법적 요건을 형식적으로 충족시키기 위해 개최하는 공청회, 위원회가 아니라 진정으로 시민들의 의견을 골고루 수렴하여 정책에 반영할 수 있어야 한다.

실질적 시민참여제도는 궁극적으로 시민들이 행정, 정책 과정에 의견을 투입(input)하는 역할에 머무르지 말고, 정책의 산출(output)을 결정하는 장에 직접 참여하게 만드는 것이다. 즉 하향적 참여 외형에 초점을 두는 투입지향적 참여에서 시민이 정책을 실질적으로 결정하는 산출지향적 참여로 발전해 가는 것이다. 이러한 예가 미국 세인트 폴(St. Paul) 시의 시민참여제도 및 보다 더 극단적으로 아예 대의정부를 시민참여로 대체하려는 박스(Richard Box)의 시민통치 모델(Citizen Governance Model)이 있다.

2) 자치단체의 권한 부여

시민참여의 일차적 장은 지방자치이다. 따라서 시민들이 자신들의 생활에 직접 관련된 지방차지 행정에 참여하도록 자치단체에 보다 많은 권한을 부여해야 한다. 다음과 같은 제도가 필요하다(유재원, 2003).

첫째, 중앙과 지방간 사무배분의 원리로 보조성의 원칙(principle of subsidiarity)을 채택한다. 이는 중앙정부에 의해 처리되는 것이 '절대적으로 필요한' 경우를 제외하고는 사무는 지방정부의 책임으로 귀속되며, 중앙정부에 의해 처리됨이 '절대적으로 필요한 이유'를 중앙정부가 입증하게 만든 제도이다. 우리의 경우도 이러한 제도로 전개되어 가고 있다.

둘째, 중앙정부의 권한을 지방자치단체에 이양할 때, 그 권한을 독자적으로 담당할 능력 및 의사를 갖춘 자치단체에만 사무를 이양하며, 그렇지 못한 자치단체는 이양을 거부하게 하여 국가가 종전처럼 사무를 직접 담당하는 선택적인 접근이 필요하다. 이는 그 예가 미국의 부분선점권(partial preemption), 북유럽 국가의 자율지방정부제도(free-commune system)이다.

셋째, 지방자치단체에 지방재정권을 위임하여 재정지출이 기본적으로 지역 시민들의 세금으로 충당되게 만들어야 한다. 자치단체 재정의 상당부분이 지방교부세와 같이 중앙에서 내려온 재원으로 충당될 경우 절약과 능률의 동기가 나타나기 어렵기 때문이다. 지방재정의 위임은 우리의 경우 아직도 매우 불충분하다.

3) 시민에 대한 권한부여(empowering)

시민참여의 궁극적 목적은 시민들이 자신과 관련된 정책의 결정 및 집행 과정에 영향을 미치게 하는 것이므로 시민들에게 정책결정 · 집행권을 부여하는 것이 가장 효과적이다. 상당한 권한을 도시정부로부터 공식적으로 위임받아 처리하는 미국의 '근린단체'나, 공식적인 정책결정 권한은 없지만 지방정부의 주요 의사결정에 실질적 영향력을 행사하는 영국의 '근린포럼'은 시민에 대한 권한부여(empowering)의 좋은 예이다.

우리의 주민자치센터도 궁극적으로 이러한 모델로 전환될 필요가 있다. 이때 이상적인 주민자치조직을 설계할 때에는 다음 요소가 구비되어야 한다. ①조직 규모는 참여자들 간에 면대면 접촉(face-to-face contact)이 가능할 정도로 소규모이어야 한다. ②주민의 삶에 영향을 미치는 사항에 대한 결정권이 보장되어야 한다. ③ 모든 사람들이 참여하여 어떤 문제든 논의할 수 있는 토론의 장이 되어야 한다. ④ 관할구역 시민들의 참여를 촉진시키는 데 필요한 정보전달 시스템을 갖추어야 한다. ⑤주민자치조직은 공동체뿐 아니라 정부의 의사결정기구와도 연결되어 중요 문제에 대해 정부에 의견을 투입할 수 있어야 한다.

4) 전자적 시민참여 기반의 확충

전자적 시민참여는 주로 정부의 홈페이지를 통해서 사이버 포럼, 온라인 정책제안 및 토론, 온라인 투표, 온라인 여론조사 등을 통해 이루어지고 있다.

중앙정부 차원에서 진행되는 전자적 시민참여의 대표적인 예는 '온라인 국민참여포털'이다. 이는 고충민원 및 국민제안에 대해 일원화된 창구를 구축하여 정책 및 제도 개선안을 도출할 것을 목적으로 하고 있다. 또 법제처가 모든 중앙행정기관 및 지방자치단체의 모든 입법절차를 하나로 통합 전산화하는 '정부입법통합정보화'사업을 추진 중이다. 국회도 입법과정에 대한 시민참여 효율화를 위해 '전자국회'구축을 진행 중이다. 그러나 현행 전자 참여제도는 아직도 민원 및 단편적 정보 제공에 중점을 두고 있으며, 국민이 직접 참여하는 양방향 상호 작용 서비스 기제는 상대적으로 미흡하다.

따라서 전자적 시민참여를 통해 '전자 거버넌스'(e-govrnance) 및 시민생활 곳곳에서 전자적 참여가 일어나는 '유비쿼터스 거버넌스'(ubiquitous governance)의 기반을 구축해야 한다. 이 경우 전자적 참여 과정에서의 조작 가능성, 시민의 무책임성의 위험, 시민의 정보격차 등을 아울러 고려해야 한다.

5) 사회적 자본(social capital)의 축적

시민참여의 제고를 위해서는 근본적으로 공동체중심의 의식을 사회적 자본(social capital)을 축적해야 한다. 푸트남(Robert Putnam)에 의하면 사회적 자본은 개인의 생산성을 향상시키는 물적자본과 인적자본과 달리, 상호이익을 위해 조정과 협력을 촉진시키는 시민유대의 네트워크, 호혜주의(reciprocity), 사회신뢰와 같은 사회생활의 특성을 의미한다. 그 구체적인 형태가 사회 신뢰, 호혜주의(reciprocity) 규범, 협력적 네트워크이다. 사회적 자본은 사회의식이 없이 사익만을 추구하는 이기적인 개인을 공동의 이익과 공동선을 지향하는 시민공동체의 구성원으로 탈바꿈시켜 사회를 하나로 묶어주는 사회적 접착제의 역할을 수행한다. 따라서 사회적 자본이 축적된 사회에서는 공동체 의식이 발전하여 구성원들로 하여금 공동 문제에 해결에 적극 협력하게 만든다.

푸트남은 사회적 자본을 축적하기 위해 자발적 결사체(voluntary association)를 제시한다. 모든 결사체는 그 안에서 일어나는 구성원들의 지속적 상호 작용과 토론을 통해 협력을 이끌어 내는 사회 신뢰를 형성한다고 보기 때문이다. 그러나 공공 생활 영역에서는 결사체 중에서도 전술한 근린단체(neighborhood association) 또는 근린포럼(neighborhood forum)과 같은 주민자치 조직이 사회적 자본 축적의 효과가 크다고 할 수 있다.

Ⅴ. 결 어

시민참여는 한국의 80년대 후반부터 활성화되어 기존의 대의민주주의를 보완하는 역할을 표방하고 있고 어느 정도 성과도 있다. 그 시민참여의 정도는 점점 강화되고 있다. 시민참여의 가장 현저한 예는 시민이 정책결정에 직접 참여하는 수권적 토론 민주주의(empowered deliberative democracy) 제도인 "참여예산제도"이며 브라질의 '포르투 알레그레'(Porto Alegre) 시가 그 전형이다. 우리나라도 참여예산제를 도입하기 위한 노력을 통해, 지방자치단체의 경우 광주시 북구, 울산시의 동구에서 참여예산제도가 도입되었다. 현행 지방재정법(39조)도 지방예산 편성과정에 주민참여의 가능성을 열어두었다. 이 밖에도 다양한 방식의 시민참여가 한국의 중앙 및 지방행정에서 확대되고 있다.

그러나 한국 행정에서의 시민참여는 다음과 같은 점을 고려해야 한다. ①시민단체가 과연 기존의 이익집단, 정당, 국회 등의 대의 민주적 기구들과는 달리 특수 이익에 초연한 입장에서 공익증진에 기여할 가능성이 있는가에 대해서는 의문의 여지가 있다. 이 점은 시민단체가 리더들이 과도한 특정 정치지향성을 지닐 경우 더욱 그러하다. ②참여의 기회와 통로가 많이 부여된 시민(집단)이 자신들에게 유리한 정책을 산출하고 그 비용을 다른 시민(집단)에게 부과할 수 있다. ③시민이 자신의 좁은 이익을 초월하여 국가 전체적 입장에서 바람직한 정책을 결정한다는 보장이 없다. 수많은 시민(집단)의 참여하여 특수이익을 추구하면 재정적자를 초래한다. ④특정한 시민 집단이 다수연합을 형성하여 다른 시민 계층에게 재정 부담을 전가하는 결정을 내릴 수도 있다. ⑤시민참여를 통해 내리는 결정이 국민에 의해 선출된 공식적 정책결정기관의 입장과 상충될 때 어느 것이 더 진정한 민의인가 라는 문제가 나타난다. 이런 점을 근거로 어느 누구에게도 책임을 지지 않는 시민단체가 국정과정에서 국민의 주의를 높이고 공식적 정책결정기관들에게 좋은 정책결정을 내리라고 압력을 가하는 수준을 넘어, 직접 정책결정에 참여하는 제도는 바람직하지 않다는 주장도 가능하다.

그러나 시민참여는 뉴거버넌스 상황 하에서 상당한 장점이 있음이 분명하다. 그러므로 이제는 행정에서의 시민참여가 항상 바람직하다는 일의적인 전제에서 벗어나, 한국행정에 적합한 시민참여의 모형을 합의하는 것이 가장 시급하다. 이를 토대로 참여의 정도, 참여의 규칙, 참여의 기회 평등, 참여기구의 정비 등이 필요하다.

논평

시민참여의 주제는 우선 피터스의 거버넌스 모형과 연관되어 나타남을 이해하라. 국정 과정에 대한 시민의 역할 모형을 정확히 제시하라. 이 부분은 유재원(2003) 교수가 잘 소개하고 있다. 그리고 시민참여의 주요 수단이 된 전자적 시민참여를 꼭 언급해야 한다. 그리고 결국에는 한국 행정에서의 시민참여 현실을 설명으로 이어야 하고 이에 대한 처방을 제시하는 것이 좋다. 이러한 현실적 상황에 대한 인용이 없으면 자칫 사변적인 논의로 흘러가기 쉽다. 따라서 국내외의 구체적 제도들을 정확히 인용하여 내용이 풍부하도록 구성함이 관건이다. 이 경우 시민참여의 한국적 현실 설명이 재무행정론에서의 '재정민주주의'와 자연스럽게 연계되어져야 한다.

I 새 테마 행정학 I

38. 행정개혁

Ⅰ. 의 의

1 개념

행정개혁(administrative reform)이란 행정 체제를 보다 바람직한 상태로 변동해 가는 것이다. 여기에는 조직, 인사, 재정, 정책관리의 개혁들이 포함된다. 한편 정부개혁(government reform)은 행정 작용 및 행정구조에 국한하지 않고 보다 광의의 정부 범주에 대한 개혁을 의미하는데 정치개혁, 사법개혁을 포함하며 행정혁신도 이 정부개혁 속에 포함된다. 이에 대비되는 것이 사회부문의 구조와 기능을 개혁하는 사회개혁이다. 실질적으로 역대 정부혁신의 주 내용은 행정개혁이었던 경우가 많다. 행정혁신(administrative innovation)은 주로 창조적 변화를 시도하는 것인데 행정개혁에서도 이러한 내용을 염두에 두는 것이 보통이므로 행정개혁과 행정혁신은 거의 동의어로 이해할 수 있다.

역대 정권이 바뀔 때마다 행정개혁은 거의 어김없이 추진되었고 이는 외국의 경우에도 유사하다. 특히 90년대 이후에는 신공공관리, 신자유주의, 뉴거버넌스 등이 행정개혁을 촉진하여 과거 어느 시기보다 급격하게 행정개혁을 요구해 왔다. 그러나 바람직한 변화를 추구한다는 규범적 이유와 달리 실제의 행정개혁은 수사에 불과하다는 비판도 만만치 않다. re라는 접두사만을 추가한, 즉 reform, reengineering, restructuring, reinventing 등의 수식이며, 실제로는 과거의 제도 및 기법과 다름없다는 것이다(김병섭 · 박상희, 2005).

2 행정개혁의 원인

행정개혁의 목적은 공식적으로는 행정의 합리화 · 민주화 · 능률화이지만 그러나 그 실제적 목적은 그 밖에도 여러 가지가 있다(박동서, 2004). 첫째, 선거 등으로 정치이념이 민주성, 능률성, 형평성 등과 같은 행정이념이 크게 변화된 경우에 행정개혁이 수반된다. 이것은 통치이념의 변화에 따라 행정의 구조와 기능을 바꾸는 것인데 상이한 이념 정당이 교대로 집권할 경우에 자주 나타난다.

둘째, 행정수요와 행정기능의 확대 · 변화에 호응하기 위해서이다(5.16후 성장제일주의로 전환함에 따라 경제기획원을 부총리직으로 하고 예산국을 이에 귀속, 외교통상부에 외무부와 통상산업부를 통합).

셋째, 능률화를 위해 개혁이 추진되는 경우이다(감축관리, 프로그램 예산제, 책임운영기관, 성과관리 강화 등). 세계적으로 80년대 이후 이것이 가장 중요한 경우이다. 그러나 한국 행정에서 능률화는 민주화 이념을 넘어설 수 없으므로, 능률화만 지향한 행정개혁이 행정민주화를 저해해서는 안 된다.

이상은 행정개혁이 정상적인 목적으로 추진된 경우이다. 그러나 다음 경우는 비정상적으로 행정개혁이 악이용되는 경우이다.

첫째, 권력투쟁을 위해 행정개혁을 이용하는 경우도 있다(5.16 후 무임소장관제 신설, 1공화국에서의 대통령 중심제로 전환하기 위한 행정개혁).

둘째, 기구 확대, 인원 증가, 예산 확대, 고위직 증설 등과 같은 관료적 이익을 위해 행정개혁이 추진되기도 한다(담당관제 설치).

셋째, 진정한 개혁자체보다는 대외적인 수사(rhetoric)와 인기주의(populism)를 위해 개혁을 표방하는 경우이다.

Ⅱ. 행정개혁의 접근방법

휘슬러(Thomas L. Whisler)에 의하면 행정개혁의 결정 요인을 무엇으로 보는가에 따라 세 가지 접근방법으로 구분할 수 있다(박동서, 2004).

1 합리적 · 관료제적 방법

구조 · 기술의 변화를 통해 행정의 변화를 이룩할 수 있다고 보는 전통적 접근방법이다. 행정 관료와 외부 환경보다 행정구조가 가장 중요한 변수라고 가정한다. 테일러와 웨버의 조직이론이 이에 속한다. 여기에서는 행정 조직, 직제, 절차, 기술을 바꾸어 개혁을 시도한다. 그런데 행정 조직 및 그 관리 기술의 변화는 법령에 구속들을 받음이 보통이므로 이 접근방법은 결국 법령 구조의 개편을 통한 행정개혁 방식을 취한다.

이 방식은 나름대로 효과도 있지만 구조 · 기술의 변화가 행정 관료의 의식과 행태, 국민의 이해를 반드시 동반하지 않는다. 이 때문에 이 방법은 개혁이 형식화되어 행정구조와 행정의 실제적 활동 간에 괴리가 나타나는 문제점이 있다.

2 참여 · 인간관계적 방법

행정인(관료)이 구조적 측면보다 더 중요한 변수라는 전제하에, 행정개혁은 행정인의 참여와 이해, 그들의 욕구충족, 조직목표와 행정인 개인의 목표의 일체화 등을 통해서 성취된다고 본다. 그러므로 법령에 의해 강요되는 행정개혁보다는 관련된 사람들의 상호 협력, 설득과 토론을 통해 행정인이 스스로 적극적으로 개혁의 가치를 인지하게 만드는 것이 필요하다.

이 방식은 구조가 아니라 인간에 초점을 두기 때문에 많은 시간이 소요되며, 무엇보다도 행정인 자신을 향한 개혁에 적용하기 어려운 문제점이 있다.

3 통합적 접근방법

이 방법은 전술한 행정 구조 · 행정인 · 행정환경의 세 변수를 다 중시하는 체제적 방법이다. 행정개혁에는 구조와 기술의 변화, 행정인의 이해, 외부 국민 및 정치적 지지가 다 필요하기 때문이다. 이 세 가지 변수의 우선순위를 보면, 국민 및 정치적 지지를 받는 것이 가장 먼저 확보되어야 하며 그 다음이 행정인의 이해와 참여이고 행정구조와 기술의 변경은 가장 마지막으로 주어져야 한다. 그러나 한국의 행정개혁은 이와는 정반대의 순서가 대부분이었다.

Ⅲ. 행정개혁의 과정

행정개혁의 과정은 매우 다양하게 해석될 수 있다. 대체로 그 과정은 행정개혁의 필요성을 인지하고, 이를 입안 및 법제화하며, 나아가 이를 실제로 추진하여 실행에 옮긴 후 그 결과를 평가하고 이를 환류하는 순서를 따른다. 그러므로 이를 행정개혁과정은 '인지-입안-시행-평가'의 단계로 구분할 수 있다(오석홍, 2004).

1 인지 단계

행정개혁은 행정 체제의 현재 상태와 바람직한 수준과의 격차를 인식함으로써 비롯되는데 이 인식이 일어나는 것이 인지단계이다. 이 단계에서 가장 중요한 것은 개혁필요성에 대한 인식 및 이에 대한 적시성(timeliness)이 중요한 초점이 된다.

2 입안 단계

입안단계는 행정개혁의 대안을 탐색하고 작성하는 단계이다. 실제로는 이 단계에서 이미 개혁안의 집행계획까지 설계된다. 이 단계에서는 바람직한 대안이 탐색되었는가의 여부가 주된 관심의 대상이 된다.

한편 이 대안이 법률의 형식으로 표현될 경우에는 개혁의 입안은 법제화 단계까지 나아간다. 법제화 단계는 민주적 절차를 거쳐서 국민적 지지를 얻는 정당한 입법으로 산출되었는가에 초점이 있다. 구체적으로는 국민의 참여, 행정부 내부적 의사결정과정인 국무회의 및 국회의 여야 합의과정에서 충분한 민주성을 확보하였는가 하는 점이 핵심이 된다.

3 시행 단계

시행단계는 개혁안을 집행하고 정착하는 단계이다. 구체적으로는 조직개편으로 인한 인력의 재배치, 기구의 폐지, 신설, 통폐합이 현시되는 과정이다. 이 과정에서는 저항을 극복하고 빠른 시간 내에 능률적으로 개혁조치를 실시하는가에 초점이 있다.

4 평가 단계

진행 중인 개혁 및 이미 실시된 개혁에 대해 그 산물 및 고정에 대해 평가를 하고 이를 개혁 과정에 환류하는 단계이다. 여기에서는 효과성 평가, 즉 개혁목표와 실적을 대비함이 가장 중요하다. 그러나 효과성 외에 개혁의 과정, 기술, 자원, 전략, 영향, 개혁추진자들은 물론이며 나아가 개혁목표까지도 평가의 대상이 될 수 있다.

Ⅳ. 행정개혁의 추진

행정개혁의 추진자가 어떤 사람이어야 하며, 이들이 추진하는 개혁에 대해 어떠한 저항이 있는지, 저항을 어떻게 극복하는가가 관건이다.

1 개혁추진자

1) 역할

개혁추진자란 개혁의 주역을 담당하는 소수인(혹은 그 집단)을 의미한다. 개혁추진자는 다음과 같은 역할을 담당한다. 개혁추진자는 개혁의 목표를 명확히 파악하고, 개혁대상자들의 문제를 해결할 전략을 설계하고, 개혁에 관여하는 사람들에게 필요한 교육훈련 및 자문을 하며 그들과 적절한 업무 관계를 형성하고, 연구자 · 교육훈련자 · 자문가의 역할을 해야 한다(박동서, 2004).

2) 자질

이러한 개혁추진자에게 필요한 자질은 행정의 현상과 바람직한 상태에 대한 격차를 민감히 감지하는 사람이어야 한다. 따라서 ①발전지향성(창의성, 미래지향성, 성취의욕, 문제해결능력)이 있어야 하며, ②개혁에 대한 이론 · 방법 · 지식 · 기술이 있어야 하고, ③개혁에 필요한 지지를 확보하는 능력이 있어야 하고, ④변혁적 리더십(transformational leadership) 자질을 지녀야 한다.

3) 조직 내부주도 및 외부주도

개혁추진자는 조직 외부에서 나올 수도 있고, 내부에서 나올 수도 있다. 대체로 권력적 · 근본적 개혁인 경우에는 정치인과 민간 전문인이 포함되며, 비권력적 · 기술적인 개혁의 경우에는 조직내부 행정인 중심으로 구성됨이 보통이다(각 부처의 정책홍보관리실).

외부인이 개혁추진자인 경우는 개혁대상이 광범위해지고, 이상주의적 · 급진적인 프로그램이 시도되며, 하향적 접근방법으로 추진되며, 실현가능성이 낮은 경우가 많다. 반대로 내부인이 개혁추진자인 경우는 현실성은 있지만 개혁대상이 소폭이고 현실적 · 점진적인 프로그램이 시도되며, 상향적 접근방법으로 추진되며, 결국 미미한 개혁으로 끝나는 경우가 많다.

가장 바람직한 것은 개혁의 큰 틀은 외부인이 주도하고 세부적 내용은 내부인에 의존하는 방식인데 클린턴 행정부의 행정개혁이 이러한 방식을 취하였다(정정길, 2008).

2 개혁에 대한 저항

개혁에 대한 저항은 관료, 이익 집단, 시민, 기존의 행정서비스의 수혜자 등으로부터 다 나타날 수 있다. 이러한 저항이 강할 경우 개혁은 실시되지 못하거나, 실시되더라도 당초의 내용이 크게 약화된 용두사미 개혁이 되어 버린다.

개혁에 대한 저항은 개혁의 전 과정에서 일어난다. 첫째, 우선 인지단계에서 저항이 일어나는데 개혁을 할 정도의 심각한 문제가 아니라고 주장한다. 또 그것이 심각한 문제라 진단되더라도 그 문제의 원인과 개혁조치와는 올바른 인과관계에 있지 않음을 주장한다.

둘째, 개혁안 입안 단계에서는 개혁이 자신들에게 큰 영향이 미치지 않게끔 개혁안의 내용을 설계하고자 한다. 나아가 법제화의 경우에는 여야 정당 및 여론을 통해 그 법안의 내용 완화 및 통과 저지를 기도한다.

셋째, 개혁의 시행 단계에서는 그 개혁에 수반되는 인적 자원 및 예산 배정을 방해하여 실효성있는 개혁이 일어나지 못하게 한다. 특히 개혁의 구체적 집행은 행정 관료가 담당하기 때문에 이 단계에서 개혁이 변질되는 경우가 많다.

넷째, 평가 단계에서는, 개혁이 효과가 없다거나, 부작용이 많다거나, 효과에 비해 너무 많은 비용이 든 것임을 부각하고자 한다. 그리하여 개혁이 약화 혹은 중단되기를 기도한다.

3 성공적 행정개혁의 요건

첫째, 저항을 극복하고 저항세력의 순응을 확보해야 한다. 여기에는 정책집행에서의 순응 확보이론이 준용될 수 있다. ①저항을 극복하는 가장 효과적인 방법은 강제(강압과 처벌)의 동원이다. 특히 대통령의 강력한 지지를 통해 개혁은 특히 관료들의 저항을 가장 효과적으로 억제한다. ②유인적 전략은 행정개혁에 적합하지 않는 경우가 많지만, 일정한 보상(특별수당 등)을 부여하면서 공무원을 조기 감축하는 경우 등에 활용된다. ③가장 이상적인 방법은 개혁의 당위성에 대한 도덕적 설득이다. 특히 개혁이념에는 찬성하지만 그 수단적 프로그램에 반대하는 경우에는 이러한 도덕적 설득의 여지가 높다.

둘째, 장기적으로 보면 행정개혁에 대해 사후 평가를 철저히 하여 다음 정부의 행정개혁에서도 이 기술 및 내용이 학습되어야 한다. 우리나라의 경우 행정개혁은 정권의 단기적 이익을 위해 추진된 부분이 있으며 정권마다 새로이 시행착오를 겪는다. 따라서 행정개혁에 대한 장기 학습을 누적해 나가야 한다.

셋째, 무엇보다도 개혁 내용 자체가 잘 설계되어야 하며, 집권자와 국민 및 관료로부터 충분한 지지를 확보하고, 개혁에 필요한 예산·인원의 충분히 수반되며, 개혁이념 간에 모순과 혼란이 있어서는 안 된다.

V. 한국의 행정개혁

1 한국 행정개혁의 특징

정권마다 행정개혁이 추진되어 왔으며 그 내용은 아주 복잡하고 다채롭다. 그러나 이러한 개혁을 총괄하면 대략 다음과 같은 공통점을 발굴할 수 있다. 첫째, 정부의 민주성이 강화되는 방향으로 행정개혁이 이루어져 왔다는 것이다. 정부에서 민간으로, 중앙에서 지방으로, 대통령과 권력기구의 권력의 분권화가 지속적으로 시도되어 왔다. 따라서 최고의 행정이념인 민주성은 행정개혁의 장기적으로 일관된 개혁목표였다고 할 수 있다.

둘째, 개혁 과제들이 연계되는 경우가 많다. 한 정부에서 개혁 과제로 설정되면 후임 정부에서도 지속적으로 개혁 과제에 포함되어 지는 경우가 많다. 이에 따라 개혁 과제들이 여러 정권변동과 더불어 지속적으로 연계되고 있다. 민주화, 분권화, 효율화, 작은 정부화와 관련된 개혁 프로그램들에게 이런 경향은 현저하다.

셋째, 개혁의 방식이 대체로 구조 개편 중심이었다. 그러므로 정부 조직의 개편을 수반하는 경우가 대부분이다. 다만 아주 최근에는 제도개혁 · 행태 개혁(BPR, ZBB, SES 등)의 경향도 나타나고 있다.

넷째, 정부개혁의 의제 폭이 넓어지고 증가되는 경향이 있다. 이 경우 개혁 프로그램 중에는 실질적인 개혁보다는 수사적 내용도 상당히 포함된다.

다섯째, 정부 조직의 변경은 80년대 이후 주로 규모 축소(작은 정부)를 지향해왔으며, 이와 더불어 정부 기능 자체를 민간에 이양하는 경향을 보여 왔다. 일부 조직은 확대되는 경우도 있었으나 정부 전반적으로는 작은 정부가 큰 주류가 되어 왔다.

여섯째, 80년대 이후의 행정개혁은 대통령의 집권 초기에 단기간에 추진되었다. 이는 단임제 하에서 임기 후반기에는 대통령이 국민과 정치권의 지지에서 벗어나는 경향 때문이다. 이렇게 단기간에 추진되기 때문에 전술한 의식 · 행태 개혁 보다는 조직구조나 법령 개혁이 더 용이하게 빈번하게 시도되었다.

일곱째, 국민의 개혁지지가 불안정하다. 국민은 관료불신이 깊은 마당에 원칙적으로 작은 정부 이념을 표방한 행정개혁에 지지를 보내지만 실제로는 자신의 이익과 문제를 해결해 주는 큰 정부를 요구하는 이중적 경향을 보인 경우가 많다. 이것이 관료들의 저항과 어울려 정권 초기의 정부 축소 시도는 결국 정권 말기에는 '그림자 정부'의 확산이나 정부 규모의 원상복귀로 귀결되는 경우가 많다.

2 노무현 정부의 행정개혁 평가

전술한 모든 정권의 개혁은 그 이념 및 프로그램에서 상당히 다양하다. 먼저 최근에 나타난 노무현 정부의 한국의 행정개혁부터 살펴보기로 한다. 노무현 정부의 개혁은 3대 국정목표, 4개 국정원리, 12대 국정과제를 통해 개혁목표 및 이를 달성하기 위한 수단적 프로그램들이 연역되었다. 이를 토대로 광범위한 개혁이 이루어졌다. 노무현 정부의 개혁 프로그램들에 대한 총괄적 평가는 다음과 같이 요약할 수 있다.

1) 주요 내용

첫째, 노무현 정부는 정부개혁의 핵심을 김대중 정부의 "작은 정부"를 "효율적 정부"로 구체화하여 전개하였다(박수경, 2005).

둘째, 신공공관리적 요소와 참여주의 거버넌스 요소를 다 내재하고 있다. 과거 김대중 정부의 행정개혁은 기업가형 정부를 지향하는 신공공관리적 행정개혁이었다. 그러나 노무현 정부의 행정개혁은 신공공관리적 요소와 참여주의 거버넌스 요소를 동시에 지향하였다(배귀희, 2005).

셋째, 민주성이 강화되는 방향으로 개혁이 추진되었다. 정부에서 민간으로, 대통령으로부터 부처로, 중앙에서 지방으로 분권화가 진행되었다. 특히 지방 재정을 확충하고, 국가균형발전 특별법과 지방분권특별법을 통해 지방분권화의 실질적 프로그램을 추진하였으며, 행정수도 이전의 시도 등 지방의 균형 발전 정책을 가장 강력하게 지향하였다.

넷째, 김대중 정부 때보다 사회적 형평성이 구체화된 프로그램으로 실시되었다. 지역-계층-성(性)에 따른 형평성을 기하는 개혁이 실천되었다.

다섯째, 개혁 로드맵의 구축과 개혁전담 부서로 나타난 개혁추진체계는 클린턴 정부와 유사한 모습을 띠었으며 이전 정부들에 비해 다소 계층화된 구조를 띠었다.

여섯째, 상당 부분의 개혁 프로그램들은 김대중 정부의 내용을 유지하였다. 통합적 성과관리체제를 구축하고 성과예산제도, 성과 중심예산제도, 균형점수카드제도(BSC)를 도입해 성과관리를 강조하였다. 규제개혁을 지속, 책임운영기관제도를 운영도 동일하다.

일곱째, 기존 정권의 구조개혁 중심보다는 제도 개혁 및 행태개혁에 초점을 두었다. 이에 따라 통합적 성과관리체제 및 평가 인프라를 구축, 복식부기 및 발생주의 정부회계제도, 성과중심의 인사평가제도, 고위공무원단 제도 등에 초점이 주어졌다.

2) 평가

첫째, 개혁 의제의 수가 많고 범위가 너무 넓다. 행정개혁을 넘어 사회개혁까지 포함하고 있다. 실현가능성을 고려하여 개혁의제를 선별하고, 사회개혁에 속하는 부분은 시민사회가 자율적으로 해결하도록 위임하고 정부는 직접적인 정부 부문 개혁에 치중함이 바람직하다.

둘째, 개혁추진 세력을 확대한다는 명분으로, 공식적인 개혁 추진체계 외에 비공식적 개혁추진 체계의 역할이 강화되어 있다. 따라서 비공식 개혁추진체계들을 공식적 조직으로 전환하고 이 공식적 조직을 통해 개혁이 진행함이 바람직하다.

셋째, 김대중 정부 때와 더불어 대통령 직속 위원회들이 정부 부처를 직할하는 국면이 현저하다. 위원회가 중심이 되어 개혁의제가 형성되고 집행되는 지시적 관리방식이 아니라 부처 중심의 상향식 접근을 통해 부처와 위원회가 개혁의제를 공유하는 방식으로 개혁이 전환되어야 한다.

넷째, 개혁프로그램이 준거하고 있는 이론 및 이념들이 다기적이어서 이들 간에 모순과 충돌이 일어난다. '성과 중심적 인사관리'와 '지역 · 성 · 장애인의 배려'가 모순되며, '국민과 함께하는' 정부(참여주의)와 '일 잘하는 정부'(효율성)는 모순될 수 있다. '주민감사청구 제도'(참여주의)와 '지방의 자율성 제고'(신공공관리) 역시 문제가 된다. '사회적 약자인 농민 보호'(신행정론)와 'FTA 협정의 체결'(신자유주의)의 모순도 그러하다. 이런 경우 특정한 개혁프로그램의 실시는 동시에 다른 개혁 이념을 저해하는 자기 상쇄의 효과를 낳는다. 이는 너무 광범위한 내용을 무리하게 개혁에 다 담으려 한 것도 이유가 되지만, 근본적으로는 다기적인 이념들이 적절한 우선순위가 명확히 주어지지 않은 채 애매하게 개혁이념으로 공존하기 때문이다.

2 이명박 정부의 행정개혁 평가

1) 주요 내용

"중도실용주의"를 표방하면서 출범한 이명박 정부는 행정개혁의 큰 방향으로 "작은 정부, 큰 시장"을 설정하고, "경제살리기"를 위한 정부의 지원 업무를 충실하게 하기 위한 행정개혁을 추진해 왔다. 이명박 정부는 "국민을 섬기는 정부"를 국정의 기본 과제로 삼고, 이를 위해 정부조직을 '18부 4처'에서 '15부 2처'로 축소하고 공기업 민영화와 효율화를 꾀하며, 행정규제를 전면적으로 개혁하고자 했다. 또한 공무원퇴출제, 총액인건비제도 등과 같은 제도 개혁을 통해 공무원의 인원을 감축하고, 시장의 역량을 제고하기 위해 조세 감면과 기업의 투자 환경 조성을 위한 친(親)기업 정책을 추진하였다.

정부 내부의 관리 면에서 이명박 정부는 "자율과 책임의 조화"라는 신공공관리론적 개혁이념에 충실하여 부처에 행정관리상의 자율을 주면서도 그 결과에 대해서는 엄격한 책임을 묻는 시스템을 정착시키고자 했다. 예를 들면, 예산배분 상에서 각 부처의 역할을 강조하는 '예산총액배분 자율편성제도'를 시행하였고, 그동안 일률적으로 시행하여 오던 성과급제도나 고위공무원단제도 등도 부처의 사정에 맞게 제도를 효율적으로 운용할 수 있도록 재량을 부여하였다.

행정구역 개편도 추진했다. 지역 간 연계와 협력을 통한 지역 경쟁력 제고를 위해 전국을 5대 광역경제권(수도권, 충청권, 호남권, 동남권, 대경권)과 2대 특별광역경제권(강원권, 제주권)으로 나누는 '5+2 광역경제권 전략'을 수립하였으며, 최근 창원-마산-진해시의 통합에서 보듯이 행정구역의 통합 및 개편에도 박차를 가하고 있다.

2) 평가

전임 노무현 정부가 '거버넌스'를 행정개혁의 모토로 표방했다면, 이명박 정부는 보다 시장지향적인 '신공공관리론'을 개혁의 모토로 표방하였다(작은 정부, 큰 시장). 이러한 개혁의 기본방향에서 일부 가시적인 성과를 거두기도 했지만 몇 가지 문제점도 초래하였다.

첫째, 행정개혁이 정치 논리에 좌우된 경우가 많았다. 초기의 정부조직법 개편 과정에서 이러한 경향이 뚜렷하게 나타났는데, 당초 통폐합의 대상이었던 통일부와 여성부는 그대로 존치된 반면, 해양수산부와 과학기술부는 건설부와 교육부에 통합되었다. 이것은 해양수산업무나 과학기술 업무가 통일 업무나 여성 업무에 비해 중요성이 떨어져서 그런 것이 아니라 강력한 이익집단의 지원을 받지 못한 결과였다. 게다가 이명박 정부는 지원부서는 경량화해야 한다는 조직개편의 기본 원칙을 무시하면서 노무현 정부 하에서 장관급 기관이었던 4개 부처(중앙인사위원회, 비상기획위원회, 행정자치부, 정보통신부의 일부 기능)를 통폐합하여 '행정안전부'라는 거대 부처를 만들었다. 행정개혁의 가시적인 성과를 내세우기 위한 정치논리에서 질적인 감축보다는 양적인 감축에 치중한 결과였다.

둘째, 개혁 정책의 일관성이라는 면에서 많은 문제점을 노정하였다. 대표적으로 'MB노믹스'의 근간을 이루는 감세정책의 경우를 들 수 있는데, 의욕적으로 추진하였던 집권 초반과 달리 집권 후반기에는 대중 영합주의(populism)에 급속히 경사되고 정책 장악력이 떨어지면서 후퇴하는 양상을 보였다. 국정 이념의 급격한 변동은 이명박 정부의 가장 중요한 특징이다.

셋째, 선거에서 압승을 통해 집권한 이후에 국민의 지지를 과신하여 국민과 소통하고 국민적 합의를 이끌어내려는 노력을 기울이지 않고, 졸속으로 추진하는 양상을 보였다. 전술한 행정구역 개편의 문제도 그렇지만, 집권 기간 내내 따라 다녔던 '명박산성'이라는 명칭은 이명박 정부의 소통 부재 문제를 잘 보여준다.

넷째, 행정의 '공공성'이라는 본질적인 가치보다도 수단적인 가치에 매몰되는 경우가 많았다. 특히, 공기업 민영화 과정에서 이러한 경향을 많이 보였는데, 공기업의 본질적인 목표인 '공공성'의 가치보다 수단적인 가치인 '효과성', '효율성', '경제성'의 가치를 우선시하는 모습을 보였다.

⊷ 논평

행정개혁은 매우 중요한 주제이지만 각 정권의 개별 프로그램을 나열하는 식의 서술은 무의미하다. 먼저 행정개혁에 관련된 일반 이론의 서술이 필수적이다. 박동서(2004), 오석홍(2004) 교수의 설명이 좋다. 다음 반드시 한국의 행정개혁의 실제를 다루어야 한다. 적어도 최근에 일어난 행정개혁인 노무현 정부, 이명박 정부 및 박근혜 정부에 대한 개괄적 평가는 내릴 수 있어야 한다. 다만, 박근혜 정부의 행정개혁에 대한 평가는 아직 이르다. 이 주제의 의도는 이론서만 읽은 독자가 아니라 한국의 생생한 행정 현실을 충분히 이해하고 있는가를 파악하는 데에 초점을 둔다. 여기서는 정정길(2008) 외에 몇몇 실증 논문들을 종합하여 정리하였다. 적어도 주요한 몇몇 개혁 프로그램들은 적절히 인용할 수 있어야 한다. 행정개혁이나 거버넌스 논의가 나오면 그 말미에 피터스가 말한 상이한 거버넌스 이념의 혼재로 일어나는 문제점의 지적을 잊어서는 안 된다. 그것이 피터스 이론의 핵심이기도 하며 동시에 한국 행정에 매우 적실한 지적이기도 하기 때문이다.

자유지상주의(Libertarianism)

Ⅰ. 개념

"정부 규제"는 본질적으로 개인의 행위나 재산에 제한을 가하는 것이다. 이러한 제한에 아주 반대하는 사상이 "자유지상주의"(libertarianism)이다. 자유지상주의는 개인은 자신의 신체나 재산에 관해, 타인의 자유를 침해하지 않는 이상, 그가 원하는 바를 자유로이 행할 수 있으며 강제력으로 타인의 자유를 침해해서는 안 된다는 정치 철학이다. 그러나 상대방이 먼저 가한 폭력, 사기, 침해 행위에 대한 대응으로 실력으로 맞설 수 있다고 본다. 그리고 후술하는 "소극적 자유'의 관념을 중시하기 때문에 국가가 개인의 생활에 개입하는 것은 반대한다. 따라서 자유지상주의는 미국의 진보주의를 일컫는 "liberalism"(직역하면 '자유주의'. 정확한 의미는 '진보주의')와는 아주 대립되는 사상이다.

자유지상주의자(libertarian)는 "자기 책임"(self-responsibility)의 윤리를 아주 강조한다. 바로 이 때문에 복지국가에 강력하게 반대한다. 복지국가는 개인으로 하여금 강제적으로 타인을 돕게 만들므로 윤리적으로 나쁘거나, 생산을 저해하거나 때로는 이 두 가지 문제를 다 일으키기 때문이다. 따라서 자유지상주의자는 자유주의자(진보주의자 liberals)와는 아주 대립적인 인간이다. 이와 같이 혼란을 야기할 우려가 있기 때문에 libertarianism을 "자유지상주의"로, 또 진보주의자로 오인될 우려가 있는 "자유주의자"(the liberal) 대신에 libertarian을 "자유지상주의자"로 표시한다.

자유지상주의에는 두 유형이 있다. 첫째, 개인주의적 무정부주의자(individualist anarchists) 혹은 무정부주의적 자본주의자(anarcho-capitalists)의 입장이다. 이는 모든 인간의 상호 작용은 자발적이고 동의에 의해 이루어져야 한다는 근본 공준을 주장한다. 타인의 신체나 재산에 강제력(물리적 힘의 행사 혹은 행사의 위협)나 사기를 먼저 가함은 이 원칙을 위반한 것이다. 둘째, 결과주의자(consequentialist) 혹은 공리주의자(utilitarian)의 입장이다. 강제력을 먼저 행사함에 대해 단지 도덕적 금지를 규정하는 대신에 최소한의 강제력을 가진 제한된 작은 정부를 지지한다. 이 제한된 정부는 개인의 자유를 극대화하기 위해서라도 필요하다고 본다.

Ⅱ. 원리

자유지상주의는 개인들의 합의에 의해 이루어지는 행동을 제한하거나, 또 '타인에게 피해를 주지 않는 범죄'(victimless crime)를 처벌함을 반대한다. 이런 식이라면 개인의 정당한 재화 및 서비스 생산이 정부의 허가, 정부가 설정한 독점, 무역 장벽 등에 의해 제한되어서도 안 된다. 또 도박 및 매춘, 홀로 재미로 마약을 사용하는 것은 법으로 금지해서는 안 된다. 개인은 스스로 위험에 빠져들어 해를 입는 상태에 처할 자유도 있기 때문이다. 이것은 오스트리아 학파의 미제스(Mises)가 말한, 주권자의 '실수할 권리'이다. 자유지상주의자도 안전벨트 사용이 바람직함을 인정하지만 국가가 마치 가부장적 지위에나 있는 듯이 이를 시민에게 법으로 강제함에는 반대한다. 식품 및 의료 업무를 담당하는 보건행정 기관이 안전성이 입증되지 못했다는 점을 이유로 특정한 의료행위 시술(침술에 의해 치료한다 는 한의사의 의료행위)을 금하는 것은 잘못된 것이며, 그것은 오직 환자와 의사의 합의에만 맡겨야 할 일이다. 정부가 굳이 이 일에 관여한다면 특정 의료 행위들에 대해 안전 혹은 능률의 입장에서 내린 판단을 권고하는 정도에 그쳐야 한다고 본다.

자유는 "소극적 자유"(negative liberty- how much one is allowed to do)와 "적극적 자유"(positive liberty- how much one is able to do)로 구분된다. 밀(J. S. Mill)이 처음 구분한 이 유형을 나중에 벌린(Isaiah Berlin)은 더욱 발전시키고서 자유의 본질은 바로 전자에 있다고 규명하였다. 자유지상주의도 이 소극적 자유가 진정한 자유라고 본다.

자유지상주의자는 생명, 자유, 재산은 인간의 궁극적인 권리이며 이 중 어느 하나가 타협되면 결국 다른 것들에도 영향을 준다고 본다. 그런데 민주제도 하에서도 다수, 지배적 사고, 사회가 자신의 규범을 소수 혹은 개인에게 부과하는, 이른바 "과반수에 의한 전제"(tyranny of majority)가 나타날 수 있다.

자유지상주의는 '보통법'(common law)을 강조하는데 그것이 제정법(statutory law) 보다 덜 자의적이고 적응성도 더 높기 때문이다. 하이에크, 엡스타인, 노직, 바넷 등에 의하면 재산권의 규정은 이 보통법으로부터 더 잘 진화되어 나온다. 외부성(공해 등)이라고 불리는 여러 가지 공유재의 개념도 "자기 책임"의 원리로부터 도출한다. 누군가가 공해 배출로 타인에게 해를 주는 것은 자신의 비용(오염물질)을 타인(사회)에 전가하는 것이며 이는 자기 책임의 원리에 어긋나는 것으로 판단한다.

자유지상주의에서 생명, 자유, 재산에 관한 권리는 어떤 논거로 주장되는가? 두 가지 논리가 있다. 하나는 자연권(natural rights)이며 다른 하나는 결과주의(consequentialism)이다. 첫째, 노직, 로쓰바드와 같은 일부 자유지상주의자들은 생명, 자유, 재산에 관한 권리를 '자연권'으로 간주한다. 자연권이란 관념은 홉스, 로크의 저작에 연원하는 것이다. 자유지상주의에 대해 큰 영향을 끼친 랜드(Ayn Rand)도, 비록 자연권이란 명칭을 사용함을 거부하지만, 이들 권리가 대개 자연법에 토대한 것으로 본다.

둘째, 프리드만(Milton Friedman), 미제스(Ludwig von Mises), 하이에크(Friedrich von Hayek) 등은 이러한 권리가 도덕적 바탕에서 뿐 아니라 실용주의나 결과주의적 측면에서도 바람직하다고 주장한다. 자유지상주의는 경제적 효율성에도 합치하는 것이며 사회 후생 증진의 가장 효과적인 수단이기도 하다.

"정부"에 대해서는 어떤 시각을 취하는가? 두 가지 유형의 시각인데 어느 유형이든 현존 정부가 너무 많이 개인의 영역에 개입해 있다는 점에는 공감한다. 첫째, 최소 정부를 지지하는 입장이다(minarchism). 이것이 다수의 주장이다. 시민의 자유 및 재산권을 보호하기 위한 공공 제도(경찰, 의용군, 법원 등)들을 유지하기 위한 최소한의 과세가 필요하며 정부는 이를 위한 최소 국가(minimal state)는 "필요악"으로 본다.

둘째, 위 보다 더 과격하게 정부를 거부하는 소수의 주장이 있다. 여기서는 모든 과세에 반대하며, 정부가 시민 보호에 대해 독점적인 보호자가 되는 것을 받아들이지 않는다. 이들이 바로 "무정부적 자본주의자"(anarcho-capitalist)이다. 그들은 minarchist들이 최소한도의 국가를 지지하며 이를 적정한 한도로 국가 권력을 제어할 수 있다고 믿는 것은 비현실적이라고 본다. 왜냐하면 규모가 크든 작든 그렇게 제도화된 강제력은 반(反)생산적(counter-productive)이기 마련이기 때문이라고 한다.

Ⅲ. 역사

본래 "자유지상주의"(libertarianism)가 정치적 의미로 처음 쓰인 것은 무정부주의적 공산주의자인 데자크(Joseph Déjacque)가 프루동(Pierre Joseph Proudhon)에게 보낸 1857년 편지에 프랑스어 libertaire를 사용한 데서 연원한다. 무정부주의자들은 이 용어를 아직도 많이 사용하며 프랑스, 이탤리 등의 비영어권에서는 이 용어를 anarchism과 동의어로 사용되고 있다. 그러나 적어도 미국의 경우 이것이 사회주의적 요소와는 무관한 의미로 사용하며, 이를 "고전적 자유주의"(classical liberalism)로 이해하여 양자는 상호 서로 대체적으로 사용하고 있다. 처음에는 이 개념은 그냥 유럽에서 "자유주의"(liberalism)라고 불리며 나타났으며 로크, 몽테스큐, 밀, 아담 스미드의 도덕철학 및 경제철학을 담고 있다. 그후 유럽 및 미국의 계몽시대에 일어나 산업혁명을 통해 세계로 확산되었고 20세기 미국에서 확고히 정립되었다.

본래 의미의 자유주의는 20세기에 들면 이 용어에 변질이 나타난다. 20세기 초엽에 이르면 주류 사회과학자들은 크게 소극적 자유와 자유 시장을 극단적으로 주장하는 부류와, 미국의 진보주의(Progressive movement) 및 유럽에서의 사회주의 운동에 영향을 받아 적극적 자유를 주장하는 극단으로 대별되기에 이르렀다. 후자는 자유로운 개인의 권리를 보호하는 것에 그치지 않고 적극적 권리를 부여하기 위해 국가가 역할을 할 것을 요구한다. 이러한 변화가 잘 나타난 것이 루스벨트(Franklin D. Roosevelt)의 4가지 자유이다. 그의 4가지 자유 중, 언론의 자유(freedom from speech) 및 신앙의 자유(freedom from worship)는 소극적 자유이지만, 나머지 두 개의 자유인 결핍으로터의 자유(freedom from want - 국가가 국내외적인 원조를 강조), 전쟁으로부터의 자유(freedom from war-국가간의 평화를 부여하기 위해 대외정책에 적극 나섬)는 적극적 자유를 의미한다. 이 1920년대 및 30년대 시기에는 몇몇 영어권 국가에서는 "자유주의자"(liberal)란 곧 국가의 적극적 역할과 사회 변화를 강조하는 진보주의자(progressive)이란 말과 동일시되었다.

이러한 용어의 의미가 변용됨에 반발하여, 원래의 최소국가적 철학을 지닌 사람들이 이 당시 변질된 개념인 "자유주의자"(liberal)과 자신을 구분하기 위해 자신의 주장을 "고전적 자유주의자"(Classical Liberals)라고 부르게 되었던 것이다.

20세기 초엽 개인의 자유와 대립하는 것으로 가장 강력히 부상한 것은 독일 나치주의와 소련 공산주의였다. 서구 사회의 진보주의 운동은 전자가 아니라 주로 후자로부터 많은 영향을 받았다. 오스트리아 학파(Austrian School)라고 하는 일단의 학자들(Ludwig von Mises, Friedrich von Hayek, Walter Block)은 여러 가지 이름으로 나타났던 전체주의(totalitarianism)의 규명에 나섰다. 그들은 전체주의 이념의 기초에는 공통적으로 집단주의(colletivism)이 들어 있으며 모든 집단주의는 서구에서 전통적으로 이해되어 온 자유주의와 상반되는 것이라고 규명하였다. 특히 블록은 자유지상주의 요체로서의 "불가침공준(non-aggression)"을 정립했다. 오스트리아 학파는 자유지상주의 원리의 보급에 큰 영향을 주었다. 1955년에는 오스트리아 학파의 러셀(Dean Russell)은 자신처럼 개인주의 및 자기책임의 고전적 자유주의 철학을 가진 사람들을 뭐라고 부를까?를 생각하는 글에서 다음과 같은 제안을 하였다.

"우리를 자유주의자(liberals)라고 부르는 사람이 많다. 개인을 존중하며 집단의 강제를 싫어하는 사람들을 과거에 "자유주의자"(liberal)라고 부른 것이 사실이다. 그러나 한때 명예스러웠던 그 용어를 좌파들이 오염시켜서 개인의 재산권을 정부로 돌리며 개인을 더 많이 통제하는 정책을 liberal이란 말과 동일시하고 있다. 그 결과, 이제 우리가 자신을 liberals라고 부를 때에는 그 용어가 오염되지 않은 고전적(classical) 의미임을 설명해야 한다(고전적 자유주의). 굳이 고전적이란 말을 접두사로 붙이는 이 노릇은 어색하거나 혹은 그냥 liberal이란 말과 같은 것으로 오해를 줄 소지가 있다. 그래서 이렇게 제안하고 싶다: 자유를 좋아하는 사람들에 libertarian이라는 명칭을 붙이고 우리끼리 좋고도 명예스러운 단어로 사용하자"

이러하여 본래 아나키즘에 관련된 용어였던 "libertarianism"란 말은 20세기 후반에 이르면 이제 "고전적 자유주의"로 이해되기에 이른 것이다. 그 후 이 이론은 무정부, 국가 및 유토피아(Anarchism, State, and Utopia, 1974)를 쓴 노직(Robert Nozick)과 계약주의적 자유를 강조하는 나르버슨(Jan Narveson)에 의해 더욱 학문적으로 체계를 잡아갔다. 계약주의적 자유지상주의의 또 다른 흐름은 공공선택론 학파의 뷰캐넌(James M. Buchanan) 및 헝가리계 프랑스 철학자인 드 저세이(Anthony de Jasay)로 이어졌다.

자유지상주의의 형성에 많은 영향을 준 또 다른 철학은 아인 랜드(Ayn Rand)의 소위 '객관주의'이다. 랜드의 객관주의는 자유지상주의의 형성에 큰 영향을 주었다. 랜드가 주장한 객관주의는 다음과 같은 내용을 강조한다.

Ayn Rand의 객관주의

① 현실은 객관적으로 존재("사실은 사실이다")하며 우리의 희망, 느낌에 의해 존재함이 아니다.
② 이성은 현실을 인지하는 유일한 수단이며 지식의 유일한 원천, 행동에 대한 유일한 가이드, 생존의 근본 수단이다.
③ 모든 인간에게 있어서 자신이 곧 목표이며, 타인의 목표를 위한 수단이 아니다. 자신의 행복을 합리적으로 추구함은 최고의 도덕적 목적이다. 인간은 자신을 위해 존재하게 되어 있다. 타인을 자신의 수단으로 희생함은 진정한 이기주의가 아니며, 자신을 타인의 수단으로 희생하려는 이타주의 또한 옳지 않다.
④ 이상의 사고를 가장 잘 구현할 수 있는 정치경제 제도는 자유방임적 자본주의이다. 이 체제에서는 인간은 타인을 희생물 · 노예로 본다거나, 혹은 그 반대로 사형집행자 · 주인으로 보는 것이 아니라, 서로에게 다 이익을 주는 자유롭고도 자발적인 거래자(trader)로 보게 된다. 자유방임적 자본주의는 물리적 힘으로 가치를 얻는 체제가 아니다. 물리적 힘은 먼저 이를 사용하는 자(범죄자에 대한 처벌, 외국의 침략에 대한 대처)에 대한 대응으로서만 인정된다.

객관주의는 자유지상주의와 가장 근접해 있다. 양자 간에 약간 차이를 보이는 국면을 보자. 첫째, 이라크 전쟁 문제이다. 자유지상주의자는 불개입주의를 주장함에 비해, 객관주의에서는 군사 개입을 주장한다. 후자의 경우 다른 나라가 실력 행사를 시작할 것이라는 위험이 있는 상황에서 이에 대해 선제적 행동을 함은 정당하다고 간주한다. 둘째, 국가의 존재에 대해 시각이다. 자유지상주의자(특히 minarchist)에서는 국가와 정부는 어쩔 수 없이 존재하는 필요악이라고 본다. 이에 비해, 객관주의에게는 시민의 권리보호를 위해 제한적 정부는 절대적으로 필요하며 또 도덕적인 것이다. 객관주의는 모든 형태의 무정부주의를 반대하는데, 전술한대로 자유지상주의 안에는 minarchists만이 아니라 anarchists들도 있다. 객관주의자들은 이 때문에 자유지상주의자들이란 개인주의적 무정부주의와 같은 노선일 것으로 의심하는 것이다.

Ⅳ. 정치 활동의 현실

자유지상주의가 미국에서는 구체적 정치 활동 및 정당으로도 전개되었다. 최근 미국의 "Tea Party"운동은 이와 밀접하게 관련되어 있다. 아주 단순하게 말하면 이 정당의 주장은 미국의 전통적인 보수주의자들과 공통점을 더 많이 갖는, 우익(right wing)으로 분류된다. 특히 경제 정책 및 총기 정책에서 그러하다. 예컨대 텍사스 하원의원이자 "The Libertarian Party"의 대통령 후보였던 론 폴(Ron Paul)은 전략상 공화당원이 되어있었지만 대체로 자유지상주의자로 평가된다. 그러나 좀 더 자세히 보면 자유지상주의들은 우익과 일치하지는 않으며 "경제 문제에서는 보수적, 사회 문제에서는 진보적"라는 성향을 갖는다.

두 가지 사례를 들어 자유지상주의의 특성을 보자. 첫째, 노동현장에서의 차별문제이다. 진보주의자(liberals)는 직무능력과 무관한 근거로 차별을 하는 고용주를 처벌하는 법을 지지한다. 보수주의자(conservatives)들은, 특히 민권법 이전의 남부지역의 경우, 그러한 차별을 허용하는 법을 지지한다. 그러나 자유지상주의자들은 두 가지 법에 다 반대한다. 기업가이든 고용자이든 개인의 재산권이나 자유를 제한하는 법으로 보기 때문이다. 즉, 개인이나 사업을 다룸에 있어서 (본인/대리인의 합의라는 한도 내에서) 자유로이 차별을 할 수 있어야 한다. 어떤 곳에서 일할 것인가를 자유로이 선택하거나 자신의 신조와 편견에 따라 자유로이 사업을 시작할 수 있어야 한다. 또 그들이 정책에 대해 자유롭게 보이코트 및 대중 캠페인을 벌일 수 있어야 한다는 것이다. 둘째, 동성애 결혼 문제를 보자. 진보주의자들은 "법 앞의 평등"을 근거로 동성애자에 대한 차별않는 입법을 찬성하는 반면에, 보수주의자들은 전통적 질서의 보존이란 입장에서 이를 금지하는 입법에 찬성한다. 그러나, 자유지상주의자는 근본적으로 결혼에 국가가 이런 저런 법적 규율을 가하는 것 자체(혼인의 인정 여부를 국가가 판정하거나, 기혼 여부에 따라 정부가 재정상 혜택을 주는 것)를 반대한다.

이상을 종합하면, 자유지상주의 정당의 정책은 그 창당의 토대를 놓은 놀란(David Nolan)이 제시한 "Nolan Chart"에 잘 표시되어 있다. 고식적인 '좌-우'의 단일 평면상의 정책 스펙트럼 대신에 '개인적 자유-경제적 자유'라는 두 가지 자유 차원으로 구분해서 이해한다.

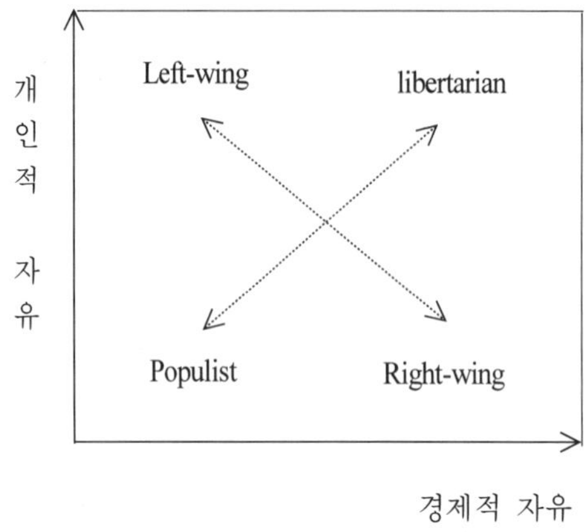

위 도표가 보다시피, 이들의 정책 성향은 사회 문제에서는 진보주의자(좌파)와, 또 경제문제에서는 보수주의자(우파)와 같은 입장을 취한다. 과거, 단일 차원에서만 이념을 파악해 오던 입장에서는, 정부에 대한 좌-우파의 철학은 left-wing에서 right-wing으로 이어지는 대각선 상에서만, 그리고 국가의 통제에 대한 강도는 populist에서 libertarian에 이르는 대각선 상에서만 논의되어 온 셈이다. Nolan chart는 이 두 가지를 한 번에 보여주며 libertarian 정책의 특성을 잘 보여 준다.

Ⅴ. 논쟁점들

대표적 정책에 관한 자유지상주의자의 견해 및 그들의 내부적 논쟁을 보자.

자본주의(Capitalism): 대부분의 자유지상주의자는 정부 개입이 없이도 사람들은 사업 확장, 제품 생산, 운송, 교역, 판매를 할 수 있다고 믿기 때문에 규제 철폐(deregulation)와 자유 무역(free trade)을 지지한다. 일부는 사적 독점(private monopoly) 제한을 지지한다. 프리드만(Milton Friedman)은 현상유지(status quo)보다는 학교 바우처(school voucher)와 같은 시장 개혁을 선호하는 반면, 락웰(Lew Lockwell)과 같은 학자들은 그러한 프로그램을 민간 기업에 대한 위협으로, 그리고 정부 팽창의 은밀한 수단으로 간주하며, 그보다는 세금으로 재원을 충당하는 학교(tax-funded schools)를 모두 없앨 것을 주장한다.

조세(Taxes): 자유지상주의의 근본 공준을 일관하는 사람들은 세금은 존재해서는 안 된다고 믿는다. 반면, 제한적 정부(limited government)를 지지하는 일부 자유지상주의자들은 세금 없는 사회는 범죄예방과 같은 공공재를 공급하기가 어렵다고 주장하여 낮은 수준의 세금을 지지한다.

정치적 동맹(Political alliances): 대부분의 자유지상주의자들은 경제 문제(economic issue) 및 총기법과 관련하여 오늘날의 보수주의자들(conservatives)과 정치적으로 연합을 형성하고 있다. 사회 문제(social issues)에 관해 자유지상주의자들은 오늘날 좌파 정치세력과 동맹하기도 한다. 대외정책은 이들 간에도 논쟁이 뜨거운 문제인데, 그 이유는 보수주의자들의 기대와는 달리, 대부분의 자유지상주의자들은 전쟁에 반대한다. 또 이들은 진보주의자들의 기대와는 달리 유엔에도 반대한다.

일부는 오직 자유지상주의자 후보만 지지하지만, 다른 일부는 기존의 주류 정당들이 자신의 주장이나 이상에 합치된다고 하여 이에 표를 찍는 사람들도 있는데 이들을 "small-l-libertarian"(*반드시 소문자로 표기한다)이라고 하는데 철학적 자유지상주의자(philosophical libertarian)라고도 한다.

지적재산권(Intellectual property) : 일부 자유지상주의는 지적재산권은 유형적 재산권과 똑 같이 자연권(natural rights)에서 기인한 것으로 보아 마땅히 보호받아야 한다고 믿는다. 일부는 지적재산권이 사회전체에 창안(innovation)을 극대화한다는 공리주의적 이유로 정당화한다. 그러나 일부 사람들은 지적 재산권이란 지적 보호주의(intellectual protectionism)을 완곡하게 표현한 것에 불과하므로 마땅히 폐지되어한다고 믿는다.

이민(Immigration): 자연법에 비추어 이주의 자유를 지지함이 보통이지만, 일부는 국경 개방은 영토 침범을 합법화하는 것으로 보아 반대한다. 이 논쟁은 정부의 승인 없이도 누군가(이민자)를 자유롭게 고용할 수 있는가에 초점이 맞춰진다. 또 어떤 경우에는 이 문제는 국민 조세로 이룩한 재원이 이민자들에게 소모된다는 점에 모여지고 있다. 이들은 여러 사회 프로그램에 대한 정부개입은 최소화되는 것을 이상적으로 여기므로, 이를 일관한다면 이민 문제로 인해 조세부담이 더 많아 지는 것을 원하지 않는다.

낙태(Abortion): 낙태가 비윤리적이라고 할 때에, 국가가 이를 규제하는 역할을 갖는가가 논쟁 대상이다. 이러한 논쟁에 대해 일부 사람들은 연방 정부 대신에 주 정부가 문제를 해결해야 한다는 견지에서 연방 정부가 이를 결정한 Roe v. Wade 판결은 주 정부가 자치 경찰권을 가진다는 전통에 위배하기 때문에 정당하지 않은 것으로 본다. 반면에, 주 정부의 권리를 옹호하지 않는 일부 자유지상주의자들은 어느 수준의 정부이건 간에 최선의 결정을 내릴 수 있는 정부 수준에서 이것을 결정할 것을 원한다.

한편 비록 자유지상주의자 중 다수는 아니지만 낙태를 태아에 대한 강제력의 행사라고 보아 낙태가 옳지 않다고 주장하는 일부가 있다. 반면에, 다른 자유지상주의자들은 낙태는 태아의 초기 발육 단계에서 모친 혹은 그 발육에 책임을 지고 있는 사람의 통제 하에 있다고 인식한다.

Roe vs. Wade Case (1973)

연방 대법원에서 1973년 5:4의 판결로 여성의 낙태권을 인정한 판례이다. 명시적으로 헌법에서 명시적으로 보호하고 있지 않을 경우 사람들이 인식하고 있는 권리들은 어느 정도까지 헌법상의 권리로 보아야 하는가?를 다룬 판례이기도 하다.

다수파(Harry Blackburn 대법관)는 오랫 동안의 그런 판례들을 통해 법원은 이를 권리로 인식해 왔으며 여성이 임신 상태를 중단할 것인지의 여부를 결정함은 14차 수정 헌법이 보호하는 프라이버시권의 보호 안에 해당되는 것이라고 주장하였다. 한편 소수파(후일 대법원장이 된 William Rehnquist 대법관)는 14차 헌법 수정 시에 낙태를 헌법상의 권리로 암묵적으로 인식하지 않았으므로 이는 연방 헌법이 아니라 주 정부 법이 규율해야 할 사항이라고 주장하였다.

- 사형(Death penalty): 일부 자유지상주의자는 자기 방어 내지 보복적 정의를 근거로 사형을 정당화한다. 한편 어떤 사람들은 이를 국가 권력의 과다한 남용으로 본다. 많은 헌법적 자유지상주의자(constitutional libertarian)들은 사형이 "잔인한 이례적 처벌"에 대한 금지를 정한 권리장전(Bill of Right)에 상충되며, 회복할 수 없는 성격을 지닌다는 점을 근거로 이에 반대한다.
- 대외 개입(Foreign intervention): 대부분의 자유지상주의자들은 외국의 일에 대한 정부 개입, 특히 폭력적인 개입에 대해 반대하며 이에 대해 회의적이다. 아인 랜드의 객관주의에 영향을 받은 사람들은 외국 정부가 자국 시민의 권리를 침해하는 경우에는 대외 개입이 비윤리적인 것이아니며, 개입 여부는 자국 시민의 이해관계에 달린 것이라고 주장한다. 대외적인 개입을 옹호하는 일부 사람을 보통 "자유지상주의적 개입론자들"(Liberventionists)이라고 부른다.
- 동성애자의 권리(Gay rights): 성인들은 타인의 성적 선호의 선택이나 신앙의 자유를 침해하지 않는 한, 자신의 생활 방식이나 성적 선호를 선택할 권리를 가지고 있다. 그러나 군대에서의 동성애 및 동성애자의 결혼 문제에 어떻게 대응할 것인가와 관련해서는 이들 간에도 논쟁이 있다. 실질적으로 이 논쟁은 국가가 양성애자 간의 결혼에 관여하고 있는 현실로부터 기인한다. 자유지상주의 사상을 본질을 일관하는 자유지상주의자들은, 모든 혼인 계약은 법률적 계약으로만 인정해야 하며, 혼인 조건들은 이 계약 안에서 명확히 구체화되어야 하고, 합법적 성인이라면 법적으로 이행 가능한 어떤 조건 하에서도 결혼하도록 허용해야 하는 것이며, 따라서 동성애자이건 양성애자의 결혼이건해서건 정부의 암묵적 관여를 없애야 한다는 것이다. 결국 게이, 레즈비언, 중혼자들 등도 양성애자들과 꼭 마찬가지로 합법적인 혼인 계약을 맺을 수 있다고 본다. 자유지상주의자들의 일관된 견해는, 법 아래서 동성애자들에 대한 불평등 문제에 대한 가장 좋은 해결은 모든 결혼(동성애자, 양성애자, 중혼주의자이든 간에)으로부터 국가의 관여를 다 철폐하는 것이다.
- 상속(Inheritance): 사망 당시에 유언이나 어떤 계약이 없는 경우 어떻게 할 것인지와 사후(死後) 재산권과 관련된 문제이다. 계약이 있는 경우에는 계약은 재산소유자의 의사에 따라 집행된다. 유언하지 않은 재산의 경우 나머지 생존하고 있는 친척들에게 그것이 돌아가야 하며, 결코 정부에게 재산권이 넘어가지 않음이 이상적이라고 믿는다.
- 자연 자원(Natural resources): 일부 자유주의자들은 환경 훼손은 자연 자원을 국가가 소유하고 이를 잘못 관리한 결과라고 믿으며, 모든 자연 자원에 대해 사적 소유권을 확립하면 환경이 더 좋아 질 것으로 믿는다. 그 이유는 사적 소유권자들이 재산 가치를 더 장기간 유지되게 하는 유인을 가지고 있기 때문이라는 것이다(자유시장적 환경론자 free market libertarian 및 객관주의자들). 다만 자연 자원(특히 토지)에 재산권의 인정을 반대하는 일부(지리적 자유지상주의자 geolibertarians)도 있다.

Ⅵ. 비판

자유지상주의는 "고전적 자유주의"의 의미를 현대에 정립한 것이다. 그러나 이 사상에 대해서 좌파 및 우파(엄밀히는 '보수주의자')의 비판이 이어졌다. 우파는 개인의 경제적 자유 · 사회적 자유에 대한 자유지상주의의 생각은 서로 모순적이고, 입증될 수 없거나 바람직하지 않다고 비판한다. 좌파는 주로 그 경제적 결과에 초점을 두고 있다. 즉, 완전한 자유 시장 혹은 자유방임적 자본주의(laissez-faire capitalism)는 불평등, 빈곤, 그리고 가장 힘 있는 사람들의 책임성 결여를 낳음으로써 많은 사람들의 개인적 자유를 침해할 것이라고 비판한다. 우파측 비판은 주로 전통 및 개인의 도덕성에 초점을 둔다. 즉, 자유지상주의자들에 의해 조장된 광범위한 개인적 자유는 건강하지 못하고 비도덕적인 행동을 조장하고 종교를 훼손할 것이라고 주장한다.

이러한 비판에 대해 자유지상주의자들은 개인의 책임성, 사적 자선, 그리고 재화 및 아이디어의 자발적 교환은 자유에 대한 개인주의적 접근에 합치하며, 번영 및 평화적 공존으로 가기 위한 효과적이고도 윤리적인 길을 제공한다고 주장한다. 그들은 진정한 자본주의 사회에서는 경제성장이 더 빨리 이루어져 가장 빈곤한 사람조차도 종국적으로는 더 잘 살게 될 것이며 그것은 낮은 세금 및 적은 규제를 통해 이루어지는 것이라고 믿는다.

Boaz, David.(1998). *Libertarianism A Primer*. London, United Kingdom: The Free Press.

Huebert, Jacob H. (2010). *Libertarianism Today*. Santa Barbara, Calif.: Santa Barbara.

Long, Roderick T. (1998). "Towards a Libertarian Theory of Class". *Social Philosophy and Policy*. *15*(2): 303 - 349.

Vallentyne, Peter.(2011). "Libertarianism". *Stanford Encyclopedia of Philosophy*. Metaphysics Research Lab, Stanford University.

Woodcock, George. *Anarchism: a history of libertarian ideas and movements*. Petersborough, Ontario: Broadview press. pp. 11 - 31.

http://www.cato.org/

http://en.wikipedia.org/wiki/Libertarianism

참고문헌

강신택(2000). 『사회과학연구의 논리』. 서울: 박영사.

고재권(2015). 행정에서의 공공성에 대한 재고. 『한국거버넌스학회보』, 21(2): 287-302.

곽관훈(2014). 경제민주화에 대한 재검토와 법적 과제. 법학연구(전북대학교 법학연구소), 43: 1-26.

곽준혁(2005). 심의민주주의와 비지배적 상호성. 『국가전략』. 11(2): 141-168.

권기헌(2014). 『행정학원론』. 제 2판. 서울: 학림.

김광웅(1983). 『행정과학서설』. 서울: 박영사.

김난도(1997). 신제도경제학의 제도개념과 정책 연구. 『한국정책학회보』, 6(1): 127-151.

김병섭 · 박광국 · 조경호(2003). 『조직의 이해와 관리』. 서울: 대영문화사.

김병섭 · 박광국 · 조경호(2008). 『휴먼조직론』. 서울: 대영문화사.

김병섭 · 박상희(2005). 한국의 정부개혁: 성과, 문제 그리고 과제. 한국행정학회, 한국정책학회 한국정책분석평가학회 공동하계학술대회 발표논문.

김석준(2002). 거버넌스의 분석틀: 21세기 한국사회와 정치의 뉴 거버넌스, 김석준 외, 『거버넌스의 정치학』. 서울: 법문사.

김선혁(2004). 비교정책학의 현재와 미래. 『한국정책학회보』, 13(3): 259-278.

김성제(2005). 『정책혁신과 정책네트워크: 신제도론적 관점』. 경기: 한국학술정보(주).

김순양(2009). 사회적 기업 인증제도의 개선방안 고찰. 사회적 기업연구, 2(1): 68-99.

김영봉(2011). 공정사회와 시장경제. 2011년 한국경제학 공동학술대회 발표논문.

김용해(2010). 『전문가논단: 존 롤스의 정의론과 공정사회』, 한국지방행정연구원

김윤권(2005). 제도변화의 통합적 접근: 역사적 신제도주의를 중심으로. 『한국정책학회보』, 14(1): 299-329.

김종석 · 강은숙(2013). 경로의존성, 정보의 문제, 그리고 공공정책. 『한국거버넌스학회보』 20(2): 169-194.

김준기(2004). 정부개혁의 국제적 동조화현상, 오연천. 『세계화시대의 국가정책』. 서울: 박영사. pp.99-147.

김준현(2000). 글로벌라이제이션 시대의 사익과 공익: 아담 스미스의 재조명, 『담론』. 3(2): 51-80.

김태룡(2000). 행정학의 신패러다임으로서 신공공관리모형의 적실성에 관한 연구: 한국 지방자치단체의 적용사례를 중심으로. 한국행정학보. 34(1): 1-20.

김태룡(2004). 한국과 미국의 정부개혁: 노무현 정부와 부시 정부를 중심으로. 『한국사회와 행정연구』. 15(2): 97-126.

김판석(2002). 차기정부의 개혁추진체계. 『정부 공공개혁의 비전과 과제』. 한국행정학회 세미나 발표논문.

김항규(2006). 행정철학과 행정법학과의 대화: 헌법상의 공익 논의를 중심으로. 『한국공공관리학보』. 20(1): 136-151.

김행범(2015). 사익 없이는 공익도 없다. 『사익론』현진권 편, 백년동안. pp.119-143.

김행범(2012). 정치도 경제도 망하게 하는 경제민주화. 『경제민주화의 함정』 (한국경제연구원). pp.133-139.

김행범(2000). 집합적 행정 문제에서의 Tit-For-Tat 전략과 그 안정성에 관한 연구. 『한국사회와 행정연구』. 11(1): 311-340.

김행범 · 구현우(2014). 『정책학: 이론과 사례의 통합』. 부산대학교 출판부.
김혜란(2013). 사회적 기업이 창출하는 가치의 측정에 관한 연구 - SROI 기법을 중심으로. 부산대학교 대학원 행정학과 박사학위논문.
나채준(2013). 정부조직법상 행정위원회제도의 문제점에 대한 재검토. 『홍익법학』. 14(4): 335-365.
남궁근(1998). 『비교정책 연구: 방법, 이론, 적용』. 서울: 법문사.
남궁근(2003). 참여정부 정부혁신의 이념과 목표, 행정자치부 · 한국행정연구원 · 한국행정학회 기획세미나 논문집.
노화준(2003). 『정책학원론』. 박영사.
문태현(2010). 심의민주주의적 정책결정의 논리와 한계. 『한국행정논집』. 22(3): 620-650.
마이클 샌델(2009). 이창신 (역). 『정의란 무엇인가?』, 김영사.
민경국(2012). 독일의 경제민주화와 한국의 경제민주화. 『경제민주화의 함정』, (한국경제연구원). pp.64-69.
민 진(2000). 『행정학개설』. 서울: 고시연구사.
박경효(2013). 『재미있는 행정학』. 서울 : 윌비스.
박동서(2004). 『한국행정론』. 5전정판. 서울: 법문사.
박수경(2005). 노무현 정부 행정개혁의 특징. 『정부학연구』, 13(2): 213-249.
박종민(2014). 일반화된 신뢰의 근원: 동아시아로부터의 증거. 『정부학연구』, 20(2): 63-87.
박흥식(2003). 행정 윤리 접근법의 모색. 『한국행정학보』, 37(2): 211-225.
방민석(2006). 지방자치단체 입법과정의 전자적 시민참여. 한국행정학회 하계학술대회 발표논문.
배귀희(2005). 한국의 행정개혁과 일본의 행정개혁의 비교. 한국행정학회 하계학술대회 발표논문.
배진영(2012). 독일에서 공부한 경제학자가 본 경제민주화. 『경제민주화의 함정』, (한국경제연구원). pp.70-75.
백완기(1984). 『행정학』. 서울: 박영사.
박수경(2005). 김대중 정부와 노무현 정부의 행정개혁 비교. 한국행정학회 하계학술대회 발표논문.
박종민 · 김서용(2002). "신자유주의 정부개혁의 문화적 분석." 박종민(편) 『정책과 제도의 문화적 분석』. 서울: 박영사. pp.52-77.
서순복(1999). 신공공관리에 관한 보완적 접근: 정보 기술을 활용한 행정개혁. 『한국사회와 행정연구』 10(2): 73-92.
신석훈(2012). 성역이 되어 버린 경제민주화. 『경제민주화의 함정』(한국경제연구원). pp.41-51.
신중섭(2012). '경제민주화'는 마법의 언어인가? 한국경제연구원, KERI 칼럼.
신중섭(2014). '사익 추구'에 대한 철학적 분석, 자유경제원 발표 자료(2014. 8).
신중섭 · 민경국(2013). 『'사회'란 무엇인가: '사회적'이란 용어의 허와 실』. 한국경제연구원, 5.13일 세미나 발표자료.
안회남(2002). 신 · 구제도주의 비교연구. 연세행정연구회, 『현대사회와 행정』, 12(3): 1-41.
엄석진(2009). 행정의 책임성: 행정이론간 충돌과 논쟁. 『한국행정학보』, 43(4): 19-45.
오석홍(2004). 『신판 행정학』. 서울: 박영사.
오석홍(2005). 『행정학의 주요이론』. 제3판. 서울: 경세원.
오철호(2001). 정보통신기술, 사회적 자본 그리고 전자민주주의. 한국행정학회 하계학술대회 발표논문.
위평량(2008). 공익과 사익, 그리고 기업의 사회적 책임과의 관계 고찰. 『NGO 연구』. 6(1): 71-103.
유재원(2003). 시민참여의 확대방안: 참여민주주의의 시각에서. 한국행정학회 하계학술대회 발표논문.
유재원 · 소순창(2005). 정부인가 거버넌스인가? 계층제인가 네트워크인가? 『한국행정학보』, 39(1): 41-63.

윤은기(2004). 개방 환경 속의 행정문화변동을 위한 방법론적인 고찰. 한국행정학회 추계학술대회 발표논문.
윤평중(2010). 공정사회란 무엇인가?. 2010 한경연 포럼. '공정사회와 시장경제' 발표 논문.
이기우(2010). 『전문가논단: 공정한 사회와 지방정부』, 한국지방행정연구원.
이달곤 · 김판석 · 김행범(2012). 『테마 행정학』, 개정판. 서울: 법우사.
이명석(1999). 합리적 선택론의 신제도주의, 정용덕 외 『합리적 선택과 신제도주의』. 서울: 대영문화사.
이명석(2001). 신공공관리론, 신거버넌스론, 그리고 김대중 정부의 행정개혁. 한국행정학회, 춘계학술대회 발표논문.
이명석(2002). 거버넌스의 개념화: '사회적 조정'으로서의 거버넌스. 『한국행정학보』, 36(4): 321-338.
이승종(2000). 행정책임. 한국행정학회 추계학술대회 발표논문. pp. 69-77.
이승훈(2005). 『재벌체제와 다국적기업』, 서울대학교 출판부.
이승훈(2009). 『시장발전과 경제개발』, 서울대학교 출판문화원.
이승훈(2011). 정당한 몫과 인간답게 살 권리. 2011년 한국경제학 공동학술대회 발표논문
이승훈(2011). 『공정하고 따뜻한 시장경제』, 경제 · 인문사회연구회.
이종수 · 윤영진 외(2014). 『새행정학 2.0』. 개정판. 서울: 대영문화사.
이종한(2014). 신제도주의 경제학 방법론에 관한 일 고찰. 『한국정책과학학회보』. 18(1): 215-244.
이준형(2005). "Nicholas Henry의 행정학의 패러다임." 오석홍(편). 『행정학의 주요이론』. 제3판. 서울: 경세원.
임도빈(1998). 프랑스와 한국의 행정개혁 비교. 『한국행정학보』. 32(4): 67-80.
임도빈(2002). 지방자치 단체 행정서비스현장제의 비판적 이해. 한국행정학회, 춘계학술대회 발표논문.
임도빈(2014). 『행정학-시간의 관점에서』. 서울: 박영사.
임혁백(2000). 『세계화시대의 민주주의: 현상 · 이론 · 성찰』. 서울: 나남.
전진석(2002). 사회자본론. 윤영진 · 김태룡 외, 『새행정이론』, 서울: 대영출판사, pp. 239-261.
정부혁신지방분권위원회(2003a). 『재정 · 세제개혁 로드맵 –성장 · 분배의 상승효과를 창출하는 분권형 국가재정–』.
정부혁신지방분권위원회(2003b). 『전자정부로드맵』.
정용덕 외(1998). (역)『미래의 국정관리』, 서울: 법문사.
정용덕(1999a). 『합리적 선택과 신제도주의』. 서울: 대영문화사.
정용덕(1999b). 『신제도주의 연구』. 서울: 대영문화사.
정이근(2011). 공익과 사익의 이익형량과 선택, 『법학연구』(부산대), 52(3): 83-102.
정정길(1988). 『정책결정론. 서울: 대명출판사.
정정길(2002). 행정과 정책 연구를 위한 시차적 접근방법. 『한국행정학보』, 36(1): 1-19.
정정길(2008). 『행정학의 새로운 이해』. 서울: 대명출판사.
정정길 외(2015). 『정책학원론』, 개정증보9판. 서울: 대명출판사.
조석준(1995). 『한국행정학』, 제2 전정판. 서울: 박영사.
조윤제(2011). 한국의 경제정책과 공정사회. 2011년 한국경제학 공동학술대회 발표논문.
좌승희(2012). 헌법을 왜곡하고 있는 경제민주화. 『경제민주화의 함정』(한국경제연구원). pp.113-118.
하연섭(2002). 신제도주의의 최근경향: 이론적 자기혁신과 수렴. 『한국행정학보』, 36(4): 339-359.
하연섭(2003). 『제도분석: 이론과 쟁점』. 서울: 다산출판사.
하연섭(2010). 『정부예산과 재무행정』. 서울: 다산출판사.
한국사회적기업진흥원(2014). 사회적 기업 개요집.

Alter, Sutia Kim(2004). *Social Enterprise Typology*. http://www.4lenses.org/setypology/print

Beetham, David(1996). *Bureaucracy*, 2nd ed. Buckingham: Open University Press.

Bell, Stephen(2002). The Limits of Rational Choice. *Political Studies*. 50(3): 477-496.

Benditt, Theodore M.(1973). The Public Interest. *Philosophy & Public Affairs*. 2(3): 291-311.

Borzaga, Carlo & Santuari, Alceste(2001). Italy: From Traditional Co-operatives to Innovative Social Enterprise. In Borzaga, Carlo & Defourny, Jacques.(eds.). *The Emergence of Social Enterprise*. London & New York: Routledge. pp. 166-181.

Buchanan, James M.(1987). The Constitution of Economic Policy. *Science*, 12(June): 1433-1436.

Buchanan, James M. & Tullock, Gordon(1962). *Calculus of Consent*. University of Michigan Press.

Campbell, John L.(2004). *Institutional Change and Globalization*. Cambridge: Cambridge University Press.

Campbell, Mike(1999). *The Third System Employment and Local Development*. vol(1). Brussels: The European Commission. http://www.istr.org/resource/resmgr/working_papers_dublin/campbell.pdf.

Carroll, J. (1995). The Rhetoric of Reform and Political Reality in the National Performance Review. *Public Administration Review*. 55(3): 302-312.

Defourny, Jacques(2006). *Defining Social Enterprise*. Nyssens, Marthe ed. *Social Enterprises: At the crossroads of market, public policies and civil society*. London and New York: Routledge, pp.3-26.

DiMaggio, Paul J. and Walter W. Powell(1983). The Iron Cage Revisited: Institutional Isomorphism and Collective Rationality in Organizational Fields. *American Sociological Review*. 48: 147-160.

Dubnick, Melvin and Romzek, Barbara(1991). *American Public Administration*. New York: Macmillan.

Finer, Herman(1936). Better Government Personnel. *Political Science Quarterly*, 51(4): 569-599.

Finer, Herman(1940). Administrative Responsibility in Democratic Government. *Public Administration Review*, 1(4): 335-350.

Frederickson, H. George(1996). *The Spirit of Public Administration*. San Francisco: Jossey-Bass.

Fiedrich, Carl(1935). *Problems of the American Public Service*. New York, McGraw-Hill.

Friedrich, Carl(1937). *Constitutional Government and Politics: Nature and Development*. New York, Harper.

Friedrich, Carl(1940). Public Policy and the Nature of Administrative Responsibility. In Carl J. Friedrich (ed). *Public Policy*. Cambridge: Harvard University Press. pp. 3-24.

Golembiewski, Robert(1977). *Public Administration as a Developing Discipline*. New York, New York: CRC Press. 08/01. pp. 118-246.

Gulick, Luther H. and Urwick, Lyndall F. (1937). *Papers on the Science of Administration*. New York: Institute of Public Administration, Columbia University.

Hall, Peter A. (1986). *Governing the Economy: The Politics of State Intervention in Britain and France*. New York: Oxford University Press.

Hall, Peter A. and Rosemary C. R. Taylor(1996). Political Science and the Three New Institutionalism. *Political Studies*. 44(4): 936-957.

Hayek, F. A. (2014)a. 『치명적 자만』. 신중섭(역). 서울: 자유경제원. *The Fatal Conceit: The Errors of Socialism*. University of Chicago Press. 1988.

Hayek, F. A. (2014)b. 『법・입법 그리고 자유 Ⅱ』. 민경국(역). 서울: 자유경제원. *Law, Legislation and Liberty Ⅱ: The Mirage of Social Justice*. University of Chicago Press. 1978. pp.139-215.

Held, Virginia(1970). *The Public Interest and Individual Interests*. New York: Basic Books). 강형기・이상룡 역 『공익과 사익』 (1986. 박영사).

Hillman, Ayre L.(2003). *Public Finance and Public Policy: Responsibilities and Limitations of Government*. Cambridge: Cambridge University Press.

Humphreys, S. C.(1978). Public and Private Interests in Classical Athens. *The Classical Journal*. 73(2): 97-104.

Jackson, Michael W.(2006). I. burocrat. http://blogs.usyd.edu.au/theoryandpractice/2006/08/i_burocrat.html

Kettl, Donald F.(1993). *Sharing Power: Public Governance and Private Markets*. Washington, D.C.: The Brookings Institute.

Kettl, Donald F.(2000). Public Administration at the Millennium: The State of the Field, *Journal of Public Administration Research and Theory*, 10: 7-34.

Lane, Jan-Erik(2000). *The Public Sector: Concepts, Models and Approaches*, 3rd ed. SAGE.

LeMay, Michael C.(2006). *Public Administration*. 2nd. ed. Belmont, CA: Wadsworth Thomson Learning.

Lewis, Carol W.(2006). In Pursuit of Public Interest. *Public Administration Review*. 66(5): 694-701.

Lowndes, Vivien(1996). Varieties of New Institutionalism: A Critical Appraisal. *Public Administration*. 74(2): 181-197.

Mintzberg, Henry(1996). Managing Government, Governing Management. *Harvard Business Review*. (May-June). 74(3): 75-83.

Rhodes, Roderik. A. W. (1997). *Understanding Governance*. Buckingham: Open University Press.

Oppenheim, Felix E.(1975). Public and Private Interests in Classical Athens. *Political Theory*. 3(3): 259-276.

Osborne, David & Gaebler, Ted (1993). *Reinventing Government: How the Entrepreneurial Spirit is Transforming the Public Sector*. New York: A Plume Book.

Ostrom, Vincent(1986). An Agenda for Study of Institution. Public Choice. 48(1): 3-25.

Plato, *Republic*, 1955, trans. by H. D. P. Lee (Baltimore: Penguin).

Popper, Karl(1944). 『열린사회와 그 적들』(이한구 역, 2006: 민음사).

Putnam, Robert D., Leonardi, Robert and Nanetti, Raffaella Y. (1993). *Making Democracy Work: Civic Traditions in Modern Italy*. Princeton University Press.

Schubert, Glendon A.(1961). *Public Interest: A Critique of Concept*. The Free Press.

Starling, Grover(1998). *Managing the Public Sector*, 5th ed. New York: Harcourt Brace and Company.

Wilson, James Q. (1989). *Bureaucracy*. New York: Basic Books.

Weinrib, L. M.(2009). From Public Interest to Private Rights: Free Speech, Liberal Individualism, and the Making of Modern Tort Law. *Law and Social Inquiry*. 34(1): 187-223.

http://teachingamericanhistory.org/library/index.asp?document=465

http://dhr.dos.state.fl.us/museum/collections/governors/about.cfm?id=1

http://en.wikipedia.org/wiki/Andrew_Jackson

http://en.wikipedia.org/wiki/Woodrow_Wilson

http://www.awesomelibrary.org/.../28._Woodrow_Wilson.html

http://www.enotes.com/topics/theory-justice

http://www.u-s-history.com/pages/h965.html

제 2 장

행정조직론

행정조직론 가이드

행정조직론 분야는 순수한 의미의 정부조직에 국한하기 보다는 회사조직, 사회조직 등의 조직이론을 많이 다룬다. 특히 카아네기 학파 및 조석준 교수의 저서에서 이런 경향은 뚜렷했다. '행정'조직에 고유한 조직이론을 확립하는 것은 행정학자들의 과제이다. 국내 조직론 교재들이 행정조직에 초점을 국한하지 못하고 아직도 "행정"조직론의 교재가 드문 것은 큰 문제이다. 그래서 학생들은 주로 일반 조직에 관해 공부한 후에 정작 정부 조직에 들어가서는 생경하고도 생소한 계층제 구조에 직면하게 된다. 그러므로 조직론을 공부할 때에는 늘 현실의 관료제 조직을 연상해야 한다.

행정조직의 변동을 가져오는 계기가 있다. 참여를 표방한 노무현 정부 때에 복수차관제를 도입하고, 각 부처는 팀(team)제를 도입했으나 이명박 정부 때에 사라졌다. 노무현, 이명박 두 정부는 청와대 비서실 구조를 짧은 시간 안에 몇 번 바꾸었다. 이명박 정부가 이른바 광우병 파동이란 감정적 집단 소동 때문에 부득이 정책 노선을 크게 바꾸었듯이 박근혜 정부는 세월호 사건으로 크게 위축되었는데 이 충격은 조직에도 실제로 반영되어 '안전' 관련 조직 및 정책이 부각되었다.

조직유형들은 한 가지 분류 틀로 정리해서 이해함으로 족하다. 소박한 왈도식 구분은 너무 단조롭고 과학적 분류의 가치가 적어졌다. 그나마 조직 유형 중 정부 부문의 특징이 뚜렷한 부분이 관료제이며 이론적으로도 가장 잘 발전되어 있다. 관료제론의 전개 과정, 병리, 민주성과의 관련 등을 한국 관료제의 실상과 관련시켜야 한다. 아예 행정자치부나 기획재정부와 같은 대표적 부처 조직표를 직접 보면서 공부하기를 권장한다. 정부 관료제의 성격이 어떠한가는 관료제가 봉사하는 국가가 어떠하며, 한국의 국가 성격이 무엇인가라는 점과도 연관된다.

계층제라는 전형적인 정부 조직 외에 좀 특수한 성격의 조직(공기업, 위원회, 팀제 조직)을 가미해서 이해해 두면 정부의 전반적인 조직 구조를 파악할 수 있다. 정부-회사의 중간 형태인 '공기업'은 시대에 따라 제3섹터, 회색지대, 준정부조직 등의 제하로 다루어져 왔으며 나아가 이것이 초래하는 비능률의 종국적 논의는 민영화 여부이다. 이에 대한 찬반이 너무 뚜렷이 양분되어 있다. 변화된 공기업 제도는 공기업 이전에 '공공기관'이란 개념으로 정리해야 한다. 현재 공공기관 및 공기업의 범주는 무엇인가?

공기업을 넘어 이제는 민간 기업이 '사회적 기업'이란 이름으로 인증을 받고 있어서 정부-회사 사이의 스펙트럼은 더 복잡해졌다. 민간 기업으로 하여금 정부가 원하는 일정한 사회적 목표를 달성하게 하며 그에 대해 지원을 하는 조직이 나타난 것이다. 게다가 진보정치인이 장악한 자치단체에서는 협동조합도 자주 거론되고 있는데 사회적 기업, 협동조합은 공동체주의가 불거져 나온 모습이다.

현재 정부조직 상층부에서는 부처와 부처의 조정에서 최근 박근혜 정부에서 총리에 의한 '국가정책조정회의'가 주목할 제도로 부상하고 있다. 현 규제개혁위원회 조직이 대통령이 요구는 규제 개혁에 충분한지는 의문스럽다. 막료조직의 정점인 청와대 비서실 조직도 아주 중요한데 부처 조직만 알고 이에 무지해서는 안 된다.

ㅣ새 테마 행정학ㅣ

01. 조직 이론의 계보

Ⅰ. 조직 이론의 의의

조직에 관한 학문적 연구는 조직의 거시적 국면을 다루면서 주로 조직 구조와 조직 설계에 초점을 두는 좁은 의미의 "조직 이론"(organization theory)과, 미시적 국면을 다루면서 주로 조직 구성원의 행태 분석에 초점을 두는 "조직 행태론"(organization behavior)으로 대별된다. 전자는 사회학에, 후자는 심리학에 토대를 두고 발전해 왔다. 그런데 양자를 엄밀히 구분하기 어려운 분야도 있다(ex: 조직 발전). 따라서 조직 이론을 "조직에 관한 이론"이라는 광의로 이해하면, 광의의 조직 이론은 협의의 조직 이론과 조직 행태론을 포괄한다. 이하에서는 "조직 이론"을 광의로 이해한다.

조직 이론에 포함할 조직의 범주가 중요하다. 정부조직, 기업조직, 사회조직을 다 망라한 조직 일반의 연구에 관해 보편적인 구분론과 단계론을 논의함은 실익이 적다. 따라서 여기에서는 모든 조직이 아니라 주로 정부(공공) 조직에 초점을 두고 조직 이론의 전개를 살펴본다.

조직 이론의 정확한 역사적 구분 또한 학자 간에 일치되어 있지 않다. 가장 대표적인 구분은 왈도(Dwight Waldo)에 따라 고전적(Classical)-신고전적(Neo-Classical)-현대적(Modern) 이론으로 분류하는 것이다. 최근래의 구분은 르메이(Michael LeMay, 2006)가 제시한 고전학파-인간관계학파-신고전학파-체제학파-현대학파의 구분이다. 이는 종래 왈도가 인간관계론 이후의 이론들을 다 현대적 이론으로 포괄함의 단순성을 극복하고 그 특성에 따라 좀 더 세밀히 구분하는 장점이 있다. 그러나 그의 구분론에도 일부 무리가 있는바 여기에서는 르메이의 이론을 토대로 하되 그를 보완하여 분류하기로 한다.

Ⅱ. 고전학파(Classical School)

1 성 격

고전학파 이론은 처음에는 군(military) 조직과 산업 혁명의 주역인 기업 조직에 대한 연구로부터 출발하여, 이 조직을 기계(machine)로 파악하고 이 조직을 활용하여 최대의 생산을 최소의 비용으로 얻기 위한 원리를 찾고자 하였다. 즉 기계공학, 산업공학, 경제학의 시각으로 조직을 이해하였다. 이 때문에 기계 모형(machine model)으로도 불리며, 과학적 관리론의 영향 아래 발전되어 1930년대에 완성되었다. 조직을 폐쇄체제로 보며, 공식적 · 합리적 조직에 중점을 둔다는 점에서는 웨버(Max Weber)의 이념적 근대 관료제 조직과도 동일시된다.

고전학파 조직 이론의 특징은 다음과 같다. 첫째, 정치와 행정을 구분한다. 정치는 국민의 요구에 대한 책임성과 대응성을 다루는 것이며, 이에 비해 행정은 본질상 경영과 유사한 것으로서 능률성을 다루는 것이므로 양자는 구분되어야 한다. 행정 업무의 주된 성격은 사업(business)이며, 이는 정치로부터 차단되어야 한다.

둘째, 따라서 생산 및 기타 경제 산물을 최소 비용으로 얻고자 하는 능률성(efficiency)이 조직의 가장 중요한 가치이다. 이를 달성하기 위한 여러 고전적 조직 원리들을 제안하였다(명령통일의 원리, 계층제의 원리, 분업의 원리, 조정의 원리, 부성조직 편제의 원리 등).

셋째, 이 능률성을 확보하기 위한 조직의 유일 최선의 방식(one best way)이 존재한다고 믿는다.

셋째, 조직 연구의 과학화를 위한 정통 원리(principles)를 형성하려고 시도하였다. 테일러의 과학적 관리의 원리(Principles of Scientific Management, 1911)가 여기에서 나왔다. 행정 연구를 과학(science)으로 주창하고자 한 윌슨의 주장도 테일러의 이론에 토대한 것이다.

2 주요 이론

1) 테일러의 과학적 관리

테일러의 과학적 관리론(scientific management)은 최소의 비용으로 최대의 생산 효과를 확보할 수 있는 최선의 방법을 찾아내기 위한 관리 이론이며, 정치행정 이원론과 기술적 행정학의 발달에 중요한 계기가 되었다. 과학적 관리론의 주된 내용을 살펴보면 다음과 같다(이창원 · 최창현, 2005).

첫째, 테일러는 "주먹구구식"인 전통적 관리를 비판하면서, 시간 연구(time study)와 동작 연구(motion study)를 통해 근로자의 표준 과업(task)을 과학적으로 설정할 것과, 이를 달성할 유일 최선의 방법을 규정할 것을 주장한다. 즉 과업 내용 설계 및 과업 수행 방법 결정의 과학화를 이루고자 하였다. 나아가 주어진 과업 달성도에 따라 임금을 연계하는 성과급 체계를 통해 생산을 촉진하고 태업을 막고자 했다.

둘째, 이렇게 과학적으로 설계된 과업을 원활하게 수행하기 위해서는 근로자들을 과학적인 방법으로 선발하고 훈련시켜야 한다.

셋째, 과학적으로 설계된 과업과 과학적으로 선발 · 훈련된 근로자를 적절히 결합시켜야 한다. 근로자들을 정신적 · 육체적으로 가장 알맞은 과업에 배치해야 한다.

넷째, 공장 조직을 종래의 군대식 조직으로부터 철저한 기능식 조직으로 전환한다. 관리자와 근로자의 책임을 적절히 분담하고 과업의 과학적 수행을 위해 서로 협동하게 한다.

테일러의 과학적 관리론은 생산성 극대화를 위한 효율적인 조직 관리 방법을 모색 · 개발하여 그 이후 조직을 과학적이고 합리적으로 연구하는데 기초를 마련하였다. 나아가 생산성 극대화를 위한 성과급제도, 동작연구 · 시간연구를 통한 과업 분석, 과학적 선발과 훈련 등 현대 인사관리의 주요 기법 개발에도 크게 기여했다.

그러나 과학적 관리론은 다음과 같은 한계가 있다. 첫째, 조직마다 상황이 상이하기 때문에 유일 최선의 방법은 존재할 수 없으며, 각 조직이 처한 상황 조건에 따라 최선의 조직 형태가 결정될 수밖에 없음을 인식하지 못했다. 둘째, 조직 내의 인간을 주어진 과업을 수행하는 수동적인 기계 부품이며 임금만을 위해 일하는 존재로 간주하여 인간의 사회적 · 심리적 측면을 무시했다.

2) 웨버의 관료제론

Max Weber는 관료제가 합리적 · 합법적 지배를 제도화하는 모습을 주로 연구한다. 그는 이 관료제의 모습을 가장 순수하게 가진 이상적 형태(이념형 ideal type)를 제시하여 그 특징을 명확히 하고자 하였다. 그 관료제 조직은 다음과 같은 특징을 띤다.

첫째, 관료의 직무 및 권한의 배분, 관료의 자격요건 등이 명백히 법규에 규정되어 있다(법규의 지배).

둘째, 조직 내부 또는 조직 간의 상하관계는 계층제의 원리에 의하여 체계가 확립되어 있다(계층제).

셋째, 행정행위 · 결정 및 규칙은 공식화되고 업무는 문서로 처리된다(문서주의).

넷째, 공공 사무는 사적 사무와 엄격하게 분리된다. 관청과 사택은 근본적으로 분리되고 직무상의 금전 · 설비와 관료의 사유물은 엄격히 구분된다(공사의 엄별).

다섯째, 관료의 직무는 특별한 전문 교육과 훈련을 받은 지식인이나 기술자를 요구한다(전문적 자격).

여섯째, 관료의 직무 시간은 명확히 제한되어 있다. 그러나 직무 활동은 관료의 전임 노동을 요구하게 된다(전임직 full-time job).

일곱째, 관료의 직무 집행은 명확하고 철저하며, 또한 예측가능한 일반적 법령에 따라 수행된다(권한의 명확성).

여덟째, 근대관료제에 있어서는 적어도 형식적으로는 고용은 쌍방의 자유의사에 따른 자유로운 계약으로 이루어진다(고용 관계의 자유계약성).

웨버가 이러한 구조적 특성을 가진 관료제를 강조한 것은 이것이 가장 효율성인 조직이라고 보았기 때문이다. 효율성을 가장 중요한 가치로 보고 이에 도달하기 위한 최선의 조직 구조로써 관료제를 제시한다는 점, 이 조직의 공식적 · 합리적 측면에 초점을 둔다는 점, 관료제를 기계적 수단 및 폐쇄적 구조로 파악한다는 점 때문에 그의 관료제 이론은 고전학파의 조직 이론으로 분류되는 것이다.

3) 행정관리론

Mooney, Railey, Gulick, Urwick 등이 주장한 행정관리론은 주로 조직 상층부가 중심이 되어 하향적 방식으로 조직을 합리적으로 운영하기 위한 관리 원리들을 정립하고자 했다. 전술한 과학적 관리론이 주로 기술적이고 생산관리적인 측면의 관리 원칙만을 제시하는 미시적 이론임에 비하여, 행정관리론은 조직의 전반적인 관리를 다루는 거시적 이론이다(이창원 · 최창현, 2005).

행정관리론은 다음 내용을 강조한다. 첫째, 행정관리론자들은 주로 조직 관리의 "일반적" 원리들을 제시한다. 대체로 분업의 원리, 권한과 책임의 원리, 목적의 원리, 예외의 원리, 일치의 원리 등이다.

둘째, 조직 상층부의 핵심 관리 기능을 제시한다. 특히, Gulick은 계획(planning), 조직화(organizing), 인사(staffing), 지시(directing), 조정(coordinating), 보고(reporting), 예산(budgeting)의 일곱 가지 기능을 최고관리자의 기능(POSDCoRB)로 요약하였는데 이는 오랫동안 행정관리론적 리더의 역할로 간주되었다.

4) 기타(A. Smith, L. White, H. Fayol, H. Emerson)

애덤 스미스(A. Smith)는 근대 기업 조직을 개인 노동자 힘을 증폭하는 기제(force multiplier)로 보았으며 이 때문에 기업 조직이 개개 노동자의 생산량의 총합 이상을 산출한다고 보았다.

또 화이트(L. White)는 전술한 정치-행정 구분론을 수용하고서 행정 연구는 가치중립(value-free)적이어야 한다고 주장하였다. 페이욜(H. Fayol)은 『관리의 원리』(Administration Industrille et Generalle, 1916)를 통해 고전적 조직 원리로 알려진 6개의 조직 원리를 제시하였는데 그것들은 모든 조직에 보편적으로 타당한 진리(truths)라고 보았다. 전문 컨설턴트였던 에머슨(H. Emerson)은 철도 회사의 운임 인상 요구에 대한 면밀한 분석을 통해 과학적 관리를 통해 철도 운임을 올리지 않아도 된다는 사실을 처음 규명하여 공공 부문에 과학적 관리의 우수성을 실증해 보임으로써 "능률성의 사제"(high priest of efficiency)로 인정받았다. 이들의 연구 내용은 다 고전학파 이론의 초석이 되었다.

Ⅲ. 인간 관계학파(Human Relations School)

1 성 격

인간관계학파는 메이요의 인간관계 연구 즉, 웨스턴 전기회사의 호돈 공장(Hawthorne plant of Western Electric Company) 실험(1927-1932) 결과의 분석으로부터 시작하였다. 그 후 메이요의 호돈 실험 이후 그의 연구에 영향을 받고 나타난 매슬로우, 리커트 등의 연구들은 "후기 인간관계론"이라 부른다. 인간관계학파는 고전학파가 공식적-기계적 계층 구조만을 강조했음을 비판한다.

인간관계학파가 공통적으로 주장하는 내용은 다음과 같다. 첫째, 조직은 기술적 · 경제적 체제일 뿐 아니라 인간들로 구성된 사회적 성격을 지닌다.

둘째, 공식적 조직 안에 소집단(또는 대면적 집단 face-to-face group)이 있다.

셋째, 소집단 속의 인간의 동기 유발은 경제적 욕구만이 아니라 다양한 비경제적(사회적 · 심리적) 욕구에 의해서도 동기화된다.

넷째, 조직에 비공식적 인간관계가 존재한다.

다섯째, 이 인간관계가 공식적 권한의 명령 체계보다 능률성 및 성과에 더 효과적이다.

여섯째, 단일의 최선의 조직 구조란 존재하지 않으며, 고전학파가 주장한 최선의 조직화 논리는 여러 대안 중의 하나일 뿐이다.

2 주요 이론

1) 메이요의 인간관계론

메이요(Elton Mayo)의 인간관계론은 인간관계 학파의 핵심이다. 본래 메이요는 고전학파의 과학적 관리법에 토대하여 웨스턴 전기회사의 작업성과를 연구하였다. 그러나 당초의 예상과는 달리 과학적 관리론에서 중요시한 요소들은 작업성과에 영향을 주지 못하였다. 이에 따라 개인을 기계적 · 경제적 주체로 보는 과학적 관리론의 시각을 근본적으로 재검토하고서, 감정 및 인간관계에 따라 움직이는 인간(사회적 인간 social man)으로 파악하고 개인의 욕구 · 동기 · 태도를 중심으로, 인간관계가 조직성과에 주는 영향을 분석한 것이다. 이 연구 결과를 정리한 것이 『산업문명의 인간 문제』(The Human Problems of Industrial Civilization, 1933)이다.

메이요의 인간관계론이 발견한 요점은 다음과 같다. 첫째, 기업 조직은 인간들로 구성된 사회적 성격을 지닌다.

둘째, 직원의 만족과 생산성은 과학적 관리법에서 중시하는 요소(경제적 유인, 과업의 과학적 배분)가 아니라, 심리적 · 사회적 요소에 따라 좌우된다.

셋째, 이 연구 이후로 조직을 "사회적 제도"(social institution)로 이해하기 시작했다.

넷째, 실제 근무 여건이 개선되었는가의 여부보다는 개선되었다고 인식하는가의 여부에 따라 성과는 좌우된다.

다섯째, 인간은 타인의 관심을 받고 있다는 점을 의식하면서 대응한다. 이 점은 후일 "호돈효과"(Hawthorne effect)라고 불리게 되었다.

메이요의 인간관계론은 고전학파의 대표적 이론인 과학적 관리론과 대비하면 더욱 선명해진다.

	과학적 관리론	인간관계론
관심 대상	직무	인간
조직의 초점	공식적 조직	비공식적 조직(소집단)
인간관	합리적 경제적 인간(X 이론)	사회적 인간(Y 이론)
능률관	기계적 능률	사회적 능률
유인	경제적 유인	사회적 · 심리적 유인
능률성 확보 수단	과학적으로 설계된 계층제 구조	인간 관계
조직 목표와 개인목표의 양립	상충요소만 제거하면 저절로 양립	특별한 추가 조치를 통해서만 양립

메이요의 인간관계론은 과학적 관리법이 간과한 조직의 비공식적 · 인간적 측면을 부각한 점에서 조직 이론의 발전에 중요한 기여를 하였다. 그러나 감정 논리에 치우쳐 공식조직과 비공식조직으로 조직을 이원론적으로 파악하였다는 점, 관리자를 위한 인간 조종의 과학이라는 점, 사회적 인간을 강조하여 합리적 경제인이나 자기실현인을 과소평가하였다는 점, 환경과의 관계를 무시한 폐쇄이론이라는 점, 관리자를 연구 대상에서 제외시켰다는 점 등이 한계로 지적된다.

2) 매슬로우의 욕구 이론

매슬로우(A. Maslow)은 인간의 보편적 욕구를 다섯 가지(① 생리적 욕구, ② 안전에 대한 욕구, ③ 애정욕구 혹은 사회적 욕구, ④ 자존의 욕구, ⑤ 자아실현 욕구)로 계층화하고서, 하위단계의 욕구로부터 상위단계의 욕구로 발달하면서 그 상위 단계의 욕구가 동기 부여의 힘이 된다는 것을 지적하였다.

매슬로우 이론은 인간 심리 속에 자리 잡은 다양한 욕구의 존재를 확인하고 자기실현의 욕구를 가장 최상위의 욕구로 부각시킴으로써 고급 욕구에 기초한 내재적 동기유발 전략의 개척에 선도적 역할을 하였다.

그러나 매슬로우의 이론은 비판도 받고 있다. 첫째, 인간의 욕구가 계층적으로 존재한다는 것 자체가 의문이다. 둘째, 욕구 자체가 변동할 수 있다는 점을 간과하고 있다. 셋째, 한 가지의 행동을 유발하는 데에 두 가지 이상의 욕구가 동시에 작용할 수 있다. 넷째, 한번 충족된 욕구가 동기유발의 힘을 상실한다는 가정은 비논리적이다. 다섯째, 욕구발로의 단계적 전진만 강조하고 후진적 전개는 인정하지 않고 있다는 점 등이다.

매슬로우의 연구가 조직 이론에 주는 함의는 조직의 공식구조, 법령이나 상급자의 지시 등이 아니라 인간의 심리 내부에 있는 욕구(needs)에 의해 동기 부여가 결정된다고 보는 점이며 이 때문에 인간관계 학파로 분류할 수 있다.

3) 맥그리거의 X · Y 이론

맥그리거(Douglas McGregor)는 일에 대하여 가지고 있는 인간의 상반된 두 가지의 태도에 따라 X이론과 Y이론으로 분류하였다. X이론에 해당되는 인간은 ① 경제적 보상이나 제재 등 외재적 유인으로 동기화되고, ② 게으르고 일하기 싫어하며, ③ 책임지기 싫어하며 안정 지향적이고, ④ 자기중심적이어서 조직 목표에 무관심한 특성이 있다. Y이론에 해당되는 인간은 ① 존경 욕구나 자아실현적 욕구 등의 고급 욕구 및 내재적 유인으로 동기화되고, ② 본성적으로 일을 좋아하며, ③ 책임과 일의 성취에 적극적이고, ④ 조직 목표에서 보람을 찾으며 조직 문제 해결에 노력하는 특성이 있다. "인간 통제"에 관심을 두는 고전학파의 조직이론이 X이론을 전제로 한 반면에, "인간 성장"에 관심을 두는 것이 Y이론이다. X이론은 매슬로우의 욕구단계 중 주로 하급욕구를 중시하며 Y이론은 비교적 고급욕구를 중시한다.

두 가지 인간형에 따라 동기 부여 전략도 상이하다. 예컨대, Y 이론형 인간에 대해서는 경제적 욕구보다는 사회심리적 욕구를 채워주며, 조직 목표와 개인 목표가 통합될 수 있게 해야 한다. 구성원들의 참여 및 권한 위임을 통해 자발적 · 능동적 · 창의적으로 일하도록 해야 한다. 또 일방적 명령, 지시가 아니라 민주적 리더십을 구사해야 한다.

그러나 맥그리거의 X · Y이론은 인간관, 욕구 체계, 관리전략을 지나치게 이원화하고 무리하게 단순화했다는 비판도 받고 있다. 이 때문에 그 후에 인간관, 욕구체계, 관리전략을 보다 복합적이고 신축적으로 적용하려는 Z이론이 대두되었다.

인간이 일에 대해 갖는 심리적 태도에 따라 인간관, 욕구체계, 관리전략까지 설명한다는 점에서 맥그리거의 조직 연구는 조직 구조보다 조직 속의 인간적 측면을 강조한 것이다. 이 때문에 그의 연구는 인간관계학파로 분류될 수 있는 것이다.

4) 기타(Mary Parker Follett, C. Argyris, R. Likert),

폴렛(M. Follett)은 고전학파에서 인간관계학파로 전이하는 시기의 학자이다. 그녀는 30년대의 인간관계론 및 50년대의 행태주의 운동이 나오기 한참 전에 이미 조직의 심리학적 관점을 강조했다. 당시 고전학파가 강조하던 명령 통일의 원리에 반대하고서, 유일 최적의 조직 구조란 존재하지 않으며 상황에 따라 적합한 조직은 달라져야 한다는 상황의 법칙(law of situation)과, 조직은 직원 위에 군림하는 권력(power over)이 아니라 그들과 동행하는 권력(power with)을 구사할 것을 주장했다. 이러한 점은 나중에 인간관계론에서 다시 지적되었다.

또 아지리스(C. Argyris)는 전술한 맥그리거의 X형, Y형 인간에 유사하게 미성숙한 인간(immature man)과 성숙한 인간(mature man)을 구분하고 양자의 인간의 동기부여가 상이하게 이루어짐을 주장하였다.

리커트(R. Likert)는 조직(그는 "체제"라고 불렀다)을 ① 권위적-착취적, ② 권위적-자애적, ③ 민주적-자문적, ④ 민주적-참여적 조직으로 4대분하였는데, Y형 인간관을 전제로 한 ④ 유형이 가장 높은 성과를 얻는다고 주장한다. 인간의 심리적 측면, 성숙-미성숙, 조직 속의 인간관계 등에 따라 조직성과 및 동기부여가 결정된다고 설명하는 점에서 폴렛, 아지리스, 리커트의 조직 이론은 인간관계학파로 분류될 수 있다.

Ⅳ. 신고전학파(Neo-Classical School)

1 성 격

신고전파 조직이론은 고전학파와 인간관계학파의 시각을 다 비판한다. 먼저, 고전학파 이론의 소박성을 비판하고 과학화의 수준을 더 높이고자 한다. 또 인간관계학파가 주로 조직 상층부가 부하를 관리하는 전략으로 연구되었지만 신고전학파는 의사결정 주체로서의 조직인의 행태 분석에 심리적 요소를 적용한다. 그러므로 신고전학파의 본질은 당시 대두된 행태과학(behavioral science)과 심리학적 접근을 조직 연구에 받아들이면서 고전학파의 이론을 더 세련화하고 올바른 과학화를 통해 고전학파를 구원하려고 했다는 점에서 신고전학파라고 부를 수 있다. 특히 여기에서는 의사결정(decision-making)이란 요소를 가장 중시한다. 사이먼, 왈도, 셀즈닉 등의 조직 연구가 이에 해당된다.

2 주요 이론

1) 사이먼의 의사결정 연구

사이먼(Herbert A. Simon)의 조직 연구는 행태주의와 심리학적 접근을 조직 연구에 도입하여 조직 연구의 과학화에 크게 기여하였다. 사이먼은 고전학파 조직 이론의 비과학성을 지적하고서, 진정한 과학화를 위한 연구 방향을 제시하였다. 그는 의사결정에 초점을 두기 때문에 행정 조직과 경영 조직의 차이에는 관심이 적다. "의사결정"이란 국면에 초점을 두기 때문에 고전학파처럼 최적이라고 여겨지는 특정한 형태의 조직 구조를 제안하지 않고, 의사결정 능력의 개선에 더 관심을 둔다(예컨대, OR 및 컴퓨터 공학에 의한 계량적 기법에 의한 정보처리 제고). 고전학파의 비과학성을 극복하기 위해서는 행태주의에 토대하여 조직의 의사결정을 연구해야 한다. 그리고 사실명제와 가치 명제를 구분하고 과학적 연구는 오직 전자만을 다루어야 한다.

그의 조직 연구의 특색은 다음과 같다. 첫째, 조직의 가장 중요한 국면은 의사결정이다.

둘째, 가치 명제와 사실 명제를 구분한다. 조직의 과학적 연구를 위해서는 사실 명제만 다루어야 한다.

셋째, 고전학파의 조직 연구가 주장하는 명제들은 과학(science)이 아니라 격언(proverbs)에 불과하다. 고전학파가 내세우는 유일한 최적 조직 구조란 없다.

넷째, 의사결정을 조직의 핵심 연구 대상으로 삼은 이상, 심리학을 통한 의사결정의 행태를 연구하기 위해 심리학적 접근이 중요하다. 인간관계학파가 주로 개인의 동기 부여에 심리적 접근을 활용함에 비하여, 사이먼은 의사결정 행태의 설명에 심리적 요소를 활용한다.

다섯째, 의사결정자인 인간은 인지적 제약 때문에 의사결정에서 최적화가 아니라 만족화만을 추구한다.

하지만 그의 연구에는 다음과 같은 문제점도 있다. 첫째, 합리성의 개념을 너무 확대하다 보니 비합리성과 합리성의 구분이 어렵다.

둘째 그가 제시하는 만족모형은 의사결정의 사후 정당화는 될지언정 조직에 대한 처방적 연구가 되기 어렵다.

2) 왈도와 셀즈닉

사이먼이 조직을 미시적으로 연구했음에 비하여 왈도(Dwight Waldo)는 행정 조직(곧 관료제)를 거시적으로 연구하였다. 민주제와 관료제는 상호 대립적이면서 동시에 상호 보완적인 두 개의 가치이다. 정부 관료제의 핵심 가치는 과학적 관리론이나 능률성이 될 수 없으며 오직 국민에 봉사하는 것(민주주의)이어야 한다고 주장함으로써 고전학파 조직 이론의 대전제를 부인한다. 관료제가 가진 가치들(ex: 국방, 생산성, 능률성 등)은 민주주의 성취를 지원하면서 동시에 그 자체가 비민주적인 가치이기도 하다. 행정기관장은 흔히 이러한 가치를 민주주의보다 더 우선시 한다. 관료제 그 자체는 선도 악도 아니며 그것은 정부 과업 달성을 위해 존재한다. 그러나 형식주의, 규칙 및 SOP의 강조, 비정의성(非情誼性), 전문성, 능률성...등을 지나치게 강조하면 관료는 이들 가치를 민주주의보다 더 중시하는 모순이 나타나게 된다. 이 때문에 관료제란 말이 갖는 부정적 이미지가 생긴다. 왈도는 미래 사회의 관료제는 웨버식의 관료제에 비해 훨씬 더 민주적, 신축적이면서 더 복합한 모습이 될 것으로 예견하였는데 이것이 그가 말한 "관료제 이후"(postbureaucratic) 사회이다.

한편 셀즈닉(Philip Selznick)은 조직에서 비합리적("관료병리적" bureaupathic) 행태가 나타남을 지적하였다. 조직 속의 개인은 조직의 공식적 목표와는 다르고 심지어 이와 충돌하기도 하는 개인적 목표를 따로 가지고 있음을 강조하였다. 사이먼처럼 셀즈닉도 조직을 여러 관련 학문들 간의 학제적 접근을 시도하였는데 심리학, 인류학, 정치학 고전파 행정학을 다 원용하였다.

왈도는 정부의 핵심 가치가 민주성임을 들어 능률성을 지상 가치로 삼은 고전학파 조직이론이 잘못 설정되어 있음을 지적한다. 또 셀즈닉도 공식 조직이 가진 비합리적 측면을 강조함으로써 고전학파의 조직 이론의 전제를 비판한다. 그러므로 이들은 신고전학파 이론이라고 분류할 수 있다.

Ⅴ. 체제학파(System School)

1 성 격

체제학파(system school)는 체제 이론에 토대하여 2차 대전 이후에 대두하였다. 이들의 주된 연구 대상은 조직의 개인적 측면, 집단적 측면, 행태도 아니며 체제(system)이다. 환경(environment), 투입(inputs), 과정(processes), 산출(outputs), 환류(feedback) 요소간의 상호 작용을 강조한다. 여기서 체제(system)란 "특정 목적을 달성하도록 설계된 부분(하위체제)들의 조직화된 집합이다"(LeMay, 2006). 이 체제로서의 조직이 어떻게 환경에 적응하며 목표를 달성해 가는가를 연구하는 것이 체제학파의 기본 관심이다.

체제 이론은 처음에는 체제가 환경에 영향을 받지 않는다고 보는 폐쇄체제(closed system) 이론으로 먼저 나타났으나 그 후, 환경과 체제의 상호작용을 인정하는 개방체제(open system) 이론으로 발전되었다.

체제학파의 시각에서 보면 정치-행정은 구분할 의미가 없다. 위의 상호작용이 정책결정과 행정 결정 간에는 큰 차이가 없다고 보기 때문이다. 체제학파의 성격은 고전학파와 대비하면 더욱 선명해 진다.

고전학파	체제학파
단순하며 단일차원적 조직을 전제	복잡하고 다차원적 조직을 전제
정태적 균형	환경에 적응하여 끊임없이 변화하는 균형
정태적 균형	환경에 적응하여 끊임없이 변화하는 균형
경직적 조직(계층제적)	신축적이고 상시 변하는 환경에 적응
조직은 관리자가 고안해 놓은 구조물	조직(체제)은 스스로 기능하는 주체

2 주요 이론

1) 위너의 사이버네틱스 연구

위너(Norbert Wiener)는 "사이버네틱스"(Cybernetics)의 관념을 원용하여 조직을 "적응 체제"(adaptive system)로 파악한다. 사이버네틱스란 체제의 정보처리와 제어의 기능과 구조에 대한 통합학문적 연구이다. 이 체제는 동물, 인간, 기계, 컴퓨터, 병원, 사회조직은 물론 국가 및 국제기구와 같은 공공 조직도 될 수 있다. 따라서 정부 조직에도 사이버네틱스의 시각을 적용할 수 있다. 이 사이버네틱스의 핵심적 기능은 "자기 규제"(self-regulation)이다. 마치 미사일이 사전에 입력된 목표물을 향해 궤도를 수정해가면서 나아가듯이, 정부 조직은 주어진 환경에 적응하면서 바람직한 상태(목표)를 가장 효과적으로 달성하는 상태를 찾아 끊임없이 자신의 구조와 기능을 바꾸어 간다.

행정 조직의 의사결정 국면에 이러한 시각을 적용한 것이 스타인브루너(John D. Steinbrunner)의 사이버네틱스적 의사결정이론이다. 회사 모형(Cyert & March), 조직 모형(Simon & March)의 의사결정 연구는 이러한 요소를 많이 수용하였다.

2) 이스턴의 정치 체제 이론

이스턴(David Easton) 은 파슨스(T. Parsons)의 사회체계론과 생물학의 체계이론을 원용하여, 정치 체제 이론을 정립하였다. 그는 정치 체제를 정치공동체 · 정치제도 · 정부의 3가지 영역으로 나누어 설명한다. 따라서 주로 공공 조직에 관해 체제 이론을 적용한 것이다.

첫째, 생물체가 외부의 환경으로부터 자극을 받는 것과 마찬가지로 정치 역시 외부의 환경으로부터 영향(투입)을 받게 된다. 이 투입요소는 지지와 요구이다. 둘째, 투입을 산출로 전환하는 과정이 필요하다. 셋째, 투입에 대한 적절한 대응으로 정책이 산출된다. 넷째, 산출된 정책은 다시 국민의 요구에 어느 정도 부응하는가에 따라서 새로운 요구로 나타나게 되며 이러한 일련의 과정이 정치의 전반적인 과정을 형성하게 된다.

행정조직 연구에서도 이러한 체제 이론을 적용하여 "행정 체제"를 정립한 연구가 많이 나타나게 되었다.

3) 센지

센지(Peter Senge)에 의하면 조직은 곧 학습(learning)의 주체이다. 개인이 외부 환경에 직면하여 학습을 통해 삶을 개선해 나가듯이 관료 조직 역시 외부 환경에 대응하여 문제해결 능력을 높이는 학습과 성장을 한다. 학습 조직을 위한 센지의 5가지 지침(discipline) 내용은 다음과 같다.

첫째, 개인의 숙련(personal mastery)이 먼저 필요하다. 개인의 학습이 없으면 조직의 학습도 없다. 개인이 스스로 지속적으로 자신의 비전과 에너지를 충만하게 북돋고, 현실을 인지하고 능력과 기술을 습득해가야 한다.

둘째, 사고의 틀(mental models)을 중시한다. 현실 세계를 객관적으로 이해하고 어떤 활동을 할 것인가에 대한 깊은 이해와 형상화(image)를 통해 기존 사고방식을 깨는 과정을 겪는다. 이러한 숙고(reflection)의 과정이 새로운 것들을 받아들이는 자세를 형성한다.

셋째, 구성원들 간에 비전 공유(vision sharing)이다. 서로의 비전을 단지 듣는 것에 그치지 않고 그에 스스로 열의를 갖고 몰입하게 하여 결국 학습을 촉진한다.

넷째, 팀 학습(team learning)을 강조한다. 팀에서의 학습이란 구성원들이 '함께 사고'함으로써 원하는 결과를 창출하는 능력을 만들어내는 과정이다.

다섯째, 시스템적 사고(system thinking)이다. 조직은 체제 전체에 대한 시야를 가져야 한다.

이 밖에 Katz & Kahn, William Ouchi의 조직 연구도 이 체제학파의 조직 연구로 분류할 수 있다(LeMay, 2006).

Ⅵ. 신공공관리학파(New Public Management School)

1 성 격

조직 연구의 신공공관리학파는 최근래에 나타난 연구 흐름이다. 미국의 NPR(National Performance Review: El Gore, 1993) 및 각국의 정부재창조 운동(reinventing government movement)에 천명된 정부혁신 프로그램의 종합적 산물이 바로 신공공관리론(NPM: new public management)이다.

그 주장 요지는 다음과 같다. 첫째, 정부 실패(government failure)를 치유하기 위해서 시장 기제를 정부 조직에 도입해야 한다. 기업은 정부보다 더 능률적이다.

둘째, 고전학파가 정부 조직의 주체를 정치인(politicians)으로부터 행정관료제(administrative bureacracy)로 옮겨 갔음에 비하여, 신공공관리론은 이 행정관료제를 기업가 조직(entrepreneur organization)으로 옮겨 간다.

셋째, 따라서 고전학파에서처럼 능률성을 여전히 중시하지만 고전학파에서 한 걸음 더 나아가 작은 정부, 민영화, 가격기제의 도입 등까지 주장한다.

넷째, 이론적 탐구에 머물지 않고 대개 정부 조직의 실천적 개혁을 주장한다.

신공공관리학파에 의거한 정부 조직 연구는 상당한 성과도 보였지만 다음과 같은 문제점을 야기했다. 첫째, 신공공관리론을 따를 경우 정부 조직의 중요가치인 법의 지배, 대의 정부, 권력 분립, 개인의 자유와 평등이 훼손될 수 있다.

둘째, 이 학파가 제시하는 프로그램들의 상당수는 이미 과거에 나타난 것이어서 굳이 "신"(new) 공공관리적 처방이라고 보기 어렵다.

신공공관리론이 제안한 혁신	이미 과거에 나타난 시점
성과측정	1910
성과주의 예산	1950
민영화	1600년대
비영리기구	1800년대 초기
장기 시계적 예산	1960년대
MBO	1960년대
관료제 조직의 역기능	1940년대 사회학자들의 관료제 이론

셋째, 1990년 이후부터 실천적으로 각국의 정부 조직에 많이 적용되었지만 조직에 대한 연구 방법론으로서는 이미 존재하는 기업 조직의 능률성을 정부조직에 도입하자는 것이지 새로운 조직 이론을 고안한 것이 아니다. 그것은 주로 실천적·처방적 이론이다.

2 주요 이론

1) 오스본, 게블러 등

오스본, 게블러, 바즐리, 플래스트릭(Osborne, Gaebler, Barzelay, Plastrik) 등의 신공공관리론자들은 정부 기능을 가장 잘 수행하기 위해서는 정부 관료 및 시민들에게 새로운 관리 기법을 적용할 것을 주장하면서 경쟁, 민영화, 분권화, 혁신, 권한 부여 등과 같은 시장적 요소를 강조한다. 이를 위한 정부 혁신에 대한 일련의 개혁 권고안을 제시하였다.

하지만 이들의 주장에 대한 비판도 있다. 본래 사이먼이 고전학파 조직 이론을 격언(proverbs)이라고 부른 것은 고전학파가 제시한 조직 원리들이 서로 충돌하여 예컨대, "신중하라"와 "과감하라"가 동시에 주어진 것과 같아서 격언으로만 의미가 있다고 보았기 때문이다. 그런데 바즐리 등이 제시한 권고안들도 상충적인 것이 많았다. 예컨대, 경쟁을 요구하면서 동시에 중복 조직을 반대하였다. 또, 정부 조직도 이윤과 수익을 중시해야 한다고 권고하는 동시에 작은 정부를 권고함으로써 정부가 수익을 낼만한 사업을 하지 못하게 권고하였다. 결국, 이들의 구체적 조직 개혁안은 상충되는 것이 많아서 실효성에 많은 한계가 있다.

2) 보스턴 등

신공공관리론의 주장은 보스턴 등(Boston, Martin, Pallot, and Walsh, 1996)의 뉴질랜드 모형에서 그 타당성이 입증되었다. 신공공관리학파의 정부개혁 처방안이 높은 성과를 본 예가 뉴질랜드 정부 개혁이다. 그들이 권고한 정부재창조 방향의 요지는, ① 정부는 민간 부문이 효과적, 능률적으로 수행할 수 없는 일만 해야 하며, ② 정부 부문에 기업적 성격의 조직은 시장의 기업 조직의 구조로 바뀌어야 하며, ③ 정부 구조는 정부 기관의 비용 및 거래 비용을 극소화하는 방향으로 짜여 져야 하고, ④ 행정 능률성 및 고객에 대한 대응성을 위해 의사결정 권력은 가능하면 집행 부서에 부여되어야 한다는 것 등이다. 이들 주장의 문제점도 역시 앞에서 본 것과 유사한다.

논평

조직이론 계보의 정리는 행정조직론의 서두에서 반드시 먼저 읽고 들어가야 한다. 개별 사항들의 이해도 중요하지만 전체의 맥락에 대한 이해에 초점을 두라. 계보에 관한 수많은 분류론이 있고 정설이라고 할 만한 분류론도 아직 없다. 적어도 한 가지 분명한 분류론을 가지고 있어야 한다. 그 때문에 조직론 계보를 묻는 문제가 출제되기는 어렵다. 모든 조직을 다 망라한 조직 일반의 계보는 복잡하고 행정조직론 학습에 다 필수적인 것도 아니다. 여기서는 행정조직을 중심으로 한 LeMay(2006)의 분류론을 일부 보완하여 제시하였다. 왈도식의 3단계론(고전적-신고전적-현대적 이론)에서와 여기에서의 5단계론에서의 "신고전적" 이론의 내용이 상이함을 유의하라. 왈도는 거기에서 주로 인간관계론을 설명함에 비하여 LeMay는 인간관계론이 본질적으로 고전학파의 보완에 불과하다고 보고, 사이먼과 왈도 및 셀즈닉(이들은 왈도 분류에 의하면 현대적 이론이다)을 신고전학파로 분류한다.

ㅣ새 테마 행정학ㅣ

02. 행정조직의 목표

Ⅰ. 행정조직 목표의 의의

1 정 의

조직 목표(organization goal)는 인간의 집합체인 조직이 달성하려는 장래의 바람직한 상태이다. 개인이 목표를 갖듯이 조직 자체도 목표를 갖는다고 전제한다. 조직 목표가 개인의 목표의 종합인가, 아니면 개인들의 목표의 총합과는 별개인가에는 논란이 있다. 행정 조직도 "공익"이라는 광의의 목표를 표방하고, 이 목표를 다시 구체화하고 이를 달성하기 위해 수단을 선택하는 정책 결정의 과정을 따른다. 따라서 조직 목표는 정책 목표로 구체화됨이 보통이다. 행정 작용은 정부가 제시한 행정 목표의 달성 과정이다.

2 조직 목표의 역할

행정 조직의 목표는 다음과 같은 역할을 한다.

1) 조직 정당성(legitimacy) 유지

행정 조직 목표는 정부 존재의 정당성을 제공하는데 이는 곧 그 조직의 존재 이유가 된다. 조직은 환경으로부터 정통성을 인정받아야 하는데, 탄생 시부터 정통성을 인정받을 수 있는 목표를 표방하며, 탄생 이후에도 환경의 변화에 따라 목표의 내용을 수정함으로써 정통성을 유지하고자 노력한다.

2) 조직 활동의 방향 지침(guideline)

조직 목표는 조직 구성원들의 활동에 대한 방향을 제공하는 하나의 지침이 된다. 특히 불확실성 속에서, 상충되는 정책대안들을 비교하고 평가하여 선택하는 의사결정이 끊임없이 이뤄지는 행정 조직에서 목표는 가장 중요한 결정 기준이 된다.

3) 조직원들의 몰입 촉진

목표는 조직 성원들이 조직에 일체감을 느끼게 한다. 또 조직 활동의 동기를 유발하며, 궁극적으로 조직원들의 몰입을 유도한다.

4) 조직 평가의 기준

조직의 산출물을 통한 성과 평가가 강조되는 시점에서 조직 목표는 이러한 조직평가의 기준이 된다. 특히 조직성원들의 성과를 보상과 연결하여 인센티브를 주고 있는 성과-보상과의 연계 체제하에서 이러한 조직 목표는 중요한 기준을 제공하고 있다.

Ⅱ. 조직 목표의 상충관계(Trade-off)

물리적 실체로서의 조직은 서로 다른 정체성을 보유한 개인들로 구성되며 동시에, 상하위의 수직적 권한의 위임정도에 따른 다층적인 조직구조를 갖고 있다. 하나로 통합되는 상위목표 역시 조직수준을 달리하여 개인/조직의 차원으로 논의할 때, 또한 상/하위 조직차원에서 논의할 때 상충적인 관계를 내포할 수밖에 없다.

1 개인 목표와 조직 목표의 상충

하나의 조직에는 조직구조별로, 또한 개인들의 상이한 수준별로 다양한 목표가 존재한다. 특히 개인들을 계층제적 구조하에 위치할 때 최고관리자의 목표, 조직구성원이 인식하는 목표가 상이할 수 있다. 이 경우 조직 내의 위계적 구조에 위치하는 개인들 간의 조직 목표가 상충하는 경우가 발생할 수 있다.

2 상위조직 목표와 하위조직 목표의 상충

상하 조직이 추구하는 목표들 간에도 경합 · 상충하는 관계가 존재하게 된다. 이럴 경우 조직 내에서는 조직 목표가 상위 목표에 합당하게 되도록 조정한다. 그러나 하위 기관의 독립성이 강하거나, 상위 목표 자체가 하위 조직목표들의 타협물인 경우에는 그러한 계층제적 조정은 어려우며 하위 부서간의 타협과 모호한 해결하는 경우가 많다.

3 수평 조직들 간의 목표 상충

행정 조직의 경우 광의의 공익(public interest), 국민 복리(well-being)를 궁극적인 목표로 표방한다. 또 그러나 환경부 - 경제부처, 농림부-외교통상부, 노동부-경제부처 등은 이러한 광의의 의미에서는 공통적으로 공익, 혹은 국민 복리를 내세우지만 이를 구현하기 위해 이 부처들의 목표로 설정하는 목표에서는 상충된다.

또, 동일 부처들 내의 하위 기관 간에도 상충된 목표가 설정되어 갈등할 수 있다. 예를 들면, 경제부처의 에너지실에서는 에너지의 절약과 효율적인 사용을 목표로 하나, 산업정책국이나 기술국에서는 산업부흥을 위해 에너지 사용을 증가하는 정책을 추진할 수밖에 없는 경우가 그것이다.

이렇게 수평적 조직들 간의 목표 상충 문제는 정책 추진과 집행과정에서 조정 비용을 발생시키는데, 이러한 문제점은 상위목표, 최고지도자의 리더십, 각 조직들 간의 타협 등을 통해 해결한다.

Ⅲ. 조직 목표의 변동

1 목표의 형성과 변동

조직 목표는 역동적 과정을 통해 설정되고 다시 역동적 과정을 통해 변동하는 가변적인 현상이다. 즉 조직의 목표는 항상 고정 불변하는 상수가 아니라 시간에 따라 변하는 변수라는 의미이다.

1) 목표의 비중 변동

목표의 비중 변동(Distortion)은 동일한 유형의 목표들 간 주안점이 달라지는 미시적인 변화 현상을 말한다.

2) 목표 승계

목표 승계(Succession)는 본래의 목표가 같은 유형의 다른 목표로 교체되는 것을 말한다. 본래 추구하던 목표가 달성불가능하거나 또는 완전 달성된 경우에 목표의 승계가 일어날 수 있다. 새로운 목표로 전환된 조직의 생존이 사회에 해롭지 않은 경우에 사용된다. 이는 감축관리(cutback management)의 저해요인 중 하나인 '동태적 보수주의(dynamic conservatism)'와 관련된다.

3) 목표 대치

목표 대치(Displacement)는 정당성을 획득한 목표(legitimate goal) 또는 당초의 목표가 다른 목표로 뒤바뀌는 목표 변동의 한 형태로서 조직 목표추구 활동이 심히 왜곡되는 경우에 발생한다. 기존의 정당한 목표가 다른 목표에 의해 저해, 종속되는 이 현상을 머튼(Robert K. Merton)은 '목표와 수단의 대치 현상'(substitution of means for ends)이라고도 불렀다. 행정 조직의 목표 달성을 위해 만들어진 관료제가 조직 자체의 목표보다는 관료 자신의 신분 유지, 절차와 규칙의 편의성을 더 중시하는 경우에 흔히 나타난다. 보다 구체적으로 목표 대치가 나타나는 이유를 살펴보면 다음과 같다.

첫째, 소수간부의 권력 및 지위 강화 경향이다. 조직의 최고관리자나 소수의 간부가 일단 권력을 장악한 후에는 조직의 본래 목표를 추구하기보다는 목표를 전환시켜 자기의 권력 · 지위를 유지 · 강화시키는데 더 관심을 갖는 경우가 이에 해당하는데, Robert Michels가 지적한 '과두제의 철칙(iron of oligarchy)'은 이러한 현상을 잘 지적한다. 정당과 노동조합과 같은 외관상 민주적인 조직도 그 규모가 커짐에 따라 권력이 소수에게 집중되고, 이러한 과두지배 현상은 예외가 없는 '철칙'이라는 것이다.

둘째, 정책 · 규칙 · 절차에 대한 집착이다. 정책 · 법규의 준수는 조직목표의 달성을 위한 수단인 데도 불구하고 법규 · 절차에 지나치게 집착하면 그 자체가 목표가 되어 형식주의 · 의식주의와 동조과잉현상을 초래하게 된다. 즉, 절차가 조직목표에 대한 수단이 아니라 그 자체가 목표가 되어 조직이 정책 · 법규를 엄수하는 것만이 관료의 조직목표가 되어 버리는 것이다.

셋째, 유형적 목표의 추구이다. 행정목표의 추상적 · 개괄적 성격으로 말미암아 유형적 목표 · 하위목표에 치중하게 됨으로써 목표의 전환 현상이 나타나게 된다. 상위차원의 무형적 목표보다 유형적 목표에 치중하는 것은 '목표의 왜곡(goal distortion)' 현상에 해당하는데, 성과급제도나 목표관리제도와 같이 성과측정이 용이한 유형적 목표의 달성 여부를 중시하는 제도 하에서 특히 나타나기 쉽다.

넷째, 조직내부문제에 집착하는 경우이다. 전문화 · 분업 등 수단적 · 기술적인 내부문제를 중요시함으로써 전체목표나 조직의 외부환경의 변화를 과소평가하는 경우 목표전환이 일어난다.

2 목표 변동의 원인에 대한 접근법

본래의 조직 목표가 형성되고 변동되는 원인은 조직 내적 요인과 조직 외적 요인으로 나누어 살펴볼 수 있다.

1) 조직 내적 요인

(1) 사이어트(Richard Cyert) & 마치(James G. March)

사이어트와 마치는 조직을 개인과 집단의 연합으로 보고 조직의 집합적 목표가 서로 다른 필요와 요청을 가지고 조직에 참여하는 개인과 집단의 협상에 의하여 형성된다고 보는데, 이를 조직의 "연합 구조"라 한다. 이러한 연합구조(coalition structure)가 달라지면 조직의 목표도 변동하게 된다.

(2) 페로우(Charles Perrow)

페로우는 조직의 핵심 업무별로 집단간 권력 분배정도가 변화하면 이에 따라 조직의 목표가 변동한다고 보았다. 그는 조직의 핵심업무를 크게 4가지로 나누고 이러한 업무들 중 중요시 되는 업무를 맡은 집단이 권한구조상의 지배적 지위를 누리고, 이러한 지배적 집단이 생산작용목표의 결정을 주도하게 된다고 말한다.

2) 조직 외적 요인

(1) 톰슨(James D. Thompson) & 맥웬(William J. McEwen)

톰슨과 맥웬은 조직의 목표설정과 변동과정은 필연적으로 조직 외부의 환경과 상호작용을 통해 이뤄진다고 본다. 따라서 이러한 조직 외부 환경에 따른 변화에 대응하는 조직의 전략은 크게 경쟁전략, 협동전략으로 나뉜다.

(2) 셀즈닉(Phlip Selznick)

셀즈닉은 조직 외부의 환경이 조직 목표를 반대하거나 저항할 때, 이들 세력을 조직에 편입시켜 의사결정에 참여시킴으로써, 포용된 사람들의 저항을 극복하는 방법(소위 "co-optation")을 소개하고 있다.

Ⅳ. 정부조직 목표의 관리

1 목표 설정의 과정

과거 한국 정부에서 정부조직 목표는 주로 대통령 및 부처 장관의 정치적 리더십의 영향을 받으며, 수직적으로 결정되었다. 그후 민주화를 통해 최고 정책결정자들이 제시한 최고 목표가 정치 공약이라는 형식으로 국민에게 제시되고 이에 대한 국민의 선택이 선거라는 방식으로 개선되어 왔다.

일단 이렇게 선택된 거시적 목표가 구체화되는 과정에서도 여전히 최고 정책결정자들 중심으로 이루어져 왔다. 그러나 현재에는 시민단체, 시민사회, 언론, 입법부의 실질적인 활동이 증가하면서 정부조직자체의 목표설정 과정에서도 다양한 요구가 반영되며, 정부가 설정한 목표 역시 시민사회와의 환류를 통해 그 정당성과 타당성을 검증받는 방식으로 변화되고 있다.

2 목표에 대한 평가 - MBC에서 MBO로

과거의 행정 조직 목표는 조직 자체에 대한 성과 평가의 지침이 되는데 그쳤다. 그러나 최근에는 이 성과를 개인들의 보상으로까지 연계하는 적극적인 제도가 법제화되어 운영되고 있다. 중앙정부가 목표 관리를 성과와 연계한 "목표관리제"(MBO)를 도입한 것이 그 예이다. 이는 조직의 정책이나 사업의 성과에 대해 엄정한 성과관리를 통해 정당한 보상 체계를 확립하는 것이다. 이 제도를 뿌리내리려면 초기에는 고위직에만 적용하되, 그 후 하위 단계로 확산함이 바람직하다.

목표관리제(MBO: management by objective)는 전통적인 통제에 의한 관리(management by control: MBC)와 여러 면에서 차이가 있다. 첫째, 통제에 의한 관리는 관리자가 목표 설정에 중심적이지만, 목표관리제에서는 관리자와 직원이 함께 협의하여 목표를 설정한다.

둘째, 평가시점에 있어서 통제에 의한 관리는 과업수행 종료 후에 주로 하지만, 목표관리제는 목표수립 중, 과업진행 중, 그리고 종료 후 등 여러 차례 평가한다. 평가결과는 인사평정 다음 년도 목표계획의 수립에 반영된다.

셋째, 통제에 의한 관리는 책임의 형태가 집권적이지만, 목표관리제는 대체로 분권적이다.

넷째, 자원을 분배 또는 통제하는데 있어서 통제에 의한 관리는 관료주의처럼 형식과 규칙에 치중하지만, 목표관리제에서는 전략적 연간계획이나 우선순위를 중시한다.

다섯째, 문제해결 방식에 있어서 통제에 의한 관리는 문제가 발생 이후에 그것을 해결하는 '치료(cure)'에 치중하지만, 목표관리제에서는 계획 수립에서부터 문제의 근원을 따지는 '예방(prevention)'에 치중한다.

여섯째, 통제에 의한 관리는 활동에 초점을 두고 그것을 그럭저럭 관리하는 체제(muddling through)이지만, 목표관리제는 결과와 성취에 초점을 두는 결과중심(result-oriented)관리체제이다(신철우, 1999). 이상, MBO와 MBC의 차이를 요약하면 다음 표와 같다.

전통적 관리(MBC)와 목표관리제(MBO)의 비교

구 분	전통적 관리(MBC)	목표관리제(MBO)
목표설정	· 관리자가 목표설정	· 관리자와 직원이 함께 목표설정
평가시점	· 업무수행 종료 후	· 목표수립 중, 과업진행 중, 종료 후
책임형태	· 집권화	· 분권화
자원분배/통제	· 관료주의적 형식과 규칙 중시	· 전략적 연간계획 또는 우선순위 중시
문제해결방식	· 치료(cure)에 치중	· 예방(prevention)에 치중
관리(초점)방식	· 활동과정에 관심, 그럭저럭 관리	· 결과와 성취에 초점, 결과중심 관리

새 테마 행정학

03. 조직 유형(6대 유형론)

Ⅰ. 서 론

Ⅱ. 리더-추종자의 군집(Leader-follower cluster)
1. 의 의
2. 평 가

Ⅲ. 피라미드(Pyramid) 조직
1. 의 의
2. 평 가

Ⅳ. 컨소시엄(Consortium) 조직
1. 의 의
2. 평 가

Ⅴ. 프로젝트(Project) 조직
1. 의 의
2. 세부 유형
3. 평 가

Ⅵ. 매트릭스(Matrix) 조직
1. 의 의
2. 전제 조건
3. 평 가

Ⅶ. 팀(Team) 조직
1. 의 의
2. 세부 유형
3. 평 가

Ⅰ. 서 론

오늘날 조직이 복잡하고 다양해짐에 따라 이를 분류하는데 있어서도 다양한 조직유형론이 존재한다. 예컨대, 기능별로 분류하거나 사업구조, 매트릭스구조, 수평구조 등으로 분류하기도 하며, 조직의 규모나 환경과의 상호작용에 따라 분류하기도 한다. 또 조직을 체제(system)으로 파악한 리커트의 체제유형론도 일종의 조직유형론이 된다. 스탈링(Grover Starling,1998)은 이를 ① 리더-추종자 집단(Leader-follower cluster), ② 컨소시엄(Consortium), ③ 피라미드(Pyramid), ④ 매트릭스(Matrix), ⑤ 팀(Team)의 5가지로 나누고 있다. 여기에 더하여 ⑥ 프로젝트(Project) 조직을 추가할 수 있다. 조직유형론의 관심은 조직 환경의 변화에 따라, 전통적으로 대표적인 조직 형태이던 계층제를 대체하고 각 조직 상황에 적합한 새로운 조직 유형들의 효용성을 제시하는 것이다. 이하에서는 이러한 유형론에 따라 조직 유형의 특성을 설명하기로 한다.

Ⅱ. 리더-추종자의 군집(Leader-follower cluster)

1 의 의

인간관계의 가장 자연스러운 조직형태로서, 리더(leader)가 중심(center)에 있고 나머지 추종자(follower)들이 그 주변부(periphery)를 이루고 모여있는 형태의 집단이다. 인디언 부족들, 길거리 깡패들, 사이비 종교집단, 군의 특수활동 단위, 명망가 중심의 군소 정당에서 볼 수 있는 조직 유형이다. 공식적인 행정조직·기업조직보다는 비공식적인 조직에 이런 형태가 많다. 엄밀히 보면 조직(organization)이라기보다는 집단(group)으로서의 성격이 강하다. 그러나 특수한 경우 공식적인 조직으로도 활용된다.

웨버(Max Weber)는 정당성을 갖는 권위의 세 가지 원천을 전통적 권위, 카리스마적 권위, 법적 권위로 제시하며 이를 관료제 조직과 연관시켜 각각 가산적 관료제, 카리스마적 관료제, 근대 관료제로 분류한다. 그러나 이러한 권위의 원천이 반드시 '관료제'(bureaucracy) 조직으로만 연계되는 것은 아니다. 리더-추종자의 군집은 주로 리더가 가진 성스러움, 영웅성, 비범함에 의존한다는 점에서 웨버의 카리스마적 권위에 토대를 두고 있다(Starling,1998).

2 평 가

조직의 목적은 공식적 목표 외에 사랑 · 경외심 · 존경 같은 심적인 요인들이 결합되어 있으며 추종자들은 자신의 업무를 '사명'(mission)으로 여기고 맹목적으로 복종한다. 따라서 조직의 유대가 매우 강하다는 장점이 있다.

그러나 구성원 간의 유대의 강력함은 곧 단점이기도 하다. 리더는 환경의 도전에 신축적, 적극적으로 대응하지 않고 기존의 카리스마 유지에 집착하는 경향이 있다. 따라서 이 형태의 조직은 변화에 대한 대응성이 낮다. 예컨대, 맥아더 장군은 태평양 전쟁에서 일본을 성공적으로 대파시킨 탁월한 역량을 가진 지휘관으로 참모들에게 인식되어 있었다. 그는 한국전의 초기에 휘하 참모들의 반대를 무릅쓰고 대담하게 인천 상륙작전을 감행하여 성공하였다. 이러한 일련의 성공이 그에게 보다 큰 카리스마를 안겨 주자 그는 자신의 의사결정 방식에 과도한 확신을 가지게 되어 한국전 후기에는 중공군의 공격 가능성을 무시하는 대 실수를 저질렀다(Starling,1998).

Ⅲ. 피라미드(Pyramid) 조직

1 의 의

피라미드 조직은 단일의 명령체제로 연결된 상하 계층구조(hierarchy)를 말한다. 가장 대표적인 것이 관료제(bureaucracy)이다. 피라미드 조직은 웨버(Max Weber)의 관료제 연구, 테일러(Fredrick W. Taylor), 귤릭(Luther H. Gulick), 어윅(Lyndall F. Urwick) 등이 연구한 조직연구에 함축되어 있는데 이들을 종합하면 다음과 같은 점을 원리로 삼고 있다.

첫째, 업무의 분업(division of labor)이다. 기능적 전문성에 토대를 두고 조직원간에 업무가 분화되어 있다.

둘째, 상하 명령-복종 체제로 이어진 계층제(hierarchy)이다. 권위와 책임이 조직의 최상층부에서 최하층부로 하나의 통로를 따라 수직적으로 전달된다.

셋째, 조직원의 권리와 의무는 공식적 규정(법령 등)으로 명확히 규정되어 있다.

넷째, 통솔범위(span of control)이다. 한 명의 상관이 효율적으로 감독할 수 있는 부하의 수가 통솔범위인데 직무의 조직, 성질 및 시간 · 공간적 요인에 따라 변할 수 있다.

다섯째, 구성원은 계선과 막료(line and staff)로 구분된다. 조직의 주된 기능을 수행하는 계선기관과 그 뒤에서 조사 · 연구 · 조언 등을 담당하는 막료기관의 역할 분담이 필요하다.

여섯째, 자격과 능력에 근거하여 임용·승진·보상이 결정된다.

일곱째, 조직의 상관과 부하의 관계는 물질적 보상을 얻기 위해 노동을 제공하는 '교환'에 불과한 비정의적(impersonal) 인간관계에 놓여 있다.

2 평 가

대표적인 피라미드 조직인 관료제는 웨버(Max Weber)의 연구 이래로 정부 조직에서 가장 합리적인 근대 조직유형으로 정당화되었고, 민간 기업조직의 경우에도 대부분 이러한 피라미드 조직을 기본으로 전제해 왔다. 웨버나 테일러 등은 이 조직 유형을 통해 행정의 효율성이 극대화되는 장점에 주목하였다. 실제로도 대규모 공사 조직에서 대부분 이러한 형태를 띠는 것은 경험적으로도 이 조직이 높은 성과를 얻게 해주기 때문이다.

그러나 피라미드 조직에는 다음과 같은 병리적 현상이 내재되어 있다. 첫째, 조정(coordination)의 문제가 나타난다. 기능적 노동 분화가 진행될수록 구성원들은 조직의 목표보다 자신의 전문 분야에만 더 관심을 가지며(internalization), 다른 조직원들과의 소통은 어려워진다.

둘째, 경직성 문제(rigidity)이다. 계층제는 최고관리자의 명령으로 통제되므로 조직 구성원 개인의 상황에 따른 신축적 적용을 인정하지 않는다.

셋째, 상관은 자신 휘하에 부하들을 효율적으로 통제하는 범주(통솔 범위)를 확인하고 이 부하들을 통제하는 것을 중시한다. 그러나 조직의 장기적 성과를 높이기 위해서는 조직은 부하에 대한 통제 못지않게 부하의 동의를 얻는 것이 필요하다. 따라서 통솔 범위보다는 관계 범위(span of relationships)가 더 중시되어야 한다.

넷째, 피라미드 조직은 그 구성 직원을 확대하는 경향이 있다. 파킨슨(C. Northcote Parkinson)에 따르면, 영국 해군성이 1914-1928년 간에 선박 수는 68%, 선원 수는 32%가 감소했지만 공무원 수는 78%가 오히려 증가하였고, 항만작업자들은 10%가 증가하였지만 공무원 및 사무원은 40%가 증가하였음을 지적하고 파킨슨의 법칙(Parkinson's Law)을 제시하였다(Starling,1998).

Ⅳ. 컨소시엄(Consortium) 조직

1 의 의

컨소시엄(consortium) 조직은 둘 이상의 조직들이 어떤 특정 목표를 위해 느슨하게 연결된(loosely connected) 결합체, 파트너십, 연맹, 연합 등을 말한다. 컨소시엄 조직의 예를 들면 다음과 같다. 첫째, 델로스 동맹(Delian League)이다. 기원전 477년경에 페르시아의 압제에 대항하여 에게 해(Aegean sea) 근방 그리스 도시 국가들이 델로스(Delos)섬에서 체결한 동맹이다. 동맹 내 정책은 의회투표로 결정되며 각 도시국가가 하나의 투표권을 행사한다. 이 조직은 오늘날 NATO와 EU의 선구적 조직체로 알려져 있다. 한국의 경우, 삼국시대 이전의 가야(伽倻) 연맹체도 이에 속한다. 둘째, 사회복지 서비스의 효율적 제공을 위해 사설 노숙자 시설, 민간 병원, 종교단체와 로스앤젤레스의 행정기관 등이 파트너쉽을 통해 긴밀하게 연계되어 업무를 처리하는 경우에 많이 나타난다. 이 연합체를 구성하는 민간 병원, 노숙자 시설, 교회, 행정기관들은 컨소시엄 조직 형태를 이룬다. 한국의 '시도지사협의회', '노사정위원회'도 이에 속한다.

2 평 가

컨소시엄 조직은 다음과 같은 장점이 있다. 첫째, 하나의 중심적 권위체가 없으므로(no one center of authority) 적응력이 뛰어나다. 즉 창조적이라 '혁신'하기에 유리하다.

둘째, 조직의 핵심기능에만 역량을 집중하고 나머지 기능은 외부 계약을 통해 다른 기관에게 맡길 수 있다. 그래서 컨소시엄 조직 자체는 환경 변화에 따라 기회비용 손실이 적고, 신속하게 새로운 조직의 산출물을 생산해 낼 수 있다.

셋째, 자기 조직적 · 자기 규제적이라 경험을 통해 형성되는 정보를 획득하는 자극제가 된다. 즉 조직성원들 역시 개별적인 과업을 수행하면서 직무확장과 확충에 따라 직무동기와 사기가 유발된다.

넷째, 정보통신망에 의한 조정이 가능하여 직접적 감독을 통해 발생하는 비용과 시간을 절약할 수 있다. 대개 2-3개의 계층 구조로도 충분히 관리될 수 있다.

이 조직의 단점으로는 첫째, 각 기관의 독립성이 보장되므로 중요한 주제에 봉착했을 때, 다른 기관에 명령할 수 있는 중앙적 권위체가 존재하지 않는다는 것이다. 특히 국제기구에서 이러한 성격이 현저하며 한국이 지방자치단체들 간의 협의회도 마찬가지이다.

둘째, 각각의 기관은 서로 다른 문화를 지니므로 행동 · 규범의 기준을 공유하기 어렵다. 즉 조직 정체성이 기능구조에 비해 약해서 응집력 있는 조직문화를 갖기 어렵다.

셋째, 컨소시엄 조직에서는 그 구성 주체들이 자신의 기여는 줄이는 반면 컨소시엄이 주는 이익을 누리려는 무임승차자(free rider)가 되고자 한다. 이에 따라 조직구성의 몰입도 및 충성도가 낮아서 컨소시엄의 이탈이 자주 나타난다(이라크 다국적 군에서 미국을 제외한 각국 군대의 철수 움직임). 넷째, 계약관계를 갖고 있는 외부기관에 대한 직접 통제가 어려워 협력과정에서 주인-대리인 문제가 발생하여 조정비용이 커질 수 있다. 그에 따라 조정이 비공식적으로 이루어질 경우에는 부패의 우려가 있다.

Ⅴ. 프로젝트(Project) 조직

1 의 의

조직이 특정 목표(특정 산물, 특정 지역, 특정 고객집단)를 위해 정해진 기간 내에 인력과 자원을 집중시킬 필요가 있을 때 취하는 조직구조이다. 예컨대 대체로 항공 산업처럼 계획, 연구, 조정이 필요한 조직과 금융기관, 보건조직, 정부기관, 교육조직 등에서 광범위하게 활용된다.

2 세부 유형

프로젝트 조직은 프로젝트 관리자가 인사 기능을 담당하느냐의 여부에 따라 두 가지 조직으로 나눌 수 있다(박우순, 1996). A-형 조직(그림1)은 프로젝트 관리자는 직접적인 활동 및 인사 기능을 담당하지 않으며, 품질관리, 연구 및 개발, 계약관리, 계획 부서 등의 책임자와 함께 막료 기능을 한다. 프로젝트 관리자의 감독 기능은 각 부문의 책임자들에 대한 영향력 및 설득에 달려있다.

B-형 조직(그림2)은 프로젝트에 관련한 모든 인사기능을 담당하면서 막료와 계선을 관리하는 완전한 권한을 갖는다. 이 경우는 전통적인 사업부제 조직과 매우 유사하다. 즉 A-형 조직에서는 일반관리자가 하위의 부서를 관리하는 계선의 역할을 하며, 프로젝트 관리자는 일반관리자를 보조해주는 막료적 성격을 갖는다. B-형 조직에서는 프로젝트관리자들은 일반관리자에 대해서는 막료 역할을, 또 프로젝트 조직의 하위조직에 대해서는 계선 역할을 한다. B-형 조직에서의 프로젝트 관리자들은 A-형 조직에 비해 하위기관에게 명령을 할 권한이 강하다. 하지만 참모적 성격이 강한지 계선적 성격이 강한지는 불명확하며 경험적 연구가 더 필요하다.

〈그림 1〉 프로젝트 조직 (A-형)

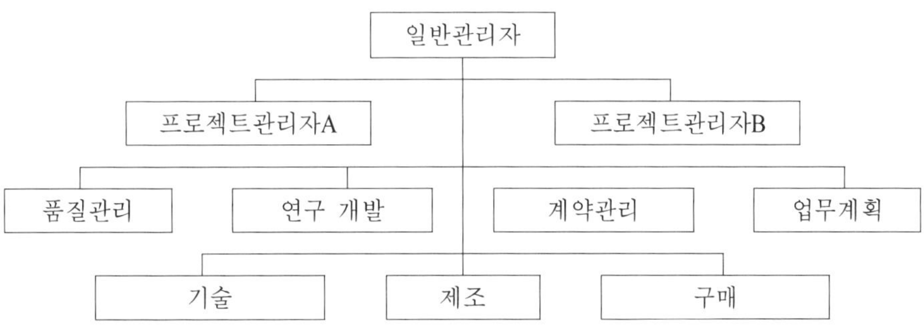

〈그림 2〉 프로젝트 조직 (B-형)

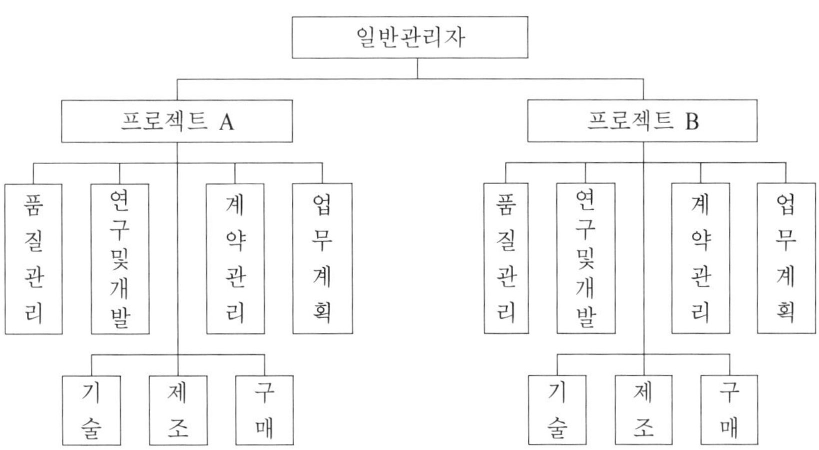

3 평 가

프로젝트 조직은 다음과 같은 장단점을 지닌다. 장점으로는 첫째, 프로젝트 조직은 특정 산출물(재화 · 서비스)의 생산에 유리하다. 둘째, 그 산출물의 책임 소재가 분명하다. 셋째, 사업 부서 내부적으로 구성원 들 간의 동질성이 강하여 조정이 잘 이루어진다. 넷째, 특정 지역 주민 · 특정 고객들의 만족도를 높일 수 있다. 다섯째, 특정 사업별로 조직이 존재하므로 사업이 완결되면 조직은 신속히 개편될 수 있고 이에 따라 임시 조직의 장점을 얻을 수 있다.

프로젝트 조직의 단점은 다음과 같다. 첫째, 조직 전체의 기능들이 사업 중심으로 배치되기 때문에 사업마다 기능간의 중복이 나타난다. 둘째, 사업 부서 내부적 조정은 쉽지만 사업과 사업 간의 조정이 어렵다.

Ⅵ. 매트릭스(Matrix) 조직

1 의 의

프로젝트 팀의 관리자들이 특정업무를 수행하는 반면, 나머지 관리자들은 보다 전통적인 통제활동을 수행하는 이중구조이다. 매트릭스 조직은 이원적 권위구조(기능구조와 사업구조)를 통합한 조직구조로서, 명령보고가 이중으로 이루어지는 형태이다. 기능(function) 구조란 인사, 예산, 구매 등의 조직의 업무 수행에 나타나는 활동적 측면을 의미하며, 사업(project) 구조란 주로 산출물을 기준으로 부서화된 체제를 의미한다. 조직 환경이 복잡해지면서 기능부서의 기술적 전문성과 사업부서의 신속한 대응성에 대한 요구를 충족시키기 위해 등장하였다. 아래 그림에서 예컨대 프로젝트(A)는 30명의 인원으로 구성되는데 그들은 프로젝트 관리자의 통제를 받는다. 한편 이 프로젝트(A)에 속한 인원 중 예산기능을 담당하는 2명은 예산기능 부서의 감독자의 통제를 또한 받는다. 결국 모든 구성원들은 프로젝트의 장 및 기능부서의 장에게 따로 통제를 받는다. 이와 같이 행(row)과 열(column)로 연계되어 있기 때문에 행렬(matrix)조직이라고 한다.

이 매트릭스 조직은 다음과 같은 특성을 가진다. 첫째, 이 조직은 유동적이기 때문에 수행하려는 업무가 구체적이고 세밀할 경우 효과적으로 이용될 수 있다. 즉, 한 조직에 전문가가 너무 많아 협력에 어려움이 있을 때, 소단위 프로젝트 팀을 쉽게 구성하고 해체시킬 수 있다. 둘째, 이 조직은 계층제 원리나 계선-막료의 전통적인 조직원리가 아니라, 조직구성원이 동시에 두 상관에 보고하는 체계를 갖고 있어 기능적, 사업적 권한체계간 적절한 균형을 맺는 것을 중요시한다.

〈그림 3〉 매트릭스 조직

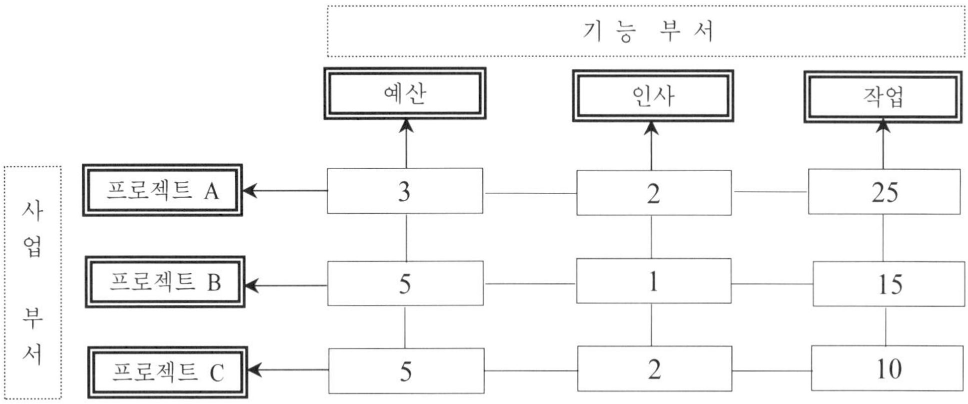

2 전제 조건

매트릭스 조직이 효과적으로 기능하기 위해서는 다음과 같은 전제 조건이 필요하다. 첫째, 조직은 한정된 에너지를 조직 목표에 집중하게 되는데. 이 조직이 채택되기 위해서는 조직의 생존에 두 가지 이상의 환경적인 제약이 존재할 때 선택되어야 한다. 둘째, 조직 환경의 불확실성과 복잡성, 상호의존성이 높을 경우 조직의 복잡한 의사소통과 의사결정체계를 다룰 수 있는 고도의 정보처리능력이 요구될 때 이 조직이 유리하다. 셋째, 희소한 인적자원을 최대한 활용하고, 고도의 품질기준을 충족하여 규모의 경제에 대한 압력이 강할 경우 인적자원을 공유하고 신속하게 재배치할 수 있어 자원 활용을 극대화할 수 있는 매트릭스 조직이 유리하다.

3 평 가

매트릭스 조직에는 다음과 같은 장점이 있다. 첫째, 매트릭스 구조 하에서는 조직이 해결하고자 하는 문제를 초점으로 하는 프로젝트가 강조된다. 둘째, 신축성과 적응성이 요구되는 불확실하고 급변하는 환경 하에서 가장 효과적인 구조이다. 셋째, 기능조직의 전문 인력을 유보할 수 있어 인력 활용이 신축적이다. 넷째, 전문지식과 경험을 모든 프로젝트에 적용하여 활용할 수 있다. 다섯째, 잦은 대면과 회의를 통해 조직이 처한 문제 외에도 예상외의 문제를 찾아내고, 새로운 해결책을 찾아내는데 유리한 구조이다. 여섯째, 커뮤니케이션 채널이 확보되어 있고, 의사결정이 집권화되어 있어 프로젝트의 수요와 고객에 대한 대응성을 증진시킬 수 있다. 일곱째, 의식적인 갈등관리를 통해 프로젝트의 일관성을 유지할 수 있으며, 기능조직과 프로젝트 조직 간의 지속적인 협상과 내재적인 견제와 시간과 비용, 성과간의 조화를 도모할 수 있다.

그러나 다음과 같은 단점도 있다(박경효, 2013). 첫째, 무엇보다도 이중적 권한 체계로 인해 부하들이 혼란, 갈등, 좌절을 겪을 수 있다. 둘째, 기능부서와 사업부서간의 갈등이 발생하고 이를 해결하기 위한 조정 문제가 발생한다. 셋째, 기능부서와 사업부서간의 적절한 권력균형은 실제로는 이루기가 쉽지 않다. 넷째, 이 조직에서는 구성원들이 하나의 업무 분야에 일함으로서 얻을 수 있는 전문성 배양이 어렵고, 프로젝트에 따라 이리저리 잦은 이동은 소외감과 불안을 주며 조직 학습이 축적되기 어렵게 만든다.

Ⅶ. 팀(Team) 조직

1 의 의

1990년대 이후로 공사조직에서 권한을 하위조직으로 위임하고, 책임을 부여하며, 팀(team) 조직을 만들어 부하의 열성을 높이려는 노력이 매우 커졌다. 이 와중에서 나타난 것이 팀 조직이다. 노무현 정부에서 행정 조직에도 시도되었던 조직형태이다. 팀은 급격한 환경 변화에 유연하게 대응하기 위해 등장한 조직으로서, 공통의 목표 달성을 위해 상호보완적 역할을 수행하는 작은 수의 인원이 모인 형태이다(Katzenbach & Smith, 1993). 보이스카웃 조직, 컨설팅 회사 등에서 발견할 수 있다.

2 세부 유형

팀 조직에도 그 형태에 따라 다음과 같은 세 가지 유형이 있다(Keidel, 1985). 첫째, 야구(baseball)팀 형태이다. 이것은 야구 선수들이 모두 자신의 고정된 포지션에서 임무를 수행하듯이, 이 조직은 중심이 없고 각각이 전문적 독립성을 보장 받는다. 이 조직은 매우 분권화되어 중심이 없고 각자가 전문적 독립성을 보장받는다. 예컨대 병원 수술팀의 마취과 의사는 외과의사의 보조원이 아니라 독자적인 기능을 분담하는 주체이다. 법률회사, 대학교수진, 연구개발소 등에서 발견된다. 반복적이고도 명확히 확립된 규칙 하에서 좋은 성과를 보이는 조직이며, 팀원들 간의 신속하고도 신축적인 협력은 다소 떨어진다. 이 야구형 팀 조직은 공사 조직을 불문하고 점차 줄어들고 있다. 개개의 팀원은 상황을 통해 정보를 개인이 직접 얻는다.

둘째, 축구(football) 팀 형태이다. 이것은 축구선수들이 모두 자신의 고정된 포지션을 가지는 동시에 다른 사람과 협력하여 한 팀으로서 경기에 임하는 것처럼 이 조직은 집권화되고도 하향적인 중심이 존재한다. 오케스트라가 대표적이다. 팀원 들 간의 활동에 대한 명확한 규칙이 존재한다면 전술한 야구형 조직과는 달리 신속하고도 신축적인 협력이 가능하다. 개개의 팀원은 상황을 통해 직접 정보를 얻는 것이 아니라 리더(지휘자나 코치)로부터 정보를 얻는다.

셋째, 농구(basketball) 팀 형태이다. 이것은 고정적 위치가 중요하지 않다. 구성원 간의 긴밀한 협동을 통해 팀이 개개의 구성원들의 역량의 총합보다 더 큰 효과를 초래하는 효과(synergy)를 가지고 있는 조직이다. 팀 구성원의 수가 가장 적은 형태이며, 팀원 간의 협력을 통해 신속성 · 신축성 · 쇄신성을 기하고자 하는 조직이다. 대통령실, 경영자문회사, 신기술 개발 팀 등이 이에 속한다. 개개의 팀원은 상황을 보고 거기에서 정보를 개인이 직접 얻거나, 리더(지휘자나 코치)로부터가 아니라 팀원 서로에게서 정보를 얻는다.

3 평 가

팀 조직은 다음과 같은 장단점을 가진다. 장점으로는 첫째, 이 조직은 규모의 경제(economies of scale)를 가진다. 둘째, 깊이 있는 훈련을 할 수 있다. 셋째, 부처 간 장벽을 허물 수 있다. 넷째, 계층제처럼 상층까지 올라가서 결재를 받을 필요가 없으므로 의사결정이 보다 신속하게 이루어지며 전반적인 행정비용이 감소한다. 따라서 책임과 직무가 확충되면서 사기가 증가한다.

이 조직의 단점으로는, 첫째, 팀 경험과 기술의 축적이 어렵다. 둘째, 원래 부서 명령과 혼선이 있을 수 있다. 셋째, 접촉과 조정에 많은 시간과 비용이 소요되는 문제가 있다.

논평

조직 유형론 전체를 다 서술하는 문제는 형성되기 어렵다. 그러나 조직론 전반의 기본적 사항이므로 개요를 나름대로 정리함이 좋다. 무엇보다도 그 분류 방식이 다양하기 때문에 특정한 유형론만을 표준으로 하기 어렵다. 그러나 전통적인 관료제(계층제) 조직의 대안 형태들에 무엇이 있는가? 라는 측면은 따로 잘 구성할 필요가 있다. 팀, 매트릭스, 프로젝트, 컨소시엄 조직의 특성을 명확히 구분할 수 있어야 한다.
매커디(Howard E.McCurdy)는 영화, '뻐꾸기 둥지로 날아간 새'(One Flew Over The Cukoo's Nest)를 통해 병원조직의 계층제적 속성이 주는 비효율성과 경직성을 지적한다. 스탠리 큐브릭의 영화(Odyssey 2001) 속의 우주선은 오직 두 명의 승무원에 의해 운영된다. 그리고 그들은 상하 관계도 아니다. 둘 다 우주선의 작동에 대해 지시를 내린다. 또 인텔(Intel)사의 경우 3명의 사장이 있으며 이들은 대외업무(연설, 홍보), 장기업무(계획수립), 일상 업무(당면하는 매일의 운영)를 담당한다. 이것은 전통적 계층제 원리를 정면으로 위배한 것이며, 그 초점은 급변하는 상황변동에 신속하고도 신축적으로 대응하는 것이다(Starling, 1998). 한국의 정부 조직에 팀제의 적용 시도나 자치단체-중앙정부에 이르는 과정을 축소하여 상하 계층을 줄이고자 하는 시도, 외무 · 검찰 조직에 직급을 파괴하고 장 밑에 모든 공무원들이 동일한 급으로 간주되어 소속되게 하는 제도 등이 시도된 것은 전통적인 계층제 조직 형태란 만능의 형태가 아니라 오직 특정한 상황에서만 유효한 것일 뿐임을 시사한다.

I새 테마 행정학I

04. 네트워크(Network) 조직

Ⅰ. 의 의

1 대두 배경

전통적 관료제 조직의 대안으로 네트워크 조직이 관심을 끌게 된 원인은 크게 세 가지로 요약된다. 첫째, 조직의 환경 변동이 복잡하고 속도가 빨라졌다. 이에 대응하기 위해서는 신축적인 조직 구조가 요청되었다. 둘째, 정보 통신 기술의 발전을 통해 조직 간의 커뮤니케이션의 속도와 범주가 확장됨으로써 조직 간의 연계성이 매우 높아졌으며, 조직 간의 거리가 먼 경우에도 느슨하나마 일정한 조직 목적 달성을 위한 연계망 형성이 가능하게 되었다. 셋째, 특히 국정 분야에서의 거버넌스 체제의 발전에 따라 네트워크(network)는 전통적인 관료제(bureaucracy)나 시장(market)의 대안으로 나타나게 되었으며 이러한 참여민주주의의 확대 추세에 따라 사회 현상을 네트워크로 분석할 필요성이 높아졌다.

2 정 의

네트워크 조직이란 둘 이상의 조직 단위들이 어떤 특정 목표를 위해 느슨하게 연결된(loosely connected) 결합체, 파트너십, 연맹, 연합 등을 말한다.

네트워크 조직의 가장 주요한 특성들은 그 구조가 아니라 그 작용, 즉 연결망(network)에 있다. 네트워크 조직에서 구성 조직 간의 조정은 공식적 권위에 의하기 보다는 비공식적으로 이루어지며, 분명한 책임이 배분되어 있지도 않다. 네트워크 조직에서 망(net)으로 연결되어 있는 단위 간에는 긴밀한 상호작용이 있지만 그 외부에 대해서는 매우 배타적이다. 따라서 네트워크 조직은 비공식성과 폐쇄성을 가지고 있다.

공식적 관료제 조직은 인력, 지식, 능력 등이 여러 곳에 체계적으로 배분되어 있다. 그러나 네트워크 조직에서는 이러한 자원들은 곳곳에 산재해 있으나 필요시에는 쉽게 동원될 수 있다. 단위 조직 간의 상호 작용은 엄밀한 계획에 의한 것이기 보다는 동태적으로 이루어진다. 네트워크 조직의 경우 대부분의 생산 기능은 다른 조직에게 대개 위임하고 목표 수립, 계획 작성, 통제 등에 치중하므로 공동조직(hollow organization) 혹은 엄격한 계층제가 아니라 고도의 신축성을 지니는 이른바 느슨하게 연결된 조직(loosely-coupled organization)이라고도 한다(박우순, 1996).

Ⅱ. 특 성

특성은 여러 가지 명칭으로, 또 여러 가지 내용으로 소개되는데 특히 다음과 같은 것이 주요하다(김병섭 외, 2003; 오석홍, 2004).

1 통합 지향성

네트워크 조직의 구성단위들은 자신만의 고립적인 활동에만 치중함이 아니라 조직 전체의 공동의 목표에 합의하고 이를 달성하기 위한 활동에 치중한다. 이는 각 업무 단위마다 조직 목표가 상이하며, 또 상급 권위가 존재하여 이로부터 지시되는 목표를 조직 전체가 그대로 수용하기만 하는 전통적인 관료제 조직과는 다르다.

2 수평적 · 유기적 구조

수평적·유기적 구조를 띤다. 각 구성 단위 조직들의 연결 구조는 원칙적으로 수평적이며 유기적이다. 그러므로 구성단위 조직들은 일정한 독립성을 가지고 있다.

3 자율적 연계

자율적으로 연계를 형성한다. 각 구성단위 조직들은 상호 간에 자유롭게 연결되어 있다.

따라서 이들에 대한 통제 역시 자율규제적인 것이다. 그리고 이 단위들이 네트워크에 진입 혹은 퇴장함이 자유롭다.

4 다수의 지도자 존재

단일의 리더를 전제로 하는 계층제와는 달리, 네트워크 조직에는 다수의 지도자가 존재한다. 네트워크 조직은 단일의 강력한 지도자가 아니라 소수의 유능한 지도자들이 필요하다. 이들은 고도의 탄력성을 가지고 조직 목표달성에 기여한다. 이 다수의 지도자들은 각 구성원들에게 자부심을 부여하며, 업무과정을 전체적으로 추진하는데 있다.

5 집권성 · 분권성

분권성과 집권성을 다 가지고 있다. 네트워크 조직은 구성 단위 조직들에 대해 권한 위임이 많이 일어나기 때문에 분권성이 있으며, 동시에 공동의 목표 달성을 위해 의사전달과 정보의 통합 관리가 이루어진다는 점에서 집권성도 있다.

Ⅲ. 평 가

1 장 점

네트워크(컨소시움) 조직이 가진 특성을 감안하여 그 장점을 다음과 같이 요약할 수 있다. 첫째, 하나의 중심적 권위체에 얽매이지 않으므로(no one center of authority) 유연성과 적응력이 뛰어나다.

둘째, 조직의 핵심기능에만 역량을 집중하고 나머지 기능은 외부 계약을 통해 다른 기관에게 맡길 수 있다. 그래서 네트워크 조직 자체는 환경 변화에 따라 기회비용 손실이 적고, 신속하게 새로운 조직의 산출물을 생산해 낼 수 있다.

셋째, 자기 조직적 · 자기 규제적이라 경험을 통해 형성되는 정보를 획득하는 자극제가 된다. 즉 조직성원들 역시 개별적인 과업을 수행하면서 직무확장과 확충에 따라 직무동기와 사기가 유발된다.

넷째, 정보통신망에 의한 조정이 가능하여 직접적 감독을 통해 발생하는 비용과 시간을 절약할 수 있다. 대개 2-3개의 계층 구조로도 충분히 관리될 수 있다.

2 단 점

이 조직의 단점으로는 첫째, 각 기관의 독립성이 보장되므로 중요한 주제에 봉착했을 때, 전체적 입장에서 다른 기관들을 명령할 수 있는 중앙적 권위체가 존재하지 않는다는 것이다. 특히 국제기구에서 이러한 성격이 현저하며 한국이 지방자치단체들 간의 협의회도 마찬가지이다.

둘째, 각각의 기관은 서로 다른 문화를 지니므로 행동·규범의 기준을 공유하기 어렵다. 즉 조직 정체성이 기능구조에 비해 약해서 응집력 있는 조직문화를 갖기 어렵다.

셋째, 네트워크 조직에서는 그 구성 주체들이 자신의 기여는 줄이는 반면 컨소시엄이 주는 이익을 누리려는 무임승차자(free rider)가 되고자 한다. 이에 따라 조직구성의 몰입도 및 충성도가 낮아서 네트워크로부터의 이탈이 자주 나타난다. 넷째, 계약 관계를 갖고 있는 외부 기관에 대한 직접 통제가 어려워 협력 과정에서 주인-대리인 문제가 발생하기 쉬워 조정비용이 커질 수 있다. 또 네트워크 조직에서는 조정이 비공식적으로 이루어지므로 부패의 우려가 있다.

Ⅳ. 네트워크 조직의 정부 부문에의 적용

1 의 의

네트워크 이론을 더욱 확장하여 구체적 정책 형성 연구에 응용한 것이 정책네트워크(policy network)이다. 정책네트워크란 특정한 정책을 둘러싸고 관심을 공유하는 행위자들이 참여하여 상호 작용 연계망이다. 정책 네트워크는 정부-정부 외부와의 네트워크, 정부-정부 내부의 네트워크로 나눌 수 있다. 전자는 정부와 정부 외부 간에 일어나는 네트워크인데 이는 뉴 거버넌스(new governance) 방식을 통해 이루어진다. 후자, 즉 정부 내부의 네트워크는 부처와 부처, 지방기관과 지방기관, 또는 부처와 지방기관 사이에서 일어나는 네트워크이다.

정책네트워크의 행위자들은 다수일 수도 소수일수도 있으며, 그들 간의 연계망은 안정적일 수도 있고 매우 불안정할 수도 있다. 그리고 이 행위자의 범주 및 관계의 성격에 따라 다시 다양한 모습의 정책네트워크가 나타난다.

2 정책 네트워크의 성격 유형

네트워크의 성격에 따른 정책네트워크의 대표적인 형태들에는 다음과 같은 것이 있다(김병섭 외, 2000). 첫째, '철의 삼각'(iron triangle)이다. 이는 하위정부 모형(sub-governmental model)의 전형적인 형태로, 정부관료제, 국회의 위원회, 이익집단 간에 특정 이슈에 대한 이익을 중심으로 적극적인 동맹관계가 나타나는 폐쇄적인 형태의 네트워크이다. 이는 독점적으로 이익을 극대화하려는 세력 간의 연맹 형태라는 지적을 받기도 한다.

둘째, 이슈 네트워크(issue network)이다. 헤클로(Hugh Heclo)에 의하면 기술적 전문성을 보유한 행위자들이 문제발생시 일시적으로 연합하여 문제를 해결한 후 다시 원상태로 돌아가는 이슈네트워크가 철의 삼각망보다 훨씬 효과적이다. 이슈네트워크는 연결망의 제도화가 낮아 참여와 탈퇴가 자유로우며, 중심적 권위가 없어 신규참여자들에 대한 개방성도 높다. 다만 중심적인 권위가 없다보니 이슈를 해결하기 보다는 오히려 그 문제의 심각성을 악화시킬 수도 있다.

셋째, 정책공동체(policy network)이다. 이는 소수의 특권적인 참여자들이 연결망에 참여하여 안정적이고 지속적인 관계를 유지하여 문제를 해결하는 네트워크이다. 내부는 매우 안정적이나, 외부 환경에 매우 폐쇄적이라 급변하는 정책문제 해결에 한계가 있다는 비판을 받는다.

넷째, 정책커튼(policy curtain) 연결망이다. 이는 정부 관료들에 의해 정책과정이 독점되어 외부환경의 참여가 배제되는 경우로, 다른 네트워크들에는 외부 환경의 참여자들의 참여가 가능하지만, 정책커튼 연결망은 오직 정부 관료들에 의해 정책과정이 독점된다.

3 한국의 정책조정 네트워크

한국의 정부 부처 간 네트워크는 정책협의와 정책조정의 국면에서 현저하다. 부처 간의 네트워크 모습은 협력, 경쟁, 권위 등으로 나눌 수 있다. 예컨대 법무부와 법제처, 기획재정부와 산업자원부 등에서는 협력적 네트워크가 강하며, 통상을 담당하는 부처와 농림부, 환경부와 국토교통부 간에는 경쟁적 네트워크가 강하다.

또 부처들 간의 네트워크에서 중앙예산 기관, 행정자치부, 법무부, 국토교통부 등이 중심적 위치에 있으며, 여성가족부, 통일부, 해양수산부 등의 역할 비중은 상대적으로 중심에서 벗어나 있다.

Ⅴ. 결 어

행정 조직에서의 네트워크 조직 경향은 사회 환경의 급속한 변동에 대한 대안이며, 정보통신기술의 발전이 이를 더욱 촉진되었고, 뉴거버넌스의 전개에 따라 더욱 강화되고 있다. 우리나라의 정부에서도 네트워크 조직체제들이 실제로 많이 운용되고 있다. 이러한 유형의 조직은 전통적인 계층제의 단점을 극복하는 대안이지만 이것이 바람직하게 확립되려면 다음과 같은 여건이 구비되어야 한다.

첫째, 네트워크 체제에서 여전히 계층제적 행정 문화에 따를 경우 이러한 네트워크의 장점을 살릴 수 없다. 따라서 보다 자유로운 네트워킹을 고무하는 풍토가 수반되어야 한다.

둘째, 네트워크 체제에서는 그 성과의 귀속이 불명확한 경우가 많다. 따라서 사전에 이에 대한 명확한 기준을 확립해야 한다.

셋째, 구성 조직 상호간에 충분한 상호 교류의 기반이 조성되어야 한다. 정보가 공개되어야 하며 연계가 이루어질 수 있는 공식적·비공식적인 제도가 개방되어야 한다.

넷째, 네트워크 조직은 행정 조정에 있어서 높은 비용을 수반할 수 있다. 따라서 계층제적 권위에 의거하지 않으면서도 상호 협력, 타협, 목표의 합의 등을 이룩할 수 있는 복수의 유능한 리더들이 필요하다.

논평

네트워크 조직은 우리의 행정조직 체제에서도 최근 많이 시도되고 있다. 자치단체들 간, 부처간, 중앙정부와 지방 정부 간에서도 이러한 형태가 존재할 수 있다. 추상적, 일반적인 관련 주제들을 많이 포함하기 보다는 한국 행정의 구체적 맥락을 보임이 좋을 것이다. 그리고 '정책네트워크'를 빠뜨리지 말고 언급해야 한다. 이것이 행정 조직 체제에서 일어나는 네트워크 현상을 가장 대표적으로 보여주는 것의 하나이기 때문이다. 계층제(관료제)외의 다른 대안적 조직 체제를 제시할 경우에는 그것이 관료제적 조직 기반이 중심인 현행 행정조직체제 하에서 유효한 대안이 되기 위한 선결 조건을 제시하지 않으면 적절한 처방이 되지 못한다.

I 새 테마 행정학 I

05. 공공부문에 대한 팀(Team)제 조직 도입

Ⅰ. 의 의

1 대두 배경

정부 조직의 중심은 계층제 조직인 관료제이다. 이 관료제 조직이 가진 비효율성을 극복하기 위해 다양한 조직 설계가 한국 정부에서도 시도되어 왔다. 그 시도의 하나로 노무현 정부 때 관료제 조직의 병폐를 극복하고, 효율적인 정부를 만들겠다는 의도로 팀 조직 도입이 적극적으로 추진되었다.

본래 팀제는 민간 조직에서 상당한 성과를 보였으며 1960년대 미국의 제조업분야에서 처음 시도된 이래로 한국은 민간 기업인 삼성물산이 처음으로 도입하였고, IMF 외환위기 이후에는 조직구조 개편 시에 많은 민간 기업들도 도입하였다. 급격한 환경 변화에 효율적으로 대처하기 위해 여러 사람이 하나의 "팀"(team)을 만들어 공동 대응 · 공동 학습 · 팀원 간의 상호 능력 보완을 통해, 계층제 하의 수직적 의사결정과는 달리 조직의 효과성을 높이기 때문이다. 민간 부문에서 높은 성과를 보인 이 관리 기법을 공공무문에 적용하려는 신공공관리론의 입장에서 한국 정부에서도 이 팀제를 도입하였던 것이다.

본래, 이 제도는 김대중 정부 때부터 부분적, 지방자치단체를 중심으로 도입이 시도되었으나 정착되지 못하였다. 그 후 노무현 정부에서 행정자치부가 정부투자기관인 KOTRA의 팀제 조직을 벤치마킹하여 중앙정부에 확산하고자 하였으며 중앙부처는 물론이며 지방정부 및 기타 공공기관들에서도 도입하였다. 관료 조직에 팀제가 완전히 정착하지 못하고 그 후 중단되었지만 행정조직에 이 제도가 주는 영향은 지금도 매우 크다.

2 정 의

팀(team)이란 환경 변화에 유연하게 대응하기 위해, 상호보완적인 기능을 가진 소수의 사람들이, 주어진 공동의 목표를 달성하기 위해 각자 책임을 공유하면서, 공동의 접근방법을 이용하여 문제해결을 해 나가는 조직이다. 그 대표적인 예를 보이스카웃 조직, 컨설팅 회사 등에서 발견할 수 있다. 팀제 조직은 기존의 관료제로는 급변하는 환경의 요구에 효과적으로 대응할 수 없다는 인식하에 다양성과 품질 그리고 고객의 기호에 적합한 제품과 서비스를 제공하는데 한계가 있다고 보아 등장한 대안적 조직이다.

팀은 집단(group)의 한 특수한 형태이지만 팀과 집단은 동일하지 않다. 양자는 다 일정한 목표를 갖고 있지만 팀과는 달리 집단은 개인적 이익을 추구하는 사람들에 의해 지배되는 경우가 많다. 집단의 구성원들은 일반적으로 집단이 내리는 결정에 따라 승자가 되기도 하고 패자가 되기도 한다. 반면에 팀의 구성원들은 목표를 공유하기 때문에 모두 승자가 되는 결정을 내릴 수 있다.

팀 조직은 네트워크(network) 조직으로 이동하는 과정에 놓여있는 성격의 구조이다. 전통적인 수직적, 기능적 또는 계층제적 구조가 아니라 구성원들 사이의 자율성이 보장되고 책임과 권한을 공유한다는 점에서 양자는 동일하다. 양자는 또한 필요에 따라 반영구적으로 구조를 유지할 수도 있으며 반면에 목표가 성취되면 해체할 수도 있다. 계층제의 한 단위조직이 고도의 독립성과 자율성을 지닌 구조로 진화한 것이 팀제이다. 또 이론적으로는, 계층제의 모든 단위조직이 팀제에 의해 운영된다면 계층제는 네트워크 구조가 될 것이다(박우순, 2006).

팀제 조직은 Task Force나 Project Team과 다음과 같은 측면에서 다르다(김병섭 외, 2008). 첫째, 공식성 면에서 차이가 있는데, 팀제 조직은 직제에 반영되어 있는 제도화된 공식조직인데 반해, Task Force나 Project Team은 기관장이 임의로 설치 · 해산할 수 있고 직제에 반영되지 않는 비공식적인 조직인 경우가 많다. 둘째, 존속 기간 면에서 차이가 있는데, 팀제 조직은 비교적 장기간 존속하는데 반해, Task Force나 Project Team은 존속 기간이 짧고 한시적으로 만들어졌다가 목표가 달성되면 곧바로 해체되는 조직이다. 셋째, 다루는 업무의 범위 면에서 차이가 있는데, 팀제 조직은 원칙적으로 조직 전체에서 모든 업무에 대해 전면적으로 실시될 수 있는데 반해, Task Force나 Project Team은 특정 업무를 중심으로 부분적으로 시행된다.

또한 팀제 조직은 전통적인 관료제 조직과도 다르다(김병섭 외, 2008). 첫째, 조직구조 면에서 관료제 조직은 수직적 계층조직인데 반해 팀제 조직은 수평적 조직에 가깝다. 둘째, 수행하는 업무 면에서 관료제 조직은 하나의 부서가 동질적인 단일 업무를 수행하는 데 반해 팀제 조직은 다양하고 이질적인 업무를 수행한다. 셋째, 리더십 면에서 관료제 조직은 상하관계를 전제로 명령·지시하는 것을 선호하는 데 반해 팀제 조직은 팀장과 팀원 간의 리더십의 공유를 선호한다. 넷째, 업적 평가 면에서 관료제 조직은 연공주의에 따른 개인단위의 평가가 주로 이루어지는 데 반해 팀제 조직은 능력 위주의 팀 단위 평가가 주로 이루어진다.

Ⅱ. 특 성

팀 조직은 다음과 같은 특성을 가진다.

1 공동 목표와 공동 책임

팀은 공동의 목표를 설정하며 이의 달성에 대해 공동의 책임을 진다. 즉 팀의 공동 목표는 사전에 팀 조직원들의 협의를 통해 설정되며, 그 달성 결과에 대해서는 각 구성원은 자신의 기여 부분에 대해서만 책임을 지는 것이 아니라 전체적 결과에 대해 책임을 진다.

2 상승적 역량(synergy) 효과 강조

팀의 성과의 핵심은 구성원들의 시너지(synergy)효과의 극대화이다. 따라서 팀조직은 문제해결에 필요한 다양한 역량의 구성원들을 포함한다. 이 팀원들의 전문 기능들은 상호보완적이어서 단일의 기능만으로는 수행할 수 없는 높은 성과를 창출한다.

3 권한 배분과 자율성 확대의 강조

팀 조직은 기존 조직 간의 장벽을 허물고 보다 자율적인 환경 속에서 자원의 효율성을 극대화하기 위한 것이다. 따라서 팀에 대한 외부 지시가 극소화되고, 자율적 운용 및 그 결과에 대한 자율적 책임을 묻는다. 이를 위해서는 팀 리더에서부터 팀원에 이르기까지 적절한 권한부여(empowerment)가 이루어져야 하고, 자율적 의사결정의 범위도 넓어져야 한다.

4 소수의 인원

업무의 특성에 따라 팀 구성원은, 구성원의 다양한 역량의 차별성을 활용하면서도 상호간의 긴밀한 상호보완 작용이 가능한 범위의 소수 사람들로 구성된다. 만약 이 규모가 너무 크면 팀조직으로서의 의미가 없다.

Ⅲ. 유 형

1 조직원들간의 상호관계를 기준으로 한 유형

카이델(Robert W. Keidel)은 팀 조직을 조직원들간의 상호관계를 기준으로 간명하게 세 가지로 나눈다(Starling,1998).

1) 야구형 팀(baseball team)

야구 선수들이 모두 자신의 고정된 포지션에서 임무를 수행하듯이, 이 유형은 중심이 없고 각각이 전문적 독립성을 보장 받는다. 법률회사, 대학교수진, 연구개발소 등에서 발견된다.

2) 축구형 팀(football team)

축구선수들이 모두 자신의 고정된 포지션을 가지는 동시에 다른 사람과 협력하여 한 팀으로서 경기에 임하는 것처럼 이 유형은 중심 지향적이고 상의하달식 조직이다. 오케스트라가 대표적이다.

3) 농구형 팀(basketball team)

고정적 위치가 중요하지 않고 협동을 통해 시너지(synergy)를 발휘할 수 있는 소규모 조직이다. 팀은 구성원들 개인의 역량의 합보다 더 많은 성과를 얻는다.

2 업무 성격에 따른 유형

팀의 업무 성격에 따라 다음과 같이 구분할 수 있다(김태룡 외, 2006).

1) 문제해결팀(problem-solving team)

팀 업무가 항상성이 없으며 주어진 팀 문제를 해결 한 다음, 팀은 해체되는 게 일반적이다. 특히, 조직이 당면하는 문제들에 대응하기 위해 관리자들의 의사결정을 내릴 때에 이에 도움을 주기 위해 설치된다. 팀 구성은 문제를 해결하기 위해 꼭 필요한 지식을 가진 사람들로 구성된다. 이들은 문제 해결에 대한 대안을 제시하거나 자문을 하며 해결책을 선택한다. 그러나 자신들의 선택 내용을 실행에 옮길 수 있는 권한은 거의 없는 제약이 있다.

2) 복합기능팀(cross-functional team)

복합기능팀(다기능팀)은 동일 또는 유사한 위계에 속해 있지만, 각기 다른 기능 부서에서 근무하는 유사한 직급의 구성원들이 특정한 업무수행을 위해 조합된 팀이다. 일반적으로 복합기능팀은 특정 과업을 위한 일시적인 팀인 경우가 많다. 조직 내 다양한 부서의 사람들이 정보 및 아이디어를 공유하고 문제를 해결하며 복잡한 프로젝트를 수행하는데 효과적이다. 이 팀에서는 다양한 기능(연구개발 · 생산 · 기획 · 마케팅 등)을 한 팀 안에서 동시에 수행할 수 있다.

3) 통합부서팀(consolidated unit team)

이는 계층형 조직이 그대로 유지되면서 기존의 지나치게 세분화된 부나 과를 업무의 유사성이나 상호작용의 정도에 따라 통합한 것이다. 보통 대과(大課), 대부(大局)형의 모습을 띤 팀이다. 이 유형은 미국이나 유럽에서는 찾아보기 힘들고, 일본과 우리나라에서 많이 나타나는데, 사무직이나 관리직사원을 대상으로 전조직적으로 실시되는 경향이 많다(이규용 외, 2001).

4) 자율팀(self-managed team)

자율팀은 자율경영팀(self-managed work team), 작업팀(work teams), 자율관리팀(self-managing teams), 자율주도팀(self-directed team), 평판형(flat type) 팀이라고도 한다. 주로 소규모로 실시되는 제도인데, 관리자로부터는 최소의 간섭과 방향만 제시 받을 뿐, 그 업무 자체상황에서 계획(plan), 조직, 통제 등을 스스로 주관하는 자율성이 있다. 팀 유형 가운데 권한부여의 정도가 가장 높은 팀이다. 관리층으로부터 권한을 위임받아서 팀장을 중심으로 팀의 목표를 설정하고, 팀원들이 작업방식 · 작업할당 · 작업기준을 결정하며 고객이나 공급업자와 직접 상호작용한다. 따라서 자율경영팀이 되기 위해서는 조직 내의 중요한 과업을 수행할 수 있는 다양한 기술과 기능을 가진 구성원들이 있어야 하고, 과업수행에 필요한 모든 자원을 항상 공급받을 수 있어야 하며, 구성원 · 재정 · 성과관리 · 미래에 대한 계획 등의 주요 의사결정권이 팀에게 부여되어야 한다.

Ⅳ. 평 가

1 장 점

첫째, 생산성 향상을 기할 수 있다. 기존 개인중심 혹은 관료제구조를 통한 관리보다, 서비스의 질, 생산성, 고객과 구성원의 만족도가 높아져 생산성이 향상된다.

둘째, 환경에 대한 신속한 적응이 가능하다. 업무분담이 다수의 팀원의 협동을 통해 환경의 요구에 맞게 능력을 상호 보완해 나갈 수 있어 신속하고 쉽게 환경에 적응할 수 있다.

셋째, 학습 조직으로서의 역할을 한다. 팀 조직은 조직의 성장과 지속적인 학습을 위한 정보를 획득하고 이를 토대로 적응해 나가는데 용이하다. 이 점 때문에 팀 조직은 조직학습에 가장 자연스러운 조직형태라고 주장되기도 한다(Senge, 1990)

2 단 점

첫째, 경험과 기술의 축적이 어렵다. 팀의 구성은 유동적이기 때문에 팀원의 위치는 한 부서에 고착되지 않으며 이 때문에 단기적으로는 경험, 기술 등이 누적되기 어렵다.

둘째, 조직의 안정감을 저해한다. 원래의 부서 명령과 혼선에 익숙해 있는 공무원들에게 혼란을 야기하며 팀 구성원의 신축적인 편제로 인해 조직의 안정감이 떨어진다.

셋째, 조정 비용이 높다. 팀은 고도의 자율성과 독립성을 지니며 적어도 팀 내부의 조정은 자율적으로 이루어지는 장점이 있다. 그러나 이 팀 내부에 갈등이 생길 경우에는 조정이 매우 어렵다. 또 팀제의 본질상, 조직 전체적 입장에서 팀과 팀 간의 조정에 많은 시간과 비용이 소요된다.

Ⅴ. 한국 행정의 팀 조직 제도 도입

1 성 과

현재 한국 정부에서도 전통적인 계층제적 서열에 기초한 근본 구조가 바뀌고 있는데 우선 법무부의 검찰 조직에서, 나아가 외무직 관료 조직 등에서 이미 계층적 구조의 상하 단계를 획기적으로 완화하고 있다. 특히 계층적 구조를 팀 조직으로 개편하고자 하는 보다 본격적인 움직임은 2005년부터 당시 행정자치부에서부터 시작되었다. 팀제는 대체로 다음과 같은 효과를 초래하였다.

첫째, 팀제가 정부 각 영역에 확산됨으로써 특정 사업 및 정책 중심으로 재구조화되어 갔는데 전통적인 5단계 계층구조(부서장-국장-과장-계장-직원)는 3단계(본부장-팀장-팀원)로 축소되는 방향으로 나아갔다.

둘째, 본부장은 과거 부서장과 같은 직급(1-2급)으로, 또 팀장은 국장부터 과장 담당에 이르는 2-5급으로 담당할 수 있게 하였다. 팀원은 4-9급까지를 포괄할 수 있게 하였다. 과거의 계와 계장을 폐지하고 이들 대부분을 팀원으로 복귀시켰다.

셋째, 권한 위임과 결재 단계의 축소로 권한 분산이 유도되었다. 권한 분산을 위해 단위 사무들이 대폭 세분화되었고, 전결 규정의 경우 장관 · 차관 · 본부장의 결재를 필요로 하는 업무를 대폭 축소하였다. 그 결과 팀장 및 팀원의 권한이 확대되었다. 즉 팀제는 조직 내부의 분권화를 유도했다.

2 문제점

1) 고위공무원단 제도와의 충돌 가능성

고위공무원단 제도와 팀 제도는 양자 다 광의의 의미에서 본다면, 우수 인재를 폭넓게 활용하고자 하는 의미에서 서로 조화될 수 있다. 그러나 그 세부 부분에서는 공무원 사회에 두 제도를 동시에 도입할 경우 상당한 혼란이 야기될 수 있다. 그리고 이 제도를 주관하는 기관이 다를 경우 양 기관 간에 힘겨루기가 지속될 수도 있다. 양 기관의 통합으로 이 문제를 해소할 수 있다. 따라서 고위공무원단 제도를 우선 실시하여 그 정착을 확립한 후에 이 고위공무원단의 토대 하에 팀 제를 다시 확립함이 바람직할 것이다.

2) 신분 불안

팀장의 경우는 공모제도로 선발하고, 팀원은 드래프트 형식으로 구성했었다. 그런데 팀제를 실시한 결과 무보직자가 나타나게 되었는데 정부의 경우 민간 기업처럼 강제퇴출의 형식을 취할 수는 없지만, 선발과정을 거쳐 임명된 공무원임에도 불구하고 팀원에서 배제될 경우 신분 불안을 많이 주었다. 이들이 민간 기업에서처럼 철저한 성과평가에 의한 것이 아니라 자의적으로 팀원에서 배제될 가능성도 있었다.

3) 팀장의 통솔 범위 문제

사이먼(Herbert A. Simon)의 지적처럼 최적의 통솔범위란 일률적으로 정해질 수 없다. 과거 행정자치부의 경우 대부분의 팀이 15명-20명의 팀원을 팀장이 관리하며 어떤 경우에는 팀원이 20명 이상인 팀도 있었다. 그러나 본래 정부가 팀제를 도입하면서 벤치마킹한 외부 기관인 KOTRA 및 한국토지공사의 경우 팀당 평균인원은 6~9명 정도였다. 이미 정형화되어 있는 업무가 많아서 많은 팀원을 관리하는데 별 무리가 없다는 반론도 가능하겠지만, 정형화된 업무들이라면 굳이 팀제로 전환할 필요성도 적었으며, 팀장이 적절하게 팀원에게 일을 분담시키고 이를 통솔해 간다는 팀제의 취지와는 어긋난다. 그러므로 팀원 규모를 좀 더 작은 규모로 합리적으로 재설계할 필요가 있었다.

4) 직제 확대의 편법으로 악용 가능성

팀제로 전환한 거의 대부분의 경우 부처는 팀제로의 전환을 계기로 조직(팀)수가 증가했었다. 이는 긍정적인 측면에서 볼 때, 전문성의 확대를 통한 업무의 세분화로 볼 수가 있지만 반면에, 팀제 전환이 직책을 늘리는 편법으로 이용될 가능성도 있었다. 그러나 그것은 팀제의 올바른 취지와는 거리가 있다.

5) 관료제적 갈등조정

팀원 간의 갈등은 상관인 팀장이 담당했으며, 팀 간의 갈등은 본부장이, 본부간의 갈등은 장관이 주재하는 정책조정위원회를 통해서 해결하는 방식이었다. 이런 점에서 당시 팀 갈등관리는 기존의 관료제에서와 동일한 형태이며 팀제에 적합한 갈등조정이 이루어 지지 못하였다.

6) 직급 파괴에 따른 갈등

직급을 고려하지 않은 인사는 조직구성원의 사기를 저하시킬 우려가 있었다. 팀제 도입상의 법률적 측면의 문제를 해소하기 정부조직법 등의 관련 법령을 개정하여 실국장의 명칭을 본부장 · 단장 · 부장 · 팀장 등으로도 정할 수 있게 하였다. 이 과정에서 행정자치부는 1직위 1직급제를 탈피하고, 능력위주의 인사를 한다는 목적으로 팀장의 배치 가능한 직급을 2급에서 5급으로 확대하였다. 그러므로 이론적으로는 5급이 팀장이 될 수도 있었는데 이러한 파격적 사례의 경우 조직구성원간의 갈등 및 사기 저하가 나타날 수 있었다.

또 팀 안에 2-3급을 한 팀원으로 직위에 보직시킬 경우, 고위공무원단 제도의 '동일직무 동일보수'의 원칙에도 어긋나게 되었다. 이 문제는 결국 고위공무원단 제도와 팀제 중 어느 것을 우선 실시할 것인가에 달린 문제였는데 전술한대로 고위공무원단제도의 우선 실시가 바람직했었다.

7) 팀원의 성과평가

팀원의 실적평가는 팀 평가 70%와 개인평가 30%로 이루어졌다. 그런데 이 경우 팀원은 팀 성과에 대한 공동의 책임을 진다는 의미도 있겠지만, 정형화된 업무 중심의 형식적인 팀 구조일 경우 이는 팀원들에게 무임승차의 기회를 준다는 점이다. 따라서 앞으로는 이 비율에 대한 적절한 조정이 필요할 것이다.

8) 상이한 조직 문화

본래 미국 기업에서 팀제가 대두된 것은 극단적인 개인주의적 조직 관리의 비효율성을 경감시키려는 목적에서 도입되었다. 그러나 우리나라 기업의 팀제가 도입된 주된 이유는 그 동안 지나친 집단주의적 요소에 의해 운영됨으로써 만연된 조직의 경직화, 부서이기주의, 의사결정의 지연 등의 비효율성을 극복하기 위한 것이었다. 이미 집단주의에 익숙해 있는 우리나라에서 팀제가 이러한 비효율성을 극복하는 효과는 불분명했다. 그리고 민간 조직에서 성공한 이 방식이 한국에 특유한 행정문화 하에서도 유효한지도 불명확했다.

3 발전 방향

팀제의 적절한 도입은 기존의 계층제와 집단주의적 행정문화에서 기인하는 비효율성을 상당부분 해소할 것으로 기대되었다. 그러나 팀 조직은 조직의 효율성을 높이는 다양한 관리방식의 하나에 불과한 것이며 앞으로 다시 도입시에도 팀제 자체가 목표가 되어서는 안될 것이다. 한국 행정 조직의 하부 단위들이 다 특정 정책이나 사업 중심으로만 재편되는 데에는 문제점도 수반된다. 팀제가 성공을 거둔 민간 조직들과는 판이한 행정 문화가 정부 조직에 존재하기 때문이다.

따라서 도입 목적이 서구와는 다르다는 점, 다른 제도와의 상충 문제가 해소되지 않은 점, 민간 조직과는 다른 행정 문화, 과거의 경험과 성과 등을 감안한다면 점진적 도입을 통해 그 시행착오를 학습해가면서 다른 조직, 정부 조직전반에 확대함이 바람직할 것이다.

이 때 한국 행정에 적합한 팀 구조가 어떠해야 할 것인가는 구체적 문제에 따라 결정해야 하겠지만 기본적으로는 민간 조직이 아니라 거대 정부 조직에 이를 활용할 때 각 팀 조직의 효율성 못지않게 이 팀 전체를 조정해 나가는 전반적 지도체제가 충분하게 준비되어야 함을 유의해야 한다.

따라서 추후 다시 도입시에는 당장 모든 구성원을 야구형 팀 조직으로 변화하기 보다는 카이델이 "축구형 팀"이라고 부른 조직 형태를 지향함이 바람직하다. 특히 중앙부처와 같은 대규모 정부조직의 경우에는 모든 행정업무를 구체적 팀으로 분화시키기는 어려운데, 예컨대 성과 평가, 예산, 부처 전체의 기획, 팀 조직들 간의 조정 등의 업무는 특정 팀에 귀속시키기가 어렵다는 특징을 갖는다. 따라서 우선 종래의 계층 구조를 간소화한 형태로 대국(大局)·대과(大課) 형태를 지향하되 여기에 더하여 특정 전문적 업무에 대해 문제해결형 팀 조직을 병설하는 것이 바람직할 것이다.

비록 현재로서는 팀제가 중단되었지만 이 제도의 장점과 과거의 실시 경험을 감안하면 관료조직의 개혁 방안으로서 다시 검토할만한 제도임이 틀림없다.

논평

팀 조직은 우리의 행정조직 체제의 개편에서 매우 주목할만한 변화였다. 중앙정부, 지방정부에서 활발히 확산되었으며 최근에도 이 요소는 영향을 주고 있다. 관료제조직의 대안으로 시도된 다른 조직유형들 중 가장 구체적인 것이다. 일반 이론의 소개에 이어 한국행정에서의 적용현실과 문제점을 정확히 지적함이 가장 중요함을 잊어서는 안 된다. 박우순(2005), 김태룡 외(2006) 등이 준거할 만한 문헌이다.

ㅣ새 테마 행정학ㅣ

06. 학습 조직 이론

Ⅰ. 논의의 배경

개인은 환경에 직면하여 시행착오를 통해 바람직한 행동 노선을 배워 나간다. 그런데 이러한 학습은 개인 뿐 아니라 "조직"에게도 일어난다. 따라서 학습 조직은 이러한 조직에게 이러한 역량을 인정하는 체제 학파 조직 이론에서 발전한 개념이다.

학습(learning)은 변화를 수반한다. 정보가 넘치고 지식이 곧 자원이 되는 지식정보화 사회에서 '누가 어떤 정보를 갖느냐'는 전통적인 '소유'의 개념이 아닌 '누가 정보를 어떻게 자기 것으로 만들 것인가'의 '재창조'의 개념이 강조되고 있다. 조직은 끊임없는 학습을 통해 지식정보화 사회에서 쏟아지는 정보를 새로이 모방, 가공하여 반복적인 시행착오를 줄이는 한편, 새로운 문제에 대한 적응력을 키워 나간다.

Ⅱ. 학습 조직의 특징

1 학습 조직의 정의

학습 조직은 센지(Peter M. Senge)가 독보적으로 연구한 분야이다. 학습 조직은 구성원의 지식 욕구를 끊임없이 창출하고, 창의적인 사고방식으로 전환시켜주며, 집단적 열망이 충만하여 구성원들이 지속적으로 학습을 지속해 가는 조직이다(Senge,1990). 학습 조직은 조직원의 오류나 이상(anomaly)을 탐지하고 수정하여 조직전체의 변화를 기도한다. 이것은 ① 환경과 조직의 상호관계 강조, ② 미래를 위한 위험을 감당하는 적극적인 자세, ③ 개인, 집단, 조직수준의 학습을 모두 포괄, ④ 일상의 경험을 학습의 기회로 삼는다는 특징을 갖는다(박우순, 1996).

2 학습 조직의 원리

센지는 학습 조직을 위한 몇 가지 원리를 제안하고 있다. 가장 기본적인 틀은 시스템적 사고(System Thinking)이다. 예컨대 단기적 비용을 절약하기 위해 연구투자를 소홀히 했을 때 장기적으로는 더 큰 비용을 치르게 되는데, 이는 이러한 시스템적 사고에서 벗어난 것이다. 조직은 장기적으로 체제 전체를 주목하는 시야를 가져야 한다.

이 기본원리 하에서 조직이 학습하기 위해서는 다음과 같은 기술적인 4가지 원리가 필요하다. 첫째, 자기숙련(Personal Mastery)이다. 학습하는 개인이 없으면 조직학습도 없으므로, 개인이 스스로 지속적으로 자신의 비전과 에너지를 충만하게 북돋고, 현실을 인지하고 능력과 기술을 습득해가야 한다.

둘째, 사고의 틀(Mental Models)을 중시한다. 현실세계를 객관적으로 이해하고 어떤 활동을 할 것인가에 대한 깊은 이해와 형상화(image)를 통해 기존 사고방식을 깨는 과정을 겪는다. 이러한 숙고(reflection)의 과정이 새로운 것들을 받아들이는 자세를 형성한다.

셋째, 비전을 공유한다. 단순히 비전을 듣는 것이 아니라 스스로 열의를 갖게 하고, 몰입하게 하여 결국 학습을 촉진한다.

넷째, 팀학습(Team Learning)을 강조한다. 팀에서의 학습이란 구성원들이 진심으로 바라는 결과를 창출한 능력을 만들어내는 과정을 의미한다. 특히 팀 학습의 핵심은 대화(dialogue)로서, 구성원이 '함께 사고'함으로써 조직의 의미를 자연스럽게 체화해가는 과정을 의미한다. 대화는 전체 시스템적 사고에도 도움을 준다.

위의 네 가지 요소와 시스템적 사고를 합하여 센지의 학습 조직을 위한 5가지 훈련(discipline)이 완성된다.

3 전통적 관료제의 학습과의 비교

갈브레이스(J. K. Galbraith)와 롤러(Edward E. Lawler)에 의하면 전통적 관료제 조직과, 유기적 학습 조직의 차이를 다음과 같이 비교된다. 우선 기존의 관료제는 계층적이고 위계적인 반면 학습 조직은 지식에 기반한 권력이다. 따라서 전통적 관료제에서는 상의하달식 의사결정

구조가 일반적이었던데 비해 유기적 학습 조직에서는 수평적이고 조직학습에 주안점을 두는 네트워크적인 의사결정이 두드러진다. 또한 기존 관료제에서는 기본적으로 외부환경을 안정적인 상태라고 가정하는 반면, 학습 조직에서는 상시적인 변화를 위한 학습역량을 배양하는 것을 중요시한다. 그 결과 과거의 관료제가 공식적 접촉을 중시한 반면 유기적 학습 조직은 다양한 집단, 그것도 공식적·비공식적인 접촉을 가리지 않는 관계지향적인 다양한 의사소통을 촉진시키려한다. 전통적 관료제와 학습 조직은 다음과 같이 대비될 수 있다(박우순, 1996).

전통관료제와 학습 조직의 학습비교

	전통관료제	학습 조직
개인 수준	프로그램화, 간헐적, 유행적 학습 유기적으로 통합되지 않은 학습 학습된 무기력	지속적, 미래수요에 전략적으로 연계된 학습 발전적 학습 개인적 숙련, 도전, 탐구
집단 수준	과정보다 과업달성에 초점 집단이 아닌 개인보상 기능적 분할	집단발전, 협조기술에 초점 집단과 전체부서에 보상 중복기능 및 자율작업팀
조직 수준	표면적, 이전기술과 무관한 학습 학습장애와 구조적 경직성 고려하지 않은 채 구조적 개편통한 학습	이전기술을 반복축적, 발전하는 학습 모든 이의 학습의 기회를 신장
사회 수준	사회적 파급력에 대한 고려는 부족 사회적 영향을 통제하려는 시도	사회에 상호의존적이고 사회개선에 관심 미래에 대한 기대와 추세를 끊임없이 조사, 발전

Ⅲ. 학습 조직의 형성 조건

학습 조직은 기존 관료제의 폐쇄성과 형식주의에 대한 저항에서 출발한다. 이 조직이 성공하기 위해서는 조직문화의 측면과 조직의 수단에 대한 고찰이 필요하다.

1 조직 문화의 변화

학습 조직은 기존 관료제적 조직의 기본 가정중 조직문화의 변화를 기대한다. 학습 조직이 성공하려면 ① 경험에 대해 항상 열려있고, ② 책임질만한 위험을 기꺼이 감수하고, ③ 또 실패하더라도 이를 허용하는 문화가 주어져야 한다.

실제로 한국의 정부, 공기업, 사기업 등에서 운영되는 학습 조직은 CoP(Community of Practice) 등의 이름으로 불리고 있다. 개인적인 학습부터, 각자의 노하우를 공유하거나, 리더들도 함께 참여하여 비공식적 조직을 중심으로 CoP의 성과들이 나타나고 있다. 웹(web)의 발달로 자발적인 CoP가 더 확산되고 있다.

2 대화 기제의 정착

학습 조직의 필수적인 기제는 대화(dialogue)이다(Argyris,1994; Schein,1993). 대화는 조직원들이 서로간의 상이한 가정들을 구체화시키면서 설득하고, 일관성을 찾아가는 경험을 공유하게 한다. 학습 조직의 근본원리 중 하나인 비전 공유도 이러한 대화 과정을 통해서 체화된다.

Ⅳ. 학습 조직의 장애요인

장기적인 시각에서 조직의 생존과 미래를 위해 학습 조직으로의 전환은 불가피하다. 그러나 전통적인 대규모조직, 특히 공공부문에서 학습 조직이 제도화되는데는 몇 가지 장애가 존재한다.

1 조직 설계상의 장애

정부부문 역시 감축관리, 신축성에 대한 요구가 늘어나면서 장기적으로 안정적인 직위를 보유하기보다 가변적인 조직 설계가 늘어나고 있다. 즉 단기적인 사고나 단기간의 책무 완수에 치중하도록 강요받는 셈이다. 이러한 경향 때문에 신축성과 융통성은 증대한다. 그러나 학습 조직은 장기적 · 전체적 사고를 통해 시스템 전체를 아우르는 지혜와 판단력이 결집되어야하므로 단기적 · 가변적 조직 설계는 조직 학습에 장애가 될 수 있다.

2 불완전한 학습

진정한 학습이 아닌 부분적인 학습만 이루어지거나, 조직에 실질적으로 기여하지 못하고 '유행'(trend)에만 급급한 '불완전한 학습'(truncated learning)이 발생할 수 있다. 이를 테면 중앙정부 전체 수준에서 학습 조직을 전파하기 위해 경쟁 후 섣부른 평가를 할 경우에 이런 현상이 나타날 수 있다.

3 '학습된 무기력'

개인이나 조직이 헌신적으로 학습한 내용이나 개혁들이 실천되지 않을 경우 '학습된 무기력'에 처하기 쉽다. 보수적인 정부관료제의 경우 이러한 학습된 무기력은 민간 기업조직보다 더 흔히 나타날 수 있다.

4 체제적 시각 상실

조직의 전체적 측면 보다는 조직의 국지적 이익에만 몰두함으로써 발생하는 '편협한 안목' 때문에 학습장애가 나타날 수 있다. 정부조직도 무수한 하위조직으로 이뤄져 있으므로 조직원이 속한 개별 조직의 이익을 우선하기 쉽고, 또한 부처 간 할거주의 등으로 인해 체제적 시각을 상실할 경우 학습 장애가 발생한다.

5 학습에 대한 방어

'방어적 관행'이 학습장애를 일으킨다. 조직 스스로 학습을 포기하고 일상적 행태나 사고를 유지하려는 경향이 나타날 수 있다. 특히 정부조직에서는 SOP, 레퍼토리 등의 기존 관행들을 중시하여 안정적인 조직화를 꾀하는 경향이 있기 때문에 방어적 관행이 쉽게 나타나고 그 결과 새로운 사고와 방식을 습득함에 있어서 학습 장애가 나타날 수 있다.

V. 결 어

학습 조직은 지식정보화 사회에서 불가피한 조직의 선택이자 전략이다. 계층제 조직구조를 팀제로 변화시키고, 성과를 평가하고, 개방형 임용제를 안착시키는 오늘날 정부조직의 노력들도 결국 열린 사고와 체제를 지향하는 학습 조직으로 변모하기 위한 시도로 이해할 수 있다.

신제도주의자들의 주장처럼 역사적 관성(inertia)은 조직이 거부하기 어려운 힘을 갖고 있으므로 학습 조직의 성과를 얻기 위해서는 단지 하향적인 지시만으로는 불충분하다. 조직 상층부에서는 변혁적 리더십과 공유 · 협력에 대한 마인드, 열린 사고와 담화의 장으로서의 조직을 만들어가는 조직문화 변혁에 집중해야 한다. 또 조직 하부에서는 개인 학습이 조직 학습으로 연결될 수 있도록 자발적인 욕구들을 계발할 필요가 있다.

논평

학습 조직은 실제적인 공공 제도로서의 모습 보다는 이론적, 추상적 형태로서의 의미가 강하다. 그러나 기존 정부 조직에 대한 평가 이후에 이러한 학습조직적 요소를 대안으로 제시함은 중요하다. 이종수 외(2005)의 소개에 이어 한국 행정에서의 적용 현실과 문제점을 정확히 지적함이 가장 중요하다. 박우순(2005), 김태룡 외(2006) 등이 준거할 만한 문헌이다. 학습조직은 조직 이론의 전개 과정에서 어떤 계보의 학파에 속하는가?

ㅣ새 테마 행정학ㅣ

07. 관료제 이론

Ⅰ. 의 의

관료제(bureaucracy)는 프랑스의 중농학자 '구르네(Gournay)'가 관료가 장악했던 당시 정부의 모습을 지칭하며 사용한 용어이다. 이 개념은 크게 두 가지 관점에서 사용된다. 첫째, 조직구조적 관점에서, 대규모 공공조직에서 나타나는 계층적 구조를 의미한다. 둘째, 정치경제학적 관점에서, 대규모 조직의 병폐, 정치적 욕설(political cussword), 국민의 자유와 권리를 침해하는 부정적인 국면을 의미한다.

관료제 자체의 역사는 원시 제정 일치시대로까지 소급하기도하지만 현대적 의미에서 이를 본격적으로 연구한 학자는 웨버(Max Weber)이다. 웨버가 관료제 이론을 발표하고 수많은 학자들이 이에 대한 비판과 병폐를 지적하면서 관료제 이론은 다양하게 변천해 왔다. 오늘날도 조직이론은 웨버의 관료제 이론에서 시작하여, 이를 극복하기 위한 탈관료제 모형들로 구분할 만큼 관료제에서 출발하여 관료제로 마무리된다고 할 수 있을 정도로 관료제는 공공 조직의 근본을 이루고 있다.

이하에서는 먼저 관료제 이론의 원형으로 불리는 웨버의 관료제 이론을 소개한 후, 미국의 사회학자들 중심으로 웨버의 관료제이론이 병리적 현상을 내포하고 있음을 지적한 연구들을 살펴보고, 나아가 발전행정론자들의 시각에서 본 기존의 관료제 이론에 대한 비판을 제시하고, 끝으로 최근 전자정부론(e-government)에 의해 새롭게 인식되는 관료제의 시각을 보기로 한다. 나아가 근본적으로 관료제를 탈피하려는 일련의 탈관료제 이론을 개관하기로 한다.

Ⅱ. Max Weber의 관료제론

1 배 경

1) 이념형 연구

웨버의 관료제 연구는 인간의 합리성을 근간으로 대규모 조직구조에서 발견되는 공통적인 특성을 이념형(ideal type)을 통해 보편화시키고자 한데 의의가 있다. 더구나 사회학자로서 웨버의 연구는 조직을 사회구조뿐 아니라 역사적 맥락 속에서 연구한 것이다. 즉 행정이 관료화과정을 겪게 되는 과정을 단순히 조직화 과정측면에서만 본 것이 아니라 서구사회의 합리적 성장과 연계시켰다는 점에서 큰 의의를 갖는다.

2) 지배와 권위

웨버는 관료제 운영의 근간이 되는 지배와 권위(authority)의 유형을 아래와 같이 분류하였다. 여기서 권위란 복종하는 사람의 전통성 신념을 근거로 하여 지배할 때 성립한다. 이에 비해 권력(power)이란 개인의 의사에 반하여 자신의 의지를 관철할 수 있는 힘을 말한다. 그리고 영향력(influence)이란 이해관계에 의해 복종하는 경우이며, 때로는 설득에 의한 지배를 의미한다. 웨버는 지배의 근원이 되는 권위의 유형을 세 가지로 구분하고, 이에 따라 그의 세 가지 관료제 유형을 도출하였다.

3) 세 가지 권위

(1) 전통적 권위

전통적 권위는 구조에서 도출되는 것이 아니라 개인, 신성화, 오랜 관습이나 문화에서 근거하여 지배자에게 충성을 바치는데서 출발한다. 자연스럽게 피지배자들이 복종하는 형태로 혈연, 세습, 가부장적 권위 등이 대표적인 예이다. 전통적 권위에 의거한 것이 가산적 관료제이다.

(2) 카리스마적 권위

전통적 권위와 같이 한 개인에 대한 사적인 충성을 의미하지만, 초인적, 초자연적 능력 등이 지배자에게 부여됨으로써 피지배자가 헌신적으로 복종하는 형태를 의미한다. 지배자에 대한 철저한 충성과 헌신이 부여되나, 지배자가 추종자에게 비합리성, 감정적인 몰입을 얻지 못할 경우 카리스마적 권위는 사라진다. 주로 고대의 신권정치나, 히틀러와 무솔리니, 등이 그 예이다.

(3) 합리적 · 법적 권위

조직의 규범이 합리적, 합법적인 절차와 내용으로 구성되어 정당화되어 있는 권위를 의미한다. 오늘날 법에 의한 지배의 근본을 의미한다. 전통적, 카리스마적 권위가 개인 리더에게 의존하는 것인 반면 합법적 권위는 비정의적인 '규범'에 의존하며 오늘날 공공조직 구성의 기본원리가 되고 있다.

2 내 용

세 가지 권위 유형에 따라 가산적-카리스마적-법적 관료제가 나타난다. 이 세 가지 관료제의 특성을 대비하되, 이 중에서 근대 관료제로 가장 중요한 합리적 · 법적 관료제의 특성을 선명히 밝힌 것이 그의 관료제론의 주된 내용이다.

1) 가산적 관료제

부하는 상관에 대해 전인격적인 헌신을 하고, 왕의 자의에 의해 지배 가능한 제도이다. 관료들에게 필요한 지식은 전문지식이 아닌 일반교양적 지식으로서 권한의 배분이 왕의 자의에 의하여 이루어져 직권은 사권화되고 세습화된다. 그리고 법령의 구속 없이 결정자의 자의에 따라 결정함으로써 실질적 합리성을 지니는 수도 있지만 예측이 어렵다. 이러한 가산적 관료제는 명백히 규정된 능력 한계, 계서제의 직위의 합리적 순위 배치, 정기적인 임용과 승진, 공식적 자격으로서의 기술훈련 등의 체계를 결여하고 있다.

2) 카리스마적 관료제

법적 권위에 기초한 조직원은 없으며, 추종자와 제자가 있을 뿐이다. 제자는 카리스마적 자질을 기준으로 선정하며, 임명이나 승진이 없고, 따라서 법규가 존재하지 않으며, 계서제도 없고, 전문능력의 한계 역시 규정되어 있지 않다. 선례의 의한 구속도 받지 않는다.

3) 법적 관료제(근대적 관료제)

가장 중요한 이 관료제는 다음과 같은 특성을 지닌다.

(1) 권한과 관할 범위의 명확한 규정

권한은 직위에 부여되며, 사람은 직위를 점함으로써 권한을 행사할 수 있다. 관료제 구조의 목표추구에 필요한 행동은 미리 정한 방법에 따라 분배되며, 각 직위의 임무와 그것을 지속적으로 수행하는 방법 및 그에 필요한 권한의 행사는 법규에 의해 규정됨으로써 남용이 방지되고 계속성, 안정성, 예측가능성이 높아지게 된다.

(2) 계층제 구조

권한의 고하가 뚜렷하게 구획되는 계층제 속에 모든 직위들이 배치된다. 계층제는 상명하복의 질서정연한 체제이다. 상위직은 하위직을 감독하며 하위직은 상급자의 엄격한 감독과 통제 하에 임무를 수행한다.

(3) 문서화의 원리

모든 직위의 권한과 임무는 문서화된 법규에 의하여 규정되며, 임무수행은 문서에 의한다.

(4) 임무 수행의 비개인화

관료들은 지배자의 개인적 종복으로서가 아니라 법규로 정한 직위의 담당자로서 직위의 목표와 법규에 충성을 바쳐야 한다. 즉 임무수행에 있어 법규의 적용에서 개인적 이익이나 구체적인 경우의 특별한 사정 또는 상대방의 지위 등에 구애되는 일 없이 공평무사한 비개인성을 유지하도록 요구된다.

(5) 관료의 전문화

임무수행에 필요한 전문적 훈련을 받은 사람들이 관료로 채용되며, 채용의 기준은 전문적 능력이다. 관료는 상관에 의해 임명되며 그들이 구비해야할 지식은 임무수행을 규정하는 제반 법규에 관한 지식이다.

(6) 관료의 전임화

관료는 '생애의 직업(vocation)'이다. 일생동안 종사하는 전임직업 즉 정규적 직업이다. 관료는 계급과 근무연한에 따라 정해진 금전적인 보수와 연금을 받고 승진의 기회가 주어진다.

(7) 분업화의 원리

관료제는 자격 또는 능력에 따라 규정된 기능을 수행하는 분업의 원리에 따른다. 일정한 직위를 차지하고 있는 사람에게는 필요한 권한이 부여되고 강제의 수단이 명확하게 규정되며, 이러한 수단의 이용은 엄격한 조건하에서 이루어진다.

3 평 가

1) 이론적 측면의 평가

웨버의 관료제는 현대조직의 기본 조직구조의 특성을 지적하고, 단순히 조직학 차원이 아닌 역사적 맥락에서 서구사회의 합리성의 진화를 보여준 점에서 일반 이론의 원형이 되고 있다. 그러나 몇 가지 한계도 지적할 수 있다. 첫째, 이론의 내적 일관성이 결여되어 있다. 예컨대 능력기준에 의한 임용의 원리와 계층제적 권한 배분의 원리는 서로 배치된다. 둘째, 비공식적 요인을 간과하여 공식적 구조가 비공식적 관계에 의해 수정되는 문제에 주의를 기울이지 못했다는 것이다. 셋째, 관료제 특성에 대한 정의와 주장을 뒤섞고 있다. 구조적 요인들 사이의 관계에 관한 설명이라든지 관료제의 합리성에 관한 설명은 검증되어야 할 주장에 불과하다는 것이다(오석홍, 2006).

2) 실천적 측면의 평가

실천적 측면에서 볼 때 관료제의 효용은 첫째, 민주주의에 기여했다는 점이다. 전문직업화를 통해 누구나 자격 요건을 갖추면 관료의 신분을 획득할 수 있어 법 앞의 평등을 구현하였다. 둘째, 조직의 효율성을 향상시키는 조직구조를 설계하였다. 계층적 구조가 많은 비판을 받는 것은 사실이지만 대규모 조직에서 일사 분란한 지시, 보고에 최적의 환경을 제공하는 것은 거역할 수 없는 사실이다. 셋째, 공식적인 기록을 중시함으로써 공정성과 책임성이 확보되고, 장기적으로 구성원이 변동되는 상황에서도 업무의 통일성과 예측가능성을 높였다.

Ⅲ. 사회학자의 관료제론

1 머튼(Robert K. Merton)의 모형

1) 의의

머튼 모형의 핵심은 조직의 통제가 개인들의 행위에 대한 신뢰에 영향을 주는 과정을 이해하는 것이다. 관료제 조직이 표준화된 절차(SOP)와 규범에 의해 운영되면서 '사적인 대면관계'가 줄어들고, 주로 보고나 법규위반 여부 등의 문서를 통해 접촉하게 된다. 이 과정은 조직원들이 규칙이나 절차 등을 우선시하여 집중함으로써 본래 목표보다 수단에 의존하게 된다. 이 과정이 '조직규칙의 내면화'이다. 조직성원들은 주로 고안되어 있는 대안들을 중심으로 '범주화(categorization)'하여 사례를 검토하게 되고, 이 과정에서 많은 맥락과 범주화되지 않는 대안들을 탈락시켜 결국에는 대안선택의 기회가 감소하게 된다. 이는 곧 행정의 경직성(rigidity of behavior)을 촉진시켜 조직이 보수화되고, 혁신이나 변화에 안일하게 대처하게 만든다.

2) 평가

머튼의 탈관료제 모형은 기계적 관료제가 절차를 우선시하면서 경직화되는 불가피한 과정을 설명하는 공을 세웠고, 개방체제로서의 조직, 외부 세계의 요구에 융통성있는 대응성 높은 조직에 대한 수요를 반영할 것을 촉구하고 있다.

2 셀즈닉(Philip Selznick) 모형

1) 의의

셀즈닉 역시 머튼과 같이 관료제의 통제 기제에 관심을 둔다. 그는 특히 권한의 위임에서 발생하는 역기능을 비판하는데, 상관이 하위 부하에게 위임(전문화와 분업)을 통해 전문능력을 향상시키는데는 동의한다. 그러나 이 과정에서 위임을 받은 부하들은 각자의 맡은바 목표를 우선 달성하기 위해 경주하면서 원래 시달받은 상위목표보다는 '이익의 분점(bifurcation of interests)화'를 통해 자기 이익을 우선시하게 된다. 이런 이익의 분점은 전체 목표달성을 오히려 저해할 수 있고, 조직간 갈등을 야기하면서 조직병리현상으로 드러난다.

2) 평가

셀즈닉의 위임이 가져오는 조직의 악순환은 효율성을 향상시키기 위해 고안된 관료제가 오히려 할거주의를 통해 조정의 비용, 갈등의 비용을 초래해 전체 성과를 낮춤으로써 오히려 효율성을 약화시킬 수 있는 점을 냉철하게 비판하고 있다.

3 굴드너(Alvin W.Gouldner)의 모형

1) 내용

굴드너 역시 위의 두 학자와 같이 관료제의 통제메커니즘에 관심을 가졌다. 내부의 안전성과 책임성을 담보하기 위해 고안된 규칙이 오히려 조직의 생산성을 감소시킨다는 논리이다. 즉 업무를 감독하기 위해 규칙을 구체화하고 감독을 강화할수록 조직내부에서는 권력관계의 가시성이 감소하고, 내부 조직원들의 긴장은 약화되어, 조직성원이 최소한의 규칙만을 지키도록 동기 부여된다는 것을 의미한다.

2) 평가

굴드너는 통제 메커니즘이 결과적으로 조직이 달성하려는 목표의 최소한만 달성하게 하는 이유를 법규를 누가, 어떻게 만들었는가에 대한 과정을 등한시한 것에서 원인을 찾은 점에서 의의가 있다.

4 블라우(Peter M. Blau) 모형

1) 내용

블라우는 현대사회의 관료제란 저서에서 웨버가 분류한 권위와 이념형에 의문을 제기한다. 웨버의 이념형은 이상적 모델이라기보다 하나의 주장, 가설에 불과하다고 본다. 특히 합법적 권위에서 주장하는 것과 같이 권위의 원천이 전문지식을 갖고 있는 상위계층에 있다고 보고 있지만, 모든 조직에 적용할 수 없는 것으로 본다. 오히려 전문지식은 계서제의 질서와 다른 방향에서도 충분히 나타날 수 있다고 보는 것이다. 또한 웨버가 집권화와 관료제적 합리화가 동시에 일어나는 것으로 보고 있지만 실제로 연구한 결과 관료화가 될수록 집권화가 낮아지는 결과가 나타났다. 관료화와 집권화가 동시에 증가한다는 웨버 논리와 상이한 결과이다. 블라우는 조직구성원으로 하여금 독자적인 임무수행을 할 수 있고, 자기능력을 나타내 보일 수 있게 해주어야 한다고 주장했다.

2) 평가

블라우는 법규에 의해 하부로 위임되는 관료조직이 장기적으로는 집권화보다는 분권화되어야 하고, 융통성과 신축성을 가미한 조직으로 성장해야 할 것을 주장한다. 법규가 모든 경우의 수를 다룰 수 없으므로 특히 관료제가 장기적으로 적응하기 위해서는 분권화를 통해 개인들의 재량을 확대하고 융통성을 넓혀야 할 것을 주장하고 있다.

Ⅳ. 발전론자의 관료제론

1 배 경

60년대 이후에 사회가 급격하게 변하면서 발전론이 등장하게 되었다. 이들은 웨버이론에 전면적으로 도전하는데 근본적인 이유는 웨버이론이 관료제의 기능을 통제·법질서의 유지 또는 이미 부여된 임무의 기계적·능률적 집행에 두고 있는데 반하여 발전론자들은 이러한 것은 2차적인 것으로 생각하고 보다 중요한 것은 관료제 자체가 발전·쇄신의 주도적인 기능을 하는 것이라고 표방하기 때문이다.

2 내 용

1) 임시구조적 성격

계속 새로운 사업이 벌어지고 신속한 사회변화에 적응하기 위해서는 기존의 안정적인 구조로는 경쟁에 도태되므로 내부구조의 변혁을 신축성 있게 책임자에게 일임하는 임시구조로의 성격으로 변화시켜야 한다.

2) 하의상달

관료제에 상하간의 종적인 관계를 지휘하고 감독하는 것을 강조하기보다 하의상달, 참여는 물론 분업의 입장에서도 고려해야 한다.

3) 포괄적 지식

좁은 분야의 전문지식만을 가짐으로써 사회전반에 대한 넓은 이해력이 결핍되어선 안되고 발전지향성이 보완되어야 한다.

4) 전문직업적 자율성

사무에의 전념과 많은 전문가를 사업마다 수시로 구성하는 작업반에 임시적으로 특정문제에 한정해 고용하고, 직원들에게도 그가 속하는 전문직업에의 충성 및 전문직업인으로서의 자율성을 가지게 하여 전문가로서의 능력이 커지는 것을 바람직하게 여긴다.

5) 발전 목표의 적절한 해석

법률적합성만을 강조하여, 발전목표를 합리적으로만 해석하고 합법성에만 치중해서는 곤란하고 전체적 균형을 고려해야 한다. 즉 발전목표에 비추어 합목적적인 해석을 하고 필요하면 이의 개정에 적극적인 태도를 보여야 한다.

3 평 가

발전행정론자들이 보는 관료제관은 행정조직이 사회변동과 국가발전을 주도한다는 기본전제가 필요하다. 관료에 큰 재량을 부여하며 발전목표 달성을 위해 필요시 법규의 변경과 개정에도 아주 적극적(proactive)이어야 한다고 주장한다. 그러나 이것은 오늘날 작은정부론 및 민주행정론과 충돌할 가능성이 많다. 행정의 비효율성이 널리 인식되고 거대 행정관료제에 대한 민주적 통제가 요청되는 상황에서 발전행정론적 관료제는 재검토되어야 한다.

V. 전자정부론자들의 관료제론

1 배 경

정보화는 국민생활 모든 면에 큰 변화를 수반하였고 특히 보수적인 행정에도 영향을 미치기 시작했다. 특히 이런 정보기술의 혁신적인 변화는 행정에 있어서 사이버 직접 민주주의 실현하는 가능성을 열고 결과적으로 행정의 민주화와 생산성 향상에 공헌하고 있다. 이를 소위 전자정부화라고 부르고 있으며 행정에서도 많은 변화가 관찰되고 있다.

2 내 용

발전론에서는 임시구조화를 강조했던 것과 달리 전자정부론자들은 팀제를 도입하고 분권화를 적극 지지한다. 또한 기존의 피라미드형 조직 보다는 네트워크 구조로의 발전을 지지한다. 또한 관료제의 큰 특징인 계층성을 완화시켜야 한다고 주장한다. 그리고 그들은 가장 중요하고 혁신적인 변화로 정보처리의 신속화로 인한 시민의 행정참여 확대를 꼽고 있다. 이로 인해 기존의 많은 문제점을 지니고 있던 대의 민주제에 사이버 직접 민주주의적인 요소를 강화할 수 있게 되었다. 이를 가능케 하는 근본적인 전제조건은 최근 들어 연계망의 구축이 쉬워지고 누구나 일정수준의 정보처리 및 관리능력을 갖게 된 점이다.

3 평 가

전자정부화의 상황 하에 부합되기 위해서는 종래와는 질적으로 다른 관료제가 형성되어야 한다는 것은 일응 타당성이 있다. 정보화의 흐름은 기존의 계층제 구조와 권위의 원천마저도 변화시키기 때문이다. 그러나 전자정부화 상황 하에서 개인의 정보가 정부에 장악되어 국가권력의 비대화, 집권화, 시민에 대한 압제에 악용되면 행정관료제는 작가 카프카(Franz Kafka)가 그린 거대하고도 암울한 권력주체('성' Castle), 혹은 오웰(George Orwell)이 그린 절대권력주체('대형' Big Brother)가 될 수 있다. 그러므로 전자정부론의 관료제는 일면 정보화를 통해 관료제의 효율성과 민주성을 높일 수도 있지만 동시에 오히려 이에 역행하는 흐름이 될 가능성도 있다.

Ⅵ. 탈관료제론

1 발생 배경

역동적인 현대사회에 있어서 보수적인 기존의 관료제 구조로는 경쟁력있게 대응할 수 없다는 요청과 웨버관료제에 대한 회의로부터 출발하여 탈관료제를 주장하는 일단의 흐름이 있다. 베니스(Warren G. Bennis)는 '관료제는 그 운명을 다했다'고 주장한다. 베니스의 비판은 이후 탈관료제론 논쟁의 촉발이 됨과 동시에 탈관료제론의 특징을 담고 있어 그의 논리를 중심으로 탈관료제론의 특징과 반박들을 함께 검토하기로 한다.

2 탈관료제론의 특징

베니스가 지적하는 관료제의 문제점이 곧 탈관료제론의 특징으로 귀결된다(Bennis, 1967).

1) 빠른 변화

애초에 관료제는 전통적으로 변화가 적고, 안정된 사회를 기반으로 설계된 조직구조이다. 그러나 오늘날과 같이 변화가 다양하고, 복잡계 사회로 진입된 현실에서 이러한 예측가능성을 염두한 보수적인 구조는 변화를 수용할 수도 없고 문제해결능력도 감소하게 된다. 탈관료제에서는 복잡한 문제, 빠른 수용력, 문제해결능력을 강조한다.

2) 규모의 성장

관료제가 다루어야 하는 문제와 요구가 증가하면서 계서적 규모가 커지면서 통제와 몰인간성 등의 병리현상이 강화되게 되었다. 탈관료제는 이러한 규모의 성장이 동반하는 병리들을 줄이기 위해 수직적 편제보다는 수평적편제, 집권화보다는 분권과 자율화를 강조한다.

3) 다양성의 증가

오늘날 복잡성과 다양성이 증가하면서 관료제의 편협한 전문성으로는 문제해결을 도모하기가 어려워졌다. 특히 명확한 권한계통과 엄격한 계서적 구조는 할거주의와 서로간의 협력과 조정을 약화시키므로 탈관료제론은 다양한 전문성을 겸비하고 조정력을 갖춘 관료제 내외부의 협업을 강조한다.

4) 관리 양식의 변화

비인간적이고 기계적인 구조로 상정했던 웨버의 관료제와는 달리 오늘날 현대 조직들은 조직원에 대한 이해와 가치를 중시하고 있다. 단순히 조직원을 사례로서 관리하는 것이 아니라 조직원의 욕구와 관심까지도 조직성과에 영향을 미칠 수 있다는 것을 인지하게 되었기 때문이다. 탈관료제론은 현대조직의 관리양식 변화에 주목하여 기계적 인간관을 탈피할 것을 제안한다.

3 탈관료제론의 한계

탈관료제 논의는 이후 관료제 옹호론자들의 논의와 논쟁으로 연결된다. 대표적으로 미월드(Robert Miewald)의 반박을 살펴보면 웨버가 완벽한 예측가가 아닌 이상 그의 논리 전체를 부정할 필요는 없다고 본다. 또한 탈관료제의 반박들도 유심히 살펴보면 관료제이론 자체를 근본적으로 부정하고 있지는 않다. 오히려 관료제이론에 대한 수정과 재해석을 통해 관료제는 불가피하고 영속한 구조라고 주장한다. 그 증거로서 여전히 현대조직은 관료제를 기반하고 있고, 현대조직이 규모가 증가함으로써 오히려 더욱 더 계서적 관료제를 선호하게 되며, 정보통신기술 등의 수단을 통해 집권적인 통제메커니즘이 효율화되었다.

4 탈관료제 조직의 유형

1) 유동 조직: 적응유기적 조직

베니스는 비계서적구조, 권한이 아니라 능력이 지배하고 민주적 감독, 창의성을 존중하는 적응 · 유기적 조직을 제안하였다. 흔히 유동조직, 임시조직(adhocracy), 다공성조직으로도 불리는데 잠정적인 조직이므로 문제에 따라서 조직이 형성되고 다양한 전문분야의 사람들이 모인다. 무엇보다 개인들의 목표와 조직 목표가 일치시켜 개인의 능력을 최대한 고양하는 것을 목표로 하는데, 끊임없이 새로운 조직원이나 문제에 적응해야 하고, 주어진 역할에 대한 분명한 기준이 없으므로 역할인지에 구성원들의 열의가 필요하다.

2) 연합적 이념형(consociated ideal type)

커트하트(Larry Kirkhart)의 모형으로서 베니스의 모형에 기초를 두되 조직간 인력이동이 자유롭고, 권한체제가 상황적응적이고, 고객이 참여하고 컴퓨터를 적극 활용하여 사회적 층화를 억제하는 것을 목표로 한다(오석홍, 2005)

3) 복합 조직(matrix, 행렬 조직)

복합조직, 매트릭스조직, 행렬조직으로 불리는 이 형태는 사업조직과 기능조직을 결합시킨 혼합된 형태를 의미한다. 전통적인 계선이 존재하되 특정 문제를 중심으로 프로젝트 팀이 또 존재하는 것이다. 가장 핵심은 보고해야 할 상관이 한 사람이 아니라는 것이다. 기능조직의 상관과 사업조직의 상관 두 명이 존재하는 이중적인 명령체계를 상정한다. 분화와 통합을 중시하는 입체적·유기적 조직이지만 명령이 이중라인을 통해 하달되므로 갈등시 조정이 어렵고 성원들의 스트레스와 조직생활에 부담이 이중고가 될 수 있다.

4) 팀제 조직

팀이란 상호보완적인 기능을 가진 소수의 사람들이 공동의 목표를 달성하기 위해 책임을 공유하고 문제해결을 위해 공통된 접근방법을 사용하는 조직 단위이다(Katzenbach & Smith, 1993). 일반적으로 조직내부의 생산성과 계서적 구조를 완화하여 개인들의 창의력과 잠재력을 끌어내기 위해 도입되는 경영혁신방식의 하나이며 한국 역시 2005년 3월 행정자치부에서 도입하면서 활용된 바 있다.

5) 네트워크 조직

네트워크조직은 수평적인 구조를 기반으로 시공간의 조직경계를 넘어 존재하는 조직을 의미한다. 구조적인 유연성과 조직원들의 자율성, 참여를 강조하며 인터넷 기술을 통한 가상조직들이 네트워크 조직의 주요한 유형으로 들 수 있다.

6) 가상 조직

트레비카(Bob Travica)가 제시한 가상조직(virtual organization)은 정보통신기술을 활용하여 특정한 물리적 공간의 공통점은 없으나 동일한 과업을 수행하기 위해 동일한 목표의식을 갖고 존재하는 조직형태를 의미한다. 이러한 가상조직은 전자적 연계에 의존하는 지리적으로 분산된 개인, 집단, 조직단위 또는 조직의 일시적 혹은 지속적인 집합이라고 볼 수 있다. 특정한 과업을 수행하기 위해 핵심적인 기술과 자원의 공유를 통해 일시적인 조직의 체계를 형성하는 자율적 조직의 집합체의 성격을 갖는다.

7) 학습 조직

학습 조직은 전통조직과 달리 조직원이 진심으로 바라는 바를 수행하면서 성장하고, 개방적인 사고방식하에서 문제를 함께 풀어가고, 해결책을 발견해가는 과정에서 정보와 지식을 습득하고 성장하는 조직을 의미한다. 센지(Peter M. Senge)가 제시한 5가지 요건이 알려져 있는데, 시스템적 사고(System Thinking), 자기 숙련(Personal Mastery), 사고의 틀(Mental Models), 비젼 공유(Vision Sharing)하며, 팀 학습(Team Learning)을 강조하는 조직을 뜻한다.

8) 자생 조직

비어(Stafford Beer)가 제시한 자생조직모델(viable system model)은 조직 또는 하위조직, 조직구성원이 상황에 대처하는 방법을 스스로 알아내서 해결하는 창조적인 능력을 갖는데 초점을 둔다. 비어는 자생조직이 효과적으로 작동하기 위해서 5가지 기능을 가져야 한다고 본다. 첫째, 집행기능(implementation)으로 조직이 독자적으로 재화와 서비스를 생산하는데 책임 있는 활동을 수행해야 한다. 둘째는 조정기능으로 조직 간의 지원과 상호조정이 필요하다. 셋째는 통제기능으로 상위수준과 하위수준간의 소통을 위해서는 통제가 필수적이다. 넷째는 정보기능으로 외부환경변화에 적응하기 위해 정보인지능력이 원활한 조직유지를 위해 필요하며, 마지막으로 정책기능으로 위의 네 가지 요소들을 통해 조직이 존재하는 목적이 된다(박희봉, 2002).

9) 기타 탈관료제 조직 유형

고객을 최상층에 놓은 고객주도형 조직인 역피라미드형 조직이나, 구성원들의 자율적인 팀워크를 기반으로 하는 수평적이고 감량된 조직으로서 분권화의 수준이 높고 복잡성과 공식화 수준은 낮으며 꼭 필요한 구성단위만으로 이루어진 심포니 오케스트라형 조직도 있다. 또한 핵심직원, 하청업체, 그리고 융통성 있는 인력(시간제 직업, 임시직원)등 세 가지 부분으로 구성된 클로버형 조직, 높은 대응성과 적응성을 지닌 조직으로, 의사전달은 수평적이며 리더십은 조직구성원들이 공유하는 재즈밴드형 조직, 레이저 광선이 만나 형성하는 삼차원 영상을 닮은 홀로그램형 조직은 홀로그램이 깨지면 그 어떤 구성 부분이라도 전체 영상을 재건해 낸다. 각 구성 부분은 영상전체에 대한 정보를 모두 공유하고 있어 가능하며 이 조직에서는 모든 조직단위들이 하나의 전체라는 이미지를 가지고 서로 협동하면서 각기 독자적으로 행동한다.

논평

행정조직 이론의 가장 기본적인 형태가 관료제이므로 관료제 이론을 단계별로 개관할 수 있어야 한다. 다른 형태의 정부조직(위원회, 팀제 등)은 이 관료제 조직과의 대비를 통해서만 정확히 이해된다. 웨버로부터 최근의 전자정부론에 이르기까지의 전개과정은 꼭 이해해 두어야 한다. 이 부분은 박동서(2004)의 교수의 설명이 무난하다. 탈관료제론은 다소 이론적인 주제이지만 몇 가지의 골격은 이해해 두어야 한다. 다음 자료를 통해 웨버의 관료제 이론을 자세히 알아보자.

막스 웨버(Max Weber)

Ⅰ. 생 애

웨버(Maximilian Carl Emil Weber)는 현대 사회과학의 대학자이다. 행정학으로서는 학문 발전에 큰 영향을 준 시조의 한 사람이다. 오늘날의 학문 구분에서 보면 행정학, 조직이론, 사회학, 정치경제학, 종교학 분야를 두루 오가며 지칠 줄 모르고 주요한 이론들을 확립한 법률가, 정치인이며 동시에 4개 국어에 능통했던 대학자였다. 웨버는 1864년 4월 21일 독일 삭소니아 지방의 에르푸르트에서 7남매의 중 장남으로 태어났다. 부친은 독일 국가자유당의 저명 정치인으로서 우파적 성향을 가진 사람이었으며 그는 자연스럽게 저명한 학자와 공직자의 접촉이 빈번한 환경을 만들었다. 모친은 독실한 캘빈주의 공직자 집안의 자유스런 분위기에서 성장한 사람이었다. 부친으로부터는 정치 및 사회에 관해, 또 모친으로부터는 인생관에 관해 깊이 영향을 받았다. 이러한 환경은 웨버 및 그의 형제들로 하여금 사회 현상에 관해 깊은 관심을 갖게 하는 여건을 만들어 주었으며, 이미 13세에는 독일 역사에 관한 소논문을 써 부모에게 보일 정도가 되었다. 14세에는 로마의 고전을 인용하면서 편지를 썼었고 대학 입학 이전에 벌써 괴테, 스피노자, 칸트 및 쇼펜하우어를 이해하고 있었다. 1882년 하이델베르크 대학에 입학하여 법학을 전공하였다. 대학 초년을 음주와 낭만으로 보내다가 3학기를 공부한 후 스트라스부르크에서 1년간의 군 복무를 마쳤다. 병영 훈련 및 초급 장교의 눈치놀음을 겪으면서 그의 말에 의하면 "생각을 하는 인간을 명령에 고스란히 순응하는 기계로 길들이려는 것"에 맞서고자 노력하면서, 후일 그가 칭송한 "법적 관료제"의 형식적 합리성의 어두운 면을 몸으로 먼저 체감해야 했다. 그 후 법학 공부 과정에서 그는 경제학, 중세 역사, 신학까지 수강하였다. 나중에는 베를린 대학, 괴팅겐 대학을 잠깐 거친 후, 처음에는 초급 법률가로 그리고 마지막에는 베를린 대학의 강사로 활동하였다. 1886년 변호사 시험을 통과하여 1889년에는 중세 경제 조직의 역사라는 논문을 통해 법학 박사가 되었다. 그 후 대학 교수의 요건인 고등학위 시험(Habilitation)까지 통과함으로써 독일의 교수 자격을 갖추었다. 이 시기에 그는 독일의 사회정책에 깊은 관심을 가졌으며, 정치적으로는 좌파적 경향을 지닌 사회 개혁 운동("복음주의 사회 의회")에도 관여하였다. 또 그는 독일의 독일 역사학파 경제학자들의 모임(Verein für Socialpolitik)에도 가입하였다. 여기에서 독일의 급속한 산업화로 인해 농촌 인구가 도시로 이동하고 그 자리를 채우기 위해 폴란드 등의 외국 농민이 유입하는 문제를 탁월한 경험 연구로 완수해 내어 농업 문제에 관한 경제 전문가로 명성을 얻었다.

1893년 부계로 먼 친척 관계에 있던 마리안느 슈닛거(Marianne Schnitger)와 결혼하였는데 그녀는 후일 여권운동가이자 저명한 저술가로 활약을 하였고 웨버 부부의 노력으로 후일 하이델베르크 대학에 소수나마 비로소 여학생이 입학할 수 있게 되었다. 특히 그의 아내는 웨버 사후에 남편의 논문들을 수집하여 저서로 발간되게 함으로써 웨버를 세상에 더욱 알리는 데에 큰 역할을 하였다. 결혼 후부터 웨버는 성공적인 학자로 자리 잡았다. 1894년 프라이부르크 대학의 교수로, 1896년에는 하이델베르크 대학의 교수가 되었다. 이듬 해에는 그의 부친과의 심각한 의견 충돌들을 겪었으며 그후 부친이 사망한 이후에는 불면증 및 신경과민이 되어 교수직을 수행할 수 없는 상태로까지 이어졌다. 수년간 이탤리로 요양 여행을 다녀 온 후 결국 1903년에는 교수직을 사임하였다. 교수직에서 벗어난 후, 좀바르트(Werner Sombart)가 주도한 바 있는 "사회과학 및 사회정책(Archiv für Sozialwissenschaft und Sozialpolitik) 저널의 편집에 관여하며 여기에서 "프로테스탄트의 윤리와 자본주의 정신"과 같은 탁월한 업적들을 쏟아내었다. 이 저널은 나중에 1934년 히틀러가 집권하자 편집진들이 대거 외국으로 탈출하면서 중단된다. "프로테스탄트의 윤리와 자본주의 정신"은 그의 가장 유명한 글이 되었으며 문화와 종교가 경제에 미치는 영향에 관한 그의 후속 논문들의 토대가 되었다. 이것은 그의 생전에 책으로 출판된 유일한 것이기도 했다. 1904년에는 웨버는 미국 여행 루이지애나의 세인트 루이스에서 개최된 만국박람회에도 참석한다. 1912년에는 사회민주당과 자유주의자들을 결합하여 진보 정당을 결성하고자 노력했지만 자유주의자들이 사회민주당이 혁명을 지향한다고 기피함으로써 이 노력은 실패하였다.

1차 대전 동안 웨버는 육군 병원의 책임자였으며 독일 패전 후에는 베르사이유 조약의 독일정전위원회의 자문관 역할을 하였는데 그 기관의 역할은 바로 바이마르 공화국 헌법을 초안하는 것이었다. 여기에서 웨버는 대통령이 의회의 동의없이도 비상조치를 발동할 수 있도록 규정하는 조항을 헌법에 꼭 넣기를 원했으며(바이마르 헌법 48조) 어쨌든 그 조항은 헌법에 포함되었다. 그 초안 의도는 오직 비상시에만 그 권력이 사용되기를 원한 것이겠지만 불행히도 그 후 히틀러의 나치주의자들에 의해 그것이 오용되어 바이마르 공화국이 붕괴되고 파시스트 독재정권으로 전락하는데 결정적으로 기여하였다. 이 규정은 웨버 자신의 "카리스마적 지배"를 참으로 값비싸게 예증해 보이는 역할을 하였다. 나쁜 제도일수록 잘 죽지 않는 경향이 있다. 대통령의 비상조치권을 통한 카리스마적 지배는 독일을 넘어 프랑스의 드골 정권으로, 나아가 70년대의 한국의 유신 정권에서도 다시금 실현되었다. 외견상으로는 법적 지배이되 실질적으로는 카리스마적 지배가 되어 왜곡된 국가주의의 한 모습이 되어 한국의 행정에 큰 상흔을 남겼다. 그 후 비엔나에서 강연을 하다가 뮌헨에서 대학의 교수 자리를 잠시 얻었지만 곧 1920년 6월 14일 독감에 걸린 후 폐렴으로 사망한다.

독일어로 된 그의 저술들은 그의 사후에 파슨즈(Talcott Parsons), 밀즈(Wright Mills)와 같은 미국 저명 사회학자들에 의해 영어권으로 소개되었는데 이 와중에 상당한 주관적 해석 및 왜곡까지 포함되고 기능론 및 목적론 등의 특정 시각까지 덧입혀졌다. 이 때문에 나중에는 Weber를 올바로 이해하려면 이들의 각색을 벗겨내고 보아야 한다는 반성(웨버에서 파슨즈를 탈색하기: "De-Parsonizing Weber")까지 나올 정도였다.

웨버는 대단한 열정을 가졌으며 양심과 정직을 엄격히 지키려는 생활 태도로 인해 하이델베르크 대학의 동료들로부터는 상당히 까다로운 사람이었던 것으로 알려져 있다. 그의 주장이 가진 좌파적 요소로 인해 우파들로부터의 많은 공격을 받았는데 일부 학생들은 웨버의 집까지 찾아 와 항의를 하였다. 그의 이념적 성향을 당시 관점에서 보면 자유주의자(liberal)이면서 또 국가주의자(nationalist)이기도 했다. 농업 보호 및 관료의 산업 통제를 반대하였으며 또 마르크스주의자들에도 반대하였다는 점은 자유주의적인 국면이었다. 다른 한편으로는 모든 국가 정책의 최종적 힘은 국가가 가진 물리적 강제력에 있다고 보았으며 특히 러시아 및 슬라브주의의 위협으로부터 독일 문화를 지켜야 한다는 국가주의자였다.

Ⅱ. 주 연구 내용

근대 사회과학 분야의 거두로서 웨버는 경제, 정치, 행정, 역사, 종교, 도시 등 여러 분야에서 업적을 남겼다. 오늘날 웨버주의(Weberianism)라고 부르는 학문 성과는 대략 세 가지로 요약된다. 첫째, 형식적 합리성이 서구 자본주의적 민주주의 사회의 중심이 되었다는 점, 개신교의 종교 윤리가 자본주의 행동을 촉진하였다는 점, 형식적 합리성을 구현하는 주된 수단으로 근대 사회의 관료제가 대두되었다는 점을 논리적으로 규명하였다는 점이다. 이러한 모든 국면에서 그가 초점을 둔 국면은 합리화(rationalization)가 높아지는 방향으로 사회가 변화해 간다는 점이었다.

1. 합리성과 합리화

웨버는 형식적 합리성이 서구 자본주의적 민주주의 사회의 중심이 되었음을 논리적으로 규명한다. 현대 서구 사회에 이르러서야 비로소 과학은 정당한 것으로 받아들여지고, 법은 합리적 법체계에 필요한 체계적 형태를 갖추었으며, 훈련받은 관료들이 근대의 국가와 경제의 핵심이 되었다. 한 사회의 합리화의 정도는 두 가지 척도로 측정될 수 있는데, 첫째, 어떤 사조(ideas)가 체계적 응집성과 일관성을 얻게 되는 정도이며, 둘째, 미신적 사고가 얼마나 근대적인 것으로 대체되느냐이다. 근대 서구사회의 가장 중요한 추세는 합리성이 높아져 가는 흐름 곧 합리화(rationalization)이다.

합리성은 몇 가지로 구분된다. 우선, 가치 합리성(Wert Rationalität)과 목적 합리성(Zweck Rationalität)으로 구분된다. 전자는 내재적 가치 곧 행동의 의미 자체를 다루며, 후자는 행동의 결과를 다루는 것이다. 또 합리성은 주관적 합리성과 객관적 합리성으로 구분된다. 가치 합리성과 목적 합리성은 그 성격상 다 개인의 주관적 인식에 의해 판단되는 주관적 합리성이다. 이에 비하여 경제조직, 정치 질서, 법체계, 종교, 윤리, 과학 등은 합리성이 객관적으로 표현된 모습이다.

합리성이 높아지는 방향으로 진전되어 가는 합리화 현상은 웨버가 가장 중시한 근대 사회의 특징이다. 자본주의 사회의 확립이나, 관료제화의 경향도 이런 거대한 흐름의 일부일 뿐이다. 그런데 이러한 합리화 자체가 곧 목적이 되어서 인간을 더 억압하는 국면으로까지 전개될 위험이 있다. 인간의 특정한 목적을 달성하기 위하는 수단으로 생겨났던 합리성이 이제는 그 자체가 목적이 되어 인간을 구속하는 쇠창살(iron cage)이 되어 간다. 개신교들은 구원의 표징(목적)을 얻기 위해, 금욕적 정신으로 직업에서 이윤 추구에 몰입(수단)하였으며 그 부산물로 자본주의가 형성되었다. 그런데 이제는 개신교 정신의 근본 목적은 망각된 채 오로지 이윤 추구 자체가 목적이 된다. 관료제도 마찬가지이다. 민주적으로 확립된 정책 목표를 효율적으로 달성하기 위한 도구로 고안된 이 관료제가 어느덧 스스로를 목적화한다(목표의 수단화). 시민은 몰각되고 관료가 중심이 되며, 더 근본적으로는 정책 목표가 정책 수단에 의해 구속되고, 국민에게 봉사하라고 만들어진 정부 관료제가 오히려 국민을 수단시하게 된다.

2. 프로테스탄트의 윤리와 자본주의 정신

금욕적 개신교 종파에서 왜 자본주의가 흥왕하게 되었는가를 설명한 "프로테스탄트의 윤리와 자본주의 정신"은 그의 종교 사회학 연구의 정수이다. 그는 개신교의 직업소명설 · 예정조화설과 자본주의의 관계를 논증한다. 대개의 고등 종교에서는 세속의 돈벌이 활동과 신앙은 오랫동안 갈등 관계에 있었으며 참 신앙은 물질을 멀리함(청빈, 무욕)과 더 가까운 것으로 이해되어 왔다. 부자가 천국에 들어감은 낙타가 바늘 구멍으로 가는 것만큼이나 어려우며(신약성경 누가복음 18장), 거지와 나사로의 예화(신약성경 누가복음 16장)에서 보듯이, 성서의 전통적 해석은 부(富)의 축적은 대체로 신의 뜻에 어긋난다고 보았다. 이러한 사고가 지배한 카톨릭 문화권에서 개인의 영리를 적극적으로 추구하는 자본주의가 나타나기 어렵다. 그러나 개신교 특히 캘빈주의의 노동 윤리에 의하면 인간의 '직업'은 세속의 돈벌이의 방책이 아니라 곧 신의 거룩한 부르심(소명 calling)이다. 신을 향한 개인의 신앙은 그의 세속의 '모든' '직업'을 통해 발현된다. 모든 직업이 중요하기 때문에 거룩한 교회의 교황이나 저잣거리의 상인이나 하나님의 시각에서는 동등하다(만인제사장). 성직자만이 아니라 교회의 문지기나 농부, 상인에 이르기까지 모든 직업이 곧 하나님의 소명이다. 사제의 성직만이 거룩하고 뭇상놈들의 세속사는 천박한 것이 결코 아니다. 자신의 직업이 하나님이 맡기신 거룩한 소명인 이상, 이 직업에서 게으른 일꾼(신약성경 마태복음 25:24-30)이 아니라 최선을 다해야 하며 거기에서 정당한 이윤을 얻는 것은 신자의 책무이며 그것은 신의 영광을 높이는 것이다. 그 경우 경제 행위는 곧 신앙 행위가 된다. 이리하여 종교 개혁을 거치면서 직업이란 의미의 독일어 단어인 Beruf은 어느덧 '직업'이란 의미와 뜻과 '소명'이란 뜻을 동시에 함유하게 되었으며 그것이 오늘날에는 영어 어휘 calling, vocation에서도 그러하다. 이제 이윤 추구 행위는 그 자체가 바로 신앙 행위가 되었다. 개신교도에 특유한 이러한 확신으로 이윤 추구라는 경제 행위는 이제 신의 영광을 위한다는 신자의 신앙 행위와 합치되었다. 개인은 종래와 같은 도덕적 열등감이 아니라 굳건한 신앙적 확신을 가지고 경제 행위에 자신감 있게 몰입한다. 그것이 개신교도, 특히 캘빈주의 윤리가 지배적인 곳에서 자본주의가 발흥한 이유이기도 하다. 그러나 또 하나의 단서가 필요했다. 이렇게 축적한 부를 낭비하거나 오용함으로써 신앙적 타락에 이르는 것을 막기 위한 다른 필요조건이 바로 금욕주의였다. 성실한 노력으로 얻은 이윤의 소비를 억제한다는 금욕주의는 획득한 이윤을 탕진하지 않고 재투자의 자원으로 활용되게 만든다. 이러한 과정을 통해 그 사회의 자본 축적은 가속되고 자본주의는 더욱 심화된다.

캘빈주의의 또 다른 중요한 요소는 예정설(predestination theory)이다. 구원을 받는가의 여부는 인간 측의 노력과는 하등 상관없이 하나님에 택정으로 이미 정해져 있는데 인간은 자신이 택정받은 여부를 알 수 없다. 따라서 자신의 운명을 알 수 없는 인간으로서는 자신이 구원받은 것으로 여기고서 구원 여부에 관한 모든 의심을 떨쳐버리고 자신의 소명인 직업에 몰입해야 한다. 이 때문에 인간은 카톨릭 교회나 불교가 강조하는 선행의 누적(적선)보다는 매번의 행동에서마다 지속적으로 자신의 소명에 충성하는 행동을 유지해 나가야 한다.

결국 직업이 소명이라는 생각 및 예정조화의 생각이 근대자본주의의 확립에 토대가 되었다. 그 후 근대 자본주의의 이러한 신앙적 토대는 그후 세속의 공리주의 및 물질주의로 인해 퇴색되어갔다. 그럼에도 불구하고, 이러한 정신적 바탕은 그 후에도 부의 획득이란 선한 것이며 기업가가 자신의 직업에 충실하여 노동자를 착취하고 사회 분배 상태가 불균형이 되는 것에 대해서 놀라우리만큼 강한 양심의 확신을 남겨 주었다. 유교 사회에서는 부를 추구함은 선비의 바른 도리가 아니라고 보았으며 이 결과 유교권에서는 정부의 관직이 사업이나 장사보다 더 좋은 일로 간주되었다.

여기에서 나타난 웨버의 학문적 정향은 개신교 윤리라는 정신적 가치가 자본주의라는 제도를 형성에 영향을 주었다는 일종의 유심론을 취함으로써 역사 발전의 인과관계를 유물론으로 분석하는 마르크스의 접근과는 정면으로 배치된다. 웨버의 이 유명한 글은 종교가 경제에 미치는 영향의 연구에 대한 고전이 되었으며, 수년 후 당대의 저명 역사학파인 좀바르트는 "유대교와 자본주의"(1911)라는 글에서 개신교(캘빈주의)보다 오히려 유대교가 자본주의를 배태한 근본 토양이라고 응수하였다.

3. 지배와 관료제

웨버의 분석에서 합리성과 더불어 중요한 또 다른 개념은 지배(domination)인데 여기에서 그는 오늘날 행정학의 관료제 이론의 뼈대가 되는 관료제론을 도출한다. 본래 권력이란 상대방의 저항에도 불구하고 자신의 의지를 강요할 수 있는 힘을 말하며 최종적인 권력은 국가만이 보유한다. 한편, 지배란 이 권력의 부분 집합이다. 권력이 행사되는 모습은 여러 가지가 있는데 지배가 다른 형태의 권력 행사 양상과는 다른 특징은 그것이 지배자가 권력을 행사할 권리가 있고 의무자는 이를 복종한다는 것이 공감되어 있다는 것이다. 웨버가 오늘날의 정치학에 권력 및 국가라는 개념으로 기여하였다면 행정학에는 지배와 권위라는 개념으로 크게 기여하였다고 말할 수 있다.

지배는 두 가지 방식으로 나타나는데, 이익(interest)의 결합으로 지배가 일어나는 경우와 권위(authority)에 의해 지배가 일어나는 경우이다. 첫째, 이익의 결합에 토대하여 지배가 나타나는 대표적 경우는 종교 및 경제조직이다. 전술한 대로 웨버의 주된 관심은 합리화라는 현상이다. 종교에서 이익의 결합으로 지배가 일어나는 경우 합리화는 "관료화", 곧 "주술사로부터 전문적 성직자로" 옮겨 가는 흐름으로 나타난다. 성직자라는 특정한 전문직(유교의 경우 관리로 일하는 선비, 힌두교의 경우 브라민, 유대교의 경우 제사장, 개신교의 경우 부르주아)이 확립된 믿음을 체계화함으로써 자신의 지위를 공고히 하려는 방향으로 움직여간다. 이것이 종교에서의 관료화이다. 경제에서의 합리화는 이윤을 얻기 위해 개인이 관습이나 전통보다는 경제 수단을 체계적이고도 의식적으로 조절하는 것을 더 중시하는 방향으로 일어난다. 자본주의란 경제 행위에서 이 합리성이 최고로 발휘된 단계이다. 웨버는 이 자본주의라는 최고의 합리적 단계에 이르게 한 동인이 바로 프로테스탄트의 윤리라고 본 것이다.

둘째, 권위에 의한 지배는 지배의 정당성의 원천이 무엇인가에 따라 카리스마적 권위, 전통적 권위, 법적 권위로 구분된다. 역사적으로 나타난 모든 치자-피치자의 관계는 이 세 가지 유형으로 분석될 수 있다. 여기에서 특히 웨버가 강조한 것은 법적 권위에 의거하여 지배가 이루어지는 경우이다. 이것이 바로 그의 유명한 세 가지 권위 및 이에 의거한 지배의 유형론이다.

그런데 카리스마적 권위는 상당히 불안정하기 때문에 이 카리스마를 지속적이고 안정적으로 보여주어야 할 필요, 곧 "카리스마의 상례화"가 필요하게 된다. 기적을 계속 보여주지 않으면 신도는 교주에게서 떠날 수밖에 없기 때문이다. 결국 이 유형은 보다 구조적이고 체계적인 관료적 지배 유형으로 변화되어 가지 않으면 안 된다. 그리하여 이제는 기적에 의해서가 아니라 복잡하고도 까다로운 내부 규칙 체계와 계층제로 교권을 확립하고 이로써 신도를 지배하려든다. 그리하여 오늘날의 교황은 다른 신부보다 더 뛰어난 기적의 능력에 의해서가 아니라 오직 카톨릭의 엄격한 내적 질서 체계에 의해 다른 신부들을 압도한다. 전통적 권위 역시 비슷한 과정을 겪는다. 권위가 도전받는 "전통에 대한 혁명"이 언제든지 나타날 수 있다. 지하철에서 노인에게 자리를 양보하지 않는 순간, 또는 건강한 노인이 쇠약한 청년에게서 자리를 양보받아야 할 이유가 논리적으로 애매해지는 순간, 노인 숭상이라는 우아한 유교식 전통은 즉각 붕괴된다. 전통이 지배의 원천이 되는 힘은 그만큼 취약할 수밖에 없다. 마침내 유교 윤리에 호소하기 보다는 법령과 규칙을 정하여 따로 "경로석"을 지정하는 방향으로 나가가게 된다. 따라서 카리스마나 전통에 의거한 지배로부터 불가피하게 관료제적 구조를 이용하는 합리적-법적 지배로 나아가는 합리화의 추세가 나타날 수밖에 없다. 결국 관료제화는 합리화의 한 양상이다. 이러한 추세로 나타난 근대 관료제인 법적 관료제는 그 권한과 관할범위의 지정, 계층제, 문서화, 비정의성(非情誼性), 전문화, 전임화(專任化), 분업화의 특성을 띤다는 것이다.

사회조직이 관료제적 특성을 합리적으로 적용하는 방식이 곧 관료제화이다. 관료제의 연구를 체계적으로 연구하기 시작한 것도, 또 그리하여 관료제란 관념을 널리 인식시킨 것도 웨버이다. 계층제로 이루어진 공무원체계를 "웨버식 공무원제"라 부르는 것도 이 때문이다.

"경제와 사회"(1922)에서 웨버는 행동 및 조직을 가치지향적(value-oriented)인 것과 목적지향적(goal-oriented)인 것으로 구분하고 전자로부터 후자로 진전되어 가는 또 다른 합리화의 흐름을 지적한다. '권위'의 입장에서 본다면 그것은 전술한 대로 전통적 권위 · 카리스마적 권위로부터 법적-합리적 권위로 진전되어 가는 흐름이기도 하다.

웨버 자신은 관료제를 좋아한 것은 아니었으며 관료제화라는 경향은 일종의 쇠 창살(iron cage)로 비유했다. 다만 그것이 특별히 성공적이고도 효율적인 것임을 지적했을 뿐이다. 관료제화의 흐름을 지적한 학자가 곧 관료제화라는 병리에 대한 혐의를 받아서는 안될 것이다. 웨버의 이러한 지적을 이어받아 미헬스(Robert Michels)는 정당이 정부에 대한 민주적 통제의 기구가 아니라, 계층제를 띠고 관료화되어 결국 과두제로 나아가는 불가피한 정향(iron law of oligarchy)이 있음을 지적한 바 있다. 흔히 웨버의 관료제론이 관료제의 어두운 면을 인식하지 못한다는 지적은 정확한 것은 아니다. 웨버는 합리화의 진행으로 인간은 냉혹한 규칙과 합리적 통제라는 쇠창살에 갇히게 된다고 지적하였다. 그는 공산주의 사회도 이 관료제화의 국면에서 해석하였다. 칼 마르크스는 스탈린의 집권 이후 러시아의 사회주의에서 국가가 사라질 것이라고 예견했다. 웨버는 관료제가 더 비대해 질 것으로 예견하였는데 웨버가 옳았음이 판명되었다.

Ⅲ. 웨버의 방법론상의 특징

웨버의 연구방법론은 몇가지 특징이 있다. 첫째, "이해"이론(해석 사회학)과 "반실증주의"(인간주의 사회학)적 성질을 띤다. 웨버는 칼 마르크스, 에밀 뒤르껭과 더불어 오늘날 사회학의 토대를 이룬 학자로 인정되고 있다. 그러나 뒤르껭이 꽁트(Comte)의 전통을 이어받아 실증주의를 신봉했음에 반하여, 웨버는 그의 친구이자 독일 사회학의 태두인 좀바르트(Werner Sombart)와 더불어, 인간을 다루는 사회과학이 자연과학과는 같을 수 없다는 점을 지적하면서 반실증주의·해석학의 입장을 더 중시한다. 직접 대규모의 실증 연구를 선도하기도 하였지만 사회과학 일반 및 행정학 연구에 공헌한 업적들은 주로 질적 연구를 이용하여 얻은 것이다. 사회 현상을 해석적 이해(Verstehen)라는 개념으로 접근하였는데 웨버는 이를 실증주의와 해석학의 중간 쯤 되는 것으로 보아, "합리적으로 해석"하는 행동이라고 보았다.

둘째, 이념형(이상형 ideal type)적 성질이다. 이념형은 추상적인 것이지만 그럼에도 불구하고 특정한 사회 현상을 이해하기 위해서는 꼭 필요하다. 왜냐하면 자연 현상과는 달리 사회 현상은 인간 행동에 연구하는 것인데 이 인간 행동이란 이념형에 의해 해석되어져야 하기 때문이라는 것이다. 사회 행위에는 두 가지 의미, 곧 구체적 의미와 순수한 주관적 의미가 있다. 그런데 구체적 의미는 실제의 사회 행동이 띠는 다양성 때문에 복잡성을 준다. 따라서 논리적으로 정밀한 연구를 위해서는 사회 과학에는 실제 그 자체가 아니라 실제의 순수한 속성을 극도로 추상화한 지적 개념물인 이념형이 필요하다. 이것은 순수한 사례이며, 순전히 논리적인 구성물이며, 외적 상황에 의해 오염되지 않은, 실현될 수 없는 개념이다. 따라서 이념형은 실제를 서술한 것이 아니며(현실을 극히 추상화 한 것이므로), 가설도 아니며(가설을 세우는 데에 사용될 수는 있겠지만), 무엇보다도 규범적 모형도 아니다(이념형은 특정한 가치와는 무관하므로). 이 이념형적 방법이 전술한 반실증주의와 만나 만들어진 개념이 바로 행정학에서의 합리적-경제인(homo economicus) 모형이다. 이것은 오늘날의 행정학 연구에서도 동기부여 이론, 의사결정이론, 조직이론의 분류와 같은 곳곳에서, 후속 학자들에 의해 수많은 비판을 받으면서도 여전히 유효한 가정으로 인정받고 있다.

셋째, 가치판단의 배제이다. 웨버는 가치가 학문 활동에 영향을 주며 학문 활동에 중요한 영향을 주는 것을 인정한다. 그러나 가치들 간에 갈등이 있을 경우 그것은 그 가치를 초월하는 상위의 가치가 존재하지 않는 한 해결되기 어렵다. 카톨릭 신부들 간의 성서 해석의 차이는 궁극적으로 로마 교황청의 최종적 지도로 해결되겠지만, 카톨릭과 이슬람 간의 가치 갈등은 무엇으로도 해결되지 못한다. 따라서 본질적으로 가치 판단이 학문 활동에 개입하는 것을 피하고 윤리적 중립성을 지켜야 한다. 이런 입장을 일관하여, 학자가 정부의 비호 하에 토론이나 반대 의견도 직면하지 않은 채 학문이란 이름으로 특정 가치를 옹호함을 경계해야 한다고 보았다. 학자의 임무는 지식과 과학적 실험을 통해 사실을 학생들에게 가르치는 것이며 자신의 특정한 가치 및 정치적 견해를 각인시켜서는 안 된다는 것이다. 몇 십년 후 사이먼(Herbert A. Simon)이 논리실증주의를 내세워 이 주장에 힘을 더함으로써 현상학적 행정학이론이 나올 때까지 가치판단의 배제는 오랫동안 행정학의 지배적 시각이 되었다.

Ⅳ. 평 가

먼저 웨버의 학문적 입장은 오스트리아 학파(칼 멩거, 프리드리히 폰 비이저, 루드비히 폰 미제스, 프리드리히 하이에크 등)와 대비된다. 최근의 하이에크의 추종자로서 세계화를 강조하는 학자들(다니엘 예르긴과 요셉 스타니슬라브 등)은 웨버의 이론은 개신교의 도덕적 기반 없이 성장한 아시아에서의 자본주의의 흥기를 설명하지 못한다고 비판한다. 이러한 비판에도 불구하고 웨버는 미제스 류의 연구자들에게도 상당한 영향을 주었으며 이들에게 웨버의 "행동사회학"은 중요한 연구 주제가 되어 있다. 미제스 그룹의 한 사람인 알프레드 슈츠가 관료제를 후썰(Edmund Husserl)의 현상학의 틀로써 분석한 이른바 "현상학적" 행정학 연구는 일응 웨버의 관료제 이론을 비판하는 것이 중심이지만 결과적으로는 웨버 이론의 확장이기도 하다. 이성의 남용을 지적하고자 한 하이에크의 "반(反)-혁명의 과학"(Counter-Revolution of Science) 역시 이러한 측면이 있다. 라크만(Ludwig Lachmann)은 오스트리아 학파의 핵심적 저서인 미제스의 "인간행동론"(Human Action)은 바로 웨버의 연구이며 웨버를 옮겨 놓은 것이라고까지 평가한다. 방법론적 차이에도 불구하고 웨버와 미제스는 친밀하였으며 서로의 연구에 대해 찬사를 아끼지 않았다. 미제스는 웨버를 위대한 천재로 간주하였고 그의 죽음이 독일에 큰 손실이라고 평가했다. 웨버 또한 미제스의 역저인 화폐이론을 가장 타당한 이론이라고 인정하였다. 미제스는 사회주의 계획 경제의 모순을 신랄하게 비판한 반면에, 웨버는 사회주의의 조직 구조의 모순, 곧 관료계층이 주도적 역할을 할 것이며 노동자들의 독재가 아니라 관료의 독재가 나타날 것으로 예견하였다.

웨버 이론에 또 다른 비판가인 슘페터(Joseph Schumpeter)는 캘빈주의가 강했던 스코틀랜드는 네덜란드, 잉글랜드, 미국의 뉴잉글랜드 만큼 자본주의가 왕성하지 못했으며, 유럽 대륙 산업혁명의 중심지였던 벨기에는 카톨릭 국가였음에도 불구하고 캘빈주의가 강했던 네덜란드보다 더 먼저 자본주의가 발전하였다고 비판한다.

웨버에 대해 가장 적대적인 것은 공공선택론자들이다. 그들은 웨버의 관료제관이 완전히 틀렸으며 오히려 파킨슨의 시각이 더 타당하다고 본다. 관료가 공익의 객관적인 실현자라거나 정치적・경제적 사욕이 없는 중립적 존재(환관 eunuch)이라 함은 허구일 뿐이다. 이 쯤에 이르면 웨버의 행정이론은 치명적 타격을 입는다.

초점을 행정학 이론으로 좁혀서 윌슨과 대비해 볼 때, 웨버 이론은 어떤 특징이 있는가? 양자는 오늘날의 행정학의 성립에서 각각 미국과 유럽에서 독자적으로 제시된 불가결한 귀중한 지적 토양이 되었다. 1차 대전의 종결 및 베르사이유 체제 구축의 주역은 우드로 윌슨이었다. 이 때에 웨버는 종전 후 베르사이유의 독일정전위원회의 자문관으로서 바이마르 공화국 헌법을 초안하는데 관여하고 있었다. 현대 행정학의 발전에 불가결인 두 사람이 베르사이유 조약을 통해 연계되어 있다. 행정학의 발전에 큰 토대를 남긴 두 학자는 물리적으로 이 때에 가장 인접해 있었다. 윌슨은 엽관제가 미국의 행정에 미치는 부작용을 해소하여야 한다는 실질적이고도 처방적 이유에서 경영학의 일종으로서의 행정학을 구축하고자 하였다. 당시 미국 사회에는 이미 민주성은 돌이킬 수 없는 가치로 확립되어 있었다. 따라서 윌슨은 민주성을 넘어 이제 능률성에 초점을 두고 경영학의 한 분야로 행정학을 확립하고자 하였다. 한편, 웨버는 근대 사회의 합리화 과정을 지적해 내고 이 현상의 하나로 관료제화의 전개를 파악하고서 사회과학의 한 분야로 행정학이 확립되는데에 기여하였다. 그러나 웨버는 형식적 합리성에만 중점을 두었으며 그 관료제가 이를 통해 이룩하려는 실질이 민주성인가에는 관심이 적었다. 따라서 웨버의 행정학 이론에서는 민주성은 여전히 미완의 과제였으며 이 때문에 각국의 행정 현실에서 웨버식 행정은 늘 민주성 문제와 부닥쳐야 했다. 웨버는 우리에게 합리성을 가르쳐 주었다. 윌슨은 민주성이란 너무나 당연한 것이라고 보았기 때문에 이를 굳이 강조할 필요를 몰랐으며 능률성이 가장 중요하다고 우리에게 가르쳐 주었다. 이 두 가르침이 동시에 적용되었을 때에 한국 행정은 형식적으로만 민주적이고 외형적으로만 합리적이며 오로지 집권자가 내세운 국가 목표의 맹목적 실현 도구로 전락되었다. 이 최악의 조합으로부터 한국 행정을 구원하고 바른 자리를 찾는 것은 행정학자와 행정가의 미완의 과제이다.

Anderson, William P.(2004). Mises versus Weber on Bureaucracy and Sociological Method. *Journal of Libertarian Studies*, 18(1): 1 - 29.

Boettke, Peter J. & Storr, Virgil Henry (2002). Post-Classical Political Economy: polity, society and economy in Weber, Mises, and Hayek. *American Journal of Economics and Sociology*. 61(1):161-191.

Carnis, Laurent(2005). An Economic Theory of Bureaucracy: Mainstream Approach Versus Austrian Developments.(http://brunoleonimedia.servingfreedom.net/WP/051007_Mises_WP_Carnis.pdf) http://simple.wikipedia.org/wiki/Max_Weber.

Fry, Brian R. & Raadschelders, Jos C.N. (2008). *Mastering Public Administration : From Max Weber to Dwight Waldo, 2nd ed.* Washington D.C.: CQ Press.

Iannaccone, Laurence(1998). Introduction to the Economics of Religion. *Journal of Economic Literature*. 36: 1465 - 1496.

Lachmann, Ludwig(2007). *The Legacy of Max Weber*. Ludwig von Mises Institute.

I 새 테마 행정학 I

08. 관료제의 병리

Ⅰ. 의 의

웨버가 지적한 근대관료제는 합리적이고 법치주의에 의해 민주주의를 옹호하는 공식적 정부조직으로 확립되었다. 특히 대규모 관료조직의 합리적 계층제 구조는 조직능률성과 예측가능성을 확보하는 중요한 장치로 기능하였다. 오늘날에도 관료제는 모든 국가에서 가장 기본적인 공공조직의 모습으로 남아있다. 오늘날까지 공사부문을 막론하고 관료제를 취하고 있는 것은 관료제의 순기능에 대한 확신 때문이다.

그러나 관료제는 만능의 조직 체제는 아니다. 관료조직은 이를 설계한 헌법이나 법률의 의도와는 상관없이 그 나름대로의 역기능(dysfunction)을 나타낸다. 이러한 역기능은 흔히 관료제의 병리(pathology of bureaucracy)라고도 부른다. 관료제의 병리의 원인은 크게 관료제 자체의 내재적 모순점 때문에 나타나기도 하며, 또 관료제가 급변하는 행정 환경과의 적합성을 확보하지 못해서 야기되기도 한다.

관료제는 내외부에 처해있는 이러한 병리 현상들을 수정 · 극복하지 않으면 사회문제의 해결기제로서 관료제(bureaucracy)의 경쟁자이면서 파트너인 시장(market), 민주주의(democracy)에 뒤떨어질 수밖에 없다. 따라서 앞으로 관료제가 지속적으로 공공조직의 유효한 조직체계로 남을 것인가는 관료제의 병리적 현상을 여하히 극복하는가에 달려 있다.

Ⅱ. 관료제의 병리적 현상

관료제의 병리에 대해서는 학자별로 매우 다기적으로 열거되고 있지만 이들을 정리하면 대체로 다음과 같이 요약할 수 있다(박동서, 2004; 오석홍, 2006, 이종수 외, 2005).

1 서면주의

서면주의는 형식주의(formalism)의 한 모습이기도 하다. 서면주의는 행정 활동이 항상 문서를 통해 이루진다는 점을 의미한다. 본래의 취지는 문서화를 통해 기록을 남겨 책임성을 확보하는 것이었으나 이것이 왜곡되면 지나친 문서절차주의(red-tape)로 인해 비효율성이 격증한다. 요식행위, 문서를 우선시한 절차를 우선시함으로써 급박한 업무처리가 지연되며, 때로는 의도적으로 관료가 지연시키는 관료정치가 벌어지기도 한다.

2 수단의 목표화

관료적 절차 및 내부 규칙은 결국 본래의 행정 목적, 즉 정책수행을 통해 고객인 시민의 후생을 증가시키는 것이다. 그러나 이러한 본질적이고 종국적인 목표를 개별 관료들이 명확한 업무지향으로 삼는 경우는 드물다. 그들로서는 이 목표를 달성하기 위해 설정해 둔 세부 집행절차 및 내부 규칙에만 의존하게 된다. 법규에 과잉동조하거나, 관료가 권한이나 자신의 재량을 확대 해석할 경우 원래 목표는 잊고 수단인 기술에 의존하는 경우가 이에 해당된다. 이 때문에 관료제에서는 조직 목표의 대치(displacement of goal) 현상이 보다 빈번해진다.

3 무사안일주의

관료는 새로운 과업을 고안하고 실시하기 보다는 그저 주어진 현상의 직무만을 소극적으로 수행한다. 이것은 업적 평가에 민감하지 않은 하위직에서 많이 일어나지만, 재직기간이 끝나가는 상위직의 경우에도 이러한 동기가 발생한다. 창조적이고 진취적인 사업을 창안하고 이를 수행하더라도 계층제 구조 하에서는 그 관료에게 그 성과가 귀속된다는 보장도 없다. 특히 최근 성과평가가 강화되는 상황에서는 모험적이고 창조적인 사업은 실패가능성 및 이에 대한 책임 회피를 감안하여 시도하지 않는다.

4 할거주의

자신이 속한 부처의 이익만을 주장하면서 타부처와 조정과 협력이 이뤄지지 않는다. 또 동일한 부처 내에서도 국·과 별로 각자 자신의 부서에만 몰두하거나, 타 기관에 대한 간섭처럼 보이지 않기 위해 무관심한 상태를 선호한다. 그러므로 관료제에서는 부처간, 혹은 부처 안의 하위 부서간에 할거주의(sectionalism)가 나타난다.

5 훈련화된 무능(trained incapacity)

한정된 분야에서 오랫동안 근무함으로써 전문성은 증가하지만, 한 분야에만 훈련이 되다보니 다른 분야에 대해서는 무능한 결과가 나타난다. 새로운 사례가 등장하거나 새로운 정책을 추진해야 할 경우 융통성이 적고 기존의 관례대로만 수행하려함으로써 과거의 전문성이 오히려 장애 요인으로 작용한다.

6 과잉동조 현상

특정한 상황이나 다른 가치와 규범과의 조화나 조정을 꾀하지 않고 주어진 규범에 지나치게 동조하는 현상이다. 이러한 동조는 때때로 정도를 지나쳐 수단을 목표에 대치하는 일탈을 범하여 관료제 스스로 경직화되고 융통성을 잃게 만든다. 보통 관료들이 목표의 달성여부보다 결과적으로 문제를 일으키지 않고 보수적인 안정성을 꾀하면서 나타나는 무사안일 행태와 함께 나타난다.

7 귀속주의

지연, 혈연, 학연 등의 1차적 요소(귀속적 요인)에 의한 집단주의가 나타난다. 이들 집단 내부에는 공식적 관료제와는 별도의 규칙과 조직 문화가 존재하며 이에 의해 공식적인 행정 행위가 이루어진다. 부처할거주의가 공식적 집단을 중심으로 한 분파주의임에 비하여 귀속주의는 비공식적 집단에 의거한 분파주의이다.

8 정량적 순응주의

관료제는 보통 내부규범과 성과평가를 통해 통제된다. 관료의 산출이 중시되는 경우 관료는 정량적 기준으로 달성 가능한 목표에 치중한다. 따라서 질적 성장이나 성과평가에 포함되지 않는 중요한 가치들은 이 과정에서 무시된다. 이것은 성과평가의 문제이기도 하지만 일단 성과 지표가 주어지면 관료는 이 기준에만 몰입한다.

9 상관의 권위에 의존

관료제는 집권화되고 권위적인 계층구조이므로 공식적 통제권한이 있는 상관의 이름으로 자신의 업무를 수행하려 한다. 이것은 결정권자로서 책임을 지는 상관만이 중요하다는 구조에서 나온 결과이지만 부하들도 상관의 직함 뒤에 은신함으로써 자신의 책임을 회피하는 것이 안전하다고 판단한다. 이 결과 유력한 상관이 관료들에게 선호된다.

10 인간소외

집권화되고 권위주의적 통제와 법규와 사례를 우선하는 계층제 하에서는 관료는 대면적이기 보다는 비정의적인 관계들로 맺어진다. 따라서 관료들은 도구화되고 개체화된다. 이러한 비정의적, 불신과 불안감을 조장하는 관료제는 개인의 성장과 창의성을 고양하지 못한다. 오직 몰인격된 규칙과 객관화된 규칙만이 지배하는 이 상황 하에서는 카프카(Franz Kafka)가 그린대로 관료제는 그 소속 구성원에게 불안과 고독을 안겨주는 음울한 레비아땅일 뿐이다.

Ⅲ. 한국 행정문화와 관료제 병리의 상호 작용

행정문화도 관료제의 병리에 작용한다. 동일한 관료제라도 이 관료제가 당면한 행정문화의 차이에 따라 병리적 현상은 악화 혹은 완화 방향으로 표출된다. 종래에는 이러한 문화적 측면을 간과한 채 마치 관료제에 내재된 고유한 병리현상으로만 파악해 왔다. 그러나 관료제의 병리 역시 행정문화 속에서 나타나므로 양자의 상호작용을 감안해야 한다.

1 한국 행정문화가 관료제의 병리를 악화하는 측면

권위주의적 행정문화는 과잉동조(over-conformity)와 형식주의의 병리를 그 더욱 심화시킨다. 가족주의적 행정 문화는 관료제 안에서 귀속주의에 의한 1차 집단을 형성시키며 또 다른 의미의 할거주의로 나아가게 만든다. 또 연고주의적 행정문화로 인해 관료가 법규범을 차별적으로 집행하는 경우가 빈번히 발생한다. 외관과 체면을 중시하는 문화 때문에 관료제의 형식주의, 서면주의는 더욱 고질화된다. 정부가 바뀌고 정부관료제의 개혁이 강하게 추진될 때에는 형식적으로만 이에 추종하되 실질적으로는 무사안일주의적인 '복지부동'으로 대처함도 이 때문이다. 한국의 관료 부패와 부조리는 연고주의적 행정문화에도 크게 편승하고 있다.

2 한국 행정문화가 관료제의 병리를 완화하는 측면

권위주의적 행정문화는 극심한 할거주의를 저지한다. 따라서 한국의 관료제에서는 미국과 영국에서 보다는 할거주의의 병리가 상대적으로 쉽게 해소될 수 있다. 부처 간의 갈등에 대한 대통령의 조정, 국·과의 갈등에 대한 장관의 조정이 비교적 쉽게 이루어지게 만든다. 또 가족주의적 행정문화는 인간 소외라는 병리에 대한 나름대로의 처방이 될 수 있다. 집단주의적 행정문화는 관료개인의 창의적 활동을 저해하기도 하지만 동시에 특정인의 부패 및 부조리를 어렵게 만드는 국면도 있다.

Ⅳ. 결어: 한국 관료제의 쇄신

오늘날 한국의 정부관료제는 작은정부론을 통해 시장(market)으로부터 도전을 받고 있으며, 내부적으로는 신공공관리론을 통해 여러 쇄신적 관리기법을 원용하고 있다. 이제 정부관료제는 행정의 독점적 공급자가 아니며 관료제의 병리 현상을 스스로 수정해야할 시점에 와 있다. 보다 효율적이고, 높은 대응성을 지니고, 높은 성과를 얻는 관료제로 쇄신되기 위해서는 행정관료, 행정관료의 구조, 행정관료제의 환경적 측면에서 다음과 같은 방향으로 나아가야 할 것이다.

첫째, 행정인(행정관료)의 측면이다. 관존민비의 오랜 전통 때문에 관료는 자신의 지위를 우월한 계급으로 인식하는 경향이 아직도 많이 남아있다. 관료들이 사적 이익보다는 객관적이고 국민을 위한 시각을 가지고, 형식적 합리성보다는 실질적 합리성을 함께 고려하며, 무사안일보다는 헌신적인 공직자가 되게 훈련하는 기제가 필요하다. 무사안일주의를 극복하고, '신선한 피'(fresh blood)인 젊고 역동적 인재를 공직에 임용하는 제도가 필요하다. 개방형 임용, 특채와 같은 외부 임용제도의 확대는 관료제 쇄신이란 점에서 매우 바람직하다.

둘째, 행정구조적 측면이다. 성과주의를 강화하여 창조적인 정책 개발이나 효율적인 성과를 낳은 공직자에게 높은 보상을 부여하는 제도를 정착해야 한다. 관료제가 지나치게 경직화, 보수화되지 않도록 외부 민간 기관과의 교류를 강화하는 임용 제도가 보완되어야 한다. 특정한 부서에만 근무하기 보다는 일정한 범주 안에서 순환보직을 강화하고 타 부처에 대한 이해를 높이는 조치가 필요하다. 이를 위해서 민간과의 상호파견 근무 제도를 확대함이 바람직하다. 특히 최근 직급의 파괴(법무부, 외교부), 과거에 시도된 팀제의 도입 등은 전통적인 계층적 관료제 구조에 어느 정도 쇄신의 효과가 있었다. 여기에 더하여 성과급의 확대, 예산성과금의 지급, 제안제도의 강화가 필요하다.

그렇다고 하여 철저히 공익지향적인 웨버적인 공직자만을 표준으로 삼는 것도 비현실적이다. 핵심은 관료가 무사안일, 형식주의, 할거주의, 무능 등과 같은 병리적 현상 속에서 은신하기 보다는 적극적으로 쇄신적 모습을 취하는 것이 넓게는 정부관료제의 쇄신을 기함과 동시에 그것이 관료 개인의 입장에서 보더라도 더 이득이 되게끔 유인체계를 구조화하는 것이 중요하다.

셋째, 행정 환경적 측면이다. 행정인의 가치관, 국민의 지속적인 관심을 높여 정부관료제에 대한 쇄신을 꾸준히 요구하고 감시하는 역할이 필요하다. 뉴거버넌스 시대에 국정 수행의 역할은 관료제만의 몫이 아니다. 국민일반, 대통령, 언론, 정책의 이해당사자 전부가 관료제에 대한 끊임없는 견제와 참여가 필요하다.

논평

관료제의 병리는 주로 조직사회학자들이 지적한 것이다. 여러 학자들의 세부 지적사항들을 너무 과다하게 하나하나 적시하기 보다는 개요를 일목요연하게 밝히면 족하다. 이런 점에서 보면 박동서 교수의 저술이 표준적이다. 행정문화(특히 부정적 행정문화)와 관료제의 병리가 그 자체로 동일한 것이 아니다. 관료제의 병리를 묻는 질문에 한국의 부정적 행정 문화를 잔뜩 서술함은 정확한 답이 아니다.

I 새 테마 행정학 I

09. 관료제와 민주주의

Ⅰ. 서 론

정부에서 직접 국가 목표를 효율적으로 집행하기 위해 선택한 구조가 관료제이며, 민주정부 하에서 이러한 정부관료제는 국민의 뜻에 합당하게 작동해야 한다. 그런데 관료제는 국가의 지배력을 향상시키는 수단으로 봉사하면서도 때로는 국가 압제력의 향상 내지 효율성을 위한 도구로 작용한다는 점에서 민주주의에 대한 위협이 되기도 한다(Eva Etzioni-Halevy, 1990). 관료제 자체가 반드시 민주주의와 조화하는 것만은 아니며 독재국가나 과두제와도 공존 가능한 제도이다.

웨버 이래로 대체로 관료제는 민주주의에 기여하는 도구로 이해되어 왔으나 카프카(Franz Kafka)나 머튼(Robert K. Merton)등은 관료제가 인간을 억누르는 음울한 국면이 있음을 보여준다. 따라서 관료제가 민주주의에 어떤 작용을 하는지 자세히 검토할 필요가 있다.

Ⅱ. 민주주의에 기여하는 국면

1 공직에 있어서 기회 균등

헌법 제25조는 "모든 국민은 법률이 정하는 바에 의하여 공무담임권을 가진다"고 규정하고 있다. 따라서 정부관료제는 공개경쟁 시험을 통해서 일정한 자격조건을 가진 모든 사람에게 균등하게 공무담임권을 행사하게 하며, 공무를 수행하는 공무원이 특정계층에 치우쳐 임용되는 것이 아니라 다양한 사람들에게 기회를 부여한다. 이것은 관료의 민주적 임용을 실현하기 위한 것이다.

2 "법 앞의 평등" 실현

헌법 제11조는 사회적 신분에 따라 차별받지 않음을 천명한다. 관료제는 법령과 규칙에 의해 임무를 수행하기 때문에 고객의 사회적 신분이 무엇이냐에 따라 차별받지 않고 법 앞에서는 모두가 평등하게 대접받고 모두가 똑같은 양질의 공공서비스를 누릴 수 있다.

3 민주적 정책목표의 실현

관료제는 그 자체로 효율적인 목표를 수행하기 위한 도구다. 정책 설정 단계에서 민주적 정책 목표가 제대로 설정된다면 관료제는 민주적 정책을 효율적으로 수행하고 실현시킬 것이다.

4 입법 활동 보완기능

입법 활동을 하는 국회의원은 민주주의와 국민이 원하는 구체적인 정책을 실현시키기에는 전문성이 부족하므로 정부 관료제가 적절히 보완해줌으로써 민주적 정책 목표 설정과 실현에 큰 도움이 된다.

Ⅲ. 민주주의에 역행하는 국면

1 관료제의 권력집단화

관료제는 공무 수행에서 중앙집권적인 경향을 보이기 쉬운데, 이 경우 관료제 상위계층이 자신의 권한을 남용함으로써 권한 불균형을 불러와 민주주의를 해치게 된다. 국민에게 봉사하기 위해 만들어진 집단이 오히려 국민을 피지배층으로 생각하고 국민 위에서 군림하는 현상을 발생시키게 되는 것이다.

2 인간소외 야기

관료제는 인간을 독립된 개체가 아닌 관료제의 부속품으로 취급하여 인간의 가치를 무시하고 도구적 이성을 내세워 그들을 물질화, 기계화시킨다.

3 과두제의 철칙

미헬스(Robert Michels)는 필연적으로 조직은 소수에 의해 지배당한다는 과두제의 철칙(Iron Law of Oligarchy)을 주장했다. 이는 관료제에도 마찬가지로 적용되어 소수가 권한을 독점함으로써 민주주의를 해치는 결과를 가져올 수 있다.

4 비민주적 정권의 전위도구화

비민주적인 군인정권은 정통성이 없으므로 민주주의를 갈망하는 국민들을 억압하기 위한 수단으로 관료제를 이용하여 국민들의 민주주의에 대한 의지를 꺾어놓곤 한다.

5 국민의 요구에 대한 부적응

관료제가 하나의 특권 계층화될 우려가 있다. 그 경우 관료제는 환경변화에 둔감하며 권력자의 위치만을 중시하여 국민의 요구를 무시하거나, 변화하는 국민의 요구에 적응하지 못하게 된다.

Ⅳ. 결어(순치된 레비아땅)

관료제는 효율적인 측면에서 거대한 힘을 가진 레비아땅(leviathan)이지만 그 거대한 힘도 민주적 통제 안에 작동해야 올바르게 기능할 것이다. 행정이념의 바람직한 우선순위 면에서 본다면 민주성은 효율성보다 상위의 행정이념이어야 한다. 관료제가 가진 효율성의 장점은 민주적 통제 하에서만 작동되어야 한다. 그런 점에서 바람직한 관료제는 곧 "국민에 의해 순치된(tamed by people) 레비아땅"이어야 한다.

관료제에 대한 민주적 통제는 지금까지는 대표를 통해 간접적으로 이루어지는 것이 보통이었지만 최근 강조되고 있는 뉴거버넌스 패러다임 하에서는 관료제에 대한 시민, 이익집단 등에 의한 외부적 통제가 보다 용이할 것이다. 그 부분에서 본다면 관료제가 민주주의에 역행하는 방향으로 작용할 가능성은 줄어들고 있다고 할 수 있다. 그러나, 관료제가 민주주의에 의해 통제받아야 한다는 점은 인정하더라도 그 민주주의가 가진 결함은 여전히 미해결의 난제로 남아 있다.

새 테마 행정학

10. 관료제와 마르크스주의 이념

Ⅰ. 문제 제기(K. Marx 관료제관의 공백)

관료제는 특정 이데올로기에 국한된 현상이 아니다. 그런데 마르크스주의는 자본주의 국가를 붕괴시키는 것이 주요한 목표이기 때문에 그 국가 기구인 관료제에 대해 매우 부정적 입장을 피력하였다. 이와 같이 국가의 관료제와의 충돌문제에 있어서 마르크스주의는 좀 더 민감한 입장에 있었기 때문에 관료제와 마르크스주의의 관계를 따로 검토할 필요가 있다.

마르크스(Karl Marx)는 관료제를 '자본가들의 도구'라고만 파악하고 더 이상 자세히 검토하지 않았기 때문에 관료제에 대한 마르크스 이론은 상당 부분 공백으로 남아 있었다. 실제로 사회주의 혁명에 성공하여 정부 관료제를 장악한 그의 후계자들은 두 가지의 실질적인 문제에 당면한 바 있다. 첫째, 혁명 정부의 관료제를 구성함에 있어서 지침이 될만한 논리가 마르크스 이론 체계 안에 없다는 점이다. 둘째, 그들이 자본주의 국가 안에서나 나타날 것으로 본 관료제적 현상이 자신들의 혁명 정부 하에서도 노정되는 이유에 대해 설명을 해야 한다는 점이다. 이 문제들에 대해 마르크스 이후 공산주의 이론에서는 볼쉐비키 vs. 멘쉐비키, 트로츠키 vs. 스탈린, 스탈린 vs. 티토, 티토 vs. 질라스 간의 주된 논쟁이 전개되었다.

Ⅱ. 관료제의 불가피성 논쟁

1 관료제 옹호론

1) 레닌(Vladimir Lenin)

혁명의 선봉에 섰던 현실주의자였던 레닌(Lenin)으로서는 관료제의 필요성을 절감하였다. 레닌은 권력 투쟁에서 승리하기 위해서나 사회주의 사회의 초기 단계에서는 '합리적 조직'이 필요하다고 주장했다. 다만 레닌은 본래 관료제가 가지고 있던 부정적 의미들은 가급적 탈색하고자 노력하였다. 레닌은 혁명 정당은 '관료적으로'(bureaucratically) 짜여진 규칙들 위에 토대를 두어야 하며, 혁명적 사회 민주당의 조직 원리가 되어야 한다고까지 주장한다. 그 후 그의 추종파인 볼쉐비키 및 그 반대파인 멘쉐비키들간에는 혁명을 위한 일종의 '전술'(tactic)로써 관료제 제도를 받아들일 것인가를 두고 치열한 갈등이 전개되었다.

2) 카우츠키(Karl Kautsky)

카우츠키(Karl Kautsky) 역시 관료제적 조직 원리가 불가피함을 인정한 사람이었다. 다만 그는 이러한 현존의 관료제 조직이 노동자들에게 이익이 되게끔 재구성되어야 한다고 주장한다. 즉 불가피하게 관료제를 활용은 하되, 이 관료제가 자본가나 지식인이 아니라 프롤레타리아의 이익을 위해 일하도록 조직화해야 한다는 것이다.

2 관료제 배격론

1) 베른슈타인(Eduard Bernstein)

볼쉐비키와 멘쉐비키의 논쟁은 관료제적 원리를 혁명 정부에서 받아들임이 혁명의 전술적 차원에서 타당한가에 관한 논쟁이었다. 그러나 그러한 전술적 차원을 넘어, 과연 관료제가 마르크스주의 안에서 이념적으로 근거가 있는 것인가? 라는 더 근본적인 입장에서 이에 대해 문제를 제기한 것이 바로 독일의 수정주의자들(revisionists)을 선도한 베른슈타인(Eduard Bernstein)이었다. 베른슈타인은 혁명 속에 관료제가 성장함을 경고하고, 본래 진정한 마르크스의 가르침은 인민이 스스로를 다스리는 체제이지 관료제를 통해 통치하라는 것이 아니었음에도 불구하고 혁명의 지도부가 관료제에 의존하고 있음을 비판하였다.

2) 룩셈부르크(Rosa Luxemburg)

한편 이상주의자인 룩셈부르크(Rosa Luxemburg)는 관료제 문제로 인해 레닌과 첨예하게 대립하였다. 그녀는 당시 이제 막 출범한 사회주의 해방 운동이 관료주의 때문에 지적 엘리트들의 노예로 되어버린다고 지적하였다. 룩셈부르크는 이런 주장을 러시아 혁명 후에까지 견지하였는데 언론의 자유, 선거제도의 결여, 집회의 자유가 없어지고 오직 관료제만이 활동적인 존재가 되어 감을 비판하였다.

3) 트로츠키(Leon Trotsky)

트로츠키(Trotsky)는 관료제가 혁명 이후에도 계속 발달하고 있음을 비판한다. 이러한 비판 때문에 트로츠키는 스탈린(Joseph Stalin)과 결별한다. 당 조직이 봉사하고자 했던 인민이 아니라 이제 당 조직 자체가 최우선시되며, 레닌주의라는 이데올로기가 신성한 경전(sacred canon)시 되어 버렸다고 비판한다. 사회주의 하에서 특권 및 명령권을 가진 사람들, 곧 '관료제'가 대두하는 것은 혁명의 배신이라고 보았다.

그는 러시아에서의 당 및 정부의 특권 관리들은 자본주의 사회에서의 행정 공무원(관료)과 같은 이름으로 불리어야 한다고 주장했다. 왜냐하면 자본주의에서의 관료나 소련에서의 관료나 공히 사회 계층 체제를 유지하는 데에 관심을 기울이며 그들 자신의 목표를 위해 국가를 이용한다는 점에서 동일하기 때문이다. 오직 한 가지 차이는, 소련에서의 관료제는 부르주와 없이도 존재한다는 점이다.

3 관료제 배격론에 대한 레닌의 반론

이러한 비판들에 대해 레닌은 "국가와 혁명"(The State and Revolution)에서 과거 국가 기구들은 타파되어야 한다고 하며, 동시에 강력하고도 집권적인 프롤레타리아 독재국가가 필요함을 역설하였다. 그리고 혁명 후에 나타날 국가 제도는 이전의 그것과는 구별될 것임을 주장했다. 레닌은 관료제란 본질적으로 '인민과는 괴리되어 인민 위에 서 있는 그런 특권 계급'을 의미하는데 혁명 이후에 나타날 정부 안에서의 공무원은 그런 의미의 관료가 아니라고 보았다.

Ⅲ. 관료제의 계급성(class) 논쟁

1 계급성을 부정하는 입장

트로츠키는 관료제가 비록 생산수단을 통제하고 있지만 그것이 계급에 본질적이고도 명확한 성격을 결여하고 있기 때문에 타파해야 할 '계급'이라고까지 할 수는 없는 특수성이 있으며, 관료제란 사회주의 사회에 기생하는 일종의 카스트(caste)와 같은 것으로 보았다. 이 관료제를 타파하기 위해서는 1917년에서와 같은 포괄적인 사회 혁명(social revolution)까지는 아니더라도 그보다 작은 수준인 일종의 정치 혁명(political revolution)이 필요하다고 보았다.

2 관료제를 계급이라고 보는 입장

공산주의는 본래 계급타파를 목적으로 하였으나 공산주의 국가의 관료제가 어느덧 또 다른 계급이 되었다는 주장이다. 리찌(Bruno Rizzi)에 의하면 관료제가 자신들의 급여를 스스로 높게 책정하고 프롤레타리아가 생산한 잉여가치를 소유하게 됨으로써 소련에서 새로운 '계급'이 되었다고 주장한다. 이러한 관료제가 주도하는 사회를 그는 '관료적 집단주의자'(bureaucratic collectivists)들의 사회라고 불렀다. 샤크트만(Max Schactman) 역시 같은 맥락에서 소련을 사회주의도, 자본주의도 아니라고 규정한다.

관료제가 새로운 계급이라는 점을 가장 강력히 주장한 사람은 유고슬라비아의 부통령 질라스(Milovan Djilas)이다. 공산주의 정부는 당(party)에 의해 통치되는데 이 당이 바로 관료제(bureaucracy)라는 것이다. 이 관료제는 국가 재산을 사용·처분하는 "새로운 계급"(new class)이라고 볼 수 있다고 한다.

Ⅳ. 관료제 문제에 대한 온건론(유럽 외부)

관료제와 마르크스 이념간의 괴리 문제는 소련 등 동구권에서 주로 논란이 되었으나 그 밖의 지역에서는 관료제에 대해서 좀 더 온건한 입장이 보통이었다. 마오쩌뚱(Mao Tse-tung)은 관료제와 자본주의를 같은 것으로 이해하여 '관료-자본가'들을 함께 공격했다. 비록 공산당 조직이 관료화의 위험에 있기는 하지만, '반혁명적'(counter-revolutionary) 관료제와 '혁명적'(revolutionary)인 공산당 관료제를 동일시해서는 안 된다고 경고하면서 후자에서 나타나는 문제점은 교정이 가능한 것으로 구분하고자 하였다.

쿠바의 카스트로(Castro) 또한 대체로 이런 입장을 유지하였다. 르네 듀몽(Rene Dumont)에 의하면 쿠바 지도자들은 당 조직의 관료제화 현상은 도대체 이유를 알 수 없는 기이한 질병쯤으로 인식하고 있었다. 한편, 딴에는 낭만적이었던 폭력 공산주의자 체 게바라(Che Guevara)는 관료제 문제라는 약점은 질적(qualitative) 문제가 아니라 단지 양적(quantitative) 문제에 불과한 것이라고 치부하여 중요시하지 않았다.

논평

이 주제는 사회주의 이론가들에 의해 자본주의의 국가기구로서 자본가의 도구로 인식되어 온 관료제가 정작 사회주의 국가에서도 여전히 유지되는 모순과 관련되어 나타난 중요한 논쟁이다. 국가론, 관료의 계급성 문제의 출발 논의이기도 하다. 문제 대두 국면을 명확히 밝힌 후, 사회주의 이론가들의 각 주장을 대비해 나가야 한다. 앨브로우(Martin Albrow,1970)의 명저 Bureaucracy가 가장 잘 서술하고 있으며 본서의 내용도 이에 연원한 것이다.

| 새 테마 행정학 |

11. 준정부조직(QUANGO)

Ⅰ. 대두 배경

준정부조직은 QUANGO(Quasi-Autonomous NGO)라고 불리며, 민간과 정부의 중간에 위치하여 공적인 역할을 수행하는 준자율적, 비정부조직들을 일컫는다. 개방화, 정보화 등으로 행정환경이 급격하게 변화됨에 따라 행정수요도 복잡하고 다양해지고 있다. 이러한 행정수요를 준정부조직을 활용하여 대응할 때, 행정의 유연성과 대응성이 높아질 수 있다. 준정부조직을 활용한 행정은 작고 효율적인 정부를 지향하는 신자유주의적 행정개혁에서 강조되고 있는 측면이 강하다. 즉 정부가 새로운 행정수요를 충족시키기 위해 정책기능에 집중하고, 집행기능은 전문성을 보유한 준정부조직을 활용함으로써 가능한 한 공식적인 정부조직을 축소하고자 하는 것이다. 이에 따라 정부가 곧 공공부문이라는 고정관념이 약화되고, 정부와 시장의 이분법적인 구분 역시 약해져 가고 있다.

Ⅱ. 개념 및 특징

1 개 념

준정부조직은 정부 조직법상의 정부조직은 아니지만, 실질적으로는 공적인 업무를 수행하는 기관이다. 신분상으로는 민간인이고, 조직상으로도 민간조직이지만 실제 수행하는 업무는 정부로부터 권한과 업무를 위탁받아 수행하게 된다. 이러한 조직들은 ○○공단, ○○공사, ○○재단, ○○감독원, ○○중앙회, ○○연합회, ○○조합 등의 이름을 갖게 된다. 예를 들어, 한국학술진흥재단은 민간조직이며, 직원은 민간인 신분이지만 실제 업무는 교육인적자원부의 학술연구조성사업을 위탁받아 집행하는 공적 업무를 수행하고 있다. 살라몬(Lester M. Salamon, 2002)은 준정부조직의 특징을 '제3자 정부', 케틀(Donald F. Kettl, 1993)은 '그림자 정부'(Shadow State)라고 묘사한 바 있다.

2 특 징

준정부조직은 조직적 측면에서는 공적조직이 아니지만, 기능적 측면에서는 공적업무를 수행한다는 측면에서 다음과 같은 특징을 지니고 있다. 첫째, 정부조직은 아니지만 순수한 민간 영리조직도 아닌 중간적 조직이다. 둘째, 조직원의 신분은 공무원이 아니며, 이들에 대한 정치적 · 행정적 통제도 공무원에 비해 상대적으로 약하다. 그러나 공적 업무를 수행하기 때문에 불법 · 부당행위에 있어서는 공무원에 준하는 책임을 진다. 셋째, 형식적으로는 정부로부터 독립되어 있지만, 실질적으로는 정부의 통제를 받는다. 즉 준정부조직의 사업계획, 예산 등은 실질적으로 정부의 직접적, 간접적 통제를 받게 된다.

3 현행 법제상의 "준정부기관"과의 관계

현행 법제(공공기관의 운영에 관한 법률 5조)에 의하면 공공기관은 공기업(시장형 · 준시장형), 준정부기관(기금관리형 · 위탁집행형), 기타 공공기관으로 3대분한다. 이 규정 상의 "준정부기관"이 곧 여기에서 논의하는 준정부조직(QUANGO)과 그대로 합치하는 것은 아니다. 여기에서 준정부조직(QUANGO)의 개념은 이 법제상의 공기업, 준정부기관, 기타 공공기관을 다 포괄하는 개념이다. 따라서 준정부조직이란 정부조직법상의 조직이 아니라 학문적 개념의 조직이다.

Ⅲ. 유형 및 기능

준정부조직은 조직이 수행하는 기능의 특징을 중심으로 공기업, 연구기관, 집행기관, 정부지원민간단체 등으로 구분될 수 있다.

첫째, 공기업은 시장실패로 인해 공공부문에서 재화와 서비스를 생산하여 공급하기 위해 조직된 준정부조직으로 정부투자기관과 출자회사 등이 여기에 속한다. 둘째, 연구기관은 정부가 필요로 하는 정책 및 조사연구를 수행하기 위해 설립한 연구수행기관으로 한국과학기술원(KIST), 한국여성개발원, 한국개발연구원(KDI), 국토개발연구원 등이 여기에 속한다. 셋째, 집행기관으로서 정부의 정책을 위탁하여 수행하는 기관으로, 국민연금관리공단 등 각종 공단과 한국국제협력단(KOICA) 등의 사업소, 한국연구재단 등이 여기에 속한다. 넷째, 정부지원 민간단체는 정부재정으로 지원을 받는 기관으로, 자유총연맹, 새마을 운동본부, 대한 적십자사, 바르게살기 운동본부 등이 여기에 속한다.

Ⅳ. 발생 원인

정부조직과 민간조직의 중간조직인 준정부조직이 발생하게 된 기본적인 원인은 시장실패와 정부실패에 있다. 나아가 공공선택론적 입장에서 보면 정부관료가 지대를 추구하는 과정에서 준정부조직이 발생하게 된다.

1 시장실패

공공재는 배제불가능성, 비경합적 소비 등의 특성으로 민간부문에 의해 공급되기 힘든 특성을 지니고 있으며, 외부효과가 발생하는 경우에는 사회적으로 필요로 하는 수준보다 과소 또는 과다 공급되는 문제가 발생한다. 이에 따라 정부부문이 개입하여 시장실패를 치유하고자 한다.

2 정부실패

시장 실패를 치유하기 위해 정부부문이 개입하여 행정서비스를 공급하게 되지만, 정부가 직접 행정서비스를 공급하게 되는 경우에 비용과 편익의 분리, 내부성(internality), 파생적 외부효과 등으로 인해 정부실패가 발생할 수 있다. 특히 행정수요가 고도로 복잡해짐에 따라 행정서비스도 전문성을 지닌 민간기관을 통해 신축적으로 공급할 필요성이 커지고 있다. 이에 따라 관련 정책의 결정은 정부조직이 하되, 실제 집행기능은 민간조직을 활용하는 민관혼합조직이 생성된다.

3 관료의 지대추구 수단

준정부조직은 각 기관을 관장하는 중앙행정기관에 속한 관료의 지대추구를 위해 설치되기도 한다. 정책을 소관하는 중앙행정기관의 입장에서는 이른바 산하단체가 많아질수록 조직여유(organizational slack)가 증가하고, 조직의 영향력이 증대하고, 특히 예산이 증가한다는 장점이 발생한다. 이러한 특징은 모두 정부관료가 간접적으로 지대를 추구할 수 있는 매개수단으로 활용될 수 있다. 특히 정부산하기관은 정부조직에 비해 비교적 설립이 용이하고, 눈에 잘 띄지 않아서 정치적 · 행정적 · 법적 통제가 적기 때문에 정부확대의 수단으로 활용되고 있다. 또한 중앙부처의 지원을 받는 준정부조직은 관련 이익집단의 의견을 투입하는 중간 매개체로 활용되기도 한다.

Ⅴ. 개혁의 필요성

1 문제점

첫째, 준정부조직이 실질적으로 정부조직 팽창을 위한 수단으로 활용된 측면이 많았다. 특히 집권 초기에 정부개혁을 강조할 경우 공식적인 정부규모의 증가비율을 낮추는 대신 준정부 조직을 확대함으로써 총 공공부문의 규모를 확대해 왔다. 준정부 조직이 시장실패와 정부실패의 문제를 해결을 위한 본래의 목적으로 활용되어야 한다.

둘째, 준정부조직의 성과 및 책임성이 오히려 정부조직보다 낮은 경우도 나타나고 있다. 이는 국민과 의회의 통제에서 상대적으로 벗어나 있어서 방만한 경영을 하기 때문이다. 공기업의 낙하산 인사, 과다한 성과급 지급 등은 정보의 비대칭성으로 인한 공공기관의 도덕적 해이를 반영하는 문제이다.

2 준정부조직에 대한 개혁과 성과

준정부조직에 대한 개혁을 본격적으로 시작한 것은 김대중 정부였다. 당시 정부는 우선 준정부조직(산하 단체)의 현황을 파악하고, 설립목적을 이미 달성하였거나 사회 환경 변화로 존립 필요성이 줄어든 정부산하기관의 폐지 · 통폐합 작업을 수행하였다. 또한 경쟁을 제한하는 각종 법규상의 규제 및 제도를 개선하고, 준조세적 성격의 회비 · 수수료 · 부가금 등을 폐지하거나 인하하는 개혁을 실시한 바 있다. 이후 2003년에는 정부산하기관 기본법이 제정되어 매년 일정한 준정부조직에 대한 경영 평가가 이루어졌으며, 2007년부터는 동법을 대체하는 '공공기관 운영에 관한 법률'이 시행되고 있다. 이러한 제도적 개선으로 인해 현재 공공기관에 대한 정부 부문의 관리는 상당히 체계화되었다. 그러나 국민 또는 국회를 통한 통제는 더 보완해야 한다.

3 준정부조직의 개혁과제

첫째, 준정부조직의 정의 및 유형 분류를 좀 더 명확히 할 필요가 있다. 현행 법률은 과거의 복잡하고 다기적 분류를 합리적·체계적으로 관리하고자 나온 것이다. 그러나 아직도 공공기관의 범위, 이들에 대한 정부의 책임수위 등에 대한 논의가 학계를 중심으로 진행 중에 있으며, 이에 따라 실질적인 공공부문의 규모가 다르게 추정되고 있는 실정이다.

둘째, 정부와 산하기관간의 관계에서 자율성과 책임성의 균형을 달성할 필요가 있다. 기관의 효율적 운영을 위해서는 상대적으로 기관장에게는 폭넓은 재량을 부여할 필요가 있다. 그러나 공공부문의 업무를 수행한다는 측면에서 경영공시제도나 고객헌장제 등을 더 강화하여 정부뿐만 아니라 국민에 대한 책임성을 확보할 필요가 있다.

셋째, 준정부기관의 투명성을 제고할 필요가 있다. 공공기관은 본질적으로 정부가 수행할 업무를 위탁하여 수행한다는 측면에서 주인-대리인 문제를 안고 있다. 특히 정부 또한 국민, 국회와의 관계에서 대리인이라는 점에서 보면 준정부기관은 "복대리"의 문제를 안고 있다. 이에 따라 준정부기관의 도덕적 해이가 발생할 수 있고, 부실 경영의 늪에 빠질 수 있다. 따라서 기관장 공모제, 경영평가결과 및 주요정보에 대한 의무적 정보공개 제도 등을 강화하여 경영의 투명성을 높일 필요가 있다.

논평

준정부조직에 대한 개혁은 IMF 환란 이후 지속적으로 이루어져왔다. 2007년도부터는 정부산하기관관리기본법을 대체하는 '공공기관 운영에 관한 법률'이 시행되고 있는 만큼, 동 법률의 내용을 숙지할 필요가 있다. 특히 준정부조직의 방만한 경영행태의 문제를 극복하기 위한 현행 제도와 개선방안에 대한 충실한 준비가 필요하다. '공공기관의 운영에 관한 법률'의 주요 내용에 관해서는 후술하는 '공기업' 부분을 참조하라. 무엇보다도, 여기에서 말하는 "준정부조직"이 '공공기관 운영에 관한 법률' 5조상의 "준정부기관"과는 다른 의미임을 매우 조심하라.

|새 테마 행정학|

12. 공기업

Ⅰ. 의 의

공기업이란 국가 또는 지방자치단체가 수행하는 사업 중 기업적인 성격을 지닌 것이다(유훈,2002). 그러므로 공기업은 공공성(publicness)과 기업성(business)의 두 가지 기본 속성을 가지고 있다. 공기업의 의의와 관련하여 다음의 두 가지 쟁점이 있다.

첫째, 정부가 기업적인 성격을 지닌 사업을 수행한다는 것이 그 해당 기업을 소유한다는 의미인지, 혹은 지배한다는 의미인지에 대해 두 가지 학설이 있다. ① 소유주체설은 국가 또는 지방자치단체가 '소유의 주체'인 기업을 공기업이라고 본다. 따라서 공기업의 범위를 국가나 지방자치단체가 전액 출자한 기업에 한정하고 있다. 따라서 이에 의하면 사인이 자본금의 일부를 출자하는 공사혼합기업은 공기업의 범주에 포함되지 않는다. ② 지배주체설은 국가 또는 지방자치단체가 '지배의 주체'인 기업을 공기업으로 본다. 따라서 민간이 출자에 참가하는 공사 혼합기업도 국가 · 지방자치단체의 지배가 결정적, 계속적이면 공기업의 범주에 포함된다. 한국의 경우, 정부가 소유하는가 하는 점 보다는 "정부가 임원 임명권한 행사 등을 통해 사실상 상당한 지배력을 행사하는 기관"에 대해 공기업으로 지정할 수 있음(공공기관의 운영에 관한 법률 4조 1항)을 고려할 때에 지배주체설이 더 타당하다.

둘째, 광의의 공기업과 협의의 공기업이 있다. ① 광의의 공기업은 주로 학문적 의미의 공기업의 정의인데 전술한 대로 국가 또는 지방자치단체가 수행하는 사업 중 기업적인 성격을 지닌 것이다. 여기에는 정부기업예산법의 '정부 기업', 책임운영기관의 설치 · 운영에 관한 법률에 의한 '책임운영기관', 공공기관운영에 관한 법률(5조)상의 '공기업' 등이 포함된다.

② 협의의 공기업은 공공기관의 운영에 관한 법률5조에서 규정한 공기업이다. 공공기관의 운영에 관한 법률은 '국가·지방자치단체가 아닌 법인·단체 또는 기관' 중 기획재정부 장관이 공기업으로 지정한 것만을 의미한다. 따라서 공공기관의 운영에 관한 법률에서 규정하고 있는 협의의 "공기업"에는 국가의 정부 조직의 형태로 있는 '정부 기업'이나 '책임운영기관'은 제외된다. 광의의 공기업의 법률상 명칭이 반드시 '공기업'인 것은 아니지만 (법률상 명칭이 "정부기업", "책임운영기관" 인 경우도 있다) 협의의 공기업, 즉 공공기관의 운영에 관한 법률에서 정하고 있는 공기업은 "공기업"이란 명칭을 가지고 있다.

우리나라의 공기업은 정부부처형 공기업, 책임운영기관의 경우처럼 국가·지방자치단체의 조직으로 운영될 수도 있기 때문에 공공기관의 운영에 관한 법률에서 정하고 있는 협의의 공기업에 한정함은 부적합하다. 따라서 광의의 공기업의 정의가 더 적합하다.

Ⅱ. 공기업의 설립 동기

1 정치적 이념

좌파이념을 가진 정권이 집권할 경우 공기업의 설립이 증가한다. 영국의 경우 노동당이 집권하던 시기에 석탄광업, 철도사업, 전력사업, 가스사업 등이 국유화되어 많은 공기업이 설립되었다. 또, 민족주의를 표방할 경우 외국 기업에 의한 국내 천연자원 및 국내 기업의 이익보호를 위해 외국기업을 국유화하기도 한다.

2 국 방

전시의 전쟁물자 수급, 군수산업 육성에 많은 자본이 들며 이들은 기밀을 요하는 사업이기 때문에 민간기업에 맡기기보다는 정부가 공기업을 설립하여 이를 담당함이 보통이다.

3 민간자본의 부족

철도, 전력, 수도 사업 등의 경우와 같이 그 개발에 거대 자본이 필요할 경우 이 재원을 민간 부문이 감당하기 어려우므로 정부가 공기업을 설립한다.

4 독점적 사업

독점적 성격의 사업은 시장에서의 부작용을 고려하여 정부가 담당한다는 것이다. 특히 생산의 한계 비용이 체감하는 이른바 '자연적 독점' 사업이 이에 해당된다. 철도, 가스, 전력, 수도 등은 주로 이 때문에 공기업화되었다.

5 부처의 영향력 확대

던리비(P. Dunleavy)의 관청형성 모형에서 보듯이 정부 부처가 영향력을 확대하기 위해 그 산하기관으로 공기업을 설치하는 경우도 많다. 이러한 산하 기관은 부처의 기관장의 인사권 행사범위를 확대하고 산하 공무원으로서는 '자리'를 확대하는 성격이 있기 때문에 우리나라에서는 자주 남용되어 왔다.

Ⅲ. 유 형

공기업의 유형은 조직 형태에 따라 정부부처형-주식회사형-공사형으로 나누는 것이 가장 전통적이고 일반적인 구분이었다. 이것은 다분히 이론적인 분류이며 이 세 가지에 대한 구체적인 법적 특성은 연역적으로 정해지는 것이 아니라 특정 국가의 구체적 법 체계에 따라 상당한 차이가 있다. 우선 전통적 분류를 본 후에 현행 법 체계상의 공기업 유형을 보자.

1 전통적 분류 체계: 정부부처형 · 주식회사형 · 공사형 공기업

전통적인 분류의 공기업에는 세 가지가 있었다. 첫째, 정부부처형 공기업이다. 이는 실정법상 정부기업(government enterprise)이라고 하며, 통신사업, 조달사업, 양곡관리사업, 책임운영기관 등이 포함된다.

둘째, 주식회사형 공기업이다. 이는 '혼합기업'(mixed enterprise)이라고도 부르는 것으로서 유럽 대륙계의 여러 나라에서 많이 설립되었다. 정부가 주요 사기업의 주식을 보유함으로써 기업의 창의성을 유지하면서도 정부가 특별한 관리를 할 수 있는 공기업이다.

셋째, 공사형 공기업이다. 이는 민주주의와 능률이라는 2대 원칙간의 대립을 해소하기 위해 영국과 미국에서 발달한 제도이다. 대개 특별한 목적을 위하여 특별법에 의해 설립된다. 정부가 자본금 전액을 출자함을 원칙으로 하며, 정부가 그 운영에 대하여 최종적인 책임을 진다. 그러나 이상의 전통적 분류 체계는 현행 법제 하에서는 의미가 없어졌다.

2 현행 공기업 분류 체계: 정부기업 · 시장형 공기업 · 준시장형 공기업

1) 현행 공기업 체계 개요

과거에는 공기업을 전술한 대로 정부부처형-주식회사형-공사형 공기업으로 구분함이 일반적이었다. 그러나 '공공기관의 운영에 관한 법률'의 시행으로 인해 종래의 정부투자기관들은 대부분 '공공기관'으로 분류되었으며, 이 공공기관은 이제 "공기업-준정부기관-기타 공공기관"으로 나뉘어지게 되었다. 그리고 이 중에서 공기업은 다시 ① 시장형 공기업, ② 준시장형 공기업으로 구분된다. 그리고 정부기업예산법상의 "정부기업"도 공기업이다. 그러므로 전체적으로 보면 현행 공기업은 "정부기업-시장형 공기업-준시장형 공기업"으로 이루어져 있는 셈이다.

유형	규율 법규	예 (2015년 8월 현재)
정부 기업	정부기업예산법	조달사업, 우편사업, 우체국예금사업, 양곡관리사업, 책임운영기관 (5개)
시장형 공기업	공공기관의 운영에 관한 법률	한국석유공사, 한국가스공사, 한국전력공사, 한국수력원자력(주), 인천국제공항공사, 한국지역난방공사, 한국공항공사, 부산항만공사, 한국광물자원공사 등 (14개)
준시장형 공기업	공공기관의 운영에 관한 법률	한국조폐공사, 한국관광공사, 한국방송광고공사, 한국마사회, 대한석탄공사, 한국토지주택공사, 대한주택보증(주), 제주국제자유도시개발센터, 한국감정원, 한국도로공사, 한국수자원공사, 한국철도공사, 인천항만공사, 울산항만공사, 한국수자원공사, 해양환경관리공단 (16개)

(http://www.alio.go.kr/)

2) 정부기업(정부부처형 공기업)

정부부처형 공기업("정부기업")은 국회가 의결하는 예산에 의해 운영된다. 이들 기업은 모두 특별회계로 계리된다. 일반행정기관에 적용되는 예산, 회계 및 감사원법령의 적용을 받으며, 특히 "정부기업예산법"의 적용을 받는다.

따라서 그 직원은 공무원이며, 임용 방법과 근무조건 등은 일반공무원과 동일하다. 정부조직의 형태로 운영된다. 따라서 국, 과의 신설과 폐지, 정원을 늘리기 위해서는 대통령령으로 되어 있는 직제나 공무원 정원령을 개정해야 한다. 정부부처형 공기업은 국가기관이므로 따로 당사자 능력이 있을 수 없다.

정부부처이기 때문에 이 유형의 공기업은 여러 가지 제약을 받는다. 첫째, 조직상의 제약을 많이 받는다. 정부기업은 정부의 부, 처, 청이므로 조직 변경은 국무회의의 심의를 거쳐 대통령의 승인을 얻어야 하는 경직된 구조를 갖는다. 둘째, 인사상의 제약이다. 직원은 공무원이므로 그의 임용, 보수 등에서 일반공무원과 달리 취급하여 효율적 운용을 자극하기가 어렵다. 셋째, 재정상의 제약이다. 그 예산은 국회의 의결을 얻어야 하며, 예산의 전용 등에 제한이 있으므로 신축적인 재정 운용이 어렵다.

3) 시장형 공기업 · 준시장형 공기업

기획재정부 장관은 '공공기관'을 '공기업', '준정부기관', '기타 공공기관'으로 구분하여 지정한다. 공기업 및 준정부기관은 직원 정원이 50 인 이상인 기관 중에서 지정한다. 공기업은 자체 수입액이 총수입액의 1/2 이상인 기관 중에서 지정한다. 이 공기업을 다시 ① 시장형 공기업과, ② 준시장형 공기업으로 세분하여 지정한다. 전자의 경우 기업적 관리를 더 부여한다. 공기업의 장은 공공기관운영위원회의 심의 · 의결을 거쳐서 주무장관의 제청으로 대통령이 임명한다. 그 상임이사는 공기업의 장이 임명한다. 비상임이사는 기획재정부 장관이 임명한다.

시장형 공기업은 자산 규모가 커야 하며(2조원 이상), 총 수입 중 자체수입액의 비중이 높아야 한다(85% 이상). 준시장형 공기업은 시장형 공기업이 아닌 공기업을 의미한다(공공기관의 운영에 관한 법률 5조).

공기업은 예산과 결산, 경영목표, 운영계획 등 중요 사항을 심의·의결하기 위해 이사회를 설치한다(17조). 시장형 공기업과 자산 규모가 큰(2조 이상) 준시장형 공기업에는 감사위원회를 설치한다(20조).

Ⅳ. 통 제

공기업에 대해서는 여러 통제 제도가 있다. 첫째 주무 장관에 의한 통제이다. 임원 임명 제청, 정관 승인, 일반적인 감독권의 행사로 통제된다.

둘째, 예산 · 회계관계 장관에 의한 통제이다. "정부 기업"의 경우에 예산편성은 예산장관의 예산편성 지침 및 성과평가를 통한 통제를 받는다. 또 '공공기관운영위원회'의 장이 곧 기획재정부 장관이므로 이 위원회를 통한 감독도 가능하다.

셋째, 감사원 등 감사기관에 의한 통제이다.

넷째, 국회에 의한 통제이다. 국회의 국정조사 및 국정감사를 받는다. 특히 정부기업의 경우에는 국회가 직접 예산, 결산의 심의를 통해 통제를 가한다.

다섯째, 이사회에 의한 통제이다. 이사회는 예산과 결산, 경영목표, 제품 가격, 정관 등의 결정을 할 수 있다. 또 기획재정부 장관은 공기업의 비상임이사를 임명할 수 있다.

Ⅴ. 공기업 민영화

1 한국의 공기업 민영화 평가

공기업 민영화는 특히 IMF 외환위기 이후 많은 진행되었으며 여러 가지 방식으로 민영화를 추진했다. 상당한 외형적 성과도 나타났으나 실제 내실은 상당히 부족하다. 먼저, 밀어붙이기식의 민영화 집행과정으로 실제 소유구조만 이전되었을 뿐, 민영화의 주된 목적인 경쟁확보가 미흡하다.

민영화 이전에 충분한 시장성 테스트가 불충분하여 근본적으로 어떤 공기업을 정부가 보유하고 어떤 기업을 민영화할지의 기본적인 사안이 명확하지 못하다는 것이다.

또 민영화가 결정되었던 공기업도 노조와의 합의 실패로 인해 민영화가 지연되는 경우가 많고, 투자기관에서 출자기관으로의 단순히 외관적 형태만 변하는 식의 민영화도 이루어져 왔다.

또한, 민영화 과정에서 시민의 부재라는 기본적인 문제를 가지고 있다. 하나의 주체로서 활동해야 할 시민단체가 재정력 부족 등으로 독자적인 생존력을 가지지 못하는 이상, 정부조직의 또 다른 모습으로서 운영될 것이다.

2 발전방향

앞으로 민영화 과정은 다음의 사항을 고려해야 할 것이다. 첫째, 우선 민영화의 근본 목적이 판매 자금확보를 위한 것인지 혹은 경영능률 제고를 위한 것인지가 먼저 명확히 규명되어야 한다.

둘째, 민영화의 내실을 도모하기 위해서 무분별한 결과 지향적 민영화를 지양하고 시장성 테스트를 선행하여야 할 것이다. 이를 통해 공공성이 강한 부분은 정부의 몫으로, 경쟁성이 필요한 부분은 민간으로 이양함이 합당하다.

셋째, 집행 과정의 투명성 및 일관성 확보를 통해 해당 공기업의 사원 및 국민이 합의할 수 있는 민영화 과정을 도출해야 할 것이다.

넷째, 외국의 민영화 실패 사례에서 볼 수 있듯이, 민영화함과 동시에 정부의 책임이 면탈되는 것이 아니다. 국민에 대한 서비스의 민주적 제공화는 물론이며, 경영실적 평가제 등을 통해 효율성 제고를 지속적으로 유도해 가야 한다.

Ⅵ. 한국 공기업 제도에 대한 평가

1 현 황

우리나라의 공기업은 경영에 대한 정부의 경영통제와 지시에 따라 주인의식과 자율성이 결여된 채 방만하게 운영되어 왔으며, 경쟁체제가 확립되지 않아 비용개념이 희박하고, 열심히 일하려는 인센티브가 결여되어 무사안일주의가 지배적이었다고 할 수 있다. 그 결과 자원배분을 왜곡시키며 궁극적으로 국가경쟁력을 약화시키는 요인이 되어 왔다.

공기업의 경영실적을 평가하고 자율성을 부여하며 감사기능을 일원화하는 노력이 기울여지고 있으나 아직도 공기업은 책임 경영과 효율성의 면에서 많은 문제점을 보이고 있다.

그 결과 공기업에 대해서 각종의 금융, 재정, 가격 면에서의 특혜에도 불구하고 충분한 설립목적에 기여하지 못한다는 지적을 받아왔다. 특히 외부적 압력과 내부적 경영관리기술의 부족으로 적자누적 및 관료주의적 운영을 유지해 왔다.

그리하여 이를 합리화하기 위해 1983년 '정부투자기관관리기본법', 2007년 '공공기관의 운영에 관한 법률', 2009년 '정부기업예산법'의 제정을 통해 공기업의 효율적 관리를 위한 제도를 지속적으로 구축해 왔다.

2 발전방안

1) 조직 관리의 변화

공기업의 조직 관리는 상당 부분 일반 정부 관료제와 유사한 패턴을 유지하고 있어서 사업성과의 제고에는 비효율적이다. 따라서 경직적인 조직 구조를 개편하여 신축적이고도 사업환경에 적합한 다양한 조직 구조로 민활하게 대응하도록 개편할 필요가 있다. 최근 확대되고 있는 '책임운영기관'에서처럼 기관장에게 충분한 재량과 신축성을 부여하고, 책임운영기관이 아닌 공기업에도 기관장에게 팀제, 프로젝트, 매트릭스 조직과 같은 다양한 구조 개편에 대한 보다 많은 재량권을 부여해야 한다.

2) 인사 관리의 변화

첫째, 주무 부처의 인사 적체 해소의 보충 수단으로 오용하는 기존 관례를 해소해야 한다. 조직 외부인의 즉흥적인 임용(낙하산 인사)을 제한하고 중간관리층의 상위직 진출을 확대해야 한다.

둘째, 임용된 임원에 대한 자율성과 신분을 보장해야 한다. 정부 측의 과다한 간섭은 자율운영에 결정적 장애 요인이었다. 현행 법제가 공기업 및 준정부기관의 임원 임면의 객관성·

공정성을 확보하기 위하여 공기업 및 준정부기관장은 "임원추천위원회"가 복수로 추천하게 하고, 주무기관의 장의 제청으로 대통령이 임명하도록 한 것은 바람직한 조치이다(법 25조).

셋째, 정권 변동으로 인한 보복성 인사 조치를 자제해야 한다. 일단 임명된 공기업, 준정부기관의 장은 임명권자의 해임 혹은 정관에 정한 사유가 아니면 임기 중 해임되지 않도록 법으로 신분이 보장되어 있다(25조 5항, 26조 5항). 그럼에도 불구하고 이명박 정부 및 박근혜 정부에서처럼 앞 정권 때 임명된 기관장에게 퇴진하도록 압력을 넣는 사례가 있다면 신분 보장은 유명무실해 진다.

넷째, 임원들에게 성과 관리를 연계하여 궁극적으로 최고관리자의 경영책임제를 실질적으로 확립시켜야 한다.

3) 예산 관리의 변화

현행 '공공기관 운영에 관한 법률' 하에서는 예산 관리에 대해 상당한 특례를 인정받고 있다. 자본 조달의 구조의 합리화, 자본 구조의 건전화, 지급이자부담의 경감 노력, 요금 결정의 합리화, 감가상각과 자산재평가의 합리화 등을 더 강화해야 한다. 공기업의 자율성을 보장하고 책임경영제의 내실화를 위하여 현행 경영실적평가제도의 정착과 효율화에 주력해야 한다.

4) 경영실적 평가제도의 유효성 제고

경영평가는 공기업의 성과에 관한 가장 중요한 보고서이다. 명확하고도 적실한 평가 지표를 개발해야 하며 평가과정 및 평가자에 대한 기준을 강화하여야 한다. 평가결과의 활용과 관련하여 경영평가과정 및 결과를 공개하고, 자율적 경영, 공정하고 객관적인 평가, 책임경영을 연계시킬 필요가 있으며, 경영평가와 내부평가·성과배분과 연계를 분명히 하여야 한다.

5) 민영화

민영화는 공기업에 대한 최종적 처방이다. 정부 개입을 줄이고, 자본시장의 저변을 확대하며, 세입을 증대하며, 재정 부담을 감축하고, 공기업 운영의 효율화·합리화를 위해 필요할 경우 민영화가 고려되어야 한다. 그러나 이 경우에도 민영화의 구체적인 목적을 명확히 하고, 민영화 이후의 기업의 지배구조, 경쟁구조 등을 충분히 고려해야 한다.

6) '공공기관'의 종합적·체계적 관리

법률상 의미의 '공기업' 뿐 아니라 정부의 사업 중 기업적 성격을 가진 다양한 모습의 기관들에 대한 다기적이고 복잡한 관리방식을 체계적으로 정비할 필요가 있다. 이런 점에서 2007년의 '공공기관 운영에 관한 법률'의 제정은 매우 바람직한 것이었다. 다만 이러한 법제도에 더불어 그 실질적 운용 관행에서도 자율성과 효율성을 제고하기 위한 노력이 병행되어야 한다.

논평

박근혜, 이명박 정부 초기에 이전 정부에서 임용된 공기업, 준정부기관 장에게 실질적인 퇴진 압력을 넣은 사례들이 논란이 되었다. 그것은 공기업의 책임자의 자율성을 보장하고자 한 현행 법제에 맞지 않는 일이다. 공기업은 하나의 주제로는 매우 큰 토픽이다. 공기업의 유형별 특징, 공기업 통제, 공기업의 예산관리(이것은 재무행정론의 영역이다) 등이 이슈화되었다. 이제 공공기관의 운영에 관한 법률에 의해 종래의 정부부처형-주식회사형-공사형 공기업의 구분 실익이 적어졌음을 유의하라. 새 법에 의한, 시장형 공기업·준시장형 공기업 등의 개념을 익혀두라. (이 부분은 객관식 준비를 위해서도 매우 중요한 변화 내용이다). 이제 폐지된 종래의 '정부투자기관관리기본법'의 내용을 서술하는 일이 있어서는 안 된다. 공기업 민영화는 별도의 주제로 후술되지만, 공기업 전체에 대한 주요한 부분이므로 공기업의 논의에서 빠뜨리지 않음이 좋다. 공기업의 개념에서 나아가 이제 '공공기관'이란 개념도 익숙해 져야 한다. 모든 공공기관을 관리하는 '공공기관운영위원회'가 중앙예산기관에 속해 있음으로 인해 권한 집중이라는 논쟁도 기억해 두라. 또 이제는 "기업예산회계법"이란 용어를 사용해서도 안 되며 그 법은 "정부기업예산법"(2009)으로 바뀌었음도 기억하라.

| 새 테마 행정학 |

13. 공기업의 민영화

Ⅰ. 의 의

민영화란 소유권의 전부 혹은 일부를 민간에게 이전(the partial or total transfer of an enterprise from public to private ownership)하거나 민간에게 공적 자산을 매각함(the sale of public assets)을 의미하며, 따라서 국유화의 정반대 현상이다.

광의의 민영화는 민간 위탁(contracting-out) 혹은 프랜차이즈화(franchizing), 탈관료화(debureaucratization), 시장프로세스를 중시하는 경쟁촉진, 냉민영화(cold privatization) 등을 모두 포함하는 개념이다. 협의의 민영화는 공적 소유권의 민간 이전에 초점을 둔다. 그러나 이것은 형식적인 의미의 정의(민유화)이며 민영화의 실질적인 의미를 기대한다면 단순히 소유권만을 이적하는 것, 즉 '민유화'(privatization of ownership)에서 더 나아가 경영권의 이전까지 포함(privatization or ownership and management)해야 진정한 의미의 민영화이다. 민영화를 소유권의 민간 이전이라고 정의할 때는, 소유권에 근거한 지배・경영권 또한 민간에게 이전되어 새로운 기업지배・경영의 효율성, 수익성 등의 기업성과에 영향을 미치는 것까지 포함되어야 하며 민유화의 경우에는 이러한 실질적인 변화가 불충분하기 때문이다.

민영화에는 국가와 민간의 소유권이 각각 0% 혹은 100%인 두 극단적 경우도 존재한다. 하지만 공기업 소유권의 일부만이 민간으로 이전된 부분민영화(partial privatization)의 경우도 허다하며, 이러한 '혼합기업'(mixed enterprise)의 지배・경영권은 정부지분의 크기와 민간지분의 분포 구조에 따라 결정되는 것이 상례이다.

우리나라의 경우 민유화와 민영화의 구분이나 부분민영화는 모두 실제로 존재하는 중요한 형태들이다. 즉, 종래의 "정부투자기관"은 전통적 의미의 공기업이며, 여타의 공기업들은 부분민영화된 공기업이어서 민간과 정부가 각각 지배권을 행사하는 사례가 혼재되어 있다. 한편 과거 시중은행의 경험에서 보듯이 민간이 100% 소유권을 갖더라도 정부가 은행장을 임명하고 경영에 깊이 개입하는 경우도 있다. 민영화의 의미에 대한 이러한 해석은 민영화가 단순히 소유권의 이전이라는 측면뿐만 아니라 경영에 대한 정부간섭이나 기업 활동에 대한 정부규제의 측면과 밀접한 관계가 있음을 함의한다. 결국 공기업의 민영화는 형식적 의미에서는 소유권의 민간이전이 핵심이지만 실질적인 의미에서는 경영권의 완전한 이전까지 수반되어야 한다(이만우, 1999).

Ⅱ. 민영화의 이론적 배경

공기업 민영화의 논리적 근거는 대략 다음과 같이 요약할 수 있다(이만우, 1999).

1 시장우위론

사적 소유권은 공공소유권보다 우월하다는 가치관에서 나온 이론이다. 재화와 용역의 공급을 정부규제로부터 해방시켜 시장 경쟁에 맡김으로써 자원배분의 효율과 생산효율을 증대시켜 국가재정에 이바지함은 물론 소비자인 국민에게 봉사하고 사회후생에 기여하자는 것이다. 공기업이 정부의 규제에서 벗어나, 사적소유권에 기초한 이윤동기로 자유롭게 활동하는 것이 기업의 생산효율 증진은 물론 효율적인 자원배분과 사회정의에도 부합한다는 것이다.

결국 개인의 영리 활동의 자유가 효율을 낳고, 나아가 공공 이익도 초래한다는 자본주의의 장점을 살리기 위해, '비정상적'인 상황 혹은 자본주의적이지 못했던 사회를 '정상'으로 돌려놓겠다는 것이 이 논리이다.

2 잔여잉여 청구론

이는 사적 소유권을 부여함으로써 공기업의 경영 인센티브를 제공하고 경영에 대한 감시를 효과적으로 하여 높은 생산 효율을 달성할 수 있다는 일종의 재산권(property right) 이론이다. 공기업이 민영화되어 사기업이 되면 그 기업주는 증대되는 이윤이 곧 자기 몫이 되기 때문에 이 이윤 증대를 위해 기업의 내부 효율 증진의 강력한 인센티브를 갖게 된다. 그리고 경영에 대한 감시의 효과로 나오는 잔여 잉여의 증대도 자신의 이익과 직결되기 때문에 매우 효과적인 감시를 하게 된다. 더구나 이렇게 향상된 기업의 경영 실적은 주식시장에서 주가로 반영되므로 기업주의 생산 효율 증대에 대한 인센티브는 배가된다는 것이다.

3 경쟁시장론

이 이론은 시장 구조가 독점적일 경우에도 민영화가 바람직하다는 것을 합리화하는 논리이다. 즉 한 산업내의 소수의 기업만이 존재하더라도 진입과 탈퇴의 자유가 보장된다면, 다른 기업들이 들어와 이윤을 얻고 기업 활동을 하다가 가격 등의 조건이 나빠지면 빠져나가는 것이 가능하다. 따라서 민영화 이후에 시장에서 독점기업으로 남는다 할지라도 시장에서 이러한 진입・탈퇴의 기회가 주어지는 민영화는 정부에 의한 독점보다는 훨씬 낫다는 것이다. 또한 실제로 한 기업이 시장에서 독점력을 효과적으로 행사하는 것은 어렵고 독과점으로 인한 경제적 비효율의 문제는 상대적으로 낮다고 본다.

따라서 독점기업이라고 하더라도 공기업으로 묶어두고 규제하기보다는 민영화하여 규제를 풀고 제도적인 진입 장벽을 제거하여 시장에서의 경쟁에 맡겨두는 것이 비록 민영화된 기업이 자연독점력을 갖더라도 효율의 면에서는 낫다는 주장이다.

4 재규제론

이는 전술한 이론들에 대한 반성을 통하여 민영화는 민영화 그 자체만으로는 불충분하며 경영 효율성을 제고하는 것이 더 중요하다고 보는 것이다. 따라서 민영화 이후에도 독과점 형태를 유지함은 이러한 경영효율화를 저해하므로 민영화 이후에도 다시 적절한 규제(재규제)를 가하여야 한다는 주장이다. 독점적인 공기업의 민영화가 실현된 뒤 시장진입에 과한 모든 제도적 규제가 철폐되더라도 두 기업이 어떤 형태로든 독점력을 유지할 것이 예상되는 경우에는 그 민간 기업에 귀속될 독점이윤(지대 rent)을 최소화하기 위하여 정부의 규제(재규제)가 불가피하다는 것이다.

민간 소유자가 경영자를 효과적으로 감독하고 효율성을 높이므로 민영화된 사기업이 정부 공기업보다 더 낫다는, 전술한 잔여잉여 청구론은 주주(소유자)와 경영자가 일치할 경우에나 타당한 논리이다. 주주와 경영자가 일치하지 않는 오늘날의 대기업 구조 하에서는 다음과 같은 문제점이 발생한다. 첫째, 주주가 여러 명이므로 어느 특정 주주가 시간과 비용을 들여 감시를 효과적으로 하더라도 그로부터 발생하는 잔여잉여가 그 사람에게만 돌아가는 것이 아니라 주주 모두에게 나누어진다. 즉, 감시활동은 '공공재'가 되기 때문에 결국 어느 누구도 효과적으로 경영자를 감시할 인센티브를 갖지 못한다. 그 결과 '적정수준 이하의 감시'가 나타난다. 둘째, 주주와 경영자 사이에 존재하는 정보의 비대칭성 때문에 경영자가 정보 면에서 우월하다. 따라서 정보가 상대적으로 부족한 주주가 경영자들을 효과적으로 감시하기 어렵다. 셋째, '주인-대리인 문제(principal-agent problem)'이다. 주주와 경영자 사이에는 생산효율의 증대를 위해 전자가 후자에게 다시 인센티브를 제공해야만 하는 관계가 성립되는데, 잔여잉여의 증대를 가져 온 특정 경영자의 '부가적 노력'을 식별하여 보상하는 일이 결코 쉽지 않다. 따라서 경영자들은 이윤증대를 위한 모험심을 발휘하기보다는 이윤이 덜 나더라도 모험을 하지 않으려는 위험 회피적 태도를 취할 것이다.

따라서 이러한 점을 감안하면 단순히 소유권만 국가로부터 민간인의 손으로 이전시키는 것은 별 의미가 없고 시장구조를 경쟁적인 것으로 사후 규제하는 조치가 병행되어야 하며, 민영화 이후에도 경쟁성 확보를 위해 정책적 규제가 주어져야 한다는 것이다. 이런 점에서 보면 민영화의 장기적인 성패는 경쟁의 극대화 여부에 달려있다.

Ⅲ. 민영화의 방법

일반적으로 가장 많이 제시되고 있는 민영화의 방법으로는 주식매각, 정부규제완화 또는 자유화(liberalization), 프랜차이즈제도, 대여제도, 보조금수취권제도 등이 있다(박연호, 2001; 김종호, 2003).

1 주식매각

주식매각은 정부보유주식을 민간에게 매각함으로써 정부소유지분을 이전하는 방법으로, 완벽한 형태의 민영화이며 공기업 민영화 중 대표적인 방법이다. 주식매각은 매각 시 누구에게 매각하는가에 따라 '국민주방식'과 '종업원지주제 등의 방식'으로 구분할 수 있다. 국민주방식은 다수 국민을 투자에 참여하게 하여 주식을 분산 매각함으로써 특정세력의 독점방지 및 국민의 주인의식을 고취하고자 하는 방법을 말하며, 종업원지주제는 자사직원에게 주식을 매각함으로써 민영화에 대한 반대 이익집단으로 여겨지는 직원들을 경영에 참여시키는 제도를 말한다. 주식매각은 상당한 재정수입을 짧은 기간에 가져온다는 장점이 있다.

2 계약제도

계약제도(contracting out)란 재화나 서비스에 대한 생산을 일정기간 민간기업에서 담당하되, 그에 필요한 재원은 정부가 담당하는 제도를 말한다. 계약제도는 다시 계약통제, 프랜차이즈제도, 그리고 대여제도로 나눌 수 있다. 계약통제는 소유권 이전과는 관계없이 재화나 용역에 대한 생산 및 자금조달을 담당하는 주체에 따라 그 일부를 민영화하는 것을 말하고, 프랜차이즈제도(franchising system)는 재화나 서비스의 배분이나 공급권을 일정기간 동안 특정 개인 또는 집단에게 부여하는 방법을 말하며, 대여제도(leasing)는 정부가 기업을 소유하되 기업전체를 사기업체로 전환대여를 하여 사기업의 장점을 모두 취할 수 있도록 하는 제도를 말한다. 계약제도의 경우 서비스 생산을 담당하는 권한을 부여받기 위한 민간업자들 사이의 치열한 경쟁이 서비스제공의 비용을 줄여주는 효과가 있다.

3 정부규제완화 또는 자유화

정부규제완화 또는 자유화란 공기업에 대한 경쟁을 제한하는 여러 가지 법적 규제를 제거하거나 완화하고, 현재 정부 또는 공기업이 독점하고 있는 재화나 서비스의 공급을 민간영역에서도 공급할 수 있도록 허용함으로써 경쟁이 가능하도록 하는 것을 의미한다. 새로운 민간참여자의 성공 여부는 그들이 대중의 공공서비스 수요를 얼마나 충족시킬 수 있는가의 정도에 달려 있다.

4 보조금수취권제도(voucher)

보조금수취권제도는 정부가 재화 및 서비스의 공급에 필요한 자금은 부담하지만, 프랜차이즈제도에서와 같이 특정한 기업으로 하여금 이를 제공하도록 계약을 맺는 게 아니라 사용자가 시장에서 재화 및 서비스를 구매할 수 있는 보조금수취권을 대상자에게 지급하여 각 개인이 이를 이용할 수 있도록 하는 제도이다. 이는 서비스 제공에 필요한 시장은 발달되어 있으나 개인이 구매에 필요한 소득이 부족할 때 효과적이다. 보조금수취권제도는 수취권을 보유한 소유자에게 선택의 기회를 부여함으로써 그들의 선택의 폭을 넓힐 뿐만 아니라 경쟁의 압력에 의해 가장 효율적인 서비스 제공을 가능하게 한다는 장점이 있다.

Ⅳ. 우리나라 공기업 민영화 정책의 평가

1 성 과

우리나라의 공기업 민영화 정책은 특히 김영삼 정부때부터 본격적으로 추진되었고 김대중 정부 하에서는 상당한 민영화가 가시적인 성과로 나타났다. 민영화의 동기가 반드시 동일한 것은 아니었지만 민영화 결과 대개 다음과 같은 성과를 얻었다. 첫째, 외화수입 및 재정수입 확보를 통한 경제위기 극복에 기여하였다. 특히 IMF 외환 위기 이후에 경제구조 조정 재원조달에 큰 기여를 하였다. 둘째, 매각수입 극대화를 위한 노력을 하였다. 셋째, 오랫동안 지연되었던 민영화의 완성 및 민영화 이후의 경영 성과 개선을 하였다. 이것은 공기업 민영화의 가장 중요한 성과이다. 넷째, 공기업 부문을 축소 조정을 하였다(곽채기, 2000: 157).

2 문제점

1) 민영화의 정책목표 혼란

과거 한국의 공기업 민영화의 양대 목표는 경영효율성 제고와 매각수입 극대화였다. 그런데 이 두 목표는 각각 상이한 배경 및 상충적 관계에 있기 때문에 양자 간의 우선순위가 명확해야 한다. 그러나 특히 일부 민영화가 있었던 김대중 정부의 경우, 이 두 가지 정책 목표 간의 우선순위가 명확히 정리되지 못하였으며 이는 민영화 이후의 지배 구조, 매각 방법, 경쟁 구도의 도입 여부 등에 대해 후속적인 문제들을 야기하였다.

2) 민영화 대상 기업의 선정상의 문제

민영화 이전에 시장성 검사(market test)가 불충분하여 근본적으로 어떤 공기업을 정부가 보유하고 어떤 기업을 민영화할지가 명확하지 못하였다.

3) 민영화의 형식화

민영화가 결정되었던 공기업도 노조와의 그후 합의가 이루어지지 못해서 민영화가 지연되는 경우가 많았으며, 이것이 심화되면서 결국 민영화의 진정한 목표가 변질되어 투자기관에서 출자기관으로의 단순히 외관적 형태만 변하는 식의 형식적 민영화로 이어졌다.

4) 지배 구조에 대한 고려 부족

효율적인 기업지배 구조의 구축이 민영화의 핵심이어야 한다. 대규모 공기업의 경우에는 민영화 이후 정부가 어떠한 소유·지배·경영구조를 지향하고 있는지가 명확하지 못하였다. 지배구조와 관련하여 다음과 같은 문제점을 나타내었다. 첫째, 납세자(공기업의 명목적 주인)-정치권력-행정부처-공기업사장-중간관리층에 이르는 주인-대리인의 다단계의 복잡한 관계 속에서 책임 의식이 결여되고 인사권자에게만 의존하는 경영이 보편화되었고, 이 때문에 효율성이 낮았다. 둘째, 지배대주주인 정부 부처는 공기업을 퇴직공무원과 일부 정치인의 인사 적체 해결 수단으로 생각하여 낙하산인사, 경영 간섭, 왜곡된 인센티브 제공 등을 통해 비효율을 심화시켰다. 셋째, 공기업의 경영 평가가 지배구조 개선으로 연결되지 못하였으며, 공기업 경영이 경쟁력 위주로 이루어지지 못하였다. 넷째, 공기업의 최고경영자, 이사회, 감사, 주주(정부) 등 지배구조에 대한 내부통제 장치가 부족했다.

5) 경쟁 구조에 대한 고려 부족

실제 소유 구조만 이전되었을 뿐, 민영화의 주된 목적인 경쟁 확보가 미흡하였다. 민영화된 공기업의 경영성과 제고에 있어 가장 큰 동인은 경쟁성이다. 그러나 우리나라의 공기업 민영화 정책은 많은 경우 이 경쟁 구조의 고려가 분명치 않았다. 민영화 추진 실적이 부진한 이유는 공기업 민영화정책과 산업정책 · 경쟁정책과의 유기적인 연계를 고려하지 않은 채 민영화만을 추진했기 때문이다.

6) 민영화정책 집행체제의 문제점

본래 공기업 민영화 집행체제의 구성방식(institutional structure)은 세 가지로 구분할 수 있다. 첫째, 집권형은 민영화에 관한 모든 권한을 단일의 독립기관에 부여하는 방식이다. 둘째, 분권형은 민영화 대상 공기업의 주무부처가 각자 개별적으로 민영화를 추진하는 방식이다. 셋째, 절충형은 양자의 기관 구성방식을 조합한 것으로서, 민영화 정책에 대한 전반적인 책임을 맡고 있는 정부기관과 공기업의 주무부처가 함께 민영화 프로그램을 집행하는 기관구성 방식이다.

그런데 현재 우리나라의 공기업 민영화 추진체제는 외형적으로는 절충형을 채택하고 있는 것으로 보이나, 실질적으로 분권형에 가깝다. 즉, 민영화 정책 집행 체제는 법적 근거와 통일성이 미흡하고 계획 · 기획기능과 집행기능이 분리되어 있는 가운데 민영화 추진에 관한 역할과 권한이 여러 기관에 분산되어 있는 등 사실상 분권형 모델에 가깝다. 이 때문에 종합적이고 일관성 있게 민영화 정책을 추진해 나가는 것이 어려웠다(이만우, 1999).

Ⅴ. 발전 방향

첫째, 우선 민영화의 근본 정책 목표가 판매 자금 확보인지 혹은 경영능률 향상인지가 먼저 명확히 규명되어야 한다. 현재로서는 후자가 더 근본 목표가 되어야 한다.

둘째, 경쟁 구조를 도입해야 한다. 민영화 자체가 중요한 것이 아니라 민영화 이후에 경쟁구조가 확립되는 민영화이어야 한다.

셋째, 민영화의 내실을 도모하기 위해서 무분별한 결과지향적 민영화를 지양하고 철저한 시장성검증을 선행하여야 할 것이다. 이를 통해 공공성이 강한 부분은 정부의 몫으로, 경쟁성이 필요한 부분은 민간으로 이양함이 합당하다.

넷째, 집행과정의 투명성 및 일관성 확보를 통해 해당 공기업의 사원 및 국민이 합의할 수 있는 민영화 과정을 도출해야 할 것이다.

다섯째, 집행체제를 중앙예산 기구가 담당하는 체제가 바람직하다. 기존의 노사정 위원회에 맡기는 방식은 민영화 과정을 정치과정화하여 민영화의 본질을 왜곡할 수 있다(김준기, 2001).

여섯째, 적절한 민영화의 지배구조를 확립해야 한다. 이 점은 우리나라 공기업 민영화정책에서 가장 소홀히 한 부분이며 또 앞으로 가장 중시해야 할 국면이다. 과거 민영화정책에서 경험한 지배구조 모형은 크게 재벌모델과 기아(KIA) 모델이다. 첫째, 재벌모델은 지배대주주인 재벌총수가 경영 전권을 행사하였지만(소유와 경영의 일치), 총수의 경영책임을 물을 수 있는 법적 감시 장치가 불충분했다. 둘째, 기아모델은 지배대주주가 없으며(분산적 주식소유) 소유와 경영이 분리된 것이다. 이 경우 형식적으로는 전문인 경영의 요건을 갖추고 있었지만, 실질적으로는 전문경영인에 대한 감시 견제 장치가 없었다.

결국 두 모델의 실패요인은 효과적 기업 감시체제의 미비이다. 따라서 효과적 기업 감시체제가 가능하도록 지배구조를 설계해야 한다. 공기업 민영화의 적합한 기업지배구조는 본래 영미형-독일형의 두 가지로 대별된다, ① 영미형은 발달된 주식시장을 배경으로 소유 분산이 이루어져 있기 때문에 소유와 경영이 분리되어 있다. 대리인 문제는 기업경영권 시장의 규율, 스톡 옵션(stock option), 소액주주권리 보장 등의 외부감시제도와 외부감사제도 등에 의해 해결가능하며, 단기적 시장변동에 신축적으로 대응 가능하다는 장점이 있다. 그러나 중장기적인 기업효율성 확보가 미약하다. 또 노동 시장의 유연성이 높기 때문에 노동자 또는 노동조합의 경영감시가 불가능하다. ② 독일형은 은행 중심의 금융체제가 보편화되어 있으며 노사관계는 협조주의(corporatism)적이며 경직적이다. 기업의 소유구조는 은행, 종업원, 민간주주 등으로 구성되어 있으며, 지배구조는 기업자금 제공자인 금융기관, 노동조합, 주주 등의 이해관계자 중심으로 짜여있다. 안정적 경영권 및 안정적 노사관계가 유지되므로 중장기적 관점의 기업 경영이 가능한 장점이 있다. 그러나 시장변동에 대한 신축성이 상대적으로 약하다는 단점이 있다.

③ 우리의 공기업 민영화 모형은 절충형이 바람직할 것이다. 우리의 경우 기업의 자금조달 방식은 증권시장보다는 은행중심적이다. 또 노사관계는 협조주의적 요소가 강하다. 따라서 민영화 대상 공기업의 지배구조를 구상함에 있어서 소유와 경영의 분리에 입각한 전문 경영의 확립을 추구하면서도 대리인 비용을 감소시키기 위해 이해당사자 관점에서 접근하는 독일식을 절충하는 것이 바람직하다. 그 기본 원칙으로는 사외 이사 역할의 강화, 감사 기능의 강화, 안정적 주주그룹의 확립 등이 있다. 특히 안정적 주주그룹은 지배대주주로 인한 경제력 집중 문제를 회피하면서 동시에 대리인 문제를 최소화할 수 있는 제도이다. 종업원, 은행, 국내외기관투자가 등이 골고루 참여하며 민영화 초기에는 정부도 참여하는 것이 바람직할 것이다(이만우, 1999).

논평

공기업의 민영화와 공공서비스의 민영화는 상이한 차원에서 다루어야 한다(박경효, 2013). 공기업 민영화 문제는 공기업이라는 큰 주제의 일부이기도 하지만 여기처럼 별도의 주제로 정리해 두어야 한다. 특히 우리나라에 공기업 민영화 정책에 대한 전반적인 평가를 내릴 수 있어야 하고 그 구체적 내용을 논의해야 한다. 과거 일부의 저술들이 한국전력공사를 주식회사형 공기업으로 잘못 설명해 온 오류가 있음을 유의하라. 과거의 분류론에 의하면 한국전력은 공사형 공기업이었다. 한국 공기업 민영화정책에 평가를 내림에 있어서 지배구조에 대한 충분한 논의가 있어야 한다. 실제의 민영화 사례를 적절히 인용해야 한다. 추상적인 민영화 논의보다는 구체적인 민영화 모형을 언급함이 꼭 필요하다. 2015.8월 현재, 한전은 "시장형" 공기업이어서 민간 기업에 아주 근접해 있다. 최근에 논의가 활발한 준시장형 공기업인 KTX 운영의 민영화에 대해 찬반양론을 대비하며 서술할 수 있어야 한다.

I 새 테마 행정학 I

14. 사회적 기업

Ⅰ. 개념

1 대두 배경

공기업이 정부와 민간기업의 중간 형태라면, 사회적 기업(social enterprise)은 그 중간에서 민간기업쪽으로 더 다가간 조직 형태이다. 이 조직은 오늘날 한국에서도 많이 나타나고 있고 논란도 많다.

2000년대 이후로 세계 각국은 고용 불안 문제 및 변화된 사회구조가 요구하는 다양한 사회서비스의 공급 문제에 직면하게 되었다. 이에 대처하는 방향은 크게 두 가지로 전개되었다. 첫째, "사회적 투자국가"(social investment state)이다. 거기서는 인적 자원에 대한 투자를 통해 사회참여와 통합을 증진시킴으로써 경제성장과 사회적 발전(활성화)를 중시한다. 둘째, "사회적 경제"(social economy)이다. 이는 기업 활동의 사회성을 강조하여 제3섹터를 창출해 이를 통해 대량 실업 및 사회적 서비스를 제공하자는 것인데 공정무역, 지역화폐 제도, 사회적 기업 육성을 중시한다(김혜란, 2013).

경제적 가치를 추구하는 시장 경제만으로는 이러한 사회적 가치들을 충족하기 어렵다. 그런데 행정이 공공 서비스의 독점적 공급자로서의 지위는 희석되고 민간 등과의 공동 작용(collaboration) 필요성이 점증하는 거버넌스 시대에서는 사회적 가치들의 실현도 정부만이 아니라 민간-정부의 중간 부문을 통해 이루어진다. 종래에는 주로 '비영리 조직'(NPOs)을 통해 이러한 사회적 목적 수행이 기대되어 왔다. 그러나 비영리 기관은 지속가능성(sustainability)이 취약하다. 이를 감안하여 사회적 가치의 실현 및 이 활동을 지속적으로 수행하는 3섹터로 최근 급격히 대두한 대안이 사회적 기업(social economy)이다. 비영리 조직(3섹터)이 '시장-공공부문' 간의 공동 작용이라면, 사회적 기업은 이 지속가능성에 더 무게를 두어, '민간-제3섹터-공공부문' 간의 공동 작용, 즉 제 4섹터로 이해할 수 있다. 미국에서는 사회적 기업은 자선단체의 성격이 강하여 상업적 행위는 이 자선적 활동에 대한 하위 개념으로 간주된다. 그러나 유럽 및 한국은 '사회적 경제' 측면을 더 강조하여 기업 및 자본에 대한 민주적 통제와 공동체주의를 중시한다(배진영, 2013).

2 정의

사회적 기업은 두 가지 방식으로 정의할 수 있다. 첫째, 사업 목적의 특성을 주목하여 연역적 논리로 사회적 기업을 정의하는 것이다. 예컨대, 사회목적을 갖는 사업으로서 지역사회에서 필요로 하는 재화 및 서비스를 생산하고 부족한 재원을 지원하는 활동을 통해 이윤을 사회적으로 보편화하고자 하는 조직, 협동조합과 비영리조직의 교점 영역, 사적 부문의 법적 형태 및 관리 운영 모델을 유지하면서 일정한 사회적 목적을 강조하는 조직 모습을 띠고 가치재나 집합체를 생산하는 기업이라고 정의한다. 그러나 이 정의들은 실제로 사회적 목적의 내용이 국가마다 상이하다는 문제가 있다.

둘째는, 이 제도 관련 공식적 기관 및 실정법 규정을 주목하여 귀납적 논리로 정의하는 방식이다. 이는 구체적인 법제도와 관련하여 사회적 기업을 연구할 때에 도움이 된다. 그러나 이 경우 기업의 사회적 목적이란 본질이 간과되고 각 국가 및 국제기구의 개별 규정에 따라 사회적 기업의 포괄 범위가 달라지는 문제가 있다.

셋째, 가장 바람직한 정의는 먼저 사회적 가치라는 연역적 특성과 현행 법규의 경험적 의미까지 다 고려하는 것이다. 즉 아래의 세 가지 요건을 갖추어야 하며 이를 정부(노동부)로부터 인증을 받은 조직으로 정의하는 것이다.

1) 사회적 가치

취약계층에게 사회서비스 또는 일자리를 제공하거나 지역사회에 공헌함으로써 지역주민의 삶의 질을 높이는 등, 사회적 목적의 실현을 조직의 주된 목적으로 해야 한다. 취약계층이란 자신에게 필요한 사회서비스를 시장가격으로 구매하는 데에 어려움이 있거나 노동시장의 통상적인 조건에서 취업이 특히 곤란한 계층이며, 사회서비스란 교육, 보건, 사회복지, 환경 및 문화 분야의 서비스, 기타 이에 준하는 서비스이다.

2) 기업적 가치

사회적 목적이 지속가능하게 이루어지려면 단순히 일시적, 이타적 자선 조직이 아니라 '기업' 형태에 의해서 유지되어야 한다. 사회적 목적에 지속적으로 재투자하면서도 재정적 생존력을 가지려면 이윤을 얻어야 하기 때문이다. 유급 근로자를 고용하여 재화와 서비스의 생산·판매 등 영업활동을 하며, 영업활동에서 얻는 일정한 수입이 있어야 한다.

3) 가치의 민주적 소유

그 기업의 지배 · 소유 · 경영이 민주적으로 이루어지며 궁극적으로 국가 및 자본으로부터 독립된 재정을 가져야 한다. 서비스 수혜자, 근로자 등 이해관계자가 참여하는 의사결정 구조를 갖추고 경영되어야 한다. 이 부분은 사회적 기업이 시장 경제가 아니라 사회적 경제를 지향함을 선명하게 보여주는 요소이다.

종합하면, 사회적 기업은 취약계층에게 사회서비스 또는 일자리를 제공하거나 지역사회에 공헌함으로써 지역주민의 삶의 질을 높이는 등의 사회적 가치 실현을 위해 재화 및 서비스의 생산 · 판매 등 영업활동을 하는 기업으로서 그 지배 · 소유 · 경영이 민주적으로 이루어지며, 정부로부터 이 요건의 충족 사실을 인증받은 주체이다.

Ⅱ. 유형

1 이론적 유형

본래, 비영리 및 영리 기업을 망라하는 광의의 기업을 동기, 실현 방식, 조직 목표, 이윤의 귀속 방식을 중심으로 구분하면 순수 이타형-혼합형-순수영리형으로 구분된다(김혜란, 2013).

	순수이타형 (Purely Philanthropic)	혼합형 (Hybrid)	순수 영리형 (Purely commercial)
동기	선의(goodwill)	선의+자기이익	자기이익(self interest
방식	사명(mission) 의존	사명+시장	시장(market) 의존
목표	사회적 가치 창출	사회적 가치+경제적 가치	경제적 가치 창출
이윤 귀속	비영리적 임무에 귀속	사회적 가치를 위해 지출, 혹은 사업 확대 위해 보유	주주 및 소유자에 귀속

따라서 일단 사회적 기업은 이 혼합형 범주에 들어있다. 그런데 이 혼합형은 다시 네가지 스펙트럼으로 세분된다. 따라서 왼편의 순수이타형을 대변하는 전통적 비영리 기업-네가지

혼합형기업-오른편의 순수영리형을 대변하는 전통적 영리 기업을 합하면 아래 표와 같이 총 6개 스펙트럼으로 세분될 수 있다(Alter, 2004; 김혜란, 2013). 우선 양 극단에 있는 전통적 비영리 기업 및 전통적 비영리 기업은 사회적 기업에 해당되지 않으며 그 중간의 네 혼합형 조직 유형에 관한 판별이 더 중요하다.

전통적 비영리 기업	소득창출을 하는 비영리 기업 (non-propfit generating income)	사회적 기업 (social enterprise)	사회적으로 책임을 지는 기업 (socially responsible enterprise)	사기업이 사회적 역할을 담당 (corporate practicing social response)	전통적 영리 기업
	①사명 동기가 우세 ②사회에 대한 책임성 강함 ③운영비/사회 프로그램에 재투자		①이윤 동기가 우세 ②주주에 대한 책임성 강함 ③주주에게 재분배		

← 사회적 지속가능성　　　　경제적 지속가능성 →

혼합형 조직은 그 목표(purpose)에 따라 두 가지로 확연히 구분된다. 즉 좌측의 두 가지는 본질적으로 비영리 목표를, 우측의 두 가지는 영리 목표를 추구한다. 따라서 좌측의 유형들이 지속가능한 성장을 이루기 위해서는 비영리 조직의 본질 위에 영리 기업의 속성(ex: 자체수입을 갖는 것)을 도입하는 것이며, 반대로 우측의 유형들은 사회적 가치 달성에 참여함으로써 사회적 지지를 더 얻어 성장하는 전략을 택한다. 이 네 가지를 자세히 보자.

① 소득 창출을 하는 비영리 기업(non-propfit generating income): 여기에는 비영리 기업이 특정 활동에서 약간의 이윤을 창출한다. 이 비영리 기업의 본연의 사업이 아니라 부수적 업무(other activity)에 의해 소득이 발생하는 경우이다. 그러나 이 크기는 기업 예산의 대부분을 차지하는 외부 자금(예산지원 및 기부금)에 비하면 극히 낮다.

② 사회적 기업(social enterprise): 사회 문제를 해결하거나 시장 실패를 보완하기 위해, 기업 메카니즘(이윤 추구, 혁신, 기업자 정신)을 활용하여 사기업 동기의 이윤 및 사회적 목표를 다 달성하려는 기업이다. 독립된 법적 주체가 될 수도 있고, 비영리기업 혹은 영리기업의 하위 조직 중 특정한 사업 부문일 수도 있고, 보조 기관의 형태를 띨 수도 있다. 기업적 목표와 사회적 목표의 성공여부는 상호 의존적이다.

③ 사회적으로 책임을 지는 기업(socially responsible enterprise): 이 유형의 기업은 사기업으로서 주주의 이익을 추구한다는 목표와 사회적 가치 달성에 기여하고자 하는 공익적 목표를 다 가지고 있다. 이 두 가지 목표의 상대적 비중은 기업마다 상이하다. 전술한 사회적 기업에 비해 이윤 동기를 더 중시한다. 이윤의 상당 부분을 주주에게 배당하기 보다는 사회적 가치 달성에 기부를 한다. 기업의 책임을 기업 목표 속에 선언해 두고 있는 것이 보통이다.

④ 사회적 역할에 참여하는 사기업(corporate practicing social response): 이는 사기업으로서 본질적으로 이윤 달성에 주목적을 두며, 기업의 '사회적 책임'(CSR: corporate social responsibility)으로 기부 등을 한다. 그러나 그 활동은 장기적으로 사회적 공익에 참여함으로써 시장 속 기업의 비중을 높이려는 이윤극대화에 본질이 있다.

결국, 이론적 유형론으로 본다면 사회적 기업은 협의로 본다면 좌측 세 번째 "사회적 기업" 만이 해당되며 좀 더 광의로 본다면 사회적으로 책임을 지는 기업(socially responsible enterprise)까지 포괄할 수 있다. 따라서 수입을 창출하는 비영리 기업 (non-propfit generating income)이나 사회적 책임을 담당하는 영리 기업(corporate practicing social responsibility)은 엄밀히는 사회적 기업 범주에 포함되지 않는다.

2 현실적 유형

이는 사회적 기업이 실제로 띠는 구체적인 법조직 양태 및 활동 내용에 따른 구분이다.

1) 법조직 형태에 따른 유형

위의 두 가지 사회적 기업이 띠는 구체적 조직 형태에 따라 민법상의 사단법인·재단법인·조합, 상법상의 회사·합자조합, 특별법에 따라 설립된 법인, 대통령령으로 정한 공익법인·비영리민간단체·사회복지법인·소비자생활협동조합·기타 타 법률에 의한 비영리단체의 형태를 띤다. 즉 협의의 기업은 물론이거니와 다양한 조직 형태를 인정하고 있다. 굳이 외관상 기업의 모습이 아니어도 된다. 사회적 기업과 유사한 역할이 사회적 경제, 비영리조직, 제3섹터, 사회적 일자리, 비시장적 조직, 준시장적 조직 등 다양한 형태의 조직에 의해 수행될 수 있다.

2) 기업 활동 내용에 따른 유형

사회적 기업의 업무 내용에 따라 ①사회서비스(보육, 간병 등 8가지) 제공형 기업, ②일자리 제공형 기업, ③지역사회공헌형 기업, ④혼합형 기업, ⑤기타형 기업으로 구분된다.

Ⅲ. 한국의 사회적 기업에 대한 평가

1 현황

사회적 기업은 종래의 공기업보다 더 민간기업적 성격이 강한 조직형태를 띠고서 일정한 사회적, 공적 목적을 추구하는 조직으로 최근에 대두하였다. 2007년 관련법 제도(사회적기업 육성법)가 확립되고 사회적 기업 1호(간병 · 가사 지원 분야의 다솜이 재단)가 탄생한 이래로 급격히 증가하여 했으며 2011년 1월 한국사회적기업진흥원이 설립되었다. 이 제도는 이명박 정부 후반기 및 박근혜 정부에서 크게 신장된 영역이다. 이것은 당시에 대두된 공생발전 및 일단의 사회적 정책의 일환으로 나온 것이다. 2015년 7월 말 현재 사회적 기업 수는 1,382개에 이르고 있다. 사회적 목적 유형별로는 일자리 제공형이 압도적이어서 이것이 사회적 기업 정책의 주목적으로 되어 있다. 조직형태별 현황을 살펴보면, 상법상 회사 형태가 가장 많으며 이 밖에 민법상 법인, 비영리민간단체이고 이어서 사회복지 법인, 조합 법인 등의 형태가 있다. 사회적 기업이 제공하는 서비스 분야별로 살펴보면, 기타, 환경, 문화, 사회복지, 교육이고 이어서 간병 · 가사, 보육, 보건, 산림보전 등의 순이다(한국사회적기업진흥원, 2014).

2 성과

이 조직은 다음과 같은 긍정적 효과를 보이고 있다. 첫째, 취약계층에게 일자리를 창출하고, 소득 증대의 효과가 있다고 평가되고 있다. 이것은 사회적 목적 유형에서 일자리 제공형이 압도적(70%)인 현 상황의 결과이다.

둘째, 이 사회적 기업이 창출한 효과 중에 주목할 부분은 소득 증대와 같은 금전적 가치 외에 무형적인 '사회적 가치'이다. 이러한 사회적 가치에는 취약계층이 사회적 기업의 종업원이 되어 얻는 귀속감, 낮은 봉급 수준일지언정 적어도 실업자는 아니라는 자부심, 사회에 부담을 주는 존재가 아니라 타인을 돕는 역할을 한다는 자존감, 또 그러한 일 자체가 주는 삶의 가치와 보람 등이 들어 있다. 사회적 기업은 바로 이러한 무형적인 사회적 가치 실현에도 기여를 했다(김혜란, 2013).

셋째, 사회적 기업에는 사회적 목적 달성을 위한 구성원간의 거버넌스 과정이 들어있다. 즉, 사회적 기업은 사회적 약자를 통합하는데 유용한 사회적 자본(social capital) 형성에도 기여하고 있다.

3 문제점

다음과 같은 문제점도 보인다. 첫째, 체계적인 사후 관리 체계가 미비되어 있다. 사회적 기업 인증 후 사업보고서를 제출하도록 하는 것 외에는 별다른 법제도적 사후관리 대책과 성과평가 규정이 없다. 따라서 인증요건 준수 여부 및 지원금 사용 결과를 점검하는 등 정부지원을 받는 사회적 기업에 대한 사후관리 방법을 법령에 구체화할 필요가 있다.

둘째, 성과평가가 부실하다. 재무제표적 결과를 요구하고 있지만 이는 주로 경제적 측면에 치중하고 있어서 사회적 기업의 본질에 더 적합한 '사회적 가치'에 대한 성과평가가 거의 미비되어 있다. 따라서 기업 자체의 재정 성과, 그것도 주로 유형적 가치에만 초점을 두는 재무제표만으로 사회적 기업의 성과를 평가하는 현행 평가 체제는 타당성이 부족하다.

셋째, 재원의 정부 의존이 심하고 수익성이 낮다. 이것은 지속가능성 육성이라는 사회적 기업 육성 정책의 근본에 어긋나는 것이다. 정부 보조금에 대한 도덕적 해이 문제가 발생하기 쉬운데 부정 수급이 그 대표적 예이다.

넷째, 전체 사회적 기업 직원 중 비정규직의 비율이 절반을 넘는다. 이는 우리나라 전체 근로자의 평균보다 높은 비율인데 이는 취약계층 보호라는 조직 목표에 미비함을 반영한다.

다섯째, 정부의 인증 요건이 까다롭기 때문에 진입장벽이 되거나 지대추구를 야기할 우려도 있다. 따라서 현행 인증 제도를 장기적으로는 등록제로 바꿀 필요가 있다.

4 발전 방향

제도의 발전을 위해서는 다음과 같이 점을 고려해야 한다. 현재 사회적 기업은 마을기업, 협동 조합과 더불어 사회적 경제(social economy)의 대표적 정책이 되어 있다. 이런 정책이 갖는 이념은 우리 사회의 형평성을 제고하는 것이다. 그러나, 이러한 정책들은 시장경제 제도의 보완적 정책이지 대안적 방향이 아니다. 따라서 이런 사회정책에서 정부 지원의 기본 방향은 자주적인 지속가능성을 유도하는 것이어야 한다. 여기에서 세 가지 발전 방향을 도출할 수 있다.

첫째, 정부 보조에 과다 의존하지 않도록 유도하며 자생력을 유도하며, 이를 위해 그 성과 여부에 따른 차별적 보조가 필요하다. 기존의 인건비 중심의 보조에서 벗어나 창업, 품질 제고, 판매망 확대 등의 지원으로 전환하는 것이 바람직하다.

둘째, 그리고 사회적 기업의 전반적인 성과 평가 체제를 마련해야 한다. 다만 이러한 평가는 사회적 기업의 본질을 감안하면 경제적 가치 측정 중심의 현행 제도가 아니라 사회적 가치 실현을 잘 측정하는 것이어야 한다.

셋째, 물적 지원 위주의 정부 지원 체제에서 자치단체 및 지역사회, 자원 봉사자 및 각종 중간조직과의 연계 체제로 나아가야 한다. 그리고 이들로부터 얻는 자원으로 물적 지원 외에 기술, 헌신, 여론적 지원을 이끌어내는 노력이 중요하다.

ㅣ새 테마 행정학ㅣ

15. 총체적 품질관리(TQM)

Ⅰ. 의 의

총체적 품질관리(TQM: Total Quality Management)란 조직의 전 직원이 함께 참여하여 고객과 직접 접촉하고 고객의 욕구에 대한 정보를 수집하며, 이를 토대로 프로세스 분석, 리엔지니어링 등의 혁신 기법을 적용하여 서비스 개선을 실현하고 팀워크를 구축하는 경영기법을 말한다. 여기서 Total은 업무의 모든 국면에서 품질을 향상한다는 의미를, Quality는 서비스의 품질을 무결점으로 하여 고객 만족을 지향한다는 의미를, Management는 품질의 지속적인 향상을 위한 조직 역량 자체를 개발한다는 의미를 담고 있다. TQM은 제2차 세계대전 이후 데밍(W. Edwards Deming, 1986)이 일본 산업의 복구를 위한 경영기법으로 도입했으며, 1950-60년대에는 일본기업의 성공에 자극을 받은 미국 기업들에 의해 도입되었고, 1970년대에는 미국 정부(국방성)에서도 도입되었으며, 미국의 부시(George H. Bush) 대통령 시기에 활성화된 바 있다.

Ⅱ. TQM의 내용과 주요 특징

1 TQM의 내용

TQM은 행정서비스를 하나의 생산품으로 간주하고, 고객지향성을 최우선가치로 설정한다. 이에 따라 공공부문에 의해 공급되는 행정서비스가 고객인 국민에게 얼마나 만족을 줄 것인가에 행정관리의 초점이 맞추어지게 된다. 또한 행정의 고객만족도를 높이기 위해 행정조직

전체 구성원의 참여를 강조한다. 이렇게 참여를 강조하는 것은 산출뿐만 아니라 투입, 프로세스과정에서 질의와 제안을 활발하게 하고, 서비스의 지속적인 개선을 가능케 하는 원동력이 된다. 또한 이를 효과적으로 수행하기 위해 조직 내 계층 및 기능 단위 사이의 의사소통의 장벽을 없애서 조직원의 총체적인 헌신을 상시적으로 끌어 낼 것을 강조한다.

2 TQM의 특징

전통적 행정관리방식과 TQM을 비교했을 때 차이점은 다음과 같다. 첫째, 기존 관리방식에서는 행정서비스의 기준이 주로 공급자나 전문가에 의해 설정되었으나, TQM에서는 고객에 의해 설정된다. 둘째, 전통적 관리에서는 사후적인 품질관리에만 초점을 맞추지만, TQM에서는 사전적 · 예방적 관점에서도 품질관리가 이루어진다. 셋째, 기존방식에서는 개별 관리계층이나 전문가 수준에서 수직적 측면의 행정관리가 주를 이루었으나, TQM에서는 관리자, 전문가, 일반 직원, 고객 등 모든 관계자들이 참여하여 수평적 분권구조를 유지하는 가운데 행정관리가 이루어지게 된다.

Ⅲ. TQM의 운영과정과 관리자의 역할

1 TQM의 운영과정

TQM은 참여를 기반으로 하는 상향식 의사결정 과정을 통해 개혁을 이루게 된다. 첫째, 개별업무의 담당자들이 자신이 담당하고 있는 업무전반의 문제점을 측정, 기술해 개선되어야 할 작업과정을 확인하는 것에서부터 시작한다(Plan 단계). 둘째, 결함의 원인을 확인한 후, 작은 규모의 파일럿 프로젝트로 해당문제를 해결하기 위한 개선안을 시범적으로 도입한다(Do 단계). 셋째, 시범사업의 효과가 입증한다(Check 단계). 넷째, 개선안을 채택해서 실행한다(Action 단계). 이러한 과정을 지속적 · 전면적으로 반복함으로써 업무의 상시적인 개선을 달성하게 된다.

2 관리자의 역할

TQM에서 관리자의 역할은 고객의 요구를 정확하게 파악하고, 고객의 요구에 맞게 행정서비스의 품질을 개선하는 것이라 할 수 있다. 행정관리의 측면에서는 통제를 활용하기 보다는 참여를 대폭적으로 허용하는 가운데 적절한 권한위임(empowerment)을 활용할 필요가 있다. 또한 현상유지보다는 지속적인 개선을 시도하고, 문제 발생 이후의 개선보다는 예방에 주력하는 데에 초점을 맞추어야 한다.

Ⅳ. 정부부문에의 도입 현황과 한계

1 정부부문에의 도입현황

한국에서 TQM은 먼저 민간 부문에서 도입되었다. 공공 부문에는 90년대 중반 지방자치의 실시 이후 본격적으로 도입되었는데, 충청북도를 시작으로 제주도, 서울 강동구청, 경북 칠곡군청 등 여러 지방자치단체가 TQM 적 요소로 'ISO 9000인증', '행정서비스 헌장제' 등을 행정서비스에 접목시키고 있다. 그러나 상당한 경우 그것이 형식화 되어 있으며 '행정서비스 헌장제' 는 실질적 행정품질 증진과는 거리가 있다.

2 정부부문에의 TQM 도입의 한계

정부 부문에 TQM을 도입하는 최대의 한계는 정부가 기업이 아니며, 행정서비스는 민간부문의 상품이나 서비스와 다른 특징을 지니고 있다는 근본적인 점이다. 물론 정부부처 중에서도 특허청과 같이 집행 업무를 수행하는 부처의 경우에는 행정서비스의 고객이 분명하고, 고객만족도를 측정하기 용이하다는 측면에서 TQM을 도입하기 쉽다. 그러나 공정거래위원회, 환경부처럼 규제 업무를 주로 하거나, 예산부처처럼 민간 고객의 의미가 적은 업무를 수행하는 기관의 경우에는 고객을 명확히 규정하기가 어렵다.

또 고객의 만족도 또는 품질도 정부 기관의 경우 계량적 측정이 어렵다. 따라서 정부부문에 대한 TQM 도입은 서비스 수혜자인 "고객"의 범주 설정이 용이하고, 품질 및 고객만족도의 평가가 객관적으로 이루어질 수 있는 기관 중심으로 점진적으로 이루어질 필요가 있다.

이 밖에 현실적인 측면에서 정부조직의 목표달성을 위한 투입과 과정이 기업조직에 비해 투명한 정도가 매우 낮으며, TQM에서 주장하는 품질향상을 위한 조직문화의 형성은 전통적인 관료주의(bureaucratic routines)와 변화를 꺼려하는 정부조직의 문화와는 괴리가 있다(박정수, 1996).

논평

'ISO 9000인증', '행정서비스 헌장제' 등으로 대표되는 TQM 방식의 행정개혁은 기본적으로 행정과 경영을 동일시하는 신공공관리(NPM) 측면의 행정개혁을 반영한다. 따라서 정부가 제공하는 행정서비스 중에서 TQM이 잘 적용되는 영역과 잘 적용되지 않는 영역을 구분하여 논리적으로 정리해 둘 필요가 있다. 이 TQM은 피터스의 4가지 거버넌스 모형 중 어디에 속하는가? 조직이론의 계보에서는 어느 학파에 속하는가?

| 새 테마 행정학 |

16. 책임운영기관

Ⅰ. 의 의

책임운영기관이란 기관장의 책임운영을 활성화하여 조직의 성과와 운영의 효율성 등을 도모하고자 만들어진 비교적 새로운 조직제도이다. 기관장에게 조직, 예산, 인사 등에 대한 어느 정도의 재량권을 부여하여 최고관리자가 책임지고 기관을 운영할 수 있도록 만든 제도이다. 정부업무 중에 공공성을 유지하면서도 경쟁원리에 따라 운영하는 것이 바람직한 경우에 여러 나라에서 책임운영기관제도를 채택하고 있다. 한국에서는 "책임운영기관이란 정부가 수행하는 사무 중 공공성을 유지하면서도 경쟁원리에 따라 운영하는 것이 바람직한 사무에 대하여 책임운영기관의 장에게 행정 및 재정상의 자율성을 부여하고 그 운영성과에 대하여 책임을 지도록 하는 행정기관"으로 정의하고 있다(책임운영기관의 설치 · 운영에 관한 법률 제2조).

이 제도는 유럽 등으로부터 영향을 받아 만들어진 것이다. 유사한 성격의 조직제도가 일부 유럽국가에서 오래 전부터 발전되었다고 알려져 있으나, 본격적으로 국제적인 주목을 받게 된 계기는 영국에서 1988년 이후 '다음단계 정부혁신'(Next Steps)의 조직모형의 하나로 에이전시(Executive Agency)제도가 부상하면서부터이다(뉴질랜드의 Crown Entity, 캐나다의 Special Operating Agency, 미국의 Performance-Based Organization 등). 책임운영기관은 이론적으로 보면 신공공관리론(NPM)의 영향을 받을 것이라 할 수 있으며, 조직차원에서는 영국 정부 조직변화의 영향이 컸다고 할 수 있다(일부에서는 영국제도의 수출품이라고 불러지기도 함). 일본의 경우에는 100개 이상의 독립행정법인제도를 두고 있는데, 여기에는 '특정 독립행정법인'(공무원형)과 '비특정 독립행정법인'(비공무원형) 등 두 가지 종류가 있고 비공무원형인 비특정 독립행정법인의 숫자가 압도적으로 많다(일본 총무성 행정평가국 내부자료 참조, 2007).

Ⅱ. 책임운영기관의 유용성

1 정책결정과 집행의 분리로 인한 효용

정책결정을 담당하는 기관과 정책의 집행 또는 서비스의 전달을 담당하는 기관을 분리하자는 취지에서 출발한 것이다. 정책결정기능(steering)은 전통적인 정부기관에 맡기되, 정책의 집행(rowing)이나 서비스의 전달(service delivery)은 규제가 많은 전통적인 정부기관에 맡길 필요 없이 신축성과 재량권이 많은 새로운 형태의 정부기관에 맡겨 성과와 효율성을 제고하자는 목적에서 나온 것이다. 과거의 행정조직은 정책입안과 집행기능의 뚜렷한 분리 없이 모든 활동에 대해 책임을 떠맡아야 하는 단일주의 형태였다. 그런데 최근에는 집행기능을 분리하여 책임운영기관 형태로 재편하는 경향이 국제적으로 늘어나고 있다.

2 성과관리의 용이

각 책임운영기관은 행정 서비스의 목표와 질적 수준의 개선방향 등을 규정한 계약서(Framework Agreement)에 따라 활동하며, 이 기준에 충족되는 행정 서비스를 제공해야 한다. 이 때 책임운영기관은 일반 행정 조직과는 달리 위계적 서열, 명령, 규정보다는 목표지향적 특성을 가지며 이를 위해 일정한 범위 내에서 업무수행의 자율성을 보장받는다. 즉, 기관의 책임자는 조직과 인사 및 예산상의 자율적 권한도 어느 정도 갖고 있어 기업차원의 경영자와 유사한 권한을 갖고 있는 셈이다. 책임운영기관에서는 관리자의 재량권을 크게 늘리는 대신에 관리자로 하여금 그 성과에 대하여 책임을 지도록 한다. 성과협약의 체결을 통해 공공부문의 조직과 제도, 행정, 규제, 인사, 보수 등 많은 분야에서 변화가 초래되어 정부개혁이 촉진될 것으로 기대된다(김동건, 2004).

3 비용절감과 고객지향성으로 인한 서비스질의 증대

책임운영기관이 담당하는 정책의 집행이나 서비스의 전달은 정책결정과 달라서 민간부문과의 경쟁이나 같은 정부부문간의 경쟁이 가능한 분야이다. 이러한 경쟁으로 인하여 능률이 제고되고, 상호간 경쟁을 통하여 고객에게 보다 나은 서비스를 제공할 수 있게 된다.

Ⅲ. 한국의 책임운영기관의 경우

1 제도의 연혁과 현황

한국에서는 1999년에 "책임운영기관의 설치·운영에 관한 법률"이 제정되었다. 이 법의 제정 목적은 책임운영기관의 설치 및 운영에 관한 기본적인 사항과 책임운영기관의 조직·인사·예산·회계 등에 관한 특례를 규정함으로써 행정운영의 효율성과 행정서비스의 질적 향상을 도모하는데 있다.

책임운영기관이 일반정부조직과 다른 큰 차이점 중의 하나는 기관장의 공개채용이며, 책임운영을 위해 어느 정도의 자율성이 허용된다. 지난 2000년 1월에 국립영상간행물제작소, 국방홍보원(구 국군홍보관리소), 운전면허시험관리단, 국립중앙과학관, 국립중앙극장, 농업공학연구소(구 농업기계화연구소), 국립의료원, 수원국도유지건설사무소, 전주국도유지건설사무소, 해양경찰정비창 등 10개 기관이 책임운영기관으로 지정되었고, 2001년도에 중앙구매사업단(구 조달청중앙보급창), 충남지방통계사무소, 국제교육진흥원, 항공기상대, 국립수의과학검역원, 국립식물검역소, 축산과학원(구 축산기술연구소), 임업연구원, 국립재활원, 국립목표병원, 국립지리원, 대구국도유지건설사무소, 대산지방해양수산청 등 13개 기관이 추가로 지정되었다. 2015. 8월 현재 책임운영기관은 40개이다.

책임운영기관은 기관의 지위에 따라 '중앙책임운영기관'과 '소속책임운영기관'으로 구분한다. ① '중앙책임운영기관'은 「정부조직법」제2조제2항의 규정에 의한 "청"의 모습을 띠고 있다. 책임운영기관의 설치·운영에 관한 법률 제4조의 규정에 의하여 대통령령으로 설치된 기관을 말한다. 현재 "특허청"이 유일하다. ② '소속책임운영기관'은 중앙행정기관에 소속되어 있다. 책임운영기관의 설치·운영에 관한 법률에 의하여 대통령령으로 설치된 기관을 말한다.

2 제도의 운영

1) 기관장 채용

① 소속책임운영기관의 장은 공개모집 절차에 따라 행정이나 경영에 관한 지식·능력 또는 관련분야의 경험이 풍부한 자 중에서 계약직공무원으로 공개 채용한다. 기관장의 채용기간은 5년의 범위 안에서 소속중앙행정기관의 장이 정하되, 특별한 사유가 있는 경우를 제외

하고는 2년 이상으로 하도록 하였다. ② 중앙책임운영기관의 장의 임기는 2년이며, 1차에 한하여 연임할 수 있다.

2) 조직 및 인사

중앙행정기관의 장은 소속책임운영기관의 소속 공무원에 대한 일체의 임용권을 가진다(18조). 중앙행정기관의 정원관리는 대통령령으로 하지만, 책임운영기관의 총정원의 한도는 대통령령으로 정하고, 종류별·계급별 정원은 총리령 또는 부령으로 정한다. 정원 한도 내에서 계약직공무원을 활용할 수 있다.

3) 유형 및 회계

과거에는 책임운영기관을 기업형 기관, 행정형 기관으로 구분했다. 그러나 2011년 법개정을 통해 더욱 세분하여 ① 조사연구형, ② 교육훈련형, ③ 문화형, ④ 의료형, ⑤ 시설관리형, ⑥ 기타 유형으로 구분하여 성격에 따라 달리 처리하고 있다. 책임운영기관특별회계로 계리되는 사업은 "정부기업"으로 간주된다(30조).

4) 성과측정 및 평가

책임운영기관은 행정자치부 장관소속의 "책임운영기관운영위원회"의 성과 평가를 받는다. 책임운영기관 장은 그 평가 결과를 운영에 반영하도록 규정되어 있다.

Ⅳ. 책임운영기관의 문제점

1 제도적 속성에 따른 문제점

1) 조직분절화로 인한 조정 협조의 곤란

정책의 결정과 집행은 유기적으로 연결되어야 함에도 불구하고, 책임운영기관의 설치로 인한 결정과 집행의 분리는 조직의 분절화를 초래하여 조정·협조를 어렵게 하여 때때로 비능률을 초래하는 경우가 있다.

2) 공공부문의 성과측정과 관리의 곤란성

민간기업과 달리 행정의 경우 정확한 성과측정이 어려운 부분이 많다. 정량적인 성과측정이 어려운 경우에 책임운영기관장에 대한 성과관리를 하기가 쉽지 않다. 따라서 정량적인 부분과 정성적인 부분 등을 감안한 보다 정교한 평가체계가 필요하다.

3) 효율성으로 인한 기타 공공성의 침해 가능성

책임운영기관 역시 근본적으로 다양한 행정이념의 실현수단이어야 한다. 그러나 단기적인 성과관리의 중시로 인하여 일시적으로 능률성 · 효율성 등에 치중할 가능성이 높아지는데 이렇게 되면 민주성 · 형평성 등에 대한 행정이념 구현이 상대적으로 간과될 수 있다.

4) 단기적 성과 치중으로 인한 장기적 공익 훼손 가능성

책임운영기관장은 일정한 기간을 계약기간(현행 2년 임기, 1차 연임가능)으로 하여 임용되므로, 재임용 여부는 단기간의 가시적 성과 여부로 판단될 수밖에 없는 실정이다. 이러한 구조는 자연적으로 장기적 안목에 따른 공익 보다는 단기적 · 가시적인 성과만을 추구하도록 만든다.

2 한국 책임운영기관 운영의 문제점

1) 통제기관의 과도한 간섭

제도도입 당시의 본래 취지에 따르면 책임운영기관장에 대하여 대폭적인 조직 · 인사 · 재무상의 자율권을 부여하여야 한다. 주무부처나 행정안전부 등에서 기관장에 대하여 많은 재량을 부여해 가고 있다.

2) 제도 도입 확산이 필요함에도 불구하고 실시되지 않는 기관 다수 존재

정책집행 기능을 위주로 하는 기관으로써 자율성의 대폭적인 부여를 통하여 능률향상과 서비스의 품질 개선을 이룰 수 있는 기관들이 다수 존재함에도 불구하고, 많은 기관들이 책임운영기관으로서의 능력을 발휘하지 못하고 있다. 아울러 더 많은 기관들이 책임운영기관으로 지정될 수 있음에도 불구하고 확산되지 못하고 있다.

Ⅴ. 바람직한 발전방향

1 적절한 대상 선정과 확산

정책기획 · 결정 기능을 제외한 집행기능, 규제기능 및 사업적인 기능은 책임운영기관이 담당할 수 있는 업무들이다. 사업적인 기능은 수익사업만이 아니라 비수익사업(서비스제공 등)을 포함하는 개념이므로 그 대상을 늘릴 필요가 있다. 따라서 책임운영기관제도의 성공을 위해서 광범위한 이해 및 수용이 필요함을 감안할 때, 책임운영기관제도가 수익사업 분야에 한정된 개념이라는 인식은 전환될 필요가 있다. 그리고 책임운영기관 선정의 공정성과 객관성을 확보하기 위해서는 적용대상 기준에 대해 추상적으로 규정되어 있는 법령상 규정을 구체적 기준으로 바꾸어야 할 것이다.

2 자율성 제고 및 통제 적정화

1) 조직 및 인사관리의 자율성 확대

행정안전부는 책임운영기관의 소속 장관 및 책임운영기관 기관장에게 자율적 운영의 범위를 확대해야 한다. 또한 하부조직 개편과 소속기관 설치권한도 총정원 및 예산의 범위 내에서 자율적으로 정할 수 있도록 해야 한다. 이와 더불어 인사관리상의 어려움을 극복하기 위해서는 자체수입 등에 기초하여 그 일정 비율을 보수수준이나 성과급 편성의 확대 등에 활용하는 등 보수체제 상의 자율성 신장도 필요하다.

2) 예산관리의 자율성 확대

예산전용이 필요할 경우 기본적인 예산과목을 제외한 나머지는 책임운영기관장에게 전용권을 부여하여야 한다. 그리고 자율성 확대를 위해 경상경비 한도제나 총액예산제 도입이 바람직하다. 자체수입을 도모하기 위해서 자체수입의 증대에 따른 인센티브 지급, 기부금 등도 더 탄력적으로 인정해야 할 것이다.

3 성과측정의 개선

1) 평가체제의 합리화 및 종합편람 발행

각 부처소속의 운영심의회는 평가위원회에서 제시하는 '평가지침'에 의하여 독자적으로 평가를 실시하고, 기관의 성격 및 업무내용에 따라 다양한 평가지표를 개발 · 적용해야 할 것이다. 또한 업무의 성과가 사전에 설정한 사업목표를 달성했는지를 객관적으로 분석 · 평가하고, 평가결과에 대하여는 보고서를 정기적으로 발간 · 공표해야 할 것이다. 행정자치부 소속의 평가위원회는 기본적으로 각 부처 소속의 운영심의회의 평가결과를 심의하는 것이기 때문에, 기관 운영성과를 종합적으로 평가하고 객관적이지 못한 각 부처의 평가결과를 정확히 지적하고 개선방안을 제시하는 등 상위수준의 평가에 충실하는 것이 바람직하다. 아울러 전체 책임운영기관을 망라하는 종합편람을 정기적으로 발간할 필요가 있다.

2) 명확한 목표설정과 평가지표의 객관화 및 평가모델 개선

성과목표는 현실적으로 달성이 가능한 것이어야 하며, 구체적이고 측정 가능한 용어로 표현되어야 한다. 또한 상·하위 목표간 일관성을 유지하고 목표의 수는 지나치게 세분화되어서는 안 된다. 목표수준은 가능한 구체적인 수치로 표현하는 것이 바람직하다. 책임운영기관 평가의 공정성과 신뢰성을 확보하기 위해서는 무엇보다도 평가의 척도가 되는 지표가 합리적으로 개발·적용되어야 한다. 그리고 책임운영기관 지표체계를 기관별 특성을 반영한 핵심업무 위주로 단순화할 필요성이 있다. 책임운영기관에 대한 평가모델을 새롭고 정교하게 개발하여 이를 보급할 필요가 있다.

3) 평가방법 및 절차의 개선

평가의 신뢰도와 객관성을 높이기 위해서는 평가내용에 대한 전문성, 평가활동과 방식에 대한 지식, 그리고 평가기관의 이해관계로부터 자유로운 중립적인 평가위원들이 참여하는 전문실무평가단을 구성하여 평가해야 할 것이다. 객관적이고 공정한 평가를 수행하기 위해서는 평가에 필요한 인원과 시간 등에 대한 충분한 투자가 있어야 한다. 여전히 관대화 평가의 경향이 지적되고 있다. 또, 책임운영기관의 회계 결산시기, 사업의 종료 시기 등 각 기관의 현실을 감안하여 자체평가의 일정과 평가주기를 적절하게 조정할 필요가 있다.

4) 평가결과의 활용 개선

책임운영기관제도는 기관장에게 운영의 자율권을 대폭적으로 부여하고 그 성과에 대하여는 책임을 지도록 하는 제도이므로 엄정한 평가와 객관적인 보상체계의 구축이 중요하다. 이러한 보상체계로서 인센티브는 크게 인사측면과 예산측면으로 나누어 볼 수 있다. 우선 중앙행정기관의 장은 기관의 운영성과를 기관장의 인사나 성과연봉에 직접 반영하여야 한다. 예산측면에서도 책임운영기관별 성과평가 결과를 익년도 예산편성에 반영시키는 시스템을 마련하여야 한다. 또한 책임운영기관의 성과가 전 직원의 노력에 의하여 달성된다는 측면에서 기관장과 전 직원에 대한 보상이 이루어질 수 있도록 제도적 보완이 필요하다.

4 정보공개

기관장의 채용, 실적, 평가 등을 국민에 공개하여 정실임용 등의 소지를 없애야 한다. 제도적으로는 이러한 것들이 공개되도록 하고 있으나, 현실적으로 이러한 자료들이 충분히 공개되지 못하고 있다. 형식적인 정보공개 운영을 탈피할 필요가 있다. 연례보고서(annual report) 등을 발간하고 그 내용을 보다 충실히 구성하여 공개해야 할 것이며 시민들의 정보공개 청구가 있으면 빠른 시일 내에 성실히 응답해야 할 것이다.

논평

2015년 8월 현재 책임운영기관은 40개인데 제도 도입 시기보다 축소되었다. 그러나 장기적으로는 확대될 추세가 있다. 앞으로 군에도 경쟁 원리와 민간 경영기법(군 책임운영기관제도)이 확산될 전망이다. 현역 군인이 맡아 온 정비창과 보급창, 지도창(군사지도 제작), 복지단, 인쇄창, 전산소, 군병원 등 비전투부대의 부대장을 민간인도 맡도록 추진하였다. 책임운영기관에 대한 설명은 김근세(2000)와 과거 행정자치부(2003)의 자료를 참고하라. 행정안전부의 주무 부서인 '조직진단과'의 자료(특히 과거의 평가 결과의 요약)이 도움이 된다. 책임운영기관 중 "특허청"은 유일한 중앙책임운영기관이라는 점을 유의해 보자.

| 새 테마 행정학 |

17. 위원회 제도

Ⅰ. 의 의

위원회란 단독제(독임제) 행정기관 등에 대응하는 개념으로 계층제조직의 경직성을 완화하고 민주적 의사결정과 정책조정 등을 촉진하기 위하여 대등한 위상의 복수의 구성원들이 협의 혹은 합의하여 결정을 내리는 조직구조를 의미한다. 각종의 자문을 해주는 위원회도 있고, 국가과학기술위원회 · 원자력안전위원회 · 국가인권위원회 등의 중앙행정기관의 모습을 띤 것도 있다. 행정의 양적 팽창과 질적 고도화로 인하여 오늘날 행정부는 준입법적 혹은 준사법적 기능도 담당할 필요가 있다. 아울러 행정자체의 성격과 내용이 과거보다 훨씬 복잡하고 다양하게 발전하여 행정과정에서 전문지식과 경륜 등의 활용이 크게 요청되고 있다. 따라서 행정수요와 내용 등의 변화에 대하여 독임제만으로는 대처할 수 없게 되어 위원회제도가 성립 발전하기 시작하였다.

Ⅱ. 위원회 제도의 특징

1 위원회제도의 특징

위원회제도는 단독제(독임제) 행정기관에 비하여 다음과 같은 특징을 가지고 있다.

첫째, 위원회제의 가장 중요한 특징으로 전통적인 행정기관이 대부분 독임형 단독제를 원칙으로 하고 있지만 위원회는 복수 구성원으로 이루어지는 협의 내지는 합의제 기관이라는 점이다.

둘째, 위원회는 특정 문제를 해결함에 있어 다수의 사람들이 토의 과정을 거쳐 신중하게 결정한다는 점에서 민주적이고 개방적인 성격을 지닌다.

셋째, 일반적으로 계층제는 조직의 통일성과 능률성을 확보하는데 적합한 조직형태이나 조직의 경직성을 초래할 우려가 있기 때문에 이러한 계층제의 결함을 수정, 보완하고 조직의 의견수렴(협의조정)적 과정을 증진시킬 수 있는 제도이다.

넷째, 행정국가(administrative state) 등의 확산과 더불어 경제, 사회 제 분야의 규제적 기능을 신중하고도 합리적으로 해결하기 위한 시대적 필요성에 따라 발달된 제도이다.

1 위원회제의 장 · 단점

1) 위원회제의 장점

(1) 집단적인 의사결정과 민주화

위원회의 의사결정은 여러 사람의 의견과 경험을 토대로 집단적인 토의 및 검토과정을 거치기 때문에 문제해결의 신중성과 공정성을 확보하고 조직의 민주화를 촉진시킬 수 있다.

(2) 이견의 조정과 통합의 촉진

각 부문간의 이해관계와 의견대립을 조정하고 통합할 수 있어 업무처리의 독단과 그에 따른 반발과 갈등 등을 줄일 수 있다. 최근에는 참여적 거버넌스(participatory governance)라는 세계적 흐름을 타고 위원회제도가 널리 활용되고 있다.

(3) 행정의 안정성과 계속성의 확보

일반적으로 위원회의 모든 위원이 동시에 전격 교체되는 경우가 적어 행정의 안정성과 계속성을 도모할 수 있다. 다양한 전문가를 활용하여 정치적 영향이나 이익집단의 압력을 배제할 수도 있어 정책의 일관성 및 신뢰성을 확보할 수 있게 한다.

(4) 의사전달흐름의 원활화와 정책결정의 질적 개선

위원회는 상호 관련된 조직단위간의 정보와 지식을 교환할 수 있는 기회를 제공함으로써 상호간의 의사전달을 원활하게 하며 다수의 각계 전문가의 경험이나 전문적 지식을 활용하여 보다 합리적인 의사결정을 가능하게 한다.

(5) 새로운 장기적 국가과제나 역점 시책의 집행을 촉구

정부개혁, 환경보호, 정보화, 고령화저출산 문제 등 장기적인 국가과제, 또는 여러 부처와 관련된 복합적 성격의 정책문제를 다룰 필요가 있을 경우에는 대통령 혹은 총리실소속의 위원회를 통해 범정부적으로 문제해결을 도모할 수 있는 장점이 있다.

2) 위원회제의 단점

(1) 결정의 지연과 의사결정의 비효율성

의사결정 과정에 서로 다른 배경을 가진 다수의 인원이 참여함으로 인해 심의와 결정이 지체되고 구성원들의 이질성 등으로 인하여 의사결정에 이르기까지 많은 시간과 경비가 소요되어 행정의 비능률을 야기할 가능성이 높다.

(2) 타협적 결정의 가능성

위원회의 안건이 복잡하고 의견대립과 갈등이 장기간 지속될 경우 권태감을 느끼고 참여의욕을 상실할 우려가 있다. 또한 이해당사자가 결탁하게 되면 상호간의 비판적 견제를 회피하고 서로간의 이해관계를 돌려가며 지지하는 등의 바람직하지 못한 의사결정 행태가 나타날 수도 있다. 이러한 상황에선 적당히 타협하는 방향으로 의사결정이 이루어질 가능성이 높아진다.

(3) 책임한계의 모호

위원회는 협의 내지는 합의제 기관이므로 그 책임이 위원회 전체에 분산되어 그 한계가 불명확하고 위원들이 서로 책임을 회피하여 행정과 정책상의 책임감을 훼손할 우려가 있다,

(4) 기타

위원회는 다양한 이익, 압력 단체들 간의 투쟁의 장으로 전락할 가능성이 있고 창조적이고 합리적인 선택보다는 타협과 흥정에 의한 정치가 이루어질 수 있는 가능성이 있다. 또한 구성원들간의 자원과 능력의 차이로 인해 소수 구성원의 주도로 전제적인 의사결정의 방향이 좌우될 수도 있다.

Ⅲ. 위원회의 유형

1 위원회의 유형구분

위원회의 유형은 학자의 견해에 따라 서로 상이할 있다. 다음에서는 일반적인 위원회의 유형구분에 따라 자문위원회, 행정위원회, 독립규제위원회 등으로 분류하여 살펴보고자 한다.

1) 자문위원회

자문위원회(advisory board)란 정책결정이나 정책집행을 담당하는 상설 행정조직은 아니다. 글자 그대로 대통령, 총리, 장관(급) 등 국정책임자들의 "자문"에 응하는 심의형 위원회이다.

자문위원회는 자문을 통하여 행정활동에 대한 실제적 영향력을 미칠 뿐 그 결정에 있어서는 법적 구속력을 가지지 못한다. 자문위원회의 일반적인 기능으로서 조직의 특정 문제에 대한 전문적, 기술적 지식과 정보제공의 역할을 하고, 특정기관(대통령, 총리, 부처 등)의 업무나 사업계획 등에 대한 일반적인 지지를 획득할 수 있는 수단으로서 이용되기도 하며, 위임 입법 결정시 이에 대한 조언의 역할을 하기도 한다.

2) 행정위원회

이는 합의제 행정기관으로서 그 결정은 법적 구속력을 가지고 결정, 집행 등 적극적인 기능을 수행하고 아울러 하부에 보조 및 보좌기관을 둘 수 있다. 이러한 행정관청적 위원회를 협의의 행정위원회(administrative board)라 한다. 행정기관 소관사무의 일부를 독립하여 수행할 필요가 있는 때에 법률이 정하는 바에 의하여 행정위원회 등 합의제행정기관을 둘 수 있다(정부조직법 5조).

이러한 행정관청적 위원회의 특징은 ① 준입법적, 준사법적 기능을 수행한다는 점, ② 의사결정의 법적 구속력이 인정되고 상설 사무기구가 설치되어 있다는 점, ③ 정책결정, 기획, 집행, 조사 등의 행정적 기능을 수행한다는 점, ④ 법률적 근거에 의해 주로 독립된 행정관청으로서의 성격을 가지고 있다는 점 등을 들 수 있다.

3) 독립규제위원회

행정부 등으로부터 독립성을 가지면서 준입법적, 준사법적 기능을 수행하고 위원의 신분이 보장된 행정위원회에 해당한다. 이러한 독립규제위원회(independent regulatory commission)는 19세기 말 이래 미국 등에서 발달된 제도로서 당시 미국에서 산업사회의 급격한 발달로 인한 경제, 사회적 폐해를 제거하거나 예방하기 위하여 민간 부문 등을 규제할 수 있는 독립적 기관의 설치 필요에 의해 대두되었다. 행정위원회보다 독립성이 강하며, 그 업무 내용의 규제적인 성격이 강하다는 차이가 있다.

2 우리나라 정부에서의 위원회제도의 운영사례

1) 자문위원회

자문위원회는 헌법과 법률 및 대통령령 등에 근거하여 설치된다. 대통령자문, 국무총리자문, 장관(급)자문기관 등 다양한 형태의 자문위원회가 있다. 역대 정부의 자문위원회 숫자는 약 300여개 이상이다. 대통령과 국무총리는 물론 각 부처별로 소관사항에 관련해 다양한 자문위원회가 조직되어 있다. 정권 초기에 자문위원회가 다수 조직되고 정권 후반기에 가면 이를 정비하는 관례가 반복되어 왔다.

2) 행정위원회

독립된 기관으로 존재하는 국가인권위원회가 있으며, 대통령소속의 행정위원회로는 방송통신위원회 등이 있으며, 국무총리소속으로는 공정거래위원회, 금융위원회 등이 있다. 그리고 부처별 행정위원회도 다수 존재한다(소청심사위원회, 교원소청심사위원회, 정부공직자윤리위원회 등). 소속 기관이 어디인가 보다는 그 업무 자체의 경중에 따른 공식적 권한에 따라 그 중요도가 정해짐이 보통이다. 이들은 합의제 행정기관이다.

3) 독립규제위원회

독립규제위원회는 광의의 "행정위원회"제도이다. 위원회의 업무 성격이 규제적인 것이 많아 독립규제위원회로 불린다. 미국의 독립규제위원회와 가까운 기능을 수행하는 우리나라의 기관으로는 중앙선거관리위원회, 중앙노동위원회, 공정거래위원회, 금융통화위원회 등을 들 수 있다.

그러나 우리나라 정부에서는 이들을 독립규제위원회로 분류하여 관리하고 있지는 않다. 그리고 그 독립성 수준에 비추어 볼 때에 미국식 의미의 독립규제위원회와는 아직 차이가 있다. 우리나라에서는 위원회제도를 행정위원회와 자문위원회로 구분하고 있으며, 소속에 따라 대통령자문기관, 국무총리자문기관 그리고 장관(급)자문기관 등으로 구분하고 있다.

Ⅳ. 독립규제위원회

1 의 의

1) 개념

광의의 행정위원회의 한 유형으로 행정부와 대통령 등으로부터 독립성을 가지면서 준입법적, 준사법적 기능을 수행하고 위원의 신분이 보장된 합의제 행정기관을 의미한다.

2) 독립규제위원회의 설립목적

독립규제위원회(independent regulatory commission)는 미국에서 발달된 제도로서 경제적 규제의 공정성을 제고하고 행정기능 비대화를 견제하고자 하는 미국 의회의 전통에 따라 설립된 기관에 해당한다. 미국의 경우 1887년 클리브랜드(Grover Cleveland) 대통령 때 '주정부간 통상위원회'(Interstate Commerce Commission)가 최초로 설치되었다. 독립규제위원회의 주요 설치목적을 살펴보면 다음과 같다.

첫째, 의회의 규제업무에 대한 비전문성을 극복하고 대통령의 규제업무에 대한 정치적 영향력 행사를 방지하고자 하는 이중적 필요에 의해 대두되었다. 즉 규제업무의 전문성 확보와 규제업무의 정치적 독립성, 중립성 확보 등이 독립규제위원회의 설립필요성을 정당화한 것이다.

둘째, 규제업무의 계속성과 전문성 강화를 위해 위원의 신분이 안정적으로 보장되는 합의제 기관이 필요하게 되었다.

셋째, 자유주의 시장경제 체제가 원활하게 작동하지 않으면 시장실패가 발생할 수 있는데 이런 경우에 사회·경제적 규제업무를 수행하는 기관이 필요하며 규제업무를 공정하게 수행하려면 외부의 정치적 영향력으로부터 독립된 기관의 설치가 요청된다.

넷째, 행정부의 독점이나 비대화를 배제하기 위해서 입법, 사법, 행정부도 아닌 이른바 제4부(the 4th Branch)라고 불리는 독립적인 규제위원회가 필요하게 되었다.

2 독립규제위원회의 특징

1) 독립성과 정치적 중립성

여기서 독립성이란 입법부와 사법부 및 행정수반 등으로부터의 독립성을 포함한다. 이 독립성 보장의 제도적 방법은 위원 신분의 독립성과 업무 수행의 독립성으로 구분된다. 위원을 임명할 때 대통령은 의회의 동의를 거쳐서 해야 하고, 임명된 이후에는 법이 정한 사유 이외의 사유를 들어 해임할 수 없고, 위원의 임기를 보통 대통령의 임기보다 길게 하여 업무의 공정성과 형평성 등을 담보한다. 또한 특별한 사유를 제외하고 임기를 보장하여 신분보장을 함으로써 규제 업무의 공정성을 확보하고 정치적 영향력으로부터 중립성을 유지하게 한다. 업무수행 중 대통령이나 행정부 또는 국회로부터의 간여나 영향력 행사로부터 자유롭게 하기 위하여 독립규제위원회 위원은 양당의 인사들로 구성하고 위원의 과반수를 동일 정당 소속일 수 없도록 하여 서로간의 견제가 가능하도록 하였다.

2) 합의성

독립규제위원회는 공정한 의사결정을 위하여 합의제 원리를 채택하고 있다. 아울러 계속성과 안정적인 조직운영 등을 위하여 위원의 교체를 임기의 1/3마다 1인씩 혹은 1년에 1인씩 순차적으로 이루어지게 하고 있다.

3) 준입법적 · 준사법적 기능

소관 사무에 대하여 법률이 정하는 범위 내에서 필요한 규칙제정권과 이의신청 등에 대한 사법적 결정권을 가지고 있다.

4) 정보 공개

연방정부의 독립규제위원회는 비공개가 허용되는 경우를 제외하고는 회의 내용을 일반에 공개해야 하는데 이는 Government in the Sunshine Act 등에 근거하고 있다. 위원회 회의의 비공개를 위해서는 위원들의 다수결 표결이 필요하며, 위원들의 투표 내용도 공개해야 한다. 이때 각 위원회의 법률 담당관은 법상의 비공개 요건을 충족했는지를 검토한 의견서를 작성해야 하며, 이해관계인은 비공개 회의의 적정성에 대해 법원에 심사를 청구할 수도 있다.

3 독립규제위원회에 대한 평가

1) 한국의 독립규제위원회

규제적 기능을 수행하는 미국식의 독립규제위원회제도가 한국 사회에 크게 발전되지 않았으나 중앙선거관리위원회, 공정거래위원회, 금융통화위원회, 중앙노동위원회 등이 이 유형에 가깝다. 하지만 엄밀한 의미에서의 미국의 독립규제위원회와 완전히 동일한 성격의 위원회라고 보기는 어렵다. 왜냐하면 우리나라에서는 양당 소속의 위원들을 임명하는 경우가 많지 않기 때문이다. 결국, 우리나라에서는 주로 행정위원회의 형태로 관리되고 있다.

2) 독립규제위원회의 효용과 한계

(1) 독립규제위원회의 효용(장점)

첫째, 규제업무의 경우에 규제를 통한 손익이 이해당사자에게 발생하기 때문에 외부압력이나 로비는 물론 이익집단으로부터의 포획(capture)현상 등이 발생할 수 있는데, 독립규제위원회가 갖는 기본적 성격인 합의성, 공동책임, 신분보장 원리 등으로 인해 부당한 압력으로부터 벗어날 수 있는 장점을 가진다.

둘째, 집단적인 정책결정 과정과 상호견제 등을 통하여 비구조화되고 복잡한 문제 해결 등에 적합하다.

셋째, 임기제와 신분보장을 통하여 규제업무와 관련한 계속적 연구와 안정된 실무경험을 통해 전문성과 정책의 연속성 등을 확보할 수 있다.

(2) 독립규제위원회의 한계

독립규제위원회에 대한 비판은 독립성과 책임성, 공정성은 상호 조화와 균형을 이루기가 매우 어려운 요소들이라는 이유에서 비롯될 수 있다. 독립규제위원회가 완전히 독립된다면 자칫 중요한 정책결정 및 집행에 있어서 무책임해질 수도 있다. 해당기관과 소속위원들의 역량 등이 제대로 갖추어진 경우가 아니면 자칫 공정성과 합리성이 훼손될 수도 있다. 외부로부터의 감독이나 견제기능이 약하면 준입법적, 준사법적 활동의 공정성을 상실할 위험성을 가지고 있기 때문이다.

기타 비판의 초점이 되고 있는 것으로 첫째, 독립규제위원회의 독립성이 과하면 행정수반의 일반 행정정책과의 정책 조정이 원활하지 못할 수 있다. 둘째, 독립성이나 신분보장 등이 과도하게 보장되면 오히려 여론압력이나 정치경제 및 사회문화적 변화에 둔감하게 작용하게 하는 원인이 될 수 있다. 셋째, 합의제형식과 절차적 정당성을 지나치게 중시하면 규제사무처리가 신속하게 이루어질 수 없고 지연되어 독립규제위원회가 제2의 법원처럼 변질될 수 있다. 넷째, 정치적 중립성과 독립성이란 특성으로 인해 정치적 책임 확보가 어렵고 통제의 사각지대가 될 수 있으며 정치적 세력의 뒷받침 없이는 정책의 강력한 추진이 곤란할 수 있다.

3) 한국의 규제 행정에의 시사점

영미 국가의 경우 국민생활과 직결되는 중요한 부문에 독립규제위원회를 두고 있다. 우리의 경우도 이해관계 대립이 심하고 공정하고 투명한 규제결정이 요구되는 경우에는 독립규제위원회를 설치할 필요가 있다. 이때 규제기관의 포획가능성과 규제기관의 책임성 확보 및 행정통제 문제 등을 적절히 고려하여 규제기관의 조직구성 및 관할 등의 문제를 구체화시켜 나가야 할 것이다.

특히 정부기관의 공사화나 공기업 민영화 이후 공기업 활동의 공공성과 책임성의 감독 장치로서 독립규제위원회 설치의 검토가 필요하다. 아울러 전자정부 사업과 국가정보화 추진의 역기능으로 인해서 대두된 개인정보 보호문제나 디지털 프라이버시의 문제들을 해결하기 위해 개인정보보호에 관한 전담기구로 독립규제위원회를 설치하는 것도 검토할 필요가 있다.

Ⅴ. 우리나라의 위원회 제도의 문제점과 발전방안

1 우리나라의 위원회 제도의 문제점

1) 행정의 효율성 측면

첫째, 위원회제도는 합의나 협의를 존중하는 의사결정 체제이므로 정책결정 지연 등으로 인하여 신속한 행정을 저해하고 정책추진의 능률성을 저해할 수 있다.

둘째, 위원회 구성원들간의 이질성과 전문성 차이 등으로 인하여 상호 의견 조율이 어렵고 합리적 대안선택을 못할 때가 있어 결국에는 상호 타협적 대안을 도출하는 경향이 있다.

셋째, 다수의 위원들이 비교적 긴 시간을 두고 토론하여 의사결정을 하기 때문에 효율성이 떨어질 뿐만 아니라 의사결정상의 책임소재가 불분명하다.

넷째, 대통령과 총리실 및 각 부처에서 때때로 자문위원회를 남설하거나 정치적 이용 혹은 의존 등으로 인해 기존의 관료조직이 위축되고 있다.

다섯째, 위원회를 다수 설치해놓고 제대로 운영하지 못하는 경우가 많다. 일 년에 한두 차례만 개최하는 위원회도 상당수에 이르는 등 형식적으로 운영하는 경우가 많다.

2) 행정의 민주성 측면

첫째, 위원회제도는 민주성을 제고하는데 유익한 것이지만, 대표성 부족과 행정기관의 미활용 등으로 인하여 민주성이 훼손되고 있다. 다양한 의견을 수렴하여 민주성을 제고하기보다 제한된 특정 이해단체의 이해를 지지하는 경향이 있다.

둘째, 각종 자문위원회가 관료조직이나 정치권의 의사결정을 정당화해주는 도구가 되기도 한다. 예를 들어 국민적 논란이 되는 사업이나 정책을 결정할 때 자문위원회가 사전심의형식을 통해 이를 정당화해주거나 명분을 부여함으로써 국민적 불신을 초래하기도 한다.

셋째, 부처 소속위원회가 해당 부처이익을 대변함으로써 부처간 정책조정 등을 어렵게 하는 등 부처이기주의를 조장하기도 한다.

넷째, 정부위원회에 외부의 특정집단이 불균형적으로 참여하게 되면 정치적 오해나 불신을 초래하여 중립성을 의심받을 수 있다.

2 발전 방안

1) 위원회제도의 성공적 운영을 위한 요건

① 위원회의 목적과 권한 및 책임을 명확히 해야 한다. ② 설립 목적에 따라 위원들을 신중하게 선임해야 하고 선임된 위원들의 책임 의식이 강화되어야 한다. ③ 위원회제의 본질적 기능을 최대한 살릴 수 있도록 중복, 남설된 위원회의 정비가 필요하다. ④ 본연의 기능을 발휘할 수 있도록 정치적 혹은 이념적 경향 등을 탈피해야 한다. ⑤ 위원회의 설치 여부가 능사가 아니라 설치한 조직의 적절한 활용에 더 초점을 두어야 한다.

2) 절차적 합리성과 내용적 합리성의 추구

절차적 합리성 차원에서 의사결정과정에 다양한 시민들이 실질적으로 참여할 수 있도록 문호를 개방하고 참여기회를 신장해야 한다. 그리고 내용적 합리성 차원에서 위원회 구성원들의 전문성을 최대한 살려 보다 합리적이고 질적으로 향상된 의사결정이 이루어지도록 정부가 더 수용적이고 적극적인 자세를 보여야 한다.

3) 위원회의 독립성과 책임성의 문제

위원회의 독립성과 책임성 확보는 다 중요한 가치이지만, 현실적으로 상호 조화와 균형을 이루기가 쉽지 않다. 외부의 정치적 영향력을 배제하면 독립성을 지킬 수는 있겠지만, 행정기관으로서의 책임성(자원조달과 지지확보 등)을 확보하는데 애로사항을 겪게 된다. 따라서 독립성과 책임성 등을 공히 보장할 수 있도록 제도가 설계되고 운영되어야 할 것이다.

4) 명목적 자문위원회의 정비

새 정부 출범 시마다 정권 이념이나 정책 방향을 전파하고 기존의 관료조직 등을 견제하기 위해 각종 위원회가 남설되는 경우가 많다. 상당수는 설치 목적대로 운영되지 못하고 형식화되어 왔다. 특히 유명무실한 자문위원회는 정비할 필요가 있다. 그런데 문제는 위원회를 설치하고 폐지하는 일이 주기적으로 반복되는 경향이 있으므로 차제에 자문위원회의 설치 근거와 요건을 보다 명확히 하거나 강화하여 자문위원회 본래의 전문성과 민주성 등을 살릴 수 있는 제도정비가 요구된다. 예를 들어 정부위원회설치관련법 등을 제정하여 위원회의 남설 등을 제도적으로 예방하거나 억제할 필요가 있다.

논평

금융-산업 분리정책, 재벌 규제 등과 관련하여 노무현 정부에서 공정거래위원회가 권력 부서로 주목 받은 이유를 반추해 보라. 반면에 그와 반대적 위치에 있는 규제 개혁 위원회의 주관 업무는 대개 생활 규제나 기술적 사안 중심임을 비교해 보라. 어느 위원회가 더 강력한가에는 정권이 가진 경제 규제와 경제 자유화의 철학이 담겨 있다. 미국의 위원회는 전문가주도 모델(expert-dominant model)이라고 할 수 있다. 대학교수와 연구원들이 전체 위원의 절반정도를 차지할 정도로 전문가들의 참여비중이 높다. 그리고 개별 기업인들의 참여도 비교적 높은 편이지만, 협회(trade association)수준의 참여는 매우 낮은 것이 특징이다. 한편 일본은 업계주도 모델(trade association-dominant model)이라고 할 수 있다. 업계나 협회 등을 필두로 다양한 이익단체들의 참여가 두드러진 것이 특징이다. 그런데 한국의 경우는 전체적으로 공무원의 비중이 여전히 높다. 따라서 한국의 위원회모형은 관료주도(bureaucracy-dominant model)라고 할 수 있다. 위원회제도와 관련한 최근의 연구는 정상호(2003) 등을 참조하라.

I 새 테마 행정학 I

18. 계선과 막료

Ⅰ. 의 의

조직에는 조직의 목표달성 기능을 직접적으로 수행하는 계선기관과 이를 간접적으로 지원하는 막료기관(참모기관)이 공존하고 있다. 특히 쇄신적이고 발전적인 국가 정책의 성공적 수립 및 집행이 필요하다는 점, 이를 위해서는 규칙적·반복적 역할을 담당하는 계선 기관의 전문성을 보강할 필요가 있다는 점 등으로 인해 막료의 역할이 매우 강조되어 왔다. 본래 이 두 기관은 조직의 목표 달성을 효과적으로 수행하기 위해 상호보완적 관계에 있어야 함이 바람직하지만 실제로는 양자 간에 상호 불화와 갈등도 나타나고 있다.

1 계선기관(line)

계선기관은 상하명령복종관계를 가진 수직적, 계층적 구조의 계열을 형성하여 조직의 목표달성에 직접적으로 기여하는 조직의 중추적 기관을 의미한다. 즉 이들 기관은 행정조직의 근간을 이루어 법령을 집행하고 정책을 결정하여 국민에게 직접적으로 봉사하는 임무를 맡고 있다.

계선 기관은 다음과 같은 특성을 가진다. 첫째, 관리자와 부하직원의 관계가 수직적인 권한의 계열로 이루어지며 목표달성을 위한 결정권과 집행권을 가지고 이에 대한 최종적인 책임을 진다. 둘째, 계층제, 명령통일, 통솔범위에 따른 분업체제 원칙에 따라 편성되어 일반국민과 직접 접촉하고 봉사한다. 셋째, 조직의 중추적인 지위를 보유하고 명령 작성과 결정권을 통하여 의사전달의 역할을 수행한다.

2 막료기관(staff)

막료(참모)기관이란 계선기관이 조직의 목표달성을 위한 정책결정, 집행 등 조직의 모든 활동을 원활하게 수행할 수 있도록 지원하는 기관에 해당한다. 즉, 계선이 원활하게 그 기능을 수행하여 조직의 존립목적을 달성할 수 있도록 자문, 권고, 조정, 정보, 기획, 통제, 인사, 회계, 조사, 연구 등의 기능을 수행하는 기관을 의미한다.

막료 기관은 다음과 같은 특성을 가진다. 첫째, 막료는 전문적인 지식, 경험을 가지고 조직의 목표달성에 간접적으로 기여하고 조성적, 촉진적 기능을 수행하며, 관리 책임자의 관리의 질을 높여주는 역할을 한다. 둘째, 구체적인 집행권이 없고 명령이나 지휘권을 가지지 못한다. 셋째, 일반적으로 정책자문, 건의, 기획, 조사, 연구 등의 정책막료기관(자문형)과 현존 조직의 유지관리기능을 담당하는 보조기관으로 구분하기도 한다. 넷째, 오늘날 행정 과업이 전문화, 복잡화 되어감에 따라 기관장의 인격과 사고를 확장시켜주는 지적기능의 제도화로서 역할을 수행한다.

3 계선기관과 막료기관의 장 · 단점

1) 계선기관의 장 · 단점

계선기관은 다음과 같은 장점을 가진다. 첫째, 권한과 책임의 명확화로 업무수행이 능률적이다. 둘째, 업무가 단순하고 비용이 적게 드는 소규모 조직에 적합하다. 셋째, 단일기관 및 조직상 최고책임자를 정점으로 하는 단일의 의사결정 중추에 의해 강력한 통솔력을 발휘하고 의사결정이 신속하게 이루어질 수 있다. 넷째, 조직의 안정성을 유지하는 중추기관이 된다.

그러나 계선기관에는 다음과 같은 단점이 나타난다. 첫째, 대규모 조직의 경우 계선만으로는 과중한 조직의 업무분담이 합리적이고 효율적으로 이루어질 수 없다. 둘째, 전문가로서의 지식과 경험이 부족하여 책임자의 주관적이고 독단적인 결정이 이루어지기 쉽다. 셋째, 부문간 횡적 조정이 미흡하고 조직의 경직성을 초래하기 쉽다.

2) 막료기관의 장 · 단점

막료기관의 장단점은 계선기관의 장단점에 반대되는 측면으로 나타난다. 첫째, 전문적 지식과 경험으로 합리적인 결정이 가능하고 막료는 계선기관이 갖지 못하는 점을 보완하고 전문성에서 나오는 창의적 아이디어와 다양한 정보를 통해 기관장을 보조하여 통솔범위를 확대시킨다. 둘째, 수평적인 업무에서 조정과 협조를 가능케 하여 조직이 신축성을 가질 수 있게 한다. 셋째, 대규모 조직에 적합하고 계선기관의 경직성을 완화하여 조직 동태화에 기여한다.

한편 막료기관의 단점은 다음과 같다. 첫째, 계선기관과 갈등·대립관계를 형성하며 막료는 결과에 대해 책임을 지지 않음으로써 책임전가의 우려가 있다. 둘째, 의사전달 경로의 혼란과 정책결정의 지연가능성이 있다.

4 막료기관의 비중(행정농도)

조직이 계선과 막료라는 두 가지 상이한 유형의 인력으로 구성될 때에 이 두 가지 인력의 상대적 비중을 알려주는 지표가 "행정농도"(administrative intensity)이다. 즉 전체 조직 인력 중 막료 인력의 비중이 바로 행정 농도이다. 폰디(Louis R. Pondy, 1969)는 산출물을 직접 생산하는 인력과 그 생산을 측면에서 지원·관리하는 간접인력으로 구분하고서 후자를 가급적 축소하는 것이, 즉 행정 농도를 낮추는 것이 바람직하다고 주장한다. 보통, 조직의 계층제화가 심화될수록, 또 후진국보다는 선진국의 경우에, 이윤 동기가 약한 조직(ex.자선 조직)일수록 행정농도는 높아진다고 알려져 있다. 조직의 규모가 커짐에 따라 증가되는 인력의 수에 초점을 두는 것이 "파킨슨(Parkinson)의 법칙"임에 비하여, 폰디(Pondy)의 "행정 농도"는 모든 인력이 아니라 그 중에서도 특히 막료 인력의 비중에 초점을 두는 개념이다.

Ⅱ. 막료기관의 유형

막료 기관은 여러 가지로 구분되는데, 화이트(L. White)는 보조형 막료와 자문형 막료로 구분하였으며, 홀덴(P. Holden)은 통제형 막료, 서비스형 막료, 조정형 막료, 조언 · 자문형 막료로 구분하였다.

1 화이트의 막료조직 유형

1) 보조형 막료조직

인사, 회계, 예산, 서무 등과 같이 계선기관을 유지, 관리, 보조함으로써 봉사기능을 수행하는 지원·관리기관에 해당한다. 즉, 조직의 전반적인 관리문제를 다루고 지원하기 위해서 설치한 것인데 화이트가 말한 '보조기관'이나 윌로우비(William F. Willoughby)가 말한 '가정적 기관'이 이에 해당된다. 사이먼(Herbert A. Simon)은 막료기관과 보조기관의 구별을 인정치 않고 이를 합하여 간접기관으로 통칭하며, 한편 이를 막료로도 계선으로도 보지 않는 특수한 조직으로 보는 견해도 있다.

2) 자문형 막료조직

기획, 조사. 자문, 연구 등의 기능을 담당하는 고유한 의미 혹은 좁은 의미의 막료기관을 의미한다. 이들은 전문적 지식을 가진 전문가 내지 발전 막료로서 최고 책임자 혹은 계선에게 전문적인 지식이나 기술을 제공하기 위해 설치된 정책조언자에 해당한다.

2 홀덴의 막료조직 유형

1) 통제형 막료

조직의 모든 부문에 걸쳐 직간접적으로 통제력을 행사한다. 직접 통제를 하는 경우 특정분야에서 계선관리자의 대리로서 적절한 조치를 취하게 되며 간접통제를 하는 경우 규정이행의 촉구, 보고서 제출, 계선권한에 대한 거부권 행사 등을 할 수 있다. 주로 원가통제, 예산관리, 인사관리, 회계감독, 신용업무 등을 담당한다.

2) 서비스형 막료

조력 막료라고도 하며 주된 역할은 계선업무를 돕기 위한 집단서비스를 제공한다. 주로 조사, 실행, 기술, 건설, 세무, 부동산 등의 업무를 담당한다.

3) 조정형 막료

둘 이상 부문이 이해관계를 같이 할 경우 기능을 조정하고 처리하기 위해 설치한 것으로 주문, 배급 등이 이에 해당한다.

4) 조언·자문형 막료

관리자의 요구에 따라 전문적 지식을 제공하고 자문하는 막료이다. 이와 같은 기관은 명령적, 관리적, 통제적 기능을 갖지 않으며 단지 자문에 응하여 권위있는 의견을 제공하고 여러 문제에 있어서 경영자의 주의를 환기시키는 기능을 담당한다. 주로 법제, 경제, 공공관계, 노사관계 등을 담당한다.

Ⅲ. 계선과 막료의 상호관계

1 계선과 막료 상호 관계에 대한 인식

1) 고전적 입장(주장)

양자의 관계에 대한 고전적 입장은 계선과 막료를 이원화하고 막료에게는 계선에 대한 명령권을 주지 말아야 한다는 것으로서 관리층의 능력을 확장하고 관리의 전문화를 도모하면서도 명령통일의 원리는 지켜야한다는 신념에 근거하고 있다.

2) 현실적인 입장

막료가 계선에 대해 권한이나 권력을 행사할 수 없다는 고전적인 주장은 조직 사회의 현실과는 괴리된 것이다. 조직 활동의 전문화가 가속화되고 고위 관리층에 대한 업무 부담이 가중되는 현실에 비추어 볼 때에 이 주장은 적합한 처방이 되지 않는다는 것이다.

3) 소결

전통적인 견해에 의하면 계선기관이 결정, 집행, 명령 등 조직의 실질적인 기능을, 막료기관은 조언, 권고, 서비스 등 조직의 부수적인 기능만을 수행한다고 한다. 그러나 이와 같은 견해는 타당성을 상실한 것으로 이론상 가능할 수는 있지만 실제에 있어서는 불가능하다. 오늘날 계선과 막료의 구별은 기능상 엄격하게 구별되는 것이 아니라 상호보완적이고 의존적인 관계를 지니고 있는 밀접한 개념으로 파악되어야 한다. 명령계통의 원리와 관련하여 계선과 막료의 관계에 대한 문제는 어떻게 하면 양 기관의 협력을 최대한으로 확보할 수 있고 양 기관의 기능을 합리적으로 분화, 통합할 수 있느냐로 귀결되어져야 한다.

2 상호불화 관계

1) 불화의 일반적 원인

막료는 계선보다 사회적 지위가 높고 고등교육을 받은 자가 많으며 우월감을 가지고 있어서 보다 이론적이고 젊고 의욕적인데 반하여 계선은 실증적이고 현실적, 보수적 성향을 가지고 있어 상호간에 충돌이 일어나기 쉽다.

① 양자의 사회적 배경과 생활양식의 차이

선진국의 경우 막료는 계선보다 사회적 지위가 높으며, 발전 지향적이고 야심적 성향이 높다. 반면 계선은 전문적 지식은 부족하나 실무적 경력이 많고 연장자이며 보수적 태도를 보인다.

② 개혁과 현상유지간의 갈등(심리적 갈등)

막료는 현실에 대한 비판 및 업무의 개혁을 주된 기능으로 하기 때문에 개혁적이며, 현상유지 성향이 강한 계선은 막료에 의한 개혁적 주장을 자기 안전에 대한 위협으로 인식하는 경향이 짙다.

③ 업무의 성질에 대한 인식부족

계선은 자기의 업무가 막료의 업무보다 중요하며 막료란 시야가 좁은 전문가일 뿐이라고 생각한다. 반면 막료는 계선이 자기의 권고나 제안을 받아들이지 않고 권위만을 내세우기 때문에 조직의 능률성을 향상시키지 못한다고 비난한다.

④ 막료와 계선간의 명확한 권한과 책임한계의 모호

양자 간의 권한과 책임에 관해 공식적·비공식적 한계가 분명하지 않을 경우 상호 갈등이 나타난다.

⑤ 계선의 자기 보호 본능

계선의 최고관리자 측근으로서의 막료에 대해 자기방어적인 태도를 보이는 계선이 막료를 위협적인 존재로 인식하여 양자 간의 불화를 야기하기도 한다.

2) 상호 불화 원인의 선진국과 후진국 차이

선진국의 경우, 기관장이 전문가 내지 싱크 탱크(think-tank)로서의 막료를 중시하고 이에 많이 의존하기 때문에 그 불화의 주된 원인은 계선이 막료의 높은 사회적 지위나 권위를 부러워함에서 찾는다. 후진국의 경우 전문가적 막료의 역할이 중요한 것으로 평가받지 못하고 있고 계선 위주의 즉흥적 행정이 이루어짐에 따라 막료직에 대한 선호도가 떨어지고 있다. 오히려 계선이 막료의 선망 대상이 되고 학력, 능력, 수입 면에서 막료가 열등하다. 우수한 인재 유치 실패로 막료가 갖는 고유의 전문가로서의 연구, 조사, 기획의 역할을 기대할 수 없게 된다.

3 상호보완 관계

위와 같이 막료와 계선 간에 갈등과 불화의 현상이 존재하는 반면 이들의 관계는 근본적으로 상호보완 관계이어야 조직의 목표를 달성하는 데 순기능을 발휘할 수 있고 이러한 긍정적 관계가 본질적이어야 한다. 골렘비우스키(Robert T. Golembiewski)는 이런 입장에 근거하여 막료는 계선과의 관계에 있어서 어떤 지위에 있는가를 세 가지로 모형화하였다.

1) 계선 우월(Neutral and Inferior Instrument) 모형

계선이 더 우선적이며, 막료는 부차적인 지위라고 보는 전통적 입장이다. 막료는 계선에 봉사할 뿐이며 계선에 대해 명령을 할 수도 없다. 오직 새로운 아이디어를 제안하고 권고할 뿐이다. 따라서 계선은 막료의 권고에 복종할 의무가 없다.

2) 또 다른 기관장(Alter-Ego) 모형

막료는 또 다른 기관장이 되어 있다. 기관장의 최측근인 막료는 기관장의 이름으로 명령을 내리기도 하고 하위계선에게 복종을 요구하기도 한다. 막료가 하는 이런 역할을 감안하면 기관장과 가장 가까운 막료의 사고는 곧 기관장의 사고와 같다.

3) 동료(Colleague) 모형

막료는 계선과 상호 독립된 지위에 있거나 때로는 계선보다 우월한 지위에 있다. 양자는 상호 동료의 지위이다. 막료가 계선의 역할을 할 수 있는 정도는 양자 간의 협상이나 합의에 달려있다. 이 모형에서는 계선과 막료가 함께 결정권에 참여할 수 있으며 팀웍을 형성할 수 있어 조직이 효과적이다.

골렘비우스키는 NII형 → AE형 → Colleague형으로 갈수록 막료의 지위가 격상되고 막료가 의사결정에 적극 참여를 함으로써 조직의 효율적 운영을 기하게 된다고 주장한다.

4 양자 간 관계의 발전 방안

1) 인사교류(rotation)의 활성화

최선의 방법은 인사교류이다(박동서,2004). 계선과 막료 간에 직책의 교체에 따른 인사교류를 통하여 이해를 촉진시킴과 동시에 능력의 발전을 도모한다. 이 인사교류에서는 첫째, 공무원에게 요청되는 전문성의 정도를 고려하고 직급, 직렬 내에서 교류를 실시하여야 하며, 둘째, 교류의 초점은 특정 직위가 갖는 이익(perquisite)의 평준화를 위한 음지와 양지의 교류이기보다는 이해의 증진과 능력 발전에 주어져야 한다.

2) 행정구조적 원인의 해소

아직도 사기업 부문에 비해 낮은 봉급 수준, 이로 인한 음성 수입에의 기대, 승진 기회 등의 면에서 계선의 매력이 완화되도록 한다. 그리고 계선과 막료간의 책임과 권한에 대한 공식적·비공식적 경계를 명확히 하여야 한다.

3) 기관장의 인식 개선

가장 우수한 두뇌는 막료직에 배치되어야 한다는 인식을 기관장 자신이 가지고 인력을 활용해야 한다. 또한 기관장 자신이 리더십을 발휘하여 막료의 쇄신적인 역할을 지원하고 계선과 막료가 서로 협력하여 전체 조직의 목적을 달성하는데 노력할 수 있도록 양자 간의 관계를 조정해야 한다.

4) 교육 훈련의 실시

계선에게는 막료를 최대한 활용할 수 있는 능력을 발전시키고 막료에게는 시야가 좁은 전문가적인 사고방식과 편견에서 벗어나 유용한 권고와 조언을 할 수 있는 자질을 향상시킨다.

Ⅳ. 한국 행정의 경우

한국 행정의 경우 특히 대통령 막료조직(청와대 비서실과 특보)과 부처의 대표적 막료조직인 담당관 제도가 중요하다.

1 대통령의 막료(비서실과 특보)

1) 막료와 계선간의 갈등

대통령 비서실의 영향력은 부처 장관을 압도해왔으며 비서실 위주로 국가의 중요 정책이 이루어져 온 경향이 강하였다. 특히 경제정책의 경우 5공화국에서는 경제수석 비서관(김재익, 사공 일)이 경제부처장관을 완전히 압도하였다. 그러한 비서실의 절대 우위는 6공화국 이후로는 상당히 완화되었지만 동시에 부처와 비서실의 갈등이 부각되는 정도도 많아졌다.

동일한 정책 사안을 두고 경제막료와 경제부처, 외교안보수석 비서관과 외교통상부, 민정수석비서관과 법무부와의 갈등 등이 빈번하게 나타났다. 노무현 정부의 경우, 경제정책의 경우에 대통령의 막료와 경제부총리가 상이한 목소리를 내면서 초기의 경제정책 우선순위에 혼란을 노정하였다. 한국의 대통령 비서실과 부처의 갈등은 막료와 계선간의 전문성 경쟁에 더하여 한국의 정치행정 문화 속에 굳어져 온 대통령의 '측근정치'라는 현상까지 부가된 구조를 띠고 있다.

특히 '수석비서관'은 차관급의 직급이지만 대통령에게 아이디어를 제공하는 수준을 넘어 부처 장관을 압도하기도 한다. 심지어 부처 장관 출신이 청와대 수석비서관으로 보임됨으로써 부처에 대한 막료의 우월을 더 심화시키기도 한다.

2) 막료와 막료간의 갈등

노무현 정부와 이명박 정부에서는 기존의 대통령 막료 제도인 비서실의 비서관 외에 대통령의 '특별보좌관'(특보)이라는 막료 기구까지 추가함으로서 청와대비서관들과 특별보좌관들간, 즉 막료와 막료 간의 갈등까지 노정되었다.

'특별보좌관'은 명예직 이상의 정치적, 정책적 비중을 가지면서도 현실적으로 업무가 뚜렷하지 않은 애매한 자리이다. 특보에는 주로 비공식적 대통령직계가 임용되는데 기존의 막료

조직 틀이 제대로 작동되지 않을 경우를 보완하는 긍정적 측면도 있다. 그러나 특보제도는 기존의 공식적 막료 보다 반드시 전문성이 높다고 볼 수도 없으며 오히려 공식적 막료(비서실) – 비공식적 막료(특보)간의 불화를 통해 대통령의 국정 추진에 혼선을 줄 우려도 있다.

2 부처의 막료(담당관제도)

1) 담당관제도의 개념

담당관이란 전문적 지식을 활용하여 계획 입안, 조사, 연구, 분석과 행정개선 등에 관하여 계선의 기관장을 보좌하는 막료기관이다. 이는 조직의 경직성을 막고 급변하는 행정환경에 효과적으로 적응하는 탄력성을 유지하기 위해 제도화된 것이다.

담당관 제도는 1970년 정부조직법 개정으로 채택되었다. 정부조직법(2조 5항)에서는 중앙행정기관에서는 대통령령이 정하는 바에 따라 그 기관 아래 정책의 기획이나 계획의 입안, 연구, 조사를 통하여 그를 직접 보좌하는 "보좌기관"을 둘 수 있게 하였는데 이것이 담당관제도이다.

2) 담당관제도의 효용

첫째, 일상적인 집행 업무에서 벗어나 전문성을 바탕으로 하여 계선의 장을 보좌하고 그 지휘, 조정 능력을 확대할 수 있다. 계선기관 위주의 행정조직의 경직성, 보수성을 완화하여 조직의 신축성과 기동성을 확보할 수 있다.

둘째, 담당관은 특정한 국 · 과 등의 부서에 얽매이지 않고 조직전체적인 관점에서 포괄적으로 연구 자문하고 계선기관간의 조정 역할을 할 수 있다.

셋째, 전문적 연구와 조사를 통하여 조직의 문제점을 발견하고 조직관리 방식 혁신에 관하여 새로운 견해를 기관장에게 제공할 수 있다.

3) 담당관제도의 한계

첫째, 경직성이 강한 우리나라 행정조직에서는 본래적 설립 취지와는 달리 일상적 조직의 형태에 머무르고 계선 조직의 행태를 답습하고 있다.

둘째, 담당관 자신이 국, 과장 등 계선기관처럼 업무를 처리하며 담당관실의 조직이나 업무절차가 계선기관의 그것과 유사하여 사실상 계선기관화되어 있다.

셋째, 전문성을 갖춘 막료조직에 대한 상대적 경시 풍토와 담당관의 장기적 안목이나 적극적 자세, 근무의욕 결여로 담당관제도의 창의성을 살리지 못하고 있으며 담당관 직위를 기피하는 풍토가 자리잡고 있다. 이에 따라 유능한 인재 유치에 실패하고 있다.

넷째, 계선은 담당관 역할을 과소평가하고, 담당관은 계선의 권위적 사고방식에 비판적이어서 양자 간 알력과 갈등이 야기되며 담당관 임용에 정실이 개입되고 있다.

3 우리나라 막료제도의 발전 방안

대표적인 막료조직인 대통령의 비서실 및 특보 제도, 부처의 담당관 제도를 통해 대체로 다음과 같은 점을 지적할 수 있다.

1) 문제점

첫째, 대통령을 보좌하는 막료기관은 매우 다원화되어있지만 상대적으로 각 부처의 막료기능은 미약한 실정이다.

둘째, 대통령의 막료의 경우 기존의 '계선-막료의 갈등'에 더하여 '막료-막료'의 갈등 가능성도 높아졌다.

셋째, 부처의 장관의 경우 단기적 임기 내에 업적을 내어야 한다는 중압감 때문에 정책연구 및 자문 등의 막료적 기능을 등한시하고 있다. 그 결과 차관보나 담당관제도가 또 다른 '계선기관'으로 된 경향이 강하다.

넷째, 계선과 막료의 기능, 역할의 차이에 대한 인식이 부족하고 이에 관한 공식적 · 비공식적 경계가 불충분하다.

다섯째, 유능한 인재가 막료기관에 충원되지 못하고 있으며 막료기관을 기피하는 경향이 강하다.

여섯째, 정책결정체제의 비합리성과 최고관리자의 권위적 결정방식으로 막료의 능력 발휘에는 제약이 있다.

2) 개선 방안

첫째, 대통령에게 조언과 정책대안을 제안하는 막료 역할과 정책을 직접적으로 주관하는 부처(계선)와의 업무 차이를 대통령이 리더십을 통해 명확히 조정해야 한다.

둘째, '특보'와 청와대 수석비서관 사이처럼 막료와 막료 간의 갈등은 대통령이 직접 합리적으로 재조정할 필요가 있다.

셋째, 수석비서관의 직급을 항상 장관보다 낮은 직급으로 유지해야 하며, 이들이 직접 부처에 관여하기 보다는 대통령의 결정에 대한 아이디어를 제안하는 것에 머물러야 한다.

넷째, 수석비서관·특보와 부처 장관과의 갈등은 일차적으로 청와대 비서실장이 조정토록 함이 바람직하다.

다섯째, 부처의 장관은 차관보제도 · 담당관제도가 제도적 취지에 부합되도록 운용하는 역할이 필요하다.

여섯째, 특히 부처의 경우, 막료기관에 우수한 인력이 배치되도록 하는 유인 제도가 보완되어야 하며 필요시 관련 법규의 정비가 수반되어야 한다.

일곱째, 장관은 권위적 결정보다는 유능한 막료의 역할을 강화하여 이들의 아이디어를 정책결정에 반영하는 제도를 확립해야 한다.

논평

대통령의 임기 말마다 나오는 "측근 정치"의 비리는 막료의 권한 남용에서 비롯된다. 계선과 막료는 이상적으로는 상호보완적 관계를 유지해야 하지만, 실제로는 권력과 영향력을 둘러싸고 갈등 상황에 처하는 경우가 많다. 또한 막료조직 사이에도 담당업무를 둘러싸고 갈등이 벌어지는 경우도 있다. 따라서 최고관리자의 입장에서 이러한 갈등을 어떻게 효과적으로 관리하여, 창조적 갈등으로 승화할 것인가를 고민할 필요가 있다. 나아가 사실상 막료의 역할을 수행하는 중앙부처 및 지방자치단체 산하 연구기관과 계선조직 사이의 관계와 기능에 대해서도 언급해줄 필요가 있다. 청와대의 대통령 비서실, 특보제도, 이들과 부처 장관과의 관계 등을 구체적으로 언급해야 행정 현실의 실제 지식을 인정받을 것이다. 장관 출신 정치인이 차관급인 청와대 수석비서관에 임용되는 이유는 무엇일까?

I새 테마 행정학I

19. 정책 조정 기구

Ⅰ. 정책조정의 의의 및 방법

1 정책조정의 의의

조정(coordination)의 어원은 '우선순위를 함께 매기는 것'을 의미한다. 행정학에서 조정이 본격적으로 논의된 것은 귤릭(Luther H. Gulick, 1937)이 POSDCoRB를 주장한 이후이다. 그는 조정을 직무의 다양한 부분을 상호연관시키는 중요한 책무이며, 관리과정의 기본적 단계라고 보았다. 무니(James D. Mooney, 1947)는 조정을 '공통적 목적을 추구하는 행동의 통일을 마련하기 위한, 조직체 내의 조직원들의 집단적 노력을 질서 있게 배치하는 것'이라고 정의하였다.

조정은 조정주체에 따라 수평적 조정과 지시적 조정으로, 문제해결 방법을 기준으로 분석적 조정과 정치적 조정으로, 조정의 관리여부를 기준으로 관리된 조정과 관리되지 않은 조정으로, 조정방법을 기준으로 적극적 조정과 소극적 조정으로 구분된다.

2 정책갈등의 이해

정책조정은 조직 내 정책갈등을 완화하거나 해소하기 위함이다. 그렇기에 정책조정의 본질을 이해하기 위해서는 정책갈등의 특성에 유의할 필요가 있다. 첫째, 정책갈등은 정책주체의 차이에 따라 횡적인 조직 간의 비협조와 종적인 조직 간의 비협조로 구분될 수 있다. 예컨대 건교부와 환경부간의 갈등은 횡적인 조직 간의 갈등이라고 볼 수 있고, 중앙부처와 산하단체 간, 또는 기획재정부와 중앙부처간의 비협조는 종적인 조직 간의 갈등이라고 볼 수 있는 것이다. 둘째, 정책갈등은 정책과정에 따라 정책형성 갈등, 정책집행 갈등, 정책평가 갈등으로 구분된다. 셋째, 정책갈등은 행동의 특성에 따라 적극적 협조거부로 인한 갈등과 소극적 비협조로 인한 갈등으로 분류될 수 있다.

3 정책조정의 방법

1) 협상, 설득, 대결

이는 협상 주체를 기준으로 한 세 가지 방법이다. 첫째, 협상이란 어떤 공통된 문제에 대하여 서로간의 합의를 형성함으로써 서로 상충되는 이익을 조정해 나가는 과정을 의미한다. 협상은 본질적으로 서로 주고받는 일종의 교환관계이자 타협이므로 상호간 수용 가능한 행동대안을 형성하기 위하여 서로의 입장을 조정하는 과정을 거치게 된다. 다음으로 설득이란 자신의 입장을 다른 사람에게 납득시켜 다른 사람을 자신의 입장으로 끌어들이려는 노력을 일컫는다. 협상과는 달리 설득은 자기 자신의 입장을 변경시키지 않으면서 자신의 입장에 대한 지지를 얻으려하기에 논리적 분석이 중시되게 된다. 마지막으로 대결은 타협이나 설득과 같이 이성적이고 합리적인 문제의 해결을 시도하기 보다는 두 입장간의 충돌을 통해 승자독식의 방식으로 문제를 일방적으로 종결시키는 방식을 의미한다.

2) 계층적 권위, 상호 보상, 강제

조정자가 조정수단으로 사용하는 권력에 따른 구분이다. 첫째, 계층적 권위의 활용이란 상급기관이 갈등해결의 조정자 역할을 수행함으로써 갈등 당사자들 간의 의견의 불일치를 좁혀나가는 방식을 의미한다. 둘째, 상호보상은 상대적으로 손해를 보는 이해당사자에게 유용한 가치(재화, 서비스, 부, 지위, 권한 등)를 제공함으로써 타협에 도달하게 하거나, 서로 간 편익을 교환(exchange)하여 이해의 조정을 시도하는 방식이다. 셋째, 강제는 새로운 불이익을 부과하거나, 이미 약속하거나 제공한 보상이나 이익을 보류하거나 철회하는 방식으로 나타나고, 이것이 실제로 사용되었다면 이를 처벌이라고 할 수 있다.

3) 회피 및 지연, 동맹구조의 형성, 갈등 공개

이는 환경 요인을 기준으로 한 분류이다. 첫째, 갈등문제로부터 후퇴 혹은 무시하거나(회피) 시간을 지체함으로써 갈등의 민감도를 약화시키는 방법이다. 둘째, 동맹구조의 형성은 지지세력을 확보함으로써 갈등을 완화하는 방법이다. 동맹구조의 응집성, 동질성이 중요하다. 셋째, 갈등을 공개함으로써 정보의 유출 및 정책토론으로 유도하는 것이다.

Ⅱ. 우리나라의 정책조정제도

1 국무회의

"국무회의 규정"(대통령령)에 의하면 국무회의는 대통령이 의장으로써 주재하고 전 국무위원과 국무조정실장, 법제처장 등 지정된 주요 고위관료들이 배석하도록 되어있다. 국무회의에 상정할 의안으로서 2개 이상의 부처에 관련되는 의안은 사전에 관계 부처간 합의를 거쳐야 하고, 국무회의에 상정되는 모든 의안은 먼저 차관회의의 심의를 거쳐야 한다.

회의는 정례 국무회의와 임시 국무회의로 구분되며, 정례회의는 매주 1회 개최되는데, 의결을 위해서는 국무회의 구성원 과반수 출석에 출석원 2/3 이상의 찬성이 있어야한다. 국무위원이 결석 시 차관이 대리 출석할 수 있으나 그 경우 표결에는 참여하지 못한다. 이론적으로 국무회의는 우리나라 중앙정부의 최고위 정책조정 회의체라고 할 수 있으나, 실제로는 국무회의에 상정되는 대부분의 안건이 차관회의에서 이미 조율을 끝낸 상태이기에 사실상 의례적인 절차로서의 의미가 강하다고 보아야 한다. 따라서 그 결정에 관해 찬반이 갈라지는 경우는 거의 없다.

2 국가정책조정회의

박근혜 정부에서 정책조정 및 사회위험·갈등 해결 등의 원활한 수행을 위해 중앙행정기관 간 정부정책에 대한 이견 및 주요 국정 현안 등을 국무총리가 중심이 되어 협의·조정하는 것이 "국가정책조정회의"이다. 대통령이 의장인 국무회의 이전에, 총리에 의한 정책조정을 강화하기 위한 것이다.

의장은 국무총리이며 참여자는 세 부분이다. 첫째, 핵심 장관인 기획재정부장관·교육부장관·미래창조과학부장관·행정자치부장관·문화체육관광부장관·산업통상자원부장관·보건복지부장관·국토교통부장관이다. 둘째, 협의·조정 대상 안건 관련 중앙행정기관의 장, 국무조정실장이다. 셋째, 대통령의 의중을 반영하기 위해 대통령비서실의 국정기획 담당 수석

비서관, 정무 담당 수석비서관 및 협의·조정 대상 안건 관련 수석비서관이 참여한다.

그러나 회의 상정안건 중 사전에 실무 협의 및 조정이 필요한데 이를 위해 두 단계의 사전 조정기구를 마련하고 있다. 첫째, 실무 수준에서 일어나는 "국가정책조정실무회의"이다. 실무회의의장은 국무조정실 국무1차장이 되고, 구성원은 안건과 관련된 중앙행정기관의 고위공무원단에 속하는 공무원 등이 된다. 둘째, 실무회의에서 협의·조정되지 못한 사항이나 실무회의에 상정되지 아니한 사항 중 사전 조정이 필요하다고 총리가 인정하는 사항을 조정하는 기구로 "국가정책조정차관회의"를 둔다. 국가정책조정차관회의의 의장은 국무조정실장이 되고, 구성원은 회의 상정 안건과 관련되는 중앙행정기관의 차관급 공무원이 된다.

국가정책조정회의의 조정·합의 결과의 실효성을 높이기 위해 국무조정실장은 조정·합의사항의 이행상황을 정기적으로 점검·평가하고, 그 결과를 회의에 보고하여야 한다. 국가정책조정회의에서도 조정되지 못한 안건은 결국 국무회의 수준까지 나아가거나 그 이전에 대통령의 개입으로 조정을 시도한다.

3 관계 장관회의 및 관계 차관회의

관계 장관회의는 대통령, 국무총리, 부총리가 주재하는 경우가 대부분이고 안건이 있을 때 수시로 개최된다. 실제로는 관계 장관회의는 국무총리가 주재하는 경우가 많고, 관계 차관회의는 국무조정실장이 주재하여 이루어지는 경우가 대부분이다. 대통령이 주재하는 관계 장관회의의 경우에는 방침에 대한 보고가 중심이지만, 총리가 주재하는 관계 장관회의 및 국무조정실장이 주재하는 관계 차관회의에서는 방침의 결정과 의견조율이 주된 의제가 되곤 한다.

4 차관회의

국무회의 상정안건의 실질적인 조정이 이루어지는 차관회의는 국무조정실장과 각 부처의 차관으로 구성되며 국무조정실장이 의장이 된다. 정례 차관회의는 매주 1회 개최되고 필요에 따라 수시로 개최되는데 구성원 과반수 출석으로 개의하고 출석원 과반수 찬성으로 의결된다.

5 관계부처 실무회의

관계부처 실무회의는 1급 공무원이 주재하는 관계부처 국장회의, 국장급 공무원이 주재하는 관계부처 과장회의 등을 일컫는다. 조정사안에 대해 최초의 공식적인 접촉이 이루어지는 회의이다. 이러한 회의에서 조정부처는 관계부처의 의견을 조회하고, 조정안을 제안하며, 관련부처의 반응을 확인하게 된다. 사실상 한국의 정책조정 시스템에서는 실무회의보다 상위단계로 간다고 하여 이보다 추가로 투입되는 사실적 정보는 존재하지 않으며 단지 정치적 결정의 가능성만 커질 뿐이다.

6 예산을 통한 정책 조정

중앙예산 기관은 실질적으로 대통령의 정책 조정의 강력한 수단이다. 특히 부처 간 갈등이 심한 정책의 경우에 대통령은 중앙예산 기관장으로 하여금 부처 간 갈등을 해소하고 대통령의 국정 방향을 일관성있게 추진할 수 있다. 예컨대 보건복지부, 노동부, 환경부 장관의 복지지향적 정책 요구를 억제하고 박정희 대통령은 자신이 원하는 성장중심의 발전 정책을 유지해 올 수 있었다.

Ⅲ. 외국의 정책조정제도

1 대통령제 국가: 미국

미국에서 정책조정에 간여하는 주요기구는 대통령 보좌기구와, 관계 장관회의 및 비공식적 핵심그룹이다. 첫째 대통령 보좌기구는 백악관 비서실과 이를 지원하는 하위기구(대통령부)들을 일컫는다. 백악관 비서실과 대통령부는 상호 독립적인 기구들이 아니라 밀접하게 서로 연결되어 있다. 왜냐하면 백악관 비서실 내 고위 정책보좌관들이 비서실 내 소규모 하위기구들의 장을 겸임하고 있는 경우가 많고, 그 결과 대통령 보좌기구 전체가 백악관 비서실내 비서실장과 10명 내외의 고위 보좌관들을 중심으로 조율될 수 있도록 시스템이 형성되어 있기 때문이다.

둘째로 관계 장관회의는 특정 정책영역 혹은 정책이슈에 관한 대통령의 정책결정과정에서 관련 부처들의 조언과 의견을 조정하고 통합하는 회의체를 의미한다. 관계 장관회의가 활성화 될 경우 흔히 산하에 각종 소위원회나 태스크 포스(task force)가 설치·운영되게 된다. 대체로 분야별 관계 장관회의에서는 대통령이, 이슈별 관계 장관회의에서는 해당 이슈를 직접적으로 관할하는 주무장관이 의장을 맡게 된다.

셋째로 비공식 핵심그룹은 경제자문회의의장, 관리예산처장, 재무장관, 연방준비위원회(FRB) 의장으로 구성되는 위원회가 대표적인데, 공식적인 기구는 아니나 그들간 업무의 상호보완성으로 인해 비공식적으로 자주 회합하여 논의함으로써 제도화되는 조정메커니즘들을 일컫는다.

2 내각책임제 국가: 일본

일본은 내각제 정부형태를 취하고 있기에 부처간의 정책조정은 원칙적으로 내각총리대신(수상)의 리더십에 의해 행해지는 것이 원칙이다. 대표적인 정책조정기구로는 각의(국무회의), 각료회의, 내각관방, 내각 심의실 등을 거론할 수 있다. 일본만의 독특한 기구는 내각관방이다. 내각관방은 수상의 보좌기구로서 본래는 각의에서 논의된 사항의 정리 및 기타 내각의 서무를 담당하던 실무기관이었는데, 시간이 지남에 따라 성청간의 종합조정 기능 및 정보 모집기능을 흡수하여 확대 형성되었다는 특징을 갖는다. 관방장관은 흔히 총리대신의 인격의 연장이라고 일컬어지며, 통상 총리와 동일한 파벌에 속하는 정치인이 이러한 내각의 지배인 역할을 맡게 된다.

3 이원집정부제 국가: 프랑스

이원집정부제의 성격을 갖는 프랑스에서는 대통령의 보좌기구와 총리의 보좌기구가 별도로 존재한다. 즉 대통령의 보좌기구로는 대통령 비서실, 국정 총괄처, 특별 참모부 등이 있고, 총리의 보좌기구 중에서는 행정총괄처가 주로 조정업무를 담당하게 되는 것이다. 그렇지만 대통령하의 특별 참모부는 대통령의 국방정책 결정과 군통수권 행사를 보좌하는 반면, 총리하의 행정총괄처는 국방문제와 유럽문제(EU)를 제외한 국정의 조정을 담당한다는 차이를 갖는다.

Ⅳ. 책임 장관제

1 의의 및 도입배경

총리에 의한 국가정책조정회의와 관계장관회의에 의한 조정의 중간적 형태가 책임장관제에 의한 조정이다. 분권형 국정 운영을 표방한 노무현 정부에서 2004년 8월부터 내각을 5개 분야로 나눠 분야별 책임 장관을 지명하고, 그 장관이 마치 경제부총리처럼 유관 부처 간 업무를 조정하게 한다는 이른바 '책임 장관제'를 실시하였다. 국무총리에게 일상적 국정운영 총괄을 맡기고('책임총리제'), 통일부장관을 국가안전보장회의(NSC) 상임위원장으로 임명하면서 통일·외교·안보분야를, 보건복지부장관에게 사회·문화 분야를 총괄적으로 담당하게 하였다. 이를 통해 헌법을 개정하지 않으면서도 분권형 국정 운영을 시도한 독특한 조정방식이었다.

2 기대 효과

부처 장관은 실무형 전문가가 임명되는 경우가 많았다. 책임 장관제는 이러한 과거의 관행으로 인한 부처 이기주의, 정책 조정의 결여라는 문제점을 해결하고 당정 협력을 증진시킬 수 있으며, 대국회 관계에서도 실무형 장관보다 정치적 역량이 뛰어나고 명망있는 여당 의원들에게 각 분야 팀장을 맡겨 정무적 역할의 효과를 기대하였다. 책임총리제는 프랑스의 '분권형 대통령제'를 벤치마킹한 것이다. 예컨대 전 프랑스 대통령 샤를 드골이 말한 것처럼 '대통령은 본질적이고 항구적 문제에 전념하도록 총리가 보완 역할을 해야 한다'는 것이다.

3 비판적 평가

첫째, 헌법과 법률에도 존재하지 않는 팀장(책임장관)은 구체적으로 어떠한 권한을 가지며 누구에게 어떠한 경로를 거쳐 책임을 지는지가 분명치 않았다.

둘째, 또한 유관부처 간의 관계는 어떻게 변화되고, 각 부처의 독립성과 전문성은 어떻게 되는가에 대한 사전 준비도 부족하였다. 예컨대 통일부가 외교안보분야를 지휘할 수 있다고 판단하는 근거는 무엇이며 왜 외교통상 업무가 통일의 하위개념처럼 치부되어야 하는가 하는 당연한 의문이 제기될 수 있는 것이다. 이로 인해 책임총리제와 책임 장관제가 자칫 이원집정부제의 일종으로 해석되어 불필요한 개헌 논란을 촉발시킬 수 있다.

셋째, 근본적으로 헌법상 대통령제인 이상, 아무리 분권형 대통령제를 표방하더라도 결국 모든 궁극적인 정치행정적 책임은 대통령에게로 귀속될 수 밖에 없었다. 국무총리 역시 대통령이 임명하므로 책임장관제는 '국민에 대한 책임'이 아니라 '대통령에 대한 책임' 이상을 넘어설 수 없었다.

넷째, 대통령의 개인적 신임에 따라 팀장이 임명되는 상황에서는 책임 장관제의 도입은 시스템적 분권이라기보다는 임의적 분권에 불과하였다. 팀장을 맡은 책임 장관도 인치적인 운영에 따르고, 시간이 지남에 따라 해당 장관의 진퇴에 맞춘 위인설관식 팀의 재편도 불가피하였다. 이런 이유로 인해 법적 근거도 약한 바탕에서 통치 기술로 분권형 운영을 기하고자 했던 책임장관제는 별 성과도 없이 끝났다.

논평

현재 "국가정책조정회의"가 중요한 역할을 하고 있음을 유의하라. 총리의 역할을 강화한 제도이다. 개방화, 정보화, 다양화, 민주화의 진전으로 사회문제가 복잡해짐에 따라 이러한 사회문제를 해결하기 위한 정책을 입안하고 집행하는 행정부의 조직을 어떻게 설정하고, 조직 사이에 중첩되는 정책문제를 해결하기 위해 조직 사이에 어떻게 정책조정을 해야 하는가의 중요성이 증대되고 있다. 기본적으로 대통령제를 채택하고 있으나 국무총리, 국무회의 등 내각제적 요소를 가미하고 있는 우리나라에서는 나름대로 정책조정을 위한 다양한 시스템을 갖추고 있다. 그러나 정책조정이 기존에 설정되어 있는 합리적인 기준에 의해 이루어지기 보다는 권력과 정치적 타협을 통해 이루어지고 있는 것이 현실이다. 이러한 현실은 정치행정일원론의 입장에서는 자연스러울 수 있지만 정치행정이원론의 입장에서는 일관성이 없고, 예측가능성이 떨어지는 문제를 야기한다. 우리나라 정책조정과 관련된 제도를 숙지하고, 실제로는 어떠한 메커니즘에 의해 정책조정이 이루어지고 있는지 검토하고, 문제점과 해결방안에 대한 나름대로의 논리를 구성하여 준비해 두어야 한다. 책임 장관제는 과거 제도였지만 정책 조정 기제로서의 함의와 문제점을 지적할 수 있어야 한다. 예산 장관을 통한 정책 조정도 매우 일반적이다.

ㅣ새 테마 행정학ㅣ

20. 대통령 비서실

Ⅰ. 대통령 비서실의 등장과 역할

1 대통령 비서실의 등장

대통령 비서실의 발전은 미국 프랭클린 루즈벨트 대통령(미국의 유일한 4선 대통령) 재임시 구성된 브라운로 위원회(Brownlow Committee)의 권고에서 비롯된다. 루즈벨트 대통령의 일종의 개혁자문기구였던 행정관리위원회(The President's Committee on Administrative Management: 이 위원회의 구성원이 Louis Brownlow, Charles Merriam, Luther Gulick이었고 위원장이 Brownlow 이므로 이를 일명 브라운로 위원회라고 부르기도 함)는 대통령을 측면 지원하는 내부조직이 필요하므로 대통령비서실 설치 등을 담은 혁신제안보고서를 1937년에 제출하게 되었다. 그리하여 1939년에 미국의회에 의하여 대통령비서실이 최초로 설치되었다.

대통령비서실이 필요한 이유는 여러 차원에서 살펴볼 수 있을 것이나 주된 배경을 지적하면 다음과 같다. 첫째 대통령의 수행업무들이 지속적으로 복잡화되고 거대화되었다. 둘째 대통령에게 이르는 업무를 보다 전문적 차원에서 담당할 보좌기구가 필요하게 되었다. 셋째 대통령과 행정부의 관계는 물론 의회와 대외관계 등 다양한 정보흐름과 업무협력 등을 원활하게 하려면 대통령을 체계적이고 전문적으로 보좌하고 지원하는 대통령 비서실이 필요로 하게 되었다.

2 대통령 비서실의 성격 및 역할

브라운로 위원회는 대통령의 직속 막료조직인 비서실의 존립필요성을 역설하면서도 그 오용이나 남용을 경계하는 차원에서 다음과 같이 비서실의 성격을 제한하고 있다. 첫째 비서실은 본질적으로 독자적인 정책 결정 및 지시권한이 없다. 둘째 비서진은 대통령과 부처 책임자간의 중간적 · 중재적 위치에 있지 않다. 셋째 어떤 의미에서도 비서진은 대통령의 직무대행을 담당할 수 없다. 넷째 대통령과의 직접적인 대면이 가능해야 한다. 다섯째 보직 수행 후 보직 전의 원직위로의 복귀가 가능해야 한다. 이러한 비서실에 대한 성격규명은 오늘날까지도 시사하는 바가 많다. 대통령 비서실은 국정최고지도자의 막강한 권력을 배경으로 하기 때문에 그에 따른 책임과 규제도 많은 것이 사실이다. 예나 지금이나 미국이나 한국이나 비서가 전면에 나서는 것은 바람직한 경우가 아니다.

사실 우리나라 현대사에서는 대통령의 장기집권, 독재, 권위주의 등으로 인하여 대통령비서실에 대한 세간의 평가가 부정적인 것이 사실이다. 때때로 비서실이 소내각이라 칭해지기도 했다. 일부 측근과 친인척의 경우에는 대통령의 개인적 신임을 등에 업고 규정 외의 권한까지도 관여한 사례가 발생하기도 하였다(이 때문에 대통령에게는 측근과 친인척이 원수라는 말이 세간에 생겼다). 그러한 맥락에서 새로운 대통령이 당선될 때마다 대통령비서실조직은 개편의 대상이 되곤 하였다.

사실 대통령 비서실의 주요 기능은 정부 업무에 영향을 미치는 주요한 사안들이 신속히 대통령에게 전달되고, 대통령이 책임 있는 결정을 내리는데 도움이 되도록 하는 역할을 수행하는 것이다. 우리나라의 '대통령비서실 직제'(대통령령)에 따르면, "대통령비서실은 대통령의 국정수행 보좌에 관한 사무를 관장한다"고 되어 있다. 따라서 앞으로는 이러한 본연의 임무에 충실에 대통령비서실 조직이 되어야 할 것이다. 민주화가 진전될수록 국정 거버넌스(national governance)도 변하게 되므로 대통령비서실의 권세는 점차 줄어들게 마련이다. 대통령비서실이 외부적으로는 막강하게 보이지만, 이제는 더 이상 특권조직이 아니다. 이에 따라 대통령비서실 조직이 겪는 고충과 한계도 있다. 외부로부터의 다양한 비판이 있어도 비서실 조직은 글자 그대로 측근 보좌조직이므로 업무 수행에 있어 비서진은 외부로 드러나기 보다는 대통령의 배후에 있어야 하고, 비서실 명의의 명령이나 결정 등을 대외적으로 발표하기도 어렵다. 그리고 최근에 와서는 정책조정 등의 역할을 수행할 수 있는 정치행정적 및 자원동원적인 역량도 크게 제한받고 있는 것이 현실이다.

Ⅱ. 대통령 비서실의 유형

미국 백악관에는 한국 대통령비서실에서 사용하는 수석비서관이나 비서관과 같은 용어는 없다. 미국에서는 보좌관이라는 용어가 일반적이다. 백악관의 인력체계는 대통령비서실장(chief of staff) 다음에 대통령보좌관(assistant to the President)이 있는데 이것을 우리와 비교하면 수석비서관에 해당한다고 할 수 있다. 그리고 수석보좌관 다음에 부보좌관(deputy assistant to the President)이 있는데 이는 우리와 직접 비교하기는 어렵고, 굳이 비교한다면 비서관 중의 선임자급에 해당한다고 할 수 있다. 그리고 그 다음에 특별보좌관(special assistant to the President)이 있는데 이는 우리의 비서관과 비슷한 직급이라 할 수 있다. 현재 청와대의 인적체계는 비서실장 아래에 수석비서관(보좌관)-비서관-선임행정관-행정관체제로 구성되어 있다.

대통령이 장관이나 주요 정치적 임명(political appointment)직위를 임명할 때, 미국에서는 상원의 동의절차를 거쳐야 한다. 그러나 백악관의 핵심인력에 대해서는 기본적으로 상원의 동의절차가 필요 없다. 왜냐하면 대통령비서실 조직의 인적 구성은 기본적으로 대통령의 고유한 선택에 달려있다고 볼 수 있기 때문이다. 그래서 비서실의 유형은 대통령마다 차이가 많다. 다시 말해서 대통령비서실의 조직구성은 대통령의 리더십 유형 등에 영향을 받기 때문에 대통령마다 차이가 있게 마련이다. 그런 맥락에서 푼더버크(Charles Funderburk, 1982; 김정해, 2006)는 대통령의 막료조직을 크게 세 가지로 분류한 바 있다.

1 팀 체제

팀 접근방식(team approach)은 케네디형 접근방식이라고도 불리며 대통령이 중심이 되어 수레바퀴 형태로 막료들과 연결되지만, 막료들의 수장이 없다는 특징을 갖는다. 이 체계는 환경의 변화에 빠르게 적응하며 융통성이 높다는 장점을 갖는다. 반면 집단의 중심이 없기에 집단 내부에 상호 이질적인 의견들이 상존·갈등하기 쉽다.

2 공식적 체제(계층적 체제)

아이젠하워, 닉슨, 레이건 대통령 시기에 전형적으로 나타난 대통령 비서실의 특징을 일컫는다. 팀체계와는 달리 대통령 비서실에 막료들의 수장이 존재하는 계층적인 조직형태이다. 대통령은 비서실의 막료들 중 핵심보좌관들과 직접 대면하기 때문에 권한 위임의 폭이 크고 보좌관들 역시 비교적 넓은 재량권을 갖는다. 따라서 비서실장은 단순한 관리 기술을 넘어서 상당한 정치적 수완을 발휘해야 하는데, 이러한 집중화된 체계의 약점은 권력의 오남용으로 인한 스캔들과 부패 가능성이 높아진다는 것이다.

3 사적 체제(느슨한 막료 체제)

루즈벨트와 존슨은 백악관 의사결정 과정에서 대통령의 개인적인 영향력을 최대화할 수 있도록 설계된 느슨한 구조의 막료 체계를 도입한 바 있다. 그러나 이 두 대통령의 막료 체계는 구조의 유사성에도 불구하고 지극히 상이한 결과를 발생시켰다. 즉 루즈벨트의 경우에는 막료들간의 창조적인 경쟁을 유발시켜 비서실 조직을 활성화시킨 반면, 존슨의 경우에는 막료들을 불신하여 권한위임을 기피하고 보좌진을 지배하는 일에 몰두하여 비서실의 효율적 기능발휘를 오히려 저해하였다고 평가되고 있다.

Ⅲ. 한국의 역대 대통령 비서실에 대한 평가

한국의 대통령제에 있어, 비서실의 역할과 특성은 당시 대통령의 가치관과 특성, 시대적 과제 및 외부충격 등에 따라 심한 변화를 겪어왔다. 이승만대통령이 취임하면서 경무대(본래 경복궁의 후원이었으나 조선총독관저가 세워져 이용되고 후에 미군주둔군사령관 관저로도 사용되었던 곳)로 들어왔는데 경무대의 1층은 집무실로 그리고 2층은 생활공간으로 사용하였다. 경무대는 윤보선대통령이 입주하면서 청와대로 개명되었다. 그 후 박정희대통령때 보수 및 개축이 이루어졌고, 노태우대통령때 본관과 관저 등이 신축되었다.

대통령비서실의 구성은 "대통령비서실직제"에 나타나 있다. 대통령직제는 1960년에 처음으로 제정되어 2006년 말까지 35차례나 개정되었다. 대통령비서실은 대통령비서실직제 제정시부터 "대통령의 비서와 기타 특명받은 기밀사항에 관한 사무를 관장한다"고 되어 있었으나, 1989년 11월에 직제를 개정하면서 "대통령의 국정수행 보필(보필이라는 표현은 1998년에 '보좌'로 개정됨)에 관한 사무를 관장한다"고 변경되었다. 비서실의 업무를 비서업무 외에 대통령으로부터 특명받은 '기밀사무'를 관장한다고 오랫동안 정의되어 있었으니 당시의 시대상을 짐작할 수 있다. 지난 1960년 대통령비서실직제 제정 당시의 대통령비서실의 인력은 비서실장 외에 비서관 10명(일반직 2급 공무원상당 4명, 일반직 3급 갑류 공무원상당 4명, 일반직 3급 을류 공무원상당 2인)과 비서 4명 등 15명 체제로 구성되었다. 현재는 그 수가 크게 늘었고 내각의 각 부처에 상응하는 전문적 조직으로 구축되어 있다.

1 박정희 대통령 비서실

박정희 대통령 비서실은 기본적으로 공식적인 체계로 구성되었다. 제3공화국 당시 비서실은 집중화된 막료 체계를 도입하여 비서실의 제도화를 구축해나갔다. 이에 따라 비서실장을 중심으로 하여 수석 비서관들을 그 아래에 두는 계층적 조직을 통해 통제력을 강화시켰다.

그러나 제4공화국에 들어서면서부터 비서실 조직은 더욱 확대되었고 경제 비서실을 중심으로 환경 변화에 민감할 수 있는 조직 방법인 팀체계가 도입되기도 했는데, 이는 대통령의 경제에 대한 의지를 구현하는데 효과적으로 이용된 측면이 강하다. 요컨대 박정희 대통령은 초기에는 공식적인 체계로 비서실의 기틀을 닦고 좀 더 효과적인 업무 처리를 위해 경제 부문에 한해 팀체계를 도입한 혼합적 방식을 활용했다고 볼 수 있다. 그러나 임기 말년에는 사적 체계로 기울어 비서실, 경호실, 정보기관 등의 특정 개인에 대한 의존이 심화되는 모습을 보였고 결국에는 불행한 사태를 맞게 되었다.

2 전두환 대통령 비서실

전두환 대통령은 중요 사안을 그 자신의 성격대로 직접 지휘하는 리더십을 가졌으며, '비서는 비서다워야 한다'는 생각이 강했다. 장관과 대통령 사이에 비서실이 중간 역할을 하면서 의사소통을 흐리거나 월권을 해서는 안 된다는 경향을 보이기도 했다. 또한 비서실 상호간에도 서로 보안을 유지하도록 해 각 수석 비서실 사이는 물론, 같은 비서실 내에서도 각자가 하는 일은 잘 모르도록 하는 등 비서실을 상호 분리 운용시켰으며, 비서실을 직할체제로 운영하였다. 이에 따라 비서실장은 종래 국정 주도형에서 실무 전문가형으로 변하였는데, 그 결과 비서실장이 자주 교체되어 이들의 재임기간이 평균 1년 정도로 짧은 편이었다. 전 대통령은 형식적으로는 비서실장을 두는 공식체계로 비서실을 조직했지만, 실제로 비서실장보다는 민정수석이나 정무수석 및 정보기관 등에 의존하였다. 이로 인해 외형적 조직 형태와는 달리 대통령 자신의 권한을 최대화시키는 사적 체계에 가깝게 비서실이 운용되었다는 평가를 낳고 있다.

3 노태우 대통령 비서실

노태우 대통령은 그의 스타일대로 매사를 조용하게 막료에 의존하는 스타일이었다. 이에 따라 노태우대통령은 막료 선정에 많은 심혈을 기울인 것으로 알려져 있다. 따라서 비서실 조직은 비서실장을 중심으로 계층적으로 이루어진 공식 체계를 지향하여 많은 권한을 위임하는 방식을 택했다. 청와대 비서관들은 5공 때와는 달리 수석이 아니면, 직접 보고하지 않는 것으로 되어 있었으므로 업무 추진이 소극적이었다는 지적이 있다. 따라서 공식 체계 내에서 몇몇 측근(비서실장과 정책보좌관 등)에게 권한과 대통령과의 접근성이 집중되어 비서실의 관료제화를 촉진시키는 부작용을 낳기도 했으며 이로 인한 정치적 스캔들이 발생하기도 했다.

4 김영삼 대통령 비서실

김영삼 대통령 자신이 오랜 의회 정치인 출신이므로 정치・외교 문제 등은 직접 관리하는 경향이 많았으나, 경제・교육 등에 관한 업무는 비서진에게 의존하였다. 김 대통령은 비서실장을 주축으로 한 공식 체계를 지속시켰으며, 대통령 주재하의 수석회의(비서실장과 정무수석 우대)를 정례적으로 가졌다. 그러나 6・27 선거 이후 김영삼 대통령의 청와대 운영방식이 달라졌는데, 취임 후 잘 만나지 않던 비서관들로부터 담당업무에 대해 직접 보고를 듣는 '비서관 직보제'를 도입하기도 했으며 심지어 행정관들과도 식사를 하는 등 비서관들과 행정관들과의 의사소통에 관심을 쏟기도 했지만, 차남의 정치개입 스캔들과 경제위기 등으로 후기에 어려움을 겪기도 했다. 김영삼 대통령 비서실은 초기에는 공식 체계를 유지하다가 후기에는 사적 체계를 부분적으로 혼합하고자 하였다.

5 김대중 대통령 비서실

김대중 대통령 또한 비서실장 중심의 공식체계를 유지하였다. 그 결과 이 시기의 비서실장의 권한과 역할은 적지 않았고, 때로는 지나치다는 비판을 받았다. 경제위기를 수습하기 위한 4대 부문(기업, 노사, 금융, 공공부문) 개혁 등에 국력을 모으는데 기여하였지만, 옷 로비 사건 등으로 인해 비서실의 보고 시스템에 문제가 있다고 판단한 이후에는 주요 사안에 대해서는 비서실장과 주요 수석 비서관 3-4명의 협의를 거쳐 대통령에게 보고하는 체계가 도입되기도 하였다. 비서실 조직은 집권 초기에는 6개 수석 비서관제로 급격히 축소(김영삼정부말기에 수석비서관은 11명)되었다가 옷 로비 사건과 대통령의 아들 구속사태 등을 겪은 이후에는 민정수석실의 사정 기능을 부활하는 등 비서실 조직이 다소 확대(8개 수석비서관제)되었다.

6 노무현 대통령 비서실

노 대통령의 초기에는 대통령비서실을 비서실장과 정책실장을 양축으로 하는 체제를 갖추었으나 후에 안보실장을 두어 삼두마차체제를 활용하였다. 노무현정부에서는 기본적으로 비서실장에게 너무 과도한 권한이 집중되는 것을 억제한 체제였다고 할 수 있다. 노무현정부 초기에는 정책실의 기능을 활성화하는 차원에서 비서실장과 같은 장관급인 정책실장체제를 구성하였으며, 초기에 국가안보분야는 국가안보보좌관체제로 운영하였다. 하지만 그 후에 국방과 외교 그리고 NSC 등을 흡수하여 장관급 안보실장체제로 강화하였다. 그리고 과거에 없던 인사수석비서관(초기에는 인사보좌관으로 출발하여 수석으로 개편)을 신설하여 정무직 인사체제를 제도화하였고, 시민사회수석비서관(사회조정업무 등)과 혁신관리수석비서관을 신설한 것도 특징이다. 비서실장은 대통령의 명을 받아 비서실 공무원을 지휘감독하지만, 국가정책(통일외교안보분야 제외)과 관련한 사항은 정책실장이 관장하고, 통일외교안보분야 정책은 안보실장이 맡도록 하였다. 그리고 다양한 종류의 대통령자문기구를 신설하여 활용한 것도 특이사항 중의 하나이다. 특히 '특보'(특별보좌관 제도)를 두었는데 이것은 한편으로는 자문기능의 강화와 더불어 막료-막료간의 중첩성 문제의 여지도 안고 있었다. 대통령비서실의 인적구성도 과거와는 달리 비교적 젊은 세대를 발탁하여 활용하였는데 이로 인한 세간의 비판도 적지 않았다.

7 이명박 대통령 비서실

이명박 대통령의 비서실은 종래의 대통령 경호실을 경호처로 개편하고, 이들을 청와대 비서실과 합하여 "대통령실" 체제로 운영되었다. 장관급인 대통령실장과, 차관급인 정책실장 및 수석비서관을 주축으로 하는 체제를 갖추었다. 집권 중반까지는 대통령실장은 정치적 경력과 경험이 많지 않은 학자 출신을 기용하였다. 정책실장은 차관급으로 보임하였는데 "경제, 고용복지, 교육문화 및 미래전략정책의 통합·조정"에 관하여 대통령실장을 보좌하도록 하였다. 즉, 동일한 정무직이지만 정책실장은 주로 정책개발 및 기획에, 그리고 대통령실장은 정책 간의 조정과 정무적 판단을 담당하도록 하였다. 대통령 비서진에도 특보와 자문위원을 둘 수 있도록 되어 있다. 이 때문에 노무현 정부에서처럼 막료와 막료간의 갈등의 여지도 이어졌다.

국정 초기에는 대통령 선거에서의 압승에 기반한 자신감으로 통치 이념으로 내세운 친기업적 정책 기조를 강력하게 추진했다. 그러나, 광우병 관련 촛불 시위(2009), 지방 선거 참패(2010. 6.2) 등을 거치면서 집권 중반에는 대통령의 국민과의 소통, 친서민 정책 등으로 정책기조가 급거 전환하였다.

이러한 전환에 맞추어 대통령실을 개편하여(2010.7.7), "사회통합수석"을 신설하고 거기에 비교적 진보적 인사를 보임하여 국민과의 소통을 강화하고자 하였다. 국정기획수석실은 폐지하는 대신 기획관급의 정책지원관을 새로 설치하고 효율적인 국정 관리에 중점을 두었다. 그리고 사회통합 수석실을 확대 개편하여 고용복지수석실을 설치하였는데 이는 서민, 복지, 고용을 다루도록 하였다.

이명박 정부의 막료 충원의 뚜렷한 특징은 지역 편중이다. 비교적 지역 균형적 인사를 단행하였던 노무현 정부와 달리, 이명박 정부는 자신들의 권력기반인 영남지역에 편중한 인사를 단행하였다

이명박 정부는 출범하면서 지역주의 타파를 선언했지만, 이를 청와대 막료진의 구성에서부터 이와는 상반되었다. "실용 정부"를 표방함으로 이러한 지역 편중 여부는 중요하지 않다고 믿었으나 결과적으로 이러한 막료 구성은 정부 정책의 신뢰에 악영향을 미쳤다. 그리고 정권

말기에는 측근들의 비리도 노출됨으로써 대통령의 신뢰도 하락되게 하였다.

8 박근혜 대통령 비서실

박근혜 대통령은 종래의 '대통령실'을 '비서실'과 '경호실'로 분리하였고 비서실장과 경호실장을 다 장관급으로 보임하여 종전보다 경호실의 위상이 높아졌다. 거기에 더하여 '국가안보실'(장관급의 실장)을 설치함으로써 국가안보의 비중을 높였다.

'여당 · 정부 · 청와대'의 대표는 여당대표, 총리 및 청와대 비서실장이다. 비록 국가 의전서열상으로 총리는 5위, 여당대표는 7위인데, 비서실장은 17위에 불과하지만 청와대가 여당과 정부를 압도하고 있는 것은 대통령 때문이다. 그만큼 비서실장의 역할이 한국 행정의 실제에서 중요하다. 대통령 비서실장으로 허태열, 김기춘, 이병기 등이 임용되었는데 그 인선에서 드러난 것은 이들이 대통령의 뜻을 그대로 전달하는 비서실장이 아니라 대통령에게 조언을 하는 원로로서의 성격이 강하다는 점이다.

총무 수석, 민정 수석 등은 특히 강력한 영향력을 행사한다고 알려져 있다. 꼭 제도상의 능력이 아니라 과거부터 이어져 온 대통령과의 관계도 작용한 것 때문이다. 이런 배경 하에서 2015년 1월 9일 대통령비서실 민정 수석비서관(김영한)이 여야 합의사항을 거부한 것은 물론 상급자인 대통령비서실장 지시마저 거부하는 초유의 '항명 파문'이 벌어졌는데 이는 참모들 상호간의 조정이 잘 이루어지지 않음을 반영한다.

대통령이 추천한 인사들이 여러 번 국회 청문회 과정에서 낙마함으로써 인사수석의 참모 기능이 부족했다는 평가도 나왔다. 그러나 이는 과거와는 달리 개정 국회법 하에서 야당의 권한이 높아진 점, 대통령의 스타일 등을 배경으로 하여 나타난 점이지 인사수석의 기능이 종래보다 더 나빠진 것으로 단언하기는 어렵다. 그렇더라도 변화된 국회 여야 관계 구조에 비서실의 인사수석 기능도 속히 적응해야 할 필요가 있다.

국가안보실(장관급 실장)을 따로 둔 이상, 이것과 외교안보수석(차관급)이 있는데도 총리를 중심으로 한 '국가정책조정회의'를 운용할 경우 총리보다 낮은 직급인 정책조정수석이 총리의 정책조정 권한에 실제로 어떤 영향을 미칠지도 유의해야 한다. 규제개혁을 대통령이 강력하게 추진하고자 한다면 비서실조직에 이런 사령탑을 설치하는 것도 고려할 만하다. 이 경우 그 역할이 기존의 규제개혁위원회 및 많은 규제를 주관하는 공정거래위원회를 충분히 압도할만한 위상을 지녀야 한다.

Ⅳ. 발전 방향

1 본연의 임무에 충실

대통령비서실의 본래 기능은 주요 정책 사안들이 신속히 대통령에게 전달되고, 대통령이 책임있는 결정을 내리는데 도움이 되는 역할을 수행하는 것이다. 우리나라의 '대통령비서실 직제'(대통령령)에 따르면 "대통령비서실은 대통령의 국정수행 보좌에 관한 사무를 관장한다"고 되어 있다. 따라서 이러한 본연의 임무에 충실한 비서실 조직이 되어야 한다.

2 특권기구의 성격 탈피

대통령비서실이 더 이상 과거식의 특권 조직이 되어서는 안 된다. 앞으로 민주적인 국정 거버넌스가 심화되면 대통령비서실의 권세는 현재보다 줄어들 것이다. 최근에 와서는 정책조정 등의 역할을 수행할 수 있는 정치행정적 및 자원동원적 역량도 상당히 제약을 받고 있다.

3 부처에 불간여

비서실은 과거 부처 및 국정에 실질적으로 큰 영향을 주어왔다. 전두환 대통령 시절에는 경제수석 비서관이 모든 부처장관들을 압도하고 경제 정책을 주도하였다. 그러나 이는 기형적 구조로 보아야 하며, 비서실은 본질적으로 막료 조직이므로 업무 수행에 있어 비서진이 외부로 드러나서는 안 된다. 대통령의 보좌를 넘어 부처에 직접 관여해서는 안 된다. 비서실 명의의 명령이나 결정 등이 독자적으로 외부에 표명되는 것도 바람직하지 않다.

4 막료의 바람직한 구조 형성

비서실이 운용은 대통령의 리더십 스타일에 따라 크게 달라지지만 대체로 다음과 같은 방향으로 개편됨이 바람직하다. 우선 비서실장-총리, 장관-수석비서관의 관계를 명확히 설정하여야한다. 비서실장-총리의 경우 대통령이 분명한 업무 및 권한 구분선을 설정해야 한다. 그리고 비서실장은 정책실장 등의 다른 막료들과의 역할 분담도 명확히 설정해야 한다. 장관-수석비서관의 관계에서는 수석비서관의 직급을 장관보다 낮게 한 현행 제도는 바람직하지만, 실질적인 역할 면에서도 장관보다는 낮은 역할을 부여함이 바람직하다. 이밖에 비서관에 유능한 참모를 기용해야 하는데 여기서의 기준은 전문성에 더하여 대통령에 대한 충성, 책임성이 고려되어야 한다. 그리고 행정관에도 부처의 유능한 관료가 보임되어 부처의 정책 현실을 정확히 파악할 수 있어야 한다.

논평

최근의 박근혜 대통령의 비서실구조를 논평할 수 있어야 한다. 박정희, 전두환, 노태우 대통령 등은 대통령비서실 외에 정보 획득의 외부 채널로 정보기관을 많이 활용하였다. 반면 김영삼 대통령과 김대중 대통령은 내각에 의존하는 경향이 상대적으로 늘어났다. 그리고 정보 획득의 비공식 채널로 박정희 대통령은 지인(대구사범동창, 대학교수, 문인 등)을, 전두환 대통령은 하나회를, 노태우 대통령은 여론과 정당간부를 활용하였으나, 김영삼 및 김대중 대통령은 비선조직, 정당, 여론을 통해 정보를 획득했다. 관련 연구로는 최평길(2002), 김정해 · 한승준(2013), 김정해(2006), 지충남(2011) 등을 참조하라.

| 새 테마 행정학 |

21. 리더십 이론

Ⅰ. 의 의

1 리더십의 개념

리더십(leadership)이란 조직구성원으로 하여금 바람직한 조직목적에 자발적으로 협조하도록 하는 일종의 기술 및 영향력이다(LeMay, 2006). 즉 리더가 추종자로 하여금 소망스러운 상태로 행동하도록 영향을 미치는 능력이다. 이러한 의미의 리더십은 공식적 상급자가 권한을 통해 행사하는 영향력인 헤드십(headship)과 반드시 일치하는 것은 아니다. 예를 들어, 리더십은 공식상의 계층을 전제로 하지 않지만, 헤드십은 공식상의 계층을 전제로 하고, 리더십은 권위 수용의 정당성이 있지만, 헤드십은 권위 수용의 정당성이 없다. 그러므로 군 사령관은 항상 헤드십은 보유하지만 리더십까지 항상 보유하는 것은 아니다.

리더십에 대한 개념 정의는 학자들마다 접근방법이 상이하다. 즉 리더십 개념을 리더가 갖는 개성이나 특성에 근거를 두고 설명하려는 정의, 리더가 발휘하는 영향력에 중점을 두는 정의, 리더와 부하의 행동방향의 공통성과 이해의 일치를 전제로 하는 정의, 집단에 어떤 변화를 가져오는 집단상황을 강조하는 정의 등이 있다.

2 리더십과 조직성과

리더십은 조직성과의 하나의 독립변수이지 유일한 독립변수는 아니다. 즉, 성과(Q)를 결정하는 함수식은 Q=f(L, x1, x2,,, xn)이다. 따라서 조직성과가 좋으면 이를 곧 좋은 리더십의 산물로만 이해하는 것은 오류이다. 다른 변수들은 잘 작동했지만 리더십은 부족하여 그 좋은 성과가 그 수준에 머물러 나타났을 수도 있고, 반대로 조직의 성과가 나쁘게 나왔을 경우에도 사실은 더 나빠질 수 있었던 것을 리더십의 역할 때문에 더 나빠지지 않고 그 정도에 그쳤을 수도 있다. 그러므로 좋은 리더십 혹은 나쁜 리더십 여부는 리더의 특정 행동에 고유한 것이 아니라 조직성과에 미치는 다른 변인들과의 관계를 종합적으로 고려하여 판단해야 한다.

3 리더십 연구의 흐름

종래 과학적 관리론이 지배하던 시대에 있어서는 리더십 문제가 거의 관심을 끌지 못하였다. 왜냐하면 당시의 인간관, 조직관에서는 인간의 모든 행동은 지시, 명령에 따라 이성적이고 합리적으로 움직여질 수 있다고 믿었기 때문이다. 그러나 산업화가 진전되면서 민주주의와 실적주의가 발달하고, 인간관계 문제에 대한 관심이 증대되면서 리더십과 관련한 경험적 연구들이 나타나기 시작하였다.

리더십 연구의 흐름은 전통적 리더십이론(1940~1970년대)과 현대적 리더십이론(1980년대 이후 신조류 리더십이론)으로 구별할 수 있다. 첫째, 전통적 리더십이론은 리더의 속성에 착안한 자질이론(특성이론), 행태적 접근방법인 행동이론(행태이론), 그리고 리더십의 효율성에 미치는 상황적 요인의 중요성을 강조하는 리더십 상황이론 등으로 발전되어 왔다.

둘째, 최근의 리더십 연구(리더십 연구의 현대적 경향)는 좀더 통합적이고 복합적인 접근방법을 지향하는 입장이 주류를 이루고 있다. 즉 통합적 접근방법은 리더의 행태나 상황적 조건뿐만 아니라 리더의 개인적 속성, 추종자의특성, 직위와 권력 등을 함께 포괄적으로 고려하고자 한다. 그러나 여전히 특정 리더십 유형을 선호하는 연구 경향도 지속되고 있다. 최근 80년대 이후에는 변동, 힘실어 주기(empowerment), 협동, 사람 중시, 다양성 지향 등과 같은 조직사회의 전개방향을 반영하여 변혁적 리더십, 발전적 리더십, 촉매적 리더십 등에 대한 새로운 이론들이 나타나고 있다.

Ⅱ. 리더십 이론의 전통적 접근방법

리더십 이론은 연구방법에 있어서 어느 측면을 중요시하느냐에 따라 특성이론, 행태이론, 상황이론으로 나누어진다.

1 리더십 특성 이론(Trait Theory)

1) 의의

리더십에 관한 초기 연구들은 리더가 가지고 있는 특성을 설명하는데 초점을 맞추었다. 어느 사회에서든 조직에서든 성공적인 리더들은 어떤 공통된 특성을 갖고 있다는 전제하에 이들의 특성들을 연구하여 개념화시키고자 한 것이다. 이러한 접근은 리더의 개인적 속성이 리더십의 성패를 결정하는 핵심적 요소라는 것을 전제로 하여, 성공적인 리더의 지능적, 성격적, 육체적 특성, 사회적 배경 및 특성, 리더에게 중요한 동기와 개인적 역량 등을 규명하고자 하였다.

2) 리더의 특성

리더가 지니는 특성이 무엇인가에 관하여는 학자마다 논의하는 바가 다르다. 예컨대 바나드(Chester I. Barnard)는 박력과 인내력, 결단력, 설득력, 책임감, 지능 등을 제시하고 있으며, 데이비스(K. Davis)는 지능, 사회적 성숙과 폭, 내적동기와 성취의욕, 인간관계태도 등을 제시하고 있다. 이들을 종합하면 대체로 지능, 권력동기, 지배성향, 공격성, 언어구사력, 판단력, 통찰력, 결단력, 사교성, 사명감, 성취동기, 신념, 육체적 특성 등이 중요한 특성으로 지적되고 있다.

3) 특성이론에 대한 평가

리더십 속성이론은 리더십의 포괄적 이해에 필요한 여러 국면의 연구 가운데 한 부분을 차지하고 리더십 초기 연구에 대한 관심을 환기시켰다는 측면에서 의의를 가지고 있다. 그러나 이러한 연구경향은 행태주의적 심리학의 등장과 함께 근본적인 비판을 받게 된다. 즉 특성(traits) 외의 요인들을 고려하지 못한 채 몇몇 특성(traits)에만 의존하는 '특성결정론'이 비판받게 되었다. 주된 비판의 논점은 리더의 보편적 속성을 확인하는데 실패했고, 실제로 인간에게 어떤 특징이 바람직한 리더가 될 수 있는지 설명하고 측정하기 어렵다는 점, 상황적 요인들을 간과하고 리더 속성에 대한 조작적 정의가 미숙하다는 점 등이 제시되었다.

이러한 비판에 직면하여 1950년대 이후의 접근방법은 리더의 행태를 관찰하는 방향으로 진행되었다. 이른바 리더십 행태이론이 등장하게 된 것이다. 초기의 특성이론은 이처럼 행태적 연구경향에 의해 비판과 도전을 받게 되었지만, 최근의 리더십 연구 경향에 있어서 이러한 특성이론에 대한 관심이 부활하기 시작했다. 특히 카리스마적 리더십, 성취동기이론 등의 연구로 재조명을 받고 있다.

2 리더십 행태 이론(Behavioral Theory)

1) 의의

1950년대 이후 1960년대까지 리더십에 관한 연구는 리더의 행태를 관찰하는 방향으로 진행되었는데, 이러한 시각은 특정한 목표를 달성하는 데 있어서 나타나는 리더의 지속적인 행태양식을 중시한다. 예를 들면, 의사결정행태를 중심으로 독재적 · 민주적 · 자유방임적 유형으로 구분할 수 있고, 리더의 목표지향성에 따라서는 직무중심적 유형과 인간관계중심적 유형으로 구분할 수 있다. 자질이론과 달리 행태이론에서 리더의 '행태'를 강조한 이유는, 리더의 '자질'이라는 것도 결국은 리더의 행태로 나타나며 경험적으로 검증할 수 있는 것은 행태이기 때문이다. 이처럼 행태이론은 관찰가능한 리더십 행태에 착안하여, 눈에 보이지 않는 능력과 특성보다는 리더들이 실제 어떤 행동을 표출하는가에 초점을 맞추었다. 즉 성과와 이러한 성과를 달성하는 리더의 지속적인 행태양식, 리더십 스타일 사이의 관계를 연구하고자 한다. 이러한 접근방법에 따르면 리더는 특성이론이 전제하고 있는 것과는 달리, 타고나는 것이 아니라 만들어지는 것이라고 이해될 수 있다.

행태적 접근방법은 주로 리더십 행태를 유형론(typology)으로 발전시키고, 여러 유형의 리더십 행태와 추종자들의 업무성취, 성과, 만족 사이의 관계를 규명하고자 하였다. 이러한 연구의 전형적인 예로 아이오와 주립대학교 연구, 미시간대학교의 연구, 오하이오 주립대학교의 연구, 블레이크와 무턴(Robert M. Blake & Jane S. Mouton)의 관리그리드(managerial grid) 연구 등을 들 수 있다.

2) 아이오아 주립대학교의(Kurt Lewin, Ronald Lippitt, Robert White) 연구

이는 행태적 접근방법을 채택하는 대부분의 리더십 유형론으로 리더의 행태가 과업(임무)지향적인가, 인간관계 지향적인가를 기준으로 삼고 있다. 이러한 기준에 따른 대표적 연구가 미국 아이오와 주립대학교의 연구이다. 그들은 10세의 아이들이 장난감 만들기와 같은 취미활동을 하도록 설계한 실험실 연구에서 리더십의 효율성을 평가하는데 사용하기 위해 리더십 유형을 권위형, 민주형, 방임형으로 나누고, 민주형이 가장 효율적인 리더십 유형임을 발견하였다.

첫째, 권위형(autocratic) 리더십은 명령에 따른 복종을 강요하고 독선적이며 보상과 처벌을 동시에 장악하고 있는 리더를 의미한다. 둘째, 민주형(democratic) 리더십은 참여형 리더로서 부하의 자문을 구하고 그들의 참여를 권장하는 유형의 리더이다. 셋째, 방임형(Laissez Faire) 리더십은 권력을 거의 행사하지 않고 부하에게 상당한 정도의 자발성을 부여하는 리더를 의미한다. 이러한 유형은 자신의 목표나 이것을 달성하는 수단에 있어서 부하에게 크게 의존하고 자신의 역할은 부하에게 정보를 제공하거나 집단 외부환경과 접촉하는 것으로 인식하는 유형에 해당한다.

그런데 탄넨바움(R.Tannenbaum)과 슈미트(W.H. Schumidt)는 민주형 리더와 권위형 리더를 연속선상에서 파악하였다. 이에 의하면 리더의 유형이란 결코 고정된 관념이라기보다는 상황에 따라 변화하는 개념이라고 할 수 있으며 민주적 리더도 위급한 상황에서는 권위적 리더가 될 수 있다.

3) 미시간 대학교의 리더십 연구

이 연구에서는 직원 중심형(종업원 지향)과 생산 중심형(생산지향)이라는 두 가지 리더십 유형을 창출해내고 공통된 결론으로 직원 중심형이 생산 중심형보다 우월하다는 사실을 도출하고 있다. 직원중심형 리더란 일에 있어서 인간관계를 중시하는 리더를 의미하고, 리더는 직원들의 개성과 개인적 욕구를 중시하는 리더를 말한다. 그러나 생산중심형 리더란 생산이나 작업에 있어서 기술적인 측면을 중시하는 리더를 의미하고, 종업원들을 조직의 목표를 달성하기 위한 도구로 보는 리더를 말한다.

4) 오하이오 주립대학교의 리더십 연구

오하이오 주립대학교의 연구에서는 리더십 행태의 두 가지 국면을 기준으로 하여 네 가지 리더십 유형을 분류하였다. 두 가지 국면이란 initiating structure(구조설정, 혹은 추진구조)와 consideration(배려 혹은 고려)이다. 첫째, 구조설정이란 리더와 종업원 사이의 관계를 명확히 밝혀주고 조직의 유형이나 의사전달의 통로와 절차, 조직의 구조와 과정을 엄격하게 형성하려는 리더십 행태를 의미한다. 둘째, 배려는 우호적인 분위기, 상호신뢰와 존경 등을 리더와 추종자 사이에 조성하려는 리더십행태이다.

이 연구에 의하면 리더의 행동이란 하나의 단일연속선상에서 이루어지는 것이 아니라 배려와 구조설정이란 양 축을 바탕으로 한 2차원상의 어딘가에서 이루어진다고 한다. 즉 구조설정과 배려의 수준이 어느 정도 배합되어 있느냐에 따라 4가지로 유형화한 결과, 구조설정과 배려 수준이 다 높을 때 추종자들의 불평수준과 이직률이 가장 낮고, 생산성은 가장 높다는 사실을 발견하였다. 반면 구조설정과 배려수준이 다 낮을 경우 추종자들의 불평수준과 이직률이 가장 높다는 사실을 발견하였다.

5) Blake & Mouton의 관리그리드(Managerial Grid)

리더의 행동유형을 더욱 구체화시키고, 효과적인 리더십 지침을 마련하기 위해 개발한 것이 관리망이론이다. 관리 유형도에서는 임무성취(생산, 과업지향형)와 인간관계 개선이라는 두 가지 기준을 토대로 하여 리더십 유형을 다섯 가지로 나누어 이를 격자(grid)로 계량화하였다. 여기서 도출되는 다섯 가지 리더십 유형은 다음과 같다.

첫째, 빈약형 혹은 무기력형(impoverished)이다. 이는 작업에 필요한 노력이 최소한의 수준에 머무르는 리더십 유형이다. 둘째, 친목형 혹은 사교형(country club)이다. 이는 종업원들과의 관계를 원만히 하기 위해 안락한 분위기 조성하는 리더십 유형이다. 셋째, 과업중심형(task)이다. 이는 인간적인 요소를 최대한으로 줄이고 오로지 업무의 능률만을 위해서 조직의 여러 조건을 정비하는 리더십 유형이다. 넷째, 단합형(team)이다. 이는 상호신뢰와 존경을 바탕으로 하여 독립심을 최대한 보장하고 업무의 달성을 최대한으로 높이려고 하는 가장 바람직한 유형의 리더십이다. 다섯째, 절충형(middle-of-the-road)이다. 이는 작업과 인간관계를 만족수준에서 조절하여 적절한 조직의 성과를 달성하려는 유형이다.

6) 리더십 행태연구에 대한 평가

리더십 행태이론은 효과적인 리더십 행동의 표준을 파악하여, 이를 바탕으로 구성원을 훈련시키기 위한 리더양성훈련에 공헌한 측면이 있다. 반면 리더의 행태가 리더십의 효율성을 결정하는 유일한 요인이 아니라는 사실을 간과하였고, 보편적으로 인정될 수 있는 효율적인 리더십 행태를 발견하지 못하였으며, 리더란 그들의 능력이나 훈련정도, 과업환경, 여타 다른 상황적 요인에 의해 크게 달라질 수 있다는 점 등이 비판의 대상이 되고 있다.

3 리더십 상황 이론(Situational Theory)

1) 의의

리더십 상황이론은 리더십의 효율성을 결정하는 것은 리더의 특성과 행태뿐만 아니라 상황적 요인의 작용이 중요하다는 것을 강조한다. 즉 리더십의 유효성은 상황에 따라 달라진다는 것이다. 어떠한 상황에서나 통용될 수 있는 최선의 리더 유형이란 존재할 수 없으며, 상황의 중요한 요소에 따라 여러 가지 리더의 행동유형이 효과적일 수도 있고, 아닐 수도 있다는 말이다. 초기의 상황이론은 리더의 행태와 상황의 관계에 착안한 연구가 주류였지만, 최근에는 리더의 속성으로부터 출발하여 상황 적합적 접근을 시도하는 연구가 등장하고 있다.

2) 피들러(Fred E. Fiedler)의 상황적합적 이론

피들러는 리더십의 유형을 인간관계 중심적 리더십과 임무 중심적 리더십으로 분류하고 있고, 주어진 상황이 리더에게 우호적이 될 수 있느냐 없느냐 하는 것을 결정해주는 변수, 즉 상황적 유리성을 결정하는 변수를 ① 리더와 종업원간의 관계, ② 임무, 과업 구조, ③ 리더의 지위가 부여하는 권력과 권위의 정도로서 지위권력, 혹은 직위에 부여된 권력 등 3가지로 구분하고 있다. 또한 3가지 변수가 어떻게 결합하느냐에 따라 여덟 가지 유형의 상황을 구분하였는데 가장 유리한 것에서부터 가장 불리한 것에 이르기까지 차례로 배열하였다.

동 모형에서 리더에게 가장 유리한 상황(우호적인 상황)은 종업원들에게 가장 사랑을 받고, 강력한 지위를 누리며, 정교하게 마련된 작업을 지휘하는 상황이다. 리더에게 가장 불리한 상황(비우호적인 상황)은 종업원들이 리더를 싫어하고, 지위권력도 미미하며, 작업구조도 마련되지 않은 상황이다.

3) 허쉬(Paul Hersey)와 블랜차드(Kenneth H. Blanchard)의 3차원적 모형

(1) 3차원 모형의 구성

허쉬(Paul Hersey)와 블랜차드(Kenneth Blanchard)는 인간관계 중심적 행태와 임무중심적인 행태를 2차원적 평면에 나타내고, 나아가 상황적 요인으로서 구성원의 성숙도를 추가시켜 3차원적 개념으로 리더십 유형을 구성하였다. 인간관계 중심적 행태와 임무 중심적 행태를 기준으로 첫째, 높은 관계지향성과 낮은 과업지향성, 둘째, 높은 관계지향성과 높은 과업지향성, 셋째, 낮은 과업지향성과 낮은 관계지향성, 넷째, 높은 과업지향성과 낮은 관계지향성 네 가지 리더십으로 유형화하였다.

이에 더해 구성원의 성숙도란 환경적 변수는 직무에 관한 것으로 직무에 필요한 능력이나 지식, 기술, 직무경험의 기간과 업무의 태도 및 의욕 등을 의미한다. 따라서 리더십 행태는 이러한 상황적 조건에 적합할 때 효율적이라고 한다.

(2) 리더십 효과성에 대한 결론

성숙도가 최저인 부하들에 대해서는 인간관계에 대한 고려를 가장 낮게 하고 이들을 적극적으로 지도하고 개발하는 것이 효과적이다. 또한 부하가 어느 정도 성숙할 경우 그들에 대한 배려를 강하게 하는 것이 효과적이고 부하의 성숙도가 높은 위치에 달하게 될 경우 관계지향적 행동과 과업지향적 행동을 줄여나가는 것이 효과적이다. 부하의 성숙도가 최고조에 달할 경우 관계지향적 행동의 일부를 제외하고는 부하에게 영향력을 행사하지 않는 것이 효과적이다. 이와 같이 허쉬와 블랜차드의 3차원 유형은 부하들의 성숙 수준에 맞추어서 이에 적합한 리더십 행동을 적용함으로써 부하들이 성숙한 개인으로서의 자아실현욕구를 충족할 수 있고, 따라서 개인과 조직의 통합이 이루어지며 조직구성원의 만족감은 물론 조직의 효율성도 극대화시킬 수 있다고 전제하고 있다.

4) 경로-목표 이론

이 이론은 동기부여 이론의 하나로서 기대이론과 동기유발에 관한 통로-목표이론에 기반하고 있는 리더십 이론이다. 경로–목표이론에 따르면 리더는 목표달성에 대한 경로를 명확히 하는데 도움을 주기 때문에 종업원들의 행동에 도움을 줄 수 있고, 리더는 추종자가 얻고자 하는 보상에 이르는 통로를 명료화하거나 추종자가 받을 수 있는 보상을 늘려서 추종자의 업무성취동기를 강화할 수 있다고 본다.

즉 리더행동은 리더행동의 결과에서 기대되는 만족감에 따라서 결정된다는 전제하에 리더의 기대감과 리더행동에 작용하는 상황적 요소들을 연구하는데 초점을 두고 있다. 따라서 부하들의 과업성과에 대한 유의성을 높이고 과업성과를 달성하는데 필요한 모든 상황적 조건을 조성함으로써 과업달성에 대한 기대감을 높이는 것을 리더가 수행하여야 할 기능으로 본다.

경로-목표이론은 리더십 과정에서 작용하는 중요한 상황적 요인들을 부하들의 특성과 과업환경요소로 나누고 리더는 부하들의 특성 및 과업의 환경적 요소들과 상호작용을 하면서 적절한 리더행태를 통하여 부하들의 목표에 대한 유의성과 기대감에 영향을 줌으로써 이들의 동기수준과 노력, 그리고 성과와 만족감을 높일 수 있다고 한다.

5) 리더십 대체 이론

이는 아주 강력한 상황적 요인들이 리더십을 대체하거나 리더십의 필요성을 약화시킨다는 현상을 설명하는 이론이다. 이때 리더십을 대체할 수 있는 상황적 조건의 범주는 조직 특성, 과업 특성, 추종자의 특성 등이다. 예컨대, 전문적 교육과 사회화 등 고도의 전문적 훈련은 받은 직원들이 업무수행 방법을 잘 아는 경우 굳이 리더의 지시가 불필요하다.

리더십 대체물은 리더십을 불필요하게 만드는 요인으로 과업이 일상적이거나 구조화되어 있고 결과에 대한 환류가 빈번하게 이루어지며 구성원이 과업 그 자체로 만족감을 느끼는 경우 리더십이 불필요하게 된다. 리더십 중화물은 리더십의 필요성을 약화시키는 요인으로서 조직의 명확한 계획과 목표, 규칙과 규정, 높은 응집력, 리더가 통제할 수 없는 보상체계, 리더와 부하간의 긴 공간적 거리 등이 존재하는 경우에는 리더십의 필요성이 약화된다는 것이다.

6) 리더십 생애주기 이론

추종자의 성숙 단계에 따라 효율적인 리더십이 달라진다는 관점에 입각한 것이다. 동 모형에서 리더십의 유형을 지시형, 설득형, 참여형, 위임형 등 네가지로 유형화하고 추종자들의 성숙수준에 따라 적합한 리더십 스타일을 규정하는데 연구의 초점을 둔다.

Ⅲ. 리더십 이론의 현대적 접근들

전통적 리더십 이론에 더하여 최근에는 신리더십이론이라는 것들이 제시되고 있다. 하우스(Robert House)의 카리스마적 리더십(charismatic leadership)이론, 번즈(McGregor Burns,1978)의 변혁적 리더십(transformational leadership) 이론 등이 있다. 이 밖에 리더십의 특정한 유형을 강조한 다양한 주장들이 있다. 이들은 반드시 배타적인 것은 아니며 중첩적으로 나타날 수도 있다.

1 변혁적 리더십 이론

1) 의 의

탈관료제적 상황에서 분화보다는 통합이 강조되고 고도의 다양성과 적응성이 요구되는 조직에서는 변혁적 리더십(전환적 리더십)이 필요할 것이다. 변혁적 리더십(transformational leadership)은 조직이 가진 기존 노선과 문화를 변동시키려고 노력하는 변화 추구적, 개혁적 리더십이다. 즉, 조직을 위해 새로운 비전을 창출하고 그러한 비전이 새로운 현실이 되도록 적절한 지지를 확보함으로써 조직의 문화를 개조할 수 있는 리더십이다.

변혁적 리더는 창의적인 변화 추구자이어야 하며 목표와 수단의 중요성에 대한 의식수준을 제고시키고 부하가 조직 및 전체의 이익을 위해 개인적 이해관계를 초월하도록 유도하며, 부하가 그 자신에게 요구되는 이상의 성과를 달성하도록 동기를 유발한다.

2) 변혁적 리더십의 기능

변혁적 리더십은 조직에 대한 사람들의 인식과 가치관을 변화시키고 공동의 신념과 가치관을 발전시키는 방법으로 변동을 실천하며 인간의 의식수준을 높이고 일에 의미를 부여하는 등의 기능을 가진다.

첫째, 새로운 비전을 제시하여 다른 사람들이 이를 내면화하고 탁월한 성취를 이룰 수 있도록 힘을 실어준다. 둘째, 추종자들이 업무수행의 의미를 발견하고 이에 몰입할 수 있도록 동기를 부여한다. 셋째, 리더는 추종자들의 다양성을 존중하고 이들의 성장에 관한 욕구에 관심을 기울이며 창의적인 업무수행이 가능하도록 지적자극을 제공한다. 넷째, 구성원들 사이의 신뢰를 구축하고 지속적 학습을 촉진한다. 또한 변혁적 리더는 부하에게 리더가 확립시킨 의견에도 문제를 제기할 수 있는 능력을 주입시킨다.

3) 변혁적 리더십이 요구되는 조직의 여건

첫째, 경쟁격화와 불확실한 환경에 노출되어 있는 지식정보화 사회에 유리하다. 둘째, 적응지향적이고 구조의 융통성이 요청되며 통합적 관리를 필요로 하는 조직에 유리하다. 셋째. 변동을 추구하며 구성원들의 창의적 업무수행이 요청되는 조직에 유리하다.

2 카리스마적 리더십 이론

1) 의 의

카리스마적 리더십이란 리더의 특출한 성격과 능력에 의하여 추종자들이 특별히 강한 헌신과 리더와의 일체화를 이끌어내는 리더십이다. 카리스마적 리더십의 핵심은 리더에 대한 추종자들의 개인적 일체화와 헌신이며 이때 카리스마란 부하들이 리더를 지원하고 리더의 의사를 수용하도록 만드는 대인적 매력을 의미한다.

카리스마적 리더는 독특하고 강력한 성격을 보유하여 조직의 비전을 창출하고 이에 근거하여 추종자들의 존경, 신뢰, 충성, 그리고 헌신을 이끌어낼 수 있는 사람들이다. 이때 카리스마적 리더십은 변혁적 리더십과 중첩되는 부분이 있지만, 카리스마적 리더십은 부하가 리더의 세계관에 따르도록 하는 것이며 감정적 일체화를 더 강조한다.

2) 카리스마적 리더십의 요건

첫째, 장래에 대한 명확한 비전을 제시하고 비전 성취에 대한 자신감을 표출하며 자기희생의 정신을 갖추어야 한다. 둘째, 추종자들의 무의식적 동기를 촉발하고 비전 성취를 위한 모험에 인색하지 않아야 한다. 셋째, 비전에 내재된 가치를 강조하는 상징적 행동을 하며, 추종자들의 높은 수준의 업무성취에 대한 기대와 신뢰를 표현해야 한다.

3 거래적 리더십 이론

거래적 리더십은 전술한 변혁적 리더십과 대비되는 개념이다. 리더가 가치있는 것을 줌으로써 그 대가로 부하의 추종을 얻어 낸다. 리더가 부는 가치와 부하의 헌신이 교환(거래)된다는 의미에서 교환적(거래적 transactional) 리더십이라고 부른다.

거래적 리더는 변혁적 리더십이나 카리스마적 리더십처럼 부하와 심리적으로 일체가 되어 통합적인 관계를 설정하려 하기 보다는, 합리적이고 타산적인 교환 관계를 설정하려 한다. 리더는 부하들이 스스로의 욕구를 이해하고 충족시킬 수 있도록 돕고 임무 수행을 독려하며 그들에게 자신감을 심어주고 지원한다.

그러나 격동하는 환경이나 위기에 대처하여 근본적인 변혁을 이끌어가는 리더십이 아니라는 점에서 변혁적 리더십다는 비교적 보수적이고 현상유지적이라고 할 수 있다. 그러나 변혁적 리더십보다는 부하의 추종을 얻기가 더 용이하다.

4 발전적 리더십 이론

이는 변동을 긍정적인 기회로 받아들이고 변동에 유리한 조건을 만들기 위해 부하에게 헌신하는 리더십이다. 이 유형의 리더십은 조직 개혁과 경쟁력 향상이 바로 부하 직원들의 손에 달려있다고 인식하며 "섬김의 정신"으로 부하를 대한다. 즉 발전적 리더는 부하 직원들을 상전처럼 받들 수 있는 사람으로서 직원 지향적이며 업무성취 지향적이다. 또한 리더는 부하 직원들로부터 신뢰를 얻고 사업성과에 대해 책임을 져야하며, 조직 전체를 위한 미래의 비전을 제시하고 비판적 사고를 하는 총체적 사고를 가져야 한다.

5 촉매적 리더십 이론

이는 여러 기관 사이의 연관성이 높은 공공문제들을 다루는데 촉매적 작용을 할 수 있는 리더십을 의미한다. 이러한 촉매작용적 리더의 요건으로는 첫째, 전략적으로 사고하고 행동할 수 있어야 하며, 둘째 생산적인 과업집단의 발전을 촉진하고 결과를 성취하려는 열정과 감수성을 지닐 수 있는 성격을 소유하여야 한다.

6 분배적 리더십 이론

이는 리더십의 책임과 권한을 하나의 명령 계통에 집중시키지 않고 여러 사람에게 분배하는 공유의 리더십이다. 이러한 분배된 리더십의 양태는 ① 위임된 리더십, ② 공동의 리더십, ③ 동료의 리더십으로 나눌 수 있다. 위임된 리더십은 대규모 복잡한 조직에서 최고관리자들이 관리기능을 분담하여 수행하는 경우를 의미하고, 공동의 리더십은 하나의 직위를 임무지향적 역할을 수행하는 자와 인간관계 지향적 역할 수행하는 자에게 동시에 부여하는 것을 의미한다. 동료의 리더십은 구성원 전체에게 리더십 기능을 분배하고 여러 사람이 리더의 자세로 활동하도록 하는 경우를 의미한다.

Ⅳ. 지식정보화 사회의 바람직한 리더십 방향

1 의 의

정보화 사회에서의 리더의 동기부여는 기존 통제 중심 방식으로부터 부하들의 직무 몰입을 유도하는 방향으로 이루어져야 한다. 즉 정보화 사회에서의 동기부여는 복종과 근면보다는 상상력과 유연성, 그리고 결과에 대한 책임과 몰입이 이루어지는 방향이어야 한다.

2 한국 행정에서의 리더십의 문제점

종적 서열 관계가 지배적이었던 한국 행정 문화에서 단기적으로는 권위형 리더십이 효율적이었다. 그러나 이로 인해 변혁적, 촉매적, 민주적 리더십이 활용되지 못하고 실질적으로는 헤드십(headship)에 불과한 지시와 명령 중심의 관리 방식이 주로 구사되었다. 이 때문에 부하들의 창의적이고 발전적인 아이디어는 거의 활용하지 못하였다.

3 지식정보화 사회 리더의 요건

첫째, 자아실현적 인간관에 기초하여 부하나 동료의 잠재력을 최대한 발휘할 수 있도록 도와주는 리더십 기술이 필요하다.

둘째, 고객지향적, 창의필요적, 발전지향적인 리더십이 필요하다.

셋째, 개인의 창의나 자율성을 충분히 존중하면서 공동 목표를 향하여 이를 조직화시키는 민주적 리더십이 요구된다.

넷째, 상황적응적 접근방법으로서 리더 자신의 변화뿐만 아니라 리더십에 영향을 미치는 다른 환경적 요인들도 적절히 변동시켜 리더십의 효율성을 제고해나가야 한다.

다섯째, 리더십 발휘의 궁극적인 지향점으로 조직 목표달성과 구성원 자아실현이라는 이중적 목적이 동시에 고려되어야 한다.

여섯째, 변혁적 리더로서 조직의 기존 문화를 변동시키고 조직의 미래를 위한 새로운 비전을 창출하여 이를 추종자들에게 주입시키는 창의적 변동추구자의 역할이 요구된다.

논평

리더십에 대한 연구는 행정학 연구의 역사와 같이 변증법적 발전과정을 거쳐 이루어져 왔으며, 각 연구들은 나름대로 현대 행정에서 의미하는 바를 지니고 있다. 기본적으로 역사적 맥락에서 리더십이론에 대한 연구를 정리하고, 현재 한국적 상황에서 국가발전을 위해 필요한 리더십은 무엇이며, 이러한 리더십이 효과적으로 발휘되기 위한 선결 과제를 정리하라. 추상적인 결론이 나기 쉬운데 사례연구의 경우에는 보다 구체적인 처방을 제시해야 한다. 방대하고도 다양한 리더십 연구들을 다 나열할 필요는 없다. 그러나 이들 연구들이 어떤 순서로 전개되어 왔는가, 또 각 이론은 어떤 특징(이론적, 현실적)이 있는가를 정리해 두어야 한다. 리더십이론은 그 탄생과 용도가 특정한 맥락에서 나온 것이다.

리더십은 일상적으로 많이 사용하는 개념이므로 리더십 이론은 과학성과는 거리가 먼 것도 많다. 흔한 오류적 서술은 변혁적(전환적) 리더십은 좋은 데, 교환적(거래적) 리더십은 효과가 낮은 유형이란 식의 표현들이다. 부하의 가치관을 바꾸는 것이 반드시 조직 성과에 좋은 것만도 아니다. 카리스마적 리더십, 변혁적 리더십만이 가장 좋다면 민주적 리더십은 존재하기 어렵고 웨버가 말한 신비한 권능을 가진 자만이 리더가 될 것이다.

|새 테마 행정학|

22. 상황 적합적 리더십

Ⅰ. 서 론

상황 적합적 리더십은 조직의 성과가 리더측의 역량이나 상황의 어느 하나에 좌우되는 것이 아니라 양자의 "적합"(congruence) 여부에 결정적으로 달려있다고 보는 이론이다. 이 이론의 선구로서 가장 잘 알려져 있으며, 후속 상황 적합적 리더십 이론의 출발점이 된 것이 피들러(Fred E. Fiedler)의 이론이다. 그의 이론은 리더십은 리더, 부하, 상황에 따라 결정된다는, Leadership=f(L, F, S)의 논리를 대전제로, 리더의 효과가 상황과의 적합 여부에 따라 어떻게 영향을 받는가를 처음으로 밝혔다.

피들러에 의하면 리더십의 효과는 리더의 유형(style)이 어떠하다는 점(리더 요소)과 리더십이 작용되는 환경이 어떠한가라는 점(상황 요소)이 잘 적합되는가(contingent)에 좌우된다고 한다. 그런데 리더의 유형이라는 변수는 사람의 일생 동안 상당히 안정적인 양상을 지니므로 이를 변경하려고 하기보다는, 리더가 당면한 상황이라는 변수를 리더의 유형에 잘 적합하도록 변경하는 것이 리더십의 성과에 유리하다는 점을 강조한다. 이하에서는 리더의 유형, 상황의 유형, 및 그 양자의 적합 여부에 의한 효과성을 설명한 후 이에 평가를 내리기로 한다.

Ⅱ. 리 더

피들러에 의하면 리더십 유형(style)이란 개인에게 상당히 고정되어 있는 것이다. 리더의 유형을 판별하기 위해, 피들러는 리더로 하여금 자신이 가장 싫어하는 부하에 대한 호감도를 표명하는 척도(LPC: The Least Preferred Co-worker Scale)를 개발하였다. 이 척도는 보통 16개 정도의 항목들로 구성되어 있고, 각 항목에 대해 1점~8점에 이르는 점수를 매기고 이 점수를 합하고 평균치를 낸다.

친밀하지 않은	1 2 3 4 5 6 7 8	친밀한
비협력적인	1 2 3 4 5 6 7 8	협력적인
적대적인	1 2 3 4 5 6 7 8	지원적인
비개방적인	1 2 3 4 5 6 7 8	개방적인
....		

LPC 척도의 예

피들러의 논리적 전제는 리더가 자신이 가장 싫어하는 부하에 대해서도 우호적으로 평가한다면 그것은 인간관계를 중시하는 리더(관계형 리더)이며, 반면에 가장 비우호적으로 평가하는 리더는 과업성과를 중시하는 리더(과업형 리더)로 볼 수 있다는 것이다. 이것은 리더가 자신과 함께 일할 수 없는 사람에 대한 감정적 반응을 나타내게 하는 방법이기는 하지만 이것이 정확한 척도가 되지 못한다는 비판도 받고 점이다. 어쨌든 이러한 분류에 따라 리더의 유형을 "과업형 리더"(LPC 점수 63점 이하)와 "관계형 리더"(73점 이상)로 분류한다.

Ⅲ. 상 황

상황 적합 모형에서의 두 번째 변수는 상황이 얼마나 바람직한가(situational favorability)이다. 상황의 바람직도는 세 변수에 좌우되는데 그 중요도의 순서대로 보면 ① 리더-부하의 관계, ② 과업 구조, ③ 리더가 직위에 따라 갖는 권력이다.

① 리더-부하의 관계는 가장 중요한 상황 변수로서, 리더가 부하와 얼마나 우호적-적대적인가를 의미한다. 이 관계가 우호적일수록 리더는 자신이 부하들로부터 지원 및 충성을 신뢰할 것이다. 우호적일수록 리더에게 좋은 상황이다.

② 과업 구조란 조직이 산출한 생산품, 업무의 지침이 되는 표준운영절차(SOP), 업무 결과에 대한 객관적 지표 등이 체계적으로 갖추어져 있는 정도를 의미한다. 과업구조가 체계적일수록 리더에게 좋은 상황이다.

③ 리더가 직위상 권력이란, 리더가 가진 권위나 계급, 상벌을 부여하는 권위, 부하의 평가에 대한 정당성을 갖춘 정도를 말한다. 리더에게 이러한 권력이 많을수록 리더에게 좋은 상황이다.

이 세 가지가 상황의 바람직도를 결정하는 변수인데 이것들이 종합적으로 상황의 바람직도에 영향을 주는가는 다음과 같은 도표로 요약된다. 1이 리더에게 상황이 가장 바람직한 상황이며 8은 가장 나쁜 상황인데, 요컨대 좌측으로 갈수록 더 상황이 바람직하다는 것이다.

리더-부하 관계	관계성 좋음				관계성 나쁨			
업무 구조	업무 구조가 체계화		업무 구조가 비체계화		업무 구조가 체계화		업무 구조가 비체계화	
직위상 권력	권력높음	권력낮음	권력높음	권력낮음	권력높음	권력낮음	권력높음	권력낮음
상황 적합도 등위	1	2	3	4	5	6	7	8

Ⅳ. 리더와 상황의 적합

피들러 상황 적합형 리더십이론의 핵심은 리더의 특정한 자질에 의해서가 아니라 그것이 상황과 얼마나 잘 부합하는가에 따라 리더십의 효과가 좌우된다는 것이다.

피들러 이론의 중요한 결론들을 요약하면 다음과 같다. 첫째, 가장 중요한 점으로, 과업형 리더는 극한적 상황(즉 상황이 아주 나쁘거나, 아주 좋을 때)일 때에 효과적이며, 반면에 상황이 중간 정도이거나 확실성이 높을 경우에는 관계형 리더가 더 높은 효과성을 나타냄을 발견한 점이다. 이를 도식화하면 아래과 같다.

둘째, 리더가 자신이 가장 중요시하는 동기(1차적 동기)에서 벗어나는 경우를 지적하였다. 상황이 좋지 못한(아주 나쁜 수준 및 중간 수준) 경우에서는 리더는 자신의 기본적 동기를 충족시키는데에 치중한다. 즉 이 경우 과업형 리더는 과업 달성에, 또 관계형 리더는 부하와의 관계성 증진에 치중한다. 그러나 상황이 좋은 경우에서는 리더는 적어도 자신의 기본적 동기는 당연히 충족되리라고 기대하여 이제는 2차적 동기에 따라 행동하려고 한다. 따라서 리더가 자신의 2차적 동기에 따라 행동하는 것(예컨대 과업지향형 리더가 관계성으로 관심의 두는 것)은 오직 상황이 아주 좋을 때에만 나타나는 행동이다.

셋째, 리더의 효과를 높이기 위한 처방에서 종래의 이론과 다른 대안을 제시한다. 리더는 평생 동안 자신의 독특한 동기 구조를 확립해 나가므로 그 동기 구조는 매우 안정적이다. 따라서 종래의 이론들이 가정한 것처럼, 리더십 훈련 프로그램 등으로 리더의 인성을 단기간에 바꾸려 하는 것은 무모한 것이다. 오히려 리더가 상황을 정확히 인식하고 그것들을 자신의 리더십 유형에 적합하도록 바꾸는 역량이 더 중요하다고 보았다. 요컨대, 리더십을 높이기 위해서는 리더의 행동을 단기간에 바꾸려 하기보다는 리더에 적합하도록 상황을 변용하는 기술(상황 공학 situation engineering)을 육성하는 것이 더 나은 처방이 된다.

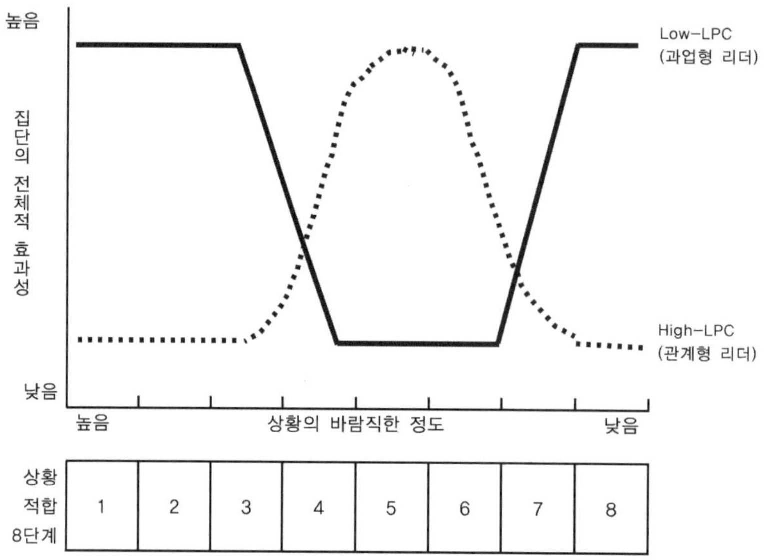

Ⅴ. 상황적합 이론의 평가

1 특 징

첫째, 리더십이론에 상황 적합적 리더십 이론에 대한 최초의 체계적 연구이다. 종래에는 어느 어느 유형의 리더십 유형이 더 바람직하다는 식의 연구였지만 피들러는 이를 배제하고 리더십의 효과는 특정한 리더십 유형에 따라 일률적인 것이 아니라 오직 상황과의 적합 여부에 따라서 결정된다는 점을 처음으로 체계적으로 규명하였다.

둘째, 상황이 바람직한가의 평가는 피들러가 고안한 LPC 지표(리더의 주관적 인식)에 따라 평가된다고 보았다. 리더십의 효과는 상황에 따라 좌우되므로, 리더란 어느 상황에서는 효과적이지만, 다른 상황에서는 효과적이지 않다. 따라서 효과적인 어느 리더십이 효과적 혹은 비효과적이라고 일반적으로 말하는 것은 정확한 것이 아님을 강조한다.

셋째, 리더십은 상황과의 적합여부에 결정적으로 때문에 누구든지 자신의 리더십 스타일에 적합한 상황을 면밀히 선택할 수 있다면 리더가 될 수 있다.

넷째, 피들러가 말하는 상황은 리더측이 통제 불가능한 외적 변수가 아니라, 리더가 운용 가능한 변수이다. 따라서 이 상황을 리더에 잘 적합하도록 설계하는 것이 중요하다. 예컨대, 상황 변수로 설정된 내용인 리더의 직위상 권력, 업무 구조, 리더-부하의 관계성을 리더십의 스타일에 잘 적합하도록 설계함이 중요하다.

2 비 판

첫째, 상황 요인으로 설정된 내용들이 리더의 '상황' 내용으로 충분하지 않다. 피들러는 상황을 구성하는 요인으로 세 가지를 제시하였지만 다른 경험적 연구에 따르면 이들 외에 '훈련, 경험...' 등도 역시 리더의 효과성에 영향을 주는 상황 요인이 될 수 있다.

둘째, 피들러는 LPC 점수에 따라 과업형 리더-관계형 리더로 구분했다. 이에 대한 비판은 두 가지이다. ① 오직 두 가지 유형으로만 구분함으로써 리더십의 다양한 유형을 반영하지 못했다는 비판이 있다. 이는 측정의 어려움으로 인한 단순화로 일단 치부할 수있다. ② 더 근본적인 의문은 LPC 점수를 통해 리더십 유형을 판정한다는 비판인데 이는 피들러 이론의 근본적 문제로 지적되고 있다.

셋째, 상황변수가 리더측에서 운용 가능한 것들이라면 그것은 내생변수로 보아야 한다. 따라서 이를 통상적 의미의 "상황"이라고 간주하기는 어렵다는 근본 의문이 있다.

넷째, 실험실에서는 상당한 경험적 타당성을 인정받았지만, 현실의 리더십 상황에서는 경험적 타당성을 인정받지 못하는 경우도 많이 있어서 이론의 일반성에 아직 문제가 있다.

논평

상황적합적 리더십 이론은 이론 자체보다는 다음 주제로 응용하여 익혀 두면 유용하다.

① 전두환 대통령의 공적의 하나로 물가안정 정책의 성공을 든다. 이 성공 요인을 대통령의 경제 리더십, 국제 유가하락이라는 상황의 두 요인을 통해 설명해보라.

② 이명박 대통령 시기 한국의 경제기초("펀드멘털") 상태는 나쁘지 않았다. 그러나 대외의존도가 높은 구조 때문에 미국발 금융위기와 유럽발 위기 때문에 경제 불안이 고조되고 이는 결국 퇴임을 앞둔 대통령의 경제리더십 전반의 평가에 부정적으로 반영되고 있다. 피들러의 이론에 토대하여, 이 사안의 처리에 관한 대통령의 경제리더십을 분석하고 평가해 보라.

③ EU를 이끌고 있는 메르켈 독일 총리가 그리스의 재정위기 때 그리스의 곤궁에도 불구하고 양보하지 않은 것은 EU 붕괴를 자초하는, 리더십의 부족인가? 아니면, EU를 지키려는 카리스마적 리더십인가?

| 새 테마 행정학 |

23. 조직과 인간관

Ⅰ. 서 론

조직 속의 인간으로 하여금 조직의 목표 달성에 기여하도록 관리하는 전략이 무엇인가 하는 문제는 결국 인간관(人間觀)에 달려 있다. 조직 속의 인간을 어떤 관점에서 이해하느냐에 따라 조직의 관리 전략이 달라지기 때문이다. 따라서 인간관의 연구는 일반적 조직이론의 전제가 된다.

조직 속의 인간에 대한 관점은 다양하게 존재하며 이들 간에는 중복되는 부분이 있기도 하다. 예컨대 후술하는 Y형 인간과 자기실현적 인간은 동일한 인간형을 전제로 한 것이다. 조직 속 인간의 효과적인 관리 전략으로 보편적으로 타당한 전략은 없으며, 특정한 조직 특성과 그에 속한 인간의 유형에 따라 관리전략이 달라진다. 이하에서는 시대적 변천에 따라 달라진 조직 속의 인간관의 특징과 그에 대한 효과적인 관리전략을 살펴보고자 한다.

Ⅱ. X · Y 이론의 인간관

1 X 이론의 인간관

1) 의의

맥그리거(Douglas McGregor)는 그의 저서인 'The Human Side of Enterprise'에서 인간이 일에 대하여 가지고 있는 상반된 두 가지의 태도와 관점을 기준으로 X이론과 Y이론으로 분류하였다. 우선 X이론에서 제시하고 있는 인간의 본질에 대한 기본 가정을 살펴보면 다음과 같다.

첫째, 통상적으로 인간은 일을 본래적으로 싫어하고 가능하면 피하려고 하며, 둘째, 인간은 책임지기 싫어하며 명령, 지시에 수동적으로 따르기를 원하고, 셋째, 인간은 새로운 도전을 싫어하며 안정감을 중요시하며, 넷째, 인간은 이기적이며 비협조적인 존재이다. 이와 같이 X이론은 인간을 기본적으로 부정적인 입장에서 파악하고 있으며 물리적인 제재, 강압이 수반되어야 조직은 소기의 목적을 달성할 수 있다고 보고 있다.

2) 관리전략

X이론적 인간관에 따르면 조직구성원은 자율적이고 능동적으로 일을 하지 못하므로 외부로부터의 보상과 처벌을 통하여 조직의 목표를 달성할 수 있다고 본다.

첫째, 경제적 보상체계의 강화이다. X이론에 의하면 비경제적인 유인체제는 효과적인 업무활동을 유발시키지 못하며 적절한 보수체계나 물질적 유인체계만이 조직구성원들의 동기를 유발하는 효과적인 관리수단으로 보고 있다.

둘째, 엄격한 감독과 통제체계의 확립이다. 조직구성원은 자기중심적이며 책임을 지기 싫어하기 때문에 엄격한 감독과 구체적인 통제 및 처벌체제가 필요하며 동시에 이를 통하여 조직의 목표를 달성할 수 있다고 보고 있다.

셋째, 권위주의적 리더십의 확립이다. 조직구성원은 상황변화에 대해 유연하게 대처할 능력이 떨어지기 때문에 권위주의적 관리체제의 확립이 필요하다.

넷째, 수직적인 계층제 조직구조의 확립이다. X이론에서는 인간을 피동적이고 외부에 의해서 규제 받기를 좋아한다고 보므로 계층적 조직구조가 조직구성원을 관리하는데 적합하다고 본다.

2 Y 이론의 인간관

1) 의의

Y이론은 X이론과 상반되게 조직 내의 인간을 보는 관점이 긍정적인 것으로서 이에 따라

민주적 · 인간적이며 동기유발적 관리전략이 필요하다는 이론이다. 구체적으로 Y이론에서 제시하고 있는 인간의 본질에 대한 기본 가정을 살펴보면 다음과 같다.

첫째, 인간은 부지런하며 일을 싫어하지 않으며, 둘째, 인간은 책임감 있는 일을 하고 싶어하고, 셋째, 인간은 조직의 목표에서 보람을 찾고 행동에 기쁨을 느끼며, 넷째, 인간은 창의성과 도전성을 지니고 있으며, 다섯째, 인간은 상호협조적인 것으로 간주한다.

2) 관리전략

Y이론에 의한 인간관리의 기본적 방향은 조직구성원의 자발적 근무의욕과 동기가 발생하도록 유인해야 하는 것이다. 이를 위해서는 구성원들의 사회심리적 욕구를 충족시키는 것이 필요한데 구체적인 전략은 다음과 같다.

첫째, 목표관리 및 자기평가제도의 활성화이다. 조직구성원들이 조직 목표의 설정에서 집행에 이르기까지 직접 참여함으로써 자발적이고 능동적인 관리체제가 이루어지며 조직구성원의 업적을 스스로 평가함으로써 자기역할의 중요성을 인식하게 된다.

둘째, 분권화와 권한의 위임이다. 엄격한 감독에서 벗어나 자발적이고 창의적인 활동이 가능하게 함으로써 조직구성원들이 일에 대해서 스스로 책임을 지게 된다. 이에 따라 자연히 상부의 권한이 하부로 위임된다.

셋째, 민주적 리더십의 확립이다. 조직의 중요한 결정이 상층부에서 일방적으로 결정되는 것이 아니라 조직구성원의 자발적인 참여 속에서 이루어진다.

넷째, 평면적 조직구조의 발달이다. Y이론에서는 인간을 자발적이고 능동적으로 움직인다고 파악하고 있으므로 계층수가 적고 통솔범위가 넓은 평면적 조직구조가 적합하다.

Ⅲ. 합리적 · 경제적 인간관(rational economic man)

1 의 의

합리적 · 경제적 인간관은 인간을 이성과 증거에 따라 행동하는 합리적이고 경제적인 존재라고 보는, 과학적 관리론 등 고전적 조직이론의 가설에 해당한다고 볼 수 있다. 즉 인간은 합리적 · 기계적으로 움직이며 따라서 지시 · 명령대로 움직이는 것으로 생각하기에 인간이 갖고 있는 감성 · 사회성이 아직 착안되기 이전의 인간관이라고 할 수 있다. 이와 같은 인간관은 군(軍)조직에서 잘 나타나 있다. 그 내용을 구체적으로 살펴보면 다음과 같다.

첫째, 조직 속의 인간은 주로 경제적인 유인에 의해서 동기가 부여된다. 둘째, 경제적인 유인은 조직의 통제 하에 있고 조직 속의 인간은 근본적으로 조직에 의해서 조작되고 통제되며 동기화되는 수동적인 존재이다. 셋째, 인간의 감정은 본질적으로 비합리적이기 때문에 인간의 합리적 계산에 입각한 이익의 추구를 방해하는 것이다. 따라서 그것은 가능한 한 통제되어야 한다. 넷째, 조직은 인간의 감정과 같은 주관적이고 예측 불가능한 요소들을 축소하거나 통제할 수 있도록 설계될 수 있으며 또한 그렇게 되어야 한다. 이러한 인간관은 행정의 변수로서 구조와 과학적 관리법이 초기에 강조되고 있었던 시대의 인간관과 흡사하다.

2 관리전략

첫째, 직무조직의 합리적 설계이다. 조직 체제를 합리적으로 구성하여 진정한 의미의 기계적 생산체제를 확립한다.

둘째, 유인체제의 확립이다. 조직구성원이 달성한 생산이나 업적에 따라 경제적 보상을 하는 유인체제를 확립해야한다.

셋째, 통제체제의 확립이다. 조직의 목적달성노력으로부터 이탈하는 구성원을 조정하고 통제한다. 통제의 방법은 주로 물리적 불이익이나 제재에 의한다.

Ⅳ. 사회적 인간관(social man)

1 의 의

1930～40년대에 메이요(Elton Mayo), 뢰들리스버거(F. J. Roethlisberger), 바나드(Chester I. Barnard) 등의 경영·사회학자들이 합리적 인간관에 기초한 이론을 실제 실험해 본 결과 인간이 갖고 있는 사회성, 즉 개인으로서가 아닌 대인관계에 의한 영향에 관심을 갖게 된다. 즉 전술한 합리적 인간관이 인간을 기계시한 것이라고 한다면 여기의 사회적 인간관은 인간의 사회성, 집단성 및 대인관계를 더 중요시 한다고 볼 수 있다. 그래서 인간은 "사회적" 존재이며, 사회적 관계의 망을 형성하며, 관계망 속에서 욕구를 충족하고 동기화된다. 사회적 인간관의 구체적 내용은 다음과 같다.

첫째, 인간은 기본적으로 사회적 수요에 의하여 움직이며 타인과의 관계를 통하여 일체감을 얻으려고 한다. 둘째, 산업화, 분업화로 인하여 일 자체에서 만족감을 구하지 못하고 직장내에 형성된 사회관계에서 구하게 된다. 셋째, 인간은 관리층이 제시하는 유인이나 통제보다도 동료관계를 더 중요시한다. 넷째, 인간은 감독자가 부하의 사회적 수요를 충족시켜 주는 정도에 따라 관리층에 순응한다고 본다.

2 관리전략

사회적 인간관은 인간의 사회적 욕구를 중요시하기 때문에 이의 충족여부가 동기부여의 결정적 역할을 한다. 따라서 사회적 인간관에서는 인간관계에 기초한 관리전략이 그 기본적인 방향이다.

첫째, 조직구성원의 욕구에 대한 관심이다. 조직구성원의 욕구, 감정, 복지 등에 관심을 두어야 한다.

둘째, 자생적 집단의 인정과 수용이다. 공식조직 속에서 자생적이고 비공식적인 집단을 인정하고 수용하여야 한다.

셋째, 고위관리층과 하위 구성원의 가교이다. 중간관리층은 하급자들을 최고관리층과 연결하는 가교적 역할을 해야 한다.

Ⅴ. 자기실현적 인간관(self-actualizing man)

1 의 의

자기실현적 인간관은 인간의 심리면에 착안하여 그들이 갖고 있는 자기실현의 욕구를 강조한 것으로서 아지리스(Chris Argyris), 매슬로우(Abraham Maslow), 맥그리거(Douglas McGregor) 등과 같은 심리학자들이 전제로 한 인간관이다. 이들은 인간을 자기의 자질과 능력을 최대한 생산적으로 활용하려는 욕구를 가진 존재라고 본다. 그러므로 이러한 인간은 자율적으로 자기통제를 할 수 있고 스스로 동기부여를 할 수 있다고 보는 인간관이다. 자기실현적 인간관의 주된 내용은 다음과 같다.

첫째, 인간의 기본적인 욕구를 5단계(생리적-안전 및 안정-사회적-자기존중-자아실현 욕구)로 나누었다. 자기실현적 인간은 낮은 단계에서 높은 단계로 나아가며 욕구를 충족시키고자 한다. 둘째, 인간은 성숙을 지향하며 또 그렇게 될 수 있다. 셋째, 인간은 원래 자율성과 자제력이 있다. 넷째, 이러한 인간의 자기실현 욕구와 조직의 목표달성 간에는 내재적인 모순·갈등이 없다.

2 관리전략

관리자는 조직구성원이 사회적 욕구 충족보다는 그들 스스로 일의 의미를 발견할 수 있도록 하는 여건 조성에 관심을 기울여야 한다. 왜냐하면 인간은 스스로 동기부여를 할 수 있다고 보고 있기 때문이다.

첫째, 도전적이며 의미있는 직무이다. 조직구성원들이 스스로 자신들의 직무에서 의미를 발견하고 그에 대하여 긍지와 자존심을 가지며, 도전적으로 직무를 담당하도록 해야 한다.

둘째, 면담자·촉매자의 역할이다. 관리자는 인간의 내재적 자율성과 성숙 동기를 감안하여, 조직구성원을 직접 지시·통제하는 역할보다는 촉매자·면담자의 역할을 해야 한다.

셋째, 자기 통제와 자기 계발이다. 조직구성원들 스스로 자기 통제와 자기 계발을 통해서 문제를 해결하도록 해야 한다.

넷째, 내적인 보상이다. 경제적 사회적인 외적 보상보다는 내적인 보상(성취감과 만족감)을 얻도록 고무하는 것이 더 중요하다.

다섯째, 참여적 관리이다. 조직구성원들을 조직 내의 의사결정과정에 참여시켜 진정한 참여의식을 가지고 조직 목표를 위해 기여하도록 해야 한다.

Ⅵ. 복잡한 인간관(complex man)

1 의 의

이는 샤인(Edgar H. Schein)이 제시한 것으로서 가장 현실적이고 일반적인 인간관으로 받아들여지고 있다. 복잡한 인간관은 인간은 다양한 욕구와 잠재력을 가진 매우 복잡한 존재이며 그 복잡성의 유형도 사람마다 다르다고 본다. 이와 같은 특징 때문에 모든 개인과 구체적 상황에 항상 적용할 수 있는 관리전략을 세우기 어렵다는 한계를 내포하기도 한다. 이 모형의 기본가정은 다음과 같다.

첫째, 인간의 욕구체계는 복잡하며 고도의 가변성을 가진다. 둘째, 인간은 조직생활의 경험을 통하여 새로운 욕구를 계속 터득해 나간다. 셋째, 소속한 조직이나 조직 내의 부서가 다르거나 역할이 다르면 사람의 욕구도 달라질 수 있다고 본다. 넷째, 조직에 생산적으로 참여하는 계기가 되는 욕구는 사람마다 다를 수 있다. 다섯째, 인간은 그들의 욕구체계와 능력, 담당업무가 다름에 따라 서로 다른 관리전략에 순응할 수 있다고 본다.

2 관리전략

첫째, 복잡한 인간관에서 인간의 욕구는 복잡·다양하고 가변적이기 때문에 관리자들은 훌륭한 진단가가 되어야 하며 탐구정신이 요구된다.

둘째, 관리자들은 조직구성원들의 변이성과 개인차를 인지하도록 노력하고 그러한 개인차를 존중하고 이를 발견하는 진단과정을 중요시해야 한다.

셋째, 부하들의 욕구와 동기가 서로 다르므로 각 개인을 다룰 때 서로 다른 전략을 보일 수 있도록 신축적인 관리 행태를 구사해야 한다.

논평

조직이론에서 인간관은 조직 이해에 토대가 되는 매우 중요한 기본이론이지만, 인간관이 별도의 문제로 출제되기는 힘들다고 본다. 그러나 수험생의 입장에서는 각 인간관이 등장하게 된 배경, 특징 등을 나름대로 잘 정리하고 있다면, 모든 행정학 문제에 적용하여 활용할 수 있는 주제라 할 수 있다. 과거의 동기부여 이론이 X이론에서부터 출발하여 점점 인간을 사회적, 자아실현적 인간으로 보는 연구로 발전해 온 반면, 신공공관리(NPM), 성과주의 등 최근에 유행하고 있는 행정개혁은 X이론에 가까운 인간관을 전제로 하고 전개되어 왔다고 볼 수 있다. 이 주제는 거의 모든 교재에서 거의 공통적으로 서술하고 있다. 주로 샤인(Edgar Schein)의 저술을 원용하고 있다. 이에 관해 잘 소개한 것이 박동서(2004)이다.

ǀ새 테마 행정학ǀ

24. 최고 정책 결정권의 분담

Ⅰ. 서 론

한국 행정에서 최고위의 정책 결정은 장관-총리-대통령에 의해 좌우된다. 그 중에서 대통령에 집중된 과도한 권한과 책임의 해소는 늘 행정 과제가 되어 왔다. 이들의 정책결정권한의 적절한 분담은 정치적 의미의 분권이란 효과 외에 정책 결정의 질을 높이고, 정책간 갈등의 조정을 위한 매우 주요한 과제이다. 이를 해결하기 위한 제도로 과거 노무현 정부에서 실제 운용한 것이 책임총리제와 책임장관제였다. 이는 국정에 대한 책임을 총리와 장관에게 일부 위임하여 운영하는 분권형 국정운영 방식이다. 그러므로 여기에서는 그 제도적 경험을 평가하고 거기에서 나온 교훈을 통해 장관-총리-대통령의 최고정책결정권의 분담에 관한 미래의 제도 설계 방향을 시사받을 수 있다.

첫째, 국무총리의 역할과 기능을 강화하여 대통령에게 집중되어 있는 국정의 권한과 책임의 일부를 국무총리가 분담하는 것이 필요하다. 한국은 대통령제를 채택하면서도 부통령이 없고 국무총리를 두고 있다. 헌법상 국무총리는 대통령에 이어 국정의 제2인자로 행정부를 통할하고, 국무회의 부의장으로서 국무위원의 임명·제청권, 해임 건의권 등이 부여돼 있다. 그러나 역대 정부에서 국무총리가 헌법상 보장된 권한을 제대로 행사한 경우는 거의 없었다. 노무현 정부 때에 나타났던 '책임총리제' 는 그간 유명무실했던 국무위원 임명 제청권과 해임 건의권의 보장, 행정 각부 통할을 위한 국무총리의 위상 강화, 국무총리의 정책조정 기능 강화 방안 등을 도모한 것이었다. 노무현정부의 초대 총리(고건) 후임으로 이해찬 총리가 취임하면서 '분권형 국정운영 시스템'이 활성화되기 시작했다. 국무총리실 권한과 역할이 강화되고 국무총리 비서실 조직도 확대 개편되었다. 이러한 결과로 노무현정부에서는 국무총리가 일상적인 국정운영의 권한과 책임을 대통령과 어느 정도 분담해가는 경향을 보였다.

둘째, 대통령과 장관의 결정권 분담이 필요하다. 과거 책임장관제도의 경우 내각을 5개 분야로 나눠 분야별로 책임장관을 지명하고, 그 장관이 관련부처 업무를 조정하게 하였다. 일상적인 국정운영은 총리를 주축으로 부총리 및 책임 장관들에게 맡기고 대통령은 보다 기본적 국정과제(정부혁신, 균형발전, 부패청산 등 주요 혁신과제) 추진에 전념한다는 것이다. 이 제도는 법제도를 변경하지 않고도 내각의 운용방식을 개편하여 최고 정책결정에서 분권화의 장점을 살리고자 한 시도였다. 일상적인 국정은 부총리와 책임장관 주재의 관계장관회의를 활성화하여 운영하도록 한 것이다. 만약 관계장관회의에서 합의 조정이 안 되거나 더 높은 차원의 논의가 필요할 경우에는 총리 주재의 국정현안 조정회의를 거치도록 하였다. 이하에서는 장관-총리-대통령간의 정책결정권한 분담제도의 한 예로서 과거에 시행된 책임장관제의 운영 경험을 평가하고 그것이 주는 앞으로 이 제도를 체계적으로 설계하기 위한 함의를 도출해 보자.

Ⅱ. 필요성과 기대효과

1 장관의 책임 강화

과거의 책임 장관제의 가장 큰 장점은 대통령에 대한 과도한 권한 집중 해소였다. 대통령제 하에서 정부의 정책논의와 정책결정은 대통령을 중심으로 이루어지기 쉬우며, 장관들은 대통령의 의지가 어디에 있느냐를 파악하는데 관심을 집중하기 쉽다. 이러한 대통령 중심의 권한 집중 현상은 정치적 대응성을 높일 수 있을지 모르나 행정의 전문성과 합리성을 고양하고 실현하는 데에는 부정적인 영향을 미칠 가능성이 높다. 따라서 책임장관제를 도입하면 장관이 책임지고 정책을 결정하고 추진할 수 있다는 점에서 권한 집중을 해소하는데 다소 기여한다고 볼 수 있다.

2 총리와 장관의 합리적 업무 분담

책임총리제에서 일상적인 국정수행은 국무총리에 의해 이루어지므로 국무총리는 유관 부처를 통합적으로 관리하는 책임장관들과 함께 국정을 논의할 수 있다. 부처 간에 결론이 난 뒤에 새로운 쟁점이 추가로 부각되면 총리실로 조정 업무가 집중되었는데 책임장관제를 활용하면 총리실의 업무 하중을 덜 수 있다. 아울러 현안별 관계부처간의 회의 수요가 생기면 책임부처를 정해 보다 효율적으로 문제를 논의할 수 있다. 이는 국정수행과정에서 발생하는 갈등조정의 문제를 해결하는데 유용한 시스템으로 활용될 수 있다. 왜냐하면 사회적인 갈등 이슈 등이 책임장관의 리더십을 통해 적절히 조정될 수 있기 때문이다.

3 정책 실패의 축소

대통령에게 권한이 집중되었을 경우에는 부처의 전문성 보다는 청와대의 의지에 따라 중요한 정책방향이 결정되는 경우가 많았다. 그러나 전문성 측면에서 청와대보다는 부처에서 더 많은 전문성을 보유하고 있다고 볼 수 있기 때문에, 정책이 책임장관을 중심으로 관계 장관들에 의해 검토되고 추진될 때 상대적으로 정책실패의 가능성이 낮아진다.

Ⅲ. 문제점

1 책임 장관의 임기 문제

책임장관제의 운영과정에서 인사권자인 대통령이 장관의 임기를 보장해주기 어렵고 실질적으로 각 부처의 정책결정에 대통령이 관여할 경우 책임장관제의 장점은 다분히 퇴색되었다. 일반적으로 안정된 선진국의 경우에는 장관의 임기가 비교적 길지만 우리나라에서는 장관의 평균임기가 짧았기 때문에 책임장관제가 실현되기 어려운 환경이었다.

2 책임 장관의 역량 문제

책임장관에 임명되는 인물은 국정을 체계적이고 효율적으로 운영할 수 있는 전문성과 경력을 가진 사람이어야 한다. 그러나 책임장관에 임명된 인사들의 대부분이 관련분야 경험과 전문성 등이 부족했다는 평가를 받았다. 책임장관제도가 효율적인 국정운영을 통해 국익을 증진하는데 활용되기보다는 특정 정치인의 경력관리에 사용되었다는 비판을 받았다.

3 특정 부처 중심의 국정 운영

특정 부처의 정책이 정치적, 정략적으로 이용되는 소지가 있었다. 대통령후보가 될 수 있는 유력 정치인이 특정 부처의 책임장관으로 부임하는 경우 부처의 정책은 정치적 영향을 받을 수 밖에 없다. 실제로 일부 책임장관 중에는 대권주자군에 포함된 인물들이 있었다. 이에 따라 대북관계 등 일부 정책의 경우에는 정치적 영향을 받았을 가능성도 있다.

4 정책 결정의 옥상옥 구조

책임장관제가 제대로 작동하기가 어려움에도 불구하고 이를 정치적으로 활용하여 오히려 의사결정구조상 옥상옥만 늘렸었다. 국민이 투표를 통해 대통령을 직접 선출한 대통령제 국가에서는 대통령이 총리나 장관들에게 대폭적인 책임과 권한을 위임하기는 구조적으로 어렵기 때문이다. 대리인이론에 근거하면, 총리와 장관은 대통령의 대리인(agent)이라 할 수 있으므로 대통령의 의중이나 정책방향을 무시하기 어려운데 장관에게 책임을 부여함은 현실적인 정치구도상 그리고 제도상 큰 의미가 없었다.

Ⅳ. 제도 설계의 시사점

책임총리제나 책임장관제의 도입 명분으로 제시된 '분권적 국정운영'은 개혁적 의미에서 나온 것이므로 부분적으로 긍정적인 의미를 가지고 있었다. 세계적으로 참여적이고 분권적인 거버넌스(participatory and decentralized governance)가 강조되고 있기 때문에 적어도 방향성에 있어서는 의미가 있다. 특히 대통령과 총리와의 역할분담(책임총리제)은 대통령제와 의원내각제 요소의 일부 혼합한 헌법정신에도 어느 정도 부합한다.

그러나 대통령제 국가에서 제도적인 뒷받침이 없이 대통령의 신임 여부에 따라 국무위원의 팀장이 임명되는 방식이었기 때문에 책임장관제 도입은 시스템적 분권이 될 수 없었다. 통일부가 외교안보분야를 지휘하고 보건복지부가 성격이 서로 다른 부처들을 총괄할 수 있다고 보는 근거가 약하다. 부총리는 언제나 법적 지위에 따라 관련 부처 간 업무조정권을 행사할 수 있다. 그러나 통일부와 보건복지부 장관은 부총리가 아닌데 특정인의 정치적 위상에 따라 팀장이 될 수 있다고 한다면 이는 책임부처의 제도적 논리보다 그 자리에 누가 임명되는가가 중요하다고 할 수 있다. 법적 기반을 갖춘 제도가 아니라 정책의 일관성과 안정성 유지하기 위해 비공식적 측면의 운용으로 끝나고 말았다.

그러나 이를 통해 장관-총리-대통령의 정책결정권한의 적정 배분 제도를 설계에 대해 다음과 같은 몇가지 시사점을 얻을 수 있다. 과거의 책임장관제는 현재에도 최고 결정권자인 장관-총리-대통령의 결정권 분담과 관련하여 중요한 교훈을 준다. 분권적 최고정책 결정권 분권을 위해서는 다음과 같은 제도가 필요함을 경험적으로 알려 준다. 첫째, 장관을 포함한 정치적 임명(political appointment)제도가 개선되어야 한다. 정치적 인연에 근거하여 한정된 인력풀에서 인재를 찾을 것이 아니라, 보다 널리 두루두루 인재를 찾아서 유능한 인재에게 국정참여의 기회를 주어야 할 것이다(김판석, 2004). 현행 장관의 임기는 너무 짧다.

둘째, 국무위원을 포함한 장관(급)에 대한 성과계약제도와 성과평가제를 실시할 필요가 있다. 이는 일부 장관들의 이해부족과 반발로 인하여 제도화되지 못했다. 고위공무원들을 대상으로 실시하고 있는 직무성과계약제를 정무직까지 확대할 필요가 있다. 대통령과 장관간에 성과계약제를 채택하여 장관이 대통령에게 분명한 정책목표를 제시하고 이를 바탕으로 성과계약을 체결할 수 있을 것이다. 그리고 그 성과계약을 중심으로 엄격한 성과평가를 하여 결과가 양호하면 재임기간을 연장하고 성과가 저조하면 확실하게 책임을 묻는 방향으로 제도를 운영할 필요가 있다.

셋째, 장관에 임명된 사례를 분석해보면 행정경험자가 많지 않으므로 장관의 역량을 개발할 수 있는 지원 프로그램이 따로 필요하다. 장관에게 필요한 역량 중에서 중요한 것 중의 하나는 조직관리 능력이다. 전문성은 우수한 두뇌를 통하여 빌릴 수가 있지만, 조직 장악은 막료로부터 차용할 수 있는 것이 아니다. 따라서 장관에게 필요한 국정관리 지식과 정보 등을 제공해주는 지원프로그램(대기업 CEO 연수프로그램과 같은 국무위원세미나 개최, 대통령과 총리 및 장관들간의 팀워크 고취 프로그램 등)은 물론 국정관리 참고자료(미국 브루킹스연구소 등에서는 연방정부와 민간재단의 지원을 받아 관련 주제에 대한 세미나를 개최함은 물론 관련 자료를 제작하여 보급한 바 있음) 등을 제작하여 보급하는 것도 필요하다(김판석, 2004). 장관직의 성패를 개인의 자질에만 의존할 것이 아니라, 국가가 전략적으로 양성하고 지원하는 체제를 갖출 필요가 있기 때문이다.

논평

프랑스의 이원집정부제처럼 대통령은 외교·국방·통일 등 외치와 중장기적인 비전프로그램만 관장하고, 나머지 내정에 관한 업무는 총리가 맡는 구상(박세일 등은 이를 내정책임총리제라고 명명; 박세일 외, 2002)이 제기되기도 하였는데 이러한 제도가 실현되기 위해서는 국무총리의 국무위원 제청권한 강화가 필수적이므로 "국무위원의 임명에 관한 법률"을 제정하고, 총리가 내각 통솔권을 행사할 수 있도록 "국무회의의 운영에 관한 법률" 등을 제정하는 등의 제도적 노력이 필요하다(박세일 외, 2002). 마찬가지로 책임장관제와 유사한 제도가 성공하려면 이를 뒷받침할 수 있는 법제 등이 구축되어야 한다. 이러한 제도가 뒷받침되지 않으면 총리나 장관은 재벌오너 회장 밑의 월급쟁이 사장과 같은 신세를 면하기 어렵다. 관련 연구로는 박세일 외(2002), 김판석(2004), 김호균(2004) 등을 참조하라.

ㅣ새 테마 행정학ㅣ

25. 조직발전(OD)

Ⅰ. 의 의

조직발전(OD, organization development)이란 조직의 인간적 측면에 주목하여 구성원의 잠재력을 최대한으로 개발하고 행태를 개선함으로써 조직전체의 개혁을 이룩하려는 조직혁신의 접근방법을 말한다. 주요기법으로는 실험실훈련(laboratory training, T-group training) 또는 감수성 훈련(sensitivity training), 작업집단발전(team development or team-building), 과정상담 (process consultation), 태도조사환류기법(survey feedback method), 격자도 조직발전(grid organization development), 직무다양화(job enrichment) 등이 있다.

유사한 개념으로서 조직혁신(organization innovation)이란 조직발전을 포괄하는 개념으로, 조직진단을 통해 문제점을 분석하고, 개선함으로써 조직의 효율성을 높이려는 의도적인 조직변화 노력을 말한다. 조직혁신의 대상이 되는 변수로는 구조・행태・작업의 흐름(work flow) 등을 들 수 있다. 이중에서 구조 및 작업의 흐름을 바꾸는 방법은 과학적 관리법에 기초한 조직변화전략이라 할 수 있고, 구성원의 행태 및 태도의 변화를 통해 조직의 효과성을 높이려는 접근방식은 인간관계론에 기초한 조직발전전략이라 할 수 있다.

Ⅱ. 필요성

개방화, 정보화 등의 진전으로 현대 행정환경은 급속히 변화되고 있다. 국가경쟁력의 핵심요소 중 하나인 정부경쟁력은 이러한 환경변화에 능동적, 적극적으로 대응하는 조직으로 거듭날 때 성취될 수 있다. 과학적 관리론에 기초한 조직구조와 작업방식을 변화시킴으로써 조직변화를 꾀하는 것도 좋은 방법이 될 수 있다. 그러나 진정한 조직발전은 조직구성원의 태도 또는 가치관 뿐 아니라 행태를 변화시킬 때 성취될 수 있다. 특히 조직구성원을 인격적인 존재로 보고, 인간성을 회복시키는 동시에 능력을 향상시키는 전략이 동시에 구사될 필요가 있다.

Ⅲ. 조직발전의 주요 방법

1 실험실 훈련(Laboratory Training)

실험실훈련방법은 민감도훈련 또는 T-그룹방법으로 불리며, 조직발전전략으로 가장 자주 사용되는 방법이다. 이 전략은 조직구성원의 태도와 자세를 강의와 같은 피상적 방법이 아닌 그룹에 소속하여 실제적인 참여와 상호작용을 체험하게 함으로써 변화시키는 방법이다. 구체적인 그룹의 설정은 조직이 처한 상황에 따라 다를 수 있는데, 전혀 알지 못하는 사람들로 구성되는 생소한 그룹(stranger group), 피상적으로는 알지만 깊이 알지 못하는 사람들로 구성되는 동료그룹(cousins group), 이미 서로에 대해 잘 알고 있는 부서 그룹(family group) 등으로 구분될 수 있다. 이러한 그룹은 10-15명의 사람들로 구성되며, 각 그룹은 효과적인 문제해결을 위하여 일반이론, 모의연습, 모의관리 등 실험과정을 거치게 된다. 각 팀에는 조직발전 전문가들이 조언자로서 참여하며, 최소한의 자문역할을 통해 그룹들이 올바른 방향으로 나아가도록 도움을 준다. 이러한 훈련을 통해 참여자들은 동료들과 솔직한 감정을 나누고, 동료의 의견을 주의 깊게 경청하는 습관을 들이게 되며, 동료들에게 필요한 조언을 할 수 있게 되며, 자신에게 대해 지적된 문제점에 대해 긍정적으로 받아들이는 태도를 배우게 된다.

2 팀 구성방법(Team-Building)

팀 구성방법은 기본적으로 조직의 중간관리자의 역할에 착안하여, 각 부서들이 상호 유기적인 관계를 유지하고, 구성원들의 물질적, 감정적 욕구를 충족시켜줌으로써 조직구성원의 태도와 가치관을 변화시켜 조직발전을 도모하는 전략이라 할 수 있다. 팀 구성방법도 조직이 처한 상황에 따라 다양한 형태로 나타날 수 있으나 가장 대표적인 방법은 외부 전문가들이 특정부서의 직원들과의 면담을 통해 소속부서에 대한 의견이나 감정을 파악하고, 이를 체계적으로 분석한 뒤, 모든 구성원들이 함께 모인 자리에서 전문가들에 의해 파악된 문제와 해결방안에 대해 논의하는 과정을 거치는 방법이다. 또 다른 방법은 각 부서의 구성원들이 자신의 부서에 주어진 목표와 역할을 다른 부서의 구성원 앞에서 설명하고, 다른 부서의 구성원들이 이를 경청하는 과정에서 서로의 역할에 대한 조언, 충고, 제안을 주고받음으로써 보다 바람직한 조직 내 역할에 대해 학습하도록 하는 방법이다.

3 업무 재편성방법(Job Enrichment)

업무 재편성방법은 조직의 구성원에게 업무에 대한 자율성과 주인의식을 고취함으로써 조직에 대한 태도와 가치관의 변화를 꾀하는 전략이다. 즉 조직구성원에게 주어진 업무를 재구성하는 자율성을 보장하며, 그들에게 부과된 업무를 시작부터 종결까지 담당하게 함으로써 업무의 완성도를 높이는 방법이라 할 수 있다. 이는 그동안 과학적 관리법에 의거하여 업무를 분화하여 특정한 부분만을 담당하여 전문화하는 전략으로 인해 발생하는 근로자의 주인의식 및 책임감 결여의 문제를 해결하기 위한 방안이라 할 수 있다. 즉 업무의 계획, 집행, 평가 등 전 과정에 대한 관심을 증가시킴으로써 성취의욕을 자극하는 방안이라 할 수 있다.

Ⅳ. 조직발전론의 한계

조직발전론을 통해 공공부문의 조직혁신을 추진하는 것에 대해서는 다음과 같은 문제가 지적될 수 있다.

첫째, 조직발전론은 조직구성원의 태도와 가치관을 강조하는 반면 구조와 기술적인 측면을 간과한다. 즉 실험실훈련 등과 같은 조직발전전략의 도입을 통해 구성원의 태도와 가치관이 일시적으로 변화될 수 있으나 이러한 태도의 변화를 지속적으로 뒷받침할 수 있는 시스템이 도입되지 않으면 실패할 가능성이 높다.

둘째, 공공부문의 경우 이윤극대화라는 단일한 목표를 추구하는 기업부문과는 달리 다양한 이해관계가 얽혀있기 때문에 효과를 거두기 힘들다. 기업조직을 중심으로 발전된 조직발전전략은 기본적으로 기업의 목표를 효과적으로 달성하는데 초점이 맞추어져 있다. 그러나 공공부문이 추구하는 공익은 애매할 뿐만 아니라 조직구성원이 처한 위치에 따라 다르게 정의될 수 있기 때문에 유일의 바람직한 태도와 가치관을 제시하기 어렵다.

셋째, 공공부문의 경우 리더십이 선거에 의해 교체되기 때문에 장기적인 계획을 수립하기 어렵다. 바람직한 조직발전은 장기계획에 의거하여 추진될 때 지속적인 효과를 볼 수 있다. 그러나 공공부문은 리더십의 교체, 예산주기 등의 문제로 장기적인 계획 하에 조직발전을 도모하기 어렵다.

넷째, 조직발전론의 기초가 되는 조직진단에 법적, 정책적 제약이 많고, 조직목표가 추상적이어서 성과관리의 진단이 어렵다.

V. 결 어

공공부문의 경쟁력을 강화하기 위해 조직혁신은 지속적으로 추진될 필요가 있다. 정부는 행정자치부에 조직진단 부서를 통해 중앙부처에 대한 조직진단을 실시하는 등 정부조직을 효율화하기 위한 노력을 강화하고 있다. 그러나 이러한 노력이 결실을 거두기 위해서는 실제 공공업무를 수행하는 공직자들의 태도와 행태가 대폭 변화되어야 한다. 또한 잦은 조직개편과 비본질적인 업무비중의 증대는 오히려 행정의 효율성을 떨어뜨릴 수 있다.

따라서 공공부문의 조직혁신이 정부조직 개편과 같은 구조적 접근방법에 치중하기 보다는 조직구성원의 행태와 가치관, 나아가 행태를 변화시키는 전략에 중점을 둘 필요가 있다. 즉 정부조직의 리더십이 교체될 때마다 행사처럼 반복되는 조직개편에 대한 논의와 함께, 공직자의 태도와 가치관을 변화시킬 수 있는 보다 근본적인 접근으로서 조직발전 전략에도 관심을 기울여야 한다. 다만 공공부문에 대한 조직발전 전략의 도입은 조직 목표의 모호성, 장기계획수립의 한계 등으로 인한 문제점이 지적되고 있는 바, 이를 보완하기 위한 이론적 · 실무적 차원의 연구가 지속적으로 이루어져야 한다.

논평

조직발전전략(방법)을 잘 구분해서 이해하라. 정권이 바뀌면 으레 조직개편과 더불어 정부는 조직진단 센터를 신설하고, 중앙부처에 대한 조직 진단을 실시하는 등 정부 조직을 효율화하기 위한 노력을 늘 강조한다. 이러한 정부의 노력이 어떻게 이루어지고 있는지를 정리하고, 조직발전론의 관점에서 문제점과 개선방안을 도출하여 준비해 둘 필요가 있다.

규제개혁

정부 조직은 규제의 온상인가? 정부 정책 유형들을 아주 단순화하면, 개인에게 서비스를 제공하는 정책과, 비용 및 부담을 부과하는 정책으로 구분할 수 있다. 아직도 정부 활동의 대부분은 후자이다. 이 규제를 개혁하여 개인의 경제 활동 및 자유를 증진한다는 규제개혁은 역대 대통령마다 표방해 왔다. 그러나 큰 성과없이 끝났다. 이 정책과 관련된 논리적 갈등이 크기 때문이며 사실 규제가 없어지면 정부 활동도 대폭 줄어들게 되고 나아가 정부도 작은 정부로 나아갈 수 밖에 없다. 바로 그 때문에 규제 개혁을 좋아하는 관료가 많지 않다. 여기서는 규제 개혁의 논리적 쟁점 및 개혁의 일반적 처방을 생각해보자.

규제 관련 쟁점에는 다음과 같은 것이 중요하다.

① 규제개혁이 정부를 혼란에 빠뜨리는가? 규제개혁은 정부 역할을 중단하라는 것이 아니다. 정부는 도둑이 남의 차를 훔쳐가는 행위를 간섭해야 하며, 교통 법규를 통해 여러 규제를 가해 질서를 유지해야 한다. 그런 정부에게서 규제를 포기하라고 함은 결국 작은 정부론자, 시장주의자 나아가 무정부주의자의 논리라고 비난한다. 그러나 규제 및 그 개선 논쟁의 논의의 본질은 "시장(market)에 대한 간섭"을 개선하자는 것이다. 그러므로 정부규제를 개선하자는 것이 치안 및 국방을 위해 국가가 규제를 가하는 것까지 금하자는 것이 결코 아님에도 불구하고 규제철폐 요구가 마치 국가의 근본을 위협하는 것으로 호도함은 정부규제의 본질에 무지한 것이다.

그러나, Mises(1995:37-40)가 선명히 해설해 주듯, 휘발유의 바른 용도는 자동차의 연료이어야 하며, 그것을 음료로 마시는 것을 반대한다고 하여 곧 휘발유 반대론자인 것은 아니다. 정부가 그 정당성을 부여받은 기본적 기능인 치안과 국방을 넘어 시장에 과다 개입하는 것을 개선하자는 것이 곧 반정부론자가 아님과 같은 것이다. 규제개혁은 정부가 그 고유한 기능에 충실하고 시장에 대한 잘못된 개입을 개선하는 것임에 논쟁의 초점을 두어야 한다.

② 경제규제-사회규제 엄별론

규제 철폐 반대 논리로 활용되는 또 다른 주장은 규제를 경제규제(진입 규제 등)와 사회규제(환경 규제, 안전 규제 등)로 어색하게 구분하는 "경제규제-사회규제 구별론"이다. 이 구별론은 적어도 '사회규제'는 공익에 부합되므로 굳이 철폐해서는 안 된다는 논리로 직결하기 쉽다. 그러나 현재 집중 조명된 규제가 입지, 환경, 노동 규제인데 이들은 다 사회규제의 외관을 띠고 있다는 점을 유의해야 한다. 경제규제-사회규제의 어느 것이든 실제로 개인의 창의와 자유를 속박하고 불편과 비효율을 야기하는 것을 다 줄이는 것이 중요하다.

③ "좋은" 규제는 지키자?

"좋은 규제"와 "나쁜 규제" 구별하여 전자는 강화하고 나쁜 규제만 없애자는 동어반복적 논리로 규제개혁에 반대하는 논리가 있다. 그러나 좋은 규제-나쁜 규제를 어떻게 판단하는가? 모든 규제는 처음에는 다 좋은 규제로 출발했으며 나쁜 규제라고 표방하고 출발한 규제는 아무 것도 없다. 그리고 이를 구분하는 주체가 누구였던가를 잊어서는 안 된다. 여기에서 더 나아가면, 경제규제(진입 규제 등)와 사회규제(환경 규제, 안전 규제 등)로 어색하게 구분하고서는 적어도 '사회규제'는 공익에 부합되므로 굳이 철폐해서는 안 된다는 논리로 직결하기 쉽다. 그러나 이는 규제 공급자의 시각이다. 실제로 비효율을 야기하는 모든 규제를 줄여야 하므로 양자를 구분할 실익은 크지 않다.

④ 규제와 규범이 다르다?

규제개혁에 대한 정부 관료측, 그 중에서도 경제규제의 핵심 부서인 공정위원회로부터 주로 나오는 것이 "규범-규제 구별론"이다. 공정위의 현행 규범들은 규제(regulation)가 아니라 '규범(rules)'이므로 이것들은 개혁 대상이 아니라는 주장이다. 그러나 이는 정부규제 이론 어디에도 없는 기이한 논리이며, 규제 철폐의 본질은 법률형식이든 다른 형식이든 과도한 제한과 금지를 풀어서 개인에게 자유를 주자는 것이다. 규제란 시장 경제에 대한 금지나 제한이며, 그게 법률 형식, 그 시행령, 하위 관료의 재량, 비공식적 행정 관행 중 어느 것이든 간에 다 개혁에 앞장서자는 것이 규제개혁론의 본질이다.

한국의 규제개혁에 필요한 처방으로 제안되는 몇 가지 제도를 보자.

(1) 규제비용총량제이다. 신설 및 강화로 인해 야기된 규제 비용에 상응하는 기존의 규제를 없애거나 완화하여 총비용을 유지하자는 것이 "규제비용총량제"인데 정부 측에서 많이 내세우고 있는 실정이다. 본래 정부규제가 야기하는 비용은 ①직접비용(규제순응 비용, 과태료 등의 재정비용, 정부가 이를 운용하기 위해 드는 행정비용)과, ②간접비용(규제로 인한 생산성 하락 등의 비용)으로 대분된다.

"규제비용총량제"가 제대로 되려면 규제의 비용, 규제의 편익 계산이 가능해야 한다. 영국에서는 이 두 가지를 다 계산하고 있기 때문에 이 Cost-in, Cost-out 제도를 사용하는 것이다. 우리의 경우 편익은 아예 계산도 못한다. 그리고 비용 중에서도 ②역시 전혀 계산도 못한다. 오직 ①직접비용만 계산하여 이를 토대로 규제비용총량제를 운용하겠다고 한다.

(2) 등급제이다. 위에서 비용 계산이 어려우니까 궁여지책으로 나온 것이 "등급제"이다. 이것도 여전히 문제를 갖고 있다. 규제를 A-B-C 등급으로 구분하고 같은 등급 간의 규제의 교환으로 새 규제를 도입하겠다는 것도 많은 문제가 있다. 등급 산정을 피규제인의 수, 억제된 투자 규모, 순응에 수반된 절차의 수... 등의 여러 요소 중 어떤 것에 초점을 둘지는 모르지만 어느 것인가에 따라 전혀 상이한 효과를 낳는다. 어느 기준에 의하든 계산이 정확히 이루어지는가? SSM 영업 규제를 도입하려면 그에 상응하는 기존의 같은 등급이라도 구체적으로 어떤 규제를 없애려고 하는가? 에 따라 규제 수혜자와 규제부담자는 전혀 달라진다. 더 근본적으로는 같은 등급 안에 든 규제들이 그 강도에서 수많은 스펙트럼이 있는데도 이들이 과연 이름 그대로 같은 수준의 규제로 간주될 수 있을까? 규제 신설을 원한다면, 기존 규제들을 높은 등급으로, 도입하고자 하는 새 규제는 낮은 등급으로 평정하려는 bias가 나타날 우려가 있고 이 평정 결과를 악용할 가능성이 있다.

(3) 부득이 규제를 하더라도 그 방식을 네거티브 방식이어야 한다는 것이다. 포지티브 방식에서 네거티브 방식으로 변화가 일어나려면 국가-개인의 관계에 대한 근본 인식의 변화가 필요하다. 경제 자유는 정부가 허용해 주기 때문에 주어지는 것이 아니라 그 이전에 개인에게 자생적 질서(spontaneous order)로 주어져 있음을 인식해야 한다. 이러한 경제자유주의가 선명히 확립된 곳에서는 꼭 필요한 규제라 할지라도 그것은 당연히 네거티브 방식으로 규정되어야 한다.

이에 대해, 15,000건의 우리나라 규제 구조의 골간이 대륙법의 포지티브 규제 시스템이므로 규제 목록만 열거하는 영미법의 네거티브 시스템으로 바로 전환하기가 쉽지 않다는 반론이 있다. 그러나 규제 혁파는 특정 프로그램에서 일어나는 것이다. 법 전반의 틀을 바꾸라고 요구하는 것이 아니다. 개혁 의지만 있다면 규제 관련 법규부터 개정하면 된다.

정부 규제는 지대추구를 낳으며 나아가 지대추출까지 수반한다. 겉으로는 새 규제가 안 생겼지만 기업은 추가 규제가 안 생기도록 정부를 상대로 비용을 또 들여야 한다. 그러한 로비가 성공하면 새 규제는 나타나지 않겠지만 새 규제가 안 생기도록 하느라 투입한 공식적 · 비공식 비용은 어디에도 산정이 안 된다. 따라서 규제는 처음부터 도입 안 하는 것이 가장 올바른 방향이다. 새 규제와 기존 규제를 형량하여, 기존 규제와 새 규제를 교환하겠다는 "규제비용총량제"는 BC 분석적 논리를 통해 기존의 금지나 제한 수준을 유지하거나 오히려 새 규제 도입을 정당화함에 크게 기여할 우려도 있다.

(4) 양 위주의 규제 개혁이 아니라 질(quality) 중심의 개혁이 필요하다. 많은 규제를 혁파를 목표로 삼지 말고 경제에 치명적이고도 핵심적인 소수의 규제이라도 확실히 없애겠다는 시각으로 접근하는 것이 더 요구된다. 역대 정권은 다 양적 건수 위주의 개혁에 치중했다. 질(규제가 투자에 미치는 영향 - 강도 - 적용 범위 등)을 고려하는 개혁으로 나가야 한다. "규제총점제"는 이런 면에서 주목할 만하다. 이는 규제를 그 유형에 따라 경제적 규제(진입, 거래, 가격, 품질 규제), 사회적 규제(환경규제, 사회적 차별 규제, 행정적 규제로 구분하고 이 규제가 주는 영향력에 따라 영향력이 큰 규제에 높은 점수를 매겨 우선적으로 개혁을 유도하는 것이다. 예컨대 창업 자체를 가로막는 입지·진입규제는 영향이 크다고 보고 가장 높은 점수를 부여하고 거래·가격 규제, 품질·환경·사회적 차별 규제, 행정적 규제 순으로 차등화된 점수를 준다. 나아가, 다시 그 규제행위의 강도(특허·인허가·신고·등록 등, 전면 금지·일반적 금지·일부 금지·대부분 허용 등)와 적용 범위(특정 지역 혹은 전체 지역에 적용)에 따라 규제를 다시 등급화한다는 것이다. 다만, 이는 한 부처 내부에서는 유용하지만, 부처-부처, 중앙정부-자치단체, 자치단체-자치단체 간의 규제 비교에는 제약이 있으며 규제 컨트롤 타워에서 규제 질을 감안한 전 부처에 일관되는 표준 지침을 마련함이 바람직하다.

(5) 규제개혁을 대통령이 진정 원한다면 이를 전략적 조직으로 접근해야 한다. 기존의 규제개혁위원회 수준의 조직의 인원과 관심을 보강하는 것으로는 큰 성공을 거두기 어려운데 기존 조직의 위상이 높지 않기 때문이다. 총리가 규제개혁위원장을 공동으로 맡게 되어 있으나 총리의 업무 범위가 넓어서 이에 집중하기도 어려우며 더욱이 총리는 특정 기능을 강조하기 보다는 부처 간 조정에 초점을 더 두어야 한다. 따라서 규제개혁을 총괄할 별단의 조직을 대통령이 비서실에 따로 설치하는 방안도 바람직하다.

참고문헌

곽채기(2000). 김대중 정부 공기업 민영화 정책에 대한 평가. 『광주 · 전남 행정학회보』, 7.
권기헌(2014). 『행정학원론』. 제 2판. 서울: 학림.
김경한(2004). 목표관리제의 효과성에 대한 영향요인 연구. 『한국행정학보』, 38(1): 93-114.
김근세(2000). 『책임운영기관제도의 비교분석』. 서울: 집문당.
김동건(2004). 세계화와 공공부문 개혁. 오연천 · 이달곤 외 『세계화시대의 국가 정책』. 서울: 박영사
김 렬 외(2006). 준정부조직의 불멸성에 관한 실증적 연구. 『한국행정논집』, 18(4): 1149-1171.
김병섭 · 박광국 · 조경호(2003). 『조직의 이해와 관리』. 서울: 대영문화사.
김병섭 · 박광국 · 조경호(2008). 『휴먼조직론』. 서울: 대영문화사.
김상묵(2005). 공공조직의 팀제 운영, 어떻게 볼 것인가? 한국행정학회 KAPA포럼.
김정해(2006). 역대 대통령비서실의 조직학습과정 특성분석. 『한국정책과학학회보』, 10(4): 65-90.
김정해 · 한승준(2013). 대통령 비서실의 기능과 역할에 관한 연구. 한국행정연구원.
김종호(2003). 『현대사회와 행정』. 서울: 형설출판사.
김준기(2001). 공기업 민영화 정책의 평가와 향후 과제. 한국행정학회 춘계학술대회 발표논문.
김준기(2004). 공기업 민영화정책의 평가와 향후 과제. 한국행정학회 하계학술대회 발표논문.
김태룡 · 안희정(2006). 팀제가 조직 효과성에 미치는 영향. 『한국행정학보』, 40(4).\: 1-17.
김태룡 · 안희정(2006). 한국정부의 팀제 도입과 적실성. 한국행정학회 학술대회발표논문.
김태룡 외(2007). 한국형 팀제가 조직효과성에 미치는 영향. 『한국행정논집』, 19(1): 1-22.
김판석(2004). 대통령과 인사: 정무 · 고위직 인사혁신. 『한국정치학회보』, 37(2): 385-414.
김행범 · 구현우(2014). 『정책학: 이론과 사례의 통합』. 부산대학교 출판부.
김혜란(2013). 사회적 기업이 창출하는 가치의 측정에 관한 연구 : SROI 기법을 중심으로. 부산대학교 행정학박사학위논문.
김호균(2004). 『21세기 성공장관론』. 서울: 나남.
박경효(2013). 재미있는 행정학. 2판. 서울: 윌비스.
박동서(2004). 『한국행정론』. 서울: 법문사.
박세일 외(2002). 『대통령의 성공조건』. 서울: 동아시아연구원.
박연호(2001). 『행정학신론』. 신정2판. 서울: 박영사.
박우순(1996). 『현대조직론』. 서울: 법문사.
박우순(2005). 공공조직의 팀제 운용에 있어서 논점과 과제. 한국행정학회 세미나 발표논문.
박정수(1996). W. Edwards Deming의 총체적 품질관리(TQM)이론. 오석홍(편). 『행정학의 주요이론』. 서울: 경세원.
박천오 외(2006), 팀제 도입효과에 관한 탐색적 연구. 『한국행정논집』, 18(4): 1003-1028.
박희봉(2002). Stafford Beer의 자생조직모델, 『조직학의 주요이론』제2판, 오석홍 · 손태원 · 하태권 편저, 서울: 법문사.
서순복(2000). 목표관리제와 근무성적평정간의 연계에 관한 연구. 한국행정학회 학술대회발표논문.
신철우(1999). 『목표에 의한 관리』. 서울: 새로운 제안.
신홍철 · 음선필(2014). 정부성과관리제도의 개선방안 -한국과 미국의 비교를 중심으로, 『홍익법학』(홍익대학교 법학연구소). 15(1): 471-503.

에바 에치오니-할레비(1997). 『관료제와 민주주의』(윤재풍 역). 서울: 대영문화사.
오석홍(2004). 『신판 행정학』. 서울: 박영사.
오석홍(2005). 『조직이론』. 서울: 박영사.
오석홍(2006). 『행정학』. 서울: 박영사.
오석홍 외(2011). 『조직학의 주요이론』. 제4판. 서울: 박영사.
오석홍 외(2013). 『행정학의 주요이론』. 제3판. 서울: 법문사.
유민봉 · 임도빈(2007). 『인사행정론』. 서울: 박영사.
유 훈(2002). 『공기업론』. 서울: 법문사.
윤재풍(2014). 『조직론』, 대영문화사.
이규용 · 김동원(2001). 팀제 도입요인으로서 합리성과 정당성에 관한 연구. 『경영학연구』, 30(3): 1009-1035.
이달곤 · 김판석 · 김행범(2012). 『테마 행정학』, 개정판. 서울:법우사.
이만우(1999). 바람직한 공기업 민영화 방안, 『공공경제』, 4.
이송호(2003). DJ 정부 하의 관계장관회의에 대한 분석과 평가, 『한국행정학보』,37(3): 535-560.
이종수 외(2014). 『새행정학 2.0』. 개정판. 서울: 대영문화사.
이창길(2007). 중앙부처의 수평적 정책네트워크 구조 분석. 『한국행정학보』,41(1): 21-47.
임도빈(2014). 『행정학-시간의 관점에서』. 서울: 박영사.
임창희(2005). 『한국형 팀제』. 서울: 삼성경제연구소.
임학순(1993). 준정부조직의 성장원인에 관한 이론적 논의. 『한국사회와 행정연구』, 7: 91-111.
전영한(2004). 공공조직의 목표모호성. 『한국행정학보』,38(5): : 49-65.
정상호(2003). 한국과 일본의 정부위원회제도의 역할과 기능에 대한 비교연구. 『한국정치학회보』, 37(5): 289-310.
정용덕(2001). 『현대국가와 행정학』. 서울: 법문사.
정우일(2007). 『공공조직론-공사조직의 비교』. 서울: 박영사.
정정길(2008). 행정학의 새로운 이해. 서울: 대명출판사.
정정길 외(2015). 『정책학원론』. 개정증보9판. 서울: 대명출판사.
조석준(1993). 『조직론』. 3전정판. 서울: 법문사.
지충남(2011). 엘리트 충원과 영호남 지역주의: 김대중,노무현,이명박 정부를 중심으로. 『사회과학연구』(전북대학교 사회과학연구소). 35(1): 269-302.
최평길(2002). 『대통령학』. 서울: 박영사.
한국행정연구원(2005). 정부산하기관 관리체계 개선 연구. KIPA 연구보고.
행정자치부(2003). 2002년도 책임운영기관 종합평가보고서. 행정자치부.

Albrow, Martin(1970). *Bureaucracy*. New York: Praeger.
Alter, Sutia Kim(2004). *Social Enterprise Typology*. http://www.4lenses.org/setypology/print
Bennis, Warren G.(1967). The Coming Death of Bureaucracy. *Management Review*; 56(3): 19-24.
Boston, Jonathan, Martin, Johno, Pallot, June, Walsh Pat.(1996). *Public Management: The New Zealand Model*. Oxford University Press.
Deming, W. Edwards(1986). *Out of the Crisis*. MIT Press.
Funderburk, Charles(1982). *Presidents and Politics: The Limits of Power*. Boston: Thomson Brooks/Cole.
Hughes, Richard L., Ginnett, Robert C. Curphy, Gordon J. (2009). *Leadership, 6th ed*. Boston: McGraw-Hill.

Golembiewski, Robert T. (2000). *Handbook of Organizational Behavior, 2nd ed.* The University of Georgia, Athens.

Gulick, Luther H. & Urwick, Lyndall F. (1937). *Papers on the Science of Administration.* New York: Institute of Public Administration, Columbia University.

House, Robert J. (1977). Theory of Charismatic Leadership. In J.G. Hunt and L.L. Larson (eds.), *Leadership: The Cutting Edge*. Carbondale: Southern Illinois University Press.

Katzenbach, Jon R. & Smith, Douglas K. (1993). *The Wisdom of Teams*. Boston: Harvard Business School Press.

Keidel, Robert W. (1985). All the Right Corporate Moves. *Across the Board.* 23(Jan.): 54－56.

Kettl, Donald F. (1993). *Sharing Power: Public Governance and Private Markets*. Washington, D.C. : The Brookings Institute.

LeMay, Michael C. (2006). *Public Administration, 2nd. ed.* Belmont, CA: Wadsworth Thomson Learning.

Michels, Robert(1949). Political Parties. New York : Free Press.

Miewald, Robert D. (1970). The Greatly Exaggerated Death of Bureaucracy. *California Management Review.* 8(2): 65-69.

Mintzberg, Henry(1996). Managing Government, Governing Management. *Harvard Business Review.* (May-June). 74(3): 75-83.

Moe, Terry M. (1984). *The New Economics of Organizations*. American Journal of Political Science. 20.

Mooney, James D. (1947). *The Principles of Organization.* New York: Harper.

Osborne, David & Gaebler, Ted (1993). *Reinventing Government: How the Entrepreneurial Spirit is Transforming the Public Sector*. Addison-Wesley Publ. Co.,

Perrow, Charles(1986). Complex Organization: A Critical Essay, 3rd ed. New York: McGraw-Hill.

Pondy, Louis R. (1969). Effects of Size, Complexity, and Ownership on Administrative Intensity. *Administrative Science Quarterly* 14: 47-60.

Salamon, Lester M. (2002). *The Tools of Government: A Guide to the New Governance*. Oxford University Press.

Schein, Edgar H. (1996). *Organizational Culture and Leadership, 2nd ed.* Jossey-Bass

Selznick, Philip(1949). *TVA and the Grass Roots*. Berkeley, LA: University of California Press.

Senge, Peter M. (1990). *The Fifth Discipline: The Art and Practice of the Learning Organization*. New York: Doubleday Currency.

Starling, Grover(1998). *Managing the Public Sector, 5th ed.* Harcourt Brace and Company.

Tullock, Gordon(1965). *The Politics of Bureaucracy*. Washington D.C.: Public Affairs Press.

Wilson, James Q.(1989). *Bureaucracy*. New York: Basic Books.

Woodward, Joan(1965). *Industrial Organization*. London: Oxford University Press.

http://www.infed.org.uk/thinkers/senge.htm
http://www.assembly.go.kr/
http://www.csc.go.kr/
http://www.dpla.go.kr/
http://www.klaw.go.kr/
http://www.mofe.go.kr/
http://www.mpb.go.kr

제 3 장

인사행정론

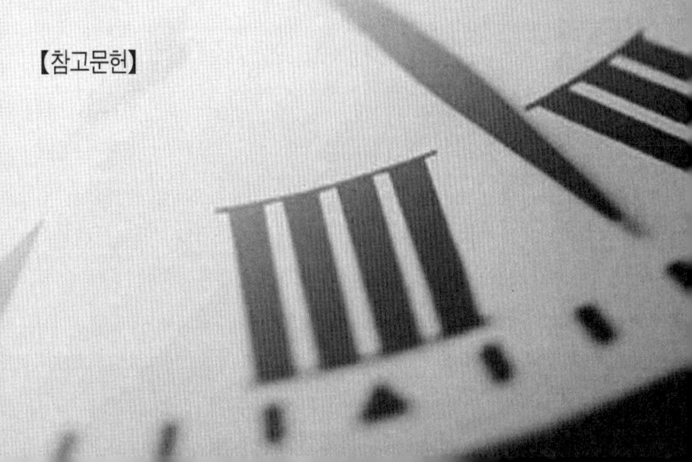

인사행정론 가이드

정부조직을 움직이는(동작화)의 주된 지렛대는 사람(공무원)이다. 박동서 교수가 행정과정론에서 동작화 과정이 주로 사람에게 어떻게 동기부여를 하며 그것이 결국 정부조직 목표를 달성하도록 만들 것인가에 초점을 둔 것은 이 때문이다. 따라서 '동기부여 이론'을 다른 교재들이 조직론 부분에서 다루는 것은 적합하지 않으며 인사행정론에서 다루는 것이 더 적합하다. 내용이론-과정이론의 얼개를 잘 파악할 수 있어야 한다. 인사행정론 부분들에서는 심리학, 사회학적 이론과 함께 조직심리 연구의 요소들이 많이 가미되어 있다.

최근의 법개정으로 공직 분류의 큰 틀인 경력직(일반직, 특정직)과 특수경력직(정무직공무원, 별정직공무원)의 내용이 단순화되었다. 이제 기능직이나 계약직은 없어졌다. 공직은 이와 같은 분류 말고도 계급제-직위분류제라는 또 다른 분류틀이 있다. 그 차이는 인물을 보고 뽑을 것인가, 자리를 보고 뽑을 것인가? 이다.

인사행정론 분야는 최근 다변화된 공직 임용제도들의 개요를 알고 있어야 한다. 큰 방향은 기존의 직업공무원제의 안정성을 일부 제한하고 공직 인사에 역동성을 가미한다는 점이다. 그만큼 기존의 관료제로서는 불확실성을 앞으로 더 많이 부담해야 한다.

박근혜 정부의 중앙인사기관이 종래의 안정행정부에서 인사혁신처로 바뀐 것은 큰 변화이지만 그것은 인사제도 자체의 근본 개혁을 위해서라기보다 기존의 중앙인사기관이던 안전행정부를 '세월호' 사건을 계기로 혁신한다는 과정에서 나온 요소가 강하다. 고위직 인사에서 이명박 정부가 지역 안배보다는 능력과 실용주의라는 점을 강조한 경향이 강했음에 비해, 박근혜 정부는 고위직 정무관 임용을 실패한 사례가 매우 두드러진다. 정치적 임용에서 큰 실패를 겪은 것이다. 이것은 현행 국회법상 야당의 권한이 강화된 점과 더불어 대통령 비서실의 인사기능 보좌가 부족하다는 점에 기인한 것이다. 그리고 그러한 야당의 권한 강화의 뿌리는 문화적 측면보다는 현행 국회법(국회선진화법) 때문에 나온 것이다.

과거에 노무현, 이명박 시대이래로 확대된 특채 제도의 확산은 박근혜 정부에서도 여전하다. 종래의 공채 행정고시의 정원을 줄이고 특채를 확대함이 꼭 바람직한 것은 아니지만 다양한 제도와 직급에서 특채가 확대되고 있는 경향이다. 이명박 정부이래로 9급 공직에 고졸도 쉽게 진입하게 만들었다. 과거 정부 때 만든 고위공무원단 제도로 인해 기존의 직급 개념의 파괴도 심화되었다. 여성, 장애인, 지역 배려라는 공평성 및 참여주의가 인사행정 분야에서 크게 신장되었다.

박근혜 정부가 이룩한 공무원 연금제도의 개혁은 매우 중요한 조치이다. 그 추진 과정에서 드러난 점은 이른바 '후불임금설'의 취지가 무색할 정도로 공무원의 급여가 일거에 정치 바람 앞에 취약할 수 있다는 것이다. 정권마다 고용이 불안한 시대에 넘치는 실직자들의 증오에 편승하여 기존의 공무원을 두들기면서 공직 희망자는 여전히 넘친다는 점에 안도하는 모습이다. 가장 우수한 청년들이 갈 수 있는 유일한 길이 공무원인 나라는 몰락하는 중임을 시사한다.

그렇다면 정부의 인사정책의 근본은 공직에 유능한 인물을 끌어들이기 이전에 이 사회의 시장 부문에 활력을 주어 그곳에 유능한 사람들이 더 몰려가게 하는 것이다. 작은정부론은 이런 점에서 가장 근원적인 인사행정 원리이다. 말하자면 공직이 아니라 공직-민간 전체에 대해 '적극적 인사행정' 기제를 적용함이 필요한 것이다. 성과평가, 성과계약, 성과급 등은 공직자들에 주는 보수에 탄력성을 가하는 것이다. '성과계약 등의 평가' 제도는 박근혜 정부가 이와 관련하여 이룩한 매우 주요한 변화이다.

Ⅰ새 테마 행정학Ⅰ

01. 엽관주의

Ⅰ. 엽관주의의 의의

엽관주의(spoils system)란 선거에서 승리한 정당의 추종자들에게 선거의 전리품이라고 할 수 있는 정부의 공직을 정당 활동에 대한 공헌도와 충성도에 따라 나누어주는 제도이다. 즉, 공직 임용을 정치적 보상물로 다룰 수 있다는 발상으로부터 출발하여, 복수정당제에 토대한 민주국가의 정권 교체 시 일부 고위공직자들이 경질되는 교체 임용주의를 내포하고 있다.

엽관주의가 추구하는 궁극적 가치는 민주성과 형평성이다. 과거 공직이 소수 엘리트에 의해 독점되었던 것을 국민을 보다 잘 대표하고 그들 의사를 대변할 수 있는 보통 사람에게 공유되게 함으로써 정치적 · 정당적 대응성(responsiveness)을 확보하고자 하는 취지에서 나온 인사행정 원리이다.

엽관주의는 정당정치의 발달과 밀접하게 관련되었기 때문에, 정당정치가 발전되었던 미국이나 영국과 달리 정당정치의 발달이 뒤떨어졌던 독일, 프랑스 및 일본에서는 엽관주의가 제도화되지 못하였다(김규정, 2002).

Ⅱ. 엽관주의의 역사적 전개

엽관주의는 민주정치의 발달과 함께 전개되었는데 미국에서는 관료기구와 국민과의 동질성을 확보하기 위한 노력으로 나타났다.

1 관료의 지위변화

지난 17-18세기 절대군주국가가 근대 민주국가로 전환하게 됨에 따라 입법권이 행정권을 상징하는 군주와 대립적 지위에 서게 되자, 군주의 관료에 대한 지배권을 국민 대표기관인 의회의 지배하에 두게 되면서 관료는 군주의 사용인(royal servant)에서 정당의 사용인(party servant)으로 전환되게 되었다. 이는 영국의 1688년 명예혁명과 미국의 1829년 앤드류 잭슨(Andrew Jackson) 대통령 이후 각각 정실주의(patronage system)와 엽관주의(spoils system)라는 인사제도로 발전하는 계기가 되었다.

2 1829년 잭슨대통령 취임이후 본격화

잭슨 대통령이 엽관제를 최초로 실시한 사람은 아니다. 영국 총독이 뉴욕에서 일부 실시한 바가 있고, 토마스 제퍼슨 대통령이 연방주의자(federalist)가 공직을 점유하는 것을 반대하여 그들을 교체한 일도 있었다. 그러나 연방정부 차원에서 잭슨이 처음으로 공식화하였다고 볼 수 있다. 미국의 제7대 대통령인 잭슨(Andrew Jackson: 1829년부터 1837까지 8년 재임)은 동부 귀족세력이 공직을 독점하고 있다고 보고 공직교체(rotation in office)가 곧 민주주의라고 인식하였다. 이에 따라 자기를 지지해준 서부 개척민들에게 공직을 개방하는 것이 민주적이고 아울러 자신의 지지에 대한 보상이라고 여겨, 이를 민주주의의 실천적인 정치원리로 채택하면서 엽관주의적 인사행정이 활발하게 이루어졌다. 그는 대중민주정치를 지향하면서 1829년 첫 의회 연두교서(1st annual message, 1829년 12월 8일)에서 공직에서 수행되는 일은 간단하고 평이(plain and simple)하므로 지적 능력을 가진 사람(men of intelligence)이면 성과를 낼 수 있다는 그의 소신을 밝히면서 향후 공직교체를 통한 엽관주의 원리를 강조하였다.

Ⅲ. 엽관주의의 발전요인과 한계

1 엽관주의의 발전요인

엽관주의라는 말은 뉴욕 주를 대표하는 상원의원인 마시(William Marcy)가 1832년에 의회 토론 중 “전리품은 승자에게 속한다”(To the victor, goes the spoils)라는 주장에서 비롯되었다. 공직순환(rotation in office)을 촉진하고 정치적 대응성을 높임으로써 정부관료제의 민주화, 공직임용의 형평성 제고, 그리고 민주정치 발전에 기여할 수 있다는 것이 대표적인 엽관주의의 정당화 근거이다. 구체적으로 엽관주의가 발전하게 된 요인을 살펴보면 다음과 같다.

첫째, 엽관주의적 인사는 공무원의 빈번한 교체 즉 교체임용주의를 내포함으로써 보다 많은 사람이 공직에 참여할 기회를 갖는다는 것이다. 과거 미국 건국 초기 연방정부 공직이 동부 출신의 상류계급에 한정되면서 그들만의 이익을 대변하는 기구로 전락하였음을 고려해볼 때 엽관적 인사를 통한 공직의 경질은 일반 국민의 폭넓은 참여로 정부 관료제의 민주화에 기여하였다.

둘째, 엽관주의 발전은 정당정치의 발전과 밀접한 연관을 맺으면서 정당 지도자들의 정권 유지와 선거에서의 승리, 정당원의 충성심 확보 등에 유용하였고 아울러 공무원들을 정치적으로 통제할 수 있는 효과적인 수단이 되었다.

셋째, 엽관주의는 잭슨 대통령의 연두교서에서 밝힌 바와 같이 초기 입법국가시대의 행정의 단순성으로 인해 가능하게 된 제도로서 당시 정부의 기능은 현대 행정국가에서 요구하는 행정업무의 복잡성과 전문성이 낮아 엽관주의적 수단의 수용이 더욱 쉬웠다. 즉, 당시 공무원의 임용자격으로서 보통사람이면 누구나 직무 담당이 가능할 것이라는 인식이 팽배하여 공직개방이 훨씬 수월했던 측면이 있었다.

2 엽관주의의 한계와 이에 대한 처방으로 실적주의 대두

1) 한계

1800년대 중반 경에 미국에 만연하던 엽관주의 현상은 시대적 변천과 함께 많은 문제점(공직의 잦은 교체, 훈련받지 않은 공직자 증가, 공직의 정치화 및 정치적 매관매직 등)을 노출하게 되었고, 정부 개혁운동가들 사이에서 일어난 엽관주의의 병폐에 대한 인식과 1881년에 엽관주의로 일자리를 얻는 것에 실패한 구직자가 가필드(James A. Garfield) 대통령을 암살한 사건을 계기로 실적주의 탄생의 촉매 역할을 하게 되었다. 구체적인 엽관주의의 문제점은 다음과 같다.

(1) 공직의 질적 저하 및 행정의 계속성 · 안정성 위협

공직 임용 기준이 정당에의 충성도와 정치 이념의 동질성에 근거하였기에 전반적인 공무원의 자질이 떨어지는 것은 당연한 일이었다. 그리고 행정의 복잡화, 전문화 추세에 부응하지 못하는 공무원의 낮은 자질은 행정의 능률을 떨어뜨리는 결과를 낳았다. 또한, 엽관주의가 내포하는 잦은 공직 경질은 공무원의 신분을 불안정하게 하고 영속적인 행정업무 수행을 불가능하게 함으로써 대국민 책임성을 결여하게 만들었다.

(2) 관료적 대응성 약화

정당의 추종자로서 정치적 성향을 가진 자들이 공직에 들어오면서 기업인들과의 유착행위와 무능에 의한 부패 소지를 남기게 되고, 불필요한 관직을 남설하면서 정부재정의 낭비를 초래하게 되었다. 정당의 과두적 지배 촉진과 더불어 국민에 대한 충성보다는 집권자와 집권당에 대한 충성이 우선시되면서 국민요구에 대한 중립적 대응성을 약화시키는 결과를 낳았다.

(3) 민주성과 형평성에 대한 문제의식

귀속적 신분을 배경으로 하는 특권소수계층의 공직독점을 막고 누구나 공직에 쉽게 접근할 수 있는 기회를 넓히고자 했던 엽관제의 민주와 형평의 논리가 오히려 집권당의 특수이익에 충성하는 사람들만이 공직에 임용되는 불공평한 결과를 낳게 된 것이다. 이러한 많은 문제점을 노정하고 있던 엽관주의가 보다 결정적인 쇠퇴 계기를 맞게 된 것은, 선거공로에도 불구하고 공직을 주지 않은데 불만을 품은 자(Charles J. Guiteau)가 가필드 대통령을 암살한 사건을 계기로 다음 선거에서 엽관주의 개혁이 핵심적인 정책이슈로 등장하였다.

2) 한계에 대한 처방으로 실적주의 대두

(1) 미국의 펜들턴 개혁입법

엽관주의 폐해가 극심해짐에 따라 엽관주의에 대한 비판운동이 일어나고 이러한 해악을 줄이는데 초점을 맞춰 실적주의 수립운동이 펜들턴 개혁입법안(펜들턴은 오하이오주 상원의원으로 Civil Service Act 제정에 주도적 역할)의 통과로 전환점을 맞게 되었다. 실적제(merit system)는 공직에의 임용기준을 실적, 즉 개인의 능력, 자격, 적성 등에 두는 제도이다. 즉, 펜들턴 개혁입법(미국연방공무원법)은 미국 공화당(당시 다수당)의 정략적 통과라는 측면도 있지만, 엽관주의의 구악을 청산하여 공직의 정치적 중립화와 현직자의 신분보장을 이루기 위한 인사규정 등을 둠으로써 실적주의 확립에 크게 기여하였다(하지만 이 법안에 서명한 체스터 A. 아서 대통령은 엽관주의 지지자들로부터 역공을 받아 재선에 실패).

(2) 영국의 노스코트-트레빌리언 보고서

영국에서는 1854년에 당시의 재무성 공무원이었던 노스코트와 트레빌리언이 새로운 공무원제도 구축을 위해 영국하원에 제출한 보고서인 노스코트-트레빌리언 보고서(Stafford Northcote and C. E. Trevelyan: The Organisation of the Permanent Civil Service. Parliamentary Papers)에 실적주의 주장(공직자는 공개경쟁시험을 거쳐서 선발하고, 선발시험은 독립기관에 의해서 실시되어야 하며, 승진도 연공보다는 실적에 의해야 한다는 취지 등을 담은 보고서)이 잘 정리되어 있다. 이를 계기로 1855년 1차 추밀원령(Order in Council)과 1870년 2차 추밀원령 등에 의해 공개경쟁시험원칙 및 독립적인 인사위원회 설치라는 실적주의의 제도적 기초를 확립하게 된다. 이러한 영미에서의 인사원칙 및 철학의 변화는 19세기 후반 자본주의 발전에 따른 사회 경제적 여건의 변화 및 보다 능률적인 정부의 요청이라는 시대적 과제를 반영한다.

Ⅳ. 엽관주의의 현대적 의의: 적극적 인사행정의 요청

엽관주의적 임용은 공직임용에 있어서 전문성을 저해하고 정실주의를 초래하는 등 많은 문제점을 야기하였다. 그래서 엽관제는 줄어들고 실적제가 자리를 잡게 되었다. 하지만 엽관제적인 요소가 완전히 사라진 것은 결코 아니다. 엽관제는 많은 문제점에도 불구하고 현대 인사행정에 있어 새로운 의의를 가진다. 즉 초기 엽관주의와 이에 대한 반동으로서 실적주의가 대두되던 사회적 여건이 달라지면서 오늘날에는 어느 정도 양자조화를 통한 적극적 인사행정의 요청이 제기되는 것이다. 적극적 인사행정이란, 실적주의 및 과학적 인사관리만을 고집하지 않고 제한된 영역에 있어 엽관주의를 신축성 있게 받아들이는 인사행정의 인간화 실현을 위한 관리방안을 의미한다. 즉, 중앙정치나 지방정치에서 선거를 통하여 집권하는 사람에게는 집권자와 동일한 정치 이념과 철학을 가진 사람들이 정책추진에 필요하기 때문이다. 따라서 중앙정부의 경우에 대통령과 뜻을 같이 하는 사람들을 정무직 등에 임명하여 정책을 추진할 수밖에 없다. 따라서 인력운용상 실적주의의 제약을 탈피할 필요가 있는 한정된 영역의 경우에는 엽관제적인 인사가 정당화될 수 있다.

최근, 실적제 만능사상에 대한 반성과 함께 관료제에 대한 민주적 통치의 필요성이 증대됨에 따라 인사행정의 소극화, 형식화를 탈피하여 적극적이고 신축적인 인사행정을 위해 정무직 등에는 거의 세계적으로 엽관주의적인 바탕위에서 정치적 임명(political appointment)을 하고 있다. 내각책임제를 채택하고 있는 국가(영국, 일본 등)에서는 집권당의 국회의원들이 장차관직을 대부분 겸직하고 있으며, 대통령제를 채택하고 있는 나라에서는 대통령이 정치적으로 임명한 사람들이 장·차관 및 핵심직위를 점하고 있다. 최근에는 이러한 정치적 임명제도 자체는 인정하더라도 임명과정을 보다 제도화하고 투명하게 하자는 요구가 여러 나라에서 제기되고 있다

한국에서는 노무현정부에서 인사수석비서관직을 신설하여 대통령의 정치적 임명 절차 등을 보다 체계적으로 제도화하였고, 지금도 이 제도가 유지되고 있다. 엽관주의는 아직도 많은 나라에서 적용되고 있으나 그 적용 범위는 주로 장·차관이나 기관장 등 정부의 정치적 임명직에 해당된다. 그러나 중남미지역의 일부 나라에서는 일반직 공무원에게도 일부 적용되고 있다.

논평

인사행정론의 입문적 기본 주제이다. 내용은 어렵지 않지만 그것의 함의 및 우리나라 행정부에서의 엽관주의의 전개 과정을 설명할 수 있어야 한다. 후자의 보완 부분은 박동서(2004)가 표준적이다. 그런데 오늘날 당연히 배척할 제도로 알고 있는 엽관주의는 처음 민주주의의 구현 제도로 출발하여 상당한 지지를 받았다. 그러므로 이 제도의 이해를 위해 아래 자료를 통해 앤드류 잭슨에 대해 좀 더 자세히 알아보자.

앤드류 잭슨(Andrew Jackson)

Ⅰ. 생 애	Ⅲ. 전리품은 승자에게
Ⅱ. 잭슨식 민주주의(Jacksonian Democracy)	Ⅳ. 민주성과 능률성, 혹은 두 개의 민주주의

Ⅰ. 생애

잭슨은 아일랜드계 후손으로 사우스 캐롤라이나에서 태어났다(1767). 어려서부터 독립전쟁에 참여하였는데 영국군에게 포로로 잡혀 고초를 겪으며 가족들을 전쟁 와중에 잃고 불우한 성장과정을 통해 영국에 대해 적개심을 키워왔다. 교육 경력이 일천하였음에도 불구하고 자력으로 공부하여 변호사가 되었다. 이전투구의 법률 분쟁들이란 그가 어려서부터 친숙해 온 야전에서의 전쟁과 별 다르지 않았을 것이다. 그래서 그가 맡은 소송들도 주로 폭력 사건, 토지 소유권 분쟁 등이었다. 그 후 정치인으로 성장하였으며 테네시 하원의원을 거쳐 상원의원, 나중에는 테네시 대법원의 대법관으로 임명되기도 하였다. 그러나 그의 주된 경력은 이러한 정치적 영역에서 쌓은 것이 아니다. 1801년이 되자 이러한 고상한 자리를 떠나 테네시 민병대의 대령이 된다. 상원의원이나 대법관 자리는 그의 애국적 열정과 야성을 충족하기에는 너무 우아한 것이었으리라. 군인의 길로 우회한 후, 테네시의 민병대를 이끌면서 잭슨은 영국과 결탁한 인디언의 토벌 전쟁을 통해 큰 명성과 비난을 동시에 받았다. 그로 하여금 최대의 명성을 안겨준 것은 뉴올리언즈 전투(The Battle of New Orleans,1815)였다. 잭슨이 이끄는 4,000명의 민병대가 10,000명의 영국군에 대승을 거두자 미국 국민은 잭슨을 워싱턴 장군의 부활쯤으로 믿었다. 사실 그 전쟁은 이미 영국과 미국 간에 화의가 프랑스에서 강 조약(Treaty of Ghent)으로 체결되고 난 뒤에 통신 기술의 미비로 아직 그 소식을 모르던 양측 간에 이루어진 무모한 것이었다. 하지만 이를 계기로 잭슨은 일약 국민의 영웅이 되었고 이를 토대로 나중에는 상원의원을 거쳐 7대 대통령직까지 도전하게 되었다.

잭슨은 이혼녀인 레이철(Rachel)과 결혼을 하였으나 잭슨의 추측과는 달리 그녀의 전 남편은 이혼을 완전히 마무리 짓지 않은 상태였으며, 2년 후 돌연 나타나는 바람에 결국 잭슨은 남편 있는 여자와 결혼한 셈이 되었고 이는 평생 동안 잭슨의 적들로부터 공격을 받는 약점이 되었다. 당시에는 결투가 합법적이었고 잭슨은 103번이나 결투를 하였는데 그 중 많은 결투 사유들은 잭슨의 아내를 중상했기 때문이었다. 아내에 대한 모욕 때문에 빚어진 한 결투에서 그는 먼저 총탄을 맞은 후 일어나 상대를 죽인 일도 있었으며 여기에서 맞은 총탄은 그가 78세로 죽을 때까지 몸 속에 남은 채 각혈과 고통을 안겨 주었다. 레이철은 그가 대통령으로 당선되기 두 달 전에 급사하였는데 잭슨은 자신의 결혼문제를 경쟁자인 존 퀸시 애덤스측이 악의적으로 공격했기 때문에 상심한 아내가 죽은 것으로 믿었으며 애덤스를 결코 용서하지 않았다. 아내를 잃은 잭슨의 재임 동안 퍼스트 레이디의 역할은 아내가 아니라 조카가 담당하였다. 잭슨의 아내 사랑은 나중에 책과 영화(*The President's Lady*)

로까지 만들어질 정도로 지극한 것이었다.

185cm의 큰 키에 65kg의 깡마른 체격과 사람을 꿰뚫어보는 눈빛, 강인한 의지, 열정, 해묵은 호두나무('old hickory'는 그의 별명이 되었다)같은 완고함, 불우한 성장 과정, 불운했던 결혼, 끝없이 이어진 결투, 토벌 대상이었던 인디언을 아들로 입양한 점.... 등 하나같이 독특한 것이었으며 그에게서는 평범한 시민(common man) 출신이었다는 점만 빼고는 평범함은 찾아보기 어렵다. 그의 동상은 뉴올리언즈의 프렌치 쿼터 광장에 서 있으며 그의 이름은 오늘날 미국의 수많은 도시에 차용되어 남아 있다.

Ⅱ. 잭슨식 민주주의(Jacksonian Democracy)

1824년 선거에서 그는 존 퀸시 애덤스(2대 대통령인 존 애덤스의 아들이다)와 대통령 선거에서 맞섰다. 이들은 당시 하나뿐이던 거대 정당인 민주공화당(Republican-Democratic Party) 소속이었다. 선거 결과, 잭슨은 전국 유권자 및 선거인단 수에서 1위를 차지하였으나 그것이 과반수를 넘지 못하자 헌법에 따라 하원이 대통령을 결정하게 되었다. 이 때, 대선에 함께 출마했던 경쟁자이면서 하원의장이던 클레이(Henry Clay)가 존 퀸시 애덤스 측에 가담하였기 때문에 잭슨은 낙선하고 애덤스가 당선되었다. 존 퀸시 애덤스의 당선은 2대 대통령이었던 부친(존 애덤스)에 이어 부자가 대통령이 된 최초의 사례가 되었다. 존 퀸시 애덤스는 그 보상으로 클레이를 국무장관 자리에 앉혀주었다. 잭슨은 대통령에 당선되기 전부터 엽관주의의 사례를 학습한 셈이다. 미국 역사상 국민 선거에서 이기고도 결국 대통령이 되지 못한 최초의 사례가 되었다(이런 사례가 최근에는 2000년 앨 고어와 조지 부시 사이에도 일어났다). 잭슨은 분개하여 존 퀸시 애덤스와 클레이의 '부패한 거래'(corrupt bargain)를 비난하고는 대중적 지지를 기반으로 민주공화당을 뛰쳐나가 새로운 정당을 만드는데 그것이 오늘날의 미국 민주당(The Democratic Party)의 기초이다. 이 시기부터는 잭슨이 이끌던 민주당(The Democratic Party)과 휘그당(The Whig Party)의 양대 정당제(Two Party System)가 시작되었다. 자신을 완고한 멍청이(jackass)로 비하하던 정적들의 욕설을 오히려 자신의 정치 구호로 사용하기도 하였으며 이 덕분에 오늘날까지 미국 민주당의 상징물은 당나귀(ass)가 되어 있다.

절치부심하던 잭슨은 뉴욕의 노련한 정치인 밴 뷰런(Martin Van Buren)의 도움 및 국민 여론에 호소하여 마침내 4년 후인 1828년에는 존 퀸시 애덤스의 재선을 저지하며 대통령에 당선된다. 그리고는 밴 뷰런을 국무장관으로 임명하여 애덤스에게서 배운 엽관주의의 인사를 그대로 애덤스에게 보란 듯이 반복해주었다(밴 뷰런은 그 후에는 부통령으로, 마지막으로는 잭슨의 후임 대통령으로까지 되어 잭슨주의의 충실한 계승자가 된다).

잭슨의 대통령 당선은 각별한 의미를 지닌다. 그 전까지 대통령은 동부 버지니아 주의 대농장주들이며 고등교육을 받은 귀족들이었다. 이러한 전통을 깨고 처음을 국민의 인기에 힘입어 전혀 교육과 재산의 기반이 일천하던 남부 평민(common man)이 처음으로 대통령에 당선된 것이었다. 우아한 제퍼슨식 민주주의 하에서 교양있는 엘리트 출신 공직자들이 회의실에서 국사를 논의했음에 비해 잭슨식 민주주의에서는 평민 출신 공직자들이 식탁에서 식사를 하며 국사를 떠들어내는 셈

(Kitchen Cabinet)이었다.

잭슨은 서민 대통령으로 자부했으며 제퍼슨이 그렸던 것처럼 미국은 농업에 기반을 둔 공화국('agricultural republic')을 지향해야 한다고 믿었기 때문에 상공업, 금융 중심으로 나아가는 것을 반대하였다. 따라서 부자들의 이익에 기여할 뿐이라고 믿은 중앙은행의 설치에 강력하게 반대하였다. 또 연방의 관세 문제를 둘러싸고 일부 주들이 연방을 탈퇴하려는 것을 막고자 고심하였다(Nullification Crisis). 그는 명목화폐인 지폐 제도에 반대하였으나 역설적으로 그의 얼굴은 지금 미국의 $20 지폐에 그려져 있으며, 잭슨식 민주주의가 잊혀 가는 오늘의 미국 현실에 대해 불편한 시선을 보내고 있다. 잭슨의 재임 기간은 미국 역사상 외채가 없었던 전무후무한 시대였다.

잭슨식 민주주의는 몇 가지 요소를 특징으로 하고 있다. 첫째, 선거권의 확대이다. 잭슨은 적정 연령에 이르면 재산에 상관없이 모든 백인 남성에게 선거권의 확대가 이루어져야 한다고 믿었다. 둘째, 대서양 연안에서 태평양 연안에 이르기까지 영토를 확장함이 미국 국민에게 부여된 거룩한 소명이라는 사상(Manifest Destiny)이다. 이 논리는 인디언 토벌, 멕시코와의 전쟁을 정당화하는데 필요하였다. 셋째, 연방과 대통령의 권한 강화이다. 본래 공화주의자였던 제퍼슨은 연방과 대통령의 권한을 제한할 것을 강조해 왔다. 잭슨도 처음에는 대체로 이런 입장이었으나 집권 후에는 대통령과 권한과 연방 체제의 확고한 구축을 강조하였다. 넷째, 자유방임적(Laissez-faire) 경제정책이다. 정부가 경제에 개입하면 결국 소수 특권계층의 이익만 보호하게 되므로 개입해서는 안 된다는 것이다. 이것은 그가 중앙은행의 설립에 반대하는 논거가 되었다. 다섯째, 무엇보다도 엽관주의 공무원 제도이다. 엽관주의는 절을 바꾸어 자세히 보자.

Ⅲ. 전리품은 승자에게

흔히 알려진 바처럼 잭슨이 엽관주의(spoils system)를 최초로 도입한 것은 결코 아니다. 그리고 엽관주의는 모든 공직자를 이런 식으로 임용한다는 것이 아니며 잭슨의 임기 말기에 연방공무원 중 약 20% 정도의 공직자만이 엽관주의로 임용되었을 뿐이다. 1700년대 후반 및 1800년대 초엽에 이미 뉴욕 주지사들은(George Clinton, De Wittman Clinton 등)이 엽관주의를 활용하고 있었다. 연방 정부 차원에서 이를 최초로 구사한 대통령은 사실 제퍼슨(Thomas Jefferson)이다. 강력한 공화주의자(republican)였던 제퍼슨은 연방주의자(federalist)이던 애덤스(John Adams)와 대립하고 있었다. 2대 대통령이던 애덤스가 물러나고 제퍼슨이 대통령이 되자 그는 연방주의를 추종하던 공무원을 대거 축출하였다. 그럼에도 불구하고 잭슨이 엽관주의와 연관되어 논의되는 것은 잭슨 시대에 엽관주의는 '공화주의 신조의 으뜸가는 원리'(a leading principle in the republican creed)로 까지 옹립되었으며 전임 대통령에 비해 이를 명시적이고도 본격적인 인사정책으로 확립하였기 때문이다.

야전에서 오랫동안 인디언과 영국군과 싸워 온 그로서는 '전리품은 승자에게'(To the Victor, Goes the Spoils)라는 원칙은 매우 당연한 것이었으리라. 잭슨은 전쟁은 야전 뿐 아니라 정치판에서도 일어남을 발견했다. 그는 자신의 지지자들을 결속하면서 기성 정치인에 가까운 공직자들을 밀어내면서, 동시에 국민들 사이에 있던 공무원의 부패에 대한 척결 요구를 해결하는 방편으로 엽관주의를 실시한다. 대통령에 취임한 후 잭슨은 첫 번째 연례 교서(The First Annual Message, 1829. 12.8)를 통해 “모든 공직이란 쉽고도 단순하기 때문에 지능 있는 사람이라면 이를 수행해 낼 수 있다. 따라서 나는 공직에 오래 앉아 있는 것이 경험의 누적을 통해 얻는 이득도 있겠지만 그보다 잃는 것이 더 크다고 믿지 않을 수 없다”라고 천명한다. 잭슨은 공직이 순환(rotation)되지 않으면 부패하기 마련이라고 확신하고 있었다. 공직의 교체를 통해 부패를 막고 기성 정치 세력에 기생해 오던 공직자들을 개혁한다는 취지를 담고 있었다.

잭슨은 선거에 승리한 정당은 공무원을 선출하라는 ‘명령’(mandate)을 국민에게서 받은 것이라고 주장하였다. 따라서 잭슨식 민주주의에서 보면 엽관주의는 집권당의 권리일 뿐 아니라 의무이기도 하였다. 잭슨은 관직을 과거의 지지에 대한 보상(사후적 전리품)으로서만 활용한 것이 아니라 자신에게 지지를 보낼 경우 그에 대해 미래에 부여할 보상의 약속(사전적 전리품)으로도 활용하였다. 잭슨 자신은 엽관주의의 피해자로부터 암살당할 뻔 하기도 하였는데, 엽관주의에 내재된 이러한 위험은 마침내 오랜 후일 18대 가필드(Garfield) 대통령이 암살되도록 만든다.

엽관주의는 잭슨 개인의 정치 이익을 고려한 것만은 아니었다. 적어도 그 당시에는 공직의 장기 근무는 필연적으로 부패한다는 점에 대한 전국민의 공유된 인식을 바탕으로 하여 '개혁'의 핵심 프로그램으로 제시되었으며 또 그에 대한 국민의 광범위한 지지 하에서 나타난 것이다.

이러한 엽관주의는 잭슨 시대에 시작된 제 2 정당제 시대와 그 후 나타난 제3 정당제 시대를 넘어 지속되다가 펜들턴 법(Pendleton Act, 1883)을 통해 실적주의로 대 전환하였고 마침내 1890년대에 이르면 잭슨식의 엽관주의는 종식된다. 그리고 1939년에 이르면 연방 공무원의 정치 활동을 아주 제한하는 해치법(The Hatch Act,1939)에 이르면 공무원직에 대한 정치적 입김의 가능성은 그 더욱 멀어졌다.

Ⅳ. 민주성과 능률성, 혹은 두 개의 민주주의

한국의 경우도 대통령의 인사정책에 대해 ‘대통령의 의중 인사’ 혹은 ‘코드 인사’라는 비난이 제기되곤 하였다. 그러나 이를 비판하던 당이 집권했을 때도 비슷한 현상은 반복되었다. 사실 정치적 임명제도를 완전히 없애기는 어렵다. 그러므로 핵심적인 문제는 이 제도를 어떻게 활용하느냐에 달려 있다.

정무직 임용에 있어서 대통령은 자신의 정책이념에 합치하는 인물을 임용한다든지 선거에 공로가 많은 측근을 임용한다. 모든 대통령들에게서 이러한 식의 인사정책은 공통적으로 나타났었다. 실적주의가 모든 계층의 공직에 다 적용될 수도, 또 다 적용되어서도 안 된다는 나름대로의 타당한 논거가 있다. 그리고 비록 잭슨이 전제한 바와 같은 행정 업무의 단순함이란 오늘날의 전문화된 행정 상황에서는 맞지 않겠지만, 공직에 대해 영구적 철밥통이 아니라 적절한 교체 혹은 그 교체가능성을 제도화 해 둠으로써 부패의 기회를 줄이며, 공무원직의 지속 여부는 선거라는 기제를 통해 정기적으로 재평가받게 할 필요가 있다는 앤드류 잭슨(Andrew Jackson)의 이념은 오늘날도 매우 소중한 가치임에 틀림없다.

잭슨은 특수이익을 추구하며 부패의 가능성이 상존하는 공직을 개방하여 뭇 시민으로 신선하게 교체됨이 개혁으로 보았다. 윌슨은 오히려 그런 식의 참여를 제한하고 공직을 보호함이 개혁이라고 간주하였다. 민주주의의 오랜 역사는 직접 민주제가 최고의 선이며, 간접 민주제는 그에 대한 차선적 대안으로 간주해 왔다. 그러나 전자정부(e-government)의 확대는 이러한 수천 년 동안의 제한을 깨고 직접민주제의 가능성을 엄청나게 높여주었다. 그러나 이제 직접참여의 확대가 과연 바람직한 민주주의 모형인가에 대한 의구심 또한 급격히 높아가고 있다. 적어도 잭슨은 민초의 참여 확대를 곧 민주주의로 보았으며 이 민주주의의 확립을 자신의 주된 과업으로 삼았다. 윌슨은 잭슨식 민주주의가 초래하는 행정의 비효율을 가져옴을 주목하고서 이것을 개혁하여 효율성을 높이고자 하였다. 양자는 외견상 민주성(Jackson)과 효율성(Wilson)의 대결이라고 볼 수 있겠지만, 효율성이라는 것도 국민이 원하지 않은 것이라면 윌슨은 주장할 수 없었을 것이므로 결국 그 시대의 국민의 요구가 무엇인가에 달린 문제이다. 그러므로 정확히 말하자면 잭슨식 민주주의와 윌슨식 민주주의의 대결일 것이다. 민주당이라는 한 정당 출신 대통령들에게서 이토록 상반된 인사정책이 주장되는 것이 놀라울 따름이다. 그러나 더 놀라운 것은 두 사람이 실현하고자 하던 두 가치가 오늘날까지 여전히 설득력이 있다는 점이다. 두 개의 민주주의 중 어느 것이 선택되는가는 결국 최종적으로 국민이 판정할 것이다. 그리고 국민의 선호라는 것 또한 놀라울 정도로 가변적이다.

http://dhr.dos.state.fl.us/museum/collections/governors/about.cfm?id=1
http://www.awesomelibrary.org/.../28._Woodrow_Wilson.html
http://en.wikipedia.org/wiki/Andrew_Jackson
http://en.wikipedia.org/wiki/Woodrow_Wilson
http://www.u-s-history.com/pages/h965.html
http://www.presidency.ucsb.edu/ws/index.php?pid=29471

| 새 테마 행정학 |

02. 실적주의

Ⅰ. 실적주의의 의의

엽관주의는 공직을 전리품(spoils)으로 취급하여 선거에서 승리한 집권 정당이 공직을 대대적으로 교체하는 인사제도이다. 그것은 건전한 상식을 가진 보통 사람도 행정을 처리할 수 있는 시대에는 행정의 민주성을 제고할 수 있다는 점에서는 타당성이 인정되었다. 그러나 이 제도의 정치적 남용 및 비효율이 두드러지고 도시화・산업화의 심화로 행정문제가 복잡화되자 이를 해결하기 위한 정부의 역할과 기능이 증가하게 되면서 전문적 능력이 있는 사람들이 공무원이 되어야 한다는 인식이 확산되었다.

실적제(merit system)란, 인사행정의 기준을 과거 엽관주의의 당파성 혹은 정실에서 찾는 것이 아니라, 직무수행 자격에 관한 중립적이고 객관화된 기준에 근거하여 공직 임용을 해야 한다는 인사활동 전반을 지배하는 원리이다. 즉, 실적이 모든 인적자원을 확보하고 활용하는 근간이 됨을 선언하고 있다고 볼 수 있다.

전통적 의미에서의 실적주의는 엽관주의에 대한 반성으로서 제기되었으나 오늘날은 반엽관주의 및 인사행정의 중립주의라는 소극적 성격에서 탈피하여 적극적 성격으로서 인사행정의 전문화, 효율화, 객관화를 추구하는 원리를 지향하고 있다.

Ⅱ. 실적주의의 대두배경

1 엽관주의에 대한 개혁운동의 전개

지난 1800년대 후반에 이르러 정치경제적 여건 변화와 더불어 가필드 대통령의 암살(1881) 및 엽관주의의 폐해와 한계가 노정됨으로써 이에 대한 반동과 반성의 목소리가 높아지기 시작하였다. 즉, 엽관주의가 야기한 공직의 질적 저하 및 행정의 계속성과 안정성에 대한 위협, 정당정치 부패에 따른 관료적 대응성 저하와 매관매직 및 정부재정 악화 그리고 행정의 효율성에 대한 요청 등 일련의 문제점을 계기로 엽관주의 개혁운동이 점차 일어나기 시작하였다.

미국에서는 1883년 펜들턴 법안(Pendleton Act)의 통과로 독립적 인사위원회와 공개경쟁시험 적용을 내용으로 하는 실적주의의 기초가 수립되었고, 이후 1939년 해치법(Hatch Act)에 의해 연방공무원들이 공직선거활동(campaigning)에 참여하는 것을 금지하여 공무원의 정치적 중립을 강화시켰다. 그리고 1978년 카터 대통령이 추진한 공무원개혁법(Civil Service Reform Act of 1978)에 의해 실적주의 제반원칙이 보다 세련되게 정립되는 과정을 거쳤다(이 개혁법으로 인해 미국의 연방인사위원회가 인사관리처로 조직개편이 되었다).

영국에서는 미국보다 약간 앞선 1853년 노스코트-트레벨리언 보고서(Northcote & Trevelyan Report)를 통해 실적주의에 대한 논의가 시작되어 1855년 1차 추밀원령에서는 독립적 인사위원회 창설과 시험제도 수립이라는 개혁이 이뤄졌다. 이후 1870년 2차 추밀원령에서는 공개경쟁시험 원칙이 확대 적용되면서 실적주의제도가 영국에서도 수립되었다.

2 펜들턴 개혁법안의 통과

펜들턴법의 주요 내용은 초당적인 인사위원회 설치, 공개경쟁채용시험 실시, 시험합격자는 시보임용기간을 둔다는 등의 실적제적인 내용을 포함하고 있다. 당시 법안 통과의 배경을 살펴볼 때, 다수당인 공화당의 주지사 선거 참패를 계기로 자신들이 임명한 동료들의 신분보장을 위한 정략적 차원의 통과라는 정치적 고려도 있었다. 그러나 기본적으로 엽관주의의 해악을 줄이는데 초점을 맞춰 공직 임명에 정실개입 배제, 현직자의 신분보장 및 공무원 선발에서의 경쟁시험도입 등을 주요한 내용으로 하였다.

3 1900년대 과학적 관리론의 영향

과학적 관리운동의 철학을 실적주의에 가미시킴으로써 부정적, 소극적 인사관리에서 적극적 인사관리로의 전환기를 맞게 되었다. 즉 공직 임용에서의 정치권력 남용의 방지라는 소극적 문제인식에서 벗어나 채용 후 인사행정 전체 과정에 실적주의를 적용함으로써 인사관리의 능률성을 추구하게 되었고, 이것이 이후 미국에서의 직위분류제 도입 배경이 되어 실적주의 확산에 지대한 공헌을 하게 되는 전환과정을 경험하게 되었다.

4 한국적 맥락

사실 미국이나 영국 등에서 실적주의가 태동하게 된 배경의 핵심은 공개경쟁시험을 통한 공직입직이다. 그런데 중국이나 한국은 사실상 오래 전부터 공개경쟁 시험제도를 활용하였다. 중국의 영향을 받아 고려 광종은 서기 958년 중국 후주에서 온 쌍기의 건의에 따라 과거제를 처음으로 실시하였다. 이는 조선시대를 거쳐 우리나라의 지배적인 공직선발시험으로 자리 잡게 되었다. 물론 시험내용은 시대에 따라 변했지만 공개경쟁 채용시험이기 때문에 서양보다 우수한 공무원 선발제도를 오래전부터 이미 활용하였다고 할 수 있다. 이러한 전통은 한국의 공직사회 안정성을 도모하는데 기여하였다고 할 수 있다.

사실 중국의 공직시험제도는 18세기경에 인도에 있는 영국의 동인도회사(East India Company)에 의해 채택되어 임용에서의 부정을 줄이는데 기여하게 되었고, 이러한 경험이 영국에까지 전파되고 이것이 다시 미국 등의 제도발전에도 영향을 미치게 되었다.

Ⅲ. 실적주의의 발전요인

19세기 후반 영미에서 거의 때를 같이하여 실적주의 수립을 보게 된 배경에는 엽관주의에 대한 반성이외에 다음과 같은 사회, 경제적 여건 변화 및 행정에 대한 대중의 인식변화, 그리고 행정의 양적, 질적 변화를 내포하고 있다. 이를 구체적으로 살펴보면 다음과 같다.

첫째, 자본주의 발전에 따라 산업자본가인 중산계급에 대응하는 노동자 계급이 대두되고 교육보급 및 이에 상응하는 정치의식 함양에 힘입어 사회복지에 대한 대중의 제 요청이 증대되었으며, 이에 따라 정부기능의 양적 · 질적 변화가 수반되게 되었다. 자연히 과거 질서유지에 머물던 행정기능이 전문화와 기술화 요구에 직면하게 되어 보다 능력 있는 전문직업인으로서의 공무원이 필요하게 되었던 것이다.

둘째, 납세자주권 의식과 정치의식의 질적 변화는 자연히 영미에서 보다 능률적 정부를 기대하게 되었다. 따라서 객관화된 기준에 적합한 능력 있는 공무원의 충원으로 엽관주의시대 아마추어 정부에서 벗어나, 복잡다기해진 확대된 업무를 보다 효율적으로 추진할 수 있게 될 것이라는 믿음에서 실적주의 수립을 보게 된 것이다.

셋째, 테일러를 중심으로 한 과학적 관리(scientific management)운동이 1900년대 초에 미국사회를 강타하면서 산업계는 물론 정부의 공공관리에도 많은 영향을 끼치게 되었다. 회사경영뿐만 아니라 공공관리도 과학적으로 운영할 필요가 있다는 인식이 확산되면서 인사행정도 실적 중심으로 전환하게 되는 계기를 맞게 되었다.

Ⅳ. 실적주의의 내용과 한계

1 실적주의의 내용

실적주의의 핵심적 처방은 공개경쟁에 의한 채용시험 실시, 공무원의 정치적 중립과 신분보장, 그리고 정당의 영향력으로부터 중립적인 인사행정관리기관 설치를 그 내용으로 하는데 그 구체적 내용은 아래와 같다.

1) 인사행정의 민주성과 형평성

공직취임에 있어 기회균등, 즉 누구나 인종, 종교, 출생, 그리고 학벌 등을 이유로 공직취임에서 차별을 받지 아니함으로써 공직취임 기회에 있어서 형평성을 구현하고자 하였다. 보편적 채용기준과 채용시험을 통해 규정된 자격만 구비하면 누구나 임용이 가능하다는 의미에서 이때의 기회균등은 결과의 형평성이라기보다는 동일한 능력 및 자질을 가진 사람들에게 동일한 기회가 주어져야 한다는 기회의 형평성을 의미한다.

2) 인사행정 기준의 객관화

인사행정 기준을 객관화하고 정실을 배제함으로써 공무원의 자질을 향상함과 아울러 업무능률 향상을 기대할 수 있다. 이때 객관화된 기준이란 것은 공직에 취임코자 하는 개인의 능력, 자격, 적성 그리고 실적을 의미하며 필기시험성적만이 아니라 잠재적 적성, 가치관, 태도 등을 포함해서 평가하고자 한다.

3) 공무원의 정치적 중립 추구

공무원의 정치적 중립을 추구함으로써 공직임용이 당파성이나 정치적 충성심에 의해서 좌우되는 것을 경계하고자 한다. 이때 정치적 중립이라 함은 정치로부터의 단절을 의미하는 것이 아니라 엽관주의에서와 같은 공무원의 특정정당을 위한 정치적 행동을 삼가고 중립을 지켜 모든 국민의 공정한 봉사자 그리고 참다운 공익의 대변자로서의 역할을 기대하고자 하는 의미에서의 중립성이라고 볼 수 있다.

4) 공무원의 신분보장

정권 교체에 따른 공무원의 대량교체를 예방하는 차원에서 공무원의 신분보장을 들 수 있다. 엽관주의가 추구하는 교체임용주의는 행정의 계속성과 안정성에 위협을 가함으로써 행정

전문화의 실현과는 역의 관계에 있었기 때문에 실적주의 하에서는 법령이 규정하는 경우 이외에는 현직자의 신분위협요인을 제거하여 공무원의 전문직업화를 추구하고자 한다.

5) 공직 내 도덕적 분위기 조성

공정한 임용기준의 마련으로 엽관인사의 타락성을 미연에 방지하고 공직 내의 도덕적 분위기를 조성하는데 기여하여 투명하고 민주적인 행정의 요청에 부응할 수 있게 된다.

2 한계

실적(merit)이란 말의 본래 속성은 잘한 일(good work)로서 능력주의를 내포하고 있다. 이상과 같이 실적주의의 효용과 정당성에도 불구하고 실적주의 자체적 성격 및 운영상의 문제, 그리고 시대적 요청에 의해 아래와 같은 한계를 수반하기도 한다.

1) 인사행정의 경직성

인사운영에 있어 법령, 규칙, 명령, 지시, 표준화 등 세부적 기준에 집착한 나머지 인사행정의 경직성을 초래할 수 있다. 또한 채용시험에 있어 시험의 기능이 공직 적격자선발이기보다는 부적격자 배제에 치중하게 되어 인사행정을 소극적이고 부정적인 기능에 머물게 할 수 있다.

2) 행정의 대응성과 책임성 저하

공무원의 정치적 중립성이란 명제는 지나친 정치, 행정 이원론적 사고를 반영함으로써 공무원들이 오히려 집권층의 정책방향이나 국민 여론에 무감각하게 만듦으로써 행정의 대응성 및 책임성을 저하할 우려가 있다.

3) 형식주의

공식적인 제도로써 실적주의의 과잉 추구는 세부적인 인사행정기준을 현실과 괴리시킴으로써 형식주의를 낳게 할 수 있다.

4) 관료주의화와 무사안일

과도한 공무원의 신분보장은 관료주의화와 무사안일을 야기하여 현대 행정의 새로운 패러다임이라 할 수 있는 탈관료주의화의 요청에 역행하는 결과를 낳게 된다. 또한 인사행정의 집권성은 각 부처 현실에 적합한 인사행정을 어렵게 함으로써 분권화되고 융통성 있는 인사관리를 저해한다.

5) 형평성 저하

실적주의는 인사행정에서 기회와 가능성에 초점을 두고 있기에, 형평성은 보장하지 못하게 되어 대표관료제(representative bureaucracy) 도입의 필요성에 대한 논의가 제기되었다. 즉 공직 임용에 있어 정치적 고려보다는 직무수행에 대한 개인의 능력, 자격이 중시되자 소수민족이나 여성의 공직진출이 사회전체의 인적 구성비에 비해 매우 열세하게 되는 결과를 야기하게 되었다. 결국 이는 공직에 있어 성, 인종, 사회경제적 계급 등에 있어 차별금지라는 인권문제와 결부되어 문제를 야기하고 있다.

이상에서와 같이 반엽관주의로 대두된 실적주의가 행정의 민주화와 능률화를 위한 수단이라는 표면적 목표에 국한됨으로써 오히려 인사행정의 소극화, 집권화, 형식화 문제를 야기하게 되자 적극적 인사행정의 필요성, 즉 인사행정의 적극적, 신축적, 분권적 측면의 강화가 요구되게 되었다.

V 한국에서의 실적주의 제도화 및 발전방향

1 제도적 현황

1) 공직에의 기회균등

헌법 25조는 '모든 국민은 법률이 정하는 바에 의해 공무담임권을 가진다' 라고 규정하고 있으며, 국가공무원법 28조 및 35조는 '공무원채용은 공개경쟁시험에 의하고 이러한 채용시험은 동일한 자격을 가진 모든 국민에게 평등하게 공개되어야 한다' 고 규정하고 있다. 이상의 규정은 일반 국민 누구에게나 공직의 문호가 공평하게 공개되어야 한다는 민주주의 이념 및 공개와 경쟁이라는 인사행정의 민주성과 형평성 확보라는 궁극적 목적을 추구하고 있다고 볼 수 있다.

2) 정치적 중립성

헌법 75조는 공무원의 정치적 중립성은 법률이 정하는 바에 의해 보장됨을 천명하고, 국가공무원법 65조는 공무원은 정당 결성에 관여하거나 이에 가입하지 못하며 특정 정당 또는 특정인을 지지하거나 반대하기 위한 일정한 행위를 금지하고 있다. 이러한 법제도의 목적은 정치와 관련한 행위를 금지시킴으로서 정권의 변화에 동요됨이 없이 공직을 안정적으로 유지하고자 하는 실적주의의 토대가 된다.

3) 신분보장

헌법 75조 및 국가공무원법 68조 등에서는 공무원 신분은 법률이 정하는 바에 의해 보장되고 형의 선고, 징계처분 또는 이 법에서 정하는 사유에 의하지 아니하고는 그 의사에 반하여 휴직, 강임 또는 면직을 당하지 아니한다고 규정하여 인사권자의 자의적인 판단이나 정실을 금지하고 능력에 의해 자격을 갖추며 성실히 근무하는 자의 신분 보장을 규정하고 있다.

4) 성적, 능력주의

실적주의 원칙을 보다 구체적으로 표명하여, 국가공무원법 26조는 공무원 임용은 시험성적, 근무성적 기타 능력의 실증에 의하여 행한다고 정하고 있고, 32조의 5에서는 소속공무원의 보직은 당해 공무원의 전공분야, 훈련, 근무경력, 전문성 및 적성을 고려하여 적격한 지위에 임용할 것을 규정하고 있다.

2 발전방향

1) 적극적 인사 행정 차원에서 엽관주의 요소 가미

일반공무원 인사의 기준은 실적주의에서 찾아야 한다. 그렇다고 엽관주의를 전적으로 도외시할 수는 없다. 엽관주의의 민주적 요소를 긍정적 측면에서 재평가해야 할 필요가 있다. 즉, 실적주의의 발전방향은 능력과 객관화된 자격이라는 기존 원칙과 민주주의 이념과의 조화에서 찾을 수 있다. 따라서 고위직의 일정 직위를 조직책임자의 정치적 이념과 일치시킬 필요성이 있으며, 과학적 인사관리만을 고집하지 않고 경우에 따라서 엽관주의를 신축성 있게 받아들여 인사행정의 인간화를 고려하는 것이 요구된다.

또한 실적제 발달로 강력한 신분보장을 받는 직업공무원제가 형성될 때, 이들에 대한 민주적 통제의 문제가 제기되므로 관료주의화 및 공직침체를 방지하고 국민에 대한 관료적 대응성을 확보하기 위해 상위직에는 일정한 정치적 임명이 고려되어야 한다. 우리나라에서는 정무직 등에 정치적 임명을 하고 있으나 엽관제를 부정적으로 보는 시각이 상당하다.

2) 실적주의제도 자체의 개선

기존 제도화되어있는 실적주의 인사원칙의 실천을 위한 노력이 선행되어야 하고 공식적인 실적주의 제도틀과 연공서열식 운용이라는 현실과의 간격을 줄여나가는 노력도 필요하다. 장기적으로는 제도를 내실 있게 운용하는 의식과 문화의 전환이 요구되나 단기적으로는 근무성적평정의 합리성과 객관성이 확보되고 직무구조 자체의 개선도 요구된다. 실적주의가 공무원의 동기를 유발하면서 인사행정의 효율성을 확보할 수 있는 수단으로 질적 향상을 꾀하기 위해서는 실적이 보상과 연계되는 동기부여와 사기관리 측면의 종합적 고려도 연계되어야 한다.

3) 시험제도의 개선

실적주의를 너무 협의적으로 해석하여 모든 공직시험을 필기시험을 통하여 선발해야 한다는 인식은 잘못된 것이다. 공개경쟁시험을 거치되 시험형식은 다양하게 할 수 있다. 필기시험이 아니더라도 면접, 기능시험 등 다른 평가기법을 통하여 선발할 수 있으므로 필기시험 중심의 선발제도는 개선할 여지가 많다. 세계적으로도 필기시험의 빈도는 점차 줄어들고 면접 등 다른 평가기법에 의한 선발제도가 활성화되고 있다. 따라서 실적주의의 원리는 계속 유지하되, 시험제도는 보다 다양하게 도입 활용할 필요가 있다.

I새 테마 행정학I

03. 직업공무원 제도

Ⅰ. 직업공무원제의 의의

1 개념

직업공무원제(career civil service system)란 젊고 유능한 인사가 공직에 들어와서 정부 관료제에 종사하고 국민에 대한 봉사를 보람 있는 일로 여기고, 이를 오랫동안 명예로운 직업으로 생각하면서 장기간 공무원으로 근무하도록 마련된 인사제도이다. 따라서 공직이 유능하고 인품을 갖춘 젊은 남녀에게 개방되고 매력적인 것으로 여겨지고, 승진의 기회가 부여되어 업적에 따라 높은 지위에 올라갈 수 있는 기회가 보장되며, 신분을 보장받고 자긍심을 가지도록 장려하는 인사제도라 할 수 있다.

종래에는 직업공무원제도를 행정의 계속성 · 안정성 · 능률성의 관점에서 바람직한 인사제도로 인식하였으나, 최근에는 행정의 민주성과 능률성을 저해하는 핵심적인 개혁 대상으로 규정하고 다양한 개혁조치를 시도한다. 직업공무원제도에 대한 구체적인 개혁조치들은 각국이 지니고 있는 직업공무원제도의 역사적 전통에 따라 상이한데, 전통적으로 직업공무원제도를 채택하고 있는 국가들은 미국식 직위분류제와 개방형 공무원제도 및 전문가주의의 특성을 도입하려고 노력하는 반면, 미국에서는 계급제나 폐쇄형 공무원제도 및 일반행정가주의에 입각한 직업공무원제도의 장점을 도입하려고 노력하고 있다.

2 직업공무원제도의 역사적 배경

유럽대륙의 절대군주국가적 전통 하에서 직업공무원제도가 발달하였는데 이때 직업공무원은 중앙집권적 통일국가체제를 유지하기 위해 양성된 대규모 상비군을 운영하기 위한 재원조달을 담당하였다. 이때부터 군주를 정점으로 중앙집권적 계층구조를 이루는 대규모 관료조직이 직업공무원제도의 형태로 발전되기 시작하였다.

영미에 있어서는 서로 상반된 형태로 발전하였는데, 영국에서는 일찍이 의회민주주의가 확립되어 관리임명에 국왕의 영향력을 차단시키고자 종신직 공무원제도를 제도화하기 시작하였다. 이것은 의원내각제 정부형태가 야기하는 잦은 내각 교체와 행정 공백 혼란을 예방하는 방파제역할을 담당하였다. 이후 실적주의가 1, 2차 추밀원령에 의해 제도화되어 기존 항존적 관료제도(permanent civil service)와 엘리트중심의 일반행정가(generalist)주의적 전통을 그대로 유지하여 직업공무원제도를 토대로 여기에 실적주의가 가미되는 형태로 발전하였다.

미국에서는 1800년대 중반에 엽관주의가 확산되면서 대통령의 의중(pleasure of the president)에 따라 공직 진퇴가 결정되어 신분 불안을 야기하였다. 그러나 엽관주의의 폐해를 막고 실적주의를 구축하고자 펜들턴법을 제정하면서 엽관주의가 실적주의로 대체되고 과학적 관리 철학을 토대로 하여 직위분류제 형태로 전문행정가(specialist)주의적 인사행정체제가 제도화되었다. 나아가 1930년대부터는 개방형 임용제도로 직업공무원제적 요건을 보완하는 형태로 전개되었다.

3 직업공무원제도의 목적

지금은 거의 세계적으로 직업공무원제도가 자리를 잡았다. 하지만 과거에는 많은 나라에서 정치적인 고려를 통하여 공직이 주어졌기 때문에 공직은 정치적 영향에 의해 좌우되어 매우 불안한 상태였다. 공직이 정치적 배려에 의해 좌우되면 안정된 공직수행이 어렵게 되므로 자연스럽게 공직안정 논리가 대두하게 되었다. 정부 관료제에 있어서 일부 상층부의 고위직들을 제외하고는 정치적인 영향을 배제하여 공무원들이 정치적 영향을 받지 않고 신분에 대한 불안 없이 비교적 안정적으로 일할 수 있도록 만든 제도가 직업공무원제도이다.

직업공무원제를 통해 우수한 인재를 유치하여 국민 전체에게 영향을 미치는 공익추구활동을 보다 효율적으로 수행코자 하며 공무원이 집권당이나 소수 권력자에게 충성하게 하는 게 아니라 전체 국민에 대한 봉사자로서의 역할을 수행하게 하고, 정치적 부패로부터 오염되지 않는 공직의 중립성을 지키고자 하는 목적을 지니고 있다.

Ⅱ. 직업공무원제와 실적주의의 관계

오늘날 직업공무원제는 대체로 실적주의에 입각하여 있고, 이러한 실적주의의 기초 없이는 직업공무원제의 확립을 기대할 수 없는 것이 사실이다. 그렇다고 양자를 동일시 할 수는 없으며 실적주의의 채택이 곧 직업공무원제의 확립이라고 말할 수는 없다. 실적주의는 직업공무원제를 받치고 있는 하나의 주요 원리라 할 수 있지만 실적주의가 직업공무원제도와 동일시될 수는 없다.

실적주의가 직업공무원제 형태로 발전되어 가고 있지만 반드시 모든 직업공무원제가 실적주의를 의미하는 것은 아니다. 일반적으로 전통적인 직업공무원제는 계급제, 폐쇄형 임용제도 및 일반행정가주의를 지향하나 실적주의에 기반한 미국의 인사제도는 직위분류제, 개방형 임용제도 및 전문가주의에 입각하여 있다.

또한 원칙적으로 직업공무원제는 장기근무를 지향함으로써 행정의 안정성을 높일 수 있는 반면 관료주의화에 따른 공직의 침체성과 보수성을 야기하기도 한다. 그래서 최근에는 우리나라에도 미국과 같은 개방형임용제도가 늘어나고 있어 공직이 평생직장처럼 인식되지 않게 되었다. 과거에는 직업공무원제도를 설명하면서 공직을 평생직장처럼 설명하였지만, 이제는 '평생직장'이란 용어가 사라지게 되었다. 그럼에도 불구하고 직업공무원제도는 아직도 여전히 유효하다. 공무원에게 위법사항이나 능력상의 문제가 없는 한 정치적 영향에 의한 신분적인 불이익을 받지 않도록 하자는 것이 직업공무원제도의 핵심 취지이므로 직업공무원제의 근간은 여전히 존중되고 있다.

최근 직업공무원제도에 대한 근본적 도전들이 제기되고 있다. 폐쇄적인 공직사회를 개방하여 빈 자리가 있으면 공무원은 물론 일반인들도 누구나 지원할 수 있는 개방형임용제도가 확대되면서 직업공무원제도에도 변화가 생기기 시작했다. 이는 공직사회에 혁신과 경쟁력을 강화하자는 취지에 기인한 것이다. 따라서 올바른 공무원이라 하더라도 능력과 역량을 지속적으로 개발하지 않으면 중간에 도태될 수 있는 가능성이 대폭 늘어난 것이 오늘의 현실이다. 따라서 실적주의는 점차 강화되는 반면, 직업공무원제도에 근거한 공무원의 신분보장 요인은 점차 줄어드는 상황에 있다.

Ⅲ. 직업공무원제 수립요건

직업공무원제를 수립하기 위해서는 제도적으로 신분보장과 젊고 유능한 인재를 유치하기 위한 유인기제가 필요하며, 장기근무가 예정되기 때문에 이들에 대한 능력발전의 기회가 보장되어야 한다. 구체적으로, 젊고 유능한 인재를 유치하기 위한 전제조건은 다음과 같다.

첫째, 모범적 고용주인 정부에 대한 신뢰가 높고 공직에 대한 높은 사회적 평가가 수반되어야 하며 실적에 따라 상위직으로 승진할 수 있는 임용 기회가 보장되어야 한다.

둘째, 우수인력 유치의 잠재적 경쟁자로서 민간 기업에 비해 공직 우수성을 확보하기 위해 장기적으로 직급별 수급계획에 따라 적극적 모집에 나서야 하고, 승진 및 배치순환 등 내부 임용 또한 계획성 있게, 공정하게 실시하여야 한다. 이를 위해서 신규채용의 경우 선발방식의 다변화와 인적자원에 대한 장기적인 수요와 공급의 균형을 맞춰나갈 수 있어야 하며, 직업공무원의 사기저하 요인 중의 하나인 승진 적체 문제를 야기하지 않는 범위 내에서 공직의 미래수요를 사전 예측할 수 있어야 한다.

셋째, 유능한 인재의 공직 충원의 유인기제로서 실질적인 신분보호 수단이 요구된다. 부당한 정치적 외압으로부터 공무원의 권익을 보호하는 것은 매우 기본적인 조건이다. 또한 공직 업무수행이 법에 근거하여 보장되어야 한다. 나아가 보다 적극적 의미로서 공무원이 오랜 기간 동안 공직에서 근무할 수 있도록 여러 가지 물리적 근무여건과 제도적 근무조건을 개선하여야 한다. 이러한 유인기제가 부족할 때, 공직 내 이직률이 높아지고 안정적인 직업공무원제도가 훼손되게 된다. 민간기업과의 보수 형평성과 적정수준의 연금제도를 통해 생계유지형 부패발생요인을 사전 차단해야 한다.

넷째, 재직자의 교육 훈련을 통해 하위직은 물론 모든 계층에 임용된 공무원들이 적성과 소질을 계발하여 지속적인 자기발전을 할 수 있도록 개인과 조직의 발전에 필요한 역량을 지속적으로 업그레이드 할 수 있는 인적자원개발 기회가 부여되어야 한다. 또한 직위분류제나 개방형 임용제와는 달리 직업공무원의 폐쇄형 임용체제 아래에서 새로운 직위가 부여될 경우 그에 상응하는 재직자 훈련기회가 뒷받침되고 다양한 직무담당기회를 통해 신축성 있는 인사관리가 가능하도록 하여야 한다.

Ⅳ. 직업공무원제의 장점과 한계

1 장점

공무원집단의 일체감과 자부심을 강화하고 장기근무에 따른 행정의 안정성과 지속성을 유지하여 국민전체에 대한 봉사자로서의 역할에 충실할 수 있다는 장점을 지닌다. 또한 다양한 직무경험과 직업의식 강화로 공무원의 능력발전 기회를 제공하고 일반 행정가 위주의 고급 공무원 양성에 유리하다.

2 한계

산업화사회에서 정보화 사회로의 이전은 직업공무원제 자체가 환경적 요청에 둔감하게 만든다. 그리고 후기 산업화사회는 상황 적응성 및 융통성이 강화되는 사회이므로 과거 지위와 권한 중심의 일반 능력가주의에 치중하는 폐쇄적 인사운영은 행정 전문화 요청에 부응하지 못하게 한다. 좀 더 구체적으로 살펴보면 다음과 같은 한계가 있다.

첫째, 폐쇄적 임용주의가 낳은 부작용으로서 행정의 관료주의화 현상과 공무원 내부집단의 보수화는 공직의 질적 저하를 초래하고 민주적 통제를 곤란하게 만든다.

둘째, 계서제 중간계층에 외부개방형 임용이 차단되어 공직이 장기적으로 침체할 우려가 있고 전문행정가 육성을 어렵게 만든다.

셋째, 공무원의 사기관리측면에서 지나친 승진지향주의와 현실에서의 승진적체 현상은 동기부여의 부정적 요인으로 작용하며 무사안일, 현실안주 등 관료적 병리를 더욱 부추기는 경향이 있다.

Ⅴ. 한국 직업공무원제의 발전방향

1 우리나라 직업공무원제의 개혁 필요성

대다수 공무원이 국가공무원법과 지방공무원법의 직업공무원제 규정을 적용받고 있으나 직업공무원제를 추구하는 목적이나 제도의 수립을 위한 구체적인 인사활동은 부실한 형편이다. 특히, 직업공무원제 자체가 갖는 문제점보다는 개방화에 따른 대외경쟁력과 국가 신인도의 중요성이 부각되는 현실에서 직업공무원제의 경직적 운용은 급변하는 환경에의 적응력을 떨어뜨리는 문제를 야기하므로 이러한 변화에 적응성과 신축성을 가지는 제도로의 개선이 필요한 상황이다.

구체적으로, 한국의 직업공무원제의 개혁 필요성은 대체로 다음과 같이 요약할 수 있다.
첫째, 공직자체와 정부관료제에 대한 불신이 유능한 인재의 유치에 걸림돌이 되며, 대외적으로는 정부관료제의 경쟁력이 서구 선진 국가들에 비해 열등한 형편이다. 날로 복잡해지는 행정을 보다 효과적으로 수행하기 위해서는 혁신적이고 창의적인 마인드를 가진 공직자가 필요하나 공직에 매몰되어 있다 보면 이러한 부분이 부족해진다.

둘째, 공무원의 정치적 중립규정이 있음에도 불구하고 관권선거 시비나 인사에서의 정치적 외압시비가 잦고, 업무 수행에 있어 공정성과 객관성 논란이 자주 야기된다.

셋째, 보수의 비현실화 문제와 승진제도의 불합리성 문제로 우수인력 유치뿐만 아니라 이직과 퇴직관리가 잘 이뤄지지 않고 장기적인 인력수급계획에 차질이 빚어진다. 보수와 복리

후생제도 및 사기관리에 여전히 문제가 많다.

넷째, 소극적 모집방법에의 의존과 폐쇄적 임용구조는 참여, 공개, 책임의 이념을 실천할 수 있는 융통성 있는 공직자 양성에 걸림돌이 되고 있다.

다섯째, 국가 전체의 이익보다는 자신이 소속한 부처나 기관의 이해관계를 우선시하는 자기부처제일주의는 국가발전의 저해요소로 작용하고 있다. 국가전체의 발전과 국민의 시각에 입각한 행정이 이루어져야 한다.

2 개혁방안의 모색

최근 인사행정의 개혁방향은 엄격한 직업공무원제도의 변화이다. 직업공무원제는 '확립의 대상이 아니라 변화의 대상'이다. 그 개혁방안은 다음과 같다.

첫째, 채용방식과 모집과정을 더욱 다변화하여야 할 것이다. 직위분류제적 요소를 강화하기 위하여 범정부적 직무분석 실시와 공직분류체계 재설계를 통하여 각 직위별 임용요건을 구체화하는 노력이 늘어나야 할 것이다. 중간관리자급 이상에는 개방형임용(open employment: 공무원이건 일반인이건 누구나 응모가능)제도가 늘어나고, 중하직에는 직위공모제(job posting: 공무원이면 다른 부처나 다른 기관의 직위에도 응모가능)가 활성화되고 있지만 아직도 실질적으로 외부전문가의 진출이나 외부인의 내부정착이 어려운 실정이다.

둘째, 인사행정에 있어서 인간주의와 성과주의의 조화를 실현하기 위해서는 직업공무원제 본질을 해치지 않는 범위 내에서, 직무분석을 통한 개방형 인사체제를 더욱 활성화하고 이와 더불어 성과급 체계로 보수체계를 개선하여야 할 것이다. 결국, 장기적으로는 공직내부의 침체와 폐쇄화에 대한 우려에서 제기된 공직의 개방성, 민주성, 대응성의 문제를 어떻게 공직의 안정성 차원에서의 직업공무원제와 조화롭게 접목해 가느냐하는 문제로 귀결되어진다.

셋째, 직업공무원제도 자체의 개혁문제뿐만 아니라 정치적 외압으로부터 공직안정성을 확보하고 유능한 인재의 유치를 통해 공직의 우수성을 확보한다는 직업공무원제의 궁극적 목적의 내실화 문제에도 관심을 가져야 할 것이다.

04. 대표관료제

Ⅰ. 대표관료제의 의의

정치 · 행정 이원론은 정치와 행정 또는 정책결정과 정책집행이 명확하게 구분되고, 정책결정은 국민이 선출한 정치인이 결정하고 정책집행은 정치인이 결정한 정책을 충실히 집행하는 것이라고 파악한다. 거기에서는 정책결정을 담당하는 정치인 선출이 중요하지 관료제의 대표성 문제는 심각하게 보지 않았었다. 그러나 사회 문제가 다원화, 복잡화되고 그 해결에 대한 국민들의 행정수요가 증가하게 되자, 공공정책의 결정에는 고도의 전문성이 요구되게 되었다. 그 결과 전문성과 정보에서 정치인에 비해 우월한 관료들이 정책결정에서 큰 영향력을 행사하게 되었다. 그런데 관료의 전문적 능력에 따라 관료를 충원하는 실적주의 관료제는 대표성, 민주성, 대응성의 측면에서 문제점을 노정하게 되었다. 그 결과 관료제가 사회 각계각층을 대표해서 그들의 이익을 대변해야 한다는 대표관료제(representative bureaucracy)에 대한 논의가 활발하게 대두되었다.

대표관료제(representative bureaucracy)란 전체사회를 구성하는 다양한 사회집단의 구성처럼 관료사회 역시 사회 전체를 대표해서 비슷한 분포로 구성하자는 것이다. 이때 사회 전체의 구성을 어떤 기준에서 보느냐에 따라 대표관료제의 구성도 달라진다.

대표관료제라는 용어를 처음 사용하기 시작한 킹슬리(David Kingsley)는 대표관료제를 사회 내의 지배적인 세력(main stream)들을 그대로 반영(mirror)하여 구성된 관료제라고 정의하였다. 그러나 이는 소수인종을 고려하지 못한 점이 있었다. 한편 라이퍼(Paul P. Van Riper)는 대표관료제의 개념을 확대하여 사회적 특성(직업, 사회계층, 지역 등) 외에 사회적 사조(ethos)나 가치까지도 대표관료제의 요소로 포함시키고 있으며, 크랜츠(Henry Kranz)는 대표관료제의 개념을 비례대표(proportional representation)로까지 확대하고 있다. 이것은 주요한 집단으로부터 인구비례에 따라 관료를 충원하고, 그들을 정부의 모든 계급에 비례적으로 배치함으로써 정부관료제가 그 사회 모든 계층, 집단에 공평하게 대응하도록 하는 인사제도를 말한다. 대표관료제는 정부관료제의 인적 구성이 그 사회의 인적 구성을 반영하게끔 정부관료제를 구성함으로써, 정부관료제 내에 민주적 가치를 주입시키려는 의도에서 발달된 개념이다.

대표관료제에서는 그 '대표성'의 정도가 문제될 수 있다. 이와 관련하여 모셔(Frederick Mosher)는 다음과 같은 두 가지로 나누어 설명하고 있다(김규정, 2002). 첫째, 소극적 대표(passive representation, "standing for")로서, 이는 한 나라의 사회경제적 인구 구성의 모습을 그대로 관료제 구성에 반영한다는 의미이다. 둘째, 적극적 대표(active representation, "acting for")로서, 이는 사회경제적 인구 구성을 넘어 관료들이 자신들의 출신 집단이나 계층을 적극 대변하고 정책을 결정하며 책임을 지는 행위까지를 포함한다는 의미이다. 즉, 이는 사회적 대표성이 정치적 · 정책적 대표성을 확보한다는 것을 전제로 하는 개념으로, 이 측면은 아직 충분히 입증되지 못하였고 논쟁의 대상이 되고 있다.

Ⅱ. 대표관료제의 효과

대표관료제는 기본적으로 공직부문이 특정한 집단에 의해 지배됨으로써 공공부문이 수행하는 정책과정에 소속되지 못한 소수집단의 이익이 투입될 수 없는 한계를 보완하기 위해 고안되었다. 서구에서는 주로 인종, 성별 소수자에 대한 공직기회를 확대하기 위한 차원에서 시도되고 있으며, 우리나라에서는 지역 균형, 성별 균형, 장애인 배려의 관점이 강조되고 있다. 대표관료제를 도입함으로써 다음과 같은 긍정적인 효과를 얻을 수 있다.

첫째, 실질적인 기회균등에 기여할 수 있다. 단순히 시험만을 기준으로 하여 공직자를 선발할 경우, 공공부문은 안정된 계층이나 특정한 집단의 전유물이 되기 쉽고, 선발된 공직자들은 전문성과 능력에서는 뛰어날지 몰라도 국민 전체의 이익을 대변하는 데는 한계가 있을 수 있다. 그러나 사회를 구성하는 집단의 대표성을 고려하여 공직사회를 구성할 경우, 집단을 대표하여 공직자가 된 사람들은 자신이 속한 집단의 이익을 지지하게 되는데, 전술한 바와 같이 모셔(Frederick Mosher)는 인구집단의 통계적 구성을 반영한 소극적 대표성(passive representation)와 출신 집단의 이익까지도 적극적으로 고려하는 적극적 대표성(active representation)으로 구분하였다. 대표관료제를 통해 공무원을 충원할 경우 다양한 사회집단에게 기회를 균등하게 부여하는 효과를 가져올 수 있다. 즉, 대표관료제는 소극적 대표성이 적극적 대표성을 가져올 것이라는 기본전제에 입각하고 있다.

둘째, 대표관료제는 관료제의 민주화에 기여할 수 있다. 실적제의 기준에 의해 선발된 공무원들로 구성된 공직사회는 상대적으로 폐쇄적인 특성을 지니게 되고, 이러한 특성으로 인해 보수화 내지는 관료제화되기 쉽다. 반면, 다양한 사회적 집단을 대표하는 사람들로 공직사회가 구성될 경우에는 각각의 이익을 대표하는 공직자 사이에 건설적인 갈등과 견제기능이 내부적으로 조장되고 이러한 과정에서 관료제가 민주화될 수 있다.

셋째, 대표관료제는 대상 집단의 순응비용(compliance cost)을 감소시킴으로써 행정효율화에 기여한다. 예를 들어 공권력을 행사하는 과정에서 민족이나 피부색이 같은 사람이 집행하면 오해가 적으나, 전혀 다른 사람이 그 업무를 집행하면 설령 편파적인 불공정성이 개입되지 않더라도 수용하는 측에서는 오해하거나 저항할 수 있는 여지가 많기 때문이다.

넷째, '선거에 의해 구성되지 아니한' 관료제 조직으로 하여금 다양한 집단을 그 속에 포용하도록 함으로써 정부전체 시스템의 제도적 정당성(institutional legitimacy)을 높이는 결과를 가져올 수 있다(하미승, 1996).

Ⅲ. 대표관료제의 한계

대표관료제는 공직 사회의 민주성 향상에는 상당한 효과를 거둘 수 있는 장점을 지닌 반면 다음과 같은 한계를 지니고 있다.

첫째, 대표관료제의 도입으로 행정의 전문성이 저하될 가능성이 있다. 대표관료제가 전면적으로 도입되거나 지나치게 확대될 경우, 공공행정에서는 효율성과 전문성 보다는 민주성이나 형평성이 크게 강조되기 쉽다. 특히 공직사회가 전문적인 인력이 아닌 집단 대표성을 위주로 충원되고, 행정과정에 이익집단의 주장이 막대한 영향을 미치게 됨에 따라 효율성이 크게 저하될 수 있다.

둘째, 대표관료제의 도입은 역차별(reverse discrimination)의 문제를 야기할 수 있다. 공직을 전체인구 구성에 비례하여 충원할 경우, 능력에 있어서는 떨어지지만 특정 집단의 대표성을 확보한 사람들이 공직사회에 진출하게 됨에 따라 능력이 우수한 사람들이 공직에 진출할 기회를 상대적으로 박탈하는 문제가 발생할 수 있다.

셋째, 대표관료제에서는 관료들이 관료문화를 내면화하는 재사회화(re-socialization)를 고려하지 않고 인적 대표성이 정책대표성을 가져올 것이라는 낙관적인 견해에 근거하고 있지만, 관료들의 임용 전의 행태와 임용 후의 행태가 동일하다고 단정지을 수는 없다. 즉, 예이츠가 지적한 바와 같이, 다양한 집단에서 고용된 공무원들도 관료제에서 일하다 보면 자신이 속한 집단의 대표성을 상실하는 경우가 많다(전영평, 1996). 따라서 대표관료제가 정책대표성을 반드시 확보한다고 볼 수 없다는 한계가 있다.

Ⅳ. 대표관료제의 실제 예: 미국 및 한국

미국에서는 민권운동 이후에 대표관료제에 대한 관심이 늘어나 흑인 등 소수민족과 여성들의 공직진출에 많은 영향을 끼쳤다. 이 과정에서 '적극적 인사조치'(affirmative action)라는 정책을 통해 공공분야이든 민간분야이든 인력 임용 과정에 소수민족 등을 차별하지 않고 포함하여 선발할 것을 범사회적으로 권장하였다.

한국의 경우 대표관료제에 대한 이론적 소개는 오래되었으나 대표관료제에 대한 실질적인 관심을 갖게 된 시기는 전두환정부 때부터이다. 박정희정부 때만 하더라도 공직의 민주성보다는 효율성이 강조되던 시기라 대표관료제에 대한 인식이 부족하였다. 그러나 박정희시대가 막을 내리고 민주화에 대한 욕구가 분출하는 과정에서 지역차별과 같은 문제가 제기되어 대표관료제에 대한 인식이 확산되기 시작했다. 우리나라에서도 이 제도가 지니고 있는 순기능적 장점이 많다는 점에서 대체로 점진적으로 확대되고 있다.

우리나라에서는 공직사회의 양성평등을 실현하기 위한 양성평등채용목표제 및 승진상의 성차별 억제, 장애인을 위한 장애인 고용할당제, 지역균형 실현을 위한 지역인재 할당제, 이주민(외국계, 탈북 새터민) 등에서 부분적으로 적용되고 있다. 정무직에서는 주요 집단의 인력구성을 고려한 지역안배 등을 고려하고 있다. 또 다른 요소인 '지역 격차'까지 고려하는 것은 정무직에서는 몰라도 관료제에도 적용하는 것은 좀 더 합의가 필요하다.

그러나 현행 제도의 적용 모습은 소극적 대표성에 머무르고 있고 적극적 대표성으로까지는 전개되지 못하고 있다. 근본적으로 대표관료제 요소를 부분적으로 도입하되 실적주의의 큰 틀을 훼손하지 않아야 한다.

논평

대표관료제 제도에서 충돌하는 가치가 능률성 vs. 민주성인가? 능률성 vs. 형평성인가?를 깊이 생각해보라. 정부는 여성·장애인·이공계 전공자·지방인재·기능인재 등의 공직 임용을 확대하고, 이들 소수 집단이 공직 내에서 차별받지 않고 능력을 발휘할 수 있는 근무여건 조성을 위한 채용, 승진, 보직관리, 능력개발 등 인사관리의 기본 방향을 제시하기 위하여 "균형인사지침"을 2008년에 제정하였다. 그 후에 여러 차례 개정한 바 있으며, 대표관료제의 실현을 위해 이 균형인사지침을 활용하고 있다.

|새 테마 행정학|

05. 공직분류 제도-1: 공무원의 분류체계

Ⅰ. 공무원의 개념범주

공무(public affairs)의 다양성으로 인해 공무원의 개념을 명확히 정의하는 것은 쉽지 않다. 그럼에도 개념범주에 따라 공무원의 개념정의를 시도해 볼 수 있다(김렬, 2014). 최광의(最廣義)의 공무원 개념은 법적신분과 관계없이 실제에서 공무를 수행하는 모든 사람을 말한다. 그 대상을 구체적으로 지칭하기는 어렵지만, 공직자, 계약에 의해 직간접적으로 공무에 종사하는 사인(私人)들이 모두 공무원에 포함될 수 있다.

광의(廣義)의 공무원 개념은 국가 또는 지방자치단체와 공법상의 근무관계를 맺고 공무를 수행하는 기관구성자를 의미한다. 우리의 경우 국가공무원법 제2조에 따른 경력직공무원과 특수경력직공무원이 광의의 공무원에 해당한다.

협의(狹義)의 공무원은 실적과 자격에 의해 임용되고, 신분이 보장되며, 평생토록 공무원으로 근무할 것이 예상되는 직업공무원을 지칭한다. 우리의 경우 국가공무원법상의 경력직공무원이 이에 해당한다.

최협의(最狹義)의 공무원은 경력직공무원 중 일반적인 사무를 담당하는 일반직공무원이다. 특정직공무원은 개별 법령에 의거하여 차별화된 인사제도를 따르기 때문에 일반직공무원과는 별도로 논의되고 있다.

Ⅱ. 경력직과 특수경력직

대부분 국가에서는 공무원이 담당하는 직무의 내용이나 특수성을 기준으로 공무원을 구분한다. 직무내용의 정치성 · 전문성 · 계속성 등에 따라 임용자격, 임용방법, 신분조건, 보수를 달리 할 필요가 있기 때문이다(김중양 · 김명식, 1996; 김렬, 2014 재인용). 우리 인사제도는 공무원을 크게 경력직과 특수경력직으로 구분하고 있다(국가공무원법 제2조 제1항).

1 경력직공무원

경력직공무원은 실적에 의해 임용되고 그 신분이 보장되며 특별한 사유가 없는 한 정년까지 근무할 것이 예정되는 공무원을 말한다(국가공무원법 제2조 제2항). 경력직공무원은 일반직과 특정직으로 구분된다.

1) 일반직공무원

일반직공무원은 기술, 연구 또는 행정일반에 대한 업무에 종사하는 공무원을 말한다(국가공무원법 제2조 제2항 1호). 일반직공무원은 계급으로 구분되며, 직군과 직렬에 따라 분류된다. 다만 고위공무원단 소속 공무원들은 그 목적상 이러한 계급 · 직군 · 직렬 분류에서 예외가 되며(동법 제4조 제1항), 연구직 · 지도직공무원, 우정직공무원, 전문경력관, 임기제공무원들도 인사관리의 효율성과 기관성과를 위해 계급구분과 직군·직렬 구분을 별도의 법령으로 정하고 있다(동법 제4조 제2항; 김렬, 2014).

2) 특정직공무원

특정직공무원은 법관, 검사, 외무공무원, 경찰공무원, 소방공무원, 교육공무원, 군인, 군무원, 헌법재판소, 국가정보원의 직원과 특수 분야의 업무를 담당하는 공무원으로서 다른 법률에서 특정직공무원으로 지정하는 공무원을 말한다(국가공무원법 제2조 제2항 2호). 이들의 자격, 계급, 신분보장, 복무, 정년은 국가공무원법 외의 다른 개별 법률이 관장하며, 그러한 개별 법률의 효력은 국가공무원법에 우선하여 적용된다.

2 특수경력직공무원

특수경력직공무원은 경력직공무원 외의 공무원을 말한다(국가공무원법 제2조 제3항). 그 종류는 정무직공무원, 별정직공무원이 있다.

1) 정무직공무원

정무직공무원은 정치적 판단이나 정책결정을 담당하는 공무원이다. 선거로 취임하거나 임명할 때 국회의 동의가 필요한 공무원, 그리고 고도의 정책결정 업무를 담당하거나 이러한 업무를 보조하는 공무원으로서 법률이나 대통령령(대통령비서실 및 국가안보실의 조직에 관한 대통령령만 해당)에서 정무직으로 지정하는 공무원이 이에 해당한다(국가공무원법 제2조 제3항 1호). 정무직공무원은 선거에 의해 취임하는 경우를 제외하고 임용방식이나 절차를 구체적으로 명시하는 법규는 없다. 국회의 동의·인사청문 절차를 요건으로 하는 경우가 있지만, 대부분의 관련 법규에서는 대통령(지방자치단체의 장)이 임명하도록 한다. 정무직공무원의 인사관리는 다른 법률의 특별한 규정이 없는 경우 국가공무원법 상의 보수·능률·복무 등에 관한 사항을 적용한다(국가공무원법 제3조 제1항).

2) 별정직공무원

별정직공무원은 비서·비서관 등 보좌업무를 수행하거나 특정한 업무 수행을 위하여 법령에서 별정직으로 지정하는 공무원을 말한다(국가공무원법 제2조 제3항 2호). 별정직공무원은 ① 정무직공무원을 보좌하는 업무를 수행하는 직위의 공무원(비서, 비서관, 장관정책보좌관 등)과 ② 특정업무 수행을 위해 법령에서 별정직으로 지정하는 직위의 공무원(국회 교섭단체 정책연구위원, 중앙행정기관의 차관보와 실·국장, 감사원 사무처장, 시·도선거관리위원회 상임위원 등)으로 구분할 수 있다. 별정직공무원의 채용조건, 임용절차, 근무상한연령, 그 밖의 필요한 사항들은 국가공무원법이 아니라 국회규칙, 대법원규칙, 헌법재판소규칙, 중앙선거관리위원회규칙 또는 대통령령이 별도로 정한다(국가공무원법 제2조 제3항 4호).

Ⅲ. 임기제와 시간선택제

임기제와 시간선택제는 유연한 인력운영과 일과 가정의 균형유지, 고용창출 등의 목적을 염두에 두고 고안되었다. 임기제공무원은 전문성이 요구되는 직위에 일정기간 근무하는 탄력적인 인력운영이 필요하여, 2013년 12월 공무원 직종개편을 통해 계약직을 대체하여 신설되었다. 시간선택제 공무원은 일과 가정의 양립이 가능한 근무여건을 조성하고 정부부문에서 양질의 일자리를 나누기 위한 차원에서 도입된 제도이다.

1) 임기제공무원

임기제공무원은 '전문지식, 기술이 요구되거나 임용관리에 특수성이 요구되는 업무를 담당하게 하기 위하여 경력직공무원을 임용할 때에 일정기간을 정하여 근무하는 공무원'을 말한다(국가공무원법 제26조의 5). 임기제공무원은 ① 일반정원에 해당하는 일반임기제공무원, ② 특정분야의 전문성을 발휘하기 위한 전문임기제공무원, ③ 통상적인 근무시간보다 짧은 시간을 근무하는 시간선택제 임기제공무원, ④ 휴직자·휴가자의 업무를 대행하기 위한 한시 임기제공무원으로 구분된다(공무원임용령 제3조의2·제22조의5/지방공무원임용령 제3조의2·제21조의4). 이들은 임기동안에는 신분보장 등 일반직공무원과 동일한 법령의 적용을 받지만, 채용, 전보, 전입·전직, 겸임·파견·인사교류, 승진·강임, 휴직 등에서 적용의 제외·제한이 있다(김렬, 2014).

2) 시간선택제공무원

시간제 근무는 유연근무제(flexible work)의 대표적인 유형으로서 통상적인 시간보다 짧은 시간의 근무를 말하며, 그 근무시간에 비례하여 정기적인 보수를 받는 공무원을 말한다. 우리 국가공무원법 상의 근거는 제26조의2에서 국가기관의 장이 업무의 특성이나 기관의 사정 등을 고려하여 소속 공무원을 다른 법령이 정하는 바에 따라 통상적인 근무시간보다 짧게 근무하는 공무원으로 임용할 수 있음을 정하고 있다. 시간선택제공무원은 ① 통상적인 근무시간보다 짧은 시간을 근무하는 일반직공무원으로 신규채용되는 '시간선택제 채용공무원'과, ② 재직공무원이 원하는 경우에 통상적인 근무시간보다 짧은 시간을 근무하도록 소속 장관이나 임용권자가 지정한 '시간선택제 전환공무원'으로 구분할 수 있다(공무원임용령 제3조의3·제57조의3/ 지방공무원임용령 제3조의3·제38조의15).

Ⅳ. 고위공무원단

고위공무원단(senior executive service: SES)은 주요 정책의 결정 및 관리에 있어서 핵심적 역할을 담당하는 고위공무원을 다른 공무원과 분리하여 범정부적 차원에서 하나의 통합집단을 형성하고, 이들에게 다른 공무원과 차별화된 인사원리를 적용하는 제도이다(김렬, 2014). 고위공무원단에는 계급제적 제약이나 직위분류제적 제약이 완화되고 성과관리적 요소가 강화되며, 개방형 임용이 확대되고 인사운영의 유동성·융통성이 높은 특징을 갖는다(오석홍, 2013; 김렬, 2014). 미국, 영국, 호주, 캐나다 등 OECD 국가들에서도 정부혁신 방안의 하나로 고위공무원단 제도가 운영되고 있다.

고위공무원단제도의 장점으로는 전문성과 일반적 관리능력을 갖춘 고위공무원집단의 양성이 가능하다는 점, 인력운영의 유동성·융통성을 높일 수 있다는 점, 부처간 교류 증진을 통해 부처이기주의 극복에 기여할 수 있다는 점 등이 있다. 반면, 이 제도는 임용권자의 재량확대로 엽관주의·정실주의의 폐해가 확대될 수 있다는 점, 소속기관장의 인사권이 제약될 수 있다는 점, 성과측정 및 평가·외부전문가의 유입 등 실제 제도 운영이 쉽지 않다는 단점이 있다.

우리의 경우 2006년 7월부터 고위공무원단제도를 시행하였다. 주요 내용으로는 중앙행정기관의 실·국장급 공무원으로 고위공무원단을 구성하고, 이들에 대해서는 계급을 폐지하고, 부처의 경계를 넘어 개방형 임용 및 직위공모를 통해 인사관리에 경쟁적 요소를 강화하였다. 더불어 성과계약 및 직무성과급적 연봉제, 적격심사 등 고위공무원 성과관리를 위한 제도적 요소도 구비하고 있다.

ㅣ새 테마 행정학ㅣ

06. 공직분류 제도-2: 계급제와 직위분류제

Ⅰ. 공직분류제도의 의의

공직분류(classification)란 공직을 일정한 기준에 의해 구분하고 이 구분에 따라 인적자원을 충원하고 배분하기 위한 인사행정의 구조화 과정이다. 즉, 인적자원을 체계적이고 효율적으로 관리하고 직무의 공평한 부과 및 보상, 선발 및 교육 훈련 등 일련의 인사행정과정을 보다 일관성 있고 체계화하는데 도움을 주는 필수적인 과정이다. 동일한 성격의 공직은 동일하게 취급함으로써 인적자원의 확보, 유지, 활용 및 평가의 전 과정에 걸쳐 영향을 미치는 공직의 구조화를 의미한다.

분류에 있어 일정 기준에 따라 공직을 배열하게 되는데 이때 직무를 기준으로 공직을 분류하는 방식을 직위분류제(직무중심의 공직구조화)라 하고, 사람을 기준으로 공직을 분류하는 방식을 계급제(사람중심의 공직구조화)라 한다.

Ⅱ. 계급제

1 의의

계급제(rank-in-person)는 공직분류를 '사람'을 중심으로 하는 것으로서 직무 특성보다는 인적 특성을 기준으로 계급구조를 형성하는 것을 의미한다. 주로 직업분화가 심하지 않았던 농경사회의 관료제적 전통을 가진 영국, 일본, 독일, 프랑스 등에서 운용되어왔다. 우리나라도 이러한 계급제적 전통으로부터 직무를 중심으로 하기보다는 사람을 중심으로 분류하여 일반직의 경우 1-9급으로 나누어왔다. 이러한 계급제는 역사적으로 영향을 받은 것이다. 중국에서는 오래전부터 구품중정제(九品中正制) 혹은 구품관인법(九品官人法)등을 사용하였고, 우리나라도 중국의 영향을 받아 9품계(정9품과 종9품)를 사용한 바 있다. 이러한 역사적 전통이 아직도 우리사회에 남아 있어 9계급체제(nine grade system)를 유지하고 있다고 할 수 있다.

이때, 계급분류의 기준은 공무원 개개인의 학력, 경력 등의 자격과 능력이 중심이 된다. 동일계급에 속한 사람들은 모두 동일한 자격과 능력을 갖춘 것으로 간주되며 이러한 각 계급은 어떤 일을 담당할 수 있는지를 규정하여 준다고 할 수 있다.

2 주요 특징

1) 계급의 분류

공무원의 자격과 능력을 기준으로 여러 계급으로 나누게 되며 이들 각 계급은 다시 요구되는 자격의 질적 수준의 유사성을 기준으로 세부 계급으로 구분되는데, 넓게는 4대 계급(군)으로 분류되어왔다. 이러한 4대 계급제는 중고등학교, 2년제 전문대학, 4년제 일반대학, 대학원제도와 같은 교육제도와 깊이 연관되어 있고 행정조직상 4대 계급과 4대 교육제도를 일치시켜왔던 것이다. 또한 행정사무의 전문화에 따라 계층을 나누어 구분하는 게 합리적인 것으로 여겨졌던 까닭에 4대 계급제로 분류되었다.

2) 계급 간 경계 엄격

계급 간 경계를 엄격히 함으로써 타 계급으로의 이동이 폐쇄적이고 승진을 특별히 어렵게 한다. 어느 한 계급 내에서만 세부 계급 간 승진이 이뤄지고 일생동안 동일계급이나 한정된 범위의 계급까지만 승진할 수 있게 제한하여 왔다. 이러한 엄격한 경계설정은 각 계급에 대한 사회적 평가와 보수, 교육 등 면에서 차등화를 가져왔다.

3) 일반 행정가 지향

특정분야의 구체적이고 실용적인 지식보다 인문사회과학의 교육적 배경을 지닌 폭넓은 지식과 교양능력, 통찰력, 판단력 등을 요구하고 있다는 점에서 일반행정가(generalist)주의를 지향한다. 특정분야의 전문성보다는 시야가 넓고 다방면에서 능력을 발휘할 수 있는 폭넓은 교양지식이 요구되어 부하직원에 대한 관리능력이 요구되는 고위직으로 갈수록 이러한 일반행정가가 선호된다.

4) 하위직으로부터 신규채용

대체로 신규 임용시 폐쇄형 충원체제를 취하는데, 신규 임용되는 자는 원칙적으로 당해 계급의 하위로부터 승진하여 올라가고 외부로부터 당해 계급의 중간위치에 임용되는 것이 억제된다. 또한 공직에 빈자리가 발생하는 경우 필요한 자격요건을 공개하여 공직내외를 불문하고 모든 사람에게 지원 자격을 부여하고 적임자를 충원하는 개방형과는 달리 공석에 대한 충원을 공직내부의 승진이나 인사이동을 통해 해결하는 폐쇄적 충원형태를 취한다.

5) 상위계급의 엘리트화

계급을 신분과 동일시하는 경향이 있어 상위계급으로 갈수록 사회적 평가가 높아지고 계급이 권위의 상징으로 여겨지며 교육이나 보수 등의 대우 면에서 상위계급의 엘리트화를 추구한다. 다시 말해서 계급의식이 공식/비공식적으로 강화되는 경향을 가진다.

6) 사람 중심의 직무분류

폐쇄형 충원과 일반 행정가주의에 따라 비교적 견고한 신분보장을 누리는데 이것은 계급제가 직무가 아닌 사람 중심으로 분류구조를 형성하여 직책의 유무나 조직개편 등으로부터 영향을 덜 받고 신분이 장기간 유지되기 때문이다.

3 유용성과 한계

1) 유용성

첫째, 일반적 교양능력과 인문지식을 바탕으로 다양한 보직과 업무를 수행할 수 있는 일반행정가가 양성되기 때문에 인적자원 관리의 융통성과 효율성을 높여 탄력적인 인사행정을 가능케 한다. 또한 채용 후 순환보직(job rotation) 등을 통해 경력발전에 도움이 되고 장기적 인력계획 수립을 용이하게 한다.

둘째, 공무원의 사기앙양과 행정의 안정화를 통해 직업공무원제 확립에 기여한다. 즉 내부에서의 승진기회 부여와 신분보장이라는 계급제의 특성이 직업공무원제 수립요건과 거의 일치하기 때문이다.

셋째, 공석인 직위가 실제로 요구하는 전문적 능력보다는 일반적 교양능력을 가진 사람을 채용하고, 그 후 여러 직위 혹은 다양한 직무를 경험토록 함으로써 보다 전체적인 시각을 가지게 하여 횡적 협조가 원활하며 협소한 부처이기주의 극복에 도움을 준다. 또한 단일 직무를 장기간 담당하는데 따르는 권태감이나 사기저하를 예방하여 공무원 개인의 능력발전과 동기부여에 도움이 되고 이직률을 낮춰줄 수 있다.

넷째, 인사배치상 기회가 제약되는 직위분류제와는 달리 승진, 전직, 전보 등에 있어서 제약을 받지 않고 배치할 수 있어 적재적소 배치가 상대적으로 용이하고 분류 구조의 융통성과 그에 결부된 보수체계의 신축성을 가진다.

다섯째, 공무원의 장기 근무를 유도하고 조직 전체를 바라보는 넓은 시야를 배양하여 단체 정신과 조직에의 충성심을 장려할 수 있다. 거대한 공공조직에서 다양한 분야에서 각기 다른 경험을 할 수 있으므로 시야를 넓힐 수 있는 장점이 있다.

2) 한계

첫째, 계급제 형성의 배경이 된 과거 농경사회와 달리 분업화된 산업사회 그리고 지식정보 사회에 이르러서는 종적인 계서적 계층제만으로는 불충분하고 직무의 성질, 종류에 따라 횡적으로 새롭게 범주화하는 것이 필요하다. 그러나 계급제는 이러한 횡적분류를 경시함으로써 행정의 전문화와 합리화를 저해한다.

둘째, 일반행정가주의를 지향하여 적재적소 배치와 탄력적인 인력활용을 가능케 하는 장점에도 불구하고 단일 직무에 대한 전문가 양성이 어려워 행정의 전문화 요청에 부응하지 못하게 된다. 하나의 업무를 장기간 동안 습득하며 숙지하고 발전시키는 데는 많은 한계를 가지고 있다.

셋째, 계급 간 엄격한 경계 구분 및 승진의 폐쇄성, 폐쇄형 충원 등으로 상호 배타적인 긴장감 조성 및 공직 사회의 정체와 부패를 조장하며 일부 상위계급의 특권집단화 우려가 있다.

넷째, 계급구분 자체의 경직성은 환경변화에 둔감하게 만들며 직무와 직무담당자의 능력을 괴리시켜 동기유발을 좌절시킬 수 있다. 또한 직무보다는 자신이 속한 집단의 이익에만 몰두하게 하는 경향을 낳을 수 있다. 즉 직무보다는 사람과의 관계를 더 중시하는 방향으로 조직문화가 변질될 수 있다.

다섯째, '동일직무, 동일보수' 원칙이 지켜지지 않고 직무난이도와 책임도에 따른 보수의 결정이 이뤄지지 않아 보수와 업무부담의 형평성을 결여하기 쉽다. 즉 직무급체계 확립을 저해한다. 업무수행의 난이도와 책임감 정도보다는 동일계급 유무를 중시하므로 난이도가 높고 책임감이 따르는 업무종사자들에게는 상대적인 불이익이 돌아갈 수 있다.

여섯째, 직무가 아니라 사람을 기준으로 하기 때문에 인사관리에서 주관성과 편의성이 개입되기 쉬우며, 합리적인 인사기준을 마련하는데 어려움을 야기하고 위인설관(爲人設官)과 같은 부작용을 낳기도 한다.

Ⅲ. 직위분류제

1 의의

1) 개념

직위분류제(job classification)란 사람을 기준으로 하는 계급제와 달리 '직무의 특성과 차이'를 기준으로 하여 직위를 분류하는 것으로서 이때 직위라 함은 한 사람이 수행할 수 있는 일과 책임의 단위로써 각 직위의 직무난이도와 책임의 경중을 기준으로 하여 각각의 등급을 분류하게 된다. 즉, 직무담당자가 개인의 특성과 무관하게 각 직무자체의 특징분석 및 평가를 통해 분류구조를 형성하고 이에 걸맞은 직무 담당자 자격을 설정하도록 한다. 결국 직위분류제의 핵심은 직위의 종류와 책임도 및 수행난이도 등에 따라 종적구분과 횡적구분을 함으로써 직위의 분류구조를 명확히 형성하는 것이다.

2) 직위분류제의 역사적 전개

직위분류제는 농경사회로부터의 관료제적 전통은 미약하나 산업사회의 전통과 능률적 관리가 강조되어온 서구사회에서 발전하여 각국에 확산되기 시작하였다. 직위분류제가 지닌 역사는 오래되지 않는다. 직위분류제는 1909년 미국 시카고의 시정부에서 처음 실시되어 1920년대에 미국 연방정부가 이를 도입하였다. 미국에서의 직위분류제의 도입과 발전은 사람보다 직무의 구조적 배열과 체계적 분업화를 강조한 과학적 관리운동의 영향을 받은 것이며, 정부부문에서 인사관리의 합리성과 형평성 및 타당성의 확보를 위해 강조되었다.

또한 미국에서의 실적주의 발전은 전문가 채용을 강조하고 동일직무에 대한 동일보수를 요구하게 되면서 1923년 직위분류법 제정에 이르렀고 이에 직위분류제가 확립되기에 이르렀다. 미국의 1923년 직위분류법(Classification Act of 1923)은 5개로 구분(①Professional and Scientific, ②Subprofessional, ③Clerical, Administrative, and Fiscal, ④Custodial, ⑤Clerical-Mechanical positions)하였으며, 1940년의 램스펙법(Ramspeck Act)에서는 분야별 공무원들의 성과를 평가할 수 있는 제도적 기초를 놓았고, 1949년에 개정한 직위분류법(Classification Act of 1949)에서는 첫 번째 직위군 세 가지를 하나로 묶어서 GS(General Schedule)로 구분하였다. 1923년의 직위분류법의 공헌은 직위분류에서 성(남 · 여)에 관계없이 동일직무에 대한 동일보수 원리가 적용되었다는 것이 커다란 변화라고 할 수 있다.

2 개념체계와 수립과정

직위분류제는 직무분석과 직무평가를 바탕으로 해서 이루어지며 이 과정에서는 담당직무의 수행능력과 지식 및 기술을 중시한다. 따라서 직위분류제를 형성하는 기본 개념을 이해할 필요가 있다. 일반직 공무원의 분류체계를 보면 여러 가지 직군이 있는데 이 직군을 세분화한 것이 직렬이 되고, 직렬을 다시 세분화한 것이 직류가 되며, 직류를 다시 계급에 따라 분류한 것이 계급과 직급이 된다(보다 자세한 내용은 '일반직 공무원 분류체계' 등을 참고).

1) 주요 개념

(1) 직위(position)

한 사람의 공무원에게 부여할 수 있는 직무와 책임을 의미한다. 즉 직위란 분류의 기초가 되는 일의 단위에 해당한다.

(2) 직군(occupational group)

직무 성질이 유사한 직렬의 군을 의미한다. 직군은 비슷한 성격의 직렬 등을 모아 놓은 직위분류 대단위이다(예: 행정직군, 교육직군, 환경직군, 교통직군 등).

(3) 직렬(series of classes)

직무 종류가 유사하나 그 책임과 곤란성 정도가 상이한 직급의 군을 의미하며 직군을 세분화한 것이다. 즉, 직무는 같은 종류에 해당하나 의무와 책임수준, 곤란도가 서로 다른 직급들을 모아 직렬이라 한다(예: 행정직렬, 세무직렬, 관세직렬 등).

(4) 직류(sub-series)

동일한 직렬 내에서의 담당분야가 동일한 직무의 군을 의미하며 직렬을 세분화한 것이 직류이다. 즉 직렬을 다시 세분한 것이 직류에 해당한다.

(5) 직급(class)

직무의 종류, 곤란성과 책임도가 상당히 유사한 직위의 군을 의미하는데 동일직급에 속하는 직위에 대해서는 임용자격, 시험, 보수 등에 있어 같은 취급을 할 수 있다.

(6) 등급(grade)

직무종류는 다르나 곤란성, 책임도, 자격수준이 상당히 유사하여 동일보수를 지급할 수 있는 모든 직위를 포함하는 것을 의미한다.

2) 직위분류의 수립과정

직위분류의 수립은 철저한 계획과 합리적 과정을 거쳐야하는데 크게 준비과정, 직무조사단계, 직무분석 및 직무평가단계, 직급명세서 작성단계, 정급단계, 그리고 유지관리 단계로 나눌 수 있다.

(1) 준비과정

직위분류에 대한 법적근거 마련 및 주관기관 결정, 직위분류를 담당할 조직 정비, 직위분류대상 범위 결정, 작업절차 입안, 점직자(占職者)의 저항을 최소화하고 협조를 유도하기 위한 홍보 및 설득작업이 준비과정에서 이뤄진다.

(2) 직무조사 단계

분류대상직위, 즉 점직자의 직무에 대한 객관적이고 정확한 정보를 수집하여야 하는데 이런 정보수집방법으로는 면접, 관찰, 설문지 등의 조사기법을 동원할 수 있으며 주로 한 가지 기법에 의존하기보다는 여러 기법을 함께 활용함으로써 자료의 신뢰성과 타당성을 확보하는 것이 요청된다.

(3) 직무분석 단계

직무조사 단계에서 수집된 자료에 근거하여 각 직무의 종류, 곤란도, 책임도를 반영한 직무기술서가 작성되면, 각 직무를 그 종류에 따라 직렬, 직군을 결정하는 과정 즉, 수직적 분류구조를 형성하는 단계이다. 이때 직렬 수 내지 폭에 대한 결정, 즉 대상 직위를 몇 개의 직렬로 나눌 것인지, 어느 정도 유사한 직위를 동일직렬에 포함시킬 것인지를 측정하게 된다.

(4) 직무평가 단계

직무평가는 각 직위의 상대적 가치 또는 비중을 측정하는 것으로 횡적인 측정을 통해 수평적 분류구조를 형성한다. 직무평가 과정은 '동일직무에 대한 동일보수'라는 직무급 체계 확립에 도움을 준다. 동일직무라는 것은 직무곤란도와 책임도가 유사하다는 것을 의미하며, 이를 통해 보수형평성 및 보수구조의 합리화뿐만 아니라 인사관리의 전반적 합리화를 실현할 수 있게 된다. 즉 직위분류제하의 보수표 작성을 의미한다.

(5) 직급명세서 작성 단계

직무분석과 직무평가 과정을 통해 각각 직렬과 등급 즉, 직위의 수직적, 수평적 분류구조가 형성되면 그에 따라 직급이 결정되고 이러한 직급별로 직급명세서를 작성해야 한다. 직급명세서란 직급의 특징에 대한 정의를 내린 것으로 이를 통해 각 직급의 직무와 책임, 점직자의 자격 요건 등을 결정한다. 직무기술서가 직무분석에만 기초하여 각 직무특성을 기술한 것이라면, 직급명세서는 직무분석 및 직무평가 후에 당해 직급에 요구되는 자격요건을 명시한 것으로 모집, 선발, 근무성적평정, 훈련 등의 인사관리기준을 제시하는 문서로 활용된다.

(6) 정급(定級) 단계

직급명세서가 완료되면 직무조사를 통해 얻은 각 직위에 대한 정보와 직급명세서를 비교하여 해당 직급에 각 직위를 배정하는 작업을 해야 한다. 즉 직위분류표에 대상 직위를 해당 직렬 등급에 배치하는 정급 단계가 끝나면 직위분류과정이 완료되는 것이다.

(7) 유지관리 단계

직위분류가 끝나면 분류표를 확정하기 이전에 재직자 및 관련공무원에게 검토 기회를 제공한다. 이러한 피드백 과정을 통해 잘못된 관계를 시정하여 직위분류 수립에 대한 불만을 사전에 제거하고 적극적 지지를 유도하게 된다. 이는 곧 구성원들의 설득과 지지를 획득하는 과정에 해당한다. 또한 직위분류수립이 완료된 이후에도 이를 방치하는 게 아니라 조직 내외 환경변화에 적응하기 위해 각 직위의 내용도 모니터링하여 수정해나가는 유지관리 과정이 지속적으로 요구된다.

3 유용성과 한계

1) 유용성

첫째, 직무의 과학적 분석과 평가 및 합리적 구조화는 행정전문화와 능률화, 조직설계의 체계화를 촉진하고 권한책임의 한계를 명백히 함으로써 조직 합리화에 기여한다. 즉, 모든 직위를 분석하고 횡적으로 직책의 한계를 설정하며 종적으로 지휘, 감독의 관계를 분명히 함으로써 행정활동의 갈등과 중복을 회피하는 합리적 절차 수립에 기여한다.

둘째, 보수와 직무 분담에 있어 형평성을 도모하는데 이는 곧 직무급 체계를 확립하는데 기여하여 동일업무를 수행하는 사람에게 동일 보수를 제공하고 상관의 자의적인 업무량 배분을 배제하며 공정한 인사관리 기준을 제시한다.

셋째, 교육 훈련의 필요성과 목적을 제시하고 근무성적 평정의 기준을 설정하는데 유용하다. 즉, 직위분류를 통해 각 직위에 대한 해당자격요건이 구체화되면 점직자가 가진 현재의 능력과 비교하여 교육 훈련의 필요성과 훈련수요의 파악 및 훈련의 방향을 제시해 줄 수 있다. 또한 객관적이고 합리적인 근무성적평정을 하려할 때, 각 직책이 가진 내용을 알아야하기 때문에 직무분석과 평가를 기초로 한 직위분류가 근무성적평정의 합리적 기준을 제시할 수 있는 것이다.

넷째, 직무수행에 대한 평가가 과학적으로 분석된 기준과 비교하여 이루어짐으로써 능력과 실적 중심의 인사관리가 용이하고 직무중심적 동기유발전략을 추진하는데 도움이 된다.

다섯째, 계급제하에서 순환보직 등 잦은 수평적 이동이 있는 것과는 달리, 동일 직렬에 장기근무하게 됨으로써 전문가양성에 유리하다.

2) 한계

첫째, 직무성격이 다른 경우 수평적 이동이 제한되어 신축적이고 탄력적인 인사관리가 결여되어 인적자원 활용의 경직성을 유발한다.

둘째, 20세기 초 과학적 관리론의 영향에 따른 합리성에 대한 과신은 직무분석이 점직자와 상관없이 분리되어 이루어져 사람을 교체 가능한 부품처럼 다루는 인간 경시의 분위기를 조장할 수 있다.

셋째, 임용시 해당직책에 한정된 능력의 소유자를 선발함으로써, 공무원의 시야를 편협한 지식에 머물게 하고 거시적 안목의 일반행정가 양성을 저해하여 타 부서와의 상호협조 및 의사소통을 곤란하게 한다. 또한 공무원의 능력발전이나 경력발전에 장애가 되어 점직자의 권태와 소외를 초래한다.

넷째, 직위분류가 신축성 없이 고착되고 또 조직설계와 엄격히 연계되면 조직의 변화, 직무변화, 새로운 과제의 부여 등 조직 환경 변화에 따른 조직의 변화요구에 효율적으로 대응하지 못하게 된다. 따라서 비교적 기계적이고 반복적인 업무에 해당하는 직위의 경우 이러한 합리적 구조화가 적절하나 새로운 정책문제해결에 직면하는 고위직의 경우 세분화된 직위분류는 부적절하며 업무통합을 어렵게 만든다.

다섯째, 미국의 직위분류 운용에서와 같이 외부개방형 충원이 허용될 경우 오히려 장기적 발전가능성이나 잠재력을 중시하는 직업공무원제 확립에 장애가 되거나 갈등이 제기될 수 있다. 이런 위협은 공직의 안정성을 저해하고 공무원의 사기를 저하시킬 수 있다.

Ⅳ. 공직분류제도의 발전방향

1 계급제와 직위분류제의 비교

1) 인사행정의 융통성 측면

계급제와 직위분류제 모두 구성원의 승진, 배치전환 등 인사이동을 허용하나 계급제가 보다 더 융통성 있게 이뤄진다. 즉 계급제는 직무에 대한 제약이 없고 승진할 수 있는 폭이 넓어 탄력적인 인사가 가능하나 직위분류제는 해당 직위에 대한 자격요건을 엄격히 설정하고 승진 등 이동폭이 좁아 인력운용이 훨씬 경직적이다. 또한 계급제의 경우 보직관리 측면에서 정확한 기준은 제시하지 못하나 시의적절한 적재적소 배치 등 보직관리의 탄력성을 제고할 수 있는 반면, 직위분류제의 경우 객관화된 기준에 따라 보직관리의 명확한 기준을 제시해 줄 수 있다.

2) 구성원의 경력발전 측면

계급제의 경우 폐쇄적 임용을 통한 장기근무를 유도함으로써 신분이 안정되고 다양한 직무경험과 장기적 능력발전에 유리한 반면, 직위분류제의 경우 특정직위와 해당 자격자가 운명을 같이하고 성격을 달리하는 직무로의 수평적 이동이 제약되어 계급제에 비해 구성원의 경력발전에 불리하다.

3) 행정상 조정과 의사소통 측면

직위분류제의 경우 직무한계와 책임 명확화를 통해 업무수행의 중복과 역할 갈등 발생의 가능성을 줄일 수 있으나 계급제의 경우 엄격하지 않은 직무구분으로 업무수행상 갈등과 중복 발생 가능성이 상대적으로 높다. 다만 직위분류제의 경우 오히려 세분화된 업무와 전문화 추구로 인해 의사소통 장애가 발생할 수 있고 문제 발생시 조정이 용이하지 않다. 반면 계급제의 경우 의사소통과 부처 간 협조가 원활하여 문제발생시 조정이 용이하다.

4) 보수형평성과 조직설계 적합성 측면

계급제의 경우 계급기준으로 하는 자격급 체계를 가지고 있어 보수 형평성이나 직무부담 형평성이 낮지만, 직위분류제의 경우 직무급 체계를 확립하여 보수와 직무를 합리적으로 연계하여 형평성을 추구할 수 있다. 또한 직위분류제의 경우 행정 조직 설계에 직결되어 단기적으로 적합하나 그 경직성으로 인해 장기적 조직설계 발전에는 오히려 장애가 될 수 있다. 반면 계급제의 경우 환경변화에 따른 조직설계 변동에 잘 적응할 수 있어 장기적 적합성을 가진다고 볼 수 있다.

5) 행정전문성 측면

계급제는 폐쇄형 충원과 일반행정가(generalist)를 지향하며 직업공무원제 확립에 기여하나 당장의 직무수행에 필요한 지식, 기술 보다는 공무원의 장기 근무를 통한 능력발전에 치중하여 공직의 전문성이 저하될 우려가 있으나, 직위분류제의 경우 채용시 직무수행에 부합하는 능력을 구비할 것을 요구하고 전문행정가(specialist)를 지향하므로 공직의 전문성을 향상시킬 수 있다.

2 전통적 모형이 갖는 한계

탈관료주의적인 환경 변화에 따라 관료제가 수행하는 일이 비정형화, 유동화, 높은 불확실성을 내포하고 있어 구조의 유기성과 잠정성, 적응성에 대한 요청이 증가하고 있다. 그리고 계서제적 조직구조의 한계와 권한행사의 임무중심주의를 감안하여, 일할 능력이 있는 사람이 권한을 행사하여야 한다는 요청도 증가하고 있다. 기술수준의 고도화와 인적 전문화 수준도 날로 증대되어 가고 있어 전문가적 직업구조 형성의 필요성이 증가하고 있다.

이상과 같은 환경 변화에 비해 계급제는 계서적인 경직성을 야기하고 전문화 및 창의적 시대요청에 부합하지 못하며 직무지향적인 동기유발전략이 미흡한 한계를 가지고 있다. 또한 직위분류제 역시 직무세분화와 조직구조의 경직성을 띠어 역동적이고 불확실한 환경에 대한 적응성이 떨어지는 문제점을 노출하고 있다.

3 계급제와 직위분류제의 미래

계급제 국가에서는 직위분류제의 장점을 인식하고 이를 부분적으로 도입해나가기 시작했고, 직위분류제 국가에서는 채용, 보수, 훈련, 전보 등 계급제적 요소를 점차 확대 도입해나가고 있다. 즉 각 제도는 상대제도의 장점을 아우르는 방향으로 점차 수렴하는 과정을 겪고 있다고 볼 수 있다.

탈관료화 시대 공직구조가 갖춰야 할 조건은 업무수행 역동성과 조직구조 유기성을 전제로 한 분류구조를 추구해야 하며 급변하고 복잡한 여건에 신축적으로 대응할 수 있어야 하며 전문성에 기초한 임무중심주의적 인적 활용 및 직무를 통해 개인의 자아실현 욕구를 충족시켜 나갈 수 있는 인간주의적 전략을 취해야 한다.

따라서 계급제와 직위분류제 양 제도의 장점을 조화롭게 수렴시켜 나가야 할 필요성이 있다. 결국 이러한 문제는 양자택일의 문제라기보다 직업구조 형성 방법의 다양화 모색과 계급제와 직위분류제의 배합을 어떻게 해 나갈 것인지의 전략적 문제로 귀결되는 것이다.

Ⅴ. 한국 공직구조에 대한 평가와 발전방향 모색

1 현 제도에 대한 평가

1) 분류체계의 연혁

우리의 경우 오랜 농경사회와 신분사회 및 관료제적 전통 하에서 일제시대까지 계급제적 성격이 지배적이었고 광복 후 미군정에 의해 직위분류제가 잠시 도입되었으나 1948년 정부수립 이후에는 계급제로 환원되었다. 본격적인 직위분류제 요소 도입노력은 1963년 직위분류법 제정에 의해서였는데 이때 직군, 직렬의 개념이 도입되었다. 1963년 직위분류법의 제정목적은 직위분류제의 원칙과 그 실시에 관한 사항을 규정하여 직위분류제를 확립함으로써 인사행정의 민주적이고 능률적인 운영을 촉진하기 위함이었다. 그리고 직위분류제의 정의는 직위를 직무의 종류 · 곤란성 · 책임도 및 자격요건의 차이에 따라 법이 정하는 원칙과 방법에 의하여 분류 · 정리하는 계획이라고 하였다.

하지만 본격적인 실시도 못한 채 직위분류법은 1973년에 폐지되었다. 다만 국가공무원법에 직위분류제 도입 원칙이 규정되어 있어 직위분류제와 외형적으로 유사한 체제를 갖추어 직렬, 직급 등이 상당히 세분화되기 시작했다. 국가공무원법 제3장에는 직위분류제의 확립, 직위분류제의 원칙, 직무분석, 직위의 정급, 직위분류제의 실시 등을 담고 있다. 현재의 일반직 9개 계급은 1981년의 국가공무원법 개정으로 이루어진 것이고 이후 직군, 직렬, 직류는 잦은 변화를 겪어왔다. 결국, 우리나라의 공직분류구조는 계급제를 바탕으로 하여 직위분류제적 요소가 가미된 형태를 보이고 있다고 할 수 있다.

2) 현 제도에 대한 문제점 진단

(1) 일반적 문제점

첫째, 우리나라에서는 그간의 직위분류가 과학적 직무조사와 분석, 평가 절차를 제대로 거쳐서 이뤄지지 못한 까닭에 직무수행의 곤란도, 책임도가 형평성을 갖고 있지 못하고 있다. 또한 직렬의 폭과 직렬 간 형평성 문제가 제기되고, 직위분류제적 요소 도입이 엄밀한 분석 없이 임기응변식으로 행해졌다는 문제 등이 제기된다.

둘째, 직무의 실질적 요청에 맞는 계급설정이 이뤄지지 않고 있다. 또한 세분화된 직급이 분화된 직무내용을 정확히 반영하지 못하고 있다.

셋째, 잦은 인사이동에 따른 전문가 결여 문제와 외부인사 충원이 제약되어 왔다. 물론 최근에 와서 개방형임용제도 등으로 이 부분은 조금씩 개선되고 있다.

넷째, 중간계급에서의 승진적체 내지는 병목현상 등 부작용이 야기되어 경력직 9계급 제도의 적정성을 다시 검토할 필요가 있다. 또 경력직 내 일반직과 특정직간의 승진, 보수 측면 등에서 형평성이 결여되어 있다. 9계급을 늘리자는 주장 등이 제기된 바 있으나 정부는 현재 그 실효성이 없다고 보고 있다.

다섯째, 직무내용 변화에 따른 직무재설계 과정과 재정급 절차 등이 적절히 마련되지 않고 있다.

(2) 공직구조의 수직적 분화측면

계급정의가 모호하여 인사운영의 기준을 적절히 제시해주지 못하고 있고 9계급 체제가 획일화되어 지위와 역할 간의 부조화를 야기하며, 담당직무의 곤란도, 책임도 차이와 계급차이의 연결이 불공평하게 이뤄지고 있다.

(3) 공직구조의 수평적 분화 측면

직렬분화가 과학적인 직무분석과 직무평가에 기초해 이뤄지지 못하고 수평적 분류가 무질서하게 이뤄져왔다. 또한 직렬별 직급배치가 차등화되어 공정성 문제가 제기된다. 특히 행정직렬이 기술직렬에 비해 조직 상층부를 지배하는 불균형을 보여 기타 직렬의 기회를 제약하고 있다. 최근에 와서 과학기술분야 공직자에게도 관리직 기회를 조금씩 확대하고 있으나, 기술, 연구 분야의 직렬이 독자적, 전문성 고려 없이 통폐합되어 있고 새로운 전문기술 분야에 대한 직렬 신설 요구를 반영하지 못하고 있다.

결국, 우리의 직업구조는 직위분류제 형식이 가미되나 계급제적 실질이 아직 지배적이다. 최근 우리사회의 여건변화는 직위분류제적 요소와 계급제적 요소의 배합관계를 재정립하도록 하는 압력에 직면하고 있다. 따라서 직위분류제의 직무지향성 강화요청과 계급제적 융통성 확대요청이라는 두 가지 상반된 압력이 늘어나고 있는데 이는 인사정책의 딜레마라고 볼 수 있다.

2 발전방향

1) 기본방향

(1) 개방형과 패쇄형의 조화

개방형과 폐쇄형의 조화를 추구해야 한다. 즉 외부인사와의 교류를 확대하여 공직경직성과 정체성을 타파하여야 하고, 동시에 국민의 대외적 요구에 대한 대응성을 확보하면서 외부 전문지식을 공직내부로 이전하는 노력을 추구하여야 한다. 또한 지나친 개방형 임용확대는 기존 공직자의 사기저하를 낳을 수 있어 직업공무원제와 충돌한다. 따라서 공직구성원이 수긍할 수 있는 합리적인 기준을 설정하고 내부 구성원의 승진 및 보수 구조를 함께 개선해나가는 노력을 병행하여야 한다.

(2) 공무원의 전문성 제고

고위직으로 갈수록 전문성 요구가 줄어든다하더라도 현재와 같은 일반행정가 중심의 인사정책은 지양되어야 한다. 특히 고위직이라 하더라도 리더십 발휘의 조건으로서 부하 직원들의 직무내용에 대한 이해가 선행되어야 하므로 해당분야의 전문 지식을 갖추고 넓은 시각에서 정책을 결정, 관리할 수 있는 분류제도가 확립되어야 한다.

(3) 인적자원 활용의 융통성 유지

인적자원 활용은 곧 조직의 생산성 향상과 환경 적응성 문제로 직결되기 때문에 직무만족도를 고려하고 능력발전 기회와 자아실현 욕구 충족을 위한 기회와 배려를 제공할 수 있는 분류구조가 형성되어야 한다.

(4) 타 인사기능과의 연계

직위분류를 타 인사기능과의 연계를 강화하는 방향으로 개선하여야 하고 운영상 분권화와 형평성, 성과지향성을 추구할 수 있어야 한다.

2) 구체적 과제

(1) 수직적 분류구조의 개선

계급설정에서 직무요인과의 연계를 분석하고 계급정의를 명료화하여 직위와 계급을 연결할 때, 형평성과 균형을 도모해 나가야 하며 이를 위해 현행 9계급을 재조정할 필요가 있다. 이에 대한 대안으로 거론되는 것으로 계급수를 늘려 승진적체 문제를 해소시키는 방안(이것은 제도변화 초기에는 효과가 있으나 그 후에는 효과가 적다는 반론이 많다), 계급이나 직급

관념을 없애고 보직만 인정하는 방안, 계급수를 줄이고 보수등급으로 차등화하는 방안 등 여러 가지가 있다. 아울러 계급구조의 예외를 늘려서 계급구조의 다원화를 실현하자는 주장도 제기되고 있다.

(2) 수평적 분류구조의 개선

정기적인 직무분석을 통해 직무성격에 따른 직위를 재배열하고 직렬 폭을 융통성 있게 재조정해야 한다. 불필요하게 협소한 직렬구분은 오히려 인력활용의 경직성을 야기할 수 있기 때문이다. 그리고 직렬별 직급배치에 있어 나타나는 불균형을 시정하고 환경변화에 따라 요구되는 전문성 요청에 직면하여 적시성 있는 직렬신설이 가능해야 한다. 특히 기술직과 행정직간 승진기회 차별, 일반직과 특정직간 계급차별, 동일계급 내 직무불균등 문제 등을 해소하여야 한다.

(3) 선진국의 인사운용정책에 대한 비판적 수용

프랑스 공무원단제도(프랑스 국가공무원조직은 분절화된 하위단위의 집합이라 볼 수 있어 필연적으로 각 분야의 전문성을 제고할 수 있게 되는데 개별적인 직급구분과 모집절차, 서로 다른 경력발전체계를 가진 수많은 공무원단으로 세분되어 있음)나 여러 선진국의 우량제도 등을 벤치마킹하여 한국적 인사환경에 맞는 제도를 지속적으로 발전시켜나가야 할 것이다.

| 새 테마 행정학 |

07. 중앙인사기관

Ⅰ. 중앙인사기관의 의의

인사기관은 중앙정부, 각 행정부처, 지방자치단체 등 다양한 층위에 설치할 수 있다. 부처 인사기관과 지방자치단체 인사기관은 행정의 분권화 흐름에 따라 개별 부처와 각 지방정부의 실정에 맞는 인사행정을 수행하고자 설치된 기관이다. 중앙인사기관(central personnel authority)은 중앙정부에 설치된 인사기관으로서, 정부 전체의 인사행정을 총괄한다. 모든 국가가 중앙인사기관을 설치하는 것은 아니지만, 오늘날 대부분의 국가가 현대 행정국가로 변천하면서 중앙인사기관을 확립하여 운영하고 있다. 공식적인 법제도상의 명칭은 '중앙인사관장기관'이다.

Ⅱ. 중앙인사기관의 조직형태

각국의 중앙인사기관은 독립성, 합의성 면에서 다양성을 갖고 있는데 이러한 차이가 나는 원인은 주로 어느 정도로 엽관주의를 극복하려는가에 달려 있다(박동서, 2004).

【중앙인사기관의 조직형태】

독립성 ＼ 합의성	합의성	단독성
독립성	독립합의형	(독립단독형)
비독립성	(비독립합의형)	비독립단독형

1 독립합의형

위원회 형태(commission-type)로도 불리는 독립합의형의 중앙인사기관은 엽관주의의 폐해를 방지하고 인사행정의 정치적 중립성을 보장하기 위해 고안된 조직형태이다. 독립합의형 중앙인사기관은 일반적으로 일반 행정부처에서 분리되어 있으며, 행정수반으로부터도 독립된 지위를 가진 합의체이다.

독립합의형 중앙인사기관은 엽관주의의 영향력을 배제하고 실적제를 발전시키는데 유리하며 독립적 합의제로 인하여 신중한 결정을 내릴 수 있는 장점이 있다. 그러나 책임소재가 불분명하고 의사결정 지연 등의 현상이 발생할 수 있는 단점을 가지고 있다.

2 비독립단독형

집행부형태(executive-type)로 불리는 비독립단독형의 중앙인사기관은 행정수반에 의해 임명된 한 사람의 기관장에 의해 관리되는 중앙인사기관이다.

이는 인사행정의 책임소재가 분명하고 신속한 의사결정을 가능하게 하며, 행정수반에게 인사관리 수단을 제공함으로써 국가정책을 신속하고 강력하게 추진할 수 있는 장점이 있다. 그러나 독립성의 결여로 인해 인사행정의 정실화를 막기 어렵고 인사행정의 일관성과 계속성의 문제가 제기될 수 있다.

3 우리나라의 운영 형태

우리나라는 1999년 대통령 직속의 합의제 인사기관인 중앙인사위원회가 창설됨에 따라 이 기관과 기존의 비독립 단독형 인사기관이던 행정자치부(인사국)와 더불어 복수형 중앙인사기관 체제를 유지했었다. 그 후 2004년 6월에 기능을 하나로 통합함으로써 실질적인 중앙인사기관은 중앙인사위원회로 일원화되었다. 그러다가 2008년 이명박정부가 들어서면서 중앙인사위원회와 행정자치부 등을 통합하는 정부조직개편이 이루어져 행정안전부로 변경되었고, 박근혜 정부도 처음에는 명칭만 안전행정부로 바꾸었을 뿐 그 체제를 유지해오다가, 세월호 침몰 사고 이후 이루어진 2014년 말 정부조직 개편으로 국무총리 직속의 '인사혁신처'가 신설되어 이것이 중앙인사관장기관의 역할을 담당하고 있다.

Ⅲ. 중앙인사기관의 기능

1 준입법 기능

실질적 정책결정의 범주에 해당되는 것으로 국회에서 제정된 법률의 범위 내에서 인사행정 전반에 관한 인사 규칙을 제정한다.

2 집행 기능

실질적인 인사행정, 직위분류, 임용, 훈련, 승진, 연금 등의 인사행정 사무를 인사법령에 따라 수행하는 구체적인 인사행정 사무를 의미한다.

3 준사법 기능

준사법 기능은 위법 또는 부당한 처분에 대해 공무원으로부터의 소청을 재결할 수 있는 권한을 인사기관에 부여하는 것이다. 그러나 위법성의 최종판단은 사법기관인 법원이 하게 하므로, 준사법 기능이라고 한다. 이 기능은 소청심사위원회에서 두드러진다.

4 감사 기능

중앙인사기관의 설립목적에 의해 당연히 도출되는 기능이다. 인사기능이 분권화만 되어 있고 감사가 수반되지 않으면 의미가 없으므로 각 기관의 인사운용에 대한 감사 역할이 필요하다(박동서, 2004).

Ⅳ. 중앙인사기관의 발전 방향

한국의 중앙인사기관은 고시위원회와 총무처(1948년), 국무원사무국(1955년), 국무원사무처(1960년)와 내각사무처(1961년), 총무처(1963-1998년), 행정자치부(1998-1999년), 중앙인사위원회와 행정자치부(1999-2004년), 중앙인사위원회(2004-2008년), 그리고 행정안전부 및 안전행정부(2008－2014년)를 거쳐 현재 인사혁신처(2014-현재)로 변화되어 왔다. 그러나 아직도 다음과 같은 문제를 보완할 필요가 있다.

1 전문성이 보장되어 있는가?

과거 중앙인사기관은 너무 많은 기능을 수행하는 안전행정부에 소속되어 있어서 인사관리의 전문성, 효율성을 기대하기 어려웠다. 안전행정부는 조직관리, 인사관리, 지방행정, 지방재정, 전자정부, 공무원노사관리, 재난안전 등 다수의 복합기능을 동시에 수행하고 있어서 장·차관이 인사행정에 집중하기 어려운 구조였다. 그러므로 인사행정만을 주관하는 전문부처인 인사혁신처로 거듭난 것은 좋은 변화이다.

2 독립성과 공정성이 보장되어 있는가?

현재의 인사혁신처는 형식적으로는 총리실 산하의 조직이지만 그렇다고 총리실이 대통령에게서 독립되어 있다고 보기 어렵다. 효율적이고 공정한 인사행정제도는 정치적 압력으로부터의 독립성과 공정성 없이는 성공할 수 없다. 현재의 인사혁신처는 단독제이어서 독립성과 공정성을 보장하기 위한 제도적 장치로서는 여전히 부족하다. 따라서 독립성 및 공정성을 강화하기 위해 중앙인사위원회와 같은 합의제 조직으로 재편하는 것이 바람직하다.

3 부처 및 지방 인사기관과의 역할 분담

역할분담 차원에서 중앙인사기관은 국가 전체의 인사정책 등을 결정하며, 구체적인 인사집행기능은 각 부처가 자율성을 가지고 담당하는 것이 바람직하다. 이를 위해 각 부처에 최소한 과(課) 단위의 인사전담 부서가 설치되어야 한다. 또한 현재 국가공무원은 인사혁신처가, 지방공무원 인사는 여전히 행정자치부에서 주관하는데 앞으로 인사혁신처에서 이를 통합 관리하여 양자의 연계성을 높일 필요가 있다.

4 행정 개혁의 주역이 될 가능성이 있는가?

중앙인사기관은 과거의 POSDCoRB의 한 기능으로서의 인사(staffing)을 담당하는 것이어서는 안 된다. 공무원제도 개혁은 행정개혁의 핵심 요소이다. 왜냐하면 조직, 예산의 변화보다 더 중요한 요소가 바로 인간(공무원)이기 때문이다. 그러므로 인사 분야 최고 전문가(HR expert)가 되어야 함은 물론, 변화관리자(change agent), 리더(leader), 가치 창도자(value advocate)가 되어야 하며, 국가발전에 기여하는 비즈니스 파트너(business partner)이어야 한다. 따라서 중앙예산기관 중심, 조직 개편 중심의 행정개혁이 대부분이고 중앙인사기관 중심의 행정개혁이 드물었던 것은 바람직하지 않다. 따라서 조직을 변혁시키려는 것을 넘어서 사람을 변혁시키려면 인사혁신처와 기획재정부, 행정자치부가 함께 중심이 되어야 한다.

5 인사 개혁에 대한 지지 확보가 가능한가?

각종 인사개혁 과제들이 성공적으로 정착되려면, 개혁조치의 필요성과 효과에 대한 공무원들의 자발적인 공감과 수용 없이는 성공하기 어렵다. 따라서 새로운 개혁조치를 입안하는 것 못지않게 공무원으로부터 이해를 얻어 실현가능한 제도로 만드는 것도 중요하다(예: 공무원 연금개혁). 또 인사개혁 과제는 정치권 및 국민 일반으로부터의 지지와 이해도 얻어야 한다. 또 인사정책 관련 커뮤니티와 상호 협력하여 새로운 아이디어를 지속적으로 개발하면서 학습조직으로 만들어가야 할 것이다.

논평

한국 중앙인사기관의 변천은 아주 복잡한 과정이다. 총무처에서 행정자치부로, 그리고 행정자치부가 중앙인사위원회와 양립하는 형태로 존재, 그후 다시 통합되어 행정안전부→안전행정부→인사혁신처가 되었다. 따라서 중앙인사기관의 조직변화와 형태, 기능 등을 역사적 차원에서 고려해야 할 것이다. 현행 한국 중앙인사기관에 대한 총괄적 평가를 내릴 수 있어야 할 것이다. 중앙인사기관의 기능을 서술하는 것도 필요하지만, 역사적 발전과정과 향후의 발전방향에서 실천성있는 제도를 제안해보라.

| 새 테마 행정학 |

08. 직무분석과 직무평가

Ⅰ. 서 론

직무에 대한 이해를 위해서는 두 가지 측면의 검토가 필요하다. 첫째, 직무수행에 필요한 지식, 기술, 능력의 검토가 필요한데 이를 위해 직무분석(job analysis)이라는 과정이 수반되어야 한다. 둘째, 이 직무에 대한 보상이 검토되어야 하는데 이를 위해서는 직무평가(job evaluation)라는 합리적 과정이 수반되어야 한다. 즉, 직무분석은 직무의 내용과 이의 성공적 수행을 위한 개인의 자격요건을 찾아내는 과정으로 인사관리의 모든 과정에 객관적이고 합리적인 기준과 유용한 정보를 제공하는 과정이다. 이에 비해 직무평가는 직무의 가치를 정하는 과정으로 개인에게 적절한 보상을 제공하기 위한 필수적인 절차에 해당한다.

Ⅱ. 직무분석

1 의 의

1) 정의

직무에 관한 정보의 체계적 수립, 정리를 통해 직무내용과 책임을 정확히 파악하고 이에 상응하는 개인의 자격을 결정하는 과정에 해당한다. 미국의 경우 대부분의 기업과 정부기관 특히 미국 인사관리처(Office of Personnel Management: OPM)에서 오랫동안 사용해온 것으로 KSA(knowledge, skill and ability)기법을 들 수 있으며, 한국정부의 경우에 컨설팅회사 HAY(1950년대 미국의 Edward Hay가 시작)에서 개발한 것을 당시의 중앙인사위원회가 응용하여 활용하였다.

2) 일반적 목적

조직 내 직무의 정확한 파악을 통해 다양한 인사기능 수행에 활용되는데 근무성적평정, 보수, 자격요건, 직무기술, 직무평가, 교육 훈련을 위한 분석자료로 활용될 수 있다. 그리고 과학적 인사행정을 통해 인사행정의 초석을 놓는 활동으로서 직위분류나 보수결정에 국한되는 게 아니라 인사행정 모든 과정에 걸쳐 타당한 의사결정 지원을 돕는다.

3) 직무분석의 유용성

인사행정 전 과정, 즉 인적자원을 확보, 인적자원의 능력 개발, 인적자원의 유지, 활용, 인적자원에 대한 평가 및 이에 대한 보상에 유용한 판단기준을 제시한다. 응시자에게 직무에 대한 정확한 정보를 제공하고 자격요건을 제시함으로써 선발의 타당성을 확보할 수 있다. 그리고 직무분석이 제공하는 정보를 토대로 교육 훈련 수요 측정 및 훈련프로그램을 개발하며 직무에 수반되는 책임과 임무에 대한 한계를 명확히 할 수 있다. 또한 근무성적평정의 합리적이고 객관적인 기준을 제시하며 형평성 있는 보수체계를 개발하는데 필수적인 직무평가를 위한 유용한 정보를 제공한다.

2 직무분석의 절차

1) 직무분석의 목표설정

직무분석의 첫 단계로 직무분석을 시행하고자 하는 목표가 무엇인지를 설정하고 이를 명료화하는 과정이다. 즉, 직무분석의 용도가 무엇인지 말해주는 것으로 대개 인사행정의 전 과정에서 그 용도를 찾을 수 있다.

2) 분석대상 직무의 결정

분석대상이 되는 직무들을 결정하는 단계로서 직무분석을 처음 실시할 경우 조직 내 직무 전체가 대상이 되고 수시로 생겨나는 분석수요에 대응해야 하는 경우 일부 직무에 한정된다.

3) 직무분석의 취지 이해와 협조유도

관련공무원의 협조와 지지를 통해서만이 정확한 분석정보를 획득할 수 있으므로 직무분석

계획의 취지를 이해시키고 의사소통 통로를 확보하여 직무분석에 대한 구성원들의 불안감을 제거해야 한다.

4) 직무조사

(1) 개념

직무조사는 직무에 관한 정보 및 점직자 특성에 대한 자료수집 과정으로서 주로 자료수집 대상은 직무내용과 책임도, 난이도, 직무수행기준, 점직자 자격요건 등이 된다. 또한 정보수집 출처를 결정하고 직무조사 방법을 결정하고 나면 직무조사에 착수한다.

(2) 자료수집방법

자료수집을 위해서는 직무분석설문지(직무분석 정보양식)를 개발하고 조사해야 할 내용을 미리 표준화해야 한다. 대개 직무의 주요목적, 요구되는 자격, 타 직무와의 관계, 직무조건, 기계장비 등의 도구를 포함하며 양식의 개발이 끝나면 면접, 설문지법, 관찰법 등을 동원하여 자료수집에 착수한다.

① 관찰법 : 직무가 수행되는 현장에서 점직자의 직무수행과정을 확인하는 방법이다. 점직자들이 그릇된 정보를 제공하는 것을 예방하거나 정보수집 왜곡을 피할 수 있으나 점직자가 관찰을 의식하여 평소와 다른 행동을 하지 않도록 하는 것이 요구된다.

② 면접법 : 직무분석가가 점직자나 그 감독자들과 대면 대화를 통해 직무에 관한 정보를 수집하는 방법을 말하며 가장 보편적인 방법에 해당한다. 상세한 설명과 보충질의를 통하여 정확한 정보를 얻을 수 있고 표준화된 조사 양식을 통해 알아내기 어려운 직무의 경우 높은 타당성을 가진다.

③ 설문지법 : 적은 비용과 시간으로 많은 양의 자료를 얻을 수 있으나 응답의 다당성 확보 문제나 무응답에 대해 추가로 보완자료를 획득해야 하는 문제가 있다. 또한 기술내용이 부실하고 누락된 것이 많아 자료로서 무의미한 경우도 발생한다.

④ 업무일지 : 점직자들이 작성한 업무일지(매일매일 업무활동에 대한 기록)를 검색하여 직무를 파악하는 방법으로 아주 전문화된 직무에 대한 정보수집에 유용하다.

이상의 4가지 방법 중 어느 하나만 채택되어 사용되는 게 아니라 자료, 정보의 타당성을 높이기 위해 보통 두 가지 방법 이상이 복합적으로 채택된다.

5) 직무기술서 작성

자료수집이 완료되면 유용한 정보를 추출하여 직무기술서를 작성한다. 직무기술서는 특정 직무의 책임과 근무조건 등을 설명하는 문서이다. 직무기술서 작성은 직무조사정보의 처리를 통해 얻어진 직무분석의 결과물이라 할 수 있다. 직무기술서 작성방식에는 계량적 분석이 가능하도록 구조화된 설문양식을 사용하는 양적방법과 기술형 설문양식을 사용하는 질적 방법이 있다. 직무기술서 작성은 간결하고 구체적이며 직접적 표현을 사용해야 한다.

6) 직무분류

직무기술서가 완성되면 직무 성격이 유사한 것끼리 모으는 분류작업이 필요하다. 유사성 정도에 따라 직군, 직렬, 직류 등으로 분류하여 이러한 수직적 구분은 직무의 성격, 내용은 유사하나 직무 책임도와 곤란도에 차이를 보이는 직위들의 집합에 해당한다. 직렬 구분시의 주요 쟁점으로 직렬 폭 결정문제가 있는데, 직렬 폭을 결정할 경우 직렬에 포함될 직무의 수, 각 직렬에 포함될 직무분포와 승진, 직무 전문성 등이 고려되어야 한다. 특히 직렬 폭이 너무 넓게 규정되면 직무급 체계 확립을 저해하여 보수, 직무부담 측면에서 불공평을 야기한다. 직렬 폭이 너무 좁게 규정되면 인사관리의 융통성을 저해한다.

Ⅲ. 직무 평가

1 의의

1) 정의

직무평가는 직무조사와 직무기술서를 바탕으로 각 직무의 상대적 가치를 체계적으로 결정하는 작업이다. 직무평가는 직무들의 수준 즉 등급을 결정하는데 각 직무가 가지는 직무수행 곤란도와 책임도를 기준으로 수평적 분류구조를 형성하게 된다. 이때, 직무의 상대적 가치란 직무가 조직의 목표달성에 기여하는 정도를 의미한다.

2) 직무평가의 목적(유용성)

직위분류제라는 공직분류구조를 형성하는데 필수적이며 직무가치의 상대적 차이를 보수에 반영하는 직무급체계를 실현하고 보수표작성의 기준을 제시한다. 또한 직무가 조직에 기여하는 바를 측정할 수 있다.

2 직무평가의 방법

직무평가 방법의 기본유형을 4가지로 범주화하여 서열법, 분류법, 점수법, 요소비교법으로 나눌 수 있다.

1) 서열법

(1) 개념 및 특징

서열법은 직무기술서 정보를 토대로 직무 상호간 직무전체 중요도를 총합적으로 비교, 평가하여 직무의 서열을 결정하는 방법이다. 즉 직무 구성요소별로 평정하는 것이 아니라 각 직무의 총체를 서로 비교하여 상대적 중요도를 결정한다. 다양한 기법이 사용될 수 있는데 대표적으로 '상호비교 방식'(paired comparison method)을 사용하여 모든 대상 직무를 서로 다르게 짝을 지어가면서 비교할 수 있다.

(2) 장점과 단점

서열법은 단순하고 경제적이며 시간과 비용 등이 적게 소요된다는 장점을 가지나, 직무의 수가 많은 경우 평가가 어렵고 평가자 주관이 개입될 소지가 많아 신뢰성이 떨어질 수 있다는 단점을 가진다. 또한 직무서열만 정하기에 각 등급 간 격차를 알 수 없어 이를 기초로 보수를 산정할 때 타당성이 부족할 수 있다는 한계를 가진다.

2) 분류법

(1) 개념 및 특징

등급기준표를 정해놓고 각 직무를 등급기준표와 비교하여 어떤 등급에 배치할 것인지를 결정해나가는 방식이며 미리 정한 등급기준표가 있다는 점에서 서열법과 구별된다. 등급기준표란 등급과 등급정의로 구성된 일종의 척도 즉 등급기술서에 해당한다. 이때 등급정의란 직무수행에 필요한 기술, 지식, 상대적 중요성, 노력, 직무조건 등 직무특성을 개괄적으로 기술한 것을 의미한다. 필요한 수의 등급을 정의하고 등급기준표 완성시 직무기술서를 검토하여 가장 유사한 등급정의를 찾아 등급을 부여하게 된다.

(2) 장점과 단점

서열법에 비해 진일보한 방법으로 객관성, 일관성, 정확성 있는 평가가 기대되고 대규모 조직의 다양한 직무를 경제적으로 평가할 수 있다는 장점을 지닌다. 다만 등급기준표 작성이 어렵고 각 등급에 대한 포괄적 정의로 다양한 직무를 동일등급 내에서 명확히 정의하기가 어려우며 등급결정과정에 주관성이 개입될 여지가 있다는 것이 단점으로 지적된다.

3) 점수법

(1) 개념 및 특징

점수법은 직무구성요소별로 계량적 척도를 통해 평가한다. 가장 큰 특징으로 직무를 총체적으로 파악하는 게 아니라 직무를 구성하는 하위요소별로 가치를 점수화하여 측정하고 그 점수를 합산한 총점으로 직무의 상대적 가치를 결정한다. 우선 평가표(등급기준표)를 작성하여야 하고 평가표를 토대로 분류대상 직무를 평가하게 된다. 평가표 작성단계에서는 직무의 구성요소(평가요소)를 선정한다. 주로 기술, 노력, 책임, 근무조건 등의 범주를 토대로 각각 세분화해나가며, 각 평가요소의 중요도를 반영시킨 가중치를 부여하고 각 평가요소별로 등급단계를 나누고 점수화한다. 평가표를 토대로 분류대상 직무를 평가하는 단계에서는 각 요소별로 평정하여 요소별 배점 총계에 따라 해당 등급을 분류하게 되면 각 직무의 등급이 결정되고 이 때 각 직무의 점수가 결정되게 된다.

(2) 장점과 단점

세밀한 기준표를 토대로 평가의 객관성과 타당성을 확보할 수 있고 직무 간 차이가 점수화되어 나타나 등급결정이 용이하다는 장점을 가진다. 다만 방법이 복잡하고 기준표 작성에 많은 시간과 노력을 소모하며 오히려 점수화 작업이 주관적일 수 있다는 단점을 가지고 있다.

4) 요소비교법

(1) 개념 및 특징

점수법과 마찬가지로 직무를 요소별로 계량화하여 평가하나 기준표와 비교하는 방법이 아니라 직무와 직무를 서로 비교하는 방법을 취한다. 즉, 대표적인 기준직무를 정해놓고 기준직무의 요소별로 부여된 수량적 가치와 비교하여 비교직무의 평가요소들을 평정하게 된다. 그 과정은 ①평가요소 선정, ②기준직무 선정, ③기준직무의 점수총계 결정, ④기준직무의 평가요소별 서열결정과 점수배정, ⑤분류대상직무의 비교의 단계로 이루어진다.

(2) 장점과 단점

직무를 기준표와 비교하는 게 아니라 관찰 가능한 직무와 직무를 비교하므로 주관성을 줄일 수 있으며 평가과정에서 보수액 산정을 함께 할 수 있다. 또한 평가시마다 기준직무를 새로 설정할 수 있어 비교기준의 타당성이 높다는 장점들이 있다. 그러나 요소비교표를 만드는 과정이 복잡하고 많은 시간, 노력이 소모되며, 기준 직무 간에 보수불균형이 있을 경우 비교평가한 직무에도 불균형이 반영되는 단점들이 있다.

Ⅳ. 한국정부의 직무분석

1 의의

1) 정부 직무분석의 정의

이는 직무담당자가 책임지고 달성하여야 할 성과와 해당 직무의 중요도와 난이도를 체계적으로 밝혀내는 일련의 과정을 의미한다. 즉 성과관리와 연계하여 직무분석을 시도하고자 하는 의의가 있다. 즉 성과주의 직무분석적 성격을 띤다.

2) 도입배경

정부의 인사관행의 문제점으로 사람 중심의 인사관행, 불분명한 책임소재, 잦은 순환보직에 따른 전문성 부족, 성과평가의 객관성 부족, 획일적 보수체계로 인한 보상의 공정성 저하 등이 지적되어 왔고, 이러한 문제점을 혁신하기 위해 개혁사업의 일환으로 정부직무분석이 추진되어 왔다.

2 직무분석의 절차

개별 직무 담당자의 성과 책임을 규정하고 이러한 직무에 요구되는 지식, 기술 및 최종성과를 평가하여 직무값을 산정하며 이를 토대로 직무 등급을 설정하는 작업을 한다. 이러한 작업을 한 결과를 토대로 성과달성도를 평가하여 보수의 차등지급과 연계시켜나가는 과정을 거친다.

1) 기본계획 수립 및 전담직원 교육 훈련 실시 단계

2) 직무분석의 실시 단계

성과책임에 바탕을 둔 직무기술서를 작성한다. 즉 임무와 책임에 중점을 둔 직무분석에 해당한다.

3) 직무평가 실시 단계

성과책임, 직무수행에 요구되는 지식, 기술을 기준으로 직무값을 산정하고 이를 토대로 직무등급을 설정하여 직무의 상대적 가치를 평가한다.

4) 제도설계(직무성과관리제도의 설계 : PMS설계)

직무평가 실시 이후 이를 근거로 조직을 정비하고 직무를 수행하여 공무원의 성과에 따라 성과급지급 등 동기유인체제와 연결시킨다. 즉 제도설계 단계에서는 성과주의가 현실적으로 구현될 수 있도록 제도를 설계하게 된다.

3 직무분석의 특징 및 기대효과

1) 특징

각 직무의 성과책임을 명확히 하고 직무의 결과를 유인체계와 연결하고자 하는 성과주의를 지향한다. 또한 성과주의 직무분석은 정부혁신운동의 일환으로서 공무원 각자가 담당하는 직무내용을 밝히는 직무분석의 차원보다는 직무가치를 평가하는데 역점을 둔다고 볼 수 있다.

2) 기대효과

사람중심의 연공서열식 인사관행에서 직무중심의 합리적이고 객관적인 인사관리체제로 전환될 수 있으며 성과책임과 성과평가를 분명히 하여 정부조직의 생산성을 향상시키고 공정한 성과관리의 관행 정착을 유도할 수 있다.

논평

이 주제에서는 직무분석과 직무평가의 개념 구분, 절차, 기법 등에 대한 정확한 서술이 중요하다. 직무평가기법은 일반적으로 4가지 방법으로 구분 가능하다. 서열법(ranking method), 분류법(classification method), 점수법(point method), 요소비교법(factor-comparison method) 등이 있는데 이 중에서 인사혁신처에서 사용하고 있는 직무평가 방법론은 점수법(point method)에 근거한 헤이기법(Hay method)으로 알려져 있다. 점수법에 해당되는 헤이 기법은 에드워드 헤이(Edward Hay)가 1950년대에 개발한 기법인데 계량적인 척도의 활용과 이로 인한 평가의 명료성 등으로 세계적으로 가장 많이 사용되는 평가기법이며 투입 · 과정 · 산출의 8가지 요소를 적용하여 평가를 실시한다.

|새 테마 행정학|

09. 성과계약 등 평가 제도

Ⅰ. 성과계약 등 평가 제도의 의의

1 도입 배경

정부기관이 행정서비스 고객에게 미치는 편익 또는 정책영향을 극대화하기 위해 전 세계가 최근 초점을 두는 국면의 하나가 성과관리(performance management)이다. 종래의 행정의 성과평가는 투입(input)이나 산출물(output)에 치중하였다. 그러나 실제로 중요한 것은 정책이 사회에 미치는 영향이라고 할 수 있는 최종 결과(outcome)이다. 또 그것이 양적 평가에 머물지 않고 정책 수립 등 질적 부분으로도 확대되고 있다. 이런 추세에 따라 한국도 결과 중심의 평가시스템 구축 및 성과에 대한 책임성 강화를 위해 최근에 '성과 계약 등의 평가' 제도를 도입하였다.

종래에도 성과평가는 있었다. 그것은 기관의 성과에 대한 심사분석과, 공무원의 개인 성과에 대한 평가로 구분되었다. 후자는 다시 4급 이상의 공무원 개인에 대한 평가인 MBO에 의한 평가와 5급 이하에 대한 근무성적 평가로 구분되었다. 그런데 4급 이상에게 적용된 MBO에 의한 평가는 조직 목표-개인 목표의 연계성이 부족했으며, 하의상달(bottom-up)이라는 MBO 특성 때문에 상급자가 부하의 목표 및 성과에 대한 지식이 부족했고, 양적 목표에 치중하는 문제점을 보였다(박경효, 2014). 이를 개선하고자 2004년 이후로 '직무성과계약제'를 도입하였으나 이 역시 개인에 대한 평가 중심이었다. 그 후 이를 질적 평가로 보완하고, 조직성과-개인성과 연계성을 강화하기 위해 BSC(균형성과평가) 요소를 부가한 것이 현행 '성과계약 등 평가'이다.

2 개념

현행 법제에서 '근무성적 평정-성과계약 등 평가-근무성적 평가'는 상이한 개념이다. 국가공무원법 제51조(근무성적의 평정)는 각 기관의 장은 소속 공무원의 근무성적을 객관적이고 엄정하게 평정하여 인사관리에 반영하고, 그 '근무성적평정' 결과에 따라 상여금을 지급 혹은 특별승급할 수 있다고 규정하고 있다.

이를 이어받아 '공무원 성과평가 등에 관한 규정 4조(근무성적평정의 종류)는 국가공무원법 제51조에 따른 근무성적평정은 제7조의2의 '성과계약 등 평가'와 이하 '근무성적평가'로 구분한다고 규정한다. 따라서 "근무성적 평정"이란 용어가 가장 포괄적이며, 이를 구현하는 방식으로 4급 이상 및 고위공무원단에게 적용되는 것이 "성과계약 등 평가"이며, 5급 이하에게 적용되는 것이 "근무성적 평가"이다.

<table>
<tr><td rowspan="2">근무
성적
평정</td><td>"성과계약 등 평가"</td><td>평가항목 (아래 셋 중 하나 이상)
①성과목표 달성도 ②부서 단위의 운영 평가 결과 ③그 밖에 직무수행과 관련된 자질이나 능력 등에 대한 평가 결과</td><td>4급 이상+고위공무원단
(필요 시 5급 이하에도 적용)</td></tr>
<tr><td>"근무성적 평가"</td><td>평가항목 (두 가지)
①근무실적 ②직무수행능력
(직무수행태도 또는 부서 단위의 운영 평가 결과도 추가 가능)</td><td>5급 이하</td></tr>
</table>

3 기대 효과

이 제도는 다음과 같은 효과를 기대한다. 첫째, 가장 중요한 점으로, 조직목표-개인목표의 연계 및 조직성과-개인성과의 연계를 기대할 수 있다. 둘째, 종래의 장・차관 등의 기관장은 대외적・정치적 책임에 치중하여 조직 내적 목표 성과에는 민감하지 못했으나 이제 이들이 실국장과 성과계약을 직접 맺고 이에 따라 평가를 하므로 조직성과에 보다 관심을 갖게 된다. 셋째, 실국장도 휘하의 과장급과 성과 계약으로 연결되어 조직성과를 높일 동기가 강화된다. 넷째, 종래 MBO 제도와는 달리 상급자는 부하의 조직업무에 대한 이해도가 높게 되고, 성과의 질적 · 양적 측면도 다 고려할 수 있다.

Ⅱ. 성과 계약 등 평가의 단계

'성과계약 등 평가'는 상하 간에 공식적으로 성과계약을 체결하여 기관임무와 전략목표 등을 고려하여 성과목표를 설정하고 평가가능한 객관적 지표에 의해 성과를 평가하는 것이다. 2015년 현재 '성과계약 등 평가' 제도는 다음과 같은 네 단계로 이루어지고 있다.

【성과계약 등 평가 제도의 틀】

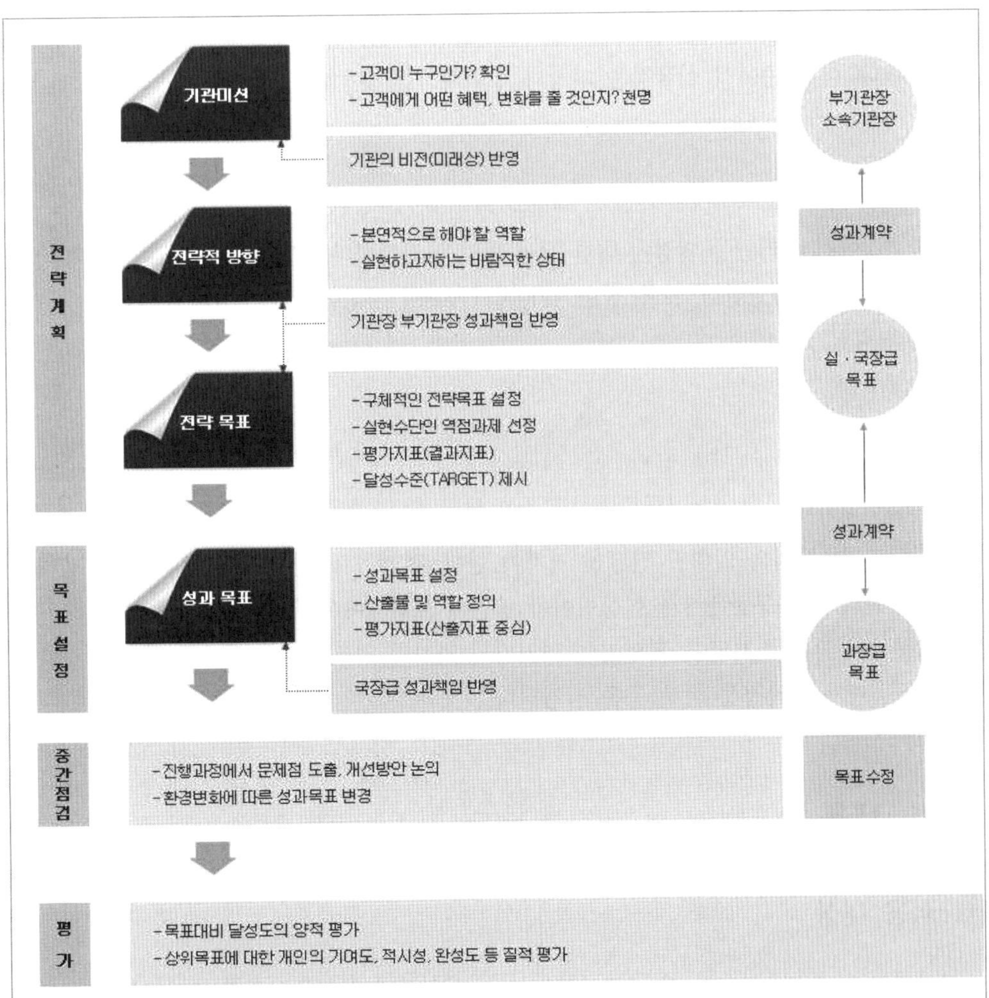

* 자료: 인사혁신처(http://www.mpm.go.kr/business/04010201_dutyResult.do)

1 전략계획수립

최고위층인 기관장 수준에서 일어나는 업무이다. 먼저 기관의 사명(mission), 즉 기관의 고객이 누구이며 기관이 그에게 어떤 서비스를 줄 것인지를 확인한다. 이를 위해 기관 본연의 역할 방향을 정한다(전략적 방향). 여기로부터 기관의 구체적 중장기 목표인 '전략목표' 및 그 평가지표를 정한다. 이 수준에서 기관장은 실국장과 성과계약을 맺는다.

2 목표설정

이 단계는 기관의 실국장급 수준에 관련된 과정이다. 전략목표를 더 구체화한 '성과목표'를 설정하고 산출물을 정의한다. 여기서는 이 산출물을 실제로 측정할 보다 구체적인 평가지표를 정한다. 이 수준에서 실국장은 과장과 성과계약을 맺는다.

3 중간점검

진행 과정에서 드러난 문제점에 대한 개선 방안을 검토한다. 필요시 환경변화에 따른 성과목표 변경 여부를 확인한다. 보통 상반기가 지난 7~8월 시점에서 이루어지므로 중간 점검이라 부른다(김렬, 2014).

4 최종평가

평가자는 평가방향에 대해 확인자와 협의한 후 독자적으로 질적 및 양적 평가를 수행한다. 평가자는 평가대상자와 일대일 면담을 거쳐야 한다. 성과목표, 평가지표, 주요 실적 및 최종등급을 매긴다. 최종등급은 3개 이상이어야 하는데 보통 '매우 우수-우수-보통-미흡-매우 미흡'의 5등급이 많이 준거된다. 확인자는 평가자의 평가를 검토하는데 여기서 관대화 경향 및 기타 오류, 평가의 적정성 여부 등을 점검한다.

Ⅲ. 내용

1 적용 대상

'성과계약 등 평가' 제도의 적용 대상자는 4급 이상 일반직 공무원이다(고위공무원단, 일부 연구관 · 지도관 등). 다만, 소속 장관은 5급 이하 공무원 및 우정직공무원 중 성과계약 등 평가가 적합하다고 인정하는 공무원에 대해서도 이를 적용할 수 있다.

2 평가자 및 확인자

소속 장관은 평가자와 확인자를 지정한다. 평가자는 평가 대상 공무원의 업무수행 과정 및 성과를 관찰할 수 있는 상급 또는 상위 감독자 중에서, 확인자는 평가자의 상급 또는 상위 감독자 중에서 지정한다.

다만, 평가항목의 특성에 따라 일부 평가항목에 대해서는 다른 방식으로 평가자와 확인자를 달리 지정할 수 있고, 평가자의 상급 또는 상위 감독자가 없는 경우에는 확인자를 지정하지 않을 수도 있다. 또 평가나 확인자를 2인 이상으로 지정할 수도 있다.

3 성과계약의 체결

소속 장관은 해당 기관의 임무 등을 기초로 평가 대상 공무원과 평가자가 성과계약을 체결하도록 하여야 한다. 조직 내외적 요인으로 성과계약 내용을 수정할 필요가 있을 시에는 성과계약 체결 당사자 간의 합의로 성과계약의 내용을 변경하게 할 수도 있다. 계약은 보통 1년 단위로 연초에 체결한다.

4 평가항목

소속 장관은 성과계약 등 평가의 평가항목을 성과목표 달성도, 부서 단위의 운영 평가 결과, 그 밖에 직무수행과 관련된 자질이나 능력 등에 대한 평가 결과 중에서 하나 또는 그 이상으로 정할 수 있다.

5 평가 방법

공무원의 소관 업무에 대한 성과계약의 성과목표 달성도 등을 고려하여 평가하되, 평가등급의 수는 3개 이상으로 하여야 한다. 평가는 평가 대상 기간에 평가 대상 공무원이 달성한 성과목표의 추진 결과 등을 평가지표 또는 평가항목의 특성에 맞게 설정한 평가 기준에 따라 평가하여야 한다. 이때 성과목표의 중요도, 난이도 및 평가 대상 공무원의 자질 · 태도 등에 관한 사항 등을 고려하여 평가할 수 있다.

평가의 평가등급별 인원 분포 비율은 소속 장관이 정하지만 관대화 경향을 줄이기 위해 원칙적으로 최상위 등급('매우 우수')은 20퍼센트 이하로, 하위 2개 등급('미흡' 및 '매우미흡')은 10퍼센트 이상 비율로 강제배분하게 하고 있다.

6 평가의 예외

평가 대상 공무원이 휴직, 직위해제 등의 사유로 근무 기간이 2개월 미만인 경우에는 평가를 실시하지 아니할 수 있다. 또 타 기관에 파견된 공무원의 경우에는 그 공무원을 파견 받은 기관의 평가 결과를 활용하여 평가하게 하였다.

7 평가 결과의 공개 및 이의신청

평가 결과는 평가가 완료된 이후 평가대상자에게 공개함이 원칙이다. 이에 대해 평가대상자는 확인자에게 이의신청을 할 수 있다. 이의신청이 타당하다면 확인자는 평가자에게 평가결과를 조정하도록 한다. 그러나 이의신청을 기각할 경우는 평가대상자에게 이를 설명한다.

Ⅳ. 문제점 및 발전 방향

본래 고위 공무원들이 정부와 성과계약을 맺고 그것을 평가받는다는 관념은 영연방국가들에서 발전되어온 제도이다. 예컨대 영국, 호주, 뉴질랜드, 캐나다 등의 경우에는 기관장과 고위공무원단 구성원 간에 업무목표와 업무수행방법 등에 관한 계약을 체결하고, 평가결과에 따라 상여금을 차등 지급하며 익년도 성과계약의 기초로 활용해 왔다. 따라서 성과중심보다는 연공서열 문화에 익숙한 우리나라에 도입된 이 제도가 성공하려면 제도 자체 및 그 정착에 관해 드러난 아래 문제점을 극복하는 노력이 필요하다.

1 문제점

첫째, 기관목표와 최종산출물 간에 연계성이 낮다. 최고 수준인 '기관 미션'은 모호함이 너무 높아서 실효성이 부족하다. 따라서 그 다음 수준인 실국장들의 '발전목표' 및 '발전전략'이 중요하지만, 우리의 경우 장관 임기가 2년 이상 되는 것이 드문 현실에서 중장기(3~5년) 전략적 방향 및 전략 목표가 일관성을 지니기 어렵다(박경효, 2014).

둘째, 평가 항목이 실질적으로 주관적인 평가의 비중이 매우 높아서 자의적 평가의 여지가 아주 높다. 따라서 실제로는 역산제의 오류를 정당화할 우려가 있다. 이를 막기 위해 최상위 및 하위 2개 그룹에 대한 평가수치의 강제배분을 정해놓았지만 그 범위 안에서도 관대화 및 집중화의 병폐는 지속될 수 있다.

셋째, 성과목표의 달성 및 미달이 중요시되면 성과계약 시 이 목표 자체를 초과 달성 가능한 것에 치중할 우려가 있다. 이 경우 '중요한 목표'는 배제되고 '안전한 목표'의 달성만이 중시된다.

넷째, 평가 지표 설정에 정교함이 더 필요하다. 이미 몇 개 부처 및 자치단체에서 드러난 가장 큰 불만은 목표는 지나치게 과중하면서도 공통 지표는 획일화되어 있어 이에 대한 개별 부서의 특성을 고려하지 않는다는 불만이다.

2 발전 방향

첫째, 성과 계약이 보다 구체적이어야 한다. 동시에 중요한 상위 목표, 무형적 성과 목표 등이 왜곡되거나 간과되어서는 안 된다. 벌써 나타나기 시작한 안전 위주, 달성도 채우기 식의 성과 계약을 지양하려면 성과계약 단계가 가장 중요하다.

둘째, 공정한 평가 체제(지표)를 구비해야 한다. 이 경우 획일적 기준보다는 조직의 성격, 업무의 난이도, 상위목표와의 인과적 연계도 등에 따른 차이를 고려해야 한다.

셋째, 제도 자체 보다 그것이 잘 정착되도록 하는 것이 중요하다. 과거에 나타난 MBO, 그것을 개선하기 위해 나타났던 직무성과계약 제도도 그 자체는 좋은 제도였지만 행정현장에서는 공무원에게 서류작성의 부담은 늘어난 대신에, 실효성은 높지 않았다. 따라서 인사혁신처는 이 제도 정착을 위해 국내외의 우수사례를 벤치마킹하고 연구하여 부처별 현장 지원을 강화하고, 적합한 운영매뉴얼을 개발하는 등 제도정착과 발전을 위한 지원노력을 계속해야 할 것이다.

논평

과거의 '직무성과계약' 제도는 이제 '성과계약 등 평가'로 바뀌었으므로 이제 과거의 제도를 운운하면 안 된다. 성과 평가는 행정 실무에서 이념적으로 늘 요구되지만 그것이 대단한 이론적 쟁점이 되는 것은 아니므로 새로 도입된 행정 제도를 잘 정리해 둔다는 관점에서 이해하라. '근무성적평정-근무성적평가-성과계약 등 평가'의 개념 차이가 무엇인가? 고위직에 대해 최근에 도입된 새 제도이므로 정확한 현실 '내용' 이해가 우선이다. 나아가 우리 현실에 대한 발전 방향을 제시할 수 있어야 한다. 이 제도가 4급 이상에게 적용되는데 비해 5급 이하에게는 '근무성적평가'가 적용된다. 따라서 이를 바로 이어서 보는 것이 좋다.

| 새 테마 행정학 |

10. 근무성적평정

Ⅰ. 의 의

1 개념

한국의 근무성적평정을 광의로 이해하면 4급 이상에게 적용되는 '성과계약 등 평가'와 5급 이하에 적용되는 '근무성적 평가'로 구분된다. 그러므로 후자만을 근무성적평정으로 이해하는 것은 잘못된 이해이다. 근무성적평정(performance appraisal 혹은 performance evaluation)은 개별공무원의 근무실적, 근무수행능력, 그리고 근무태도 등을 공식적이고 체계적으로 평가하여 이를 인사관리의 기초로 삼는 것을 의미한다.

근무성적평정은 결과적으로 나타난 직무수행실적 뿐만 아니라 잠재적 능력, 동기, 성격 등 개인적 특성, 직무수행의 가시적 행태 등 모두를 대상으로 삼고 사람을 판단한다. 그 결과는 문서로 기록되고 이는 인사관리의 한 근거로 활용된다. 따라서 근무성적평정에도 목표가 반드시 존재해야 하고 그 목표에 맞게 설계되어야 하며 그 평정결과 역시 목표에 부합되게 활용되어야 한다.

2 근무성적평정의 목적

1) 조직적 차원 : 조직전체의 효과성 향상 도구

① 선발시험의 타당성 검증

근무성적평정결과와 시험성적을 비교하여 선발시험성적이 우수한 사람이 근무성적도 우수하게 나타났는지 연관시켜봄으로서 시험의 타당성과 유용성을 검증할 수 있다.

② 조직의 문제점 진단과 조직설계 개선

직무수행의 효율성을 저해하는 조직운영상의 문제를 발견하고, 현재 부족한 지식, 기술 등을 파악함으로써 바람직한 조직설계에 참조할 수 있다.

③ 인사행정의 기준제시

개인의 승진과 징계 등 보상과 제재를 부여하는 기준으로 활용할 수 있다. 이것은 전통적인 통제중심의 인사행정에서 주목적이 되어왔고 현재 직무의 성공도를 평가하여 보상을 행함으로써 동기를 부여할 수 있을 것이다. 또한 교육 훈련 수요 예측, 내부임용결정, 채용분야 진단 등 인력계획에 필수적인 정보를 제공한다.

④ 직무평가와 직무설계를 위한 정보제공

개인의 능력과 노력수준을 초과하는 업무부담의 경우 근무실적이 계속 낮게 나타날 수밖에 없으므로 근무성적평정결과가 직무를 재설계하는데 유용한 정보로 작용할 것이다.

2) 개인적 차원 : 공무원 개인의 능력발전 도구

① 능력발전 및 동기부여

근무성적평정을 상벌목적에서 사용하는 전통적 패러다임에서 벗어나 공무원들의 발전을 촉진하고 약점을 개선할 수 있도록 도와주는 수단으로 활용할 수 있다. 즉 근무성적평정결과를 개인에게 피드백 시켜줌으로써 자신의 능력과 적성을 적극 발전시키며 동기를 스스로 유발시킬 수 있다

② 경력발전 지원

근무성적평정의 결과를 통해 교육 훈련수요 및 개인의 적성과 능력이 파악되므로 적절한 교육 훈련기회를 제공하고 적재적소의 인사배치를 가능케 하여 개인의 경력발전을 지원할 수 있다.

③ 인간관계 개선

근무성적평정 과정에서 상관과 부하의 의사소통을 원활히 하여 상호간 이해를 돕고 조직내 인간관계를 개선시킬 수 있으며 개인의 가치가 인정될 수 있다.

Ⅱ. 근무성적평정의 요건

1 평정의 타당성과 신뢰성, 변별성 확보

1) 타당성 요건

근무성적이 우수한 사람을 실제로 우수하게 평정할 수 있느냐의 문제이며 이 요건을 충족하기 위해서는 조직목표 달성과 직접적 관련성이 있는 평정요소로 구성되어야 한다. 즉 조직목표에의 유의성 또는 평정요소의 직무연관성을 가져야 한다. 또한 측정하려고 하는 바를 제대로 측정할 수 있어야 한다.

2) 신뢰성 요건

근무실적을 측정하기 위한 항목들 간 내적 일관성이 유지되어야 하고 평정자의 주관적이고 자의적인 요소가 평정에 개입하는 것을 방지하여야 한다.

3) 변별성 요건

평정결과를 승진 기준으로 사용하는 경우 평정체제가 우수한 사람과 열등한 사람을 뚜렷이 구분할 수 있어야 한다. 또한 평정대상자 개인의 구체적인 평정요소 간에도 우수한 요소와 열등한 요소를 식별하는 것이 가능해야 개인의 능력발전에 필요한 유용한 정보를 제공할 수 있다.

2 공식화와 표준화

평정의 목표와 내용, 방법, 절차가 문서로 규정되어야 효율적이고 불편부당한 평정이 가능하다. 즉 불편부당한 평정이란 사람에 근거를 둔 평가가 아니라 평정요소에 근거를 둔 평가여야 한다. 또한 평정요소에 대한 정의는 통일적 해석이 가능하도록 표준화되어야 한다.

3 평정자와 피평정자의 지지와 이해

수용성있는 평정체제란, 평정자가 평정의 중요성을 인식하고 객관적 평정을 통하여 얻은 결과를 개인의 능력발전과 동기부여, 그리고 조직 목표달성을 위해 활용할 수 있도록 유인하며 피평정자에게 평정체제를 이해시키고 적극적으로 받아들이도록 유인하는 체제를 의미한다. 또한 피평정자가 평정과정에 참여할 수 있는 기회를 제공하고 근무성적평정과정에서 평정자와 피평정자 사이에 원활한 의사소통을 보장하는 평정체제이어야 한다.

4 근무성적평정제도 운용의 실용성

평정자나 피평정자 모두에게 쉽게 이해되고 가능한 한 절차복잡성을 줄여 시행이 용이해야 한다. 또한 비용, 시간, 노력이 적게 드는 경제성 있는 평정체제를 갖춰야 한다.

Ⅲ. 근무성적평정의 방법(평정모형)

1 평정도구에 따른 분류

1) 도표식 평정척도법(graphic rating scale)

도표로 된 평정서를 작성하여 근무성적을 평정하는 대표적인 방법으로 평정서에는 다수의 평정요소와 각 요소마다 실적을 평가하여 우열수준을 나타내는 등급으로 구성되어 있다. 평정자는 각 평정요소별로 관찰결과를 해당 등급에 표시하게 되고 표시된 등급점수를 모두 합산하여 피평정자에 대한 종합평점을 산출해낸다.

평정계획의 목표설정시 뚜렷한 목표가 설정되어야 이에 적합한 평정요소 선택이 가능하고, 평정요소 선택시 직무분석을 통해 직무내용, 직무수행기준, 요구되는 자격을 검토하여야 한다. 또한 평정요소의 수를 결정할 때 요소 수가 너무 적은 경우 평정이 너무 제한적으로 치우치며 너무 많은 경우 내용 중복이 발생하고 각 요소 평정이 무성의해질 염려가 있다는 점을 고려하여 적정 요소 수를 결정하도록 하며, 피평정자가 종사하는 직무분야 및 계층에 따라 각 평정요소의 상대적 중요성이 상이하기 때문에 평정요소마다 가중치를 부여해야 한다.

장점으로서 평정표 작성과 사용이 용이하며 경제적이다. 또한 평정요소는 피평정자들에 대한 공통적인 속성에 근거하여 적용범위가 넓고 피평정자들 간 상대적 비교가 용이하다는 점을 들 수 있다. 단점으로서 평정요소와 등급의 추상성이 높고 등급을 정하는 기준이 모호하여 평정자의 편견이 개입될 소지가 높다. 또한 연쇄효과의 오류를 범하기 쉬우며 수량화할 수 없는 행태상 요소에 대해 정확한 평정이 어렵다

2) 상대평가법

피평정자들을 상대적으로 비교하여 우열의 석차(서열)를 결정하는 방법인 서열법과 여러 사람을 평정한 결과 그들 간의 평정점수분포가 과도히 집중화되거나 관대화되는 것을 막기 위해 평정점수의 분포비율을 정규분포 곡선(normal curve)에 따라 강제하는 강제배분법(forced distribution)이 있다.

서열법에는 평정요소를 세분한 지표에 의하지 않고 피평정자의 전체근무상황을 포괄적으

로 비교하는 종합적 서열법과, 평정요소를 선정하고 각 요소별로 비교하여 통합하는 분석적 서열법 등이 있다. 흔히 도표식 평정척도법에서 나타나기 쉬운 집중화, 관대화, 일관적 착오 등의 오류를 시정하고자 보완적으로 사용된다.

3) 서술법

평가자가 직무수행실적, 능력, 태도 등에 대한 평가를 서술적인 문장으로 기술하는 방법이다. 정해진 형식, 기준에 따르도록 하는 제한적 서술법과, 평정자 재량에 따라 제한된 형식 없이 기술하도록 하는 자유서술법이 있다.

이는 도표식 평정척도법 등 평정표 사용시 간과될 수 있는 사항이나 추가적 설명이 요구되는 사항들을 포착하는데 유용하여 타 평정방법에 보완적으로 사용할 수 있다는 장점을 가지나, 서술법 사용만으로는 피평정자 간 우열을 비교하기 곤란하고 주관적 서술에서 오는 평정의 신뢰성 결여라는 단점도 있다.

4) 산출기록법(production records)

반복적이고 단순한 업무의 수행실적(산출)을 기록하여 평가하는데 적합한 방법으로 공무원의 근무실적을 수량적으로 평가하는 방법이다.

5) 정기적 검사법(periodic tests)

직무수행의 능률에 관한 검사를 주기적으로 실시하여 근무실적을 평가하는 방법으로 산출기록법과 마찬가지로 반복적인 단순업무 평정에 적합하다. 그러나 검사가 실시되는 특정시기의 생산기록만을 대상으로 하는 점에서 평정과 평정 사이 기간에 걸친 생산실적을 파악하려는 산출기록법과 차이가 있다.

6) 가감점수법(merit and demerit system)

피평정자의 행동 혹은 직무수행에 나타나는 긍정적 요인에 대해서는 가점을 주고 부정적 요인에 대해서는 감점을 주어 이를 합산하는 방법에 해당한다.

7) 사실표지법(check list)

평정자가 평정서에 나열된 일련의 항목을 보고 그 중에서 평정대상자에 해당하는 항목을 체크하여 나가는 방식이다. 일반적으로 항목의 상대적 중요성에 따라 가중치를 부여하여 그 개별항목에 대한 점수를 합산하는 것이 피평정자에 대한 종합적 평가가 된다(가중사실표지법).

나열된 항목들이 행태중심으로 이루어져 구성원에게 개인의 능력개발을 위한 중요한 정보를 피드백 시켜줄 수 있다는 것이 장점이다. 체크리스트법의 변형으로서 비슷한 가치가 있다고 생각하기 쉬운 기술항목들 가운데서 피평정자 특성에 가까운 것을 골라 표시하도록 강제하는 평정방법도 있다.

8) 중요사건기록법(critical incident method)

평정자가 피평정자의 직무분석과 관련된 중요사건을 관찰하고 기록하게 하거나 미리 중요사건들을 열거해놓고 그 중에서 해당하는 것을 표시하게 하는 평정방법에 해당한다. 중요사건기록법은 직무수행의 성패와 직결되는 구체적으로 관찰된 개인의 행태중심으로 평정하여 피평정자의 태도와 직무수행개선 등 개인의 발전을 도모하는 목적에 적합한 방법이고 행태변화를 목적으로 하는 교육 훈련에 대한 중요정보를 제공한다.

9) 행태기준평정척도법(BARS : behaviorally anchored rating scales)

직무분석에 기초하여 직무와 관련된 중요 과업분야를 선정하고 가장 이상적 과업행태로부터 가장 바람직하지 못한 행태까지 각 행태를 서술된 문장으로 평정척도를 구성하여 몇 개의 등급으로 나누고 점수를 할당하여 피평정자의 행태를 가장 잘 설명할 수 있는 난에 체크하도록 하는 방법이다. 즉, 도표식평정척도법과 사실표지법 혹은 중요사건기록법의 장점을 결합시킨 시도라 볼 수 있다.

도표식이 갖는 평정요소, 등급의 모호성, 주관적 판단개입을 보완할 수 있고 평정척도가 관찰 가능한 행태로 명료하게 규정해야 다른 방법에 비해 평정의 타당성과 신뢰성을 높일 수 있다. 또한 평정척도를 구성하고 평정표 개발에 평정자와 피평정자가 참여하기 때문에 이들의 이해와 수용을 촉진한다. 다만 시간과 비용의 소모가 크며 직무가 상이한 경우 평정척도를 따로 만들어야 하는 단점이 있다.

10) 행태관찰척도법(BOS : behavioral observation scales)

BARS와 마찬가지로 피평정자의 행태에 관한 구체적 사건을 기준으로 평정하는 방법이며, 다만 BARS와 달리 사건의 빈도수를 표시하는 척도를 구성하여 BARS와 도표식평정척도법을 혼합한 것으로 볼 수 있다. 특히 BARS의 경우 바람직한 행태와 바람직하지 않은 행태를 척도로 구성하게 되는 상호배타성의 문제를 가지는데 이러한 단점을 극복하고자 하는 기법에 해당한다.

평정결과를 피평정자에게 피드백 시켜줌으로써 조직의 목표에 긍정적으로 기여할 수 있는 개인의 행태변화를 유도할 수 있는 유용한 정보를 제공한다. 다만 도표식평정척도법이 가질 수 있는 연쇄효과의 오류는 BOS에서도 나타날 수 있고 등급과 등급 간 구분이 모호하다는 단점이 있다.

11) 목표관리제(MBO : management by objective) 평정법

목표관리(MBO)의 방법을 근무성적평정에 활용한 것이다. 목표관리란 관리자와 종업원의 참여를 통해 조직의 목표를 명확히 설정하고 그에 따라 과업을 수행토록 하며 활동의 결과물인 목표달성도를 측정하여 평가하고 환류시켜 새로운 목표를 설정하는 연속적인 과정에 해당한다. 목표관리에 입각한 근무성적평정의 중요 요소로는 목표의 명확한 설정, 참여, 환류이다.

뚜렷한 목표설정에 비추어 평정이 용이하고 참여를 통해 의사소통을 개선하는 등 민주적 성격을 가지나, 목표관리제의 성공적 수행을 위해서는 측정 가능한 구체적 목표를 설정하여야 한다. 그러나 행정부문에 있어서는 구체적이고 가시적인 목표설정이 쉽지 않으므로 개인 특수성과 능력을 반영한 목표를 설정하기 때문에 피평정자 간 비교가 어렵다는 게 단점이다.

2 평정책임에 따른 분류

1) 감독자 평정과 부하 평정법

평정대상자의 상관인 감독자가 평정하는 것으로 전통적으로 사용되는 평정방법에 해당한다. 부하평정법은 반대로 부하들이 상관을 상향적으로 평정하는 역평정에 해당한다.

2) 자기평정법과 동료평정법

자기평정법은 피평정자 스스로 자신에 대해 평가할 수 있는 기회를 부여하여 반성의 기회를 제공하고, 참여 동기를 유발하며, 근무성적평정에 대한 이해와 수용성을 높일 수 있다. 또한 평소 감독자가 모르거나 간과하고 있던 사실을 상기시킴으로서 상하 간 이해증진에 도움이 된다. 동료평정법은 피평정자와 대등한 위치에 있는 동료들이 평정함으로써 단독평정의 방법으로부터 올 수 있는 편견을 견제할 수 있는 방법에 해당한다.

3) 다면평정법(다면평가제) : 360도 평가제

(1) 의의

근무성적평정에 감독자, 본인, 부하, 동료 및 고객 등 다양한 사람을 평정자로 활용하여 객관성과 공정성이 있는 평가를 추구하고자 하는 집단적 평정방법에 해당한다. 다면평가제의 장점은 다음과 같다.

첫째, 공정하고 객관적 평가가 가능하여 평정결과에 대한 수용성을 높일 수 있다.

둘째, 피평정자의 직무수행을 관찰할 수 있는 여러 사람들이 참여하여 평정에 대한 관심도를 높일 수 있다.

셋째, 상관 한 사람에게 집중되는 충성심의 방향을 다원화하고 고객·국민 중심적인 행정을 수행하여 대응성을 향상시킬 수 있다.

넷째, 단독평정에서 나타날 수 있는 편견을 예방할 수 있다.

다섯째, 보다 정확한 평정결과의 환류를 통해 피평정자의 동기를 유발시킬 수 있다.

여섯째, 관리 감독자의 리더십 개선에 기여할 수 있다.

(2) 단점

첫째, 다면평가가 일종의 인기투표로 변질될 경우 평가 신뢰성과 공정성의 확보가 어렵다.

둘째, 업무목표의 성취보다 원만한 대인관계 유지에 급급한 행태적 성향을 조장할 수 있다.

셋째, 근무성적평정이 불쾌감과 스트레스 요인으로 작용하여 감시와 통제망이 확대된다는 생각에 공직 내부 분위기가 경색될 수 있어 사기저하요인으로 작용한다.

넷째, 평가자들의 유동성이 심하여 평가신뢰성을 저하시킨다.

다섯째, 상관이 부하직원의 평가를 받는데 친숙하지 않은 권위적이고 계서적인 행정문화로 인해 평가의 실효성이 떨어질 수 있다.

3 평정방법 선택시 고려사항

평정방법의 타당성과 신뢰성을 갖춰야 될 뿐만 아니라 평정방법의 구체적 효용성을 염두에 두고 평정방법을 선택해야 한다.

1) 조직 실정에 맞는 평정방법

평정방법이 평정의 구체적 목표와 조직 내의 여건에 적합해야 한다. 공무원의 인적구성, 보상체계 등 인사관리체제의 성격, 근무성적평정에 대한 조직 구성원의 인지도와 이해도 등이 충분히 고려되어야 한다.

2) 평정목적 고려한 평정방법 선택

상벌 결정, 개인능력의 발전을 위한 환류, 승진결정 등에 있어 기준제공을 위해 개인 간 상대적 비교 등, 여러 가지 목적의 차이에 따라 이에 적합한 평정방법을 선택해야 한다.

Ⅳ. 근무성적평정의 운영과 오류

1 근무성적평정의 운영

1) 근무성적평정의 목표

소극적이고 통제적인 것으로부터 보다 발전적인 방향으로 발전되어 왔는데, 근무성적평정의 목표가 초기에는 실적을 보수체계에 연결 짓고 이러한 수단으로 피평정자의 직무수행을 통제하려는 것이었다. 또한 근무성적평정결과를 승진, 배치전환 등 인사관리의 기준으로도 활용하였다. 아직도 이러한 근무성적평정의 용도와 역할은 여전히 유효하다. 하지만 최근에는 근무성적평정이 가지는 적극적이고 발전적인 목표로서 피평정자의 동기유발과 직무몰입, 바람직한 행태를 적극적으로 유도하여 행정발전에 기여하고자 하는 것이 더욱 강조되고 있다.

2) 평정자

평정자는 평가의 주체로서 평정결과에 직접 영향을 미친다. 조직상 책임을 지는 상위감독자와 차상위감독자가 평정자가 되는 것이 일반적이나, 평정이 보상과 상벌의 목적에만 국한되지 않고 개인의 능력발전과 관련 있는 경우 상관 외에도 동료, 부하, 고객으로서의 시민 등이 평정자가 되기도 한다. 근무성적평정에서 주관적 요소의 개입을 최소화하기 위해서는 사전에 평정자를 대상으로 교육을 실시하여 평정의 목적과 내용을 숙지시키고 기술적 방법에 대한 것을 이해시켜야 한다.

3) 피평정자

평정대상자 범위 선정시 근무성적평정대상에 포함시킬 공무원의 범위를 정하는 문제와 어느 계급까지의 공무원을 포함할 것인가의 문제이다. 전자는 평정의 목적과 관련 있고, 후자는 평정요소를 어떻게 설정할 것인가의 문제이다. 근무성적평정이 인사관리의 기준이나 보수결정에 활용될 경우 대개 실적주의가 적용되는 공무원에 한정되는 것이 타당할 것이다. 평정제도는 초기에는 하급직원의 평가도구로 사용되었으나 점차 고위관리직, 전문직위까지 평정대상이 확대되어가고 있다.

일반적인 근무성적평정은 5급 이하 일반직 및 기능직공무원, 연구사 및 지도사가 대상이 된다. 그리고 4급 이상 공무원(고위공무원단에 속하는 일반직공무원을 포함한다) 및 연구관·지도관에 대한 근무성적평정은 성과계약평가에 의한다.

4) 평정요소

① 평정요소 선정시 주의할 사항

조직전체 목표달성에 공헌하고 성공적인 직무수행과 밀접한 관계가 있는 것이어야 한다. 또한 개인적 특성의 경우 평정요소가 명확히 이해되도록 구체적으로 관찰 가능한 행태를 평가기준으로 삼아야 한다. 마지막으로 평정요소 간 의미의 중첩을 피하여 정확한 평정이 되도록 한다.

② **평정요소**

평정요소는 크게 실적과 관련된 것과 사람과 관련된 것으로 나눌 수 있다. 실적 중심의 평정요소는 객관적이고 과업목표중심의 평가를 가능하게 한다. 따라서 공정한 보상 결정과 조직 효과성을 높이는데 기여할 수 있다. 또한 평정이 과거의 실적 평가와 상벌 결정에만 그치지 않고 개인의 능력발전의 도구로 사용되므로 잠재적 직무수행 능력과 태도도 평가의 중요 기준이 된다. 현재 한국은 평정요소를 근무실적 및 직무수행능력으로 하되, 소속장관이 필요하다고 인정하는 경우에는 직무수행태도를 평가항목에 추가할 수 있다.

5) 평정과정

평정과정은 다음과 같다. ① 업무목표설정 및 추진실적기재 → ② 근무성적평정 → ③ 평정단위별 서열명부 작성 → ④ 근무성적평정표 작성 → ⑤ 근무성적평정결과의 보고 → ⑥ 승진후보자의 명부 작성.

6) 평정시기

평정시기는 피평정자의 근무실적을 종합하여 판단하고 근무성적평정서를 작성하는 시기를 의미하며, 평정횟수(빈도) 즉 평정을 얼마나 자주할 것인가에 의해 영향 받는다. 대개 정기평정은 1년에 2회 내외로 하는 게 일반적이며 평정회수가 잦을수록 평정상 오류를 줄일 수 있는 장점이 있다. 그러나 과잉평정으로 업무수행의 안정성을 해치고 평정이 소홀해지기 쉬우며 사기를 저하시킬 수도 있다. 평정회수가 적은 경우 평정결과의 효용이 떨어질 수 있다.

7) 평정결과의 조정

평정결과를 확정짓기 이전에 조정절차를 두어 평정상 과오와 불균형을 시정하는 수단이다. 즉 평정의 공정성을 확보하기 위해 평정자의 평정성향 또는 평정도구로 인한 오류를 제거하고 평정자로 인한 편차를 조정할 필요가 있다. 조정을 허용할 때 어느 정도의 범위까지 인정할 것인가가 문제되는데, 조정을 통해 평정상의 오류와 불균형을 시정할 수 있어야 되지만 1차 평정자의 평정을 존중해야 할 필요성도 있다. 명백한 사실누락, 평정자 간의 현격한 편차, 피평정집단 간 불균형이 있을시 조정을 허용함으로써 제한적으로 운용되어야 하고, 조정자의 전횡을 막기 위해 조정의 범위와 기준을 명확히 하는 것이 필요하다.

8) 평정결과의 공개와 참여

평정결과의 공개여부에는 찬반 논란이 있다. 먼저 찬성론 입장은 다음과 같다. 첫째, 자신에 대한 평가의 내용을 알고 반성을 통하여 자기발전을 꾀할 수 있다. 둘째, 평정결과가 공개되어 평정의 공정성을 확보할 수 있다. 셋째, 근무성적평정결과 공개는 인사행정의 투명성 원칙에 부합한다. 넷째, 평정결과를 공개하고 상담이나 면접을 통하여 진지한 대화의 기회를 제공하고 의사소통을 원활히 하여 인간관계 개선에 도움이 된다.

반면, 반대론 입장은 다음과 같다. 첫째, 평정결과 공개시 평정자와 피평정자 간 잠정적인 갈등관계를 야기한다. 둘째, 관대화, 집중화 경향 등을 부채질하여 공정한 평가를 저해한다. 셋째, 실적의 공개가 오히려 사기저하나 근무의욕을 떨어뜨리는 결과를 야기할 수 있다. 넷째, 공개는 반드시 소청 등의 방법으로 이의를 제기할 수 있는 기회를 수반해야 하지만 이러한 이의제기 절차가 실효를 거두기 어려운 상황에서는 결과공개가 무의미해진다.

이렇게 평정결과의 공개 여부에 대해서는 논란의 여지가 있지만, 한국에서는 근무성적평정 결과를 공개하고 있으며, 이에 대해 이의가 있는 경우 이의신청까지 할 수 있다. 즉, '공무원 성과평가 등에 관한 규정'에 의하면, 공무원은 근무성적평정이 완료되면 평정 대상 공무원에게 해당 근무성적평정 결과를 알려주어야 하며(공무원 성과평가 등에 관한 규정 제21조 제1항), 근무성적평정 대상 공무원은 평가자의 근무성적평정 결과에 이의가 있는 경우에는 확인자에게 이의를 신청할 수 있다(공무원 성과평가 등에 관한 규정 제21조 제3항). 또한 이의신청 결과에 불복하는 공무원은 근무성적평가위원회에 근무성적평가 결과의 조정을 신청할 수 있다(공무원 성과평가 등에 관한 규정 제21조 제6항).

9) 평정과정에의 참여 제도화

근무성적평정과정의 참여는 소극적인 의미의 참여와 적극적인 의미로서의 참여로 나눌 수 있다. 소극적인 의미로서의 참여는 평정결과에 대한 소청을 허용하는 것이다. 적극적인 의미로서의 참여는 평정계획 입안 단계에서부터 평정자와 피평정자 간 평정상담의 기회를 제공하는 것을 의미한다. 즉, 근무성적평정의 평정자와 피평정자 간의 참여적이고 협동적인 과정이 되어야 함을 의미한다.

2 근무성적평정상의 오류

근무성적평정 과정에서 발생할 수 있는 오류를 최소화해야 한다. 근무성적평정과정의 오류는 대체로 근무성적평정방법과 평가자에 기인하므로 근무성적평정방법의 개선과 평가자 교육 훈련을 통하여 오류 발생 가능성을 최소화할 수 있을 것이다. 근무성적평정 과정에서 발생하는 오류로는 다음과 같은 것들이 있다.

1) 후광효과와 경적효과

후광효과(halo effect)는 한 근무성적평정 요소에 대한 평가자의 판단이 연쇄적으로 다른 요소의 근무성적평정에 긍정적인 영향을 주는 현상을 말한다. 예컨대 피평가자의 인상이 좋다면 독창성이나 리더십 등 전혀 성격이 다른 요소의 측정에도 영향을 미쳐 좋은 점수를 부여하게 되는 현상을 말한다. 후광효과를 연쇄효과라고도 한다.

그리고 후광효과와 반대되는 개념으로, 한 요소에 대한 평가자의 판단이 다른 요소의 근무성적평정에 특히 부정적인 영향을 주는 현상을 경적효과(horn effect)라고 한다.

2) 집중화 경향

집중화 경향(central tendency)은 평가자가 피평가자들에게 대부분 평균치 정도의 점수를 주는 심리적 경향을 말한다. 즉 평가자가 아주 높거나 아주 낮은 점수를 주는 것을 피하는 경향성을 말한다. 이러한 집중화 경향은 피평가자를 잘 모르거나 집단적 유대 때문에 부하직원들의 평가에 심리적 부담을 느끼는 평가자가 면피수단으로 피평가자들에게 중간정도의 점수를 줄 때 나타나는 현상이다. 집중화 경향의 오류를 피하기 위해서는 강제배분법이나 상대평가 등을 적용할 수 있다.

3) 관대화 경향과 엄격화 경향

관대화 경향(tendency of leniency)이란 근무성적평정 결과의 분포가 우수한 쪽에 집중되는 경향을 말한다. 반대로 근무성적평정 결과의 점수 분포가 낮은 쪽에 집중되는 경향을 엄격화 경향(tendency of strictness or severity)이라 한다. 이러한 관대화 경향 및 엄격화 경향의 폐단을 막기 위해서는 집중화 경향에서와 마찬가지로 강제배분법이나 상대평가 등을 활용할 수 있다.

4) 규칙적 오류와 총체적 오류

규칙적 오류(systematic or constant error)란 어떤 평가자가 다른 평가자들 보다 언제나 후한 점수 또는 나쁜 점수를 주는 것을 말한다. 총체적 오류(total error)란 평가자의 근무성적평정 기준이 일정치 않아 관대화 및 엄격화 경향이 불규칙하게 나타나는 경우를 말한다.

5) 시간적 오류

시간적 오류(recency error)란 주로 최근 실적이나 최근에 보여준 능력을 중심으로 평가함으로써 발생하는 오차이다(긍정적 혹은 부정적 오차). 근무성적 근무성적평정은 대개 연2회 근무성적을 평가하도록 되어 있다. 하지만 전체 기간의 근무성적을 냉정히 종합하여 근무성적평정하지 못하고 초기 또는 최근의 근무성적에 대한 인상을 가지고 근무성적을 평정하는 경향을 흔히 볼 수 있다. 시간적 오류는 다시 '첫머리 효과(primacy effect)'와 '막바지 효과(recency effect)'로 나눌 수 있는데, 전자는 초기의 실적에 크게 영향 받는 현상인 반면 후자는 최근의 실적에 크게 영향 받는 현상을 지칭한다(강성철 외, 2014).

6) 선입견에 의한 오류

선입견(personal bias or prejudice)에 의한 오류는 근무성적평정의 요소와 관계가 없는 인구

통계적 요소(나이, 성별, 출신학교, 출신지, 종교, 인종 등) 등에 대해 평가자가 갖고 있는 편견이 근무성적평정에 영향을 미치는 것을 의미한다. 근무 연한이 긴 선임자에 대하여 후한 평가를 하고자 하는 '근속 연한(length of service)의 오류'도 일종의 선입견에 의한 오류이다(강성철 외, 2014).

7) 복제 오류

평가자와 비슷한 행태를 하거나 비슷한 성격을 가진 피평가자에게 호의적인 평가를 하게 되는 오류를 복제 오류(clone error)라 한다.

8) 대비 오류

평가자는 피평가자의 근무성적을 아무런 사심 없이 일정한 기준에 의해 평가해야 한다. 하지만 평가자가 평정자를 평가하면서 평가자 자신과 대비하여 평가할 때 발생하는 오류를 대비 오류(contrast error)라 한다.

Ⅴ. 한국의 근무성적평정제도

한국의 현행 근무성적평정제도는 전 직급공무원을 대상으로 하되 4급 이상 공무원은 "성과계약평가"에 의한다. 그리고 5급 이하 공무원을 대상으로는 근무성적평가제를 실시하는 이원화된 제도로 운영되고 있다.

1) 4급 이상 공무원의 근무성적평정("성과계약 등 평가")

1급부터 4급까지 공무원을 대상으로 하는 근무성적평정제도인 성과계약 등 평가는 장 · 차관 등 기관책임자-실 · 국장, 실 · 국장-과장 간에 공식적인 성과계약(Performance Agreement)을 체결하여 성과목표 및 지표 등에 관하여 계약을 맺고 이에 의해 개인의 근무성적을 평가하고, 평가결과를 성과급, 승진 등에 반영하는 인사관리시스템을 말한다.

2) 5급 이하 공무원의 근무성적평정("근무성적평가")

5급 이하 공무원에 대하여는 평정 대상기간 동안의 근무실적과 직무수행능력(소속장관 재량에 따라 직무수행태도 포함가능)에 대한 근무성적평정을 실시한다. 정기평정과 수시평정으로 나누어 정기평정은 연 2회(6월30일, 12월31일 기준) 실시되며 수시평정은 정기평정 후 조정사유가 발생할 경우에 실시된다.

평가자는 확인자와 협의하여 평가 대상 기간 중 평가 대상 공무원의 근무실적과 직무수행능력 등을 고려하여 평가 단위별로 평가 대상 공무원의 근무성적을 평가하되, 평가 대상

공무원의 성과 목표 달성 정도 등을 고려하여 평가하여야 한다(공무원 성과평가 등에 관한 규정 제16조 제1항). 또한 상대평가법을 적용하여, 평가등급의 수는 3개 이상으로 하며, 최상위 등급의 인원은 평가 단위별 인원수의 상위 20%의 비율로, 최하위 등급의 인원은 하위 10%의 비율로 분포하도록 평가한다. 다만, 소속 장관이 필요하다고 인정하는 경우에는 최상위 또는 최하위 등급의 분포비율을 달리 정할 수 있다(공무원 성과평가 등에 관한 규정 제16조 제 2항).

Ⅵ. 근무성적평정제도의 문제점과 개선방안

1 문제점

1) 평가자와 확인자의 문제

첫째, 근무성적의 평가자는 평가대상 공무원의 업무수행 과정 및 성과를 관찰할 수 있는 상급 및 상위 감독자 중에서, 확인자는 평가자의 상급 또는 상위 감독자 중에서 각각 소속장관이 지정하는 자를 말한다. 그러나 2차 평가자라고 할 수 있는 확인자는 평정대상자에 대한 관찰의 기회가 평가자보다 훨씬 부족한 상황이다. 따라서 확인자는 조정이 필요한 경우에 평가자와 협의하여야 할 것이다.

둘째, 타인에 대한 공식적 평가를 꺼리거나 나쁜 평가를 공식화하는 것을 싫어하는 온정적 행정주의 문화와 관대화 경향이 근무성적평정의 내실 있는 운용을 제약한다.

셋째, 평정에 대한 평정자 훈련부족으로 동 제도의 중요성 인식, 평정방법의 구체적 이해가 선행되지 않는다. 그리고 적절한 동기부여 없이 모호한 평정요소에 관한 평정에서 평정오류를 범할 가능성이 높고 평정의 효용성을 살리지 못하게 한다. 특히 평정자가 평정과정에서 범하기 쉬운 오류유형과 예방조치에 대해 훈련이 부족하다.

2) 평정요소의 문제

평정요소 선정에 있어 선정 이유와 목표가 불분명하다. 즉 직무수행실적이나 조직효과성과의 관련성이 규명되지 않은 채 직무분석이 아닌 전문가 판단이나 직관에 의해 결정되고 평정점수에 작용하는 주관적 판단과 편견이 문제된다. 또한 근무성적평정적용의 범위가 넓어 평정요소 선정이 일반적이고 추상적일 수밖에 없다 각 직급과 부서 특성에 맞는 구체적이고 적실성 있는 평정요소 선정 노력이 부족하다. 각 부처가 근무실적 및 직무수행능력에 대한 세부 평가요소를 이제는 자율적으로 선정할 수 있으므로 보다 적극적으로 부처 실정에 맞는 방향으로 제도를 개선할 필요가 있다.

3) 근무성적평정 목표의 모호성

근무성적평정 목표에 관한 공식적 규정이 모호하고 목표분화에 따른 평정의 체계적 분화가 이루어져 있지 못해 공무원능력발전, 인사관리의 합리화 등 적극적 측면보다 승진, 성과급 결정 등 소극적인 통제목적으로 주로 이용된다.

4) 평정의 낮은 타당도, 신뢰도, 객관도

평정모형과 평정과정에 내재될 수 있는 연쇄효과, 집중화경향, 관대화 경향 등 평정상 오류와 착오, 평정자 훈련 및 인식 부족, 형식적으로 치우칠 가능성 있는 확인자의 평정책임, 지나치게 일반화된 평정요소, 그리고 역산제적 운영 등 연공서열과 정실에 의한 인사운용 관행은 평정의 타당도와 신뢰도, 객관도를 저해한다. 여기서 '역산제(逆算制)'란 연공서열에 따라 실질적으로 평정을 한 다음, 사후에 형식적으로 평정을 하는 관행을 말한다.

5) 성과계약평가에 의한 근무성적평정의 문제

한동안 목표관리제에 의한 평가를 하다가 목표관리제를 대신하여 성과계약평가제도가 4급 이상 공직자를 대상으로 새로운 평가제도로 자리 잡게 되었다. 그러나 성과계약평가 제도 역시 계서적, 집권적, 하향적인 우리의 행정문화와 충돌을 일으키고 있고, 정부부문에서 성과계약평가제도가 추구하는 측정 가능한 목표설정 또한 용이하지 않다. 그밖에 행정사무분장이 직무중심으로 이루어져야 하나 오랜 계급제적 전통에 의해 사람중심으로 운영되어 성과계약평가제적 근무성적평정을 운영하는데 아직도 여전히 많은 한계가 있다.

2 발전방향

1) 평가에 대한 패러다임의 근본적 전환

근무성적평정이 인적자원의 효율적 관리, 인사행정 합리화 도구로 활용되도록 하기 위해 종래 연공서열식 인사관행과 평가, 통제지향적 평가, 비공개원칙에서 능력중심, 공무원 개인의 능력발전과 육성, 공개원칙으로 전환이 요구된다. 또한 근무성적평정이 단기적이고 과거지향적 성격에서 장기적이고 미래지향적 성격으로 변모될 것이 요구된다.

2) 성과계약제적 근무성적평정의 개선방안

첫째, 성과계약에 의한 근무성적평정의 중요요소로서 성과목표를 명확하게 설정, 참여, 환류라는 요건에 충실해야 하고 이러한 방향으로 제도가 개선되어야 한다.

둘째, 사람들이 높은 수준의 성과목표를 설정하는 것을 회피하고 계량화가 가능한 업무에만 주력하게 만드는 성과목표의 하향평준화 경향을 교정하는 방안을 마련해야 한다.

셋째, 직무중심의 행정사무 분장이 이루어져야 성과계약제 근무성적평정이 효과를 거두기 때문에 계급제적 전통에서 벗어나 직무중심의 직위분류제 정착이 요구된다.

3) 근무성적평정제도의 개선

① 목표명료화

근무성적평정의 목표를 구체적이고 명료하게 규정하여 근무성적평정이 형식주의로 흘러가는 것을 막고 상벌위주의 소극적이고 통제적인 목적에서 개인의 능력발전과 장기적인 인재육성에 부합하는 적극적 목적으로 나아가야 한다.

② 평정자 교육 훈련 통한 평정의 타당성과 신뢰성확보

평정방법을 올바르게 이해시키고 작성하는 방법의 교육 훈련이 필요하다. 나아가 평정결과를 활용하여 피평정자에게 직무수행 동기를 부여할 수 있는 방법 및 성공적 직무수행을 유도하고 조직전체의 목표달성과 연계시킬 수 있는 방법의 훈련이 요구된다. 또한 평정자에게 평정의 중요성을 인식시켜 평정에 세심한 주의를 기울이도록 할 필요가 있다.

③ 평정방법 개선

평정이 갖는 목적과 부합되게 평정방법이 설계되어야 한다. 즉, 평정요소와 평정척도를 명확히 정의하고 직무수행실적 및 생산성 측정, 개인능력발전 및 동기부여 혹은 개인의 행태변화목적 등 다양한 목적에 따라 평정방법이 분화되어야 한다.

④ 다면평가제의 내실 있는 운용

360도 평가제가 갖는 적극적인 순기능을 살려 보완적인 평정방법으로 운영하여 평가의 공정성 시비를 제거하고, 계서적이고 관료주의적 조직문화를 보다 다원화된 민주적인 분위기로 전환할 필요가 있다.

논평

이 주제에는 중요한 작은 토픽들이 많이 포함되어 있다. 무엇보다도 현행 근무성적평정의 문제점과 발전 방안을 제시할 수 있어야 한다. 일반직 공무원의 경우 과거 목표관리제식의 성과평가로부터 현재에는 ①고위공무원 및 4급 이상에게 적용되는 '성과계약 등 평가', ②5급 이하에게 적용되는 '근무성적평정'이라는 이원적 구조를 띠고 있음을 이해하라. 한국정부의 근무성적평정제도와 관련하여 보다 구체적인 법률적 사항을 참고하거나 확인하려면 대통령령인 〈공무원 성과평가 등에 관한 규정〉을 참조하라.

I 새 테마 행정학 I

11. 교육 훈련

Ⅰ. 교육 훈련의 의의

1 개념

교육 훈련(education and training)은 공무원의 직무능력을 향상시키려는 활동으로서 근본적으로 행정 목표달성에 기여할 수 있는 지식, 기술, 태도, 가치관의 변화를 촉진하는 계획적 노력에 해당한다. 이때, 교육(education)과 훈련(training)은 서로 구별되는 개념이다. 즉 교육이 직무수행 전반에 걸쳐 지식이나 가치관을 변화시키는 것이라면, 훈련은 현재 담당하고 있는 구체적 직무수행에 필요한 지식이나 기술을 향상시키는 것이다. 하지만 오늘날 양자를 구별하지 않고 혼용하여 사용하는 경향이 많다.

2 목표 및 중요성

1) 일반적 목표

가장 기본적인 목표는 공무원의 능력향상(직무가 요구하는 능력과 개인의 자격, 능력 사이의 갭을 메워나가기 위하여 훈련이 필요)을 통하여 조직의 통합성과 생산성을 높이는 것이다.

즉, 훈련을 통하여 공무원의 직무수행을 개선하고 조직의 여러 문제들을 해결하는데 기여함으로써 조직의 생산성 향상을 촉진한다.

2) 교육 훈련의 중요성

① 타 인사활동과의 관계

직무분석을 통한 정보나 근무성적평정은 교육 훈련의 수요를 조사하는데 귀중한 자료가 된다. 그리고 교육 훈련 과정과 내용, 성과에 대한 평가과정은 직무만족과 동기부여의 효과를 낳으며, 승진이나 보직이동 등에 중요한 자료가 된다.

② 조직차원에서의 효용

근무실적 개선과 태도, 인식의 변화를 유도하여 행정서비스에 대한 국민만족도를 높이며 서비스의 질적인 향상을 꾀할 수 있다. 또한 인사관리업무의 신속한 운용과 인적자원의 적재적소 배치를 가능하게 하며 잘 훈련된 공무원은 조직차원에서 통제와 조정의 비용을 줄여준다.

③ 개인적 차원

교육 훈련은 공무원의 능력향상을 도와 근무의욕을 고취시키며 장래의 경력발전을 위해 준비할 수 있는 기회를 제공한다. 특히 교육 훈련이 현대적 필요에 의해서만이 아니라 공무원의 자기실현욕구와 성장욕구를 충족시켜 장기적인 자기발전을 추구하려는 동기를 유발시킨다.

3 성공조건

1) 교육 훈련 수요조사의 정확성

교육 훈련의 수요조사(needs assessment)가 정확히 파악되어야 그러한 수요(needs)에 대응한 적실성 있는 교육 훈련 내용이 마련될 수 있다.

2) 피훈련자의 저항극복과 고위층의 관심과 지지

공무원의 성향이 변동 저항적인 경우 교육 훈련에 대한 저항이 발생할 수 있기 때문에 정부조직 내에 변혁적 · 개혁적 분위기가 조성되어야 한다. 또한 정치 · 행정적 리더십 및 계선관리층의 확실한 지지가 요구된다.

3) 교육 훈련의 명확한 목표와 비전 설정

조직의 장기적인 목표에 부합되도록 구체적이고 명확한 훈련사업의 목표가 설정되어야 하고 이에 따른 계획입안과 시행에 필요한 시간과 자원을 충분히 투입해야 한다.

4) 학습촉진의 원리와 학습의 전이

학습촉진의 원리(사람들이 가장 효율적으로 배울 수 있는 방법을 알려주는 가이드라인)를 잘 반영할 경우에 효율적인 교육 훈련이 될 수 있다. 즉 피훈련자의 학습동기, 참여에 대한 유인이 제공되며 반복과 실습, 환류가 강조된다. 또한 학습의 전이(훈련에서 학습한 것을 조직생활의 실제에 적용)를 촉진하기 위해 적합성 있는 훈련의 설계와 실제 직무상황과 유사한 훈련의 상황적 조건 설계 등이 요구된다.

Ⅱ. 교육 훈련의 종류

1 기초훈련

주로 신규 채용된 공무원을 대상으로 실시되는 훈련으로서 어떤 직위의 직책을 담당하기 전에 받는 적응훈련에 해당한다. 즉 낯선 조직분위기 때문에 위축되지 않도록 도와주고 조직 전체의 업무상황 및 담당직무의 구체적 내용을 습득하게 하여 신규채용자의 조직적응력과 업무파악능력을 돕고자 하는 것이다.

2 정부의 고유 업무에 대한 훈련

직무내용이 정부에만 고유한 것이어서 신규채용 이전 그러한 직무에 대한 경험이나 교육이수가 전무한 경우에 실제 직무를 담당하기 전에 일정한 훈련을 받도록 하는 것이다. 경찰관 채용시 일정기간 경찰학교에 입교하여 훈련을 받게 하는 것이 이러한 예이다.

3 직무수행 개선을 위한 훈련

재직자 훈련의 주축을 이루는 것으로서 공무원이 현재 담당하는 직무를 효율적으로 수행할 수 있도록 능력을 계속 발전시키거나 직무수행의 변화에 따른 새로운 지식과 기술을 습득하기 위한 훈련에 해당한다.

4 관리자 훈련

관리층 공무원의 관리능력 즉 정책결정과 리더십 발휘에 필요한 능력을 향상시키려는 훈련이다. 이때, 관리자 훈련의 대상이 다른 공무원은 고급관리자와 그 후보자들이며 관리자에게는 예리한 판단력과 논리적 사고를 할 수 있는 지적 능력이 있어야 한다. 또한 관리업무에 필요한 지적능력과 뛰어나 리더십이 요구된다. 근래에는 변혁적 리더십과 탁월한 변동관리능력이 요구된다.

5 윤리성 훈련

가치관 내지 태도의 발전적 변화를 모색하는 훈련과정으로서 이것은 공직윤리와 그 행동규범을 공무원에게 체득시키는 일종의 정신훈련에 해당한다.

6 공무원의 유용성 확대훈련

공무원이 맡은 직무에 직접적으로 필요한 지식과 기술이 아니더라도 공무원으로서 갖추는 것이 바람직한 장래 필요한 능력의 향상을 목적으로 하는 것이다. 이러한 훈련의 범주에는 조직에 대한 적응성을 높이는 훈련, 감독능력의 향상을 위한 감독자 훈련, 장래 경력발전이나 승진에 대비하는 훈련 등이 포함된다.

Ⅲ. 교육 훈련과정 운영

1 교육 훈련 계획의 수립

계획수립단계에서는 훈련수요를 확인하고 훈련의 목적을 설정하며 훈련사업의 내용과 방법을 결정하는 훈련업무의 편성과정에 해당한다.

1) 훈련 수요조사

(1) 의의

훈련계획수립의 출발점으로서 어느 공무원에게 어떤 내용의 교육 훈련을 시킬 것인지를 정확하게 측정하는 과정이다. 이러한 수요조사(needs assessment)가 선행되어야 훈련내용, 방법, 훈련대상자 선정의 적정을 기할 수 있으며 훈련의 기대효과를 명시하고 훈련의 효과 평가의 기준을 제시하는 등 교육 훈련의 효과성을 확보할 수 있다. 결국 교육 훈련 수요조사는 개개인이 어떤 훈련을 받아야 하는지를 확인하기 위한 과정에 해당한다. 또한 교육 훈련 수요란, 직무가 요구하는 지식, 기술, 능력, 태도와 이들 요소에 대해 현재 공무원이 갖고 있는 상태의 차이를 의미한다. 즉, 직책이 요구하는 자격과 공무원의 현재 자격 사이의 갭을 의미한다.

(2) 훈련 수요조사의 과정

① 훈련수요조사의 목표설정, ②수집한 자료의 결정, ③자료수집방법의 결정과 자료의 수집, ④자료의 분석, ⑤훈련의 우선순위 결정과 최종보고서 작성과 같은 단계를 거쳐 이루어진다.

2) 훈련계획의 입안

필요한 자료의 수집과 분석에 의해 판단기초가 마련되면 훈련계획 내용을 입안하게 되는데 교육 훈련 프로그램의 개발과정에 해당한다. 즉, 계획수립단계에서 훈련사업 프로그램의 기본목표를 설정하고 프로그램의 구체적 내용을 결정한다.

2 교육 훈련의 실시

1) 교육 훈련의 방법

교육 훈련 실시단계에서는 어떤 방식으로 교육 훈련을 실시할 것인지 결정하는 문제가 중요한 과제이며 그 방법의 선택에 따라 교육 훈련 효과도 상이하게 나타날 수 있다.

① 현장훈련(OJT: on the job training)

피훈련자가 직무를 수행하는 과정에서 경험을 쌓고 지도받게 하는 방법으로 감독자와 동료들의 도움이나 상관의 실무지도를 통해 직무수행에 관련된 기술을 습득해나가는 과정이다.

즉, 우호적인 분위기속에 형식의 엄격성을 탈피하여 지도, 조언, 답변, 격려 등을 통하여 부하의 변화를 유도한다.

② 순환보직(rotation)

여러 분야의 직무를 경험하도록 계획된 순서에 따라 직무를 순환시켜 공무원의 거시적 안목을 넓히고자 하는 일반행정가 원리에 부합되는 훈련방법이다.

③ 실무수습(internship)

제한된 기간 동안 임시로 고용되어 조직의 전반적인 구조, 문화, 과정에 대한 이해를 돕고 일정 업무의 실습을 통해 경험할 수 있는 기회를 부여하는 방법

④ 시찰(observation)

피훈련자가 알아야 될 일이 실제로 행해지고 있는 현장에 나가 관찰하는 방법이다.

⑤ 강의(lecture)

전통적으로 가장 오래되고 보편적으로 사용되어온 훈련방법으로 다수 인원을 대상으로 동일한 정보를 체계적이고 논리적으로 전달 가능하나 정보의 흐름이 일방적이라는 한계를 가진다.

⑥ 회의 및 토론(conference)

쌍방 간 정보를 직접 주고받는 과정으로서 진행자가 참여자에게 주제를 부여하고 자유로

운 발표나 토론을 유도한다.

⑦ **분임연구(syndicate)**

영국에서 관리자 훈련을 위해 개발한 집단적 과제연구의 한 형태로서 피교육자들을 10명 내외 분반으로 편성하고 분반마다 연구과제가 주어져 분반원들은 공동토론을 통해 과제해결 방안을 모색하며 연구결과에 대해 보고서를 작성한다. 그리고 피훈련자 전원이 참석한 자리에서 연구결과를 발표하고 발표에 이어서 비판과 토론이 진행되는 방식을 의미한다.

⑧ **사례연구(case study)**

실제 조직에서 경험한 사례 혹은 가상의 시나리오를 가지고 이에 대해 토론하는 과정에서 문제해결방식을 찾는 과정에 해당한다. 사례연구는 집단적으로 진행되어 사례내용을 미리 검토한 후 문제점과 해결방안을 자유롭게 토론하며 이런 과정을 통해 거기에 내포된 원리를 스스로 터득하게 한다.

⑨ **역할연기(role play)**

어떤 사례나 사건을 피훈련자들이 연기로써 보여준 다음 그에 관해 토의하는 것을 의미한다. 주로 실제 근무상황속의 특정역할(상관에게는 부하역할을, 부하에게는 상관역할을 부여), 즉 자신과 반대되는 역할연기를 이행함으로써 인간관계 개선이나 태도변화를 유도하고 상대방에 대한 이해를 돕고자 하는 방법이다.

⑩ **감수성훈련(sensitivity training)**

지식, 기술 변화가 아니라 태도와 행동의 변화를 통해 대인관계의 기술을 향상시키려는 것이 주된 목적에 해당한다. 즉 자기 자신과 다른 사람에 대한 자각과 감수성을 향상시키고자 비정형적인 상호작용과정을 통해 자신의 모습을 표출하고 자기 자신이 어떤 사람이며 다른 사람에 대한 태도는 어떤 것이어야 하는지를 터득하는 훈련방법이다. 감수성 훈련에서는 자연스럽게 감정을 주고받을 수 있는 분위기 조성이 중요하며 이 방법을 통하여 타인에 대한 편견을 줄이고 개방적 태도를 취하는 훈련효과를 가져올 수 있다.

⑪ **모의연습(simulation)**

피훈련자가 업무수행 중 직면하게 될 특정상황을 인위적으로 꾸며놓고 피훈련자가 거기에 대처하도록 하는 것이다.

2) 훈련방법 선택시 고려사항

훈련방법은 훈련목표와 내용에 적합한 것이어야 하며, 피훈련자의 능력, 경험, 지위에 따라 적합한 훈련방법을 선택해야 한다. 또한 훈련방법의 선택시 비용효과를 고려해야 한다.

3) 훈련에 대한 저항

① 저항의 원인

공무원 집단의 저항과 비협조는 훈련사업 수행에 큰 지장을 초래하고 특히 교육 훈련 효과를 저하시키는 원인이 된다. 교육에 저항하게 되는 원인은 관리자와 감독자가 부하의 교육 훈련을 못마땅하게 생각하거나 동료의 능력발전에 대한 시기와 갈등으로 인해 나타날 수 있다. 하지만 가장 직접적인 장애가 되는 것은 피훈련자의 훈련 동기 결여에 따른 저항이라고 할 수 있다.

② 저항의 극복방안

훈련에 관한 홍보활동을 통해 훈련의 유용성을 구성원에게 이해시켜 참여를 유도하며, 피훈련자 중심의 내실 있는 훈련 프로그램을 구성한다. 그리고 훈련동기를 강화할 내재적, 외재적 유인을 강화하며, 정확한 훈련수요조사에 기초해 피훈련자를 선발하여, 최후 수단으로서 훈련에 태만하는지에 대한 불이익 규정으로 소극적 통제방식을 동원한다. 그밖에 공무원 개개인이 자신의 능력발전을 위해 자발적 노력을 가질 수 있도록 존중하고 지원한다.

3 교육 훈련 평가

1) 의의

교육 훈련에 대한 평가는 과정평가로서 훈련자체에 대한 평가와, 결과평가로써 훈련의 목적달성 여부 평가를 포함하나 교육 훈련의 사후평가는 협의의 훈련평가로서 주로 후자, 즉 효과성 평가를 의미한다. 교육 훈련 평가는 평가결과가 교육프로그램 및 훈련수요조사에 피드백 되어 교육 훈련 전반의 잘못된 점을 시정하고 개선하는데 그 목적이 있다.

2) 평가과정의 활동단계

평가기준 결정 → 자료의 수집 → 평가 → 훈련개선을 위한 처방 단계로 평가하며, 훈련수요에 기초를 둔 훈련의 목표에 해당한다. 평가기준은 기준적합성과 기준신뢰성을 갖춰야 하며 관련자 모두 적절하다고 받아들일 수 있는 것이어야 한다.

3) 평가방법

① 전후비교법

교육 훈련 전과 후에 평가요소의 변화가 어느 정도 발생했는가를 비교하여 교육효과성을 판단한다. 즉, 훈련실시 이전의 상태와 이후의 상태를 비교함으로써 측정한다. 이 방법은 측정이 용이하나 비교의 객관적 기준을 설정하기가 쉽지 않다. 또한 측정의 타당성 측면에 문제가 있는데 교육실시 이후의 변화에 훈련과 무관한 다른 외부요소가 개입될 여지가 많다.

② **실험설계와 준실험설계 방법**

교육 이외의 요소는 거의 통제하여 교육받은 집단과 교육을 받지 않은 두 집단의 차이를 비교해 본다.

③ **비실험적 방법**

출근상태나 이직률, 사고율 등 객관적이지만 간접적인 자료를 활용하거나, 훈련내용 습득 여부를 시험으로 평가할 수도 있고, 교육 참가자의 반응이나 고객을 통한 평가를 한다.

Ⅳ. 현행 교육 훈련 제도의 문제점과 개선방안

1 문제점

1) 교육 훈련 사업의 예산 부족

예산부족으로 인해 전반적인 교육여건의 부실과 양질의 강사 확보의 어려움이 있으며 프로그램 개발에 대한 투자와 다양한 교육 훈련 기회를 충분히 제공하지 못하고 있다. 특히 교육 훈련사업이 지식 인프라 구축으로 연결되지 못하는 문제가 있다.

2) 교육 훈련 수요조사의 형식성

교육 훈련 수요에 대한 인식이 부족하다. 획일적인 방법으로 교육 훈련 대상자를 선정하고, 교육 훈련 과정 또한 공무원 개인의 능력과 필요에 기초한 것이 아니라 정부의 필요를 토대로 개발되고 있다.

3) 교육담당기관과 교육내용의 문제점

각급 교육기관이 상호 유기적인 관련성을 가지지 못한 채, 폐쇄적으로 관리되고 있으며, 각급 교육원의 프로그램 편성이 체계성과 일관성을 결여하고 있다. 교육 훈련 방법에서도 강의에 의한 일방적 정보전달 방식이 지배적이며, 전문인력의 부족과 전임교관보다 외래 강사 등에 의존하고 있다.

4) 피교육자 선정의 문제점

피교육자 선정에서부터 자발적인 교육 훈련의 동기가 결여되고 있고, 교육이 승진을 위한 수단이라는 인식이 팽배하여 교육 훈련의 본래 목표인 능력발전의 기회제공이라는 측면을 간과하고 있다. 또 선교육 후승진이라는 인사원칙은 공무원 교육 훈련을 승진수단으로 전락시키며 훈련수요에 입각한 교과과정 편성이 이뤄지지 않아 피교육자가 교육에 적극성을 보이지 않는다.

5) 교육 훈련의 평가

교육에 대한 피훈련자의 반응 평가가 정형화된 설문의 방식을 통해 획일화되고, 교육 훈련 평가결과가 피드백되어 교육 훈련 프로그램 개선에 활용되는 적극적인 평가활용 방안이 부족하다. 훈련결과가 승진에 반영됨에 따라 성적인플레를 야기하고 학습효과 평가의 타당성과 신뢰성이 부족하다. 또한 교육 훈련의 전이효과에 대한 사후평가를 실시하지 않고 사후평가 및 환류의 형식성이 문제되며 단기적 학습효과만 평가하여 창의력, 사고력 등의 장기적인 효과평가가 결여되고 있다.

2 발전방향

1) 교육 훈련사업에 대한 투자

국민, 정책결정자 및 예산책임자의 훈련의 중요성에 대한 인식이 개선되어야 한다. 교육 훈련이 공무원의 지식인프라를 구축하고 국가경쟁력을 향상시키는데 가장 필수적인 요소임을 깨닫고 훈련사업에 대한 투자를 함에 있어 인적자원의 가치창출 효과를 고려해야 한다.

2) 교육 훈련 수요조사의 개선

적극적이고 타당성 있는 교육 훈련 수요조사를 토대로 교육 훈련의 수요와 공급을 잘 부합시켜 교육의 실질적 효용을 높여야 한다. 또한 수요조사의 중요 정보원이 되는 근무성적평정의 합리화가 선행되어야 하고 이를 위해서는 과학적인 직무분석이 실시되어야 한다.

3) 교육 훈련프로그램의 다변화

각급 교육기관 간 훈련수요조사와 프로그램 개발, 그리고 평가와 관련한 정보를 공유하여야 한다. 그리고 기존의 강의 방식 외에 감수성 훈련, 역할연기 등 전문화된 교육방식의 활용으로 교육방식의 다변화를 꾀할 필요가 있다. 최근에는 현장중심의 액션러닝(action learning)과 혼합식의 블렌디드 러닝(blended learning)도 도입되고 있다. 이처럼 앞으로도 새로운 기법들을 보다 적극적으로 도입하여 교육효과를 제고해나가야 할 것이다.

4) 피교육자 선정

부하직원의 능력 향상과 자기발전 기회제공 측면에서 다양한 교육프로그램을 개발하여 자발적인 교육 훈련 참여 동기를 강화시킬 필요가 있다. 또한 교육 훈련에 대한 선택의 범위를 넓히고 교육 훈련에 저항적인 기존 관료제의 관행과 경직성을 탈피하여 자기개발을 적극적으로 촉진하는 새로운 조직문화 구축 및 학습조직 구축이 필요하다.

5) 교육프로그램의 민영화를 통한 시장성 제고

정부 교육 훈련에 있어 민영화에 의한 경쟁원리를 도입하여 현재의 경직적이고 폐쇄적인 정형화된 훈련에서 탈피하고 지식, 기술 변화에 탄력적으로 적응할 수 있는 다양한 프로그램을 제공해야 한다. 또한 공무원 교육 훈련 독점이 낳은 인력부족과 전문성 부족을 해소하고 해외 위탁훈련의 목적과 기준을 명료화할 필요가 있다.

6) 교육 훈련 평가의 개선

교육과정 수료 후에 일정시간이 경과한 후, 피교육자를 대상으로 설문조사의 방법을 통해 교육 훈련의 유용성과 교육 후의 보직관리에 대한 평가를 시도할 필요가 있다. 또한 교육 훈련을 통해 얻은 학습효과를 최대한 실무에 반영할 수 있도록 보직관리를 체계화할 필요가 있다.

논평

한국 정부의 공무원 교육 훈련제도에 대한 보다 상세한 실제 운영 내용은 인사혁신처 교육 훈련정보센터의 홈페이지(http://www.training.go.kr)를 참조하라.

현행 고시제도가 우수한 인원을 선발하지 못하는 것이 결코 아니다. 외환위기 이후 민간 부문의 진출 기회가 위축된 이래로 고시는 유능한 대학졸업생들이 객관적 실력으로 싸울 수 있는 희소한 사회 진입 창구가 되었고 치열한 경쟁을 통해 그 어느 분야보다 우수한 인력이 들어온다. 오히려 너무 우수해서 문제가 될 뿐이다. 급변하는 세계 사회변동 흐름에 기민하게 만드는 것은 특수한 대학원 교육 과정에서 이루어지는 것이 아니라 공직에 합격한 이후 적실한 교육 훈련 프로그램을 평생 교육으로 지속함으로써 보완할 일이다. 어차피 특수한 기능과 참신한 지식을 통해 당장 특채로 들어온 자들도 몇 년만 지나면 그 기능과 지식도 이미 낡을 것이므로. 그리고 프랑스 식의 ENA 제도가 도입되면 이제는 그 입학시험이 곧 새로운 고시제도로 전락할 것인데 그것은 지금보다 더 심각한 대학교육 왜곡을 가져올 것이다. 이와 유사한 병폐가 Law School에서 나타나고 있다.

공직사회와 교육제도의 문제 원인을 고시형 임용 방식에만 두지 말고 가장 우수한 임용자들을 수년 후에는 시대의 낙오자로 만드는 교육 훈련 제도, 대안적 민간 부문의 발전, 공직을 존중해 온 사회문화, 전문성이 낮은 대학 교육제도, 안정적 고용을 위협하는 세계 경제적 여건 등을 종합적으로 파악하는 시각이 필요하다. 공직 문제의 근본 원인 및 해결책은 그 더욱 축소된 고시형 임용제도 및 그 준비자들에게서 찾기보다는 재직자들에게서 더 찾아야 할 것이다.

ㅣ새 테마 행정학ㅣ

12. 모 집

Ⅰ. 모집의 의의

1 개념

모집(recruitment)은 공무원을 채용할 때, 채용시험에 응할 적합한 후보자들이 지원하도록 선별 유도하는 활동을 의미한다. 즉, 모집은 사람들이 공무원으로 일하는데 관심을 갖고 이에 지원하도록 하려는 목적을 가진 일종의 지원자 확보 행위에 해당한다.

2 중요성

모집과정에 우수한 인적자원의 지원을 유도하지 못하는 경우 당장의 최소자격요건을 충족시키지 못해 선발인원 확보에 실패할 수 있으며 채용 이후에도 교육 훈련이나 감독 등 추가적 비용을 부담해야 한다. 또한 모집이 지원자를 유도하는 기능과 선별기능을 제대로 수행하지 못하는 경우 인사행정전반의 효과성 저하로 이어질 수 있다.

Ⅱ. 적극적 모집

1 개념

1) 소극적 모집

채용계획을 일반대중에게 공개하고 지원자가 찾아오도록 기다리며 유능한 사람을 채용하는 것보다는 그저 부적격자를 배제하는 것으로만 인식하는 소극적 태도에 해당한다.

2) 적극적 모집

젊고 유능한 인적자원이 공직에 매력을 느끼고 지원하도록 유도하는 활동을 의미한다. 한국 정부는 그간 적극적 모집에 소극적이었으므로 앞으로는 보다 적극적으로 잠재적인 우수 공직자를 찾아나서는 노력이 필요하다.

2 필요성

정부와 민간기업은 우수인력 유치를 위해 치열한 경쟁 하에 놓여 있다. 정부 공직에 대한 매력이 줄고 보수면에서의 열세 및 공직의 신뢰수준의 저하로 정부는 인력유치경쟁에서 민간기업에 비해 점차 불리한 위치에 놓이게 되었다. 경제발전으로 민간기업에서의 취업기회가 확대되면서 소극적 모집방법으로는 고급인력을 유치하는 목적을 달성할 수 없게 된 것이다.

오늘날 정부업무의 전문화 수준도 높아져서 전문인력에 대한 수요가 증가하고 있는데 반해, 채용절차면에서 민간기업에 비해 경직적이어서 모집의 기능이 제대로 작용하고 있지 못하다.

3 방법

1) 공직에 대한 사회적 평가의 제고

공직의 신망을 제고시키는 것은 적극적 모집의 전제조건이 된다. 사회적으로 공직의 전문성이나 매력이 저하되는 경우 모집활동이 성공을 거둘 수 없고 민간기업의 노동시장으로 고급인력이 빠져나갈 수밖에 없다. 따라서 국민에게 봉사하는 역할 인식에 기초를 둔 공직의 신망을 높여나갈 필요가 있다.

2) 모집공고의 개선

모집활동을 적극적으로 수행하려면 공무원으로 취업할 수 있는 기회를 사람들에게 가장 효과적으로 알려야 하는데 적극적 모집에서는 단순히 공개적으로 알리는 차원을 넘어 공직의 이미지에 대한 선전과 홍보활동을 수행하고 공직 취업정보를 제공할 수 있어야 한다.

첫째, 공직의 긍정적인 면에 대한 균형적 평가와 함께 과대선전을 지양하고 취업에 대한 정확한 정보를 제공한다.

둘째, 채용공고는 가능한 한 많은 사람들의 지원을 유도하는 것이 목적이 아니라 선발의 잠재적 대상이 되는 인적자원의 지원을 유도하는 것이 목적이며 이러한 모집의 경제적 효과를 고려하여야 한다.

셋째, 과거에는 특정신문이나 게시문에 의존한 게 전부였지만 정보통신매체의 발달과 더불어 인터넷을 통한 정보제공방식을 적극 활용할 필요가 있다.

3) 인사제도의 개선

첫째, 과학적인 인력계획을 마련하여 미래의 인적수요를 예측하고 이에 근거하여 모집계획을 수립해야 한다.

둘째, 정기적인 채용시험과 선발 과정을 통해 공직지망생들에게 안정된 수험준비와 응시기회를 부여해야 한다.

셋째, 채용과정과 수험준비 절차를 간소하게 하여 응시자에게 시간 및 경제적 비용의 부담을 줄여준다. 또한 많은 과목에 걸친 암기 위주의 시험을 개선하여 수험준비에 필요한 시간과 경비를 절약하고 각 대학 학과의 교과목을 시험과목으로 채택하여 대학교육을 정상화해 나갈 필요가 있다.

넷째, 모집결과에 대한 사후평가를 통해 모집방법의 개선을 도모해야 한다.

다섯째, 정부가 능동적으로 공무원 지망가능성이 있는 인적자원을 양성하는 기관과 연계를 맺거나 정부와 교육기관이 상호 협조하여 수요자가 원하는 인력형성을 위해 함께 노력해야 한다. 예컨대 공직 지망생에게 실무수습의 기회를 제공하거나 전문분야의 학위나 자격증 소지자에게 특별채용의 기회를 제공하여 이론과 실무를 접목시켜 잠재적 인적자원의 직무수행 능력을 향상시켜나갈 수 있도록 한다.

Ⅲ. 모집과 지원자격

1 의 의

일정기준에 따라 모집대상의 범위(지원자격요건)를 한정하여 모집활동을 전개하여 공직에서 필요로 하는 인적자원을 대상으로 집중적인 모집활동을 함으로써 얻는 '모집의 효과성'을 극대화할 필요가 있다. 한편 공직취임기회는 누구에게나 동등하게 부여하여야 한다는 '공직취임의 기회균등' 원칙도 중요하다. 따라서 모집의 효과성을 극대화하기 위한 일부 지원자격

제한과 공직취임의 기회균등 원칙 간에는 상충성이 내포되어 있다.

그러나 구체적인 직위에 적합한 사람이 채용되어야 한다는 기술적인 요청과 더불어 나라마다 공직에 지원할 수 있는 자격요건이 객관적으로 설정되어 있다. 나라마다 그 지원자격의 일반적 기준은 상이하나 대개 국적, 교육수준, 연령, 성별, 지역 등에 대해 일반적 기준을 정하여 지원 자격을 제한하고 있다. 그러한 지원자격을 제한하는 기준이 보편타당하게 그리고 누구에게나 동등하게 적용되는 것이라면 공직취임의 기회균등 원칙에 위배되는 것이라고는 할 수 없을 것이다. 이밖에 일정한 경우 '대표성'을 추가로 요구하기도 한다.

2 자격요건

1) 학력 요건(Education)

교육 또는 학력에 관한 요건은 모집 대상을 한정하는 중요기준이 되어왔는데 주로 어느 정도의 학력과 정식학교 교육을 요구하고 어떤 종류의 교육이나 지식을 요구하느냐 하는 것에 해당한다. 이러한 교육요건에 대해 외국 예를 살펴보면 학력요건을 엄격히 요구하던 국가에서는 최근에 이를 완화하는 경향이 있고, 기존에 학력요건을 요구하지 않던 국가에서는 이를 요구하는 경향이 있어 어느 정도 학력을 기준으로 한 자격제한은 불가피한 것으로 인식되기도 한다. 그리하여 학력요건의 필수성에 대해서는 논란이 되고 있다. 한국의 경우, 박정희 대통령 때 공직시험에서 학력 제한을 철폐한 이후 자격 요건으로 일체의 학력을 요구하지 않고 있다.

2) 연령(Age)

우리의 경우, 정부에서도 연령을 지원 자격 기준의 하나로 삼고 있으며 계급별로 연령의 상한과 하한을 규정하고 있다. 최근에는 연령차별과 고령사회 등을 고려하여 연령제한을 두지 않거나 완화하는 방향으로 발전하고 있다. 국가인권위에서도 연령 제한을 완화하는 추세이다.

(1) 연령을 엄격히 규정하는 경우(상하한 폭이 좁을 때)

젊은 나이에 공직에 들어와 장기근무를 유도할 때 직업공무원 양성에 유리하고 공직에 참신한 기풍을 불어넣을 수 있다. 또한 적절한 연령제한으로 모집대상을 한정함으로써 선발과정의 경제성을 도모할 수 있다.

(2) 연령을 폭넓게 규정하거나 규정하지 않는 경우

공직취임의 기회는 확대되고 민간부문에서 다양한 경험 있는 경력자를 공직으로 유인하여 전문성을 제고하고 인사행정의 융통성을 달성할 수 있다.

3) 주민성(Locality)

지역 제한이나 거주지 제한은 지방자치 활성화와 이에 따른 지방공무원의 확충과 관련된 것으로 임용시 자치단체별로 당해 고장출신으로 자격을 제한하는 것을 의미한다. 다만 지나친 거주지 제한은 공무원의 질적 불균형을 야기할 수 있으며 행정능률의 저하로 이어질 수 있다. 현재 우리나라도 지역별 구분모집제도를 일부 시행하고 있다.

4) 대표성(Representativeness)

(1) 양성평등 채용목표제

정부는 공직에서 여성 공무원의 비율이 대표성을 잃고 있음을 인식하고 1995부터 여성채용목표제를 실시하다가 현재는 양성평등채용목표제를 실시하고 있다. 인사혁신처가 실시하는 채용시험 중 시험령 제20조의 규정에 의하여 양성평등채용목표제가 적용될 시험의 종류를 정하고, 이 제도 시행에 필요한 채용목표비율, 합격자 결정방법, 기타 구체적인 운영사항을 정하고 있다.

(2) 장애인고용할당제

장애인고용의무제는 노동시장에서의 경쟁에 국가가 개입하여 장애인 노동자의 일할 기회를 확대하는 것으로 고용할당제 혹은 고용쿼터제라 불린다. 이렇게 국가가 노동시장에 개입하여 장애인고용을 활성화시키고자 하는 이유는 노동시장 경쟁의 이면에 많은 불평등요인과 차별적인 요인이 내포되어 있기 때문이다. 공무원임용시험에 있어서도 장애인 직렬을 따로 모집해 장애인의 공직취임의 기회를 보장하고 있다. 정부는 2015년 현재 법적 의무고용 비율을 3.0%로 정하여 장애인 고용을 촉진하고 있으나 이 제도 역시 문제가 많다. 왜냐하면 의무고용 규정이 적용되는 직종이 제한되어 있기 때문이다. 따라서 의무고용비율을 높이는 것도 필요하지만, 장애인 의무고용 적용 직종을 확대해가는 노력도 병행되어야 한다.

(3) 지방인재 채용목표제

지방인재채용목표제는 국가의 중요한 시험을 지방의 인구비례로 지방대학에 할당하자는 근본취지에서 대기업이나 공기업에서도 모집정원의 일정 비율을 지방대 출신에 할당하자는 내용을 담고 있다. 일부 공기업들도 지방대 출신을 상대로 부분적으로 이 제도를 시도하고 있다. 2007년부터 지방인재채용목표제를 실시하고 있는데, 5급 공채시험 중 선발예정 인원이 10명 이상인 시험단위(지역별 구분모집은 적용 제외)를 대상으로 하고 있으며, 서울특별시를 제외한 지역에 소재하는 대학의 졸업(예정)자 또는 서울특별시를 제외한 지역에 소재한 학교를 최종적으로 졸업 · 중퇴하거나 재학 · 휴학 중인 자(응시원서 접수 마감일 기준)를 적용대상으로 하고 있으며, 시험실시 단계별 지방인재 채용목표인원은 당초 합격예정 인원의 일정 비율(20%)이다.

❙새 테마 행정학❙

13. 퇴직관리

Ⅰ. 퇴직관리의 의의

1 의의

퇴직관리(retirement management)는 조직 내 인적자원의 퇴직상황을 파악, 예측하고 적정한 퇴직수준을 유지하며 퇴직결정을 전후하여 생기는 문제들을 해결하는 활동을 의미한다. 이러한 퇴직관리를 통해 조직의 효율성에 이바지 할 수 있으며, 퇴직하는 개인의 이익을 보호하며, 인사행정의 안정성과 융통성이라는 상충된 요청의 적절한 조화를 위한 것이다.

2 필요성

1) 인사행정의 합리화

정부조직에서 일했던 사람을 나중에 어떻게 내보내느냐 하는 것은 정부조직에 사람을 어떻게 임용하느냐의 문제만큼이나 중요한 문제이다. 즉, 공정하고 합리적인 퇴직관리는 인사행정체제와 정부조직의 건강에 큰 영향을 미치며 우수한 인재를 확보하는 데에 있어서 임용관리 못지않게 커다란 영향을 미친다.

2) 정부내외의 여건변화

취업구조 변화와 직업관 변화, 인간다운 생활과 노후 생활에 대한 사회적 관심 증대, 인적자원의 복잡성과 인적자원수준의 변화, 정부부문에서 요청되는 지식, 기술의 급속한 변동, 감축관리의 요청(신자유주의와 신공공관리론의 영향), 정부조직 내 인적자원의 유동이 활발해지는 등 이러한 환경변화가 퇴직관리의 중요성을 부각시키고 있다.

3) 사회정책적 차원 고려

고령화 내지는 고령사회가 되어 갈수록 국민들의 평균수명은 늘어난다. 따라서 퇴직문제를 보다 넓게 사회정책적인 차원에서 다룰 필요가 있다. 단순히 경제적 능률성 차원에서만 다루면 임금이 높은 고령인구를 조기퇴출하도록 하는 것이 비용차원에서 효율적일지 몰라도 이럴 경우 국가전체적인 사회비용은 오히려 늘어날 수도 있으므로 합리적인 퇴직관리 정책을 마련할 필요가 있다.

Ⅱ. 퇴직관리 전략

퇴직의 유형이 다르고 퇴직 후 생활설계가 다르면 구체적으로 제기되는 관리상의 문제들도 서로 다르기 때문에 각각의 요청에 적합한 관리기술과 전략을 발전시킬 필요가 있다. 퇴직의 종류에는 퇴직하는 공무원이 주도하여 결정하는 임의퇴직과 퇴직하는 공무원 의사에도 불구하고 정부조직이 정한 기준과 의사결정에 따라 발생하는 비자발적인 강제퇴직이 있다. 일반적으로 퇴직관리전략을 범주화할 때 퇴직억제 또는 촉진 전략, 퇴직 전 퇴직예정자를 지원하는 전략, 퇴직 후 퇴직자를 지원하는 전략으로 구분된다.

1 퇴직 억제 또는 촉진 전략

1) 퇴직 억제 전략

주로 임의퇴직을 억제하는 전략으로 이해되며 조직 내 적정퇴직률을 계산하고 퇴직률이 이러한 적정선을 넘는 경우 퇴직을 억제하며 적정인력을 유지하는 방안을 강구하는 것이다. 그 방안은 다음과 같다. 첫째, 직무와 직무 담당자 사이의 부적응을 해소하고 직무만족도를 향상시킨다. 둘째, 경력발전 기회를 확대한다. 셋째, 보수 등 근무조건을 개선한다.

2) 퇴직 촉진 전략

인적자원의 신진대사가 필요하다거나 조직활동을 감축할 필요가 있다거나 잘못을 저지른 사람을 배제할 필요가 있는 등의 사유로 퇴직을 유도, 촉진, 강제하는 전략이다. 그 방안으로서 징계. 감원, 정년퇴직, 명예퇴직, 조직 간 인사교류나 취업알선 등이 있다.

2 퇴직예정자 지원전략

퇴직을 앞둔 공무원들이 퇴직에 대비하고 퇴직생활에 적응할 수 있도록 지원해주는 관리전략으로 구체적으로는 경력과 생애에 대한 계획수립 촉진, 퇴직자 훈련 프로그램 마련, 근무감축전략과 단계적 퇴직전략, 순환보직과 창업훈련, 직업알선 등의 방법이 있다.

3 퇴직 후 생활의 지원전략

퇴직자의 복지시책을 강구하는 전략이다. 퇴직자의 경제생활 안정을 도모하는 주된 수단으로 퇴직금과 퇴직연금 지급, 자격취득지원, 직업알선 등이 있다. 그리고 퇴직자의 육체적 건강을 보호하려는 전략으로서 퇴직자 단체구성과 참여, 후생복지시설 이용, 자원봉사와 같은 사회생활참여를 추진하는 수단이 있다.

Ⅲ. 퇴직관리 방안의 모색

1 임의퇴직의 관리

1) 퇴직관리의 단계

정부감축요청에 의해 퇴직촉진 전략의 중요성은 커진다. 한편 필요한 사람들의 퇴직을 억제하는 퇴직통제전략 또한 필수인력의 보전을 위해 중요하다. 즉, 임의퇴직관리과정은 퇴직의 긍정적·부정적 효과의 균형을 적정하게 유지시킨다. 퇴직의 최적수준과 최적양태를 발견하기 위해서는 퇴직률의 측정, 퇴직의 비용, 편익 분석, 퇴직원인분석, 퇴직통제방안 결정의 과정이 필요하다.

2) 퇴직통제방안

① 직무와 사람 간의 부적응 해소

직무요건과 인적요건을 적응시키고 사람들이 직무에서 보람을 찾을 수 있도록 여건을 조성하며, 채용과정에서부터 인적자원을 적재적소에 배치시킨다. 그리고 적절한 배치전환에 의해 직무 부적응을 해소하여 직무풍요와 직무확장을 통하여 직무만족도를 제고함으로써, 구성원 간 인간적 갈등을 해소하는데 노력을 기울인다.

② 근무조건의 개선

직무를 제외한 보수, 근무시간, 휴가제도, 작업환경, 감독자와의 관계, 감독방법 등 근무조건이나 환경을 개선한다.

③ 경력발전 기회의 확대

승진, 교육 훈련, 직무재설계, 경력유지계획(특히 고령화된 공무원의 재훈련과 전용에 관한 계획마련) 등을 통해 퇴직률을 낮춘다.

2 강제퇴직의 관리

퇴직을 촉진 또는 억제하여 퇴직률이 적정수준을 유지하는데 기여하고 퇴직결정의 공정성과 적정성을 유지하는 것이 요구된다. 이러한 강제퇴직관리와 관련한 정책적 이슈로서 정년퇴직, 조기퇴직, 명예퇴직 등의 문제가 있다.

1) 정년제도의 종류

공무원이 재직 중 발전 없이 장기간 근속하거나 노령이 되어 유용성이 감소하는 경우 법이 정한 시기에 자동적으로 퇴직하게 되는 제도이다. 즉 객관적으로 정한 연한에 따라 공직에서 물러나게 함으로써 인적자원의 신진대사를 적정하게 하며 재직공무원들의 사기를 높이는 기능을 한다.

이러한 정년제도의 유형으로 정년연령에 도달하면 해당 공무원을 자동적으로 은퇴시키는 연령정년제도, 공무원이 된 이후의 근무연수를 기준으로 일정기간이 경과할 경우 자동 퇴직시키는 근속정년제도, 공무원이 일정기간 승진하지 못하고 동일 계급이나 직급에 머물러 있는 경우 그 사람을 자동적으로 퇴직시키는 계급정년제도가 있다. 우리나라의 경우 일반직 공무원에게 인정되는 것은 연령정년제도이다.

2) 연령정년제도

국가공무원법 제74조(정년)제1항에 의하면 공무원의 정년은 다른 법률에 특별한 규정이 있는 경우를 제외하고는 60세로 한다. 공무원의 직무의 종류별 및 계급별로 연령정년을 규정한 내용은 공무원노동조합 등으로부터 많은 이의제기를 받아 2008년 6월 13일에 국가공무원법이 개정되면서 삭제되었다.

따라서 현재 동법 제74조제4항에 따르면 공무원은 그 정년(60세)에 이른 날이 1월부터 6월 사이에 있으면 6월 30일에, 7월부터 12월 사이에 있으면 12월 31일에 각각 당연히 퇴직해야 한다.

3) 계급정년제도

인력체제의 유동성을 높이는 문제와 인사적체 해소방안의 모색과정에서 계급정년제라는 대안이 종종 거론되어 왔다. 따라서 공무원의 퇴직률이 적정퇴직률에 미달되고 인적자원의 신진대사가 극도로 침체되고 있는 상황에서 계급정년제 도입이 주는 득실은 무엇인지 살펴보고자 한다.

(1) 계급정년제의 효용성

낡은 관료문화의 행태를 타파하고 공직 유동률을 높여 새로운 인재의 정부조직에의 흡수가 용이하며, 국민들의 공직참여기회가 증진된다. 공무원의 경력발전 기회, 특히 승진기회가 넓어질 수 있고, 무능한 공무원을 효율적으로 도태시킬 수 있으며, 성취지향적 풍토를 조성할 수 있다. 또한 제도의 객관적 운영이 가능하여 감독자나 인사권자의 자의를 배제할 수 있다.

(2) 계급정년제의 한계

정부의 목적과 이익을 위해 조직구성원 개인의 이익을 희생시키는 제도로서 개인의 의사에 반하는 강제적인 공직에의 배제에 해당한다(제도의 몰인정성). 이는 직업적 안정성을 해치고 재직자의 사기를 저하시키며 일정 기간 승진을 하지 못한 것을 당해 공무원의 무능으로만 돌릴 수 없다는 비판을 낳게 된다. 즉 우리나라 공직구조 체계의 문제점이나 인사관행 등 구조적 요인에 의해서 승진적체 현상이 야기될 수 있으므로 합리적인 사유에 의한 퇴직으로 볼 수 없을 것이다. 즉, 기계적인 절차에 의한 공직배제로서 퇴직률 조정을 어렵게 하며 오히려 퇴직관리를 저해하는 요인이 되며, 숙련된 인적자원의 배제로 인해 정부손실이 커질 수 있다.

4) 명예퇴직제도

정부에서 채택하고 있는 명예퇴직제도는 공무원으로 20년 이상 근속한 사람이 정년 전에 자진하여 퇴직하면 일정액 이상의 수당을 지급하는 제도이다. 즉, 직업공무원제도 하에서는 정년까지 재직하는 것이 전제되어 있지만, 장기근무로 인한 조직침체와 행정능률 저하를 방지하기 위하여 정년이 되기 전에 자진하여 공무원 신분을 종료하는 자에게 국가가 별도의 금전적 혜택을 부여하는 것이다. 상위직으로의 승진적체를 완화하고 공직 내 신진대사를 촉진하기 위해 일반직 5급 이상 공무원인 경우 20년 이상 근속한 경우에는 정년퇴직일 전 1년 이상 기간만 해당하면 모두 명예퇴직 신청이 가능하도록 하고 있다. 다만 동 제도는 정년 전의 조기퇴직을 촉진 내지 유도하려는 제도이나 실제 운영에 있어 명퇴를 강요하는 사례가 생기는 문제점이 있다.

5) 조기퇴직제도

직제와 정원의 개폐 또는 예산의 감소 등에 의해 폐직 또는 과원이 되었을 때, 20년 미만 근속한 자가 정년 전에 자진하여 퇴직하는 경우, 예산의 범위 안에서 수당을 지급할 수 있는 제도이다. 정년 전 자진하여 퇴직하는 자에 대해 수당을 지급하는 측면에서 명퇴와 유사하다. 그러나 직제, 정원의 개폐, 예산감소로 인한 폐직 또는 과원이 된 경우에 있어 인정된다는 요건이 전제된다는 점에서 명예퇴직과 구별된다. 이는 정부 구조조정으로 인한 초과현원을 보다 적극적으로 해소하고 합리적 퇴직을 유도하기 위한 것이다. 구조조정시 20년 이상 근속자의 경우 명퇴수당이라는 보상제도가 있는 반면, 20년 미만 근속자의 경우 아무런 보상제도가 없기 때문에 이를 배려하기 위한 제도이다.

6) 감원정책

정부조직의 사정변경 때문에 일부 공무원이 필요 없게 되면 그들을 퇴직시키는 것을 의미한다. 특히 현실적으로 IMF 위기관리체제를 겪고 이론적으로 신공공관리의 패러다임이 유행하면서 정부축소 요구가 강화되자 작은정부(small government)와 같은 개혁운동이 감원(downsizing)이라는 수단을 더욱 필요로 하게 되었다. 감원정책시 조직효율성과 공무원의 권익, 형평성을 고려하여 적정한 감원계획을 수립・시행하여야 한다. 감원이 우수한 공무원을 잃게 하는 수단이 되어서는 안 되기 때문이다. 또한 감원은 정부필요에 의해 공무원의 희생을 강요하는 제도이므로 재직자의 사기저하를 고려해야 한다. 따라서 형평성 있는 기준 제시와 공정성을 유지하여 구성원의 수용성을 높여야 하고, 감원대상자의 권익을 보호하는 제도(우선복직제도)를 마련할 필요가 있다.

3 퇴직관리와 신분보장과의 관계

1) 신분보장의 필요와 한계

(1) 필요성

실적주의에 입각한 현대 인사행정에서는 공무원이 그 의사에 반하여 자의적으로 퇴직 당하거나 불이익 처분을 받지 않도록 하여 공무원의 신분을 보장한다. 이러한 신분보장이 주는 이점은 다음과 같다. 첫째, 행정의 일관성, 전문성, 능률성 유지 향상에 도움을 준다. 둘째, 직무에 대한 책임성을 확보할 수 있다. 셋째, 직업적 안정성을 보장하여 공무원의 능동적이고 창의적 노력을 지원할 수 있다. 넷째, 공무원 개인의 권익을 보호하고 사기를 높일 수 있다.

(2) 한계

공무원의 신분보장 원칙을 제도화하는 경우, 신분보장제도가 유발하게 될 문제점도 함께 고려할 필요가 있다. 첫째, 강한 신분보장으로 인해 인적자원 활용의 융통성을 저해할 수 있다. 둘째, 무능한 자의 도태를 어렵게 할 수 있다. 셋째, 관리자의 리더십 역량을 위축시킬 수 있다. 넷째, 인적자원 감축이 필요한 때 장애가 될 수 있으므로 지나친 신분보장은 인력운용에 문제점을 야기할 수 있다.

(3) 신분보장에 관한 조화의 원칙 수용

현대국가의 인사행정이 채택하는 신분보장제도들은 조화의 원칙을 수용하여 공무원의 신분을 일정한 한계 내(법이 정한 사유와 일정한 절차에 따라)에서 보장됨을 분명히 하고 있다.

다만 최근 인사행정의 유연성과 성과주의적 인사행정체제에 대한 요청은 신분보장의 완화문제에 더 큰 비중을 두어가고 있는 실정이다. 즉 경직적인 신분보장규정과 제도 운영상의 형식주의는 시대적 요청에 맞게 재정비해야 하는 필요가 제기된다. 이는 결국 직업공무원제의 수정과 발전이라는 과제와도 결부되는 문제이다.

4 퇴직 후 취업제한

1) 취지와 목적

퇴직 후 취업제한 제도는 퇴직예정 공직자가 퇴직 후 취업을 목적으로 특정업체에 특혜를 주는 등의 부정한 유착 고리를 사전에 차단하고, 사기업체 등에 취업한 후 퇴직 전에 근무하였던 기관에 부당한 영향력 행사 가능성을 배제함으로써 공무집행의 공정성과 공직윤리를 확정하는데 그 목적이 있다. 이는 공직자윤리법 제17조, 제18조, 동법 시행령 제31조 내지 제35조에 근거를 두고 있다.

2) 내용

재산등록의무자였던 퇴직공직자는 퇴직 후 3년간 퇴직 전 5년간 소속부서 업무와 관련성이 있는 사기업체에 취업할 수 없다(공직자윤리법 제17조제1항). 다만, 관할 공직자윤리위원회의 승인을 받은 때에는 예외이다.

3) 적용대상

(1) 공직자윤리법 제3조의 재산등록의무자

정무직공무원, 4급 이상 공무원과 이에 상당하는 별정직공무원 등은 퇴직 후 취업제한 제도의 적용대상이며, 경찰·소방·감사 및 조세·건축·토목 등 인허가부서 근무자는 5~7급 공무원도 해당된다. 공직유관단체 임원(상근 이사·감사 이상)과 일부 공직유관단체 직원(금감원, 한국은행, 예금보험공사)들도 적용대상이다.

(2) 적용 제외

공직자윤리법 제10조의 재산공개대상자가 아닌 취업심사대상자 중 변호사·회계사·세무사 자격증 소지자는 관련업체(법무법인, 회계법인, 세무법인)로 취업심사 없이 취업할 수 있다. 그러나 국무총리, 국무위원, 행정각부의 차관, 그 밖의 중앙행정기관의 장이 직위에서 퇴직한 경우는 해당 자격증이 있더라도 사전 취업심사대상이다.

4) 취업제한대상 업체 및 협회

취업제한대상 업체 및 협회는 ① 자본금이 10억원 이상이며 연간 외형거래액이 100억원 이상인 사기업체, ② 취업제한대상 사기업체가 가입하고 있는 법인・단체(협회), ③ 연간 외형거래액이 100억원 이상인 법무법인・회계법인・외국법자문법률사무소, ④ 연간 외형거래액이 10억원 이상인 세무법인 등이다(공직자윤리법 제17조).

5) 업무관련성 판단기준

(1) 일반적 기준(공직자윤리법 제17조제2항 각호)

공직자윤리법 제17조제2항 각호에 따라 ① 직접 또는 간접으로 보조금・장려금・조성금 등을 배정・지급하는 등 재정보조를 제공하는 업무, ② 인가・허가・면허・특허・승인 등에 직접 관계되는 업무, ③ 생산방식・규격・경리 등에 대한 검사・감사에 직접 관계되는 업무, ④ 조세의 조사・부과・징수에 직접 관계되는 업무, ⑤ 공사 또는 물품구입의 계약・검사・검수에 직접 관계되는 업무, ⑥ 법령에 근거하여 직접 감독하는 업무, ⑦ 사기업체등이 당사자이거나 직접적인 이해관계를 가지는 사건의 수사 및 심리・심판과 관계되는 업무, ⑧ 업무처리방법에 따라 사기업체등의 재산상의 권리에 직접적으로 상당한 영향을 미칠 수 있다고 인정되는 업무는 밀접한 관련성이 있다고 본다.

(2) 법무・회계・세무법인 추가적용기준(법 제17조제5항)

취업심사대상자가 퇴직 전 5년 동안 처리하였거나 의사결정 과정에 참여한 위의 밀접한 업무와 관련하여 법무법인 등이 사건을 수임하거나 회계법인이 공인회계사법의 업무를 수행한 경우 또는 세무법인이 세무사법에 따라 업무를 수행한 경우 그 취업심사대상자가 소속하였던 부서의 업무는 해당 법무법인 등이나 회계법인 또는 세무법인의 업무와 밀접한 업무 관련성이 있는 것으로 본다.

Ⅳ. 우리나라 퇴직관리의 문제점과 발전방향

1 문제점

첫째, 의원면직제도가 비공식적으로 퇴직을 강제할 수 있는 수단으로 악용되어지는 사례가 많다. 비공식적으로 사직을 권고하는 권고사직 형태의 퇴직이 남발될 수 있다.

둘째, 해임을 결정해야 할 때에도 권고 사직이나 의원 면직의 이름으로 처리하는 경우가 있다. 이렇게 되면 징계제도의 효과를 거둘 수 없다.

셋째, 조직 통폐합 시, 직제나 정원의 개폐, 예산감소 등에 의해 보직이 없어지거나 정원을 넘어서는 경우 직권면직이 가능하나 현실적으로 잘 활용되고 있지 못한다.

넷째, 명예퇴직제가 실질적 강제성을 띠는 경우가 있으며, 조직의 학습능력과 전문성 제고 측면에서 지식축적관리가 제대로 되지 않고 있다.

다섯째, 퇴직자 선정에 있어서 연령에 따른 밀어내기식 퇴직자 선정 등의 관행이 구성원의 사기와 직업적 안정성 측면에 있어 부정적인 영향을 미친다.

2 발전방향

첫째, 조직의 필요성과 감축관리와의 연계, 객관적 직무평가에 기초를 둔 합리적인 퇴직자 선정과 이에 대한 보상이 필요하다.

둘째, 우수고급인력의 퇴직률, 이직률을 낮추기 위해 합리적 퇴직관리 프로그램을 통한 퇴직원인을 분석하고 적정퇴직률을 유도하는 인센티브 전략이 필요하다.

셋째, 인력재배치라는 수단을 통하여 잉여인력의 경우 퇴직을 유도하고 재취업을 위한 교육 훈련과 전직(이직)지원 프로그램을 실시하며, 필수인력의 경우에는 이직률을 낮추는 관리제도 개선이 필요하다.

넷째, 퇴직관리는 직업공무원제와 긴장관계에 있는 것처럼 보이나 합리적 퇴직관리제도를 통하여 직업공무원제도의 운영에 부수되는 폐쇄성과 관료주의화 등의 폐해를 시정할 수 있으므로 합리적 퇴직관리제도의 수립을 통하여 발전적인 직업공무원제를 구축해야 한다.

다섯째, 정부주도의 능력개발체제에서 개인 위주의 능력개발체제로의 교육 훈련체제 전환은 공무원 개개인이 자기책임 원칙에 입각하여 자신의 공직생활과 그 이후의 삶을 스스로 설계하고 계획해 나갈 수 있는 여건을 조성하는 중요한 방법이 된다.

| 새 테마 행정학 |

14. 보 수

Ⅰ. 보수제도의 의의

1 개 념

공무원의 보수(compensation)란 공무원이 근무한 대가로 국가로부터 받는 금전적인 보상을 의미한다. 이러한 보수는 고용관계와 직무수행에 대한 반대급부인 동시에 공무원과 그 가족의 생활을 보장하기 위한 생활보장적 급부라는 이중적인 성질을 가지고 있다. 적절한 보수가 지급되지 않으면 사기와 능률이 저하되고, 인간관계가 악화되며, 부정부패를 초래할 가능성이 높아진다. 특히, 사회부조리와 재원부족이 심한 후진국에서는 경제적 생활수단으로서의 보수가 극히 중요한 의미를 가진다(김규정, 2002). 보수는 외재적 보상인 동시에 직업적인 재정 보상에 해당한다.

2 보수의 특성

공무원 보수는 근무에 대한 대가라는 측면에서 개념상 민간부문의 임금과 유사하나 그 성격 면에서 다음과 같은 차이가 있다.

1) 공무원 보수의 생활급부적 성격

공무원 보수는 수행하는 직무뿐만 아니라 일반표준생계비를 고려하여 결정하도록 하여 노무에 대한 반대급부적인 측면 이외에도 공무원과 그 가족의 최저 생활을 보장하기 위한 생활

보장적 성격을 가지고 있다.

2) 공무원 보수의 비시장적 성격

근무에 대한 반대급부 성격을 가진다하더라도 근무의 가치를 정확히 계산할 수 없고 공무원의 직무수행성과가 민간기업과 달리 직접 시장에 공급되지 않아 합리적 보수수준이 어느 정도인지 결정이 곤란하다. 따라서 정부수행업무의 고유한 특성 때문에 직무수행 기여도에 따른 급여의 구체적 원칙과 수준을 결정하는데 어려움을 겪는다. 반면 사회적, 윤리적 고려가 강하게 작용한다.

3) 공무원 보수의 경직성

보수의 출처가 국민의 세금이며 국회나 국민의 직간접 통제를 받고 국가예산 중에서 차지하는 비중이 크므로 보수의 탄력성은 아주 낮다. 또한 민간기업의 임금처럼 물가나 정세변동에 적응할 수 있는 신축성을 가지기 어려우며 한정된 가용자원에 비해 비대한 인건비 예산은 재정의 탄력적 운용을 곤란하게 한다.

4) 정부의 일방적인 보수 결정

공무원의 노동권 제약으로 인해 노사협약에 의해 결정되는 민간임금과 달리 보수정책은 정부의 일방적 결정에 의하게 되고 노조결성과 협상권한이 인정된다 하더라도 보수결정은 협상 대상에서 제외시키는 것이 일반적이다. 그러나 이러한 일방적인 결정은 인사혁신처의 역할변화(보수 인상수준의 권고 활동 등)와 공무원노조의 활성화와 더불어 변화될 가능성이 있다.

3 공무원 보수의 중요성

보수는 인적자원의 확보, 유지, 활용, 평가 기능과 밀접한 연관을 가지면서 성공적인 인적자원 관리에 중대한 역할을 차지하고 있다.

첫째, 민간부문과의 인력확보경쟁이 심화됨에 따라 공직의 보수수준이 적정해야 민간의 인재를 공직에 유입할 수 있다. 개방형 직위제 운영 성과가 미흡한 원인도 공직의 열악한 보수수준에 의해 우수한 민간인의 지원이 부족한데서 찾을 수 있다.

둘째, 인적자원에 대한 평가, 즉 성과평가와 보수가 연계되어 성과관리의 주요기제가 된다. 성과금과 성과상여금이 평가와 보수를 연결시켜 조직 생산성 향상을 유도하고자 하는 대표적 예이다.

셋째, 보수는 공무원 개인에게는 경제적 소득의 주요 원천이자 사회경제적 신분수준을 나타내는 지표이므로 공무원 보수가 생계를 유지하는데 충분하고 합리적인 경우 사기와 능률이 제고되고 생계형 부패와 지나친 승진욕구를 억제시킬 수 있는 역할을 한다.

넷째, 보수적정화는 유능한 인재의 이직률을 낮추고 장기근무를 유도함으로써 결과적으로 직업공무원제 확립에 기여한다.

Ⅱ. 보수관리: 보수수준과 보수체계

보수수준 관리는 공무원 전체의 적정 보수 수준을 결정하는 정책을 의미하고 보수체계는 보수지급항목(보수종류)의 구성 즉 보수종류를 배합하는 문제를 의미한다.

1 바람직한 보수제도의 요건

1) 보수의 적정성

공무원 보수는 공무원의 최소한 생계를 보장하여 직무에만 몰입할 수 있는 적정수준을 유지하여야 한다. 즉, 보수수준이 공무원의 기본생계 즉 기본적 욕구를 충족시키지 못하면 근무불만족과 이직률을 증대시키고 생산성 저하로 나타난다.

2) 대외적 형평성

공무원의 보수는 민간부문의 보수수준과 균형을 맞추는 것이 우수인력 확보와 유지, 활용에 중요하게 작용한다. 즉, 공무원의 사명감에 호소하며 국가에의 헌신적인 봉사만을 강조하여서는 더 이상 경쟁시대의 합리적 사고를 가진 우수한 젊은이를 공직에 유치할 수 없다. 애국심에 호소하여 희생을 강요하는 정책은 장기적으로 효과가 없다.

3) 대내적 형평성(공정성)

아담스의 형평성 이론이 시사하는 바와 같이 직무요건, 능력요건, 성과요건 등이 같은 직위에 종사하는 사람들은 동일한 보수를 받고 그러한 요건들이 서로 다른 직무들 사이에는 보수차등이 공정하고 적정하게 설정되어야 보수에 대한 불만을 없애고 적극적인 근무의욕을 고취시킬 수 있다.

4) 실적에 따른 차등지급

보수가 조직의 생산성 증대에 기여할 수 있도록 관리운용 되어야 한다. 보수 효과성을 확보하기 위해서는 무엇보다 주어진 목표를 달성한 정도, 즉 실적에 따른 보수를 합리적으로 차등지급하는 방식이 고려되어야 한다.

5) 기타

보수는 공무원의 직무수행 동기를 유발하는데 기여해야 하며 관리 효율성에 기여할 수 있는 수단을 제공할 수 있어야 한다.

2 보수수준의 관리

1) 의 의

보수의 적정수준을 결정하는 문제는 보수의 일반수준을 결정하는 문제와 조직 내적 균형을 고려한 격차수준을 결정하는 문제로 구성된다. 국가공무원법 제46조(보수 결정의 원칙)에 의하면 공무원의 보수는 직무의 곤란성과 책임의 정도에 맞도록 계급별 · 직위별 또는 직무등급별로 정하고, 보수수준은 일반의 표준 생계비, 물가수준, 그 밖의 사정을 고려하여 정하되, 민간부문의 임금수준과 적절한 균형을 유지하도록 노력하여야 한다고 규정하고 있다.

2) 보수의 일반수준 결정시 고려사항

(1) 사회윤리적 요인으로서의 생계비 보장

공무원의 최저 생활과 인간다운 생활을 보장하기 위해 적정수준의 보수를 보장해줄 것이 요구된다. 이러한 사회 윤리적 요인에 의해 공무원의 책임 수준이나 직무의 경제적 가치에 관계없이 최저한의 생활을 할 수 있는 보수는 주어야 한다는 원칙이다.

(2) 경제적 요인

공무원의 보수수준을 결정할 때 민간부문의 임금수준을 고려하여 그것과 균형을 이루도록 힘써야 하며, 고용주인 정부의 보수 지불능력을 고려하여야 한다. 즉, 정부에서 공무원 인건비는 세입과 세출의 재정규모를 고려하여 결정할 수밖에 없다. 또한 보수수준 결정에 정부의 공공사업 정책에 대한 지출우선순위를 반영해야 하고, 정부보수수준이 물가에 미칠 영향도 고려해야 한다.

(3) 보수 외의 부수적 편익

신분보장, 연금제도, 승급, 승진, 퇴직 후 특권 등 부수적 편익은 보수와는 다른 형태의 보상의 일종이다. 따라서 대외적 형평성은 보수에 의해서만이 아니라 이러한 부수적 편익까지 포함한 전체적 편익을 고려해야 한다. 실제로 한국 공무원 보수가 박봉이었지만 신분보장, 연금 등의 부수적 제도가 이를 보완해왔다.

(4) 보수와 동기유발 효과(동기부여 이론과 부합 필요)

동기부여 측면에서 보수를 포함한 물질적 보상은 일찍이 테일러의 과학적 관리론에서 활용된 것이다. 또 허즈버그의 2요인 이론에서는 저임금이 불만의 직접적 원인이 된다고 주장하고 있다. 매슬로우의 욕구 5단계 이론(욕구계층이론)이나 기대이론 측면에서 경제적 욕구가 강한 사람에게 보상이 유용한 동기부여 수단이 될 수 있으며, 형평이론에서는 개인과 개인 간 보상 형평성이 불만체제에 중요함을 인식하고 있다.

3) 보수의 격차수준 결정

조직 내 보수액의 차이를 결정하는 문제로서 이른바 대내적 형평성을 확보하고자 하는 것이다. 격차수준 결정시 고려해야 될 사항으로서 직무, 작업조건, 학력, 자격, 근속기간, 능력, 근무성적, 연령, 부양가족 등 여러 가지 복수요인이 고려된다.

4) 생계비 조사와 임금조사

공무원의 일반수준을 결정할 때, 고려할 요소에 대해 체계적 조사와 객관적 자료수집 활동이 바탕이 되어야 한다. 그 가운데 의미 있는 것으로 직무분석, 직무평가, 생계비 보장, 임금조사 등이 있다. 공무원 보수의 최저수준은 생계비 조사의 주기적·지속적 실시를 통하여 물가를 고려한 실질적인 수준으로 유지되어야 하며, 생계비를 감당할 수 있는 보수를 지급해야 한다. 임금조사는 보수수준의 대외적 균형을 고려하기 위해 정부나 민간기업의 외부조직들의 임금수준을 조사하여 노동의 시장가격을 알아보려는 절차이다.

3 보수체계의 관리

1) 의 의

보수체계의 관리는 보수종류를 배합하는 문제로서 보수의 내용규정에 해당한다. 보수는 기본급(봉급)과 부가급(수당 등)으로 구성된다. 기본급은 임금체제를 대표하는 근간으로서 보수관리는 기본급을 중심으로 이루어지며 보수총액의 주된 부분을 차지한다. 부가급은 기본급을 보완하는 것으로 직무내용, 근무환경, 생활조건 등을 고려하여 기본급에 반영치 못한 특수한 차이를 보상해주는 수당과 실비변상 등을 포함한다.

2) 기본급의 결정기준에 따른 유형분류

기본급을 결정함에 있어 능력기준, 직무기준, 성과기준, 자격기준, 근속, 연령기준, 생계기준 등을 사용할 수 있고 이러한 기준에 따라 아래와 같은 기본급의 유형을 분류할 수 있다.

① 생활급

생계비를 기준으로 하는 보수로서 공무원과 그 가족의 생활을 보장하기 위한 것이다. 생활급을 결정할 때 연령이나 가족상황, 자녀교육비 등을 고려하며 직무특성이나 개인의 노력, 능력과는 무관하게 결정된다. 따라서 조직의 생산성 향상에는 기여하지 못하나 보수에 대한 불만을 예방하고 공무원의 안정적 생활을 보장하기 위해서는 반드시 충족되어야 할 부분이다.

② 연공급

공무원의 연령과 경력, 근속연수를 기준으로 하는 보수를 의미한다. 연공급은 공무원의 경력에 따라 업무를 처리하는 능력이 발전된다는 가정과 공무원의 나이가 많을수록 생활비도 많이 들어간다는 가정에 기초하여 보수의 격차를 둔다. 또한 생계지출의 증가를 반영하여 생활을 보장하고 장기근속을 강화하여 필요한 노동력을 확보하고 귀속감을 높이는데 기여한다. 이때 근속연수는 보수표에서 호봉을 결정하는 가장 중요한 요소이다.

③ 능력급(직능급)

공무원의 능력정도, 즉 조직 목적에 기여할 수 있는 능력정도에 따라 결정하는 보수를 능력급이라 하고 능력의 범위를 한정하여 직무수행능력에 따라 보수를 차등화하는 보수체계는 직능급이라 한다. 이 때 직무수행능력은 본인이 담당하고 있는 구체적인 직무에 관한 것이다. 직능급은 보수를 직무수행에 있어 실질적 능력과 연관시키기 때문에 개인들의 능력발전에 대한 동기를 자극시킨다.

④ 직무급

공무원이 담당하고 있는 직무의 책임도, 곤란도, 전문성에 따라 직무의 가치를 평가하여 그 가치를 보수와 연결시킨 것이다. 일에 맞는 보수, 즉 동일직무에 대한 동일보수 원칙을 적용하여 보수의 공정성을 기하고자 하는 보수체계이다. 이러한 직무급을 실현하기 위해서는 직무분석과 직무평가를 실시하여 직무를 표준화하고 각 직무에 대한 상대적 가치를 평가하여야 한다. 즉 직위분류제가 정착되어야 하고, 어느 정도 생활급이 보장된 기초 위에서 직무급이 제대로 그 기능을 발휘할 수 있다.

직무급은 다른 유형의 보수체계에 비해 합리적이고 과학적이며 동일직무에 대한 동일보수 원칙에 충실하여 보수의 형평성 실현과 보수에 대한 불만을 해소할 수 있는 장점이 있다. 그러나 직무급 체계는 투입지향적이며 실현된 직무를 기준으로 하는 것이 아니기 때문에 실질적 형평성을 구현하기 어렵다는 비판도 있다. (성과급이 강조되는 이유 중의 하나)

⑤ 실적급(성과급)

직무수행의 결과 또는 산출도를 기준으로 결정하는 보수로서 조직에 기여할 수 있는 잠재적 가능성이 아니라 현실화된 기여도를 기초로 산출하는 보수에 해당한다. 즉, 직무수행 결과를 기준으로 하는 보수이다. 근무실적과 보수를 연계시킴으로써 근로자의 동기를 적극적으로 유발할 수 있다는 장점 때문에 성과에 기초한 보수체계가 최근 관심의 대상이 되고 있다(신공공관리론의 영향).

다만 실적급 체계가 실현되기 위해서는 근무성적평정의 객관성과 신뢰성, 공정성이 뒷받침되어야 한다. 그런데 이러한 합리적 평가체계가 선행되지 못해 실적급 제도에 대한 조직구성원의 불신이 높고, 외견상으로는 성과급이지만 실질적으로는 연공서열에 의해 좌우되는 경향이 있어 제도와 관행이 괴리되는 문제점이 크다.

⑥ 총합결정급

공무원 생계비, 연령, 자격, 근속 및 경험, 능력, 직무, 근무성적 등을 종합적으로 고려하여 결정하는 보수가 총합결정급이다. 즉, 어느 하나의 기준에 따르기 보다는 현재의 보수체계의 인사제도 등을 감안하여 여러 기준을 적절하게 배합하고 결정하는 융통성을 지니고 있다. 우리나라의 보수체계도 총합결정급의 한 형태이다. 다만 여러 기준의 배합에 관한 설명이 충분하지 못하고 보수 결정기준이 명확하지 못해 자의에 빠질 염려가 있다는 게 단점이다.

3) 부가급(수당 등)

보수의 일부를 구성하고 있는 부가급은 기본급을 보완하는 것으로써 근무조건이나 생활조건의 특수성이 인정되는 공무원들에게 지급되는 것이다. 수당은 보수제도에 필요한 탄력성을 유지하기 위해 불가결한 수단이 되지만 남용의 우려도 크다. 가장 큰 문제점으로 지적되는 것이 기본급의 근본적 문제를 해결하지 않은 채 수당으로 미봉책을 강구하다가 수당의 남설을 초래하는 문제, 그리고 수당지급의 기준과 조건을 적정하게 결정하지 못해 보수의 불균형을 초래한다는 점을 들 수 있다. 한국정부의 경우에는 수당의 종류가 너무 많이 발전되어 보수체계가 왜곡되었다. 수당의 종류로서는 상여수당, 가계보전수당, 특수지근무수당, 특수근무수당, 초과근무수당 등이 있다. 그리고 실비변상으로 가계지원비, 정액급식비, 직급보조비, 교통보조비, 명절휴가비, 연가보상비 등이 있다.

【 한국 정부의 공무원 보수 체계 】

기본급	봉급 (기본급)	11개 직종별
부가급	수당 (26종)	상여수당, 가계보전수당, 특수지 근무수당, 특수 근무수당, 초과근무수당 등
	실비변상 (4종)	정액급식비, 직급보조비, 명절 휴가비, 연가보상비

* 인사혁신처 (http://www.mpm.go.kr/business/04010101_paySystem.do)

4 보수표

1) 보수표의 의의

보수표는 보수행정의 기초로서 보수행정의 체계와 표준화를 가능하게 하며 인건비 예산의 편성을 용이하게 한다. 또한 공무원으로 하여금 장래의 봉급에 대한 예측을 할 수 있게 함으로써 공무원의 심리적 안정감을 갖도록 한다.

2) 보수표 작성의 기본개념과 고려사항

① 등급의 수

등급이란 공무원이 받는 보수액의 격차에 관한 단계구분의 표시를 의미한다. 즉, 한 보수표 내에서 직무의 가치 또는 자격의 단계를 나타내고 보수의 내적 공정성을 반영하는 지표에 해당한다. 일반적으로 등급의 수가 계급제 하에서는 적고 직위분류제 하에서는 많다. 등급을 몇 개로 하는 것이 적합한지는 보수 공정성뿐만 아니라 조직의 규모, 직원 자격 및 직무분화 정도, 평균승진 소요연수, 보수표의 수, 상하위 직급 간 보수액의 차, 등급의 폭 등 인사관리상 여러 문제를 동시에 고려하여 결정한다. 등급수가 많을 경우 직무에 상응하는 보수액을 합리적으로 결정할 수 있으나 등급 간 차액이 적어지고 융통성을 상실할 우려가 있다.

② 등급의 폭(호봉)

등급폭이란 등급 내 보수의 차를 규정하는 개념으로 일반적으로 호봉이란 용어를 사용한다. 각 등급 내 호봉을 복수로 하며 동일등급일지라도 근무연한에 따라 공무원의 능력과 기술이 향상되어 능률이 증진될 것이고 이를 반영하여 호봉을 올려줌으로써 근무의욕을 고취시키고 장기근속을 유도하고자 한다. 승급이란 동일등급(직급) 내 호봉이 올라감에 따라 보수액이 증가되는 것을 의미한다.

③ 등급 간 중첩

한 등급의 보수액 폭이 상위 또는 하위 등급의 보수액 폭과 부분적으로 겹치는 것을 의미한다. 등급 간 중첩을 두는 이유는 동일 등급 내 상하 호봉 간의 보수액 폭을 크게 함으로써 승진을 하지 못한 장기근속자에 대한 보상과 유인을 제공하려는 것이다. 상하 등급 간 중첩 시 상위등급 간 중첩은 적어지고 하위등급 간 중첩은 많아진다.

④ 보수곡선: J 커브 형(호봉 간 격차)

봉급표 작성에서 호봉 간 금액차를 연속적으로 표시한 것으로 일반적으로 제이(J) 커브 형을 나타낸다. 그 이유는 상위직으로 갈수록 조직에 주는 영향과 책임이 커 보수액 증가율이 더욱 커지기 때문이다. 그러나 우리나라의 경우 보수인상시 하후상박(下厚上薄)의 원칙이 강조되어 상하위직 간 보수격차(compression)가 선진국에 비해 상대적으로 적다. 따라서 하후상박의 원칙은 하후상후(下厚上厚)의 방향으로 변화되어야 한다.

Ⅲ. 한국 공무원 보수제도에 대한 평가

1 문제점

1) 보수수준의 문제점

정부는 그간 보수의 중요성을 인식하여 보수인상을 위해 꾸준히 노력한 결과 공무원 처우는 과거에 비해 어느 정도 개선되었으나 아직도 민간수준의 임금(특히 대기업의 임금수준)에 비해 뒤떨어지는 수준이다. 불충분한 보수수준은 직업공무원의 긍지와 자부심을 약화시키고 유능한 인재의 공직으로의 유치에 불리한 영향을 미쳐왔다.

공무원 보수의 적정화 문제가 연례적인 정책과제로 대두되어 왔음에도 불구하고 보수 인상률이 미흡했던 요인은 우선 공무원의 봉급인상률이 민간임금 및 물가에 미치는 영향이 크고, 높은 재정경직도 하에서 대폭적인 처우개선을 하기엔 그 재원조달이 어렵다는 점이다. 그리고 보수의 대외적 불균형을 시정하기 위한 노력이 소극적이었고 공무원 보수 인상을 지지하는 세력도 약하였기 때문이다. 특히 외환위기 이후 사회복지 및 경제위기 극복 등에 대한 투자 우선순위가 높아지면서 공무원의 보수를 인상하기가 어려운 상황이었다.

2) 보수체계의 문제점

첫째, 한국정부의 공무원 보수체계는 과도한 수당중심의 보수체계로 이루어져 있다. 기본급인상의 반발을 회피하느라 수당을 새로 신설하거나 증액하는 편법을 활용하여 수당이 남설되었다. 이로 인해 기본급보다는 수당조정에 치중하여 기본급이 보수의 핵심으로서 보수체계의 근간을 이루지 못하고 주된 보수로서 보수대표성을 상실하였다.

둘째, 직종별 특성을 고려하여 도입한 각종 특수 업무수당이 전체적인 합리성이 결여된 채 복잡한 구조를 초래하였다.

셋째, 직위분류적 요소를 많이 도입하였음에도 불구하고 직무급체계를 확립하지 못하고 있다. 따라서 보수 산정에서 계급제적 기준을 원칙으로 사용하여 직무의 전문성과 난이도를 고려한 동일직무에 대한 동일보수 원칙을 실현하지 못하고 있다.

넷째, 오랫동안 하후상박의 원칙이 강조되어 상하위직 간 봉급격차가 너무 적다. 책임성이 높은 만큼 그에 상응한 보수액을 지급해야 한다. 고위공무원단과 정무직의 보수수준을 합리적으로 인상하는 방안을 강구할 필요가 있다.

다섯째, 공무원 보수가 직종, 직급, 호봉 등에 따라 거의 일률적, 획일적으로 지급되어 개인 생산성이나 능률향상을 고려한 성과급제도 도입을 저해하고 있다. 또 성과급은 급조된 쇄신이란 비판을 받기도 한다.

여섯째, 직종별, 직무분야별 보수불균형은 기존의 수당 증액이나 새로운 수당의 증설을 요구하는 압력으로 작용하였다.

요컨대 보수체계는 복잡 다기화되어 보수의 공정성 확보와 동기부여의 본래 역할을 수행치 못하고 있다. 또한 수당이 직무의 특성이나 일의 성과, 작업조건에 대한 보상으로 연결되지 못하고 있다. 다수 공무원에게 일률적으로 적용되는 집단보상 내지는 낮은 보수수준을 보전해주는 식의 수당 운영은 잘못된 것이라 할 수 있다.

2 발전방향

1) 보수수준의 개선방향 (보수의 대외적 형평성 달성)

① 보수에 대한 인식개선

공무원 보수수준을 적정화하기 위해 공무원 보수가 행정능률 및 사기에 어떠한 영향을 미치는지에 대한 정확한 인식이 필요하고 공무원 처우개선에 대한 국민적 공감대가 형성되어야 한다.

② 재원조달문제의 해결

국민의 재정 부담을 경감하기 위해 행정경비절감 등 예산절감사업의 지속적 유지와 행정개혁사업의 지속적 추진 등을 통해 재원조달상 어려움을 해소해야 한다.

③ 공무원 보수의 민간준거 원칙

공무원은 국민 전체의 봉사자인 동시에 공무원 자신도 인간으로서의 존엄과 가치를 가지므로 정부부문 종사자란 이유만으로 임금에 있어서 민간에 비해 불리하게 대우받아야 할 당위성은 존재하지 않는다. 선진국이 적용하는 소위 민간임금의 준거원칙을 적용하여 민간임금 평균치에 상응하는 수준의 공무원 보수체제를 확립해야 한다.

④ 보수만족도 통한 과잉승진욕구 해소

보수의 만족도를 높이게 되면 구성원의 승진 만능주의의 욕구를 어느 정도 해결할 수 있다. 공무원 보수에 대한 불만족은 흔히 고속승진 욕구로 분출될 가능성이 크다. 따라서 오늘날 인사적체의 문제를 해소하고 보다 건전한 인사관행의 정착을 위해서도 합리적이고 타당한 적정 보수수준을 마련해야 한다.

2) 보수체계의 개선방향

① 기본급의 보수 대표성 회복

지나치게 비대화된 수당을 그 실질적인 성격에 따라 재분류하고 기본급과 같은 성격을 가진 수당들은 기본급 체계에 흡수·통합해야 한다. 기본급이 보수에서 차지하는 비중을 높이고 수당은 본래 목적에 충실하도록 조정하여 기본급의 보수 대표성을 회복해야 한다.

② 직무급체계의 내실화

동일직무에 대한 동일보수 원칙을 구현하기 위해 정부의 직무분석과 직무평가를 통해 직위분류체제를 내실화해야 한다. 직위분류체계가 실질적인 운영에 있어서는 계급제를 근간으로 하는 보수제도로 변질되어 운영되는 것을 경계해야 한다.

③ 성과주의 원리의 적절한 가미

기본급 결정기준 적용상의 형식주의를 타파해야 하고 직무기준이나 성과기준의 적용을 확대해 나가야 한다. 특히 현재의 연공급체계 위주의 보수 하에서는 직무난이도나 개인, 능력, 실적 차이에 따른 보수차등화가 어렵다. 이는 우수인재의 유치에도 장애요인으로 작용하고 있기 때문에 기존 계급제적 질서와 연공 중시 문화에 성과주의 원리를 적절히 가미시켜 균형을 이루는 것이 중요하다.

④ 보수철학의 재정립

과거의 왕조시대에서 강조되던 안빈낙도와 청빈사상이 아직도 우리 사회의 정신세계에 뿌리내리고 있는데 이러한 사상이 현대적으로 어떤 함의를 가져다주는지 되돌아볼 필요가 있다. 공무원사회도 이제는 민간기업과 인력차원에서 보면 경쟁관계에 있다. 따라서 지나치게 안빈(安貧)과 청빈(淸貧)만을 강조하여 공무원의 보수수준을 낮추어 놓게 되면 오히려 부정부패와 같은 부작용이 발생할 수 있으므로 시대에 부합하는 보수철학을 재정립할 필요가 있다. 다시 말해서 청렴사상은 아무리 강조해도 부족함이 없을 것이나, 그것이 보수수준의 하향평준화의 정당화 근거가 되어서는 안 된다.

| 새 테마 행정학 |

15. 성과급 제도

Ⅰ. 성과급의 의의

1 개념

성과급 제도는 직무수행의 실적을 보수결정의 기준으로 삼는 제도를 말한다(오석홍, 2013). 즉, 측정가능한 직무수행 실적 또는 직무수행 결과에 보수를 연결하여 직원의 직무수행 성과와 보수 사이에 직접적인 관계가 설정되도록 하려는 것이다. 기본적 보수에 더하여 성과급을 추가하여 지급함으로써 공무원의 동기부여 및 생산성 향상을 높이기 위한 수단으로 활용하려는 것이다.

성과급은 직무급과 구별해야 한다. 즉, 직무급은 등급에 따라 보수를 지급하는 반면 성과급은 현실적인 성과에 따라 보수를 지급한다. 직무급 하에서 등급이 높은 공무원에게 높은 보수를 지급하는 이유는 등급이 높을수록 담당하는 직무의 곤란성과 책임성이 높을 것이라는 '예정적 가정'에 기초하는 반면, 성과급 하에서는 실제로 이루어낸 성과에 근거하여 높은 보수를 지급한다.

성과급제도의 취지를 살리려면, 인적자원 관리자에게 보수관리에 대한 높은 수준의 융통성과 재량권이 부여되어야 하며, 명확한 성과지향적 목표가 설정되어야 한다. 또한 직무수행실적이 측정될 수 있는 직무에 한하여 적용해야만 효과가 있다. 그리고 직무수행노력과 직무수행성과간의 인과관계가 확인될 수 있어야 한다.

최근에 성과급이 인사행정학의 특별한 관심사로 대두된 이유로는 다음과 같은 두 가지를 들 수 있다(오석홍, 2013). 첫째, 민주적 형평관념의 확산을 들 수 있다. 산업사회의 형평관념에 맞는 제도로서 직무급이 개발되었으나, 이것은 맡은 직무 또는 직무수행의 가능성을 기준으로 하는 것일 뿐이므로, 결과로 나타난 직무수행을 기준으로 삼아야 한다는 생각이 확산되게 되었다. 성과급은 맡은 직무의 실천을 대상으로 하는 보수이며, 조직에 대한 공헌의 가능성보다 실제적 공헌 내지 실현된 공헌을 기준으로 하는 보수이기 때문에 형평성 구현을 보다 실질화 할 수 있다.

둘째, 업무성과에 금전적 보상을 결부시킴으로써 직무수행동기, 즉 사기를 높이고 생산성을 향상시킬 수 있다는 기대이론의 가설, 처우의 형평성에 대한 인식이 동기수준에 영향을 미친다는 형평이론의 가설, 그리고 외적 유인에 의해 바람직한 직무행태를 강화할 수 있다는 학습이론의 가설이 미친 바가 크다.

2 성과급 제도의 도입배경

1) 현실적 배경

세계화(globalization)는 기회와 함께 높은 수준의 불확실성을 우리에게 주는 이중적 성격을 가지고 있다. 세계화의 무한경쟁시대에 생존하기 위해 각국 정부는 공공부문의 생산성 제고와 경쟁력 강화에 박차를 가하고 있다. 정부의 재창조(reinventing government) 또는 신공공관리론(new public management)으로 표현되는 이들 공공부문의 개혁은 공공부문에 시장메커니즘이나 민간경영기법을 도입하여 성과중심, 고객중심의 행정과 기업가형 정부, 전자정부의 실현 등을 중요한 과제로 여기고 있다(김영근, 1999). 이러한 성과주의적 관리를 강조하는 신공공관리론은 행정의 내부관리상의 문제를 해결하기 위해 여러 가지 개혁방안을 제시하고 있는데, 그 중에서 공무원 보수제도의 측면에서의 개혁방안이 바로 '성과급제도'이다(정정길, 2008). 성과 및 노력과 관계없이 일률적으로 지급해온 보수는 열심히 일하는 조직 구성원의 근무의욕을 저하시켜 조직의 생산성 저하를 가져올 수 있기 때문에 정확한 성과와 기여도에 따른 보수지급방식을 모색하여 정부의 생산성을 높일 필요가 있었던 것이다. 이러한 점을 인식하여 OECD 국가에서는 전체 공무원의 보수인상 결정방식과 개인승급에 관한 원칙을 변경하고 있는 바, 예를 들어 물가지수와의 연동폐지, 시장비교결과에의 의존도 약화, 직종간의 보수연계 지양, 승급기준으로서의 근무기간이 차지하는 비중 등을 축소하고, 다른 한편에서는 보수인상을 생산성 향상과 보다 명확하게 연결하려는 노력을 기울이고 있다. 이러한 경향에 맞춰 우리나라에서도 공직사회에 경쟁원리를 도입하여 근무실적이 우수한 자에게 인센티브를 부여함으로써 행정의 생산성을 제고하고 열심히 일하는 분위기를 조성하기 위해 공공부문에 성과급제도가 도입되었다.

2) 이론적 배경

성과급 제도의 이론적 도입 배경으로는 아담스(J.S. Adams)의 공정성이론과 대리인이론을 들 수 있다. 먼저 아담스의 공정성이론은 타인(준거인)과 비교하여 과소보상 내지 과다보상을 받게 되면 불만이나 부담감을 느끼게 되어 그것을 감소시키려는 동기를 유발한다. 즉 비교대상인 준거인과 비교하여 자기가 기울인 노력과 그 결과 주어진 보상간의 불일치를 지각하면 동기부여가 된다는 것이다. 노력보다 보상이 적으면 더 많은 보상을 요구하거나 자신의 노력을 줄이게 되고, 노력에 비하여 보상이 다른 사람의 그것보다 크면 이를 일치시키기 위해 노력을 증가시키게 된다는 것이다. 이러한 아담스의 공정성이론에 근거하여 본다면, 성과와 노력에 관계없이 일률적으로 지급해온 보수는 열심히 일하는 조직 구성원의 근무의욕을 저하시켜 조직의 생산성 저하를 초래할 수 있는 바, 정확한 성과와 기여도에 따른 보수지급방식을 모색하여 정부생산성을 높일 필요가 있게 됨으로써 성과와 보수를 연계시키는 성과급제도가 도입되었다.

다음으로 대리인이론은 사회 및 정치생활이 일방(본인)과 타방(대리인)의 교환관계인 일련의 계약(합의관계)으로 이해될 수 있다는 관점에 입각해 있다. 대리인이론에 의하면 개인은 공공선택이론이나 신고전파 경제이론과 마찬가지로 합리적이고 자기이익 추구적이라고 가정한다. 따라서 대리인과 본인의 이해가 상충될 가능성이 있다. 더욱이 본인-대리인관계의 관리는 불완전한 정보, 비대칭적 정보, 그리고 다양한 불확실성에 의해 복잡하게 얽혀 있다. 이러한 맥락에서 어떻게 하면 본인은 대리인이 최대한 자신의 이익을 위하여 임무를 수행하도록 할 것인가, 즉 대리인을 동기를 줄 최선의 방식을 포함하여 계약의 적정형태(optimal form of contracting)를 결정하는 것이 대리인이론이 갖는 가장 근본적인 물음 중의 하나이다. 이와 관련하여서는 다양한 방법들이 제시되고 있지만, 가장 기본적이고 고전적인 방법은 적절하게 고안된 인센티브의 제공이다. 성과급제도의 도입이 바로 그것인데, 대리인의 업무성과가 증가할수록 본인의 이익뿐만 아니라 대리인의 금전적 보상도 늘어나므로, 대리인과 본인 사이의 이해의 상충문제가 감소하게 되고 대리인은 더욱 열심히 일할 인센티브를 가지게 된다. 그 결과, 대리인이 과업을 수행하는 데 있어서 필요한 주의와 노력을 기울이지 않는 도덕적 해이(moral hazard)를 감소시킬 수 있다(권순만 · 김난도, 1995).

Ⅱ. 성과급 제도의 유형과 활용과정

1 성과급 제도의 유형

1) 개인성과급

(1) 의 의

개인을 단위로 지급하는 성과급으로 개인성과급은 생산단위에 맞춰 보수를 지급하는 도급제, 표준산출에 대한 기본 보수를 공통적으로 지급하고 표준산출을 초과하는 산출에 대해 보수를 추가 지급하는 기준시간제, 판매액의 일정비율을 임금으로 지급하는 판매 커미션, 목표를 초과달성하여 이윤이 창출되었거나 비용절감이 발생한 경우 그 일부를 지급하는 보너스 등의 형태가 있다.

(2) 한계

개인 단위의 성과급 제도는 상호협조와 공동노력에 의한 조직 기여도를 약화시킬 가능성이 높으며, 개인별 목표에의 집착으로 조직 전체의 거시적 목표 달성을 소홀히 하기 쉽다. 그리고 상대평가를 통해 우수한 소수에게 성과급을 지급할 경우 다수의 패배자를 만들어 다수의 사기저하를 유발할 수 있다.

2) 집단(팀) 성과급

(1) 의 의

작업 집단, 즉 팀을 단위로 지급하는 성과급이다. 즉 성과의 측정 단위를 집단으로 하고, 성과의 지급단위도 집단을 단위로 시행한다. 집단구성원 모두의 공동노력과 공동책임이 수반되는 경우 당위성을 가지는 제도이다. 개인성과급과 동일 목적을 가지면서도 개인주의보다 공동체의식을 제고하고 협업을 강화하는데 기여하며 동기부여 효과를 기대할 수 있다.

(2) 한계

무임승차(free rider)의 동기가 유발된다. 또한 개인별 목표의 경우보다 집단 목표에 대한 구성원들의 심리적 연계가 약해질 수 있다는 단점을 가진다.

3) 조직 차원의 성과급

조직 전체의 생산성 향상이나 비용절감에 대한 조직구성원의 기여를 인정하여 전체 조직구성원들에게 주기적으로 지급하는 성과급이다. 조직 차원의 성과급은 대개 이윤 증가, 비용절감 등을 기준으로 결정하며, 장래의 동기유발을 계량해 상여금을 지급하기도 한다. 조직차원의 성과급은 실적기준이 모호하다는 단점이 있다.

2 일반적인 성과급의 활용과정

성과급 제도를 실시하기 위해서는 우선 해당 직원의 핵심 업무영역을 파악, 결정하고 성과 지향적 목표와 측정방법을 결정한다. 그리고 직원의 목표추구 활동과 직원의 목표수행에 대한 감독자의 역할을 지원하며 직무수행성과의 측정 및 목표에 비추어 평가하는 것이 필요하다. 이후 근무실적과 평정점을 해당직원에게 환류하게 되며, 실적과 평정 성적에 따라 성과급을 결정하고 지급하게 된다.

Ⅲ. 성과급 제도의 효용과 한계

1 성과급 제도의 효용

성과급 제도의 효용을 제시하면 다음과 같다.

첫째, 유인구조의 형성이다. 성과급은 추가적이고 차별적인 보상으로 정보의 비대칭성에 기인하는 도덕적 해이(moral hazard)를 최소화하려는 유인을 제공한다.

둘째, 생산성 제고이다. 그간 한국의 공무원 보수는 계급과 근무연수의 연공체계에 의해 결정되었던 바, 이는 개인의 실적이나 실력 여부를 떠나 장기근속자를 우대하는 결과를 가져왔으며, 공무원들 사이에 무사안일과 보신주의를 팽배시키는 부작용을 낳았다(박천오 · 박경효, 2001). 이러한 보수체계의 문제점을 극복하기 위해 등장한 성과급제도는 성과 및 기여도에 근거한 보상체계를 구축함으로써 유능한 사람을 우대하고, 성과의 하향평준화를 예방한다. 즉, 유능하고, 성실하고, 창의적이며 적극적인 공무원에게 보다 많은 인센티브를 부여하여 공직사회의 경쟁력과 생산성을 제고할 수 있다.

셋째, 조직활력의 강화이다. 저성장 및 감축관리의 도래로 승진 기회가 축소됨에 따라 승진의 유인효과가 한계를 나타내며, 이를 연공서열로 운영하기보다는 성과에 근거한 경쟁으로 인사운영을 하는 것이 승진을 통한 조직활력에 도움이 된다.

넷째, 외부의 우수인재를 영입하기 용이해진다. 호주의 고위공무원단(SES)을 대상으로 하는 성과급제도처럼 다수에게 성과급을 지급하는 방식은 일종의 보수 인상효과로 인해 유능한 사람들을 조직에 붙잡아두고 능력 있는 사람들을 끌어들이는 유인이 된다(하상묵, 1996).

2 성과급 제도의 한계

그러나 성과급 제도는 다음과 같은 여러 가지 문제점도 있다.

첫째, 성과평가의 어려움이다. 모두를 납득시킬 수 있는 성과평가는 평가자체의 불완전성과 자신을 과대평가하려는 사람들의 성향 때문에 불가능하다(하상묵, 1996). 또한 공직의 성격상 평가가 곤란한 경우도 많다. 즉, 상호배타적인 사명과 복합적인 목표, 다단계의 지배구조와 협업관계, 이질적인 산출물의 혼재, 통제불가능한 변수의 존재, 시장기제의 부재 등으로 정확한 성과평가가 곤란한 경우가 많다. 따라서 성과평가를 둘러싼 잡음(noise)이 많고, 성과급제가 동료와의 갈등 및 상하간의 불신을 조장하며, 공직자에 대한 통제도구로 전락할 가능성이 있다.

둘째, 유인효과의 미비이다. 금전지급과 같은 외재적 유인이 아무리 동기유발의 효과를 갖는다 하더라도, 외재적 보상에 의한 동기유발을 지나치게 강조하는 것은 논리의 비약이다(황성원 · 김상헌, 2002). 특히, 우리나라 공무원들은 업무수행에 있어 가장 중요한 가치로 승진을 들고 있다는 점(김영근, 1999)을 감안하면 성과급과 같은 금전적 보상이 공무원의 동기유발 요인으로서 작용하는 데에는 일정한 한계를 가질 수밖에 없다.

셋째, 목표왜곡의 폐단이다. 공공조직은 조직을 효율적으로 관리하기 위해 엄격하게 통제되고 있는 통제위주의 행정문화와 관행이 체질화되었고, 조직목표를 수행함에 있어서 공식적인 구조에만 초점을 두게 됨으로써 목표와 수단이 서로 바뀌는 일이 빈번하게 발생하는 결과를 낳게 된다. 따라서 공무원들은 측정이 용이하고 보상이 되는 업무에만 치중하고 측정이 곤란하거나 보상이 되지 않는 업무는 기피하게 된다.

넷째, 재정적 제약의 문제이다. 민간기업과 달리 정부는 보수예산이 한정되어 있고 재정적 제약이 크기 때문에 성과급제도의 원활한 운용이 방해를 받을 수 있다. 고정된 예산액과 지급조건의 경직성은 복잡한 환경 하에서 융통성 있는 유인급여의 지출을 어렵게 한다. 재정적 경직성뿐만 아니라 전반적으로 통일성을 선호하는 법체계의 원리도 보수의 융통성 있는 차등지급을 어렵게 한다.

다섯째, 경쟁으로 인한 소외와 직장 내에서의 위화감의 조성이 문제이다. 성과급제도의 시행은 승패의 상황을 조성하며, 사람들은 소외감을 느끼고, 직장 내에서는 위화감이 조성되며, 이러한 경쟁 · 소외 · 위화감의 조성은 악순환을 일으킨다. 동료를 경쟁대상 또는 적으로 간주하여 대인관계는 서로에게 심리적 손상을 주며, 단체정신을 무너뜨리고 협동적 업무수행을 곤란하게 한다. 단견적 · 이기적 경쟁은 공동목표 · 조직전체의 목표에 대한 기여를 약화시킬 수 있다(황성원 · 김상헌, 2002).

Ⅳ. 우리나라의 성과급 제도의 도입과 운영

1 성과급 제도의 도입현황

1) 성과 연봉제

(1) 도입배경

1997년 11월에 발생한 외환위기로 국제통화기금으로부터 구제금융을 받기 시작하면서 정부 경쟁력을 강화하기 위해 공직사회의 성과연봉제와 성과상여금 도입문제가 논의되기 시작했다. 계급과 경력에 기초한 연공급 급여체계를 능력과 실적을 반영하는 능력주의 보수체계로 전환하기 위해서 도입하게 되었다. 즉 공무원의 능력과 실적에 따라 보수 격차가 생기게 되어 개인의 능력향상과 경쟁을 유도함으로써 조직과 개인의 생산성 향상을 위한 방안이다.

(2) 성과 연봉제의 내용

계급별로 정해지는 기본연봉과 개인의 실적에 따라 차등 지급되는 성과연봉으로 구성된다. 공무원 보수규정에 의하면 정무직공무원은 고정급적 연봉제 대상이며 성과급적 연봉제 대상은 1-4급 상당의 공무원 및 계약직 공무원이다. 그리고 고위공무원단에 속하는 공무원은 직무성과급적 연봉제의 적용을 받는다(공무원보수규정 별표 31참조).

연봉제의 구분 및 적용대상 공무원

구분	적용대상 공무원
고정급적 연봉제	정무직공무원
성과급적 연봉제	별표 1 공무원별 봉급표 구분표의 별표 3 및 별표 4의 봉급표를 적용받는 공무원(군무원, 국가정보원직원, 대통령실 경호처 직원은 제외) 중 1급부터 4급까지 또는 1급상당 공무원부터 4급상당 공무원까지[4급 또는 5급의 복수직급 정원에 해당하는 4급(상당) 공무원에 대해서는 과장급 직위에 임용된 경우만 해당]
	국립대학의 교원(국립대학의 장은 제외)
	계약직공무원(한시계약직공무원은 제외)
직무성과급적 연봉제	고위공무원단에 속하는 공무원(연구직공무원과 지도직공무원, 별표 1 공무원별 봉급표 구분표의 별표 12의 봉급표를 적용받는 별정직공무원 및 대통령실 경호처 직원 중 별정직공무원은 제외)

* 참조: 공무원보수규정 별표 3의 비고 2를 적용받는 4급(상당) 공무원은 제외.
* 자료: 공무원보수규정 별표 31.

(3) 기대효과

현행 연공급체계는 기본급, 각종수당, 상여금으로 구성되어 체계가 상당히 복잡하여 보수의 동기유발기능이 상실된 상태이다. 따라서 지급구조의 단순화로 인해 조직 활성화와 사기앙양에 효과적이고 보수관리가 간편해진다. 또한 매년 스스로 성과계약 등을 통해 업무목표를 세우고 감독자와 면담을 통하여 목표를 확정하여 그 달성정도를 평가받기 때문에 상하 간의 의사소통이 원활해지며, 공정한 평가문화 조성에 이바지한다.

2) 성과상여금제도

(1) 도입배경

"공무원 수당 등에 관한 규정"에 근거하여 공무원 중 근무성적·업무실적 등이 우수한 자에 대하여 예산의 범위 안에서 성과상여금을 지급할 수 있다. 공무원이 1년간 추진한 업무실적을 공정하고 객관적으로 평가하여 능력 있고 실적이 우수한 공무원에게 인센티브를 부여함으로써 공직사회의 경쟁력과 생산성을 제고하고 열심히 일하는 분위기 조성을 위한 것이다.

성과상여금 적용대상 공무원

공무원의 종류	적용대상
일반직공무원	4급(과장급 제외) 이하
외무공무원	6등급 이하
별정직공무원	4급상당(과장급 제외) 이하
경찰공무원	치안정감 이하
소방공무원	소방정감 이하
연구직·지도직공무원	3급 과장상당 직위 이하
기능직공무원	전체
교육공무원	「공무원보수규정」 별표 11을 적용받는 공무원과 같은 규정 별표 12를 적용받는 공무원(장학관·교육연구관·장학사 및 교육연구사로 한정한다)
군인	소장 이하(「군인사법」 제6조제7항제3호에 따른 하사 제외)
군무원	1급 이하
국가정보원 직원	1급 이하 및 전문관
경호공무원	1급 이하

* 자료: 공무원수당 등에 관한 규정 (별표 2의 2).

(2) 내용

성과상여금제의 개인별 지급순위는 성과계약제 또는 근무성적평정에 의해 평가된 평정점에 다면평가점수 등을 포함하여 결정한다. 팀제 운영 등으로 인한 개인별 성과를 구분하기 곤란한 경우 인사혁신처와 협의를 거쳐 개인별 평가가 아닌 부서별 평가에 의해 부서단위로 성과상여금을 지급할 수 있다. 개인별 성과급 지급이 팀워크를 해칠 우려가 있고 소속 부서의 성과를 반영할 수 없기 때문에 부서별 성과상여금지급을 확대하되 부처업무와 구성원의 특성에 적합한 방법을 선택하여 성과상여금을 지급할 수 있도록 함으로써 부처의 자율성을 확대하고 있다.

2 성과급 제도 운용상의 문제점

첫째, 평가의 객관성과 공정성의 문제를 야기하고 있는데, 업무성과를 계량화하기 힘들고 지급순위결정 등 평가결과에 대한 객관성과 공정성을 확보하기가 힘들다. 또한 평가기준으로 단기적 실적을 중요시하는 한계가 있다.

둘째, 조직 내 구성원 간의 갈등과 연대감을 상실하게 하고 연봉액이나 상여금의 삭감이 오히려 사기저하 요인으로 작용할 수 있다.

셋째, 개인주의적 분위기로 대인관계를 소원하게 하며 지나친 경쟁심 유발로 인해 갈등이 심화될 수 있다.

넷째, 성과상여금의 경우 전체 수혜대상이 지나치게 넓고 지급수준은 낮아 인센티브 기능이 미약하다.

다섯째, 실제 현재 도입된 성과급적 연봉제에 대해 기존 보수를 합한 정도의 형식만 갖추고 있다는 지적이 있다. 성과연봉제 정착을 위해서는 정부업무에 대한 성과측정방법이 우선적으로 개발되어야 한다.

여섯째, 조직의 관행에 의해 성과상여금의 지급될 경우 직원들 간에 신뢰를 받지 못할 수 있다.

일곱째, 성과평가 결과에 대한 정보의 미공개로 투명성이 부족하다. 또한 공직사회의 경쟁문화의 미성숙과 성과급제도에 대한 인식이 부족하다.

여덟째, 직무분석과 직무평가 결여로 성과급에 대한 내적 일관성 및 객관성 확보가 곤란하다.

3 성과급 제도의 성공적 정착을 위한 과제

1) 장기적 과제

성과관리제도가 한국의 공직사회에 든든히 뿌리를 내려 정부경쟁력을 향상시키는데 기여할 수 있도록 성과주의 문화의 정착이 요구된다. 즉, 행정문화와 성과급이 마찰을 빚지 않는 제도와 관행의 틀을 구축해야 한다. 공무원의 행태와 관련제도들이 성과급제를 뒷받침해 줄 수 있는 혁신과 변화가 필요하다.

2) 단기적 · 구체적 과제

첫째, 평가방법의 개선으로 근무성적평정 제도의 합리화 요청과 다면평가제 등 다양한 평가기법의 활용 등이 요구되며, 직무분석과 직무평가에 의한 직무재설계 평가지표의 개발이 필요하다.

둘째, 관리체제 측면에서의 개선도 뒤따라야 하는데, 성과급제는 성과관리체제의 일부이며 도구이므로 성과관리체제 발전이 병행되어야 한다.

셋째, 성과급제의 본래 취지를 살리기 위해서는 동기유발효과의 개선이 필요하다. 성과상여금의 경우 현재의 나눠 먹기식 배분보다는 오히려 성과상여금 지급 대상자를 좁히는 대신에 상여금 지급급액을 높여 실질적 동기부여 효과를 제고하여야 한다.

이러한 동기유발을 보다 적극적으로 활용하기 위해서는 집단성과급을 활용하는 것도 대안이 될 수 있다. 개인단위의 상여금 지급은 과도한 경쟁이 유발되고 구성원 간 협동노력에 부정적이기 때문에 구성원의 수용성 측면에서도 집단상여금 방식의 활용이 더 효과적일 것이다.

그밖에 재원관리제도의 개선으로 예산운영의 융통성과 분권성을 실현하고 예산제도를 성과지향형 예산체계로 바꾸어 인사와 조직, 재무관리의 연계성을 높여나가는 것도 대안 내지는 보완책이 될 수 있을 것이다.

논평

이 주제는 공무원 보수라는 큰 주제 중 일부이다. 그러나 성과급은 정부혁신에서 중요한 수단이 되고 있으므로 자세히 이해해두어야 한다. 성과급에 관한 기본 사실 외에 우리나라의 현실 개관을 언급하되 그에 대한 정확한 논평이 이 주제의 핵심이다.

| 새 테마 행정학 |

16. 동기부여 이론

Ⅰ. 동기부여 이론의 의의

동기부여(motivation)란 조직구성원이 개인욕구의 충족능력을 가지면서 조직목표의 달성을 위해 높은 수준의 자발적 노력을 기울이도록 유도하는 작용이다. 즉 조직 구성원으로 하여금 바람직한 행동을 유발하여 이를 유지시키며 나아가 그 행위를 목표지향적인 방향으로 유도해나가는 작용이다. 이때 개인목표와 조직목표를 어떻게 연계하여, 상호 충돌을 피하며 개인의 동기부여를 자극할 것인가가 동기부여 이론의 기본 과제가 된다.

동기부여이론은 크게 내용이론과 과정이론으로 범주화된다. 첫째, 내용이론은 동기를 유발하는 요인의 내용을 설명하는 이론으로 무엇(what)이 사람들의 동기를 유발하는가에 관심을 갖는다. 즉 인간의 무슨 욕구가 동기 부여할 수 있는가와 관련하여 욕구의 유형과 성격, 강도 등을 규명하고자 한다. 둘째, 과정이론은 어떤(how) 과정을 통해 동기가 어떻게 유발되는가를 인식과정(cognitive process) 차원에서 설명하려는 이론이다. 동기유발 요인들이 상호작용하여 행동을 야기하고 그 방향을 설정하며 행동을 지속시키거나 중단시키는 과정을 설명하려는 것이다.

Ⅱ. 인간 동기의 기본 모형 (인간관)

동기부여 이론은 인간관이 여하한 모형으로 전제되는 가에 따라 달라지므로 우선 주요한 인간관 모형을 살펴보아야 한다.

1 합리적, 경제적 인간 모형

합리적, 경제적 인간관은 고전파 행정학 시기의 가장 중심적 인간관이다. 인간의 합리성, 타산성, 인간욕구의 획일성, 경제적 유인의 중시, 직무수행에 대한 인간의 피동성을 전제, 동기부여의 외재성 등을 강조한다. 이러한 합리적, 경제적 인간 모형이 처방하는 동기유발 전략은 교환전략이다. 즉, 사람들이 일을 하는 고통과 희생의 교환조건으로 조직은 그들에게 보상을 주어야 한다는 것이 핵심적인 논리이다.

이러한 인간관에 기초한 관리는 권한 중심적이고 집권적이며 직위 중심적인 것이다. 따라서 인간 관리는 본질적으로 '불신관리'이며 감시와 통제에 치중한다. 맥그리거(Douglas MeGregor)의 X, Y이론 중 X이론이 이러한 인간관에 근거한 동기부여이론이다.

2 사회적 인간 모형

사회적 인간관은 인간관계론의 중심적 인간관이다. 인간의 비합리적, 감정적 특성을 중시하고 인간욕구의 획일성, 사회적 욕구와 이에 대응하는 사회적 유인의 중시, 인간의 집단성과 사회성, 직무수행에 대한 인간의 피동성, 동기부여의 외재성을 강조한다. 인간의 합리성, 경제성보다는 인간의 사회성과 집단성을 중시하고 사회적 욕구에 초점을 둔다.

이러한 인간관이 처방하는 동기유발전략은 사회적 유인과 직무수행을 교환하도록 하는 교환전략에 해당한다. 맥그리거의 X, Y이론 중 Y이론이 이러한 인간관에 근거한 동기부여이론이다.

3 복잡한 인간 모형

복잡한 인간관은 인간의 복잡성과 상황적합성을 전제로 한 인간관이다. 복잡한 인간관은 다음 사항을 강조한다. 첫째, 인간의 욕구체계는 복잡하고 자주 변화한다. 둘째, 사람들의 역할과 상황이 달라지면 욕구도 달라지고 조직생활의 경험 등을 통해서 새로운 욕구를 학습하기도 한다. 셋째, 조직에 참여하는 이유가 되는 욕구는 사람마다 차이가 있으며 동기유발전략 역시 상황적응적이다.

이러한 복잡한 인간모형이 처방하는 동기유발 전략은 적응적 관리 처방이다. 즉, 사람들의 욕구와 동기가 서로 상이한 만큼 그 처방 역시 개인차를 존중하고 상황에 따라 달라져야 한다는 것이다. 이러한 인간관에 기초한 동기부여 이론으로 샤인(Edgar Schein)의 복잡인 모형, 직무특성이론, Z이론 등을 들 수 있다.

4 자아실현적 인간 모형

자아실현적 인간관은 인간의 다양한 욕구를 인정하면서 인간의 자아실현적 욕구와 성숙지향성을 전제로 한 인간관이다. 이 인간관은 성장이론의 주된 기반이 되며, 고등한 인간의 속성, 자기실현을 통한 보람, 직무수행에 대한 인간의 능동성 및 동기유발의 내재성 등을 강조한다.

이러한 인간관에 기초한 동기부여이론으로서 매슬로우(Abraham Maslow)의 욕구단계이론, 앨더퍼(Clayton P. Alderfer)의 ERG이론, 맥클리랜드(David C. McClelland)의 성취동기이론, 아지리스(Chris Argyris)의 성숙과 미성숙 이론, 허즈버그(Frederick Herzberg)의 2요인 이론 등이 있다.

Ⅲ. 내용이론

내용이론(content theories)의 핵심은 인간의 욕구(needs)이다. 즉, 인간이 경험하는 욕구의 유형과 관련하여 동기를 설명하려는 이론이다. 사람들은 일정한 기본적 욕구를 지니고 있으며 필요로 하는 욕구충족을 위해 노력한다고 가정하고 있다. 따라서 이를 욕구이론(need theory)라고도 한다. 내용이론에 해당되는 동기부여이론도 다음과 같은 여러 가지가 있다.

1 매슬로우의 욕구단계이론

1) 의 의

매슬로우(Abraham H. Maslow)는 실험을 통해 인간이 보편적으로 가지고 있는 공통적인 욕구를 규명하여 이를 다섯 가지로 계층화하였다. 인간의 욕구가 하위단계의 욕구로부터 상위단계의 욕구로 발달하며 어느 한 단계의 욕구가 충족되면 그것은 더 이상 개인을 동기부여 시키는 힘을 가지지 못하고 그 상위 단계의 욕구가 동기유발의 힘이 된다는 것이다.

2) 다섯 가지 욕구의 내용

인간은 계층에 따라 순차적으로 발로되는 다섯 가지의 욕구를 가지고 있다. 즉 생리적 욕구, 안전에 대한 욕구, 애정욕구 혹은 사회적 욕구, 존경의 욕구, 자아실현 욕구로 구성된다.

(1) 생리적 욕구 (physiological need)

욕구계층의 출발점이 되는 것으로 인간의 모든 욕구 가운데 가장 기초적인 욕구에 해당한다. 의식주에 대한 욕구, 수면에 대한 욕구, 성적 욕구, 활동에 대한 욕구 등이 생리적 욕구의 예이다.

(2) 안전에 대한 욕구 (safety need)

위험, 위협에 대한 보호, 혼란과 불안으로부터의 해방, 질서에 대한 욕구 등 자기보전 욕구를 의미한다.

(3) 애정욕구 혹은 사회적 욕구 (social need)

애정, 사랑, 타인과의 친밀한 인간관계, 집단에의 소속감 등과 같이 상호관계를 유지하고자 하는 욕구에 해당한다.

(4) 존경의 욕구 (self-esteem need)

사람들이 타인으로부터 자신이 높게 평가받고 스스로를 존중하며 자존심을 유지하고자 하는 욕구를 의미한다.

(5) 자아실현욕구 (self-actualization need)

자신의 잠재적 역량을 최대한으로 실현하고 싶어 하는 욕구이다. 이것은 인간 욕구 체계의 최상의 단계에 속하는 것으로 자기의 가치 완성 및 창조성과 관련된 욕구이다.

3) 매슬로우의 욕구단계이론에 대한 평가

매슬로우 이론은 다양한 욕구의 존재를 확인하고 자기실현의 욕구를 가장 최상위의 욕구로 부각시킴으로써 고급 욕구에 기초한 내재적 동기유발전략의 개척에 선도적 역할을 하였다.

그러나 다음과 같은 비판도 받고 있다. 첫째, 인간의 욕구가 계층적으로 존재한다는 것 자체가 의문이다. 둘째, 욕구를 고정적이고 정태적으로 고찰하여 욕구가 변동할 수 있다는 점을 간과하고 있다. 셋째, 어떤 한 가지의 행동을 유발하는데 있어 두 가지 이상의 욕구가 동시에 작용할 수 있다. 넷째, 한번 충족된 욕구가 동기유발의 힘을 상실한다는 이론적 가정은 비논리적이다. 다섯째, 욕구발로의 단계적 전진만 강조하고 후진적 진행은 인정하지 않고 있다.

2 맥그리거의 XY 이론

1) 의 의

맥그리거(Douglas McGregor)는 일에 대하여 가지고 있는 인간의 상반된 두 가지의 태도와 관점을 기준으로 X이론과 Y이론으로 분류하였다. 인간 통제적 측면에 관심을 두는 전통적 관리전략을 정당화시켜주는 인간관을 X이론이라고 하며, 인간 성장적 측면에 착안한 관리전략을 Y이론이라 한다. X이론은 매슬로우의 욕구단계 중 주로 하급욕구를 중시하며 Y이론은 비교적 상급욕구를 중시한다.

2) X이론

(1) X이론의 주요 가정

첫째, 합리적, 경제적 인간관에 기초하여 보통 사람들은 생리적 욕구 또는 안전 욕구에 자극을 주는 금전적 보상이나 제재 등 외재적 유인에 반응한다.

둘째, 인간은 게으르고 일을 하기 싫어한다.

셋째, 인간은 안정 지향적이고 변동 저항적이다.

넷째, 인간은 책임지기를 싫어하며 자기중심적이고 조직의 목표와 필요에 대해서는 무관심하다.

(2) 동기부여 전략

이 이론에 근거한 동기부여 전략은 기본적으로 인간의 하급욕구에 대응하는 교환형 관리전략이다. 즉, 조직구성원들은 오로지 경제적 욕구를 추구하므로 이에 부합하는 경제적 보상체계가 확립되어야 하며 관리자는 구성원들의 동기부여를 위해 적극적으로 개입하여야 한다. 또한 구성원들이 자기중심적이며 책임지기 싫어하는 성향을 가지고 있으므로 엄격한 감독과 구체적인 통제체제, 강제와 위협 등 강력한 접근 방법이 요구된다. 조직 구조적 측면에 있어서도 인간이 자발적이고 능동적으로 움직이지 않고 피동적으로 움직이면서 지시받기를 원하는 성향으로 인해 계층적 조직구조 형태가 발달될 것이다.

3) Y이론

맥그리거는 인간본질에 관한 X이론을 대체할 새로운 인간모형으로 Y이론을 제안하였다. 이는 X이론의 가정과 달리 인간의 본질을 긍정적으로 조명한다.

(1) Y이론의 주요 가정

첫째, 인간은 본성적으로 일을 싫어하지 않으며 부지런하다

둘째, 인간은 책임감 있는 일을 하고 싶어 하며 일의 성취에 기여할 수 있도록 자율규제 능력을 가지고 있다.

셋째, 인간은 존경욕구나 자아실현적 욕구등과 같이 고급욕구의 충족에 의해 동기가 유발된다.

넷째, 인간은 조직의 목표에서 보람을 찾고 조직문제해결에 있어 상상력과 창의력을 발휘할 수 있다.

(2) 동기부여 전략

이 이론에 근거한 동기부여 전략은 기본적으로 인간의 상급욕구에 대응하는 관리전략이다.

Y이론에 의하면 조직의 관리자는 조직구성원의 자발적 근무의욕과 동기가 유발될 수 있도록 유인해야 하며 인간의 잠재력이 능동적으로 발휘될 수 있는 여건을 조성해야 한다. 즉, 구성원들의 사회심리적 욕구를 충족시키는 것이 필요하고 조직의 목표와 개인의 목표가 통합될 수 있도록 해야 한다. 그리고 조직 구성원들의 참여를 높여 자발적이고 능동적인 관리체계가 이루어질 수 있어야 하며, 엄격한 감독체계에서 벗어나 자발적이고 창의적으로 활동할 수 있도록 권한이 위임되어야 한다. 또 관리자는 일방적 명령, 지시에 의존하는 것이 아니라 조직구성원이 스스로의 노력을 통해 조직의 성공을 이끌도록 함으로써 그들 자신의 목적을 가장 잘 달성할 수 있도록 하는 민주적 리더십이 필요하게 된다.

4) XY이론에 대한 평가

맥그리거의 XY이론은 인간관에 대한 가정과 욕구체계, 이에 대응한 관리전략을 지나치게 양극화한다는 비판을 받고 있다. 즉, 욕구의 복합적 발로와 상대적 충족, 그리고 인간의 양면성과 복잡성을 간과하고 무리한 단순화를 시도했다는 것이다. 따라서 인간에 대한 가정이 복합적이어야 하고 그 관리전략 또한 복합적이고 신축적이어야 한다는 비판이 제기되었다. 이러한 이유로 Z이론이 대두되었다.

3 앨더퍼의 ERG 이론

1) 의 의

앨더퍼(Clayton P. Alderferr)는 매슬로우의 욕구단계이론의 한계를 극복하고자 등장한 이론이다. 즉 매슬로우의 5단계 욕구를 존재욕구, 관계욕구, 성장욕구 등으로 통합하였다. 존재욕구(Existence)는 매슬로우의 생리적 욕구, 물리적 안전욕구를 통합한 것으로 자기 자신의 존재를 위한 욕구에 해당한다. 관계욕구(Relatedness)란 자기에게 중요한 사람들과의 대인관계와 관련된 모든 것을 포괄하는 것으로 매슬로우의 사회적 요구와 일부의 존경욕구를 포함한다. 성장욕구(Growth)란 창조적, 개인적 성장을 위한 개인의 노력과 관련된 모든 욕구들로서 매슬로우의 자아실현욕구와 일부의 존경욕구를 포함한다.

2) 동기부여 전략 (욕구의 좌절과 퇴행 인정)

앨더퍼는 매슬로우 이론의 기본전제인 욕구의 우선순위와 한 욕구가 부분적으로 충족되면 다음 욕구의 활성화를 유도한다는 가정을 배제한다. 그리고 한 순간에 하나 이상의 욕구가 동시에 발로될 수 있으며, 상위욕구충족이 좌절될 경우 하위욕구가 다시 나타난다는 욕구의 후진적 회귀원칙을 설정하고 있다. 이 이론에 따르면 고급 욕구의 충족에 대한 결핍이 하위욕구를 보다 더 중요하게 만들 수 있게 된다.

4 허즈버그의 욕구충족 2요인 이론

1) 의 의

허즈버그(Frederick Herzberg)의 이론은 만족을 얻으려는 욕구와 불만 또는 고통을 피하려는 욕구를 별개로 이원화시키고 양자는 별개의 요인들에 의해 결정된다고 주장한다. 허즈버그는 요인을 동기요인(motivators)과 위생요인(hygiene factors)을 이원화하였다. 동기요인이란 구성원들의 만족도를 높이고 우수한 직무수행에 대한 동기를 부여하는 요인이며, 위생요인이란 불만을 야기하거나 불만을 해소하는데 작용되는 요인이다. 이러한 만족과 불만족의 관계는 상호독립적이어서 불만요인이 제거가 곧 만족 상태가 아니라 단지 불만이 없는 상태에 불과하게 된다. 또 만족의 반대는 불만이 아니라 만족이 없는 상태를 의미할 뿐이다.

첫째, 직무만족의 결정인자인 동기요인은 주로 직무와 사람 간의 관계에 관한 것으로 직무상의 성취, 직무성취에 대한 인정, 보람 있는 직무, 직무상의 책임, 승진, 성장, 발전 등 직무자체와 관련되어 있고 개인에게 성장감을 주는 요인들이다.

둘째, 위생요인(불만요인)은 업무 자체보다는 직무의 맥락, 외적인 환경과 관련된 요인들로서 조직의 정책과 관리, 감독, 감독자나 동료와의 대인관계, 임금 및 작업조건 등이 해당된다. 이러한 불만요인의 일부 혹은 전부가 좋지 않을 경우 조직구성원은 불만을 갖게 된다. 불만요인의 제거는 불만을 줄여주는 소극적 효과를 가질 뿐이며 그러한 효과가 직무행태에 미치는 영향은 단기적이다.

2) 동기부여 전략

허즈버그에 의하면 만족요인의 증대는 인간의 자기실현욕구에 자극을 주고 적극적인 만족을 가져다준다. 그러나 불만요인의 제거는 불만을 방지, 해소할 따름이며 만족요인의 개선은 직무수행의 동기를 유발한다.

허즈버그는 조직성원의 만족감을 향상시키고 보다 더 높은 동기를 부여하기 위해서는 개개인의 업무 자체에 자신의 능력을 이용하고 자기통제를 할 수 있도록 책임과 기회를 보다 더 많이 부여하여야 하며 직무확충(job enrichment) 등의 중요성을 처방하였다.

3) 허즈버그 이론에 대한 평가

매슬로우의 욕구단계이론이 욕구 자체에 주의를 기울인 반면, 허즈버그 이론은 욕구충족의 요인에 관심을 집중한 것이며, 인간의 성장적 측면에 착안한 동기부여 전략이 바람직한 것임을 시사하고 있다. 이것은 보다 장기적이고 근원적인 동기유발전략을 채택하는 통합적 관리의 요청에 부합되는 이론이라 할 수 있다. 하지만 실제의 동기유발이 아니라 '만족'에 초점이 주어져 있으며 개인들 간의 차이를 간과하고 있다는 비판을 받고 있다.

5 맥클리랜드의 성취동기이론

1) 의 의

맥클리랜드(David C. McClelland)는 조직에서 훌륭한 직무수행을 가져올 수 있는 동기유발의 요인을 성취동기(achievement motive)로 보았다. 성취동기란 어려운 일을 성취하려는 욕구, 장애를 극복하고 높은 수준을 유지하려는 욕구, 자신을 한층 탁월하게 만들고 앞서려는 욕구, 자신의 능력을 스스로 성공적으로 발휘함으로써 자부심을 높이려는 욕구 등을 의미한다.

성취동기가 강한 사람들에게는 다음과 같은 특징이 있다고 한다. 첫째, 문제를 해결하는데 개별적인 책임을 떠맡는 환경을 좋아한다. 둘째, 적당한 성취목표를 설정하고 계산된 위험을 취하는 경향이 있다. 셋째, 자신이 얼마나 일을 잘 수행하고 있는가에 대하여 구체적인 피드백을 원한다. 넷째, 변화를 추구하고 미래지향적이며 낮은 목표에서부터 높은 목표로 목표를 스스로 단계적으로 상향 조정해나간다.

2) 동기부여 전략

성취욕구가 강한 사람은 적극적, 진취적, 독립적인 성격을 지니고 강제나 금전적 유인에 의해 행동하는 것이 아니라 그들 내부에 존재하는 성취욕구에 의해서 행동한다고 본다. 그리고 성취동기이론은 개인행동을 동기화시키는 욕구는 학습되어지는 것이고 사회문화적으로 습득되는 성취욕구, 권력욕구, 친교욕구 등은 각 개인마다 차이가 있다고 전제한다. 따라서 관리자는 직무를 고려하여 직원을 선발하되 성취동기의 증진을 위해 노력해야 하며 이를 위한 지속적인 평가와 환류가 중요하다.

6 아지리스의 성숙-미성숙이론

1) 의 의

아지리스(Chris Argyris)는 인간의 성격이 미성숙(immature)상태로부터 성숙(mature)상태로 변화한다고 주장하면서 성숙-미성숙이론을 개발하였다. 미성숙 상태에서 성숙한 상태로 변화되는 양상은 수동성에서 능동성으로, 의존성에서 독립성으로, 한정된 행동능력에서 다양한 행동능력으로, 변덕스럽고 피상적인 관심에서 깊고 강한 관심으로, 단기적인 안목에서 장기적인 안목으로, 예속적인 지위에서 대등하거나 우월한 지위로, 자아의식의 결여에서 자아의 의식과 통제상태로 변화되어 간다.

2) 동기부여 전략

아지리스 이론에 의하면 공공조직의 본성은 인간의 미성숙상태를 고정시키거나 조장하고 있기 때문에 인간의 성숙을 가로막는 고전적 관리전략을 대체할 관리전략이 필요하게 된다. 즉, 인간의 자아실현을 위한 조직구조의 확립과 관리방법으로 직무확장, 참여적이고 직원 중심적인 리더십, 현실 중심적 리더십이 필요하다. 조직구성원이 조직의 성공을 위해 일하도록 함에 있어 그들이 하나의 개인으로서, 그리고 집단의 구성원으로서 스스로의 욕구를 충족시키고 성장과 성숙의 기회를 얻을 수 있는 분위기를 조성해주어야 한다.

7 Z 이론

1) 의 의

종전의 인간모형에 따르면 X, Y이론을 축으로 하여 X이론에 입각한 관리체제는 인간행동의 사회적 통제에 의존하는 데 반해, Y이론은 개인의 자율적 행동과 자기통제에 의존한다는 이분법적 사고에 기초하고 있다. 이러한 이론의 단순화를 극복하기 위해 대두된 것이 이른바 Z이론이다. 대표적으로 Lundstedt의 이론, Lawless의 이론, Ouchi의 이론을 들 수 있다.

2) 동기부여 전략

인간은 조직의 규율 속에서 사는 것을 좋아하지 않고 아무런 구속이 없는 무정부적 상태에서 살기를 좋아한다. 따라서 인간은 아무런 구속을 받지 않는 자유방임적 상태에서 보다 더 생산적이고 창의력을 발휘한다는 것이다.

① 런드스테드(Sven Lundstedt)는 X이론이 독재형 혹은 권위형이고, Y이론이 민주형이라면 Z이론은 자유방임형 혹은 비조직형에 해당한다고 본다. 그리고 현실 조직생활 내 비조직화가 구성원의 심리적 만족과 창의력의 발휘 등 조직생산성을 증대시킬 수 있다는데 초점을 두고 있다.

② 롤리스(David Lawless)는 획일적인 관리전략에 회의를 가지고 복잡한 인간모형에 입각한 동기부여 전략을 제시한다. 변동하는 환경 속에 존재하는 조직과 집단, 그리고 사람은 변동하기 때문에 그에 대응하는 관리전략을 펴야 한다고 주장한다. 즉, 구체적인 조직, 집단 및 개인의 고유의 필요를 그때 그때 객관적으로 파악하여 거기에 융통성 있게 대처하여야 한다는 이론이다.

③ 오우치(William Ouchi)는 미국 사회에 존재하는 조직들 가운데서 일본식 관리방식을 취하고 있는 조직들을 관찰하고 그로부터 귀납적으로 Z이론을 구성하였다. 여기에서 도출된 동기부여 전략의 특성은 장기적 고용관계, 직원에 대한 비공식적 평가의 중시, 완만한 승진속도, 일반행정가적 인사관리, 합의적 과정을 통한 의사결정, 비공식적, 사회적 통제의 강조 등이다. Z이론에 근거한 조직관리는 일본식 조직관리와 대체로 유사하지만, 가장 중요한 차이로 Z이론의 경우 '개인주의적 책임'을 강조하고 있다.

8 리커트의 관리체제 이론

리커트(Rensis Likert)는 조직개혁을 위한 행태적 연구의 길잡이로 쓰기 위해 관리체제를 네 가지로 분류하고 있는데 각 체제는 다양한 인간관을 기준으로 분류되고 있다. 체제 1과 2는 권위주의형으로서 X이론에 상응하는 관리체제라 할 수 있고, 체제 3과 4는 참여형으로서 인간관계론적인 입장과 Y이론에 접근하는 관리체제라 할 수 있다.

① 체제 1 (착취적-권위주의형 exploitative-authoritative)

관리자가 부하를 신뢰하지 않으며, 부하의 동기부여를 위하여 위협과 처벌, 보수와 같은 금전적 수단을 이용하는 체제이다. 대부분 의사결정은 집권적이고 참여가 배제된다.

② 체제 2 (온정적-권위주의형 benevolent-authoritative)

관리자는 부하와 온정적인 관계를 가지며 의사결정은 조직의 상층부에 집중되고 의사전달이 매우 약하다.

③ 체제 3 (협의적-민주형 consultative-democratic)

관리자는 부하에게 상당한 신뢰감을 가지고 의사전달이 활발하며 의사전달에의 참여도 인정된다. 그러나 부하의 의견에 구속되지 않는다.

④ 체제 4 (참여적-민주형 participative-democratic)

관리자는 부하를 전적으로 신뢰하며 의사결정에의 참여는 광범위하게 이뤄지고 상하 및 횡적 의사전달이 활발하다. 부하의 의견이 반영된다.

9 해크만과 올드햄의 직무특성이론

해크만과 올드햄(Hackman & Oldham)의 직무특성이론이란 직무의 특성이 직무수행자의 성장욕구수준과 부합할 경우 긍정적인 동기유발효과를 초래하게 된다는 동기부여이론이다. 또한 직무수행자의 성장욕구 수준의 차이를 고려하는 이론에 해당한다. 즉, 직무수행자의 개인적인 차를 고려하고, 이를 「직무특성 → 개인의 심리상태 → 성과」라는 틀에서 설명한다. 이 이론은 직무수행자의 성장욕구 수준이라는 개인차를 고려하고 구체적으로 직무특성, 심리 상태 변수, 성과 변수 등을 관계를 제시하였다는 측면에서 허즈버그의 욕구충족이원론보다 진일보한 것으로 볼 수 있다(이종수 · 윤영진, 2014).

직무특성에는 기술다양성, 정체성, 자율성, 환류 등이 있다. 이 중 직무에 대해 개인적으로 느끼는 자율성과 직무수행성과에 대한 환류가 특히 동기부여에 많은 영향을 미치고 이에 더해 구성원의 성장욕구가 강할 때에 동기부여 효과가 크다고 한다.

Ⅳ. 과정이론

과정이론(process theories)은 동기유발의 원인이 되는 요인의 내용보다는 동기유발의 인식과정(cognitive process)이나 정보처리(information processing)에 초점을 두고, 동기부여가 이루어지는 과정적 국면을 규명하는 것에 초점을 두는 이론이다.

1 기대이론

기대이론(expectancy theory)은 동기부여의 최선의 방법이 있다는 고전적 이론들을 부정하며 사람마다 그 방법은 다르다고 본다. 기대이론은 동기의 크기는 어떤 결과에 부여하는 가치와 특정한 행동이 그것을 가져다줄 것이라는 기대감에 좌우된다고 본다. 즉 동기의 강도는 결과에 부여하는 가치에다 특정한 행동이 그것을 가져다 줄 것이라는 기대감을 곱한 것의 합계에 달려있다.

1) 브룸의 VIE 모형

브룸(Victor H. Vroom)의 이론은 여러 기대이론들의 선구적 연구이다. 브룸은 성취하고자 원하는 결과뿐만 아니라, 자신의 행동이 그 결과를 얻기 위한 수단이 된다고 믿는 정도 또한 동기유발에 영향을 미친다고 가정하였다. 그리고 인간은 여러 행동 대안들 가운데 스스로에게 보상을 가장 많이 가져다줄 것으로 판단되는 대안을 의식적으로 선택한다. 동기유발이란 이러한 선택을 하는 과정이다.

브룸의 이론은 다음과 같은 두 가지 전제에 기초를 두고 있다. 첫째, 사람들은 기대되는 결과에 대하여 어떤 선호(preference)를 갖는다. 둘째, 동기가 유발되어 취하게 되는 행동(motivated behavior)에는 사람들이 달성하기를 희망하는 결과뿐만 아니라, 그들이 선호하는 결과를 가져옴에 있어서 그들 자신의 어떤 행동이 수단적(instrumental)이라고 믿는 정도를 또한 고려해야 한다.

개인의 동기부여는 유인가(Valence), 수단성(Instrumentality), 기대(expectancy)라는 세 가지 변수에 영향을 받는다. 여기서 유인가란 2차 결과(예: 승진, 승급 등)에 대한 선호의 강도를 의미하고, 수단성이란 1차 결과(예: 성과 등)와 2차 결과 사이의 상관관계를 의미하며, 기대란 노력이 1차 결과를 가져올 것이라는 주관적 믿음을 의미한다.

동기부여(Motivation) = 유인가(V) * 수단성(I) * 기대(E)

브룸의 기대이론에서는 개인의 능력이 실제 성과를 거두리라고 기대하고 실제 성과가 승

진이나 보상 등 개인이 원하는 결과를 반드시 가져오리라고 기대할수록 개인의 동기는 강하게 작용한다. 브룸의 기대이론은 동기가 부여되는 과정을 잘 설명하고 있다. 그러나 동기의 결정요인이 상대적으로 복잡하며, 유인가, 수단성, 기대 등의 검증이 상대적으로 어렵다는 비판을 받고 있다.

2) 포터와 롤러의 업적만족(EPRS) 모형

포터와 롤러(Lyman W. Porter & Edward Lawler)의 모형은 정통적인 기대이론을 보다 발전시켰다. 즉, 포터와 롤러는 만족이 직무성취 또는 업적을 가져오는 것이 아니라 직무성취의 수준이 직무만족의 원인이 될 수 있다는 관점에 입각해 기대이론을 전개하고 있다. 동기유발이 일어나는 관계는 다음과 같은 순서를 따른다(EPRS 모형).

노력(efforts) → 성과(performance) → 보상(reward) → 만족(satisfaction)

즉, 노력하면 성과를 거두고, 성과를 거두면 보상을 받아 만족할 것이라는 가정을 전제하고 있다. 구체적으로 직무성취와 거기에 결부된 보상에 부여하는 가치, 그리고 어떤 노력이 보상을 가져다줄 것이라는 기대가 직무수행 노력을 좌우한다. 노력에 의한 직무성취는 개인에게 만족을 줄 수 있는데 직무성취가 만족을 주는 힘은 거기에 결부되는 내재적, 외재적 보상에 의하여 강화된다. 포터와 롤러는 이때 보상의 공평성 개념을 원용하여 보상의 공평성에 대한 기대가 충족될 경우 동기가 부여된다고 한다.

2 형평성 이론

1) 의 의

아담스(John S. Adams)의 형평성 이론(공정성 이론)은 자신의 투입에 대한 산출비율보다 비교대상자(준거인)의 투입에 대한 산출의 비율이 크거나 작다고 지각하면 비형평성을 느끼고 이에 따른 심리적 불균형, 불안감 등을 해소하기 위해 형평성 추구의 행동을 하는 동기가 유발된다고 하는 이론이다. 즉, 비교대상인 준거인을 토대로 자기가 기울인 노력과 그 결과 주어진 보상 간의 불일치를 지각하면서 노력의 정도를 조절하는 동기부여가 이루어진다는 것이다.

2) 주요 가정

첫째, 사람들은 직무수행에 대한 자기의 기여에 부합되는 공정하고 형평성 있는 보상이 무엇인가에 관한 관심을 가지게 된다.

둘째, 사람들은 자기의 기여비율과 자기가 받는 보상을 다른 사람들의 그것과 비교하는 경향이 있다.

셋째, 다른 사람들의 경우와 비교하여 자기 자신에 대한 처우가 공평치 못하다고 믿게 되면 그것을 시정하기 위해 투입과 산출을 조정하려는 동기를 유발하게 된다.

3) 특징

노력과 보상 간의 불일치를 해소하기 위해 투입의 변경, 산출의 변경, 자기 자신의 투입이나 산출의 왜곡, 직장 이동, 동료집단에 대한 행동의 표현, 준거인의 변경 등이 나타난다는 점을 강조하고 있다.

3 학습이론

동기유발에 관한 학습이론(learning theory)은 '학습'이라는 과정을 통해 동기가 유발되는 현상을 기술하고 그에 대해 처방하는 것이다. 이때의 학습은 개인적 학습에 관한 것이다. 학습이론에서 말하는 학습이란 경험과 연습의 결과가 행태에 변화를 가져다주며, 이러한 변화는 비교적 항구적인 변화과정을 의미한다. 즉, 학습이론은 '자극 ⇒ 반응행동 ⇒ 행동의 결과 ⇒ 행동'이라는 인과경로를 따르며, "행태는 그 결과들의 함수이다(Behavior is a function of its consequences)"라는 명제를 받아들인다. 학습이론의 유형으로 고전적 조건화이론, 수단적 조건화이론, 조작적 조건화이론, 사회적 학습이론, 귀납적 학습이론 등이 있다. 학습이론은 보상과 제재라는 기제를 도입해야 직무수행을 효율화할 수 있다는 점을 강조한다. 이와 관련하여 맥그리거는 '뜨거운 난로의 법칙'을 제시한 바 있다. 즉, 강화, 처벌, 중단 등의 기제가 행위 발생시에 즉각적으로 작동되어야 한다는 것을 의미한다.

그러나 학습이론의 처방들은 사람들 사이의 차이와 인간행동의 복잡성을 간과한 것이라고 비판받고 있다. 그리고 외재적 유인만을 강조하고 직무 자체에 의하여 동기가 유발될 수 있다는 사실을 간과한다는 비판도 받고 있다.

4 로크의 목표설정이론

로크(Edwin A. Locke)는 목표 자체가 가장 강력한 동기유발 요인이라고 본다. 이는 목표의 난이도와 구체성에 의해 직무성과가 결정된다고 보는 시각이다. 즉, 난이도가 높은 업무의 경우 성공 시 성취감이 높기 때문에 이러한 업무에 대한 도전적 동기가 강하게 유발될 수 있고, 업무의 구체성이 높은 경우 성과평가가 용이하기 때문에 이러한 업무 역시 동기유발효과가 크다는 것이다. 따라서 목표설정이 어떻게 이뤄지느냐에 따라 업무수행행태가 달라지고 이에 따라 성과도 달라진다는 인과관계를 가지고 있다.

V. 한국 행정에의 적용

1 공무원 사기관리의 현황과 문제점

공무원들이 불만을 품게 하는 사기저하 요인들은 부적절한 보수와 승진적체, 공직에 대한 신망 저하, 권위주의적이고 집권적인 관리방식, 구조화된 부패, 그리고 과중한 업무와 시대에 부합하지 않는 행동규범, 불공정한 배치전환, 신분 불안 등 근무조건에 대한 불만 등이 주요인으로 지적되고 있다. '복지부동' 현상도 이러한 사기저하 증세의 한 예이다.

이러한 공직사회의 사기저하의 심각성에 대응해 과거에 정부가 채택해온 동기유발전략은 산업화시대의 교환전략에 기초한 것들로 적극적 유인으로서 보수와 승진 등 처우개선이나 소극적 유인으로서 처벌 등에 입각한 것들이었다. 하지만 이러한 외재적 동기유발전략은 단기적이고 그 효과 또한 미미하면서 근본적인 대책으로서 한계를 가지고 있다. 따라서 보다 종합적인 차원의 사기관리나 동기부여전략이 요구된다.

2 바람직한 동기부여 전략

한국 공무원에 대한 바람직한 동기유발 전략으로 다음과 같은 기제가 필요하다.

첫째, 가장 중요한 중장기적 과제로서 공무원들의 자기실현 욕구와 행정조직의 목표를 조화·통합시킴으로써 능동적인 직무수행을 촉진하고 신뢰, 참여, 협동의 분위기를 조성해야 한다.

둘째, 외재적 동기유발전략과 내재적 동기유발전략을 종합적으로 적용해야 한다. 합리적, 경제인모형에서 중시되는 금전적 보상과 잘 설계된 직무체계가 동기를 유발시킬 수 있다는 직무특성 이론을 조화하는 전략을 설계할 필요가 있다. 즉, 물질적인 보상은 물론 정서적으로도 안정감과 보람을 가지고 일할 수 있도록 직무를 설계하고 만족스런 근무조건을 제공하는 통합적 전략이 필요하다.

셋째, 직무재설계와 직업구조 재형성, 공무원의 권익보호와 개인적 문제의 해결 및 공무원단체 활성화와 참여관리 등이 필요하다. 특히 직업생활의 품질(QWL)을 향상시키는 노력이 필요하다. 정치행정적으로 혹은 경제적으로 안정되어 갈수록 삶의 질(quality of life) 못지않게 중요하게 취급되어야 할 것이 직업생활의 품질(QWL)이다. 따라서 공직생활 속에서도 자아실현을 체감할 수 있도록 공직 생활의 품질을 제고해나가야 한다.

논평

동기부여 이론은 인사행정론에서 핵심이며 아주 방대하다. 인사행정론에서 이론적으로도 잘 발전된 부분이다. 주요한 몇몇 이론들은 따로 잘 이해하고 있어야 한다. 동기부여 이론은 주로 경영조직 일반을 전제로 하거나, 적어도 공공조직만을 염두에 두지 않고 개발된 것이 많기 때문에 이를 행정 조직 맥락에 기계적으로 적용함이 그대로 타당하다고는 할 수 없다. 동기부여 이론의 서술에서는 항상 이 점을 분명히 지적하여야 한다. 한국 행정적 맥락에서 이해하려는 자세를 가져야 한다. 각 동기이론들이 전제하고 있는 조직 및 인간관의 차이, 각 이론이 제시하는 동기화 전략 등을 명확히 이해해두어야 한다. 우리 행정 현실에서 허즈버그 이론의 적용가능성이 있는가? 목표설정 이론이 적용될 수 있는가? MBO이론이 왜 PPBS보다 조직인의 동기부여에 더 탁월할까? Maslow의 자아실현적 동기가 작동되게 하려면 Max Weber형 관료와 공공선택론-신제도주의적 경제인형 관료 중 어느 유형이 더 적합할까? '일 그 자체'에 의미를 부여하는 Y형 인간형, 자아실현형 인간에게 VIE 모형에서 말하는 수단성(instrumentality)이란 요소가 의미가 있을까? 과연 공직에 대한 특별한 동기이론(공직 동기부여론)이 인정될 수 있을까? 이런 사고를 반복함으로써 동기이론에 대해 피상적 수준이 아니라 보다 깊은 음미를 해 두기 바란다.

ㅣ새 테마 행정학ㅣ

17. 공무원단체와 노동조합

Ⅰ. 공무원 단체의 의의

1 개 념

공무원단체(public employee organizations)란 공무원들이 근무조건의 유지, 개선을 위해 조직한 단체이다. 공무원단체는 공무원들의 근무조건과 지위를 유지, 향상시키는 것이 주목적이지만 부수적으로 공무원들의 직업윤리 확립과 행정발전 촉진에도 기여할 수 있다. 광의의 공무원단체는 비공식집단과 자생집단까지 포함하는 용어이지만, 협의로는 공무원노동조합 및 이에 준하는 조직만을 의미한다. 이런 점에서 보면 현재 우리나라에서 공무원 단체에 해당되는 것은 공무원 노조 및 공무원직장협의회라고 할 수 있다.

이러한 공무원 단체가 최근 사회적 이슈로 제기된 이유는 다음과 같다.

첫째, 공무원에 대한 시각이 변화되었다. 즉, 종래 공무원을 의무론적 시각(국민과 국가 전체의 봉사자로서의 지위)에서 바라보던 것을 권리론적 시각(노동자로서의 공무원 개인의 기본권)으로 전환하여 바라보기 시작하였다.

둘째, 공무원단체는 그동안 정치행정적으로 억제되어 왔으나 사회 전반의 민주화와 더불어 관료제 내부 민주화 및 참여적 관료제에 대한 실현의 요구가 커졌다.

2 공무원 단체의 형성 조건

첫째, 일반적으로는 결사의 자유와 합리적 사고가 지배되는 사회, 그리고 민주적 참여가 생활화된 사회에서 공무원 단체가 활성화될 수 있다. 둘째, 직접적으로는 법체제가 공무원 단체 성립을 허용해야 한다. 셋째, 정부와 공무원 단체 사이에 상호 신뢰를 토대로 협조적인 관계가 성립되어야 한다. 넷째, 공무원의 능동적 참여가 전제되어야하고 단체 구성의 필요성이 인식되어야 한다.

3 공무원 단체의 효용

1) 공무원들의 이익 대변

공무원 단체가 하나의 압력단체로 작용하여 기관장, 국회, 국민에게 공무원들의 이익을 대변하고 지지를 확보할 수 있게 한다.

2) 쌍방의 의사소통 통로 확보

기관장의 입장에서는 공무원 단체를 통해 관리상 필요한 정보를 획득할 수 있고 공무원들의 의견과 협조를 구하는 통로가 된다. 공무원들의 입장에서는 자신의 의사를 관리층에 전달하는 유효한 수단이 된다.

3) 공무원들의 사기 증진

공무원의 복지를 증진할 수 있으며, 단체 활동에의 참여 자체를 통해서 성취감, 귀속감, 연대의식 등을 고취할 있다.

4) 행정의 대내적 민주화 달성

공무원 단체를 통해 상향적 의사소통을 가능케 하여 조직 내부의 계서적이고 권위적인 행태와 분위기를 민주적으로 전환하는 기회를 제공한다.

5) 행정발전과 직업윤리 확립

공무원 단체의 활동방향을 적절히 연계함으로써 궁극적으로 행정발전을 촉진할 수 있다. 아울러 자율적인 공무원단체의 활동을 통해 공무원의 자발적 직업윤리를 강화하고 대내적 행정책임 확보 수단으로 활용할 수 있다.

Ⅱ. 공무원직장협의회

1 공무원직장협의회의 개념

공무원의 근무환경 개선, 업무능률 향상 및 고충처리 등을 목적으로 6급 이하 공무원들이 설립, 운영하는 협의체이다.

2 공무원 노조와의 구별

공무원직장협의회('공직협')은 기관장과 당해 기관 고유의 근무환경 개선, 업무능률 향상, 고충처리 등에 관해 협의하는 협의 기구이다. 국가공무원법 66조 단서규정에 의해 성립된 공무원 노조와는 그 성격이 다르다. 즉, 근무여건 개선을 통한 공무원의 복무상 권익보호를 지향하는 점에서 유사하나, 공무원 노조가 근로자로서의 권리와 활동이 법적으로 보장되는 데 반하여 공직협은 공무원 관계의 특수성을 감안하여 기관 내부의 사항에 관해 협의하는 협의 기구에 해당된다는 점이 차이이다.

3 공무원직장협의회의 주요내용

첫째, 설립기관의 범위로서 기관장이 4급 이상 공무원 및 이에 상응하는 공무원인 기관 단위의 설립을 원칙으로 한다.

둘째, 하나의 기관에 하나의 협의회만 설립하도록 하고 있고 연합협의회 설립 금지를 명문화하고 있다.

셋째, 6급 이하 공무원으로 가입 범위를 제한하고 있고 기관 운영에 필수적이고 기본적 업무의 능률성을 제고하고 기관운영의 자주성 확보를 위해 가입 금지 공무원을 규정하고 있다.

넷째, 근무환경 개선에 관한 사항 및 소속공무원의 고충에 관한 사항을 협의 대상으로 하고 있다.

Ⅲ. 공무원 노동조합의 인정 논란

1 공무원 노조 합법화가 갈등을 야기하는 이유

1) 전통적 고용관계와 인간관계의 변화 수반

노동조합 인정은 인적자원관리에 대한 전통적 고용관계(계층적 관료제 내, 계서적, 수직적 상하관계, 명령 복종관계)로부터 동등한 지위에서 서로 협상하는 협상파트너의 위치로 바뀌는 것을 의미한다. 그런데 이러한 노사관계는 실제 현장에서 협상의 본질상 협력관계보다 대립관계로 발전하기 쉬워 기존의 고용관계와 인간관계에 익숙한 조직풍토 내에서는 이를 수용하기 어렵다.

2) 공직의 특수성

공직이 가진 특수성 때문에 공무원 노조가 잘 수용되지 못한다. 첫째, 공무원 노조가 합법화되면 여러 쟁의활동을 통하여 행정의 계속성이 위협을 받게 될 우려가 있다. 둘째, 정부조직의 권한 분산장치 때문에 공직에서는 단일한 사용주 측을 확인하기 어려우며, 상하 공무원은 다 국민 전체의 봉사자이면서 피사용자에 해당한다. 그러므로 민간의 노사관계에 비해 노동자 측과 사용자 측의 대립적 관계 설정이 모호하다.

3) 공무원의 근로조건 법정주의

공무원의 근무조건은 국회가 제정하는 공무원 관련 법률 및 예산의 범위 내에서 상당한 제약을 받고 경직적으로 운영되기 때문에, 이를 노사협약으로 바꿀 수 있는 여지가 적다.

2 공무원 노조의 인정 여부

1) 공무원 노조에 대한 찬성 논거

(1) 대내외적 환경변화

1991년 국제노동기구(ILO) 가입에 따른 국제협약준수의무, WTO 출범에 따라 각국의 노동조건을 무역규제와 연계시키는 움직임, OECD 가입과 이에 따른 노동조건의 선진화 압력을 감안해야 한다. 또 김대중 정부 이후 전국교직원노동조합(전교조) 합법화 및 교원에 대한 단체행동권을 제외한 단결권과 단체교섭권이 인정되므로 공무원 노조결성도 필요하다고 본다.

(2) 관리상의 민주성과 효율성 제고

행정관리에서도 인식의 변화가 오기 시작했다.

첫째, 관료제의 문제점과 개선방안에 대한 현실성 있는 정보를 제공함으로써 정보비용을 줄이고 노조가 행정개혁의 동반자가 될 수 있고, 민주성 측면에서 국민, 정부, 국회 간의 대화의 채널이 될 수 있다.

둘째, 정실 인사나 자의적 인사 조치에 대해 노조가 보다 적극적으로 대응할 수 있어 부당한 인사 관행을 배제하는데 기여하며 무리한 인사조치의 자제 효과를 가질 수 있다.

셋째, 행정의 투명성을 높여 밀실행정의 가능성을 줄일 수 있고 중장기적으로는 노사 교섭을 통해 갈등 해결에 도움이 된다.

(3) 공무원 권익보호

개별적으로 권한과 책임이 낮지만 다수가 집약된 의견과 행동을 취하며 사용자와 대등한 위치를 확보할 수 있어 권익침해를 최소화하고 열악한 근무조건을 개선시키는 효과를 가져올 수 있다. 그리고 공무원 노동권 역시 헌법이 국민에게 보장하는 기본적 인권에 해당하기 때문에 공무원이라는 지위만으로 그들의 희생을 일방적으로 강요할 수 없다는 논지 등이다.

2) 공무원 노조에 대한 반대 논거

(1) 공무원 지위의 특수성

공무원은 전체 국민에 대한 봉사자이며 특정집단의 이익이 아닌 모든 사람에게 중립적 입장에서 봉사하여야 한다. 공무원 노조는 공익보다 공무원 집단의 이익을 우선시하며 정치세력화 될 우려가 있다. 스탈(Stahl)이 지적했듯이 공무원 노조는 정체세력화하기 마련이다.

공공조직의 경우 고위정책 결정자와 하위 집행자 사이에 이익의 상반성이 존재하지 않으며 양자는 공익추구자라는 동일한 지위에 있다. 따라서 이들을 인위적으로 사용자와 노동자 집단으로 이원화함은 국민주권 개념에 어긋난다.

(2) 직무의 공공성

국가의 기능유지와 국민생활 유지에 필수적인 행정업무수행이 중단될 경우 막대한 국가손실을 초래한다. 또 이러한 공공성 때문에 직무중단이 가져오는 사회적 파장을 담보로 공무원 노조는 민간노조보다 더욱 강경할 우려가 있다.

(3) 관리상의 비효율성

노조원의 신분보장 요구 관철이 외부에서의 개방형 임용을 어렵게 하고 연공서열에 의한 안전한 승진제도를 유지하게 만든다. 그 결과 실적주의와 경쟁원리 적용을 어렵게 하고, 기구축소, 개편 등 요구에 의해 인원감축이 필수적인 경우에도 신분상 불이익 때문에 이에 저항하기 쉽다.

(4) 행정문화측면

우리나라의 행정문화가 공무원 노조를 수용하기에는 곤란하다는 견해이다. 우선 노조가 공공성과 책임성보다는 집단 이기주의에 빠질 우려가 높다. 그리고 타협 · 양보 · 결과의 수용 등의 문화가 부족하기 때문에 극단적 실력행사를 선택하기 쉽다.

또 한국의 정적 인간관계 중심의 행정문화 때문에 굳이 노조 없이도 비공식적 채널을 통해 문제를 해결할 수 있으며, 권위주의 집단주의 행정문화는 대등한 지위와 입장을 요구하는 노사관계를 저해할 수 있다.

3 활동 제한 여부 (단체교섭권과 단체행동권 문제)

공무원 노조의 단체교섭과 단체행동을 어느 정도 허용할 것인지에 관한 문제가 제기된다.

1) 단체교섭권의 허용 여부

단체교섭이란 근로자 대표로서의 노동조합과 사용자측의 양 당사자가 근로권에 대해 합의를 도출해가는 협상과정이며 노사관계의 핵심이다.

(1) 단체교섭권을 부인하자는 견해

공무원 노조의 단체교섭창구는 원칙적으로 주인인 모든 국민을 상대로 하여야 한다. 그런데 현대 민주국가에서는 의회가 국민의 의사를 대변하기 때문에 공무원은 의회의 제정법에 의해 지배되고 제약되어야지 민간의 노사관계처럼 계약 또는 협약의 관계를 맺을 수 없다는 입장이다. 따라서 별도의 단체교섭창구는 불필요하고 공무원의 근로조건 법정주의와 단체교섭(노사협약제도)은 서로 양립할 수 없다고 보는 견해이다.

(2) 단체교섭권을 인정하자는 견해

공무원이 의회 제정 법률에 지배된다하더라도 행정권에는 재량권이 인정되므로 그러한 재량권의 범위 내에서 단체교섭과 단체협약 체결이 가능하다고 보는 견해이다. 특히 공무원의 단체교섭권은 정책결정과정에 공무원을 참여시키는 의미를 갖는다고 보고 있다.

(3) 소결: 제한적 인정의 필요성

대체로 공무원 단결권을 인정하는 국가에서는 단체교섭권도 인정하고 있다. 단체교섭권 없는 단결권만으로는 공무원 단체가 제 기능을 발휘할 수 없기 때문이다. 교섭의 범위는 일반적으로 근무조건, 고충처리, 노조활동 규정 등에 한해 인정되는 경향이 있다. 공무원 신규채용 등에 교섭을 허용할 경우 실적주의제와 충돌할 수 있고 보수의 경우 역시 보수가 노조원의 이익에 직결되는 중요 사항이긴 하나, 교섭에 나서는 기관대표자의 경우 예산편성과 결정 권한을 가지고 있지 않기 때문이다.

2) 단체행동권 허용 여부

단체행동 또는 쟁의행위라 함은 노사 양측이 단체교섭에 의해 합의에 실패하는 경우 노동자 측이 그들의 의사를 관철시키기 위해 행하는 실력행사를 의미한다. 이러한 단체행동권이 인정되면 단체교섭에서 사용자의 성실한 교섭 자세를 담보할 수 있어 교섭의 실효성을 보장하는 의미를 가진다.

(1) 단체행동권을 부정하자는 견해

정부업무의 계속성 차원에서 파업에 의해 공무가 중단되는 것을 허용할 수 없고, 파업과 같은 실력행사로 정부와 국민의 의사를 구속할 경우 법치주의 원리에 위배되며, 한국의 성숙되지 않은 노사관계라는 상황적 조건 등을 이유로 공무원의 단체행동권을 부정하는 입장이다.

(2) 단체행동권을 허용하자는 견해

모든 정부 업무가 파업을 절대 용납할 수 없을 만큼 긴급하고 불가결한 것은 아니며 파업을 규범적으로 금지한다 해도 실효성을 거두기 어렵고 단체행동권이란 명분만을 가지고도 정부에 대해 효과적인 압력수단이 된다는 것을 이유로 단체행동권을 허용하자는 입장이다.

(3) 소결

공무원 노조에 대한 부정론이 제기되는 것은 대체로 단체행동권 행사의 위험성 때문이며, 또한 민간부문과 달리 노조 파업을 인정할 경우 이에 맞서 행정서비스 중단을 의미하는 직장폐쇄라는 수단을 사용할 수 없게 되어 형평성 차원에서 문제가 있을 수 있다. 대체로 공무원의 단결권과 단체교섭권을 보장하는 나라에 있어서도 단체행동권 행사에 관해서는 엄격한 입장을 보이고 있다.

Ⅲ. 한국의 공무원 노동조합

1 공무원 노조 출범

우리나라 헌법 제33조제2항 및 국가공무원법 제66조제1항, 국가공무원 복무규정 제28조 등에 의해서 '사실상 노무에 종사하는 공무원'으로서 미래창조과학부 소속 현업기관의 작업현장에서 노무에 종사하는 우정직공무원(우정직공무원의 정원을 대체하여 채용된 일반계약직공무원 및 시간선택제일반계약직공무원을 포함)에게는 단결권과 단체교섭권, 단체행동권을 보장하고 있다. 다만 그 경우에도 서무, 인사, 기밀, 경리 등을 다루는 경우에는 예외로 한다.

교육직 공무원의 경우에 단결권과 단체교섭권이 인정되어 전국교직원노동조합(전교조) 등의 활동이 1999년부터 합법화되었으나 그 활동 방향에는 아직도 여전히 논쟁이 계속되고 있다.

그리고 지난 2004년 12월 31일에 '공무원의 노동조합 설립 및 운영 등에 관한 법률'(공무원노조법)이 국회에서 통과되어 2005년 1월 27일에 공포되었다. 이 법에 의하면 6급 이하 공무원들이 노동조합을 결성할 수 있게 되었다. 이런 흐름에 따라 공무원노동조합이 구성되어 활동하고 있으나 아직도 일부의 경우에는 노사 양측이 서로를 인정하지 않은 채 불법시비가 계속되고 있는 실정이다.

2 공무원 노동조합 설립 및 운영에 관한 법률의 주요 내용

첫째, 공무원 노동조합은 국회 · 법원 · 헌법재판소 · 선거관리위원회 · 행정부 · 특별시 · 광역시 · 도 · 시 · 군 · 구 등을 최소 단위로 하여 설립할 수 있도록 하였다.

둘째, 공무원 노동조합에 가입할 수 있는 공무원의 범위를 6급 이하 일반직 공무원 등으로 하되, 다른 공무원에 대하여 지휘 · 감독권을 행사하는 공무원, 노동조합과의 관계에서 행정기관의 입장에 서서 업무를 수행하는 공무원 등에 대하여는 노동조합의 가입을 금지하고 있다.

셋째, 공무원은 임용권자의 허가를 받아 노동조합의 업무에만 종사할 수 있도록 하되, 그 전임기간은 무급 휴직으로 하고, 전임자라는 이유로 신분상 불이익을 받지 아니하도록 하였다.

넷째, 공무원 노동조합의 대표자는 노동조합에 관한 사항 또는 공무원의 보수 · 복지 그 밖의 근무조건에 관한 사항에 대하여 국회사무총장 · 인사혁신처장 등 정부 측 교섭대표와 교섭하고 단체협약을 체결할 권한을 가지도록 하되, 정책결정에 관한 사항이나 임용권의 행사 등 그 기관의 관리 · 운영에 관한 사항으로서 근무 조건과 직접 관련 없는 사항은 교섭대상이 될 수 없음을 명시하고 있다.

다섯째, 단체협약의 내용 중 법령 · 조례 또는 예산에 의하여 규정되는 내용은 단체협약으로서의 효력을 인정하지 아니하고, 이 경우 정부 측 교섭대표에 대하여 단체협약의 이행을 위하여 성실히 노력할 의무를 부과하였다.

여섯째, 공무원 노동조합과 그 조합원은 다른 법령에서 금지하는 정치활동을 할 수 없으며, 파업 · 태업 등 업무의 정상적인 운영을 저해하는 일체의 행위를 할 수 없도록 하였다.

3 가입 현황과 공무원 단체 창구

1) 공무원 단체 가입 현황

고용노동부가 공무원의 노동조합 설립 및 운영 등에 관한 법률(공무원노조법) 시행 5주년을 맞아 공개한 공무원 노조 현황에 따르면 2010년 말 기준 노조 가입 대상 공무원 29만9천여 명 중 16만1753명(54.1%)이 99개 노조에 가입한 상태인 것으로 집계됐다. 이는 전체 임금근로자를 대상으로 한 민간 부문의 노조 조직률 10.1%(2009년 말 기준)의 5배를 웃도는 수준이다. 공무원노조법 시행 첫 해인 2006년 21.8%였던 공무원 노조 조직률은 2008년 72.1%로 정점에 달했다가 2009년 10월 전국공무원노조가 법외 노조로 되면서 53.1%로 하락하였다. 공무원 조합원 수는 2006년 6만3275명에서 2008년 21만5537명으로 급증했다가 2009년 15만8910명으로 감소한 상황이 되었다(자료: 파이낸셜뉴스, 2011.1.20.보도자료). 공무원노조법은 노조에 가입할 수 있는 공무원을 6급 이하 중 지휘 및 감독업무를 제외한 업무일반・기능・고용・별정직 등으로 한정하고 있으며, 5급 이상 공무원이나 특정・정무・교정・현업(우체국)직이나 교원, 근로감독관 등은 노조에 가입할 수 없다.

2) 공무원단체에 대한 행정부 창구

정부의 공무원 단체 창구로 인사혁신처 내에 공무원노사협력관실, 노사협력담당관실 등이 있다. 공무원노사협력관실은 공무원 복무제도의 조사연구・개선 및 운영 외에 공무원 단체 불법행위 대응 및 관리 업무 등을 담당하고 있다. 그리고 노사협력담당관실은 공무원노동조합과의 단체교섭 및 단체협약의 체결에 관한 사항, 공무원단체의 관리에 관한 사항, 공무원단체와 관련된 여론조사 및 국내외 홍보, 공무원단체와 관련된 업무의 교육, 공무원단체와 관련된 갈등 및 분쟁의 관리 등을 담당하고 있다.

4 외국사례를 참조하여 노사관계 선진화 모색

일본의 경우 방위청 직원을 제외하고는 단결권이 보장되어 있다. 그리고 일반직 비현업직원과 특별직(재판소, 국회, 방위청 공무원)을 제외하고는 단체협약체결권도 주어져 있다. 그러나 쟁의권은 모두 금지되어 있다(강여진, 2004). 미국의 경우 연방정부에 근무하는 공무원의 노동조합 활동과 관련하여 연방노사관계청(Federal Labor Relations Authority: FLRA) 1978년에 설립되었다(http://www.flra.gov). 우리보다 노조 역사가 깊은 선진국들의 경험을 참고하여 노사관계를 하루 빨리 선진화시켜야 할 것이다. 양측이 타협하고 양보하는 자세로 노사문제를 안정시켜야 할 것이다.

【주요국의 공무원 노동권 허용 수준】

구분	독일	프랑스	미국	일본	한국
노동기본권 근거	헌법 (단결권 한정)	헌법	법령	헌법	헌법
단결권	O	O	O (군인, 소방, 공안, 관리직 및 주요기관 제외)	O (군인, 소방, 공안 및 관리직 등)	O (일본과 유사)
단체교섭권	O (직장협의회 사실상 대체)	O (공무원협의기구 사실상 대체)	O	O	O
단체협약 체결권	X	△ (법적효력 부인)	O (기관별 단체협약 체결)	X (현업,단순노무직 만 허용)	O
단체행동권	X	△ (법적, 행정적 광범위한 제한)	X (11개주 허용)	X	X

* 자료: e-나라지표 (http://www.index.go.kr).

5 발전 방향

1) 공무원 단체의 특수성 고려

공무원 근로조건 성립과 변경은 원칙적으로 계약이 아닌 법령(일방적 설정)에 의해 이뤄지고 노동시장의 일반적 메커니즘 즉, 수요 · 공급에 따른 가격설정이 작동되지 않는 특수성을 고려한다. 그리고 공무의 계속성이 보장되어야 하기에 공무원의 단체행동에 대응한 사용자의 직장폐쇄수단은 인정될 수 없고, 이로 인해 공무원의 단체행동권은 제약될 수밖에 없는 속성을 가지고 있기에 이를 고려해야 한다.

2) 단결권 보장의 문제

국제노동기구(ILO) 87조 협약은 군인과 경찰을 제외한 모든 공무원에게 단결권이 차별 없이 보장되어야 함을 강조하고 있다. 따라서 공무원의 단체구성권은 가능한 한 폭넓게 보장되어야 할 것이다. 노조설립단위의 경우 설립단위가 지나치게 제한되면 지자체 간 경쟁에 의해 근로조건의 격차라는 문제가 제기될 수 있어 노조설립 자유원칙에 부합해야 한다는 견해도 있다.

3) 단체교섭권의 보장 문제

교섭범위를 합리적으로 설정하여 실적주의 인사원리와 배치되지 않도록 하여야 한다. 또한 단체협약의 효력을 어떻게 볼 것인가의 문제에서, 프랑스의 경우 법적 구속력이 없는 협정에 불과한 것으로 보고 있으나 보다 이상적으로는 정부와 노조 간 합의된 사항은 특별히 불가항력적인 사유가 아닌 한 준수되어야 할 것이다.

4) 단체행동권 인정 문제

공무원이 수행하는 직무의 성질에 기초하여 단체행동권을 배제할 수 있다. 프랑스의 경우 군인, 경찰 등 일부 특정직 공무원의 경우를 제외하고는 원칙적으로 파업권을 보장한다. 다만 공무의 계속성 원칙에 입각하여 행정기관장은 파업 중에도 유지되어야 할 업무 내용을 규칙으로 정할 수 있는 권한을 보유하고 있다(최소공공서비스 원칙).

5) 상생적 노사관계 구축

공무원노조법이 2005년 1월에 제정 공포되었다. 따라서 이제는 대립적이고 충돌적인 노사관계를 해소하는 것이 시급하다. 노사 양측이 대결적인 입장을 버리지 않고 대치하면 결국은 국민을 포함하여 노사 양측 모두가 피해자가 된다. 따라서 노사 양측이 신뢰할 수 있는 관계를 구축해야 하며, 노조도 합법적인 노사관계 틀 안에서 활동해야 할 것이다. 그리고 정부 역시 보다 전향적으로 그들의 요구를 수용가능한 차원에서 수렴하여 노사가 다 승자가 되는(win-win)되는 상생적 노사관계를 구축해가야 할 것이다.

논평

이 토픽은 최근 한국 행정에서 주목해야 할 중요 이슈 중의 하나이다. 공무원단체, 공무원 노조, 공무원직장협의회, 전공노와 민공노 등의 개념 범주들을 잘 식별해야 한다. 공무원 단체 활동에 대한 찬반 양론의 근거를 제시하고 나서, 우리나라의 현실 문제를 풍부하고도 정확히 지적할 수 있어야 한다. 국가공무원법 66조와 65조는 정확한 내용을 인용할 수 있어야 한다. 더 깊은 내용은 김판석(2004) 및 강여진(2004)에서 잘 설명되어 있으니 이들을 참조하라. 참고로 미국 연방정부 노사관계청의 http://www.flra.gov을 참조하라.

❙새 테마 행정학❙

18. 공무원의 정치적 중립

Ⅰ. 공무원의 정치적 중립의 의의

1 개념

공무원의 정치적 중립(political neutrality)이란 공무원이 국민 전체에 대한 봉사자로서 그 직무를 수행함에 있어 부당하게 정파적 특수이익을 추구하거나 정쟁에 개입함 없이 직무수행의 공평성, 불편부당성을 유지하고 정치적 영향 없이 독립적으로 직무를 수행하도록 하는 공무원의 행동규범을 의미한다. 정치적 중립의 올바른 의미는 공무원이 정치적 요구에 무감각하거나 정치적·정책적 영역으로부터 격리되어야 한다는 것이 아니라, 어느 정당이 집권하든 당파성을 떠나 차별 없이 공직에 충실히 봉사해야 한다는 요청을 의미한다(박동서, 2004).

2 정치적 중립의 대두 이유

공무원의 정치적 중립은 미국 엽관주의적 인사의 폐해를 극복하기 위해 실적주의 제도를 확립하는 과정에서 필수적인 행동규범으로서 요청되었다. 다음과 같은 두 가지 이유로 요약할 수 있다.

1) 엽관주의체제 하 공무원의 정치적 활동과 폐해

1883년 펜들턴 법 제정 이전까지 미국에서는 공무원들 상당수가 집권 정당에 대한 정치적 충성을 배경으로 정당원들로 충원되었다. 외형적으로는 국민의 정치적 요구에 민감하게 대응하고 집권정당과 공무원의 운명을 같이하는 공직 교체제도(rotation in office)를 통해 민주주의 원리에 부합되는 것처럼 보였다. 그러나 실상은 공무원들의 부당한 당파성과 정실임용에 의해 그 폐해가 심각하였으며, 그 결과 정관유착의 부패, 행정의 전문성 저하, 계속성의 위협을 야기하였다.

2) 실적주의 제도의 정착과 정치적 중립

1883년 펜들턴 법 제정으로 인사행정의 엽관주의적 요소를 배제하였으며, 1939년 해치 법(이는 뉴멕시코주 출신의 상원의원 Carl Hatch가 발의한 것으로 본래 명칭은 Act to Prevent Pernicious Political Activities) 제정으로 공무원의 강력한 정치적 중립을 요구하기 시작하였다. 즉, 당시 개혁주의자들은 행정을 정치로부터 철저히 독립시키고(정치행정이원론) 그 방안으로 공무원의 정치적 영향력으로부터 중립을 유지시켜 나가는 실적주의제 확립을 통하여 정치적 당파성과 부패로부터 정부의 윤리성과 민주성을 회복시킬 수 있다고 믿었던 것이다. 즉, 이 당시의 정치적 중립은 결국 당파정치로부터의 중립을 의미한다.

3 각국의 정치적 중립의 현황

엽관주의나 관권선거 폐해를 경험한 국가(미국, 한국)에서는 정치적 중립성의 요청을 엄격하게 요구하고 있다. 그러나 정당정치에 결부된 엽관주의적 인사행정의 폐해가 심각하지 않았던 국가들의 경우 공무원의 정치적 활동에 대해 비교적 관대한 입장을 취하였다(유럽). 특히 독일, 프랑스의 경우 공무원이 정당에 가입하고 활동할 수 있고 공무원 신분으로 의원직 출마도 가능하다. 영국의 경우 하위직 공무원에게 완전한 정치활동을 보장하고 고위직으로 갈수록 규제를 강화하는 차별화 정책을 사용하고 있다.

Ⅱ. 정치적 중립의 내용과 한계

1 정치적 중립의 내용

1) 당파적 정치로부터의 중립

미국의 경우에 과거 엽관주의적 인사 관행의 배제로 정부의 윤리성과 민주성을 회복하고 전문성을 토대로 정부의 효율성을 제고하고자 하였다.

2) 공무원의 정치적 활동 제한

당파적 정치로부터의 중립을 지키기 위해 어쩔 수 없이 공무원의 정치적 활동을 제한하는 결과를 가져왔다. 정치활동 제한은 행정이 정치게임(선거 등)에 끌려들지 않고 국민에 대한 서비스를 보다 안정적이고 공평하게, 그리고 민주적이고 능률적으로 제공하기 위한 것이다. 즉, 정치적 중립성을 견지하면서 정책결정과정에서 요구되는 정치적 요구와 지지를 형성할 책임을 수행하는 것이다. 또한 공무원에 대한 정치활동 제한은 정치권력의 남용을 막고 공무원들의 정치력을 통한 공직 오용을 막고자 하는 것이다.

3) 실적주의 확립

공무원 집단을 안정된 중립적 세력으로 만들어 민주정치체제의 균형을 유지하고 정치적 집권 세력의 교체에도 불구하고 행정의 안정성, 계속성, 전문성을 유지하기 위한 것이다.

현대적 의미의 정치적 중립은 공무원의 정치적 단절에 목표를 두는 것이 아니라 특정 정당의 당파에 좌우됨이 없이 국민 전체이익을 대표한다는 대응성과 대표성을 유지할 것을 요구한다.

4) 정치적 영향으로부터 독립

선거과정에 대한 부당한 간섭을 배제함으로써 공정선거를 확보하고 이를 통해 정치체제의 민주적 기본질서를 확립하는데 있다. 또한 불공정한 관권선거 시비로부터 행정의 자율성을 확보함과 아울러 행정에 대한 정치권력의 개입을 배제하여 행정능률화와 합리화를 구현하고자 한다.

2 정치적 중립의 한계

1) 공무원의 정치적 기본권을 과도하게 제한하는 문제

공무원의 정치적 중립성을 강요하는 현행법은 공무원의 정치적 인권의 본질적 권리를 침해하여 위헌적이라는 비판이 있다. 그리고 시민으로서의 정치적 참여욕구를 봉쇄하고 정치과정으로부터 소외·단절시킨다는 문제가 있다.

첫째, 실적주의 인사원칙이 확립된 오늘날 공무원에게 정치적 자유를 허용해도 과거와 같은 엽관적 폐해가 발생할 우려는 적다.

둘째, 부작용을 방지할 수 있는 인사제도상의 장치가 마련되어 있고 정치적 의식이 충분하다.

셋째, 정치적 결정에 직접적 영향을 미치는 위치에 있지 않은 하위 공무원에게는 정치활동 제한을 해제하여야 한다.

넷째, 정치활동 규제가 공무원이 가진 풍부한 정보에 대한 국민접근성을 차단하는 결과를 낳고 있다. 이상과 같은 기본권 침해를 이유로 공무원의 정치활동 제한을 완화하자고 주장하는 의견이 늘고 있다.

2) 참여적 관료제 발전의 저해

참여적 관료제란 계서제적 압력을 감소시키고 중간관리층 이하의 공무원들이 정책형성에 대한 참여의 기회를 확대하고 그들이 대내외적으로 자기 주장을 표현, 관철할 수 있는 기회를 부여하는 관료제를 의미한다. 공무원 정치활동 제한은 시민들의 요구에 둔감하게 하고 공무원들의 정책적 무관심을 조장하며 정책형성과정에의 참여기회를 제한함으로써 참여적 관료제로의 발전을 저해하고 있다.

3) 정부관료제의 국민대표성과 책임성 저해

공무원의 중립에 대한 지나친 요구는 자기통제가능성을 낮추고 행정책임을 저해한다. 또 대외적 환경 변화에 둔감하게 하여 폐쇄집단화 될 수 있으며 정치적 의제들로부터 고립화된 공무원들이 시민의 정치적 욕구와 성향에 무감각하게 됨으로써 관료제의 국민 대표성을 저해한다.

Ⅲ. 한국 공무원의 정치적 중립

1 정치활동 제한 현황

1) 헌법 7조 2항

헌법은 공무원의 신분 및 정치적 중립을 천명한 후 그 구체적 사항을 법률에서 정하도록 규정하고 있다.

2) 국가공무원법 65조

국가공무원법 제65조(정치 운동의 금지)에 의하면 공무원은 정당이나 그 밖의 정치단체의 결성에 관여하거나 가입할 수가 없고, 선거에서 특정 정당(인)을 지지 또는 반대하기 위한 행위를 할 수 없다. 즉, 투표를 하거나 하지 않도록 권유하는 행위 금지, 서명 운동의 권유 금지, 문서나 도서 게시 금지, 기부금 모집 등의 행위 금지, 타인에게 정당 가입 또는 가입하지 않도록 권유하는 행위 금지, 다른 공무원에게 이러한 금지조항을 요구하거나 정치적 행위 결과에 따른 이익 또는 불이익의 약속을 하지 못하도록 규정하고 있다.

위와 같은 우리나라 헌법과 국가공무원법은 정파성을 가진 특정정당, 정치단체, 정당과의 관계에서 엄정한 중립을 지킬 것을 요구하고 있으며, 공무원의 국민 전체에 대한 봉사자 신분 유지와 행정의 민주성, 능률성을 확보하기 위해 공무원의 기본권을 제한하고 있다.

3) 공무원 노조법 4조

“공무원의 노동조합설립 및 운영 등에 관한 법률” 제4조(정치활동의 금지)에 의하면, 공무원 노동조합과 그 조합원은 정치활동을 하여서는 안 된다.

2 한국 공직 사회에서 정치적 중립이 갖는 의미

1) 제도와 실질의 괴리

1949년 국가공무원법 제정 당시부터 공무원의 정치적 중립성을 규정해왔다. 그러나 공무원이 직간접적으로 선거에 개입하여 집권 여당에 유리한 행동을 하도록 강요하는 정치권의 압력과 선거과정에서의 공무원 개입 등 관권선거 시비가 잦았다. 공무원은 법적·제도적으로 엄정한 중립을 지키도록 요구받았으나, 실제로는 불법·탈법적으로 특정정당에 유리하도록 선거에 영향을 미쳤다.

선거 때마다 선거에의 관권개입이 정치쟁점화 되었을 뿐 아니라 선거를 전후해 검찰, 경찰의 정치적 중립화가 항상 문제되었다. 우리나라에 있어서 공무원의 정치적 중립은 이렇게 주로 선거공정성과 민주성 문제와 관련되어 쟁점화 되었다. 이것은 결국 정부의 신뢰성 및 정당성 추락문제로 연결되어졌다.

2) 정치활동 제한의 비합리성

영국의 경우처럼 고위직, 중간직, 하위직 등을 구별하여 차별적으로 정치활동을 규제하는 것이 아니라, 우리나라의 경우에는 정치활동 제한이 매우 광범위하게 그리고 엄격하게 획일적으로 적용되어왔다. 따라서 정치적 중립을 해칠 우려가 있는 공무원의 정치활동을 필요한 범위 내에서 차별적으로 금지 제한하는 합리적 재설정이 필요하다.

3) 공무원의 정치적 중립성의 의미에 대한 오해

공무원의 정치적 중립성 및 정치적 자유 제한의 당위성은 충분히 인정되지만 공무원 역시 시민적 기본권의 주체로서 최소한의 정치행위를 할 수 있어야 한다는 요구가 제기되고 있다. 첫째, 과거에 비해 공무원의 전문화 수준과 직업윤리의 향상, 정치적 민주주의 제도의 성숙으로 과거와 같은 엽관주의적 인사의 위협가능성은 상당 수준 낮아졌다. 따라서 이제는 정치적 중립을 새롭게 해석할 필요가 있다. 둘째, 정치적 의사 표시와 정당가입 등을 엄격하게 제한하는 것만이 공무원의 정치적 중립의 확보 수단이 될 수는 없다. 정치적 중립의 본질은 불편부당하고 공정한 직무수행에 있는 것이지 공무원 개인의 정치적 의사 형성 그 자체를 근본적으로 차단하는 것은 아니기 때문이다. 결국 공무원 개인의 권리라는 측면과 정파적 행위의 차단이란 공익적 측면 사이의 조화 문제라고 볼 수 있다.

4) 공무원 권리의 보호필요성에 대한 인식 미흡

공무원은 여러 직업적 의무를 지고 공직의 필요 때문에 권리의 제약을 받지만 그러한 제약이 무한정일수는 없고 부당한 제약이 있어서도 안 된다. 공무원들의 일반적 권리와 직업인으로서의 권리는 정당한 법적 제한이 없는 한 보호되어야 한다. 정당한 법적 제한은 공무원의 권리를 보호해야 한다는 필요와 공직의 목적을 위해 제한해야 한다는 필요의 절충점에서 찾아야 한다. 하지만 문제는 그러한 절충점이 때에 따라 다를 수밖에 없다는 것이다.

과거에는 권리 제한 쪽으로 치우쳤으나 최근에는 권리 보호 쪽으로 초점이 전환되고 있다. 그 중에서도 정치적 중립 요청에 의해 정치적 자유를 제한받는 공무원들에게 최소한 시민으로서 정치적 의사 형성에 참여할 수 있는 권리를 보호해 줘야 할 것이고, 공무원이란 지위 때문에 일반시민과 차별을 받는 부당함으로부터 벗어날 수 있게 할 필요성도 점차 제기되고 있다.

Ⅳ. 발전 방향

1 정치적 중립성의 실질적 확보

우선 정치적 중립성의 실질적 달성을 위한 노력이 먼저 선행되어야 한다. 그 뒤에 공무원의 정치적 자유에 대한 불합리한 제한을 없애기 위해 합리적인 방안을 모색해야 한다. 이 때 공무원의 기본권 회복에 대한 무분별한 요청만이 있어서는 안 될 것이다. 공무원은 정치적 영향에서 벗어나 불편부당한 봉사자로서의 직분을 수행해야 한다.

2 정치적 환경의 정상화

공직사회 외부적 요인으로서 정치적 환경이 정상화되어야 하며, 정당정치의 민주화가 선행되어야 한다. 제도권 정치의 정당성과 신뢰성 회복이 되지 않는다면 아무리 법제상으로 훌륭한 공무원 중립성 확보 장치가 마련되어있다 하더라도 실질적 운영에 있어서는 제도 불일치가 나타날 수밖에 없다.

3 공무원의 직업윤리 확립

공직사회의 내부적 요인으로서 공무원의 올바른 직업윤리가 정착되어야 한다. 특정 정당에 대한 편파적 충성심과 당파적 영향력으로부터 중립을 지키는 일은 제도상의 문제일 뿐만 아니라 공직윤리의 문제에도 해당하기 때문이다. 따라서 장기적으로 관료제의 국민 대표성과 책임성을 높이고 공정한 봉사자로 공직을 수행하기 위해 올바른 직업윤리가 확립되어야 한다.

4 민의의 반영

최근 공무원 노조가 합법화되었다. 공무원의 정당가입 허용 등 정치활동 제한 해제 문제 등은 충분한 국민의 지지를 확보해야만 원활한 제도 개선과 실천적 운용이 보장된다. 공무원의 정치적 중립 및 정치활동의 허용 정도는 정부 - 공무원이란 쌍방적 교섭 차원을 넘어, 결국 공무원의 실질적 고용주인 국민의 의사 문제로 귀결되기 때문에 민의를 살펴서 추진해야 할 것이다.

논평

실적주의 공무원제 확립 및 고전파 행정학의 확립이 바로 공무원의 정치적 중립 확보에서 나온 것이다. 이 세 가지를 서두에 언급함이 좋으며, 현행 국가공무원법 제65조의 내용을 정확히 지적할 수 있어야 한다. 그리고 그 한계 및 한국에서의 정치적 중립이 갖는 의미를 제시해야 한다. 대통령의 고위직 임명에서의 소위 코드 인사, 공무원의 정치적 권리 제한 등과 관련된 문제도 부가적으로 생각해 두어야 한다. 찬반양론이 뚜렷한 주제이므로 양측의 주장을 선명히 제시할 수 있어야 한다.

❙새 테마 행정학❙

19. 다면평가제

Ⅰ. 다면평가제의 의의

다면평가제(360 degree feedback)란 특정 조직구성원을 상관, 동료, 하급자 등 다수의 평가자들로 하여금 모든 방향에서 평가하게 하는 제도를 말한다. 다면평가제는 직속 상사가 부하사원을 일방적으로 평가하는데서 나타날 수 있는 오류와 부작용을 최소화하는 등 다양한 장점을 내포하고 있어 상당수 선진국 정부와 민간부문 조직에서 이를 채택하고 있다. 우리의 경우 폐쇄적이고 투명성이 낮아 객관성과 공정성이 의문시되고 있는 기존의 인사고과시스템의 약점을 보완하기 위한 방안의 하나로 이 다면평가제가 도입되어 활용되고 있다.

Ⅱ. 다면평가의 목적 및 유용성

1 목 적

다면평가제의 실시 목적은 크게 개발(development)과 평가(appraisal)로 구분된다. 전자는 평가결과를 주로 관리자의 리더십 개발, 훈련요구사항 파악, 고객서비스, 팀 평가, 팀 구축, 또는 개인 · 팀 · 조직개선과 같은 개발과 육성에 활용하는 것이다. 후자는 평가결과를 승 · 진급이나 급여나 포상과 같이 보상에 반영하기 위한 것이라고 할 수 있다.

2 장 점

첫째, 특정 피평가자에 대해 다양한 사람들로부터 입체적·다면적으로 평가가 이루어지게 함으로써 평가의 객관성과 공정성을 높일 수 있다. 다면평가의 객관성과 공정성이 상대적으로 높은 것은 평가자들이 복수일 뿐만 아니라 이들이 업무상 피평가자를 근접하여 관찰할 수 있는 위치에 있다는 사실에 기인한다.

둘째, 다면평가는 조직구성원들로 하여금 그가 접촉해야 하는 조직내외의 모든 사람들과 원활한 관계를 증진시키려는 강한 동기를 부여함으로써, 조직 내 상하 간, 동료 간, 부서 간에 원활한 커뮤니케이션이 이루어질 수 있게 한다.

셋째, 다면평가제는 조직원으로 하여금 자기계발을 하도록 촉진한다. 이는 피평가자가 다면평가를 통해 다양한 평가결과를 주변의 관련자들로부터 자신의 장·단점을 피드백 받음으로써 자기 역량 강화의 발전기회를 가질 수 있기 때문이다. 특히 동료와 고객평가는 개인의 행위를 바꾸는데 큰 영향을 미치는 것으로 알려져 있다.

넷째, 다면평가제는 조직의 계층적 구조를 완화시키고 팀워크를 강화시킨다. 다른 조직원과의 긴밀한 협력관계 하에서 직무가 수행될 것이기 때문이다.

다섯째, 다면평가의 피드백 시스템은 조직의 생산성 증대를 위한 촉매제가 될 수 있다. 다면평가를 통해 능력과 성과 중심의 인사관리가 이루어질 경우 직무수행 동기유발의 효과가 나타날 수 있다. 그 결과 개인의 업무 성공은 물론 조직의 생산성과 서비스의 품질이 향상될 수 있을 것이다.

Ⅲ. 다면평가의 한계

조직구성원들이 평가자로서의 의식과 능력이 함양되는 등 공정한 평가문화가 조직사회에 뿌리내리기도 전에 그 결과를 인사 고과에 반영하는 데는 무리가 따를 수 있다. 이는 다면평가제도의 몇 가지 한계에 기인한다.

첫째, 다면평가는 평가대상자들로 하여금 업무 자체보다 업무관련 집단들과 원만한 인간관계를 유지하는데 우선적으로 힘을 쓰게 할 가능성이 있다. 즉, 다면평가제는 인기투표로 전락될 수 있다. 따라서 다면평가결과에 지나치게 의존하는 것은 바람직하지 않다.

둘째, 평가자들 사이의 경쟁심 등으로 말미암아 다면평가의 객관성과 정확성이 떨어질 수 있다. 조직구성원이 상대적으로 적은 경우에는 경쟁상대자에 대하여 동료나 고객들이 경쟁 심리를 가지고 상대적으로 불이익을 줄 수 있기 때문에 평가과정에서 왜곡될 수 있는 여지가 있다.

셋째, 동료 및 하급자에 의한 평가는 상급자의 권위를 훼손하고 방어적인 행태를 조장하며 상사 및 동료와의 관계를 파괴할 수 있다. 특히 계서적 조직의 경우에 통솔행위가 위축될 수 있다.

이 밖에도 다면평가와 관련하여서는 평가자의 익명성이 보장되지 않아 솔직히 평가한 사람이 원망을 듣게 될 것을 우려할 수도 있으며, 응답자별 평가기준이 다를 것이라는 의문을 가지게 되어 형평성이 훼손될 수 있고, 순환보직으로 평가자가 변경될 때는 평가의 신뢰성이 추락할 수 있으며, 전체적으로 평가비용이 증대되고 평가 작업이 업무수행에 지장을 줄 수 있다는 우려 등이 제기되고 있다.

Ⅳ. 다면평가의 주요 쟁점

1 다면평가 실시의 목적에 부합

앞서 밝힌 대로 다면평가 실시 목적은 크게 개발목적과 평가목적으로 나누어진다. 다면평가제는 구체적인 실시목적에 부합되도록 설계·운영되어야 한다. 개발에 주된 목적을 둔 것이라면 민감한 부분이 적겠지만, 평가를 목적으로 할 경우에는 다면평가의 질문 항목은 물론 평가설계를 정교하게 하는 것이 매우 중요하다.

2 다면평가의 평가요소 및 반영비율

다면평가의 설계에서 특히 중요한 것이 평가요소의 선정 문제이다. 평가요소는 평가의 목적, 피평가자의 직급, 부서별 특성 등을 고려하여 실적·능력(리더십 포함) 등으로 구성할 수 있다. 그리고 조직의 업무 특성 또는 당해 직급에 필요한 역량 등을 고려하여 평정요소를 달리 정할 수 있다.

또한 조직의 특성 및 평가 활용목적에 따라 평가요소별 가중치를 달리 정할 수 있다. 다면평가 실시가 평가자들 간의 일치도를 통해 객관성과 납득성을 높이는데 주안점이 두는 것이라면 동일한 평가 요소로서 여러 사람이 평가하게끔 하는 것이 바람직하다. 그러나 피평가자에 대한 다양한 정보를 얻기 위한 것이라면 평가자에 따라 평가요소를 달리 할 수도 있을 것이다.

3 다면평가 점수의 산정

다면평가에서도 평가자의 부정확한 정보, 편견, 정서적·인간적 요인 등이 상당히 작용할 수 있다. 때문에 평가결과의 객관성을 보장할 수 있는 안전장치를 마련함으로써 평가의 정확성을 높일 필요성이 있다.

예컨대 평가 기준 이상으로 지나치게 호의적이거나 악의적으로 평가하는 경우에 어떤 제재 장치를 사전에 명시하거나, 피평가자가 받은 점수 중 최상 최하 점수를 제외한 후 점수를 기준으로 계산하는 방식 등을 채택하여 의도적으로 왜곡하고자 하는 문제가 발생하지 않도록 평가방법을 정교하게 설계해야 한다.

4 평가자 선정 기준 및 평가자별 반영비율

다면평가는 기존의 상관에 의한 하향평가와 더불어 동료에 의한 동료평가, 부하에 의한 상향평가, 고객에 의한 평가 등으로 구성되므로 평가주체가 다양하다. 다면평가가 효율적으로 이루어지기 위해서는 평가자들이 첫째, 평가대상자의 과업과 업무 목표 등을 상당 부분 알고 있어야 한다. 둘째, 피평가자의 성과를 관찰·평가할 수 있는 위치에 있어야 하고, 셋째, 피평가자의 업무와 관련된 전문 지식을 어느 정도 보유하고 있어야 한다.

따라서 평가자는 이러한 세 가지 기준을 토대로 구성되어야 한다. 다만 평가자에 따라 피평가자에 대한 업무유관 정도, 평가정보의 양과 질, 직원육성에 대한 책임정도 등이 다르므로 평가자 별로 평가 가중치를 달리 정할 수 있을 것이다.

Ⅴ. 한국의 다면평가제

1 실시 현황

도입 초기에 중앙인사기구는 다면평가제도의 효과적인 도입 운영을 위해 2002년 '다면평가 운영요령' 등을 만들어 각 부처가 활용할 수 있도록 제공한 바 있다. 하지만 현행 제도는 다면평가의 방법 및 절차, 평가결과의 반영 등에 관한 사항은 각 부서의 상황과 특수성을 반영하여 소속장관이 정하도록 하고 있다.

따라서 현재 각 중앙부처별로 실시하고 있는 다면평가는 평가단의 구성과 규모, 평가자별 평가 비중, 평가요소별 평가비중, 평가항목의 구성과 설계 등이 극히 다양하다.

그러나 이러한 다양성 가운데서도 공통점이 발견되는데, 평가대상자별로 별도의 평가단을 구성하지 않고 단일평가단을 구성하여 다수의 평가대상자를 평가하고 있고, 승진·보상 등 업적평가의 목적으로 다면평가를 활용하고 개발목적으로는 거의 활용하지 않고 있으며, 평가항목들이 개인의 실적과 능력을 평가하기에는 구체적이지 못하다는 비판이 제기되고 있다.

2 발전 방향

1) 다면평가제도에 대한 인식제고

우리나라 정부의 다면평가제도 도입은 다면평가가 현재의 조직 환경에 적합한가에 대한 면밀한 검토와 사전준비를 충분하게 하지 않고 인사개혁 차원에서 급하게 확대 실시한 면이 많다. 공무원들은 다면평가의 유용성에 대해서는 긍정적으로 생각하면서도 정작 다면평가의 구체적인 내용과 실시방법에 대해서는 의구심을 가지고 있다.

다면평가를 단순히 설문조사와 같이 쉽게 생각하여 다면평가 참여자에 대한 교육 훈련의 중요성을 간과하게 되면 그 평가의 결과는 왜곡될 수 있다. 다면평가의 취지와 목적, 평가절차와 방법, 활용과 사후관리에 대한 교육이 형식적인 수준에 머무르고 있다. 따라서 다면평가 시스템에 대한 지속적인 보완으로 평가의 안정성을 높이는 노력은 물론, 평가자 및 피평가자 교육에 보다 높은 관심을 기울여야 할 것이다.

2) 사정 지향적 평가 지양

다면평가가 개발목적과 평가목적으로 모두 활용될 수 있는 제도이기는 하지만, 활용목적에 따라 설계, 실시, 활용의 측면에서 상당한 차이가 있다. 또한 평가의 목적을 명확히 하지 않고 두 가지의 목적을 위해 혼합적으로 활용하는 것은 바람직하지 못하다. 그리고 사정이나 처벌 목적의 인사평가는 지양되어야 한다.

우리나라에는 많은 비용을 들여 실시한 평가결과가 단순히 인사결정과 연계되지 않고 개발목적으로만 사용된다면 낭비라고 생각하는 인식이 많다. 이러한 시각에서 탈피하여, 다면평가제도를 중장기적인 관점에서 조직과 개인의 역량을 개발하고 인력을 육성하는데 이용하려는 인식전환과 그에 따른 제도개선이 필요하다.

3) 평가절차의 공정성과 합리성 보완

다면평가의 결과가 적실성을 가지려면 절차의 공정성과 합리성이 전제되어야 한다. 즉 평가실시 전의 준비사항, 설계단계의 적절성, 실시단계의 합리성, 사후관리의 적정성 등이 요구된다. 현재의 정부기관 다면평가는 이러한 측면에서의 절차적 공정성과 합리성을 충분히 갖추고 있지 못하다.

다면평가제도가 새로운 인사평가제도로서 뿌리내리기 위해서는 인사의 공정성과 객관성을 높일 수 있어야 한다. 평가자 선정은 피평가자가 속한 국(局)을 단위로 하여, 피평가자의 참여가 어느 정도 보장된 형태로 되어야 한다.

평가의 목적으로 다면평가가 시행되는 경우에는 피평가자와 인사관리담당자가 협의하여 평가단을 구성하도록 하는 것이 바람직할 것이다. 평가자 평점 반영도 개발 목적의 다면평가인 경우 동료와 부하 평정 비율을 높이고, 평가 목적의 다면평가인 경우 상관 평정 비율을 높일 필요가 있다.

4) 평가목적의 명확화

다면평가의 사용 목적을 명확하게 하여야 한다. 사용목적을 정하면 그에 적합한 평가모델을 적용하여 정확하고 오류 없는 평가를 할 수 있다. 우리나라 공직사회에서 근무성적평정의 실효성이 낮은 근본적인 이유 중 하나는 평정 목적이 명확하지 못하기 때문이다.

공무원임용령 등에는 근무성적평정 결과를 승진 임용 등 각종 인사관리에 반영해야 한다고만 되어 있어서 인사관리의 어떤 부분에 반영하여야 할지 그 목적 규정이 분명하지 않다. 다면평가는 보다 명확한 목적을 가지고 시행되어야 제도 도입 취지에 부합된다. 외국의 경우에도 다면평가 도입 목적에 대해 구성원들의 사전 동의를 구하도록 하고 있다.

5) 평가결과의 전략적 활용성 제고

승진과 차등적 보상의 목적으로 다면평가 결과를 활용하기 위해서는 개인의 실적과 역량이 평가에 공정하게 반영되도록 시스템의 구축이 전제되어야 한다. 업무특성과 부서(집단) 특성을 반영한 다면평가 시스템은 승진과 차등적 보상을 포함한 평가관리 전반에 적용 가능할 것이다.

기존 평가시스템의 개선과 분류체계의 개선 노력은 충분한 객관성을 확보할 때까지 계속되어야 한다. 기존 평가 시스템(근무성적평정이나 성과계약제 평가)이 타당성과 신뢰성을 확보하는 단계에 이르면 다면평가는 평가보다는 개발목적으로 혹은 보완적인 목적으로 사용되어야 할 것이다.

정부의 다면평가는 궁극적으로 관리자의 역량을 향상하는 육성 목적으로 전환되는 것이 바람직하다. 평가결과 환류에 대해서는 선진국의 경험을 활용하여 본인에게 공개하는 것이 적절하다. 다면평가 결과가 개인의 능력발전에 쓰이도록 하기 위해서는 본인에게 공개하고 아울러 당사자나 관리자가 함께 숙의하여 개인역량 개발계획을 세워서 자기발전을 유도하는 노력이 필요하다.

6) 실적과 부처 특성을 반영한 평가모델의 설계

평정요소에 대해서는 평가의 목적에 맞게 부처마다 재구성하여야 할 것이다. 부처의 목적과 비전에 적합한 인재를 양성하고자 한다면 그에 따른 평가항목들이 다수 포함되어야 할 것이다. 그리고 실적 평가가 목적이라면 부처가 선택한 생산성 지표에 대한 평가가 가능하도록 평가항목을 설계하여야 할 것이다.

평가항목의 내용은 되도록 구체적으로 하되, 역량발휘 상황이나 실적 달성 상황에 대한 설명이 평가항목 내용에 포함되도록 하여 평가자가 인기나 인간관계에 따라 평가를 할 수 없도록 하는 조치가 필요하다.

그리고 평정항목 설계에서 조직과 업무 특성을 고려한 평가요소가 되도록 많이 포함되도록 하여야 할 것이다. 즉, 다면평가 지표는 조직의 성과지표와 긴밀하게 연계되도록 하여 평가의 내용 타당성을 확보하여야 할 것이다. 아울러 평정항목 설계에서 직급별 차등을 두어야 할 것이다.

평가요소 반영비율과 평가자 평점 반영비율은 부처 자율로 하되, 다면평가의 목적에 따라 일정한 가이드라인을 제시할 필요가 있다. 개발 목적으로 시행하는 경우에는 능력과 태도 반영 비율을 높이고(각각 40%씩 한다거나), 실적 반영 비율을 낮추는(20% 정도로 하는) 방안이 검토될 수 있을 것이다. 그리고 평가 목적으로 시행하는 경우 반대로 실적 비율을 높이고(40% 등으로 하고), 능력과 태도를 낮추어(각각 30%정도로) 반영하는 것이 적절할 것으로 보인다.

7) 평가대상 범위의 조정

다면평가의 평가대상자 범위를 낮추는 것은 문제가 될 수 있으므로 관리자급 이상으로 하는 것이 바람직하다. 사실 미국과 영국정부의 경우에는 다면평가의 대상을 고위관리직 또는 중간관리자급 이상으로 한정하고 있다. 이는 평가 대상 분야가 피평가자의 역량과 리더십에 한정되기 때문이다. 따라서 다면평가의 대상은 해당조직의 일정 계급 이상으로 하는 것이 현실적이다.

예를 들어 하급자인 경우에는 당사자가 갖고 있는 역량을 드러내기 어려운 분야에 근무하는 경우가 많고, 다면평가가 아니어도 다양한 실적치를 반영한 평가가 가능하기 때문에 다면평가의 대상에서 대체적으로 제외하고 있다.

다면평가제도가 실효성을 가지고 운영되기 위해서는 평가기준과 범위를 합리적으로 설정할 필요가 있다. 상관의 어떤 점을 평가하고, 동료의 어떤 점이 중요하게 평가되어야 하는지에 대한 조직 내 합의가 있어야 한다. 또한 집단주의와 계층주의를 줄이고 개인의 자유가 존중되는 조직 문화를 형성해 나가기 위해 다각도의 노력을 기울여야 할 것이다.

영미권의 공직문화처럼 개인주의와 평등주의가 비교적 잘 발달한 국가 수준에 이르기 전까지는 집단의 특성을 고려한 개인성과 평가가 가능하도록 평가모형이 설계되어야 할 것이다.

논평

고위공무원단 제도와 더불어 다면평가제 역시 최근에 도입된 획기적인 새 인사행정 제도로서 매우 중요한 시사적 의미를 갖는 토픽이다. 정확한 의미 및 유용성을 설명한 후, 이 제도와 관련된 주요 쟁점을 충분히 논의해야 한다. 최근의 한국에서의 실시 결과에 대한 평가를 내리고 이에 대한 발전 방향을 풍부하게 제시해야 한다.

| 새 테마 행정학 |

20. 개방형 임용제

Ⅰ. 개방형 임용제의 의의

1 개념

개방형임용제는 공직의 모든 직급에 외부로부터의 신규채용을 허용하는 인사제도이다. 특히 상위직급에 결원이 발생할 경우, 내부승진에만 의존하지 않고 조직 외부로부터 신규채용을 하는 것이 개방형 임용제의 중요한 특징이다.

2 도입배경

공직은 신분이 보장되고 연공서열에 의한 인사운영 등 경쟁시스템이 미흡하여 민간부문에 비해 경쟁력이 떨어지고 생산성이 낮다는 지적을 많이 받아왔다. 따라서 정부에서는 외부전문가 유치를 통해 행정의 전문성을 강화하고, 부처 간 인사교류를 활성화하며, 경쟁에 따른 공무원의 자질향상을 통해 정부의 생산성을 제고하기 위하여 개방형직위제도를 도입하게 되었다. 한국에서는 김대중 정부 때 이 제도가 국정 100대 과제의 하나로 채택되어 공직사회에 경쟁체제 도입과 함께 외부 전문가 채용 확대를 실시하게 되었다.

Ⅲ. 개방형 임용제의 장단점

개방형 임용제의 장단점은 폐쇄형 임용제에 비교되는 상대적인 것이다. 이는 조직차원과 개인차원으로 구분하여 살펴볼 수 있다.

1 조직차원

조직 차원에서 개방형 임용제의 가장 큰 장점은 정부조직에 경쟁을 도입함으로써 행정의 질적 수준을 향상시킬 수 있다는 것이다. 공직의 문호를 정부 외부에 개방함으로써 전문성을 가진 외부인사가 공직에 임용될 수 있으며, 이는 공직사회의 활력과 경쟁력을 높이는 계기가 될 것이다.

다만, 개방형 임용제는 객관적이고 공정한 절차와 기준 등을 확립하지 않으면 자칫 정치적 혹은 엽관제적 임용이 되기 쉬우므로 이를 경계해야 한다. 선발방법이나 후보평가체제가 미흡할 경우 부적격자가 채용될 수 있다. 그리고 외부에서 들어온 인재의 경우에는 조직문화와 새로운 환경 등에 상당한 적응기간이 소요되기 때문에 행정의 일관성이나 계속성을 저해시킬 우려가 있다.

2 개인차원

개인 차원에서 기존 재직자들은 경쟁의 분위기 속에서 역량의 발전을 꾀할 수 있다. 그러나 재직자들은 자신의 승진기회가 줄어들 것을 우려하여 사기의 저하가 나타날 수 있으며, 과도한 경쟁으로 인해 피로감을 느낄 수 있다.

Ⅳ. 개방형 임용제도의 실제

1 현황

우리나라는 개방형 임용제를 확대하기 위해 다양한 제도를 고안하였다. 대표적으로는 개방형 직위제가 있고, 그 외에 유사한 취지에서 자격증·학위소유자의 경력경쟁채용제, 민간전문가의 공직파견근무제, 민간경력자 채용제 등이 운용되고 있다. 구체적으로 살펴보면 다음과 같다.

1) 개방형직위제

개방형직위제는 특정 직위에 결원이 발생하면 공직 내외를 불문하고 적격자를 선발하여 해당 직위에 임용하는 제도이다. 특정 직위의 직무를 가장 훌륭하게 수행할 수 있다고 판단될 경우, 그 사람을 출신에 관계치 않고 임용하는 제도이다. 개방형직위제는 공직 내외에서 전문성을 갖춘 적격자를 선발하는 제도이며(국가공무원법 제28조의4), 공모직위제도는 해당 기관 내외부의 공무원 가운데 내부경쟁을 통해 적격자를 선발하는 제도(국가공무원법 제28조의5)로서 양자는 '경쟁의 범위'에서 차이가 있다.

2) 자격증 · 학위소유자의 경력경쟁채용제

행정기능이 세분화되고 전문화되어가는 추세에 부응하기 위하여 특정 자격증 및 박사학위 소지자 등의 채용에 있어서 제한적 경쟁채용제도가 도입 · 운영되고 있다.

3) 민간전문가의 공직파견근무제

국가적 사업의 공동 수행 또는 전문성이 특히 요구되는 특수 업무의 효율적 수행을 위하여 필요시 국가기관 외의 기관 · 단체 임직원을 파견받아 근무하게 하는 것이다.

4) 민간경력자 채용제

민간부문의 전문지식과 기술을 습득하기 위한 제도적 장치로서 5급 민간경력자 채용제가 있다. 다양한 경험을 지닌 민간 우수인력을 5급 공무원으로 채용하는 것으로 2011년 처음 실시되어, 70여개 직무분야에서 매년 100명 정도를 선발하고 있다.

2 문제점

개방형 임용제도의 취지와 달리 실제 운영상에서의 문제점도 적지 않다(최순영 · 조임곤, 2013).

1) 정실임용의 가능성

폐쇄형 임용제도에서 운영된 필기시험 위주의 공개채용제도는 인사청탁이나 정실임용의 여지가 적었으며 공정성에 대한 합의가 있었다. 그러나 개방형 임용제도는 주로 서류전형과 면접전형에 의존하며, 수시로 소수의 인원을 선발하기 때문에 기관장의 영향력, 인사청탁의 가능성, 정실임용의 가능성이 커진다.

2) 낮은 민간임용 비율

낮은 외부 임용률로 인하여 외부 전문인력을 유치하여 공직사회의 경쟁력을 높인다는 개방형 임용제도의 원래 취지를 살리지 못하고 있다. 2008년부터 2013년에 이르기까지 개방형 직위의 외부임용률은 꾸준히 떨어졌다. 2007년 52.9%였던 외부임용률은 2013년 36.1%까지 하락했다. 여기에는 우수한 민간인을 유치하기 위한 정부의 적극성이 부족했던 것과 개방형 직위의 신분이 불안정하고 보수가 상대적으로 낮았다는 것이 원인으로 지적된다.

【공무원 개방형 임용 추이】

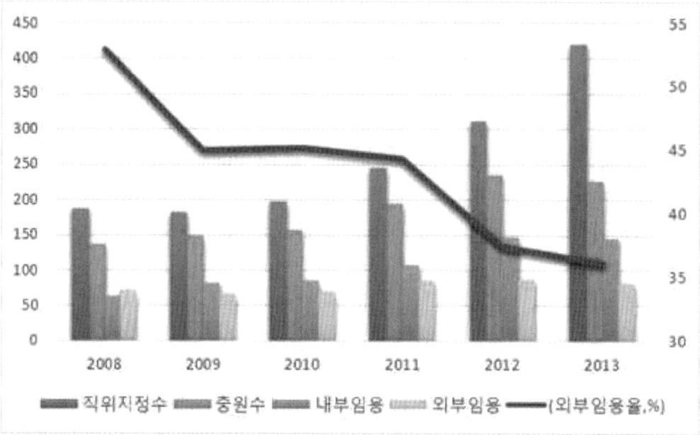

자료출처: e-나라지표(2015.1.29.)

3) 대상자의 성과 평가 및 보상의 합리성 미흡

계약직 공무원의 경우 목표설정, 평가, 환류 등 성과관리에 있어서 업무의 특성상 평가가 어렵다는 인식과 함께 평가방법 및 기술이 다른 직군에 비해 체계적으로 정비되어 있지 않다.

4) 업무 환경의 문제

개방형 임용자는 자신의 능력을 충분히 발휘할 수 없는 환경에 놓이게 된다. 개방형 임용자는 기존 조직구성원과의 관계에서 유기적 연대가 취약하고, 부처 내부의 공무원들에 비해 해당분야 업무에 대한 이해도가 낮다. 개방형 직위에 임명된 외부인사가 조직에서 리더십을 발휘하기 힘든 환경이라는 점도 지적되고 있다(박천오, 1999).

5) 행정의 책임성 문제

개방형을 통한 외부임용은 행정업무의 연속성, 계속성에서 문제가 발생할 수 있으며, 법적 책임을 넘어선 도덕적 책임성과 공공성을 지향할 수 있는가에 대한 문제가 제기된다(장현주, 2007). 계약기간 동안 임용자가 가시적인 성과에만 집착할 우려도 있다.

3 정책대안

1) 제도적 개선방안

첫째, 중앙인사기관의 독립성이 확보되어야 한다. 개방형 임용제의 관리에서 공정성, 전문성, 독립성, 일관성 등을 기하기 위해서는 중앙집중형의 인사기관이 중요한 의미를 가진다.

둘째, 임용과정의 공정성 확보를 위해 선발심사위원회의 구성에서 공정성과 타당성을 확보하여야 하며, 직무수행요건을 객관화하고 타당성있는 평가기법을 개발하여야 한다.

셋째, 직무분석을 확대하여 개방형 직위 선정에 있어 합리성을 제고하고, 보수를 합리화하는 등 기타 제도개선방안이 추진되어야 한다.

2) 운영상 개선방안

첫째, 채용경로별 출신집단간 융화를 위한 대책을 마련하여야 한다. 개방형 공무원은 공채출신 공무원과는 직업적 배경이 다르기 때문에 사고방식과 문제를 바라보는 시각이나 해법이 다를 수 있다. 이들의 상호유대감을 증진시키는 프로그램이 마련되어야 한다(정우일, 2010).

둘째, 개방형 임용자가 리더십을 발휘할 수 있도록 팀별 성과평가제도의 도입을 고려하고, 내부 인사권 등 조직을 움직일 수 있는 실질적인 권한을 부여하여야 한다.

셋째, 공직적응 리더십 교육훈련 및 상담 프로그램이 마련되어야 한다. 보수적인 공공조직의 문화에 적응하고 기존의 공무원들을 상대로 리더십을 발휘할 수 있도록 하는 지원프로그램이 도입되어야 한다.

ㅣ새 테마 행정학ㅣ

21. 고위공무원단 제도

Ⅰ. 의 의

고위직의 공무원은 정부 행정의 핵심 주체임에도 불구하고 그 동안 체계적으로 관리되지 못하였다. 첫째, 부처 간의 장벽으로 인해 널리 부처를 넘어 유능한 인적 자원을 활용한다는 점이 어려웠다. 둘째, 종래의 계급제 중심적 인사 제도 하에서 계급에 따른 업무 배정, 연공서열적 승진제도가 정부조직의 유연성을 약화시켜 왔다. 이러한 문제들을 극복하기 위해 고위직 공무원들을 정부 전체에 걸쳐 통합적 인력 풀(pool)로 관리하는 것이 고위공무원단(SES: Senior Executive Service)제도이다(김렬, 2014).

미국(SES:Senior Executive Service,1978), 영국(SCS:Senior Civil Service,1995), 뉴질랜드(SES:Senior Executive Service,1988) 등이 이러한 제도이며, 이 밖에 캐나다, 네덜란드등도 유사한 제도를 두고 있다. 중앙인사행정기관이 고위관리직위에 있는 공무원을 정부 전체적인 차원에서 통합 관리하고 개방성, 이동성과 성과관리 등의 인사운영원칙을 통하여 이들의 경쟁력과 행정서비스의 질을 높이고자 하는 공통점이 있다. 이러한 취지에 따라 우리나라에서도 이 제도를 도입하기 위한 사전 조치로 2005년 직무분석, 관계 법령 개정을 거쳐 2006년 7월 1일부터 실시하게 되었다.

Ⅱ. 필요성

행정에 막중한 영향을 주는 지위에 있는 고위공무원을 계급이 아니라 직무를 기준으로 관리하여, 부처 간의 장벽을 넘어 우수한 인적 자원의 활용을 극대화하고, 업무 성과와 보수를 연계시켜 그들의 책임성과 효과성을 높임으로써 궁극적으로 국가경쟁력을 높일 필요가 있다.

첫째, 고위공무원을 계급이 아니라 직무를 중심으로 특별 관리함으로써 정책관리 능력 · 의사결정 능력을 높인다.

둘째, 과거의 직렬 중심적 승진 제도는 부처할거주의가 나타나기 쉽다. 또 부처 간 장벽이 있을 경우 부처 경계를 뛰어넘는 업무를 수행하는데 큰 장애를 겪게 된다. 따라서 공직자들을 소속부처뿐만 아니라 정부부문 전체에 관심을 갖게 하며, 타 부처의 업무를 수행할 수 있는 능력을 배양할 필요가 있다.

셋째, 고위직 공무원에게 성과계약에 기초한 연봉제를 도입함으로써 성과계약 수행에 대한 엄격한 책임 및 결과지향적, 고객지향적인 행정서비스의 창출에 기여할 수 있다.

Ⅲ. 고위공무원단제도의 장 · 단점

1 장점

첫째, 고위 직위를 정부 내외에 개방하고 경쟁을 유도함으로써 고위공무원의 역량 및 경쟁력을 강화를 꾀할 수 있다.

둘째, 고위공무원단을 범정부적 차원에서 통합 관리함으로써 인력운영의 유동성 · 융통성이 높아질 수 있으며, 고급 인력을 국가 전체의 시각에서 적재적소로 배치할 수 있다.

셋째, 고위공무원의 임용이 전체 정부에 걸쳐 개방적으로 이루어지기 때문에 부처 내 및 부처 간 인사교류가 촉진되어 부처이기주의 및 인사 침체를 극복할 수 있다.

넷째, 대통령이나 부처 장관 등 임용권자가 기존의 부처중심 인사관리를 벗어나 높은 재량권을 가지게 되어 정책추진에 필요한 통제력을 강화될 수 있다.

다섯째, 고위직에도 성과관리를 강화하여 우수한 고위공무원의 처우가 개선될 수 있다.

2 단점

첫째, 실제로는 임용권자의 인사관리에 엽관주의 및 정실주의가 확대될 수 있다. 이로 인해 고위공무원의 신분불안 및 사기저하가 나타날 수 있으며, 고위공무원단 제도 전체의 신뢰성과 공정성이 손상될 수 있다.

둘째, 고위공무원의 통합관리로 소속기관장의 인사권이 일부 제약되어 적재적소 배치가 오히려 곤란해질 수 있다. 또 인기 있는 부처에만 지망자가 집중되는 문제가 발생할 수 있다.

셋째, 고위공무원 성과의 측정 · 평가가 쉽지 않으며, 그 공정성과 객관성이 확보되지 않을 경우 고위공무원의 사기를 저하시키고 역량 발휘를 저해할 수 있다.

넷째, 고위공무원의 보수 수준이 민간수준에 비해 낮고 계약기간도 짧아 직위를 민간에 개방하더라도, 실제 우수한 민간 전문가를 영입할 가능성이 낮다. 그리고 민간의 전문가들은 정부에서의 근무 경험이 적어 채용 후에 공직 적응의 문제를 보일 수 있다.

다섯째, 명시적 제도에 더하여 뿌리깊은 공직 문화 및 의식의 변화가 동반되지 않으면 고위공무원단은 성공하기 어렵다.

Ⅳ. 한국의 고위공무원단 제도

1 대상자 ('고위공무원'의 범위)

대상자는 '직무의 곤란성과 책임도가 높은' 고위직 공무원이다. 구체적으로 보면 ① 정부조직법상 중앙행정기관의 실 · 국장 및 이에 상당하는 보좌기관, ② 행정부 각급 기관(감사원은 제외)의 직위 중 실 · 국장 및 이에 상당하는 보좌기관, ③ 지방자치법 및 지방교육자치에 관한 법률에 따라 국가공무원으로 보하는 지방자치단체 및 지방교육행정기관의 실 · 국장 및 이에 상당하는 보좌기관(부시장, 부지사, 기획관리실장 등), ④ 그 밖에 다른 법령(예. 외무공무원법 제2조의 외무공무원)에서 고위공무원단에 속하는 공무원으로 임용할 수 있도록 정한 직위가 고위공무원단에 포함된다. 이 때 그 직위에 재직 중인 공무원 뿐 아니라 파견 · 휴직으로 인사 관리되는 공무원도 이에 해당한다(국가공무원법 제 2조의 2).

다만, 입법부, 사법부, 헌법재판소 등 헌법상 독립기관 소속 공무원은 그 대상에서 제외된다. 또 '특정직' 공무원 중 군인, 경찰, 검찰, 국정원 등도 업무의 성격 및 계급적 위계질서에 토대하고 있다는 본질에 비추어 볼 때 고위공무원단 구성에서 배제된다.

2 충원

세 가지 방식으로 이루어진다. 첫째, 고위공무원단 직위 총수의 20%는 공직은 물론 민간인도 응모하는 소위 '개방형 직위'이다. 둘째, 30%는 타 부처 공무원도 응모하는 '공모직위'이다. 셋째, 50%는 부처 장관이 부처 내 공무원을 재량적으로 충원할 수 있는 자율 직위이다(개방형 직위 및 공모직위의 운영 등에 관한 규정 제3조 · 제13조). 요컨대, 약 절반 정도의 인원은 소속에 관계없이 외부(민간 및 타 부처) 인재로, 또 나머지 절반 정도는 부처 내부에서 충원된다.

기존의 실·국장급 재직자는 고위공무원단에 모두 편입된다. 충원방식은 신규 채용, 승진 또는 전보 방식으로 이루어진다. 고위공무원단 후보자가 되려면 후보자 교육과정을 거쳐서 교육 이수 및 역량 평가를 거쳐야 한다(국가공무원법 2조의 2, 2항 및 3항). 이를 심사하는 기관이 '고위공무원임용심사위원회'이다.

3 관리

1) 계급 파괴와 직무등급에 의한 관리

고위공무원단 소속 공무원은, 1~3급(관리관, 이사관, 부이사관)의 계급 구분을 폐지한다. 이것은 계급제적 인사제도에서 중대한 예외이다. 국가공무원법(제4조제1항)은 "일반직 공무원을 1급에서 9급으로 구분한다"고 규정하여 9대 계급제를 토대로 하지만, 고위공무원에 속하는 공무원은 이에 포함시키지 않는다고 단서를 달고 있다.

그러므로 고위공무원은 계급이 아니라 이제 '직무 등급'을 기준으로 관리된다. 직무 등급은 직무의 가치(직무값)에 따라 5등급으로 구분되며, 보수도 이 직무 등급 및 성과 평가 결과에 따라 좌우된다.

2) 성과계약 등에 의한 평가 및 적격심사

고위공무원은 개인의 성과목표·평가지표에 관하여 소속기관장과 계약을 체결한다. 그에 대한 근무성적 평정은 개인의 성과목표의 달성도 및 부서 단위의 운영성과, 직무수행과 관련된 자질이나 능력에 따라 종합적으로 평가받는다.

매년 5개 등급(매우 우수, 우수, 보통, 미흡, 매우 미흡)으로 평가한다. 최하위등급을 총 2년 이상 받거나, 1년 이상 받고 정당한 이유 없이 무보직기간이 6개월 이상인 경우 적격심사를 받아야 한다. 또 무보직기간이 총 1년에 이르거나, 조건부 적격자가 교육훈련·연구과제를 이행하지 아니한 때에도 적격심사의 대상이 된다. 적격심사를 요구받은 이러한 고위공무원은 직위 해제될 수있다(국가공무원법 70조의2, 제73조의3).

3) 적격심사

적격심사는 고위공무원으로서의 적합성 여부의 심사이며, 성과와 책임을 강화하는데 목적이 있다. 고위공무원임용심사위원회가 적격심사를 주관하며, 과거에는 정기심사와 수시심사가 있었으나 현재에는 다 상시심사 제도로 바뀌었다. 적격심사는 고위공무원의 근무성적, 능력 및 자질의 평정에 따르며, 심사결과 '적격, 조건부 적격, 부적격'을 결정한다. 여기에서 부적격 결정을 받은 고위공무원은 직권면직할 수 있으며, 이에 대해 불복하는 경우 소청심사를 청구할 수 있다.

4) 신분보장

고위공무원단 소속 일반직공무원도 일반직공무원과 동일한 수준의 정년 및 신분보장제도의 적용을 받는다. 다만 직무등급이 가장 높은 등급(가급)의 직위에 임용된 고위공무원은 예외이다. 별정직 고위공무원은 별정직공무원 인사규정에 따르되, 근무성적평정에서 최하위 등급의 평점을 총 2년 이상 받으면 직권면직이 가능하다(김렬, 2014).

5) 보수체계: 성과와 보수의 연계성 강화

고위공무원단의 보수체계는 아래 표처럼 직무성과급적 연봉제를 원칙으로 한다.

고위공무원 보수 = 연봉+연봉외 급여 = (기본연봉+성과연봉)+연봉외 급여 = [(기준급+직무급)+성과연봉]+연봉외 급여

여기서 기본연봉은 기준급(개인의 경력 및 누적 성과 반영)과 직무급(직무등급 반영)을 합한 연간금액이며, 성과연봉은 전년도 성과평가 결과에 따라 등급별로 차등지급된다. 연봉외 급여는 고위공무원의 복리후생을 위한 가족수당, 자녀학비보조수당, 직급보조비, 정액급식비 등이 포함된다.

6) 교육 훈련

중앙부처 과장급을 대상으로 현업 병행 방식의 고위공무원단 「후보자교육과정」을 운영하여 관리직의 핵심 역량을 집중개발하고 있다. 고위공무원이 갖추어야 할 필수 역량에 대한 '역량평가제' 실시로 고위공무원단 진입 전 능력과 자질을 검증하고 있다. 고위공무원에게 적용되는 9개 역량은 의사소통, 고객지향, 비전제시, 조정 · 통합, 결과지향, 혁신주도, 전문가의식, 문제 인식 · 이해, 전략적 사고 등이다. 여기서 '역량'이란, 조직의 목표 달성과 연계하여 직무수행 성과를 보인 공무원의 차별화된 행동 특성과 태도를 의미한다. 기존의 '능력' 개념이 개인이 보유한 자질에 초점을 둔 것임에 비하여, 역량은 조직의 성과 창출을 위한 자질에 초점을 둔 것이다.

7) 부처 장관과 고위공무원의 관계

각 부처의 장관은 그 소속에 상관없이 고위공무원단에 속하는 모든 공무원을 대상으로 하여 임용을 제청한다(국가공무원법 32조). 그러나 일단 각 부처에 배치를 받은 고위공무원은 소속 장관의 인사 관리(교육 훈련, 내부전보, 성과관리, 징계)를 받는다. 초과인원의 관리 및 부처 간의 협의 조정 업무는 인사혁신처가 담당한다.

4 기존 계급제와의 비교

기존의 계급제와 고위공무원단 제도를 총괄적으로 대비하면 다음과 같다.

구분	연공서열식 계급제도	고위공무원단 제도
인사 기준	계급	직무
충　　원	폐쇄적 임용	민간개방, 내부경쟁
성과 관리	형식적인 성과 관리	직무 성과 계약제
보　　수	계급제적 연봉제	직무 성과급제
공무원 역량평가	역량에 대한 추상적 평가	역량에 대한 객관적 평가제
교육 훈련	획일적 교육 훈련	맞춤식 교육
인사 심사	1~3급 승진 시마다 중앙인사행정기관의 인사 심사	고위공무원단 진입 시에만 심사
신분 관리	온정적 신분 보장	합리적 신분 보장

Ⅴ. 문제점과 발전방향

1 문제점

고위공무원단제도가 도입됨으로써 고위공직자는 이제 자신의 능력에 따라 직무평가를 통해 보직을 부여받게 되었다. 이에 따라 기존의 연공서열식 승진제는 완전히 없어지게 되었다. 따라서 능력있는 공무원은 직급에 관계없이('직급 파괴') 타 부처로 영입될 수도 있고, 차등적인 보수를 받을 수 있게 되었다. 그러나 다음과 같은 문제점도 예상된다.

1) 엽관주의의 부활 수단

가장 근본적 우려는 정치적 임용이다. 미국의 경우 SES 제도의 실시 과정에서 대통령선거를 통해 정권이 바뀔 때마다 당파적인 인물이 고위직에 대거 유입됨에 따라 국가 정책의 연속성을 해치고, 지나치게 공무원 조직이 정치화되는 문제가 나타났었다. 한국의 경우 미국과는 달리 엽관제에 의한 외부유입 비율을 책정해 두지 않았기 때문에 당파적인 인물이 고위공무원단에 유입될 우려는 상대적으로 적다.

그러나 한국도 인사권자가 정치적 노선을 중시하여 고위공직자를 임명할 경우, 실적주의 및 직업공무원제도를 손상시킬 수 있다. 실제로 이 제도가 2006년에 처음 실시된 이후부터 청와대 비서실 출신의 임용이 현저했다는 문제점을 보였다. 정치적 임용이 남용되면 엽관주의의 정당화 수단으로 퇴색될 수 있다.

2) 부처간 장벽

고위공무원단 직위를 외부에 개방하거나 정부 내부 공모를 통해 충원하였을 경우, 해당 부처 내부의 공무원에 비해 관련 업무의 이해도가 낮고 전문성이 부족한 경우가 있다. 또한 부처할거주의의 문화가 잔존하여 우수 인력을 다른 부처로 보내지 않거나, 임용과정에서 부처간 힘겨루기가 발생하기도 한다. 또 민간인 및 타부처 공직자가 새로 임용된 이후에, 새 부처에 필요한 적응훈련시스템도 부족하다.

3) 부처 장관의 인사권 제한 문제

고위공무원제도에서는 우수한 고위직이 더 능력을 발휘할 타부처로 갈 수 있게 하는 것이 중요한 제도적 이익이다. 부처의 장관이 국장급의 직원에 대한 인사권은 이 제도 하에서는 절반 정도만 행사할 수 있기 때문에 소속 부처 통솔력이 약해질 우려가 있다. 비록 나머지 절반 가량의 직위에 대해서는 여전히 인사권을 행사할 수 있지만, 타 부처로 이전할 가능성이 가진 고위직 공무원에 대해서는 이러한 우려가 있다.

4) 성과관리 체계 문제

성과 평가 제도가 명확히 확립되지 못할 경우 직무성과계약 및 성과연봉제를 시도하는 것 자체가 문제가 된다. 일반적으로 공공부문이 달성하려고 하는 목표인 공익의 개념 자체가 불명확하며 특히 고위직 경우 그 성과목표가 추상적인 경우가 많다.

따라서 실제로는 평가가 형식화되는 우려가 있으며, 이 우려 때문에 성과급의 비중이 낮기 때문에 유효한 성과유인책(incentive)이 되지 못한다. 또 보수체계가 조직과 업무의 특성을 충분히 반영하지 못하는 것도 문제이다.

2 발전 방향

1) 전문성 제고

고위공무원의 전문성을 제고하는 제도가 필요하다. 그런 점에서 보면 고위공무원단 진입에 필요한 요건을 강화하는 현재의 방향은 바람직하다. 단기적으로는, 임용된 고위공무원의 임기를 2년 정도 보장하고 그 동안 성과보다 업무에 몰입하여 전문성을 높이게 할 수 있다. 그러나 이는 성과 평가제를 도입하려는 이 제도의 본질과 상충할 우려도 있다.

2) 성과관리 체계의 합리화

성과관리체계를 보완하기 위한 노력이 지속되어야 한다. 첫째, 객관적, 공정한 성과지표 및 측정방법이 발굴되어야 하며, 개인 목표관리와 부서업무평가, 정부업무평가가 유기적으로 연계되어야 한다. 둘째, 성과연봉제가 유효한 유인책이 되려면 기본연봉은 고위공무원의 경력 및 역량에 따라 차등지급하되, 업무의 난이도 및 중요도에 따라 직무등급을 더 세분화함이 필요하다. 넷째, 성과관리체제가 잘 확립되면 성과급의 비중도 더 높일 필요가 있다. 다섯째, 특히 외부 전문가들을 유입시키기 위해서는 민간임금과의 격차를 줄이고, 보수의 현실화가 필요하다.

3) 역량관리체계상 발전방안

고위공무원단으로 임용된 이후, 단기 교육과정 및 수시 멘토링 프로그램이 마련되어야 한다. 또한 자발적으로 교육훈련에 참여할 수 있도록 보상체계 및 강제책을 수립하는 것도 검토해 볼 수 있다.

4) 전문성 제고

궁극적으로는, 정치적 임용을 제어하고, 성과관리의 합리성·공정성·투명성을 강화하며, 장기적으로는 부처할거주의, 연공서열식 행정문화의 개혁이 수반되어야 한다.

논평

고위공무원단 제도는 고위직의 직급 파괴, 고위직 인사의 유연성을 확보하여 기존의 계급제적 구조를 획기적으로 변경하는 제도이다. 이 제도의 성패 여부는 얼마나 정치적 임용의 정당화 수단으로 악용되는가, 아니면 제도의 본래적 취지를 구현하는가에 달려 있다. 이 주제는 현실적 운용 모습을 얼마나 잘 이해하는가가 초점이 된다. 고위공무원단 성과평가가 제대로 이루어져야 하는데, 만약 성과평가제도가 관대화되면 고위공무원 제도의 직무평가는 유명무실하게 될 것이다. 과거 논란이 되었던 평가의 관대화 경향은 최근 크게 개선되었으니 이 점을 과다 지적할 필요는 없고, 현재 개선할 점들을 잘 이해해야 한다.

ㅣ새 테마 행정학ㅣ

22. 정치적 임명

Ⅰ. 정치적 임명의 의의

1 정치적 임명의 의의

정치적 임명(political appointment)이란 국가마다 국가권력구조에 따라 차이가 있지만 대체로 대통령, 내각총리, 혹은 장관이 국정을 수행하는데 필요한 중요한 핵심직위에 필요한 인력을 일반 직업공무원의 경우와는 달리 공개경쟁을 거치지 않고 국정책임자의 선호에 따라 정치적 요소의 고려에 의해 임명하는 것을 말한다.

이는 나라마다 역사와 법체계 및 인사 관행 등 여러 가지 제도적 차이 때문에 일괄적으로 말하기가 곤란하나, 임명권자가 누구인가에 따라 대통령 임명(presidential appointment), 총리 임명(prime ministerial appointment), 장관 임명(ministerial appointment) 등으로 불리는 것들은 대체로 이 정치적 임명에 해당된다.

영국과 같은 입헌군주제국가에서는 고위직의 임명은 외견상으로는 국왕이 행사하지만 실질적인 권한은 내각 총리가 행사한다. 미국의 경우에는 대통령이 임명하는 직위, 대통령이 지명한 후에 상원의 인준을 받아서 임명하는 직위, 기관장(장관 등)이 일부 비경력직 고위공무원이나 정책보좌진을 대상으로 임명하는 직위 등이 이에 해당된다. 그런데 이러한 정치적 임명의 근간이 되는 것은 정치적 정실(political patronage)이나 엽관제(spoils system)라고 할 수 있다.

2 정치적 임명에 대한 오해

대통령이 대통령실의 막료(비서실장, 수석비서관, 보좌관, 비서관 등)나 각 부처의 장관·차관 등 국가 핵심요직에 특정인을 임명할 때 국민들이나 여론의 관심은 매우 높다. 특히 내각을 처음 구성하거나 개각할 경우의 정치적 임명에 대하여 대통령이 여론으로부터 긍정적인 반응을 얻는 경우가 쉽지 않을 정도로 정치적 임명에 대한 국민적 시각은 매우 엄격한 편이다.

그러한 상황으로 이르게 된 주요한 원인에는 과거의 권위주의 정부에 대한 부정적 인식과 그간 누적된 정부불신과 정부실패에 따른 실망감, 그리고 임명된 인사들의 자질이나 검증상 결함의 경험, 또 야당의 권한강화 등이 있다.

본래 정치적 임명은 한국에서만 실시하는 것이 아니라 모든 국가에서 실시하고 있는 인사제도이다. 그러나 우리나라에서는 일부 정치적 임명 사례에서 경험했던 실망과 냉소적 시각 등으로 인하여 정치적 임명제도 자체가 부정적으로 비쳐진 면이 있다. 이에 따라 이 제도 발전에 대한 공론도 활성화되지 못하고 있다. 엽관제에 대한 비판이 많지만, 엽관제는 사라진 것이 아니고 아직도 정도의 차이는 있지만, 정치적 임명의 형식으로 대부분의 국가에 일정부분 남아 있으며 그것은 오히려 자연스러운 것임을 이해해야 한다.

Ⅱ. 주요 외국 사례

정치적 임명은 대통령제를 채택하고 있느냐 아니면 내각책임제를 택하고 있느냐에 따라 그 양상이 사뭇 다르다. 대통령제 국가에서의 정치적 임명의 외국 사례를 미국과 영국을 통해 검토해보자.

1 미국 사례

미국은 건국 초기부터 대통령이 선거에서 공약한 정책 등을 적극적으로 추진할 수 있도록 하기 위해서 각 부처의 중심 직위에 대통령이 신임하는 인물을 정치적으로 임명하는 것이 가능하였으며, 정치적 임명은 당초부터 대통령제의 기본구조 속에 내포되어 있었다.

양대 정당제(민주당, 공화당) 가운데 의회의 다수당이 대통령의 반대정당이 될 수 있기 때문에 정치적 임명은 대통령이 행정부를 리드해 가기 위해 불가결한 제도라고 여겨져 왔다. 또한 국왕의 관료제 전통이 있었던 유럽의 주요국가와 달리, 미국의 건국 초기 연방정부는 물론 주정부에도 직업공무원제 전통이 확립되지 않았던 것도 미국의 특징이다.

이런 맥락으로 정치적 임명 관행은 연방정부뿐만 아니라 주정부 등 지방정부에도 아직 상당히 남아 있다. 대통령 정책과제(presidential agenda)의 추진을 위해 백악관은 물론 행정부처의 최고위직 등에 지지 세력을 등용하는 제도를 오래전부터 활용하고 있다. 그 특징으로는 백악관은 물론 각 부처의 차관보급 이상이 정치적 임명 대상이 됨과 동시에, 비록 한정적이기는 하지만 정치적 임명의 범위가 고위공무원에게까지 이른다.

정치적 임명의 대상직은 다음과 같이 나눌 수 있다: (1) 대통령이 임명하지만 상원의 인준을 필요로 하는 직위(각 부처의 차관보/Assistant Secretary 이상, 독립위원회 위원, 대사 등). (2) 대통령이 임명하지만 상원인준이 필요 없는 직위. (3) 고위공무원(Senior Executive Service: SES) 중의 비(非)경력직공무원도 정치적 임명직에 속하며 그 수의 상한선은 법률로 고위공무원 총 수의 10%로 되어 있다. (4) 일반직 정치 임용자(고관과의 신임관계를 바탕으로 한 비서나 정책추진을 지원하는 직무를 수행하는 GS-15이하 등급에 해당하는 스케줄 씨/Schedule C 공직임용자) 등도 해당된다. (5) 그리고 백악관 직원(보좌관과 부보좌관은 대통령이 임명하지만 그 이하는 위임) 등이 해당된다. 정치적 임명과 관련된 주요 직위에 대한 정보는 대통령선거에 맞춰 4년마다 의회가 발행하는 플럼 북(Plum Book)이라는 책자 등에 나타나 있다.

정치적 임명은 백악관의 대통령 인사실(Office of Presidential Personnel)에서 관리하며 대통령 인사와 관련된 일부 사항은 백악관의 홈페이지 등에도 간략하게 나와 있다. 예를 들어 온라인이나 오프라인으로 공직후보자가 자신의 공직지원서를 보낼 수 있도록 소개하고 있다. 백악관 인사실의 책임자는 대통령인사보좌관(Assistant to the President for Presidential Personnel : 한국의 청와대 인사수석과 비슷한 역할)이며 그 아래에는 5-6명의 특별보좌관(Special Assistant to the President for Presidential Personnel : 역할은 한국의 비서관급과 유사)이 있으며, 한국처럼 부처 성격별로 인사 업무를 나누어 관리하고 있다.

각 부처의 고위직에 대해서는 의회의 엄격한 검증이 뒤따르는 것 등이 특징이다. 의회에서 인준을 받아야 하는 경우에는 비교적 오랜 기간 상원에서 인준 청문회를 거치는 등 엄격한 검증과정을 거친다. 하지만 백악관 참모의 경우에는 의회의 동의를 필요로 하지 않기 때문에 대통령의 선호(pleasure of the president)에 따라 비교적 쉽게 임명되고 있는 것도 특징 중의 하나이다.

2 영국 사례

보수당과 노동당 등 양대 정당제 하의 영국의 행정은 다수의 여당의원이 행정부의 장·차관 등에 취임하여 운영하는 체제이다. 직업공무원은 전문성과 정치적인 중립성을 기반으로 정권의 일반 실무를 보좌하는 역할을 한다. 입헌군주제 하의 영국에서는 정당정치에 의한 의회주권이 오랜 역사를 거쳐 확립되어 의원내각제 하의 노동당과 보수당 2대 정당에 의한 정권교체가 비교적 빈번하게 이루어지고 있다. 하원의 제1당의 당수가 국왕에 의해 총리로 임명되며 각료 회의에 출석할 수 있는 각내(閣內)장관(Cabinet Ministers에 해당하는 Secretary of State 등)

은 총리의 추천으로 국왕이 임명한다. 각내장관 다음으로는 장관의 정책운영을 보좌할 부장관격의 각외(閣外)장관(Minister of State)과 정무차관(Parliamentary Under Secretary이지만 때때로 Parliamentary Secretary라고 줄여 부르기도 함)이 있다. 또한 장관은 정무비서관(Parliamentary Private Secretary)을 초재선 여당의원에서 임명하기도 한다. 따라서 각내장관 이하 여당의원이 행정부에서 참여하고 있는 숫자는 100여명 이상이다

영국에서 정치적 임명(political appointment)이라는 말은 직업공무원 임명(civil servant appointment)에 대치되는 개념으로 종종 사용된다. 다시 말하면 정치적 임명은 직업공무원제와 대별된다. 정치적 임명이란 총리(혹은 각내장관)가 일반 공무원에게 적용되는 공개경쟁 인사원칙에 의하지 않고 정치적으로 총리(혹은 각내장관)의 뜻에 따라 인재를 임명하는 것을 말한다. 장·차관 등은 기본적으로 여당의원 중에서 선임하게 되므로 이는 통상 정치적인 고려를 통하여 이루어지고 오랜 관행을 통해 답습된 것이라 분명한 원칙이나 문서화된 자료가 없다.

그런데 정치적 임명과 관련하여 영국사례 중 특이한 것은 각 장관이 원칙적으로 2명까지(필요한 경우에 그 이유를 공개한 후 초과하여 특별고문을 채용할 수 있으므로 부처에 따라 실제 숫자는 약간씩 다름) '특별고문'(Special Advisers)을 정치적으로 임명하여 정치적인 보좌와 지원을 얻을 수 있다는 점이다. 장관, 부장관, 정무차관은 여당의원이 겸직하므로 국회의원이 아닌 사람이 국정에 직접 참여할 수 있는 것은 특별고문제도이다.

그리고 일본도 영국 등과 마찬가지로 국회의원들의 행정부 진출이 커다란 특징 중의 하나이다. 일본의 경우에 내각총리대신에 의해서 선임된 각 대신이나 장관은 각 부처의 업무를 통괄하는 동시에 직원들의 복무를 감독한다. 2001년에 영국의 사례를 참조하여 각 대신이나 장관 아래에 부(副)대신/부장관과 정무관(대신정무관 혹은 장관정무관) 등을 두어 과거보다 여당 국회의원이 참여하는 숫자를 더 확대한 셈이다. 국회의원 중에서 여당 소속의 많은 국회의원들이 중앙성청의 장관/대신, 부대신/부장관, 정무관 등으로 참여하고 있다. 사무차관 이하 각 부서에서 행정사무를 담당하는 자는 일반 국가공무원으로 되어있다.

Ⅲ. 한국의 정치적 임명의 문제점

정치적 임명을 제도적으로 많이 보완한 것은 노무현 정부 때이다. 그러나 제도 구축만으로 좋은 평가를 받을 수 있는 것이 아니다. 그 후 한국의 정치적 임용에 대해서는 늘 시시비비가 많았다. 한국에서의 정무·고위직 인사의 주요 문제점을 지적하자면 여러 가지가 있겠으나 몇 가지 중요 사항을 지적하면 다음과 같다.

1 인사 기능에 대한 인식 부족

인사에 대한 잘못된 인식(즉, 인사는 아무나 하면 되는 것쯤으로 치부하는 인식 등)이 정무・고위직 인사문제를 악화시킨 한 요인이다. 특히 우리나라는 대부분의 정부기관에서 인사는 총무(혹은 일본식의 '官房')의 한 부분으로 인식하여 왔고, 인사는 집사(執事)와 비슷한 측근이 적당히 귀띔하여 장이 임명하면 되는 것쯤으로 인식하여 인사 기능이 잡다한 총무 기능과 혼재되어 있는 경우가 일반적이었다. 이러한 잔재는 대부분의 부처는 물론 여러 하위 행정기관에 존재했다. 인사를 제도적으로 전문화시켜 운용하지 못하고 개인적인 판단에 의존하는 경우가 많았으며, 특히 정무・고위직의 경우에는 대통령의 개인적 판단이나 가신의 추천 등에 의존하는 경우가 많았다. 요컨대, 인사를 할 때 전문 인사조직보다는 측근이나 정보 라인에 더 많이 의존해왔다.

2 인재 풀 활용의 불충분

정무・고위직 임명을 할 때 인재 풀(pool)을 폭넓게 활용하지 못했다. 국가인재자료 등을 효율적으로 관리하여 우수한 인재를 등용해야 하나, 체계적인 인사절차나 제도에 의존하여 인정받을 만한 우수인재를 발탁하기 보다는 권력자 주변 인사를 주로 등용함으로 인하여 낙하산 인사나 회전문 인사라는 비판을 받게 되었다.

정무・고위직 인사를 하면서 우수한 인재를 널리 그리고 적극적으로 구하지 못하고 주변 인물들을 중심으로 소극적으로 구하다보니 인사를 그르치는 경우가 많았다. 정부산하기관의 경우에도 퇴임하는 정치인이나 관료들을 낙하산식으로 임명하는 경우가 많았다.

그리고 적재적소의 인사가 되기 위해서는 직무의 내용에 걸맞은 인재를 폭넓게 그리고 적극적으로 물색하며 평가할 수 있는 체제가 되어야 한다. 각종 연고주의에 기인한 인사 관행으로 인하여 중앙정부의 요직은 물론 정부산하단체 등에 이르기까지 특정지역 인사 편중 현상이 나타나고 있다는 비판이 많았다. 실제로 과거 정부의 경우에 대통령의 가족이나 권력실세들을 통해 이러한 상황이 발생하곤 하였다.

3 인사 보좌조직의 미비

정치적 임명을 제대로 수행하기 위해서는 인사보좌 조직이 제대로 갖추어져 있어야 가능한데도 불구하고 노무현정부 이전까지는 이러한 조직이 매우 부실하였다. 노무현정부 이전에는 정무・고위직 인사를 전문으로 담당하는 인사보좌 조직은 없었고, 공직기강비서관실 등에서 그 업무를 부분적으로 담당하였다. 하지만 그 기관 역시 여러 부처(기관)에서 파견된 직원들로 구성되어 있어 비교적 장기간 인사업무를 전담하는 인사 전문가는 적었다. 이와 같은 상황에서는 인재추천에서부터 검증이나 내사과정에 이르기까지의 일체의 인사업무가 제한적일 수밖에 없었다.

노무현정부부터 인재추천과 인재검증을 분리하고 정치적 임명과 관련한 인사기능을 제도화하기 위해 인사수석비서관실(정권초기에는 인사보좌관실로 출발하였으나 후에 인사수석비서관실로 개편)을 신설하였는데 이것은 제도적 발전이라 할 수 있다. 그 후 이명박 정부에서는 인사수석실이 폐지되고, 대통령실장실 소속의 인사비서관만 두어 인사보좌기능이 상대적으로 약화되었다. 박근혜 정부 때는 인사수석비서관이 보임되었으나 인사보좌기능이 충분하지 못하여 정치적 임명에 자주 실패했다는 비판을 받았다.

4 시간 부족

정무 · 고위직 후보자를 물색하는 것과 배경 조사를 하는 과정이 거의 동시다발적으로 이루어지다 보니 조사 기관이 시간적으로 매우 압박감을 느끼게 되며 이로 인해 배경 조사가 제대로 이루어지지 못하였다. 또한 급히 진행되다보니 철저한 배경 조사와 인물 검증이 제대로 이루어지지 못하였다. 특히 초기 단계에는 본인이 공직후보자로 거론되는지도 모르는 가운데 인물검증 절차가 진행되는 경우가 많았다. 이런 상황 하에서는 공직후보자는 자신의 배경을 사전에 정확하게 진술할 수 있는 기회를 충분히 갖지 못했고, 검증 기관도 시간에 쫓기며 충분한 검증을 하기 어려워 나중에 부적합성이 드러나 해당 공직자가 물러나는 사건이 발생하기도 하였다. 따라서 배경 검증을 충분한 시간을 갖고 하는 것이 필요하다.

Ⅳ. 한국의 정치적 임명의 발전 방향

1 정치적 임명 제도의 가치 인식

대통령제를 채택한 국가이건 내각제를 채택한 국가이건 간에 국정최고책임자의 참모와 장차관 등 주요 직위에는 그의 정책을 잘 이해하는 지지세력을 배치하고자 하는 것이 일반적인 경향이다. 정도의 차이는 있지만 모든 나라에서 정치적 임명은 존재한다. 정치적 임명의 범위를 보다 분명히 해야 한다거나 아니면 그 대상범위를 적절하게 규제해야 한다는 등의 논의는 필요한 것이나 정치적 임명 제도 자체를 부인해서는 안 된다. 행정책임자에게 이러한 임명을 할 수 있는 권한은 앞으로도 부여되어야 한다.

3 인사 보좌조직의 완비

미국의 경우에 정치안정, 균형적 양당체제, 상대적으로 강한 의회 등으로 인하여 정치적 임명 과정에 상원이 인준청문회를 통해 정치적 인사 과정의 여과 및 견제기능을 담당하고 있어 인사로 인한 스캔들이 상당히 걸러지고 있다. 그런 맥락에서 우리나라에서도 국무위원을 대상으로 인사청문회제도를 도입하게 되었다.

미국과 같은 대통령제 국가에서는 대통령이 국회의원 신분이 아닌 일반인들 중에서 대통령선거 기여자나 특정분야 전문가 등을 주요 핵심직위에 임명하기 때문에 그들을 발굴하고 선발하는 것이 쉬운 일이 아니므로 대통령의 인사를 지원하는 기관이 비교적 잘 발달되어 있다. 백악관의 인사실은 대통령제 국가의 대통령인사지원조직의 모델이 될 수 있을 만큼 전문화되어 있다고 볼 수 있다. 우리나라도 대통령들은 이러한 인사 보좌조직을 제대로 정착시켜 나가야 한다.

3 광범위한 인사 풀의 활용

정치적 임명을 위한 인사체제는 일단 갖추어졌지만, 우수인재 발굴과 철저한 인재검증이 주요한 개선과제로 남아 있다. 좁은 풀에서 선택(selection)하기보다는 폭넓게 두루 찾아나서는 물색(search)이 필요하다. 따라서 앞으로 청와대 인사수석실의 인재물색 기능을 강화하면서 전략적인 승계 기획(strategic succession planning) 등을 보다 체계적으로 활용할 필요가 있다.

4 정치적 임명에 대한 검증 절차 보완

영국과 일본의 경우에 장·차관으로 입각하는 국회의원은 국회의원선거를 통하여 이미 검증을 받았다고 보는 시각 등이 있다. 그러므로 장·차관 등의 임명과 관련하여 민·형사상의 법률적인 과오나 윤리적인 문제가 제기되지 않는 한 입각하는 여당의원의 배경 검증에 대한 여론의 감시나 일반국민들의 관심은 상대적으로 약한 편이다.

한편 미국의 정치적 인사와 관련해서 특징적인 것 중의 하나는 대통령 참모와 각 부처의 인사는 커다란 차이를 보여주고 있다는 점이다. 미국의 경우에 대통령의 참모는 대통령의 선호(pleasure of the President)에 의해서 선택되어도 범죄행위나 윤리적 문제가 없는 이상 인사내용에 대하여 여론 등에서 커다란 논란거리로 삼지 않고 있다. 그러나 각 부처의 장관, 차관, 차관보 등에 대해서는 매우 까다로운 절차를 두고 있는데 그것이 다름 아닌 상원의 인준 절차이다. 물론 이러한 절차는 크게 보면 행정부 특히 대통령의 권력에 대한 입법부의 견제 차원이라 할 수 있는데 상원인준절차는 수개월이 걸릴 정도로 검증 기간이 비교적 길다. 이 과정에서 개인적 문제(법률적 문제, 재정금융상의 문제, 이해갈등의 문제, 건강, 평판 등)는 말할 것도 없거니와 정치적 성향(이념, 정책 등)에 이르기까지 심도 있는 검증절차를 거치게 된다. 우리나라의 국무위원도 국회에서 인사청문회를 거치게 된다. 그러나 우리나라의 인사청문회는 아직도 많은 문제점을 가지고 있으므로 보다 합리적인 방향을 제도개선을 해야 할 것이다(김판석, 2003).

논평

특히 최근 박근혜 정부에서 고위직의 정치적 임용의 실패가 두드러졌다. 그것은 주로 사전 검증 부족이란 점에서 문제가 되었다. 인사수석비서관이 조직상으로는 부활되었으나 그 기능이 약화되었다는 논란이 일었다. 최근 사례를 인용함이 바람직하며, 외국의 제도를 풍부하게 언급하면서 우리나라 정치적 임명의 발전 방향을 제시해야 한다. 인사행정의 처음 주제였던 엽관주의 및 앤드류 잭슨을 다시 읽어보라. 그리고 김판석(2003)을 참조하라. 고위 정무직에 대한 정치적 임명은 임명권자의 고유 권능의 일부라는 본질마저 부인되어서는 안 된다.

ㅣ새 테마 행정학ㅣ

23. 공무원 연금 제도

Ⅰ. 공무원 연금제도의 의의

1 개념

공무원 연금제도(government employees pension program)는 공무원들에 대한 사회보장(사회보험)의 일종이다. 공무원연금은 공무원의 퇴직 또는 사망과 공무로 인한 부상·질병·폐질에 대하여 적절한 급여를 실시함으로써, 공무원 및 그 유족의 생활안정과 복리향상에 기여함을 목적으로 하고 있다(공무원연금법 제1조).

공무원연금하면 주로 퇴직연금을 가장 먼저 연상하게 되지만, 실제로 연금제도는 퇴직급여(퇴직연금 등)는 물론 유족급여(유족연금 등), 재해보상급여(장해급여, 유족보상금, 요양급여 등), 퇴직수당, 부조급여 등을 모두 포함한다.

2 퇴직연금에 대한 학설상 논란

퇴직연금의 성격에 대해 학설상 논란이 있다.

첫째, 공로보상설(gratuity theory)이다. 이는 고용주가 장기근무한 직원의 노고를 위로하고 감사하기 위하여 지급하는 일종의 은전을 말하며 고용주의 입장에서 해석한 시각이다.

둘째, 사회보장설(social security theory)이다. 이는 직원이 정기적으로 받는 보수 그 자체로는 노후생계를 대비하여 저축생활을 하기가 매우 어려우므로 고용주가 직원의 퇴직 후의 생활을 보장하여야 할 의무가 있다는 설이다.

셋째, 보수후불설(deferred wage theory) 혹은 거치보수설이다. 이는 직원보수의 일부가 일정 기간 지급되지 않고 적립되었다가 퇴직 이후에 지급되는 것이라는 해석으로 이는 직원이나 노동조합의 입장에서 해석한 시각이다.

넷째, 위자료설이다. 고용주가 직원의 퇴직이나 직업상의 재해 등에 대하여 위자료의 의미로 지급하는 것이라는 시각 등이다.

연금의 실체적인 성격을 감안할 때, 보수후불설(거치보수설)이 타당하다고 할 수 있다(다수설). 왜냐하면 공무원의 퇴직연금은 공무원의 재직시 보수의 일부를 기여금 형식으로 정부가 적립하여 관리하다가 퇴직 후에 당해인에게 지급하는 것이기 때문이다. 그러나 많은 나라에서 해당 공무원의 기여금 이외에 정부도 일정액의 부담금을 적립해두었다가 지급하는 경우가 많고 독일의 경우에는 공무원연금 전액을 정부가 부담하고 있으므로 보수후불설(거치보수설)이 연금성격을 모두 설명하고 있다고 보기는 어렵다.

그리고 연금의 소요 재원 확보 방법에 관해서도 학설상 논란이 있다. ① 기여제는 기금 조성의 비용을 정부와 공무원이 공동으로 부담하는 제도이다. ② 비기여제는 기금 조성의 비용을 정부에서 단독 부담하는 제도이다. 상호호혜의 원칙에 따라 기여제를 채택하는 경우와 정부 단독으로 비용을 부담하는 경우에 따라 연금에 대한 학설에도 차이가 있을 수밖에 없다.

3 연금 재정

연금제도운영에 필요한 비용의 부담방식에는 기여제(Contributory System)와 비기여제(Non-Contributory System)가 있다. ① 기여제는 연금급여에 소요되는 비용을 사용자(정부)와 연금수혜자(공무원)가 공동으로 부담하는 비용부담방식이고, ② 비기여제는 연금수혜자에게는 비용부담을 시키지 않고 사용자인 정부가 소요비용 전액을 부담하는 비용부담방식이다.

그리고 연금재정의 운용방식에는 적립방식(Funded System)과 부과방식(Pay-As-You-Go)이 있다. ① 적립방식은 장래에 소요될 급여비용의 부담액을 제도가입 기간 동안의 평준화된 보험료로 적립시키도록 계획된 재정방식(한국, 미국 등)이다. ② 부과방식은 일정기간 동안의 급여비용을 동일 기간 내에 조달하도록 계획된 재정방식으로 적립금을 보유하지 않으며 보유하더라도 급여의 일시적 과다지출에 대비한 위험준비금 정도만 보유하게 되는 경우이다(영국, 프랑스 등).

Ⅱ. 한국의 공무원 연금제도

1 공무원 연금제도의 전개

1) 한국

지난 1949년에 국가공무원법을 제정하면서 공무원의 퇴직금과 공무상 재해보상에 관한 법률을 정하여 적절한 연금급여를 실시할 것을 규정하였다. 하지만 건국 초기의 제도준비가 끝나기 전에 한국전쟁을 맞게 되고 국가재정 부족 등 사회경제적인 이유 등으로 인하여 공무원 연금제도가 지연되었다. 그 후 당시의 중앙인사행정기관이던 국무원 사무국에서 공무원연금법을 준비하여 1960년 초에 공포·시행함으로써 국가책임 하에 운영하는 공적연금제도인 공무원연금제도가 자리를 잡게 되었다. 공무원 연금제도는 군인연금법에 의한 군인연금(1963년 시행), 사립학교교직원연금법에 의한 사립학교 교직원연금(1975년 시행), 국민연금제도 등과 같이 모두 사회보험제도의 일종이다. 각각 근거법, 적용 대상, 비용 부담 등에 차이가 있다.

2) 미국과 유럽

미국에서는 1920년대 경에 연방정부에 연금제도가 도입되었다. 실제로 주정부와 지방정부 등에 확산된 것은 사회보장법(Social Security Act of 1935)이 제정된 이후부터이다. 한편, 유럽 등지에서는 1800년대 이후부터 연금제가 법제화되었다.

2 공무원 연금제도의 내용

1) 적용대상과 관리기관

우리나라 공무원연금법의 적용 대상은 상시 공무에 종사하는 공무원들이다. 따라서 국가공무원법 및 지방공무원법에 의한 공무원이 적용 대상이며(장·차관 포함), 군인(군인연금법 적용)과 선거에 의하여 취임하는 공무원(대통령, 국회의원과 지방의회 의원 등)은 제외된다. 즉, 공무원연금 적용대상자는 국가공무원법 및 지방공무원법에 의한 공무원(정규공무원)과 기타 국가 또는 지방자치단체에 근무하는 직원(정규공무원 외의 공무원)을 말한다. 이를테면 청원경찰, 청원산림 보호직원, 위원회 등의 상임위원과 전임 직원으로서 매월 정액의 보수 또는 이에 준하는 급여를 받는 자(한시적 또는 법령에 의하지 아니한 위원회 제외), 기타 정규 공무원 이외의 직원으로서 수행 업무의 계속성과 매월 정액의 보수 지급 여부 등을 참작하여 인사혁신처장이 인정하는 자를 포함한다.

공무원 연금제도는 인사혁신처가 관장하고, 그 집행은 공무원연금관리공단에서 실시하고 있다. 공무원연금관리공단은 공무원이 퇴직, 사망 또는 공무상 질병, 부상, 폐질을 당한 경우에 적절한 급여를 실시함으로써 공무원 및 그 유족의 생활 안정과 복리 향상에 기여하기 위하여 설립되었다. 공무원연금관리공단은 연금관리와 기금사업을 관리한다(http://www.gepr.go.kr 참조).

2) 연금급여의 종류

공무원연금급여는 크게 단기급여와 장기급여로 나누어지는데, 단기급여는 공무상요양비 · 공무상요양일시금 · 재해부조금 · 사망조위금 등 4종이 있고, 장기급여로는 퇴직급여 5종, 장해급여 2종, 유족급여 8종 및 퇴직수당 등 15종이 있다. 공무원연금법에 의하면 단기급여는 공무원의 공무로 인한 질병 · 부상 · 재해와 관련하여 지급하는 것으로서 네 가지의 급여(공무상 요양비, 공무상 요양일시금, 재해부조금, 사망조위금)를 포함한다. 그리고 장기급여는 공무원의 퇴직과 폐질 · 사망에 대하여 지급하는 것으로서 세 가지 범주(퇴직급여, 장해급여, 유족급여)로 분류된 15종의 급여를 포함한다. 연금급여 중에서 가장 중요한 것은 퇴직연금이다. 이것은 공무원이 20년 이상 재직하고 퇴직한 때 받게 되는 것이다. 그리고 또 다른 문제는 공무원 연금 지급 개시 연령이다. 연금재정 고갈과 고령인구 증가 등을 고려할 때, 연금지급을 받는 연령을 뒤로 늦추어야 한다는 주장이 늘어나고 있다.

3) 연금제도의 주요 변화

공무원연금제도는 그간 많은 변화를 겪었다. 여러 가지 변화 중에서 주요한 몇 가지를 간추려 보면 다음과 같다. 출발 초기에는 적용 범위를 국가공무원 및 지방공무원에 군인을 포함하였으나, 1962년에 군인연금법을 제정하기에 앞서 군인을 적용 대상에서 제외하였다(군인연금법은 1963년 1월에 제정). 지난 1967년에는 공무원 및 군인 경력에 대한 재직 기간 합산제도를 실시하였다. 또한 1975년에는 퇴직 · 장해연금 수급자가 정부투자기관 등에 근무하게 되는 경우 연금 지급 정지제도를 신설하였다(종래에는 공무원으로 재임용된 경우에만 지급 정지). 1980년에는 잡급 직원 · 전문직원 등 임시직 공무원을 적용 대상에 포함시켰다. 1982년에는 공무원연금관리공단을 설립하여 공무원에 대한 후생복지사업과 기금 증식사업을 담당하게 하였으며, 이듬해에는 총무처 장관이 관장하던 연금 관계 집행 업무를 공무원연금관리공단으로 이관하였다. 그리고 1986년과 1987년에는 급여 산정의 기초가 되는 보수 월액에 정근수당과 장기근속 수당도 포함하도록 하였고, 1989년에는 직무 수당도 포함하여 산정하도록 하였다.

4) 연금재정의 확보와 관리

공무원 연금제도의 재정방식은 적립방식에 토대를 두고 설계되었다. 즉, 급여 지출 비용의 예상액과 기여금 · 부담금 및 그 예정 운용 수익금의 합계액이 장래에 재정적 균형이 유지되도록 하기 위하여 제도 초기부터 공무원 연금기금을 조성하여 왔다. 공무원연금의 비용부담은 기여제 방식을 채택하여 연금수혜자인 공무원이 지출하는 "기여금"과 국가 또는 지방자치단체가 부담하는 "부담금"으로 구성되어 있다. 공무원연금의 비용부담은 기여제 방식으로 공무원과 국가 또는 지방자치단체가 공동으로 부담하고 있다. 즉, 공무원이 매월 기준소득월액의 6.7%(2012년부터 7.0%)를 기여금으로 납부하고 국가 또는 지방자치단체가 보수예산의 6.7%(2012년부터 7.0%)를 부담금으로 납부하고 있다. 제도 발족 당시 설정하였던 2.3%의 징수료율을 차차 증액하였는데 1970년에는 5.5%로 두배가 되었으며, 2001년에는 8.5%에 달하였다. 다만, 사용자 책임급여인 재해보상급여와 퇴직수당에 소요되는 비용 및 재해부조금과 사망조위금에 소요되는 비용은 국가나 지방자치단체가 전액을 부과방식에 의하여 매년 부담하고 있다.

Ⅲ. 한국 공무원 연금 제도의 평가

1 문제점

공무원 연금제도는 지난 1960년에 공무원연금법을 제정한 후 약 반세기가 경과하였다. 그러나 수입과 지출 불균형 구조가 지속되면서 재정 건정성 문제가 대두되고 있다. 특히 2001년도부터는 연금급여 부족분에 대하여는 사용자(국가 또는 지방자치단체)가 전액 보전하는 형태로 전환할 수밖에 없어 국가재정압박을 가중화시켰다. 2006년에도 8,452억 원의 적자가 발생하여 재정에서 충당했다. 연금급여 지출의 증가와 기금 운용의 부실 및 일시금을 선호하는 경향 등으로 인하여 적자폭은 앞으로도 계속 늘어날 것으로 전망된다.

공무원 연금 재정 적자 발생 원인은 많지만 몇 가지만 지적하면 다음과 같다. 첫째, 1960년에 제도를 도입한 후 연금급여 수준이 지속적으로 향상되어 왔고, 각종 수당(정근수당, 장기근속 수당, 직무수당 등)이 연금 보수 월액에 포함되어 연금액이 상승되었다. 둘째, 장기 근속자 및 연금 수급자가 증가하였고 국민 평균수명 연장으로 연금 수급 기간이 장기화되었다. 셋째, 지속적인 지출 요인 증가에도 불구하고 수입원인 비용 부담률은 장기간 고정되어 왔다. 넷째, 연금기금 총액 증가율이 급격히 둔화되고 있다. 마지막으로 정부와 연금관리공단의 기금관리 부실 즉 관리 부실 현상도 연금재정 적자의 한 원인이 되고 있다.

1) 재원형성 방식

우리의 공무원연금제도는 적립방식(Funded System)에 기초하여 설계되었다. 적립방식은 장래에 소요될 급여비용의 부담액을 연금 가입기간 동안의 평준화된 보험료로 적립시키도록 계획된 재정방식이다. 그러나 연금기금의 고갈이 가속화되면서 지속적으로 개인기여율을 인상하게 되었고(수정된 적립방식), 2001년부터는 급여부족분 전액을 국가가 보전하는 부과방식(Pay-As-You-Go System) 형태로 완전히 전환되었다. 이러한 부과방식에서 정부보전금 규모가 급속도로 증가할 것이 예상되기 때문에, 이러한 정부보전금에 의존하는 형태가 지속가능한 방식인가에 대한 문제가 제기된다.

2) 재원조달 방식

연금재정적자는 내는 것에 비해 많이 받아가는 불균형적인 구조가 장기간 유지된 것이 한 원인이라는 주장이 있다. 이는 과거 정부에서 보수후불설에 기초하여 낮은 보수에 대한 보상 차원에서 연금부담률 인상보다 큰 폭으로 연금급여를 지속적으로 인상해왔기 때문이다. 이에 대해 개인기여율 수준을 높이고, 연금급여율을 낮추자는 연금개혁안이 제시되지만 공무원사회의 정치적 반발 역시 크다.

3) 기금운용의 문제

정부(공무원연금관리공단)의 기금운용에서의 실패가 연금재정적자의 주된 원인이라 보는 입장도 있다. 공무원연금은 2008년 이후 국민연금, 사학연금을 통틀어 가장 낮은 수익률을 보이는데(서울신문. 기금운용 서툴러 공무원연금 부실 부채질. 2013.10.22.), 무리한 주식투자, 저조한 정부예탁 수익률 등 비효율적인 연금기금운용이 현재 연금재정적자의 원인이라는 것이다. 연금기금을 공무원의 후생복지사업(연금회관, 호텔, 임대주택 등)의 운영에 투자하고 있으나, 이러한 시설사업의 효율성과 경쟁력이 낮아 수익률이 저조하다는 점 역시 문제이다.

2 발전 방향

1) 재원형성방식의 개선

정부보전금액 규모를 줄이기 위해 다층구조적인 연금제도를 검토할 필요가 있다. 이는 정부보전금이 지원되는 부과방식의 공무원 연금을 통해서는 기초적인 소득만을 보장하고, 적립방식으로 운영되는 민간부문의 사적연금에서 연금제도의 다른 기능을 수행하자는 것이다.

2) 재원조달방식의 개선

공무원의 기여금 부담수준을 높이는 것은 공무원의 반발을 초래하고 연금제도에 대한 신뢰를 훼손할 수 있다. 연금재정의 안정성을 위해 기여금의 추가적 인상 및 비용부담기간의 연장 등의 조치가 불가피하다면, 이 점을 공무원사회에 설득시키는 정치적 합의가 우선적으로 도출되어야 한다.

3) 기금 운용 방식의 개선

공무원의 후생복지사업은 수익성의 증대에 초점을 두어야 하며, 민간위탁 등 운영효율성을 높이기 위한 새로운 경영방식을 도입하거나 불가피할 경우 사업체를 정리하는 과감한 결단도 필요하다. 기금의 정부예탁은 공공자금의 안정성과 공공성 차원에서 불가피하다 하더라도, 급여 지급 후의 여유 자금은 시장 금리 수준의 수익을 보장받는 조건으로 정부에 예탁하는 것이 바람직할 것이다.

4) 개혁 방식 합의의 필요

박근혜 정부의 공무원 연금 제도 개혁은 공무원 연금이 국민 연금에 비하여 예산 지원이 더 많이 되므로 이를 줄이겠다는 데서 출발했다. 그러나 공무원들은 공무원 연금이 지닌 지닌 후불임금설적 성격을 감안하면 그것은 별도의 특혜가 아니라 공무원이 상대적 보수를 보전하기 위해 형성되어 온 국민과 공무원간의 암묵적 합의라고 본다.

이를 일거에 축소함은 장기간 근무해 온 공무원의 후불 임금을 삭감하는 것이란 점을 들어 공무원의 강력한 저항에 직면해 있다. 따라서 일방적 개혁보다는 적어도 큰 방향에 대한 기본 합의를 먼저 구함이 바람직하다.

5) 점진적 개혁 대안의 운용

단기에 정치적 성과를 보기 위해 공무원을 개혁 대상이나 적으로 간주하여 무리하게 추진하면 공무원 사기 저하 및 저항에 직면한다. 따라서 점진적 개혁이 오히려 현실성이 더 높다. 첫째, 연금 개혁에 대한 공무원 저항을 막느라 공무원 정년을 연장함은 바람직한 것이 아니다. 정년 연장으로 인한 예산 증가가 수반되며 일단 늘린 정년은 줄이기 어려우며 예산 절감 효과를 상쇄하기 때문이다. 둘째, 공무원에게 수용 가능한 개혁이 되려면 일거에 재정 지원을 삭감하기보다는 점진적으로 지원 규모를 축소하는 것이 낫다. 셋째, 근무 기간 장단에 따른 차등적 삭감 등을 함께 검토함이 바람직하다.

논평

박근혜 정부가 임기 중반에 들면서 가장 강력하게 치중하는 것이 공무원 연금 개혁인데 그 본질은 공무원 연금에 대한 재정 지원을 줄이고 연금 수혜액을 줄인다는 것이다. 이 사례에 대한 다음 쟁점을 답해 보라.

1. 공무원 연금에 대한 법적 성격 논쟁을 논증하라.
2. 위 논증에 따라, 정부가 공무원 연금 재원을 보전함이 타당한가?
3. 국민 연금과 공무원 연금에 대한 재정 지원이 차이가 나는 것이 타당한가?
4. 현재 정부측, 여당, 야당 및 공무원단체의 개혁방향의 요지는 각각 무엇인가?
5. 연금 수급액 축소에 대한 보완책으로 공무원 정년을 연장하는 것에 대해 논평하라.
6. 연금 재원 고갈에 대한 실현성있는 처방을 제안해보라.
7. 연금축소가 공직 사기에 주는 영향을 감안하여 공직동기이론(PSM)의 타당성을 논증해보라.

참고문헌

강성철 · 김판석 외(2014). 『새 인사행정론』. 개정 8판. 서울: 대영문화사.

강여진(2004). 『상생적 공무원 노사관계 구축방안』. 서울: 한국행정연구원.

공동성 외(2006). 행정자치부 성과관리제도의 전략관리 분석. 한국행정학회 동계학술대회 발표논문.

권순만 · 김난도(1995). 행정의 조직경제학적 접근: 대리인이론의 행정학적 함의를 중심으로, 『한국행정학보』. 29(1): 77-95.

김경희(2004). 공직분야 여성정책의 현황과 과제: 여성공무원 인사정책 방향을 중심으로, 한국인사행정학회 춘계학술대회 발표논문.

김규정(2002). 『행정학원론』. 법문사.

김 렬(2014). 『인사행정론』. 서울: 박영사.

김상묵(2005). 공공조직의 팀제 운영, 어떻게 볼 것인가? 한국행정학회 KAPA포럼.

김 신(2000). "미국 연방정부의 성과관리체계: GPRA 시행 7년의 성과와 교훈." 한국행정학회 하계학술대회 발표논문.

김영근(1999). 성과급 제도에 관한 공무원의 인지 조사 연구. 『한국사회와 행정연구』. 10(2): 303-317.

김영훈(1996). 예산결정 파라다임의 변화와 새로운 지향. 『연세행정논총』. 21(1): 1-19.

김정해(2006). 역대 대통령비서실의 조직학습과정 특성분석.『한국정책과학학회보』, 10(4): 65-92.

김중앙(2004). 『한국인사행정론』. 서울: 법문사.

김중양 · 김명식(1996), 『주해 국가공무원법』. 언약.

김재기(2002). 『최신인사행정론』. 형설출판사.

김판석(2003). 대통령과 인사: 정무, 고위직 인사혁신. 『한국정치학회보』. 37(2): 385-414.

김판석(2004). 『한국 공무원 인사제도 개혁』. 서울: 집문당.

김판석 · 홍길표(2011). "정부혁신을 둘러싼 쟁점과 새로운 발전방향 모색," 『한국인사행정학회보』 10(3): 23-52.

김호균(2004). 『21세기 성공장관론』. 서울: 나남.

박경효(2014). 『재미있는 행정학』 제 2판. 서울: 윌비스.

박동서(2001). 『인사행정론』. 서울: 법문사.

박천오(1999). 정부 관료제에 대한 불신 원인. 『사회과학논총』(명지대 사회과학연구소). 15: 125-140.

박천오 외(2007). 『현대 인사행정론』. 서울: 법문사.

박천오 · 박경효(2001). 『한국관료제의 이해』. 서울: 법문사

배귀희(2007). 참여정부 인사개혁 성과인식의 결정요인에 대한 연구. 한국행정학회 춘계학술대회 발표논문.

박동서(2004). 『한국행정론』. 5전정판. 서울: 법문사.

박연호(2001). 『인사행정신론』. 서울: 법문사.

박천오(1999). 정부인력관리의 효율화 방향-직업공무원제의 개혁을 중심으로. 『한국인간관계학보』, 4(1): 97-117.

서원석(2006). 한국정부 인사개혁의 평가와 과제. 한국행정학회 동계학술대회 발표논문.

송하중 외(2006). 다산(茶山)의 인사행정개혁에 대한 이해. 한국행정학회 하계학술대회 발표논문.

심재권 외(2007). 근무평정의 공정성수용인식이 하위직 공무원의 혁신적 업무행동에 미치는 영향. 『한국행정학보』. 41(2): 141-166.

신무섭(2014). 『재무행정학』. 개정7판. 서울: 대영문화사.

오석홍(2004). 『신판 행정학』. 서울: 박영사.

오석홍(2005).『행정학의 주요이론』. 제3판. 서울: 경세원.

오석홍(2013). 『인사행정론』. 서울: 박영사.

오성호(2002). 분권시대지방인사행정의 과제와 발전방안.『인사행정학회추계대회 자료집』.

오성호 · 황성돈 외(2014). 『인사행정론』. 서울: 다산출판사.

엄영옥(2004). 양성평등 인사정책에 관한 연구. 한국인사행정학회 춘계학술대회 발표논문.

유민봉(2006). 『한국인사행정론』. 서울: 박영사.

윤영진(2014). 『새 재무행정학 2.0』. 서울: 대영문화사.

이달곤 · 김판석 · 김행범(2012).『테마 행정학』. 제2판. 서울: 법우사.

이명화(2005). 중앙부처 여성 공무원과 지방자치단체 여성 공무원 비교 연구. 한국정부학회 발표논문.

이종수 · 윤영진 외(2014). 『새행정학 2.0』. 개정판. 서울: 대영문화사.

장현주(2007). 『지방자치단체의 공직개방성에 관한 연구』. 한국행정연구원.

정우일(2010). 경찰의 개방형직위제도에 관한 연구. 『한국경찰학회보』, 12(3): 219-248.

정일섭(2003). 인사청문회제도에 대한 연구.『한국지방자치학회보』, 15(3): 191-208.

정정길(2000). 『행정학의 새로운 이해』. 서울: 대명출판사.

최무현(2013). 『한국 인사행정: 이론과 실제』, 서울: 소통과 공감.

최순영 · 조임곤(2013). 개방형 임용제도의 성과향상을 위한 정책대안의 우선순위. 『한국인사행정학회보』, 12(1): 87-115.

하상묵(1996). 『공무원성과급(특별상여수당)제도의 합리적운영방안』. 서울: 한국행정연구원.

하연섭(2014). 『정부예산과 재무행정』. 제2판. 서울: 다산출판사.

하태권(2007). 박동서 교수와 인사행정론. 한국행정학회 하계학술대회 발표논문.

황성원 · 김상헌(2002). 공공조직의 성과급제에 관한 소고. 한국행정학회 학술대회 발표논문집. pp. 1-22.

인사혁신처(2014). 『2014 공공 인적자원과 정책』. No,2,3,4,5,6.

인사혁신처(2015). 『2015 통계연보』

인사혁신처(2015). 『2015년 공직윤리업무편람』

인사혁신처(2015). 『2015년 공직자윤리법 주요 개정사항안내』

Berman, Evan M. etal. (2005). *Human Resource Management in Public Service: Paradoxes, Processes, and Problems*. 2nd ed. Sage Publications, Inc.

Cooper, Terry L. (2006). *The Responsible Administrator: An Approach to Ethics for the Administrative Role.* 5th ed. Jossey-Bass

Denhardt, Robert B. (2001). *Managing Human Behavior in Public and Nonprofit Organizations*. Sage Publications, Inc

Frederickson, H. George(1996). *The Spirit of Public Administration.* San Francisco: Jossey-Bass.

Gulick, Luther H. and Urwick, Lyndall F. (1937). *Papers on the Science of Administration.* New York: Institute of Public Administration, Columbia University.

Kettl, Donald F. (1993). *Sharing Power: Public Governance and Private Markets.* Washington, D.C.: The Brookings Institute.

Kim, Pan Suk(2010). *Civil Service System and Civil Service Reform in ASEAN Member Countries and Korea.* Seoul: Deeyoung-Moonhwasa.

Kim, Pan Suk(2011). *Public Sector Reform in ASEAN Member Countries and Korea.* Seoul: Deeyoung-Moonhwasa.

Klingner, Donald E. & John Nalvandian, John(2002). *Public Personnel Management-Context and Strategies.* 5th ed. New York: Prentice Hall.

OECD(1995). *Governance In Transition:Public Management Reforms In OECD Countries.*

Poister, Theodore H. (2003). *Measuring Performance in Public and Nonprofit Organizations.* San Francisco: Jossey-Bass.

Reeves, T. Zane(2002). *Cases in Public Human Resource Management.* 2nd. ed. Wadsworth Publishing.

Starling, Grover(1998). *Managing the Public Sector,* 5th ed. New York: Harcourt Brace and Company.

Wilson, James Q.(1989). *Bureaucracy.* New York: Basic Books.

http://dhr.dos.state.fl.us/museum/collections/governors/about.cfm?id=1

http://en.wikipedia.org/wiki/Andrew_Jackson

http://en.wikipedia.org/wiki/Woodrow_Wilson

http://www.awesomelibrary.org/.../28._Woodrow_Wilson.html

http://www.flra.gov

http://www.geps.or.kr

http://www.index.go.kr

http://www.mopas.go.kr

http://www.moget.go.kr

http://www.mpm.go.kr

http://www.pmf.opm.gov

http://www.presidency.ucsb.edu/ws/index.php?pid=29471

http://www.training.go.kr

http://www.u-s-history.com/pages/h965.html

제 4 장

재무행정론

재무행정론 가이드

재무행정의 도입 부분은 재정학 이론 및 정책결정론 분야와 약간 중복된다. 그 때문에 최근 양자를 적절히 연결하려는 하연섭 교수(연세대)의 저술도 나타나고 있다. 그러나 이 단계에서 재정학에 너무 깊이 들어갈 필요는 없다. 신무섭 교수(전북대), 윤영진 교수(계명대)처럼 대개는 종래의 재무행정론 체제를 유지한다. 기획재정부의 조직도, 국가재정법 및 국회법 조문 없는 재무행정 공부는 어불성설이다.

예산이론이 없다던 키(V. O. Key, Jr.)의 말과는 달리, 예산 부문에도 '이론'들이 있다. 본래 예산이론은 인지적 차원에서 논의하는 합리모형-점증주의의 비교에서 출발했었다. 하지만 그 후 정책산출 모형으로 이를 확장하는 논의도 나타났다. 이어서 예산개혁으로 나타났던 각종 다채로운 예산제도들을 비교해야 하며, 예산기구, 예산관리 등은 제도적 논의에서 공부해야 한다. 예산제도 중에는 성과주의 예산의 발전 형태인 현행 "프로그램 예산제도"가 가장 중요하다.

'공공기관의 운영에 관한 법률' 이후로 공기업 체계도 많이 바뀌었다. '정부기업'과 '공기업'은 어떻게 다른가? 예산이 합리성과 정치성의 산물이라는 점을 가장 실감나게 보여주는 부분이 예산과정론이다. 역동적인 정치과정이기도 하므로 국회법과 국가재정법을 함께 놓고 공부해야 한다. 예산의 네 가지 제 과정을 일종의 드라마로 시뮬레이션해두면 이해가 쉽다.

행정보다 정치, 합리성보다 권력성을 더 중시하는 자들은 이렇게 생경하게 말한다: 결국 예산이란 정치놀음에 불과한 것이며 행정 위에 있는 것이 정치이며 정치가 모든 것을 정하는 것이야! 그러나 정치인이 삭감한 예산 규모가 0.5%라도 되는가? 정치가 우쭐댈 수 있는 여지를 조금 만들어주면서 예산의 99%는 결국 행정이 원하는 대로 결정되는 것이다. 나중에 그에 대한 결산과 감사는 따로 받겠지만 말이다. 예산심의 단계에서 국회의원이 장관에게 호통 치는 모습만 보고 정치의 우위라 확신함은 정확한게 아니다. 실제의 예산은 행정부 및 관료가 결정하는 것이며 바로 이 때문에 행정 및 관료제의 큰 힘이 정말 통제되어야 하는 것이다.

학문적인 의미가 반드시 크지는 않지만 시민단체의 예산감시 및 최근에 부각되는 재정민주주의 제도들을 이해할 필요가 있다. 박근혜 정부에서 나타난 재무행정 분야의 가장 뚜렷한 특징으로 과거 수 십 년 예산심의의 헌법상 시한이 무시되던 악습이 개정 국회법의 '예산안 자동 부의'로 인해 사라지게 되었다. 그 대가로 야당은 과반수제도로부터 3/5 의결 제도를 통한 권한 강화와 필리버스터링 제도를 확보하고 국회의장의 직권 상정을 실질적으로 불가능하게 만들었지만 그 대신 야당 측의 주 무기이던 몸싸움에 대한 징계가 크게 강화되었다.

최근 현행 '국가재정법'도 바뀌었다. 정부의 예산안 제출시한을 헌법 규정(회계연도 개시 90일 전)보다 앞당겨 시한을 정한 현행 국가재정법 규정(회계연도 개시 120일 전)은 행정부의 권한을 제약하는 위헌 요소가 없을까? 과거에 의무화되었던 조세지출 예산의 작성 규정은 국가재정법에서 빠지게 되었지만 그렇다고 그 제도 자체가 없어진 것일까? 국가재정법 시행령을 바꾸어 이명박 정부가 4대강 사업의 예비타당성조사를 벗어난 것을 어떻게 평가해야 할까?

참여예산, 주민소송 등 재정민주주의 제도는 간명하고도 직설적 설득력 때문에 시민단체 등이 많이 강조해왔다. 일견 예산의 합리성을 높이는 제도로 보이지만 그 본질은 오히려 예산의 정치화에 더 기여하는 것이다. 예산에서는 참여부족 못지않게 참여과잉 또한 우려할만한 사실이다.

| 새 테마 행정학 |

01. 예산의 기능

Ⅰ. 의 의

'총지출 규모'로 표시한 2015년도 정부 예산 크기는 375.4조이다. 예산은 국가의 여러 국면에서 중요한 기능을 담당한다. 예산(budget)은 일정 기간(fiscal year 회계 연도)의 국가의 수입(세입)·지출(세출)의 예정액이며, 입법부가 행정부에게 재정적 활동을 부여하는 정책결정 절차이다. 예산이 그 결정 과정 및 결과적 산물을 통해 국가 전체에 미치는 작용을 예산 기능이라 한다.

예산은 정부에만 특유한 현상은 아니다. 그러나 정부의 예산은 민간의 예산과 다음과 같은 차이가 있다(하연섭, 2014). 가장 먼저, 정부 예산은 동기 면에서 차이가 있다. 민간 기업은 이윤극대화를 추구하지만, 정부는 이윤추구를 목적으로 예산을 운용하지 않는다. 따라서 효율적인 서비스 제공보다는 서비스의 수혜자가 누구인가 또는 서비스 제공 그 자체에 중점을 두는 경우가 많다. 또한 정부 예산은 많은 이해관계자들(stake holders)을 가지고 있기 때문에 민간 기업에 비해 많은 참여자들이 예산과정에 참여한다. 이 밖에 정부 예산은 독점성과 강제성이 강하고 법적인 제약을 많이 받는다는 특징을 가지고 있다. 이러한 차이뿐만 아니라 무엇보다도 큰 차이는 정부 예산의 경우 비용부담자, 의사결정자, 편익수혜자가 일치하지 않는다는 사실이다. 이는 정부에는 시장 메커니즘이 존재하지 않기 때문에 나타나는 현상인데, 특히 편익과 비용이 일치하지 않음으로써 초과수요와 자원의 낭비 문제가 생길 수 있다.

예산의 기능은 학자마다 다양하게 제시된다. 머스그레이브(R. Musgrave)처럼 예산이 경제적 측면에 미치는 영향에 초점을 두어 자원 배분-소득재분배-경제안정 및 성장으로, 쉬크(A. Shick)처럼 주로 행정부가 예산을 통해 수행하는 역할에 초점을 두어 통제-관리-계획으로, 또 더 광의의 국정 작용 전반에서 예산이 수행하는 역할에 초점을 두어 법적-정치적-행정적-경제적 기능으로 구분하여 설명할 수 있다.

Ⅱ. 머스그레이브(R. Musgrave)의 재정의 3대 기능

재정학자 머스그레이브는 재정이 국가 경제에 미치는 국면에 초점을 두어 고전적인 3대 기능을 제시하였는데 달리 보면 예산이 추구해야 할 바람직한 목표이기도 하다.

1 자원 배분: 효율성(efficiency)

재정의 자원 배분(resource allocation) 기능은 시장(보이지 않은 손)이 아니라 정부(보이는 손)에 의하여(not by invisible but by visible hand) 자원 배분의 효율성, 곧 파레토 최적(Pareto Optimum)을 구현하려는 작용이다. 여기서 파레토 최적이란 다른 사람의 후생을 감소시키지 않고서는 어느 한 사람의 후생을 증가시키는 것이 불가능한 상태로 자원이 최적 배분되어 있는 상태이다. 재정의 효율적 자원 배분 기능을 통해서 정부는 사회후생의 극대화를 추구한다.

2 소득재분배: 형평성(equity)

효율적인 자원 배분이 곧 공정한 소득분배(형평성)를 보장하는 것은 아니다. 정부는 재정을 통하여 소득분배 상태를 '더 좋은' 방향으로 재분배하기 위한 여러 가지 조치를 취하게 된다. 이러한 소득재분배 기능을 수행할 때 중요한 기준이 형평성인데, 이는 동일한 것은 동일하게 취급하고(수평적 형평성 horizontal equity), 서로 다른 것은 서로 다르게 취급(수직적 형평성 vertical equity)한다는 것이다. 자원 배분의 효율성은 대체로 전술한 파레토 최적이란 기준으로 평가될 수 있지만, 형평성에 대해서는 합의된 기준을 찾기 어렵다. 그나마 이에 대해 자유민주주의 국가가 주로 원용하는 기준은 롤즈(John Rawls)의 정의론(The Theory of Justice)이다.

3 경제안정화: 안정과 성장(stabilization & growth)

경제안정화 기능은 재정은 물가 안정 속에서 적정한 경제 성장을 유지하는 작용을 한다는 의미이다. 재정이 경제 안정화를 실현하기 위해 활용하는 수단은 내재적 안정장치(built-in stabilizer), 재량적 안정장치(discretionary stabilizer), 보정적 안정장치(compensatory stabilizer) 등이 있다. 경제안정화를 위해서는 재정만의 작용보다는 다른 정책 수단과의 혼합(policy mix)을 활용하는 경우가 많은데, 재정에 더하여 금융 및 외환 체제와 연계함이 보통이다.

한편 머스그레이브는 안정기능이 단순히 경제를 안정시키는 데 그치는 것이 아니라, 적극적으로 성장(growth)을 촉진하는 기능까지 포괄하는 것이라고 설명했다. 특히, 개발연대 한국의 국가는 신고전파 경제학이 상정하는 것처럼 시장실패(market failure)를 치유하는데 그 역할이 국한된 것은 아니었다. 오히려 한국에서 국가는 시장을 적극적으로 형성하는 '시장형성자'로서의 역할을 수행했다. 한국 정부는 선별적 산업정책을 통해 특정 산업을 인위적으로 육성하고, 이를 효과적으로 수행하기 위해 각종 재정 · 금융정책을 동원했다.

Ⅲ. 쉬크(A. Schick)의 예산의 기능

쉬크는 행정부가 예산을 어떤 수단으로 활용하였는가에 따라 예산의 기능을 구분하고 있다. 이런 점에서 보면 예산은 대체로 통제(control) · 관리(management) · 계획(planning)이라는 세 가지 수단으로 활용되어 왔다. 이 세 기능은 특정 행정부 예산 안에 공존함이 보통이지만 예산환경의 변화에 따라 어느 한 기능이 주된 기능으로 등장하면, 다른 기능들은 부차적인 기능으로 남게 된다. 대체적으로 미국을 포함한 선진국에서는 근대적 예산 제도의 성립과정 시초부터 1920년대까지는 예산의 통제기능이 주 기능으로 작용했고, 다음에는 관리기능이, 그리고 1960년대부터는 계획기능이 주 기능으로 등장했다고 쉬크는 주장하고 있다.

1 통제 기능

정부 계층제 내에서 상급계층은 예산을 부하로 하여금 정책 및 계획에 순응하도록 통제하는 도구로 활용할 수 있다. 통제 기능은 예산 편성-예산 집행-회계 검사 단계의 모든 과정에서 나타난다. 예산 편성 단계에서는 예산 편성지침에 따라 예산 편성을 하고 예산요구서 서식 등을 준수하도록 만든다. 예산 집행 단계에서는 자금 배정, 이용 · 전용 등에 대한 각종 통제와 보고 절차를 따르게 한다. 회계 검사 단계는 그 본질이 곧 통제 절차이다. 대부분의 정보 체제(information system)들도 통제 목적을 달성할 수 있도록 구조화된다. 입법부가 행정부를 통제하기 위한 통제지향적 예산인 품목별예산(LIBS)이 여기에 해당한다.

2 관리 기능

행정부의 관리 기능은 이미 승인된 행정 목표(plan)를 세부적인 사업계획(project)으로 구체화하고, 그 집행을 위해 행정구조(조직) · 인적 자원(공무원) · 물적 자원(예산) · 정보 · 정치적 지지 등을 확보하는 작용이다. 관리 과정에서 중요시되는 이념은 효율성(efficiency)과 효과성(effectiveness)이다. 따라서 조직의 자원을 효율적으로 배치했는가를 파악하기 위해 업무비용을 측정하며, 성과 지표를 개발한 후 성과를 측정할 필요가 있다. 이러한 예산의 관리 기능에 초점을 둔 것이 성과주의 예산 제도(PBS)이다.

3 계획 기능

행정부의 계획 작성(planning)은 목표 결정-대안의 평가-사업의 승인을 포함한다. 즉, 계획 작성은 정부의 장기적 목표와 정책은 무엇이며, 그를 달성할 대안으로서의 사업계획은 무엇이며, 예산의 지출 결정과 어떻게 연계되는가를 밝히는 것이다. 따라서 계획 기능은 예산 편성과 밀접한 관련이 있으며, 미래에 대한 장기적 시계(視界)를 필요로 한다. 이 점을 감안하면, 장기적 계획(planning)과 단기적 예산 편성(budgeting)을 프로그래밍(programming)을 통해 유기적으로 연계시켜 효율적인 자원 배분 결정을 할 필요가 있는데, 이를 제도화한 것이 바로 계획예산 제도(PPBS)이다.

Ⅳ. 예산의 일반적 기능

한편 예산이 국정 일반에 어떻게 작용하는지를 파악하여 이를 예산의 기능으로 이해할 수도 있다. 이 경우 전술한 두 가지 구분보다 더 광범위한 관점에서 예산의 기능을 이해하는 것이다.

1 법적 기능

예산은 국회가 행정부에게 재정권을 부여하는 일종의 법규범으로서의 성격을 가진다. 특히 예산이 법률의 형식을 갖는 경우(미국 등), 이 법적 기능은 더욱 현저하다. 예산이 법률의 형식을 띠지 않는 경우에라도, 일정한 법규범성을 가진다. 또한 어느 경우이든 간에 행정부는 일단 입법부의 승인을 받은 예산에 대해 집행의 의무를 지게 된다.

예산이 규범으로서 갖는 구속력의 정도는 세입예산-세출예산, 예산-결산, 예산-법률의 관계를 통해 대비할 필요가 있다. 첫째, 세입예산보다 세출예산의 경우 구속력은 더 엄격하다. 예컨대 세출 예산의 경우 국회 승인 예산의 금액 · 목적 · 시기 등을 벗어남은 엄격한 제한을 받는다. 그러나 세입예산은 추계치에 불과하기 때문에 강제성이 상대적으로 약하다. 둘째, 예산보다는 결산은 구속력이 덜하다. 예산 집행의 사후 결과가 국회의 사전 승인 내용과 위배된다 하더라도 그 집행의 효과는 여전히 법적으로는 유효하며 다만 행정부는 이에 대해 정치적 책임을 부담함에 그치는 경우가 대부분이다. 셋째, 예산이 법적 기능을 갖더라도 그것이 일반 법률과 같은 수준의 구속력을 갖는 것은 아니며, 법률보다는 낮은 수준의 법규범으로 인정함이 통설이다.

2 정치적 기능

예산 과정은 정부가 사용하는 자원을 배분한 결정이며 이는 결국 정치 과정을 통해 이루어진다. 정치란 본질적으로 '가치의 권위적 배분'이므로 예산 과정은 필연적으로 정치적 기능을 포함한다. 결국 예산은 단순히 합리적 · 과학적 · 총체적으로 결정되는 것이 아니고, 다양한 이해관계의 갈등 · 조정 · 타협으로 결정되는 것이다.

예산 과정의 정치성이란 개념은 세 가지 차원을 갖는다. 첫째, 다양한 이해관계자가 개입되는 집단적 의사결정을 통해 이해가 조정된다. 둘째, 기존의 합의를 존중하는 점증주의적 성격을 띤다. 셋째, 예산을 변경하려는 집단과 예산을 옹호하려는 집단 간의 대립 관계라는 점이다. 윌다브스키(Aaron Wildavsky)나 린드블롬(Charles Lindblom) 등은 이러한 예산의 정치적 기능을 특히 강조한다.

3 경제적 기능

1930년대의 대공황 이후, 국민 경제에 대한 정부의 능동적 개입이 정당화됨에 따라 예산과 공공투자는 국가경제에 커다란 영향력을 행사하게 되었다. 전술한 머스그레이브의 재정의 3대 기능론도 예산이 국민 경제에서 수행하는 경제적 기능을 중시하는 한 예인 셈인데 이 밖에도 다양한 경제적 기능을 포함한다.

첫째, 자원 배분 기능이다. 예컨대, 자원의 동원과 배분의 결정시에 민간 부문과 공공 부문에 대한 자원 배분 정도를 합리적인 기준에 의해 결정하여 자원의 최적 배분을 실현하고자 한다. 둘째, 소득재분배 기능이다. 예산배정과정을 통해 사회계층의 소득배분의 불균등을 해소한다. 예컨대, 세입영역에서 누진세와 상속세를 강화하고, 세출의 영역에서 사회보험, 공적부조를 강화하는 것이다. 셋째, 경제안정화 기능이다. 시장경제가 인플레이션인가, 디플레이션인가에 따라 재정이 균형기능을 수행한다. 예컨대 경기 조작을 통해 균형 인자(balancing factor)로서의 기능을 수행한다. 넷째, 경제발전 기능이다. 정부의 주도적인 역할을 통해 경제발전의 기능을 수행한다. 예컨대, 민간의 자본축적이 부족할 경우 자본을 형성하며, 특정한 공공재와 사적재를 직접 생산하기도 한다.

4 행정적 기능

행정적 측면으로 시각을 축소하면 행정부는 예산을 통해 통제기능, 관리기능, 계획기능을 수행한다. 그러나 이 세 가지 기능은 시대에 따라 그 내용이 다소 달라진다. 첫째, 통제기능의 경우, 엄격한 국회의 통제를 완화하고 행정부 측의 재량성을 부여해야 한다는 점과 더불어 투명한 예산관리를 위한 통제를 강화해야 한다는 점이 동시에 요구되고 있다. 둘째, 관리기능의 경우, 1980년 이후에는 '작은 정부론'에 근거한 감축(cutback) 역할을, 또 최근에는 성과지향성을 강조하고 있다. 셋째, 계획기능의 경우, 국방 분야에서 계획예산을 실현하자는 요구가 있지만, 광범위한 계획예산 제도에 반발하는 MBO 제도 및 신자유주의에 의한 자원 배분을 강조하는 움직임도 함께 나타나고 있다.

Ⅳ. 결 어

예산은 예산 제도의 변천과 각국의 시대적 요청에 따라 다양한 기능을 수행해 오고 있다. 이러한 예산의 기능은 다양한 관점에서 분류될 수 있다. 그러나 대개의 경우 정부 예산은 이러한 기능을 다 수행한다고 봄이 타당하다. 이 중 어느 기능에 얼마나 더 초점을 두어야 하는가의 문제는 대통령-국회-국민-예산 관리 주체들 간의 명시적 · 암묵적 합의에 달린 문제이다. 여기에는 국내적 · 대외적 경제 상황, 국가의 역할 비중에 대한 국민의 인식 및 이념 등이 영향을 줄 것이다.

특정한 예산 제도는 이러한 합의에서 요구하는 예산의 기능이 무엇인가에 따라 나타나는 셈이다. 예컨대, 합리주의 예산 제도는 경제적 기능과 관리적 기능의 요구에, 점증주의 예산 제도는 정치적 기능(외부적) 및 행정적 기능(내부적) 요구에, 성과중심적 예산 제도는 관리 기능 요구에 기여하기 위해 나타난 것이라고 볼 수 있다. 또 모든 예산은 법적 기능을 공통적으로 가지고 있다. 예산은 국가의 핵심적인 재정 수단이다. 그러므로 예산이 그 시대와 상황이 요구하는 기능을 충실히 수행하도록 해야 할 것이며 이에 대한 국민적 평가도 가능해야 할 것이다.

논평

예산의 규모를 말해주는 지표 중 '총지출규모'에 유의하라. 아주 간단한 기본 주제이다. 내용은 쉽게 이해할 수 있지만 예산(재정)의 기능에 관해 다양한 의견들이 여러 차원에서 개진되어 왔기 때문에 이들을 일목요연한 프레임으로 구성하는 방식에 더 신경을 써야 하는 주제이다.

❙새 테마 행정학❙

02. 예산 원칙

Ⅰ. 의 의

예산원칙이란 예산 편성, 심의, 집행, 회계 검사의 모든 예산 과정에서 예산관련자들이 준수해야 할 기본 규범이다. 예산원칙의 또 다른 국면은 그것이 예산 배분을 둘러싸고 전개되는 이해집단 간의 투쟁을 규제하는 규범으로서도 작용한다는 점이다.

예산 원칙이 무엇이 되어야 하는 가는 정부의 역할 및 예산 기능에 대한 인식에 따라 달라진다. 입법국가 시대에 행정부에 대한 국회의 통제를 강조할 때 제시된 것이 전통적 예산원칙이고, 행정국가 시대에 행정부의 재량과 환경변화에 따른 융통성을 강조할 때 행정부 우위의 현대적 예산원칙이 등장하게 된다. 여기에 더하여 최근에는 책임성(accountability), 투명성(transparency), 참여(participation), 정보(information) 등이 예산 원칙의 내용으로 새로이 강조되고 있다.

Ⅱ. 입법부 우위의 원칙 - 전통적 원칙

근대국가에 있어서 전통적 예산원칙은 행정부에 대한 입법부 우위론적 예산원칙이다. 예산과정에서 의회가 충분한 감독권을 행사함으로써 행정부 독주의 여지를 제거하려는 통제지향적 원칙들이다. 이 중 대표적인 것이 노이마르크(F. Neumark)의 원칙들이다.

1 예산 공개성의 원칙

예산은 모두 국민의 부담으로 성립되므로 그 내용과 과정은 국민에게 공개되어야 한다는 것이 공개성(publicity) 원칙이다. 예산의 공개는 예산 운영의 투명성을 확보할 뿐만 아니라 국민의 정당한 요구와 비판을 받도록 하는 의미가 있다. 현행 국가재정법 제9조는 예산 공개성의 원칙을 명시하고 있다. 이에 따라 정부는 주요 재정 정보(예산, 기금, 결산, 국채 등)를 매년 1회 이상 정보통신 매체, 인쇄물 등 적당한 방법으로 공개해야 한다. 그러나 국가 안보 관련 부문의 예산은 다 공개하지 않고 있기 때문에 이 원칙이 완전히 준수되지는 못하고 있다.

2 예산 명료성의 원칙

예산이 공개되더라도 그 내용이 명료하지 않으면 안 된다. 이것이 명료성(clarity) 원칙이다. 모든 국민이 쉽게 이해할 수 있도록 수입 · 지출의 추계가 명확해야 하며 수입과 지출에 관한 내용이 명확히 분류되어 나타나 있어야 한다는 것이다. 이에 대한 예외가 항목별로 예산을 구분하지 않는 총괄예산이다.

3 예산 사전의결의 원칙

예산은 미리 결정되어서 회계 연도가 시작되면 바로 집행될 수 있도록 해야 한다. 이것이 사전 의결(prior authorization)의 원칙이다. 현행 헌법은 다음 회계 연도 개시 120일 전까지 행정부는 예산안을 국회에 제출하고, 국회는 다음 회계 연도 개시 30일 전까지 이를 의결하도록 하고 있다. 그러나 헌법은 동시에 이에 대한 예외적인 조치로 준예산 제도를 인정하고 있다. 사전의결원칙의 예외는 헌법이 스스로 그 예외로 규정하고 있는 준예산 제도만이 아니다. 최근, 예산이 정치적 의제와 연계되어 여야 간에 다투어지기 때문에 헌법상 시한을 거의 지키지 못하고 의결되고 있다. 그 결과 헌법을 위반하여 새로운 회계 연도 직전에 간신히 예산이 확정되는 경우가 빈번한데 이는 예산을 미리 확정하여 이를 차기 회계 연도에 바로 집행되게끔 정부 측에 준비 시간을 준다는 취지의 사전 의결 원칙을 훼손한 것이다.

4 예산 엄밀성의 원칙

예산은 결산과 일치해야 한다는 것이 엄밀성(accuracy)의 원칙(=정확성의 원칙)이다. 본래 예산은 사전에 특정 연도에 대한 예정적 수치를 표시한 것이기 때문에 실제의 집행 결과 나타나는 확정적 수치인 결산과는 일치하기 어렵다. 그렇다 하더라도 양자가 원칙적으로 합치되어야 한다는 것이다. 만약 양자의 괴리가 심하다면 예산의 본래적 기능을 상실할 우려가 있다. 따라서 예산작성 사전에 과학적인 예측 능력을 개발하고, 또 일단 확정된 예산은 존중하여야 예산-결산의 괴리가 줄어든다. 현행 국가재정법(제86조)도 정부는 건전 재정을 위해 노력할 것을 규정하고 있다.

5 예산 한정성의 원칙

예산은 주어진 내용(목적) · 금액 · 시간적 범위를 벗어나서는 안 된다. 이것은 통제중심 예산 원칙의 가장 강력한 기준이다. 첫째, 예산은 목적 외 사용이 금지된다(국가재정법 제45조). 다만 이에 대한 예외로서 이용과 전용 그리고 예비비 등이 있다. 둘째, 초과지출의 금지이다. 금액을 초과하여 지출할 수 없다. 다만 예외적으로 예비비, 추경 예산 제도 등을 통해 그러한 금액을 초과할 수 있다. 셋째, 주어진 회계 연도 내에 집행되어야 한다는 회계 연도독립의 원칙을 준수해야 한다. 다만 이에 대한 예외로서 명시 이월과 사고 이월을 포함한 이월, 계속비, 그리고 과년도 수입 총지출 등이 있다.

6 예산 단일성의 원칙

예산은 국민 및 국회가 쉽게 이해할 수 있어야 하는데 이를 위해서는 모든 재정 활동은 하나의 예산으로 편성되어야 한다는 것이 단일성(unity)의 원칙이다. 이 원칙은 예산 공개의 원칙 및 예산 명료성의 원칙과도 관련된다. 예산 단일의 원칙에 의하면 예산은 본예산, 그것도 오직 일반회계 예산만으로 구성되어야 한다. 이 경우 예산의 이해 및 통제가 용이해진다. 특별한 목적을 수행하기 위해 특별회계, 추가경정예산 등은 이 원칙에 대한 예외이다.

7 예산 통일성의 원칙

특정한 세입과 특정한 세출을 직접 연계시켜서는 안 된다('non-affection')는 원칙이다. 즉 조세를 포함한 모든 정부 수입이 일단 국고에 귀속되어야 하며 정부의 모든 지출은 여기로부터 나가야 한다는 국고통일주의를 말한다. 예컨대 자동차세를 도로건설에만 충당한다든지, 입장료를 문화 사업에만 사용하는 것은 안 된다. 이에 대한 예외로 특별회계와 목적세가 있다. 특별회계는 일반회계와 독립적인 회계방식을 취하는데, 특별회계의 자체 수입은 자체 지출에 사용하는 독립채산제 방식으로 운영 한다. 한편, 목적세는 처음부터 지출 용도가 지정된 조세로, 교육세 · 교통세 · 농어촌특별세(이상 국세), 공동시설세 · 도시계획세(이상 지방세) 등이 있다.

8 예산 완전성의 원칙

완전성(comprehensiveness)의 원칙은 '예산총계주의' 혹은 '예산포괄성'원칙이라고도 한다. 특정 경비의 은폐 또는 누락을 방지하여 국회와 국민이 예산 감독을 용이하도록 하려면 모든 세입과 세출은 예산에 계상되어야 한다는 원칙이다(국가재정법 제17조). 예컨대 지방 정부가 징수한 재원을 중앙으로 이전시킬 때, 징수비를 공제한 순수입만을 계상하는 순계예산을 사용해서는 안 된다는 것이다. 즉 100만원을 징수하는 과정에서 10원의 비용이 유발되었으면, 100원을 보고하고 10원을 사후적으로 보전받는 방식을 취해야 하며, 90원만 이전시켜서는 안 된다는 것이다. 이 원칙에 의하면 예산은 곧 총계예산이어야 한다. 따라서 '순계예산'(징세비를 제외하고 산정), '규모상 순계'(예산총계에서 회계 안의 계정 간 중복을 공제), '예산순계'(예산총계에서 일반회계와 특별회계 간의 중복 및 특별회계 상호 간의 중복을 공제)는 이 원칙에 어긋나는 것이다. 다만 수입대체경비 관련 수입이 예산을 초과할 경우, 현물출자나, 외국차관을 도입하여 전대(轉貸)할 경우 등은 세입세출 예산 외로 처리할 수 있다(국가재정법 제53조).

Ⅲ. 행정부 우위의 원칙 - 현대적 원칙

전통적 예산원칙이 과도하게 통제지향적임을 극복하고, 다양한 사업을 원활하게 수행하기 위해 관리지향적 · 계획지향적인 원칙들이 새롭게 제시되었는데, 그 대표적인 것이 스미스(Harold Smith)의 예산 원칙이다.

1 행정부 계획수립의 원칙

행정수반의 사업계획을 예산에 반영시켜야 한다는 원칙이다. 따라서 예산 편성은 사업계획의 수립과 함께 행정수반의 직접적인 감독 하에 행하여져야 한다.

2 행정부책임의 원칙

행정부는 국회의 의도를 충실히 반영시키면서 예산을 절약하여 경제적으로 집행할 책임이 있다.

3 보고의 원칙

예산의 편성 · 심의 · 집행은 각 행정기관의 재무보고 · 업무보고에 근거를 두고 행하여야 한다.

4 적절한 수단구비의 원칙

예산을 효과적으로 활용하기 위하여 적절할 행정상의 수단을 구비하여야 한다는 원칙이다. 즉, 중앙예산기관에서는 재정 통제를 위하여 월별·분기별로 예산 배정을 조절하는 권한을 갖고 있어야 하며, 신축성을 유지하기 위해 이용·전용·예비비 제도 등의 적절한 수단을 지녀야 한다.

5 다원적 절차의 원칙

예산운영의 효과성을 높이기 위하여 사업별로 예산 절차를 달리해야 한다는 것이다. 특히 정부기업은 특별회계 등 별도의 예산절차와 회계방식을 가져야 한다.

6 행정부 재량의 원칙

의회는 예산안을 총괄예산으로 통과시키고 집행상의 재량을 행정부에 주어야 한다는 원칙이다. 의회가 예산을 너무 세분하여 의결하면 효율적·경제적 행정관리를 저해하기 때문이다.

7 시기신축성의 원칙

장기 사업에 관한 예산을 의회가 의결해 주고 그 집행 시기는 경제사정의 변동에 따라 행정부가 탄력적으로 결정하도록 해야 한다는 원칙이다.

8 상호교류적 예산기구의 원칙

중앙예산기관과 각 부처 예산 담당기관은 상호교류 및 정보교환의 관계에 있어서 적극적인 협력을 필요로 한다. 효율적인 예산의 운영은 양기관간의 활발한 의사소통 및 긴밀한 협조체제 아래에서만 가능하다.

Ⅳ. 결 어

전통적인 예산원칙은 행정부 통제라는 소극적 목적을 위해 대두된 것이다. 예산 집행의 신축성을 강조하는 현대적 원칙은 행정의 복잡성에 대비하고 경비의 효율적 사용을 위하여 불가피한 제도로 인식되어 왔다. 우리나라의 예산 제도는 근본적으로 전통적 원칙에 충실하여 통제중심주의를 그 바탕으로 하고 있으므로 각 부처의 예산 운영의 신축성에 있어 많은 제약이 따르고 있다. 예산 관계 법령의 개정은 주로 크게는 국회에 대해 행정부, 또 중앙예산 기구에 대해 부처의 자율과 책임을 강화하는 쪽으로 나아가고 있다. 그러나 자칫 전통적인 예산원칙이 폐기 · 간과되어야 한다는 것은 아니다. 정부의 예산은 신축성과 더불어 국회의 통제를 받아야 한다는 것은 민주 정부의 필연적 요청이기 때문에 양자는 조화롭게 고려되어야 한다.

예산원칙들이 강조하는 점들을 종합적으로 검토하면 "통제(control)에서 재량(discretion)으로, 나아가 오늘날에는 다시 책임(accountability)으로"까지 전개되는 큰 흐름을 보이고 있다. 따라서 전통적인 원칙이 강조한 행정 통제 및 현대적 원칙이 강조하는 신축성과 재량성에 더하여 이제 예산에 대한 시민의 참여, 정보 제공의 기능, 투명성 등이 새로이 보완되어야 하며 이러한 원칙이 추상적 규범으로서 뿐 아니라 관련 법규에 명시될 필요가 있다.

03. 예산과 법률의 관계

Ⅰ. 예산의 법적 성격

국회가 가진 가장 주요한 두 권한은 법률 심의 및 예산 심의이다. 예산은 매년 편성되어 법률의 심의와 같이 심의를 거쳐 국회에서 확정된다. 국회가 의결하는 예산이 갖는 규범적 효력의 수준에 대해서는 학설상 논란이 있으며, 이것이 소위 '예산의 법적 성격'에 관한 논쟁이다. 이러한 예산의 법적 성격에 관한 논의에는 세 가지 학설이 있다.

1 예산 승인설

이 학설은 재정 행위의 기능은 본래 행정권에 속하며, 예산이란 국회가 행정부의 지출 행위에 대해서 사전적 승인이라고 보는 견해이다. 예산 승인설에 의하면, 법률은 국민의 권리와 의무에 관해서 규정하는 것이 본질임에 반해서, 예산은 국회가 회계 연도 동안의 정부 재정 행위에 관해서 사전 승인을 부여하는 형식에 지나지 않는다. 따라서 예산은 오직 '정부'를 구속할 뿐이고, 국가와 국민 간, 또는 국민의 권리 의무를 규율하는 법규범은 아니다.

2 예산 법형식설

예산은 국가의 재정 행위에 대해서 국회의 의결을 통해 정립되는 일종의 법 형식이라는 견해이다(법규범설). 예산은 법률과는 다르지만 입법기관으로서의 국회가 의결하는 법 형식의 하나이므로 법적 구속력을 갖는다고 본다. 다만 그 구속력은 국가와 국민 간의 관계에서가 아니라 정부에 대해서 효력을 갖는다고 주장한다. 그러므로 이에 따르면 예산이란 단순한 세입세출의 견적표가 아니라 정부가 수행하는 재정 행위를 구속하는 준칙이라는 입장이다.

3 예산 법률설

예산은 실질적으로 법률 그 자체라고 해석하는 견해이다. 예산과 법률은 그 최종 결정권이 모두 국회에 있다는 점에서 실질적인 차이가 없다는 논리적 전제에 입각해 있다.

이상의 세 학설을 종합적으로 검토하면 다음과 같은 결론이 가능하다. 첫째, 예산의 실제적 성격을 본다면 단순히 재정 지출의 사전 승인으로만 볼 수 없다. 둘째, 이를 법률과 동일한 것으로 볼 수도 없다. 헌법 제 57조는 국회는 예산을 수정할 경우 반드시 정부의 동의를 얻어야 한다고 하고 규정하고 있는데 이는 국회의 예산 수정에 대한 일정한 제한이다. 만약 예산이 법률과 같은 것이라면 입법권을 가진 국회가 이런 제한을 받는 것은 모순이다. 따라서 우리나라의 헌법 규정을 감안하면 예산이 법률이라고 보기는 어렵다. 결국 예산은 법률과 동일하다고 볼 수는 없으며 정부에 대해서 구속력을 갖는 국법의 한 형식이라고 봄이 타당하다.

Ⅱ. 예산의 법적 성격에 관한 각국의 예

미국은 세출예산이 법률로써 성립된다. 헌법은 "국고로부터의 지출은 모두 법률로 정해지는 세출예산에 의해서만 행하여진다."고 규정하며, 이 법률에 해당하는 것이 바로 세출예산법(Appropriation Acts)이다. 세출예산법은 세출예산을 계상하기 위해서 미리부터 일반법에 의한 세출예산 계상의 승인을 요한다. 세출예산법은 세출예산위원회에서, 수권법은 기타 상임위원회에서 심의되고 양자는 완전히 별개의 것으로 구별된다.

독일의 경우에는 예산은 총예산과 개별예산으로 구별되며, 독일의 연방예산은 연방 재무부에서 수립, 연방 정부가 이를 의결하며, 연방의회에서 법률로서 확정된다. 이 연방예산안은 예산법안, 총예산, 개별예산 및 부속자료로 구성된다.

Ⅲ. 예산과 법률의 관계

1 예산과 법률의 차이점

헌법에는 법률 및 예산에 관한 최종 결정권은 국회에 있음을 명시하고 있다. 즉, 제 53조의 법률 의결권, 제 54조의 예산 심의 의결권 규정이 그것이다. 그러나 양자의 의결 방식은 서로 다름을 인정하고 있다. 즉, 예산은 법률과는 다른 법형식에 의해 의결되는 것이다. 예컨대, 정부에게 예산안을 국회에 제출하는 독점적 권리 인정, 심의 결과의 수정에 대해서 예산안은 한계가 있지만 법률안은 제한이 없다는 점 등이다.

이러한 예산과 법률의 차이점은 구체적으로 다음과 같이 요약할 수 있다.

① 예산은 국가기관을 구속할 뿐이고 법률과 같이 일반 국민을 구속하는 것은 아니다.

② 예산은 정부만이 제안권을 가지며, 국회는 제안권을 갖고 있지 않다.

③ 예산에 대해서는 대통령이 거부권을 행사할 수 없는 데 반해, 법률에 대해서는 대통령이 거부권을 행사할 수 있다.

④ 예산은 제출기한(회계연도 개시 120일 전)이나 심의기한(회계연도 개시 30일 전)에 제한이 있으나, 법률은 그러한 제한이 없다.

⑤ 예산안을 심의할 때 국회는 정부가 제출한 예산안의 범위 내에서 삭감할 수 있으나, 정부의 동의 없이 지출예산 각 항의 금액을 증가하거나 새 비목을 설치할 수 없다. 그러나 법률안은 국회 단독으로 수정 증보할 수 있다.

⑥ 예산은 국회의 의결로 성립하고 국회의 의결은 정부의 재정행위를 구속하지만 정부의 수입 지출의 권한과 의무는 예산 자체만으로는 성립하는 것이 아니라 별도로 법률들로 규정된다.

⑦ 예산은 그 회계 연도에 한해 효력을 가질 뿐이다.

⑧ 예산은 공포가 필요하지 않고 국회의 심의·의결로 성립하지만, 법률은 공포가 필요하다.

2 양자의 관계성

법규범 측면에서만 본다면 우리나라의 예산은 법률보다 하위의 효력을 갖는다. 그러나 예산과 법률의 관계는 단순히 법규범적 상하 관계로만 형성되어 있지는 않다. 양자의 구체적 관계는 다음과 같이 요약된다.

1) 상호 변경

어느 하나가 다른 것을 변경할 수 있는가 하는 문제이다. 예산과 법률은 별도의 법형식이고 규율 대상도 다르기 때문에 양자는 형식적으로나 실질적으로 그 성질과 효력이 상이하다. 따라서 예산을 가지고 법률을, 또 법률을 가지고 예산을 변경할 수는 없다. 양자가 본질상 상이하다는 것은 한국처럼 아예 예산이 법률의 형식을 띠지 않는 나라는 물론이며, 미국처럼 예산이 법률의 형식을 띠고 있는 나라에서도 동일하다. 왜냐하면 양자는 각각 상이한 요건을 통해 성립되었으며 성질상으로도 별개이기 때문이다.

2) 상호 구속

양자 간에는 어떤 구속 관계가 있는가의 문제이다. 상호 간에 다음과 같은 일정한 구속 관계가 성립한다. 첫째, 세출예산이 성립되어 있다 하더라도 그 경비의 지출을 명하거나 인정하는 법률이 없으면 정부는 지출 행위를 할 수 없다. 둘째, 어떤 법률에 의해서 경비의 지출이 규정되었다고 하더라도 그 지출의 실행에 요하는 예산이 없으면 지출행위는 실질적으로 불가능하다. 셋째, 국회가 예산을 필요로 하는 법률을 성립시켜 둔 경우에는 국회의 예산 심의권은 그 법률로 인해 구속을 받는 셈이다.

3) 예산과 법률이 불일치하는 경우

예산과 법률은 모두 국회에 의해 최종적으로 결정되므로 양자는 일치함이 바람직하다. 현행 국회법(제79조의 2)은 예산상의 조치가 수반되는 법률안의 경우에는 입법 시에 예산명세서를 아울러 제출하도록 하고 있는데 이 역시 예산과 법률을 일치시키고자 하는 제도이다.

그러나 현실적으로는 다음의 경우 양자가 불일치하는 경우가 발생할 수 있다. 첫째, 법률이 성립해도 그것을 집행하기 위해 필요한 경비를 계상한 예산이 성립하지 않은 경우이다. 둘째, 그 법률 집행을 위해 필요한 경비를 계상한 예산은 성립했지만 법률이 성립하지 않은 경우이다. 이 경우 앞의 세 가지 학설에 따라 해석이 달라진다. 예산 승인설 및 예산 법형식설은 예산과 법률이 상호 의존한다고 보기 때문에 두 가지 사례 중 어느 경우이건 재정 지출은 불가능하다. 나중에 국회 및 정부가 이를 보완하는 조치(첫 번째 사례의 경우에는 예산을 승인, 두 번째 사례의 경우에는 근거가 되는 입법을 구비)를 시도할 것이 예상된다. 반면, 예산 법률설의 입장에서는 예산은 법률로써 제정되기 때문에 예산법이 성립하지 않은 첫 번째 사례의 경우 경비 지출은 불가능하지만, 두 번째 사례의 경우 예산을 집행하기 위해 법률이 필요하게 되는 경우를 제외하고는 원칙적으로 이미 성립한 예산법에 근거하여 재정 지출은 가능하다.

논평

예산과 법률의 관계는 재무 행정 분야 중 법 학설을 대비하는 드문 주제이다. 양자의 관계를 정확히 이해해 두어야 하며 이 문제는 후술하는 예산 심의의 사례 연구에도 반영된다. 다음 문제를 고민해보라. "예산을 가지고 법률을, 또 법률을 가지고 예산을 변경할 수는 없다"라는 말과 외견상 사회복지법을 제정해 두었지만 예산의 뒷받침이 없어서 그 법이 유명무실해 있는 경우를 어떻게 해석할 것인가? 법률적 구속력을 가지는 여부와 실질적 영향을 주는 여부와는 상이한 차원인 것이다.

04. 예산의 법적 기초

Ⅰ. 헌법과 국회법

예산 운영에 관해서는 중앙 정부 및 지방 자치단체에 관해 많은 관련 법규가 있다. 여기서는 주로 중앙 정부의 예산 운영에 관한 주요 재정 관련 법규를 검토한다. 우선 예산 운용의 가장 기초적 근거인 헌법이 있으며, 예산의 심의 및 결산과 관련하여 국회의 활동을 규정한 국회법이 있다. 이 두 가지는 국가의 재정 활동에 대한 근본적인 법적 토대가 되고 있다.

1 재정의 기초

헌법은 국민에게 납세의 의무가 있다고 규정하여 재정적 근거를 밝히고 있다(제38조). 또 국회가 제정한 법률에 의하여서만 조세의 종목과 세율이 정해진다(제59조)고 규정한다. 따라서 정부의 재정 활동은 법치주의와 재산권 보호의 토대 하에서만 이루어진다는 것을 명시한다.

2 재정권의 귀속

헌법은 예산안의 심의·확정(제54조), 계속비·예비비 지출 승인(제55조), 국가채무부담행위의결(제58조)이 국회에 있음을 규정한다. 그리고 정부 동의하에 지출예산의 증액 및 새 비목의 설치(제 57조), 재정 관련된 조약 체결의 동의(제60조), 재정에 관한 사항을 국정 감사 · 국정조사(제61조), 긴급 재정 및 경제처분에 관한 승인(제76조)이 국회에 있음을 규정한다.

대통령은 행정권의 수반(제66조 4항)으로서 국가 재정 전반에 관한 책임이 있으며, 예산안(제54조 2항) 및 추경예산안(제56조)을 편성할 수 있다. 대통령령을 제정(제75조)하여 이에 관한 세부 사항을 관장할 수 있다. 중대한 재정 · 경제상의 위기에 대해 긴급처분 · 명령권이 있으며(제76조), 또 국무회의를 통해 예산안 · 결산 · 국유재산처분의 기본계획 · 국가부담이 될 계약 기타재정에 관한 중요사항(제89조 4항), 긴급명령 · 긴급재정 경제처분 및 명령 또는 계엄과 그 해제(제89조 5항)등이 명시되어 있다.

한편 감사원에도 재정 관련 일정 권한을 부여하여, 국가의 세입 · 세출의 결산, 국가 및 법률이 정한 단체의 회계 검사권을 감사원에 있음을 규정하고 있다(제97조).

Ⅱ. 국가재정법

1 내용

국가재정법은 재정에 관한 헌법의 규정을 이어받아 국가의 재정 운용 사항을 규율하는 예산의 기본법이다. 종래에는 정부 예산에 대해서는 예산회계법이, 기금에 대해서는 기금관리기본법이 적용되었다. 그러나 2006년 법 개정으로 두 법은 폐지되고 예산과 기금을 하나의 법률로 통합하고 국가 재정 운용의 기본법으로 제정한 것이 '국가재정법'이다. 이 법의 제정 목적은 국가의 예산 · 기금 · 결산 · 성과관리 및 국가채무 등 재정에 관한 사항을 정함으로써 효율적이고 성과지향적이며, 투명한 재정 운용과 건전 재정의 기틀을 확립하는 것이다.

2 특징

국가재정법은 총칙적인 사항(제1조~제27조), 예산 편성(제28조 ~제41조), 예산 집행(제42조~제55조), 결산(제56조~제61조), 기금(제62조~제85조)등의 기본 사항을 규정한다. 비교적 최근의 몇 차례 개정을 통해 강조된 주요 사항은 건전재정(제1조, 제16조), 회계 연도 독립(제2조), 일반회계 · 특별회계의 구분 및 특별회계 설치의 제한(제4조), 기금의 설치 및 그 제한(제5조), 국가재정운용계획의 수립(제7조), 성과중심의 재정운용(제8조), 예산 · 기금 · 결산 책임을 기획재정부 장관에게 귀속(제11조), 회계 · 기금 간 재원의 전입 · 전출(제13조), 예산총계주의(제17조), 예비비 계상 한도(제22조), 성인지 예결산 제도(제26조), 예산의 전용, 이용, 이체 내역의 국회보고 절차 강화(46,47조), 결산의 국회 조기 제출(제61조), 추경예산 편성의 제한(제89조), 세계잉여금처리(제90조), 재정 지출에 대한 국민 감시제도(제100조) 등이다.

Ⅲ. 정부기업예산법

1 내용

'정부기업예산법'은 기업 형태로 운영하는 정부사업('정부기업')의 합리적 경영과 투명한 운영을 위하여 그의 예산 회계를 통일적으로 규율하는 법이다. 이 사업을 규율하던 종래의 기업예산회계법이 폐지되고 정부기업예산법으로 대체되었다. 이 법이 규정하는 '정부기업'이란 '우편사업 · 우체국예금사업 · 양곡관리사업 · 조달사업'의 4개이다(제2조). 이 정부 기업별로 각각 특별회계(우편사업특별회계, 우체국예금특별회계, 양곡관리특별회계, 조달특별회계)를 설치하여 그 수입으로 그 지출에 충당한다.

그런데 이 법이 아닌 다른 법(책임운영기관의 설치 · 운영에 관한 법 30조)에서 책임운영기관 특별회계의 사업을 정부기업으로 규정하였기 때문에 정부기업은 전체적으로 보면 상기 4개 외에 이 책임운영기관 특별회계의 사업까지 합하여 모두 5개이다.

2 특징

다음과 같은 특성이 있다. 4개의 사업에 대한 특별회계의 설치(3조), 자금의 차입(11조), 자금의 선지급(12조), 회전자금의 보유(13조), 예산요구 및 예산안 제출 시 추가적인 서류 제출(17,18조), 초과 수입을 직접 관련 비용에 지출 가능(19조), 예산전용 특례(20조) 등이다.

Ⅳ. 공공기관의 운영에 관한 법률

1 내용

과거, 공공 부문의 조직 중 정부기관을 제외한 기관들은 공기업, 정부투자기관, 정부산하기관, 출자기관, 자회사, 재출연기관, 보조위탁기관 등의 복잡하고 다양한 체계로 관리되어 왔다. 이들을 체계적으로 관리하기 위해 공공성이 큰 이들 기관을 '공공기관'이란 범주에 포용하고, 그 운영에 관한 기본적인 사항과 자율경영 및 책임경영체제의 확립에 관하여 필요한 사항을 정하는 것이 '공공기관의 운영에 관한 법률'이다.

'공공기관'이란 국가 · 지방자치단체가 아닌 법인·단체 또는 기관으로서 공공성이 큰 기관을 의미한다. 구체적으로는 다음 중 어느 하나에 해당되는 기관 중 기획재정부 장관이 지정한다. ① 다른 법률에 따라 직접 설립되고 정부가 출연한 기관, ② 정부지원액(법령에 따라 직접 정부의 업무를 위탁받거나 독점적 사업권을 부여받은 기관의 경우에는 그 위탁업무나 독점적 사업으로 인한 수입액을 포함한다. 이하 같다)이 총수입액의 2분의 1을 초과하는 기관, ③ 정부가 100분의 50 이상의 지분을 가지고 있거나 100분의 30 이상의 지분을 가지고 임원 임명권한 행사 등을 통하여 당해 기관의 정책 결정에 사실상 지배력을 확보하고 있는 기관, ④ 정부와 제1호 내지 제3호의 어느 하나에 해당하는 기관이 합하여 100분의 50 이상의 지분을 가지고 있거나 100분의 30 이상의 지분을 가지고 임원 임명권한 행사 등을 통하여 당해 기관의 정책 결정에 사실상 지배력을 확보하고 있는 기관, ⑤ 제1호 내지 제4호의 어느 하나에 해당하는 기관이 단독으로 또는 두개 이상의 기관이 합하여 100분의 50 이상의 지분을 가지고 있거나 100분의 30 이상의 지분을 가지고 임원 임명권한 행사 등을 통하여 당해 기관의 정책 결정에 사실상 지배력을 확보하고 있는 기관, ⑥ 제1호 내지 제4호의 어느 하나에 해당하는 기관이 설립하고, 정부 또는 설립 기관이 출연한 기관이다.

공공기관의 지정권자는 기획재정부 장관이다. 그러나 위에 해당되더라도 ①구성원 상호 간의 상호부조·복리증진·권익향상 또는 영업질서 유지 등을 목적으로 설립된 기관, ②지방자치단체가 설립하고, 그 운영에 관여하는 기관, ③한국방송공사와 한국교육방송공사는 공공기관으로 지정할 수 없다(제4조).

2 특징

이 법에 의해 공기업, 정부투자기관, 출자기관, 정부산하기관 등의 다기적인 분류체계가 하나의 통일된 분류체계 하에서 관리되게 되었다. 공공기관의 책임경영체제를 확립하기 위하여 공공기관의 자율적 운영을 보장하면서(제3조), 동시에 그 운영 결과에 대한 책임을 지게 제도화하였다. 이 법의 제정으로 기존의 정부투자기관 및 산하기관의 운영의 기본법이던 '정부투자기관관리기본법', '정부산하기관관리기본법'은 폐지되었다.

공공기관을 구분하여 ①공기업(시장형 공기업, 준시장형 공기업), ②준정부기관(기금관리형 준정부기관, 위탁집행형 준정부기관), ③기타 공공기관으로 운영한다(제5조). 공기업은 시장성이 강조되는 기관이다. 그 중에서도 (i)시장형 공기업은 자산규모가 2조원 이상이고, 총수입액 중 자체수입액이 높은(85% 이상) 공기업이며, (ii)준시장형 공기업은 공기업 중 시장형 공기업을 제외한 공기업을 의미한다. 준정부기관은 시장성보다 공공성이 강조되는 기관이다. 그 중에서 기금관리형 준정부기관은 국가재정법에 따라 기금을 관리하거나 기금의 관리를 위탁받은 준정부기관이며, 위탁집행형 준정부기관은 기금관리형 준정부기관이 아닌 준정부기관이다(제4,5조). 공기업과 준정부기관은 직원 수가 50인 이상이 되어야 한다.

공공기관의 운영에 관한 주요 사항 등을 심의 · 의결하기 위하여 기획재정부 장관을 위원장으로 하는 '공공기관운영위원회'를 설치한다. 이 위원회의 구성원 중 대통령이 임명하는 민간 위원의 수가 과반수가 되도록 하였다(제8,9,10조).

공공기관에 대한 경영공시를 의무화하여(제11, 12조) 공공기관의 투명 경영을 명시하였다.

또 경영성과에 따른 책임을 지도록 하는 제도를 강화하였다. 공기업 및 준정부기관의 경영목표 · 예산 · 자금계획 및 운영계획 등에 관한 사항을 심의 · 의결하기 위하여 이사회를 두도록 하고, 이사회는 기관장이 법령 등 위반행위나 직무를 게을리한 경우 주무기관의 장에게 기관장의 해임 등을 요구할 수 있게 함으로써 기관장에 대한 경영 책임을 물을 수 있게 하였다(제17조~제22조). 또 기획재정부 장관은 경영실적이 부진한 공기업 · 준정부기관의 기관장 또는 상임이사의 해임을 건의하거나 요구할 수 있도록 하였다(제48조).

또 공기업 및 준정부기관 임원 임면의 객관성·공정성을 강화하였다. 공기업의 장은 임원추천위원회가 복수로 추천하여 공공기관운영위원회의 심의·의결을 거친 사람 중에서 주무기관의 장의 제청으로 대통령이 임명하도록 하고, 준정부기관의 장은 임원추천위원회가 복수로 추천한 사람 중에서 주무기관의 장이 임명하도록 하며, 그 밖에 비상임이사 및 감사의 임명도 임원추천위원회의 추천 및 공공기관운영위원회의 심의 · 의결을 거치도록 하였다(제25, 26조).

공기업·준정부기관의 회계 연도는 정부의 회계 연도에 따른다(38조). 공기업·준정부기관의 회계원칙으로 발생주의를 명시하였다(제39조). 공기업과 준정부기관이 편성한 예산안은 원칙적으로 이사회의 의결로 확정된다(제40조). 공기업은 기획재정부 장관에게, 준정부기관은 주무기관의 장에게 매 회계 연도 종료 후 2월 말까지 결산에 필요한 서류를 첨부하여 각각 제출해야 한다. 그리고 이에 대해 3월 말까지 승인을 얻어 결산을 확정하여야 한다. 다만, 주주총회나 출자자총회 등 사원총회가 있는 공기업·준정부기관의 경우에는 사원총회에서 결산을 의결 · 확정한다. 공공기관의 결산은 감사원의 검사를 받아야 한다(제43조).

공기업	시장형	직원이 50인 이상, 자체수입비중 85% 이상, 공기업 자산규모 2조 이상인 것
	준시장형	공기업 중 시장형 공기업을 제외한 것.
준정부기관	기금관리형	직원이 50인 이상, 자체 수입비중 50% 미만.
	위탁집행형	기금관리형을 제외한 것.
기타 공공기관		공공기관 중 공기업·준정부기관을 제외한 것.

Ⅴ. 책임운영기관의 설치 · 운영에 관한 법률 등

1 내용

'책임운영기관'은 정부가 수행하는 사무 중 공공성을 유지하면서도 경쟁원리에 따라 운영하는 것이 바람직한 사무에 대하여 책임운영기관의 장에게 행정 및 재정상의 자율성을 부여하고 그 운영성과에 대하여 책임을 지도록 하는 행정기관이다. 책임운영기관의 행정운영의 효율성과 행정서비스의 질적 향상을 도모하기 위해 그 설치 및 운영에 관한 기본적인 사항과 책임운영기관의 조직 · 인사 · 예산 · 회계 등에 관한 특례를 규정한 것이 '책임운영기관의 설치·운영에 관한 법률'이다.

책임운영기관은 기관의 지위에 따라 ① 소속책임운영기관(중앙행정기관의 소속기관으로서 책임운영기관으로 설치된 경우), ② 중앙책임운영기관(정부조직법상 '청'으로서 책임운영기관으로 설치된 경우)으로 구분되며, 또 기관의 사무 성격에 따라 ① 조사연구형 책임운영기관, ② 교육훈련형 책임운영기관, ③ 문화형 책임운영기관, ④ 의료형 책임운영기관, ⑤ 시설관리형 책임운영기관, ⑥ 기타유형으로 구분된다.

2 특징

원래 전술한 정부기업예산법(제2조)은 '정부기업'을 4개만으로 규정하고 있다. 그러나 책임운영기관의 설치 · 운영에 관한 법률(제30조)에 의하면 위 4개에 포함되지 않는 책임운영기관 특별회계의 사업 역시 '정부기업'으로 간주된다. 결국 현행 정부 기업은 5개이다. 예산관련 규정의 특징은 독립성과 자율성 보장(제3조), 기관장의 공개모집 및 계약직 채용, 책임운영기관특별회계의 설치(제27조), 초과수입금의 직접 사용(제35조), 과목 상호간의 전용(제36조) 등이다.

Ⅵ. 지방자치단체 예산의 관련 법률들

지방자치단체의 예산 운영에 관한 주요 토대가 되는 법률에는 지방자치법, 지방재정법, 지방세법, 지방공기업법 등이 있다. 중앙정부에서 헌법 · 국회법이 예산 관련 활동의 근본법이듯이 지방자치단체의 경우에는 지방자치법이 그러한 지위에 있다. 지방자치법은 지방자치단체의 모든 재정 운영의 기본 원칙, 예산과 결산, 수입과 지출, 지방세의 부과 및 징수, 지방재정의 운영, 지방공기업의 설치와 운영에 관한 기본 사항을 규정하고 있다.

중앙정부의 재정에 관해 국가재정법이 기본법인 것에 대응하여 지방자치단체의 재정에 관한 기본법은 지방재정법이다. 지방재정에서의 건전 재정 원칙, 회계 연도 독립의 원칙, 중장기 재정계획, 예산총계주의, 계속비, 추경예산 제도, 준예산, 예산이체, 예산전용, 예산이월, 성과금 등은 물론 발생주의와 복식부기 회계 원리도 규정하고 있다.

지방세법은 지방자치단체의 지방세의 부과 및 징수, 종류, 과세물건, 과세표준, 세율 등을 규정하고 있다. 즉 지방자치단체의 조세에 관한 기본법이다. 지방공기업법은 지방자치단체가 직접 설립하여 운영하거나 법인을 설립하여 경영하는 기업의 운영에 관해 필요한 사항을 규정하고 있다. 독립채산제의 원칙, 발생주의 원칙, 원가계산, 수입금 마련 지출 등의 제도를 규정하고 있다. 이밖에 지방재정의 주요 원천이 되고 있는 교부세를 규정한 지방교부세법이 중요하다.

논평

예산 제도 관련 법규에서는 특히 공기업 관련 법규를 정확히 이해해 두라. 최근에 제정된 '정부기업예산법', '공공기관의 운영에 관한 법률'의 내용을 주목하라. 이 법의 제정으로 이미 폐지된 과거의 '기업예산회계법', '정부투자기관관리기본법' 등의 내용이 답안 속에 인용되어서는 안 된다.

ㅣ새 테마 행정학ㅣ

05. 예산의 종류

Ⅰ. 예산의 목적을 기준으로 한 예산의 분류: 일반회계 · 특별회계 예산

1 일반회계 예산

일반회계 예산은 일반적 국가 활동에 관한 총세입·총세출을 계리하여 편성한 예산을 말한다. 일반회계 예산은 일반적 국가 활동에 소요되는 예산이므로 그 세입은 조세 수입을 재원으로 하고, 그 세출은 국가사업을 위한 기본의 경비지출로 구성됨이 원칙이다.

원칙적으로 정부 예산에는 모든 세입과 세출이 하나로 통일되어 계리되어야 한다는 '예산 단일성 원칙'이 적용된다. 이 기본 원칙에 의거한다면 정부의 기본적이고 주된 재정 활동은 일반회계에서 충당되어야 한다. 예산이라고 할 때에는 일반회계 예산을 의미하는 경우가 보통이다.

2 특별회계 예산

1) 의의

현대행정국가의 예산은 재정운영의 신축성과 능률성을 확보하기 위해 종래의 통제지향 예산 제도와 달리 복잡하고 다원적으로 운영되고 있다. 그 한 예가 특정한 세입에 의하여 특정한 세출을 충당하도록 하는 특별회계 제도이다. 일반회계 외의 별도의 회계를 설치한다는 점에서 예산단일성 원칙의 예외이다. 또한 통일성의 원칙에 대한 예외이기도 하다. 최근 일반회계와 특별회계의 규모가 약 4:1이며 2015. 8월 현재 특별회계의 수는 18개이다.

2) 설치 요건 및 유형

국가재정법 (제4조)은 국가의 회계를 일반회계와 특별회계로 구분하며, 특별 회계의 설치 요건을 규정하고 있다.

첫째, 설치 목적에 따라 특별회계는 세 가지 형태로 나눌 수 있다. ① 국가에서 특정한 사업을 운영하고자 할 때(ex:기업특별회계), ② 특정한 자금을 보유·운용할 때, ③ 특정한 세입으로써 일반의 세입세출과 구분하여 경리할 필요가 있을 때 등이다.

둘째, 사업성의 정도 및 근거 법률에 따라 '기업특별회계'와 '기타특별회계'로 구분할 수도 있다. 특별회계 중 기업성이 강한 것이 '기업특별회계'이며 나머지 것들은 모두 기타특별회계이다. 기업특별회계는 정부기업예산법에 의해 설치되는 4개(우편사업특별회계 · 우체국예금특별회계 · 양곡관리특별회계 · 조달특별회계)와 책임운영기관의 설치 · 운영에 관한 법률에 의해 설치되는 책임운영기관 특별회계를 합하여 총 5개이다. 특별회계 중 기업특별회계가 아닌 나머지 기타특별회계(13개)들을 모두 개별 특별회계법에 의해 설치된다.

3) 특징

특별회계의 장점으로는 ① 사업수지를 명확하게 해주며, ② 재량 확대로 예산의 능률적 집행이 가능하며, ③ 행정기관의 전문화, 다양화에 기여하며, ④ 안정적으로 자금을 확보 및 사업의 안정적 운영이 가능 등이다.

그 단점으로는 ① 예산운영에 입법부와 시민통제를 어렵게 하며, ②예산구조의 복잡화 때문에 심의와 관리의 연계 운영이 어렵고, ③ 자금 전출입으로 인해 재정 규모를 파악하기 어렵다.

4) 통제

(1) 사전적 통제

2007년부터 특별회계의 설치 근거가 되는 법률을 한정해 놓았는데(국가재정법 제4조 3항) 2015년 8월 현재 20개 법률만이 특별회계를 설치할 수 있다. 현재로서는 다른 법률로서는 특별회계를 설치할 수 없다. 또 중앙 관서의 장이 특별회계를 신설하려면 그 계획서를 기획재정부 장관에게 제출하여 심사를 받아야 한다(제14조).

(2) 사후적 통제

일단 설치된 경우에도 운영에 대해 지속적인 평가를 통해 특별회계의 존치 여부를 심사한다. 이미 설치 목적을 달성한 경우, 설치 목적의 달성이 불가능하다고 판단될 경우, 특별회계와 기금 간 혹은 특별회계 상호 간에 유사 · 중복적으로 설치된 경우, 그밖에 재정 운영의 효율성 및 투명성을 높이기 위해 일반 회계에서 통합 운용함이 더 바람직할 경우에는 특별회계는 통합 · 폐지된다(국가재정법 제15조).

5) 특별 회계 제도의 발전 방향

(1) 문제점

① 국가재정운용계획 제도와 불일치

부처가 특별회계를 설치한 중요한 한 이유는 사업 추진을 위한 안정적 재원 확보였다. 그러나 이제 2004년 이래로 '국가재정운용계획' 제도가 실시되어 중장기적 재원배분 체계가 구축됨에 따라 특별회계의 존치 필요성이 많이 약화되었다.

② 특별회계의 남설

특별회계의 수는 입법부와 국민에 의한 예산 통제를 강조하는 측면에서는 적을수록 좋다. 그러나 행정 능률의 관점에서 볼 때에는 필요한 경우마다 특별회계를 두어 행정 능률의 향상과 경영합리화를 기하는 것이 바람직하다. 우리나라는 각 부처가 특별회계를 경쟁적으로 남설해 왔다가 최근에는 잘 통제되는 상태이다.

③ 특별회계와 기금의 중복

특정 사업이 특별회계 및 기금 간에 중복적으로 설치되는 경우가 있다. 과거 군인연금특별회계의 경우 특별회계는 관리비로 사용되고 기금은 사업비로 사용한 경우이다. 이러한 경우는 특별회계를 통합, 폐지하여 재정의 복잡성을 줄여야 한다. 최근에는 통합 예산 제도를 활용하기 때문에 기금 등도 파악하여 정부의 전체 재정 규모를 파악하는 것이 용이해 졌다.

④ 일반 회계에 대한 의존 심화

전체적으로 보면 일반회계에 대한 의존도가 아주 높다. 특별회계 중에는 자체수입이 거의 없는 것이 많다. 특별회계 총 세입 중 일반회계의 전입금이 30%에 달할 정도이다.

⑤ 총액배분 · 자율편성(top-down) 제도에 대한 장애

총액자율배분제도 하에서는 중앙예산 기관은 관서별, 분야별로 예산총액을 제시하고 부처는 그 범위 안에서 세부내역을 자유로이 정하여 예산을 요구한다. 그러나 현재 재정 당국은 회계 간의 복잡한 내부 거래로 인해 관서별 · 분야별 총액예산을 사업별로 배정하는데 실무상 큰 어려움을 겪고 있다.

⑥ 칸막이식 운영으로 인한 전체 재정의 비효율적 관리

회계 간의 재원 이동이 제한되어 있기 때문에 '한쪽은 남고 한쪽은 모자라는' 현상이 항상 발생한다. 회계 간에 재정 상황의 불균형이 심하다. 이것은 특별회계 뿐 아니라 기금의 경우에도 마찬가지이다.

(2) 발전 방안

① 일반회계로 전환

일반회계와 사업 성격이 유사하고, 일반회계의 재원에 의존하는 특별회계는 일반회계로 편입함이 적합하다. 교통시설 특별회계 등이 이에 해당될 것이다. 또 수수료 · 벌과금 등의 조세 외 수입에 의존하는 특별회계도 일반 회계에서 통합 관리할 수 있다. 등기특별회계, 교통시설 특별회계가 이에 해당된다.

② 유사한 특별회계 · 기금과 통합

중복적인 성격의 특별회계는 다른 특별회계 · 기금과 통합함이 바람직하다. 이러한 통합 시에 굳이 회계간의 완전 통합이 아니라 회계 내의 계정만을 분리하여 통합하는 것도 제안될 수 있겠지만 그것은 실익이 적으므로 바람직하지 않다.

③ 이질적 사업들을 포함한 특별회계의 분리

이질적 성격의 사업이 혼재하고 있는 특별회계는 그 특성에 따라 분리함이 바람직하다. 따라서 과거의 통신사업 특별회계가 포함하고 있던 두 가지 이질적 사업을 우편사업 특별회계 · 우체국예금 특별회계로 분리한 것은 적절하다고 평가된다.

(3) 결어

오늘날 특별한 성격의 재정 활동을 효율적으로 운영하기 위해 일반회계와 구분하여 관리하는 특별회계 예산 제도는 불가피한 제도이다. 문제는 특별회계 설치의 기본 목적인 재정의 효율성 확보와 예산의 전통적인 목적인 재정 통제간의 상호 충돌이다. 특별회계가 아무리 능률성을 위해 지향한다하더라도 그것이 민주적 통제를 전적으로 벗어나는 것이어서는 안 될 것이며 행정 이념 중 가장 상위의 가치인 민주성을 감안하면, 우선 민주적 통제의 길을 제공하는 바탕 하에서만 효율적 재정 관리 제도들이 모색되어야 한다. IMF도 한국의 예산 구조가 OECD 국가 중 유례없이 복잡하다고 지적한 바 있다.

이런 바탕 하에서 본다면, 특별회계를 전면 재검토하고 그 상당 부분은 전술한 대로 일반회계로 이전하고, 다른 특별회계 및 기금과 합리적으로 통폐합해야 한다. 통폐합된 특별회계의 재원은 안정적 확보가 불안해 진다는 우려가 있을 수 있으나, 오히려 칸막이식 회계 구조 때문에 제대로 시행되는데 어려움을 주고 있는 현행 총액예산 제도가 제대로 실시되는 순 효과가 나타날 것으로 기대된다. 이러한 개혁을 통해 재정의 단순화 · 투명화를 더욱 추구해야 할 것이다.

Ⅱ. 예산변경의 형태에 따른 종류: 본예산 · 수정예산 · 추경예산

1 본예산

정부는 회계 연도 개시 120일 전까지 다음 회계 연도 예산안을 국회에 제출하여야 한다(국가재정법 제33조). 국회는 다음 회계 연도 개시 30일 전까지 다음 회계 연도 예산에 대해 의결 · 확정하는데 이 예산이 본예산이다. 국가의 재정 활동에 대한 가장 기본적인 예산이며 당초예산(當初豫算)이라고도 부른다. 본예산은 새로운 회계 연도를 위해 최초로 성립된 예산이다. 예산 단일성의 원칙에 의하면 예산은 이 본예산에 의해서만 심의가 이루어지고 그 결과가 그대로 집행되어야 하지만 불가피한 사유로 인해 예산이 변경될 필요가 생긴다. 이 경우에 나타나는 예산이 수정 예산 및 추가경정예산이다.

2 수정예산

1) 의의

수정예산은 정부가 예산안을 국회에 제출한 후, 예산이 아직 최종 의결되기 전에 국내외의 사회경제적 여건의 변화로 예산안의 내용 중 일부를 변경할 필요성이 있을 때 정부가 새로이 편성 · 제출하는 예산안이다. 예산안의 제출은 다음 회계 연도 개시 120일 전이며, 그것의 헌법적 의결 시한은 회계 연도 개시 30일 전이므로 그 사이에 대내외적 재정 환경의 변동이 발생할 수 있으며 이에 따라 당초에 제출된 정부 예산안 수정이 필요할 수 있다. 특히 최근 우리나라의 예산 심의 관행상 헌법적 시한을 어기고 다음 회계 연도 개시 직전에 예산 심의가 완결되는 경우가 많아 정부의 예산안 제출과 국회의 의결까지의 간격이 실제로는 더 크다. 우리나라는 1970년도 예산(국회 제출일 1969. 11. 19)과 1981년도 예산(국회 제출일 1980. 10. 28), 2009년도 예산(제출일 2008. 11.7) 등의 경우 수정예산안이 제출된 바 있다.

2) 법적 근거

정부는 예산안을 국회에 제출한 후 부득이한 사유로 인하여 그 내용의 일부를 수정하고자 할 때에는 국무회의의 심의를 거쳐 대통령의 승인을 얻어 수정예산안을 국회에 제출할 수 있다(국가재정법 제35조). 그리고 시간의 촉박성 및 이전에 예산안 첨부 자료와의 중복성을 감안하여, 이 수정예산을 제출하는 경우에는 그 첨부 서류의 일부를 생략할 수 있다(제36조).

3) 의결 절차

수정예산은 정부가 예산안을 국회에 제출한 후 예산안이 아직 국회에서 의결되기 전에 제출되는 것이므로 상임위원회의 예비 심사 및 예산결산특별위원회의 심사를 받아야 한다. 이미 제출한 예산안에 대한 예비심사 또는 종합 심사가 진행 중인 때에는 이미 제출한 예산안과 함께 수정예산안을 심사해야 한다. 이미 제출한 예산안의 심사가 종료된 경우에는 수정예산안에 대한 상임위원회의 예비심사와 예산결산특별위원회의 종합 심사를 따로 받아야 한다.

3 추가경정예산

1) 의의

정부는 예산이 성립된 후에 생긴 사유로 인해 이미 성립된 예산에 변경을 가할 필요가 있을 때에 국회에 제출하여 심의 · 의결되는 것이 추가경정예산('추경예산')이다. 추가경정예산은 본예산이 집행에 들어 간 이후에 예산 변경의 사유가 발생했을 때 편성하며 국회의 심의 · 의결을 받아야 한다. 많은 나라에서 이 추가경정예산의 편성이 상례화 된 경우가 많으며 우리나라에서도 거의 매년 편성 · 심의된다.

2) 편성의 사유

종래에는 추가경정 예산의 편성이 거의 정례화되어 있었다. 본예산 심의 시에 예상하지 못한 사태가 발생한 경우에 이 추경 예산이 편성되었으나 때로는 '전략적 목적', 즉 예컨대 본예산 심의에서 국회가 삭감한 항목을 다른 형태로 위장하여 부활하기 위하여 사용되기도 하였다. 추가경정예산의 심의는 본예산의 심의보다 느슨하고 여론의 관심이 상대적으로 낮은 분위기에서 이루어지기 쉽다. 따라서 본예산 심의에서 통과가 어려울 것이 예상되는 항목은 아예 처음부터 본예산에서 제외해 두었다가 나중에 추가경정예산을 통해 이를 통과받기도 한다.

이러한 문제점을 막기 위해 국가재정법에서는 추경예산 제도의 오용을 막고자 편성 사유를 보다 명확히 한정하였다. 즉 ①전쟁이나 대규모 자연재해가 발생하였을 경우, ② 경기침체 · 대량실업 · 남북관계 변화·경제협력과 같은 등 대내 · 외 여건에 중대한 변화가 발생하였거나 발생할 우려가 있는 경우, ③ 법령에 따라 국가가 지급하여야 하는 지출이 발생하거나 증가하는 경우에만 추경예산을 편성할 수 있다(국가재정법 제89조 1항).

3) 재원

추경을 편성하기 위한 재원은 사정에 따라 다르지만 지금까지의 관행을 보면 전년도 세계잉여금, 당해 연도 세수 증가분, 공기업 주식 매각 수입, 한은 잉여금 등으로 마련하고 있다.

필요한 경우 국채를 발행할 수도 있다.

4) 본예산과의 관계

추경예산은 본예산과 별개로 성립되지만 일단 성립되면 본예산과 추경예산은 하나로 통합되어 운영된다. 따라서 예산 총액을 파악하려면 본예산과 추경예산의 액수를 합산해야 한다. 일반적으로 추가경정예산은 본예산의 예산액을 증액(추가)함이 보통이며 그 경우 '추가'라는 의미에 가장 잘 합치된다. 그러나 실제의 경우 전술한 세 가지 추경 편성 사유를 통해 세수부족이 예상되는 경우에는 본예산을 '축소'(감액)하는 경우도 있을 수 있다.

5) 각 국의 예

① 일본의 경우

일본의 재정법은 추가경정예산(일본에서는 보정예산-補正豫算이라고 함)의 편성사유를 구체적으로 규정하고 있다.

② 영국의 경우

추경의 편성을 규제하는 법률은 없으나 1년에 2회의 추가경정예산을 상례적으로 사용하고 있다. 즉, 여름추경 예산안과 봄 추경 예산안이 그것이다.

③ 미국의 경우

매년 3~4회의 추가경정예산을 불규칙적으로 사용하고 있어, 추경을 가장 빈번히 사용하고 있는 국가의 하나이다.

6) 결어

우리나라의 추가경정예산이 편성된 회수를 보면 건국이후 60년대까지는 매년 0~7회 정도이나 1970년대 이후에는 거의 1~2회 사용되는 것이 상례로 되어 있다. 추가경정예산은 예산단일성의 원칙의 예외로서 빈번하게 편성될 경우 국회의 행정부에 대한 통제가 약화되고, 국민의 예산에 대한 이해를 곤란하게 하며, 예산 팽창의 원인이 된다. 따라서 추경예산은 예산변경의 불가피한 사유가 발생한 경우를 제외하고는 가급적 편성횟수를 최소화하는 것이 바람직하다.

추경 예산도 국회의 심사를 거쳐야만 그 지출이 이루어질 수 있으며 국회의 확정이 있기 전에는 그 추경예산 내용을 배정 · 집행할 수 없다(국가재정법 세계잉여금89조 2항). 그리고 본예산의 경우와 마찬가지로 추가경정예산에 대해서도 국회 및 국민의 감시 속에서 철저히 검토되어야 할 것이다.

Ⅲ. 예산불성립시의 예산 집행: 잠정예산 · 가예산 · 준예산

1 의의

원래 예산은 사전승인의 원칙에 의거, 미리 국회의 의결을 거쳐야 정부가 집행할 수 있다. 그러나 회계 연도 개시일(1월 1일)이 도래했음에도 불구하고 아직 확정된 예산이 없어서 재정 활동이 불가능한 경우가 나타날 수 있다. 이러한 이른바 '무(無)예산' 상태가 나타날 경우에 대비한 제도가 필요하다. 명칭은 약간씩 다르지만 오늘날 각국에 유사한 제도가 마련되어 있다. 이에 대한 제도로 우리나라의 경우는 1공화국 때는 가예산을 채택하였으나, 1960년대 이후에는 준예산을 채택하고 있으며, 이밖에 잠정예산, 가예산 제도 등이 있다.

2 잠정예산

1) 의의

일정 금액(최초 4,5개월분)에 해당하는 예산의 국고지출을 허용하는 제도이다. 예산이 성립되면 잠정예산의 유효기간이나 지출잔액의 유무에 관계없이 본예산에 흡수된다.

2) 내용

① 의회 의결 필요 여부

미국 · 영국 · 일본 등 대부분의 국가에서는 의회가 의결해야만 잠정예산을 쓸 수 있다. 그러나 독일의 경우 회계 연도 개시일이 되면 의회의 의결 없이 자동적으로 쓸 수 있다.

② 사용 기간

영국 · 독일 · 일본 등 대부분의 국가에서 사용 기간이 원칙적으로 규정되어 있지 않으나, 미국 등에서는 의회가 잠정예산을 의결할 때에 사용 기간을 정하는 경우도 있다.

③ 지출 내용의 제한

대부분의 국가에서 잠정예산을 사용하는 기간에는 전년도 예산 수준으로 지출하며, 새로운 지출 항목을 만들거나 사업을 시작해서는 안 된다.

④ 상례화 여부

영국이나 북한의 경우 매년 3~4개월간 잠정예산을 연례적으로 사용한다. 영국의 경우 회계 연도는 4월1일에 시작되나 예산의 의결은 통상 7월 말경이 되므로 이 4개월 정도의 기간 동안 잠정예산을 사용함이 보통이며, 북한의 경우도 이와 유사하다. 미국의 경우 의회의 예산 심의기간이 충분히 주어짐(8개월)에도 불구하고 예산 심의 절차가 복잡하고 행정부와의 예산 정책상의 마찰이 빈번하여 거의 매년 잠정예산을 쓰고 있다. 일본도 잠정예산을 자주 사용하는 국가에 속한다.

3 가예산

가예산은 과거 한국의 1공화국 때 전쟁 시에 시행하였던 예산으로서 부득이한 사유로 인해 회계 연도 개시 전까지 예산이 의결되지 못할 때 다음 회계 연도의 처음 1개월분의 예산을 의결하여주고 1개월 이내에 상정된 예산을 의결한다. 가예산은 처음 1개월이라는 제한이 있다는 점에서 준예산이나 잠정예산과 다르며 국회의 의결이 필요하다는 점에서 잠정예산과는 같으나 그 지출 용도가 일반적이라는 점에서 지출 용도가 제한적인 준예산과 다르다.

4 준예산

1) 의의

준예산은 본예산이 회계 연도 개시 전까지 입법부를 통과하지 못하는 경우에 행정부는 예산안이 국회에서 의결될 때까지 특정 경비에 한해서 전년도 예산에 준해 지출할 수 있도록 만든 제도이다. 준예산은 잠정예산이나 가예산과 달리 국회의 의결을 필요로 하지 않는다. 이 점에서 준예산은 예산의 사전 의결의 원칙의 예외가 된다.

2) 지출 내용 · 기한 · 효과

준예산으로는 ① 헌법이나 법률에 의해 설치된 기관 또는 시설의 유지 · 운영비 ② 법률상 지출의무를 이행하기 위한 경비, 즉 공무원의 보수와 사무 처리에 관한 기본경비 ③이미 예산으로 승인된 사업의 계속비 등에 지출할 수 있다(헌법 제54조 제3항). 지출 가능 기간은 당해 연도 예산이 국회에서 의결될 때까지 지출이 가능하며, 지출의 효과는 당해 연도 예산이 성립되면 그 성립된 예산에 의해 집행된 것으로 간주된다(국가재정법 제55조 2항).

3) 결어

이 제도는 우리나라에서 1961년 가예산 폐지 이후 현재까지 사용되고 있으나, 실제로 준예산이 사용된 적은 없다. 그러나 최근에는 예산의 의결이 헌법 시한(12월 2일)을 넘겨 다음 회계 연도 직전 시기인 연말에 가서야 의결되는 경우가 매우 빈번히 일어났다. 예산 당국에게 준예산 집행의 위기감을 주고 있다. 근본적으로는 최고 입법기관인 국회가 국가의 최고 법인 헌법을 위반하고 있다는 점은 큰 문제이지만, 예산 당국도 이 제도가 불가피하게 실시될 경우를 대비하여 사전적 준비가 필요하다. 이 때문에 최근 국가재정법(85조의 3)은 예산안 심의가 11월말까지 완결되지 않으면 자동으로 12월 1일에 본회의에 부의된 것으로 간주하도록 개정되었다. 이 규정으로 인해 준예산의 위험은 크게 줄어들었다.

Ⅳ. 예산 심의의 특례를 인정받는 예산: 기금 · 공공기관예산 · 신임예산

예산은 국회의 심의를 받는다. 이 점에서 일반회계 예산이나 특별회계 예산이 동일하다. 그러나 일부 재정 형태에 대해서는 이에 대해 예외를 인정하여 국회의 예산 심의를 받지 않는 경우가 있다. 이러한 것으로는 기금 · 공공기관의 예산 · 신임예산이 있다.

첫째, 기금은 국가가 특정한 목적을 위하여 특정한 자금을 운용할 필요가 있을 때 법률로써 특별히 설치할 수 있는 자금이다. 기금은 세입세출예산에 의하지 않고 '예산 외'(off budget)로 운용될 수 있다(국가재정법 제5조 2항). 현재에는 기금의 운영에 대한 합리적 통제 장치를 강화하여 이제 기금도 상당한 국회의 통제를 받게 되어 있지만 예산보다는 국회의 통제 정도가 적으며 경우에 따라서는 예산 외로 운영될 수 있다.

둘째, 공공기관의 예산이다. '공공기관'은 2007년부터 적용되는 '공공기관의 운영에 관한 법률'에 의해 관리되는데 공기업, 준정부기관, 기타 공공기관으로 분류된다. 공공기관의 예산은 다 발생주의 회계처리 원칙으로 처리된다(제39조). 공공기관은 ①공기업(시장형 공기업, 준시장형 공기업), ②준정부기관(기금관리형 공기업, 위탁집행형 공기업), ③기타 공공기관으로 구분된다(제5조). 공기업·준공공기관의 예산은 예산총칙 · 추정손익계산서 · 추정대차대조표 · 자금계획서로 구성되는데(제40조), 이는 국가기관의 예산이 예산총칙 · 세입세출예산 · 계속비 · 명시 이월비 및 국고채무 부담행위로 구성(국가재정법 제19조)되는 것과 구분된다. 공기업 · 준공공기관의 예산 편성은 기관장이 경영목표와 정부의 경영지침에 따라 편성하고 이사회에 제출한다. 예산의 확정은 원칙적으로 이 이사회의 의결로 확정된다. 다만 여기에 더하여 공기업 · 준정부기관의 경우 사원총회(주주총회나 출자자 총회)나 기금운용심의회의 의결 등의 별도의 절차를 더 요하는 경우도 있으며, 준정부기관의 경우에는 주무부장관의 승인이 더 필요한 경우도 있다. 그러나 어느 경우이든 국회의 심의는 받지 않는다.

공기업 · 준정부기관의 결산에는 회계법인의 회계감사가 의무화되었다. 공기업의 결산은 기획재정부 장관에게, 준정부기관의 결산은 주무장관의 승인을 받아 확정됨이 원칙이다. 다만 사원총회가 있는 경우에는 사원총회의 주무장관의 승인 없이 사원총회만으로 결산이 확정된다. 결산은 감사원의 검사를 받아야 하며 나아가 국무회의와 국회에 제출된다.

셋째, 신임예산이다. 전쟁 시기나 국가 안전 보장을 고려하여 국회가 지출의 내용과 금액을 사전에 예측하기 어려운 경우에는 국회는 예산의 전체 금액만을 정하고 그 항목(votes)의 실제적 · 세부적인 사항들은 정부로 하여금 결정하도록 허용하는 예산이 신임예산(votes of credit)이다(캐나다, 영국). 한편, 정부가 국회가 승인한 예산 한도를 초과하여 지출한 경우 사후에 국회로부터 이를 추인을 받도록 한 예산 제도가 예산 초과지출의 추인(excess votes)이다(영국). 신임예산과 예산 초과지출의 추인 제도는 그 점에서 보면 일정한 경우 국회의 심의를 받지 않은(off-budget) 셈이다.

V. 조세지출예산(Tax Expenditure Budget)

1 의의

정부는 예산을 통해 특정 활동 · 집단에게 자원을 직접 지출하는 경우도 있고(직접 지출), 세제상의 혜택을 통해 특정 활동 · 집단의 부담을 줄여주는 경우(간접 지출)도 있다. 이 후자의 경우가 바로 조세 지출이다. 조세 지출이란 정부가 징수해야 할 조세를 포기함으로써 간접적으로 지원해 주는 것인데 비과세(exclusion), 면세(exemption), 소득 공제(tax deduction), 세액 공제(tax credit), 우대 세율(preferential tax rate), 과세 이연(deferral of tax liability), 감가상각에서의 가속 상각(accelerated depreciation) 등 세제상의 혜택들이 다 포함된다.

조세지출은 당사자에게 혜택을 준다는 점에서 보조금과 같은 직접적인 지출과 유사한 측면이 있지만, 다음과 같은 두 가지 측면에서 차이가 있다(하연섭, 2014). 첫째, 정부가 직접적인 지출을 할 때에는 예산편성, 예산심의, 예산집행과 같은 예산과정을 거쳐야 하지만, 조세지출을 할 때에는 그러한 과정을 거칠 필요가 없다. 둘째, 정부가 직접적인 지출을 할 때에는 그것이 세입예산과 세출예산에 포함되어 있지만, 조세지출을 할 때에는 처음부터 세금을 거두어들이지 않은 것이기 때문에 세입예산과 세출예산 어디에도 포착되지 않는다. 따라서 직접적인 지출에 비해 조세지출은 '가시성(visibility)'이 떨어지는 것이 보통이다.

세제상의 특혜를 준 것은 그만큼 보조금을 준 것과 같다는 의미에서 '숨겨진 보조금(hidden subsidies)'라고도 하는데 이는 보조금과 유사한 경제적 효과를 초래한다. 보조금 형태의 직접지출이 매년 국회 심의를 거쳐야 하듯이, 조세 지출도 매년 국회의 계속적인 심의 대상이 되어야 한다는 데에 그 도입 취지가 있다. 현재 미국 · 영국 · 프랑스 등 여러 선진국에서 실시하고 있다.

2 필요성

정부의 조세 지출은 법률에 의해 집행되기 때문에 강한 경직성을 가지고 있으며, 정치적 특혜로 사용될 가능성도 있으므로 투명성과 건전성을 심사할 필요가 있다. 또 법률에 따라 지출되는 재정 정책의 효과, 재정 부담의 형평성, 세수 인상을 위한 정책 자료로 활용할 수 있다.

3 우리나라의 조세지출 예산

과거부터 조세지출 예산 제도의 도입을 위한 기반이 활발히 추진되어 왔다.

① 조세감면 일몰제도의 도입

1998년 10월에는 제도도입의 전 단계로서 조세감면 일몰 제도를 도입하여 조세감면 항목에 따라 2~5년의 일몰 기간을 설정하여 일몰기간 만료 시 철저한 성과분석을 통해 실효성이 떨어지는 조세감면 제도는 축소하거나 폐지할 수 있도록 하였다.

② 조세지출 예산서의 단계적 작성

국회는 1999년 이후에는 직접세에 대하여 조세지출의 보고서를 정기 국회에 제출하여 세입예산안의 참고 자료로 제출하였으며, 2000년 이후에는 이를 간접세까지 확대하였다. 그러나 이러한 제도들은 법적 의무 사항이 아니었다.

③ 조세지출 예산 제도 도입

이러한 기반 확대 이후, 국가재정법은 이를 명시하여 조세 지출 예산 제도를 도입하였고 기획재정부 장관이 '조세지출예산서'를 기능별 · 세목별로 작성토록 하고서 2011년도 회계 연도부터 적용하게 하였다. 그 후, 2013년 국가재정법을 개정하여 조세지출예산제도는 국가재정법이 아니라 조세특례제한법(142조의2)에서 규정하고 있다.

④ 도입상의 고려 사항

현행 조세 지출 예산 제도가 성공적으로 확립되기 위해서는 조세 지출의 규모와 금액을 정확히 추계하는 분석 기법을 지속적으로 보완해 나가야 한다. 한편 이 제도는 보조금적 성격을 지니기 때문에 개방 경제 환경 하에서 국제 무역 마찰의 가능성도 있음을 유의해야 한다.

Ⅵ. 완전고용 예산(Full Employment Budget System)

1 의의

완전고용 예산 제도는 경제가 완전고용 상태에 도달할 경우 세수가 얼마나 되고 따라서 예산적자가 얼마나 될 것인가를 보여주는 예산이다. 즉 경기변동과 상관없는 상태의 조세 수입 규모 및 재정수지 규모를 추정하기 위한 예산이다.

2 필요성

보통 불경기가 되면 조세 수입의 하락 및 적자 재정이 나타날 가능성이 많다. 통상적으로는 이 경우에 정부 지출의 축소, 조세확대를 통해 적자 재정을 해결하고자 한다. 그런데 이 경우에 오히려 재정 지출을 확대하고 감세 정책을 실시하여 단기적으로는 예산적자를 더욱 증대시키면 결국 유효수요가 증대하여 고용 수준과 소득 수준이 증가하고 따라서 조세가 자동적으로 증대되어 예산적자가 해소됨은 물론 예산흑자(예산잉여)가 발생할 수 있다. 이것은 브라운(E.C. Brown)에 의해 완전고용 예산 잉여(full employment surplus)라는 개념의 도입으로 규명되었다. 이 예산 제도는 완전고용이라는 정책 목표를 달성하기 위해 단기적인 적자 예산 편성 이 필요함을 정책담당자, 국회의원, 일반 대중에게 설득하기 위한 논거로 활용되었다.

논평

이 주제는 너무 포괄적이고 방대한 내용을 담고 있어서 한 문제로 출제되기 어렵다. 그러나 예산의 종류를 총괄적으로 이해하기에는 아주 좋은 서술이다. 그러나 일단 출제된다면 특정 예산 제도에 치중하기 보다는 전반적인 요지를 빠짐없이 담아야 한다. 특정한 부분 부분들이 작은 문제로 출제될 가능성이 많은 주제이다. 어쨌든 예산 종류 전반을 커버하는 좋은 주제이므로 재무 행정의 개괄적 소화를 위해서도 매우 필수적인 학습 내용이다. 예산불성립시의 예산 집행에 있어서는 유사 제도들의 실질적 차이를 선명히 구분해야 하고, 공공기관의 예산을 설명하려면 부득이 개정법에 의한 "공공기관"의 논의가 인입선으로 제시되어야 한다. 이런 경우에 서술의 질은 개정된 현실 제도를 얼마나 정확히 이해에 달려있다. 조세지출예산제도는 이제 국가재정법에서 다루지 않고 조세특례제한법에서 규정하고 있다.

Ⅰ새 테마 행정학Ⅰ

06. 기금 제도

Ⅰ. 기금의 의의

1 개념

기금(fund)은 국가가 특정한 목적을 위하여 특정한 자금을 운용할 필요가 있을 때 법률로써 특별히 설치할 수 있는 자금을 말한다. 기금은 세입세출예산에 의하지 않고 예산외(off-budget)로 운용될 수 있다(국가재정법 제5조 2항). 이러한 특성 때문에 기금은 과거 매우 방만하게 운영되는 자금이었지만 최근의 법개정으로 인해 이제 상당한 국회의 통제를 받게 되었다. 기금은 통합 예산의 범주에도 산입되고 있다.

2 필요성

국가의 재정 활동은 행정부의 편성과 국회의 심의를 거쳐 성립되는 예산에 의하여 수행하는 것이 원칙이다. 그러나 이 원칙에만 집착할 경우 복잡하고 다양한 행정수요를 충족시키고 경제적 · 사회적 여건변화에 탄력적으로 대응할 수 없어 재정의 효율성을 제고할 수 없다. 이러한 문제에 대처하기 위하여 정부는 특정부문의 육성과 개발을 촉진하는데 원활한 재원지원과 재원의 효율적 운영을 위하여 필요한 경우에 법률로써 기금을 설치할 수 있도록 하고 있다.

3 규모

1963년 기금(공무원연금기금, 군인연금기금)이 처음 설치된 이래로 지난 40년 동안 기금의 개수와 자금 규모는 급격히 팽창하였다. 그 결과 정부 재정의 중심인 일반회계 예산을 압도하는 수준에 까지 이르렀다. 2011년 예산의 경우 예산(on-budget)은 263조(일반회계 209조, 특별회계 54조)임에 비하여 기금(off-budget)의 운용규모는 이보다 훨씬 큰 규모인 369조였다. 따라서 통상적인 의미의 예산 규모(일반회계+특별회계)에만 주목해서는 안 되며 이보다 훨씬 큰 규모인 기금이 합리적으로 운용되지 않으면 전체 재정 건전성을 기할 수 없다.

4 일반회계 · 특별회계 · 기금의 비교

일반 회계 예산 · 특별회계 예산 ·기금의 차이는 다음과 같이 요약할 수 있다.

구분 기준	예산		기금
	일반회계	특별회계	
설치 목적	국가의 일반적 재정 활동	특정 사업 운영 특정 자금 운영 특정 세입으로 특정 세출 충당	특정 목적을 위해 특정 자금 운용
재원의 조달과 운용 방식	공권력에 의한 조세와 무상 급부 원칙	일반회계와 기금의 운용 방식 혼재	출연금·부담금 등 다양한 수입원으로 융자사업 등 수행
확정 절차	부처의 예산요구 기획재정부의 예산 편성 국회심의로 확정	일반회계와 동일	기금관리주체가 계획 수립 기획재정부 장관의 협의·조정 국회의 심의로 확정
집행 절차	엄격한 통제 (합법성 강조)	일반회계와 동일	자율성과 탄력성 부여 (합목적성 강조)
수입과 지출의 연계	연계 금지(non-affection)	연계 가능	연계 가능
재정계획변경	추경예산 제도 활용	일반회계와 동일	국회 심의 없이 변경 여지 부여(변경 범위가 금융성 기금은 30% 이하, 다른 기금은 20% 이하, 금융성 기금이라도 관리 및 운영에 관한 경상비의 경우에는 20% 이하인 경우 국회 심의 불필요).

Ⅱ. 기금의 유형

1 기금관리 주체 및 사업의 공공성 여부에 따른 분류

기금은 종래에는 기금관리의 주체 및 사업의 공공성의 정도에 따라 '공공 기금'과 '기타 기금'으로 분류했다. 그러나 2002년부터 이 구분이 폐지되고 일원화되었다.

2 성격에 따른 분류

기금의 성격에 따라 '사업성 기금', '사회보험성 기금', '계정성 기금', '금융성 기금'의 4가지로 분류할 수 있다. 사업성 기금은 특정한 목적 사업을 수행하는 데 필요한 자금을 관리 · 운용하는 기금이다(대외경제협력기금, 보훈기금, 군인복지기금, 사학진흥기금 등). 사회보험성 기금은 사회보험제도를 뒷받침하는 기금들이다(공무원연금기금, 국민연금기금, 공무원연금기금, 사학연금기금, 고용보험기금 등). 계정성 기금은 특정 자금의 계정을 운영하는 기금들이다(공공자금관리기금, 외국환평형기금, 공적자금상환기금 등). 금융성 기금은 금융적 성격이 강하여 다른 기금들에 비해 더 재량적 운용을 허용하는 기금들이다(신용보증기금, 기술신용보증기금, 수출보험기금, 부실채권정리기금 등).

Ⅲ. 기금의 운용

1 기금운용계획안 작성 지침

기금관리 주체는 매년 1월 31일까지 당해 회계 연도부터 5회계 연도 이상의 기간 동안의 신규 사업 및 기획재정부 장관이 정하는 주요 계속사업에 대한 중기사업계획서를 기획재정부 장관에게 제출하여야 한다. 기획재정부 장관은 다음 연도의 기금운용계획안 작성지침(기금정책심의회와 국무회의의 심의를 거쳐 대통령의 승인으로 확정됨)을 매년 4월 30일까지 기금관리주체에게 통보하며 또 이를 국회 예결위에 제출한다. 기획재정부 장관은 기금운용계획안 작성지침에 기금별 지출 한도를 지정할 수 있다.

2 기금운용계획안 작성

기금관리주체는 이 기금운용계획안 작성 지침에 따라 다음 연도의 기금운용계획안(운용총칙과 자금운용계획으로 구성)을 작성하여 매년 6월 30일까지 기획재정부 장관에게 제출한다. 이렇게 제출된 기금운용계획안에 대하여 기금관리주체와 협의·조정하여 기금운용계획안을 마련한 후 국무회의의 심의를 거쳐 대통령의 승인을 얻어야 한다(국가재정법 제66조).

3 국회의 심의로 확정

정부는 제67조 제3항의 규정에 따른 주요항목 단위로 마련된 기금운용계획안을 회계 연도 개시 120일 전까지 국회에 제출하여야 한다(국가재정법 제68조 1항). 예산처럼 기금도 국회의 의결을 거쳐야 확정된다. 만약 국회가 기금 심의에서 정부가 제출한 기금운용계획안의 주요항목 지출 금액을 증액하거나 과목을 신설하고자 하는 때에는 미리 정부의 동의를 얻어야 한다(국가재정법 제69조).

국회의 의결로 기금운용계획이 확정된 때에는 기금관리주체는 기금의 월별 수입 및 지출 계획서를 작성하여 회계 연도 개시 전까지 기획재정부 장관에게 각각 제출하여야 한다(국가재정법 제68조 2항).

4 기금운용계획의 변경

현행 국가재정법은 기금운용계획의 변경에 대해 국회의 통제권을 강화하였다. 기금관리주체는 기금운용계획 중 주요항목 지출 금액을 변경하고자 하는 때에는 기획재정부 장관과 협의 · 조정하여 마련한 '기금운용계획변경안'을 국무회의의 심의를 거쳐 대통령의 승인을 얻은 후 국회에 제출하여야 한다.

다만 국회 심의 없이 대통령령으로 변경이 가능한 예외를 상당히 부여한다. ①일반적인 기금으로서 그 주요항목 지출 금액의 변경이 20%이하이거나, ②금융성 기금의 주요항목 지출 금액의 변경이 30%이하인 경우(금융성 기금이라도 단지 "관리 운영에 관한 경상비"라면 20% 이하)이거나, ③다른 법률의 규정에 따른 의무적 지출 금액인 경우, ④기금운용계획상 여유자금 운용으로 계상된 지출 금액, ⑤ 수입이 기금운용계획상의 수입계획을 초과하거나 초과할 것이 예상되는 경우 그 초과수입과 직접 관련되는 지출 금액인 경우, ⑥초과 조세수입을 이용한 국채 원리금 상환 등의 경우에는 국회 심의 없이도 변경 가능하다.

Ⅳ. 기금의 통제

기금에 대한 통제가 한결 강화되었다. 기금 설치 이전에 이루어지는 사전적 통제로서는 설치의 제한, 일단 설치된 이후에 그 존치의 지속적 평가, 정부 내의 결산 승인, 국회의 예산·결산 심의 등이 있다.

1 기금 설치의 통제

기금 남설을 제한하기 위해 국가재정법 제5조는 기금은 특정한 목적을 위하여 특정한 자금을 신축적으로 운용할 필요가 있을 때에 한하여 법률로써 설치하되, 그 설치 근거가 되는 법률을 지정하여 놓았다(2015년 8월 현재 67개 법률). 또 중앙 관서의 장이 기금을 신설하려면 그 신설의 타당성을 기획재정부 장관으로부터 사전 심사 받아야 한다(제14조). 이러한 설치 법률의 제한, 그 설치 계획에 대한 사전 심사를 통해 기금의 설치를 제한한다.

2 존치 이유의 지속적 평가

기획재정부 장관은 회계 연도마다 전체 기금 중 3분의 1이상의 기금에 대하여 그 운용실태를 조사 · 평가하고, 3년마다 전체 재정체계를 고려하여 기금의 존치 여부를 평가하고 그 결과를 국무 회의 및 국회에 보고한다(국가재정법 제82조). 따라서 일단 설치된 기금도 그 존재 이유를 지속적으로 검토한다.

기금이 이미 설치 목적을 달성한 경우, 설치 목적의 달성이 불가능하다고 판단될 경우, 특별회계와 기금 간 혹은 특별회계 상호 간에 유사 · 중복적으로 설치된 경우, 재정 운영의 효율성 및 투명성을 높이기 위해 일반 회계에서 통합 운용함이 더 바람직할 경우에는 기금은 통합할 수 있다(국가재정법 제15조).

3 정부 내의 결산 승인

기금 결산이 정부 내에서 이루어지는 과정에서 기금은 내부적 통제를 받게 된다. 중앙관서의 장은 기금결산보고서를 작성해 기획재정부 장관(2월말) 및 감사원(4월 10일)에 제출한다. 감사원은 기금결산을 검사하고 그 보고서를 다음 연도 5월 20일까지 기획재정부 장관에게 송부하여야 한다. 기획재정부 장관은 기금결산을 작성하여 국무회의의 심의를 거친 후 대통령의 승인을 받아야 한다(국가재정법 제73조).

4 국회의 기금 운용 계획 · 결산에 대한 통제

2007년부터는 기금에 대해서도 예산과 거의 유사한 정도의 국회 통제를 받는다. 기금 운용 계획에 대한 심의에서 기금에 대한 국회의 통제가 이루어질 수 있다. 정부는 감사원의 검사를 거친 기금결산을 다음 연도 5월 31일까지 국회에 제출하여 국회의 결산을 거쳐야 한다. 즉 기금은 그 재정 계획의 수립 및 결과에 대해 국회의 승인을 받아야 한다.

Ⅴ. 기금 제도의 발전 방향

1 기금의 문제점

1) 국가재정운용계획 제도와 불일치

부처가 기금을 설치한 중요한 한 이유는 특정 목적을 위한 안정적 재원 확보였다. 그러나 2004년 이래로 '국가재정운용계획' 제도가 실시되어 중장기적 재원 배분 체계가 구축됨에 따라 이런 목적으로 굳이 따로 기금을 설치할 필요성은 많이 약화되었다.

2) 기금의 남설

기금 제도는 예산 통제를 강조하는 입장에서 보면 가능한 적어야 하지만 우리나라의 경우 각 부처가 기금을 경쟁적으로 남설해 왔다. 현재 그 운용 규모는 일반회계와 특별회계 예산의 합산액을 훨씬 초과하는 상황에까지 이르렀다. 국가재정법에 의해 기금 설치가 제한되지만 그럼에도 불구하고 실제로는 부처가 기금을 신설할 가능성은 상존한다.

3) 기금 간의 중복 · 기금과 특별회계 간의 중복

동일한 사업이 기금 간에, 나아가 기금과 특별회계 간에 중복적으로 다루어지는 경우가 있다. 기금은 특별회계와 법적으로 상이하게 다루어지지만 그 설치 목적은 상당히 유사하다. 이러한 경우는 기금을 통합 · 폐지하여 재정의 복잡성을 줄여야 한다. 본래 기금이란 예산에 편성될 경우 탄력적인 대응이 어려운 경우에 설치되는 경우가 많으므로 일반 예산 지원으로도 사업이 수행될 수 있는데도 굳이 기금을 설치할 이유가 없기 때문이다.

4) 일반 회계에 대한 부담 가중

자체 수입이 거의 없고 재원을 일반회계에 의존하는 기금도 많다. 여유재원이 큰 기금이 상당수 있지만 사업비의 상당액을 예산·차입에 의존하는 기금도 상당수 있다.

5) 총액배분 · 자율편성(top-down) 제도에 대한 장애

총액배분·자율편성 제도 하에서는 중앙예산 기관은 관서별, 분야별로 예산총액을 제시하고 부처는 그 범위 안에서 세부내역을 자유로이 정하여 예산을 요구한다. 그러나 현재 재정 당국은 기금 간의 복잡한 내부 전출입으로 인해 관서별 · 분야별 총액예산을 사업별로 배정하는데 실무상 큰 어려움을 겪고 있다.

6) 칸막이식 운영으로 인한 전체 재정의 비효율적 관리

예산과 기금이 종합적으로 검토되지 못하고 칸막이식으로 운영되어 재정운영이 경직화되고 있으며 기금 적자의 확대로 전체 재정의 건전성을 저해하고 있다. 특히 국민·공무원·군인·사학연금 등 4대 연금 기금의 재정부실화는 큰 문제이다. 기금 간의 재원 이동이 제한되어 있기 때문에 '한쪽은 남고 한쪽은 모자라는' 현상이 항상 발생한다. 기금 간에 재정 상황의 불균형이 심하여 거액의 여유자원이 있는 기금과 재원을 거의 일반회계와 차입금에 의존하는 기금이 공존한다.

7) 부처의 기득권화

기금은 일단 설치된 이후에는 폐지가 매우 어렵다. 따라서 이러한 경직화된 운용으로 인해 일단 설치된 기금은 각 부처의 기득권화되어 기금의 성과 분석 등에 대한 지속적인 점검·평가가 불충분하였으며, 기금의 존폐에 대한 검토가 부족하였다. 각 기금별로 설치된 기금운용심의회가 있지만 이것이 기금의 존폐 문제까지 검토하기는 제약이 많았다.

2 발전 방안

1) 일반회계로 전환

일반회계로서도 충분히 달성할 수 있는 기금, 재원과 사업 간의 연계성이 크지 않은 기금 및 그 재원이 일반회계에 크게 의존하는 기금은 폐지하고 일반회계로 편입하여야 한다. 예컨대, 여성 보호의 상징성 때문에 아직도 존치하고 있는 여성발전기금이나, 응급의료기금이 여기에 속한다.

2) 유사한 특별회계·기금과 통합

다른 기금·특별회계와 중복적인 사업을 다루는 기금은 통합되어야 한다. 공공자금관리 기금은 재정융자특별회계와 통합할 수 있다. 군인연금 기금은 군인연금 특별회계와 통합할 수 있었다. 굳이 회계간의 완전 통합이 아니라 회계 내의 계정만을 분리하여 통합하는 것도 제안될 수 있겠지만 그것은 실익이 적으므로 바람직하지 않다.

3) 기금에 대한 대내외적 통제 강화

현재 기금 규모는 세입세출 예산액을 훨씬 능가하므로 더 이상 행정부의 쌈짓돈으로 운영될 수 없다. 재정 민주주의(Fiscal Democracy) 확보를 위해 기금은 국가재정법 체제 하에서 이제 국회의 심의·의결사항이 되었다. 그러나 기금은 예산보다 신축성이 크고 특정한 사업 내용에 대한 전문지식이 필요하기 때문에 국회의 내실 있는 통제가 필수적이다. 또한 정부 내에서도 기획재정부의 '기금정책심의회' 및 부처의 '기금운용위원회'의 전문성을 높여야 한다.

4) 민간 기관으로 이전

정부 기금으로 유지할 필요성이 낮은 기금은 관련 민간 기관으로 이전해야 한다. 예컨대 문예진흥기금은 문예진흥위원회로, 순국선열애국지사사업기금은 광복회 등의 관련 사회단체로 이관하려고 한 것은 바람직한 시도였다.

5) 신탁 기금(trust fund) 설치의 도입 검토

IMF는 일반회계·특별회계·기금으로 구성된 우리나라의 현행 재정 구조를 대폭 간소화하여 일반회계와 신탁기금(국민연금, 고용보험, 건강보험)으로 단순화된 구조로 변경할 것을 제안한 바 있다. 이에 대한 이해당사자들의 반발이 예상되고 단기적으로는 충격이 있겠지만 재정의 투명성과 책임성을 높이기 위해 장기적으로는 우리나라에서도 그 도입을 검토할 필요가 있다.

3 결어

과거에 부처산하의 수많은 기관을 '공공기관'으로 정비하였던 것은 조직상의 큰 개혁이었다. 이제 부처가 안고 있는 수많은 기금을 정비하는 재정상의 개혁도 이루어져야 한다.

기금은 국가가 특정한 목적을 위하여 특정한 자금을 운용할 필요에 따라 설치된 것이지만 그것이 세입세출예산을 능가하는 규모로까지 비대해져 있다. 따라서 통합 재정에서의 그 비중을 감안하면 이 기금의 합리화 없이는 재정 전반의 합리화는 불가능하다. 그 개혁의 큰 두 가지 방향은 기금의 효율적 관리 방안을 제고하면서 동시에 책임성을 확보하는 것이다. 이를 위해 현행 국가재정법은 다양한 제도들을 마련하였다.

그러나 가장 근본적인 것은 그동안 무분별하게 설치되어 방만하게 운영되어 온 기금을 대폭 통폐합하고 재정비하여 국가 재정 구조를 보다 단순화·투명화하게 만드는 것이다. 이것은 앞으로 확대될 총액배분 · 자율편성 제도에도 기여할 것이다. 다만 폐지·축소되는 기금의 경우 지금까지 수행해 오던 사업이 일거에 축소됨에 따른 부처의 충격이 예상되는데 충분한 검토 결과 그 사업의 필요성이 인정되는 경우에는 중기재정 계획인 '국가재정운용계획'에 이를 반영하여 예산에 의하여 상당 기간 동안 재원을 확보함이 바람직하다.

논평

기금 제도는 예산과 거의 같은 국회의 심의 절차를 거치게 되었다. 기금 ↔예산의 차이를 잘 대비해 놓자. 기금 운용계획안 ↔ 예산안, 기금운용계획 ↔ 예산, 기금 결산 ↔ 결산의 개념 대비에 유의. 국가재정법상의 주요 절차(다행스럽게도 기금과 예산의 절차는 거의 일치한다)를 정리해 두자. 예산에 대비한 기금 규모의 몇몇 주요 개략적 규모도 기억해두라.

07. 중기재정계획

Ⅰ. 의의 및 기능

1 의의

중기재정계획이란 전통적인 단년도 예산 제도의 제약성을 보완하여, 중기(보통 3~5년)에 걸친 국가 재정의 기본 방향, 총수입·총지출, 국가채무 등의 총량적 목표를 정하고 이를 토대로 주요 분야별 재원 배분 계획을 제시함으로써 국정 우선순위에 따라 한정된 재원을 합리적으로 배분할 수 있게 해주는 청사진이다. 우리나라에서 현재 중기재정계획은 "국가재정운용계획"(국가재정법 7조)으로 구현되어 있다.

국가재정운용계획은 중장기적 시각에서 국가 재정운용의 큰 틀을 작성한 것이며, 이러한 거시 계획에 따라 주요 분야별·부처별 예산의 총액 배분 및 자율 편성이 이루어지며, 그 결과는 성과관리를 통해 다시 환류 된다. 따라서 총액예산 제도 및 성과관리제도의 근본 출발점이 되는 것이 바로 국가재정운용계획이다.

2 기능

중기재정계획은 다음과 같은 순기능을 나타낼 수 있다. 첫째, 분야별·사업별로 국가가 투입할 재원을 예측 가능하게 해 준다. 둘째, 개별 예산에 대한 정당성과 확실한 근거 기준을 제공한다. 셋째, 중기재정계획은 국정의 우선순위를 재정적 계획으로 표현해 주기 때문에 정책·계획과 예산과의 연계성을 높인다. 다섯째, 중앙예산기관은 각 부처의 예산 편성의 사정에 대해 객관적 근거를 제시함으로써 예산사정에 대한 정당성을 높일 수 있다. 여섯째, 연동계획을 통해 재정 환경에 대해 신축적으로 적응하면서 국가의 주요 재정 목표가 달성되도록 해준다.

Ⅱ. 한국의 중기재정계획 제도 도입 과정

1962년에 시작된 제 1차 경제개발 5개년 계획 때부터 예산과 기획을 연계하기 위해 미국 국방성 '기본운영계획'(primary program system)을 도입하여 행정부에 적용하였다. 그러나 이 제도는 선예산 후계획(先豫算 後計劃)의 성격으로 인해 기획과 예산을 일치하기가 어려웠다.

이에 따라 1965년에 시작된 제2차 5개년계획은 5개년 계획과 예산을 일치하기 위한 일종의 연차 계획(annual plan)으로서 '총자원 예산'(overall resource budget)제도를 도입하여 실시하였다. 그러나 이 총자원 예산 역시 국회의 의결이 있은 이후에 작성되었기 때문에 '선예산 후계획'의 제약을 여전히 안고 있었다.

그 후 4차 경제개발 5개년 계획 기간(1977-81)에는 총자원 예산 대신 '국민경제운용계획'이라는 3개년 연동 계획(rolling plan) 제도를 도입함으로써 1년 단위의 총자원예산 제도의 약점을 극복하고자 하였다. 그 후 1982년부터는 당시까지 남아있던 기본운영계획 제도를 폐지하고 '주요업무계획'으로 대체하였다.

이상의 일련의 과정에서 가장 주요한 과제는 예산과 계획을 연계함으로써 주요 정책의 우선순위와 이를 뒷받침하기 위한 재원의 동원·배분을 합치시키는 것이었다. 이를 위해 이미 1982년부터 경제기획원 예산실은 중기재정계획 제도 실시를 시도한 바 있었다. 1982년부터 부처의 예산요구서 제출 시, 중기재정소요를 고려하도록 함으로써 중기재정계획 요소를 포함시켰다.

1997년 외환위기 이후에는 중기재정계획의 중요성이 다시금 강조되었다. 이에 따라 종래의 중기재정계획과는 달리 단순한 내부 지침이 아니라, 보다 구체적이고 법적 근거를 필요하였다. 이리하여 국가재정법(제7조)은 현행 중기재정계획 제도로 '국가재정운용계획'을 규정하게 되었다.

Ⅲ. 현행 '국가재정운용계획' 제도의 내용

1 성격 및 내용

국가재정운용계획의 성격은 재정운용의 효율화와 건전화를 위해 5회계 연도 이상의 기간에 대하여 작성되는 연동계획이며 기획재정부 장관은 매년 이를 작성하여 국회에 제출하여야 한다(국가재정법 제7조). 첫째, 보통 중기재정계획은 3~5년 기간의 계획을 포함한다. 현행 국가재정운용계획은 5년 이상으로 정함으로써 종래의 '국민경제운용계획'의 3년보다 기간을 늘렸는데 이것은 재정 계획의 지속성을 보장하기 위한 것이다. 둘째, 대내외적 재정 환경의 변동 상황을 흡수하고 이에 신축적으로 적응해 나가기 위해 매년 그 내용을 수정해 나가는 연동 계획(rolling plan)의 성격을 띤다. 셋째, 국가재정운용계획의 작성은 이제 행정부의 내부 지침이나 권장 사항이 아니라 의무사항이다. 또 이를 회계 연도 개시 90일 전까지 국회에 제출하여야 한다.

국가재정운용계획에는 재정운용의 기본방향과 목표, 중·장기 재정전망, 분야별 재원배분계획 및 투자방향, 재정 규모증가율, 조세부담률 및 국민 부담율 전망, 통합재정수지 및 국가채무에 대한 전망, 전년도에 수립한 국가재정운용계획에 대한 평가, 대통령령으로 정한 대규모 지출 사업(2015년 현재 300억 이상) 등이 포함된다.

2 수립 절차

국가재정운용계획은 기획재정부(재정정책국)가 작성한다. 기획재정부 장관은 국가재정운용계획 수립을 위한 지침을 마련하여 전년도 12월 31일까지 각 중앙관서의 장에게 통보하여야 한다. 기획재정부 장관은 국가재정운용계획을 수립함에 있어 필요한 때에는 관계 국가기관 또는 공공단체의 장에게 중·장기 대내·외 거시경제전망 및 재정전망 등에 관하여 자료의 제출을 요청하거나, 관계 국가기관 또는 공공단체의 장과 이에 관하여 협의할 수 있다.

각 중앙관서의 장은 재정 지출을 수반하는 중 · 장기계획을 확정하기 30일 전에 재원조달방안 및 국가재정운용계획과의 연관성 등을 명시하여 기획재정부 장관에게 협의를 요청하여야 한다. 기획재성부 장관은 관계 중앙관서의 장·지방자치단체 및 전문가로부터 의견을 수렴하고, 국무회의 심의를 거쳐 국가재정운용계획을 최종 확정한다. 2005년부터 국가재정운용계획은 프로그램 예산 체계로 수립된다. 정부는 이를 정부예산안과 함께 국회에 보고한다.

3 활용

1) 부처와 예산 · 기금과 연계

국가재정운용계획을 예산 편성지침에 연계하여 부처별 지출 한도로 활용할 수 있다. 즉 총액배분 · 자율편성(Top-down)은 국가재정운용계획을 부처별 · 분야별 예산 편성과 연계되어 나타날 수 있다(국가재정법 제29조 2항). 한편 기금운용계획에 대해서도 이것을 연계하여 기획재정부 장관은 기금운용계획안 작성지침에 기금별 지출 한도를 둘 수 있다(국가재정법 제66조 3항).

2) 부처의 계획과 연계

한편 국가재정운용계획이 각 부처의 계획 단계에서도 실효성있게 적용되도록 하는 장치를 두고 있다. 중앙관서의 장이 재정 지출을 수반하는 중·장기계획을 수립하는 때에는 그 재원 조달 방안 및 국가재정운용계획과의 연관성 등을 명시하여 기획재정부 장관에게 미리(30일 전에) 협의를 요청하여야 한다.

3) 자치단체의 사업과 연계

한편 자치단체의 사업이라도 일정 규모(2015년 현재, 국가지원액이 300억)이상인 경우에는 자치단체장은 중앙관서의 장과 협의해야 하며(전년도 12월 31일까지 사업 계획 제출), 중앙관서의 장은 이를 각 부처의 중기사업계획서에 반영하여 매년 1월 31일까지 기획재정부 장관에게 제출하여야 한다.

Ⅳ. 발전 방향

1 문제점

중기재정계획 제도의 도입은 계획과 예산을 연계하며, 총액예산 제도·성과관리 제도의 토대가 되어서 재원배분의 합리화와 의사결정과정의 개선에 기여할 것으로 기대되지만 몇 가지 제약성도 동시에 갖고 있다. 첫째, 국가재정운용계획에 포함된 재원 배분 계획에 대해 관련 부처는 마치 예산 배정이 확정된 기득권으로 인식하여, 재정 환경의 변동에 따라 이것이 축소, 변경됨에 대해 반발하는 경향이 있다. 따라서 본질상 연동계획임에도 불구하고 실제로는 경직성이 나타날 수 있다.

둘째, 중장기적 예측은 경상가격이 아니라 실질가격으로 이루어지는데 경기위축 및 인플레이션이 동시에 나타나면 예산은 인플레이션에 따라 조정되지만 세입은 그만큼 확보되지 못하면 결국 중기재정계획의 수립시의 목표와 예산에 반영된 실적과의 괴리가 발생할 가능성이 크다.

셋째, 미래 예측에 대한 정확한 추계가 어렵거나, 집권자의 희망에 따라 지나치게 낙관적인 재정 상황을 전제로 하여 작성될 우려가 있다.

넷째, 기획재정부와 다른 부처 간에 갈등이 나타날 수 있다. 기획재정부로서는 국가재정운용계획을 전제로 타 부처에 대폭 자율적 예산 편성권을 하면 권한이 축소된다는 점을 우려하며, 타 부처들은 결국 기획재정부의 의도대로 국가재정운용계획이 작성될 가능성이 높다고 예측하여 자신들은 국가재정운용계획 수립 과정에 형식적으로만 참여한다고 불만이다. 또 기존의 업무에 더하여 국가재정운용계획의 작성도 부담해야 한다.

2 발전 방안

이러한 문제점을 감안하여 현행 국가재정운용계획 제도는 다음과 같은 보완적 장치를 검토할 필요가 있다. 첫째, 총지출 한도 · 분야별 재원배분의 우선순위 · 배분 수준 등에 대한 정치적 합의가 필요하다. 이를 위해 현행 국가재정운용계획 수립 절차에서 학계, 국회, 전문가, 유관 부처의 의견 수렴 절차를 강화해야 한다.

둘째, 일정한 절차를 거쳐 정치적 합의를 받은 국가재정운용계획은 국회에 대해서도 일정한 구속력을 갖는 제도로 발전시킬 필요가 있다. 만약 우리가 국회에 대해서도 구속력을 인정할 경우에는 국회에 중기재정계획 자체에 대한 일정한 '재의결권'을 부여함이 바람직하다.

셋째, 국가재정운용계획이 원활히 수립 · 집행되기 위해서는 계획기법, 예측기법, 과학적인 분석도구 및 방법들이 개발되어 활용되어야 할 것이다.

넷째, 거시 경제 전망은 보다 신중하고 보수적으로 이루어져야 한다.

다섯째, 재정통계의 투명성을 확보하여 동 계획을 효과적으로 감시할 수 있도록 할 필요가 있다.

여섯째, 계획수립 과정에서 국회의 참여 또는 의견교환이 충분치 못하다.

일곱째, 예산안과 동시에 제출됨에 따라 국가재정운용계획을 충분히 살펴보지 못하여 예산과 잘 연계되지 못하고 있다.

여덟째, 기획재정부 장관이 타 관련 부처와의 협의를 거치도록 한(제7조 3항~7항) 정신을 살려서 실질적인 협의가 일어나도록 하기 위해서는 부처간 조정 역할이 강화되어야 한다.

논평

한국의 중기 재정 계획은 '국가재정운용계획'을 의미하는데 이것이 현행 국가예산 편성에서 차지하는 비중은 매우 중요하다. 무엇보다 그 수립 절차를 정리해 두어야 하며 이것이 예산 편성에서, 특히 재원 배분과 관련하여 여하히 활용되는가를 보여야 한다. 현행 예산 편성 절차에서 가장 중요한 기준이 되므로 꼭 이를 언급해야 한다. 노무현 정부의 국무회의 재원배분토론회가, 이명박 정부에서는 "국무위원 재정전략 회의"로 운용되었다. 박근혜 정부에서는 '국가재정전략회의'로 운용되고 있다.

I 새 테마 행정학 I

08. 중앙예산기구

Ⅰ. 의 의

중앙예산기구란 행정수반의 기본정책과 정부의 재정 · 경제정책에 입각하여 행정부 내 각 부처의 예산요구를 조정하고 예산안을 편성하여 국회에 제출하며 정부 예산의 전반적인 관리를 담당하는 기관이다. 행정부예산 제도(executive budget system)를 채택하는 이상, 행정부가 매년 국가의 세입 · 세출에 관한 종합적인 예산안을 편성하여 국회에 제출하기 위해서는 특정 부처로부터 독립되어 있으면서 국가 예산을 총괄적으로 관리하는 중앙예산기구를 설치할 필요가 있다.

중앙예산기구의 이러한 속성 때문에 필연적으로 다른 정부 기관의 사업에 관여하게 되어 때로는 갈등을 일으키기도 하고 또 예산권을 활용하여 갈등을 조장하기도 한다. 그러나 각국의 중앙예산기구는 그 성립 계기 및 정치행정 상황에 따라 구체적 권한과 역할에는 조금씩 차이가 있다. 미국의 관리예산처(OMB: Office of Management and Budget), 영국의 재무성, 일본의 대장성, 우리나라의 기획재정부 등이 중앙예산기구에 해당된다.

Ⅱ. 기 능

1 예산 편성 · 예산 집행의 관리

중앙예산기구는 예산 편성을 통해 국정 목표에 필요한 자원을 배분한다. 또 결정된 예산의 집행 과정에서 예산배정, 이월, 예비비 등을 관리하며 정부 사업의 집행 성과를 관리한다. 이를 위하여 사업 계획에 대한 비용편익을 분석하고 행정기관의 예산 집행에 대한 정보를 수집하고 분석한다.

2 계획 수립 기능

세입세출의 규모를 확정하기 위해서는 먼저 국가의 중장기 발전계획이 필요하다. 중앙예산기구는 중장기 발전계획을 수립하고 이를 매년도의 예산에 연계되도록 한다. 이 역할은 계획과 예산을 하나의 중앙예산기구가 담당하는 경우에 뚜렷하다. 또 매 회계 연도의 예산도 단년도 위주가 아니라 중장기 재정계획을 토대로 편성된다. 각 부처의 사업계획을 검토하고 그에 대한 중장기 발전 계획에 의거하여 각 부처의 예산을 조정한다. 이를 반영하기 위해 예산 사정 기능을 가지고 있다.

3 행정관리 기능

중앙예산기구는 정부 예산 집행의 능률성, 효과성을 추구하기 때문에 불가피하게 이를 위한 조직 신설 및 통폐합, 공무원 정원 관리, 기금과 예산의 성과관리를 담당한다. 정부 개혁은 예산 기제를 활용하는 경우가 많기 때문에 보통 중앙예산기구는 결국 정부혁신 기능까지 담당하는 경우가 보통이다.

4 국민 · 국회 · 행정수반의 의사 반영

중앙예산기구는 예산, 기금, 기타 재정 상황을 국민에게 보고하고 필요시 이를 공개함으로써 국민으로 하여금 정부 재정의 기본 방향과 집행 상황을 확인하게 하며 나아가 재정에 대한 국민의 의사를 직접적 혹은 간접적으로 반영한다. 또 매회계년도마다 예산 심의 과정을 통해 예산에 국회의 의사를 반영한다. 또한 예산 편성 과정을 통해 행정수반의 의지를 반영한다.

Ⅲ. 설치 유형

1 행정수반 직속형

행정수반의 참모조직 형태로 되어 있는 유형이다. 이 유형은 대개 행정수반의 정책 수립 및 행정관리 기능을 강화할 목적으로 설치되었다. 미국의 관리예산처(OMB)가 대표적인 예이다. 미국의 경우 처음 설립된 예산국(Bureau of the Budget)은 재무부에 속해 있었으나, 루스벨트 대통령 때 행정관리 기능을 강화할 목적으로 예산국을 대통령 직속으로 이관했다. 그 후 1971년 닉슨 대통령은 예산국을 관리예산처로 확대 개편했다. 중앙예산기구가 재정정책, 경제정책, 정책분석, 사업평가, 조직관리 등의 기능을 담당함으로써 대통령을 보좌하는 강력한 기관으로 변모한 것이다. 우리나라도 1998년 김대중 정부 출범 시에 중앙예산기구를 대통령 직속으로 소속시키려 했으나 야당의 반대로 기형적으로 대통령 직속의 기획예산위원회와 재정경제부 소속의 예산청으로 이원화된 바 있다.

2 재무부 소속형

세입 및 국고를 관리하는 재무부가 중앙예산기구를 담당하는 유형이다. 이 유형은 재정정책의 수립 및 집행과 수입·지출 업무의 연계를 지향하여 설치되었다. 주로 내각제 국가인 영국의 재무성(Her Majesty's Treasury)이 대표적인 예이다. 이밖에 독일, 일본 등에서 채택하고 있다. 영국의 재무성은 재정 운영에 막강한 권한을 가지고 있으며, 특별히 예산 편성을 담당하는 국이나 과는 없다. 일본의 중앙예산기구는 대장성 주계국이다. 여기서 예산 편성, 집행, 예비비의 관리, 결산에 관한 모든 업무를 수행한다. 예산 편성과 관련하여 주계국은 대장성 이재국, 경제기획청, 인사원과 긴밀한 연계를 맺고 있다. 영국과 일본의 중앙예산기구는 과거 우리나라의 기획예산처와 재정경제부의 일부 조직을 합해 놓은 구조이다. 우리나라의 경우 1994년~1998년 초까지의 김영삼 정부시기에 기존의 재무부와 경제기획원을 통합하여 구성된 재정경제원이 이에 근사하다.

3 중앙기획기관 소속형

중앙예산기구를 중앙기획기관에 소속시키는 유형이다. 이 유형은 중장기 기획과 예산을 일치시킬 목적으로 설치된다. 일반적으로 정부 주도하에 경제 개발을 추진하는 개발도상국에서 볼 수 있는 유형이다. 우리나라의 경우, 과거 1994년까지 경제기획원이 예산실을 두고 있던 예가 여기에 속한다. 과거의 기획예산처 예산실은 기획예산처의 조직 특성을 감안할 때 중앙기획기관 소속형이라고 규정하기 어렵다.

4 예산 기능 분리형

중앙예산기구가 하나의 독자적인 중앙 부처 형태로 존재하는 유형이다. 이 유형은 중앙예산기구와는 별도로 수입지출총괄 기구가 따로 존재한다. 대통령제 하에서는 이와 같이 중앙예산기구와 수입지출총괄 기구가 분리되어 있는 경우가 많다. 이에 비하여 내각제 하에서는 한 기관이 두 역할을 다 관장함이 보통이다.

Ⅳ. 우리나라의 중앙예산기구 - 기획재정부

1 중앙예산기구의 변천 과정

정부 수립 직후 국무총리 직속의 기획처에 소속된 예산국으로 존재하였다(1948~1955). 그 후 국무총리제가 폐지되자 재무부 예산국으로 이관되었다(1955~1961). 3공화국 이후부터 경제기획원에 예산국(나중에는 예산실)으로 설치되어 장기 경제개발계획을 수립하고 이를 뒷받침하는 예산배분을 주도하는 역할을 하였다(1961~1994). 3,4,5공화국 시기는 행정부 우위의 시대였으며 중앙예산기구는 경제발전을 지향하는 권위주의 대통령제 하에서 국가 경제에 주도적 역할을 담당하였다. 김영삼 정부 하에서는 중앙예산기구의 예산-기획의 연계에 더하여 재정정책까지 연계하기 위해 경제기획원에 재무부를 통합하여 예산-기획-금융-조세까지 담당하는 공룡 부처로 재정경제원을 설치하였는데 그 산하의 예산실이 중앙예산기구의 역할을 담당하였다(1994~1998). 김대중 정부 초기에 대통령은 중앙예산기구를 대통령 직속으로 두고자 하였으나 야당이 과반수인 국회의 심의에서 중앙예산기구는 이원화되어 기획기능을 담당7하는 기획예산위원회와 집행을 담당하는 예산청으로 이원화되었다(1998~1999). 그 후 여당이 총선으로 과반수를 넘자 이원화되었던 중앙예산기구는 법 개정을 통해 기획예산처로 통합되었다(1999~2007). 그러나 2008년 이 기획예산처는 재정경제부와 통합하여 “기획재정부”로 통합되어 현재에 이르고 있다.

2 지위

기획재정부는 국무총리 직속의 부처이다. 부총리가 관장하는 중앙행정기관이며 장관 1인과 차관 2인이 있다. 정부예산, 국가기획, 정부개혁의 주무 기관이다. 이러한 지위를 바탕으로 재정정책, 국가재정운용계획의 수립, 예산의 편성 및 기금운용 계획안의 협의 · 조정, 예산 · 기금의 집행 및 성과의 관리, 재정혁신과 공공혁신에 관한 사무를 관장한다.

3 특징

1) 재정계획, 예산 편성, 성과관리의 연계

중장기 재정계획의 수립 - 이를 토대로 한 단년도 예산 편성 - 성과관리를 유기적으로 연계하기 위해서는 동일한 기관이 이 기능을 주관함이 적합하다. 기획재정부는 이 세 가지를 주관하고 있다.

2) 예산과 기금의 관장

기획재정부는 예산 · 결산 · 기금을 관장한다(국가재정법 제11조 1항). 국가재정운용계획을 수립하고 이의 구현 도구로 예산 및 기금을 사용하며 그에 대한 결산도 주관한다. 기획재정부 조직안에서도 중앙예산기구의 역할은 '예산실'이 담당한다. 최근에는 기금도 예산과 거의 같은 수준으로 관리되며 이를 기획재정부가 관장하기 때문에 국가 전체의 재정 총량 중 중앙예산기구가 관여하는 비중이 더 커졌다.

3) 국무총리 소속

현재 중앙예산기구는 정부조직상으로는 대통령 직속이 아니라 국무총리의 산하에 소속되어 있다. 이는 당시의 김대중 정부 때의 대통령과 총리측의 권한 배분을 고려한 결과이다. 그러나 그 후에는 이러한 소속은 의미가 적어지고 실질적으로는 대통령의 영향 하에 있다.

4) 삼원 체제에서 이원체제로 전환

종래의 기획예산처 시절에는 기획예산처와는 별도로 재정경제부(국세청 · 세제실 · 국고국 등)가 국가 재정의 수입과 지출을 총괄하였다. 따라서 중앙은행(한국은행) - 중앙예산기구(기획예산처) - 수지총괄기구(재정경제부)가 분리된 삼원체제의 형태였다. 그러나 기획예산처 및 재정경제부가 기획재정부로 통합된 2008년 이후에는 중앙은행(한국은행) - 중앙예산기구 및 수지총괄기구(기획재정부)의 이원 체제로 되었다.

5) 고객집단으로부터 독립

기획재정부의 예산실은 정부 외부의 민간 부문에 고객 집단이 없다. 이에 비하면 수지를 총괄하는 세제실 등은 조세, 금융 등과 관련하여 상대적으로 고객집단이 많다. 따라서 예산실은 특정 고객 및 이익집단의 이해관계를 초월한 입장에서 국가 재정 전반에 대한 거시적 시각을 유지할 수 있다.

I새 테마 행정학I

09. 예산 편성

Ⅰ. 서 론

1 의의

예산 편성은 정부가 다음 회계 연도의 세입과 세출을 사전적으로 추계하는 과정이다. 이는 정부가 수행하고자 하는 사업과 업무를 기획하고 이에 필요한 재원의 세입과 세출의 구체적 내용을 결정하는 행위이다. 예산 과정상 예산 편성은 국회의 예산 심의 전의 단계이며 행정부에서 이루어지는 과정이다.

예산 편성의 책임은 보통 행정부가 지는데('행정부제출예산 제도' executive budget system), 이는 예산 집행의 당사자인 행정부가 직접 편성하게 한다는 취지이다. 또한 예산편성의 전문성이 높다는 점과 권력분립의 원리도 그 논거가 된다. 우리나라의 경우 예산 편성 주무기관은 기획재정부이다(국가재정법 제32조).

편성이 끝난 예산안은 국회의 심의를 받아 확정되지만 국회에서도 대체로 큰 삭감 없이 통과되는 것이 보통이다. 이는 국회의 역할이 무의미해서가 아니라 그 편성 과정에서 행정부 내부의 각 부처들 뿐 아니라 국민 · 정당 · 국회 · 압력단체들의 의견이 이미 상당히 반영되었기 때문이다. 편성된 예산액이 국회가 의결하는 내용과 크게 다르지 않으며 이 내용에는 국가 재원의 동원 및 배분에 관한 정치적 합의가 들어 있다. 그러므로 예산 편성은 정치적 성질도 내포하고 있다.

2 성질

대통령 중심제 국가에서는 예산이 의회에서 최종 확정되며 의회의 예산안 심의는 행정부의 예산 편성에 대한 통제 장치로서 의미가 크다. 반면 내각책임제 국가에서는 내각에서의 결정은 곧 의회의 승인을 수반하므로 예산 편성은 예산 심의와 거의 같은 효력을 지닌다.

점증적 예산 제도 하의 예산 편성은 전년도를 기준으로 하여 기존 정부 활동의 점진적 확대를 표현하는 것이다. 영기준 예산 제도 하의 예산 편성은 예산을 통해 실천할 정부 활동들을 매년 새로이 재구성하는 과정이다.

Ⅱ. 예산 편성 절차

1 중기사업계획서 제출과 국가재정운용계획 수립

1) 중앙 부처 및 기금관리주체의 중기사업계획서 제출

다년도 지출체계를 반영하여, 기획재정부는 전년도 12월 말까지 다음 연도 국가재정운용계획 수립을 위한 지침을 작성하여 각 중앙관서로 통보한다. 이 지침을 토대로 중앙관서의 장 및 기금관리주체는 매년 1월 31일까지 당해 회계 연도부터 5회계 연도 이상의 기간 동안의 신규 사업 및 기획재정부 장관이 정하는 주요 계속사업에 대한 중기사업계획서를 기획재정부 장관에게 제출한다(국가재정법 제28조). 중기사업계획서의 제출은 예산 편성뿐 아니라 기금운용계획안에 대해서도 필요하다. 중기사업계획서는 국가재정운용계획의 기초 자료가 되며 계획과 예산을 연계하도록 하는 역할을 한다.

2) 국가재정운용계획의 수립

현행 제도상 예산 편성에는 국가재정운용계획의 역할이 중요하다. 국가재정운용계획을 수립하기 위해, 기획재정부 장관은 국가재정운용계획 수립을 위한 지침을 마련하여 당해 회계연도의 전년도 12월 31일까지 각 중앙관서의 장에게 통보한다.

기획재정부 장관은 관계 중앙관서의 장·지방자치단체 및 전문가로부터 의견을 수렴하고, 국무회의 심의를 거쳐 국가재정운용계획을 최종 확정한다. 국가재정운용계획에는 국정의 우선순위 및 주요 분야에 대한 5년 간의 정책방향 및 투자규모 등이 명시된다.

국가재정운용계획의 작성과정에서 중요한 것이 대통령 주재 하의 '국가재정전략회의'(과거 '국무위원 재정전략회의'의 변경)이다. 이 과정에서 분야별·부처별 예산 한도액이 결정된다. 여기에서 각 개별 부처의 입장이 아니라 국가 전체적인 시각에서 한도액이 검토된다.

3) 예산안 편성 지침 · 기금운용계획안 작성지침의 통보

기획재정부 장관은 국가재정운용계획에 의거하여 예산안 편성지침을 작성-국무회의의 심의-대통령의 승인을 얻은 다음 연도의 예산안 편성지침을 매년 3월 31일까지 각 중앙관서의 장에게 통보한다(국가재정법 제29조). 한편 기금의 경우에는 기금운용계획안 작성지침을 작성하고 기금정책심의회의 심의-국무회의의 심의-대통령의 승인을 얻은 다음 매년 3월 31일까지 각 기금관리주체에게 통보한다(국가재정법 제66조).

이때 기획재정부 장관은 국가재정운용계획을 예산 및 기금과 연계하기 위하여 예산안 편성지침 및 기금운용계획안 작성지침에 중앙관서별, 기금별 지출 한도를 정하여 통보할 수 있다. 예산안 편성지침 및 기금운용계획안 작성지침은 정부 내부의 기준에 머무르지 않으며 국회(예결위)에 보고해야 한다(국가재정법 제30조, 제66조 4항).

2 부처의 예산요구

1) 예산요구서 제출

중앙관서의 장은 예산안 편성지침에 따라 '예산요구서'(세입세출예산·계속비·명시 이월비 및 국고채무 부담행위 요구서 포함)를 작성하며, 기금의 경우에는 기금운용계획안(운용총칙, 자금운용계획 포함)을 작성하여 매년 5월 31일까지 기획재정부 장관에게 제출한다(국가재정법 제31조, 제66조 5항).

예산안 편성지침을 통보받으면 부처는 장관, 간부회의, 재정기획부서(종래의 기획관리실과 유사한 역할을 하는 부서인 '정책홍보관리실'의 재정기획관이 담당함이 보통) 등의 협의를 통해 장관의 예산 편성 지침 및 부처의 예산전략을 마련한다.

부처의 사업 수행 부서들은 재정기획 부서에 소관 사업의 필요성과 목적, 사업계획, 소요예산 등을 확정하여 송부한다. 이 과정에서 사업부서-관련국장-재정기획부서-장관과의 협의가 여러 차례 이루어지며 조정을 거친다. 이 조정을 거쳐 부처의 예산요구서는 확정되고 장관의 결재를 받아 기획재정부에 제출된다.

2) 현행 예산요구 제도의 특성

현행 국가재정법 체제 하에서 부처의 예산요구는 다음과 같은 특징을 지닌다. 첫째, 부처의 예산 편성이 국가재정운용계획과 연계되기 때문에 기획재정부에서 부처별로 통보하는 예산·기금의 한도액의 제약을 받는다. 둘째, '프로그램 예산 제도'를 실시하기 때문에 이에 맞추어 예산을 요구해야 한다. 부처는 이 제도에 맞추어, 분야(장)-부문(관)-프로그램(항)-단위사업(세항)-세부사업(세세항)의 체제에 따라 예산요구액을 명시해야 한다. 또 프로그램 및 단위 사업별로 중기 예산액·성과자료·기대효과·주요 사업지표 등을 제출해야 한다. 셋째, 성과를 중시하기 때문에 예산·기금의 전년도 성과보고서 및 차기 연도의 성과계획서도 제출한다(국가재정법 제8조 2항). 넷째, 통합 재정 정보체제인 "디지털 예산회계 시스템"(dBrain System)이 활용된다.

3 기획재정부의 예산사정

1) 사정 준비

예산사정에 필요한 기준과 자료를 준비한다. 부처의 예산요구가 송부되기 전부터 기획재정부는 행정자치부 등 관련 부처의 협의를 통해 공무원 정원, 급여, 경상비 등을 사전 검토한다. 인건비와 기준 경비는 기획재정부가 예산안 편성지침으로 통보한 기준에 따라 대개 기계적으로 사정되기 때문이다. 각 부처들이 1월에 제출한 신규 사업 및 주요 계속 사업들에 대한 계획서도 검토하며, 주요 사업들에 대해서는 별도로 사업 분석을 행하기도 하며, 예산 항목별로 예산 편성 기준을 개발하기도 한다. 현행 법제 하에서는 국가재정운용계획이 중요하므로 이것을 수립하고 이를 부처 예산 편성에 연계하는 것 자체가 예산사정의 준비 작업이다.

2) 예산사정

기획재정부에서는 각 부처를 소관하는 과(課)별로 예산사정의 일정을 부처에 통보하고 부처의 의견을 들어가며 사정에 들어간다. 이때 기획재정부는 부처별 한도 및 국가재정운용계획의 준수, 예산안 편성 지침 및 기준의 준수, 사업 추진 현황 등을 중시한다.

예산사정은 일반회계, 특별회계, 기금운용계획, 부문별, 사업별 등으로 구분되어 수행된다. 한 부처의 예산은 그 부처를 관장하는 예산담당관에 의해 검토된 후, 국·과장들의 회의에서 종합적으로 검토된다.

예산사정에서는 의무적 지출, 국정 우선순위가 높은 사업의 포함 여부, 부처간 및 중앙-지방간의 사업 중복 여부, 대규모 신규 사업의 경우 재원확보 계획 여부, 예비 타당성조사 및 기본 설계 등 사전적 절차의 충족 여부, 재원배분 원칙의 반영 등이 중요시되어 왔다.

종래의 상향식 예산 배분의 과정에서는 행정 부처의 과도한 요구와 이에 따른 기획재정부의 '대패질'과 '도끼질'의 형태로 사정이 이뤄져 왔지만, 최근 부문별 · 부처별 한도액을 정하고 그 한도액 내에서 부처가 자율적으로 예산을 배분하는 총액배분 · 자율편성(top-down) 제도 하에서는 '과다요구 및 무차별 삭감' 행태는 많이 줄어들었다.

3) 독립기관 예산요구액 사정의 특례

국가재정법(6조)의 '독립기관'은 국회 · 대법원 · 헌법재판소 · 중앙선거관리위원회이다. 정부가 이 기관의 예산을 편성할 때에는 독립기관의 의견을 최대한 존중하여야 하며, 조정이 필요할 경우 당해 독립기관의 장과 미리 협의하여야 한다. 이 협의에도 불구하고 그 예산요구액을 삭감할 때에는 국무회의에서 당해 독립기관의 장의 의견을 구하여야 하며, 그 삭감 규모 · 이유 · 감액에 대한 독립기관의 장의 의견을 국회에 제출하여야 한다(국가재정법 제40조). 또 감사원의 예산요구액을 삭감할 경우에는 국무회의에서 감사원장의 의견을 구하여야 한다(국가재정법 제41조). 감사원은 국가재정법 상의 독립기관은 아니지만 기관의 성격상 그에 준하여 예산사정에 신중을 기한다.

3) 외부에 대한 설명회

여야 정당, 국회, 광역자치단체장 등과 협의를 한다. 기획재정부는 예산안 · 기금운용계획안에 대해 당정 협의를 통해 여당의 입장을 반영하며, 야당에 대해서도 설명회를 갖는다. 국회에 대해서도 연찬회 등을 통해 예산안을 설명하고 의견을 수렴한다.

4 정부 예산안 · 기금운용계획안의 확정 및 국회 제출

1) 절차

기획재정부의 예산 편성안 · 기금운용계획안은 대통령에게 보고되고 '재정정책자문회의'(국가재정법시행령 제6조)를 거친다. 이것은 기획예산처에 설치한 자문기구로 국가재정운용계획, 예산안, 기금운용계획안 등에 대해 자문을 한다. 위원장은 기획재정부 장관이다. 재정정책자문회의를 거친 예산안은 국무회의 심의 및 대통령의 승인을 얻어 정부안으로 확정된다. 대통령의 승인을 얻은 예산안 · 기금운용계획안은 회계 연도 개시 120일 전까지 국회에 제출한다(국가재정법 제33조, 제68조). 이때 다음 5개 연도에 대한 국가재정운용계획도 회계 연도 개시 120일 전까지 국회에 제출한다(국가재정법 제7조).

2) 제출 내용

국회에 제출하는 예산안에는 예산을 구성하는 예산총칙, 세입세출예산, 계속비, 명시 이월비, 국고채무 부담행위가 포함되며(국가재정법 제19조), 여기에 더하여 성과계획서, 성(性)인지 예산서, 조세지출 예산서, 국가채무관리계획, 국유재산의 명세서 등이 첨부된다(국가재정법 제34조). 기금운용계획안은 운용총칙과 자금운용계획으로 구성되는데 여기에 더하여 기금조성 계획, 성과계획서, 기금 상호 간 · 기금과 회계 간의 전출입 명세서 등이 첨부된다(국가재정법 제71조).

Ⅲ. 편성 과정의 예산 게임(budget game)

총액배분 · 자율편성(top-down)예산 제도의 도입에 의해 종래 기획재정부-부처 간의 치열한 예산 게임은 많이 줄어들었다. 그럼에도 불구하고 부처는 예산을 확대하려 하고 기획재정부는 이를 제한하려는 본질적 구도 하에서 예산 게임(budget game)을 벌인다.

1 부처의 예산확보 전략

부처는 예산확보를 위해 보편적으로 활용 가능한 전략(보편적 전략) 및 특정 상황에 따라 활용 가능한 전략(상황적 전략)을 구사한다(윤영진, 2014). 보편적 전략은 부처에 대한 지지(support)를 획득함으로써 요구 예산이 별 저항없이 채택되게 하는 것이다. 대표적인 것이 다음 세 가지이다. 첫째, 당해 부처 및 예산 편성 전반에 대해 신뢰를 높이는 전략이다. 기획재정부는 각 부처 별로 신임도가 다른데 이는 부처가 요구한 예산 내용에 대한 기획재정부의 오랜 경험 등이 중요하다. 둘째, 부처의 고객 집단(clientele group)을 활용한다. 강력한 고객집단은 예산관련 기관들에게 직접, 간접적으로 영향을 주어 궁극적으로 부처가 요구한 예산이 혹독한 사정으로부터 보호받게끔 작용한다. 다만 이 경우 부처가 이들에게 포획당하는 문제도 나타날 수 있다. 셋째, 특정 사업의 가치를 직접적으로 강조하는 전략이다. 정확한 자료의 제시, 사업 분석 결과의 첨부, 높은 국정 우선순위, 사업의 긴급성 등을 강조한다.

상황적 전략으로는 특정 상황에 따라 활용 가능한 전략들이다. 전부 혹은 전무(all or nothing), 분산 은닉(sprinkling), 기득권 활용, 항목 명칭의 분식(mislabeling), 인간 관계의 활용, 필수적 지출(mandate)임을 강조, 자체 수입을 수반함을 부각, 그 사업이 다른 지출들을 오히려 절약할 수 있음을 강조, 위기 상황을 활용 등이 있다. 상황적 전략들은 단기적으로는 유효하지만 장기적으로는 오히려 예산사정관에게 불신을 줄 수 있다.

사실 부처의 예산확보 게임은 '공유지의 비극(the tragedy of the commons)'과 유사하다고 볼 수 있다. 공유지의 비극이란 비배제성과 편익감소성의 성격을 가지고 있는 공유자원을 사람들이 남획하여 공유자원이 고갈된다는 것으로, 개인의 합리적인 선택이 사회전체적인 합리적인 결과를 가져오지 못하는 '사회적 딜레마(social dilemmas)' 현상의 대표적인 예이다. 예산을 공유자원으로 볼 수 있는 이유는 다음과 같은 세 가지 점에서 그러하다. 첫째, 예산은 무한대로 늘릴 수 없기 때문에 총량이 제한되어 있다. 둘째, 예산을 더 많이 확보하려는 많은 정부부처들이 존재한다. 셋째, 모든 정부부처들이 더 많은 예산확보를 위해 노력한다면 예산은 상한선을 넘어 고갈될 수밖에 없다. 예산의 이러한 성격으로 말미암아 공유지의 비극과 같은 현상을 초래되는데, 이는 예산이 지속적으로 증가하는 총량적 재정규율의 문제와 우선순위나 사업의 효과성이 아닌 전년도 답습주의로 귀결되는 배분적 효율성의 문제, 그리고 예산이 효율적인 관리와 성과향상으로 이어지지 못하는 기술적 효율성의 문제를 야기할 수 있다(하연섭, 2014).

2 기획재정부의 대응 전략

부처의 예산요구에 대해 기획재정부도 다양한 대응 전략을 구사한다(윤영진, 2014). 첫째, 한도액 설정(fixed-ceiling budgeting)이다. 예산의 총액을 미리 지정하고 이를 초과할 수 없게 하는 것이다. 이러한 하향식(top-down) 예산은 최근에 두드러진 배분 방식이다. 그러나 이 경우 부처의 예산 확보 게임은 예산사정 단계가 아니라 한도액을 결정하는 단계(국무회의 재정 전략회의 등)에서부터 새로이 전개될 수 있다.

둘째, 무제한 예산법(open-end budgeting)이다. 하급 부서의 사업액에 한도를 지정하지 않음으로써 하급부서의 사업 요구를 용이하게 하면서 그 상급 기관으로 하여금 삭감의 책임을 지게 하는 것이다.

셋째, 업무량(work load) · 단위 원가(unit cost)를 활용하여 정밀한 예산사정을 한다. 이것은 성과주의 예산에서 많이 활용된다. 그러나 업무량 · 단위 원가의 계산이 어려운 경우가 많다.

넷째, 증감 분석(increase-decrease analysis)을 활용하여 전년도 대비 증감된 부분에 집중하여 사정을 하는 방법이다. 점증주의 예산에서 유효하다. 그러나 예산의 기본액 자체에 대한 검토가 간과되며 세부 항목 중에 있는 기존의 비효율성도 기득권으로 존중되는 문제가 있다.

다섯째, 우선순위 명시(priority listing)를 함으로써 특정 항목 · 사업 간의 우선순위가 낮은 사업을 우선적으로 삭감한다. 그러나 그러한 우선순위의 선정이 어려운 경우가 많다.

여섯째, 개별 항목들을 통제(item-item control)하는 것이다. 예컨대 '인건비'라는 특정 항목에 대해 기준 단가, 정원 등에 비추어 집중적으로 사정하는 것이다. 그러나 개별 항목에 치중한 사정은 사업 전체의 타당성을 간과하기 쉽다.

3 부처와 기획재정부의 상호 협의 통로

예산사정은 기획재정부의 일방적 작용이 아니며, 상호협의 과정이다. 이 상호협의 통로에는 크게 세 가지가 있다.

첫째, 부처의 예산담당관과 기획재정부의 예산사정관사이의 커뮤니케이션이다. 부처 예산담당관은 예산사정관에게 충분한 정보를 제공하려고 노력하며, 이때 사정관은 사정에 임하는 구체적 사정기준을 가지고 부처의 예산 담당관에 대처한다. 양자 간의 협의 결과에 대해서 국과장 회의에서 심의를 받는 것이 보통이다. 보통 1-2년마다 특정 부처를 소관하는 예산사정 사무관이 교체되기 때문에 사정관과 부처 예산담당관 사이에 유착 관계가 형성되기는 어렵다.

둘째, 기획재정부 내부의 예산사정관 사이에서 일어나는 커뮤니케이션 과정인데 보통 전체 예산사정 담당 국과장이 함께 조정에 임한다. 해당 부처의 예산 담당관은 이 단계에서 삭감된 부처예산에 대해서 설명 및 재고 요청을 하는 것이 보통인데 여기에서 당초 삭감되었던 항목이 부활되기도 한다.

셋째, 상급기관의 조율, 협의 및 비공식적 커뮤니케이션이다. 사정 담당 국과장의 심의가 끝나면, 기획재정부와 부처 장관의 조율 및 협의가 이루어진다. 특히 대통령과의 관계를 이용하여 장관이 자기 부처에 유리하게끔 기획재정부에 영향을 주고자 하기도 한다.

Ⅳ. 한국 예산 편성 과정의 평가

한국의 예산 편성 과정은 기획재정부-부처간의 예산 게임에서 많은 문제점을 보여왔다. 국가재정운용계획 제도 및 이에 토대한 총액배분·자율편성(top-down) 제도는 이에 대해 획기적인 변화를 가져왔다. 그러나 아직도 예산 편성 과정에서 개선해야 할 점이 많다.

1 문제점

첫째, 예산안 편성지침에서 책정되는 예산 단가가 비현실적이다. 기획재정부의 예산 단가 책정이 시장 가격과 괴리되어 비현실적, 자의적이기 때문에 각 부처는 예산요구 시에 사업규모를 부풀리거나 사업 집행과정에서 사업규모를 축소하게 된다.

둘째, 예산 편성의 골간이 아직도 전년도 답습주의를 채택하고 있다. 사업의 중요성이나 국민의 선호의 변화에도 불구하고 기존의 예산을 토대로 변동되며 예산액은 자연스럽게 누증된다.

셋째, 각 기관은 중앙예산기관의 사정에서 당연히 삭감될 것을 전제로 하여 필요 이상으로 예산을 확대시켜 요구한다. 이 문제는 총액예산제 도입으로 상당히 개선되었지만 아직도 부처의 예산요구 속에 이런 부분이 상당히 남아 있다.

넷째, 예산사정 기간이 매우 부족하여 예산요구를 깊이 있게 검토하여 사정하기 어려우며, 현행 구조 하에서 각 부처 예산별로 사무관 1-2명이 배정되어 사정을 하고 있다.

다섯째, 예산사정의 범위가 한정되어 있다. 경직성 경비의 비중이 매우 높고, 기획재정부보다 상위 수준에서 정치적 고려로 예산안 편성에 포함될 여지가 많기 때문에 기획재정부가 실제로 사정할 수 있는 부분은 전체 예산의 30%에도 미치지 못한다.

여섯째, 정치적 타당성에 의해 많은 제약을 받는다. 사업 타당성이 낮음에도 불구하고 대통령의 공약, 여당의 요구 기타 정치적 이유로 인해 예산사정에서 특별한 배려를 받기도 한다.

일곱째, 일정 규모 이상의 사업에 대해 예비타당성을 조사하도록 되어 있으나(국가재정법 38조) 이에 대한 예외 규정이 많아서 예비타당성조사를 통해 사전에 사업을 평가한다는 취지를 충분히 살리지 못하는 경우가 많다(이명박 정부의 4대강사업).

2 발전 방안

예산 편성상의 문제점들 중 예산사정의 여지가 적다는 문제는 우리 예산의 구조적 제약이다. 그리고 본질적으로 예산 편성에 정치적 과정의 성격이 들어있기 때문에 나타나는 문제점 역시 마찬가지이기 때문에 단기적으로는 변화되기 어렵다.

그러나 이런 구조적인 문제 외에 단기적으로도 개선할 수 있는 여지도 있다. 첫째, 우선 예산 편성의 기초가 되는 예산단가의 현실화가 이루어져야 한다. 둘째, 답습주의로 인해 기존 사업이 자연적으로 누증되는 문제는 추후 각 부처의 예산 편성과 엄격한 성과관리를 연계하는 방향에서 개선이 될 수 있다. 이를 위해 성과보고서 및 성과계획서의 철저한 분석이 필요하다.

셋째, 총액예산제는 기존의 예산 편성이 갖는 많은 문제점을 해결하는 역할을 한다. 현재에도 아직 많이 남아 있는 부처의 과다요구 및 기획재정부의 일방적 삭감문제는 총액예산제가 앞으로 더욱 진전되면 크게 개선될 것이다. 기획재정부에서 오직 몇 명의 사무관이 한 부처의 예산을 다 사정하는 것 자체가 크게 문제될 수는 없으며, 총액예산제가 더욱 심화되면 기획재정부의 예산사정 업무량은 더 줄어 들 것이기 때문에 이 문제 역시 자연스레 해결될 것이다.

그러나 예산 편성상 큰 변화인 총액예산 제도는 몇 가지 점에서 보완할 필요가 있다.

① 재원의 큰 배분이 '국가재정전략회의'에서 결정되고 있다. 그런데 이 재정전략회의가 법제화된 기구가 아니라 본질적으로 국무회의이며 다만 그 토의 내용이 국정의 재원배분이라는 것이다. 그러므로 대통령 및 그의 국정 스타일이 바뀌면 이런 방식은 바뀌어 질수도 있다. 따라서 거시적 재원배분 기구를 안정적으로 정착하기 위해 법적 근거를 마련할 필요가 있다.

② 예산 편성이 처음부터 정치적 영향력에 의해 좌우될 가능성이 있다. 과거에는 예산 편성이 주로 기획재정부-부처 간의 게임이었다면 이제는 그 게임은 분야별 · 부문별 · 부처별 재원배분 단계에서부터 시작되기 때문이다. 과거 기획재정부의 예산사정은 합리적-분석적 논리에 따라 이루어지는 부분이 많았다. 그러나 부처의 한도액 설정 과정인 국가재정운용계획의 수립, 국무회의 재정전략회의 등에서는 대통령의 선거 공약 등 정치적 논리가 주는 영향이 더 크다. 따라서 이러한 거시적 배분의 사전 준비 단계에서 합리적인 논리가 충분히 반영되게 하는 기제가 필요하다.

③ 기획재정부의 권한 축소에 대한 불만이 나타날 수 있다. 기획재정부가 개별 사업에 대한 예산 편성권을 보유하지 않을 경우 국가재정운용계획, 성과 관리 제도의 운영도 성공하기 어렵다는 주장이다. 그러나 기획재정부는 국가재정운용계획의 수립에서도 주도적 역할을 하므로 실질적으로는 부처의 예산총액에 대해서도 큰 결정권을 보유한다. 따라서 미시적 사업 조정은 부처에 일임하되 국가 재정의 전반적 · 거시적 배분에 치중함이 바람직하다.

④ 총액배분·자율편성(Top-down) 제도는 기획재정부의 예산 사정 작업을 줄이는 것 자체가 목표가 아니라, 중장기 연동 계획인 국가재정운용계획을 단년도 예산에 반영하며 이 과정에서 부처별로 재원을 할당하는 것이다. 이 제도가 이러한 근본 목표가 달성되려면 부처의 사업성과가 차기의 국가재정운용계획 및 차기의 예산총액 배정에 연계되어야 하는데 이를 위해서는 정밀한 성과 관리 체계가 부수적으로 구비되어야 한다.

논평

예산편성단계에서의 박근혜 정부의 특징은 예산안 제출시기가 앞당겨진 것과 '국가재정전략회의'이다. 국가재정법 규정들의 이해를 통해 우선 예산 편성제도의 법 절차를 정확히 이해하라. 편성과정에서의 예산 게임 전략도 중요하다. 한국의 현행 예산 편성 과정의 논평은 꼭 포함해야 한다. 객관식 대비를 위해서는 주요 일정들을 암기하라.

| 새 테마 행정학 |

10. 예산 편성 (사례 연구)

중앙부처 재정기획관 K씨는 부처의 예산 편성을 진행 중이다. 다음 설문을 읽고 물음에 답하라.

1. K씨는 비용편익 분석 논리에 의해 다음과 같은 5개 사업을 검토하고 있다. 이 중 사업(Ⅱ)은 대통령 공약 사업이다. 이 부처는 3개 사업만을 선정하여 내년도 예산요구액에 포함시키기로 하였다. 순편익 및 B/C ratio 기준에 의거할 때 어느 사업이 선정되며 그 경우 이 부처의 사업예산 요구액은 얼마가 되는가?(단위, 억원)
2. 기획재정부에 제출된 이 예산요구액을 확보하기 위해 부처가 사용할 것으로 예상되는 전략들을 설명해 보라.
3. 위 예산요구에 대해 기획재정부가 활용하는 대응 전략들을 설명하라.
4. 현행 총액배분·자율편성식(Top-down) 예산 편성의 문제점을 지적하라.

Ⅰ. B/C 분석에 의한 사업선정

합리적 · 분석적 예산 결정이론에서는 비용편익 분석 논리에 의한 예산 편성이 강조된다. 이런 논리만으로 예산이 편성되는 것은 아니지만 적어도 비용편익 분석은 예산 편성의 기초가 되는 사업결정에서 객관적 · 규범적 기준을 마련해 준다. 문제 내용을 풀기 위해 순편익, 비용/편익 비율을 산정하여 이를 도표화하면 다음과 같다.

1) 순편익이란 편익에서 비용을 제한 차액을 의미한다. 이 기준에 의거하여 각 사업의 우선순위를 나열하면, Ⅰ-Ⅴ-Ⅱ-Ⅳ-Ⅲ 우선순위로 사업이 선정될 것이다. 상위 3개 사업만을 선정하여 예산을 요구한다면, Ⅰ, Ⅴ, Ⅱ사업만이 이 부처의 예산으로 편성되어 총 300억원(100+150+50=300)으로 편성된 부처예산을 기획재정부에 요구할 것이다.

2) 편익/비용의 비율(B/C ratio) 기준에 의할 경우, Ⅱ-Ⅰ-Ⅳ-Ⅴ-Ⅲ의 우선순위로 사업이 결정될 것이다. 상위 3개 사업만을 선정하여 예산을 요구한다면, Ⅱ, Ⅰ, Ⅳ 사업만이 이 부처의 예산으로 편성되어 총 230억원(50+100+80=230)의 예산액이 편성된다.

사업 / 내용	비용	편익	순편익	편익/비용의 비율
Ⅰ	100	170	70	1.7
Ⅱ	50	100	50	2.0
Ⅲ	200	220	20	1.1
Ⅳ	80	120	40	1.5
Ⅴ	150	210	60	1.4

Ⅱ. 부처의 예산요구 전략

1 Top-Down 제도 하에서의 부처의 전략

총액배분·자율편성(Top-down)이 가능한 현행 예산 편성 제도 하에서는 기본적으로 부처가 가공적인 요구를 할 동기는 많이 사라졌으며 오히려 총액 한도 안에서 부처 내부의 하위기관 간, 사업간의 조정을 통해 부처 스스로 사업을 사정해야 한다. 따라서 부처의 예산요구 및 기획재정부의 예산 사정 이전에, 부처는 근본적으로는 부처별 총액 한도가 배정되는 단계(국가재정운용계획 수립-국가재정전략회의 등)에서 부처 한도액을 확대하려는 전략을 시도할 것이다.

그럼에도 불구하고 부처의 예산 확대 요구 및 기획재정부의 삭감 요구라는 양 기관의 근본 구도는 유지된다. 따라서 이러한 근본 대립 관계 구도 하에서 총액배분·자율편성(Top-down)이 실시될 경우를 전제로 하면 다음과 같은 대응전략들이 나타날 수 있다. 이러한 전략들은 총액배분·자율편성(Top-down) 하에서도 상당 부분 여전히 유효한 수단으로 활용될 수 있다.

설문에서 나타난 부처들은 대개 예산확보를 위해 보편적으로 활용 가능한 전략(보편적 전략) 및 특정 상황에 따라 활용 가능한 전략(상황적 전략)을 구사한다(윤영진, 2014). 보편적 전략은 기본적으로 부처에 대한 지지(support)를 획득함으로써 요구 예산이 별 저항없이 채택되게 하는 것이다. 보편적 전략은 동 부처가 예산 결정 과정에서 항상 어느 곳에서나 이용되는 방법으로서 기획재정부의 지지를 확보하는 것이 기본 내용이다. 상황적 전략은 이 부처가 사업 및 시간과 장소 그리고 상황에 따라 이용되는 특수한 방법을 말한다. 이것은 상시적이기보다는 임기응변적으로 사용되는 패턴을 지닌다.

2 보편적 전략

1) 예산기관에 대해 부처의 전반적인 신뢰 확보

우선 설문상의 부처가 기획재정부로부터 신뢰를 인정받는 것이 장기적으로는 예산확보에 가장 효과적인 전략이다. 예산 결정 과정이 복잡하고 정보가 부족하기 때문에 신뢰관계가 형성되어 있는 경우 사정기관은 부처 예산을 신뢰하게 된다. 신뢰관계는 업무 및 인간관계 면에서 형성될 수 있다. 이를 위해 설문상의 부처가 취할 수 있는 방법들은 다음과 같다.

- 객관적으로 타당성이 있는 예산을 편성한다.
- 상대방의 예산사정관의 기대에 부응하는 예산을 편성한다.
- 정직, 성실하고 믿을 수 있다는 인상을 준다.
- 기획재정부 관계자들과의 인간적 유대 또는 친분관계를 발전시킨다.
- 예산 과정에서 상호 이익(give and take) 관계를 형성한다.

2) 특정 사업의 타당성 강조

부처가 소관 사업의 필요성과 가치에 대해 관련 객관적 자료와 논리를 통해 기획재정부 관계자를 설득하는 것이 예산을 확보하는 직접적인 방법이 된다.

- 사업 결과를 예측하고 이를 표명한다.
- 관계자들을 현장에 초청하여 실제 상황을 보게 한다.
- 영향력 있는 고객들에게 사업의 타당성을 전략적으로 강조한다.
- 사업의 결과를 과장하지 않고 보인다.
- 사업 결과를 측정이 곤란하거나 불명확한 경우에는 이를 회피한다.
- 사업 결과에 대한 통계 수치를 활용한다.

3) 부처의 고객집단 동원

부처와 상호 관계를 맺고 있는 고객집단(clientele group)을 활용한다. 지지 고객들의 조직화가 높고 구성원이 많을 경우 예산확보는 용이하다. 반면에 조직화가 낮고 구성원이 적을 경우 예산 확보에 주는 도움은 적다. 다만 이 전략은 부처가 이들 특수이익 집단에 포획당하는(captured) 문제를 유발할 수 있다. 여기에는 구체적으로 다음과 같은 방법들이 사용된다.

- 새로운 고객(지지자)을 확인한다.
- 고객 수를 확대한다.
- 영향력 있는 고객들에게 직접 사업 혜택을 부여한다.
- 유력 고객에게 편익이 집중되는 사업을 개발한다.
- 고객을 통해 사업 필요성이 예산 관계자들에게 전달되도록 한다.
- 고객을 통해 예산지출 분위기와 여론을 조성한다.

- 고객들과의 자문위원회를 활용한다.

3 상황적 전략

1) 역점사업을 활용

이는 정부의 역점사업이 무엇인가를 판단하고 이와 관련된 사업을 개발하여 예산을 획득하는 방법이다. 이를 위해서는 기획재정부의 그 해 예산의 중점 사업, 편성의 기본 방향 등에 관한 정보를 알아야 한다. 예컨대 정부가 사회간접자본 투자, 중소기업 육성, 환경보호 등에 역점을 둔다면 이와 관련된 사업을 신규 사업으로 추가하여 예산을 확보하는 것이다. 예산 획득에 매우 효과적인 방법이다.

2) 사업의 우선순위 조정

정치적 지지를 많이 받는 사업의 우선순위를 낮게 매기고 정치적 지지도가 낮은 사업의 우선순위를 높게 매겨서 궁극적으로 두 사업예산 모두 확보하는 방법이다. 설문 사례의 경우, 대통령의 공약사업인 Ⅱ는 굳이 부처가 우선순위를 높은 사업으로 요구하지 않더라도 추후 청와대 · 기획재정부와의 협의를 통해 특별한 배려를 받을 가능성이 높기 때문에 이 부처는 그 보다 우선순위가 낮은 다른 사업의 통과에 진력한다. 또한 특정한 사업을 살리기 위해서 희생시킬 사업을 미리 선정해 놓고 이들의 삭감을 유도하는 방법도 있다.

3) 예산상의 기득권 획득

기존 사업 예산의 증대보다 신규 사업의 예산 확보가 더 어렵다. 따라서 우선순위가 높은 사업에 대하여 처음에는 적은 예산을 요구함으로써 저항을 극복하고 일단 사업 승인을 받으면 점차 확대해 나가는 방법이다. 또 한시적인 사업임을 강조하여 예산을 확보한 다음에 이를 항구적인 사업으로 기정사실화 해 나가는 방법도 있다. 양자의 경우 다 일단 확보된 사업의 기득권을 활용한다.

4) 자료 및 정보 이용

예산 관련 자료 및 정보를 이용하는 것도 널리 이용되는 방법이다. 사업내용을 계량화하고 비용편익분석의 결과를 첨부하여 설득하거나, 사업비가 많다고 할 때 컴퓨터에 의한 비용계산 방법을 제시하거나 편익에 대한 자료를 강조하는 방법 등이 그러한 예이다.

5) 맹점(loophole) 이용

부처 예산담당자의 우월적 정보를 활용('정보의 비대칭성')한다. 예컨대 사업비는 그대로 두고 특정 항목의 비용을 증대시켜 기존의 사업비는 변화가 없는 듯이 보이게 하는 방법, 또는 새로운 사업에 소요되는 비용은 매우 적게 해놓고 그 사업의 비용을 기존의 사업에 숨겨놓는 방법 등이다.

6) 인간관계 이용

예산 확보를 위해서 학연·지연·혈연 등 영향력을 행사할 수 있는 인물을 동원하는 방법이다. 기획재정부 담당자의 고시 동기나 학교 동창을 내세우거나 기획재정부 출신을 적시적소에 활용하기도 한다. 현실적으로 이런 시도를 무시할 수 없다.

7) 언론 매체 이용

사업의 중요성을 언론에 흘려 이 사업의 불가피성을 홍보한다. 간접적인 압력수단으로 언론매체를 활용하는 방식이다. 경우에 따라서는 사회에 큰 충격을 준 사건 보도를 활용한다.

8) 기관장의 정치적 역량 활용

부처의 장관이 기획재정부 장관과 직접 담판하여 정치적으로 해결하는 방법이다. 때로는 청와대에 직접 호소하여 해결하기도 한다. 이러한 방법은 장관의 퍼스낼리티 또는 정치적 영향력에 의존하는 경우가 많다.

Ⅲ. 기획재정부의 대응 전략

1 Top-Down 제도 하에서의 기획재정부의 전략

총액배분·자율편성(Top-down)이 가능한 현행 예산 편성 제도 하에서는 종전과는 부처- 기획재정부의 대응 작용의 양상은 많이 달라졌다. 총액 내에서 이미 부처가 상당부분 사업을 자율 삭감을 하여 예산 편성안을 제출하기 때문이다. 기획재정부의 예산 사정의 성격은 종전과는 달리 미시적 사정에서 벗어나 기본적으로 거시적 배분으로 변화된다. 이러한 변화가 정착되면 부처가 총액 한도안에서 예산을 요구하여 기획재정부가 이를 사정하는 단계 훨씬 이전에, 부처의 총액 한도 결정에 영향을 주는 국가재정운용계획 수립에서부터 실질적 의미의 예산 사정이 일어나는 셈이다. 따라서 부처가 예산을 요구하고 난 뒤에 부처가 이를 검토하는 좁은 의미의 현행의 예산 사정은 이제 국가재정운용계획의 수립 및 재정전략회의, 사업성과의 평가 단계로까지 확대된다고 할 수 있다. 이러한 단계에서는 미시적 조정보다는 거시적 조정전략이, 관리적 사정보다는 정책적 조정 전략이 더 중시된다.

그럼에도 불구하고 부처의 예산 확대 요구 및 기획재정부의 삭감 요구라는 근본 관계는 유지되며, 부처들은 총액예산제가 실시된 이후에도 기획재정부가 여전히 강한 통제권을 행사한다고 느끼고 있다. 따라서 이러한 근본 대립 관계 구도 하에서 총액배분·자율편성(Top-down)

이 실시될 경우를 전제로 하면 다음과 같은 대응전략들이 나타날 수 있다.

2 대응 전략

1) 한도액 설정(fixed-ceiling budgeting)

하급기관이 예산을 요구하기 전에 초과할 수 없는 한도액을 미리 설정하는 방법이다. 설문 사례에서 예컨대 총예산요구액이 150억 원으로, 혹은 개별 사업비의 상한선이 50억 원으로 책정되는 경우이다.

첫째, 부처의 예산총액을 설정할 수 있다. 이것이 최근 우리나라에서 채택하고 있는 Top-down 방식과 가장 가까운 것인데, 예산의 총액을 미리 지정하고 이를 초과할 수 없게 하는 것이다.

둘째, 특정 사업의 금액을 설정한다. 현행 국가재정법(제50조)에서는 특정 '대규모 사업'(2015.8월 현재, 총사업비 500억 초과, 건축사업의 경우 200억 초과하는 사업)은 부처로 하여금 그 계획서를 기획재정부에 사전 제출하게 한다.

셋째, 특정 사업 내용을 제한할 수 있다(ex.문화회관 건립불가).

2) 무제한 예산(open-end budgeting)

현행 총액예산제 하에서는 일정한 예산액 범위 내에서 개별 사업 결정의 재량이 부처에게 주어지기 때문에 이 범위 내에서 특정 개별 사업의 예산요구 한도액은 없는 셈이다. 이 경우 부처의 하급기관들은 신규 사업의 추가가 용이하고 원하는 사업 선호를 반영할 수 있다는 점에서 유리하다.

이 경우 기획재정부 사정 전략은 예산 총액의 초과 여부에만 초점을 줄 것이고 부처 예산 내용 안의 개별 하위 사업들의 채택 여부를 둘러 싼 갈등은 이제 부처 내부의 자율 편성 단계로 이전된다. 즉 부처의 개별 사업에 대해서는 무제한성을 인정하되, 총액 한도는 제한하는 것이다.

3) 업무량 및 단위 원가 계산(work load measurement and unit costing)

업무량 및 단위 원가를 결정하여 이를 토대로 예산액을 산정하는 방법이다. 성과주의 예산에서 활용되고, 정밀한 계량적인 측정을 바탕으로 예산을 요구한다는 점에서 합리적인 사정이 가능하다는 장점이 있다. 그러나 업무 단위와 단위 원가의 결정이 쉽지 않다는 단점이 있다.

이 전략은 현행 총액예산제 하에서도 기획재정부가 작성하여 부처에 통보하는 예산안 편성지침 속에 일정한 항목에 대한 단위 원가를 지정해 둠으로써 활용할 수 있다.

4) 증감 분석(increase-decrease analysis)

전년도 예산과 대비하여 증감된 예산요구 항목을 중점으로 사정을 한다. 예산사정기관이 가장 손쉽게 사용하는 방법이며, 모든 예산 항목을 매년 재검토할 필요가 없다는 점이 장점이다. 그러나 예산사정기관은 감소된 예산 항목보다 증가된 예산 항목에 관심을 보이는 경향이 있고, 각 기관에 필요한 기본예산액이 얼마인지에 대한 검토가 등한시되는 단점이 있다.

현행 총액예산제 하에서도 이 방식은 신규 사업에 대해 효과적인 통제 전략이 된다. 첫째, 부처별 한도 총액의 결정에서 이 전년도 예산을 한 기준으로 삼을 수도 있다. 둘째, 또 전년도 예산 항목에 없던 신규 사업에 대해서는 부처에 대해 미리 중기사업계획서를 요구하는 등의 제한을 부과한다(국가재정법 제28조). 셋째, 일정한 신규 사업에 대해서는 사업에 앞서 예비 타당성 조사를 요하게 한다(국가재정법 제38조).

5) 우선순위 명시(priority listing)

예산을 요구하는 부처가 사업 간의 우선순위를 명시하고, 기획재정부가 이를 존중하며 사정을 하는 방법이다. 특정한 사업항목에 대하여 이러한 방법이 적용되는 경우가 많다. 예산사정기관이 예산을 삭감할 때에 이 우선순위가 낮은 사업부터 배제함으로써 예산사정을 용이하게 한다. 그러나 예산 항목간 우선순위의 책정이 어려운 경우가 많다.

6) 항목별 통제(item-item control)

하급기관이 제출한 항목을 항목별로 검토하여 사정을 하는 방법이다. 대표적인 예로 기획재정부의 각 사정관이 담당 부처의 인건비, 공공요금 등의 단일 항목을 전문적으로 사정하는 것이다. 이 방법에 치중할 경우 전체적 관점에서 부처 사업을 검토하기가 힘들다는 단점이 있지만 특정한 항목에 대해 이 방식은 유효한 사정 수단이 된다.

Ⅳ. 총액배분 · 자율편성(Top-down) 예산 제도의 평가

총액배분 · 자율편성(Top-down) 제도는 부처의 과다한 예산요구 및 기획재정부의 일방적 삭감에 따른 폐해를 크게 개선하고 있다. 부처에게는 사업 선호를 충족하며, 기획재정부에게는 과거식 예산 사정에 따른 시간과 분석 작업을 크게 줄일 수 있다.

그러나 최근 예산 편성에서 가장 큰 변화인 총액예산 제도는 몇 가지 점에서 보완할 필요가 있다. ① 재원의 큰 배분이 '국가재정전략회의'에서 결정되고 있다. 그런데 이 재정전략회의가 법제화된 기구는 아니며 본질적으로 국무회의이며 다만 그 토의 내용이 국정의 재원배분이라는 것이다. 그러므로 대통령 및 그의 국정 스타일이 바뀌면 이런 방식은 바뀌어 질수도 있다. 따라서 거시적 재원배분 기구를 안정적으로 정착하기 위해 법적 근거를 마련할 필요가 있다.

② 예산 편성이 처음부터 정치적 영향력에 좌우될 가능성이 있다. 과거에는 예산 편성이 주로 기획재정부-부처 간의 게임이었다면 이제는 그 게임은 분야별 · 부문별 · 부처별 재원배분 단계에서부터 시작되기 때문이다. 과거 기획재정부의 예산사정은 합리적-분석적 논리에 따라 이루어지는 부분이 많았다. 그러나 부처의 한도액 설정 과정인 국가재정운용계획의 수립, 국가재정전략회의 등에서는 대통령의 선거 공약 등 정치적 논리의 영향이 상당하다. 따라서 이러한 거시적 배분의 사전 준비 단계에서 합리적인 논리가 충분히 반영되게 하는 기제가 필요하다.

③ 기획재정부가 권한 축소에 대해 반발할 수 있다. 기획재정부가 개별 사업에 대한 예산편성권을 보유하지 않을 경우 국가재정운용계획, 성과 관리 제도의 운영도 성공하기 어렵다는 주장이다. 그러나 기획재정부는 국가재정운용계획의 수립에서 주도적 역할을 하므로 실질적으로는 부처의 예산총액에 대해서도 큰 결정권을 보유한다. 따라서 미시적 사업 조정은 부처에 일임하되 국가 재정의 전반적·거시적 배분에 치중함이 바람직하다.

④ 총액배분 · 자율편성(Top-down) 제도는 기획재정부의 예산 사정 작업을 줄이는 것 자체가 목표가 아니라, 중장기 연동 계획인 국가재정운용계획을 단년도 예산에 반영하며 이 과정에서 부처별로 재원을 할당하는 것이다. 이 제도가 이러한 근본 목표가 달성되려면 부처의 사업성과가 차기의 국가재정운용계획 및 차기의 예산총액 배정에 연계되어야 하는데 이를 위해서는 정밀한 성과 관리 체계가 부수적으로 구비되어야 한다(국가재정법, 8조).

논평

BC 분석의 논리를 정확히 이해해두라. 이를 따로 테마로 작성하되 공공 부문에서의 BC 분석과 민간 부분과의 차이점을 알아야 한다. 예산 편성제도의 법 절차를 정확히 이해함이 필수적이다. 편성과정에서의 예산 게임 전략도 중요하다. 한국의 현행 예산 편성 과정 전반에 대한 논평은 꼭 포함해야 한다. 이런 문제는 교과서적 서술보다는 현실의 정부 예산제도에 대한 이해가 잘 되어 있는가를 보는 것이 포인트임을 잊지 말라.

|새 테마 행정학|

11. 예산 심의 (사례 연구)

국회는 2015. 8월 동안 국정감사에 들어갔으며 9월 정기회가 시작되자, 9월 2일에 정부가 제출한 예산 및 기금안도 상정되어 예산 심의에 들어갔다. 그런데 야당은 자파에 불리한 일부 법안들이 여당에 의해 날치기 통과되었다고 주장하며 여당과의 일체의 의사일정 협의를 거부하고 장외 투쟁에 나섰다. 그 결과 11월 말에 이르렀지만 2016 회계 연도 예산안 심의는 중단되어 있다. 예산을 정치 사안과 연계하여 예산 심의 자체가 공전되는 이 사태에 대해, 야당의 A의원은 국회는 국민의 대표기관이고 입법권을 가지고 있으며 법률의 형성과정은 본질적으로 정치과정일 수밖에 없으므로 예산 심의가 정치 사안과 연계되어 여야의 투쟁수단으로 될 수도 있음은 당연하다는 주장이며, 이에 대하여 기획재정부 예산실의 B실장은 예산은 법률과는 다른데도 불구하고 야당이 마치 일반 법률의 심의에서 하는 것과 같은 정치 행태를 보이며, 더구나 그 법률과는 하등 상관이 없는 예산안 심의를 이와 연계하여 정쟁 수단으로 이용함은 부당하다고 주장한다.

'예산을 감시하는 시민단체'의 대표인 C씨가 볼 때, 그렇지 않아도 국회가 예산을 삭감하기는커녕 오히려 증액해주는 심의 행태를 보임으로써 국민 부담을 가중시킨다고 생각해 온 마당에, 앞으로 예산통과까지 남아 있는 절차를 감안하면 시일이 촉박하며 사후에 여야 타협이 되더라도 그 후의 예산 심의는 졸속으로 이루어질 것으로 예상한다. 한편 재야 인권운동가 출신인 초선의 D의원은 국회의원으로 당선되기 전부터 국가정보원의 예산도 명시적인 국회심의를 거쳐야 한다고 주장해 왔다. 그는 이번 국회에서 운영위원회 위원이면서 동시에 예산결산특별위원회의 위원으로도 배정되었기 때문에 예결위의 심의 과정에서 국정원 예산을 샅샅이 파헤치겠다고 다짐하고 있다. 국회의 예산 심의가 공전되는 현 상황에서 기획재정부 장관 및 언론은 2016 회계 연도 예산 심의가 헌법상 시한(12월 2일)을 넘길 것을 우려하고 있다.

1. 예산의 법적 성격 관련한 A의원과 B실장의 쟁점을 평가하라.
2. 헌법은 정부의 예산안 제출 기한을 회계연도 개시 90일 전이라고 규정하고 있는데 국가재정법이 이를 120일 전까지 제출하도록 요구함은 행정부의 권한을 제약하는 위헌적 규정이라는 논쟁을 평가하라.
3. 현행 법제 하의 예산 심의 절차를 개설하라.
4. 국회는 어떤 절차로 예산을 증액·수정하여 의결할 수 있는가?
5. 상임위원회, 예산결산특별위원회, 본회의에서의 예산 심의의 특징을 설명하라.
6. 예산결산특별위원회 산하의 기금 및 예산안조정소위원회의(이하 '계수조정위원회')는 주로 어떠한 기준으로 예산조정에 임하는가?
7. 국정원 예산 심의 절차의 특성을 설명하고, D의원이 이를 심의할 수 있는가를 판단하라.
8. 현행 국가재정법 하에서 준예산(準豫算)의 성립 가능성을 평가하라. 정부가 집행할 수 있는 준예산의 범위는 어디까지인가?
9. 현행 국회법(2015년 8월 1일 시행 법규 기준)을 참조하여 다음에 답하라.
   ① 국회의 정기회의 개시일은?
   ② 계수조정위원회의 운영은 비공개인가, 공개인가?
   ③ 예결위의 상설화란 무엇인가?
   ④ 2016년 8월은 임시회가 열릴 수 있는 달인가?

* 참조: 2015년 8월 현행 국회법, 국가재정법

1 한국 정부 예산의 법적 성격

1) 학설의 검토

미국과 영국의 경우 예산은 의회에서 법률의 형식으로 통과되며 통과된 예산은 법률(세출예산법, Appropriation Act)이 된다. 우리나라의 예산의 법적 성격에 대해서는 학설상 논쟁이 있는데 ① 예산은 법규범의 일종이 아니라 국회의 승인을 내용으로 하는 행정행위의 일종이라는 견해(승인설), ② 법률과 병립하는 하나의 법률형식이라는 견해(법규범설), ③ 예산은 국회가 심의하며 국회는 입법권을 가지므로 예산은 법률이어야 한다는 견해(입법설) 등이 있다.

생각컨대, 국회의 심의를 통과한 예산은 국가의 세출입 행위의 내용에 대해 구속력을 갖는다는 점에서 일반적인 행정행위의 하나로만 이해하기에는 무리가 있다. 또 헌법 제57조에 의하면 국회라 할지라도 정부의 동의없이는 예산안의 증액 수정을 할 수 없다고 규정하고 있기 때문에 예산에 대해 국회가 전적인 입법권을 가진다는 입법설도 인정하기 어렵다. 결국 우리나라의 예산은 형식적인 의미의 법률은 아니지만, 국가의 세출입에 관한 준칙으로 기능하는 실질적 의미의 법규범이며, 다만 효력상 법률보다 하위의 구속력을 갖는 법규범에 해당된다고 보아야 할 것이다.

2) 예산과 법률의 차이

예산이 법률이 아니라고 할 때 양자의 구체적인 차이는 다음과 같다. ①예산은 정부만이 제출한다. 법률(안)은 정부가 대부분 제출하지만 국회도 제출할 수 있다. 그리고 예산은 그 안건의 제출에 일정한 시간적 제약이 있으나(회계 연도 90일전), 법률은 그러한 제한이 없다. ②예산안의 심의는 시간적 제약(회계 연도 30일전), 내용적 제한(증액 및 신규비목 설치제한)이 있으나, 법률에 대해서는 그러한 제한들이 없다. ③예산에 대해서는 대통령은 거부권이 없지만, 법률에 대해서는 거부권이 있다. ④예산은 공포절차를 필요하지 않으며 국회의 의결로써 확정되며 행정부의 공고로써 이를 공지한다. 그러나 법률은 공포 행위를 요건으로 한다. ⑤예산은 그 효력에 있어서 시간적 제한(회계 연도에 국한), 대인적 제한(국가기관에만 국한), 지역적 제한(세출입이 집행되는 특정 지역에 국한)을 가지며, 또 법률보다 하위에 있기 때문에 예산에 의해 법률을 개폐함은 불가능하다. 그러나 이에 비해 법률은 그러한 제한이 적고 일반적인 효력을 가지는 것이 보통이며, 법률에 의해 예산을 변경함이 가능하며 예컨대 특정한 세출입 행위가 법률에 위배할 경우에는 무효 혹은 취소되기도 한다. 따라서 본 사례에서 나타난 야당의 행위는 정치적으로는 비난의 소지가 있을지언정 법률을 위반하는 성격을 구성하는 것은 아니다.

2 헌법과 다른 예산안 제출 시한 규정은 위헌인가?

현행(2015년 8월 현재 시행) 국가재정법이 예산안을 국회에 제출하는 시한을 헌법(90일전)보다 더 빠른 120일 전까지로 규정한 것은 행정권을 제약하는 위헌적 규정인가의 논란이 있을 수 있다. 그러나 본래 헌법 규정의 취지는 정부 예산이 국회의 충분한 심의를 받게 하도록 하는 것이다. 따라서 하위법인 국가재정법이 헌법 규정보다 행정부로 하여금 더 빨리 제출하도록 한 것은 90일 까지 제출하고 이를 국회가 심의하던 기존의 예산 심의 관행상 실제로 심의가 촉박하여 시한에 쫓긴 부실 심의 및 준예산의 위험까지 늘 보였다는 점을 감안한 것이다. 즉 국회가 충분한 사전 기한에 심의하도록 하기 위한 헌법 요구에 더 충실한 조치로 보아야 할 것이다. 따라서 이는 위헌으로 보기 어렵다.

3 예산안 심의절차

현행(2015년 8월 현재 시행) 국가재정법 및 국회법에 의거한 국회의 예산 심의 절차는 다음과 같다.

1) 국정감사

과거에는 국회 개회 직후에 감사를 했으나 개정 법제 하에서 국회(본회의와 상임위원회를 모두 포함하는 것으로 해석)는 아예 국회의 정기회 개회 전에 30일 이내의 기간으로 국정감사를 한다. 다만, 본회의 의결로 정기회 기간 중에 감사를 실시할 수 있다(국정감사 및 조사에 관한 법률 2조 1항). 국정감사 이후에 정부 예산안이 국회에 제출되므로 국회는 미리 국정감사를 통해 정부운영에 대한 현황을 파악하고 예산안 심의를 위한 국정전반에 걸친 자료를 수집할 수 있다.

2) 정부의 예산안 제출

헌법에 의하면 국회는 예산안 심의 및 확정권을 가지며(헌법 제54조 1항), 정부는 회계 연도 개시 90일 전 까지 예산안을 편성하여 국회에 제출한다. 제출된 예산안을 국회는 다음 회계 연도 개시 30일 전까지 의결해야 한다(헌법 제54조 2항).

이 제도 하에서 실제로 헌법상 시한(다음 회계 연도 개시 30일 전까지)이 잘 지켜지지 않기 때문에 개정 국가재정법을 최근래에 개정하여 정부는 더 이른 시기 곧 회계연도 개시 120일까지 예산안을 제출하도록 정하였다(국가재정법 33조). 따라서 현행 제도 하에서는 국회의 개회와 정부의 예산안 제출이 거의 같은 시기에 이루어지므로 국회가 마음만 먹으면 충분히 심의를 할 수 있게 되어 있다. 이상은 정기 예산에 관한 규정이며 추가경정예산안의 제출 시기에는 제한이 없다.

3) 본회의 보고

정부 예산안이 제출되면 의장은 안건으로서 의원에게 배부하고 본회의에 보고한다. 국회의 예산 심의에 있어서 국회가 예산안을 전부 거부할 수 있는가? 예산안이 부결되면 다음 해의 국정운영이 불가능하기 때문에 예산안에 대한 전부 거부는 인정될 수 없으며, 일부의 수정만이 가능하다고 해석된다.

정부가 예산안의 수정 동의를 하고자 하는 경우에는 본회의나 위원회의 동의를 얻어야 하며(국회법 제90조 2항), 의원의 예산안 수정 동의는 일반 법안의 경우(30인) 보다 어렵게하여 50인 이상의 찬성이 있어야한다(국회법 제95조 1항).

4) 시정연설

예산안이나 추가경정예산안이 국회에 제출되면 국정의 각 부분별 역점사업의 운용방향 및 국정 이념 등에 관한 대통령의 시정연설(보통 국무총리가 대독)이 본회의에서 행해진다. 이는 예산안 심의의 필수적인 요건이다(국회법 제84조). 그 시기는 본예산안의 경우 예산안의 국회 제출 이후 즉시 행하여야 하고, 추가경정예산은 안건이 국회에 제출된 후 본회의가 개의된 즉시 행한다.

5) 상임위원회 예비심사

(1) 안건의 회부

상임위원회에는 각 회계별로 세입세출예산, 계속비, 명시 이월비, 국고채무 부담행위에 대한 당해 위원회의 소관사항만이 회부된다. 예산총칙은 공통사항이기 때문에 상임위원회별로 회부하지 않는 것이 관례이다. 의장이 상임위원회에 예산안을 회부할 때에 심사기간을 지정하며 기간 내 종결되기 전까지 심사기간을 연장할 수 있다.

(2) 제안 설명

예산안이나 추가경정예산안 등의 안건이 상정되면 소관부처의 장이 해당 안건의 개요와 사업계획, 집행실적 등을 설명한다. 예산에 관련된 안건은 일괄해서 상정하고 제안 설명도 동시에 하는 것이 일반적이다.

(3) 전문위원의 검토보고

전문위원이 예산안의 개요와 배경, 문제점 및 대안 등을 제시한 검토보고서를 작성하여 보고한다. 대체로 검토의견만 보고하고 나머지 부분은 회의록에 기재하고 있다.

(4) 정책 질의

상정된 부처의 예산안 전체에 관한 사항 및 부처의 시책 등에 대하여 질의를 하고, 부처의 장 또는 차관이 답변한다.

(5) 부별 심의

정책 질의가 끝나면 예산안의 구체적이고 효율적인 심사를 위하여 5~7인의 소위원회를 구성하여 부문별, 실질적인 심사를 행한다. 소위원회의 안은 상임위원회 전체위원회에서 그대로 채택됨이 보통이다.

(6) 토론 및 표결

안건의 처리에 대한 여·야간 의견 대립 시 토론 및 표결을 행한다. 대개는 소위원회에서 의견을 조정하여 소위원회 안을 채택하기 때문에 전체위원회에서 토론·표결하는 예는 적지만 경우에 따라서는 소수의견을 첨부하는 조건부로 통과될 수도 있다.

(7) 심사 보고

예비심사가 종결되면 소관부처별·안건별로 보고서를 작성하여 의장에게 보고함으로써 상임위원회의 예비심사는 종결된다.

6) 예산결산특별위원회 종합 심사

(1) 안건 회부

상임위원회 예비심사가 종료되면 의장은 소관 상임위의 예비심사보고서를 첨부하여 안건을 예산결산특별위원회에 회부한다. 상임위가 이유 없이 그 예비심사 기간 내에 심사를 완료하지 않을 시에는 의장은 바로 예결위에 회부할 수 있다(국회법 제84조 6항).

(2) 제안 설명

기획재정부 장관이 예산안의 제안 설명은 행하는데 그 내용은 전년도 경제운용시책, 재정운용의 방향 및 예산안의 중점 사항 등으로 대통령의 시정 연설보다 더 구체적이다.

(3) 전문위원의 검토보고

전문위원은 정부의 제안 설명 직후에 안건별로, 안건 개요, 배경, 문제점, 개선 방향 등을 검토 후 보고한다. 이는 예결위 위원들의 심사에 있어서 1차적인 판단자료가 된다.

(4) 종합 정책 질의

예산결산특별위원회에서의 종합 정책질의는 모든 장관이 참석한 가운데 이루어지는데 상임위원회 때와는 달리 정부의 시책방향, 재정, 경제정책, 외교, 안보, 사회 등 국정 전반을 대상으로 하여 본회의와 대정부 질문과 유사하게 운용된다.

(5) 기금 및 예산안조정소위원회(계수조정소위원회) 심사

예산안을 종합·조정하기 위하여 '기금 및 예산안조정소위원회'(속칭, '계수조정위')를 구성하고 구체적으로 심사한다. 계수조정소위원회는 종합 심사에 있어서 예산안의 조정원칙을 작성하여 각 상임위원회와 분과위원회의 심사 결과, 정책질의, 부별 심사시의 수정의견 등을 기초로 단일의 수정안을 마련하고 전체회의에 보고한다. 소위원회의 수정안은 관례상 예산결산특별위원회 전체회의에서 위원회 안으로 채택된다.

(6) 토론 및 표결

예산안조정소위원회가 작성한 단일 수정안에 대하여 이견이 있을 경우 예산결산특별위원회 전체회의에서 토론 및 표결로 위원회안을 확정한다. 소위원회에서 만장일치로 의결하였을 경우에는 예산결산특별위원회 전체회의에서도 토론 없이 만장일치로 채택하는 것이 관례이나, 경우에 따라서는 기금 및 예산안조정소위원회 안에 반대하여 전체회의에서 토론과 표결을 할 수도 있다.

(7) 심사 보고

안건에 대한 위원회의 심사가 종료되면 위원장은 이를 확정하고 의장에게 보고한다.

7) 본회의 심의·확정

(1) 본회의 부의

예산결산특별위원회의 심사 보고에 의하여 안건을 본회의에 부의한다.

(2) 예산결산특별위원회위원장 심사보고

예산안에 대한 심사경과 및 결과를 본회의에 보고한다. 예산안의 경우는 예산결산특별위원회위원장이, 결산 및 예비비 지출 승인 건은 여당 소속 간사가 행하는 것이 관례이다.

(3) 토론 및 확정

예산결산특별위원회안에 이견이 있는 경우 토론을 할 수 있도록 되어 있으나 여야 합의에 의하여 만들어진 예산결산특별위원회의 제안을 그대로 확정함이 관례이다. 예산결산특별위원회의 예산안 심의는 정책질의, 부처별 심사과정에서 제기된 수정의견 등을 참작하여 거시적 안목에서 사업의 우선순위, 투자효과, 경제전망, 정치적 · 경제적 상황 등을 감안하여 예산안을 조정한다. 예산은 본회의 의결로 확정된다.

(4) 정부 이송

안건이 본회의에서 의결되면 지체없이 정부로 이송한다. 국회로부터 예산이 이송되면 대통령이 이를 공고한다. 예산의 공고에는 전문(前文)을 붙여 대통령이 서명하고 국무총리 및 관계 국무위원이 부서하며, 관보에 게재한다.

4 국회의 예산 증액 수정 심의

1) 증액수정 가능 여부

국회의 예산수정은 보통 '삭감'에 치중되는 것이 보통이다. 그런데 '증액'도 가능한가? 우리나라의 국회도 국회는 '정부의 동의없이는' 정부가 제출한 '지출 예산' 각 항의 금액을 증가하거나 새 비목을 설치할 수 없다(헌법 제57조).

(1) 세입예산 · 세출예산과 증액 수정 제한

국회는 '세입예산'에 대해서는 정부의 동의 없이도 증액 수정이 가능하지만, '지출예산'에 대해서는 국회는 정부가 제출한 입법과목의 폐지 및 예산액의 삭감, 입법과목 내에서의 세출예산의 조정과 예산목적의 변경 등을 할 수 있을 뿐이다.

(2) 예산형식의 내용과 증액 수정 제한

본래 국가재정법 제19조에 의하면 예산 내용은 5가지이다(예산총칙, 세입세출예산, 계속비, 명시 이월비, 국고채무 부담행위). 그러므로 헌법 제57조와 관련하여 유추하면 이 중 예산총칙, 계속비, 명시 이월비, 국고채무 부담행위는 정부의 동의 없이도 수정할 수 있을 것이다. 다만 계속비의 수정에서 당해 연도의 예산액을 증액수정 할 경우에는 이를 세출예산에서도 증액 수정해야 하므로 그 한도 내에서 수정권이 제한된다.

(3) 현행 증액수정의 절차상의 문제

증액 및 비목 신설에 대한 정부의 동의는 헌법 제57조의 해석상 당연한 요건이다. 따라서 국회는 증액 수정을 하는 시점에서 '문서'로 정부의 동의를 취득해야 한다. 그러나 실제로는 예산결산특별위원회 및 본회의에서 예산안의 표결 이전에 기획재정부 장관의 구두 동의를 받고 예산을 확정한 다음, 문서로 증액동의를 사후적으로 요구하는 절차를 따르고 있다. 정부는 이 요구에 대해 국무회의의 심의 및 대통령의 재가를 거쳐 국회에 '동의' 사실을 문서로 통보하고 있다. 따라서 이는 정부의 동의를 얻어야 한다는 명시적 헌법 규정 취지와는 거리가 있는 관행이며, 반드시 정부의 사전 동의를 얻은 후에 증액하는 절차를 제도화하는 것이 바람직하다.

2) 현행 수정 관행의 지속 이유

이러한 관행이 유지되는 이유는, ①국회와 정부 간에 예산에 대한 이미 충분한 상호검토가 있었다는 점, ②정부 측으로서는 국회측의 미미한 증액 내용에는 굳이 반대하지 않는다는 점, ③국회의 예산 심의 결과에 대해 대통령도 거부권을 행사할 수 없는 상황에서 정부 측이 국회측의 증액요구에 굳이 반대하는 경우는 드물다는 점, ④본질적으로 국회에 비해 행정부는 예산확대를 선호하는 경향이 많다는 점 등이다.

5 본회의 · 상임위 · 예결위 예산 심의의 특성

1) 본회의의 심의

본질적으로 우리의 예산 심의는 본회의 방식이 아니다. 상임위와 예결위의 심의를 거친 예산안에 대해서 본회의에서 다시 토의할 수 있으나 대체로 본회의의 예산 심의는 형식화되어 있으며 실질적으로는 예결위의 안을 그대로 수용하여 확정하는 것이 보통이다. 따라서 본회의 예산 심의는 매우 형식화되어 있으며 예산 심의의 핵심은 상임위와 예결위의 심의이다.

2) 상임위의 심의

(1) 지역이익 · 부처이익의 옹호와 세출증액적 심의

상임위의 의원들은 지역구의 선거구민의 이익을 반영하는 모습을 보이기 위해 특정 세출예산을 증액시키는 경향이 심화된다. 또 정부 부처는 차후 예결위 및 본회의에서 삭감될 것을 알면서도 일단 예산을 증액 신청하는 경향이 있는데, 부처에 대해서도 소관 상임위는 일종의 연대의식을 가지고 있기 때문에 그 예산을 옹호하려고 한다. 이 결과 상임위의 심의를 거친 후에는 예산안이 정부측 요구보다 증대되는 경향이 있다.

(2) 일반이익의 옹호와 세입삭감적 심의

세입예산에 대해서는 삭감을 요구하는 경향이 있다. 일반시민들과의 관계성에서 의원은 대체로 낮은 조세부담을 옹호해야 한다고 인식하고 있기 때문이다. 따라서 세출예산이 자신의 지역구에 미치는 영향이 명확하지 않을 때에는 시민 일반의 이익을 위하여 낮은 세입예산을 선호하게 된다. 결국 상임위의 예산 심의는 세입삭감, 세출증액을 결과한다.

(3) 고객집단과 상임위별 예산 심의의 차이

상임위들 중에서도 지역구의 이해와 관련된 사업을 수행하거나 전국에 걸쳐 일선 행정기관을 가지고 있는 부처(국방부, 국토교통부, 농림축산식품부, 고용노동부, 보건복지부 등)를 관장하는 상임위는 예산의 조정 및 증액의 폭이 크다(국방위, 국토교통위, 농림축산식품해양수산위, 보건복지위 등...). 일선 기관이 없거나 지역구의 이해와 관련이 적거나 일선 기관이 적은 부처(대통령실, 감사원, 법제처, 국가안보실 등)를 관장하는 상임위의 예산은 예산의 조정 폭이 적으며 때로는 삭감지향적 심의를 받기도 한다(법사위, 재경위, 안전행정위 등).

3) 예산결산특별위원회의 심의

(1) 예결위의 종합 심사는 상임위의 예비 심사 결과를 존중하여야 한다(국회법 제84조 5항). 그러나 이에 구속되지 않으며, 실질적으로 상임위와는 별도의 독자적 심의가 진행된다.

(2) 여야의 정치적 쟁점이 예산 심의에 연계되는 경향이 나타나며, 정치적 쟁점으로 인해 예산 심의 자체가 공전되는 경우가 빈번하며, 막판 절충에 의해 예산 심의가 재개되어도 시간부족으로 인해 형식적, 졸속적 심의가 나타나기 쉽다.

(3) 예결위에서는 세입삭감 및 세출삭감을 결과하는 경향이 있다. 이는 예결위에서는 전체적인 견지에서 심의를 진행하므로 세입과 세출의 균형이 중요한 고려사항이 되기 때문이다.

(4) 예결위가 상임위에서 삭감한 세출예산 각항의 금액을 증가하게 하거나 새 비목을 설치할 경우에는 상임위의 동의를 얻어야 한다. 다만, 새 비목의 설치에 대한 동의 요청이 상임위로 회부된 후 72시간 이내에 동의여부가 예결위에 통지되지 아니한 경우에는 상임위가 동의한 것으로 본다(국회법 제84조 5항).

(5) 예결위가 상설화되어 과거보다는 전문성이 높아졌지만 위원의 활동 기간이 다른 위원회와는 달리 1년에 불과하여, 심층적 심의가 불가능하며, 예산정보의 누적적 활용도가 낮다. 이는 결과적으로 예결위의 전문성의 약화를 초래한다.

(6) 예결위 예산 심의가 정치적 측면에 너무 의존하고 있다. 여야간 정치적 타협이 이루어지면 그 후로는 예산 심의는 형식적인 통과 의례로 간주되는 경향이 있다.

(7) 예산안의 조정을 위한 '기금 및 예산안조정소위원회'(속칭 '계수조정위')의 심의조정은 예결위의 심의 중 가장 실질적인 심의과정을 구성하게 된다. 이 위원회의 수정안은 관례상 예결위 전체회의의 안으로 채택이 되고 있다. 계수조정위의 예산 심의는 비공개적

으로 할 수도 있기 때문에 책임성 확보가 어려우며, 실질적으로 여야간 정치적 거래에 의한 '나눠먹기식' 심의가 되는 경향이 높다.

6 '계수조정위'의 조정 원칙

계수조정위는 대체로 다음과 같은 원칙들을 중요한 심의 기준으로 활용한다.

① 최종적인 배분은 개별 사업의 합리성 여부보다 여야 위원 간의 총액적 거래로 이루어지는 경향이 크다.

② 위원인 개개 의원과 특정 부처 · 지역구와의 연계가 약하다. 따라서 대체로 예산 심의는 증액보다는 '삭감'지향적이다.

③ 상임위에서 심의된 예산안 중 삭감부분은 인정하되 증액된 부분은 원칙적으로 인정하지 않으려고 한다. 다만 낙후부문 · 민생부문 · 영세민부문 등에 관련된 사업은 대체 세입이 제시된 경우에 한하여 제한적으로 증액을 인정하는 경향이 있다.

④ 조세에 의한 세입예산은 주로 재정경제위원회의 세법 개정에 따른 세수증감 효과를 반영하고, 조세 외의 세입예산은 세출의 증감요인을 감안하여 조정한다.

⑤ 정부가 예산안을 국회에 제출한 후, 사회경제적 여건 변화로 인해 삭감 · 추가 요인이 나타났을 경우에 계수조정위는 이것도 감안한다.

⑥ 가용 재원의 범위 내에서 지역간, 계층간의 균형이라는 명분으로 이루어지는 사업에서 예산 배분은 매우 모호한 기준에 의해 주관적이고 정치적인 판단에 의해 결정되는 경향이 있다.

7 국가정보원의 예산에 대한 국회의 심의

1) 예결위 심의의 생략

종래에는 국가정보원의 예산은 국회에서 총액만 심의될 뿐 사업 내용에 대해서는 기밀을 이유로 심의할 수 없었다. 그 후 사회전반에 걸친 민주화의 추세에 따라 1993년 이후, 관련법의 개정으로 국회는 국가정보원의 예산도 실질적으로 심의한다.

정보위원회는 국정원 소관 예산안, 정보 및 보안 업무의 기획 · 조정 대상 부처 소관의 정보예산안에 대한 심사를 하여 그 결과를 해당 부처별 총액으로 하여 의장에게 보고한다.

의장은 정보위원회에서 심사한 예산안을 총액으로 예결위에 통보하는데, 이 경우 정보위원회의 심사는 곧 예결위의 심사로 간주된다(국회법 84조 4항). 따라서 예결위는 이에 대해 직접 심사를 할 수 없다.

2) 비공개 원칙

국정원 예산의 실질적 전체 규모는 국정원 본예산 뿐 아니라 기획재정부 소관의 예비비(국가안전보장을 위한 활동경비), 각 부처에 계상된 특수활동비 등으로 이루어져 있다. 그 소관 상임위('정보위원회')에서 국정원의 예산내역과 업무활동은 비공개로 보고된다. 또, 국가정보원장은 국회의 예산 결산 심사에서 '국가의 안전보장에 중대한 영향을 미치는 국가기밀사항'에 한하여 자료의 제출 또는 답변을 거부할 수 있다. 이 경우 그 사유를 소명해야 한다(국가정보원법 제13조제1항). 따라서 국회가 국정원 예산을 실질적으로 완전히 심의할 수 없는 가능성은 현재에도 남아 있다.

3) 정보위원회의 특례

종래에는 이 정보위원회의 위원이 되려면 특정 (6개) 상임위원회의 구성원이어야만 가능했으나 현행 국회법에서는 그런 제한은 없다. 다른 상임위의 정원은 국회규칙으로 정하지만 정보위원회의 정원은 12명으로 국회법이 고정해 두어 그 변경을 어렵게 만들어 두고 있다(국회법 38조 단서). 종래 정보위원회 위원 임기는 '의원의 임기 동안'이었지만 2008년 그 법이 개정되어 현재에는 다른 상임위원과 같이 2년이다(국회법 제40조). 몇 사람에게만 전유된다는 성격이 완화된 것이다.

결국, 이러한 법규 토대에 비추어 볼 때, 본 사례의 예결위 소속 D의원은 이 국가정보원 예산의 내역을 알 수 없다. D 의원이 국정원 예산을 심의할 수 있기 위해서는 차기의 상임위원회 배정에서 정보위원회의 위원이 되어야 한다.

8 예산 심의 지연과 준예산

1) 준예산의 요건

국회가 "회계 연도 개시 전까지" 차기 연도 예산을 의결하지 못하는 경우에 정부는 준예산을 편성하여 집행한다. 현행 제도상 2016년도 예산의 회계 연도는 2016년 1월 1일부터 시작되므로, 2015년 12월 31일 밤 12시까지 국회가 예산을 확정하지 못할 경우에 준예산이 실행된다.

따라서 "회계 연도 개시 30일전까지" 국회가 예산안을 의결하지 못한 경우라 하더라도 바로 준예산이 집행되는 것은 아니며, 2015년 12월 31일 밤 12시까지 기다리며 예산의 통과를 지켜보아야 한다. 다만, 의결 시한을 정해 놓은 헌법의 취지는 국회가 의결한 예산 집행을 위한 정부의 충분한 사전 준비를 위한 것이므로 국회는 이를 준수해야 하지만 국회가 이를 지키지 못하는 위헌적 상태는 과거에 거의 해마다 반복되어 왔다. 그럼에도 국회 여야가 서로 헌법상 시한과 회계연도 시작일 간의 시차를 내심 의식하고 있기 때문에 실제로 준예산의 집행에까지 이른 적은 한 번도 없었다.

법을 만드는 국회가 정작 최고 규범인 헌법상 의결 시한(12월 2일 밤 12시)을 준수 않는 과거 관행들을 교정하기 위한 제도가 요구되었다. 이에 따라 개정 국회법에서는 예산안의 심사를 매년 11월 30일까지 마치도록 하고 이 기한이 지나면 그 다음 날인 12월 1일에 위원회에서 심사를 마치고 바로 본회의에 부의된 것으로 정하였다. 이렇게 되면 그 다음날 본회의를 통해 헌법상 의결 시한인 12월 2일까지 의결이 가능하다. 다만, 의장과 각 교섭단체대표의원들이 다 합의한 경우에는 자동 부의가 일어나지 않도록 할 수 있다. 따라서 야당이 예산 심의에 협조해 주는 대가로 다른 정치 사안을 이와 연계하던 전략은 이제 많은 제약을 받게 되었다.

2) 전년도 예산에 준하여 지출할 수 있는 경비범위

"회계 연도 개시일 전"까지 국회가 예산을 의결하지 못한 경우에는 다음의 목적을 위한 경비에 대해서는, 전년도 예산에 준하여 지출을 할 수 있다(헌법 제54조3항).

① 헌법이나 법률에 의하여 설치된 기관 또는 시설의 유지·운영, ② 법률상 지출의 의무의 이행, ③ 이미 예산으로 승인된 사업의 계속

다만, 이러한 지출도 국회에서 예산의 의결이 이루어 질 때까지만 지출 가능할 뿐이다. 만약 사후에라도 국회의 의결의 있게 되면 준예산의 내용은 의결된 본예산의 내용에 포함된다.

9 현행(2015. 8월 시행) 국회법을 참조하여 다음에 답하라

① 국회의 정기회의 개시일은?

현행 국회법은 국회의 입법 활동 강화를 위해 연중 상시 개원한다는 점이다(제5조의 2). 의장은 각 교섭단체 대표의원과 협의를 거쳐 매년 12월 31일까지 다음 년도 국회의 연중 상시 운영을 위한 연간 국회운영의 기본 일정(회기와 집회일시 등)을 정하도록 하였다. 다만, 국회의원 총선거가 있는 연도에는 새로이 구성되는 국회의 임기가 5. 30부터 개시되므로 그 운영 기본 일정을 6월말까지 의장이 각 교섭단체 대표의원과의 협의를 거쳐 작성하도록 하였다.

정기회 개시일은 9월 1일(공휴일일 경우에는 익일)이며 100일간 집회한다. 임시 국회는 짝수달 즉, 2월, 4월 및 6월(8월, 10월, 12월 및 국회의원 총선거가 있는 달은 제외)에 매월 1일 집회하며 회기는 30일로 하게 하였다. 그러나 국회 운영 기본 일정이 확정된 경우에도 각 임시국회의 소집은 기본 일정에 따라 자동적으로 소집되는 것이 아니고 헌법의 규정에 따른 집회 요구 절차가 필요하다. 휴회 중인 경우에도 대통령, 의장, 혹은 국회 재적의원 4분의 1이상의 요구로 임시국회는 소집된다(국회법 제8조 2항).

② 소위원회의 회의 운영은 비공개인가, 공개인가?

현행 국회법은 소위원회 회의는 공개가 원칙이지만 소위원회의 의결로 비공개로 할 수도

있다(국회법57조 5항). 소위원회의 안건 심의 과정을 보다 투명하게 하고, 소위원회의 축조 심사를 생략할 수 없도록 함으로써 안건 심사가 졸속으로 되는 것을 방지하고 있다(국회법 제57조 7항).

③ 예결위의 상설화란 무엇인가?

예산 · 결산 · 기금운용계획안 · 기금결산 심사를 보다 충실히, 연중 통제하기 위해 상설의 예산결산특별위원회를 설치하고, 위원의 임기는 1년으로 하게 하였다(국회법 제45조). 최근의 개정을 통해 예결위는 예산 · 결산에 더하여 기금운용계획안 · 기금결산까지 심의한다.

본래 '특별위원회'는 활동기간이 종료 시까지만 존속함이 원칙이지만 특별위원회의 일종인 예결위만은 이 제한을 받지 않고 1년간 존속하는 상설 기관이다(국회법 제45조 3항). 그 위원의 정수는 50인으로 통상적인 상임위의 약 2 배이며, 교섭단체 소속 의원수와 상임위원회 위원수의 비율에 의하여 각 교섭단체 대표의원의 요청으로 의장이 선임한다.

위원의 임기는 1년으로 상임위원회의 임기 2년에 비해 짧은데 이는 많은 의원이 임기 중 예결위에 참여할 수 있도록 한다는 점은 고려되지만 그 대신 전문성 및 정보의 누적이라는 점에는 문제가 있다. 위원장은 본회의에서 선출한다.

예결위가 상설특위로 변경됨에 따라 예결 위원의 전문성 제고, 국가예결산과 기금에 대해 내실있는 심의, 정보 및 자료의 연중 검토를 통해 국가 재정 활동에 대한 국회 통제기능이 강화되었다.

논평

최근의 예산관련 법제의 개정을 꼭 염두에 두어야 한다. 심의 관련 현실의 생생한 제도들을 정확히 이해하기 위해 구성한 사례연구 문제이다. 여러 가지 논점이 포함되어 있다. 예산 심의의 절차를 개정 법률(국회법, 국가재정법)에 따라 잘 정리해 두라. 준예산의 요건을 알아야 하며, 본 주제, 즉 한국의 예산 심의 과정에 대한 총괄적 평가 및 발전 방향의 정확한 지적이 핵심이다.

ㅣ새 테마 행정학ㅣ

12. 예산결정 이론들

Ⅰ. 예산결정의 정치논리와 경제논리

현실의 예산결정을 제대로 이해하기 위해서는 도구적 합리성이나 자원배분의 합리성만 고려해서는 안 된다. 즉, 정치논리와 경제논리가 다 개입된다. 첫째, 예산배분의 경제적 측면에서는 "어떻게 예산상의 이득(budgetary benefit)을 극대화할 것인가?"에 초점이 모아진다. 즉, 예산배분의 경제논리에서는 예산배분에 의해 '파레토 최적(Pareto optimum)'을 달성하는 데 관심을 가지고 있다. 예산상의 이득을 극대화하기 위해서는 예산배분에서 경제적 합리성(economic rationality) 기준이 적용된다.

경제적 합리성에 바탕을 둔 예산배분의 결정 방법은 비용-편익 분석과 같은 계량적인 분석기법에 많이 의존하며, 수요·공급의 법칙에 근거한 시장 감각(market sense)이 예산배분의 행동 원리가 된다. 따라서 예산배분 결정에서 경제적 합리성에 근거를 둔 경우에는 예산상의 결정이 합리적·총체적(rational-comprehensive)으로 이루어져야 한다는 주장이 나오며, 이를 대변하는 예산결정이론이 총체주의 이론이다.

둘째, 예산배분의 정치적 측면은 "예산상의 이득을 누가(who) 얼마만큼(how much) 향유할 것인가?"라는 가치 선호 문제와 관련된다. 예산배분 과정의 참여여자들은 서로 많은 예산상의 이득을 얻기 위해 영향력을 행사하게 된다. 이는 몫의 배분(distribution of shares)과 관련된다.

몫의 배분과 관련된 결정의 기준은 정치적 합리성(political rationality) 또는 정치적 실현가능성(political feasibility)이다. 정치적 합리성에 바탕을 둔 예산배분의 경우에는 분석보다는 배분에 대한 지지의 정당성이 중요시된다.

예산배분 결정에서 정치적 합리성에 근거를 둔 경우 예산상의 결정이 분할적 · 점증적(disjointed incrementalistic)으로 이루어져야 한다는 주장이 나오며, 이를 대변한 예산결정이론이 점증주의이다. 이러한 맥락에서 이하에서는 예산결정의 경제논리를 대변하는 총체주의와 정치논리를 대변하는 점증주의에 대해 살펴보고자 한다.

Ⅱ. 총체주의 예산이론

1 총체주의 예산이론의 의의

총체주의 예산이론이란 합리적 선택 모형에 입각한 예산상의 의사결정이론을 말한다. 여기서 합리적 선택 모형은 의사결정에서의 합리적 · 분석적 선택을 의미한다. 이를 '과정' 측면에서 본다면 합리적 · 분석적 의사결정 단계를 거쳐서 결정하는 것을 말하며, '결과' 측면에서 본다면 예산을 통해 달성하고자 하는 목표, 즉 사회후생(social welfare)이 극대화되도록 예산이 배분된 상태를 말한다(윤영진, 2014).

따라서 총체주의 예산이론에서는 경제학의 한계효용, 기회비용, 최적화 개념 등이 사용된다. 또한 총체주의 예산이론은 규범적 성격이 강하다. 즉, 총체주의 예산이론은 예산결정 과정을 합리화해 예산상의 편익을 극대화하기 위한 결정 방식으로서 규범적 성격이 강하다. 따라서 예산개혁이란 총체주의 예산이론을 제도화한 것으로 볼 수 있는데, 계획예산제도(PPBS), 영기준예산제도(ZBB) 등이 그 일환이라고 볼 수 있다(윤영진, 2014).

2 과정 측면에서의 총체주의

합리적 · 분석적 정책결정과정과 일치하는 총체주의 예산결정 과정은 크게 보면 다음과 같은 세 단계로 요약할 수 있다.

1) 목표의 명시적 정의

총체주의 예산이론에서는 목표를 정확히 정의할 수 있고, 따라서 목표 달성을 극대화할 수 있는 수단을 강구할 수 있다고 본다. 목표란 바람직한 상태로서 가치 및 선호와 관련된다. 총체주의 예산이론에서는 ① 사회를 한 개인처럼 단일체로 간주하며, ② 개인의 후생 함수로부터 사회후생 함수를 도출해 낼 수 있다고 본다. 이러한 전제 하에서 총체주의 예산이론에서는 사회 목표를 명확히 정의하려고 한다. 이렇게 함으로써 목표 달성을 위한 수단을 목표와 관련지어 체계적으로 강구할 수 있고, 목표가 규정되면 목표-수단 관계를 사실의 문제로 검토할 수 있으며, 그 결과 수단의 선택을 정당화할 수 있다.

2) 목표-수단 분석과 이론모형의 중시

목표-수단 분석을 사용함으로써 총체주의 예산이론에서는 목표를 계층화하여 그것을 좀 더 구체화하며 동시에 목표를 달성할 수 있는 수단을 목표와 관련지어 관찰한다. 즉, 목표를 달성할 수 있는 최선의 수단 선택을 이상적인 분석으로 간주한다. 이러한 맥락에서 총체주의 예산이론에서는 목표-수단 관계를 경험적 맥락에서 파악하고, 그 형식적 구조인 인과관계를 중요시하며, 이론과 모형을 강조한다.

3) 분석적 결정 기준의 적용

총체주의 예산이론에서는 정해진 목표를 달성하기 위해서 수많은 대안을 고려하고, 그 가운데 하나를 일정한 기준에 따라 선택한다. 대안을 비교할 때에는 소요되는 비용과 편익을 화폐 단위로 환산하여 계산한다. 대안의 선정 기준으로는 순현재가치(Net Present Value: NPV), 내부수익률(Internal Rate of Return: IRR), 비용편익비율(Benefit-Cost Ratio: BCR) 등과 같은 분석적 기준이 많이 사용된다.

3 결과 측면에서의 총체주의

총체주의 예산결정을 결과 측면에서 보면 파레토 최적(Pareto optimum)을 실현한 예산배분 상태를 의미한다. 여기서 파레토 최적이란 다른 사람의 후생을 감소시키지 않고서는 어느 누구의 후생도 증가시킬 수 없는 자원의 최적 배분 상태를 말한다. 결과 측면에서의 총체주의는 두 가지로 나눌 수 있는데, 거시적 배분과 미시적 배분이 그것이다(윤영진, 2014).

1) 거시적 배분

먼저 거시적 배분으로서는 민간부문과 공공부문 간의 자원의 배분이다. 이는 예산의 적정 규모와 관련된 배분이다. 총체주의에서는 사회후생 함수를 알고 있다고 가정하기 때문에, 공공재와 사적재 간의 사회무차별곡선과 생산가능곡선이 접하는 점에서 적정 배분이 이루어진다.

2) 미시적 배분

다음은 미시적 배분으로서 주어진 예산 총액의 범위 내에서 각 기능 또는 사업 간의 자금 배분이다. 이것은 소비자가 주어진 소득으로 효용을 극대화하도록 재화의 소비량을 결정하는 원리와 같다. 즉, '한계효용 균등의 원리'가 적용된다. 각 기능 또는 사업에 지출되는 최종 1원으로부터 얻는 효용(후생)이 균등하게 되도록 예산을 배분할 때 예산배분을 통한 사회후생이 극대화된다.

4 총체주의 예산이론의 한계

총체주의 예산이론에는 다음과 같은 몇 가지 한계가 있다(윤영진, 2014).

1) 정치적 · 사회적 현실성의 부족

총체주의 예산이론에서는 해결할 문제나 달성할 목표가 명백히 주어져 있는 것으로 가정하지만, 문제가 명백히 주어져 있는 경우는 거의 드물다. 문제의 정의나 목표 설정은 근본적으로 결정자의 주관적 가치에 따르는 것으로서 여러 참여자 간에 정치적으로 결정 · 정의되는 경우가 대부분이다. 이 밖에 총체주의에서는 사회적 가치의 우선순위 및 사회후생 함수가 알려져 있는 것으로 가정하지만, 공공재에 대한 선호 현시가 어렵기 때문에 사회후생 함수를 찾아내는 것은 거의 불가능하다.

2) 결정 비용의 과다

총체주의 예산이론을 따를 때 대안 탐색과 분석을 위한 활동이 강조되어야 한다. 그러나 이러한 활동을 수행하는 데는 많은 비용이 든다. 체제분석, 비용편익분석 등 분석기법에 익숙한 전문가의 도움이 필요하고, 부처 내에 이러한 기법을 이해하고 응용할 수 있는 직원이 많아야 하며, 이러한 분석을 담당하는 부서들을 개발해야 하며, 조직의 장은 이러한 분석의 필요성을 인정하여 정신적 · 물질적 지원을 해야 한다. 뿐만 아니라 대안을 마련하는 부서는 여러 가지 대안을 문서로 작성 보고하는 등 서류 작업도 해야 한다. 이렇듯 총체주의는 결정에 비용과 시간, 기술이 많이 요구된다. 그런데 분석에 따른 비용이 분석으로 얻게 되는 편익보다 크지 않다면 총체주의 예산이론에 적용되는 분석은 규범적 타당성을 잃게 된다.

3) 이론(모형)의 한계

총체주의는 대안 탐색과 분석을 이론 또는 모형에 크게 의존한다. 그러나 결정에 유용한 이론이 개발되어 있지 않은 경우도 있으며, 이미 개발된 이론이 있다고 해도, 어떤 이론을 적용할 것인가는 분석자의 의중에 달려 있다. 또 어떤 이론을 적용하는 경우 중요한 변수를 측정 불가능하기 때문에 생략할 수도 있다. 극단적인 경우 옳지 못한 결정을 복잡한 이론이나 분석을 통하여 정당화할 수도 있을 것이다.

Ⅲ. 점증주의 예산이론

1 점증주의 예산이론의 의의

점증주의(incrementalism)는 린드블룸(Charles E. Lindblom), 윌다브스키(Aaron Wildavsky) 등에 의해 주장되어 왔는데, 인간의 인지 능력의 한계와 결정 체계의 안정성을 전제로 하여 기존의 결정과 조금 다른 소폭적 변화가 있는 대안을 결정자 간의 상호 조절(mutual adjustment) 및 이미 정해진 결정 절차에 따라서 선택한다는 이론이다. 그것은 예산이 기존 또는 전년도 예산을 토대로 해서 조금 증가 또는 조금 감소한 상태에서 결정된다는 것이다.

점증주의는 총체주의와 대비되는 결정모형이다. 점증주의는 총체주의의 기본 전제를 완화해 상황의 불확실성과 인간 능력의 부족을 전제로 한 결정모형을 제시한다. 즉, 의사결정자의 분석 능력 및 시간이 부족하고 정보도 제약되어 있으며, 대안 비교의 기준마저 불분명한 상태에서는 현존 정책에서 소폭적인 변화만을 대안으로 고려해 정책을 결정할 수밖에 없다고 본다. 보다 구체적으로 점증주의 예산이론을 총체주의 예산이론과 비교하여 설명하면 다음과 같다(신무섭, 2014). ① 결정자는 목표를 정의한 후 대안을 강구하는 것이 아니다. 주어진 조건 하에서 대안을 선정하고 그 대안이 어떤 목표에 기여할 수 있는가를 결정한다. ② 결정자는 제한된 몇 개의 대안만 고려한다. ③ 결정자는 고려된 대안의 차이, 즉 한계가치만 비교 · 검토한다. ④ 대안 선정 과정은 연속적 비교 과정이며, 결정이란 연속적 선택 중의 하나이다. ⑤ 결정은 합의에 의해 이루어진다.

2 점증주의 예산이론의 특징

1) 소폭적 변화

점증주의는 다음과 같은 특징을 갖는다(신무섭, 2014; 하연섭, 2014). 우선, 점증주의에서는 예산 결정자가 결정과 관련된 상황의 인식, 목표와 수단 간의 관계, 대안의 결과 예측 등을 인간의 인식 능력 부족, 시간의 부족, 재력의 부족, 결정 상황의 복잡성과 역동성 등으로 인해 완전하게 검토할 수 없기 때문에, 총체주의와는 달리 결정과 관련된 모든 요소를 검토할 수 없다고 본다. 이러한 이유로 결정자는 기존의 정책 또는 예산과 조금 다른 대안들을 검토하여 이 가운데 하나를 선택한다는 것이다. 그러나 점증주의 예산이 반드시 정태적인(static) 예산을 의미하는 것은 아니며, 단지 점증적으로 변화하는 예산을 의미하는 것이다.

2) 계속적 · 분할적 결정

점증주의에서는 개인이나 조직이 축적하고 있는 경험에 의해 결정을 한다고 본다. 사이먼(Herbert A. Simon)이 말한 조직의 프로그램, 사이어트(Richard M. Cyert)가 말한 표준운영절차, 린드블룸이 말한 역사와 사상 등이 바로 이러한 경험의 축적이다. 경험에 의존한 결정은 옳을 수도 틀릴 수도 있지만, 점증주의자들은 틀린 결정을 계속적 · 분할적 결정에 의해 보완할 수 있다고 주장한다.

3) '정치'로서의 예산

점증주의에서는 예산은 기술적인 문제해결(technical problem solving)과정이라기보다는 정치적인 의사결정과정이다. 대표적인 점증주의자인 윌다브스키는 예산에 관한 키(V. O. Key)의 고전적인 질문, 다시 말해 "어떤 근거로 X달러를 B사업 대신에 A사업에 배분하도록 결정하였는가?(On what basis shall it be decided to allocate X dollars to activity A instead of activity B?)" 라는 질문이 근본적으로 대답할 수 없는(unanswerable) 것이라고 주장한다. 즉, 키의 질문 자체가 답변이 불가능한 것이라는 말이다. 키의 질문에 대답하기 위해서는 '정치"에 관한 포괄적이며 규범적인 이론이 성립되어야 하지만, 이는 불가능한 것이다. 따라서 윌다브스키에게 있어 예산과정이란 누구의 선호가 반영될 것인가와 관련된 갈등을 해결하는 정치과정이며, 예산개혁이란 곧 정치를 개혁하는 것과 전혀 차이가 없다.

정치로서의 예산을 강조하는 점증주의 이론은 다원주의 사회의 예산과정을 적절하게 설명할 수 있는 '실증이론(positive theory)'으로서의 성격이 강하다. 그러나 점증주의 이론가들은 기술적 점증주의(descriptive incrementalism)에서 벗어나 규범적 점증주의(normative incrementalism)로까지 나아가고 있다. 규범적 점증주의에서는 정치적 과정을 통해 결정된 예산이 '좋은 예산'이라고 보는 데 그 특징이 있다.

4) 제한적 분석과 합의

점증주의에서는 인간의 인식 능력 부족으로 인해 결정의 복잡한 문제를 단순화하는 특징이 있다. 이러한 이유로 과거의 결정, 계속적 · 분할적 결정을 중시하고, 현실적으로도 결정이 점증적으로 이루어진다고 주장한다. 점증주의자들은 과거의 결정에 따라 결정하는 것이 결정목표에 기여할 수 있다고 본다.

3 점증주의 예산이론의 한계

다음과 같은 한계가 있다(신무섭, 2014).

1) 쇄신성의 부족

과거의 결정과 조금 다른 결정은 시간과 비용을 절약하고 불확실성을 줄일 수 있다는 장점이 있기도 하지만, 드로어(Yehezkel Dror)가 말한 "타성을 조장하고 쇄신을 저해하는 (pro- inertia, anti-innovation)" 결정이 될 수도 있다. 제한적 분석을 한다는 것은 새로운 대안의 개발을 등한시할 수 있으며, 협상과 타협에 의한 결정은 종종 야합(野合)에 그칠 우려가 있다.

2) 점증의 의미 모호

점증주의에서는 현재의 예산이 과거와 조금 다른 점증적인 수준에서 이루어진다고 주장하지만, 여기서 '점증'의 의미가 모호하다. 이와 관련하여 10%, 25%, 심지어 30% 내외가 점증적이라는 견해도 있다. 그러나 왜 10% 또는 30%가 소폭의 판단 기준이 되어야 하는지에 대해서 뚜렷한 근거가 있는 것은 아니다(윤영진, 2014). 또 분할적 결정, 상호 조절을 점증으로 보는 경우, 이는 민주국가에 한해서 적용 가능한 것이고, 그것이 가능한 경우에도 상호 조절이란 개념이 너무 모호하다는 문제도 있다.

3) 실제 현상과의 불일치

점증주의는 기술적(記述的) 이론의 성격이 강함에도 불구하고 실제 현상을 설명하는 데 설명력이 미약하다는 한계가 있다.

실제로 조사한 결과를 보면 연방정부, 주정부 등을 보면 점증주의적 변화를 보인 곳이 드물다는 실증연구가 많다. 따라서 점증주의는 예산산출의 실증모형으로서도 설명력이 높지 않았다는 것이다.

점증주의가 예산결정 과정에 관한 행태론적 연구를 촉진시킨 점은 큰 기여라고 할 수 있으나, 그것의 설명력은 매우 제한적이다. 예를 들면, 점증주의를 통해서는 미국의 한국전쟁에의 파병, 루스벨트 대통령의 뉴딜정책, 케네디 대통령 때의 혁신적 우주개발 정책, 미국의 점진적인 월남전 파병 등을 설명할 수 없다.

지금까지 살펴본 총체주의 예산이론과 점증주의 예산이론을 비교하면 다음과 같다(윤영진, 2014).

〈표 3〉 총체주의와 점증주의의 비교

	총체주의	점증주의
초점	"어떻게 예산상의 이득을 극대화할 것인가"	"예산상의 이득을 누가 얼마만큼 향유하는가"
목적	효율적인 자원배분: 파레토 최적의 달성	공정한 몫의 분배: 균형의 달성
기준	경제적 합리성: 효율성	정치적 합리성: 형평성 · 정당성
방법	분석적 기법 계획된 행동 체계적 결정	정치 과정: 협상, 타협 모색에 의한 결정 단편적 결정
행동 원리	시장 감각: 최적화 원리	게임 감각: 균형화 원리
행태	사회후생의 극대화	몫(득표)의 극대화
적용모형	합리모형	점증모형
사업 목표	명확하게 정의	모호하게 정의
고려되는 대안의 수	총체적인 대안의 검토	극히 일부의 대안만 검토
전년도 예산의 구속 정도	전년도 예산에 구속되지 않음	전년도 예산에 구속되어 전년도 예산에서 한계적 변화 추구
분석대상사업	계속사업과 신규사업 모두 포함	계속사업은 제외, 신규사업만 포함
미시적 과정	총체적이고 체계적인 분석	연속적이고 제한된 비교
거시적 과정	집권적이고 제도화된 프로그램 예산편성	당파적 상호 조정
결과	신규사업과 계속사업의 대폭적이고 체계적인 변화	전년도 예산의 소폭적인 변화
개혁의 목표	예산배분의 효율성	점증주의
대표적인 예산제도	PPBS, ZBB	LIBS, PBS

Ⅳ. Allen Schick의 예산유형론

1 과정예산과 체제예산

쉬크(Allen Schick)는 1969년 '체제정치와 체제예산(System Politics and System Budgeting)'이라는 논문에서 체제론적 관점을 반영하고 있는 계획예산제도(PPBS)가 성공하려면 예산체제가 체제론적 관점으로 혁신되어야 한다고 주장하였다. 그는 '과정'과 '체제'를 비교하면서 '과정'을 대표하는 윌다브스키의 점증주의를 탈피하고 '체제'지향적인 PPBS가 도입되어야 한다고 역설하였다.

그는 '과정'이란 그 활동의 초점이 흥정과 협상에 있는 반면 '체제'는 목표와 결과에 있으며, '과정'은 과거지향적이지만 '체제'는 미래지향적이고, '과정'은 분석범위가 부분적 · 지엽적이지만 '체제'는 총체적 · 포괄적이라고 지적하면서, 다원적 점증주의는 이익집단의 장점만 보고 단점은 보지 못했다고 비판하였다.

다원주의 정치과정에서는 시장실패 현상(공공재, 외부효과, 소득재분배, 불완전경쟁, 이데올로기, 자원의 부동성, 대표성 등) 때문에 의도하는 결과를 도출하지 못한다고 보고 이러한 결점들을 보완하기 위해서는 체제적 접근에 기초하여 목표, 자원의 제약, 대안의 선정 등을 중시하는 계획예산(체제예산)이 사용되어야 한다는 것이다.

2 점증주의와 점감주의 예산

쉬크는 1983년 "점감시대에 있어서 점증주의"라는 논문에서 1970년대 말을 고비로 과거 성장시대의 점증주의가 석유파동 등 경기침체 시대 하에서는 점감주의로 나타났다고 주장한다. 이는 리바인(Charles Levine)이 '풍요의 시대'가 가고 '빈곤의 시대'가 도래하면서 "감축관리(cutback management)"가 필요하다고 한 주장과 비슷한 맥락인데, 그는 1978년부터 1981년 간 미국 연방정부 예산의 감축현상을 "점감주의(decrementalism)"라 불렀다.

점증주의와 점감주의는 한계적 결정과 소폭의 변화만 추구한다는 점에서 동일하나 다음과 같은 차이점도 있다. 첫째, 점증주의가 배분적(누가 무엇을 얻는가?)이라면 점감주의는 재분배적(누가 무엇을 잃는가?)이다. 둘째, 점감주의는 점증주의에 비해 기저가 불확실하고 불안정하다. 셋째, 점감주의의 경우 모두에 대한 공평한 배분이 불가능하므로 경쟁과 갈등이 격화된다. 보다 구체적으로 점증주의와 점감주의를 비교하면 다음과 같다(하연섭, 2014).

〈표 4〉 점증주의와 점감주의의 비교

점증주의적 예산과정	점감주의적 예산과정
분권화된 과정	집권화된 과정
분절화된 과정	포괄적인 과정
점증적인 변화	전체 예산에 대한 검토
일상적이며 합의에 기반	혼란스러우며 갈등적
상호이해에 기반한 협상과 조정	강제성, 대립, 상호불신
보이지 않는(invisible) 예산과정	예산과정에 대한 높은 관심
분배적	재분배적
반복적, 예측 가능	선례파괴, 다년도, 예측 불가능
보상적, 사회적 합의도출, 자동적	고통수반, 불안정한 연계, 능동적인 리더십

쉬크는 흔히 PPBS의 열성적인 지지자로 표현되기도 하지만 이에 대해 비판적인 입장을 취한 것으로도 평가되는 이유는, 그가 전통적인 점증주의에 대항하며 합리주의(체제예산)을 시도하였던 PPBS가 결과적으로는 예산확대수단으로 전락하여 예산증가를 정당화시키는데 이용됨으로써 결국 실패하였다고 비판하고 심지어는 그가 옹호하던 PPBS마저도 한정된 합리성과 정치적 현실성을 추구하는 한계적 분석에 가까웠다고 보면서, 결국 미국과 같은 다원주의 체제 하에서 완전한 합리주의 예산이란 회의적이라고 보고 있기 때문이다. 최근 미국에서 합리주의를 향한 개혁적 예산제도의 실패 경험과 점증주의로의 복귀현상은 쉬크의 이러한 주장에 설득력을 더해 주고 있다.

Ⅴ. 예산이론의 결여와 예산배분의 경제학적 접근

1 V. O. Key의 '예산이론의 결여'

키(V. O. Key)는 1940년 "예산이론의 결여(The Lack of a Budgetary Theory)"에서 종전의 예산이론이 정부지출의 책임성과 통제만을 강조한 나머지 예산의 운영절차와 형식에 초점을 두고 있기 때문에 정부지출의 성과를 극대화할 수 없었다고 보고 있다. 즉, 그는 "어떤 근거로 X달러를 B사업이 아닌 A사업에 배분하도록 결정하였는가?(On what basis shall it be decided to allocate X dollars to activity A instead of activity B?)"라는 근본적인 물음을 제기하면서 정부지출의 성과를 극대화할 수 있는 지출배분방법과 기준에 관한 이론의 필요성을 역설하였다.

그는 시장경제를 분석하기 위한 한계효용의 법칙을 공공지출의 분석에 그대로 적용하는 것은 무리이며, 정부사업은 정치적 산물로 간주하고 예산과정을 보다 신중하고 포괄적으로 분석할 필요가 있다고 주장하였다. 이러한 키의 주장에 따라 루이스(V. B. Lewis)는 공공예산에 관한 경제학적 분석을 시도하였다.

2 V. B. Lewis의 공공예산배분의 경제학적 접근

루이스는 공공예산의 경제학적 분석을 위한 기본명제로서 상대가치, 점증분석 그리고 상대적 효과성을 제시하고 이에 입각해서 '대안적 예산제도'라는 것을 제시하고 있다.

1) 공공예산의 경제학적 분석 기준

(1) 상대적 가치(relative value)

예산분석의 근본목적은 대체적 자금사용의 결과(기회비용)들을 상대가치에 의하여 측정·비교하는 것이다. 자원은 수요에 비하여 희소하므로 적용해야 할 기본적 경제적 검증기준은 모든 지출로부터 수익이 희생된 대안으로 표시된 기회비용과 동일한 가치를 가져야 한다는 것이다. 이는 비용편익분석의 순현재가치(Net Present Value: NPV) 기준과 유사한 것이다.

(2) 점증분석(incremental analysis)

상대가치의 비교는 한계효용의 개념에 입각하여 증가분의 대체적 효용 중에서 최대보상을 가져다주는 대안을 선택하는 것이다. 상대적 가치를 비교하는 방법은 이용 가능한 증분으로 분할하고 각 증분의 어느 대체적 용도가 가장 큰 수익을 가져다주는지를 고려하는 것이며, 이것을 증분분석이라고 한다. 이러한 증분분석은 비용체감 현상 때문에 필요하며 한계 부근에서만 필요하고 유용하다. 이 한계가 어떤 목적에 대한 추가지출이 동일한 수익을 가져다주는 균형점을 표시해 준다. 이는 비용편익분석에서 한계순현재가치 기준과 유사한 것이다.

(3) 상대적 효과성(relative effectiveness)

궁극적으로 인간의 필요와 욕구충족이라는 공공서비스의 목적달성에 상대적으로 더 많이 기여하는 대안을 선택하는 것이다. 서로 다른 사물의 상대적 가치는 공통분모가 없다면 서로 비교할 수가 없다. 예를 들면, 원자폭탄과 암 연구, 국도와 공립학교의 공통된 측면은 제각기 추구하고자 하는 계획된 광범위한 목적이 있다. 즉, 이들은 인간의 욕구를 충족시키기 위해서 모두 착수된 것이다. 따라서 이들 사업의 가치는 공통목적을 달성하는 데 있어서의 상대적 효과성을 평가함으로써 비교할 수밖에 없는데, 주관적 요인이 부분적으로 개입되는 것은 어느 정도 불가피하다.

2) 대안적 예산제도(alternative budget)

이러한 공공예산의 경제학적 분석을 위한 기본명제에 입각하여 루이스는 대안적 예산제도를 제시하고 있는데, 종전의 예산제도와 대안적 예산제도를 비교하면 다음과 같다.

첫째, 상한선이 없는 종전의 예산을 '열린 예산'이라고 할 때 대안적 예산은 상한선을 미리 제시한다.

둘째, 종전의 예산은 전년도에 비하여 증감된 예산만을 명시하지만, 대안적 예산은 모든 예산의 상대적 가치를 측정한다.

셋째, 종전의 예산은 통제를 위하여 지출항목별로 예산을 승인하지만, 대안적 예산에서는 부하들이 제시하는 복수의 대안과 판단을 바탕으로 부처 전체의 입장에서 의사결정을 한다.

Ⅵ. 예산결정요인이론

이는 복지예산에 영향을 미치는 요인을 정치적 요인과 사회경제적 요인으로 구분하여 설명한 것이다. 정치학자 키, 로카드(Lockard) 등은 여러 모형들을 통해 정치적 요인(정당 간 경쟁 등)이 복지예산 결정에 더 중요하다고 주장한 반면, Fabricant 등 경제학자들은 소득, 도시화, 인구밀도 등 사회경제적 요인이 복지예산의 차이를 좌우한다고 하면서, 특히 예산결정에서 소득의 중요성을 강조하였다. 이러한 주장에 대해 양자의 입장을 절충하는 주장도 있다. Dawson과 Robinson의 경제적 자원 모형에 의하면, 사회경제적 요인은 정치적 요인과 예산 사이의 관계에서 '허위변수'가 되어 정치적 요인과 예산에 모두 영향을 주지만 정치적 요인과 예산의 관계는 '허위상관'이라고 한다(<그림 1> 참조).

이에 대해 McCrone과 Cnudde의 혼합모형에서는 사회경제적 요인이 '혼란변수'가 되어 이 변수를 통제하더라도 정치적 요인과 예산 사이의 인과관계가 부분적으로 설명가능하다고 주장하였다(<그림 2> 참조).

여기서 허위변수란 독립변수와 종속변수 이외에 제3의 변수가 존재하여 독립변수와 종속변수에 모두 영향을 미치고 이들 사이의 관계를 모두 설명할 수 있는 제3의 변수의 변수를 말하고, 혼란변수란 독립변수와 종속변수 이외에 제3의 변수가 존재하여 독립변수와 종속변수에 모두 영향을 미치고 이들 사이의 관계에 대해 일부만 설명이 가능한 제3의 변수를 말한다. 즉, 제3의 변수를 통제하면 독립변수와 종속변수 사이의 인과관계가 전혀 설명되지 않는 경우 제3의 변수는 허위변수인 반면, 제3의 변수를 통제하더라도 인과관계가 부분적으로 설명이 가능한 경우 제3의 변수는 혼란변수이다. 허위변수로 인해 인과관계가 없는 경우에도 마치 있는 것처럼 보이고, 혼란변수로 인해 인과관계가 과대 내지 과소평가되기 때문에 외재적 변수의 통제가 중요하다.

〈그림 1〉 경제적 자원 모형

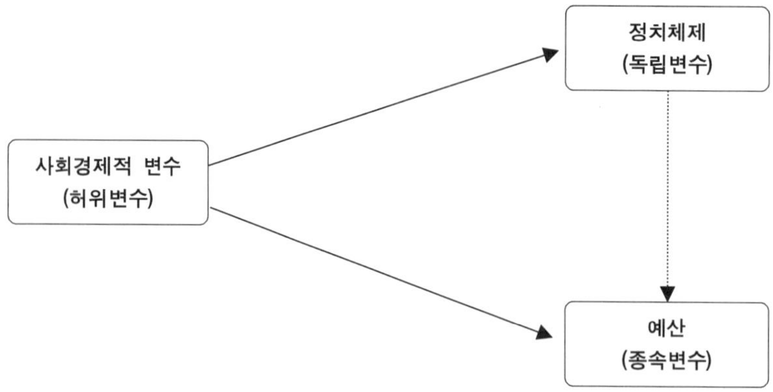

자료: 정정길 외(2015)를 수정 보완.

〈그림 2〉 혼합모형

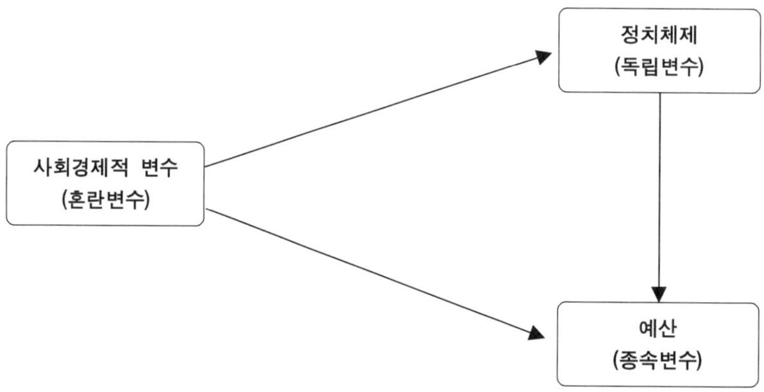

자료: 정정길 외(2015)를 수정 보완.

이처럼 여러 가지 견해가 제시되고 있지만, 예산결정요인론의 대체적인 결론은, 대체로 사회경제적 요인이 복지정책(재정지출)의 결정과정을 좌우한다는 것이다. 그러나 이 이론은 변수선정상의 자의성으로 인해 계량화가 용이한 사회경제적 요인(예를 들어, 소득)은 과대평가되고 계량화가 곤란한 정치적 요인은 과소평가되었다는 지적과 함께, 정책의 수준과 구조적 차이를 무시하고 총액적 수준의 예산만을 대상으로 할 경우에만 적합하다는 비판을 받고 있다.

Ⅶ. Aaron Wildavsky의 비교예산론

윌다브스키는 예산결정의 중요한 환경변수로서 '부(wealth)'와 '예측가능성(predictability)'을 들어 아래 그림에서 보는 것처럼 이를 통하여 각국의 예산결정행태를 비교·설명하고 있다.

〈그림 3〉 Wildavsky의 예산 유형

		부(wealth)	
		부유(rich)	빈곤(poor)
예측가능성	확실	점증예산 (incrementalism)	세입예산 (revenue budget)
	불확실	보충예산 (supplement budget)	반복예산 (repetitive budget)

첫째, 점증예산이다. 이는 선진국 중앙정부처럼 국가의 경제력이 크고, 예측가능성이 높은 경우에 나타난다.

둘째, 세입예산(양입제출형 예산)이다. 이는 미국의 도시정부처럼 경제력은 작지만, 예측가능성이 높은 경우에 나타난다. 세입에다 세출을 맞춘다.

셋째, 보충예산이다. 이는 국가경제력은 높으나 재정력의 예측가능성이 낮은 경우이며, 행정력이 낮으면 추가적 행태가 나타난다.

넷째, 반복예산(답습예산)이다. 이는 후진국의 경우처럼 경제력도 낮고, 예측가능성도 낮은 경우에 전년도 예산을 답습할 수밖에 없다는 것이다.

그는 소위 예산결정은 베이스(base)라는 기존의 예산에다가 공평한 몫의 배분(fair share)이 추가되어진다는 점증주의의 우월성에 기초하고 있는데, 미국과 같은 다원주의 사회에서는 완전한 합리주의 예산의 도입이 불가능하며, 또한 바람직하지도 않다는 의미이다.

다원화된 선진국은 부와 예측가능성이 높기 때문에 점증주의 예산이 나타나는 반면, 가난하고 예측가능성이 떨어지는 제3세계 국가들은 점증주의 예산이 나타날 수 없으며 기존의 사업을 그대로 유지하는 반복적인 답습예산이 나타난다. 또 예측가능성은 높으나 재원이 부족한 미국의 지방정부 같은 경우에는 기관장이 예산을 독점하는 세입예산, 즉 양입제출적 예산이 나타난다.

Ⅷ. 최근의 예산이론

1 다중합리성이론(multiple rationalities theory)

다중합리성 예산이론은 예산을 결정하는 결정자 또는 예산을 결정하는 조직은 다양한 합리성(multiple rationalities, competing rationalities)을 내포하고 다양한 합리성에 근거한 목적들을 추구하여 예산에 관련된 결정을 한다는 이론을 말한다. 이 이론의 가장 중요한 가정은 예산결정조직에 다양한 합리성이 존재한다는 것이다. 즉, 예산상의 의사결정과정에는 정치적 합리성, 법적 합리성, 사회적 합리성, 경제적 합리성, 기술적 합리성이 공존한다. 따라서 다중합리성이론은 기존의 완전한 합리성과 제한된 합리성 이론과 달리 경제적 효용 이외의 다양한 가치를 반영하여 이러한 요소들이 상호작용하는 특징적인 양상을 포착했다는 점에서 의의가 있다.

그러나 다중합리성이론에 대해서는 어떤 합리성이 이론에 내포되어야 하는지에 대한 합의가 존재하지 않는다는 점, 그래서 다양한 연구들은 각자 다른 유형의 합리성을 제시하고 있고 결과적으로 합리성의 유형이 임의적이라는 점, 경제적 합리성 이외의 합리성을 관찰하거나 측정하기 어렵다는 점, 인과관계에 근거한 설명이 부족하여 설명력은 높을 수 있으나 예측력은 낮다는 점 등이 문제로 지적된다.

2 단절균형이론(punctuated equilibrium theory)

단절균형예산이론(punctuated equilibrium budget theory)은 정책이나 예산은 균형상태(equilibrium)가 지속되다가 어떤 조건 하에서 단절적인 변화(punctuation)가 발생하고 다시 균형상태가 지속된다는 이론이다. 바움가트너(Frank Baumgartner)와 존스(Bryan Jones)(1993)에 의하면 예산이 오랜 기간 변화를 일으키지 않고 지속되는 이유는 정책결정이 소수의 참여자들에게만 개방된 정책독점(policy monopoly) 체제 때문이다. 그러나 이들에 의하면 이러한 독점체제가 비판적인 관심이 고조되고 갑작스러운 정책변화가 뒤따르면서 보다 열린 시스템으로 전환된다고 한다.

따라서 단절균형이론은 예산과정에서 새롭게 등장하는 정책 및 예산, 예산의 급격한 변화를 정책과정 내에 존재하는 정책독점과 이 독점을 깨는 메커니즘으로 설명하고자 했다. 단절균형이론은 예산이 일정한 시간동안 안정적으로 유지되는 현상뿐 아니라 급격히 변화하는 메커니즘을 설명한다는 점에서 이론의 타당성, 경험적 사실과 합치 등의 기준에 근거할 때 기존의 점증주의에 비해 이론적인 진전이 있다고 할 수 있다. 그러나 단절균형이론은 단절이 언제 발생하는지에 대해 예측하기 어렵고, 경험적으로 검증하기 어렵다는 문제점도 있다.

3 공공선택이론(public choice theory)

공공선택이론은 "비시장적 의사결정에 관한 경제학적 분석"으로서, 경제적 합리성을 추구하는 개인들이 정치나 정책과정에서도 효용을 극대화하는 방식으로 행동할 것이라고 가정한다. 공공선택이론에 관한 여러 이론 중 예산에 관련된 것은 세 가지로 예시할 수 있다.

첫째, 정치적 경기순환이론(political business cycle theory)과 니스카넨(Niskanen)의 관료제 모

형을 들 수 있다. 먼저 정치적 경기순환이론은 정치인들의 이기적인 동기에 의해 경기가 변동할 수 있다고 주장한다. 이 이론에 의하면 선거에서의 승리라는 정치인들의 효용함수를 극대화하기 위해 정치인들이 거시경제를 조작함으로써 경기가 변동될 수 있다고 하는데, 그 결과로 나타나는 것은 경제의 효율성 상실이다(Nordhaus, 1975; Tufte, 1978). 이와 같이 정치행위자의 이기적 동기가 경제에 부정적인 영향을 미친다면 할 수 있는 최선의 방법은 경제를 정치의 통제 영역 밖에 두는 것이다. 즉, 경제정책은 비정치적으로 결정되어야 한다고 공공선택이론가들은 단언한다.

둘째, 니스카넨(1971)의 관료제 모형으로 관료들의 사적인 효용이 어떻게 공적인 목표를 대체하는가를 잘 보여주는 이론 모형이다. 니스카넨에 따르면 관료들의 효용 함수는 예산에 대한 단조증가함수이다. 즉, 예산이 증가할수록 그에 비례하여 관료들의 효용도 증가한다. 관료들은 '예산극대화(budget maximization)'를 추구할 것이다. 그러나 관료들이 예산을 무한정 늘릴 수는 없다. 예산은 궁극적으로 국회의 심의 · 의결을 받아야 하기 때문이다. 따라서 의회와 관료제는 일종의 '쌍방독점관계'에 있는데, 이러한 쌍방독점관계에서 최종결과는 양측의 상대적 권력과 협상력, 그리고 정보의 양에 달려 있기 때문에 불확실한 것이 보통이다. 특히, 공공부문의 관계는 산출물을 정의하기 어렵기 때문에 불확실성의 문제가 더욱 부각된다. 이와 같이 결과는 불확실하지만, 다운스, 윌다브스키, 니스카넨 등은 의회와 관료제 간의 쌍방독점관계의 게임에서 관료제가 더 유리한 입장에 있다. 왜냐하면 관료제는 의회에 비해 "정보 상의 우위(informational advantage)"를 점하고 있기 때문이다. 따라서 예산은 사회적인 최적 산출수준보다 2배 정도 과잉산출되어 효율성의 상실을 가져온다는 것이다(Niskanen, 1971).

셋째, 중위투표자이론은 예산수요(demand theory)에 관한 이론이다. 민주주의 하에서 시민들의 예산수요는 투표를 통해 중위투표자의 수요로 결정되고 재선을 목적으로 하는 정치인들은 중위투표자들의 수요에 맞는 공공재를 공급한다는 이론이다. 따라서 공공재의 공급 수준, 예산의 크기와 구성 등은 중위투표자의 선호를 반영하게 된다고 본다.

4 거래비용이론(transaction cost theory)

예산이론으로서 거래비용이론(transaction cost theory)은 각종 거래에 수반되는 비용, 거래 전에 필요한 협상, 정보의 수집과 처리는 물론 계약이 준수되는가를 감시하는 데에 드는 비용인 거래비용이 예산현상을 설명하는 중요 변수라고 보는 이론이다. 예산이론으로서 거래비용이론은 예산은 계약의 일종이며, 예산상의 의사결정은 거래(transaction)를 통해 이루어지고 거래에서 발생하는 비용이 현재의 예산과정, 예산제도를 설명하는데 중요한 설명변수이고, 예산과정과 제도를 개혁할 때 고려해야 하는 변수라고 본다.

거래비용이론은 시장에서의 거래비용 및 거래비용을 최소화하는 기업조직 및 거버넌스 구조를 설명하는 방식을 관료제와 관료제를 통제하는 입법부와의 관계에 적용하는 방식으로 사용되었다. 이러한 맥락에서 와인개스트(Barry R. Weingast)와 마샬(William Marshall)(1988)은 시장에서 경제활동을 하는 경제주체들이 거래비용을 최소화하기 위해 기업조직을 만드는 것처럼 정치영역에서도 입법부가 관료제와의 관계에서 거래비용을 최소화하기 위해 위원회제도 등을 만들어 관료제가 자신들이 요구하는 정책을 수행하도록 한다고 보았다.

거래비용이론은 예산과정, 예산제도 개혁에 거래비용이라는 새로운 변수를 찾아내고 이론의 요소로 도입하여 설명력을 높였다는 점에서 중요한 기여를 하였다. 그러나 경험적인 검증과 관련하여 개념화한 거래비용을 조작화하고 측정가능한 변수로 만들 수 없다는 문제점도 있다.

5 구조결정론(structural theory)

구조결정론은 주로 공공재의 공급자인 정부를 둘러싸고 있는 외부 환경적 요인을 정부의 예산과 세출의 결정인자로 보는 이론이다. 정부 예산의 크기와 구성을 설명하는 대부분의 계량경제학 모형은 예산의 크기와 구성을 주로 환경적 영향의 소산으로 파악하여 정부의 서비스 공급의 양과 수준이 다양한 경제적 변수(economic variables), 인구학적 변수(demographic variables)에 의해 결정된다고 가정한다. 대표적으로 경제발전과 인구구성의 변화로 재정규모의 지속적인 증가(와그너의 법칙)를 설명하는 경험적 연구들이 구조결정론에 기반을 둔 연구라고 할 수 있다.

예산상의 의사결정과 관련된 구조결정론의 가정은 예산의사결정자의 부재 또는 예산의사결정의 부재이다. 즉, 정치, 행정 체제에 대한 공공재의 수요, 예산에 대한 수요와 거시적 정치구조의 요인이 예산의 크기 및 구성을 결정하고, 행정체제 내 예산과정에서 예산의사결정은 이루어지지 않거나 환경에 의해 결정된 예산을 그대로 수용한다고 가정한다.

구조결정론은 행정체제를 둘러싸고 있는 거시정치, 거시경제 변수들의 영향을 이론적으로 설명했다는 데 의의가 있다. 예산상의 의사결정이 행정체제를 둘러싼 환경의 영향을 받을 것이라는 점을 고려할 때 구조결정론의 설명과 예측은 타당성이 있는 것으로 볼 수 있다. 그러나 구조결정론은 예산에 영향을 미치는 구조적 · 환경적 요인에만 관심을 기울이고, 전년도의 지출규모나 과거 정책, 그리고 내부의사결정과정이 예산규모결정에 미치는 영향에 대해서는 관심을 두고 있지 않다는 한계도 있다.

6 역사적 제도주의

역사적 제도주의의 관점에서 본 정부재정은 각국의 고유한 역사적 맥락에서 배태된 제도적 구조의 산물이다. 따라서 각국이 상이한 재정구조를 가지고 있는 것은 상이한 제도적 구조를 가지고 있기 때문이다.

역사적 제도주의의 맥락에서 정치체제의 권력구조와 같은 제도적 구조와 정부재정 사이의 유의미한 상관관계를 입증하였는데, 비교적 최근 연구로는 Perrson et al의 연구(2000)와 Cheibub의 연구(2006)를 들 수 있다. 첫째, Perrson et al은 정치체제의 제도적 구조가 조세 정책, 재분배 정책, 그리고 지대 배분에 미친 영향을 분석하였는데, 이들에 따르면 권력분립의 정도가 다른 대통령제와 의원내각제가 여러 가지 면에서 상이한 경제적 결과를 가져왔다고 한다. 즉, 권력분립의 원리가 철저한 대통령제에서는 상호 견제와 균형으로 인해 지대와 같은 낭비적인 정부지출과 조세부담을 줄일 수 있었지만 이해관계의 상충으로 인해 재분배 정책이나 공공재의 공급은 효율적인 수준에서 이루어지지 못한 반면, 상대적으로 권력의 집중이 가능한 의원내각제에서는 낭비적인 정부지출과 조세부담은 증가하지만 정책을 실행에 옮길 수 있는 국가의 능력이 높아짐에 따라 보다 많은 공공재의 공급과 재분배 정책의 시행이 가능했던 것으로 나타났다.

둘째, Cheibub는 정치체제의 제도적 구조가 경제적 결과에 미친 영향을 1970년부터 2002년까지 98개 민주주의 국가를 대상으로 분석하였는데, 대통령제 국가가 의원내각제 국가에 비해 균형예산(budget balances) 원칙을 보다 잘 지킨 것으로 나타났다. 그러나 그는 이러한 결과가 나타난 이유를, 거부점 분석에서 말하는 권력구조에서 찾는 것이 아니라, 유권자들이 경제정책에 대해 특정인에게 책임을 물을 수 있는 시스템이 존재하는지 여부에서 찾고 있다. 즉, 대통령제의 경우 유권자들이 경제정책에 대해 대통령에게 책임을 물을 수 있는 가능성이 의원내각제의 경우보다 높기 때문에, 대통령은 균형예산 원칙을 고수하려는 강한 유인을 가지게 된다는 것이다. 다만, 그도 대통령이 예산과정을 지배하고 있거나 효과적으로 거부권을 행사할 수 있는 경우가 그렇지 않은 경우에 비해 균형예산 원칙이 보다 잘 지켜질 수 있다는 점은 인정한다.

논평

본래, 예산결정이론은 예산이라는 정책을 결정하는데 개입하는 의사결정자의 인지적 측면에서 논의한데서 출발한 것이다. 그것이 인지적 측면을 떠나서 거대이론들을 다 동원하여 예산이 어떻게 산출되는가를 설명하는 것으로 전개함은 바람직하지 않다. 그것은 “예산결정” 이론이 아니라 정책산출 이론이 되어버린다. 총체주의(총괄주의)와 점증주의는 예산 결정이론의 대표적인 이론이다. 그 외에 최근 다양한 이론들이 추가되고 있다. 이 테마에서는 특히 후자 부분을 주목해 주어야 한다. 이론적으로는 예산 결정도 정책결정 작용이므로 다양한 정책결정이론 모형에 상응하여 예산 결정이론도 다양하게 나타날 수 있겠지만 예산 결정에서 가장 지배적인 실증모형인 점증주의를 먼저 주목하게 되었고 이에 대비되는, 규범적 · 이상적 모형인 총체주의(합리모형)를 대비하는 수준에 머물러있다. 다시 말하면, 정책결정이론 모형으로 개발된 여러 모형들이 예산분야의 정책결정의 분석에서 다 적용되고 있는 것은 아니다. 정책결정이론의 설명은 정정길 교수 외의 정책학원론 및 정책결정론에서 가장 잘 나타나 있다. 두 가지 예산 결정인 총체주의와 점증주의의 대비는 신무섭(2014), 윤영진(2014) 참조. 이 두 가지 외에도 예산 결정에 관련된 이론들(전위효과, 재정환상, 경비팽창 법칙, 정치적 경기순환론 등)은 예산 결정이론으로서는 총체주의, 점증주의에 비하면 설명력이 낮다.

I 새 테마 행정학 I

13. 예산 집행의 신축성 확보제도

Ⅰ. 의 의

예산 집행은 재정 통제와 신축성 확보라는 두 목표를 동시에 추구한다. 전자를 통해 재정적 한계를 엄수하고 입법부의 의도를 구현하는 한편, 후자를 통해 예산 성립 후의 환경 변화에 융통성있게 적응해 나간다. 이 두 가지의 목표는 상호 모순되는 측면이 있다. 본래 예산 집행의 일차적 목표는 재정 통제이며 신축성의 유지는 보완적인 목표이다. 즉 전통적으로 재정 통제가 주된 목표이지만 예산 결정 과정에서 예상치 못했던 사정 변화가 예산 성립 후에 발생할 수 있기 때문에 예산 집행의 신축성을 유지할 제도적 장치가 필요하다. 그러나 입법부 우위 시대의 예산원칙(F. Neumark)에서 현대적 의미의 예산원칙(H. Smith)이 요청되는 오늘날에는 차츰 신축성이 점차 중요한 과제로 떠오르고 있다.

예산 집행의 신축성을 확보한다는 것은 일단 입법부가 최종적으로 심의 · 의결한 예산을, 행정부가 집행하는 단계에서 어느 정도 융통성을 발휘하는 것이다. 따라서 이러한 예산 집행 과정상의 융통성은 입법부가 심의 · 의결 단계에서 명시된 예산 내용의 본질을 크게 훼손하지 않는 것이어야 한다.

Ⅱ. 현행 신축성 확보 제도들

1 예산 이용과 예산 전용

예산의 이용(移用)과 전용(轉用)은 예산의 당초 목적 외의 용도에 사용하는 것인바, 따라서 이는 한정성(목적 외 사용 금지)원칙의 예외가 된다. 이용과 전용은 다음과 같은 차이가 있다.

1) 예산 이용

예산의 이용이란 입법과목 간의 대체적 사용이다. 즉 세출예산이 정한 각 기관(機關) 간의 대체적 사용, 또는 특정 기관 내에서 장(章)·관(款)·항(項) 간의 상호대체적인 사용을 뜻한다(국가재정법 제47조 1항). 예산의 이용은 원칙적으로 허용되지 않지만 예산 집행상의 필요에 의하여 특정한 요건을 갖춘 경우에만 인정된다.

즉, 예산의 이용이 필요한 중앙관서의 장은 이용을 필요로 하는 과목·이유 및 금액을 명확히 기술한 서류를 기획재정부 장관에게 제출하고 기획재정부 장관은 이를 검토한 후 타당하다고 인정되면 국회 승인 절차를 밟는다. 미리 국회의 승인을 받아 이용을 할 수도 있다.

그리고 국회의 승인을 받고난 뒤에도, 다시 기획재정부 장관의 승인을 거치거나, 혹은 기획재정부 장관이 위임한 범위 내에서 예산의 이용이 가능하다. 이용을 한 후에는 분기별로 분기 만료일이 속하는 다음 달 말일까지 이용 내역을 국회 소관 상임위와 예결위에 제출하여야 한다(국가재정법 47조 4항). 이와 같이 까다로운 요건 때문에 예산의 이용은 그 활용도가 비교적 낮은 편이다.

2) 예산 전용

예산의 이용이 입법과목 간의 상호대체적인 사용임에 비하여, 예산의 전용이란 세출예산이 정한 행정과목(세항, 목)간의 상호 대체적 사용을 의미한다(국가재정법 제46조). 행정과목간의 상호 대체적 사용이라는 것은 사업의 내용이나 규모의 변경 없이 사업의 지출 대상이나 수행수단을 변경하는 것을 말한다.

따라서 예산의 전용의 경우에는 예산의 이용 때와 같이 국회의 승인을 필요로 하지 않는다. 예산전용도 두 가지가 있다. ①첫째, 중앙관서가 기획재정부 장관의 승인을 얻어 전용을 하는 경우이다. 이 경우 기획재정부 장관은 전용의 승인을 한 후 그 전용명세서를 중앙관서의 장과 감사원에 각각 송부한다. ②둘째, 기획재정부 장관에게서 미리 위임받은 범위 내에서 중앙관서의 장이 '자체 전용'하는 경우이다. 이 경우에는 중앙관서의 장이 그 전용 명세서를 기획재정부 장관과 감사원에 각각 송부한다. 부처의 '자체 전용'의 비중은 점점 커지고 있다.

전용을 한 후에는 중앙관서의 장은 분기별로 분기 만료일이 속하는 다음 달 말일까지 이용 내역을 국회 소관 상임위와 예결위에 제출하여야 한다(국가재정법 46조 4항). 예산 전용은 국회의 승인이 불필요하므로 실제로 빈번히 활용된다. 프로그램 예산 제도 도입으로 기존의 목(目)은 대폭 축소되고 광역화되었으며 이에 따라 과거의 예산 전용보다 더 높은 신축성이 부여되어 있다.

2 예산 이체

예산 이체란 정부조직 등에 관한 법령의 제정, 개정 또는 폐지로 인해서 그 직무와 권한에 변동이 있을 때에 예산을 이에 따라 변경하는 것이다(국가재정법 제47조 2항). 예산 이체는 조직의 변동이 사전에 예측되어 해당년도 예산 편성 시에 미리 반영되어 있으면 발생하지 않으며 예산이체가 일어날 경우에도 예산액은 변동되지 않는다. 또한 예산 이체 시에는 입법과목 및 행정과목이 변경되므로 예산의 이용 또는 전용을 함께 수반하는 경우가 많다.

예산이체가 이루어지려면 이체받을 중앙관서의 장은 이체하여야 할 중앙관서의 장과 서로 협의하여 이체과목과 금액을 명확히 기술한 서류를 기획재정부 장관에게 제출하고 그 승인을 얻어야 한다. 기획재정부 장관은 예산이체 시에 당해 중앙관서의 장 및 감사원에 통지해야 한다(국가재정법 제47조 3항). 중앙관서의 장은 이체를 한 후에는 분기별로 분기 만료일이 속하는 다음 달 말일까지 이용 내역을 국회 소관 상임위와 예결위에 제출하여야 한다(국가재정법 47조 4항).

3 예산 이월

1) 의의

예산의 이월이란 연도 내에 사용하지 못한 예산을 다음 연도의 예산으로 넘겨 사용하는 것이다. 이는 예산 한정성원칙(회계 연도 독립의 원칙)의 예외이며 시기적인 신축성을 유지해주는 제도이다. 궁극적으로 예산의 이월을 통해서 사업의 효율적인 집행과 예산의 낭비를 방지하는 효과를 도모할 수 있다.

예산을 이월하는 중앙관서의 장은 이월명세서를 작성하고 이를 다음 연도 1.31까지 기획재정부 장관 및 감사원에 송부하여야 한다. 이렇게 이월된 예산의 과목별 금액은 다음 연도의 이월예산으로 배정된 것으로 본다(국가재정법 제48조).

매 회계 연도 세입세출의 결산상 잉여금이 발생하는 경우에는 세출예산 이월액에 상당하는 금액을 다음 연도의 세입에 우선적으로 이입하여야 한다. 기획재정부 장관은 세입징수 상황 등을 감안하여 필요하다고 인정하는 때에는 세출예산의 이월 사용을 제한할 수 있다(국가재정법 제48조 6항, 7항). 예산 이월에는 명시 이월과 사고 이월이 있다.

2) 명시 이월

명시 이월이란 세출예산 중 경비의 성질상 연내에 그 지출을 끝내지 못할 것이 예측되는 경우 그 예산을 명시하여 미리 국회의 승인을 얻어서 다음 연도에 이월하여 사용하는 것이다(국가재정법 제48조 2항).

그런데 본예산 성립 전 뿐 아니라 본예산 성립 후의 사유도 명시 이월의 이유가 되기 때문에, 본예산에서는 명시 이월이 되지 않은 경비가 추경예산에서는 명시 이월비가 될 수도 있다. 또한 명시 이월의 재이월은 가능하다. 즉, 명시 이월한 예산은 차기회계 연도에 다시 명시 이월할 수도 있다. 명시 이월은 국회의 승인만 받는다면 몇 번이고 다시 명시 이월할 수 있다. 명시 이월한 예산이 다음 회계 연도에서 사고 이월 될 수도 있지만 (사고 이월은 재이월이 안되기 때문에), 그것을 다시 이월할 수는 없다.

3) 사고 이월

사고 이월이란 예산 성립 후 '연도 내에 지출원인행위를 하고 불가피한 사유로 연도 내에 지출하지 못한 경비와 지출원인행위를 하지 아니 한 그 부대경비'의 이월을 말한다(국가재정법 제48조 2항).

사고 이월의 핵심은 그 이월의 불가피성이 사전에 예측불가능했다는 점이다. 따라서 만약 이미 사전에 연도 내에 지출이 불가능하여 그 이월이 불가피하다는 점이 알려 있는 경우라면 이는 사고 이월이 아니라 명시 이월로 처리해야 할 것이다.

사고 이월은 종류별로 1년도에 한하며, 한번 사고 이월한 경비는 다음 연도에 재차 사고 이월할 수 없다. 그러나 명시 이월된 예산이 다시 사고 이월될 수도 있는데 그것은 오직 1회에 한정된다. 명시 이월 및 사고 이월의 재이월 가능성 여부를 정리하면 다음과 같다.

* 명시 이월 →명시 이월로 재이월: (가능)
* 명시 이월 →사고 이월로 재이월: (가능, 1회에 한함)
* 명시 이월 →사고 이월로 재이월 →사고 이월로 재이월 : (불가능)
* 사고 이월 →사고 이월로 재이월 : (불가능)

4 예비비

1) 의의

예비비는 예측할 수 없는 '예산 외의 지출 또는 예산 초과 지출'에 충당하기 위하여 세입세출예산에 계상한 금액을 말한다(국가재정법 제22조). 예비비는 예산한정성(목적한정성과 금액한정성의 원칙)의 예외이며 사용 이후에 국회의 사후 승인을 받으므로 사전의결의 원칙의 예외에 해당된다.

예비비를 지출해야 할 상황은 경미한 경우에 해당되며, 상황이 중한 경우에는 추가경정예산을 편성하여 사전에 국회의 승인을 얻어야 한다. 또한 예비비는 '예측할 수 없는' 사유에 충당하기 위한 것이므로 예산 성립 전에 이미 발생한 사유 또는, 국회에서 부결된 용도, 국회 개회 중인 경우 등에 예비비를 과다 지출해서는 안 된다.

예비비는 독립기관(국회, 법원, 헌법재판소)의 예비금(豫備金)과는 다르다. 예비금 제도는 독립기관에 대한 독립성을 보장하기 위해 별도로 예비비를 청구하지 않고 내부에서 융통성 있게 사용할 수 있도록 한 제도이다.

2) 유형

예비비는 일반예비비와 목적예비비로 구분하여 운용한다. 일반예비비는 국가의 일반적인 활동을 수행할 때 예측할 수 없는 예산 외의 지출이나 예산 초과지출에 충당하기 위한 목적으로 지출되는 경비이다. 목적예비비는 사용목적을 미리 지정하여 그 용도에 배타적으로 사용할 수 있는 경비이다.

3) 관리 및 절차

예비비의 관리주체는 기획재정부 장관이며, 각 중앙관서의 장은 예비비가 필요할 때에는 그 이유, 금액, 추산의 기초를 명확히 한 명세서를 작성하여 기획재정부 장관에게 제출해야 한다. 그러나 대규모 자연재해의 긴급복구가 필요한 경우에는 자세한 명세서를 작성하지 않고 개략적인 산정만으로도 예비비를 신청할 수도 있다.

기획재정부 장관은 중앙관서의 장의 요구들을 필요시 조정하고 예비비사용 명세서를 작성하여, 국무회의의 심사-대통령의 승인을 얻은 후 이를 세출 예산으로 배정한다.

각 중앙관서의 장은 예비비로 사용한 금액의 명세서를 작성하여 기획재정부 장관에게 제출한다. 기획재정부 장관은 총괄명세서를 작성하여 국무회의 심의-대통령의 승인을 받는다. 동시에 기획재정부 장관은 이 총괄명세서를 감사원에게도 제출해야하며, 예비비로 사용한 총괄명세서를 다음 연도 5월 31일까지 국회에 제출하고 그 승인을 얻어야 한다(국가재정법 제52조).

3) 예비비의 계상 한도

1989년 3월 법개정으로 예비비의 하한 제도가 없어졌다. 그랬더니 실제도 예비비의 사용규모가 과거 상한(1%) 규정이 있을 때보다 더 늘어나는 비효율이 나타났다. 예비비는 차기 연도에 국회의 사후 승인을 못 받더라도 지출행위 자체는 유효하기 때문에 행정부의 예비비 사용이 방만해지는 부작용이 발생할 수 있다. 따라서 2006년에 제정된 국가재정법에서는 다시 상한 제도를 도입하여 일반예비비의 경우 '일반회계 예산 총액의 1% 이내'로 상한을 지정하였다. 그러나 목적예비비는 이와 다르게 지정할 수 있다(국가재정법 제22조).

5 계속비

1) 의의

계속비란 완성에 수 년도를 요하는 공사나 제조 및 연구개발 사업은 경비의 총액과 연부액을 정하여 미리 국회의 의결을 얻은 범위 안에서 수개 연도에 걸쳐서 지출이 가능토록 한 예산이다(국가재정법 제23조). 대규모의 장기 계속사업의 경우 총사업비와 그 연차 지출 계획을 미리 국회의 의결을 얻어 일관성 있게 추진하자는 것이 그 목적이다. 따라서 계속비는 예산 한정성(회계 연도 독립)의 원칙의 예외이며 시기적인 신축성을 부여하는 제도이다.

2) 요건

그 특징으로는 ① 장기 사업(대형 건설사업, 신약 개발 등)이되 그 사업 종류가 공사, 제조 및 연구 개발 사업으로 한정되며, ② 총액과 이 총액의 연간 할당액(연부액)이 결정되며, ③ 국회의 사전 의결을 거쳐야 한다는 점이다. 그러므로 아예 백지위임 수표격인 예비비보다는 사전통제가 용이한 제도이다. ④계속비의 지출 연한은 당해 회계 연도로부터 5년 이내이지만, 필요시 국회의 의결을 거쳐 그 연한을 연장할 수 있기 때문에 실질적인 제한은 없다.

3) 체차 이월의 재이월

그리고 계속비의 연부액 중 당해 연도에 지출하지 못한 금액은 당해 계속비 사업의 완성 연도까지 계속이월하여 사용할 수 있다(국가재정법 제48조 3항). 이것이 '체차(遞次) 이월'제도이다. 따라서 오직 1년만을 이월하는 명시 이월보다는 수개 년도까지 이월이 가능한 계속비가 더 큰 신축성을 가진 제도이다.

체차 이월 금액 중 마지막 연도의 금액을 다시 이월 여부에 있어서는 ①마지막 연부액이 명시 이월됨에는 문제가 없다. 마지막 연부액을 다 지출 못함이 예측된다면 미리 다시 국회의 의결을 얻어(명시 이월) 차기 연도로 지출을 이월하면 될 것이다. ②마지막 연부액이 사고 이월될 수 있는가는 해석상 논쟁이 있으나, 연부액을 정해 둔 취지에 비추어 볼 때, 이 경우 사고 이월은 불가능하다고 해석함이 타당할 것이다.

6 국고채무 부담행위

1) 의의

'법률에 따른 것과 세출예산금액 또는 계속비의 총액의 범위 안의 것' 이외에, 국가가 채무를 부담하는 행위를 할 때는 미리 예산으로서 국회의 의결을 얻어야 한다.(국가재정법 제25조 1항). 이에 따라 국가가 채무를 부담하는 행위를 국고채무 부담행위라고 한다. 또 재해복구를 위하여 필요한 경우에는 매 회계 연도마다 국가는 국회의 의결을 얻은 범위 안에서 채무를 부담하는 행위를 할 수 있다고 규정하고 있다(국가재정법 제25조 2항). 따라서 국고채무 부담행위는 일반적인 채무부담과 재해복구를 위한 채무부담으로 구분된다. 재해복구를 위한 채무부담행위는 일반회계 예비비의 사용절차에 준하여 집행한다.

2) 효력

국고채무 부담행위는 지출 권한까지 보증 받는 것이 아니라 부채를 질 권한만을 부여받는 것이기 때문에 해당 연도의 실제적인 지출을 위해서는 국회의 세출예산의 의결을 얻어야 한다. 정부로서는 당해 연도의 세출로는 계상하지 못한 사업이지만 앞으로 이를 실행하겠다는 것을 계약으로 확인하는 것이다. 따라서 국고채무 부담행위는 실질적으로 차기 연도의 예산 결정권을 제한하므로 회계 연도 독립의 원칙의 예외에 해당한다.

3) 예비비 · 계속비와의 관계

초과지출을 담보하는 수단이라는 점에서는 예비비와 국가채무 부담행위는 공통점을 지닌다. 정부는 예산지출이 필요할 시 우선 세출예산에서, 나아가 예비비에서, 그것도 여의치 못하면 일단 계약(국고채무 부담행위)만이라도 맺어놓고 차기 국회에서 세출예산 확보를 기대한다. 반면 양자의 차이점은 국고채무 부담행위는 채무만을 지고 지출 권한이 없는데 비하여, 예비비는 지출 권한까지 부여되어 있다.

국고채무 부담행위와 계속비는 예산단년도 원칙의 예외라는 점에서 공통점을 지닌다. 그러나 국고채무 부담행위는 단년도원칙을 위배하는 범위가 더 광범위하다. 왜냐하면 계속비의 사업 내용은 '공사, 제조, 연구개발' 사업에 한정되지만, 국고채무 부담행위에는 그러한 사업 내용상의 제한이 없기 때문이다.

7 기타 제도

1) 총액 계상

기획재정부 장관은 대통령이 정한 사업 중 세부 내용을 미리 확정하기 어려운 일정한 사업(공업기반기술, 하천치수, 특정연구개발, 기타 대규모 투자 및 보조)에 대해서는 총액으로 예산에 계상할 수 있다(국가재정법 제37조 1항, 국가재정법 시행령 제12조). 이 제도는 과거에도 사용되고 있었으나 2007년 시행된 국가재정법에서 법적 근거를 갖게 되었다.

이 제도는 중앙예산기관의 예산 편성권을 포기하는 것이며, 국회의 예산 심사를 어렵게 만드는 것이므로 일정한 제약이 있다. 즉 총액계상사업의 총 규모는 매 회계 연도 예산순계를 기준으로 일정한 비율(3%)을 초과하지 못한다(국가재정법시행령 제12조 2항).

중앙관서의 장은 총액계상 사업의 세부 사업 시행 계획에 관해 예산 배분 전에 기획재정부

장관과 사전 협의해야 하며, 그 집행 실적도 사업 종료 후 3개월 이내에 기획재정부 장관에게 제출한다. 또 그 세부 사업 시행 계획 및 세부 집행 실적은 국회 예결위에도 제출해야 한다(국가재정법 37조).

2) 예산 불성립시 자금 사용

본예산이 회계 연도 개시 전까지 입법부를 통과하지 못하는 경우에 집행되는 예산이 준예산이다. 행정부는 예산안이 국회에서 의결될 때까지, 특정 경비에 한해서, 전년도 예산에 준해 예산 집행을 할 수 있다. 이때 집행이 가능한 경비는 ① 헌법이나 법률에 의해 설치된 기관 또는 시설의 유지・운영, ② 법률상 지출 의무의 이행, ③ 이미 예산으로 승인된 사업의 계속을 위한 특정 경비이다(헌법 제54조 3항).

3) 추가경정예산

예산 성립 후 상황의 변화로 인해 사업을 변경하거나 새로운 사업을 추진해야 하는 경우의 예산 집행을 위해 일정한 신축성을 부여하고 있다. 그러한 상황 변화가 경미한 경우에는 예비비, 이용・전용 제도를 사용하지만 중요한 상황 변화인 경우에는 추가경정예산을 편성해야 한다. 추가경정예산은 사전에 국회의 사전 승인을 얻어야 한다(헌법 제56조).

현행 국가재정법에서는 추경예산의 남용을 막기 위해 그 편성 사유를 지정하여, ① 전쟁이나 대규모 자연재해 발생, ② 경기침체, 대량실업, 남북관계 변화, 경제협력 등 대내・외 여건에 중대한 변화 발생 및 발생 우려가 있는 경우, ③ 법령에 따라 국가가 지급하여야 하는 지출이 발생하거나 증가하는 경우에 국한하고 있다. 추경 예산이 확정되기 전에는 이들 사업에 미리 예산을 배정하거나 집행할 수 없다(국가재정법 제89조 2항).

4) 수입대체 경비

'용역 및 시설을 제공하여 발생하는 수입과 관련되는 경비로서 대통령이 정하는 경비'가 '수입대체경비'이다(국가재정법 제53조 1항). 국립대학의 입시비·논문심사비, 외교통상부의 여권 발급 경비가 그 예이다. 수입대체경비에 있어서 예산을 초과하는 수입이 발생하면 이를 초과 수입과 직접 관련 및 이에 수반하는 경비에 직접 지출할 수 있다. 즉, 해당 세입으로 세출을 직접 충당케 함으로써 행정 수요 변화에 탄력적으로 대응하는 것이다. 따라서 이는 국고통일주의에 대한 예외, 예산총계주의(=완전성원칙=포괄성원칙)에 대한 예외이다.

5) 회계 연도 개시 전 예산배정

기획재정부 장관은 예산 집행의 신축성을 높이기 위해 대통령령이 정하는 특정 경비에 대해서는 회계 연도 개시 전에 예산배정을 할 수 있다(국가재정법 제43조 3항). 외국에서 지급하는 경비, 재해복구사업에 소요되는 경비 등이 이에 해당된다(국가재정법 시행령 제16조 5항).

6) 수입 지출 특례들

이밖에 예산 집행의 신축성을 확보하기 위해 정상적인 수입 지출상의 예외를 인정한 몇 가지 실무상이 특례들이 있다. 정기구독료·임대료·운임 등을 사전에 지불하는 선급(先給), 금액의 명세가 확정되지 못한 상황에서 대략적 추계로 지출되는 개산급(槪算給), 정부구매 카드를 이용하여 지출하기 어려운 경우(ex: 도서 벽지)의 관서운영 경비를 현금으로 지급, 예산 집행 및 제도 개선으로 절약된 예산을 성과금으로 다른 사업에 사용 가능(국가재정법 제49조 1항) 등의 제도들이 있다.

Ⅲ. 결 어

예산 집행에 있어서 신축성을 확보하기 위한 제도는 예산 성립 후의 사정 변화에 탄력적으로 적응하고 예산의 효율적인 집행을 위하여 불가피한 장치이다. 그러나 예산 집행상의 신축성 확보라는 미명 하에 위의 이 제도들이 오용·남용된다면, 예산 집행의 또 다른 중요한 목표인 재정 통제가 제대로 이루어지기 힘들다. 따라서 불가피하게 신축적인 예산 집행을 허용하더라도 사후에 재정 민주주의에 입각하여 그 적합성 여부를 통제할 수 있는 기제의 보완이 필요하다. 현행 국가재정법이 한편으로는 신축성을 확대하면서도, 추경제도의 제한, 예비비 상한의 재설정, 결산 심의 강화, 재정 지출에 대한 국민감시제도를 규정한 것은 이런 맥락에서 매우 바람직한 변화로 보인다. 결국 이러한 보완을 통해 예산 집행에 있어서 재정 통제 및 재정신축성 확보를 조화롭게 추구함이 바람직할 것이다.

논평

예산 집행 분야에서는 두 가지의 가장 주요한 테마 중 하나는 예산 집행의 신축성을 확보하는 제도이고, 다른 하나는 재정 통제이다. 상반된 성격의 이 제도를 확보하기 위한 다양한 기제들을 자세하고도 포괄적으로 다루느냐에 이 서술의 관건이 있다. 주요 사항을 빠뜨리지 않아야 하며 특히 그 중에서도 이월, 예비비, 국고채무 부담행위 계속비 등은 작은 토픽으로도 잘 이해해 두어야 하며 그 세부 내용들을 정확히 소화해주어야 한다. 이용, 이체, 전용에서 중앙관서 장은 이를 분기별로 분기 만료일이 속하는 다음 달 말일까지 그 내역을 국회 소관 상임위와 예결위에 제출하도록 하는 규정이 신설되었음을 유의하라.

| 새 테마 행정학 |

14. 예산 집행상의 재정 통제 확보제도

Ⅰ. 의 의

예산과정은 예산 편성-예산 심의-예산 집행-결산 및 회계 검사로 이루어져 있다. 예산 집행은 국회가 의결한 예산상의 수입 · 지출 계획을 실행하는 모든 행위이며 가장 기본적인 국고의 수납·지출 행위뿐만 아니라 지출원인 행위와 국고채무 부담행위도 포함된다. 정책과정론의 입장에서 본다면 예산 집행은 정책 결정에서 설정된 정책 목표를 실현하는 정책 집행 과정이다. 자금 배분이란 입장에서 본다면 예산 집행은 세출계획상의 자금이 국고 및 중앙 부처로부터 일선 기관으로 배분되고, 또 세입이 납세자로부터 수납되어 국고로 흡수되는 과정이다.

정부는 이러한 성격의 예산 집행을 관리함에 있어서 두 가지 목표를 지향한다. 첫째, 예산 의결에서 확인된 국회의 의도 및 한계를 엄격히 준수하는 것(재정 통제)이 가장 근본적인 목표이다. 둘째는 이러한 한계 안에서 가능한 효율적으로 집행하기 위해 일정한 신축성을 부여하는 것이다(신축성 확보). 신축성 확보는 일응 재정 통제에 모순되어 보이지만, 이것은 국회의 예산 결정 내용을 행정부가 일탈하기 위한 것이 아니라 예산 집행의 구체적 상황에 효율적으로 적응함으로써 국회가 의결한 재정계획의 구현에 실질적으로 기여하기 위한 것이다. 전자는 전통적 예산원칙이 지향하는 집행 목표이며 후자는 현대적 예산원칙이 강조하는 집행 목표이다.

Ⅱ. 재정 통제를 확보하는 제도

1 예산 배정과 재배정

예산이 배정되지 않으면 부처는 어떤 재정 활동도 불가능하다. 예산 집행에서의 재정 통제의 근본은 예산의 배정 및 재배정이다. 예산은 지출원인행위를 함으로써 실제로 지출할 수 있는 근거를 갖는데 예산이 확정된 경우에도 예산배정이 일어나지 않으면 지출원인행위는 불가능하기 때문이다.

첫째, 기획재정부의 '분기별 예산배정 계획'을 통해 부처의 예산 집행은 통제된다. 중앙관서의 장은 예산 확정 후 예산배정요구서를 기획재정부 장관에게 제출하고, 기획재정부 장관은 이 예산배정요구서에 따라 '분기별 예산배정계획'을 작성하여 국무회의의 심의-대통령의 승인을 얻는다.

둘째, 기획재정부는 분기별 예산배정 계획과 상관없이 개별 사업계획을 검토하여 그 결과에 따라 예산을 배정할 수도 있다(국가재정법 제43조 4항).

셋째, 기획재정부는 예산 집행에 관한 지침을 작성하여 이를 통해 각 중앙관서의 예산 집행을 통제한다(국가재정법 제44조).

넷째, 기획재정부는 재정수지의 적정한 관리 및 예산사업의 효율적인 집행관리 등을 위하여 필요한 때에는 분기별 예산배정계획을 조정하거나 예산배정을 유보할 수 있으며, 배정된 예산의 집행을 보류할 수도 있다. 이 때문에 정기배정 외에 긴급배정, 조기배정, 당겨배정, 배정유보, 수시배정, 감액배정 등이 활용되기도 한다(국가재정법 제43조 5항).

다섯째, 기획재정부 장관이 각 중앙관서의 장에게 예산을 배정한 때에는 감사원에 통지함으로써 부처 예산 집행은 기획재정부의 통제 및 감사원의 사후 통제를 받는다(국가재정법 제43조 2항).

여섯째, 이렇게 기획재정부에 의해 배정된 예산의 범위 내에서, 다시 각부 장관은 하위 기관에 배정하는 것이 예산 재배정이다(국가재정법 시행령 제17조). 이 재배정 절차를 통해 부처 장관은 하위기관의 예산 집행을 통제한다. 부처의 예산재배정 역시 기획재정부 장관에게 통지된다.

2 회계 관리에 의한 통제

예산 집행에 대해서는 엄격한 회계 관리가 수반된다. 부처의 분기별·월별 재정 상황이 기획재정부에 정기적으로 보고된다. 복식주의 회계, 발생주의 회계 제도가 전면적으로 확립되면 예산 집행의 회계 관리가 보다 효율적으로 이루어져 예산 집행상의 오류가 내부적으로 체크될 가능성도 높아진다. 디지털예산회계시스템(dBrain System)이 정착됨으로써 예산 집행과

회계 제도는 실시간으로 유기적으로 관리된다.

회계 제도의 관리를 통한 예산 통제는 기획재정부 및 감사원에서 주로 관장한다. 기획재정부는 예산의 수지의 총괄적 관리를 위해 총세입부 및 총세출부를 기록하며, 또 부처에서는 세입부 및 세출부, 지출원인행위부, 지출부 등의 서류가 엄격히 기록되고 있다. 또 감사원은 정부의 예산 집행에 대해 사후적으로 회계 검사를 총괄한다.

3 기획재정부 및 부처 장관의 재정집행 관리

중앙관서 장은 사업집행 보고서 및 예산·기금집행 보고서를 기획재정부 장관에게 제출해야 한다. 기획재정부 장관은 이를 검토하고 집행 애로 요인의 해소 및 낭비 방지를 위해 필요한 조치를 요구할 수 있다(국가재정법 제97조).

한편, 중앙관서의 장은 재정관리 · 재원사용의 적정 여부와 집행과정에서 보고된 자료의 신빙성을 분석·평가하기 위하여 소속 공무원으로 하여금 필요한 사항에 관하여 내부통제를 하게 하여야 한다(국가재정법 제98조).

4 정원 · 보수 통제

행정부의 예산 중 상당 부분은 기관의 운영비 및 인건비이다. 따라서 재정 통제의 큰 수단이 바로 공무원 정원 및 그 보수이다. 이에 대한 통제는 주로 부처, 기획재정부, 행정자치부가 담당한다. 부처 장관은 조직 및 정원관리에 대해 일정한 내부 통제권이 있다. 공무원 정원과 보수는 공무원 정원령과 공무원보수 규정에 의해서 규정되며 이의 변경이 요청될 때에는 해당 부처뿐만 아니라 행정자치부와 기획재정부와도 협의를 해야 한다.

5 계약의 통제

예산을 집행함에 있어서 계약의 방법과 절차들을 지정하고, 일정 규모 이상의 계약에 대해서는 상급기관의 승인을 얻도록 규정함으로써 지출원인행위의 방식과 규모를 통제한다. 예컨대, 계약 체결은 원칙적으로 일반경쟁에 의해야 하되, 필요시 경쟁을 제한하거나 수의계약에 의할 수 있다(국가를 당사자로 하는 계약에 관한 법률 제7조).

6 총사업비의 통제

대규모 투자 사업들은 예산 집행 과정에서 사업비 규모가 폭증되는 폐단이 많은데 이를 통제하기 위해 기획재정부는 총사업비를 관리한다. 중앙관서의 장은 완성에 2년 이상이 소요되는 사업으로서 '대규모사업'(총사업비가 300억 이상, 건축사업비가 100억 이상)에 대하여는 그 사업규모 · 총사업비 및 사업기간을 정하여 미리 기획재정부 장관과 협의하여야 한다. 기획재정부 장관은 이 사업들에 대해 일정한 경우 사업의 타당성을 재조사하며, 또 국회가 그 의결로 요구할 경우에도 사업의 타당성을 재조사하여야 한다(국가재정법 제50조).

7 예산의 목적 외 사용 금지 원칙

각 중앙관서의 장은 세출예산이 정한 목적 외에 경비를 사용할 수 없다(국가재정법 제45조). 예산의 목적 외 사용을 금지(예산한정성의 원칙)하는 것은 예산 집행에서 당초에 의결된 목적으로만 사용되도록 규제한다. 이 밖에도 예비비사용 절차의 명시 · 추경 요건의 한정, 이월의 제한 · 회계 연도 독립 등도 예산 집행의 금액 · 시기를 통제하는 장치이다.

8 집행 관련 기관들의 중첩성

예산 집행은 상이한 기관들이 연계되는 복잡한 절차를 통해 이루어진다. 이것은 예산 집행의 번잡함으로도 보이지만 그 핵심은 집행 책임을 기관 간에 분산 · 중첩시킴으로써 상호견제가 이루어지도록 하여 궁극적으로는 예산이 당초에 의결된 대로 집행되도록 통제한다.

9 예산 집행 책임의 명확화

예산 집행의 책임자를 명시하여 그 지출에 따르는 책임을 회피할 수 없게 하여 예산 집행을 통제할 수도 있다. 세입징수관, 재무관, 지출관 등의 기관을 설치하는 것도 이러한 이유에서이다. 또 기금의 경우, 기금의 자산운용을 담당하는 자는 고의 또는 중대한 과실로 법령을 위반하여 기금에 손해를 끼친 경우 그 손해를 배상할 책임을 명시하고 있으며(국가재정법 제84조), 공무원이 직권 남용 혹은 부당한 영향력을 행사하는 때에는 형사처벌까지 규정하고 있다(국가재정법 제102조).

10 성과관리에 의한 통제

현행 국가재정법에서는 성과관리중심의 재정운용을 지향하기 때문에 성과계획서 및 성과보고서 등을 예산 편성 및 결산에 반영하고 있다. 예산 집행은 결국 성과보고서를 통해 사후평가될 것이며, 나아가 차기의 예산 편성에도 반영되므로 성과관리제도의 확립은 재정 통제에 기여한다.

Ⅲ. 결 어

재정 통제는 예산 집행의 일차적 목표이다. 그러나 오히려 예산 집행 과정에서 형식적 법규 제한에 구속되면 오히려 집행을 통해 실현하고자 하는 예산의 실질적 내용이 왜곡되는 경우가 발생한다. 그 경우 이를 회피하기 위해 더 큰 왜곡이 발생한다. 예컨대, 신축적 집행을 지나치게 억제하면, 본예산을 약간 신축적으로 집행하는 것으로 가능한 사업임에도 불구하고 재정 통제의 경직성 때문에 추경예산이라는 편법이 동원되기 마련이며, 나아가 이것이 거의 정례화되어 버리는 경우로 이어진다. 따라서 재정 통제가 예산 집행의 일차적 목표이지만 이와 더불어 집행상의 신축성 확보 제도를 보완, 겸비하지 않으면 예산의 당초 계획과 그 실질적 집행은 괴리된다.

재정 통제는 반드시 정부 기관에 의해 수행되는 것만은 아니다. 국회, 대통령, 기획재정부, 중앙예산기구, 감사원, 부처 뿐 아니라 언론, 국민 일반, 내부 고발자 등에 의해서도 보완될 수 있다. 재정 민주주의의 부각에 따라 현행 법제도하에서도 이제 예산·기금에 대한 국민감시가 제도화되었다(국가재정법 제100조). 더욱이 지방 정부 예산의 경우에는 납세자 소송(주민 소송) 제도까지 도입되어 시민에 의한 예산 집행 통제는 한층 강화되었다. 재정 통제에 시민참여가 더해져서, 앞으로 디지털예산회계시스템의 확립, 복식부기·발생주의 회계 제도의 확립을 통해 재정 통제는 더욱 효율적으로 이루어질 수 있을 것이다.

I 새 테마 행정학 I

15. 결산 과정

Ⅰ. 의 의

1 개념

예산이 한 회계 연도에서의 수입과 지출을 '예정적' 계수로 표현한 것인데 비해, 결산은 한 회계 연도의 모든 수입과 지출 결과를 '확정적' 계수로 표현하는 행위이다. 한편 기금의 경우에는 회계 연도의 예정적 계수로 추계한 것이 기금운용계획이며 그것을 사후 확정적 계수로 나타낸 것이 '기금 결산'이다.

예산과 결산의 금액과 내용이 일치해야 함이 원칙이지만 실제로 양자가 일치하는 일은 거의 없다. 왜냐하면 세입에 있어서 예산에서 추정한 세입액과 실제의 징수액은 일치하지 않으며, 세출에 있어서도 예산 이월, 예비비 사용, 이용 및 전용, 불용액 등으로 인하여 예산액과 결산액의 괴리가 발생하기 때문이다. 한편 결산은 재정 활동의 과정(process)이라는 관점에서 보면 예산 편성을 거쳐 국회가 의결한 예산을 행정부가 집행한 이후 그 사후적 수입 지출을 확정적으로 추계하는 과정이다. 한편, 재정 활동의 산물(output)로 이해하면 결산이란 수입과 지출을 확정적 계수로 표현한 보고서를 의미한다. 좁은 의미에서 보면 결산은 오직 세입세출만을 확정적 계수로 표현한 것이며, 광의로 보면 세입세출에 더하여 계속비 및 국가채무부담의 결산까지 포함하는 것이다.

버크헤드(Jesse Burkhead)에 의하면 결산은 두 가지 목표를 갖는다(신무섭, 2014). 첫째, 정부가 국회의 의도대로 예산을 잘 집행하였는가를 확인하는 것이다. 즉, 행정부의 재정 활동 책임 유무를 명확히 하는 것이다. 둘째, 예산 집행의 실적에 관한 사후적 재정보고서를 작성하여 차기의 예산 과정에 유용한 정보를 제공하는 것이다. 현행 국가재정법은 이러한 두 목표를 위해 결산 심사를 내실화하는 방향으로 법규를 개정하였다.

2 성격

1) 사후적 성격

결산은 행정기관이 예산을 운용한 사후적 결과를 확인하고 심사하는 것이다. 따라서 정부의 재정 기록으로서의 의미는 예산보다는 결산치가 더 정확하다.

2) 내부적 책임

일단 집행된 재정 집행 내용에 문제가 있었더라도 그 집행 효력을 무효화할 수 없다. 비록 결산 심사 과정을 통해 부당한 예산 집행이 발견되더라도 이에 대해 재정 운영주체는 오직 내부적 책임을 부담할 뿐이며, 차기 예산 편성에 반영될 수 있을 뿐이다. 재정운영 주체가 지는 책임에는 정치적 책임 뿐 아니라, 민사상 책임(변상책임), 형사상 책임(처벌)이 있을 수 있다. 그 경우에도 재정 활동은 대외적으로 여전히 유효하다.

3) 재정책임성 확인 및 해제

예산운영 주체는 대통령, 중앙예산기구, 국회, 국민 등에 대하여 재정상의 책임을 지며, 책임의 내용은 재정 활동의 합법성뿐 아니라 형평성, 효과성, 능률성, 형평성 등도 포함된다. 정부의 재정 활동은 결산에 대한 국회의 심사가 완결됨으로써 종결되며, 결산 심사의 완료로 예산운영 주체의 책임은 해제된다.

4) 정책평가

예산은 정부의 정책 목표를 수행하고자 하는 계획서이고 예산 집행은 이러한 계획을 수행하는 과정이다. 결산은 이 목표가 의도한대로 달성되었는지를 확인하는 과정이다. 그 확인 결과는 차기의 정책과정에 환류된다. 따라서 정책과정의 관점에서 파악하면 결산은 곧 정책평가 단계에 해당된다.

5) 재정의 학습 과정

결산 과정을 통해 정부는 바람직한 재정 운용의 결과 여부를 확인할 수 있으며, 국회는 예산에 관한 정책결정이 집행과정에서 어떻게 실현되는가를 학습하고 이에 대비하게 한다. 또 정부 · 중앙예산기구 · 부처는 재정집행 체제를 점검하고 이를 개선해 나가는 기회로 활용하며 국민은 정부의 재정 활동을 감시하고 직접 이에 참여하는 학습 과정으로 삼는다.

Ⅱ. 현행 결산 과정

1 행정부의 절차

1) 출납 및 출납 사무의 완결

결산을 위해 먼저 회계 연도에 속하는 세입세출의 출납이 완결되어야 한다. 회계 연도가 1월 1일~12월 31일 이므로 12월 31까지 모든 수입 지출이 완결됨이 원칙이다. 세입금은 원칙적으로 해당 회계 연도 말일까지 수납되어야 하며, 세출금 역시 원칙적으로 해당 회계 연도 말일까지 지출 · 지급되어야 하며, 또 지출금의 반납 역시 원칙적으로 회계 연도 말일까지 반납되어야 한다. 다만 예외적인 경우(ex: 지방세에 부가되어 징수된 수입금 납입, 정부구매 카드의 사용대금 지급 등)에는 이 기한은 1월 15일까지 연장된다. 이를 '출납정리기한'이라고 한다. 세출입의 출납 자체는 대개 이 기한까지 완료된다.

그런데 출납 자체는 이 기한까지 이루어지더라도 그에 관한 기록 처리 등의 사무관리는 좀 더 시간이 필요할 수 있기 때문에 세입세출의 출납에 관한 사무는 다음 연도 2월 10일까지 완결되도록 하였다(국고금관리법 제4조의 2). 이를 '출납기한'이라고 한다.

이 출납기한(2월 10일)까지 기획재정부 장관은 총세입부와 총세출부를 마감한다(국고금관리법시행령 제94조). 총세입부 · 총세출부의 마감에 의하여 결산 금액은 확정되며, 그 후의 정정은 인정되지 아니한다. 그러므로 출납기한까지 전년도의 세입세출의 출납에 관한 사무 및 총세입부 · 총세출부가 완결되는데 이로써 출납 사무는 종료되고 정부의 세입세출 및 세계잉여금도 확정된다.

2) 결산서의 작성 및 제출

각 독립기관 및 중앙부서의 장은 '중앙관서결산보고서'(세입세출 결산보고서, 계속비 결산보고서, 국고채무부담명세서, 통합재정수지보고서, 성인지결산서 등)를 작성하여 다음 연도 2월 말일까지 기획재정부 장관에게 제출해야 한다(국가재정법 제58조). 기획재정부 장관은 각 중앙관서의 장이 제출한 세입세출의 결산보고서, 독립기관의 예비금 명세서, 성과보고서 등을 토대로 '국가결산보고서'를 작성하여 국무회의의 심의와 대통령의 승인을 얻는다. 기획재정부 장관은 이를 다음 연도 4월 10일까지 감사원에 제출해야 한다(국가재정법 제59조).

2 감사원의 절차

감사원은 기획재정부로부터 결산에 관한 서류를 제출받으면 이에 대한 검사를 실시한다. 감사원의 결산 감사는 헌법(제99조)이 정하고 있는 필수적 절차이다. 감사원은 결산 검사 보고서를 5월 20일까지 기획재정부에 제출한다(국가재정법 제60조). 정부는 감사원의 검사를 거친 결산 및 첨부 서류를 다음 연도 5월 31일까지 국회에 제출하여야 한다(국가재정법 제61조). 결산안의 국회 제출을 예산안의 국회 제출 시기(회계 연도 개시 90일 전, 즉 10월 2일까지) 보다 더 빠른 시기에 제출하게 한 것은 국회로 하여금 결산 심사에 더 충실하도록 한 것이다.

3 국회의 절차

정부가 결산안을 5월 31일까지 제출하도록 국가재정법(제61조)이 명시하고 있음에도 불구하고 과거 국회법은 정부가 결산안을 5월 31일까지 국회에 제출할 것을 요구하도록 규정하여 두 법령에서 중복적으로 명시한 적이 있었다. 현행 국회법은 이 불필요한 중복을 없앴다.

상임위원회는 소관부처의 결산안에 대해 예비심사를 실시한다. 결산에서도 예산 심의에서와 마찬가지로 정보위원회에 대한 특례가 적용된다. 이어 예산결산특별위원회는 모든 부처의 결산 전체를 종합 심사 한다. 예결위에서는 제안 설명과 전문위원의 검토 보고를 듣고 종합정책질의, 부별 심사 또는 분과위원회 심사 및 찬반 토론을 거쳐 표결한다.

본회의에서 의결을 거쳐 결산은 최종적으로 확정된다. 국회는 결산에 대한 심의·의결을 정기회 개회 전까지(즉 8월 말까지) 완료하도록 하고 있는데(국회법 제128조의 2) 이는 결산의 국회 제출 시한이 과거보다 앞당겨져 있는 현행 법제(회계연도 개시 120일 전) 하에서는 큰 의미가 없으며, 다만 정기회 이후에 전개될 국정감사 및 예산안 심의에 집중하고 결산의 결과를 예산 심의에 반영토록 유도하는 효과가 있다.

결산의 심사 결과 위법 또는 부당한 사항이 있는 때에 국회는 본회의 의결 후 정부 또는 해당 기관에 변상 및 징계 조치 등 그 시정을 요구하고, 정부 또는 해당 기관은 시정 요구를 받은 사항을 지체없이 처리하여 그 결과를 국회에 보고하여야 한다(국회법 제84조).

Ⅳ. 발전 방안

1 문제점

국가 재정 작용에서 결산 과정은 '예산의 사전적 심의'이기도 한다. 그러므로 버크헤드가 지적했듯이 결산은 재정 책임을 명확히 함과 더불어 예산 과정에 대한 유용한 자료를 제공해야 한다. 그러나 우리의 경우, 결산 과정은 예산 과정에 비해 상대적으로 소홀히 취급되어져 왔다. 과거와는 달리 현행 법제도 하에서는 결산 심의기간은 충분하기 때문에 더 이상 이것이 문제될 수는 없다. 핵심은 국회의 결산 심의의 동기 부족 및 전문성 부족이다.

첫째, 이미 지출된 예산 집행의 법적 효력은 그대로 유효하다는 기본 한계 때문에 국회로서는 이를 적극적으로 심의하려는 동기가 결여되기 쉽다.

둘째, 결산 심의에는 전문적인 회계 지식, 사업평가 지식과 기술이 필요한데 이것이 국회에는 부족하다. 이런 상황 하에서 국회보다는 오히려 기획재정부의 검토 및 감사원의 결산 검사가 더 실질적인 역할을 해 왔다.

2 발전 방향

1) 국회의 전문성 확보

미국의 경우 국회에 소속되어 있는 GAO가 회계 검사를 전문적으로 수행함을 근거로, 우리도 감사원의 회계 검사 기능을 국회가 담당하는 것이 제안될 수 있다. 그러나 이는 현재 위헌 논란을 야기할 수 있다. 따라서 현재로서는 국회의 예산정책처, 입법조사처 등의 연구기관들을 활성화하고 이를 통해 국회의 결산 심의의 전문성을 보완하는 것이 더 바람직하다고 생각된다.

2) 분화된 결산 심의

앞으로 정기국회 개회 이전은 결산 국회, 개회 이후는 예산국회로 구분하여 결산에 대해서도 집중적인 심의가 이루어지고 정치적 쟁점화하도록 해야 한다.

다만 기금도 이제는 예산과 거의 같이 국회에서 다루어지므로 국회의 심의 부담이 더 늘어난 측면이 있다. 따라서 국회의 예결위 규모를 더 확대하고 결산안 및 기금결산을 따로 깊이 있게 검토하는 제도 개편도 고려할 수 있다.

3) 국민 및 국회, 정부의 상대적 관심유도

예산에 비하여 결산 과정에 대해서는 국회, 정부 뿐 아니라 또한 일반 국민, 시민단체 및 언론도 관심이 상대적으로 적다. 따라서 결산에 대한 국회, 정부 및 국민들의 관심을 유발하는 일이 필요할 것이다. 시민단체의 예산 집행 감시운동, '밑빠진 독' 상 수여와 같은 캠페인은 더 확대되도록 유도함이 바람직하다.

4) 감사원의 감사체제의 발전

감사원의 감사가 질적으로 발전하여 단순한 합법성 감사 · 회계 검사에서 나아가 3E(경제성 economy, 능률성 efficiency, 효과성 effectiveness) 감사로, 또 회계 검사(financial audit)에서 업무감사(operation audit) · 정책감사(policy audit)로 진화되어야 한다.

5) 회계 제도의 개선

정부회계 제도에 복식부기 · 발생주의 회계가 도입되어 결산을 통해 더 유용한 재정 정보를 얻을 수 있다. 정부 부처에서의 행정 업무의 전산화가 상당히 진전되어 있기 때문에 결산 자료에 대한 접근은 더 용이해졌다. 더욱이 디지털예산회계 시스템의 확립으로 예산 편성-집행-결산-성과관리의 유기성은 더욱 제고될 수 있다.

논평

결산 심의 강화라는 현행 법규의 취지가 드러나게끔 서술하라. 결산 제도는 새로운 논점의 발굴보다는 개정 법규(국가재정법)에 따라 결산에 관계되는 절차들을 체계적으로 이해해두는 것이 좋다.

Ⅰ새 테마 행정학Ⅰ

16. 품목별 예산 제도(LIBS)

Ⅰ. 의 의

1 개념

품목별 예산 제도(Line-Item Budgeting System: LIBS 혹은 LBS)는 예산을 '지출 대상'(품목)별로 분류하여 편성하는 예산 제도를 의미한다. 예산분류 과목은 소관(조직)-장-관-항-세항-목으로 구분되고 있다. 품목별 예산 제도는 최종 단위인 '목'을 기본 단위로 삼고 예산을 편성하는 예산체계이다. 품목별 예산 제도는 아직도 존속하고 있으며 다른 예산 제도들과도 잘 공존하면서 입법부의 재정 통제의 효과적인 도구가 되고 있다.

2 기원

품목별 예산 제도는 1688년 영국의 명예혁명 때부터 국왕의 재정권을 통제하려는 노력에서 연유한 것으로 알려져 있다. 미국에서는 1906년 뉴욕시정연구국(New York Bureau of Municipal Research)이 설립되어 예산 낭비와 부패를 방지하고 예산에 대한 통제를 확보하기 위한 행정개혁 운동을 전개하였으며 1907년 뉴욕시 보건국이 처음으로 예산을 품목별로 편성함으로서 시작되었다. 이 운동은 그 후 1912년 미국 연방 정부가 설치한 '능률과 절약을 위한 대통령위원회'(Taft 위원회)에도 영향을 주었다. 태프트 위원회는 연방 정부에 이 제도를 도입할 것을 권고하였으며 1920년대에 이르러 대부분의 연방 정부 부처들에 도입되었다(신무섭, 2014).

Ⅱ. 내 용

1 특징

1) 통제 지향적

품목별 예산 제도는 예산액을 지출 대상별로 한계를 명확히 정하여 배정함으로써 관료의 권한과 재량을 제한하는 통제 지향적 예산 제도이다. 이는 입법부의 재정 통제를 통한 재정 민주주의 실현의 한 수단으로서 가장 먼저 등장한 전통적 예산 제도이다.

2) 투입 중심

품목별 예산 제도는 품목을 중심으로 편성되므로 어떤 요소가 어느 정도 투입되는지를 가장 쉽게 알 수 있는 예산 제도이다. 따라서 품목별 예산 제도는 투입(input) 지향적 예산이며 사업성과보다 비용에 초점을 맞추어 편성되는 예산 제도이다.

3) 다른 예산 제도와의 조화 능력

품목별로 예산을 편성하는 제도는 행정부의 특정 조직 단위에서 일어날 수도 있고, 특정한 기능 · 사업 · 활동 단위에서도 일어날 수도 있다. 따라서 이 제도는 다른 예산 제도가 도입되더라도 그 제도와 결합되어 생존할 수 있는 적응력을 갖고 있다. 그것은 품목은 예산의 가장 기본 단위이며 예산이란 이 기본 단위들의 집합이기 때문이다.

2 우리나라의 실제

한국의 품목별 예산은 '성질별 분류'에서 잘 나타나고 있다. 이는 전체 예산을 인건비 · 물건비 · 경상이전 · 자본지출경비 · 융자금 및 출자금 · 보전지출 · 정부내부거래 · 예비비 등의 영역으로 구분한 후 그 세부 내용으로 분류한 것들에 해당된다. 예컨대 인건비의 경우 기본급·수당·비정규직 보수 등이 이 '목'에 해당된다. 우리나라의 경우, 품목별 분류를 단독으로 사용하지 않고 기능별 분류와 품목별 분류의 교차 분류를 이용하고 있다.

Ⅲ. 평 가

1 장점

1) 회계 책임과 예산 통제의 용이

예산 과목의 최종단위인 목(目)을 중심으로 예산액이 배분되어 있기 때문에 회계 책임이 분명하며, 따라서 그 내용에 대한 통제가 용이하다. 정부의 지출 대상이나 지출 금액이 명확하게 표현되어 있으므로 관료의 재량의 여지가 줄어들게 되며, 예산의 남용을 방지할 수 있다. 특히 의회의 예산 심의 및 결산 심사가 용이해져 의회에 대한 행정부 재정 활동의 책임성이 높아진다.

2) 지출 대상별로 분류

품목별 예산은 지출 대상에 따라 세부적으로 분류되어 있기 때문에 급여와 재화 및 서비스의 구매에 효과적이다. 또한, 이러한 세부적인 분류는 다음 연도 예산 편성에 직접적으로 참조할 수 있는 유용한 자료를 제공해 준다.

3) 정치적 갈등의 배제

품목별 예산 제도는 상위 단위가 아니라 인건비 · 물건비 등의 하위 단위로 분화되어 편성된다. 따라서 그 품목이 어떤 계층, 집단, 지역을 수혜자로 하는지가 불명확하므로 그 편성 및 심의 과정에서 이 품목의 배분에 대해 정치적 갈등이 일어날 여지가 줄어든다.

2 단점

1) 산물 파악의 곤란

품목별 예산은 지출 품목별로 분류되기 때문에 정부가 무엇을(what) 구매하는지는 명확하지만 왜(why) 구매하는지는 밝혀지지 않는다. 즉, 정부가 투입 자원(input)에 관해서는 설명이 되지만 그 투입자원을 통해 무슨 산물(output)을 얻는지에 대해서는 설명하지 못한다.

2) 신축성 결여

품목별 예산은 지출 대상 및 지출 금액의 한계가 명확하므로 재정 통제에는 매우 유리하지만 동시에 예산 집행의 신축성을 크게 제약한다.

3) 사업 · 정책의 우선순위에 대한 고려 부족

품목별 예산 제도 하에서는 예산 운영자는 개개의 예산 항목들에 관심을 집중하게 되며 따라서 이러한 예산 항목들을 통해 수행할 사업 및 상위의 정책의 우선순위를 간과하게 된다.

4) 장기적 계획과의 연계 곤란

예산 분석은 단년도 위주의 미세한 회계 관리에 머무르기 쉬우며, 장기적 국가 발전 계획과의 연계성이 부족하다.

Ⅳ. 한국에서의 품목별 예산 제도의 전망

장기적으로는 품목별 예산 제도에서 완전히 벗어나지는 않더라도 이를 완화하는 방향으로 변화되어 갈 것이다. 정부의 예산 활동의 통제에 초점을 둔 품목별 예산에 반대되는 두 가지 대표적 흐름은 최근 갓 도입된 “프로그램 예산 제도”와 오스본과 게블러(David Osborne & Ted Gaebler)가 제안한 '지출 통제 예산'(expenditure control budget)이다. 이 두 가지 흐름은 현행 품목별 예산 체제에 대한 가장 강력한 혁신 압박 요인이다.

첫째, 프로그램이란 동일한 정책을 수행하는 단위 사업의 묶음이다. ‘프로그램 예산’은 이 프로그램 위주로 정부 사업 체계를 재편하고, 정책 · 예산 · 성과관리를 연계하는 예산체제이다. 프로그램 예산 제도가 확립됨으로써 종래의 장-관-항-세항-목 식의 예산 구조는 이 프로그램 예산의 구조로 개편되었다. 이는 분야-부문-프로그램-단위 사업-편성비목-통계비목의 위계구조를 띤다. 이 구조에서 품목별 분류는 끝의 두 가지(편성 비목, 통계 비목)에 해당된다.

프로그램 예산 하에서의 프로그램은 부처와 재정 당국이 협의하여 조정하되, 단위 사업은 원칙적으로 각 부처가 자율적으로 편성 · 집행한다. 또 품목별 예산 제도는 목(目) 간의 전용을 제한하지만 프로그램 예산 제도가 목을 대폭 축소하여 광역화하면 부처의 자율성은 더욱 향상될 것이다.

둘째, 각 부처가 부서 내의 모든 지출 항목을 없애 버리고 부서의 책임자가 필요에 따라 물적 자원을 마음대로 전용할 수 있도록 지출 총액을 통제하는 것이 ‘지출 통제 예산’(Expenditure Control Budget)이다. 여기서 부처는 예산 내에서 품목 예산(line items)을 제거하고 지출 수요에 따라 예산 운용을 신축적으로 하는 가운데 지출 효율화 노력으로 절감되는 예산은 다음 연도로 이월하여 해당 부처에서 사용할 수 있다. 기존의 품목별 예산과는 달리 통제 위주가 아니라 신축성과 자율을 강조한다. 지출 우선순위에 따라 예산 집행이 신축적으로 이루어지므로 재원 배분의 효율성이 높아지고 특히 연말의 예산 불용 등을 우려하여 낭비적이고 불필요한 지출을 막는데 크게 기여한다. 또한 예산을 자율적이고 신축적으로 집행하되 집행의 성과에 대해서는 엄격하게 책임을 진다. 지출 통제 예산과 완전히 합치하는 것은 아니지만 예산 편성 부문에서 최근 도입한 총액배분 · 자율편성(Top-down) 제도는 이러한 정신을 반영한 것이다.

프로그램 예산과 지출 통제 예산은 종래의 품목별 예산을 획기적으로 바꾸는 것이다. 이러한 변화가 성공하기 위해서는 무엇보다도 치밀한 사전 준비 및 재량적 집행에 대해 사후적으로 책임을 묻는 성과 관리 체제가 선행되어야 한다.

Ⅳ. 결 어

품목별 예산 제도가 통제 중심이기 때문에 변화된 환경 속에서는 더 이상 바람직하지 못하다는 비판을 받고 있음에도 불구하고 현실에서 품목별 예산 제도가 60% 이상 채택되고 있다는 것은 여전히 품목별 예산 제도가 나름대로의 장점을 가지고 있다는 것을 말해준다. 이는 품목별 예산 제도가 정부의 재정 활동에 대한 국민의 통제라는 매우 중요한 이념에 기여하기 때문이다.

그럼에도 불구하고 이제 LIBS는 세세한 기본 투입요소가 아니라 이를 통해 성취하고자 하는 정책과 체계적으로 연계되도록 하는 "프로그램 예산 제도"로 전환되어 가고 있다. 여기에 더하여 효율적 정부 사업 관리를 위해 앞으로 재량성과 신축성을 더 부여하는 "지출 통제 예산 제도"의 요소를 보다 강화할 필요가 있다.

논평

LIBS는 지금은 가장 진부해 보이는 예산 제도이지만 그것이 제안될 당시로서는 획기적인 예산 개혁으로 나온 것이다. 가장 진부하면서도 가장 생명력이 강하고 앞으로도 살아남을 가능성이 높은, 가장 기본적인 예산 제도이다. 이에 대한 서술을 할 때에, 특히 제도에 대한 논평 부분 등에서 다른 예산 제도들과 적절한 대비하는 언급이 바람직한데 특히 현행 '프로그램 예산 제도'와, '지출통제 예산 제도' 등과 관련된 제안을 할 수 있어야 한다.

❙새 테마 행정학❙

17. 성과주의 예산 제도(PBS)

Ⅰ. 의 의

1 개념

‘성과’(performance)란 정부가 수행하는 업무의 기능-사업-활동-산물-최종 효과로 구체화할 경우 ‘활동’(activities) 및 ‘산물’(end products)을 결과하는 업무이다. 성과주의 예산(PBS: performance budget system)은 주요 사업을 몇 개의 사업으로 나누고, 이를 다시 몇 개의 세부 사업으로 나눈 다음 세부 사업별로 단위 원가(unit cost)와 업무량(workload)을 산출하여 예산을 편성하는 제도이다. 성과주의 예산은 품목별 예산 제도가 ‘정부가 무엇을 구입하느냐?’에 관심이 있다면, 성과주의 예산은 ‘정부가 무엇을 위해 그것들을 구입하는가?’에 관심이 있다. 그러나 ‘왜 여러 사업 중에서 이 사업을 선정하여 예산을 편성하느냐’에 대한 답까지 주는 것은 아니다.

최근에 우리나라에서 도입이 전개되어 온 성과주의 예산(프로그램 예산 제도)은 이러한 좁은 의미의 성과주의 예산(PBS)이 아니라, ‘산출물 또는 성과를 중심으로 예산을 운영하는 제도로서 성과와 직간접적인 관련이 있는 모든 예산 관련 제도를 포괄’하는 넓은 의미이다(신무섭, 2014). 따라서 프로그램 예산제도는 좁은 의미의 성과주의 예산에 더하여, PPBS, MBO, ZBB적 요소까지 포함하고 있다.

2 기원

성과주의 예산 제도는 1913년 뉴욕시 리치먼드 구에서 원가예산제를 도입한데서 기원한다. 리치먼드 구는 구의 예산을 먼저 업무 기능별로 분류하고 이를 다시 업무의 원가를 계산하여 세부 기능으로 분류하였다. 예를 들어, 업무 기능을 도로 청소에 적용할 경우 청소하여야 할 도로의 길이를 업무 측정 단위로 하고, 1마일의 가로를 청소하는 비용을 단위 원가로 하여 예산을 편성하였다. 그 후 연방 정부의 농무부(1934), 해군부(1946)등이 부분별로 사업 예산을 편성한 바 있다. 본격적인 성과주의 예산 제도의 도입은 제 1차 후버위원회의 건의에 의해 이뤄졌다. 이를 1950년 의회가 '예산회계법'을 개정하여 성과주의 예산 제도의 적용 규정을 둠으로써 연방 정부를 비롯하여 주 및 지방 정부에 확산되었다. 1990년대에 미국은 '정부 성과 및 결과에 관한 법률'(GPRA: Government Performance and Result Act of 1993)을 통해 성과주의 예산 제도를 다시금 강조하였다. 우리나라는 1962,1963년도에 일부 부처의 사업 일부에 성과주의 예산을 도입했다. 그러나 준비 부족 및 5.16 이후 예산국의 리더십 변동으로 1964년에 폐기되었다. 그러나 1997년 외환 위기 이후 새로이 그 도입을 추진하였다. 추진 초기에는 성과주의 예산이라는 명칭으로 출발하였으나 2004년에는 '성과관리제도'라는 명칭으로 바뀌었으며 최근에는 '프로그램 예산'으로도 혼용하여 부르고 있다(신무섭, 2014).

Ⅱ. 내 용

1 특징

1) 관리지향적 예산

성과주의 예산 제도는 사업을 중심으로 편성하여 예산액의 절약과 능률보다는 사업 또는 정책의 성과에 더 관심을 기울인 예산 제도이다. 또한 업무 단위의 비용과 업무량을 측정함으로써 관리의 능률성을 높이려고 한다. 쉬크(Allen Schick)는 이런 맥락에서 성과주의 예산은 관리지향성을 가진다고 지적한다.

2) 과학적 예산 제도

성과주의 예산 제도는 사업 및 활동을 중심으로 예산을 편성하며, 사업의 비용과 규모를 수치를 이용하여 계산하므로 과학적인 계산이 그 특징이다. 따라서 성과주의에서 가장 중심이 되는 작업은 업무 단위를 개발하고 단위 원가를 계산하는 과정이다.

3) 발생주의 회계체제

성과주의 예산은 사업의 과거, 현재, 미래 상태의 원가를 정확히 측정해야 하므로 발생주의 회계체제를 필요로 한다.

2 성과주의에서의 예산 편성

성과주의 예산은 사업 및 활동을 중심으로 운영상의 절약과 성과의 능률성에 초점을 두어 예산 과정에서 관리적 측면을 강화하는 것이다. 구체적으로 살펴보면, 업무 단위를 개발하고, 이 업무 한 단위의 성과를 얻기 위해 소요하는 경비(단위 원가)와 업무량의 곱으로 결정한다.

1) 업무 단위의 개발

(1) 업무 단위의 의의

성과주의 예산의 기본 단위는 업무 단위(work unit) 혹은 업무 측정단위(work measurement unit)이다. 업무 단위는 하나의 사업을 수행하는 과정에서의 "활동"과 "최종 산물"로 구성된다.

기능 → 행정 각 부처 → 사업 → 사업수행부서 → **활동 · 최종 산물** → 지출 대상 (업무 단위)

'활동'이 업무 단위로 선정된 예는 청소년 상담 1건이나 경찰의 순찰 활동 1건이 될 것이며, '최종 산물'이 업무 단위로 선정된 예는 건설된 주택 수, 완공된 철도의 길이 등이 될 것이다.

위 그림에서 보듯이 업무 단위는 사업과 지출 대상의 사이에 위치하는 단위이며, 이것을 개발하는 것이 성과주의 예산 편성의 토대가 된다. 업무 단위는 가능한 한 계량화되어야 하고 표준화되어야 하는데 다음과 같은 것이 업무 단위 선정의 기준이 된다.

(2) 업무 단위의 선정 기준

업무 단위는 ①동질성이 있어야 하고, ②계산이 가능해야 하며, ③완결된 업무로 표시 가능하고, ④영속성이 있으며, ⑤하나의 사업 업무 단위는 가능한 단수(單數)여야 하며, ⑥친숙한 용어로 표시되어 관계자들이 이해하기 쉬워야 한다(윤영진, 2014).

2) 예산액의 산정방법

업무 단위가 개발되면 다음 작업은 단위 원가와 업무량을 계산해야 한다. 단위 원가와 업무량이 계산되면 예산액은 다음과 같은 공식에 의해 산출될 수 있다.

예산액 = 단위 원가 × 업무량

(1) 단위 원가(unit cost)

단위 원가는 한 단위 업무를 산출 또는 수행하는데 소요되는 비용이다. 단위 원가는 인건비, 재료비, 기타 경비 등으로 세분할 수 있는데, 행정 업무가 주로 시장 가격으로 환산하기 어렵거나, 어떤 비용은 수 년도에 걸쳐있으며, 또 무형적 비용도 있기 때문에 그 정확한 계산을 위해서는 발생주의 회계의 지식이 필요하다. 단위 원가는 예산 편성의 효율성(efficiency)의 측정지표가 되며, 따라서 단위 원가를 정확하게 계산하면 예산 낭비의 요소를 없애고 효율성을 증대시킬 수 있다.

(2) 업무량(workload)

업무량이란, 업무 단위로 측정한 단위 수를 말하며, 예산 집행 결과 실제로 수행되거나 산출된 업무량은 사업의 목표달성여부, 즉 효과성(effectiveness)의 측정지표가 된다.

Ⅲ. 평 가

1 장점

1) 효율적인 자원 배분

성과주의 예산은 업무 단위의 선정과 단위 원가의 과학적 계산에 그 특징이 있으므로 합리적이고 효율적인 자원 배분을 이룩할 수 있다. 즉, 투입되는 예산에 대한 성과의 비율을 비교하면서 예산이 얼마만큼 효율적으로 배분되었는지도 알기 쉽고, 그 결과 예산 편성의 환류기능을 강화시켜준다.

2) 합리적 의사결정

성과주의 예산은 계량화된 정보를 통해 합리적 의사결정과 관리 개선에 도움을 받을 수 있다. 만약 공공 서비스의 추가적인 공급이 필요하다면 표준화된 업무 단위가 개발되어 있기 때문에 추가로 필요한 업무량과 예산액을 쉽게 파악할 수 있다. 따라서 예산 편성에서 관료이익 극대화의 주관적인 관료의 판단을 배제하는데 도움이 된다. 또한 단위비용이 상승할 경우 이에 대한 관리상의 대응을 할 수도 있다.

3) 정부 사업에 대한 인식 용이

성과주의 예산은 사업별, 활동별, 기능별로 예산이 편성되기 때문에 정부가 무슨 사업을 추진하는지 국민들이 쉽게 이해할 수 있으며, 국회에서도 심의가 용이하다.

4) 예산 집행의 신축성 확보

품목별 예산과는 달리, 예산 집행에 있어서 신축적인 운영이 가능하다. 이러한 예산 하에서 행정부는 사업성과의 달성 여부에 대한 책임만 질 뿐, 지출 대상에 따른 책임은 지지 않는다. 그만큼 예산 집행에 있어서 행정부의 재량이 확대되는 것이다.

2 단점

1) 업무 단위의 선정 곤란

성과주의 예산에서 핵심적인 작업이 업무 단위의 선정인데, 업무 단위의 선정 기준을 충족시키는 업무 단위를 찾아내는 것은 쉽지 않다. 행정 업무는 계량화할 수 있는 최종 산물을 선정하는 것이 어려우며, 선정한다 하더라도 선정된 단위가 질적으로 다른 경우도 많기 때문이다. 또, 서비스나 재화를 직접 공급하는 활동보다는 이를 지원하는 것이 많으며, 이 경우 특히 최종 산물이 존재하지 않는데, 이는 성과주의 예산을 사실상 적용하기 곤란함을 의미한다.

2) 단위 원가의 계산이 어려움

단위 원가를 계산하기 위해서는 원가회계 등의 회계학적 지식이 필요하며, 발생주의 회계원칙, 감가상각 등이 적용되는 회계정보가 창출되고 축적되어 있어야 한다. 그러나 우리의 경우 발생주의 회계정보 축적이 미비하며, 회계 전문가가 부족하기 때문에 정확한 원가계산이 어렵다. 또 설사 원가계산을 하더라도 그것은 임의적인 계산에 불과한 경우가 많다.

3) 업무 단위의 성과 지표로서의 한계

실질적으로 성과 지표로서의 업무 단위는 중간 산출물인 경우가 대부분이다. 따라서 예산성과의 질적인 측면을 파악하는 데에는 한계가 있다. 최종 단계의 산출물이 아닌, 중간 단계의 산출물을 최종 목적으로 삼기 때문에 실질적인 효과성이 떨어진다.

Ⅳ. 새로운 성과주의 예산(프로그램 예산 제도)

1 두 가지 의미의 성과주의 예산

우리나라의 경우 1960년대 초엽에 국방부 단독으로 도입을 시도하고 그 후 농림부·보사부가 뒤를 이었으나 결국 성공하지 못하고 실패하였다. 그러나 1990년대 후반에 외환위기 이후 새로운 의미의 성과주의 예산 제도(프로그램 예산제도)가 최근 우리나라에 강조되기 시작했다. 새로이 나타난 성과주의와 과거의 성과주의와 동일한 것인가에 대해 논란이 있다. 1950년대의 성과주의 예산은 "산출"(output)을 성과로 보았음에 비하여 1990년대의 성과주의 예산은 "결과"(outcome)를 최종 성과로 규정하여 실질적인 행정의 효과성을 도모한다는 점이 가장 뚜렷한 특징이다. 여기에 더하여 또 성과 평가를 예산에 적극 연계하는 점, 광범위한 예산개혁으로 파악하기 보다는 성과 정보를 예산에 활용함에 초점을 두는 점 등에서 양자는 차이가 있다(윤영진, 2014). 즉 새로 나타난 성과주의 예산은 기존의 성과주의 예산 제도가 가지는 장점은 그대로 가지면서, 그 한계를 일정 부분 메워주고 있다.

2 구성

우리나라는 1999년부터 새로운 성과주의 예산 제도 도입을 위한 준비기간을 거쳐 2000년도에 시범사업을 추진했으며 점차 이를 확대하여 2007년부터 중앙 정부에서 '프로그램 예산 제도'를 적용하고 있으며 2008년부터는 지방 정부에서도 '사업 예산'이란 이름으로 이 제도를 도입하였다. 여기에서 핵심이 되는 "프로그램"(program)이란 동일한 정책을 수행하는 단위 사업의 묶음이다. 프로그램 예산은 기존의 투입 중심의 예산 운용을 프로그램 위주로 재편하고, 정책 · 예산 · 성과관리를 연계하는 예산체제이다. 프로그램 예산은 "분야(function)-부문(sub-function)-프로그램(program)-세부사업(task) 등 5단계로 구성된다. 다만, 이 분류체계의 법적 기반은 약한 실정이다(이영조 · 문인수, 2015).

장	관	항	세항	세세항	목	세목
분야	부문	프로그램(program)	단위 사업	세부 사업	편성 비목	통계 비목
대기능	중기능	실국별 정책 사업	정책사업의 세부 사업	예산 편성시 판단 비목		예산통계 및 심의참고비목
기능별 분류		사업별 분류			품목별 분류	

프로그램 예산 제도가 확립됨으로써 기존의 장-관-항-세항-목 식의 예산 구조는 이러한 프로그램 예산의 구조로 개편되었는데 양자 관계를 대비한 것이 위 표이다. 예컨대 2008회계연도의 경우 16분야-68부문-816개의 프로그램-3,646개의 단위사업-9,282의 세부 사업으로 구성되었다.

3 성과관리와 연계

예산-사업-성과의 연계를 위해 예산 편성 및 예산안의 국회 제출 단계 및 결산 단계에서 성과에 관한 정보가 요구되고 있다. 프로그램 예산이 성과에 관한 정확한 정보를 제공하기 위해서는 성과관리의 측정 단위와 프로그램의 측정 단위가 정확히 합치해야 한다.

이를 위해서는 정확한 성과측정치가 개발되어야 한다. 그러나 미국도 GPRA(Government

Performance and Result Act: 정부 성과 및 결과에 관한 법) 적용에 있어서 성과측정 지표의 어려움을 겪고 있다. 비록 개인별 성과측정까지는 상당한 어려움이 있지만 시행착오 경험 및 평가 기술의 누적을 감안하면 현재에도 적어도 조직 단위에서의 성과측정은 가능할 것이다. 앞으로 정책-예산-성과의 연계를 강화하면서 "결과"의 객관적인 지표를 개발하는 것이 프로그램 예산 제도 성패의 관건이다.

Ⅴ. 결 어

미국 및 한국의 성과주의 예산은 1990년대에 다시금 부각되고 있다. 1990년대의 성과주의 예산의 기조는 성과기반적 예산(performance based budget), 결과지향적 예산(result-oriented budget) 등의 조금씩 상이한 명칭들로 표현되지만 그 근본 정신은 정부 활동의 "결과"를 강조하고 이 결과의 평가와 예산을 적극적으로 연계하는 점이다. 최근 우리나라에서 적극적으로 적용하고 있는 '프로그램 예산'도 1990년대의 성과주의 예산의 기조를 담고 있다. 과거의 성과주의 예산 제도는 예산액을 산정하는 과학적 논리로 활용되었다면, 최근의 성과주의 예산 제도는 결과와 예산을 연계함을 더 강조하며 보다 실천지향적이다.

그러나 결과(성과)를 강조하는 것이 이 PBS만이 아니며 이미 과거의 PPBS나 ZBB 역시 결과를 중시하는 예산 제도였음을 기억해야 한다. PPBS나 ZBB가 보편적인 예산개혁으로 정착되지 못한 이유의 하나는 이에 대한 정치적 지지와 합의가 불충분했다는 것이다. 또 여전히 성과가 '결과'가 아니라 중간 단계의 '산출' 중심으로 측정되는 문제점이 나타나고 있다. 그리고 결과의 측정이 이루어진 경우에도 상당 부분은 현직 공무원의 주관적 만족도, 인지도 등을 이용하여 측정하여 그 타당성이 의문시되는 경우가 많다. 이 때문에 재정 운영기관 스스로 이를 신뢰하지 못하여 예산 편성이 아니라 기관의 내부 관리에 국한하여 활용하는 경향도 나타나고 있다.

적실한 프로그램(정책사업) 단위를 발굴하고, 이를 예산으로 연계하며 그 결과를 객관적 지표로 측정하는 것이 필요하며, 이 제도의 성공적 정착을 위해서는 대통령 · 중앙예산기구 · 국회 · 행정부처 · 국민의 이해와 지지가 필수적이다.

논평

성과주의 예산은 성과를 강조하는 최근의 행정개혁과 관련이 높은 예산 제도이다. 현재의 결과지향적인 "프로그램 예산"이 본래 의미의 PBS와 동일한 것인가에는 약간의 논란이 있지만 성과를 가장 중시하는 정신은 일관되고 있다. 따라서 이 주제에서 "프로그램 예산 제도"를 반드시 언급하지 않으면 의미가 전혀 없는 답안임을 명심하라. 아예 현행 프로그램 예산 제도를 따로 재구성하여 정리해 둠이 좋다. 프로그램 예산은 현행 예산 부문에서 매우 중요한 테마가 되었다. 그 분류체계를 꼭 기억하라.

ㅣ새 테마 행정학ㅣ

18. 성과지향적 예산제도

Ⅰ. 성과지향적 예산제도의 의의

1 성과지향적 예산제도의 개념

성과지향적 예산제도는 성과에 대한 정보를 활용해서 예산운용의 결과와 예산배분을 연결시키는 예산제도를 의미한다(하연섭, 2014). 예산관리의 위임 및 신축성을 하위 기관에 부여할 때는 그에 상응하여 성과와 책임성을 확보하려는 성과관리제도(performance management system)를 실시하는 것이 보통이다. 성과관리제도는 일반적으로 중기전략계획, 연도별 운영계획, 성과측정 및 보고 등이 포함된다.

성과관리제도에 기초를 둔 예산편성은 공공부문의 서비스 전달체계상 투입(input)이 아니라 산출(output), 결과(outcome), 영향(impact) 중 어느 하나에 역점을 두는데, 궁극적으로는 공공서비스의 질이 가장 중요한 지표가 된다. 이 때문에 결과중심의 예산제도(budgeting for results)라고 부르기도 한다. 이는 행정을 공급자 중심에서 수요자 중심으로 파악하는 발상의 전환이기도 하다.

성과지향적 예산제도의 궁극적인 목적은 정부지출의 효율성과 효과성을 향상시키는 데에 있다. 다시 말해, 성과지향적 예산제도는 관리자들과 재원에 대한 합의 도출과 성과계약, 그리고 집행에 대한 재량과 결과에 대한 책임을 통해 구체화된 목표를 달성하도록 유도하는 것을 핵심으로 한다.

2 성과지향적 예산제도와 성과주의 예산제도의 비교

1) 공통점

성과지향적 예산제도의 원형은 1940년대 후버(Hoover) 위원회의 권고에 따라 등장한 성과주의 예산제도(Performance Budgeting System: PBS)에서 찾아 볼 수 있다. 다음과 같은 점에서 1950년대의 성과주의 예산제도와 최근의 성과지향적 예산제도가 일치한다. 첫째, 투입물 보다는 조직이 무엇을 생산하고 있으며 얼마를 사용하고 있는가에 관심을 갖는다. 둘째, 목표 및 그 달성을 위한 사업, 그리고 각각의 사업 수행과 성과 측정을 위한 계량적 자료 제시를 강조한다. 셋째, 성과와 예산 개혁을 연계한다.

2) 차이점

산출물을 구체적으로 규명하고 생산을 위한 비용을 정확하게 산정함으로써 예산을 합리화시키고자 했던 과거의 성과주의 예산제도와 달리, 최근의 성과지향적 예산제도는 조직을 개선시키고자 하며, 조직 관리자들에게 다양한 유인을 제공해서 이들이 원가와 성과를 보다 잘 인식하고 책임지게 하며, 자원을 보다 생산적인 활동으로 스스로 이동시키도록 한다. 양자 간에는 다음과 같은 차이가 있다(윤영진, 2014).

첫째, 성과 측정에 관심을 갖는 점은 두 제도 모두 같지만 과거의 성과주의 예산제도는 공공서비스 전달 체계에서 업무, 활동, 직접적 산출에 집중하지만, 최근의 성과지향적 예산제도는 결과에 초점을 맞춘다. 여기서 산출(output)은 단기적이고 계량적으로 측정될 수 있는 성질의 것인 반면, 결과(outcome)는 보다 장기적이고 계량적으로 측정이 어려운 것이다. 예컨대, 청소년 상담프로그램에서 산출은 상담을 받은 학생 수인 반면, 결과는 상담 받은 학생의 변화된 행태이다.

둘째, 과거의 성과주의 예산제도는 '비용 vs. 업무 또는 활동'과의 연계성에 초점을 두는 반면에, 최근의 성과지향적 예산제도는 '업무 또는 활동 vs. 성과(결과)'와의 연계성에 초점을 둔다.

셋째, 예산개혁의 범위에서, 과거의 성과주의 예산제도는 그 내용과 범위가 상당히 광범위하여 프로그램 구조와 회계제도 등을 바꾸려는 비교적 큰 틀의 제도개혁임에 비하여, 최근의 성과지향적 예산제도는 성과정보를 예산과정에 활용한다는 비교적 좁은 범위의 예산개혁이다.

넷째, 최근의 성과지향적 예산제도는 과거의 성과주의 예산제도에 비해 조직 관리자들에게 더 많은 인센티브를 부여한다.

3 성과지향적 예산제도의 제도화: 정부성과 및 결과법(GPRA)

성과지향적 예산제도는 미국의 1993년 '정부성과 및 결과법(GPRA: Government Performance and Results Act)에 따라 확립되었다. 이 법은 과거 예산제도들의 취지(장점)와 실패를 교훈삼아 다양한 보완대책을 강구하는 과정에서 등장하였다. 이 법은 미국 시민들이 자신이 지불한 조세에 합당한 정부 서비스를 받지 못하고 있다는 여론이 확산되자 정부에 대한 신뢰감을 되찾기 위해 제정되었다(김신, 2000).

이 법은 연방정부 프로그램의 능률성(efficiency)과 효과성(effectiveness)을 제고하기 위하여 장기적(7년)이고도, 점진적인(시범사업 중심) 시야를 갖고서 예산과 성과정보의 완전한 통합, 산출물의 주기적 평가, 행정부의 성과관리와 의회의 예산과정을 통합 등을 담고 있다. 이러한 정부성과 및 결과법은 예산의 초점을 종래의 투입 및 과정에 대한 통제에서 성과에 대한 통제로 옮겼다는 데에 큰 의미가 있다(김영훈, 1996).

Ⅱ. 성과지향적 예산제도의 구성개념

1 목표와 성과

성과지향적 예산제도는 성과를 조직의 임무, 목적, 그리고 사업의 목표와 연계시켜 예산을 운용하는 제도이다. 이 때 임무(mission)란 조직의 근본적인 존립 이유를 의미하며 예컨대, 경찰서의 임무는 법질서의 유지이다. 목적(goal)이란 조직이 성취하고자 하는 결과에 대한 일반화된 서술인데 예컨대, 경찰서의 목적은 범죄로부터 시민들의 안전을 보장하는 것이다. 목표(objectives)란 전술한 목적을 보다 구체적이고 측정 가능한 형태로 표현한 것인데 예컨대, 경찰서는 목표를 전년 대비 범죄율의 10% 하락으로 설정할 수 있다.

결국 임무-목적-목표는 조직의 존재이유와 활동근거를 추상적이고 일반적인 수준에서 보다 구체적이고 측정 가능한 수준으로 기술해 가는 것이다. 이렇게 설정된 목표를 달성할 수 있도록 조직이 직접 수행하는 활동 혹은 사업을 구성한다. 달리 말하면 조직이 수행하는 활동 혹은 사업의 결과가 조직의 목표, 목적, 그리고 최종적으로 임무에 어느 정도 공헌하는지를 측정하는 것이 곧 성과 측정이며, 이에 기반 해서 예산 배분을 조정하는 것이 성과지향적 예산제도이다.

2 성과관리의 논리모형

성과와 관련된 가장 기본적인 개념 요소로 투입, 활동, 산출, 결과가 있다. 투입(inputs)이란 사업을 수행하는 데 소요되는 자원, 시간, 인력 등을 의미한다. 기본적으로 투입은 예산액 혹은 비용으로 표현할 수 있다. 활동(activities)은 특정 조직에 의해 이루어지는 과정, 즉 특정 조직의 사업을 추진하는 과정에서 조직구성원들이 수행하는 과업(works)을 의미한다. 산출 혹은 산출물(outputs)이란 정부기관이 외부인이나 외부기관을 위해 제공하는 재화나 서비스를 의미한다. 결과(outcomes)는 산출의 궁극적인 영향(impacts), 즉 정부개입에 의해 개인, 사회의 상태 혹은 물리적 환경 등에 생긴 변화를 의미한다. 이상, 투입으로부터 결과에 이르는 인과적 흐름을 보여주는 것이 이른바 논리모형(logical model)이다(하연섭, 2014).

〈그림 1〉 성과관리의 논리모형

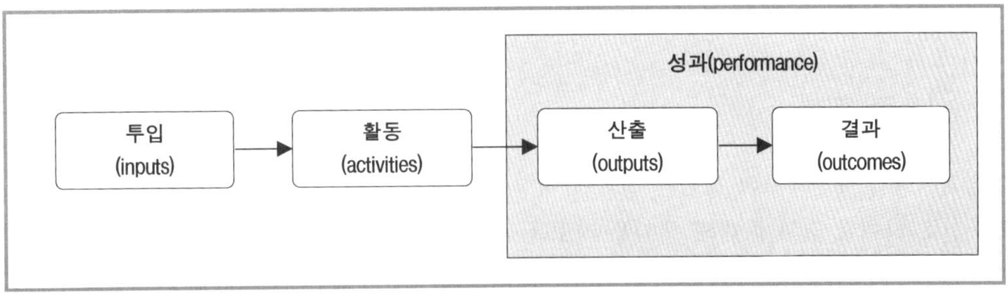

3 경제성 · 능률성 · 효과성의 개념

이 논리 모형 요소들을 통해 경제성, 능률성, 효과성을 명확히 이해할 수 있다. 경제성(economy)이란 투입에만 관련된 개념으로서, 사업을 수행하는 데 있어 최소의 비용이 들기만 하면 '경제적'이라고 판단하는 것이다. 다시 말해, 경제성은 최소의 비용으로 자원을 획득하는 것을 의미한다.

능률성(efficiency)이란 투입과 산출의 관계를 동시적으로 고려하는 개념이다. 투입만을 고려하는 경제성과 달리, 능률성은 투입과 산출의 비율에 관련된 개념으로서, ① 주어진 비용으로 가능한 많은 산출물을 만들어 낼 수 있을 때, ② 주어진 산출물을 만들어 내는 데 있어 가능한 적은 비용을 사용할 때 중 어느 한 가지를 의미한다.

효과성(effectiveness)이란 결과(outcomes)에 관련된 개념으로서, 산출물이나 사업이 원래 의도했던 결과, 즉 목표를 어느 정도 달성했는지를 평가하는 개념이다. 효과성은 원래 의도했던 결과가 얼마나 달성되었는지를 평가하는 개념일 뿐, 이러한 결과를 성취하는 데 소요된 자원의 크기, 즉 비용에는 관심을 두지 않는다.

Ⅲ. 성과지향적 예산제도의 주요 내용

성과지향적 예산제도에는 다음과 같은 주요 내용들이 들어 있다(하연섭, 2014).

1 목표와 전략적 계획

각 부처와 사업의 목표를 설정하고, 이를 달성하기 위한 전략적 계획을 제시한다. 정부활동의 성과를 측정하기 위해서는 측정을 위한 기준이 설정되어 있어야 하는데, 이러한 기준의 역할을 하는 것이 바로 사업의 목표이다. 사업의 목표가 명확하게 설정되지 않으면, 성과를 측정하기가 매우 어려워진다.

2 신축적 집행

성과지향적 예산제도의 초점은 결과에 대한 책임성 확보에 있다. 그런데 예산을 사용한 사업부서로 하여금 결과에 대해 책임을 지도록 하기 위해서는 사업의 수행방법에 대해서 상당한 자율성을 보장할 필요가 있다. 따라서 성과지향적 예산제도는 결과를 달성하는 방법에 대해서는 상당한 자율성을 실무부서에 보장하고자 한다.

3 성과측정

이미 설정한 목표에 대비해서 어느 정도 목표를 달성했는지를 측정하는 것이다. 이 때 성과의 측정은 원칙적으로 활동(activities)에 초점을 맞추는 것이 아니라 결과(outcomes)에 초점을 맞춘다. 성과를 정확하게 측정하기 위해서는 정확한 성과지표가 개발되어야 하는데, 성과지표가 지녀야 하는 요소는 SMART로 표현된다. SMART란 구체적이고(specific), 측정 가능하고(measurable), 달성 가능해야 하고(achievable), 적합하며(relevant), 시의적절(timed)해야 한다는 것이다.

4 보고

예산집행의 결과에 대한 보고가 정확히 이루어지며, 이를 기반으로 사업수행 기관에 대한 유인이 제공된다.

5 유인 제공

보고된 성과에 기반해서 사업수행기관에 대한 인센티브가 제공될 수 있다. 성과평가 결과를 활용하는 방법으로서는 재정적 인센티브 제공, 예산운용의 신축성 부여, 그리고 평가결과의 공개 등의 방법이 사용된다.

Ⅳ. 기대 효과

1 결과중심의 예산운용과 책무성 제고

성과지향적 예산제도는 투입이 아니라 정부활동의 '결과'에 초점을 맞추도록 함으로써 결과중심의 예산 운용을 가능케 한다. 전통적으로 정부는 사업의 추진과정에서 규칙과 절차를 준수하면 책무성을 충족하는 것으로 생각해 왔으나, 성과지향적 예산제도는 결과에 기초한 책무성의 확보를 가능케 하고 있다. 즉, 성과지향적 예산제도는 사업의 추진 주체로 하여금 어떻게 사업을 추진하는가가 아니라 사업을 통해 '무엇'을 달성하는가에 따라 책임을 지게 한다.

2 예산운용의 합리성 제고

성과지향적 예산제도는 그 자체가 본질적으로 정치적인 예산과정의 성격을 바꾸지는 못했다고 하더라도, 예산을 배분하는 과정에서 성과정보가 중요하게 고려될 경우 그만큼 정치성을 제한하고 예산운용의 합리성이 제고될 수 있다.

3 정부 사업과 목표의 연계성 제고

성과지향적 예산제도는 정부가 추구하는 목표와 우선순위를 분명하게 하며, 정부의 각 사업이 어떻게 정부의 목표 달성에 공헌하는지에 대한 정보를 제공한다.

4 예산운용의 투명성 제고

투입에 기초한 품목별 예산제도는 정부가 무엇을 어떻게 달성하고 있는가에 관련된 정보는 제대로 제공하지 못한다. 반면, 성과지향적 예산제도는 정부가 추구하는 목표와 이러한 목표의 달성 정도에 관한 정보를 제공함으로써 일반국민들의 정부활동과 정부활동의 성과에 대한 이해도를 높일 수 있다. 다시 말해, 성과지향적 예산제도는 입법부와 일반국민들에게 정부활동의 결과에 대한 정보를 제공함으로써, 정부 활동의 투명성을 높일 수 있다.

V. 성과 측정에서의 주요 과제

1 결과측정의 문제

성과지향적 예산에서 성과란 곧 '결과'를 의미하므로 성과지향적 예산제도의 성패는 정확한 결과 측정에 달려 있다. 그러나 결과의 측정은 다음과 같은 문제점을 지니고 있다.

첫째, 결과에 관한 정확한 지표를 얻기가 어려울 뿐 아니라 이를 얻는 데 상당한 비용이 소요된다. 예컨대, 교육정책의 목표를 '더불어 사는 사람의 양성'으로 설정했을 때 '더불어 사는 사람'을 측정하는 지표를 만들어 내기는 대단히 어렵다.

둘째, 결과를 제대로 측정할 수 있다 하더라도 정부정책과 사회적 상황(social conditions)의 변화 간에 인과관계(causal relationship)를 정확하게 설정하는 것도 어렵다. 예컨대, 출산율을 높이려는 정책의 결과는 당연히 출산율의 증가인데, 출산율의 증가는 단순히 정부정책뿐만 아니라 결혼, 육아 및 교육 등에 영향을 미치는 다양한 요인에 의해 결정된다.

셋째, 정부의 사업과 결과 사이에는 상당한 시차(time lag)가 존재할 수 있다. 예컨대, 다문화 가정에 대한 사회적 수용도를 높이는 정책으로 사람들의 태도가 변하는 데에는 상당한 시간이 소요된다. 따라서 보통 1년에 불과한 정부 평가 기간에는 정부 사업이 아무런 결과를 얻지 못한 것으로 오해하게 된다.

넷째, 목표 설정 자체가 쉽지 않은데, 목표가 분명하게 설정되지 않으면 성과를 평가할 기준 자체가 분명하지 않다는 문제가 발생한다. 정책 목표가 모호한 많은 이유는 정책결정자들의 전문성이 부족해서 명확한 목표를 설정하지 못하는 면도 있지만, 보다 근본적인 이유는 정치적 갈등을 회피하기 위해 모호하게 설정해둔 정치적 동기 때문이다.

다섯째, 성과측정을 위한 자료를 수집이 어려울 수도 있다. 성과평가의 결과가 예산배분에 영향을 미치는 경우, 사업부서에 유리한 성과정보만을 제출하려는 유인은 대단히 강해진다. 이럴 경우 성과정보는 정확한 성과측정을 위한 수단이 아니라 예산요구를 정당화하려는 수단으로 전락할 위험성이 있다. 성과측정의 질은 자료의 질에 달려 있다. 따라서 수집된 자료를 검증하는 작업이 반드시 필요하지만 이러한 자료의 검증에도 상당한 시간과 비용이 소요된다.

2 정부 서비스 종류에 따른 측정의 문제

앞에서 정부 사업의 결과측정의 문제점은 성과지향적 예산 제도의 도입에 대한 중대한 제약 조건이 된다. 그런데 정부가 수행하는 서비스에 따라 결과 측정의 용이성도 상이하다. 폴릿(Pollitt, 2001)에 따르면 정부의 프로그램은 유형적 서비스(tangible services), 무형적이면서 개별화된 서비스(non-tangible individually-tailored services), 무형적이면서 아이디어 차원의 서비스(non-tangible ideal services)로 나눌 수 있다(하연섭, 2014). 유형적 서비스는 반복되는 서비스를 제공하고 측정 가능한 표준화된 활동인데 여권발급, 운전면허발급, 세금징수가 그 예이다. 유형적 서비스의 성과의 측정은 쉽게 이루어진다. 무형적이면서 개별화된 서비스는 일상적이긴 하지만 개인의 욕구와 상황에 맞추어 서비스를 제공해야 하는 프로그램인데, 교육과 보건 등이 그 예이다. 이런 서비스의 성과지표는 개발이 불가능하지는 않으나 쉽지 않다. 무형적이면서 아이디어 차원의 서비스의 예는 정책보좌(policy advice)이다. 정책보좌의 결과는 더 나은 정책을 만드는 것인데, 더 나은 정책을 측정할 수 있는 방법을 개발하는 것 자체가 불가능한 일이다. 그 때는 성과 측정은 활동이나 과정에 대한 측정일 수밖에 없다.

위 논리가 시사하는 바는 적어도 무형적이고도 아이디어를 제공하는 종류의 서비스를 제외하면 정부 사업에 성과지향적 예산 제도의 필수요소인 결과의 측정 가능성은 상당하다는 것이다. 이는 그만큼 이 예산 제도의 적용 가능성을 높여준다.

〈표 1〉 서비스 종류에 따른 성과측정 가능성

서비스의 종류	서비스의 예	성과측정 가능성
유형적 서비스	여권발급, 운전면허발급, 세금징수 등	쉬움
무형적이면서 개별화된 서비스	교육 보건 등	어렵지만 불가능하지는 않음
무형적이면서 아이디어 차원의 서비스	정책보좌	불가능

3 결과(outcome)를 산출(output)로 대체할 것인가?

예컨내 교육부처가 대학 교육의 결과(대학 교육을 받은 사람이 얻은 성취) 측정이 어렵기 때문에 궁여지책으로 결과 대신 ‘산출’(졸업생 수)로 맞추어 성과를 측정하는 경우가 행정 현실에서 많이 나타난다. 그러나 이것은 다음과 같은 문제점을 야기한다. 첫째, 사업을 통해 궁극적으로 달성하고자 하는 것은 결과인데도 불구하고 산출에만 초점을 맞추면 수단과 목표가 전도되는 ‘목표의 대치’(goal displacement) 현상이 나타날 수 있다.

둘째, 최종 성과인 결과 대신 산출에 의해 평가할 경우 결과의 달성 정도를 알려주는 효과성 문제는 무시되고 능률성에만 초점을 맞출 가능성이 높다.

셋째, 일반적으로 결과에 비해 산출은 측정하기가 쉽다. 그런데 정부 활동이 물리적 재화가 아니라 서비스일 경우에는 산출의 특정도 어렵다. 서비스는 재화와는 달리 사후에 측정할 수 있는 것이 아니라 서비스가 제공되는 순간에 측정되어야 하기 때문이다.

넷째, 서비스가 이질성(heterogeneity)을 가질 때에는 산출 측정 역시 심각한 문제점을 야기한다. 표준화된 산출물의 경우 산출물 질 평가는 제품의 표준 명세(specifications)에 비추어 얼마나 충실하게 산출물이 제공되었는지를 평가하면 되지만, 각 사례의 특성에 부합하도록 서비스가 제공되어야 하는 이질적 서비스의 경우 서비스의 질의 평가가 매우 어렵다.

따라서 GPRA 제도 실시의 등의 예를 준거하면서 정부 활동 단위를 결과측정이 가능한 항목으로 재설계하여 결과 측정 항목을 개발하여야 하며, 결과를 산출물로 대체하는 것은 최소한에 그쳐야 한다.

| 새 테마 행정학 |

19. 계획예산 제도(PPBS)

Ⅰ. 의 의

1 개념

계획예산 제도(Planning Programming Budgeting System: PPBS)의 핵심은 정부 사업에 비용편익분석의 논리를 적용한다는 것이다. 즉 Planning-Programming-Budgeting의 위계화를 통해 달성하고자 하는 국가정책 목표를 구체화하고, 이의 달성 수단이 되는 사업 대안을 검토한 후 경제적 합리성에 따라 최적 대안을 선정하고 이를 예산으로 연계한다. 이 점에 초점을 두면, 계획예산이란 "장기적인 계획(planning)과 단기적인 예산 편성(budgeting)을, 그 양자 간의 매개 역할을 하는 사업 계획(programming)을 통하여 유기적으로 연결함으로써 자원 배분에 관한 의사결정을 합리적으로 하는 예산 제도"이다.

품목별 예산 제도(LIBS)는 '정부가 무엇을 투입하는가?'에, 성과주의 예산(PBS)은 '정부가 무엇을 산출하는가?'에 초점이 있다. 이에 비해 계획예산 제도(PPBS)는 '정부가 왜(why) 그러한 재화나 서비스를 산출하는가?'에 초점을 둔다. 따라서 정부의 목적을 정의한 후, 이를 달성하기 위한 인과관계상의 합리적 대안이 되는 사업을 선택하고, 이를 위한 재정 배분을 합리적으로 하고자 하는 체제인 것이다.

LIBS예산의 주된 기능은 정부의 재정 활동을 통제(control)하는 것이다. 이에 비해 PBS에서는 예산의 주된 기능은 능률적 관리(management)이다. 이에 비해 PPBS에서의 예산의 주된 기능은 국가 발전 목표를 기획(planning)하고 이를 실현하는 것이다. 따라서 PPBS는 주어진 정책 목표의 달성, 곧 효과성(effectiveness)을 가장 중시한다.

2 기원

민간 부문에서는 이미 듀퐁(Dupont) 회사에서 1924년부터 계획예산 제도가 활용되었다. 정부 부문에서는 계획예산 제도의 요소가 1940년대 루스벨트 대통령의 전시계획(戰時計劃)안에 이미 나타났다(신무섭, 2014). 그후 1950년대에 미국의 랜드연구소(The RAND Corporation)는 '사업예산' 개념을 개발하였으며 이 연구소의 노빅(David Novick), 히치와 맥킨(Charles J. Hitch & Roland N. McKean)은 국방부에 계획예산 제도를 도입할 것을 적극 주장하였다. 1961년 케네디 행정부의 국방장관인 맥나마라(Robert S. McNamara)가 이를 국방부에 처음 도입하였다. 뒤이어 존슨 대통령의 지시에 의해 1965년 모든 연방 정부에 전면적으로 도입하였으나, 닉슨 행정부가 등장하면서 1971년 공식적으로 폐지하였다.

우리나라는 1970년대 초부터 도입을 검토하였으나 본격화되지 못했다. 오직 국방부만이 1980년부터 이 제도를 이용해 왔고, 1984년부터는 이를 더욱 응용 발전시킨 PPBEES(Planning, Programming, Budgeting, Execution and Evaluation System)를 채택하고 있다.

Ⅱ. 내 용

계획예산 제도의 핵심적 내용은 예산 결정에서 투입 요소 대신에 정부의 목적, 최종 산물, 사업 등과 같은 산출 영역에 초점을 두어 궁극적으로는 기획-사업 분석-예산기능을 단일의 의사결정으로 통합하는 것이다. 따라서 첫째, 우선 사업들을 정책 목표 및 수단들로 인과관계 체계로 구조화한다. 둘째, 목표를 달성하기 위한 사업 대안들이 초래할 결과들을 체계적으로 평가하여 최적의 대안을 선정한다. 셋째, 단년도가 아니라 장기적 시계를 통해 예산 과정에 필요한 다양한 정보를 창출하며 이를 활용해 나간다는 것이다. 이 세 가지 작업은 각각 PPBS의 사업 구조(구조적 측면), PPBS의 사업 분석(분석적 측면), PPBS의 정보체계(정보적 측면)으로 나누어 설명할 수 있다.

1 PPBS의 사업 구조

사업을 구조화하기 위해서는 달성하고자 하는 목표가 먼저 결정되어야 한다. 이 장기적 목표는 "계획"으로 표현되기 때문에 PPBS는 계획지향적인 예산 제도인 셈이다. 전통적인 예산 제도 하에서는 예산이 먼저 정해지고 이 범주 내에서 사업이 결정되는 제도였다. 그 경우 기획부처의 역할이 자금관리 부처에 종속된 셈이다. 그러나 PPBS에서는 오히려 사업이 먼저 정해지고 이를 달성하기 위해 예산(자금)이 배정되는 방식이므로 예산보다는 사업이 더 중시되며 기획 부처의 역할이 자금관리 부처에 우선하는 것이다. 목표가 달성되고 나면 이를 달성하기 위한 수단이 되는 사업 대안들을 체계적으로 연결한다. 이렇게 정부 사업들을 정책 목표-수단의 인과관계로 엮어 놓은 것을 PPBS의 사업 구조(program structure)라고 한다. 첫째, 정부사업을 체계적으로 계층화하는 것이 중요하며(사업 구조의 계층화), 둘째, 나아가 이 사업 구조들이 수반할 산출, 비용, 재원을 장기에 걸쳐 계획하는 것이 필요하다(사업 및 재정 계획의 작성).

(1) 사업 구조의 계층화

사업 구조를 구성할 때에는 정부기관의 사업들을 목표-수단의 계층제(means-ends hierarchy)로 연결한다. 조직의 사업들을 종합한 후 이들을 대분류-중분류-소분류 식으로 계층화하여 결국 나무(tree) 모양의 사업 체계를 형성한다. ① 대분류 과목인 '사업 범주'(program category)는 조직체의 최상급 단계에서 결정하는 사업들이며 보통 한 부처에 5~10개 정도이다. ② 중분류 과목인 '하위 사업'(program sub-category)은 사업 범주를 더 세분한 사업군이다. ③ 소분류 과목인 '사업 요소'(program element)는 사업 구조 체계의 기본 단위이며, 최종 산물의 산출 활동들이다. 그러므로 이 사업 요소는 상호간에 명확한 경계를 가져서 잘 정의되어야 하며, 계량화될 수 있으며, 최종적 수준의 활동이어야 하며, 이 사업 요소의 투입이 곧 산출과 연계될 수 있어야 한다. 이렇게 계층적으로 구조화한 사업 구조가 바로 '예산 과목' 구조와 꼭 일치하는 것은 아니며 따라서 이것을 실제의 예산 과목과 구조와 연계하려면 별도의 환산 작업이 필요하다.

(2) 사업·재정계획 작성

사업·재정계획(program and financial plan)은 장기적 시계(5~7년)를 전제로, 사업 구조들에 관한 예상되는 산출, 비용, 재원을 표시한다. 여기에는 사업 구조를 부처의 예산 과목 구조로 환산한 재정요구서도 포함된다.

이것은 매년 수정해 나가는 연동계획(rolling plan)이다. PPBS에서 예산이 발전계획의 기능을 가진다는 국면은 이 사업 및 재정계획의 특성 속에 잘 드러난다.

2 PPBS의 사업 분석

PPBS는 사업 목표의 달성 수단이 되는 사업 대안들 중 최적의 대안을 선택한다. 이 때 여러 대안들을 체계적으로 비교 평가함에 있어서 체제분석(system analysis)을 많이 사용한다. 체제분석은 가능한 사업 대안 중에서 최적의 사업을 선택하는 메커니즘인데 이것은 단순한 비용편익 분석에 더하여 체제(system)에 관한 지식까지 필요하다. 그러나 그 핵심은 역시 비용편익분석(cost benefit analysis)이다. PPBS의 또 다른 의미는 이미 민간 기업들에게 활용되어 오던 비용편익분석을 정부 부문에 공식적으로 적용했다는 점이다.

PPBS가 자원 배분에 의사결정을 합리적으로 수행한다는 국면은 체제분석과 같은 최적 대안 선택의 논리로 사업 대안을 선정한다는 특성 속에 잘 드러난다.

3 PPBS의 정보 체제

PPBS는 단년도가 아니라 장기적 시계를 통해 예산 과정에 필요한 다양한 정보를 창출하며 이를 활용해 나간다. 이것은 PPBS의 사업 구조 형성 및 사업 분석을 뒷받침하는 정보시스템을 확립하는 것이다.

미국의 경우 이러한 정보들은 사업요강, 사업재정계획, 특수분석연구 속에 잘 집중되어 있다. 사업요강(program memoranda)은 부처의 목표 및 그 목표 달성을 위한 수단들을 제시하고 그 분석 결과에 관한 정보를 담고 있다. 사업·재정계획(program and financial plan)은 장기적 시계 하의 사업 구조들에 관련된 산출, 비용, 재원을 추계한 정보이다. 특수분석연구(special analytic studies)는 특정한 주요 사업(major program issues)들에 대해 기관장 및 예산기관에게 대안 선정의 정보를 제공하는 것이다.

이러한 정보체계는 필연적으로 고도의 통계학적 지식, 미시경제학의 한계분석이론, 거시경제학의 케인즈 이론 등을 요구하는데 이러한 여건을 구비한 중앙예산기관이 결국 정보를 독점하게 되고 국회 및 부처, 하위 예산기관은 소외된다.

Ⅲ. 평 가

1 장점

1) 자원 배분의 합리화

PPBS는 총체주의적 예산 결정 이론에 토대하고 있다. PPBS는 이미 민간 부분에서는 보편화되어 온 합리적 선택의 비용편익 분석의 논리를 정부 사업의 선택에 적용하여 최적 대안을 선정하며 이를 토대로 예산을 배분한다. 따라서 예산 배분에 관한 의사결정이 합리적으로 이루어진다.

2) 발전 계획에 부합

PPBS는 장기적 시계를 가지고 있으며 국가가 5개년 계획과 같은 장기 발전 목표를 수립한 후 이에 우선순위를 두고 한정된 자원을 전략적으로 투입하고자 할 때에 효과적인 예산 제도가 된다.

3) 정치적 영향의 배제

PPBS는 총체주의적 예산 결정 이론에 가장 충실한 예산 제도이다. 합리적 의사결정을 전제로 예산을 배분하므로 이익집단의 영향이나 점증주의 등과 같은 정치적 요인에 구속되지 않고 예산을 결정할 수 있다. 또 이 과정에서 중앙예산기구는 개별 부처의 좁은 이해들로부터도 초월하여 합리적 결정을 견지할 수 있다.

4) 의사결정의 일원화

PPBS 하에서는 부처의 모든 사업들은 사업 범주-하위 사업-사업 요소로 체계적으로 계층화된다. 따라서 모든 사업들이 유기적으로 연계된다. 사업과 예산이 통합되므로 결국 사업 분석과 예산 편성을 단일의 의사결정으로 통합할 수 있다. 그러므로 최고결정자는 조직의 사업과 예산의 선택에 대해 체계적인 의사결정을 할 수 있다.

2 단점

1) 사업 구조 작성의 어려움

사업 구조는 사업 범주-하위 사업-사업 요소 순으로 정해야 하는데 부처의 사업들을 이렇게 정연하게 구조화하기 어렵다. 또 사업 범주 단계의 사업 및 목표의 정의는 본질적으로 정치적 성격을 갖는 가치판단적인 성격을 띠므로 그만큼 어렵다.

2) 계량화 및 환산 작업 문제

사업 요소는 계량화할 수 있는 최종 산출물로서 선정되는데, 계량화가 어려운 부처의 산출물이 많다. 사업의 비용 산정 시 여러 사업에 공통적으로 적용되는 간접비의 분해도 어렵다. 또 사업 구조가 예산 과목 구조와 불일치하여 환산 작업이 필요한데 양 부문의 상이한 구조 차이로 인해 그 환산이 매우 어렵다.

3) 과다한 정보의 요구

PPBS는 여러 사업 구조의 편성, 대안의 비교 평가 등에 대한 많은 정보와 문서가 필요하다. 이 정보를 생산하고 관리하기 위해서는 많은 인원, 전문성, 시간 및 비용이 필요하다. 따라서 PPBS는 자원 배분을 합리적으로 결정하지만 그 결정을 위해 요구되는 과다한 정보와 문서는 PPBS 운영에 따른 일종의 '의사결정 비용'이 된다.

4) 의사결정의 집권화

PPBS는 정보 및 의사결정 권한이 중앙예산기구에 과도하게 집중된다. 윌다브스키에 의하면 PPBS가 경제적 합리성(economic rationality)에만 치중하여 부처 및 하위 계층의 참여 및 분권과 같은 가치를 간과함은 곧 정치적 합리성(political rationality)이란 국면을 희생하는 것이라고 비판한다.

5) 관료 및 의회의 이해 부족

대다수의 일반 공무원들은 PPBS의 복잡한 분석 기법과 편성 방법을 제대로 이해하지 못하는 경우가 많으며, 의회는 더욱 그러하다. 일반 공무원들은 예산 과정에서 소외되고 전문적인 예산 분석가만이 중시되기 때문에 공무원들은 PPBS에 대하여 소극적이다.

Ⅳ. 한국에서의 계획예산 제도의 전망

PPBS는 한국에 전면적으로 도입되지는 않았다. 그러나 1979년 이래로 이 정신을 본 뜬 PPBEES (planning, programming, budgeting, execution, evaluation) 제도는 국방예산에서 활용되었다. PPBS가 공공 부문의 자원 배분 결정에 경제적 합리성을 제고할 수 있다는 장점을 활용할 필요가 있을 것이다.

최근의 예산 관련 정부혁신의 초점이 성과중심적 예산 제도를 지향하기 때문에 PPBS 제도는 상대적으로 불필요하다고 여길지도 모른다. 그러나 우리나라에서 최근 1990년대 말부터 강조되고 있는 성과주의 예산은 굳이 좁은 의미의 과거의 성과주의가 아니며 MBO, ZBB 및 PPBS적 요소까지 일부 포함하고 있는 광의의 개념이다. 그 일환으로 현재 실시 중인 '프로그램 예산'은 실국별 정책 사업(program) 위주로 부처의 사업체계를 재편하고 정책·예산·성과관리를 연계하는 예산체제이다. 여기에서 사업과 예산을 연계한다는 점은 PPBS적 예산의 핵심적 요소이다. 더욱이 '국가재정운용계획'을 연동 계획으로 운용하면서 장기 계획의 시계 속에서 연간 예산을 조절하는 국면 역시 PPBS적 요소이다. 그런 면에서 보면 PPBS 예산의 정신은 현행 예산 제도 개혁에도 여전히 한 지침이 될 수 있다.

일단 성과주의적 예산 제도를 전면적으로 정착해 가는 마당에 모든 부처 예산에 PPBS를 전면 적용하기는 어렵다. 그러나 적어도 이미 PPBS의 경험을 학습해 온 국방 예산 부문은 이를 유지하면서 계속 발전시켜 나감이 바람직하다.

| 새 테마 행정학 |

20. 영기준 예산 제도(ZBB)

Ⅰ. 의 의

1 개념

영기준 예산(ZBB: Zero Base Budgeting)은 새로이 예산을 편성할 때에, 기존 사업이든 신규 사업이든 모든 정부 사업은 매번 그 타당성을 새롭게 검증받게 하는 제도이다. 영기준 예산이 지향하는 것은 행정기관이 과거에 타당성을 인정받은 사업이라도 현재에도 타당하다고 볼지는 미지수라는 것이다.

품목별 예산(LIBS)이 통제(control)의 기능을, 성과주의 예산(PBS)이 관리(management)의 기능을, 또 계획예산(PPBS)이 기획(planning) 기능을 수행함에 비하여 이 영기준 예산(ZBB)은 관리와 기획의 두 가지 기능을 다 담고 있다. 따라서 ZBB는 계획예산 제도(PPBS)와 목표관리(MBO)의 혼혈아로서의 성격을 갖는다. PPBS처럼 기획과 분석을 강조하면서도 그러한 임무가 조직의 중앙예산기구가 아니라 중간관리층에게 주어지며, 그 결과 장기계획과 목표달성을 경시한다. 그러면서도 조직의 모든 관리자가 예산 편성에 참여할 수 있는 제도이다(신무섭, 2009). 그리고 PPBS가 '사업'에 초점을 두는 예산 제도임에 비해서 ZBB는 '사업'과 더불어 '금액'까지도 초점을 둔다.

2 기원

영기준 예산은 피어(Peter A. Pyhrr)에 의해 1969년 미국의 민간 기업인 텍사스 인스트루먼츠(Texas Instruments)에서 처음 도입되었다. 그 성과를 하버드 비즈니스 리뷰(Harvard Business Review)에 발표하면서 이 제도는 많은 관심을 받고 확산되었다. 이를 읽은 조지아 주의 카터(Jimmy Carter) 당시 주지사가 1973년부터 ZBB를 조지아 주에 도입했으며, 그 후 카터가 대통령이 된 후 1977년부터 연방 정부에 도입되었다. 그러나 레이건 행정부가 들어서면서 ZBB는 1981년 공식적으로 폐기되었다. 우리나라는 1981년 '예산개혁추진위원회'를 구성하여 1982년부터 ZBB 도입을 부분적으로 시도하였고, 1983년도 예산 편성부터는 부분적으로 공식적인 도입을 하였다(윤영진, 2014).

Ⅱ. 내 용

1 특징

1) 평가 지향적

ZBB는 과거의 관행을 고려하지 않으며 모든 사업들을 매년 근본적으로 재평가한다. 미국의 관리예산처도 이 제도를 사업의 기획 및 예산요구액의 편성과 관련하여 모든 사업 및 활동을 체계적으로 검토하는 관리과정으로 본다. 따라서 ZBB는 사업 평가 기능을 강조한 제도이다.

2) 사업 · 금액 대안에 대한 결정

PPBS 사업에 대한 결정에 초점을 맞춘 제도이다. 반면 ZBB는 사업뿐 아니라 금액에 대한 결정에도 초점을 맞추고 있으며 이것은 증액대안의 고려에서 뚜렷하다.

3) 경제적 합리성

ZBB에서는 목표를 달성하기 위한 대안의 선정에 있어서 비용 편익 분석 등의 논리를 통해 최적의 수단을 선정한다. 이 점에서 영기준 예산은 점증주의를 극복하기 위하여 경제적 합리성을 제도화한 것이라고 볼 수 있다.

2 ZBB에서의 예산 편성

1) 의사결정 단위의 확인

의사결정 단위가 조직의 어느 계층을 중심으로 결정되어야 하는가는 ① 업무의 규모, ② 사업 대안, ③ 중요한 결정이 행해지는 조직계층, ④ 시간적 제약을 고려해서 결정하며, 의사결정 단위의 수는 최대한 자율적으로 결정하되 의사결정 책임자가 우선순위를 정할 수 있는 범위라야 한다.

ZBB 예산 편성의 기본 단위는 의사결정 단위(decision unit)이며, 의사결정 단위란 예산의 운영이 이루어지는 사업 단위 또는 조직 단위를 지칭한다. PPBS에서는 오직 '사업' 만이 단위가 된다. 그러나 ZBB에서는 '사업'뿐 아니라 '조직'도 단위가 되기 때문에 PPBS보다 더 융통성이 있다. 현행 예산 분류 체계(소관-장-관-항-세항-세세항-목-절)에서 의사결정 단위는 세부 단위 사업들과 유사한 수준인데 대개 '세세항'에 해당되는 사업들이다. 이것들은 앞으로 정착될 프로그램 예산 제도의 분류체계에 따르면 '단위 사업'에 해당될 것이다.

2) 의사결정 패키지의 작성

의사결정 단위가 확인되면 이제 이 결정단위에 대한 의사결정 패키지(decision package)를 작성한다. 의사결정 패키지란 의사결정 단위의 목표를 달성하기 위한 사업 대안 및 각 사업 대안의 증액대안들을 평가해 놓은 표이다. 따라서 의사결정 패키지에는 ①사업 대안 패키지와 ②증액대안 패키지들이 작성된다.

(1) 사업 대안 패키지

사업 대안 패키지는 의사결정 단위의 목표를 달성하기 위한 사업수단(대안)들의 묶음이다. 이를 통해 '어떤 대안을 선택할 것인가?'를 결정한다. 선택 과정에는 비용편익 분석 등의 합리적 분석 기법을 사용하여, 차상급 기관이 단독 혹은 하급 기관과 협의하여 결정한다.

(2) 증액대안 패키지

증액대안 패키지는 선정된 사업 대안의 예산 투입의 수준별 대안('증액대안 패키지')들의 묶음이다. 사업 대안이 선정되면 그 사업 대안에 대해 예산 투입액 증액의 한계효과를 검토한다. 즉, 앞에서 선정된 대안에 대해 '어느 정도로' 예산을 투입할 것인가?'를 결정한다. 최저 수준에서부터 출발하여 예산 투입액을 추가한 2-5개 정도의 투입 수준을 검토하는데, 증액대안은 최저-현행-증액의 3개 수준일 경우가 많다. 그리고 증액대안에 대한 예산 금액은 최저수준과의 '차액'(한계적 증분)으로 표시된다.

① 최저 수준(minimum level)은 현행 수준보다 낮은 수준으로서 사업 또는 활동이 축소된 노력 수준을 반영한 것이다. 최저 수준은 사업 자체가 의미가 있는 최소한의 수준이며, 이는 각 관리자가 자신의 활동을 고려하여 결정해야 한다. ② 현행 수준(current level)은 최저 수준

에 한두 가지의 점증적 수준이 허용된 경우이다. ③ 증액 수준(incremental level)은 현행 수준을 초과하는 한 가지 이상의 점증 수준이 채택된 경우이며, 자금과 성과가 증가된 수준이다.

3) 우선순위의 결정

우선순위의 결정은 상급자가 단독으로 혹은 하급자와 협의하여 결정한다. 여기서 말하는 우선순위란 점증적 증액대안들 간의 서열을 정하는 것이며 사업 대안들 간의 서열이 아니다. 우선순위와 예산총액이 정해지면 증액 대안들이 우선순위가 높은 증액대안부터 차례로 채택된다.

4) 실행예산의 편성

각 사업의 증액대안의 우선순위와 가용 예산규모가 정해지면 이를 토대로 실행예산을 편성하며, 이는 채택된 각 사업의 증액대안에 의거해 각 사업의 수준 및 규모가 결정된다는 것이다.

ZBB 예산 편성 예를 보자. 미래창조과학부 산하 조직에서 의사결정 단위가 되는 단위 사업이 '액티브-X의 개선'이라고 하고 이를 달성하기 위한 사업 대안이 3개(가-나-다)라고 하자. 각 대안에 대해 A(최저)-B(현상유지)-C(증액)의 세 가지 수준의 증액수준이 존재한다고 하자.

그 결과 증액 대안은 총 9개이며(가-A, 가-B, 가-C, 나-A, 나-B, 나-C, 다-A, 다-B, 다-C) 그것이 다음 도표에 나열되어 있다. 또 이들 증액 대안에 소요되는 예산액도 표시되어 있는데 그것은 의사결정 패키지 특성상 각 예산액은 최저수준과의 '차액'(한계적 증분)으로 표시되어 있다. 또 이들 증액대안들에 대한 우선순위는 상급기관(국장 회의)에서 결정되었는데 그것은 두 번째 열에 명기되어 있다.

의사결정 패키지	우선순위	예산증분 (억원)	채택여부	예산총액 (억원)
가-A	2	30	채택	30
가-B	6	10	-	
가-C	8	15	-	
나-A	1	10	채택	15
나-B	5	5	채택	
나-C	9	8	-	
다-A	3	20	채택	25
다-B	4	5	채택	
다-C	7	3	-	

우선순위에 따라 나-A, 가-A, 다-A, 다-B, 나-B, 가-B, 다-C .....의 순서로 증액대안이 채택될 것이다. 이때 이 경우 가용 예산 총액이 70억이라면 나-A, 가-A, 다-A, 다-B, 나-B 만이 채택되

고 총예산액은 70억원이 될 것이다. 그 결과 '가'대안은 최저 수준만이 채택되고, '나' 대안은 현행 수준을, '다'대안 역시 현행 수준까지 사업이 유지될 것이다.

Ⅲ. 평 가

1 장점

1) 점증주의의 극복

ZBB는 모든 기존 사업에 대해 근본적인 재평가를 함으로써, 합리적이고 효율적인 재원배분을 이룰 수 있다. ZBB에서는 기존에 집행된 사업이라도 다음 해의 예산 심사에서 채택되지 않으면 그 사업은 중단된다. 따라서 점증주의로 인한 예산 누증을 막을 수 있다.

2) 예산운영의 신축성

ZBB는 PPBS에 비하여 전문적 지식 및 분석능력에 대한 요구가 낮다. 왜냐하면 기본 사업단위들을 집행하는 현장의 관료들에 의해 의사결정 패키지가 작성되기 때문이다. 또 의사결정 단위가 조직 단위 뿐 아니라 사업 단위로 할 수 있기 때문에 행정부서의 특성에 따라 신축적으로 운영할 수 있다.

3) 조직구성원의 참여

PPBS 예산의 의사결정권이 상부·중앙예산기구에 집중된 PPBS에 비하면 상대적으로 분권적이다. 영기준 예산은 의사결정 패키지의 작성과 우선순위 결정과정에 구성원의 참여가 이루어진다.

2 단점

1) 우선순위 결정의 어려움

방대한 증액대안들 중의 우선순위를 결정하는 것은 매우 어렵다. 의사결정 패키지가 아무리 합리적으로 작성되더라도 증액대안의 우선순위 설정이 자의적이라면 합리적 예산 결정을 보증하기 어렵다. 또 대개 증액대안 중 최저수준(minimum level)에 우선순위가 높게 주어지는 경향이 있기 때문에 운영자들이 이 수준에 치중하여 대안을 작성하는 경향이 나타날 수 있다.

2) 점증적 예산의 존속

ZBB 도입의 가장 큰 목적이 점증주의의 극복이었지만 기대와는 달리 실제로 이 제도 도입

이후에도 예산의 점증주의적 행태는 여전히 강력하였다. 그리고 실제로 ZBB는 증액대안 고려에서 '원점'에서 예산을 검토하는 것이 아니라 '최저' 수준에서 출발하는데 이 최저 수준이란 것도 전년도 예산을 암묵적으로 기준으로 하고 있다.

3) 과다한 노력과 시간 소요

계획예산 제도와 마찬가지로 영기준 예산도 과다한 노력과 시간, 문서가 요구된다. 의사결정 패키지 수가 많아지면 고려할 것들도 많아지고, 또한 기존 사업에 대해 매년 재검토를 하므로 결국 ZBB는 과다한 노력 · 시간 · 정보가 필요하다.

4) 장기적 · 거시적 시각의 결여

ZBB는 매년 예산을 재검토하므로 예산 편성이 당해 연도에 채택되는가의 여부에만 주어지기 마련이고, 설사 장기적 성격의 사업 대안들이 어느 해의 예산으로 채택되더라도 다음 연도에도 그것이 채택된다는 예측이 어렵다. 이 경우 관료들은 장기적 사업 대안을 기피하게 되고 단기적 대안에만 관심을 집중한다. 또 의사결정 단위의 단위 사업에 대해 이러한 우선순위 결정권자는 국장·과장 수준에 해당된다. 이들의 예산 시각이 국·부처를 초월하여 전체적 합리성을 추구하기는 어렵다.

Ⅳ. 한국에서의 영기준 예산 제도의 전망

1983년부터 전두환 정부 때에 ZBB를 도입하였다. 그러나 준비 부족으로 정착되지 못하였으며 형식화되었고 실질적으로는 여전히 전년도 답습주의가 지배적이었다. 우리나라의 예산구조에서 경직적 경비가 너무 많은 비중을 차지하고 있어 ZBB 도입의 여지는 상대적으로 적다. 또 예산의 성과관리제 하에서는 어떤 사업이 전년도에 채택되었다는 이유만으로 다음 해에 그 사업이 채택되기는 어렵게 된다. 따라서 ZBB가 폐기된 현재에는 현행 성과관리제가 점증주의의 부분적인 처방이 되고 있는 셈이다. 결국 점증주의를 극복하기 위한 처방으로서 ZBB를 도입하는 의미는 적다.

그러나 예산이 일단 시작된 후에는 불합리하게 누증되어 가는 폐습을 극복해야 한다는 ZBB의 사고는 정부혁신에 큰 영향을 주고 있다. 우선 ZBB의 사고는 정부기구에 대한 감축관리(cutback management)를 촉진하였다. 또 일몰법(sunset law)은 이러한 정신이 법 정책에 반영된 것이며 최근의 정부 규제에는 일몰법이 많이 적용되고 있다. 따라서 당장 ZBB가 전면적으로 도입될 가능성은 낮지만 예산의 감축관리 및 일몰법의 논리적 토대로 남아 계속 정부의 효율적 예산 배분을 자극할 것이다. 그런 점에서 ZBB는 한국의 예산 제도에 대해 여전히 유효한 개혁 방향이 되고 있다.

|새 테마 행정학|

21. 자본예산 제도(Capital Budget)

Ⅰ. 의 의

1 개념

정부 지출은 반복적이고 소비적 성격을 강하게 띠는 경상적 지출과, 비반복적이고 투자적 성격을 강하게 띠는 자본적 지출로 구성된다. 자본예산(capital budget) 제도는 경상적 지출(current outlays)과 자본적 지출(capital outlays)의 구분을 전제로 한다. 경상적 지출은 경상적 수입에 의하여 충당하므로 전통적인 수지균형 원칙이 적용되어야 하나, 자본적 지출은 대부분을 공채 발행 수입에 의하여 충당하므로 굳이 매년 수지균형을 이루지 않아도 된다는 논리에 따라 수입과 지출 구조를 양분하여 편성하는 일종의 복식 예산(double budget)이다.

자본예산은 각급 정부의 자본적 지출(투자)을 체계적으로 수립하고 집행하기 위한 목적으로 발달한 것이지만, 또 한편으로는 정부의 공채 발행으로 나타나는 재정 적자 현상을 정당화시키려는 데에 그 기원을 두고 있다. 결국 자본예산은 정부 지출 구조의 양분화와 자본적 지출의 재원을 마련하기 위한 공채의 발행을 합리화하기 위하여 사용하는 것이라 할 수 있다.

2 필요성

자본적 지출은 대규모 금액인 경우가 많고, 장기 계획을 필요로 하고, 지출의 외부효과가 크며, 지출 초기에는 지출의 수입이나 혜택을 당장 얻기 어려우며, 대개 회계 연도를 초월하여 장기간 집행하는 경우가 많고, 그 운영을 위한 부수적 지출을 수반하는 경우가 많다는 특성이 있다.

따라서 당장에는 국민에게 효과성도 인식되기 어려운 자본적 지출을 조세 부담을 늘려서 충당하는 것은 국민의 반대에 당면하기 쉽다. 따라서 집권자로서는 국민에게 추가부담으로 인해 예상되는 저항을 회피하면서 그 사업을 실시하기 위해서는 일단 채무로 재원을 마련하여 시작하고 그 상환은 미래로 넘기는 것이 당장은 편리하다. 이 때문에 자본예산이 활용된다.

Ⅱ. 역사적 발전

1 스웨덴의 자본예산

스웨덴은 1937년 예산 제도 개혁에 의하여 자본예산을 채택하였다. 스웨덴이 현대적인 예산정책 기술을 발전시키게 된 것은 국민의 경제적 복지에 대하여 정부가 큰 관심과 책임을 느끼게 된 데에서 비롯하고 있다.

스웨덴의 자본예산은 경제 발전에 초점을 두고 있으며 감가상각 계정을 마련해 둔 특성이 있다. 스웨덴이 채택한 자본예산 제도는 순환적 균형예산(cyclically balanced budget)에 입각하여 건전 재정의 테두리 안에서 예산에 의하여 높은 수준의 고용·생산·구매력을 유지하려고 노력하는 것이다. 스웨덴의 자본예산은 자본 투자 사업의 원활한 수행보다는 경기변동에 대응하는 재정정책 수행에 역점을 둔 것이다. 불경기가 심화되면, 경기대책으로서 자본적 지출에 역점을 두는 자본예산이 경제안정 효과에 있어서 경상적 지출의 증대나 세율 인하에 뒤진다는 문제가 있으며, 경상비 적자의 은폐 수단으로 사용된다는 문제가 있다.

2 미국의 자본예산

미국의 자본예산은 경기변동의 대응 수단으로서의 의미보다는 자본 투자 사업의 효율화에 초점을 둔 것이다. 경제 대공황을 계기로 하여 미국의 지방 정부들이 재정 파탄의 상황에 이르렀다. 그 후 연방 정부의 보조금에 자극을 받아 지방자치단체는 도시계획 및 공공 시설 확충에 큰 관심을 기울이게 되었다. 제 2차 세계 대전 중에는 이러한 지출이 제약을 받을 수밖에 없었으나 전쟁 후에 공공사업비의 수요가 크게 증가하였다. 이러한 환경 속에서 자본예산이 대두하게 된 것이다.

미국의 지방 정부(주정부, 시정부)의 자본예산은 사기업 분야의 자본예산의 영향을 받아 발달한 것이며, 지방자치단체나 주정부가 자본투자 및 공공설비를 선정한 후, 그에 대한 재원을 마련하기 위해 나타난 것이다.

Ⅲ. 평 가

1 장점

1) 재정 지출의 지지 획득

대규모 자본 지출을 경상 지출과 구분함으로써 전통적으로 균형 예산을 바람직하다고 생각해 온 국민·정치인에게 재정 기본구조의 차이를 설득하고 그들의 지지를 얻기에 유리하다. 이것은 미국식 자본예산 제도에서 나타나는 현저한 장점이다.

2) 경기 회복에 도움

자본예산 제도를 활용하여 불경기 때에 적자예산을 편성하면 유효수요가 증대하여 고용 확대 및 소득 증대를 초래한다. 경기회복의 수단으로서의 의의는 스웨덴식 자본예산 제도에서의 현저한 장점이다.

3) 자본적 지출의 특성 활용

자본적 지출의 특성을 유익하게 활용할 수 있다. 자본적 지출을 경상적 지출과 구분함으로써 자본적 지출에 대해 더 엄격한 심사 분석을 할 수 있다. 또 자본적 지출은 지출이 있고 난 후에는 스스로 수입을 발생(self-liquidating)하는 경우가 많은데 이 때문에 자본투자가 이루어질 수 있다.

4) 수익자부담 원칙에 부합

공채를 통해 조성된 공공 시설의 혜택은 미래 세대에도 이어진다. 그러므로 그 시설의 미래의 수혜자들에게 그 비용을 분담하게 하는 것은 수익자 부담의 원칙에 부합된다.

5) 국가의 순자산(net asset) 파악 용이

국민 및 정치인들이 복식부기로 편성된 국가의 순자산 상태를 쉽게 이해할 수 있다.

2 단점

1) 적자 재정의 은폐

자본예산은 경상계정의 적자를 은폐하기 위한 수단으로 사용될 우려가 높다. 경상적 지출과 자본적 지출의 구분이란 자의적이며 자본적 지출이라고 제시된 것이 실제로는 미래에 파급 효과를 창출하기 어려운 일회성 지출에 불과한 경우도 많다.

2) 인플레이션 조장

자본예산은 인플레이션의 유발 요인이 된다. 일단 공공 시설 확립을 위한 자본적 지출은 공채로 충당해도 좋다는 인식이 확립되면 자본예산이 남용될 것이다. 그 경우 단년도 예산 편성에 치중하는 예산운영자 및 부처 관료들로서는 이것이 수년 후 인플레이션을 야기하는 것에 관심이 적다.

3) 민간자본에 대한 제약

정부가 공채를 발행하여 민간으로부터 흡수한 자금은 본래 민간 부문의 투자재원으로 투입될 수 있었던 재원이다. 따라서 이 자금을 정부 부문으로 흡수하면 그만큼 민간의 투자액은 위축된다(구축효과, crowding-out effect). 정부 부문의 비효율성을 감안하면 정부로 투입된 이 재원이 민간 부문에서보다 더 좋은 투자 성과를 초래한다는 보장이 없다.

4) 경제적 효과의 불확실

자본예산 제도 하에서는 불경기가 내습하면 자본적 지출을 늘린다. 그러나 경기회복 대책으로서는 오히려 경상적 지출을 늘리고 세율을 인하하는 것이 더 큰 효과를 볼 수도 있다. 이 경우 자본예산 제도의 운용은 경기 대응 효과가 불확실하다.

Ⅳ. 한국에서의 자본예산 제도의 전망

우리나라는 자본예산을 하나의 전체적인 제도로 도입한 것이 아니지만 정부회계를 자본계정과 경상 계정을 구분하여 다룸으로써 자본예산 요소를 일부 적용하고 있다. 대규모 간접자본 등의 투자재원의 확보나 IMF 외환위기로 인한 국공채 발행의 증대 등을 감안하면 자본계정과 경상계정을 구분하는 의미는 더 높아지고 있다.

현재 재정 수지의 내용을 보면 경상지출 부문에서는 흑자가 나고 있고, 반면에 자본지출 부문에서는 적자가 나고 있다. 경상지출 부문의 흑자는 자본지출 부문의 적자를 보전하고도 남기 때문에 전체적으로는 흑자가 나고 있다. 따라서 자본예산이 국가의 적자 재정을 은폐한다는 점은 우리의 경우 타당하지 않다.

재정적 기반이 취약한 지방자치단체는 스웨덴식의 경기변동의 대응책보다는 대규모 공공시설의 확보라는 미국식 자본예산의 제도가 필요할 것이며, 이에 비하여 중앙 정부는 두 가지 취지를 다 살려 자본예산 제도의 장점을 적절히 활용할 수 있을 것이다.

ㅣ새 테마 행정학ㅣ

22. 복식부기와 발생주의 회계 제도

Ⅰ. 의의

정부회계 제도의 유형은 기장 방식에 따라 ①단식 부기와 복식부기로 구분할 수 있고, ② 거래의 인식 기준에 따라 현금주의와 발생주의로 구분할 수 있다.

단식 부기(single-entry book-keeping)는 거래에서 하나의 항목의 수입이나 지출의 변동만을 기재하는 기록 방식이다. 통상적인 가계부가 이에 해당된다. 복식부기(double-entry book-keeping)는 거래의 이중성을 전제로 하여, 자산 · 부채 · 자본의 변동을 차변(Dr)과 대변(Cr)의 두 군데에 다 기록하는 방식이다. 복식부기는 ①'대차평균의 원리'에 따라 양자의 금액은 반드시 일치하게 되어 있기 때문에 회계의 정확성을 스스로 확인하는 기능이 있으며, ②재정의 종합적 상태에 관한 정보를 즉시 제공할 수 있으며, ③정부의 자산, 부채의 관리가 명확해 진다는 장점이 있다.

현금주의(cash basis)는 거래의 인식 시점을 현금을 수령하거나 지급한 시점만으로 파악하는 방식이다. 발생주의(accrual basis)는 현금의 수령 및 지불과 상관없이 거래가 발생한 시점을 기준으로 하는 방식이다.

단식부기 · 복식부기와 현금주의 · 발생주의의 조합에 따라 정부회계 제도는 다음과 같은 4가지 유형으로 나타날 수 있다(윤영진, 2014).

	현금주의	발생주의
단식부기	A	B
복식부기	C	D

단식부기에 토대하여 현금주의로 계리하는 A형은 통상적인 정부의 일반회계나 가계부에서 채택하던 유형이다. 한편 단식부기에 토대하여 발생주의에 토대하는 단식부기 제도인 B는 실제로 운용될 수 없다. 현금주의에 토대한 복식부기 제도인 C형은 현실적으로 존재할 수 있다(ex: 금융기관 재무제표의 일부). 복식부기에 토대하여 발생주의로 계리하는 D형은 가장 발전된 회계 제도이다(기금의 계리 방식, 기업특별회계 등). 따라서 현행 발생주의 회계의 도입은 반드시 복식부기 제도를 전제해야 한다. 현재 우리나라의 일반회계는 단식부기·현금주의 원리가, 그리고 기업특별회계, 기금 등에 복식부기·발생주의 회계 제도가 적용되고 있을 뿐이다. 정부 회계 제도의 효율성을 확대하기 위해서 단식부기에서 복식부기로, 또 현금주의에서 발생주의로 나아가고 있다. 우리나라도 이러한 방향의 개혁을 염두에 두고 있다.

Ⅱ. 복식부기 · 발생주의 제도의 기대효과

1 행정부에 주는 효과

1) 국가자산 및 부채의 효율적 관리

국가의 모든 가용 자산과 부채를 통일된 기준으로 계리함으로써 자산과 부채의 상태를 정확히 파악하고 이를 효율적으로 관리할 수 있다. 예컨대, 그동안 내부적으로만 관리되던 특수자산(공공용자산, 국방자산, 유산자산)들도 국가의 자산으로 계상된다. 또 건설 중인 자산도 국가자산으로 인식하여 국유재산 등록 이전부터 관리하고 투자금액 등 향후 동일한 사업의 검토 시 유용한 자료로서 활용한다. 금융리스자산은 리스 계약 시 자산으로 인식하여 국가자산과 동일한 방법으로 관리한다(ex: 전산장비, 사무용품 및 기계 설비 등). 이로 인해 국가자산 및 부채를 객관적인 기준으로 실질가치를 평가하여 재정운용에 활용할 수 있다. 정부회계 관련법이 복식부기 · 발생주의로 변경됨으로써 다음과 같은 변화가 예상된다.

	과거 방식의 문제점	새 방식의 기대 효과
거래의 기록 방식	* 단식부기 - 수입과 지출 사실만 기록(금전출납부식) - 산출정보가 부정확 · 누락 - 오류 확인 능력 없음	* 복식부기 - 자산,부채,자본의 변동 기록 - 산출정보의 신뢰성 · 다양성이 제고 - 오류 확인 능력 있음
거래의 인식 시점	* 현금주의 - 현금입출시점에 기록 - 단순예산회계처리라 편리하지만 자산 · 부채 인식 누락 · 미흡	* 발생주의 - 거래발생시점에 기록 - 실질적 자산 · 부채 인식으로 재정 위험측정 및 재정정책수립시 유용한 정보제공
결산서 · 재정 정보	* 9종의 결산서 - 회계별 · 자산별로 구분되어 양만 많고 결산처리 복잡 · 중앙관서 책임성 미흡 · 결산서간의 연계 부재 · 재정전반에 대한 총괄적 · 체계적 정보 이해 곤란 · 내용이 단순함	* 2종류의 보고서 - 정부통합 재무보고서(재정상태보고서+재정운영보고서)와 세입세출결산보고서 · 중앙관서 책임성 제고 · 결산서간의 연계 · 재정전반에 대한 체계적 정보제공 · 내용이 어렵고 복잡함

2) 원가 계산을 통한 성과평가의 기반 구축

복식부기는 현금의 유출입이 발생하는 비용·수익은 물론, 실제 발생하였으나 현금유출이 없는 비용·수익을 포괄하여 실제로 발생한 순원가를 산출한다. 따라서 사업별 원가계산의 정확성이 제고되며, 자산 · 부채를 시행사업과 연관하여 관리할 수 있다.

사업별 원가정보는 성과평가로 이어진다. 즉 이 제도가 정착되면 중앙관서가 공공서비스의 투입 대비 효과(산출물)를 분석하여 예산을 요구한다. 최초에 과도한 예산을 요구하는 경우, 추후 사업성과 목표달성에 오히려 장애(취득자산의 감가상각을 통하여 추후에 과다한 부분만큼 해당사업의 성과평가가 낮아짐)가 될 수 있으므로 자산취득 시 과도한 예산을 요구하는 것을 막을 수 있다.

예산을 소비(consumption) 예산과 투자(investment) 예산으로 보다 명확히 구분함으로써 현행 재정구조에 대한 분석의 틀을 향상시킬 수도 있다. 발생주의의 도입으로 소비와 투자의 개념이 뚜렷이 구분됨에 따라 새로운 분석기법이 필요한데, 소비성 경비는 절감여부로서, 투자성 경비는 사업의 성과로서 구분하여 평가할 수 있다.

3) 중앙관서별 책임경영체제 구축 및 정부전체의 통합재정운용 가능

중앙관서별로 일반회계 · 특별회계 및 기금을 통합한 결산서가 작성됨에 따라 중앙관서별 책임경영체제를 구축할 수 있다. 각 중앙관서의 장은 복식부기 · 발생주의 정보를 이용하여 중앙관서 고유의 공공서비스를 정의하고 업무 목표를 설정하고, 이를 달성하기 위해 자율적으로 중앙관서별 재정운용 계획을 수립하여 운용 및 평가한다.

나아가 국가회계에 복식부기 · 발생주의 원칙을 일괄 적용함에 따라 통합된 국가의 재정상태 및 재정운용내역이 제공되고 이를 활용한 종합적인 재정운용도 가능해 진다. 자산과 부채의 차이인 순자산 정보를 활용하여 국가의 재정 상태를 종합적으로 파악할 수 있으므로 중장기 재정운용계획 수립에 용이하다. 장기적으로는 중앙관서별 및 정부 전체의 성과평가까지 가능하다.

4) 기타 다양한 분석자료 및 정보제공

재정총평(Management's Discussion & Analysis)을 통해 재정 상태, 운영성과 및 향후 재정전망 등 재정에 관련된 전반적인 이해를 높이는 정보를 제공한다. 또 주석(notes)을 통해 주요한 회계정책과 본문에 대한 상세한 정보를 제공한다.

2 국회 및 국민에 주는 효과

1) 국회에 체계적이고 다양한 정보제공

현행 정부결산서는 양만 많고 복잡하여 재정운영결과에 대한 총괄적인 이해가 어렵다. 또 세입세출결산은 예산 과목별 집행실적집계수준에 불과하여 정보의 내용이 빈약하다. 또 한 부처가 일반회계 · 특별회계 · 기금을 관리할 경우 적용되는 회계기준이 달라 기관별 통합정보를 제공하는 것이 불가능하였다. 또 기관별 책임성을 중시하는 IMF 통합재정 신기준을 적용하기 곤란하였고, 사업별 자산관리와 사업별 원가정보도 파악하기 어렵고, 현행 회계방식으로는 IMF 등이 제시하는 각종 재정 지표와 분석자료 산출이 어려워 정보이용에 한계가 있었다. 그러나 복식부기 및 발생주의 회계를 도입할 경우 국회에 체계적이고 다양한 정보가 포함된 결산서를 제공함에 따라 국회의원들의 심도 있는 결산 심사 및 예산 심의가 가능하다. 제도가 정착될 경우 장기적으로는 중앙관서별 및 정부전체에 대해서도 국회의 성과평가가 용이해 진다.

2) 국민들에게 정보제공

국민들에게도 정부의 예산 집행상태를 상세히 밝히고 정부의 정책수행과 관련한 다양한 정보를 제공함으로써 책임행정 구현에 기여할 수 있다. .

3) 국제적 비교

발생주의 방식으로 새로이 개정된 IMF의 정부재정통계(GFS)를 작성할 수 있게 됨에 따라 국제적인 비교를 통한 재정운영이 가능해진다.

Ⅲ. 한국의 복식부기 · 발생주의 회계 제도의 전망

정부 활동이 가진 기업적 측면(자산상태 및 손익상태)의 건강 상태를 파악하기 위해서도 복식부기의 도입은 필수적이었다. 우리나라 예산에서 강조되는 성과지향적 예산 제도에서도 성과 평가의 전제가 되는 원가정보는 필수적인데 이는 복식부기 · 발생주의 회계 제도가 확립될 때에 정확히 판단할 수 있다. 이 제도의 도입은 공기업(및 정부 산하기관), 정부(중앙과 지방)의 두 부문에서 시도되었다.

첫째, 과거 '정부투자기관'에는 발생주의가 적용되었고, 또 '정부산하기관'에는 현금주의 · 발생주의가 공존하였다. 그후 2007년 4월부터 실시된 '공공기관의 운영에 관한 법률'에서 공기업 · 준정부기관들이 다 발생주의 회계원칙을 따르게 하였는데 이는 매우 바람직하다.

둘째, 정부 조직에의 도입은 공기업(및 정부 산하기관)에의 도입보다 더 늦었다. 복식부기· 발생주의 회계 제도는 IMF 외환 위기 이후, 1999년부터 지방자치단체(경기도 부천시, 서울시 강남구)에 처음 도입된 후 다른 자치단체로 파급되었다. 중앙정부에서도 그 도입을 핵심적 재정개혁 과제로 보다가, "디지털예산회계시스템"(dBrain System)의 실시(2007) 및 "국가회계법"(2009년부터 시행)이라는 기반이 구축됨으로써 비로소 제도화되었다.

그러나 이 제도에 대한 몇가지 보완점이 필요하다. 첫째, 중앙정부에 이를 도입한 사례는 뉴질랜드 등을 제외하고는 보기 드물다. 따라서 현재로서는 선례가 적은 토대 위에서 진행중이다. 그러나 당초 가장 우려한 요소인 회계지식 · 기술적 구비문제는 큰 문제가 없을 것으로 보이는데 이는 회계처리 시스템에 의해 자동적 분개 업무가 대폭 처리되기 때문이다.

둘째, 이 제도가 '디지털예산회계시스템'(dBrain System)의 기반으로 제대로 역할을 하려면 다음과 같은 점이 필요하다. ①법규의 개정을 통해 복식부기 · 발생주의 계리 원칙을 명시해야 한다. ②중앙과 지방 자치단체간의 회계 과목의 연계 문제가 보완되어야 한다. ③정부회계에 있어서의 원가계산 기법, 감가상각 기법이 선행되어야 한다. ④적합한 소프트웨어의 개발 및 도입이 있어야 한다. ⑤현재 재무회계 체제 위주로 구축되고 있는 이 제도에 관리회계적 측면을 강화해야 할 것이다. 다행스럽게 이러한 점들은 2009년부터 시행된 "국가회계법"에 상당히 반영되었다.

논평

이 제도들은 정부회계에 관한 기본법인 "국가회계법이 2009년부터 시행됨으로써 법 · 제도적 기반을 이루게 되었다. 따라서 기획재정부 장관이 작성하는 국가결산보고서에는 세입세출결산 외에 재무제표, 재정상태표, 재정운영표, 순자산변동표, 성과보고서의 작성이 필수 사항이 되었음을 유의하라.

| 새 테마 행정학 |

23. 조달 행정

Ⅰ. 의 의

조달(procurement)은 정부가 그 업무 수행에 필요한 용역 및 물자를 구입하는 구매 활동이다. 본래 정부의 예산지출은 지출원인행위-지출행위 및 지급행위로 이어진다. 여기서 지출원인행위란 정부예산 지출의 사유가 되는 계약 등의 행위를 말하는 데 정부의 이러한 행위들은 주로 조달업무에서 발생한다. 조달의 주 내용은 물품·용역의 구매(purchasing)와 공사의 계약(contract)이다.

한편 조달 행정은 물자를 구입하는 방식에 따라 중앙집중형 조달과 분산형 조달로 구분할 수 있지만 대부분의 국가에서는 중앙 조달 행정기구가 존재한다. 미국의 GSA(General Services Administration), 영국의 TBA(The Buying Agency) 및 한국의 조달청이 이에 해당된다.

오늘날의 조달은 정부에서 사용하는 물품을 구매하여 공급한다는 기본적인 업무에 더하여, 중소기업과 장애인 등 사회적 약자의 보호, 국가의 전략적 물자 비축, 국내 기업의 해외 정부 조달 사업 진출에 대한 지원 등 다양한 업무로까지 그 활동 범위가 확대되고 있다.

현행 정부의 조달 행정 체계가 조달청을 중심으로 하는 중앙집중형 조달 행정 체제를 강화하는 방향으로 나아갈지, 각 지방자치단체가 직접 조달 행정을 수행하는 분산형 조달 행정 체제로 나아갈지를 선택하는 것도 이러한 조달 행정의 개념 변화와 함께, 정보화·개방화·지방분권·신공공관리의 확산이라는 환경 변화까지 감안하여야 할 것이다.

Ⅱ. 조달 행정의 변화

1 전통적인 조달 행정

전통적인 조달 행정의 영역은 정부에서 사용하는 물품의 구매 및 공급, 각종 공공 부문의 시설 공사의 입찰 등이었다. 전통적인 조달 행정에서는 제한된 정부의 예산범위 내에서 보다 질 좋은 물품을 낮은 가격에 공급하는 것이 중요하였고, 효율성이 강조되었다. 또한 민간의 공급업자와 조달 담당자간의 비리 및 부패 가능성이 컸기 때문에 투명성 또한 중요하였다.

2 조달 행정의 변화

조달 행정은 단순한 물품의 구입에서 정부 재정정책의 일부로 바뀌어졌다. 2006년 기준으로 정부 조달 규모는 약 37조원에 이르는데, 이는 일반회계의 약 4분의 1에 해당하는 큰 규모이다. 또한 중소기업 물품의 구입, 장애인 등 사회적 약자가 생산하는 물품의 구입 등은 효율성이라는 행정 가치와 함께 형평성도 중시되고 있음을 말해준다. 1970년대 이후 자원민족주의가 대두되면서 조달 행정에서는 원자재의 전략적 비축도 중시하게 되었다. 그리고 WTO 체제가 확대되면서 정부 조달영역에서도 개방화가 이루어져 우리나라 정부의 조달 사업에도 외국의 기업이 진출하고 외국 정부의 조달사업에도 국내기업의 진출이 이루어지고 있다.

Ⅲ. 중앙집중형 조달과 분산형 조달

1 중앙집중형 조달

1961년 조달청이 당시 경제기획원 산하에 설치되면서 우리나라의 조달 행정은 중앙집중형으로 이루어져 왔다. 경제개발에 필요한 산업 기반 시설의 구축이나 물품의 도입, 정부 재정정책의 수행을 위해서 정부 조달 업무는 조달청으로 일원화되었다.

1) 장점

중앙집중형 조달 행정의 장점은 먼저, 효율성을 높일 수 있다는 점이다. 대량구매로 판매자와의 협상에서 가격과 거래조건을 유리하게 할 수 있고 필요 물품의 선정에 필요한 시간이나 비용 등 탐색비용을 절감할 수 있다. 조달 행정 자체의 효율성뿐만 아니라 거시경제정책 수행에 있어서 중앙집중형 조달 행정을 수행하여 경기안정화 효과를 볼 수 있고 전략적 물자의 비축에도 유리하다. 그리고 계약 과정에서 나타날 수 있는 각종 부패를 차단하기 위한 행정통제가 용이하여 투명성을 제고할 수 있다. 또한 조달업무에 대한 지속적인 노하우 축적으로 업무 전문성 제고가 유리하다.

2) 단점

중앙집중형 조달의 단점은 먼저, 각 수요기관과 조달 업무를 집행하는 기관과의 불일치로 인해 수요목적에 맞는 특정 물품의 조달이 어려울 수 있다는 점이다. 그리고 관계 기관간 업무 협조를 위해 조달업무의 절차가 필요 이상으로 복잡해져서 비용 및 시간이 낭비될 수 있고, 자연재해 등 긴급한 필요에 의한 정부 조달이 어려워진다. 또한 지나치게 낮은 가격을 요구하면 중소기업의 물품이나 장애인이 생산한 물품에 대한 배려가 어려울 수 있다.

2 분산형 조달

1) 장점

분산형 정부 조달의 장점은 수요기관의 목적에 맞는 자율적 구매가 가능하고, 긴급수요에 대응하기 쉽다는 점이다. 그리고 관계기관 간 업무 협조에 필요한 조달 절차를 줄여서 구매 수속을 신속히 처리하고 행정비용을 절감할 수 있다. 우리나라의 경우 지방자치단체에서 조달 행정을 통해 지역기업을 배려하고 지역 경제 활성화를 도모할 수 있다.

2) 단점

일괄구매에 비하여 물품의 탐색 비용 등 구매비용이 많이 들고, 대량구매에 비해 구입단가 등 계약조건이 불리할 수 있다. 정부 내부에서 사용하는 물품규격의 표준화와 품질확보가 어렵고, 조달과정에서 나타날 수 있는 부패의 가능성을 통제하기가 어렵다. 각 기관별로 조달업무를 처리하는 부서나 인력을 두게 되므로 국가 전체적으로 예산 및 인력이 낭비된다. 또한 조달업무를 수행하는 담당자가 1~2년 만에 순환보직을 통해 바뀌므로 전문성을 축적하기 어렵다. 그리고 지방자치단체에서 지역 기업 육성의 목적으로 적정수준보다 높은 가격에 물품을 구입하여 재정을 악화시킬 수 있다.

Ⅳ. 정부 조달의 새로운 변화

최근에 정부의 조달 행정에서도 정보화 · 개방화 · 지방화 · 신공공관리의 환경 하에서 새로운 변화가 나타나고 있다.

1 정보화와 조달 행정

조달청에서는 2002년부터 '나라장터'라는 전자조달체계(Government e-Procurement System: GePS)를 운영하고 있고 있다(www.g2b.go.kr). 이 체계를 통해 구매요청, 입찰, 계약, 검수, 대금 지급 등의 업무가 온라인화되고 조달 정보를 일괄 제공하는 단일 창구로서 역할을 한다. 이 네트워크를 통해 2004년에 약 43조원 규모의 거래가 이루어졌으며, 같은 해 OECD 반부패포럼에서 우수사례로 선정되기도 하였다.

온라인 시스템의 구축으로 조달 업무가 간소화되어 연간 약 4조 5천억 원의 비용 절감 효과가 나타나고 있다. 나라장터가 운영되면서 각 수요기관은 나라장터에 조달 공고를 하고, 공고에 따라 등록된 공급업체가 입찰을 하고 물품의 공급이 이루어져 수요에 맞는 물품의 적기 공급이라는 분산형의 이점이 충분히 달성되고 있고, 직접적인 접촉이 불필요하게 되어 분산형 조달체제에서 통제하기 어려운 부패 가능성도 낮춘다는 장점이 있다.

2 개방화와 조달 행정

GATT체제하에서 정부조달에 관한 복수국간 협정이 체결, 1981년에 발효되었고, WTO 체제 정부조달협정이 1996년에 발효되어(우리나라는 1년의 유예기간을 두어 1997년부터 발효) 정부의 조달 업무의 개방도 확대되고 있다. 국내의 조달업무에 외국기업이 진출하는 경우 중앙 조달기관이 업무를 담당하는 것이 전문성 면에서 보다 유리할 것이다. 그리고 외국의 정부 조달에 우리나라의 기업이 진출하는데 정보의 제공 등 지원을 위해서는 각 기관에 조달 업무를 분산시키는 것 보다 중앙집중형 조달 행정 체제를 구축하는 것이 유리할 것이다. 그리고 자원민족주의나 원자재 가격의 급변에 대응하기 위해서도 중앙집중형 조달 행정 체제가 보다 유리하다.

3 지방분권과 조달 행정

1990년대 이후 지방자치제도가 실시되면서 정부의 조달업무도 지방자치단체가 직접 담당해야 한다는 의견이 있다. 지방자치단체에서 지방재정권을 가지고 있는 상황에서 당연히 필요물품이나 공사의 발주를 해당 지방자치단체에서 행사해야 한다는 논리이다. 하지만 지방자체단체에서 독자적으로 업무를 수행할 경우 지방기업에 대한 배려와 낮은 업무 전문성으로 인해 필요 이상으로 재정이 낭비될 수 있고 조달 업무의 특성상 부패의 가능성이 높은데 이를 통제하기가 어렵다.

4 새로운 구입 방식: 리스와 아웃소싱

자재의 전통적인 계약 내용은 '구매'(purchasing)였다. 그러나 최근에는 여기에 더하여 리스(leasing)과 아웃소싱(outsourcing)이 새로운 형태로 많이 활용되는 경향이 있다. 구입하여 사용하고자 하는 연한이 그 제품의 내구 연한보다 짧은 경우, 또 구매 비용을 장기에 분산하기 위해서 리스 제도를 활용된다. 리스는 정부가 물품이나 시설을 사용하되 소유하지는 못하는 방식이다. 이런 개념의 순수리스(true leasing)외에 일정 기간의 사용 후에는 소유권이 부여되는 리스-구매(lease-purchase) 방식이 있다.

아웃소싱은 정부가 민간 기업과 외부 위탁 계약을 맺어 일정한 자재, 시설, 서비스를 제공하도록 하는 방식이며 신공공관리(new public management)를 통해 비용절감, 서비스의 질 향상을 위해서 많이 활용된다.

Ⅴ. 결어

중앙집중형 조달과 분산형 조달은 각각 장점과 단점이 있고, 우리나라의 경우 실질적인 분산형 조달체제 구축이 이루어지지 않아 판단을 내리기가 쉽지 않다. 그러나 정보화·개방화·지방화·신공공관리라는 행정 환경의 변화를 감안한다면 분산형 조달체제보다는 중앙집중형 조달체제가 적합할 것이다. 분산형 조달체제의 장점인 필요 물품의 적기 공급이라는 측면도 현재의 '나라장터'에서 어느 정도 구현될 수 있고, 분산형 조달체제에서 나타나기 쉬운 부패의 가능성도 낮출 수 있기 때문이다. 또한 개방화에 따른 정부의 민간 기업에 대한 지원, 거시경제정책의 운용과 국가의 전략적 물자의 비축 등을 고려해 볼 때 중앙집중형 조달체제를 유지하는 것이 바람직할 것이다.

따라서 이상의 상황을 감안하면 앞으로 조달 행정은 다음과 같은 방향으로 나아감이 바람직하다. 첫째, 조달 행정업무 및 그 성과에서 많은 장점을 감안하여 전자구매 시스템을 확대할 필요가 있으며, 둘째, 외국의 조달에 국내기업 참여 및 외국기업의 국내 참여도 감안해야 하며, 셋째, 지방자치단체의 자율적 지방재정권이 당연히 주어지는 전제하에서도 중앙정부와의 유기적 연계를 통해 효율성을 높이는 체제가 되어야 하며, 넷째, 전통적인 '구입' 만을 치중하지 말고 리스, 아웃소싱을 적절히 활용하는 조달 행정 체제가 되어야 할 것이다.

❙새 테마 행정학❙

24. 재정 민주주의

Ⅰ. 의 의

1 재정입헌론과 납세자주권론

'재정 민주주의'는 민주주의의 특수한 양식이 아니다. 근대 민주주의 본질 자체가 군주의 과세권을 제한하는데서 기인하였다. 또 국민이 국가의 정책결정에 결정권을 가진다는 것은 정부 재정에 관해서도 당연히 성립되어야 한다. 그러므로 재정 민주주의란 민주주의의 당연한 본질이 재정의 결정에 반영된 것일 뿐이다.

고전적 의미에서 해석한다면 재정 민주주의란 그것은 과세를 포함한 국가의 재정 활동은 헌법의 제약 속에서 이루어져야 한다는 '재정 입헌주의'를 의미한다. 이러한 헌법적 원리 하에서는, 국민에 대한 과세는 국민의 대표인 국회가 의결한 법률에 의해서만 허용되며 세입예산 및 세출 예산의 계획 및 사후 집행 결과는 국회의 승인을 받아야 한다. 이런 의미에서의 재정 민주주의는 오늘날 대부분의 국가에서 당연시되고 있으며 굳이 재론할 필요가 없다.

오늘날 예산개혁과 관련한 실질적 의미로 해석한다면 재정 민주주의란 곧 '납세자주권론'을 의미한다. 즉, 납세자(tax-payer)들이 적극적으로 예산 과정에 참여하여 재정 주권을 확립해야 한다는 의미이다. 최근 한국에서 부각된 재정 민주주의론은 바로 이것이며, 그 핵심은 납세자가 국가 재정 활동의 피동적 객체가 아니라 능동적 주체라는 것을 강조하는 것이다.

2 재정 민주주의의 외적 측면과 내적 측면

본래 민주주의의 개념 차원은 정부조직의 외적 측면과 내적 측면으로 구분하여 파악할 수 있다. 내적 측면은 계층제 상급자와 부하, 중앙정부와 지방 정부 사이에서 권력의 하향 및 분권화를 내포한다. 재정과 관련하여서는 그것은 대통령 · 중앙예산기구 · 중앙정부의 재정권이 부처 및 하위기관 · 지방 정부로 이관되어야 함을 의미한다. 반면에 외적 측면은 정부 기관에 대해 일반 국민의 참여가 얼마나 허용되며, 외부의 시민의 요구를 얼마나 민감하게 수용하는가를 의미한다. 재정과 관련하여서는 그것은 재정의 편성 · 결정 · 집행 · 결산 과정에 시민이 직접 참여하는 제도를 포함한다.

그런데 최근 한국에서 논의되는 재정 민주주의는 주로 외적 측면을 초점으로 하고 있다. 즉 재정 민주주의는 재정 주권자이며 납세자인 국민 및 그를 대표하는 공식적 (국회, 지방의회 등) · 비공식적 기관(시민단체)이 정부에 직접적 혹은 간접적으로 예산 과정에 참여하여, 예산 낭비를 통제하고 정부 재정 활동을 국민에게 알림으로써 궁극적으로 건전한 재정 활동을 유도하려는 작용들을 총칭하는 참여민주주의의 한 형태이다.

Ⅱ. 재정 민주주의의 확보제도

재정 민주주의를 위와 같이 정의한다면 이는 다음과 같은 기제들을 통해 확보할 수 있다.

1 국민적 합의에 토대한 예산배분 우선순위 결정

예산 편성 단계 및 심의 단계에서 자원 배분의 우선순위 결정이 국민적 합의에 토대하여야 한다. 따라서 국가재정운용계획의 수립 단계에서부터 예산배분에 관한 국민의 의견을 수렴하는 통로 및 각종 위원회, 예산 관련 정책토론회 개최, 국민의견 수렴 창구 개설 등이 필요하다.

2 국회에 의한 재정의 민주적 통제

국민의 공식적 대표기관인 국회 및 지방의회에 의한 예산과정에 대한 민주적 통제가 효율적으로 이루어질 수 있어야한다. 이것은 재정 민주주의의 가장 기초적 토대이다. 예산과 기금의 심의 기능뿐만 아니라 결산 심의 기능, 재정집행 결과에 대한 국정감사 및 조사활동에는 반드시 국회 및 지방의회가 관여해야 한다.

3 재정정보 공개

재정 민주주의를 위해서는 예산 및 기금의 사전적·사후적 재정 정보를 국민들에게 널리 공개해야 한다. 이것은 국민의 알 권리를 충족시키고, 국민이 국가의 재정 활동에 참여하는 기초로 삼을 수 있다.

4 국민의 직접참여의 확대

국민과 정부의 관계는 주인-대리인의 관계로 이해할 수 있는데 재정에 관한 의사결정 및 집행에 대리인(행정부 및 국회)이 주인(국민)의 의사에 어긋난 결정을 할 가능성이 상존한다. 이를 통제하기 위해 주인(국민)의 공식적 · 비공식적 직접참여 제도가 보완적으로 설치되어 있어야 한다.

Ⅲ. 한국의 시민참여와 재정 민주주의

최근 한국에서 논의 중인 재정 민주주의는 주로 재정 민주주의 외적 측면을 강조하며, 이에 따라 국민 및 시민단체가 정부예산에 재정 주권자로서 개입하는 국면에 초점을 둔다. 우선, 재정 주권자(국민)은 예산 과정에 국민의 의사를 반영하고, 예산 집행을 감시하며, 잘못된 부분의 시정을 요구할 수 있음은 당연하다. 나아가 이러한 활동이 사법적 권리로까지 보장되면 후술하는 납세자 소송으로까지 전개될 수 있다. 종합하면, 시민 참여를 통한 재정 민주주의 기제에는 공식적 법제도상의 권리로서가 아니라 시민운동 차원에서 이루어지는 예산감시 운동과, 공식적 법제도인 납세자 소송 및 주민 소송으로 나누어 볼 수 있다.

1 예산감시 운동

1) 의의

납세자는 국민 일반의 지위에서 세금으로 이루어진 정부예산의 결정 및 집행을 적극적으로 감시하고 잘못된 부분의 시정을 요구할 수 있다. 비록 예산 과정에 대한 공식적·제도적 권리가 인정되지 않더라도 이러한 시민의 감시운동은 최근의 우리 사회에서의 '시민사회'의 대두 추세와 더불어 더욱 활발해져 가고 있다. 이러한 예산감시 활동이 정부에게 공식적인 구속력이 있는 것은 아니지만 실질적으로 재정 당국에게 많은 압박을 주고 있으며 상당한 성과도 보이고 있다.

2) 한국의 현실

우리나라의 경우 예산감시운동은 1998년 '경제정의실천시민연합'(경실련)에서 시작되었다. 그 후 '참여연대', '함께하는 시민행동' 등으로 확산되었으며 현재에는 여러 단체들이 네트워을 구성하여 예산감시를 활발히 수행하고 있다. 현재 이 운동은 주로 예산결정 과정보다는 집행과정에서 일어나는 부정, 낭비, 비효율을 지적하고 이를 국민에게 홍보하고 재정 당국 및 국회에게 그 개선을 요구하는 활동에 초점을 두고 있다. 예컨대 미국의 황금양털상(Golden Fleece Award)과 유사한 제도인 '밑빠진 독 상'사례를 선정하기도 하며, 또 부당한 조세부과 사례를 지적하기도 한다.

현행 국가재정법(제100조)도 국민의 예산감시 제도를 명시하고 있다. 국가의 예산 또는 기금을 집행하는 자, 재정지원을 받는 자, 각 중앙관서의 장(그 소속기관의 장을 포함) 또는 기금관리주체와 계약 그 밖의 거래를 하는 자가 법령을 위반함으로써 국가에 손해를 가하였음이 명백한 때에는 누구든지 집행에 책임 있는 중앙관서의 장 또는 기금관리주체에게 불법지출에 대한 증거를 제출하고 시정을 요구할 수 있다. 이에 따라 시정요구를 받은 중앙관서의 장 또는 기금관리주체는 대통령령이 정하는 바에 따라 그 처리결과를 시정요구를 한 자에게 통지하여야 한다. 중앙관서의 장 또는 기금관리주체는 이 처리결과에 따라 수입이 증대되거나 지출이 절약된 때에는 시정요구를 한 자에게 예산성과금을 지급할 수 있다.

2 납세자 소송 제도

1) 의의

납세자 소송은 정부(국가·지방자치단체)의 예산이 위법하게 사용될 경우 국민에게 이의 취소·중단·효력 여부를 확인하고 그 예산을 환수할 수 있는 소송을 제기할 수 있는 권리를 부여하는 제도이다. 본래 위법한 예산 사용으로 인해 피해를 본 국민이 행정상 손해배상을 청구할 수 있음은 당연한 권리구제 제도이다. 그러나 납세자 소송은 위법한 예산 사용으로 인해 피해를 입지 않은 개인들이라도 그것이 '공익'을 침해하였다는 점을 들어 이에 대해 소송을 제기할 수 있는 권리를 부여한, 일종의 '공익 소송'이며 '민중 소송' 제도이다. 감사원이나 행정기관에 의한 내부적 통제가 한계가 있기 때문에 나타난 외부적 통제 제도이다.

2) 한국의 현실

한국의 경우, 시민단체들이 중심이 되어 2000년 하남시를 상대로 납세자 소송을 제기하였으나 원고 적격성이 없다는 점으로 인해 각하되었다. 이어 납세자 소송을 위한 입법을 청원하여 마침내 지방자치법이 개정되어 지방자치의 경우에서는 "주민 소송" 제도가 2006년부터 실시되었다. 그러나 아직도 중앙정부에 대한 "국민소송제"는 도입되지 않고 있다.

현행 지방자치법(17조)상의 주민 소송에는 다음과 같은 특징이 있다. 첫째, 주민 소송에 앞서 먼저 감사를 청구해야 한다(주민감사청구 전치주의). 둘째, 주민 소송의 대상은 위법한 재무회계 행위이다. 셋째, 감사청구 전치주의를 택하다보니 내부고발자의 보호가 불충분하다. 감사를 상급기관에게 청구하도록 함으로써 감사의 독립성 및 공정성이 문제될 수 있다. 넷째, 당해 사무처리가 있었던 날 혹은 종료된 날로부터 2년 안에 감사를 청구해야 한다고 규정하고 있는데 이 기간은 진상이 밝혀지기에는 너무 짧은 기간이다. 다섯째, 주민 소송을 통해 당해행위의 중지, 취소 또는 변경 및 효력의 유무 확인, 위법 확인, 책임 당사자에게 손해배상 및 부당이득의 반환을 청구할 수 있다. 여섯째, 소를 제기한 주민이 승소한 경우에는 감사청구 및 소송에 소요된 실비를 청구할 수 있다(실비보상청구권).

현재 소송 남발, 공무원들의 위축 및 안전제일주의적 처신을 우려하여 중앙정부에 대한 '국민소송제'는 도입되지 않고 있다. 미국의 주민 소송은 승소시 일정한 보상금을 지급한다. 일본의 경우에는 그러한 보상금이 없음에도 불구하고 소송이 많이 제기된다는 문제점이 나타나고 있다. 따라서 우리의 경우 앞으로 국민소송제는 이런 점을 감안하여, ①감사청구전치주의를 채택하여 행정내부적 통제장치인 '감사'를 우선적으로 이용하도록 하고, ②소송대상을 명확히 규정하고, ③제소기간을 지나치게 장기로 하지 않으며, ④정보청구권을 제한적으로 인정하는 것이 바람직하다.

3 참여예산 제도

1) 의의

정부가 다스리던(government)시대의 예산 과정은 정부에게 독점되었다. 그러나 최근의 거버넌스(governance)시대를 감안하면 시민이 예산 과정에 직접 참여하는 참여예산 제도는 자연스러운 현상이 되었다. 이것은 재정 민주주의를 시민의 직접 참여로 이해할 때에 이 개념에 가장 부합되는 기제이다. 협의의 참여예산 제도는 예산 편성과정에만 시민이 참여하는 것이나, 광의로는 예산 과정의 전 단계에 시민의 참여를 도모하는 것이다.

대표적으로 성공적인 운영을 하고 있는 사례는 브라질의 '포르투 알레그레'(Porto Alegre)시라고 알려져 있다. 이것은 국민이 직접 예산 결정에 참여하는 거버넌스 체제에서 수권적 토의 민주주의(empowered deliberative democracy)의 본보기라는 의미가 있다. 예산의 결정은 공식적·법률적으로는 의회의 권한이지만, 정치적·실질적으로는 참여예산 기구의 승인으로 사실상 결정된다.

참여예산 제도는 매우 광범위한 개념이다. 여기서 실질적 참여의 정도가 인정되느냐, 중앙 및 지방 정부에 다 허용되느냐, 예산의 편성 과정에만 혹은 전체 과정에 적용되느냐가 중요 변수가 되는데 이 조합에 따라 다양한 형태의 모형이 존재할 수 있다. 따라서 포르투 알레그레 시 형태만이 있는 것이 아니다.

2) 한국의 현실

우리나라도 최근 시민단체와 일부 정당에서 참여예산제를 도입하기 위한 노력을 활발하게 전개하고 있다. 지방자치단체의 경우 광주시 북구, 울산시의 동구 이래로 여러 곳에서 참여예산 제도가 도입되었다. 초기에는 포르투 알레그레 모형에 충실하게 운영했으며 최근에는 우리 실정에 맞는 모형으로 정착되고 있는데 지역회의와 주민참여예산위원 등의 구성에서 새로운 모습이 나타나고 있다(윤성일 외, 2014). 현행 지방재정법(제39조)도 지방예산 편성과정에 주민참여를 인정하여 지방자치단체의 장은 대통령령이 정하는 바에 따라 지방예산 편성과정에 주민이 참여할 수 있는 절차를 마련하여 시행할 수 있도록 하였다. 그러나 이는 강제규정이 아니며 임의 규정에 불과하다.

더구나 중앙정부의 경우 이러한 명시규정이 없다. 다만 현행 예산 편성은 국가재정운용계획에 연계되어 이루어지도록 되었는데 현행 국가재정법 시행령(제6조)에 의하면 기획재정부에 '재정정책자문위원회의'를 설치하여 국가재정운용계획의 수립, 예산안 및 기금운용계획안의 편성, 관련 법령의 제정과 개정 등에 관한 자문을 받도록 하고 있다. 이 경우에도 시민이 전문가로서 참여하는 것이지 일반 국민의 지위로 참여하기는 어렵다.

결국 우리나라의 참여예산 제도는 현재에는 일부 자치단체에서만 허용되고 있고, 중앙정부의 경우에는 예산 편성에 대해 실질적 영향력이 아니라 자문적 역할만이 있을 뿐이라고 할 수 있다. 앞으로 보다 한국 현실에 적합한 참여예산 제도의 틀을 확립할 필요가 있다.

4 시민의 예산정보 확보

예산감시 활동을 좀 더 체계적으로 수행하기 위해서는 다양한 정보를 수집하고 이를 분석하여 국민에게 알리는 역할이 필요하다. 여기에서 더 나아가 정부측의 정보를 국민에게 알리는 것만이 아니라 국민 측의 정보 즉, 정부의 예산에 대한 국민의 만족도, 재정 수요의 내용 등에 관한 자료를 객관적 지표로 분석·공표하고 정부에게 알리는 역할이 필요하다.

시민의 입장에서 우리나라 재정구조를 평가하는 지표인 「시민의 예산평가지수」를 개발하는 것이 필요하다. 예산배정에 있어서 정부의 일방적인 정책적 우선순위에 따른 결정에 대해, 이제 국민의 입장에서 예산에 대한 우선순위를 어떻게 평가하고 있는지를 조사하여 정책과정에 투입할 필요가 있다. 또 실제의 여론 조사 등을 통해 「시민의 예산만족도 평가」 등을 작성할 수 있다. 이에 따라 현 정부에서도 인터넷설문조사, 예산자문회의, 재정포럼, 정책고객서비스(PCRM), 재정정보 DB 구축 등이 정부혁신 과제로 추진되고 있다. 또 현행 국가재정법에서는 중앙정부 뿐 아니라 지방 정부의 재정정보도 공개하도록 하고 있다.

Ⅳ. 재정 민주주의의 새로운 해석 - 공공선택론적 시각

1 재정문제에 대한 공공선택론적 시각

재정민주주의의 확보를 위해 지금까지 한국에서 논의되어 온 제도들은 주로 납세자인 국민이 재정 주권자로서 직접 예산 과정에 참여하는 기제를 강화하는 것들이다. 그것은 기존의 대의제도가 국민의 재정의사를 정확히 대변하지 못하므로 공익에 충실한 시민 단체의 참여로 이를 보완한다는 의미를 담고 있다.

공공선택론(public choice)에서는 이와는 다른 관점에서 재정 민주주의를 이해한다. 기존의 '재정 민주주의' 논의는 시민 및 시민단체의 직접 참여를 강조하지만 공식적 예산 관련 기구들과 달리 이들은 국민에 대해 책임을 지지 않는 주체들이다. 또 공식적 대의기구이건 시민단체이건 근본적으로는 사익에 충실한 이기적 정치 주체일 뿐이다. 오늘날의 적자 재정, 로그롤링 및 지대추구로 인한 예산팽창의 문제들은 이들이 민주주의의 틀 안에서 자신의 이익을 추구하기 위해 예산의 배분과 집행에 잘 참여해서 나타난 문제이지 참여가 부족해서 나타난 문제가 아니라고 본다. 시민 참여에 의해 재정 민주주의가 확대되는 국면과 더불어, 오히려 참여에 의해 재정 민주주의를 왜곡하는 국면이 내재되어 있음을 간과해서는 안 될 것이다. 따라서 국민의 직접참여보다는 재정 활동의 운용에 관한 기본적인 게임 규칙을 확립하는 데에서 답을 찾으려 한다. 이러한 공공선택론의 시각에서 본다면 재정 민주주의에는 다음과 같은 또 다른 국면들이 고려되어야 한다.

2 재정 연방주의의 확립

주민이 정부에 대해 요구하는 공공서비스는 매우 다양하다. 주민의 이러한 다양한 수요를 적실하게 충족해 주는 재정 제도를 확보하는 것이 재정 민주주의라고 볼 수 있다. 이 논리에 의하면 재정 민주주의의 바람직한 제도는 곧 재정 연방주의(Fiscal Federalism)이다. 오우츠(William Oates, 1972)는 분권화 정리(Decentralization Theorem)를 통해, 규모의 경제와 파급효과를 논외로 한다면, 분권화된 체제에서 이루어지는 공공서비스의 공급이 훨씬 효율적임을 논증하며 재정연방주의를 지지한다.

이러한 관점에서 보면 우리나라의 중앙재정과 지방재정의 비중은 재조정되어야 하며, 지방의 주민수요에 적합한 지방공공재의 생산 및 공급은 전적으로 지방자치단체가 담당함이 재정 민주주의에 부합되는 것이다. 따라서 재정은 지금보다 작은 행정구역 단위 중심으로 이루어져야 한다. 다만 이 경우 분권화된 단위의 행정구역 안에서의 재정 의사결정은 그 속에서 다수파 주민이 소수파 주민의 이익을 억압하는 문제가 나타날 수 있으므로 보편적 성격이 큰 공공재는 중앙정부가 제공함이 재정 민주주의에 더 부합될 것이다.

3 재정 적자의 억제

직접 민주주의 하에서는 예산 과정에 참여한 주민들의 다양한 지출수요를 억제하기 어렵다. 그러면서도 높은 지출을 충당할 조세부담은 억제하려 한다. 정치인·관료·대통령들도 궁극적으로는 자신의 이기적 목표를 추구하며 또 특수 이익집단에게 구속되어 있다. 예산정치의 결과는 바로 재정적자(deficit)이다. 이것은 굳이 재정당국이 비효율이어서가 아니라, 이기적 주체들의 타협으로 예산이 결정되는 민주주의 체제가 안고 있는 함정이다.

뷰캐넌(James M. Buchanan)은 민주적 정치구조에 의해 발생하는 재정적자 문제를 "적자 속의 민주주의"(Democracy in Deficit: The Political Legacy of Lord Keynes, 1977)에서 지적하고서 다음과 같은 처방을 제시한다. ①행정부는 수입한도 안에서만 예산지출안을 작성해야 한다. ②의회도 이러한 제한을 받아야 한다. ③수입 추계를 잘못하여 당초 예상보다 수입이 줄어들게 되면 지출도 이에 맞추어 자동적으로 축소되도록 조정한다. 또 예상보다 수입이 늘어나 흑자가 생기면 이는 국가채무를 갚는데에 사용해야 한다. ④5년 안에 이를 전면 집행하기 위해서는 매년 20% 이상 적자규모가 감소되어야 한다. ⑤이러한 개선 조치는 국가긴급 사태에만 중지될 수 있으나 국가긴급 사태 여부의 판단은 의회의 2/3의 동의 및 대통령의 승인 하에서만 결정되어야 하며 그 중지 기간은 1년 이내로 국한되어야 한다.

그런데 정치적 흥정에 의해 이 원리들 자체가 쉽게 변개되지 않도록 만들어 두어야 한다. 따라서 국가의 재정의사 결정에 관한 이러한 근본적 규칙들은 개개의 법률로써 개폐되기 어려운, 최고법인 헌법(constitution)안에 명시해 두어야 한다. 헌법 하에서 이루어지는 통상적인 의사결정(post-constitutional decision)은 재정 적자를 막기 위한 이러한 헌법 원리의 제약 안에서 작동되도록 해야 한다.

4 참여의 차이 및 과반수 횡포

90년대 이래로 각국은 특히 지방 정부에서 주민이 예산 관련 정책 등에 직접 참여하는 것을 직접 민주주의의 이상으로 여겨왔다. e-정부 및 e-민주주의의 전개로 인해 재정정보가 공개되면서 직접 민주주의적 관여는 더 많아졌다. 특수이익 집단의 영향을 통제하고 정책을 직접 결정함으로써 참여를 높이고 소외감을 줄인다고 알려져 왔다. 그런데 납세자들의 이런 역할에는 다음과 같은 근본 의문이 있다. ①주민이 복잡한 정보를 이해·분석하고 합리적 결정을 내릴 수 있는 능력이 있다고 보기 어렵다. ②정부 및 특수 이익집단에 의해 오도될 수 있다. ③참여의 역량과 기회가 많은 시민들 위주로 결정이 이루어진다. 결국, 이런 상황에서 다수파 투표자가 소수파에게 재정 부담을 지우는 "과반수의 횡포"(majority tyranny)가 나타날 수 있다(Dye, 2000).

이런 문제들을 감안하면 재정 의사결정에 관해 통상적인 과반수 규칙은 최적 투표규칙이 되기 어렵다. 따라서 털럭(Gordon Tullock)의 논리를 원용한다면 재정의 투표규칙들은 과반수

보다 더 강화된 것(2/3 혹은 3/4의 규칙)이 되어야 한다. 빅셀(Knut Wicksell)이 재정 의사결정에서 세입과 세출을 동시에 결정하되 과반수가 아니라 만장일치제가 되어야 한다고 주장한 것도 결국 이러한 과반수의 규칙이 가진 문제를 염두에 둔 것이다.

5 시민단체의 이기적 활동 제한

시민단체의 역할을 강조하는 재정 민주주의의 논의들에서는 '납세자'가 재정의 주체라고 하고 있으나 그 실체가 분명하지 않다. 개개의 납세자가 이런 집합적 행동을 하기는 어려우며, 결국 어떤 조직에 의해 도움을 받는다. 한국에서 공익적 시민단체가 재정 민주주의 활동의 보조적 역할을 하는 것으로 강조하고 있고 어느 정도 성과도 있는 것이 사실이다. 그러나 이 시민단체 지도자들이 순수히 공익지향적인가에 대해서는 의문의 여지가 있으며 잠재적 정치인들로서 활동하는 국면도 많다.

그리고 이들의 참여가 확대됨에 따라 이들이 참여하여 내리는 결정이 공식적 예산 결정 기관들로 국민에 의해 선출된 예결위・상임위 및 대통령에게 책임을 지는 기획재정부・부처 예산 담당관의 입장과 상충될 때 어느 것이 더 민의에 부합된다고 말할 수 있는가 하는 문제점이 있다.

공공선택론에서는 개인을 합리적 이기적 주체(homo economicus)로 보기 때문에 공익을 표방하는 시민단체만을 비이기적인 주체로 따로 인정하기 보다는 이들이 지대추구(rent-seekig), 로그롤링(log-rolling) 등을 통해 이기적 요구 투입을 하는 기회를 억제하는 것에 더 관심을 보인다. 이런 관점에서 보면 어느 누구에게도 책임을 지지 않는 시민단체가 예산 집행 결과에 대해 국민의 주의를 높이고 나아가 이로 인해 예산 당국에게도 효율적 예산 집행을 위해 간접적인 압박을 가하는 수준을 넘어, 예산 결정단계에까지 참여하는 제도는 바람직한 것으로 볼 수 없다.

V. 결 어

1 참여는 항상 '선'인가?

국민이 주권자라는 민주주의 이념은 정치 영역에서 뿐 아니라 재정 영역에 있어서도 당연히 성립해야 한다. 재정 민주주의는 납세자인 국민이 정부 재정 활동의 '객체가 아니라 주체'임을 강조한다. 재정은 궁극적으로 재정 주권자인 납세자의 의사에 합치되어 결정되어야 한다. 이 때 납세자의 의사 표출 및 반영에 조력하는 것이 시민단체들이다.

그러나 납세자의 참여가 이루어졌다 하더라도 그 결과가 국민이 특정한 시민계층에게 이익이 돌아가면서 다른 시민계층에게 그 부담을 전가한다든가, 만성적 재정적자를 낳아 국민 전체에게 피해를 준다면 이는 재정 민주주의의 본질에 어긋난 것이다. 요컨대 납세자 및 그 시민 단체의 참여 자체가 곧 재정 민주주의를 보증하는 것은 아니다.

2 직접 민주제 강화에 따른 위험성 유의

현재 한국에서 제도화를 위해 활발히 논의 중인 예산감시운동, 납세자 소송, 참여예산 제도, 예산 정보 확보 등은 근본적으로 정부의 예산 과정에 국민 개인 및 시민단체의 직접 민주주의적 참여를 확대하는 것에 크게 경사되어 있다. 그러나 재정 민주주의의 본질이 곧 국민의 직접 참여인 것만은 아니다. 직접 참여를 강조하여 나타나는 시민참여는 재정 민주주의의 또 다른 문제를 결과할 수 있다.

재정적자는 예산 배분과정에 참여한 주체들이 지대추구, 로그롤링 활동을 통해 지출을 확대하면서 동시에 이에 대한 조세부담을 회피하려는 민주적 정치 과정 때문에 악화된 측면이 있다. 또 중앙정부 중심의 재정 운용은 지방 및 작은 행정 단위 주민의 공공재 수요를 반영하지 못하는 비민주적 결과를 낳는다. 또 특정한 시민집단이 과반수 연합을 형성하여 다른 시민 계층에게 재정 부담을 전가하는 결정을 내릴 수도 있음을 유의해야 한다. 재정에 관한 의사결정이 과반수 규칙이라는 민주 정치의 결정 방식에 의존하는 한 재정 민주주의는 이런 위험을 필연적으로 내포한다.

3 재정 결정에 대한 공공선택론적 처방 도입

시민 참여의 문제점은 직접 민주제적 요소 강화에 초점을 둔 현행 재정 민주주의가 간과해 온 국면들이다. 공공선택론적 시각은 이 위험성을 명확히 지적한다. 자칫 재정 민주주의는 궁극적으로 국민의 재정 부담을 가중하고 포퓰리즘적 재정 활동으로 정부의 과다 팽창을 낳을 수 있다.

따라서 시민단체의 참여만을 강조하기 보다는 입법권의 남용으로 인한 시민의 재산권 침해, 재정 수입과 지출의 균형, 주민의 다양하고도 특수한 재정수요 충족을 위한 재정 연방주의의 확립, 재정 의사결정에서의 최적 투표 규칙의 탐구, 시민단체의 적절한 활동 범위의 설정 등을 함께 고려해야 할 것이다.

논평

재정 민주주의는 최근의 재무 행정 분야에서 가장 중요한 토픽의 하나이다. 여기에서의 포인트는 재정 민주주의 확보 제도를 정확히 설명하는 것이다. 여기에 더하여 한국에서의 시민 활동과 재정 민주주의를 추가하여야 한다. 그리고 마지막으로 현재 한국의 경우 대개 재정 민주주의론이 근거하고 있는 직접 민주제(시민참여) 요소가 가진 문제점을 꼭 비판적으로 검토하는 시각이 필요하다.

| 새 테마 행정학 |

25. 총액배분 · 자율편성(Top-down) 예산 제도

Ⅰ. 의 의

종래의 예산은 부처-중앙예산기구 간의 대립, 단년도 중심 편성, 개별 사업 중심의 편성, 예산 투입 중심의 운용이라는 특징이 있었다. 부처와 중앙예산기구간의 게임은 자원을 낭비하게 만든다. 단년도 예산 편성 방식으로는 중장기적 시각의 재정 운영이 곤란하다. 또 개별사업 중심의 예산 편성으로는 국가적 우선순위에 입각한 거시적 차원의 재원 배분이 불가능하다. 예산 투입 중심의 운용은 재정의 사후 성과관리를 소홀히 하였다. 이를 해소하기 위해 나온 최근 제도가 총액배분 · 자율편성(Top-down) 예산이다.

총액배분 · 자율편성 예산 제도는 경제사회 여건과 중장기 국가 발전전략에 바탕을 둔 재정계획(국가재정운용계획)을 설정한 후, 이에 근거하여 연도별 재정 규모, 분야별 · 중앙관서별 · 부문별 지출 한도를 제시하고, 각 부처는 지출 한도 안에서 자율적으로 예산을 편성하도록 하는 제도이다. 나아가 그 집행에 대한 성과관리를 차기의 예산 편성에도 다시 감안하는 것이다. 따라서 총액배분 · 자율편성 예산 제도는 국가재정운용계획 및 재정 성과관리제도와 밀접히 연결되어 있는 것이다.

각국은 1990년대 이후 재정 위기를 경험한 후, 중기재정운용계획에 기초한 총액배분 · 자율편성 예산 제도를 적극 활용하고 있다. 스웨덴은 3개년에 걸친 재정운용계획을 수립한 후, 내각 합의를 통하여 분야별 지출 한도를 사전 설정하는 방식으로 예산 제도를 이용하고 있으며,

네덜란드는 집권정당 간 합의서를 작성하여 5개년 재정운영계획을 제시하고, 그 틀 내에서 매년도 예산을 편성하고 있으며, 영국은 3개년 재정운영계획을 매 2년마다 수립하여 예산을 편성하고 있다.

Ⅱ. Top-down 예산제도의 특징

Top-down 예산제도는 다음과 같은 특징을 가지고 있다(하연섭, 2014).

1 총지출규모에 대한 정치적 결정

Top-down 예산편성의 첫 번째 단계는 다음 회계연도의 총재정규모를 정치적으로 결정하는 단계이다. 이 때에는 다음 해의 경제상황에 대한 예측, 공약 등 정치적으로 우선시되는 사업 등을 종합적으로 고려해서 지출의 전체적인 규모를 정하게 되는데, 이 과정에서 예산 관련 최고 정책결정자들이 참여하여 큰 영향력을 행사한다.

2 각 부처의 지출규모에 대한 상한선 설정

총지출규모가 결정되면 각 부문별 재원배분의 상한선(ceiling)이 설정되며, 후속하여 각 부처별 예산의 상한선이 설정된다.

3 실무부처들에 의한 자율적 예산운용

상향적(bottom-up) 예산편성과정에서는 예산담당기관이 실무부서의 예산요구를 단순히 취합하는 역할만 수행했지만, top-down 예산편성과정에서는 미리 주어진 예산의 상한선 내에서 예산을 조정해야 하기 때문에 예산담당기관의 예산조정과 삭감기능이 대폭 강화된다. 또한 각 부처는 주어진 상한선 내에서의 예산 배분과 사업 조정을 주도적으로 할 수 있기 때문에 자율적인 예산운용이 가능하다.

4 전체와 부분의 분리

상향적 예산편성과정에서는 각 부처 내 실무부서들의 예산요구의 합이 각 부처의 예산요구가 되기 때문에 전체에 대한 의사결정과 부분에 대한 의사결정이 분리되지 않고 부분의 합이 곧 전체가 된다. 이와는 달리 top-down 제도 하에서는 전체에 대한 의사결정이 이루어지고 난 다음 부분에 대한 의사결정이 이루어지기 때문에 전체에 대한 결정과 부분에 대한 결정이

제도적으로 분리된다. 이러한 예산편성과정을 '2단계 예산과정(two-stage budget process)'이라고 부르는데, 여기서는 예산의 총규모와 분야별 한도액이 설정되고 나면, 개별 사업에 대한 예산배정이 이루어진다.

Ⅲ. 편 성

1 편성 절차

첫째, 먼저 기획재정부는 예산 편성의 사전 준비를 한다. 여기서는 거시적 경제 사회 전망, 과거의 성과 평가 결과 등이 분석된다. 각 부처는 장기지출 전망을 제출한다. 여기에는 신규사업 및 주요 계속사업 계획이 포함된다.

둘째, 기획재정부는 5개년 지출 총액, 분야별 · 부처별 지출 한도를 협의하여 합의를 도출한다. 이를 토대로 국가재정운용계획을 수립한다. 여기서 연도별 재정 규모, 분야별 · 부처별 · 부문별 지출 한도가 제시된다.

셋째, 국무회의를 통해 국가재정운용계획에 토대하여 다음 연도 지출 한도를 결정한다.

넷째, 각 부처는 예산안 편성기준에 따라 총액범위 안에서 예산을 요구한다.

다섯째, 기획재정부는 부처의 요구액을 점검 · 보완하여 정부예산안을 작성한다. 여기서는 국무회의 1차 토론 이후의 여건 변화도 감안한다.

여섯째, 국무회의의 토론(2차 토론)을 거쳐 정부의 예산 편성안을 확정한다.

2 편성 체계

먼저 분야별 총액을 정하고 이어 부처별 총액을 정한다. 이 체계를 상술하면 다음과 같다. 분야별 지출 한도는 SOC, 농어촌, 교육, 환경, 중소기업 등 국가재정운용계획의 대분류를 활용한다. 부처별 지출 한도는 국가재정운용계획의 중분류를 활용한다. 즉 SOC 분야의 경우, 도로, 철도, 지하철, 항만, 공항, 주택, 수자원 등으로 세분화되어 작성된다.

Ⅳ. 효 과

총액배분 · 자율편성 예산 제도는 장기적 차원에서 재정 수요를 파악하고, 국가적 우선순위를 설정하고 성과관리를 강화함으로써 예산 과정의 효과성과 효율성을 증진시키는 제도로서 다음과 같은 효과를 기대할 수 있다.

1 부처 예산과 국가 발전 전략과의 연계

총액배분 · 자율편성(Top-down) 예산 제도는 단지 예산 편성의 자율성을 부처에게 부여함을 의미하는 것만이 아니다. 근본적으로 부처의 예산은 국가 발전전략 및 중장기 재정운용계획의 틀과 연계된다. 부처별 총액도 결국 이러한 국가 발전전략 및 중장기 재정운용계획에서 설정된 것이다.

2 예산증가의 억제

상향적 예산편성제도와 달리 top-down 제도 하에서는 미리 예산의 총액이 결정된 상태에서 예산편성이 이루어지기 때문에 예산증가를 억제할 수 있다는 장점이 있다. 즉, top-down 제도는 총량적 재정규율을 통해 예산증가를 억제할 수 있다(하연섭, 2014).

3 부처의 책임과 권한 강화

부처별 지출 한도가 사전 제시됨에 따라 각 부처는 해당 업무의 전문성을 적극 활용하여 사업별 예산규모를 결정할 수 있다. 과거의 예산 과정은 '부처와 기획재정부 간의 경쟁'으로 인식되어 왔다. 즉, '부처의 부풀리기식 예산 요구 - 기획재정부의 대폭 삭감'이라는 악순환이 이어졌다. 그러나 총액배분 · 자율편성(Top-down) 예산 제도하에서의 경쟁은 이제 '부처 내의 경쟁'으로 전환된다. 각 부처는 총액 중심으로 정해진 지출 한도 안에서 부처의 우선순위에 따라 재원을 배분할 수 있다. 이 과정에서 부처는 해당 사업의 특성을 고려하여 사업별 재원을 배분하므로 그 결과 부처의 책임과 권한이 강화된다.

4 예산운용의 효율성 제고

Top-down 제도 하에서는 부처나 부문의 예산요구액의 합계가 미리 설정된 상한선을 초과할 수 없기 때문에, 만일 어떤 사업을 시행하기 위해서는 다른 사업을 종료시키지 않으면 안 된다. 따라서 Top-down 제도 하에서 각 부처는 새로운 사업을 시행하기 위해 기존 사업의 비효율성이나 중복 여부 등을 면밀하게 검토할 수밖에 없으며, 이는 자원의 효율적 배분으로 이어질 수 있다(하연섭, 2014).

5 재정의 투명성 제고

편성 기간 중에 총재정 규모, 분야별 · 부처별 예산 규모 등 중요한 정보가 부처-재정당국 간에 공유된다. 중기재정계획을 작성하는 과정에서 각 부처는 추진하는 사업의 정당성을 입증하기 위한 다양한 정보를 생성하여 관련자에게 제공하게 된다. 이러한 과정에서 그동안 부처 안에서만 유통되었던 재정관련 정보가 공개되고, 예산 과정의 투명성이 강화될 수 있다. 또한 기획재정부의 검토 근거도 보다 객관적으로 드러난다. 따라서 기획재정부와 부처 상호 간에 교류되는 정보 및 커뮤니케이션은 보다 투명화된다.

6 칸막이식 재정 운용의 개선

일반회계 · 특별회계 · 기금 등 칸막이식 재원 확보 경쟁의 유인을 줄인다. 총액배분 · 자율편성 예산 제도에서는 각 부처가 사용하는 예산에 일반회계 · 특별회계 · 기금을 모두 포함하여 산정한다. 이에 따라 특별회계와 기금 등을 칸막이식으로 운용할 동기는 크게 축소되어 재정 운용의 효율성이 증대될 수 있다.

Ⅴ. 결 어

총액배분 · 자율편성 예산 제도가 성공적으로 정착되기 위해서는 먼저 예산 당국의 국가재정운용계획의 수립이 정확한 장기예측 하에 설정되어야 한다. 또한 부처의 예산 편성에 대한 자율성이 강조되는 대신에 성과관리가 철저히 이루어져야 한다. 본질적으로 국가재정운용계획 - 총액배분 · 자율편성 - 성과관리는 연계되어 이루어져야 하기 때문이다.

총액배분 · 자율편성 예산 제도가 완전히 정착되었다고 보기는 어렵다. 부처에서는 아직도 국가재정운용계획의 수립 주체인 기획재정부의 통제가 과도하다고 여기는 부분이 있다. 또 기획재정부는 아직도 부처가 책임감이 부족하며 우선순위 설정 능력도 미흡하다고 여기는 부분이 있다.

그러므로 수년간의 실시 경험을 토대로 자율성과 책임성을 확보하는 제도적 보완이 지속되어야 한다. 그리고 총액설정 과정 자체가 충분한 합의를 얻을 수 있도록 해야 하며 국가재정전략회의에서 기획재정부 및 대통령의 조정이 매우 중요하다.

논평

'총액'의 결정 자체는 부처장관과 대통령의 관계에서 정해질 것이다.

현행 예산 편성 제도 하에서 가장 새로운 변화가 바로 이 총액배분 · 자율편성 제도이다. 종래의 부처와 기획재정부 간의 밀고 당기기식의 관계는 획기적으로 줄어들었다. 정책집행론에서 "하향식" 집행을 지칭할 때에도 이렇게 'top-down'이라는 명칭을 사용하는데 예산 편성에서의 top-down이란 명칭은 그와는 정 반대로 중앙예산기관보다는 부처의 권한을 더 강조하는 개념임을 유의하라. 즉, 하향식(top-down) 정책 집행은 일선기관보다 상급 기관의 권한을 더 인정하자는 것임에 비해, 하향식(top-down) 예산 편성은 중앙예산기구보다는 일선 기관의 권한을 더 인정하자는 것이다. 국무회의, 중기재정계획 등과 연계되어 top-down 예산 편성이 이루어지는 과정을 이해하고 있어야 하며, 현행 top-down 제도에 대한 논평을 반드시 첨부하여야 한다.

ㅣ새 테마 행정학ㅣ

26. 공공 사업에 대한 민자 유치

Ⅰ. 의 의

행정 수요가 격증하는 경우, 정부 재원이 부족한 상황에서도 사회기반 시설을 확충해야 할 상황이 자주 발생하고 있다. 이를 위해 오늘날 각국 정부는 더 이상 전통적인 정부 예산에만 의존하지 않고 민간 부문의 자본을 유치하는 제도를 도입하고 있다. 민간 자본으로 사회기반 시설을 건설하거나 민간이 그 시설을 운영하는 제도이다. 이는 공공 시설에 대한 국가의 독점적 공급에서 벗어나는 새로운 대안으로 주목받고 있다. 현행 민간 투자 사업 방식은 BTL, BOO, BTO, BOT 등 여러 방식이 있다.

첫째, '임대형 민자 사업'(BTL: Build-Transfer-Lease)이란 민간이 공공 시설을 건설한 후 정부가 이를 임대해서 쓰는 민간투자 방식을 말한다. 임대형 민자 사업(BTL)은 다음과 같은 사항을 요소로 한다. 민간 부문이 공공 시설을 건설하고(Build), 이를 공공 부문에 이전(기부채납)한다(Transfer). 그 이전의 대가로 민간 기업은 일정기간 동안 그 시설의 사용권・수익권을 획득한다. 민간은 일정 계약 기간 동안 그 시설을 정부에 임대(Lease)하고 정부가 지불하는 임대료를 받아 시설 투자비를 회수한다.

둘째, BTO(Build-Transfer-Operate)는 민간이 자금을 투자하여 공공 시설을 건설하고, 소유권은 정부로 이전되며, 그 대가로 민간 사업자에게는 일정 기간 동안 시설의 관리 운영권이 인정되며 민간 사업자는 동 시설을 운영하면서 사용료 징수 등으로 투자비를 회수한다. 주로 도로, 철도 등 수익(통행료 등) 창출이 용이한 시설에 적용되는 방식이다. 이에 비해 BTL은 정부가 시설 임대료를 직접 지급해 민간의 투자 자금을 회수시켜 준다는 점에서 차이가 있다.

BTO 사업은 민간사업자가 최종 사용자의 사용료를 받아서 이루어지지만, BTL 사업은 정부의 시설임대료를 받아서 투자비를 회수한다. BTO는 보통 민간에서 먼저 제안하여 국가나 지방자치단체가 채택하여 추진하나, BTL은 정부나 지방자치단체가 제안하여 민간투자를 유치하여 사업을 시행함이 보통이다.

셋째, BOO(Build-Own-Operate)는 민간 부문이 공공 시설의 준공과 동시에 민간업자는 그 소유권을 갖는다. 민간업자는 일정한 수수료를 받고 그 시설을 운영하는 방식이다. 이에 대해 전술한 BTL은 민간이 건설한 시설이 정부 소유로 이전된다는 점에서 차이가 있다.

넷째, BOT(Build-Own-Transfer)는 민간 업자가 시설을 준공한 후 일정 기간 동안 그 시설에 대한 소유권을 인정받는다. 그 일정 기간이 만료되면 소유권은 정부에 이전된다.

다섯째, ROT(Rehabilitate-Operate-Transfer)는 국가 또는 자치단체 소유의 기존 노후시설을 정비한 민간업자에게 일정기간 그 시설의 운영권을 인정하는 방식이다.

여섯째, ROO(Rehabilitate-Own-Operate)는 국가 또는 자치단체의 기존 시설을 정비한 민간업자에게 그 시설의 소유권을 인정하는 방식이다. 그 후 민간은 이를 운영한다.

일곱째, 민간 업자가 사업을 제안하거나 사업 변경을 위해 위 네가지 외의 방식을 제안하고 이에 대해 주무관청이 타당하다고 인정하여 채택하는 방식도 있다.

최근 한국에는 BTL 방식이 강조되고 있다. 과거에 많이 사용되던 BTO 방식은 민간 기업이 공공 시설 완공 후 시설이용료 수입으로 투자 자금을 회수하는 것이므로, 시설임대료를 부과하기 어려운 경우 및 시설임대료만으로는 투자 자금의 회수가 불충분할 경우에는 민간 기업은 공공 시설 투자를 기피하였다. 예컨대, 통행료 등 수수료를 통해 자금을 회수할 수 있는 시설(SOC 등)과는 달리 학교시설, 복지시설 등 수수료 부과가 힘든 공공 시설의 경우에는 BTO 방식은 거의 활용될 수 없다. 이에 따라 정부는 공공 시설을 투자한 민간 부문에 대해 일정한 수준의 시설임대료를 사전에 확정적으로 보장해줌으로써 민간 부문의 투자를 유인할 수 있다.

Ⅱ. 효 과

공공 시설의 필요성은 증가하는데 비해 매년 예산을 확보해 시설에 투자하는 방식으로는 많은 시간과 예산이 소요되는 공공 시설의 건설과 공공서비스 제공이 어렵다. 예컨대 30년 이상 노후화된 초중등교사의 증·개축에는 수 십년이 소요된다. 이로 인해 적기에 공공서비스를 제공하지 못한다. 그 대안으로 민간 기업으로 하여금 이 시설을 건립하고 정부는 이를 임대하는 방식인 임대형 민자 사업(BTL)이 주로 채택된다. 이 제도는 다음과 같은 효과가 있다. 첫째, 정부가 통상적인 연간 예산으로 건설하기에는 소요 시간이 많이 드는 긴요한 공공 시설을 민간자본 유입을 통해 조기에 공급할 수 있다.

둘째, 민간의 창의를 활용해 투자 효율을 높일 수 있다. 정부가 직접 건설할 때에 비해 BTL 방식은 총사업비 준수 정도가 높다. 또 목표 건설 완공 기간의 준수 정도도 높다. 완공 후에는 그 시설 운영에 있어서 민간 기업의 창의성을 이용해 양질의 서비스를 시민에게 제공할 수 있다.

셋째, 정부의 재정운영 방식의 탄력성을 높일 수 있다. 공공 부문의 재정 규모에 크게 좌우되지 않으며, 경직적인 예산 집행 · 집행절차에서 벗어나 중장기적 관점에서 공공 시설의 공급 규모를 기획할 수 있다.

넷째, 민간 부문의 유휴 자금을 장기 공공투자로 유인할 수 있다. 민간의 부동자금과 저수익의 연금 · 기금 등에 대해 안정적인 투자 대상이 될 수 있다.

다섯째, 이 과정에서 경제적 파급효과가 큰 건설 사업이 활성화되므로 고용 창출에도 기여한다.

Ⅲ. 한국의 민간 유치에 대한 평가

1 현황

BTL의 대상이 되는 시설은 현재 '사회기반 시설에 대한 민간투자법'에 의거하여 44개 정도이다. 철도, 항만, 도로, 공항 등의 SOC에 더하여 최근에는 학교, 군인용 주거, 공공임대주택, 보건의료, 아동보육, 노인요양 등의 시설까지 확대되었다. 민간 기업의 자금 회수를 위해 정부는 수익 시설 임대료와 운영비를 지급하고 있다. 다만, 민간 기업이 부대수익사업을 얻을 경우에는 그 부분을 공제하고 지불한다. 그리고 BTL 사업이라도 총사업비가 일정 규모 이상이면 예비타당성 조사를 받게 하고 있다. 궁극적으로는 국민의 부담이 되기 때문이다.

2 발전 방향

정부 사업에 BTL을 도입함에 있어서 다음과 같은 점을 유의할 필요가 있다. 첫째, 무엇보다도 건설하고자 하는 공공 시설의 성격에 가장 적합한 방식을 적용해야 한다. 고속도로, 철도 등 수익성이 있는 사업, 즉 시민이 부담하는 사용료 징수를 통해 시설비 · 투자비를 회수할 수 있는 시설에는 BTO 방식을, 수익성은 떨어지나 직접적인 공공서비스를 제공하는 학교, 병원, 군 막사, 박물관 및 과학관, 하수관 등의 시설에는 BTL 방식을 적용함이 바람직하다.

둘째, BTL 사업을 추진하기 전에 사업 필요성과 적정 수익률에 대해 신중히 고려해야 한다. 이러한 검토 없이 공공 시설이 건설될 경우 막대한 건설 비용이 모두 국민에게 전가될 것이기 때문이다.

셋째, BTL 사업에 대한 국회의 예산 심의에 대한 논의가 정비될 필요가 있다. BTL 사업으로 추진되는 사업의 경우 공공 시설은 민간 자본을 통해 건설되지만, 최종적으로는 국민의 부담으로 돌아오게 된다. 따라서 정부가 추진하는 BTL 사업에 대해 국민의 대표기관인 국회의 심의가 강화되어야 한다.

넷째, 세대 간 재정 부담의 측면을 고려할 필요가 있다. BTL은 국공채 발행을 통해 공공 시설을 확충하는 것과 유사한 효과를 가지고 있다. 공공 시설 건설에 대한 재정 부담의 일부를 앞으로 그 시설의 혜택을 보게 될 미래 세대에 이전한다고 볼 수 있기 때문이다.

다섯째, 사업자 선정, 임대료 수준 등에 관한 계약 과정에 대한 사전적 통제 및 이에 대한 사후 통제도 명확히 이루어져야 한다.

여섯째, 민간투자 사업, 특히 임대형 민자 사업(BTL)은 정부가 중장기적으로 상환해야 할 부채이므로 이를 무한정 증대시키는 것은 바람직하지 않다. 따라서 그 규모에 대한 적정한 통제가 필요하다.

일곱째, 자치단체에서 민자 유치와 관련하여 두드러진 폐해는 사회기반 시설의 이용 수요를 과장 책정하여 민간 사업자와 계약을 맺고서는 실제 사후에 최소한의 보장이익에 미달되는 이용 수입에 대해서는 자치단체가 그 차액을 민간업자에게 예산으로 보전해 주는 폐해가 자주 나타나고 있다. 이러한 도덕적 해이를 막기 위해 사전에 계약을 맺는 단계에서부터 공정하고 객관적인 수요 예측 및 주민의 동의를 담보하는 절차가 필요하다.

여덟째, 민간기업에게 수익성을 부여하는 것만으로는 부족하며, 실제로 투자에 이르도록 관련 규제의 개선에도 유의해야 한다.

참고문헌

강기홍(2015). 독일법상 법률안 제안제도와 예산법률주의. 『유럽헌법연구』. 17: 87-120.
강신택(2006). 『재무행정론』(전정판). 서울: 박영사.
공병천(2014). 정부평가제도의 연계성 분석. 『한국거버넌스학회보』. 21(3): 81-105.
국회예산정책처(2014). 『한눈에 보는 대한민국 재정(2014).』 진한엠앤비.
금재덕 · 양승범 외(2014). 『현대사회와 행정』. 24(1): 189-212.
김동건 · 원윤희(2012). 『현대 재정학』, (6판). 서울: 박영사.
김동욱(2015). 지방자치단체 결산서의 회계수치 신뢰성 검증. 『정부회계연구.』13(1): 1-26.
김상헌(2006). 우리나라의 조세지출에 대한 이해. 한국행정학회 하계 공동학술대회 발표논문.
김주환(2013). 새 정부의 성과관리제도 개선방안: 새로운 정부성과관리의 방안 모색. 분석평가학회 학술대회발표논문집. pp. 462-478.
김진영(2014). 국회법 제85조의3(예산안 자동상정제)의 도입에 따른 문제점과 개선방안에 관한 연구: 신속하고 전문화된 예산심사 방안을 중심으로. 『아주법학』. 8(3): 179-204.
김춘순(2014). 국가 간 예산제도의 비교분석: 의회와 행정부의 권한 관계에 따른 4분면 유형별 분석. 『한국행정논집』. 26(1): 1-29.
김태일(2014). 『재정은 어떻게 내 삶을 바꾸는가: 이제는 알아야 할 지방재정 이야기』. 서울: 코난북스.
김현아(2014). 중앙-지방 간 보조금제도 개편의 필요성 및 방향. 『제도와 경제』. 8(3): 81-113.
김현일(2013). 예비타당성조사 제도를 통해 본 국가재정법의 개정방안 연구. 『법학논총』. 26(2): 115-151.
기획재정부(2014). 『공공기관 경영평가 편람(2014)』. 서울: 진한엠앤비.
기획재정부(2014). 『우리나라기금 현황(2014)』.
길준규(2014). 민간투자사업에서의 공공성과 경제성 확보방안: 민자유치 제도에서 재국영화까지. 『토지공법연구』. 66: 251-278.
대통령자문 정부혁신지방분권위원회(2005). 『참여정부의 재정세제 개혁』.
박경효(2013). 『재미있는 행정학』. 서울 : 윌비스.
박기묵(2014). 복지에 대한 사회적 관심과 복지예산과의 관계. 『한국행정논집』. 26(3): 495-522.
박성동 · 윤태화(2014). 재정관리체계의 구성요인이 발생주의 국가회계제도의 실행성과에 미치는 영향. 『회계 · 세무와 감사 연구』. 56(3): 61-102.
박정수(2014). 나라사랑 재정관리. 서울: 박영사.
박정수 · 김애진(2015). 국회 재정권력 강화와 재정건전성의 관계분석. 『사회과학연구논총』. 31(1): 129-158.
배득종 · 유승원(2014). 『신재무행정론』(제3개정판). 서울: 박영사.
서인석 외(2009). 국회 및 서울시의회 예산총괄심의과정에서의 의사결정. 『한국행정학보』. 43(4): 47-80.
성용락(2004). 성과감사의 의의와 적용 기준. 『계간 감사』. 98-102.
성재윤(2014). 의회와 행정부의 예산 전쟁과 정부 셧다운. 『의정연구』. 41: 241-248.
소병희(2008). 『재정학』. 개정판. 서울: 박영사.
신가희 · 하연섭(2015). 예산심의과정에서 예비타당성조사제도의 정치적 수용성에 관한 연구: 예산결산특별위원회 회의록 분석을 중심으로. 『한국정책학회보』. 24(2): 527-563.

신무섭(2014). 『재무행정학』. 개정 7판. 서울: 대영문화사.

신홍철 · 음선필(2014). 정부성과관리제도의 개선방안 -한국과 미국의 비교를 중심으로. 『홍익법학』. 15(1): 471-503.

안전행정부 · 한국지방재정공제회(2014). 『지방재정 사례분석.』 서울: 진한엠앤비

안성민(2005). 주민참여예산 제도 포르투알레그레시의 사례. 『지방재정』. 134: 139-148.

옥동석(2006). 일반정부 산정 기준과 주요 쟁점. 하계 공동학술대회 발표 논문집.

원구환(2014). 『재무행정론』, (개정판). 서울: 대영문화사.

유승현(2012). 정부기관의 책무성 관점에서 재정성과목표관리제도의 실효성 분석: 중앙관서 실무자와 전문가의 인식을 중심으로. 『한국공공관리학보』. 26(4): 85-118.

유훈 · 조택 · 김재훈(2012). 『재무행정론』. 서울: 법문사.

윤광재(2014). 90년대 이후의 성과주의예산의 도입과 운영에 대한 비교연구. 『한국거버넌스학회보』. 21(1): 75-96.

윤성일 외(2014). 주민참여예산제도의 분화- 제도화 과정의 분석과 시사점. 『사회과학연구』. 25(3): 385-410.

윤영진(2014). 『새재무행정학 2.0』. 서울: 대영문화사.

이달곤 · 김판석 · 김행범(2012). 『테마 행정학』, 개정판. 서울: 법우사.

이만우 · 주병기(2015). 『재정학』. (4판). 서울: 율곡.

이명선(2014). 아시아 국가의 성인지예산제도 운영 경험과 시사점. 『KWDI BRIEF』. 30: 1-8.

이목훈(2010). 『재무행정론』. 서울: 대왕사.

이영조 · 문인수(2015). 『재무행정론 』, (제 8판). 서울: 대명출판사.

이의경 · 김인주 · 허희영(2014). 공공 R&D 사업의 비용편익 분석사례: 달 탐사 사업을 대상으로. 『대한경영학회지』. 27(10): 1767-1783. 이정희. (2010). “최근의 주요 예산이론들의 비교, 평가 및 발전방향에 관한 연구.” 『한국행정학보』. 44(4): 102-130.

이재원(2002). 지방 정부의 성과관리시스템 개발에 관한 연구. 『한국행정학보』. 36(1): 215-239.

이준구(2011). 『재정학』 (4판). 다산출판사.

정도진 외(2015). 국가결산보고서 활용성 증대 방안에 관한 연구. 『국제회계연구』. 59: 231-256.

정상호(2014). 참여민주주의의 관점에서 본 서울시 주민참여예산제 연구. 『 시민사회와 NGO』(한양대학교 제3섹터연구소). 12(1): 3-34.

정우열(2014). 주민참여예산제도의 평가와 과제. 『지방자치연구』. 16(2): 241-257.

정정길(2008). 『행정학의 새로운 이해』. 서울: 대명출판사.

정정길 외(2015). 『정책학원론,』(개정증보9판). 서울: 대명출판사.

조경호 · 이정주(2015). 공익적 관점에서의 국민참여감사 청구제도 변화 방향 연구. 『한국거버넌스학회보』. 22(1): 33-53.

조성일(2014). 한국의 재정 지속가능성과 세입-세출 관계. 『재정정책논집』, 16(4): 161-184.

조순제 외(2015). 준정부기관의 성과관리시스템(BSC) 도입 사례 연구: 한국수산자원관리공단 사례를 중심으로. 『수산경영논집』. 46(1): 121-143.

최병선(2006). 신제도경제학에서 본 규제이론과 정책: 이견과 확장. 『행정논총』. 44(2): 179-216.

최식인(2014). 『재정학개론 : 국가재정과 지방재정의 이해』, 서울: 형지사.

하미승(2004). 정부성과 관리시스템의 문제점 진단과 개선 방향. 『한국행정연구』. 13(1): 235-273.

하연섭(2014). 『정부예산과 재무행정』. 제2판. 서울: 다산출판사.

하연섭(2014). 『재정학의 이해』. 제2판. 서울: 다산출판사.

하종범(2013). 결산시정요구제도에 대한 고찰. 『한국의회학회보』. 2(1): 138-165.
한국행정학회 재무행정연구회(2007). 『현대재무행정이론』. 서울: 대영문화사.

Binford, Charles W. (1978). Reflections on the Peformance Budget: Past, Present and Future. In Hyde & Sharfritz(eds.). *Government Budgeting*. Oak Park, Ill.: Moore Publishing.

Borcherding, Thomas E. (1977). *Budget and Bureaucrats: The Source of Government Growth*. Durham. North Carolina: Duke Univ. Press.

Braybooke, David & Linblom, Charles E. (1970). *Strategy of Decision*. N. Y.: Free Press.

Buchanan, James M. (1970). *The Public Finance*. Homewood, Ill.: Richard D. Irwin.

Buchanan, James M. & Wagner, Richard E. (2000). *Democracy in Deficit: The Political Legacy of Lord Keynes*. Indianapolis, Indiana: Liberty Fund.

Burchanan, James M. & Flowers, Marylin. R. (1975). *The Public Finance*. Homewood, Ill.: Richard D. Irwin.

Caiden, Naomi(1987). Paradox, Ambiguity & Enigma. *Public Administration Review*. 47(1): 115-119.

Caiden, Naomi(1985). The Boundaries of Public Budgeting. *Public Administration Review*. 45(4): 495-502.

Cheibub, Josè Antonio. (2006). "Presidentialism, Electoral Identifiability, and Budget Balances." *American Political Science Review*. 100(3): 353-368.

Dye, Thomas R. (2000). *Politics in States and Communities*. New Jersey: Prentice Hall.

Fabricant, Solomon(1952). *Trend of Government Activity in the United States Since 1900*. N. Y.: National Bureau of Economic Research.

Fenno, Richard, Jr. (1973). *Congressmen in Committees*. Boston: Little, Brown and Co.

Fredrickson, H. George(1980). *New Public Administration*. Alabama: Univ. of Alabama Press.

Frohlich, Norman. & Oppenheime, Joe A. (1978). *Modern Political Economy*. Englewood Cliffs, N. J.: Prentice-Hall.

Gamble, Barber S. (1997). Putting Civil Rights to a Popular Vote. *American Journal of Political Science*, 41(1).

Golembiewsky, Robert T. & Rabin, Jack (eds.)(1979). *Public Budgeting and Finance*, 2nd ed. Itasca, Ill.: F. E. Peacock Publishers.

Gore, Albert(1993). *National Performance Review*. Office of Vice President.

Haveman, Robert H. & Weisbrod, Burton A. (1983). Defining Benefits of Public Programs. In Robert H. Haveman and Julius Margolis, (eds.), *Public Expenditure and Policy Analysis*, 3rd ed. Boston: Houghton Mifflin Company, pp. 80-104.

Heclo, Hugh & Wildavsky, Aaron. (1974). *The Private Government of Public Money*. London: Macmillan.

Henry, Nicholas(1980). *Public Administration and Public Affairs*. Englewood Cliffs, N.J.: Prentice-Hall.

Hillman, Arye L.(2003). *Public Finance and Public Policy*. Cambridge: Cambridge University Press.

Lauth, Thomas P. (1979). Zero Base Budgeting in Georgia State Government: Myth and Reality. In Kramer, Fred A (ed.). *Contemporary Approaches to Public Budgeting*. Cambridge, Mass.: Winthrop Publishers.

Lewis, Verne B. (1978). Toward a Theory of Budgeting. In A. C. Hyde & J. M. Sharfritz (eds.). *Government Budgeting*. Oak Park, Ill.: Moore Pub.

Lindblom, Charles E. (1979). Still Muddling, Not Yet Through. *Public Administration Review*. 39: 517-526.

Lindblom, Charles E . (1977). Politics and Market. New York: Basic Books.

Lindblom, Charles E . (1959). The Science of Muddling Through. *Public Administration Review* 19: 79-88.

Lynch, Thomas D.(1979). Public Budgeting in America. Englewood Cliffs, N.J.: Prentice-Hall.

March, James G. & Simon, Herbert A. (1958). *Organizations*. N. Y.: John Wiley & Sons.

Marini, Frank(ed.)(1971). *Toward a New Public Administration*. San Francisco: Chandler.

McKean, Roland N. & Anshen, Melvin(1975). Limitations, Risks, and Problems. In Novick, David (ed.). *Program Budgeting*. Cambridge, Mass.: Harvard Univ. Press.

Mikesell, John C. (1982). *Fiscal Administration*. Homewood, Ill.: Dorsey Press.

Mitchell, William C. & Simmons, Randy T. (1994). *Beyond Poltics*. The Westview Press.

Musgrave, Richard A. & Peggy B. Musgrave(1980). *Public Finance in Theory and Practice*, 3rd ed. Tokyo: McGraw-Hill.

Natchez, Peter B. & Bupp, Irwin C. (1973). Policy and Priority in the Budgetary Process. *APSR*. 67(2): 578-581.

Niskanen, William A.(1971). *Bureaucracy and Representative Government*. Chicago: Aldine-Atherton.

Novick, David(1979). What Program Budgeting Is and Not. In Fred A. Kramer (ed.). *Contemporary Approaches to Public Budgeting*. Cambridge, Mass.:Winthrop Publishers.

O′Connor, James(1973). *The Fiscal Crisis of the State*. New York: St. Martin's Press.

Osborne, David & Gaebler, Ted.(1992). *Reinventing Government*. Reading Mass.: Addison-Wesley. Rosen, Harvey). Public Finance, 9th ed. McGraw-Hill/Irwin,

Perrson, Torstein, Gèrald Roland and Guido Tobellini(2000). Comparative Politics and Public Finance. *Journal of Political Economy*. 108: 1121-1161.

Peters, B. Guy(1984). *The Politics of Bureaucracy*. N.Y.: Longman.

Pressman, Jeffrey L. and Aaron Wildavsky(1984). *Implementation*. 3rd Edition. Berkeley: University of California Press.

Pyhrr, Peter A.(1973). *Zero Base Budgeting*. N.Y.: John Wiley.

Schick, Allen(1966). The Road To PPB: The Stages of Budget Reform", *Public Administration Review*. 26(4): 243-258.

Schick, Allen(1988). Micro-Budgetary Adaptations to Fiscal Stress in Industrialized Democracies. *Public Administration Review*. 48(1): 523-533.

Schick, Allen(1986). *Crisis in the Budget Process*. Washington D.C.: American Enterprise Institute.

Schick, Allen(1979). The Road from ZBB. In F. A. Kramer(ed.). *Contemporary Approaches to Public Budgeting*. Cambridge, Mass.: Winthrop Publishers.

Schick, Allen(1973). A Death in the Bureaucracy: The Demise of Federal PPB. *Public Administration Review*. 33(2): 146-156.

Sharkansky, Ira(ed.)(1970). *Policy Analysis in Political Science*. Chicago: Markham Publishing.

Simon, Herbert A.(1976). *Administrative Behavior*. 3rd ed. N.Y.: Free Press.

Steinbruner, John D.(1974). *The Cybernetic Theory of Decision*. N.J.: Princeton Univ. Press.

Thelen, Kathleen and Steinmo, Sven(1992). "Historical Institutionalism in Comparative Politics." In Sven Steinmo, Kathleen Thelen and Frank Longstreth(eds.). *Structuring Politics: Historical Institutionalism in Comparative Analysis*. New York: Cambridge University Press. pp.1-32.

Tompkin, Gary(1975). A Causal Model of State Welfare Expenditure. *Journal of Politics*. 37(2): 392-416.

Waldo, Stuart(1971). *Public Administration in a Time of Turbulence*. San Francisco: Chandler Publishing.

White, Leonard D.(1963). *Introduction to Public Administration*. 7th ed. N.Y.: Macmillan.

Wildavsky, Aaron(1997). *The New Politics of the Budgetary Process*. 2nd ed. N.Y.: Harper Collins Publishers

Inc.
Wildavsky, Aaron(1980). Political Implications of Budgetary Reform. In KAPA.(ed.). *Selected Readings in Public Administration.* 서울: 다산출판사.
Wildavsky, Aaron(1979). *The Politics of the Budgetary Process*, 3rd ed. Boston: Little, Brown, & Company.
Wolf, Charles, Jr.(1982). A Theory of Non-Market Failures. In F. J. Lyden & E. G. Miller (eds.). *Public Budgeting*, 4th ed. Englewood Cliffs, N.J.: Prentice-Hall.

http://www.assembly.go.kr/
http://www.csc.go.kr/
http://www.dpla.go.kr/
http://www.mofe.go.kr/
http://www.mpb.go.kr
http://www.nts.go.kr/
http://www.nts.go.kr/File/E/O/B/a/E-O-B-a-20000209001__O001.htm (2000.09.26)
http://www.mosf.go.kr/_upload/bbs/76/attach/20140512091553609.pdf

APPENDIX

부 록

Ⅰ. 최근 5급 공채(행정고등고시) 제2차시험 기출문제
〈행정학 · 정책학〉

Ⅱ. 최근 서울대학교 행정대학원 석사과정 입학시험문제
〈행정학 · 정책학〉

ㅣ새 테마 행정학ㅣ

Ⅰ. 최근 5급 공채(행정고등고시) 제2차시험 기출문제 <행정학 · 정책학>

행정학

1. 2015년

제1문 행정개혁의 내용에는 서로 상충하는 다양한 방향들이 혼재되어 있다. 예컨대 시장주의적 방향이 주장되는가 하면, 공동체적 참여도 주장되고 있다. 이와 관련하여 다음 물음에 답하시오. (총 40점)

1) 시장주의와 공동체적 참여의 원리가 등장하게 된 맥락을 신공공관리론과 뉴거버넌스의 관점에서 약술하고, 불확실성 · 위험성 · 복잡성이 증대하는 행정환경의 변화에 대응하기 위한 사회적 문제의 해결방안으로 시장주의와 공동체적 참여의 유용성을 비교하시오. (20점)
2) 최근 주목을 받고 있는 '사회적 기업'의 의의를 시장주의와 공동체적 참여의 관점에서 설명하시오. (20점)

제2문 정부예산은 전년도 예산을 기준으로 편성하여 해마다 증가하는 경향이 있다. 종래에는 이러한 예산증가 현상을 '점증주의(incrementalism) 이론'으로 설명해 왔지만 최근에는 일정기간 점증적으로 증가하다가 어느 순간 균형이 무너지면서 예산증가 요인이 발생하여 예산이 증가되는 '단절적 균형(punctuated equilibrium)이론'이나 역사적 제도주의의 핵심 개념인 '경로의존성(path dependency)이론'으로 설명하는 경향이 있다. (총 30점)

1) 점증주의 이론, 단절적 균형 이론, 경로의존성 이론의 등장 배경과 내용을 설명하시오. (14점)
2) 사회복지예산 변화의 사례를 들어 점증주의 이론, 단절적 균형 이론, 경로의존성 이론을 비교하시오. (16점)

제3문 다음은 정부조직에서 발생하는 '저(低)성과자'의 관리와 대책의 필요성을 보여주고 있다. 물음에 답하시오. (총 30점)

> 공직의 안정성과 지속성을 위해 공무원에게 신분을 보장하였지만, 일각에서는 '철밥통'이라는 비판이 제기되고 있다. 특정 기관에서는 '현장시정추진단'을 설치해서 능력이 떨어지거나 근무 태도가 불량한 공무원들을 재교육하는 시책을 도입한 바 있다. 1차로 000명을 선발하여 쓰레기를 줍거나 환경 감시와 같은 업무를 하면서 '반성의 시간'을 갖도록 하였다.

1) 정부조직에서 저성과자가 발생하는 일반적 배경과 원인을 설명하시오. (16점)
2) 저성과자 관리개선 방안과 쟁점을 제시하시오. (14점)

2. 2014년

제1문 공공서비스의 생산과 제공은 정부의 기본적인 역할이다. 이와 관련하여 다음 물음에 답하시오. (총 40점)

1) 공공서비스의 생산과 제공을 위해 정부조직, 준정부기관, 공기업이 수행하는 역할의 차이점을 기술하고, 최근의 공공서비스 전달체계 개혁 동향을 설명하시오. (16점)
2) 준정부기관과 공기업이 공공서비스를 생산·제공하는 과정에서 발생하는 문제점을 공공성과 책임성 관점에서 설명하고, 이를 해결하기 위한 방안을제시하시오. (14점)
3) 수요자 중심의 공공서비스 제공을 위해 최근 새롭게 도입한 바우처(voucher)방식의 장단점을 설명하시오. (10점)

제2문 다음을 읽고 물음에 답하시오. (총 30점)

> 1990년대 후반 경기 북부지역에 대규모 홍수피해가 발생하자 정부는 한탄강댐 건설을 추진하였다. 그러나 시민단체와 주민들의 지속적인 반대로 한탄강댐 건설은 표류하였다. 찬성하는 주민들은 댐 건설을 통해 반복되는 홍수피해를 방지할 것을 기대하였고, 반대하는 주민들은 댐 건설로 인한 경제적·환경적 피해를 지적하였다.

1) 공공갈등을 해결하기 위한 갈등관리 수단을 설명하시오. (10점)
2) 사회자본(social capital)의 개념을 기술하고, 공공갈등 해결에서 사회자본의 순기능과 역기능을 설명하시오. (20점)

제3문 다음을 읽고 물음에 답하시오. (총 30점)

> ○○시청은 최근 근무성적평정, 역량평가 등을 기준으로 전 직원을 S, A, B, C등급으로 나눠 성과급을 차등지급(기본급 기준 185%~0%)하였다. 그러나 성과급이 지급된 이후, 직원들은 성과급의 전체 평균을 계산하여 S등급자가 B, C등급자에게 평균 차액만큼을 돌려주는 사례가 발생하였다.

1) 동기이론 중 기대이론(expectancy theory)의 주요 내용을 기술하고, 이 이론의 관점에서 성과급제도가 성공적으로 작동하기 위한 요건을 설명하시오. (20점)
2) 정부 성과급제도의 한계를 민간부문과 대비되는 정부부문의 특성에 기초하여 설명하시오. (10점)

3. 2013년

【일반행정】

제1문 다음을 읽고 물음에 답하시오. (총 40점)

> 우리나라는 2006년 『국가공무원법』 을 개정하여 1~3급의 계급을 폐지하고 고위공무원단 제도를 도입하였다. 이 제도는 당초에는 5등급으로 구분하여 운영되었으나 2009년부터는 2등급으로 구분하여 운영되고 있다. 이러한 고위공무원단에 속해 있는 공무원은 공정하고 합리적인 성과관리를 위해 개인의 성과목표를 설정하고 평가 기준 등에 대해 합의하여 계약을 체결하는 성과계약평가제의 적용을 받고 있다. 그리고 그 성과평가 결과가 보수에 반영되는 직무성과급적 연봉제의 적용도 받고 있다.

1) 고위공무원단 제도의 도입 취지에 대해 설명하시오. (단, 직업공무원제도 및 실적제와의 관계를 고려한 설명을 반드시 포함하시오) (10점)
2) 고위공무원단 제도의 효과에 대해 논란이 일고 있는데, 그 운영상의 문제점에 대해 설명하시오. (10점)
3) 고위공무원단에 적용되는 직무성과급적 연봉제가 적절한 동기부여 방법인지의 여부에 대해 다양한 이론들을 이용하여 평가하시오. (20점)

제2문 다음을 읽고 물음에 답하시오. (총 40점)

> 중앙정부나 지방자치단체는 수행하는 정책이나 사업들의 성과를 시민들의 입장이 아닌 자신들의 입장에서 이해하려는 경향을 보이는 경우가 많다.
> (가) 중앙정부나 지방자치단체들이 서로의 정책정보를 공유하여 협력하려 하지 않고 자신들의 목표만을 바라보고 가는 경향으로 인해 기관의 목표들이 서로 충돌하거나 엇박자를 내는 경우를 보게 된다.
> (나) 역할을 부여받은 협력기관들 사이에서도 단순한 분업의 논리를 넘지 못하고 협력이 잘 이루어지지 않는 경우를 보게 된다.

1) 지문의 (가)와 같이 기관간 '칸막이 행정'이 극복되지 못하는 원인들과 이에 대한 해결방안을 조직구조와 관리, 행태의 측면에서 사례를 들어 설명하시오. (20점)
2) 지문의 (나)와 같이 복수의 기관들이 관여하는 사업에서 '책임 떠넘기기 행정'이 나타나는 원인들과 이에 대한 해결방안을 조직구조와 관리, 행태의 측면에서 사례를 들어 설명하시오. (20점)

제3문 최근 많은 지방자치단체에서 지방공기업 등의 설립을 통해 다양한 자체사업을 추진하면서 상당한 수준의 재정위기 상황이 보고되고 있다. 다음 물음에 답하시오. (총 20점)

1) 재정위기의 원인을 행정통제의 관점에서 분석하시오. (5점)
2) 이를 해결하기 위한 행정통제의 개선방안을 지방자치단체장 등 선출직 공무원에 대한 논의를 포함하여 기술하시오. (15점)

【재경 등】

제1문 현대의 정부조직은 파트너십, 네트워크, 위탁계약, 컨소시엄 등 다양한 형태로 다른 조직들과 협업(collaboration)의 관계를 형성하여 재화와 서비스를 시민들에게 공급하고 있다. 특히 우리나라의 정부조직들은 산하에 여러 유형의 공공기관들을 설립하여 이들과 협업관계를 유지하고 있다. 예를 들어 공공기관의 운영에 관한 법률 에 따른 공기업 및 준정부기관, 책임운영기관의 설치 · 운영에 관한 법률 에 따른 책임운영기관 등을 운영하고 있다. 다음 물음에 답하시오. (총 40점)

1) 정부조직과 산하기관 간 협업의 필요성은 무엇인지 설명하시오. (26점)
2) 산하기관의 공적 책임성을 확보하기 위한 정부조직과 산하기관 간 바람직한 협업방안에 대해 논의하시오. (14점)

제2문 일반시민의 시민윤리와 조직구성원의 직업윤리는 공통기반이 있지만 동일하지는 않다. 또한 민간조직 종사자와 공직 종사자에게 요구되는 직업윤리에도 차이가 있다. 다음 물음에 답하시오. (총 30점)

1) 민주국가에서 공직 종사자에게 요구되는 윤리와 민간조직 종사자에게 요구되는 윤리의 차이점을 설명하시오. (14점)
2) 이에 근거하여 공직 종사자의 비윤리적 행위에 대한 전통적 통제방안으로 외부통제와 내부통제에 대해 설명하고, 새로운 통제방안으로 내부고발제도의 적용 가능성 및 한계에 대하여 논의하시오. (16점)

제3문 정부정책을 성질별로 분류하면 규제정책, 조장(지원)정책, 중재(조정)정책으로 분류할 수 있는데, 규제정책은 다른 두 유형과 비교하여 독특한 특징을 갖는다. 다음 물음에 답하시오. (총 30점)

1) 규제정책의 특징을 조장정책 및 중재정책과 비교하여 설명하시오. (10점)
2) 정책대상집단 요인이 규제정책 집행에 미치는 영향을 보호적 규제정책과 경쟁적 규제정책으로 구분하여 논의하시오. (20점)

4. 2012년

【일반행정】

제1문 국내외적으로 신공공관리적 행정개혁이 강화되면서 적극국가(positive state)에서 규제국가(regulatory state)로의 전환이 가속되고 있다. 이에 따라 기존에 정부가 직영하던 상 · 하수도, 철도, 공항, 병원 등 공공서비스의 민영화(자산매각+민간위탁) 시도가 자주 목격되고 있다. (총 40점)

1) 공공서비스 민영화 시도가 유발하는 유용성과 부작용을 설명하시오. (20점)
2) 공공서비스 민영화의 부작용을 극복하기 위해 고안된 제도적 장치들을 국내외 행정현장의 실제 사례를 활용하여 설명하시오. (20점)

제2문 다음 대화에서 나타난 내용을 보고 물음에 답하시오. (총 30점)

> 학생 A : "행정을 비직업공무원 혹은 정치인들에게 맡기지 않고, 직업공무원들에게만 맡기게 된 이유는 무엇인가요?"
> 교수 B : "---반드시 직업공무원들에게만 맡기지 않고, 유능한 외부 전문가들에게 맡기기도 해요."

1) 학생 A의 질문과 관련하여 직업공무원제의 형성과 발전과정을 유럽과 미국으로 나누어 비교하고, 이 제도가 갖는 장단점은 무엇인지 설명하시오. (20점)
2) 교수 B의 응답과 관련하여 개방형임용제의 도입이 우리나라 행정현실에 미친 성과와 한계를 논하시오. (10점)

제3문 공공선택론은 경제학적 분석도구와 방법을 집합적 의사결정 및 비시장적 의사결정까지 확대하여 적용하는 접근방법으로, 1960년대 이후 행정학연구에서도 본격적으로 활용되기 시작하였다. (총 30점)

1) 공공선택론의 출현이 가져다 준 행정이론사적인 의미를 설명하시오. (10점)
2) 공공선택론의 주요 내용을 설명하고, 행정현실에 적용함에 있어 발생가능한 문제점을 논하시오. (20점)

【재경 등】

제1문 행정학에서 지배적이었던 관료제적 패러다임이 정부실패(government failure)의 주된 원인으로 간주됨에 따라, 1970년대 후반부터 이를 극복하기 위한 대안적 패러다임들이 등장하기 시작했다. 예컨대, 신공공관리론(new public management theory)과 신공공서비스론(net public service theory)등이 그것이라 할 수 있다. (총 50점)

1) 기존 관료제 패러다임에 가해진 비판에 대해 기술하시오. (10점)
2) 신공공관리적 패러다임이 한국 행정에 끼친 영향에 대해 설명하시오. (20점)
3) 신공공서비스적 관점에서 한국 행정 행정의 개혁방향을 논하시오. (20점)

제2문 민주성과 형평성을 추구하는 대표관료제는 실천 사례가 많지만, 그에 대한 반대 논리 및 주장도 상당한 편이다. 대표관료제의 의미와 이에 따른 '역차별'의 쟁점을 서술하고 이를 완화시킬 수 있는 대안을 제시하시오. 단, 논의과정에서 다음 두 사례를 반드시 포함하시오. (30점)

〈사 례〉

> ① 우리나라의 지역인재 추천 채용제 또는 중증장애인 경력경쟁채용시험
> ② 미국 로스쿨(law school) 입학 전형에서 소수계 인종에 대한 혜택

제3문 한국 재무행정의 개혁은 예산제도의 투명성과 진정성을 강화하는데 초점을 두어 왔다. (총 20점)

1) 예산제도의 건전성과 투명성을 설명하시오. (10점)
2) 예산제도의 건전성을 확보하기 위해 도입한 통합재정의 의미와 기본구조를 설명하시오. (10점)

5. 2011년

【일반행정】

제1문 최근 정부 기능의 중요성이 커지고 있는 반면, 정부에 대한 신뢰는 오히려 낮아지고 있다는 주장이 있다. 관료제와 정부신뢰의 긍정적 관계와 부정적 관계를 설명하고, 정부신뢰의 확보방안을 서술하시오. (40점)

제2문 사회가 점점 더 복잡하고 다양하게 변화됨에 따라 행정이 추구하는 가치도 지속적으로 변화되어 왔다. (총 30점)

1) 행정 가치의 시대적 변화 과정에 관하여 서술하시오. (15점)
2) 행정 가치의 변화에 따른 정부역할의 변화에 관하여 서술하시오. (15점)

제3문 공무원 생활 20년에 접어든 ○○부 △△관리과 A 사무관은 지난 6월에 총 400만원의 급여를 받은 반면 공무원 생활 3년째인 ○○부 □□정책과의 B 사무관은 총 200만원의 급여를 받았다. (총 30점)

1) A, B 두사람 간의 보수 차이를 정당화하는 제도적 근거를 설명하고, 이를 비판하시오.(15점)
2) 1)에서 제시한 문제점을 극복하기 위한 다양한 방안들을 설명하고, 적용상의 한계를 서술하시오. (15점)

【재경 등】

제1문 다음 지문을 읽고 물음에 답하시오. (총 40점)

〈지문 1〉

양극화 문제는 우리만이 아니라 세계경제의 공통된 현안이다. 세계화와 사회정책의 후퇴로 다시 불안의 시대가 다가온다는 경고가 제기되고, 세계경제가 미세조정을 넘어 근본적인 재검토에 들어갔다는 진단이 나오는 것도 이 때문이다. 이런데도 여전히 시장에 맡기기만 하면 만사형통이라는 낡은 언설이 우리 경제담론을 지배한다는 비판도 있다. 낡은 패러다임으로 새로운 경제틀을 짤 수 없는 것이다. 정부와 시장이 변화한 상황을 정확하게 읽고 새로운 발상을 하지 않으면 안 된다. 성장과 복지를 양자택일의 문제로 보는 것은 20세기적 사고일 뿐이다. 지금 세계가 고민하는 것은 성장(효율)과 안정(형평)의 조화이고, 그를 위한 다양한 실험들이 전개되고 있다.

〈지문 2〉

공공성의 본질은 전체 사회를 위해 손해나거나 돈벌이가 되지 않는 일을 감당하고, 사회 약자의 편에 서며, 불특정 다수의 이익을 생각하고 장래의 이익을 위해 현재의 이익을 희생하는 자세라고 할 수 있다. 이러한 공공성이 견고하게 터전을 닦고 자리를 잡을 때에 시장의 논리가 활성화될 수 있는 것이다.

1) 위의 두 지문을 활용하여 최근 공공성에 대한 관심이 높아지고 있는 배경을 설명하고, 공공성 제고를 위해 적극적으로 추구해야 할 행정이념과 가치를 제시하시오. (20점)
2) 효율성과 공공성이 충돌하는 구체적인 정책사례를 선정하여 이 양자 간의 갈등을 해결하기 위한 전략을 제시하시오. (20점)

제2문 최근 정부관료제에 의한 독점적 공공서비스 공급방식의 한계를 극복하기 위한 새로운 공급방식이 도입되고 있다. 그 대표적 사례로 민영화, 민간위탁, 공동생산, 공사협력(public-private partnership) 등이 있다. (총 40점)

1) 최근 정부가 공공서비스 공급방식을 다원화하고 있는 배경과 목적을 구체적으로 설명하시오. (10점)
2) 새로운 공공서비스 공급방식이 도입되면, 공공서비스 공급을 위한 정부(공공)부문과 민간부문 간 역할분담체계가 변하게 된다. 현재 우리나라에서 활용되고 있는 수익형 민자사업(BTO)과 임대형 민자사업(BTL)을 대상으로 정부(공공)부문과 민간부문의 역할분담체계를 비교하고, 그 차이점을 설명하시오. (16점)
3) 공공서비스 공급방식의 다원화에 따른 책임성 확보 방안을, 위에서 예시한 새로운 공공서비스 공급방식 중 하나를 선택하여 이를 중심으로 제시하시오. (14점)

제3문 정부혁신에서는 조직구조 차원의 변화 외에도 권위주의 조직문화의 개선을 강조하고 있다. 이와 관련하여 인사행정 분야에서는 학습동아리, 역량기반 교육훈련 등의 교육훈련제도를 활용해 왔다. (총 20점)

1) 정부 내에서 권위주의 조직문화를 초래하는 요인을 인사행정의 맥락에서 설명하시오. (8점)
2) 위에 제시된 교육훈련제도가 조직문화 개선에 미치는 영향을 설명하시오. (12점)

6. 2010년

【일반행정】

제1문 현재 우리나라는 정부조직의 업무성과 증진을 위해 개인과 조직차원에서 다양한 성과관리제도를 도입하여 운영하고 있다. 목표관리제(MBO: Management By Objectives), 전략기획(Strategic Planning), 균형성과표(BSC: Balanced Score Card) 등이 그 대표적 예이다. 공공부문 성과관리의 개념과 취지를 설명하고 개인성과, 부서성과, 조직전체성과 간의 연계측면에서 소기의 목표를 달성하는데 나타낼 수 있는 장애요인과 극복방안을 논하시오. (50점)

제2문 조직 내에서 관리자가 부하직원에 대해 근무평정을 할 때 다양한 평정오류를 범할 수 있는데, 이러한 오류의 유형을 설명하고 이를 극복할 수 있는 방안에 대해 설명하시오. (25점)

제3문 우리나라에서도 복식부기 발생주의 회계제도의 도입이 논의되어 왔다. 단식부기와 복식부기, 현금주의와 발생주의의 개념을 설명하고, 기존의 단식부기 현금주의 회계제도가 가지고 있는 문제점을 지적하면서 이러한 문제점을 극복하기 위한 대안으로 복식부기 발생주의 회계제도의 장점과 정착조건을 설명하시오. (25점)

【재경 등】

제1문 최근 사회적 이슈를 둘러싼 정책갈등이 빈번해지면서 공공갈등관리가 시급한 사회적 과제로 대두되고 있다. (총 50점)

1) 공공정책으로 인해 발생할 수 있는 정책갈등의 원인을 구체적 사례를 들어 정책의제설정단계, 정책결정단계, 정책집행단계별로 설명하시오. (30점)

2) 정책갈등을 해소할 수 있는 방안을 다양한 정책행위자들(policy actors)의 정책참여 양태(樣態)와 관련하여 제시하시오. (20점)

제2문 최근 일부 지방자치단체에서 '주민참여예산제도'를 채택하고 있다. 주민참여예산제도의 필요성을 '사회적 자본(social capital)'의 관점에서 논하고, 이 제도의 성공적인 정착 방안을 제시하시오. (30점)

제3문 '정보의 비대칭(information asymmetry)'이 초래한 행정부패의 구체적 사례를 제시하고 그 극복방안을 서술하시오. (20점)

7. 2009년

【일반행정】

제1문 행정학을 포함한 현대 사회과학에서 새로운 연구방법으로 자리매김하고 있는 신제도주의이론에는 강조점이 서로 상이한 세 가지 접근방법(합리적 선택 신제도주의, 역사적 신제도주의, 사회학적 신제도주의)이 있다. (총 50점)

1) 신제도주의가 등장하게 된 이론적 배경을 기술하시오. (10점)

2) 신제도주의이론의 세 가지 접근방법을 제도의 개념, 주요 특징, 이론적 한계 등을 중심으로 상호 비교하시오. (20점)

3) 아래 제시된 정부조직 개편 사례의 원인과 대책을 신제도주의의 세 가지 접근방법으로 설명하시오. (20점)

정부는 1990년대 후반 내무부와 총무처를 통합하였고, 부총리 · 정무장관 · 공보처 · 민주평화통일자문회의 사무처를 폐지하는 등 대대적인 조직 통폐합을 단행하였으며, 14만여 명의 공무원을 감축하였다. 그러나 정부는 2001년 이후 경제부총리와 교육부총리, 여성부를 부활 또는 신설하였고, 감축하였던 공무원을 다시 증원하기 시작하였다.

제2문 우리나라 고위공무원단제도의 개념과 특징을 기술하고, 직업공무원제 · 개방형임용제와의 관계를 설명하시오. 나아가 고위공무원단제도의 성과와 한계를 논하고, 현행 고위공무원단제도를 보완할 수 있는 구체적인 방안을 제시하시오. (30점)

제3문 통제지향적 품목별예산제도와 달리 관리지향적 성과주의예산제도는 정부의 기능별회계와 실적(성과)을 강조한다. 성과주의예산제도는 책임행정의 구현, 예산의 신축적 운영 등 다양한 장점이 있으나 공공부문에 적용하는 데 여전히 많은 문제점을 안고 있다. 성과주

의예산제도를 간략히 기술하고, 우리나라에 도입하는 데 따른 한계를 중점적으로 설명하시오. (20점)

【재경 등】

제1문 다음 지문을 읽고 물음에 답하시오. (총 50점)

〈지문 1〉

'작은 정부'의 정책 기조도 유지돼 올해 국가공무원 정원은 지난해 말 60만7,628명 수준으로 동결된다. 하지만 중앙정부 기능에 대한 '아웃소싱' 형태인 법인화와 지방이양이 이루어질 경우 국가공무원 정원은 상당 부분 줄어들 수 있다. --- 우선 ○○의료원, ○○병원, ○○청 등을 법인화 우선 추진 대상기관으로 선정했고, ○○부 산하 ○○본부와 ○○대학교 등에 대해서도 법인화 추진방안을 논의하기로 했다.

- ○○신문, 2009.1.21. -

〈지문 2〉

최근에 중앙정부와 각 지방자치단체가 도입하고 있는 균형성과관리제도(BSC)는 기존 성과평가방식에서 벗어나 고객관점 등 비재무적 활동을 평가한다는 점에서 새로운 평가시스템으로 주목되고 있다. 특히 지방자치단체의 체계적인 성과관리를 위해서는 '성과'와 '과제'를 통합 관리하는 시스템이 필요하다는 의견이 제시됐다. --- ○○시는 통합 성과관리시트템을 통해 조직의 발전전략과 성과지표를 개발하고 부서 및 개인별로 목표를 설정한 뒤 달성정도를 체계적으로 관리하고 평가해 인사와 성과급 지급에 반영할 계획이다.

- ○○신문, 2009.2.5. -

1) 신공공관리론의 관점에서 위 두 지문의 사례가 갖는 공통점과 차이점을 논하시오. (30점)
2) 위 두 지문에서 제시된 행정개혁 사례의 적실성과 한계에 관하여 다음 주장에 유의하면서 논하시오. (20점)

"2008년 이후 세계적인 금융 및 경제위기로 인해 사회과학 전반 그리고 행정학에서도 정부와 시장의 역할 및 가치가 새롭게 조명되고 있다."

제2문 **정부 예산의 기능이 변하면 이를 수행하는 데 적합한 새로운 예산제도가 등장하였다. 예산의 기능과 예산제도의 변화와 관련하여 다음 질문에 답하시오.** (총 30점)

1) 예산이 수행하는 통제, 관리, 계획, 감축 기능 등을 중심으로 정부예산제도의 발전과정을 설명하시오. (10점)
2) 각 예산제도를 통해 특정의 예산기능이 어떻게 수행되고 있는가를 예산편성방식을 중심으로 설명하시오. (20점)

제3문 **오늘날 인사행정에서 강조되고 있는 '전략적 인적자원관리(Strategic Human Resource Management)'에 관한 다음 질문에 답하시오.** (총 20점)

1) 현대 인사행정의 패러다임 변화에 근거한 '전략적 인적자원관리'의 의의와 특징을 설명하시오. (10점)

2) '전략적 인적자원관리'의 개념이 인사행정의 하위 활동과정(인적자원의 확보, 개발, 활용, 평가, 보상 등)에 적용된 대표적인 제도 또는 사례를 통해 '전략적 인적자원관리'의 적실성과 한계를 논하시오. (10점)

8. 2008년

【일반행정】

제1문 정부규제에 대해 대상집단들이 인지하는 비용과 편익의 분포에 따라 다양한 규제상황을 아래의 4가지로 유형화할 수 있다. 이러한 규제상황 유형에 따라 정부규제의 특성과 관료의 행태가 다르게 나타날 수 있다. (총 40점)

〈표〉 규제상황의 4가지 유형

	인지된 비용이 넓게 분산	인지된 비용이 좁게 집중
인지된 편익이 넓게 분산	①	②
인지된 편익이 좁게 집중	③	④

1) 위의 4가지 규제상황의 특성을 해당되는 규제사례를 들어 설명하시오.
2) 위의 4가지 규제상황에서 특징적으로 나타나는 관료행태를 설명하시오

제2문 행정개혁을 성공적으로 추진하기 위해서는 정부조직의 내부 및 외부 환경을 고려하여 환경변화에 효과적으로 대응할 수 있는 전략기획(strategic planning)의 수립이 필요하다. 현 정부의 성공적인 행정개혁(지방정부와 공공기관 제외) 추진을 위해, SWOT(Strength-Weakness-Opportunity-Threat)기법을 적용하여 행정환경을 진단하고 대응전략을 논하시오. (30점)

제3문 정부가 정책을 수행하면서 심의 또는 자문기능을 하는 위원회를 설치·운영하는 경우가 많다. 이러한 위원회를 설치·운영하는 이유를 설명하고, 위원회의 부작용현상과 이를 극복할 수 있는 방안에 대하여 논하시오. (30점)

【재경 등】

제1문 행정이념들은 서로 조화를 이루기도 하고, 때로는 갈등을 일으키기도 한다. 이와 관련하여 다음의 물음에 답하시오. (총 50점)

1) 합법성과 민주성의 의미를 설명하시오. (10점)
2) 구체적인 사례를 통하여 합법성과 민주성의 조화관계를 설명하시오 (10점)
3) 구체적인 사례를 통하여 합법성과 민주성의 갈등 관계를 설명하고, 그 사례에 대한 갈등해소방안을 제시하시오. (30점)

제2문 우리나라에서는 「공무원의노동조합설립및운영등에관한법률」이 2005년에 제정되었다. 공무원노동조합이 점차적으로 활성화되면 국민들의 관심이 더욱 커질 것으로 보인다. 다음의 물음에 답하시오. (총 30점)

1) 공무원노동조합의 개념과 기능을 설명하시오. (10점)
2) 공무원노동조합의 활동을 제한할 수 있는 근거들을 제시하시오. (10점)
3) 공무원노동조합의 정치적 중립성에 대해 논하시오. (10점)

제3문 신공공관리(NPM)이론은 공공부문의 능률성과 효과성을 제고하기 위한 방안 중 하나로 정보통신기술(ICT)의 도입을 강조하고 있다. 업무재설계(BPR: Business Process Reengineering)과정에 정보통신기술의 활용이 미치는 영향에 대해 설명하시오. (20점)

9. 2007년

【일반행정】

제1문 최근 정부규모를 둘러싼 논의가 활발히 전개되고 있다. 이는 시장-정부간의 관계에서 정부의 기능과 역할에 관련된 쟁점이며, 정부기능의 관리활동으로서 행정이 지향하는 가치와 불가분의 관계를 지닌다. 행정이 추구하는 주요 가치로서 능률성(efficiency)과 형평성(equity)을 정부활동의 범위 혹은 정부기능의 다양성과 관련하여 논의하고, 실제 행정에서 나타날 수 있는 구체적인 사례를 제시하시오. (40점)

제2문 오늘날과 같이 복잡하고 급격하게 변화하는 환경에서 조직문화의 특성과 강도는 조직효과성을 결정하는 주요 요인으로 여겨지고 있다. 이에 공공부문에서도 조직문화를 조직관리의 중요한 수단으로 인식하는 경향이 확산되고 있다. (총 30점)

1) 조직관리 측면에서 조직문화의 의미와 기능을 설명하시오. (10점)
2) 조직문화의 유형을 구분하여 그 특성을 기술하고, 각 유형에 따른 효과적인 조직관리 방안을 논하시오. (20점)

제3문 정부활동의 성과를 제고하기 위한 다양한 노력들이 지속되고 있다. 성과관리(performance management)의 구호 하에 추진되고 있는 이러한 노력들은 소위 '자기중심적이고 합리적인 인간관', '시장메커니즘을 활용한 조직관리 방식에 대한 선호' 등과 같은 원리를 기반으로 하고 있다. 이러한 원리를 바탕으로 성과지향적 재정운영시스템을 구축하기 위한 제도와 기법들이 새롭게 제시되고 있다. (총 30점)

1) 이러한 제도와 기법을 설명하고, 이들이 기반으로 하는 원리의 문제점을 논하시오. (20점)
2) 위의 문제점을 극복하기 위한 대안을 제시하시오. (10점)

【재경 등】

제1문 다음은 미국의 정부개혁에 관한 보고서 일부를 발췌하여 재구성한 것이다. 아래의 물음에 답하시오. (총 50점)

> 정부는 본질적으로 낭비적인 것인가? 절대 그렇지 않다. 정부는 무능한 공무원들로만 채워져 있는가? 그렇지 않다. 문제는 더 심각한 곳에 있다. 문제는 이 시대에 더 이상 존재하지도 않는 환경에 적합하도록 고안된 정부조직을 가지고 있다는 것이다. 또한 정부조직이 너무 비대하고 낭비가 심해 더 이상 국민들에게 봉사할 수 있는 조직이 되지 못한다는 것이다.

> 지금까지의 정부조직은 덩치가 크고 상의하달식 의사소통 구조와 집권적 의사결정 구조를 특징으로 하고 있다. 업무는 세분화되고, 책임과 역할이 분명하게 규정되어 있다. 이렇게 표준화된 업무수행방식이나 수직적인 명령체계 아래에서 조직은 안정적이긴 하지만 경직적이고 업무처리가 지연될 수밖에 없다. 오늘날과 같이 급격히 변화하는 환경과 고도의 정보기술 그리고 국제경쟁의 심화, 나아가 국민의 요구가 복잡 다양화되어가는 시대에 이러한 정부조직은 더 이상 적응하지 못할 것이다.

1) 위의 정부조직개혁의 주장에 대한 본인의 의견을 찬성과 반대 중 택일하고, 그 논거를 제시하시오. (20점)
2) 위 1)에서 본인이 선택한 입장에서 우리나라 정부조직개편을 위한 방향 및 구체적인 대안들을 사례를 들어 제시하시오. (30점)

제2문 예산단일의 원칙에도 불구하고 우리나라에서는 일반회계뿐만 아니라 특별회계와 기금제도 등을 채택하고 있다. 일반회계, 특별회계 및 기금의 개념과 필요성을 각각 설명하고, 이들을 예산운영의 효율성과 투명성 및 규모의 적정성을 기준으로 비교·평가하시오. (30점)

제3문 우리나라 순환보직제의 문제점과 개선방안을 제시하시오. (20점)

10. 2006년

제1문 우리나라의 행정개혁 과정에서 시장 지향적인 개혁 모형과 비정부기구(NGO)가 끼친 영향은 크다. 이에 따라 행정개혁 모형으로서 시장 지향적인 개혁방식이 지니는 장단점에 대한 논란과 개혁과정에 참여하게 된 비정부기구(NGO)의 역할에 대한 논쟁이 제기되고 있다. (총 25점)

1) 시장 지향적 행정개혁이 지닐 수 있는 한계점에 대해 설명하시오. (5점)
2) 우리나라의 행정개혁 과정에서 비정부기구(NGO)의 참여에 따른 긍정적 측면과 부정적 측면에 관해 설명하시오. (10점)
3) 우리나라의 행정개혁이 의도한 효과를 달성하는데 있어, 비정부기구(NGO)의 바람직한 역할에 대해 설명하시오. (10점)

제2문 우리나라 정부조직에서 팀(team)제가 도입되게 된 배경을 기술하고, 팀(team)제가 정착하는데 필요한 성과평가의 합리성 제고 방안에 대해 설명하시오. (15점)

제3문 예산집행에 있어서 신축성 확보가 중요한 이유와 신축성 확보를 위한 제도적 장치에 대해 설명하시오. (10점)

정책학

1. 2015년

제1문 정부는 과학기술인력의 보강, 특정한 연구프로젝트 수행의 유도 등 중소기업에 대한 R&D지원을 통하여 중소기업의 혁신역량을 제고하려는 다양한 R&D정책들을 시행하고 있다. 상당한 재정투입이 수반되고 다양한 속성의 중소기업이 존재하고 있기 때문에 이러한 정책의 효과평가는 중요한 사안이다. (총 20점)

1) 위 정책의 정책가설을 입증할 준실험적 방법을 설계하시오. (7점)
2) 비실험적 방법의 하나인 회귀모형을 독립변수, 통제변수 및 종속변수를 포함하여 설계하시오. (7점)
3) 위에서 적용된 회귀모형의 한계점을 본 사례의 맥락에서 논의하시오. (6점)

제2문 다음은 가상의 정책사례이다. (총 15점)

> 문화체육관광부는 디자인 분야의 청년실업자 문제를 해결하고, 중소기업의 취업난을 해소하려는 정책목표를 가지고 2012년부터 '디자인인력 청년실업자 중소기업 취업정책'을 실시하고 있다. 이 정책은 디자인산업직종에 종사하고자하는 청년실업자 및 미취업자를 대상으로 디자인 전문직종 교육프로그램(6개월 과정)을 무료로 제공하며, 이 프로그램을 수료한 취업대상자들과 중소기업을 매칭하여 취업할 수 있도록 지원하는 정책이다.

1) 정책 또는 프로그램의 설계와 관련하여 투입(Input)지표, 산출(Output)지표, 결과(Outcome)지표의 개념과 차이점을 설명하시오. (7점)
2) 위의 사례와 관련하여 투입지표, 산출지표, 결과지표의 구체적인 예를 각각 두 개씩 제시하시오. (8점)

제3문 다음 지문을 읽고 물음에 답하시오. (총 15점)

> 사례 1 : 환경부는 A업체의 B오염물질 배출과 관련된 매우 세밀하고 구체적인 기준들을 정한 후에 A업체가 위반할 경우 허가의 취소와 공장의 폐쇄 등의 조치를 취한다.
> 사례 2 : 환경부는 A업체가 B오염물질을 배출하는 경우에 배출량에 따라 세금을 부과한다.

1) 두 사례는 환경 규제를 위하여 대조되는 정책수단을 사용하고 있다. 각각의 정책수단의 특징과 장단점을 설명하시오. (10점)
2) 사례 2의 정책수단에 해당하는 구체적인 예를 두 가지 제시하시오. (단, 세금부과는 제외하시오) (5점)

2. 2014년

제1문 다음은 한 일간지 사설의 일부이다.

> 정부는 의약품의 오남용 방지와 약제비 지출 억제 등 의약분업 제도가 갖는 장점에 주목하며 정책도입을 시도하였다. 그러나 이와 관련된 의사협회와 약사회 등 다양한 이해관계자들의 대립과 갈등으로 인하여 정책결정이 상당기간 지연되었다. 결국 극심한 진통 끝에 2000년 7월에 이르러서야 의약분업정책이 시행되었다.

이러한 상황에서 정책결정이 이루어지는 과정을 설명하는 대표적인 권력모형으로 다원주의론과 엘리트론이 있다. 위 사례에 대하여 다음 물음에 답하시오. (총 25점)

1) 다원주의론 입장에서 정책결정과정을 설명하시오. (10점)

2) 엘리트론 입장에서 정책결정과정을 설명하시오. (10점)

3) 두 이론 중에서 본인의 입장을 선택하고, 그 근거를 제시하시오. (5점)

제2문 인간이 사는 세상에는 수많은 사회문제들이 쏟아진다. 다음 사례를 참고하여 아래 물음에 답하시오. (총 15점)

> 2012년 전력대란으로 인하여 국민의 불편과 불만이 급격히 고조되자, 정부가 전력수급기본계획을 비롯한 에너지정책을 전면 재검토하였다.

1) 특정한 사회문제가 정책문제로 선정되는 과정에 작용하는 주요 요인들을 설명하시오. (8점)

2) 위의 사례가 어떤 경로로 정부의제화 되었는지를 설명하고 그 근거를 제시하시오. (7점)

제3문 다음 가족계획슬로건은 1980년대까지의 우리나라 산아제한정책을 보여주고 있다. 이러한 정책이 현재 우리가 시급하게 해결해야 할 저출산문제를 심화시켰다는 주장이 있다. 이에 대한 논거를 제시하시오. (10점)

> ○ 70년대: 딸 아들 구별 말고 둘만 낳아 잘 기르자
> ○ 80년대 초반: 둘 도 많다!
> ○ 80년대 중반: 삼천리는 초만원

3. 2013년

제1문 다음은 정책유형 중 한 유형에 관한 사례이다. 해당 정책유형의 개념 및 참여자와 과정상의 특성을 설명하고, 관련 정책의 시행으로 인해 발생할 수있는 문제점과 정책관리자가 이러한 문제를 극복하기 위해서 관심을 두어야 하는 사항에 대해 설명하시오. (25점)

> 영국에서 산업혁명이 제일 먼저 일어났다. 자동차 엔진도 영국에서 가장 먼저 개발되었다. 그런데 현재도 영국에 자동차산업이 있긴 하지만, 독일이나 다른 유럽 국가들처럼 그렇게 성공하지는 못했다.
> 학자들은 그 원인을 '붉은 깃발법(Red Flag Act)'에서 찾는다. 당시 영국 사회에서 자동차 때문에 피해를 보는 사람들이 많았는데, 가장 피해를 본 사람들은 그 동안 주요 운송수단이었던 마차업종에 관련된 사람들이었다. 이 사람들은 자동차를 규제해 달라고 지속적으로 영국 의회에 청원을 냈다. 결국 영국 의회에서 그것을 받아들이고 당시의 빅토리아여왕이 자동차 운행을 규제하는 '붉은 깃발법(Red Flag Act)'을 공포하였다. 그 법의 첫 번째 조항은 자동차가 거리를 지날 때는 세 사람이 있어야 하는데, 한 사람은 자동차를 운전하고 다른 한 사람은 마차를 운전하며 나머지 한 사람은 마차 뒤에서 붉은 깃발을 흔들면서 자동차가 지나간다고 외치라는 것이었다. 두 번째 조항은 자동차가 시내를 달릴 때는 2마일 이상으로 달려서는 안 된다는 내용을 담고 있다. 이러한 상황에서 결국 소비자들은 마차를 타는 것이 훨씬 빠르기 때문에 자동차를 이용하지 않게 되었고, 자동차 공급자는 자동차가 팔리지 않아서 영국을 떠나 유럽에서 자동차 공장을 세우기 시작하였다.

제2문 일반적으로 정보비대칭은 시장실패의 한 요인으로 인식되어 민간부문에 대한 정부개입을 정당화하는 근거를 제공하고 있다. 또한 정보비대칭은 정부실패의 요인으로 인식되기도 한다. 다음 물음에 답하시오. (총 15점)

1) 정보비대칭으로 인한 시장실패와 이에 대한 정부의 정책수단을 설명하시오. (5점)
2) 정보비대칭으로 인한 정부실패의 원인과 개선방안을 설명하시오. (10점)

제3문 Ⅲ종 오류(Type Ⅲ Error)의 개념, 원인 및 예방대책을 사례와 함께 설명하시오. (10점)

4. 2012년

제1문 다음 지문을 읽고 물음에 답하시오.

> 우리나라의 지방자치단체인 A시는 최근 10년간 출산율이 전국 평균에 미달하고, 이에 따른 인구감소로 골머리를 앓고 있다. 특히 출산율 저하에 따라 노인인구 비율이 늘면서 사회복지 예산의 급증으로 세금부담이 가중되고 있다. A시의 시장은 전체 확대간부회의를 열어 출산율을 높일 수 있는 정책대안을 마련하고자 한다.

A시의 정책 담당자가 출산율 제고 정책을 마련하는 과정에서 고려할 정책변수들을 제시하고, 이러한 변수들을 분석할 수 있는 기법으로 델파이기법과회귀분석을 어떻게 활용할 수 있는지 설명하시오. (25점)

제2문 정책과정에서 정책의제의 중요성을 설명하고, 다양한 정책의제 설정의 유형들이 사회적 환경변화에 따라 어떠한 양상으로 전개되는지 설명하시오. (15점)

제3문 정책집행의 성패가 정책순응에 의해 좌우된다고 할 때, 정책순응에 영향을 미치는 요인을 설명하시오. (10점)

5. 2011년

제1문 다음 지문을 읽고 물음에 답하시오. (총 25점)

> 업무영역을 둘러싼 부처 간 갈등은 다양한 분야서 나타나고 있다. 예를 들면 어린이집은 A부처, 유치원은 B부처가 담당하고 있어서 유사한 분야임에도 불구하고 부처에 따라 서로 다른 정책이 시행되고 있다. 또한 온실가스 감축업무 주무부처 선정을 놓고도 C부처와 D부처가 주도권 경쟁을 벌여왔다. 이러한 정부 부처 간 갈등은 최근 들어 더욱 빈번해 지고 있다.

1) 위의 사례에서 보듯이 다양한 정책의 결정 및 집행과정에서 정부부처 간 갈등이 나타날 수 있다. 이러한 갈등이 나타나는 원인을 설명하시오. (10점)
2) 정부부처 간 갈등을 해소할 수 있는 정책조정 방안을 제시하시오. (15점)

제2문 다음 지문을 읽고 물음에 답하시오. (총 25점)

> 정책결정 시 정책집행과정에서 발생할 수 있는 모든 상황을 사전에 예상하는 것은 불가능하기 때문에 일반적으로 집행관료들에게는 상당한 재량권이 주어지고 있다. 그런데 집행관료가 재량을 발휘하는 것에 대해서는 긍정적인 관점에서 재량권을 확대해야 한다는 주장과 부정적인 관점에서 재량권을 제한해야 한다는 상반된 주장이 동시에 제기될 수 있다.

1) '집행관료의 재량' (discretion)의 개념과 필요성을 설명하시오. (5점)
2) 집행관료의 재량권 행사의 문제점은 무엇이며, 어떻게 하면 성공적 재량행위를 증대시킬 수 있는지 설명하시오. (10점)

제3문 **정책집행이 완료된 후에 정책효과를 제대로 평가하기 위해서는 과학적이고 체계적인 평가방법을 사용해야 한다. 정책평가방법에는 비실험적 방법과 실험적 방법이 있으며, 실험적 방법의 하나로 진실험(true experience)이 있다. 진실험의 논리와 설계방법, 그리고 약점과 보완방법을 각각 설명하시오.** (10점)

6. 2010년

제1문 다음 지문을 읽고 물음에 답하시오.

> 정책논의는 합리성의 가능성을 전제한다. 그러나 합리성의 추구에서 모순이 제기되는 상황을 회피하기 어렵다. 모순은 다양한 방면에서 제기된다. 관심의 시간적 차원(단기와 장기)과 공간적 차원(대내적 및 대외적)의 결합에서 합리성 논의는 모순을 피하기 어렵다. 정책에 대한 정당성을 제기하여야 하는 영역인 경제적 체계, 정치적 체계, 윤리적 체계, 그리고 종교적 또는 문화적 체계에서 제시하는 정당성들 간에도 역시 모순을 피하기 어렵다. 이들은 하나의 정책에 대해 합리성을 구할 때에 제기되는 모순이다. (국가 전체적으로) 여러 정책들 간의 관계에서 합리성을 찾으면, 모순적 관계는 더 확연하게 드러난다. 따라서 정책의 합리성 논의에서 모순을 없애려는 노력은 오히려 파괴적 귀결로 흐를 가능성이 더 크다. 그렇다면, 정책논의에서 모순은 배제의 대상이 아니라 관리해야 할 대상이다.

정책의 본질상 합리성이 달성되기 어려운 이유를 이론적으로 파악하여 제시하고, 이에 대처할 방안을 설계하시오. (25점)

제2문 정책을 집행할 때에는 정책결정 시에 고려하지 못했던 여러 가지 상황이 발생한다. 이 경우 정책집행자는 다음과 같은 세 가지 방안 중에 하나를 선택할 수 있다.

> 1) 결정된 정책을 그대로 집행한다.
> 2) 정책집행자가 임의로 상황에 맞게 집행한다.
> 3) 결정된 정책을 변경하면서 동시에 집행자의 집행방법도 변화시켜 집행한다.

이 세 가지 방안을 이론적으로 파악하면 각각 하향적, 상향적, 통합적 접근모형에 기인한 것이라고 볼 수 있다. 이들 정책집행모형들이 나름대로 타당할 수 있음을 현실의 정책사례를 각각 예시하여 설명하시오. (15점)

제3문 다음 지문을 읽고 물음에 답하시오.

> 어느 기업의 표준운영절차(Standard Operating Procedures, SOP)는 도둑이 들었을 때의 행동지침까지도 포함되어 있다고 한다. 이 지침에 따르면, 도둑이 들었을 때에는 무조건 요구를 들어주어야 한다. 이를 어기고 도둑에 대항하면 감봉 등으로 처벌을 한다. 유능한 직원으로 양성하기 위해 회사가 상당한 투자를 했는데, 회사의 소중한 자산인 스스로를 위험에 빠뜨렸기 때문이라는 것이다.

위와 같이 SOP는 현대 사회의 모든 조직과 관리활동에 광범위하게 활용되고 있으며 정부의 정책과정도 예외는 아니다. 다만 도입의 의도와는 무관하게 SOP가 심각한 부작용들을 초래하기도 한다는 지적도 있다. SOP의 의의를 약술하고, 정책과 관련된 상황을 예시하여 SOP의 부작용 중 대표적인 두 가지를 제시하시오. (10점)

7. 2009년

제1문 다음은 정책결정과 정책집행의 괴리현상(missing link)에 관한 가상의 정책사례이다. 이 사례에서 볼 수 있는 정책결정과 정책집행의 괴리현상의 원인을 분석하고, 해결방안을 제시하시오.

> A도는 B시 지역에 279만㎡ 규모의 지방산업단지를 조성하기 위해 2009년 4월에 기공식을 거행할 예정이었다. 그러나 중앙정부의 예산 조기집행 방침에 맞추어 기공식은 계획보다 4개월 앞당겨진 2008년 12월 29일에 열렸으며, A도는 총공사비 740억 중 140억 원을 2009년 초 B시에 배정하였다. 그러나 현재까지 기공식만 했을 뿐 예산은 집행되지 않고 있다. 이에 대해 B시 담당과장은 "대단위 산업단지 공사다 보니 굴착기, 덤프트럭 등 장비확보나 인력수급, 조직구성 등 계획수립에 시간이 걸린다. 공사를 시작하려면 2~3개월 더 필요하다"고 고충을 토로했다.

제2문 한국의 정책형성과정은 얼마나 분석적 · 합리적 또는 점증적 · 정치적인지 대표적인 사례(들)를 들어 단계별(정책문제정의 - 대안탐색 - 대안선택)로 논하시오. (20점)

제3문 정책분석에 사용되는 비용편익분석(cost-benefit analysis)과 비용효과분석(cost-effectiveness analysis)의 개념을 설명하고 적용상의 차이점을 논하시오. (10점)

8. 2008년

제1문 일반적으로 정책은 성공하기보다 실패할 가능성이 크다고 한다. (총 30점)

1) 정책실패(Policy Failure)의 의미를 기술하고, 실패의 주요원인이 무엇인지 우리나라에서 추진되었던 구체적인 정책사례를 들어 정책과정별로 설명하시오. (20점)
   (단, 정책사례는 정책과정별로 다른 사례를 사용해도 무방하다)
2) 정책실패를 줄일 수 있는 방안을 제시하시오. (10점)

제2문 본격적인 정책평가에 앞서 예비평가로서 평가성 사정(또는 평가성 검토, evaluability assessment)을 실시할 수 있다. 평가성 사정의 내용과 절차를 설명하시오. (10점)

제3문 사회적 약자의 이익이 정책에 제대로 반영되지 않는 이유를 설명하고, 이를 극복할 수 있는 방안을 제시하시오. (10점)

9. 2007년

제1문 최근 정책과정에서 NGO의 참여가 매우 활발하게 이루어지고 있다. (총 25점)

1) 정책과정에 참여하는 NGO의 순기능과 역기능에 대하여 구체적인 정책사례를 들어 설명하시오. (10점)
2) 정책과정에서 NGO의 역기능을 완화할 수 있는 방안에 대하여 논하시오. (10점)

제2문 "정책의 목표가 흐려지면 정책에 대한 정치적 지지는 확보하기 쉬우나 정책집행이 어려워진다."는 말에 대하여 논하시오. (15점)

제3문 일선관료의 재량과 통제에 대하여 논하시오. (10점)

10. 2006년

제1문 정부가 추진하는 정책은 일관성 · 안전성을 유지하는 것이 필요한 반면 정책 수정이 요구되기도 한다. 정책의 일관성 · 안전성 유지 또는 정책수정의 필요성을 정책변동론의 관점에서 사례를 들어 설명하시오. (25점)

제2문 정책과정론은 정책현상을 일련의 순차적 단계로 설명하고자 하는 정책학의 전통적인 접근방법이다. 이와 같은 정책과정의 일련의 단계를 구체적으로 구분하여 간략히 기술하고, 정책현상을 설명하는 정책과정론의 한계를 지적하시오. (15점)

제3문 공공정책의 결정 및 집행을 포함한 모든 정책과정의 공개가 가속화 되고 있다. 이에 따라 제기되는 비윤리적 문제에 대한 정책윤리의 실천방안을 제시하시오. (10점)

| 새 테마 행정학 |

Ⅱ. 최근 서울대학교 행정대학원(석사과정) 입학시험 기출문제
<행정학 · 정책학>

행정학

1. 2014학년도 전기

-2013년 11월 6일 시행-

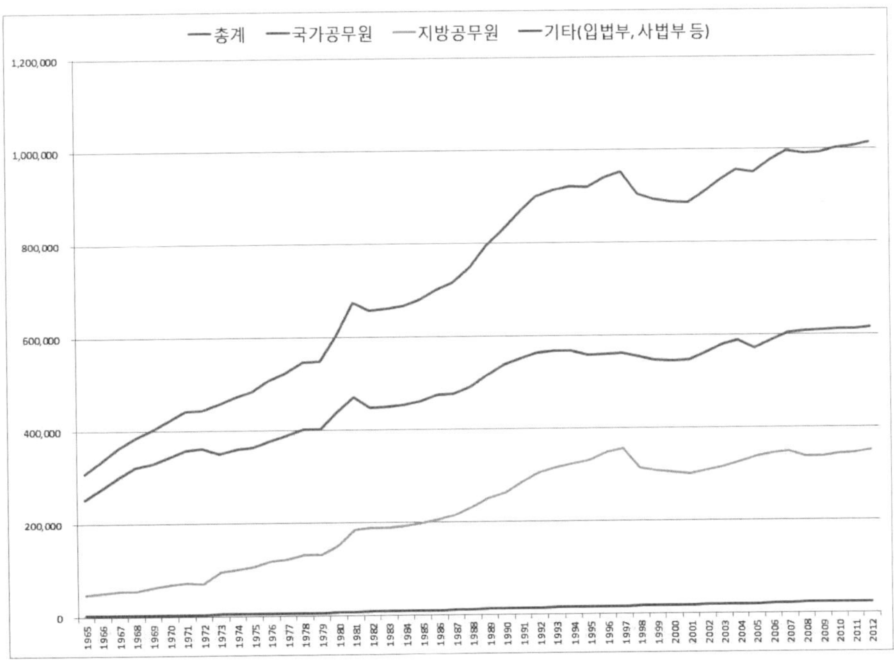

문제 1) 위 그래프는 국가공무원, 지방공무원, 기타공무원의 총숫자변화를 나타낸다. 이것을 보고, 우리나라의 경우에도 파킨슨의 법칙(관료팽창현상)이 적용된다고 할 수 있는지를 논하시오. 단, 자신의 주장을 뒷받침하기 위해 더 추가적인 자료가 필요하다면, 그를 가상적(그 자료의 사실여부는 점수에 반영되지 않음)으로 제시하고 논하여도 무방함.

(50점)

문제 2) 정부는 최근 부처간 칸막이를 뛰어넘는 통합형 정부운영을 지향하는 새로운 정부운영 패러다임을 제시하고 이를 구현하기 위한 다양한 정책 및 관리방안을 제시한 바 있다(「국민과의 약속, 정부3.0」 비전 선포식. 2013. 6. 20). 구체적으로 범정부 차원의 국정과제와 부처간 협력이 필요한 과제 등에 대해서는 부처간의 협업으로 win-win 효과를 거둘 수 있도록 관련 정보 공유 및 시스템 연계·통합을 추진하고, 협업수행체계에 대한 조직진단을 실시하며, 관련 부처간 핵심직위 인사교류 등을 통해 부처간 협업 수준을 제고하겠다는 것이다. 아울러, 공공정보를 적극 개방·공유하고, 부처간 칸막이를 없애고 소통·협력을 촉진함으로써 국정과제에 대한 추진동력을 확보하고 국민 맞춤형 서비스를 제공하고자 한다는 것이다. 정부가 지향하는 부처간 협력과 통합형 정부운영을 저해하는 각종 제약요인을 제시하고 그 제약요인들을 극복할 수 있는 대안을 제시하시오. (30점)

문제 3) 아래 지문은 막스 베버의 「직업으로서의 정치」의 일부분이다. 지문에 나타난 막스 베버의 주장에 대해 자신의 의견을 제시하시오. (20점)

> (지문) … 진정한 관료는 그의 본래적 사명에 비춰 볼 때 정치를 해서는 안 되고 단지 '행정'만 하게 되어 있으며, 무엇보다도 비당파적 자세로 행정을 해야 한다-이 점은 독일의 과거 체제를 평가하는 데 결정적으로 중요하다. 이는 이른바 '정치적' 행정 관료들에게도 적용된다. 적어도 공식적으로는 말이다. '국가이성'에 위협이 되지 않는 한, 즉 기존 체제의 사활적 이해관계가 위협받지 않는 한, 관료는 늘 그래야 한다.
>
> 관료는 '분노도 편견도 없이' 그의 직무를 수행해야 한다. 다시 말해 그는 정치가, 지도자 및 그의 추종자들이라면 항상 그리고 불가피하게 하지 않을 수 없는 바로 그것, 즉 투쟁을 해서는 안 된다. 당파성, 투쟁, 열정 - 분노와 편견-등은 정치가, 특히 정치적 지도자들이 활동하는 세계를 구성하는 요소들이기 때문이다.
>
> 지도자의 행동은 관료와는 전혀 다른, 아니 그와는 정반대되는 성격의 책임 원칙을 따른다. 관료의 명예는 그의 상급자가 그가 보기엔 잘못된 명령을 그의 이의 제기에도 불구하고 고수할 경우, 그 명령자의 책임을 떠맡아 이 명령이 마치 자신의 신념과 일치하는 듯이 성심을 다해 정확히 수행할 수 있는 능력에 기초를 두고 있다. 관료가 이런 규율에 따르지 않거나 자기 절제를 하지 못한다면 전체 국가기구는 붕괴하고 말 것이다. 이에 반해 정치 지도자, 즉 지도적 역할을 하는 정치가의 명예는 자신의 행위에 대해 전적으로 스스로 책임을 진다는 것에 기초하고 있다 그는 이 자기 책임을 거부할 수도, 다른 사람에게 전가할 수도 없으며 또 해서도 안 된다. 따라서 타고난 관료인 사람, 도덕적으로 높은 수준의 관료적 품성을 타고 난 사람이야말로 나쁜 정치가일 수 밖에 없으며, (책임 개념이 가진 정치적 의미를 기준으로 볼 때는) 무책임한 사람이고 그런 의미에서 도덕적으로 저열한 정치가들이다. …
>
> 출처: 막스 베버, 최장집·박상훈 역. 「직업으로서의 정치」

2. 2013학년도 후기

-2013년 5월 10일 시행-

문제 1) 관료의 목적이 예산극대화라면 정부가 공급하는 공공재의 수준에 어떠한 영향을 미치게 되는지에 대해 설명하시오. (65점)

문제 2) 정책변동의 원인에 관한 이론을 기술하고, 대한민국의 현실에 가장 적합한 것을 고른 다음 그 이유를 설명하시오. (60점)

문제 3) 존 로크 등 자유주의 사상가들은 인간의 기본권 수호를 위하여 작은 정부를 옹호하였다. 자유 민주주의를 실험한 좋은 사례가 미국의 연방정부라고 할 수 있다. 작은 정부의 이념하에서 미국의 연방정부는 출범 초기 Department of State, War, the Treasury, Post Office의 부처로 출발하였으나 현재에는 15개의 부처로 확대되었다. 자유 민주주의의 이론적 내용을 이용하여 작은 정부의 정당성과 현재 확대된 정부의 상황 하에서 작은 정부라는 개념이 지니는 의의를 논의하시오. (50점)

문제 4) 다양한 행정이론은 시대적 상황과 매우 밀접한 관련성을 지닌다. 행정학에 있어서 효율성(efficiency)과 형평성(Efficiency)이라는 가치도 시대적 상황의 산물이라고 할 수 있다. 신행정학의 이론과 거버넌스의 이론을 효율성과 형평성의 관점에서 비교·논의하시오. 양 이론을 비교·논의함에 있어서 양 이론의 탄생배경에 관한 논의가 포함되어야 함.

(50점)

문제 5) 대표관료제 (Representative Bureaucracy)의 탄생배경과 우리나라 행정의 발달에 있어서 대표관료제가 지니는 의의를 논의하시오. (25점)

3. 2013학년도 전기

-2012년 11월 9일 시행-

문제 1) 아래 지문을 읽고 물음에 답하시오. (50점)

> "관료제에 대한 막스 베버의 생각은 이중적이었다. 근대 사회의 합리화 과정에 관료제가 기여하는 바를 인정하면서도(Weber, 1958: 56) 그것이 갖는 감정의 배제와 맹목성을 우려하였고, 분절된 사회적 기능의 통합기능을 인정하면서도 그 안에서 일하는 사람의 영혼이 불구로 되는 것을 우려하였고, 아무 근거 없이 우월한 지위를 누리던 지배관료 계급을 전문기술인들이 대치하는 현상을 찬양하면서도 무의미한 기계화의 문제를 우려하였다 (Weber, 1976: 362). 막스 베버가 1904년 '영혼없는 전문가'를 이야기 할 때, 그것은 중립성으로 무장한 전문가 집단이 관료계급을 와해시키며 합리적 문명의 발전에 기여하는 흐름을 지적한 것이었다. 2008년 한국의 관료가 '영혼이 없는 공무원'을 이야기 할 때, 그것은 정치와 행정간 연결구조의 불합리성을 지칭한 것이었다. 막스 베버의 언급이 한국사회에서 논란이 된 것은 2008년 1월 이명박 정부의 출범 직전이었다. 막스 베버의 언급이 한국사회에서 논란이 된 것은 2008년 1월 이명박 정부의 출범 직전이었다. 정부부처의 기자실 통폐합을 주도한 국정홍보처 관료가 새로운 정부의 인수위원회에 전말을 해명하는 과정에서 자조 섞인 의미로 던진 발언이었다."
>
> (이종수, 정책지식포럼 발제문 중, 2009)

위에서 언급된 막스 베버의 우려들은 근대 행정학 탄생의 배경이 되었다고도 할 수 있다. 위의 지문에서 논의되고 있는 사항을 시대적 배경과 제도적 변화, 그리고 관련된 행정이론과 연계하여 설명하시오.

문제 2) 우리나라에서는 새로운 정부가 들어설 때마다 행정조직개편이 이루어지는 경향을 보이고 있다. 이러한 현상의 긍정적인 측면과 부정적인 측면을 행정가치의 여러 차원을 중심으로 논의하라. (20점)

문제 3) Cohen, March, & Olsen 은 조직내에서 의사결정을 쓰레기통 모형 (garbage can model)을 통해 잘 묘사하고 있다. 쓰레기통 모형이 적용되는 조직화된 혼란상태(organized anarchy)가 어떤 것인지, 그리고 이런 상황에서 의사결정이 어떻게 이루어지는지를 행정사례를 제시하여 설명하라. (30점)

4. 2012학년도 후기

-2012년 6월 8일 시행-

문제 1) 현재 우리나라 공무원들은 직급에 따라 성과상여금 혹은 성과급적 연봉제와 같은 금전적 인센티브 (monetary incentive)의 적용을 전면적으로 받고 있다. 이렇게 성과에 대해 금전적으로 보상함으로써 성과 향상을 유도하려는 제도들에 대해서는 찬성과 반대 의견이 동시에 존재하고 있는 상황이다. 예를 들어 최근 저서를 다시 출간한 마이클 샌델 (Michael Sandel) 교수는 금전적 인센티브의 효용성을 인정하면서도 공공성 훼손 같은 사회적 비용의 발생도 경계해야 한다고 지적하고 있다. 이러한 성과급 (pay-for-performance)에 대한 찬성과 반대 주장의 논거를 각각 최소 2가지 이상의 이론에 기초하여 논하시오. 그리고 이 문제에 대한 본인의 생각은 어떠한지 설명하시오. (90점)

문제 2) 정부조직의 근간을 이루고 있는 관료제와 이를 구성하는 관료는 많은 학자들로부터 부정적 시선을 받고 있는 것이 사실이다. 하지만, 우리나라의 비약적인 경제 및 사회 발전에 있어서 이 관료제와 관료의 역할을 무시할 수 없는 것처럼 Charles T. Goodsell은 "The Case for Bureaucracy"라는 저서에서 관료제와 관료에 대한 옹호론을 주장하고 있다. Goodsell은 관료제와 관료가 비판받는 이유로 다음과 같은 세 가지를 지적하면서 이 주장들에 대한 자신만의 반론을 제기한다. (90점)

> 첫째, 정부관료제는 성과가 형편없다.
> 둘째, 관료가 정치권력 행사에 더 많은 관심을 가지고 있다.
> 셋째, 관료제는 관료와 고객의 인간성을 상실하게 만든다.

관료제와 관료에 대한 옹호론 혹은 비판론 중 본인의 시각을 하나 선택하고 그 이유를 위 세 가지 주장에 대한 지지 혹은 반대 논거를 중심으로 논하시오. 단, 되도록 이론, 사례, 선행연구, 저명 학자들의 주장 등을 이용하여 옹호론 혹은 비판론의 논거를 제시하시오.

문제 3) 행정의 다양한 가치나 이념을 본질적 가치와 수단적 가치로 구분하고, 본질적 가치의 대표적인 예로 공익(public interest)을, 수단적 가치의 대표적인 예로 합리성, 효율성, 민주성, 형평성을 상정하기로 한다. 이상의 다섯 가지 가치들의 개념, 이론적 배경, 특성, 그리고 가치 상호 간의 협력 및 갈등 관계 등에 대해 논하시오. (70점)

5. 2012학년도 전기

-2011년 11월 11일 시행-

문제 1) 최근 30여 년 간의 행정개혁이 기반하고 있는 이론적 전제 중 하나는 공공조직과 민간조직은 차이점보다 유사점이 많다는 것이다. 그러나 공공조직과 민간조직 간에는 이론적으로 혹은 실천적으로 결코 간과될 수 없는 중요한 차이점이 존재한다는 견해 또한 꾸준히 제시되어 왔다. 예를 들면, W. Sayre는 1953년 「미국행정학회지(PAR: Public Administration Review)」에 실린 논문에서 공공조직과 민간조직은 "모든 중요하지 않은 면에서 기본적으로 유사하다(fundamentally alike in all unimportant respects)"라고 주장한 바 있다. 만약, Sayre의 주장대로 공공조직과 민간조직이 모든 중요한 측면에서 기본적으로 다르다면, 민간조직에서 성공을 거두었던 관리기법을 공공조직에 적용할 때 보다 신중해야 한다는 시사점을 얻게 된다. (50점)

(1-1) 공공조직과 민간조직 간에 유사점과 차이점을 제시하고, 실제 사례를 통해 민간조직의 관리기법이 공공조직에 적용될 때 나타날 수 있는 긍정적 또는 부정적 효과를 제시하시오. (25점)

(1-2) 위와 같은 공공조직과 민간조직 간의 유사점과 차이점을 고려할 때, 공공조직의 리더십(leadership)은 어떠한 특성을 가져야 한다고 생각하는가? 또한 민간조직에서의 리더십과는 어떤 차별점이 있어야 한다고 생각하는가? (25점)

제2문 행정학에서 행정윤리의 중요성은 지속적으로 강조되었음에도 불구하고 공공부문의 부패의 문제는 우리나라 행정에서 여전히 해결되지 않고 있는 문제라고 할 수 있다. 부패 문제는 다양한 관점에서 이해되어 왔다. 이러한 배경에서 다음의 문제에 대해 답하라. (50점)

(2-1) 부패를 본인-대리인 이론과 지대추구 이론의 관점에서 바라볼 때 부패의 원인과 처방이 어떻게 제시될 수 있는지를 설명하고 그 한계점을 설명하라. (30점)

(2-2) 행정윤리는 공공의 가치와 밀접하게 관련이 되어있다. 공공의 가치를 신행정론(New Public Administration), 신공공관리론(New Public Management)와 신공공서비스(New Public Service)의 관점에서 논의하고 각각의 장단점을 논의하라. (20점)

6. 2011학년도 후기

-2011년 6월 3일 시행-

문제 1) 아래 목록은 최근 들어 정치권을 중심으로 논쟁이 이루어지고 있는 대학 등록금 반값과 관련한 언론의 컬럼제목을 간략히 살펴본 것으로 의견의 다양성을 엿볼 수 있다. 찬반을 떠나 대학 등록금 반값 논쟁은 결국 정부의 직접적인 개입 여부를 수반하게 되며, 이는 자연히 "작은 정부"와 "큰 정부"의 논쟁과 연결된다. (1) 작은 정부를 선호하는 논리와 큰 정부를 선호하는 논리를 각각 설명한 후 (2) 이들 중 하나를 선택해서 대학 등록금 반값 문제와 관련한 자신의 입장을 설명해 보라. 특히 행정의 가치 측면을 꼭 포함시켜 설명하라. (100점)

> [경향] 한나라당, '반값 등록금' 관철에 사활 걸어라
> [국민] 산술적으로 얘기되는 대학 반값등록금
> [동아]등록금 인하, 대학 모델부터 정하고 논의하라
> [매경] 황 원내대표 '票퓰리즘' 선봉장 될텐가
> [서울] 반값등 록금 여권 내부조율이 먼저다
> [세계] 반값 등록금은 선거 아닌 종합적 관점서 논의돼야
> [아경]한나라당 '반값 등록금' 진정성 있나
> [조선] 등록금 반값·무료 경쟁과 교육의 미래
> [중앙] 반값 등록금 실현 위해 넘어야 할 산 많다
> [파이낸셜] 반값 등록금 포퓰리즘 안되려면
> [한겨레]반값 등록금, 포퓰리즘 논쟁으로 허송세월할 셈인가
> [한경] 반값 등록금은 부실대학 연명수단일 뿐이다
> [한국] 여당 원내대표의 섣부른 '반값 등록금' 제안

문제 2) 최근 발생한 일본 후쿠시마 원자력 발전소를 관리하는 도쿄 전력 주식회사(TEPCO)는 과거에 공기업이었다가 민영화된 전력 생산 및 공급 회사로 알려져 있다. 신동아 2011년 5월호의 인터뷰 기사에 따르면, 이 회사의 회장은 원자력 전문가가 아니라 구조조정 전문가인데, 이번 사태 발생 초기에 원자로 폐쇄에 따른 손실을 우려하여 원자로 폐쇄 결정을 지연시켰기 때문에 방사능 대량 유출을 막지 못했다는 비판을 받고 있다. 이에 따라 도쿄전력은 실패한 공기업 민영화의 대명사로 각인될 위기에 처해 있다.

1) 공기업 민영화 추진의 다양한 이론적(논리적) 근거에 대해 서술하시오. (단, 주인-대리인 이론을 이용한 근거 설명은 꼭 포함되어야 함). (35점)
2) 민영화 신중론자들 혹은 반대론자들은 이러한 민영화를 추진할 때 신중히 고려해야 할 다양한 측면에 대해 지적하고 있다. 이러한 다양한 고려 요소들에 대하여 서술하시오. (특히 행정의 가치, 공공서비스의 특성(성격), 정부의 능력, 민간의 자질(능력) 측면에서의 고려 사항은 반드시 포함되어야 함. 기타 다른 측면의 고려 요소들을 추가적으로 언급해도 무방함). (40점)

문제 3) 공직 후보자 인사청문회를 보면 종종 등장하는 단어들이 있는데, 코드 인사, 낙하산 인사, 회전문 인사 등이 대표적인 것들이다. 일반적으로 코드(code) 인사나 낙하산 인사는 유사한 의미로 통용되고 있다고 보이나, 회전문(revolving door) 인사는 다소 다른 의미로 받아들여지고 있다.

1) 코드 인사라는 단어가 의미하는 것은 무엇인가? 다양한 인사 행정 제도(예: 실적주의, 직업공무원제 등)의 측면에서 볼 때, 코드 인사는 인사행정 제도 중 어떤 제도와 연결되어 있는

개념인가? 그 인사 제도의 등장 배경(의도)와 장단점에 대하여 서술하시오. 그리고 이 제도의 현대 행정에서의 유용성 혹은 적실성에 대하여 논하시오. (45점)

2) 회전문 인사는 퇴직 공무원과 관련되어 주로 언급되는데, 정확하게 무엇을 의미하는가? 우리나라 공직자윤리법은 퇴직 공직자의 관련 분야 취업을 일정 기간 제한하는 규정을 두고 있다. 미국의 경우에도 공무원의 퇴직 후 재취업을 일정 기간 제한하기 위해 냉각기간(cooling-off periods)을 부과하는 규정을 갖고 있다. 이렇게 퇴직 공무원의 관련 분야 취업을 제한하는 이유에 대하여 해당 공직자의 퇴직 전과 퇴직 후의 행태(또는 활동) 그리고 그러한 행태가 초래할 결과를 중심으로 서술하시오. 특히, 이번 부산저축은행 및 이와 관련된 금융위원회(정부 기구)와 금융감독원(준 정부기구) 문제와 관련지어 설명하시오. (30점)

7. 2011학년도 전기

-2010년 11월 19일 시행-

문제 1) 다음은 어느 신문에 게재된 학자의 칼럼을 약간 수정한 것이다. 이를 보고 물음에 답하십시오. (50점)

> 그동안 '성공의 관문'으로 여겨져 왔던 '고시(考試, 일명 高試)'제도가 많은 변화를 겪을 전망이다. 지난 12일 행정안전부는 60여년간 유지됐던 5급채용제도의 주요 방법인 행정고등고시를 개편하는 '공무원 채용제도 선진화 방안'을 발표했다. 정부안의 핵심은 5급 채용을 '5급 공개경쟁채용시험(5급공채)'으로 명명하고 '5급 공채시험(기존의 행정고시)'과 '5급 전문가 채용시험'으로 선발하되, 전자는 현재처럼 필기시험으로, 후자는 서류와 면접으로 각각 선발한다는 것이다. 이렇게 되면 행정고시 선발인원이 축소될 수 있다. 2009년은 전체 신규채용의 27.6%가 특채로 충원됐다. 여기에 기타 특채 인원을 조정하면 2011년 특채 비율은 30%에 달한다. 현재보다 특채비율이 3~4%포인트 증가한다고 볼 수 있다. 이 방안은 세계화 등으로 급변하는 국내외 상황에 효율적인 대처가 가능한 전문성을 가진 공무원의 선발, 경쟁 확대에 따른 공직사회의 역량강화 기대, 유사한 배경(명문대·인기학과·동기생 등)을 가진 고시 출신들의 의사결정과정에서 나타나는 집단적 사고 완화, 공직사회의 유연성 확대 등을 통한 국가경쟁력 강화 효과가 기대된다. 반면, 문제점은 면접 선발의 공정성과 타당성 논란, 행정고시 선발인원 감소로 인한 고시낭인의 증가 가능성, 정원 축소로 유능한 사회적 약자들의 성공기회 축소 우려, 채용 다양화로 인한 공직사회의 이질성 심화 등이다(서울신문, 2010/08/20).

1) 위 기고문에 의하면, 공무원 채용제도를 개편하려는 이유는 전문성을 제고하기 위함이라고 한다. 왜 기존의 제도로는 전문성이 문제가 된다고 하는지 그 이유를 설명하고, 전문성이 강화되면 생길 수 있는 문제점을 설명하십시오. (30점)

2) 위 기고문에 의하면, 공무원 채용제도를 개편하려는 또 다른 이유는 공직내 경쟁을 확대하기 위함이라고 한다. 현재의 공직시스템이 경쟁이 부족하다는 주장에 대한 귀하의 의견은 무엇인지를 설명하고, 경쟁이 강화되면 생길 수 있는 문제점을 설명하십시오. (20점)

문제 2) 아래 물음에 답하시오. (50점)

> "공직자는 일반인과 마찬가지로 사익극대화(self-interest maximixation)를 추구한다"는 주장에 대한 찬성론 혹은 반대론을 전개하시오. 자신의 논지 전개에 있어서 관련 이론을 최대한 활용하고, 논지를 뒷받침하는 시사적(時事的) 사례를 하나 이상 제시하시오.

8. 2010학년도 후기

-2010년 6월 4일 시행-

문제 1) 아래에 소개된 관료제에 관한 막스 베버(Max Weber)의 생각과 관련하여, 자신이 나름대로 적합하다고 생각하는 정치와 행정 간의 관계에 대해 논하시오. (125점)

> 인용문:
> "관료제는 (순수하게 정치적이거나 경제적이거나 혹은 다른) 다양한 이익들이 마음대로 다룰 수 있는 정밀한 도구이다" (Weber, 1968: 990).
> "공무원의 명예는 상급자의 명령을 - 비록 그 명령이 그가 보기에는 잘못된 것일지라도 - 성실하게 집행하는 능력에 달려 있다" (Gerth & Mills, 1958: 95).
> "일반적으로 말해서, 훈련된 직업 관리는 그의 (비전문가인 명목상의) 상급자보다 결국에 가서는 더 자신의 마음대로 할 가능성이 높다" (Weber, 1947).
> "관료제에 대항하여, [정치적] 지배자는 힘없는 채로 남아있다" (Weber, 1968: 993).

문제 2) 행정학은 정치학, 경제학, 사회학, 심리학 등 다양한 사회과학으로부터 많은 영향을 받아왔다. 이 네 사회과학 분야 중 하나를 선택하여 다음의 질문에 답하시오.

1) 본인이 선택한 학문분야의 지식이 행정학의 발전에 기여한 내용을 서술하시오. (65점)
2) 행정현상을 이해하고 처방을 제시하는 데 있어서 본인이 선택한 학문분야의 지식이 다른 사회과학 분야의 지식에 비하여 어떤 강점과 약점을 갖고 있는지에 대하여 논의하시오. (60점)

9. 2010학년도 전기

-2009년 11월 20일 시행-

문제 1) 행정조직, 비영리조직, 그리고 민간기업조직이 서로 어떻게 다른지 비교하시오. 그리고 자신이 제시한 비교를 근거로, 한국행정조직에 사기업의 관리에 사용되는 원리를 도입하는 개혁이 어떤 효과가 있는지를 논리적으로 설명하시오. (50점)

문제 2) 아래 지문을 읽고 답하시오

〈지문 A〉

> 정부가 공무원 노조의 일탈에 칼을 빼들었다. 전국공무원노동조합(전공노)을 법외노조, 불법단체로 규정했다. 이어 전공노에 지원된 전국의 80여개 사무실 회수, 노조 전임자 업무 복귀, 급여에서의 조합비 및 후원회비 원천징수 편의 철회, 전공노와 체결한 단체협약 무효화 등 강도 높은 조치

들을 내놨다... (중략).... 정부는 앞으로도 공무원 노조의 불법적인 행위들을 철저히 파악해 엄중 대처하겠다고 강조했다. 공무원의 정치적 중립을 강화하기 위한 복무규정 개정안도 마련했다. 정치활동과 집단행동이 금지돼 있는 공무원 신분임에도 정치세력화를 지향하는 민주노총에 가입한 이후 공무원 노조의 정치운동과 각종 위법 가능성에 대한 우려가 커지고 있는 상황이다. 정부는 말에 그치지 말고 공무원 노조의 불법 행동을 엄단해 기강을 바로 세워야 할 것이다. 〈국민일보 사설, 2009.10.21 〉

〈지문 B〉

정부가 20일 발표한 공무원노조 관련 조치는 통합공무원노조의 민주노총 가입 결정에 따른 대응책 성격이 짙다. 현행법상 통합공무원노조의 민주노총 가입은 적법하기 때문에 차선책으로 가입 효과를 최소화하겠다는 것이다... (중략) ... (이는)공무원의 정치활동을 완전히 막겠다는 것이다. 행정안전부가 입법예고한 '공무원 복무규정 및 보수규정 개정안'은 공무원 또는 공무원단체가 정치적 목적으로 특정 정책을 주장하거나 반대하는 행위를 금지하는 내용이 골자다. .(중략)....
권영국 '민주사회를 위한 변호사회' 노동위원장은 "공무원의 정치적 중립은 선거에서 중립을 지키라는 것이지 정부의 정책 등에 대해 일절 의견표명을 하지 말라는 것은 아니다"라며 "행안부의 개정안은 유신독재의 긴급조치와 같은 성격으로, 공무원을 정권의 나팔수로 만들어 수족처럼 부렸던 군사독재 시절로 돌아가자는 것과 같다"고 말했다. (중략)〈경향신문, 2009.10.21〉

1) 정치적 중립의 개념을 정의하고, 공무원에 대해 정치적 중립이 필요한 근거를 설명하시오. (25점)

2) 위의 두 지문 중 한 입장을 선택하여 공무원 노동조합과 정치적 중립에 대한 본인의 견해를 피력하시오. (25점)

10. 2009학년도 후기

-2009년 6월 5일 시행-

문제 1) 다음 지문을 읽고 물음에 답하시오.

〈지문 A〉

'큰 정부론'과 '작은 정부론'은 다음 질문에 대한 해답에 의해 좌우된다. 사회에 1달러의 잉여 돈이 생겼을 때 이것을 정부가 쓰는 것이 더 효율적인가 아니면 기업이 쓰는 것이 더 효율적인가 하는 것이다. 이 1달러를 정부가 거둬들여 빈민을 구제하는 것도 물론 좋은 일이다. 그러나 기업이 이 1달러를 투자해 사업을 키운다면 그것은 일자리를 만들 뿐 아니라 이렇게 만들어진 떡이 확대재생산을 하면 그것은 몇 달러로 커질 수도 있다. '곳간에서 인심 난다'는 말대로 나라 전체의 떡이 커져야 가난한 사람들도 궁극적으로 더 많은 혜택을 볼 수 있다는 면에서 결국 정부가 그 1달러를 거두어 빈민에게 주는 것보다는 기업이 그 1달러를 쓰는 것이 궁극적으로 나라를 더 풍요롭게 하고 빈민이 받을 수 있는 혜택도 더 크다는 사실을 알게 됐다. 그렇기 때문에 대표적인 복지지향형 나라, 세계에서 세금이 가장 많은 나라였던 스칸디나비아 국가들 조차도 세금을 2분의 1, 3분의 1로 줄이면서 작은 정부를 지향하고 있다. 또, 정부가 사회의 문제를 해결하자고 나서는 것보다 기업이나 개인이 나서는 것이 더 효율성이 높다는 사실도 알게 됐다. 즉, '공적 구제'보다 '사적 구제'가 더 피해보상과 재발방지에 효과적이란 것을 알게 된 것이다. 예를 들어, 환경 파괴 기업에 대해 정부가 몽둥이를 대는 것보다 피해자들이 사법 시스템을 활용해 스스로를 구제하도록 하는 것이 훨씬 더 효과적인 것이다. 우선 피해자는 직접 당사자기 때문에 훨씬 더 집요하고 적극적이다. 때문에 환경을 파괴한 기업 입장에서 볼 때 몇 명의 공무원을 상대하는 것이 막대한 피해보상을 하는 것보다 훨씬 쉽다. 사적 구제가 활발해지면 기업들이 범죄의 유혹을 더 뿌리치게 되는 것이다. 공기업 민영화가 세계적인 조류가 되고 있는 것도 같은 맥락이다. 이제 선진국에서는 감옥조차도 국가가 아니라 기업이 운영하는 비율이 급속도로 늘고 있다. 정부가 손을 덜 대면 민간의 활동이 더 왕성하게 된다. 이런 세계사적 경험들이 누적되면서 '작은 정부'가 세계의 대세가 된 지 오래다.(매경 Economy, 2007년 11월 21일)

〈지문 B〉

연방 정부의 공적자금 투입이 계속 확대되면서 정부가 유례를 찾아보기 힘들 정도로 시장에 고강도로 개입해 있음을 보여주고 있다. 금융위기 발발 6개월째인 현 시점에서 미국 정부의 시장 개입이 최고조에 이르렀다고 속단할 수도 없다. 앞으로 천문학적인 공적자금이 몇차례 더 투입돼야 할지도 모르기 때문이다. 이런 사례는 미국에만 국한된 것이 아니며 미국과 함께 월스트리트발 금융위기의 직격탄을 동시에 맞은 유럽 국가들에도 공통적으로 나타난다.----- (중략)

'보이지 않는 손'에 의해 재원을 최적으로 분배해 장기적으로 경기진작 효과를 가져오는 것으로 알려져 있는 감세와 달리, 경기부양을 위한 재정지출은 정부가 재원투입 대상을 직접 선택한다는 점에서 정부가 절대적인 권한을 행사하다. 따라서 공공공사 발주의 수혜를 노린 기업들은 정부를 상대로 치열한 로비를 펼칠 수밖에 없는 입장이다. 또 일자리 확충을 위해 가장 빠른 효과를 거둘 수 있는 것은 정부가 공무원과 교사, 경찰 등 공공부문에 일자리를 늘리는 것이며, 이 때문에 고용시장에서도 정부가 최대의 큰 손으로 등장한 지 오래다.(매일경제, 2009.03.11).

1) 위 두 지문 A와 B는 정부의 역할과 규모에 대한 서로 다른 처방을 보여 주고 있다. '큰 정부' 또는 '작은 정부'에 대한 귀하의 입장을 논술하시오. 이 때 정부규모와 경제성장, 정부규모와 복지증진의 관계에 관한 설명이 포함되어야 합니다. (70점)

2) 지문 B에 의하면, 경제위기 때문에 정부규모가 팽창하는 것으로 보인다. 그렇다면 경제위기가 끝나면 정부규모는 작은 정부로 돌아가게 될까? 정부규모 결정에 관한 이론을 토대로 귀하의 의견을 논술하시오. (55점)

문제 2) 최근 공공부분에 다양한 성과평가 방식이 도입되고 있다. 특히 공무원 인사관리에서도 직무성과계약제, 다면평가, 성과관리카드제도, 성과급지급 등 평가의 중요성이 증대되고 있다. 또한, 공기업·준정부기관 경영실적 평가, 공공 기관 청렴도 평가, 공공기관장 경영계약서 이행실적평가 등이 확대 실시되고 있다. 이와 같이 공공부분에 대한 성과평가가 강화되고 있지만 대부분의 행정 학자들은 공공부분의 성과평가가 민간부분보다 어렵다고 주장하고 있다. 이러한 행정학자들의 주장에 대해 어떠한 측면에서 동의할 수 있는지 또는 이견을 제시할 수 있는지 근거를 들어 설명하시오. (65점)

문제 3) Janet V. Denhardt와 Robert B. Denhardt는 행정서비스의 위상과 가치를 제고하기 위해서는 정부가 신공공관리론(New Public Management)이 강조하는 '경영의 방식'으로 운영되어서는 안 된다고 하면서 신공공서비스론(New Public Service)을 주장하였다. 신공공관리론과 신공공서비스론의 차이점을 각각의 패러다임이 시민을 어떻게 인식하고 있는지에 초점을 맞추어 논하시오. (60점)

11. 2009학년도 전기

-2008년 11월 21일 시행-

문제 1) 최근 국가정책을 결정하는 과정에서 정부의 고위정책결정자, 관료와 같은 공식적 정책 당사자 뿐만 아니라 사회의 다양한 행위자들이 정책에 참여하고 있다. 이 같은 현상을 행정학적 관점에서 사례를 들어 설명하고, 이러한 의사결정이 효과적으로 이루어지기 위해 필요한 요소들은 무엇인지 제시하시오. (50점)

문제 2) "직업공무원의 재량권(discretion)을 확대하면 정부의 성과가 향상 된다"라는 주장에 대한 찬성론 혹은 반대론을 전개하시오. (25점)

문제 3) (문제 2)에서 제시한 자신의 논리에 따라 정부가 일하는 방식을 개혁한다고 가정하자. 그 개혁의 간략한 내용과, 그 개혁에 의해 발생할 수 있는 의도하지 않은 결과(unintended consequences)를 서술하시오. (25점)

정책학

1. 2014학년도 전기

-2013년 11월 6일 시행-

문제 1) 정책과정(policy process)에 대한 대표적 이론으로 전통적인 stage model이외에 Kingdon의 Stream model, Sabatier의 Advocacy Coalition model, 그리고 Baumgartner & Jones의 Punctuated Equilibrium model 등을 들 수 있다. 하지만 모형은 현상에 대한 설명 또는 예측을 위한 도구라는 점에서 현상에 따라 그 적용가능성(또는 적절성)에 차이가 난다. 최근 논란이 되고 있는 박근혜 정부의 복지정책 확대과정을 상기한 이론 중 하나를 들어 간략히 설명해 보라. 단, 선택한 모형의 특징을 최대한 부각할 수 있도록 답안을 작성하라. (30점)

문제 2) 정책과정에서 자주 논의되는 포획(capture)과 철의 삼각(iron triangle)에 대해 설명하고, 이를 통해 발생할 수 있는 사회적 편익과 비용에 대해 논의해 보라. (20점)

문제 3) 아래 사설을 읽고 세계은행에서 시행한 빈곤퇴치프로그램의 문제점을 서술해 보시오. (15점)

문제 4) 여기서 서술한 문제점을 바탕으로 이를 해결하기 위한 다수의 정책수단(policy instruments)을 문제원인과 기대되는 효과(인과관계)를 중심으로 설계해 보시오. (35점)

〈참 고〉

정책수단의 유형으로 명령-통제(command & control tools), 시장기제 수단(market based tools), 정보-소통 수단(information & communication tools), 커뮤니티 기반 수단(community based tools) 등이 있다.

〈사 설〉

김용 세계은행 총재, 개혁과 빈곤퇴치를 기대한다

신자유주의 세계화와 금융위기의 여파로 빈부격차가 심화돼 세계은행의 역할은 갈수록 중요해지고 있다. 하지만 세계은행은 후진국의 경제부흥을 목적으로 만들어졌으나 그동안은 선진국의 입김에 따라 성장과 개발을 추구해온 측면이 있다. 융자와 원조를 주는 대신 개방과 규제 완화를 강요함으로써 개도국 국민의 삶의 질 향상보다 서구 자본에 봉사한다는 비판도 받아왔다. 그런 점에서 김 차기 총재가 기존 관행에 도전해 세계은행의 개혁을 이끌겠다고 포부를 밝힌 것은 다행스럽다. 우선 개도국의 참여를 확대하고 가난한 나라들의 목소리에 귀를 더 많이 기울여 세계은행 운영을 민주화해야 한다. 또 성장보다 분배와 빈곤퇴치에 역점을 두고 개발 위주의 사업을 교육·보건·환경·여성 등 다양한 분야로 확대해야 한다.

세계은행은 그동안 각국 정부에 차관을 제공해 사회인프라와 경제 수준을 끌어올리는 방식으로 사업을 해왔다. 하지만 지금은 세계 빈곤층의 3분의 2가 중진국에 거주할 정도로 국가 내 빈부격차가 심화됐다. 빈곤의 원인 또한 세계화와 기후변화 등으로 다양해졌으며 지역문제화하는 경향이 있다. 세계은행이 전세계의 다양한 경제문제에 개입하고 전쟁이나 자연재해로 타격을 입은 나라의 지원에 나서는 것은 당연하지만, 그런 만큼 임무와 위상이 불투명하다는 지적도 나온다. 중국이나 브라질처럼 현금을 쌓아놓은 국가들이 빈곤국 개발 투자를 주도하고 구호사업 분야에서도 빌게이츠재단과 같은 민간단체 힘이 커지는 상황 변화도 있다.

그런 까닭에 지난해 기준으로 각국에 2580억달러를 지원해주고 있는 세계은행은 더욱 전략적인 접근이 요구된다. 개별 국가보다 이슈 및 영역 위주로 사업을 진행하고 특정 사회나 문제에 적합한 맞춤형 프로그램을 개발할 필요가 있다. '제복을 입은 민간인'이라는 세계은행의 관료주의 문화도 개혁 대상이다. [출처: 한겨레, 2012년 4월 18일자, 31면 사설]

2. 2013학년도 후기

-2013년 5월 10일 시행-

문제 1) 지난 2008년 미국발 금융위기 이후 국가의 시장에 대한 적극적인 개입이 전세계적인 현상으로 자리 잡고 있다. 이러한 현상을 두고 워싱턴 컨센서스(Washington Consensus)로 불리는 신자유주의가 붕괴했다는 시각에서부터 최근의 정부개입 증가는 일시적인 현상으로서 이를 신자유주의 쇠퇴의 서곡으로 볼 수 없다는 시각에 이르기까지 다양한 견해가 존재한다. 우리나라 행정 · 정책학계에서도 지난 10여 년간의 신자유주의적 실험에 대한 다양한 평가 노력이 이루어지고 있다. 아울러 뉴거버넌스론, 규제국가론(regulatory state model), 경쟁적 조합주의론(competitive corporatism), 신발전국가론(neo-developmental state model), 완충국가론(buffer state model) 등 대안적 국가-시장-시민사회 관계를 모색하려는 노력이 계속되고 있다. 구체적인 사례와 이론적 근거를 들어 대안적 국가-시장-시민사회 관계에 관한 본인의 의견을 개진하시오. (주: 반드시 문제에 열거된 이론적 사례에 국한될 필요는 없음) (100점)

문제 2) 구체적인 이론과 사례를 들어 관료들의 포획(capture)의 원인과 결과에 대해 논하시오. (50점)

문제 3)

> Perhaps the most influential exponent of pluralist theory, and certainly a very important one for the study of policy process, has been Robert Dahl. Dahl argues that power in many western industrialized societies is widely distinguished among different groups. No group is without power to influence decision making, and equally no group is dominant.

위의 글을 읽고 Dahl의 주장에 대해 한국의 정책과정에 대한 적실성을 중심으로 자신의 주장을 제시하시오. (100점)

3. 2013학년도 전기

-2012년 11월 9일 시행-

문제 1) 정책학의 학문적 패러다임은 지속적으로 변화하여 왔다. 최근에는 'Public policy as persuasion' 이라는 시각에서 공공정책을 바라보는 패러다임이 제기되고 있다. 이에 대하여 'Public Policy as science'라는 시각과 대비하여 설명하시오. (50점)

문제 2) 현대 사회에 들어 정책 조정의 중요성을 강조하는 주장이 많아지고 있다. 예를 들어, 우리나라 중소기업지원정책은 2011년 기준으로 15개 정도의 중앙부처에서 약 10조원의 예산으로 운영되고 있고, 지자체 및 중소기업진흥공단도 별도의 다양한 지원 정책을 실시하고 있다. 따라서 이들 간에 조정이 필요한 것이 아니냐는 지적이 존재한다.

(2-1) 정책 조정이 필요한 이유 혹은 중요한 이유를 논하시오. (5점)

(2-2) 우리나라 정책 조정 제도를 유형별로 소개하고, 각각의 장단점을 논하시오. (20점)

문제 3) 다음은 2012년 9월 23일자 연합뉴스 기사이다. 이 기사를 읽고 아래의 질문에 답하시오.

> 이번 대선후보 A는 각계각층 전문가들의 집단지성으로 만들어진 혁신적인 정책을 대선 공약으로 수렴한다. 'OO'이라는 정책네트워크 안에서 혁신 및 융합 분야의 이해도가 높은 전문가들이 수평적으로 연결된 다양한 분야의 정책그룹 속에 포진되어 정책 및 비전을 만들어 나가는 구조다. 'OO'은 앞으로 경제 · 사회적 혁신과 경제민주화 · 복지의 선순환, 외교 · 안보 등 다양한 분야의 포럼을 이어나갈 계획이다. 이들 포럼은 후보 캠프와 수평적인 관계망 속에서 움직인다. 각 포럼에서는 참석자 가운데 1~2명이 정책 코디네이터 역할을 맡아 공약으로서의 가치가 있는 내용을 정리해 캠프에 전달한다. 각 포럼은 과제를 해결하는 데 도움이 되면 분야를 가리지 않고 여러 전문가들이 참석하는 융합적 접근 방법으로 운영된다. A 후보는 포럼에서 "우리가 지향하는 것은 수평적이고 열린 개방적 정책네트워크로, 여기 계신 다양한 전문가들이 여러 포럼에 적극 참여해 국민의 의견을 반영해 좋은 정책을 만들고자 노력할 것"이라고 말했다. (단, 'OO'는 정책네트워크의 이름)

(3-1) 정책네트워크(policy Network)가 등장하게 된 배경에 대해 설명하시오. (7점)

(3-2) 학자들에 따라 사용하는 기준에 약간의 차이가 존재하기는 하지만, 정책네트워크 참여자의 수, 배타성, 상호의존성, 관련 분야 여부 등의 변수를 기준으로 정책네트워크의 유형을 policy curtain, iron duet, iron triangle, policy community, issue network 등으로 구분한다. 각 유형에 대해 설명하시오. (18점)

4. 2012학년도 후기

-2012년 6월 8일 시행-

문제 1) 다음의 신문기사를 읽고 아래의 질문에 답하시오 (75점)

> 인천 송도 경제자유구역에 국제병원을 설립하는 문제가 다시 원점으로 돌아가고 있다. 정부는 경제자유구역특별법 시행령을 고쳐 국제병원 설립 세부 절차를 보건복지부령으로 정하도록 했고, 복지부는 세부사항을 담은 시행규칙을 마련 중이다. 송도 국제병원 설립이 가시권에 들어오는 듯했다. 그러나 정작 병원 설립 우선협상대상자인 다이와·삼성 컨소시엄이 과도한 규제와 높은 반대 여론을 이유로 회의적인 입장을 보이고, 인천시는 송도 국제병원을 비영리병원으로 설립하는 방안을 만지작거리고 있다. 국제병원 설립 추진을 다시 원점에서 시작해야 할 분위기다. 경제자유구역에 국제병원을 짓는 것은 2002년부터 추진해온 일이다. 그러나 야당과 일부 시민단체의 거센 반발로 지난 10년 동안 단 하나의 국제병원도 착수하지 못했다. 반대 세력들은 국제병원이 건강보험 적용을 받지 않고 투자금을 회수할 수 있는 영리병원인 점을 들어 "의료 민영화의 시작이고, 한번 영리병원을 허용하면 전국으로 퍼질 것이며, 그럴 경우 국내 의료체계가 무너질 수 있다"고 주장하고 있다. 포괄수가제 등 정부 정책을 반대하는 노환규 신임 의사협회 회장은 이 문제에 대해 이렇게 말했다. "삼성서울병원·서울아산병원·세브란스병원 등과 중소형 병·의원 모두 정부가 아닌 국민이 투자해서 운영하고 있으니 의료는 이미 민영화돼 있다. 또 의료기관 중 영리를 추구하지 않는 곳은 하나도 없다." 노 회장은 그러면서 "투자를 허용할 것인지가 문제인데 과거 IT 기업들에 투자를 허용하지 않고 개발자들에게만 회사 설립을 허용했다면 지금처럼 발전할 수 있었을지 생각해 볼 여지가 있다"고 말했다. 산업 차원에서 의료도 투자를 허용해야 한다는 주장이다.(조선일보 2012년 5월 30일자)

영리병원은 찬반 양쪽에서 과도한 기대와 과도한 우려가 교차하고 있다. 공익적인 관점과 사익적인 관점이 팽팽히 맞서고 있는 것이다. 이러한 정책적 딜레마를 해결하기 위해 정책학 연구에서는 (1) 하향적 접근법, (2) 상향적 접근법, (3) 통합적 접근법이 제시되어 왔다.

(1-1) 위의 세 가지 접근법에 대해 약술하시오 (25점)

(1-2) 위의 세 가지 접근법 중 하나를 선택하여 위의 국제병원 딜레마 사례에 적용하여 분석한 후 정책 대안을 제시하시오. (50점)

문제 2) 아래의 신문기사를 읽고 우리나라의 에너지 정책을 추세(trend), 제도(institution), 그리고 사건(event)의 관점에서 재구성하여 분석한 후 전력수급 문제를 해결할 수 있는 정부의 대책은 무엇인지 논하시오. (50점)

> 때 이른 더위가 이어지면서 2일 오후 3시 전력예비율이 7.1%로 떨어졌다. 순간 전력수요가 5919만KW까지 치솟으면서 전력예비량이 422만KW밖에 남지 않았기 때문이다. 전력예비율은 현재 사용되는 전력보다 추가로 얼마나 더 공급할 수 있느냐를 보여 주는 수치다. 통상 10%를 넘어야 안정권으로 해석된다. 전력예비량이 400만KW대로 떨어진 것은 올 들어 처음이다. 본격적인 무더위가 시작되기도 전에 전력공급에 비상이 걸리면서 올여름 전력수급이 우려된다는 지적이 나오고 있다. 전력 당국은 통상 안정적인 전력공급을 위해 전력예비량을 500만KW대로 유지하고 있다. 전력예비량이 400만KW 이하로 떨어지면 가동정지 중인 발전기를 돌리는 등 각종 비상대책을 실시하게 된다. 이날 전력예비량이 급격히 떨어진 것은 냉방기 사용이 늘어 전력 수요가 급증했기 때문이다. 게다가 여름철 전력 수요에 대비하기 위해 상당수 발전소가 정비에 들어가면서 전력공

급량도 줄어든 상태다...지난해 9·15 대정전도 여름철 비상대책 시기가 끝나고 발전기들이 동시에 대거 정비에 들어가면서 발생했다. 이 때문에 전력 수급에 문제가 없을 것이라 안심하기는 이르다는 지적이다. (조선일보 2012년 5월 3일자).

문제 3) 여성가족부는 저출산 문제를 완화하기 위한 방법 중의 하나로 아이돌보미 서비스를 실시하고 있다. 이와 같은 정책의 효과를 분석하기 위한 방법들에 대해 설명하시오. (40점)

문제 4) 정책변동을 설명하는 이론들을 열거하고, 우리나라의 현실에 적용하여 보시오. (40점)

문제 5) 정책의 결과를 평가하기 위하여 단절적 시계열 방법론이 많이 활용되고 있다.

(5-1) 이 방법론의 기본적 내용이 무엇인지 기술하시오. (15점)

(5-2) 단절적 시계열 방법론의 장점과 단점에 대해 설명하시오. (15점)

(5-3) 이 방법론이 가지는 문제점을 해결하려면 어떠한 것이 필요한지 설명하시오. (15점)

5. 2012학년도 전기

-2011년 11월 11일 시행-

문제 1) (50점)

...Samsung began as a small noodle business in 1938. Since then it has swelled into a network of 83 companies that account for a staggering 13% of South Korea's exports...It makes more televisions than any other company, and may soon displace Nokia as the biggest maker of mobile-telephone handsets...China sends emissaries to study what makes the firm tick in the same way that it sends its bureaucrats to learn efficient government from Singapore. To some, Samsung is the harbinger of a new Asian model of capitalism. It ignores the Western conventional wisdom. It sprawls into dozens of unrelated industries, from microchips to insurance. It is family-controlled and hierarchical, prizes market share over profits and has an opaque and confusing ownership structure. Yet it is still prodigiously creative, at least in terms of making incremental improvements to other people's ideas: only IBM earns more patents in America. Having outstripped the Japanese firms it once mimicked, such as Sony, it is rapidly becoming emerging Asia's version of General Electric, the American conglomerate so beloved of management gurus.

There is much to admire about Samsung. It is patient: its managers care more about long-term growth than short-term profits. It is good at motivating its employees. The group thinks strategically: it spots markets that are about to take off and places huge bets on them. The bets that Samsung Electronics placed on DRAM chips, liquid-crystal display screens and mobile telephones paid off handsomely. In the next decade the group plans to gamble again, investing a whopping $20 billion in five fields in which it is a relative newcomer: solar panels, energy-saving LED lighting, medical devices, biotech drugs and batteries for electric cars. Although these industries seem quite different from each other, Samsung is betting that they have two crucial things in common. They are about to grow rapidly, thanks to new environmental rules or exploding demand in emerging markets...

> It is easy to see why China might like the chaebol model. South Korea's industrial titans first prospered in part thanks to their close ties with an authoritarian government. Banks were pressured to pump cheap credit into the chaebol, which were encouraged to enter dozens of new businesses--typically macho ones such as shipbuilding and heavy industry. Ordinary Koreans were chivvied to save, not consume. South Korea grew into an exporting powerhouse. Does this sound familiar? In China, too, the state draws up long-term plans, funnels cash to industries it deems strategic and works hand-in-glove with national champions...
>
> No doubt inadvertently, Samsung feeds this delusion. For delusion it is, on three levels. Most broadly, South Korea's prosperity owes less to dirigisme than China's dirigistes believe, and nothing to dictatorship--South Korea is now a democracy, and much happier for it. Second, the chaebol system has been less beneficial for South Korea than Samsung's success might imply. Some of the state-directed cheap credit that powered the chaebol produced superb companies. But it yielded some costly failures, too. During the Asian financial crisis of 1997-98, half of the top 30 chaebol went bust because they had expanded recklessly.
>
> Defenders of the chaebol say that the crisis spurred reforms, curbing the tendency of the chaebol to overborrow and overexpand. They don't hog credit as much as before. But in general the giants still crowd out small entrepreneurial firms: a former boss of Samsung Electronics has warned that South Korea has too many eggs in too few baskets. And despite a decade of political reform, the ties between the chaebol and the state are still too cosy. President Lee Myung-bak (the ex-boss of a Hyundai firm) has pardoned dozens of chaebol bosses convicted of corporate crimes...For all its modern technology, Samsung's story is an old one writ new--the well-run family firm, with a strong culture and a focus on the long term, which has made good use of an indulgent state. Celebrate it on those grounds and Asia's new model has something going for it. Just don't expect it to keep going at its current rate for ever.
>
> 〈The Economist, October 1, 2011〉

(1-1) 위의 지문이 제시하는 핵심쟁점을 정책이론적 관점에서 재구성하시오. (25점)

(1-2) 재벌중심의 경제발전 전략의 의의와 한계에 대해 구체적 사례를 들어 논하시오. (25점)

문제 2) 다음 질문들에 답하시오.

(2-1) 1973년에 출판된 Pressman & Wildavsky의 Implementation 이후 현대적 정책집행론에 대한 연구가 많이 시작되었고, 하향적 접근과 상향적 접근이라는 두 가지 접근 방법을 중심으로 연구가 활발히 이루어져 왔다. 그리고 1980년대 중반 이후에는 양 접근법의 장단점을 보완하기 위한 노력으로 양 접근법을 통합하려는 시도가 나타났으며, 다양한 학자들의 모형이 제시되어 왔다. 우선, 하향적 접근법과 상향적 접근법을 약술하시오. 그리고 다양한 통합 모형들 중에서 하나를 선택하여 소개하시오. 단, 다양한 통합 모형 중에서 Advocacy Coalition Framework은 선택하지 마시오. (20점)

(2-2) 최근 몇몇 학자들은 implementation structure 혹은 network 등의 개념을 이용하여 현실의 정책집행 과정에 대해 분석하고 있는데, 왜 이러한 개념들이 등장했으며, 이러한 개념들이 현실의 정책 집행 과정을 설명하는데 어떤 유용성을 가지는 지에 대하여 서술하시오. (10점)

문제 3) Birkland는 자신의 책 “An Introduction to the Policy Process”에서 정책 과정(policy process)의 네 가지 대표적인 모델로 Stages Model, Kingdon의 Streams Metaphor, Sabatier의 Advocacy Coalition Framework, Baumgartner & Jones의 Punctuated Equilibrium Model을 들고 있다. 이 중 하나의 모형을 선택하고 현실의 정책 사례를 적용하여 그 모형을 설명하시오. (20점)

6. 2011학년도 후기

-2011년 6월 3일 시행-

문제 1) 정책수단(policy tools 또는 policy instruments)의 유형에 대해 논술하시오. (65점)

문제 2) 아래 신문기사를 읽고 탄소세와 탄소시장을 활용하는 상이한 정책수단들의 장단점을 논술하시오. 또한 환경정책 수단을 둘러싼 정치경제적 이해관계를 설명할 수 있는 요인들을 논술하시오. (60점)

> 탄소세는 지구온난화의 주범인 이산화탄소(CO_2) 배출량을 줄이기 위해 석유와 석탄을 비롯한 화석 에너지에 대해 사용량에 따라 매기는 세금이다. 탄소배출권 거래제는 사업장이나 건물별로 온실가스 배출 허용 총량을 정한 뒤 온실가스를 배출할 권리를 사고팔 수 있도록 해주는 제도이다. 그러나 이들 두 정책수단에 대한 상반된 의견이 존재한다.
>
> 탄소세 도입에는 신중한 입장을 보이는 전문가들도 적지 않다. 박태진 대한상의 지속가능경영원장은 “탄소세 도입 논의는 아직 시기상조”라며 “최근 탄소세 도입을 철회한 프랑스 사례를 거울삼아야 한다”고 말했다. 국민들의 조세 저항을 우려하는 견해도 있다. 유류에 대한 세금이 많은 상황에서 탄소에 세금을 도입하면 조세저항이 우려되기 때문에 석탄이나 석유 외에 탄소를 유발하는 제품에 부담금을 늘리는 방식을 고려해야 한다는 것이다.
>
> 한편 Anthony Giddens는 탄소시장에 대한 지나친 믿음을 경계하며 탄소시장의 성공가능성을 현재로서는 평가하기 어렵다고 주장한다. 오히려 탄소시장을 통해 탄소배출에 대한 정치적 면죄부만 제공할 것이라는 우려도 나온다.
>
> 탄소세와 배출권 거래제 도입 시기에 대해 현재 한국 정부는 함구하고 있다. 세금 제도를 다루고 있는 기획재정부 관계자는 “아직 구체적으로 결정된 것은 아무것도 없다”고 말했다. 기업 이익을 대변하는 지경부 관계자도 “아직 부처별 협의가 이뤄지지 않은 상태에서 도입 시기를 말하기는 어렵다”는 반응이다.
>
> 기업들은 탄소세 도입에 민감한 반응을 보인다. 이미 지난 4월 녹색성장기본법 발효로 에너지 목표 관리제를 시행하는 마당에 또다시 탄소세를 도입할 경우 이중규제의 부담을 안게 된다며 반발하고 있다. 대한상공회의소는 탄소세를 도입하면 2013년 온실가스 배출을 4.06% 줄일 수 있지만 일자리 5만 5000개가 사라질 것이라고 예상했다.
>
> 출처: 경향신문, 2010년 07월 6일자 18면에서 부분 인용

문제 3) 1951년 H. Lasswell의 에세이 "The Policy Orientation"이 정책과학(policy science)의 필요성과 방법론을 제시한 이후 1950년대 미국 행정학계에서는 행태주의에 대한 반성이 시작되었다. Lasswell은 도구적 관점에서 문제해결을 위한 지식을 산출하려는 그의 실용적 접근법을 각색한 것이 바로 정책학이라고 하였다. 그러나 정책학의 본격적인 출발은 행태주의의 물결이 수그러든 1960년대에 들어서야 가능하게 되었다. 1960년대 들어 미국 사회가 혼란한 와중에 D. Easton 등은 적실성의 신조(credo of relevance)로 요약되는 후기행태주의의 등장을 선언했고, 이를 계기로 정책학의 폭발적 성장이 이루어지게 되었다. 1990년대부터 우리나라에서도 본격적인 정책학 연구가 이루어지고 있다. 이러한 배경 하에서 2011년 오늘 정책학이 갖는 학문적 및 실천적 정체성과 의의에 대해 논하시오. (60점)

문제 4) 최근 우리나라 정치권에서는 무상급식 정책에 관한 논쟁에 이어 반값 대학 등록금 정책에 관한 논쟁이 연일 계속되고 있다. 무상급식과 반값 등록금 사례에서 드러난 핵심적인 정책문제와 쟁점은 무엇인지 정책의제 설정론의 관점에서 논하시오. (35점)

문제 5) 최소한 두 가지의 정책학 이론을 토대로 최근 사회적으로 문제가 되고 있는 저축은행 비리 사태에 관해 논하시오. (30점)

7. 2011학년도 전기

-2010년 11월 19일 시행-

문제 1) 아래 의료정책갈등 사례를 읽고 아래 질문에 답하시오. (50점)

> **[의료정책 갈등 사례]**
>
> 〈신문기사 1〉
>
> 재정부는 임시 국회를 앞두고 국회 기획재정위원회에 제출한 업무보고 자료를 통해 영리 의료법인 도입 등 서비스산업 선진화 방안을 올해 하반기 중점 과제로 추진하겠다고 20일 밝혔다. 하지만 복지부는 여전히 반대 입장을 굽히지 않아 재정부 의도대로 진행될지는 미지수다. 복지부는 영리 의료법인 도입 여부는 필수 공익의료 확충, 공공보험 보장성 강화 등 보완 방안과 병행해 장기적으로 검토돼야 한다는 입장이다. 출처: 한국경제신문, 2010년 6월 20일자
>
> 〈신문기사 2〉
>
> 보건산업진흥원과 한국개발연구원(KDI)이 15일 내놓은 '영리법인(투자개방형 의료법인) 도입 필요성 연구용역' 보고서는 지금까지 영리법인 도입 여부를 놓고 보건복지가족부와 기획재정부가 각기 보여온 입장에서 크게 벗어나지 않고 있다.
>
> KDI는 영리법인 도입돼 자본투자와 서비스공급이 증가하면 필수의료부문에서는 진료비가 감소할 것으로 전망했다. KDI는 특히 의료서비스 가격이 1% 하락하면 국민의료비가 2천560억원이 감소할 수 있다는 긍정적 예상치도 내놨다. 이밖에도 KDI는 영리법인 도입의 효과로 △만성질환 환자에 대해 의료와 돌봄 서비스 △유비쿼터스 헬스(U-health) 산업의 발달 △시장규칙 정립과 투명성 제고 △자본조달경로 확대를 통한 대학-연구소-병원 간의 협력촉진 등을 꼽았다.

> 하지만, 진흥원은 일부 경제적 효과가 있지만, 의료산업 전체에 미치는 부정적 측면이 크다고 강조했다. 개인병원 중 20%가 투자개방형 법인 병원으로 전환하면 국민의료비가 최대 2조2천억원 증가하고, 92개의 중소병원이 폐쇄되는 부정적 효과를 점쳤다. 현 건강보험료와 별도로 연간 30만원을 들여 건강관리서비스를 받거나, U-헬스에 연간 22만원을 추가 지불하는 서비스를 인구의 20%(927만명)가 이용할 경우에는 국민의료비가 4조3천억원이나 높아질 것으로 예상됐다. 출처: 한국경제신문, 2009년 12월 15일

1) 위의 의료정책 갈등사례들을 근거로 대립하는 정책프레임 2개를 찾아내고(15점), 각 프레임에 맞는 정책목표와 정책수단으로 무엇이 있는지 논의해 보시오. (15점)
2) 투자개방형 의료법인 도입 시 KDI와 보건산업진흥원이 의료비 증감에 대해 각각 정반대 의견을 제시하고 있는데 그 이유를 설명해 보시오. (20점)

【문제 2~4】 다음 지문을 읽고 질문에 답하시오. (50점)

> 정부가 합계출산율을 경제협력개발기구(OECD) 평균인 1.71명까지 끌어올리기 위한 '2011~2015년 제2차 저출산·고령사회 기본계획'의 최종안을 26일 국무회의에서 확정했다. 지난해 합계출산율은 1.15명. 이 수준대로면 한국은 2016년부터 유소년 인구(14세 이하)가 노인 인구(65세 이상)보다 적어진다. 총인구 자체도 감소한다. 그러나 2020년까지 출산율이 OECD 평균인 1.71명으로 올라서면 총인구 감소 시점은 2030년 이후로 늦춰질 것으로 예상된다. 이 목표를 달성하기 위해 앞으로 5년간 75조8000억 원을 투입한다. 1차 계획에 투입한 예산인 42조2000억 원에 비해 79%가 늘어난 것이다. 저출산 부문 재원 규모만 전체의 절반이 넘는 39조7000억 원으로 1차의 19조7000억 원에 비해 두 배 정도 늘었다. 이번 최종안은 9월 발표한 초안에서 여론의 질타를 받았던 △비정규직 여성 △신혼부부 △노인 지원을 강화했다. 특히 (1)기간제(비정규직) 근로자는 사용자와 합의해 육아휴직 기간만큼 계약기간을 연장할 수 있도록 했다. 현재 월 50만 원에서 임금의 40%(최대 100만 원)까지 확대하는 육아휴직 급여 정률제를 도입했지만 비정규직 근로자는 혜택을 받기 힘들다는 지적에 따른 것이다. (2) 임신·출산하는 비정규직 근로자를 계속 고용하는 기업에는 정부의 조달물품 입찰에 가산점을 주는 등 인센티브를 제공한다. (3) 결혼한 지 5년 이하의 신혼부부는 무주택 기간에 상관없이 국민주택기금 대출을 받을 수 있다. 6개월 이상 무주택기간을 둔 규정을 적용하지 않는다. 내년부터 '근로자·서민 전세자금대출'을 받을 수 있는 신혼부부의 소득 요건도 부부합산 소득 3000만 원 이하에서 3500만 원 이하로 완화됐다. 또한 국민임대주택 분양 후 남은 물량에 대해 입주 우선권을 부여하기로 했다. 저출산에 비해 부족했던 고령화 대책도 보완했다. 중고령 여성을 위한 직업상담 등 취업지원을 강화하고 무배우자 여성 노인의 소득 보장 강화를 위해 유족연금 급여수준을 인상하기로 했다. 보육료 전액지원 확대, 여성의 일과 가족의 양립 지원 등 기본 방향은 공감을 얻고 있지만 실질 효과를 내기에는 구체성이 부족하다는 지적이다. 일단 유족연금 상향 조정, 여성고용 기업 인센티브 제공 등의 사업에 들어가는 예산은 아직 '검토' 중이다. 서울 경기 국민임대주택은 현재도 경쟁률이 높은데 미임대 물량을 신혼부부에게 보급하겠다는 것은 '공염불'에 그칠 수 있다. 기간제 근로자의 고용기간 연장도 노사 간 합의에만 맡기고 강제조치는 없다. 실제 비정규직 근로자가 사용자와 근로기간 보장을 위한 협상을 하기 쉽지 않을 것이라는 우려가 나왔다. 이에 따라 여성·노동계의 반발도 여전하다. 한국여성단체연합, 민주노총 등은 26일 국회 앞에서 기자회견을 하고 산전후 휴가와 육아휴직에 대한 법적 강제 조치가 필요하다고 밝혔다. 재계는 이날 발표된 기본계획이 기업의 부담을 키울 수 있다고 우려했다. 한 대기업 관계자는 "기업이 기간제 근로자를 쓰는 가장

> 큰 이유는 근로기간이 한정돼 있다는 점"이라며 "예측 불가능한 육아휴직 기간에 따라 고용 기간이 연장된다면 기간제 근로자 채용 계획이 불안정해질 수 있다"고 말했다. 다만 기간제 근로자의 육아휴직 기간을 무기한 계약직 전환이나 근속기간 산정에서 제외하기로 한 것은 다행이라는 반응이었다. 기업들은 육아기 근로시간 단축 청구권과 근로시간 단축급여 지급 방안이 상당수 업종에서 실효성 있는 대책이 될 수 있을 거라고 평가했다.

문제 2) 위의 지문에서 밑줄 친 부분에 나열된 (1), (2), (3)의 정책대안들은 정책문제의 원인을 무엇으로 파악하고 어떠한 정책문제의 구조 (structure of policy problems)를 통해 문제의 인과관계를 식별하는 대안들인지 설명하시오. (15점)

문제 3) 위의 지문에서 밑줄 친 부분에 나열된 (1), (2), (3)의 정책대안들의 결과를 예측할 수 있는 방법들은 무엇이 있는지 설명하시오. (15점)

문제 4) 위의 지문에서 밑줄 친 부분에 언급된 (3)번 (신혼부부에 대한 배려정책) 정책대안의 효과를 검증하기 위한 정책평가를 실시한다고 할 때 논리모형, 평가설계, 변수측정, 분석방법에 대하여 논하시오. (20점)

8. 2010학년도 후기

-2010년 6월 4일 시행-

문제 1) 천안함 침몰사건에 온 국가의 관심이 집중되고 있다. 정부는 이 사태에 어떻게 대응할 것인가를 놓고 깊은 고민에 빠져 있다.

1) 이 사건과 관련된 주요 정책과정 참여자와 그들이 추구하는 목적에 대해 기술하시오. (30점)
2) 정책의제 설정이론을 사용하여 이 사건이 정책의제로 등장하게 된 사실에 대해 설명하여 보시오. (30점)
3) 정부가 최종으로 선택하게 될 대응책을 이론을 바탕으로 설명하시오. (30점)

문제 2) 정책변동의 유형을 기술하고 각 유형별로 변동이 발생하게 되는 원인에 대해 설명하시오. (35점)

문제 3) 다음 지문을 읽고 물음에 답하시오.

> 5세 이하의 영유아를 어린이집에 맡기는 부모들에게 가장 만족도가 높은 어린이집은 직장보육시설로 나타났다. 부모들은 직장보육시설을 이용할 때는 직장생활과 자기계발에도 도움이 된다고 평가했다. 보건복지부가 25일 발표한 '2009년 보육실태조사'에 따르면 직장어린이집 만족도(5점 만점)는 3.99점으로 가장 높았다. 반면 민간어린이집은 3.61점으로 가장 낮았고, 법인어린이집과 국공립어린이집은 각각 3.87점, 3.73점이었다. 어린이집에 대한 평균 만족도는 5년 전의 3.58점보다 소폭 오른 3.68점이었다. 영유아보육법에 따라 2004년에 이어 두 번째로 실시된 이번 조사는 지난해 3~5월 어린이집을 이용하는 2554가구의 부모 3303명을 대상으로 실시됐다. 직장어린이집의 만족도가 가장 높은 까닭은 일하는 여성의 욕구에 가장 부합하는 시설이기 때문인 것

> 으로 분석됐다. 직장보육시설을 뺀 나머지 보육시설의 평균 운영시간은 7시간대였다. 반면 직장보육시설은 평균 10시간 22분이었다. 퇴근할 때까지 직장보육시설이 아이들을 맡아 준 것. 이 때문에 직장보육시설을 이용하는 여성은 평균 8시간38분간 아이를 맡길 수 있었다. 또 직장보육시설에 아이를 맡김으로써 엄마들의 직장생활에도 큰 도움이 되는 것으로 나타났다. 직장보육시설을 이용할 때 '취업 및 구직'(3.95점) '업무능률 향상'(3.91점) '학업 및 취업훈련'(2.63점) 등 업무영역에서 도움이 된다는 응답이 높았다. 다른 보육시설에 비해 평균 0.3~0.8점 높은 수치다. 반면 '여가활동' '육아지식 확대' '가족갈등 완화' 등 업무 외 영역에서는 지역 어린이집이 상대적으로 높은 점수를 받았다. 기업에서 보육비를 보조하므로 부모 부담도 적었다. 본인부담금은 국공립보육시설이 18만6000원으로 가장 낮았고 직장보육시설(22만4800원)이 뒤를 이었다. 반면 민간어린이집은 24만9300원, 가정어린이집은 26만1000원으로 상대적으로 높았다. 한편 직장보육시설에 대한 만족도는 높지만 이용은 쉽지 않은 것으로 조사됐다. 전체 보육시설 중 직장보육시설은 1%(350곳)에 불과해 직장어린이집의 71.2%는 입소 대기자가 밀려 있었다. 국무총리실 산하 육아정책개발센터의 서문희 기획조정실장은 "자녀 양육 때문에 일을 중단했다는 여성이 57%가 넘고, 취업을 했지만 아이를 맡길 곳이 없다는 비율이 20%에 달한다"며 "직장보육시설 등 일하는 여성의 보육을 돕기 위한 정책을 강화할 필요가 있다"고 말했다.

1) 위의 지문에서와 같이 보육문제에 국가가 개입하여야 하는 당위성의 근거는 무엇이며 이 때 국가개입이 해결하고자 하는 '정책문제'는 무엇인지 논하시오. (25점)
2) 보육문제를 해결하기 위해 국가가 활용할 수 있는 가능한 정책수단들을 3가지 이상 제시하고 각 수단의 장단점을 논하시오. (25점)
3) 위의 지문에서와 같이 만족도 설문조사를 활용한 평가방법론의 약점은 무엇인지 지적하고 보육시설별 효과성을 측정할 수 있는 평가를 어떻게 수행할 것인지 논하시오 (평가설계, 데이터, 변수, 분석방법 등). (25점)

문제 4) 정책분석에서의 불확실성의 발생요인과 대처방안에 대하여 논하시오. (25점)

문제 5) 정책평가를 수행하는 평가기관의 독립성이 확보되는 것이 언제나 바람직한 것인지 논하시오. (25점)

9. 2010학년도 전기

-2009년 11월 20일 시행-

문제 1) 다음은 2009년 11월 16일 연합뉴스 두 개의 기사를 발췌한 것이다.

> 세종시 대안 심의기구인 세종시 민관합동위원회가 16일 출범과 함께 민간위원장을 선출하고 본격적인 활동에 들어갔다. 세종시 정부지원협의회와 기획단이 이달 초부터 가동된데 이어 민관합동위 출범에 따라 앞으로 정부의 세종시 대안 마련에 한층 속도가 붙을 전망이다. 민관합동위는 앞으로 기업, 대학, 의료복지, 문화, 과학연구 등 분야별로 소관부처 차관의 보고를 듣고, 자족성 보강 방안을 마련한 후 내달 최종 대안을 제시할 계획이다. 특히 현행 행정중심인 세종시 건설계획을 기업중심으로 변경하기 위해 세제 및 토지 지원 방안을 논의하고 필요한 경우 '행정중심복합도시건설 특별법' 개정 방향도 제시하기로 했다. 아울러 학회 세미나, 공청회 등을 통해 여

론수렴 작업도 병행키로 했다. 정운찬 국무총리는 세종로 중앙청사에서 첫 민관합동위 회의를 주재하고, "돈과 기업이 모이는 경제 허브, 과학과 기술이 교육과 문화와 어우러져 상상을 현실로 만들어내는 과학 메카를 만들어야 한다"면서 "그래야 세종시가 충청을 넘어 영.호남과 서울 수도권까지 먹을 수 있는 제3의 쌀을 창조해 낼 수 있다"고 강조했다.

'기업도시'를 핵심으로 하는 정부의 세종시 밑그림이 서서히 윤곽을 드러내고 있다. 지난 5일 국회 대정부질문에서 정 총리는 "개인적으로는 과학기술비즈니스벨트 형태로 가고 싶다"고도 했다. 세종시의 모습은 기업, 특히 첨단 과학 및 기술 기업들이 중심이 되고, 여기에다 교육, 문화예술, 복지 기능이 첨가된 형태가 될 것으로 보인다. 이를 위해 국제과학비즈니스벨트 건설, 대덕 및 오송과 연계한 한국의 '실리콘 밸리' 조성 등이 구체적으로 거론되고 있다. 기업도시의 형태와 관련, 각각 삼성전자와 LG전자의 LCD 공장이 있는 아산과 파주, 현대자동차가 있는 울산, 전자 산업단지가 있는 구미 등과 같은 도시를 만들겠다는 게 정부 관계자들의 설명이다. 현재 3곳 이상의 국내 기업과 외국기업 연구소가 세종시 입주를 검토중인 것으로 전해진다.

정부가 정책을 성공적으로 추진하기 위해서는 여론형성, 입법과정, 집행과정에서 지지와 순응을 확보하여야 한다. 연합뉴스 보도기사와 같이 현 정부가 "행정중심"복합도시 건설사업을 "경제중심"복합도시 건설사업으로 수정·변경하려고 한다고 가정하자. 충남 연기군 지역에 건설 예정이었던 "행정중심" 복합도시를 "경제중심"복합도시로 변경하여 "경제중심" 도시 건설을 추진하기 위한 정부의 활동을 논의해 보시오.

1) 어떻게 세종시를 행정중심에서 경제중심의 복합도시로 수정·변경하는 정부의 방안을 일반 국민들이 지지하게 할 것인가? (15점)
2) 어떻게 국회에서 행정중심복합도시건설특별법을 개정하거나 대체입법을 하는 합의를 도출할 것인가? (15점)
3) 어떻게 연기군민, 충청지역 주민을 설득하여 세종시 건설 사업 수정·변경에 대하여 순응하게 할 것인가? (20점)

문제 2) 아래의 사례를 읽고 다음의 질문에 답하시오.

쌀이 남아도는데도 식량자급률이 떨어지는 것은 한국에만 있는 기현상이다. 올해 전국의 쌀 생산 예상치는 465만 t으로 예상 소비량보다 28만 t이나 많다. 작년에도 풍작으로 30만 t 이상 남아 현재 82만 t가량의 쌀이 창고에 쌓여 있다. 내년에는 100만 t 이상으로 늘 것이다. 반면 1980년 56%였던 식량자급률은 지난해 사상 최저치인 26.2%로 떨어졌다. 식량자급률이 계속 떨어지는 이유는 쌀 중심의 식생활이 바뀌고 있는데도 쌀 중심 농업이 그대로인 데 있다. 소비가 감소하는 쌀 생산은 줄이고, 소비가 증가하는 곡물 생산은 늘리는 게 정상이다. 그러나 쌀 생산을 줄여나가야 할 처지에 쌀 생산조정제 등 생산 감축 정책은 흐지부지됐다. 주로 수입에 의존하는 밀, 콩의 소비는 급격히 늘었으나 국내 생산이 이를 따르지 못했다.

2001년 77%였던 보리쌀 자급률은 작년에 36.1%로 떨어졌고 콩 자급률도 2006년 13.6%에서 7.1%로 하락했다. 쌀농사에 대해서만 직불금을 지급하고 공급이 부족한 밭작물에 대해서는 직불금 제도를 시행하지 않고 있다. 이런 식으로는 식량자급률은 떨어지고 쌀은 남아도는 '기형 농업'이 지속될 수밖에 없다. 일부 농민단체는 대북 쌀 지원 재개를 요구하고 있으나 길게 보면 사태를 악화시킬 뿐이다. 대북 지원을 이유로 쌀 생산을 늘리면 쌀값이 북의 식량 수급상황에 따라

> 오르락내리락할 것이다. 우리 국민이 소비하는 작물은 수입에 맡기고 북한에 주려고 보조금을 주며 쌀농사를 짓게 하는 것은 합리적인 정책이 아니다. 쌀 시장 개방을 미루느라 의무 수입하는 외국쌀도 쌀 과잉을 부채질하고 있다. 2005년 22만5500t에서 시작했으나 2014년에는 국내 쌀 소비량의 12% 수준인 40만8700t을 수입해야 한다. (동아일보, 2009년 10월 26일자 사설)

1) 위 사례에서 나타난 정책문제를 정의하고 이를 해결하기 위한 대안들을 제시한 후 이들을 어떠한 절차와 방법론에 의해 분석할 것인지 설명하시오. (25점)
2) 위에서 제시한 정책대안들 중 하나가 선택되어 정책이 집행되었다는 상황을 가정하고 그 효과를 검증하기 위한 정책평가를 실시한다고 할 때 적절한 논리모형, 평가설계, 측정방법 및 분석방법을 제시해 보시오. (25점)

10. 2009학년도 후기

-2009년 6월 5일 시행-

문제1) 대다수의 사회과학자들은 정책과정상 시민 참여에 대한 여러 문제를 제기하고 있다. 민주적인 정책결정을 확보하기 위한 수단으로 시민참여의 유형(방식)에 대하여 논하고, 이러한 방식이 효율적인지에 대하여 논하시오. 또한 현재 한국적 상황에서 정책과정상의 시민참여가 적정한지에 대하여 논하시오. (35점)

문제2) 다음의 문장을 읽고 논하시오. (40점)

> "정책학 이론의 한계는 정책 환경이 안정적인 것을 가정하고 있어 정책 변동을 설명하기 어렵다."

문제 3) 다음의 문장을 읽고 논하시오.

> "The garbage can model emerged as part of a critique of rational and neo-rational models of public administration, such as those of Herbert Simon (Cohen, March, & Olsen, 1972). Rather than portray decision-making in public administration as a matter of rational choice, John Kingdon and other theorists in this school have described it as a process characterized by organizational anarchy."

1) "쓰레기통 모형"의 핵심적인 내용에 대하여 논하고, 이러한 이론의 한계에 대하여 서술하시오.· (20점)
2) 이러한 이론이 일반적으로 정책학 발전에 미친 영향에 대하여 논하고, 구체적으로 특정 정책이론 발전에 "쓰레기통 모형"이 어떠한 영향력을 미쳤는지에 대하여 논하시오. (30점)

문제 4) 지방자치제 실시 이후 지방자치단체의 사회복지 정책이 변화하여 복지비 지출이 크게 증가하였다는 견해가 있다. 다음의 각 문항에 답하시오.

1) 지방자치제 실시가 지방자치단체의 사회복지 정책과 복지비 지출에 영향을 미칠 수 있는 작동원리(mechanism)에 대하여 설명하시오. (15점)

2) 위에서 제시된 작동원리가 실제로 작용하였는지를 분석할 수 있는 모형을 제시하여 보시오. (25점)

3) 위 문항의 모형을 추정하기 위한 자료와 방법론에 대해 설명하시오. (25점)

문제 5) 기획재정부는 정부사업의 효율성 제고를 위하여 대통령이 정하는 일정 규모 이상의 사업에 대하여 예비타당성 조사를 실시하여야 한다.(국가재정법 제38조). 다음의 각 문항에 답하시오.

1) 현재 실시되고 있는 예비타당성 제도의 현황에 대하여 정책분석이라는 견지에서 설명하시오. (30점)

2) 현행 예비타당성 제도의 강점과 약점을 기술하고, 정책분석의 도구라는 입장에서 개선방안을 제시하여 보시오. (30점)

11. 2009학년도 전기

-2008년 11월 21일 시행-

문제 1) 아래 2개의 사설을 읽고 다음 질문에 답하시오

사례 1: [사설]등급제로 가는 징검다리, 학교별 성적 공개[한겨레] 2008-08-09 31면

결국, 교육과학기술부가 2010년도부터 학교별 학업성취도 평가 결과를 공개 하기로 하고, 어중간한 세 등급별 학생비율 공개 방안을 택했다. 학교 서열화 우려와 학부모 알권리 충족을 절충한 결과라고 둘러대는 걸 보면 교과부도 꽤 난감했던가 보다. 그러나 결과는 마찬가지다. 학교 서열화는 피하기 어렵고, 현행 입시제도 아래서 고교 등급제 등 그 폐해 또한 피할 수 없다. 학교별 공개는 교육 격차를 해소한다는 명분 아래 이 정권이 중점적으로 추진해 온 사안이다. 지난해 학교 정보공개법이 국회를 통과할 때만 해도, 공개 단위는 초·중등학교의 경우 지방 교육청, 고교는 시·도 교육청 단위여야 한다는 데 조정이 이뤄졌다. 학교별 공개는 교육 격차를 오히려 심화시키고, 학교 서열화와 함께 학교 교육을 왜곡시킬 것 이라는 데 공감했던 까닭이다. 그러나 이런 고려는 이제 휴지 조각이 됐다. 학교 서열화의 폐해는 새삼 거론할 필요조차 없다. 문제는 여기에 서울시교육청이 2010년부터 실시하겠다고 한 고교 선택제 확대 정책이 맞물리면, 결국 지금의 평준화 정책은 뿌리 뽑히고, 학교 등급제가 대세로 될 것이라는 사실이다. 서울시교육청은 성적이 나쁜 학교에는 예산 지원까지 줄인다고 했으니, 성적이 나쁜 학교는 슬럼화 될 것이다. 주로 저소득 서민계층 거주지역의 학교가 여기에 해당한다. 또 각 학교가 평가시험에 매달리면서 학교교육은 왜곡된다. 평가대상 다섯 과목 이외에 다른 교과목이 희생되는 것은 물론, 그나마 명맥을 유지해 온 창의적 사고력 학습이나 자기주도형 학습은 실종된다. 사교육의 극성은 말할 필요도 없겠다. 우리 아이들에게 당장 필요한 것은 여전히 최고 수준인 교과목 실력 향상이 아니다. 최하위권인 창의력·사고력·문제해결 능력, 타인에 대한 배려 등을 키우는 일이다. 이런 가치와 목표가 오로지 성적 경쟁 앞에서 희생돼야 하는 현실이 암울하다.

사례 2: [사설]학교정보 공개, 교육 경쟁력의 기초다, [동아일보] 2008-09-16 27면

교원단체 및 교원노조에 가입한 교사의 수를 학교별로 공개하도록 교육과학 기술부가 관련 특례

법 시행령을 개정한다고 한다. 우리는 지난해 5월 3일자 본란에서도 학교정보 공개에 학업성취도뿐 아니라 교원단체 및 노조 가입교사 현황이 포함돼야 한다는 견해를 밝혔다. 이명박 정부가 이 두 가지 핵심 정보를 공개하려는 것은 공교육 정상화와 교육경쟁력 제고를 위해 매우 바람직하다. 어떤 영역에서든 정보를 자꾸 감추려고 하면 그만한 비용을 치르기 마련이다. 관료사회의 무사안일과 비효율, 비리와 부패의 온존(溫存)도 정보 은폐와 무관치 않다. 교과부는 전교조의 반발과 학교 안팎의 충격이 있더라도 학교 정보를 투명하게 공개하고 이를 효율적인 교육정책 수립의 기초 자료로 삼아야 한다.

학부모와 학생들은 어느 학교의 학업성취도가 높은지, 어느 학교가 노조 가입 교사의 비율이 높은지를 안 뒤에 더 믿을 만한 학교를 선택할 권리가 있다. 그래야 학교 간 '교육의 질 높이기 경쟁'에도 가속도가 붙을 것이다. 전교조 임병구 대변인 직무대행은 교과부의 방침에 대해 "전교조와 학부모 사이를 이간질하려는 의도"라고 비판했다. 그러나 전교조가 추구하는 교육방향이 진정 옳다고 여긴다면 모든 정보를 당당하게 드러내놓고 학부모와 학생들의 선택을 받을 일이다. 자신들이 하는 활동이 자랑스럽다면 정보공개를 기피할 이유가 없지 않은가. 2010년 고교선택제를 도입하는 서울시교육청이 초기 3~5년간 학교별 지원율 비(非)공개를 추진하는 것도 문제가 있다. 고교선택제의 목표는 학교 간 경쟁을 유도해 학생들에게 질 좋은 교육 서비스를 제공하자는 데 있다. 서울시교육청은 고교선택제 도입 초기에 지원율이 낮은 학교가 '기피학교'로 낙인찍힐 것을 우려하지만 쉬쉬한다고 문제가 덮어지는 것은 아니다. 서울시교육청이 할 일은 정보공개에 따른 충격과 부작용을 최소화하면서 학교 간 격차 요인에 대한 보완책을 다각적으로 마련하는 일이다. 기피 학교에 교사 우선 선발권을 주거나 기숙사를 배정하는 등의 방안도 고려될 수 있다. 좋은 정책은 투명한 현실 위에서 나온다.

1) 위 두개의 사설에서 제시된 정보공개의 찬성과 반대의 근거(evidence)가 무엇인지 간략히 요약하시오. (10점)
2) 위 사설에서 제시하고 있는 교육문제의 정의(problem definition)와 해결방안을 중심으로 정책문제의 원인(cause), 필요한 정책수단(policy tool), 예상 되는 정책성과(policy outcome)의 연관성을 설계해 보시오. (20점)
3) 위 2개의 사설에서 언급된 교육문제가 시장실패(market failure) 혹은 정부실패(government failure)와 어떻게 관련되는지 논술해 보시오. (20점)

문제 2) 다음 질문에 답하시오

정책학 연구에 있어서 Lowi의 정책유형론(policy typology)은 정책과 정치과정 간의 관계를 새로운 시각에서 조명했다는 점에서 중요한 위치를 차지한다.

1) Lowi 이전의 일반적 시각과 비교하여 Lowi의 접근법이 갖는 특징을 구체적인 예를 들어 설명하라. (10점)
2) Lowi가 제시한 정책유형과 그러한 유형분류의 기준을 설명하라. (10점)

문제 3) 정책의제설정과정을 순차적 연속과정으로 보는 시각과 비연속적 과정으로 보는 시각이 있다. 후자를 대표하는 이론모형을 제시하고 구체적 사례를 들어 설명하라. (15점)

문제 4) 정책분석과 정책평가 간의 유사점과 차이점을 설명하라. (15점)

저자 약력

• 이달곤 (李達坤)

미국 University of Harvard (정책학박사)
한국지방행정연구원 원장
한국협상학회 회장
한국행정학회 회장
서울대학교 행정대학원 원장
서울대학교 행정대학원 교수
국회의원, 행정안전부 장관, 대통령 정무수석비서관 역임
현, 가천대학교 석좌교수

• 김판석 (金判錫)

미국 The American University (행정학박사)
미국 Old Dominion University 행정학교수 역임
미국행정학회(ASPA) 이사 역임
미국 Georgetown University 풀브라이트 교환교수 역임
인사행정연구회(한국인사행정학회 전신) 회장 역임
대통령비서실 인사제도비서관 역임
세계행정학회(IIAS) 회장 역임
유엔행정전문가위원회(UNCEPA) 부위원장 역임
연세대학교 정경대학(원)장 역임
현, 아시아행정학회(AAPA) 회장
현, 연세대학교 정경대학 글로벌행정학과 교수

• 김행범 (金幸範)

서울대학교 (행정학박사)
한국행정학회, 한국정책학회, 기독경제학회 이사
한국제도경제학회, 한국하이에크 소사이어티 이사
미국 정치학회(APSA)
미국 서부경제학회(WEAI)
미국 공공선택학회(Public Choice Society)
George Mason University (Buchanan House) 교환교수
현, 부산대학교 행정학과 교수

새 테마 행정학

2015년 8월 20일 인쇄
2015년 8월 25일 발행

저 자 이달곤 김판석 김행범
발행인 황 영 성
발행처 **법 우 사**
서울특별시 관악구 호암로 593
전화: (02)876-2261 팩스: (02)875-2263
E-mail: hys8009@hanmail.net
등록 2001. 4. 30. 제301-10-1747호

정가 45,000 원

ISBN 978-89-97060-40-5 93350

이 도서의 국립중앙도서관 출판시도서목록(CIP)은 서지정보유통지원시스템 홈페이지(http://seoji.nl.go.kr)와 국가자료공동목록시스템(http://www.nl.go.kr/kolisnet)에서 이용하실 수 있습니다.(CIP제어번호: CIP2015022717)